COUTUMES LOCALES

DU

BAILLIAGE D'AMIENS,

RÉDIGÉES EN 1507,

PUBLIÉES,

AVEC LES ENCOURAGEMENTS DU CONSEIL GÉNÉRAL DE LA SOMME
ET DU MINISTÈRE DE L'INSTRUCTION PUBLIQUE,

Par M. A. BOUTHORS,

GREFFIER EN CHEF DE LA COUR IMPÉRIALE D'AMIENS.

TOME DEUXIÈME.

Facies non omnibus una,
Non diversa tamen, qualem decet esse sororum.
Virgile.

AMIENS,

DE L'IMPRIMERIE DE DUVAL ET HERMENT, PLACE PÉRIGORD, 5.

1853.

MÉMOIRES

DE LA

SOCIÉTÉ DES ANTIQUAIRES
DE PICARDIE.

DOCUMENTS INÉDITS,
CONCERNANT LA PROVINCE.

TOME DEUXIÈME.

COUTUMES LOCALES

DU

BAILLIAGE D'AMIENS,

RÉDIGÉES EN 1507,

PUBLIÉES,

AVEC LES ENCOURAGEMENTS DU CONSEIL GÉNÉRAL DE LA SOMME
ET DU MINISTÈRE DE L'INSTRUCTION PUBLIQUE,

PAR M. A. BOUTHORS,

GREFFIER EN CHEF DE LA COUR IMPÉRIALE D'AMIENS.

TOME DEUXIÈME.

Facies non omnibus una,
Non diversa tamen, qualem decet esse sororum.

VIRGILE.

AMIENS,
DE L'IMPRIMERIE DE DUVAL ET HERMENT, PLACE PÉRIGORD, 3.
1853.

COMPTE-RENDU

DE LA PUBLICATION DES COUTUMES LOCALES DU BAILLIAGE D'AMIENS,

PRÉSENTÉ A LA SOCIÉTÉ DES ANTIQUAIRES DE PICARDIE,

DANS LA SÉANCE DU 9 JUILLET 1853.

Messieurs,

Il y a déjà dix-neuf ans que le hasard m'a fait découvrir, dans le dépôt d'archives confié à ma garde, l'importante collection de documents inédits dont vous avez voté l'impression dans votre séance du 15 avril 1840. Ce sont les procès-verbaux authentiques de la rédaction des coutumes locales du bailliage d'Amiens. Ces coutumes, dont le nombre s'élève à près de 400, ont été apportées le 2 octobre 1507 à l'assemblée générale des trois états du bailliage, en exécution d'un édit de Louis XII, daté de Grenoble, du 2 avril précédent. Elles n'ont point été vérifiées, parce que le nombre en était si considérable qu'il aurait fallu plus de six mois de séances consécutives pour en entendre la lecture : *un demi an tout entier*, selon l'expression du procès-verbal de cette célèbre assemblée. Après avoir été inventoriées en 1559, elles furent déposées dans une huche placée au-dessus de l'auditoire du bailliage, dans les bâtiments de la Malmaison, occupés actuellement par l'école communale de dessin. Elles y sont restées, à peu près ignorées, jusqu'à l'époque très-rapprochée de la Révolution de 1789, où le bénédictin D. Grenier en fit faire les extraits que possède la Bibliothèque impériale.

C'est de ces coutumes, Messieurs, que vous m'avez chargé de diriger la publication. J'en dépose les dernières feuilles sur votre bureau.

Lorsque je vous ai fait la proposition de les insérer dans vos mémoires, vous aviez une double raison de douter du succès d'une semblable entreprise : d'une part, vous deviez craindre que les ressources de votre budget, alors fort restreintes, ne vous permissent pas de la mener à bonne fin, de l'autre, que l'éditeur n'eût pas bien mesuré toute l'étendue de l'obligation qu'il contractait. Cependant, malgré l'incertitude de la réussite, vous avez été aussi persévérants dans votre résolution que l'éditeur dans ses efforts. L'œuvre commencée il y a treize ans touche enfin à son terme : nous n'avons donc pas à nous repentir, vous d'avoir été téméraires, et moi d'avoir été présomptueux.

Si j'avais à justifier le retard que j'ai mis à faire paraître le second volume, je pourrais invoquer, comme excuse, les circonstances politiques que nous venons de traverser. Mais les dates des notices qui précèdent la sixième série prouvent que, du mois d'avril 1847, au mois de mai 1849, je ne suis pas resté inactif. C'est au contraire dans les plus mauvais jours de 1848 que j'ai travaillé avec le plus d'ardeur à terminer les copies commencées, comme si j'avais pu craindre qu'un événement inattendu ne vînt me séparer de ces vieux parchemins compagnons assidus de mes veilles depuis dix-neuf ans.

Le reproche de lenteur ne peut donc m'être adressé. L'impression des deux premiers volumes des Documents inédits de l'histoire du Tiers-Etat aura exigé un temps plus considérable, malgré les puissants moyens d'action que le Gouvernement met à la disposition de l'illustre académicien qui y attache son nom.

Je ne veux pas dire cependant que les encouragements vous ont manqué : il y aurait ingratitude de ma part à le laisser supposer.

Dès 1841, le Conseil général de la Somme s'est associé à vos efforts. En votant un premier crédit de 500 fr. avec affectation spéciale, il annonçait l'intention qu'il a réalisée depuis, de le renouveler sans condition. Le Ministère de l'Instruction Publique, à son exemple, n'a pas tardé à vous inscrire comme partie prenante au fonds destiné à venir en aide aux travaux des sociétés savantes. Les allocations qui vous viennent de ces deux sources, en se reproduisant chaque année, justifient l'emploi que vous en faites et témoignent de la sympathie de ceux qui vous les accordent.

J'attache un très-grand prix, sans doute, aux distinctions flatteuses dont cette publication a été l'objet dans les rapports annuels de l'Académie des Inscriptions, mais je suis loin de m'en exagérer la portée. Je n'y puis voir qu'une excitation à persévérer dans la lourde tâche que je me suis imposée. Si, dès le début de l'œuvre, on m'avait fait remarquer que le succès en était compromis par la maladresse de l'éditeur, je n'aurais peut-être pas eu le courage de la terminer. Soutenu par votre concours et excité par d'honorables suffrages, j'ai atteint le but que je m'étais proposé. Seul, j'aurai suffi à la tâche de copiste, de correcteur d'épreuves, d'annotateur des textes et mis à fin une table des matières dont la confection m'a occupé pendant plus de quinze mois. C'est assez dire que je revendique pour moi seul la responsabilité des fautes, des erreurs et des omissions qui seront relevées.

Les Considérations générales sur l'origine des communes, comme je l'avais pressenti, ont donné prise à la critique. Celle du *Journal des Débats* du 24 février 1848, a été trop bienveillante pour que je cherche à me disculper du reproche d'exagération que l'auteur, M. Berger de Xivrey, membre de l'Académie des Inscriptions, a adressé à cette première partie de mon travail et aux développements que je lui ai donnés. Sans déserter le système que j'ai défendu et dans lequel je persiste, je passe condamnation sur la forme sous laquelle je l'ai présenté. Elle est vicieuse, je le reconnais, vicieuse à cause des longueurs de l'exposition et du luxe des hors-d'œuvre. Au surplus, c'est là un écueil que j'ai tâché d'éviter dans les livraisons suivantes ; et je suis heureux de trouver, dans son témoignage, la preuve que j'y ai réussi.

Après avoir été trop prolixe au début, peut-être mériterai-je qu'on me reproche d'avoir été trop laconique en terminant. En effet, les deux dernières séries, quoiqu'elles soient les plus curieuses du recueil, n'ont été résumées que d'une manière succincte et insuffisante : l'*Essai sur l'origine et les principes du Droit rural coutumier*, annoncé à la page 597 du tome II ; restera à l'état de projet.

Il n'y a déjà que trop de préfaces dans ce livre. Une de plus ne ferait que prolonger le terme d'un labeur que j'ai hâte de finir.

Il ne suffit pas de rassembler des documents, de les publier, de les enrichir de notes, de dissertations, il faut y joindre aussi des tables pour faciliter les investigations de ceux qui auront besoin de les consulter. Sans ce fil conducteur, il n'y a pas d'issue possible dans le labyrinthe des collections historiques. C'est pourquoi, je vous présente, Messieurs, au lieu des prolégomènes que je vous avais promis, un répertoire analytique qui n'aura pas moins d'utilité pour les personnes auxquelles l'ouvrage se recommande par son titre. La Société des Antiquaires de Picardie, qui a choisi Du Cange pour patron, me saura gré d'appliquer à ses propres travaux le procédé à l'aide duquel l'immortel auteur du Glossaire a mis dans la main du premier venu la clef qui ouvre le trésor de son immense érudition.

Je ne terminerai pas sans adresser un dernier tribut de remerciements aux honorables collègues dont la collaboration m'a si puissamment secondé dans l'accomplissement de ma tâche. Sans M. Demarsy, procureur impérial à Vervins, qui m'a généreusement communiqué les pièces qu'il a recueillies sur Beauval et Doullens ; sans M. Darsy, notaire à Gamaches, qui m'a facilité l'accès des archives de sa commune, j'aurais été privé des documents qui donnent le plus d'intérêt aux notes de la 5.e et 6.e série. M. Tailliar, conseiller à la cour de Douai, ne s'est pas borné à me fournir des renseignements, il m'a prêté un concours plus actif, en rédigeant les notes des coutumes qui composent le groupe de la châtellenie d'Oisy. Vous savez combien il s'est montré judicieux interprète de ces vieux textes aussi curieux par les formes du langage que par la nouveauté des faits qu'ils révèlent. En lui exprimant ma reconnaissance je ne fais que m'associer à vos propres sentiments. M. Auguste Breuil n'a donné qu'une simple note sur l'origine du droit de maineté (tome I.er page 200) ; mais cette note lui a valu les félicitations de l'un de nos plus éminents magistrats. Je lui dois mon initiation aux découvertes du jurisconsulte-philologue qui a écrit l'histoire des Antiquités du droit allemand. Nos nombreuses conférences sur les textes des weisthümer, n'ont pas peu contribué à me faire apprécier l'utilité des travaux de Jacob Grimm, ce savant érudit qui marche sur les traces de Du Cange.

C'est à ces puissants auxiliaires que je suis redevable du bonheur inespéré d'avoir pu acquitter les promesses du programme de 1840.

Amiens, 9 *Juillet* 1853.

A. BOUTHORS.

COUTUMES LOCALES.

SIXIÈME SÉRIE.

PRÉVOTÉ DE DOULLENS.

NOTICE

SUR

LA PRÉVÔTÉ DE DOULLENS.

La prévôté de Doullens, comme la prévôté de Saint-Riquier, doit son origine à la confiscation du comté de Ponthieu sur Simon de Dammartin, et au traité de 1225 par lequel Marie, épouse de Simon, céda au roi, moyennant une indemnité de deux mille livres, les châtellenies de Doullens et de Saint-Riquier avec leurs dépendances (1).

Le traité de 1225 eut pour effet la création de deux nouvelles prévôtés qui agrandirent la circonscription du bailliage d'Amiens. Saint-Riquier devint le siège de la première (2), Doullens celui de la seconde. Cette dernière s'accrut encore, en 1244, des hommages que le comte d'Artois acquit du comte de Ponthieu, de sorte qu'elle formait un territoire assez compact ayant pour principaux centres de division, Doullens, Saint-Pol, Hesdin et Auxi-le-Château.

La prévôté était tout à la fois une charge et un revenu. Le prévôt embrassait dans ses devoirs la sauve-garde des intérêts généraux et la perception des deniers publics; ses fonctions étaient administratives et judiciaires. Comme agent du fisc, il versait au trésor du Temple les sommes qu'il recevait. Il rendait compte des recettes de la prévôté, à moins qu'il ne l'eût prise à ferme, à forfait, moyennant une redevance annuelle. Comme gardien de la paix publique, il avait

---

(1) *Hist. chronologique des Comtes de Ponthieu et Maïeurs d'Abbeville*, par le père Sanson, p. 152.

(2) Voyez tom. 1.ᵉʳ, p. 447.

dans ses attributions les rotures, les communes, le temporel des églises et de tous les établissements religieux qui, par l'effet de l'amortissement, relevaient nuement de la juridiction royale. Les communes, ce fait est incontestable, n'obtenaient l'octroi ou la confirmation de leurs priviléges qu'à la condition d'être placées sous la tutelle immédiate du prévôt royal; tous les pouvoirs intermédiaires de la féodalité se trouvant rompus, il n'y avait plus que le pouvoir du souverain qui pût les protéger. Comme conséquence de cette garantie, elles payaient une foule de taxes dont l'ensemble formait l'une des branches les plus importantes du revenu public. Les attributions judiciaires des prévôts étaient limitées aux matières personnelles, réelles et mixtes dont ils pouvaient connaître en première instance, pourvu que l'importance du litige ne dépassât point soixante sols, et aux délits qui n'entraînaient pas une amende supérieure à cette somme. Les autres causes civiles, réelles, personnelles et mixtes, ainsi que les affaires criminelles, étaient de la compétence exclusive du bailli (1).

Il ne faut pas croire que le roi en réunissant la commune et la prévôté de Doullens va les enchaîner pour toujours à son domaine. La main royale toute-puissante pour saisir ce qui était à sa convenance, n'avait pas la même force pour retenir ce qu'elle avait appréhendé. Les princes n'aspiraient alors à posséder des trésors que pour se montrer plus grands et plus magnifiques, car ils n'étaient fidèlement servis qu'à la condition de rémunérer chèrement les services. Les revenus prévôtaux étaient un appât trop séduisant pour ne pas tenter la cupidité des hauts seigneurs qui approchaient le plus près du souverain. Nous allons voir que les successeurs de Louis VIII, loin de songer à restreindre leurs libéralités, ne firent au contraire que les étendre au grand détriment de leurs prérogatives et des intérêts de leurs justiciables.

Au mois de février 1315-16, Louis-le-Hutin donna à Gui de Châtillon, comte de Saint-Pol, son oncle, la ville et châtellenie de Doullens, avec la prévôté, la vicomté, le domaine, les fiefs, arrière-fiefs, la commune, les cens, les rentes, les redevances et généralement tous les droits attachés à cette châtellenie, pour être tenus de lui, en augmentation du fief de Lucheux, par un seul et même hommage, sous le ressort du bailliage de Vermandois (2). Ainsi la prévôté de Doullens que le roi avait acquise à titre onéreux par le traité de 1225, fut, moins le ressort, aliénée à titre gratuit pour satisfaire aux exigences d'un parent ambitieux placé trop près du trône pour ne pas exploiter les avantages de sa position. Ces

---

(1) *Ancienne cout. du bailliage d'Amiens*, art. 109, 112 et 113.

(2) Brussel. *Nouvel examen de l'usage des Fiefs*, tom. 1.er, ch. 33.

libéralités irréfléchies ne tarissaient pas seulement les revenus royaux, elles jetaient aussi le plus grand désordre dans les rapports de juridiction. Ainsi, la châtellenie de Doullens par son annexion au fief de Lucheux, passa des attributions du bailli d'Amiens dans celles du bailli de Vermandois. Il aurait été plus rationnel de rattacher Lucheux à Doullens que Doullens à Lucheux ; mais il y avait pour la première de ces deux châtellenies des droits d'antériorité qui déterminèrent sa prédominance. Lucheux qui avait été apporté en dot à Philippe-Auguste par Isabelle de Hainaut, fut, en 1198, donné par ce monarque au comte de Saint-Pol, en augmentation du fief qu'il possédait déjà dans le ressort du Vermandois. Or, pour rattacher Lucheux à Doullens, il aurait fallu rompre le lien de la première annexion et constituer deux fiefs au lieu d'un ; Doullens fut donc sacrifié à une considération toute politique qui ne permettait pas d'imposer au vassal l'obligation d'un double hommage.

Ce fait explique bien des anomalies du régime féodal, notamment celle des enclaves. Il fait voir comment Lucheux, après l'acte de désunion dont nous allons parler, est resté seul, comme une sentinelle perdue, au milieu du bailliage d'Amiens, soumis à l'empire de la coutume de Vermandois.

Tous ces changements de mouvance et de ressort rendaient l'application des coutumes d'autant plus difficile que l'appréciation en était dévolue à des juges plus enclins à les interpréter dans le sens de leurs propres usages. Ces inconvénients et d'autres non moins graves n'ont pas tardé à être sentis. Ils déterminèrent, par rapport à la châtellenie de Doullens, l'adoption d'une mesure reconnue nécessaire pour rendre l'unité à l'administration de la justice, dans son ressort.

Par suite de l'acte de 1316, la ville de Doullens n'étant plus du domaine royal, ne pouvait plus être le siége du ressort de la prévôté. Comme il était impossible de trouver, dans l'étendue de ce même ressort, un château, une commune qui ne fût pas dans le domaine de quelque seigneur, on attribua une partie du ressort à la prévôté de Beauquesne, une partie à la prévôté de Saint-Riquier, et une à la prévôté de Montreuil. Aussi lorsque le roi Charles V songea à réunir Doullens à son domaine, il commença d'abord par déclarer que le ressort de la prévôté serait reconstitué sur ses anciennes bases et dans ses anciennes limites. C'est ce qu'il fit par ses lettres du mois de juin 1365 ; mais pour ne pas nuire à des droits acquis, il décida que la réunion de fait n'aurait lieu qu'à l'expiration des baux à ferme passés avec les prévôts qui avaient traité dans la persuasion que l'état de disjonction serait maintenu (1).

---

(1) Ordonn. du Louvre, tom. IV, p. 577.

Disons pourquoi il ne pouvait pas l'être.

La déplorable situation des finances autant que les malheurs de la guerre nécessitèrent, sous le roi Jean, plusieurs convocations des Etats-Généraux. Les députés des communes signalèrent, comme étant la cause principale de la pénurie du trésor, la facilité avec laquelle les gouvernements précédents avaient cédé aux exigences des grands seigneurs. Il fallait un remède énergique d'une application immédiate. Il fut trouvé dès qu'on eut posé le principe de l'inaliénabilité du Domaine de la couronne et qu'on eut pris la résolution de lui donner un effet rétroactif. C'est pourquoi le roi Jean et Charles V travaillèrent à réunir tout ce qui avait été aliéné depuis la mort de Philippe-le-Bel. La prévôté de Doullens se trouvait précisément dans ce cas. Charles V, par ses lettres du mois de septembre 1366, en ordonna la réunion, annulant ainsi la concession que Louis-le-Hutin avait faite en 1316 au comte de Saint-Pol. L'édit royal motive la mesure non-seulement sur l'intérêt public, mais encore sur l'intérêt particulier des habitants de la ville de Doullens qui la réclament comme une réparation du préjudice que l'acte de disjonction leur a fait éprouver. Ils avaient en effet exposé, dans leurs doléances, que leur ville, depuis qu'elle n'était plus le siège de la prévôté, avait cessé d'attirer cette foule d'étrangers que la tenue périodique des assises y appelait auparavant. Mais la meilleure de toutes leurs raisons fut un présent de 500 florins qu'ils firent au roi pour le mieux disposer à les réintégrer sous son obéissance immédiate (1).

Les lettres de 1365 constatent un fait que nous devons relever comme marquant un progrès, une heureuse innovation dans l'administration de la justice. Avant le démembrement du ressort de la prévôté, les causes civiles étaient jugées par les francs hommes, c'est-à-dire par les tenanciers féodaux. Le roi prescrit, pour l'avenir, de juger sans leur concours et de suivre l'usage nouveau introduit par le bailli d'Amiens (2). On peut donc fixer de 1315 à 1365 l'époque d'une révolution qui, pour s'être produite d'une manière imperceptible, n'en a pas moins exercé une immense influence sur les destinées du pays. Nous voulons parler de la participation plus active des hommes de loi aux actes de l'autorité judiciaire (3).

La prévôté de Doullens, à cause de la diversité de ses divisions territoriales, était loin de former un tout homogène. Indépendamment de la châtellenie qui était le chef-lieu de la juridiction du prévôt, elle en comprenait trois autres qui

---

(1) Ordonn. du Louvre, tom. IV, p. 689.
(2) Ibid., p. 577.
(3) Voir dans la *Revue de législation et de jurisprudence*, tom. I.er, l'article de M. Troplong sur l'influence des légistes.

avaient chacune leurs coutumes particulières. Saint-Pol et Hesdin suivaient les usages d'Artois ; Auxi-le-Château, les usages du Ponthieu. Ce comté avait eu autrefois sur la rive droite de l'Authie, des possessions qui furent incorporées aux domaines que le comte d'Artois avait sur la rive gauche de la Canche. Voici à quelle occasion.

En 1239, intervint un premier traité entre les deux comtes pour fixer les limites de leurs seigneuries respectives. Cet acte dont les énonciations sont fort obscures donne la nomenclature des lieux qui ont autrefois appartenu au comte de Flandre, aux droits duquel se trouve le comte d'Artois, mais n'indique aucune des possessions du comte de Ponthieu. On y cite seulement comme étant du ressort du bailliage d'Hesdin, les seigneuries de Bloville, Wailly, l'Espine-Avrenoise (l'Epine), Hellis (Herly), Buires, Dourrihiers, Aleste, les abbayes de Dommartin et de Saint-André, la forteresse de Vi (Viz-sur-Authie), l'avouerie de Basli (Barly), Manighens-u-Mont (Maninghen) et Montfort, Mourrihier, les seigneuries de Tortefontaine, Fierrières (Fillièvres), Wavans, Croix, Croisettes, Monchi, Hestrus, Heuchin, Nœuville, Ais (Aiz-en-Ysart), Saint-Vees (Saint-Weest), Aubin (Aubin-Saint-Vast) et OEuf-en-Ternois, en partie, et en outre des villages qui n'existent plus ou que nous ne pouvons faire concorder avec les dénominations actuelles, par exemple, *Belliu et Winkigehens* (1).

Cinq ans après cette transaction, en 1244, Mathieu de Montmorency et Marie, comtesse de Ponthieu, sa femme, vendirent à Robert II, comte d'Artois, pour se libérer de leurs dettes, les deux pairies d'Auxi-le-Château, consistant, la première dans les fiefs et hommages de la rive gauche de l'Authie, vers Abbeville, à partir du point-milieu de la rivière ; la seconde dans les fiefs et hommages de la rive droite, vers Hesdin, depuis Wavans jusqu'au Saulchoy de Maintenai. L'acte de vente énonce treize objets principaux, savoir : 1.° le fief que le comte de Saint-Pol tient du comte de Ponthieu ; 2.° le fief du vicomte de Pont-Remy avec l'hommage du seigneur de Wavans ; 3.° l'hommage du seigneur d'Auxi ; 4.° l'hommage de Jean d'Amiens pour la ville de Buires avec ses dépendances, ainsi que la forêt de Graast auprès de Labroie ; 5.° l'hommage de Thibaut d'Amiens à Buires ; 6.° l'hommage de Bernard d'Amiens à Regnauville ; 7.° l'hommage de Hugues Quieret, chevalier, pour la ville de Dourriers et ses dépendances ; 8.° l'hommage de Rougefay auprès de Buires ; 9.° l'hommage de Guillaume de Bouberch, sieur de Bernâtre, pour la ville de

---

(1) Voir le précieux Recueil d'actes en langue romane du nord de la France, publié par M. Tailliar, conseiller à la Cour de Douai, in-8.° 1849, p. 101.

L'éditeur de cette pièce indique qu'elle a été extraite du cartulaire de l'abbaye d'Auchy-les-Moines, conservé aux archives du Pas-de-Calais.

Thim (?) et Willencourt, lequel hommage comprend le fief de Guillaume des Bardes ; 10.° le fief de Viz-sur-Authie avec deux vavasseurs ; 11.° le fief de Henri de Guines, pour ce qu'il tient à Yvergny du chef de sa femme ; 12.° le fief de Mathieu de Roye à Yvergny ; 13.° enfin l'hommage de Hugues de Caumont à Tollent (1).

Cette pièce, isolée de la précédente, ne déterminait que d'une manière imparfaite les anciennes limites du Ponthieu et de l'Artois ; mais grâce à la publication de M. Tailliar, qui vient de fournir un nouvel élément d'investigation, ce point de géographie ancienne si difficile à résoudre pourra être éclairci. Nous croyons nous aussi fournir un moyen de contrôle et de vérification tiré du rapprochement et de la comparaison des coutumes. L'article 1er de la coutume particulière de la terre, seigneurie, châtellenie et berrie d'Auxi, rappelle les dispositions de l'acte qui précède, et ajoute que *les sujets dudit lieu ont toujours sans délaissier tenu les coustumes de Ponthieu non obstant ladite vendicion.* L'article 53 de la coutume du bailliage d'Hesdin de 1507, porte que le droit de rachat pour les fiefs situés dans ce bailliage est le sixième denier du prix de vente, *saulf que pour les fiefs procedez par achat anchien de la comté de Ponthieu est deub pour droits seigneuriaulx le* 5.me *denier.* Ainsi la vente des fiefs et les démembrements des grandes seigneuries pouvaient bien déranger les rapports des vassaux avec leur supérieur, des justiciables avec leurs juges naturels, mais n'entraînaient pas forcément le changement des coutumes. Par conséquent les coutumes sont encore les éléments les plus certains pour retrouver les anciennes divisions territoriales.

Ceci posé, nous n'aurons pas de peine à comprendre pourquoi la prévôté de Doullens ne put jamais, à cause de ses aggrégations diverses, être régie par des coutumes uniformes. Pour rendre cette vérité plus palpable, nous nous bornerons à résumer ici les principes qui réglaient le sort des successions roturières en ligne directe.

I.

De l'Hérédité roturière en ligne directe.

Les successions roturières se divisent en meubles et immeubles, propres et acquets, manoirs et terres labourables, car partout le statut successoral considère la nature et l'origine des biens pour déterminer le droit d'hérédité.

(1) Hist. chron. des Comtes de Ponthieu. *Ut suprà*, p. 167.

Là où la succession est indivisible, il n'y a qu'un seul héritier appelé à la recueillir; elle appartient au mâle à l'exclusion de la femelle et au plus âgé à l'exclusion du plus jeune.

Voyons d'abord quel était l'esprit des coutumes provinciales avec lesquelles la coutume de la prévôté de Doullens s'est trouvée en contact.

La châtellenie de Doullens confinait au bailliage d'Amiens par la prévôté de Beauquesne; la chatellenie d'Auxi, à la sénéchausssée de Ponthieu, par la prévôté de Saint-Riquier; la châtellenie d'Hesdin, au bailliage de Saint-Omer; la châtellenie de Saint-Pol, au bailliage d'Arras. Toutes les coutumes particulières de ces diverses châtellenies ont éprouvé plus ou moins l'influence du voisinage, et se sont approprié quelque chose des coutumes des provinces dont elles touchaient le territoire.

Dans le Ponthieu, on ne reconnaissait qu'un seul héritier en ligne directe comme en ligne collatérale, quelle que fût la nature des biens, et le droit d'aînesse y était un droit absolu (1).

Sous l'empire de l'ancienne coutume du bailliage d'Amiens, la même règle était admise pour les propres roturiers; mais il y avait exception à l'égard des meubles et des acquets immobiliers, lorsqu'il y avait plusieurs héritiers au même degré (2).

La coutume d'Hesdin, conformément à l'usage suivi dans le bailliage de Saint-Omer assimilait aux fiefs les manoirs amasés anciennement et situés sur front de rue. Elle les déclarait indivisibles ainsi que les constructions et amasements qui pouvaient y exister. Les manoirs cottiers amasés de mémoire d'homme étaient au contraire susceptibles de division (3).

Dans l'Artois, tous les héritiers au même degré étaient appelés à succéder, par égale portion, aux meubles et aux cotteries (4).

La coutume de la sénéchaussée de Saint-Pol, conforme en cela à la coutume d'Artois, permettait le partage des biens roturiers tels que meubles et terres labourables. Seulement, elle faisait exception pour les manoirs amasés depuis plus de 40 ans, qu'elle attribuait à l'aîné, à titre de préciput; et, pour que les puînés fussent moins lésés, elle mobilisait, sous le nom de *catheux*, tous les fruits pendant par racines, depuis la mi-mars jusqu'à la récolte, tous les bois actuellement à coupe croissant sur les héritages, toutes les constructions autres que la maison, la porte d'entrée, le four, le colombier; mais la cou-

---

(1) Cout. de Ponthieu, art. 1.er et 3.
(2) Cout. de 1507, art. 38.
(3) Cout. du bailliage d'Hesdin 1507, art. 1.er et 2.
(4) Cout. d'Artois 1509, art. 73.

tume autorisait l'héritier réservataire à retenir ces objets en payant le prix de l'estimation (1).

Tels sont, dans leur ensemble, les principes qui régissaient les successions cottières dans les pays limitrophes de la prévôté de Doullens. Il faut dire, à la louange de la coutume de cette prévôté, qu'elles les a toutes surpassées par la sagesse de ses dispositions, car elle ne reconnaît pas d'héritier privilégié, en ligne directe; *tous les héritages cottiers venant de père et de mère sont partables, après leur trespas, à leurs enfans, autant à l'un comme à l'autre* (2).

Cependant tous les statuts locaux ne se conforment pas à cette équitable prescription. Les uns suivent les usages de Saint-Pol ou d'Hesdin, les autres la loi rigoureuse du Ponthieu (3). Dans les mouvances mêmes de la châtellenie de Doullens, il y a quelquefois un préciput en faveur de l'aîné. Ainsi dans l'échevinage et banlieue de Doullens (art. 16), dans la châtellenie de Beauval (art. 7), dans l'échevinage de Beauval (art 15 et 16), à Authieule (art. 1.er § 2), à Arquèves (art 2), à Brestel (art. 9), à Conchy-sur-Canche (art. 4), à Fieffes et Bonneville (art. 1.er), à Occoche, seigneurie (art. 10), à Outrebois (art. 8), à Remaisnil (art 4), l'aîné des enfants a le droit de prendre, hors part, un manoir amasé ou non amasé ou bien de choisir une pièce de terre à labour s'il le juge convenable. Ce préciput qu'on appelle le droit de *quiefmetz* (meilleur manoir), est la seule préférence qu'il obtient sur ses puînés. — A Barly (art. 12 et 13) on ne partage que les terres labourables; les manoirs d'acquisition, comme les manoirs provenant d'héritage, ne peuvent appartenir qu'à un seul héritier. — A Courcelles près Mézerolles (art. 8), tous les manoirs sont indivisibles. — A Croisettes, village enclavé dans la sénéchaussée de Saint-Pol (art. 16), on suit la coutume de la prévôté de Doullens et on partage tous les biens roturiers sans distinction. — A Grouches, village voisin de Doullens (art. 18), tous les héritages cottiers des père et mère appartiennent à l'aîné des enfants, et la part des puînés est restreinte aux acquets, ainsi que le prescrit la coutume du bailliage d'Amiens.

Dans quelques villages plus rapprochés d'Hesdin, on suit la coutume de cette châtellenie, par exemple dans la seigneurie d'OEuf-en-Ternois (art. 2, 3 et 4). — Quelques coutumes de ce rayon trouvent moyen de concilier le prin-

---

(1) Cout. de la sénéchaussée de Saint-Pol, art. 1.er, 2 et 3.

(2) Cout. de la prévosté de Doullens 1507, art. 7.

(3) Es mettes de la prévosté de Doullens sont enclavées menues parties des villes et villages de la comté d'Arthois, sénéchaussée de Saint-Pol et bailliage de Hesdin, auxquels lieux on use d'aucunes coustumes locales desrogant aux générales de ladite prévosté. (*Doullens, prévôté, art. 7.*)

cipe de l'indivisibilité des manoirs avec l'équité naturelle. Ainsi à Boubers-sur-Canche (art. 11), à Fortel (art. 2), à Ligny-sur-Canche, seigneurie (art. 2), si le père de famille laisse plusieurs manoirs en nombre égal à celui de ses enfants, les puînés ne sont pas frustrés de son héritage, car tous sont appelés à choisir un manoir, chacun à son tour et par ordre de primogéniture. S'il laisse plus de manoirs que d'enfants, l'aîné recommence à choisir et les autres successivement jusqu'à épuisement. Ce qu'il y a de plus singulier dans ce mode de partage, c'est que les filles y participaient. Il n'est pas dit que les mâles avaient le pas sur elle.

Dans les villages plus rapprochés d'Auxi-le-Château, le voisinage du Ponthieu se révèle par l'exclusion des puinés. Ainsi à Maisicourt (art. 9), à Montigny et St.-Acheul (art 5), et à Prouville (art. 6), on déclare qu'en toute succession directe ou collatérale il n'y a qu'un seul héritier. Mais à Monchaux-Béalcourt (art. 2), par exception à cette règle, les terres cottières se partagent, et la réserve de l'aîné ne frappe que les maisons et manoirs provenant d'héritage.

Il n'y a, selon nous, qu'une seule manière raisonnable d'expliquer la diversité de ces usages, c'est d'en faire remonter l'origine aux affranchissements. En effet, du jour où il y a eu un esclave rendu à la liberté ou autorisé à posséder une chaumière, il a fallu régler le sort de cette modeste succession. Tout seigneur qui avait le pouvoir de relâcher le lien de la servitude avait le droit de dire à quelles conditions les biens de l'affranchi passeraient à ses descendants. Ces conditions ont dû varier suivant la diversité des circonstances au milieu desquelles les contrats sont intervenus. Dans les provinces comme le Ponthieu, où la féodalité régnait en souveraine absolue, le statut successoral s'est modelé sur la constitution des fiefs; dans celles au contraire où il existait des alleux, les seigneurs propriétaires, par cela même qu'ils ne relevaient que de Dieu, ont pu se déterminer par des considérations d'équité plutôt que par des considérations politiques. Le temps et les nécessités locales ont fait le reste.

Quant aux coutumes des juridictions royales, elles dérivent d'une autre cause; elles ne se sont pas produites spontanément et d'un seul jet, mais elles furent le résultat de l'expérience qui a mis les juges à même de discerner, dans les coutumes particulières antérieures, les principes généraux du droit qu'ils avaient mission d'appliquer.

La coutume de la prévôté de Doullens a cela de remarquable que, eu égard à ses traditions d'origine, elle aurait dû, moins qu'une autre, se montrer disposée à favoriser la division des patrimoines. Jusqu'en 1225, la châtellenie de Doullens a fait partie des domaines du Ponthieu, pays de droit d'aînesse par excellence. Comment se fait-il donc qu'elle pose des principes diamétralement opposés à ceux de la coutume de la mère-patrie? Puisque l'établissement de la prévôté royale à Saint-Riquier n'a pas modifié la coutume préexistante, pourquoi l'établissement d'une autre prévôté royale à Doullens aurait-il produit un effet contraire? On ne peut s'expliquer cette contradiction qu'en supposant que les deux châtellenies, avant l'acte de désunion, n'étaient pas attachées par le même lien au fief de Ponthieu. Rien ne démontre, en effet, que Doullens fut une des *appartenances* du comté primitif, tout dénote au contraire qu'il n'en était qu'une appendance ayant sa constitution propre et sa coutume particulière, sans cela le droit commun de Ponthieu aurait continué d'y prévaloir comme il a prévalu à Saint-Riquier.

Toutefois nous ne prétendons pas que la coutume de la châtellenie de Doullens ait seule déterminé les principes de la coutume de la prévôté, car il ne faut pas isoler cette dernière des circonstances qui ont pu en influencer la rédaction. Lorsque les prévôts royaux furent investis du droit de délibérer avec leurs assesseurs, lorsque ceux-ci furent des hommes de loi et non plus des hommes de fief, ils eurent nécessairement une jurisprudence à eux, laquelle, avec le temps, a acquis l'autorité de l'usage, et, en outre, comme ils avaient fréquemment à apprécier des statuts locaux très-divers et souvent opposés, ils se sont portés naturellement à généraliser ceux qui favorisaient le plus l'égalité dans les partages. Ainsi la coutume du Ponthieu, en supposant qu'elle ait eu quelques racines dans le ressort de la prévôté de Doullens, y a perdu insensiblement du terrain. Cette coutume qui a échappé à la révision à laquelle presque toutes les autres furent soumises vers le milieu du xvi.ᵉ siècle, a vu les légistes s'acharner sinon à la détruire, du moins à resserrer les limites de son territoire. Elle n'en a pas moins continué, jusqu'à la révolution de 1789, de consacrer le plus odieux de tous les priviléges. Sacrifiant tout à l'intérêt d'un seul héritier, ne laissant pour suprême ressource aux puinés des familles nombreuses que le cloître, la domesticité ou le célibat, elle leur faisait une condition cent fois pire que celle du paysan dans les plus mauvais jours du servage de la glèbe, car les serfs étaient moins déshérités par leurs seigneurs que les cadets du Ponthieu par leurs aînés.

La coutume de la prévôté de Doullens a eu pour rédacteur les officiers de ce siége, au nombre de six, savoir : J. Brunet, J. Leboin, J. Berthe, L. Leboin, J. Papin, N. de Maisons. J. Brunet, garde de la prévôté, était en même temps échevin de Doullens. J. Leboin, procureur du roi en l'élection, était greffier de la ville ; L. Leboin était maïeur de Doullens ; J. Papin était procureur à Abbeville et bailli d'Harponville ; N. de Maisons était bailli de la châtellenie de Beauval.

La coutume de l'échevinage de Doullens rédigée le 15 septembre 1507, contient quarante-cinq signatures parmi lesquelles nous retrouvons les noms des principaux baillis et lieutenants des justices seigneuriales. Ainsi, *A. le Viesier*, ancien maïeur de Doullens, est bailli du Souich, de Neuvillette et du Quesnel ; *M. d'Osterel*, échevin de Doullens, est bailli de Zoteux ; *Jehan Daullé*, échevin de Doullens, est bailli de Grouches ; *Jehan Estocart*, échevin de Doullens, est bailli d'Anthieule.

Les mêmes causes d'influence se révèlent, par le rapprochement des noms, dans les bailliages des seigneuries. *De Boumy* préside en qualité de bailli l'assemblée pour la rédaction des coutumes, à Auxi, le 22 septembre 1507; à Saint-Acheul, le 23 ; à Willencourt, le 17 ; à Frohen, le 27, et à Maisicourt, en qualité de lieutenant du bailli, le 12 septembre ; — *Philippe de Wendin*, signe comme bailli la coutume de Beauvoir le 3 septembre, celle de Montigny le 7, celle de Courcelles le 11, celle de La Rosière, comme conseiller en cour laye, le 13, celle de Nœux le 18 ; — *Antoine le Nourrequier* est bailli d'Heuzecourt, du Monchel et de la seigneurie d'OEuf-en-Ternois ; — *Jehan le Nourrequier* est bailli de Fillièvres, de Béalcourt, en 1507, et de Wavans, en 1509.

La coutume de Wavans est la seule qui porte la date de 1509. On voit par l'intitulé qu'elle a été rédigée sur la réquisition du bailli d'Hesdin, à l'époque même où parut la première rédaction des coutumes d'Artois. Nous ne pouvons donc nous expliquer pourquoi elle figure avec celles du bailliage d'Amiens.

Les coutumes du Souich, de Neuvillette et du Quesnel, présentent identité parfaite de parchemin, d'écriture et d'encre, et sont signées de *A. le Viesier*, bailli ; nous avons constaté le même fait dans les coutumes d'OEuf et du Monchel, signées *Anthoine le Nourrequier ;* celles de Courcelles, Beauvoir, la Rosière, Montigny et Nœux (première partie), signées *Philippe de Wendin*, présentent des différences dans le parchemin et l'écriture, ainsi que dans l'esprit de leurs dispositions, mais la formule d'intitulé est la même : elles commencent toutes par l'énonciation des noms, prénoms et âge des comparants.

Il est inutile de pousser plus loin ce fastidieux rapprochement de noms pour établir ce qui d'ailleurs nous paraît parfaitement démontré, à savoir, que la plus grande part d'influence dans la rédaction des coutumes revient aux praticiens et aux officiers des justices seigneuriales. Ils avaient à cette époque la direction des affaires contentieuses, et, par leurs rapports multipliés, les moyens de propager les doctrines de leur école et de faire arriver le droit à l'unisson de leurs secrètes tendances.

La participation des trois états au grand acte de la codification des coutumes, s'il est permis de s'exprimer ainsi, a été une chose de pure forme dont la solennité ne saurait déguiser l'insignifiance. Si parfois des débats se sont élevés, si des contradictions se sont produites, l'objet en a presque toujours été circonscrit dans l'appréciation de l'existence ou de la quotité de certains droits seigneuriaux. Jamais le désaccord ne s'est manifesté sur les grands principes du droit coutumier.

On peut au surplus s'édifier sur la nature des dissidences qui surgirent à cette occasion, en consultant le procès-verbal de la coutume de Maisicourt. Les habitants, pour un misérable intérêt de four banal, refusèrent de signer le projet de coutume rédigé par le bailli; et ainsi, faute de s'être entendus sur un point si peu important, ils perdirent l'exercice d'un droit légitime qui leur était garanti par l'art. 7, celui d'envoyer leurs bestiaux au marais d'Auxi. Il existe, en effet, dans les archives de cette dernière commune, une sentence relative à ce droit de pâturage. Les habitants de Maisicourt le revendiquaient en se prévalant des termes de la coutume, mais il furent déboutés de leur demande par le motif que, ayant refusé de signer le procès-verbal, ils étaient mal fondés à invoquer une coutume qui par leur propre fait n'existait pas.

II.

Régime des Marais communaux.

Les marais sont, par rapport au pâturage et au droit des communes, l'objet de nombreuses dispositions dans les coutumes locales. Celles des villages situés sur les deux rives de l'Authie et de la Canche et même dans la vallée de la Ternoise, déterminent les conditions de la jouissance et fixent souvent par bouts et côtés les limites de la possession.

Seize des coutumes de cette série mentionnent des droits d'usage dans les marais. Nous les résumerons rapidement. — A Auxi-le-Château (art. 19), les habitans peuvent mener leurs bestes aumailles, jumens, poullains et chevaux es marés dudit lieu, tant du costé d'Arthois que du costé de Ponthieu; mais ils n'y peuvent mettre blanches bestes sans commettre amende de soixante solz parisis; et sy ne peuvent mener leurs pourchaulx au marés de Willencourt sous peine de confiscation ou d'amende. — A Blangy-en-Ternois (art. 3), les religieux ont amende de soixante solz parisis ou confiscacion (au marais), si........ (pourchaux) y estoient prins par les gens desdits relligieux dégattans lesdits marés, hors des limites à eulx ordonnées là où le commun a coustume de conduire leur bestail..... Et se aucun menoit bestes que ne fuissent de le communaulté, lesdites bestes seroient confisquées. — A Conchy-sur-Canche (art. 13), les manans et habitans peuvent envoyer leurs bestes chevalines, bestes à corne, pourchaulx et autres bestiaux quelzconques, de nuit et de jour, en et partout les trois marais dudit Conchy sans commettre aucune amende.—(Art. 19), ils ne paient point le droit de travers au Monchel ni ceux du Monchel à Conchy, car ilz sont pourmenans ensemble en aucuns marés. — A Frohens (art. 12), il y a un marais qu'on appelle marais et communaulté de Mézerolles et de Frohens; les habitans y peuvent faire garder à herde et sans herde leurs bestes à corne et d'aumaille, ainsi que leurs chevaux, saulf les bestes à laine et pourchaulx; lesquelz pourchaulx ilz peuvent tenir en pasture en un aultre petit marais appelé les Marquiaulx; ils ont aussi droit de pasturage pour les bestes à corne et chevaux, au pré Lannoy, au-delà de la rivière d'Authie, excepté dans les taillis dudit Lannoy, avant que ces taillis n'aient atteint l'âge de trois ans, sous peine de trois solz d'amende; et dans aucun cas, ilz ne peuvent mettre au pasturage des bestes étrangères par louage ou vente simulée sous peine de confiscacion ou de soixante solz d'amende. — A La Rosière (art. 6), les habitans ne peuvent mettre les bestes à laine et pourchaulx au marais sous peine de confiscacion; ils n'y peuvent même laisser pendant la nuit leurs bêtes chevalines, si elles n'ont pas labouré pendant le jour sur le terroir du lieu; les bêtes étrangères sont confisquées ou rachetées par soixante solz d'amende. — A Mézerolles (art. 10), les habitans ont le même droit que ceux de Frohens dans le grand marais, et leurs pourceaux peuvent aller aussi dans les marquiaux, mais les bêtes à laines en sont exclues sous peine de soixante solz d'amende.—(Art. 11), les bestes chevalines ne peuvent gésir au marais si elles n'ont labouré le jour précédent *à gorelle ou à bas (?)* sous peine de trois solz d'amende. — A Ocoche, échevinage (art. 4), les maïeur et échevins sont propriétaires de tous les marais et waquiers qui sont dans la circonscription du fief d'Ocoche; ils peuvent les destiner au pâturage commun et même donner à ferme au profit de la communauté, une partie des waquiers si bon leur semble, mais en la présence et du consentement de la majorité des habitans. Toutes les bestes oyseuses (oisives) ne peuvent aller au marais que pendant le jour, depuis le lever jusqu'au coucher du soleil, sous peine de soixante solz d'amende. — A Saint-Acheul (art. 6), les habitans et les religieuses de Willencourt peuvent envoyer leurs bestes à corne et pourceaux au marais de Beauvoir et Béalcourt, et les y tenir le jour et la nuit. — A Willencourt, les religieuses du lieu ont la faculté de faire paistre leurs bestes à corne, leurs bestes chevalines et pourceaux, dans le grand marais de Willencourt, depuis le commencement dudit marais, vers Auxi, jusqu'à la croix de l'église de l'Abbaye et de là jusqu'aux villages de Viz et de Ponchel; les tenans et sujets de l'abbaye ont le même droit (1). — A Outrebois (art. 7), tout poulain mâle âgé de moins d'un an est exclu du marais sous peine de confiscation. Les vaches, chevaux et jumens peuvent être mis dans le petit marais entre Ococche et Outrebois, et dans les prés dits de Canaples, après la première coupe des foins. — A Orville (art. 4), la commune a des marais qu'elle a achetés du seigneur, mais personne n'y peut envoyer ses bestiaux sans le congé du maïeur et des échevins.

Enfin, à Fillièvres, il existe plusieurs marais et prairies soumis à des règles différentes. — (Art. 11.) 1.° le *Grand marais* vers Obremetz est une propriété communale. On y reçoit tous les bestiaux sans distinction: 2.° dans le petit marais nommé *le Biez*, le pâturage est interdit aux pourceaux et n'est permis aux bêtes à laine que jusqu'au nombre de neuf pour chaque habitant. — (Art 13.) 3.° dans le *Marais dit de Galametz*, les habitans de Fillièvres et Galametz exercent le parcours réciproque de jour et de nuit, avec leurs vaches, veaux et moutons; 4.° le pâturage du *pré Caumont*, est permis aux bêtes à corne depuis la Saint-Remi jusqu'à la mi-mars; 5.° celui du pré Valicourt, qui est tenu en fief du seigneur, est autorisé depuis la Saint-Jean jusqu'à la mi-mars. — (Art. 21.) 6.° dans les *Aulnois d'Obremetz*, les habitans de Fillièvres peuvent faire communauté de sept ans, les quatre ans et huit mois, ce qui veut dire que la coupe des aulnois a lieu tous les sept ans, et que, pendant les deux ans et quatre mois qui suivent, le pâturage est prohibé afin de donner le temps au jeune taillis de se fortifier.

Par l'ensemble de ces dispositions on peut voir quels étaient les principes du droit coutumier sur les marais communaux avant que les ordonnances de François Ier, de Henri II et de Louis XIV, ne fussent venues créer un système nouveau.

D'abord constatons un point essentiel pour bien comprendre l'esprit de toutes ces coutumes. Certains villages ont une organisation communale dont l'effet est de leur attribuer la propriété et la seigneurie des marais. Ceux qui ont droit de banlieue ont, par cela même, droit de juridiction sur tout ce qu'elle renferme,

---

(1) Il y a en effet dans cette commune une autre seigneurie que celle des religieuses dont nous avons donné la coutume par extrait. (V. *Prévôté de Saint-Riquier*, tom. 1.er, p. 525.)

à moins que des fiefs n'y soient enclavés.—Ainsi, à Doullens (échevinage, art. 2), les maire et échevins sont seigneurs des franques tenues dans la ville, les faubourgs et la banlieue. — A Ocoche (échevinage, art. 3), ils sont seigneurs vicomtiers des flégards, marais et prés.—A Conchy-sur-Canche (art. 10), la mairie a la justice vicomtière et les habitants, par allusion à cette prérogative, se qualifient : *Messeigneurs les habitants de Conchy*. — A Frévent (art. 2), le droit de banlieue n'existe pas, mais les maire et échevins sont seigneurs vicomtiers des flégards, marais et communautés avec le comte de Saint-Pol. — A Orville (échevinage, art. 4), la mairie est propriéraire des marais et partage avec le seigneur le produit des amendes.

Dans les villages non constitués en commune, les habitants jouissent en commun des marais, mais le droit de justice des seigneurs est toujours expressément réservé. Ainsi, à Blangy (temporel, art. 3), les religieux sont seigneurs souverains des trois marais. — A La Rosière (art. 6), le seigneur a dans sa terre et seigneurie 70 journaux de marais qui sont communs au pâturage des bestiaux de ses sujets levants et couchants. Enfin, lorsque ce droit de justice n'est pas formellement exprimé, il résulte de l'attribution au seigneur du profit des amendes.

Envisagées sous ce triple point de vue, les coutumes sur la matière se résument dans les propositions suivantes :

1.º Là où le droit de commune et banlieue existe, les marais sont la propriété de l'universalité des habitants qui amortissent, avec la propriété, les droits de justice et seigneurie. Exemple : Doullens, Ocoche, Conchy, Fillièvres.

2.º Là où il y a commune sans banlieue, les marais n'appartiennent pas nécessairement à la généralité des habitants. Comme à Frévent, à Orville; ils ont la propriété sans la seigneurie, c'est-à-dire un droit restreint borné à la moitié du profit des amendes.

3.º Là où il n'y a point de commune, il y a une communauté de fait qui est représentée par le seigneur. Celui-ci, comme particulier, n'a pas plus de droit à la chose commune que le dernier des co-jouissants ; mais comme seigneur il administre dans l'intérêt de tous. C'est le tuteur qui gère les biens du pupille en attendant l'émancipation ou la majorité, de sorte qu'au jour où le pouvoir seigneurial disparaîtra, la commune rentrera dans le plein exercice de ses droits. Tel est le principe en vertu duquel les lois révolutionnaires ont restitué aux communes la propriété de certains marais et autres terrains qualifiés communaux.

4.º Là où il n'y a point de chose appropriable par un mode de jouissance ou d'amodiation individuelle, il n'y a pas, il ne peut pas y avoir de propriété privée, car la propriété se reconnaît à un signe certain non équivoque, la possession. La possession individuelle et la possession collective peuvent exister simultanément; dans ce cas, la première implique présomption de propriété, et la seconde présomption de servitude. Par exemple, les prairies à coupe réglée ne peuvent être rangées dans la catégorie des communaux, parce que le pâturage s'y exerce seulement pendant quelques mois de l'année. Or, en supposant que les habitants d'une commune aient sur ces prairies un droit de pâturage, comme ce droit est temporaire et contredit par une possession individuelle, ce n'est plus à proprement parler qu'une servitude de vaine pâture qui ne saurait détruire la présomption de propriété privée. Il n'y a donc de terrains véritablement communaux que ceux où le pacage a lieu en tout temps. Les autres sont des propriétés domaniales qui appartiennent au seigneur, quand il n'y a point de commune, ou quand la commune existe sans droit de banlieue, et qu'elle ne prouve pas, par un privilége, par un titre régulier, qu'elle avait le pouvoir d'amodier.

Dans l'usage du droit coutumier les marais se distinguent en défensables et non défensables. On appelle *non défensables* ceux où le pâturage s'exerce sans interruption, et *défensables* ceux où il est permis temporairement. Toutes les prairies où l'on récolte des foins sont défensables, si on n'y fait qu'une seule coupe, depuis la Saint-Jean jusqu'à la mi-mars; si on y récolte des regains, depuis la Saint-Remi jusqu'à la même époque. — Tous les bestiaux ne sont pas admis indistinctement dans les marais défensables. Quelques-uns en sont exclus, d'autres y sont tolérés sous certaines conditions. Ainsi les vaches, les veaux, les juments, les poulains, peuvent y paître depuis le lever jusqu'au coucher du soleil. On n'y peut mettre pendant la nuit que les chevaux qui ont travaillé pendant le jour, car le pâturage de nuit est une faveur à laquelle les bêtes oisives ne participent pas. Les marais communaux ne sont point défensables, parce que le pacage n'y est jamais interrompu. Cependant la liberté du parcours n'est pas absolue pour toutes les espèces de bestiaux, et la nature des lieux détermine les cas d'exception. Les moutons qui tondent l'herbe de très-près, ne vont que dans les marais où elle est assez abondante pour fournir à la nourriture des autres espèces. Les porcs qui gâtent et détruisent les prairies en fouillant la terre, ne sont mis avec le troupeau commun que dans des cantonnements spéciaux ou dans des endroits où cet inconvénient n'existe pas, par exemple, dans le marais de Conchy qui est une prairie mouvante.

Ainsi donc, pour résoudre les questions litigieuses relatives à la propriété des marais, pour apprécier les droits respectifs des communes et des anciens seigneurs, la règle la plus certaine est celle-ci : les marais non défensables sont nécessairement des communaux ; les marais défensables sont des propriétés patrimoniales. Sur les premiers, les communes ont plus qu'un droit d'usage ; sur les seconds, les seigneurs avaient plus qu'un droit de justice. Là où il n'existait point de commune organisée avec droit de banlieue, la généralité des habitants ne possédait que les communaux ; mais là où ce droit était reconnu, la communauté possédait, à titre de patrimoniaux, tous les marais défensables, dans la circonscription de la banlieue, dont les fruits ou l'amodiation profitaient à la masse des habitants.

Ces principes résultent des textes même des coutumes que nous venons de citer. Nous ne pensons pas qu'on puisse les contredire, en se fondant sur la maxime, *nulle terre sans seigneur*, que les seigneurs invoquèrent si souvent devant les cours de justice pour faire consacrer leurs usurpations des terres vaines et vagues. Avant le XVI.ᵉ siècle, le droit de justice et de seigneurie n'établissait pas présomption de propriété sur cette nature de biens, car nous n'avons pas d'exemple qu'un marais non défensable ait été l'objet d'un contrat de vente ou d'inféodation. Même après l'ordonnance de 1669, on trouve des arrêts qui, en maintenant le droit des habitants, proscrivent la prétention des seigneurs de réunir des communaux à leur domaine privé. On peut consulter notamment un arrêt du 3 mars 1763 entre le marquis de Lussan et trente-cinq communautés villageoises du bailliage d'Hesdin (1).

Jusqu'à l'époque où Dumoulin professa cette doctrine, personne ne s'était avisé de demander qu'on adjugeât aux seigneurs les terres vaines et vagues par la raison qu'ils devaient être réputés propriétaires de tous les fonds situés dans l'enclave de leur territoire et qu'ils n'avaient pas concédés antérieurement. Après lui, Fréminville et d'autres jurisconsultes sont venus soutenir que les communes procèdent de la libéralité des seigneurs et, par conséquent, que partout où le titre de concession n'apparaît pas, les terrains vains et vagues n'ont pas cessé d'être une propriété seigneuriale. C'est pourquoi l'ordonnance de 1669 (titre 25, art. 4 et 5) a permis aux seigneurs d'exiger le triage sur les bois et communaux des paroisses.

Il ne faut pas perdre de vue que cette ordonnance avait pour but non de favoriser la cupidité des seigneurs, mais de développer la prospérité publique, d'une part, en restreignant les droits d'usage dans les forêts proportionnellement aux besoins des localités, de l'autre en créant, par le desséchement et l'amodiation d'une partie des communaux, de nouvelles ressources à l'agriculture.

---

(1) Latruffe-Montmeylian. *Des droits des communes*, tom. II, p. 283.

Nous ne voulons pas aborder l'examen d'une question sur laquelle les jurisconsultes les plus éminents ne sont pas d'accord, celle de savoir si les communaux sont une propriété native entre les mains des habitants ou une propriété provenant des concessions faites aux communes par les anciens seiseigneurs (1). Cette question en soulève une foule d'autres qui sont du domaine de l'histoire. Il est impossible de ne pas les aborder, si l'on veut remonter au droit primordial des communes. Pour les résoudre, il faut se livrer à une étude approfondie des monuments, car les institutions du moyen-âge sont à la science du droit ce que sont à la géographie les grands fleuves du continent africain : on n'en connaîtra bien les sources mystérieuses que quand on en aura exploré tous les affluents. Mais peu importe, à notre point de vue, la question d'origine ; les lois révolutionnaires, en abolissant la puissance des seigneurs, leur ont ôté tout ce qu'ils possédaient en vertu de leur droit seigneurial sur les terrains vains et vagues et par conséquent tout ce que l'ordonnance de 1669 leur avait attribué par application de la maxime : *nulle terre sans seigneur*. Aujourd'hui, le fait seul du pacage continu équivaut, pour les habitants qui s'en prévalent, au titre de la concession et doit avoir la même force. La possession immémoriale des usagers est le meilleur titre de propriété qu'ils puissent invoquer. Il les dispense d'en produire d'autres.

III.

Des Communes rurales.

Parmi les coutumes de cette série, onze mentionnent diverses natures de priviléges municipaux. Les unes se réfèrent à des communes, les autres à des villes de loi, le plus grand nombre à de simples échevinages. Voici quelques-uns des traits caractéristiques de ce triple mode d'organisation. A Doullens, à Conchy, à Fillièvres, à Caumont et à Ocoche, les habitants ont droit de commune et de banlieue; Frévent est ville de loi, bourgage et échevinage; Orville est aussi une communauté bourgeoise gouvernée par un maire et des échevins ; mais dans cette commune ainsi que dans la précédente, le droit de banlieue n'existe pas. On appelle villes de loi, les villages auxquels les seigneurs ont accordé certains priviléges, comme de nommer des échevins char-

---

(1) Proudhon, *Traité de l'usufruit*, tom. VI, p. 57, n.° 2844. — *Revue de législation*, tom. I.ᵉʳ, p. 1.ʳᵉ *De la nécesssité de réformer les études historiques sur le droit français*, article de M. Troplong. — Latruffe-Montmeylian. *Des droits des communes*.

gés de faire exécuter les réglements de police, de reconnaître et sceller les contrats, de juger les contestations entre les manants et habitants, et de prononcer des amendes dont le profit appartient au seigneur. Beauval, Bourrech-sur-Canche et Gézaincourt sont des villes de loi. Des villages qui ne jouissent d'aucun privilége peuvent cependant avoir une administration locale composée d'échevins élus tantôt par les officiers de la seigneurie, comme à Mézerolles et Outrebois, tantôt par les habitants eux-mêmes, comme à Croisettes. Ces échevins sont les hommes du seigneur; ils ont droit de juridiction sur les rotures, comme les hommes liges sur les fiefs. Quand l'élection a lieu par les habitants, l'échevinage se renouvelle chaque année. Ainsi à Croisettes (art. 19), tous les tenants cottiers de la seigneurie se réunissent, le 11 novembre, dans un lieu déterminé, sous peine de cinq souverains d'amende, pour élire sept échevins. Ceux qu'ils nomment ne peuvent refuser l'office qui leur est conféré et sont obligés, dans l'année de leur élection, de payer un repas de bienvenue aux échevins de l'exercice précédent, sous peine d'y être contraints par la saisie de leur tenement.

L'occasion de parler, avec quelques détails, de l'organisation des échevinages, se présentera quand nous analyserons les coutumes locales de la prévôté de Beauquesne; nous nous bornons ici à signaler les caractères divers des villes de loi et des communes.

Les chartes de loi sont des actes où le seigneur trace les conditions de ses rapports avec ses sujets. Elles donnent à la liberté individuelle plus de garantie, à la perception des taxes plus de fixité, mais elles laissent subsister le lien féodal dans toute sa force. Les chartes de commune créent un pouvoir politique qui efface ou contre-balance celui du seigneur; il l'efface en ce sens que les citoyens n'ont plus de relations directes avec celui-ci; il le contre-balance quand la commune et le seigneur ont des intérêts opposés, car alors c'est l'autorité royale qui prononce. Toutes les communes ne sont point égales en prérogatives. Les unes sont complètement affranchies du joug seigneurial, les autres n'en sont pas totalement délivrées. Celles-ci relèvent d'un seigneur haut justicier; celles-là ne relèvent plus que du souverain. De même que les communes urbaines, les communes rurales sont différentes entre elles suivant l'objet particulier de leur organisation. Dans les bourgs, elles ont spécialement en vue de protéger l'industrie locale, dans certains cantons ruraux, d'assurer aux habitants la jouissance en commun d'un terrain qui n'est pas susceptible d'appropriation individuelle comme un marais ou une bruyère. Les communes d'Ocoche, de Conchy, de Fillièvres, de Caumont, appartenaient à cette dernière catégorie, car ces villages sont situés sur les bords de la Canche et de l'Authie et ont, à leur proximité, des marais considérables.

La nature du terrain influe tellement sur l'organisation politique des localités, que souvent la diversité de leurs coutumes ne peut s'expliquer que par le genre d'industrie ou d'exploitation auquel s'adonnent les habitants. Nous pourrions citer des villages qui, quoique membres de la même châtellenie et ayant, par conséquent, les mêmes droits à la faveur du maître, n'ont cependant pas été dotés des mêmes institutions, et cela parce que l'un des deux s'est trouvé, physiquement du moins, dans une meilleure position que l'autre. Caumont qui, par Tollent, son secours, avoisine les marais de l'Authie, a été érigé en commune; Erquières n'a eu que les priviléges de ville de loi. Puisque Caumont a pu obtenir de son seigneur une commune *sur le point et assis de la ville d'Hesdin*, pourquoi Erquières n'a-t-il pu en avoir une conforme à celle de Caumont? C'est donc qu'il y avait une raison pour favoriser davantage la première de ces deux localités. La commune rurale, en effet, est la conséquence naturelle de la jouissance en commun des terrains qui ne se prêtent pas facilement au mode d'exploitation individuelle. Les communaux ont donné naissance à beaucoup de communes, parce que ces sortes de biens ne comportent pas d'autre possession que la possession collective. C'est pour cela que le droit de commune et banlieue a été octroyé aux villages d'Ocoche, de Conchy, de Fillièvres et de Caumont.

Parmi les villes de loi, il y en avait aussi de plus ou moins favorisées, selon les circonstances. Ou le seigneur était trop puissant pour accorder des concessions avantageuses, ou les habitants n'étaient pas assez riches pour les payer. Ceux qui relevaient nuement d'un haut seigneur étaient souvent plus mal partagés en priviléges que ceux de la seigneurie inférieure. C'est ainsi que Gézaincourt obtint, en 1240, une charte de loi non moins libérale que celle que les habitants de Beauval avaient obtenue, en 1219, de leur seigneur.

Il suffit, pour s'en convaincre, de mettre ces deux chartes en parallèle. Elles sont pour ainsi dire calquées l'une sur l'autre au point que plusieurs articles sont formulés exactement dans les mêmes termes. Cependant, en les examinant de près, on y remarque de notables différences.

Ainsi Beauval a droit de nommer dix échevins, Gézaincourt n'en peut nommer que six. La première université a un sceau, la seconde n'en a pas. A Gézaincourt le seigneur a la faculté de choisir les échevins nouveaux quand les échevins en exercice ont négligé de les élire. Mais ce sont là des avantages purement honorifiques que Gézaincourt compense par une fiscalité moins rigoureuse.

Le droit de mutation par suite de décès est de 7 sols à Beauval et de 3 sols à Gézaincourt, pour la femme qui relève l'héritage de son mari, comme pour chacun des enfants qui relève l'héritage paternel. Le droit de vente pour les manoirs tenus à cens est de 7 sols à Beauval et de 5 sols à Gézaincourt.

Si nous comparons le chiffre des amendes dans les deux seigneuries, la disproportion est plus grande encore; et cette disproportion augmente progressivement à partir du chiffre le plus bas 3 sols, jusqu'au chiffre le plus élevé, 60 livres.

Par exemple, celui qui ne paie point sa part de la cotisation pour le traitement du gardien des moissons, doit une amende de 3 sols à Beauval et de 2 sols et demi à Gézaincourt (1); celui qui déplace une borne paie 20 sols à Beauval et dix sols à Gézaincourt.

Tout individu sur lequel un autre a porté une main violente, mais sans arme, doit déposer sa plainte dans les 24 heures, et consigner à Beauval 7 sols 1/2, à Gézaincourt 5 sols; s'il tarde au-delà de 24 heures, la consignation est de 15 sols à Beauval et de 10 sols à Gézaincourt; s'il laisse écouler 48 heures, il paiera 22 sols et demi à Beauval et 15 sols à Gézaincourt. Si le fauteur des violences est reconnu coupable par la justice locale, il supporte seul l'amende, les dépens et les dommages et intérêts.

Quand des blessures ont été faites avec une arme, l'agresseur paie 60 sols à Beauval et 20 sols à Gézaincourt. Si le blessé reste estropié d'un membre, l'amende la plus forte est encourue. Elle est de 60 livres à Beauval et de 10 livres à Gézaincourt. Ainsi, à raison de la nature des délits et contraventions, la perception des amendes est une fois, deux fois et cinq fois plus forte dans la seigneurie supérieure que dans la seigneurie subalterne.

Cela paraît étrange; néanmoins cela s'explique si l'on réfléchit que le chiffre des amendes de même que celui des reliefs féodaux marquait le rang du fief et la hiérarchie des feudataires. Il n'était pas permis à un vassal, à moins qu'il ne tînt son fief en pairie, d'élever ses prétentions fiscales au niveau de celles de son suzerain. Il n'en est pas moins vrai, par une singulière anomalie, que la condition préférable était celle des sujets de la seigneurie la plus humble, car ils payaient des amendes moins fortes et des droits de mutation plus modérés.

La comparaison des deux chartes fait encore ressortir un autre avantage pour les habitants de Gézaincourt. Ils sont exempts de toute taille seigneuriale, tan-

(1) Excepté dans l'espèce de l'article 16 qui est la reproduction textuelle d'une disposition de la charte de Beauval; mais c'est probablement, par une erreur de copiste, que cet article déroge à la règle des deux articles précédents.

dis que ceux de Beauval en paient une de 60 livres tous les ans à leur seigneur. Les premiers ont le privilége de ne pouvoir être imposés que pour les nécessités de leur commune.

La coutume locale de Gézaincourt est la traduction pour ainsi dire littérale de la charte de 1240, moins une disposition qu'on a retranchée, et deux autres qu'on a ajoutées. Les additions consacrent le droit de mort et vif herbage au profit du seigneur et le droit sur l'afforage des boissons au profit des échevins. L'article supprimé, le 26.ᵉ de la charte, est ainsi conçu : *Quilibet hominum de Gezainecourt de pane suo nataly per solum quietatur.* Qu'est-ce que cet impôt d'un seul pain sur le pain natal? Cela veut-il dire que chaque habitant le doit payer une fois en sa vie seulement en reconnaissance de sa sujétion personnelle à l'autorité du seigneur? Remplace-t-il la prestation de vin que les communes affranchies payaient *in signum praeteritae servitutis?* Nous ne saurions le dire, car ce fait est sans analogues dans nos coutumes. Il faut remonter jusqu'à la barbarie du xi.ᵉ siècle pour trouver un précédent qui s'y rattache. En effet, nous lisons dans l'historien des comtes de Guines, qu'Arnoul-le-Vieux imposa un tribut semblable aux habitants de la ville d'Ardres, pour les punir de l'aumône d'un pain que chacun d'eux avait faite à un pauvre jongleur qui leur avait donné le spectacle d'un ours dévoré par des chiens (1). Au surplus, la coutume locale de Gézaincourt ne reproduisant pas l'article 26 de la charte où le droit sur le pain natal est mentionné, laisse à penser que les échevins, de concert avec les officiers du seigneur, auront usé, pour le faire disparaître, de la faculté que leur accordait l'article 24 de corriger les mauvaises coutumes. Une exaction de cette nature ne pouvait plus être tolérée au xvi.ᵉ siècle que comme reconnaissance de la banalité du four seigneurial.

La coutume de l'échevinage de Beauval reproduit aussi les principales dispositions de la charte de 1219, mais avec de nombreuses corrections et additions qui pourraient fournir matière à des observations intéressantes. Nous les réservons pour les notes où elles seront beaucoup mieux à leur place. Nous signalerons seulement, comme une innovation capitale, l'article qui accorde à l'aîné, à titre de préciput, le droit de choisir le meilleur manoir ou la meilleure pièce de terre de la succession paternelle. De ce que ce droit n'est pas mentionné dans la charte de 1219, on pourrait tirer la conséquence qu'il n'existait pas à cette époque. Mais comme la charte n'énonce que des priviléges, il faut supposer que

---

(1) Lambert d'Ardres *apud Duchesne*, Preuves de la maison de Guines, liv. 1ʳʳ, pag. 161.

ce préciput n'a pas dû y figurer parce qu'il était de droit commun reconnu d'ailleurs par la coutume de la châtellenie. Si quelque chose au contraire a été un hors-d'œuvre dans la déclaration des statuts locaux, c'est le rappel des priviléges octroyés aux villes de loi, puisque l'édit royal qui ordonne la rédaction des coutumes prescrit impérativement de ne pas les y insérer (1).

Nous devons nous féliciter que cette prescription n'ait pas été mieux observée ; bien des faits curieux au point de vue historique, seraient restés ignorés, si l'on s'était strictement renfermé dans les termes de l'ordonnance de Grenoble.

L'original de la coutume de la châtellenie de Domart et Bernaville ne se trouve pas dans le dépôt de la cour d'appel d'Amiens. L'extrait que nous publions a été fait d'après un manuscrit du dernier siècle appartenant à l'hospice de Domart, que M. l'abbé Deroussen, curé-doyen de cette paroisse, a bien voulu nous communiquer. Nous y avons trouvé, avec la copie de la coutume, quelques renseignements sur la cause probable de la disparition de l'original.

On voit à la page 68 du manuscrit que Jean Lefebvre, curé de Domart, l'a entrepris en 1728. — Il y avait alors cinquante ans qu'il desservait cette cure, par conséquent son témoignage, sur les faits qu'il raconte, ne laisse pas que d'avoir certaine gravité.

« Ayant été informé, dit-il, qu'il se commettait des abus dans la perception
» des droits seigneuriaux pour les terres aux champs contraires à l'article 2 de
» la coutume locale qui n'accorde que douze deniers du journal par le vendeur
» et autant par l'acheteur, j'ai voulu savoir si les seigneurs et leurs receveurs
» étaient fondés à se faire payer le treizième denier, des terres comme des ma-
» sures, suivant la coutume générale du bailliage d'Amiens ; j'ai donc dû com-
» mencer par m'assurer de la vérité de la coutume locale que M. Jean Coffi-
» nier, lieutenant de Domart et receveur de la baronnie, a bien voulu me con-
» fier et dont j'ai fait la copie que je possède. J'ai été à Amiens pour avoir com-
» munication de la minute qui devait être au greffe du bailliage (dans le trésor
» littéral, au-dessus de la chambre d'audience, fermé de deux serrures et de deux
» clefs, dont l'une était gardée par le doyen des conseillers et l'autre par le
» greffier). Le greffier me répondit qu'on la lui avait déjà demandée, mais qu'il
» l'avait cherchée sans succès, qu'il fallait — ce qui était de tradition — que M.
» Cornet, sieur de Coupel, sénéchal de Domart et avocat du roy, l'eût prise
» sans l'avoir rapportée. D'autres personnes m'ont dit que le sieur Cornet, pour

---

(1) Voyez tom. 1.er, pag. 50, premier alinéa. — Et l'ordonnance de Grenoble du mois d'avril 1506, avant Pâques sur la rédaction des Coutumes.

» l'avoir, avait donné son récépissé, mais qu'ensuite il avait trouvé moyen de
» reprendre le récépissé sans rendre la coutume, ce qui serait une mauvaise
» action. »

Le fait de soustraction n'est rien moins que prouvé par la déclaration du greffier du bailliage, car s'il avait consulté l'inventaire des coutumes locales, dressé en 1559, il aurait vu que celle de la châtellenie de Domart et Bernaville n'y figure pas, et il se serait dispensé de donner une explication qui incrimine un homme peut-être fort innocent de l'infidélité dont il est soupçonné.

D'un autre côté, il est certain que la coutume a existé, soit en double, soit en expédition, dans les archives de Domart. Il est possible également qu'elle ait été omise dans l'inventaire de 1559, ou que, comme plusieurs autres dont nous possédons les originaux, elle ait été retrouvée postérieurement à la rédaction de cet inventaire. Toujours est-il que, si réellement Cornet de Coupel s'est rendu coupable de soustraction, le renseignement de Jean Lefebvre est précieux en ce sens qu'il signale la trace qu'il faudrait suivre pour retrouver l'original de la coutume. La châtellenie de Domart jusqu'à la révolution de 1789 a fait partie des domaines du comte d'Artois. Si la minute a été communiquée au sénéchal de Coupel, il est plus que probable qu'elle sera restée confondue parmi les autres titres de la seigneurie et qu'elle aura été transférée, avec ces titres, dans le dépôt de l'ancienne liste civile à Paris. Il ne serait donc pas impossible de l'y découvrir.

Nous n'avons pas à enregistrer beaucoup de coutumes qui se distinguent par la bizarrerie et l'étrangeté de leurs dispositions. La plupart n'offrent d'intérêt que par l'intitulé des procès-verbaux et les signatures qui y sont apposées. Il en est quelques-unes cependant qui méritent d'être rappelées. Ainsi, l'article 63 de la coutume de Croisettes accorde le droit de douaire coutumier aux hommes veufs sur la moitié des biens personnels de leurs femmes; mais à la suite de cet article, il y a une opposition formulée en ces termes: *Advertissent les tenans cottiers d'icelle seigneurie assemblez pour concorder les coustumes que ceste dessus nommée leur semble impertinente, et que nulles terres voisines du comté de Saint-Pol n'ont ce droit.*

Le seigneur de Boubers (art. 6), à cause de sa garenne, a droit d'avoir dans ses bois dudit lieu trente-quatre pièges pour y prendre les bêtes fauves. Tout animal à pied fourchu qui y tombe est confisqué à son profit, et les bestiaux qui s'y prennent ne peuvent être retirés sans son congé; mais il est obligé de faire visiter lesdits pièges de vingt-quatre heures en vingt-quatre heures, *pour doubte que aucune personne ne soit chutte en iceux.*

Le comte abbé de Blangy se qualifie seigneur souverain en se fondant sur ce que le temporel de son abbaye formait une baronnie pure, voisine des comtés d'Artois et de Saint-Pol, plus de trois cents ans avant l'érection de ces comtés, du temps même du roi Clovis, ainsi qu'il appert par les saintes légendes. L'art. 1.er de la coutume fixe la situation de cette baronnie sur les confins des prévôtés de Doullens, de Montreuil et de Beauquesne.

Nous terminerions mal cette notice si nous taisions le nom de celui de nos honorables collaborateurs auquel les coutumes de la prévôté de Doullens devront leurs plus utiles éclaircissements. M. Eugène Demarsy, substitut du procureur de la République à Abbeville, membre titulaire non résidant de la Société des Antiquaires de Picardie, qui emploie ses loisirs à explorer les archives municipales des lieux où il exerce ses fonctions, nous a fourni sur Doullens, Beauval, Ococbe, Bagneux, Brestel, Authieulle et Zoteux, une foule de pièces curieuses et inédites que nous réservons pour les notes de cette série. Nous lui devons aussi la découverte d'une copie de la coutume de l'échevinage de Doullens et un texte de la charte de Beauval de 1216, beaucoup plus exact que celui qui a été publié par le père Daire dans son Histoire du doyenné de Doullens. C'est pour nous un devoir et un plaisir de lui en témoigner notre reconnaissance.

Mai 1849.

A. B.

LES COUTUMES.

DANS LEURS RAPPORTS
AVEC LE PRINCIPE DE L'ORGANISATION DE LA FAMILLE.

Deux choses nous frappent dans le système des institutions coutumières : c'est, d'une part, la multitude et la diversité des dispositions sur l'hérédité et la transmission des biens; de l'autre, leur silence presque absolu sur le mariage, la paternité et la filiation. Les coutumes, très-explicites sur l'objet, sont muettes sur le principe même de l'organisation de la famille.

Nous voulons rechercher la cause de cette anomalie.

Pourquoi le mariage, source et fondement de toute législation civile, n'a-t-il pas été réglementé par le droit coutumier?

Par quel concours de circonstances les lois organiques de la famille se sont-elles successivement modifiées sous l'action de principes divergents et opposés?

Telles sont les questions que nous nous proposons d'examiner. Sans entrer dans les détails que comporte un sujet aussi vaste, nous nous renfermerons dans les limites d'un simple aperçu, en tâchant toutefois de rendre la démonstration aussi concluante que possible.

I.

Pourquoi le Mariage n'a-t-il pas été réglementé par le droit coutumier?

L'union de l'homme avec la femme est passagère ou permanente : *passagère*, quand elle n'a d'autre objet que le plaisir des sens; *permanente*, quand elle est fondée sur le besoin de ne pas laisser d'incertitude dans l'état des citoyens. L'union passagère n'est donc qu'un acte purement naturel; l'union permanente est un contrat civil. L'union permanente, le mariage, est le principe conservateur de la famille, car c'est lui qui crée le lien du sang et qui consacre la légitimité des droits héréditaires : *quia non aliter quisquam ad patris conditionem accedit, quam si inter patrem et matrem ejus connubium sit* (1). L'union passagère, le concubinage, ne peut attribuer, sur la succession du père, aucun

---
(1) Gaius, cap. 1, § 67.

privilége aux enfants dont il entâche la naissance. Ceux-ci n'ont point de père aux yeux de la loi : *unde solent spurii filii appellari...... quasi sine patre filii* (1). Seulement l'intérêt de l'humanité s'oppose à leur complet abandon et le cri de la nature réclame pour eux des aliments. Agar, du consentement de Sara stérile, peut bien entrer dans le lit d'Abraham, mais Ismaël, quand Sara aura été rendue féconde, sera exclu du patrimoine de son père, parce qu'il n'est pas le fruit de l'union légitime : il sera chassé du toit qui l'a vu naître avec un peu d'eau et un peu de pain pour tout héritage.

Le mariage et le concubinage sont deux choses entièrement distinctes. Cependant, dans l'origine, ils ont dû se confondre, car le mariage ressemble au concubinage par le consentement et la cohabitation; il n'en diffère que par l'intervention de certaines formes solennelles qui accompagnent la tradition de l'épouse à l'époux. C'est donc la loi civile qui les a séparés pour ne point s'égarer dans les conjectures de la paternité.

Aux yeux de la nature comme aux yeux de la religion, le mariage est valable par le consentement. Aux yeux de la loi civile, sa validité dépend de certaines conditions et de certaines formalités. De-là la distinction du droit romain entre le *matrimonium*, c'est-à-dire le mariage selon le droit des gens, et le *connubium*, c'est-à-dire le mariage selon le droit civil. Le matrimonium s'accomplit entre étranger et régnicole, entre pérégrin et latin; mais le connubium qui garantit la possession des droits et des prérogatives de la cité, n'a pas lieu entre le citoyen et le simple habitant. Le matrimonium est un état mixte entre le concubinat et le connubium. Le concubinat attribue la propriété des enfants à la femme; le connubium l'attribue au mari. Le matrimonium ne confère pas aux enfants tous les avantages de la condition du père, ou ne les leur transmet qu'imparfaitement (2).

Rome ne permettait pas facilement à ses enfants de s'allier à des femmes étrangères. On sait l'indignation avec laquelle elle accueillit la nouvelle du mariage d'Antoine avec Cléopâtre, et le sacrifice que Titus dut faire aux exigences de sa patrie, lorsqu'il fut bien convaincu que son union avec Bérénice ne serait pas sanctionnée comme légitime : toutes belles, toutes reines qu'elles étaient, Cléopâtre et Bérénice ne pouvaient donner le jour qu'à des enfants incapables de devenir citoyens romains (3).

La législation justinienne, secondée en cela par le progrès et l'influence du

(1) Gaius, cap. 1, § 64.
(2) Bouchaud. *Comm. sur la Loi des XII tables*, tom. II, p. 616 à 628.
(3) Ibid.

christianisme, a fait disparaître les entraves qui gênaient le libre choix des époux et rejeté tous les empêchements qui étaient fondés sur l'intérêt politique. La différence qui, jusque là, avait existé entre le matrimonium et le connubium fut complètement effacée.

La loi des douze tables reconnaissait trois sortes de mariages légitimes : la *confarreatio* ou le mariage religieux; la *coemptio* ou le mariage par achat; l'*usus*, c'est-à-dire le mariage par prescription. La confarréation était le mariage le plus saint et le plus auguste. Il exigeait la présence du souverain pontife et du prêtre de Jupiter. Il paraît avoir été commun aux familles sacerdotales et patriciennes, mais il était interdit aux plébéiens; du moins le langage que Tacite fait tenir à Tibère (1), donne lieu de supposer qu'il en était ainsi, puisque l'usage voulait qu'on proposât pour la prêtrise de Jupiter trois patriciens *patrimes* et *matrimes*, c'est-à-dire nés d'un père et d'une mère mariés selon le rit de la confarréation. Les patrimes et matrimes avaient plusieurs priviléges. Ils remplissaient dans les sacrifices des fonctions honorables, comme celle d'asperger avec l'eau lustrale.

Le mariage par coemption avait lieu au moyen d'une vente fictive en présence de cinq témoins et du *libripens* (porte balance) (2). La femme ainsi mariée, passait dans la famille de son époux où elle avait le même rang qu'une fille : *in familiam viri transibat filiaeque locum obtinebat* (3). Elle était à jamais exclue du droit d'héritage dans sa propre famille et tout ce qu'elle possédait au jour de la mancipation était dévolu, de plein droit, au chef de la famille de son époux. Le mariage par prescription se légitimait par le consentement de la femme, et son habitation pendant un an, sans interruption, dans la maison de son mari la faisait réputer prescrite par celui-ci : *velut annuá possessione usucapiebatur* (4). Mais dans ce dernier cas, la femme restait attachée à sa famille d'origine quoique vivant dans la maison de son mari, à moins qu'elle n'usât point de la faculté que la loi lui accordait de s'absenter, chaque année, pendant trois nuits du domicile conjugal, car par ce moyen elle interrompait l'usucapion, et elle restait toujours sous la dépendance de celui qui la tenait sous sa puissance, au jour du mariage. Tout ce droit, dit Gaius, a été, en partie, abrogé par les lois, en partie, aboli par la désuétude (5). L'habitude facile de l'interruption annale devint le mode le plus usité, et la femme qui ne cessait point d'appartenir à sa famille d'origine, ne fut plus considérée que comme un hôte passager dans

---

(1) Ann. lib. iv, cap. 16.
(2) Gaius. Comm. 1, § 113.
(3) Ibid, § 111.
(4) Ibid, ibid.
(5) Ibid, ibid.

celle de son mari, surtout lorsque le divorce que, d'après les anciennes lois, celui-ci pouvait seul exercer, devint un droit égal en faveur de la femme. Rome qui marchait à grands pas à l'imitation des mœurs de la Grèce, n'avait plus que la dot à trouver pour avoir, dans le mariage *per usum*, une image fidèle du mariage athénien. Cela eut lieu quand le mari n'eut plus sur l'apport de la femme qu'un simple droit d'usufruit, et quand celle-ci eut seule la jouissance et l'administration de ses autres biens.

A Athènes, en effet, la femme ne prenait point le nom de son mari. Elle n'entrait dans la maison de celui-ci qu'à la condition de lui payer l'indemnité de son séjour. La dot qu'elle lui apportait avait un double but. Elle était destinée à subvenir aux dépenses du ménage et, en outre, elle était l'attribut de l'épouse en titre, car elle légitimait sa possession du domicile conjugal et empêchait qu'on ne pût la confondre avec la concubine. Le mari percevait les fruits de la dot, mais il ne pouvait disposer du fonds. S'il arrivait qu'il la dissipât, le remboursement en était garanti à la femme par une hypothèque légale. La femme restait tellement étrangère à la famille de son époux que le père pouvait quelquefois la contraindre à se séparer du mari qu'il lui avait donné pour en épouser un autre, par exemple, lorsqu'elle venait à recueillir une succession dont elle n'était pas présomptive héritière au jour de son mariage. Dans ce cas, le nouvel époux était toujours un membre de sa propre famille (1).

Le mariage libre, tel qu'il se pratiquait chez les Athéniens, n'est pas encore l'union permanente, mais il en a déjà tous les caractères, car il y a un contrat et un fait qui produisent des effets civils.

Le mariage antique affecte donc l'état de la femme de deux manières différentes : ou il la fait passer dans la famille de son mari, ou il la laisse attachée à sa famille d'origine, de telle sorte qu'il s'assimile à un contrat de vente ou à un commodat. Dans le premier cas, le mari acquérant à titre onéreux, le consentement du père ou du tuteur cédant doit être exprès et formel ; dans le second cas, le mari usant à titre gratuit, cette condition n'est pas rigoureusement nécessaire et le simple consentement de la femme peut suffire.

Les mariages par achat ont été d'un usage général. S'il faut ajouter foi au témoignage d'Homère, dans les temps héroïques de la Grèce, on achetait les femmes en donnant en retour des objets de consommation (2). Quelquefois,

---

(1) *Revue de Législation*, 1845. *De l'Organisation de la famille à Athènes*, par M. Cauvet.

(2) Illiade. Ch. 1.ᵉʳ

mais cet usage remonte à la plus haute antiquité, on acquérait par un service personnel d'une durée déterminée, la possession de celle à qui l'on voulait s'unir. Ainsi, Jacob épousa successivement les deux filles de Laban, en s'obligeant, pour chacune d'elles, à servir pendant sept ans dans la maison de son beau-père (1). Cela avait lieu dans la simplicité des mœurs patriarchales. Il y a longtemps que le noviciat du mariage n'est plus soumis à d'aussi longues épreuves.

Chez les barbares, la femme était livrée à son mari avec toutes les formes d'investiture qui accompagnaient l'acte translatif de propriété. De la garde du père ou du tuteur qui protégeait sa faiblesse, elle passait sous la garde de l'époux qui avait seul désormais la charge et les profits de cette protection que nous appellerons *mundium* pour nous servir du mot consacré. La femme n'apportait point de dot à son mari; mais au contraire le mari constituait un douaire à sa femme, ou plutôt le prix de cession du mundium, converti en gain de survie, régularisait sa position et empêchait que le titre et le rang d'épouse légitime lui fussent contestés. Après la dissolution du mariage, la femme, à cause de son douaire, restait soumise à la tutelle des parents de son mari, à moins qu'elle ne se rachetât de cette tutelle en abandonnant la moitié de ses avantages nuptiaux. Elle était donc véritablement vendue puisqu'elle payait le droit de rentrer dans sa famille. Mais elle ne se détachait tout-à-fait de celle de son époux, qu'en brisant, par un nouveau mariage, le lien qui l'avait unie à lui, et, dans ce cas encore, elle payait par la restitution du lit nuptial avec tous ses accessoires, l'affront qu'elle allait faire à la mémoire de son premier mari (2).

Le mariage par achat des vieilles races germaniques et le mariage romain par coemption, offrent entre eux la plus grande analogie. A Rome, le prix payé par l'époux représente l'indemnité de la succession enlevée aux agnats (3). En Germanie, les présents faits à la famille sont l'équivalent du *mundium*, c'est-à-dire de la valeur personnelle de la future. A Rome, le mari prenait possession de sa femme par la *hasta* symbole de la tradition *in manú : cœlibari hasta*, dit Festus, *caput nubentis convelatur... quod nuptiali jure, imperio viri subjicitur nubens* (4). Dans le mariage germanique, l'investiture du mari avait lieu *per festucam*. Ce symbole, dit J. Grimm, signifiait tout à la fois la tradition d'un immeuble entre les mains d'un nouveau possesseur, la

---

(1) Genèse, cap. 29, v. 20.
(2) Laboulaye, *De la condition des femmes*, p. 164, 165.
(3) Ibid, p. 177.
(4) Ibid, p. 161.

manumission de l'esclave rendu à la liberté, et la dessaisine par le père ou le tuteur de la femme de tous les droits qu'il transférait à l'époux (1).

On se demande pourquoi, dans l'esprit des mœurs barbares, la prise de possession de l'épouse légitime est accompagnée de toutes les solennités du contrat de vente. C'était sans doute pour que le consentement des parties intéressées fût rendu plus manifeste. L'acte qu'elles accomplissaient avait toutes les formes, parce qu'il devait avoir toute la force d'un engagement synallagmatique. C'est pour cela, il faut le croire, qu'un roi de Danemarck imposa aux Russes qu'il avait vaincus, l'obligation de ne contracter que des mariages par achat *venalia connubia*. Il était convaincu, dit Saxo Grammaticus, que ces sortes d'unions offraient plus de garantie de stabilité, précisément parce qu'il y avait stipulation et paiement d'un prix : *tutiorem matrimonii fidem existimans, quod pretio firmaretur* (2).

La vente fictive avait en effet ce caractère qu'elle exprimait la participation au contrat de la personne qui avait autorité sur la femme, d'où il suit que le concours du père ou du tuteur était indispensable à la validité du mariage.

D'où vient donc qu'à Rome, à l'époque la plus avancée de sa civilisation, cette condition n'a plus été exigée? C'est parce que les jurisconsultes n'ont plus voulu asservir le mariage à d'autre loi que celle du sentiment intime, amour ou convenance, qui porte deux personnes de différents sexes à unir leurs affections et leurs intérêts. Si, dans l'ancien droit romain, le consentement du père ou du tuteur fut obligatoire, c'est parce que la femme placée sous leur puissance n'en pouvait sortir contre leur gré. En considérant le mariage en lui-même, leur consentement n'était qu'une adhésion au contrat et non le contrat. C'est le consentement de la femme qui en était le principe constituant. Ce principe eut bien plus de force encore lorsque les antiques entraves de la puissance paternelle et de la tutelle perpétuelle des femmes se furent relâchées. C'est pourquoi, dans le dernier état de la législation romaine, la validité du mariage ne dépendit plus que du libre consentement des époux, à ce point que le père ne pouvait faire annuler l'union contractée sans son aveu.

Nous devons dire sous l'empire de qu'elles idées l'opinion des jurisconsultes s'était ainsi modifiée.

Le christianisme venait de faire son apparition dans le monde et de proclamer que la femme n'est pas l'esclave mais la compagne de l'homme, que le contrat qui lie sa destinée n'est pas un acte translatif de propriété, mais un

---

(1) Grimm. D. R. A., p. 431.   (2) Sax. Gramm., lib. v, p. 88.

acte où l'homme et la femme stipulent avec une égale liberté les clauses de leur association. Le christianisme, à l'idée d'une vente qui établit une inégalité monstrueuse entre les deux sexes, avait substitué l'idée d'une société qui efface complètement cette différence, et décrété, pour que le mariage eût toute la force d'un engagement perpétuel, exclusif de tout autre engagement semblable, que cette société une fois formée, la mort seule pourrait la rompre et la dissoudre. Ainsi le jurisconsulte chrétien, en ennoblissant l'institution du mariage, quant à son objet qu'il appelle *consortium totius vitæ*, le dénaturait quant à son principe, qu'il définit : *conjunctio maris et feminæ;* il faisait d'un acte civil, un acte naturel subordonné à la volonté des parties contractantes. Le consentement étant la seule condition essentielle de son accomplissement, la loi positive n'avait donc rien de plus à faire que d'en régler les effets.

Nous allons voir que cette doctrine a été celle des pères de l'Eglise, et qu'elle a longtemps servi de règle à la jurisprudence canonique. Mais avant d'aborder ce sujet, nous devons dire un mot des fiançailles qui nous y ramèneront forcément.

Dans la cérémonie des fiançailles, les époux se donnent des gages mutuels de tendresse, de fidélité et de protection. Les présents qu'ils échangent sont pour eux l'emblème des promesses de l'avenir, en même temps la garantie de l'engagement réciproque qu'ils contractent. Chez les Germains, dit Tacite, ces présents ne sont point de vains ornements ni des parures propres à flatter la coquetterie d'une femme. Ce sont des bœufs accouplés pour les travaux des champs, c'est un coursier avec son frein, un bouclier, une lance, une épée, toutes choses en un mot qui prédisent à la jeune épouse la vie de périls et de labeur à laquelle elle va s'associer : *laborum periculorumque sociam*. On veut qu'au moment de s'enchaîner pour toujours, elle ait devant les yeux des objets qui l'avertissent de sa future destinée : *hoc juncti boves, hoc paratus equus, hoc data arma denuntiant* (1).

Parmi les présents offerts à la fiancée du Germain, on rencontre souvent le manteau, emblème de la protection que le mari doit à sa femme, l'épée, signe de l'autorité qu'il a sur elle, le sol et le denier, prix de la vente qui la lui a livrée; enfin, l'anneau, gage de la fidélité qu'ils se sont jurée.

C'est par le sol et le denier que les envoyés de Clovis engagèrent la foi de leur maître à la jeune reine Clothilde (2), car, comme l'observe très-bien Lendenbrock, autrefois le mari prenait possession de sa femme par le sol et le

---

(1) Tacit. de mor. Germ. (2) Fredeg., cap. 18.

denier, *solido et denario*, afin de justifier, par un acte équipollent à vente, ses droits à l'exercice de la puissance maritale (1).

Le manteau en pelleterie, de même que l'épée, joue un rôle important dans la translation du *mundium* lorsque le tuteur marie sa pupille. L'usage de fiancer *per gladium et clamydem* apparaît fréquemment dans les formules lombardes du précieux recueil de Canciani (2), et aussi dans les coutumes de l'Espagne du moyen-âge : « Le jeune hidalgo, dit un vieux fuero de Castille, » donnera à sa fiancée un manteau en peaux d'agneaux mort-nés, assez grand, » assez large pour qu'un cavalier armé puisse entrer par une manche et sortir par l'autre (3). » Le choix de ce vêtement, pour présent de noces, accuse bien les tendres préoccupations du jeune époux ; l'exagération plus qu'hyperbolique de ses dimensions est bien le signe de cette protection délicate dont il doit couvrir, environner celle qui se donne à lui (4).

En Frise, une épée nue était portée devant la fiancée en signe du droit de vie et de mort que son mari avait sur elle. Le jour des noces, elle était conduite à l'église par un long cortége de jeunes garçons et de jeunes filles. La cérémonie terminée, elle était ramenée au logis conjugal avec la même pompe ; mais au moment d'en franchir le seuil, l'un des proches parents du mari lui barrait le passage en agitant une épée nue devant elle ; et, malgré tous ses efforts pour pénétrer dans la maison, elle n'y était admise qu'après avoir gagné le gardien par quelque menu présent. Par là, la jeune épouse était avertie de se conserver pure et sans tâche à son mari, qui vengerait l'affront de son adultère par le glaive sous lequel elle devait passer pour entrer sous son toit (5).

La présence d'une épée nue, entre un homme et une femme dans le même lit, était regardée comme une sauve-garde suffisante de la pudeur de la femme, et c'est sans doute pour cela qu'elle servait à l'expiation de l'honneur conjugal outragé. Siegurd, le héros de l'épopée scandinave, passa trois nuits de cette manière auprès de Brynhilde, et c'est après avoir subi cette épreuve, qu'il obtint la faveur d'échanger avec cette princesse l'anneau des fiançailles. De même lorsque celle-ci se place sur le bûcher où elle va être consumée par les flammes à côté du corps de celui qui a su mériter son amour, elle commande qu'on mette une épée nue entr'elle et lui, afin que l'union des deux amants dans la tombe commence sous les mêmes auspices que leur union dans la vie (6).

---

(1) Canciani, 2, p. 485, notes d'Eccard sur la Loi Salique, v.° *Reipus*.
(2) Canciani, 2, p. 476, 477.
(3) Grimm. D. R. A., p. 428.
(4) *Der mantel ist ein zeichen der schutzes.* Grimm., D. R. A., p. 106.
(5) Ibid, p. 168.
(6) Grimm. D. R. A., p. 168, 462.

Cette tradition de l'épée nue s'est perpétuée fort avant dans le moyen-âge. Elle n'était pas encore totalement effacée en Picardie au commencement du xvi.ᵉ siècle. En effet, la coutume locale de l'échevinage d'Aubigny-en-Artois, déclare que celui qui veut acquérir droit de bourgeoisie dans cette commune, doit y coucher la première nuit de ses noces avec sa femme, faire appeler les échevins pour constater que les époux sont couchés ensemble dans le même lit, et *que rien n'est mis entre eux*. Evidemment, il y a là une allusion à l'épée nue gardienne vigilante des chastes amours; l'absence de ce symbole entre les deux époux équivaut à la preuve de la consommation du mariage sur le lieu même où il faut qu'il s'accomplisse pour être efficace. La coutume suppose la possibilité de la fraude. Elle ne veut pas que le désir d'acquérir les avantages et les priviléges de la bourgeoisie fasse simuler un mariage qui n'aurait rien de réel.

L'anneau des fiançailles est le signe d'un marché conclu qui ne peut plus se rompre. Du jour où il a été donné et accepté à titre d'arrhes, la promesse de mariage, d'après la loi des Visigoths, est un engagement dont on ne peut plus se départir (1). Quand le doigt porte anneau, la jeune fille est promise, remarque un vieux proverbe allemand, que nous essayons de traduire : *ist der finger beringt, ist die jungfer bedingt* (2). L'anneau est encore, aujourd'hui, le symbole admis par l'église chrétienne, dans la bénédiction des époux, pour marquer l'indissolubilité du lien qui les unit. Selon la remarque de Gratien, il est donné par l'époux à l'épouse comme un gage de la foi qu'ils se sont jurée. L'usage de le destiner au quatrième doigt de la main gauche est fondé, ajoute-t-il, sur l'opinion que ce doigt renferme un vaisseau qui aboutit directement au cœur (3).

Les coutumes du moyen-âge sont muettes ou au moins d'un extrême laconisme sur tout ce qui concerne le mariage en lui-même et les conditions de sa validité. Cela tient à ce que ces sortes de matières étaient réglées exclusivement par l'autorité ecclésiastique. Pour ceux donc qui sont désireux de connaître la législation intermédiaire sur ce point, il y a nécessité de recourir aux décrétales des papes et aux décisions des conciles : là aussi, l'histoire du droit a déposé d'utiles et de curieux enseignements.

Nous signalerons comme première conséquence de cet état de choses, la disparition complète de tous les antiques symboles qui caractérisaient l'union lé-

---

(1) Lex Visig., lib. iii, tit. 1, cap. 3.
(2) Grimm. D. R. A., 432.

(3) Gratian. cap. *Fœminæ* causa xxx. Q. 5.ᵉ : *Ex Isid.*, *lib. II. de officiis.*

gitime. Plus de vente fictive, plus de tradition réelle, plus d'investiture, tout cela s'est évanoui au seul contact du principe chrétien. Le mariage n'est subordonné qu'à la libre volonté des époux. Il suffit qu'il y ait consentement et cohabitation pour constituer le lien matrimonial. L'acquiescement de la famille n'est plus de rigueur, et l'autorité du père ou du tuteur ne saurait rompre le contrat qui s'est formé à leur insu ou contre leur gré. Cette doctrine, il est vrai, n'était pas celle de la primitive église qui ne comprenait pas le mariage sans le consentement de la famille et sans la publicité. En effet, la manière dont s'exprime le pape Evariste, dans une épître aux évêques d'Afrique, vers l'an 90 de Jésus-Christ, est une réfutation anticipée de la règle posée par ses successeurs du XIIe et du XIIIe siècle. Voici, dit-il, les caractères auxquels se reconnaît le mariage légitime. « Si la femme a été demandée à ceux qui
» ont autorité sur elle ou à la garde desquels elle est confiée ; si elle a été
» fiancée avec le consentement des parents les plus proches ; si elle a été do-
» tée selon les lois ; si elle a été livrée par sa famille à son époux ; si l'union
» a été consacrée solennellement par le ministère du prêtre avec les cérémo-
» nies et les prières de l'église ; les enfants qui naîtront ne seront point bâ-
» tards, mais légitimes et capables d'exercer les droits héréditaires : *filios*
» *non spurios, sed legitimos atque hereditabiles generabunt* (1). » La dot figure ici parmi les conditions du mariage légitime, parce que chez les Romains elle distinguait l'épouse en titre de la concubine. La dot était, comme le prix d'achat dans le mariage barbare, la preuve du consentement de la famille : *nuptiæ legitimæ contrahuntur, si consensu parentum aut ingenuorum interveniente,* NUPTIALI DONATIONE *celebrantur..... aliter filii exinde nati legitimorum locum obtinere non potuerunt* (2). Les conciles firent aussi de la dot et de la publicité, les conditions du mariage légitime. Entre autres décisions qui l'énoncent expressément, on peut citer celles du deuxième concile d'Arles : *nullum sine dote fiat conjugium..... nec sine publicis nuptiis quisquam nubere praesumat.* Le décret de Burchard l'exige encore, mais n'en fait plus une condition rigoureuse : « Vous avez pris femme, dit-il, mais vous n'avez point
» fait la noce publiquement, vous ne vous êtes point présenté avec votre épouse
» devant l'église pour faire bénir votre union par un prêtre, selon le vœu des
» saints canons, vous ne l'avez point dotée selon vos facultés, pas même par
» le prix d'une obole, pour qu'il fût dit qu'elle a été dotée, vous devez expier

---

(1) Néron, *Ordonn. royaux*, commentaire de Le Comte sur l'édit d'Henri II, de février 1556, *sur les mariages clandestins*.
(2) Papian, 37.

» cette faute par le repentir et la pénitence (1). » Telle était la doctrine de l'église au x.ᵉ siècle. Déjà, comme on peut facilement le remarquer, le défaut de publicité et de constitution de dot, ne compromet plus la légitimité des enfants. Seulement il expose les contractants à toute la sévérité des peines canoniques. L'église, à cette époque, avait pleinement adopté les principes de la législation théodosienne sur le mariage (2).

Pour en acquérir la preuve, il suffit de comparer les formules de Sirmond avec les sentences de Paul. Celui-ci reconnaît que les pères ont droit de s'opposer à ce que les enfants qu'ils tiennent sous leur puissance contractent mariage sans leur assentiment, mais que ce droit ne va pas jusqu'à pouvoir faire annuler le mariage contracté : *eorum qui in potestate patris sunt, sine voluntate ejus matrimonia jure non contrahuntur, sed contracta non solvuntur* (3) : maxime que la formule précitée reproduit presque textuellement : *viventibus patribus inter filios familias sine voluntate eorum, matrimonia non legitime contrahuntur, sed conjuncta non solvuntur* (4).

Si l'on considère la majorité et ses effets, on verra de suite combien l'application du droit romain aux mœurs françaises était peu intelligente. En France, le fils de famille majeur est capable de tous les actes de la vie civile sans exception ; à Rome, au contraire, le fils de famille ne s'appartient pas et ne peut disposer de sa personne qu'avec le consentement de celui sous l'autorité duquel il est placé. Tant que dure ce lien, tant que l'émancipation ne l'en a point dégagé, il est assimilé au mineur. Or, vouloir éternellement astreindre le fils de famille français à demander le consentement de ses père et mère, c'était évidemment s'exagérer les droits de la puissance paternelle. Aussi le pouvoir ecclésiastique, lorsqu'il fut en possession du droit de réglementer le mariage, comprit de suite l'anomalie d'un semblable privilége ; il le restreignit dans les limites de la minorité, sans toutefois donner au défaut de consentement du père ou du tuteur plus d'efficacité que ne lui en accordait la loi romaine. Ainsi, quand le mineur avait atteint l'âge de puberté, l'église lui reconnaissait l'aptitude nécessaire pour contracter mariage. Le droit d'opposition quoique maintenu en faveur des pères, n'alla pas jusqu'à faire prononcer la nullité du mariage, lorsque le mariage avait été contracté à leur insu ou malgré eux.

Les décrétales des papes Alexandre III, Innocent III, Honoré III et Grégoire IX

---

(1) Décret de Burchard, lib. ɪx, cap. 1 et 2. — Lib. xɪx, cap. 5.

(2) Droit romain : *Nuptias non concubitus sed consensus facit.*

Droit canonique : *Matrimonium non facit coïtus sed consensus.*

(3) Paul. sent., lib. ɪɪ, tit. 13.

(4) Canciani, 3, p. 440. — Cujas, lib. ɪɪɪ, cap. 5.

veulent que le consentement suivi de la cohabitation constitue le mariage. Les fiançailles, à leurs yeux, avaient la même efficacité que le mariage lui-même. En effet, lorsqu'il y a promesse réciproque exprimée en ces termes : *ego te in meam accipio, ego te in meum accipio*, il y a engagement actuel *de presenti* qui ne peut être annulé par un mariage subséquent avec une personne autre que celle qui a reçu la promesse (1). Mais s'il y a seulement promesse de réaliser le mariage dans un avenir prochain, *promissio de futuro*, conçue en ces termes : *ego te in meam accipiam, ego te in meum accipiam*, le mariage contracté avec une autre personne ne sera pas annulé par la promesse précédente, mais subsistera dans toute sa force, parce que dans la promesse *de futuro*, il y a soit un terme, soit une condition qui n'engage point le consentement, comme dans la promesse *de presenti* (2).

Cette doctrine quoique vivement combattue par l'autorité civile, en France, a eu néanmoins l'appui des chefs de l'église jusqu'à ce que le concile de Trente eût proclamé la nécessité de faire célébrer le mariage publiquement.

La publicité dont le droit français fit une condition essentielle de la validité du mariage, n'était cependant pas une chose nouvelle. Les fêtes de famille, qui, chez tous les peuples de l'antiquité, accompagnaient la célébration, n'étaient pas autre chose qu'une notification publique de l'union des époux. A Rome même, la femme était conduite dans la maison de son mari avec un certain cérémonial. Quoique les jurisconsultes se soient efforcés de démontrer que la *deductio uxoris in domum mariti* n'était pas une formalité rigoureuse *ad constituendum matrimonium*, il n'en est pas moins vrai que la loi l'exigeait pour donner date certaine au mariage (3).

La cérémonie religieuse, lorsqu'elle n'était pas elle-même un fait clandestin, pouvait, jusqu'à un certain point, donner une publicité suffisante. Il paraît que dans les premiers temps du christianisme, cette cérémonie n'était pas jugée indispensable à la validité du lien contracté, puisque souvent elle suivait au lieu de précéder la première nuit des noces. Seulement, le lendemain au matin, une messe était célébrée pour appeler la bénédiction du ciel sur une union déjà accomplie (4).

Par la suite des temps, la réalisation du mariage fut surbordonnée à la sanction de l'église, et ce fut alors que l'église exigea la publication préalable des

---

(1) In sponsalibus de presenti non licet alteri ad alia vota transire, quod si fecerit, secundum matrimonium, etiamsi carnalis copula subsecuta, separari debet et primum in sua firmitate manere. (Decretal. Grég. IX, 1236, cap. 13.)

(2) Ibid.

(3) Laferrière, *Hist. du Droit français*, t. 1, p. 63.

(4) Grimm. D. R. A., p...

bancs pour faire apparaître les cas d'empêchement dont le curé diocésain devait être informé, avant de passer outre à la célébration. Mais la nécessité de célébrer publiquement le mariage ne fut pas reconnue et proclamée avant le concile de Trente, qui exigea la présence du curé paroissial et de trois témoins, et qui prescrivit aux célébrants de tenir des registres de mariage, sous les peines les plus sévères (1).

Cette concession tardive prouve que la politique sentit, longtemps avant la religion, l'inconvénient des mariages clandestins. Nous voyons, dans les Constitutions du royaume de Sicile, que Roger imposa à tous ses sujets nobles et non nobles l'obligation de faire bénir leur mariage par la main d'un prêtre, et de le célébrer publiquement et solennellement, sous peine, pour les enfants d'être déclarés illégitimes et incapables de recueillir la succession de leurs parents (2).

En France, la loi civile, dans l'impuissance où elle était de faire prononcer la nullité du mariage, eut aussi, de très-bonne heure, recours à l'exhérédation pour empêcher l'abus des mariages clandestins. Les rois rendirent des ordonnances qui attestent le besoin qu'on avait de recourir à ce moyen rigoureux; et, quand ils ne le firent point spontanément, ils y furent excités par le vœu des Etats-Généraux. Entre autres monuments de leur sollicitude à cet égard, on peut citer l'édit de Henri II du mois de février 1556 et les articles 40, 41, 42, 43 et 44 de l'ordonnance de Blois du mois de mai 1579 (3).

Nous n'essaierons pas de retracer ici l'histoire du conflit de doctrine et de jurisprudence dont l'autorité civile et l'autorité ecclésiastique donnèrent si longtemps l'affligeant spectacle : conflit qui s'explique par l'idée différente que les deux pouvoirs se faisaient sur le caractère de l'union conjugale. Pour celui qui ne voyait dans cet acte qu'un contrat religieux, l'intervention séculière était un sacrilége (4). Pour celui au contraire qui voyait dans cet acte un contrat intéressant l'ordre public et l'état des citoyens, l'intervention ecclésiastique était un attentat contre la plus respectable de ses prérogatives.

Jusqu'à la Révolution, dit Portalis, « on ignora ce qu'est le mariage en soi, » ce que les lois civiles ont ajouté aux lois naturelles, ce que les lois religieu- » ses ont ajouté aux lois civiles. Toutes ces incertitudes se sont enfin évanouies, » parce que, dans son impartial désir de bien faire, le législateur a voulu re- » monter à la véritable origine du mariage. »

---

(1) Concil. Trid. sess. 21, can. 1.
(2) *Constit. regni Siculi.*, lib. III, tit 20, cap. 1.
(3) Néron, Ordonnances royaux, tom. I.

(4) Le Concile de Trente prononce l'anathème contre ceux qui disent que les causes touchant le mariage ne sont pas de la compétence des juges d'Eglise.

« Les jurisconsultes romains ont souvent, en parlant du mariage, confondu
» l'ordre physique de la nature qui est commun à tous les êtres animés, avec
» le droit naturel qui régit particulièrement les hommes. Sans doute le désir
» général qui porte un sexe vers l'autre, appartient uniquement à l'ordre phy-
» sique de la nature; mais le choix, la préférence, l'amour qui déterminent ce
» désir et le fixent sur un seul objet, les égards mutuels, les devoirs, les obli-
» gations qui naissent de l'union une fois formée, tout cela appartient au droit
» naturel. Dès lors ce n'est plus un simple rapprochement que nous aperce-
» vons, c'est un contrat. »

« Le rapprochement des sexes a bientôt des effets sensibles. La femme de-
» vient mère. Un nouvel instinct se développe, de nouveaux sentiments, de
» nouveaux devoirs fortifient les premiers... Il faut protéger le berceau de l'en-
» fance contre les maladies et les besoins qui l'assiégent. Dans un âge plus avancé,
» l'esprit qui se développe appelle toute l'attention des père et mère. En tra-
» vaillant de concert à l'éducation de leurs enfants, ils sentent la nécessité
» de s'aimer toujours. On voit naître et s'affermir les plus doux sentiments
» qui soient connus des hommes, l'amour conjugal et l'amour paternel.

» Tel est le mariage considéré en lui-même et dans ses effets naturels. Il
» nous offre l'idée fondamentale d'un contrat proprement dit et d'un contrat
» perpétuel par sa destination.

» Comme ce contrat soumet les époux l'un envers l'autre à des obligations
» respectives, comme il les soumet à des obligations communes envers leurs
» enfants, les lois de tous les peuples policés ont établi des formes qui puis-
» sent faire reconnaître ceux qui sont tenus à ces obligations. La publicité,
» la solennité du mariage, peuvent seuls prévenir ces conjonctions vagues et
» illicites qui sont si peu favorables à la propagation de l'espèce.

» Le mariage qui existait avant le christianisme, le mariage qui a précédé
» toute loi positive et qui dérive de la constitution même de notre être, n'est
» ni un acte civil ni un acte religieux, mais un acte naturel qui a fixé l'at-
» tention du législateur et que la religion a sanctifié. »

Cette conclusion des rédacteurs du Code civil, du moins de celui qu'ils choi-
sirent pour être l'interprète de leur pensée commune, expose-t-elle le véritable principe du mariage? est-elle surtout bien conséquente avec ses pré-
misses? Nous ne le pensons pas.

Dire que le mariage n'est point un acte civil mais un acte naturel, c'est,
selon nous, aller trop loin. S'il n'avait en vue que la procréation des enfants,
il serait un acte naturel; mais il a pour but, pour but unique, de fixer leurs

droits comme membres de la famille et leur état comme citoyens. Il est donc un acte essentiellement civil. L'acte naturel qui a sa cause dans l'affection de deux personnes qui s'unissent n'exige qu'une seule condition, le consentement. Mais l'acte civil qui intervient pour distinguer l'union permanente de l'union passagère, ne peut s'accomplir d'une façon aussi simple. Il faut que quelque chose lui donne le caractère d'union sérieuse et durable. C'était, dans l'antiquité, la constitution de dot, la vente fictive, la *deductio uxoris in domum mariti;* au moyen-âge, le cortége de l'épousée, la cérémonie religieuse avec ses pompes et ses flambeaux. La publicité est au mariage des temps modernes, ce que la vente fictive était au mariage des temps barbares : elle prouve l'acquiescement au contrat par ceux qui auraient pouvoir et volonté de s'y opposer; elle prouve que l'union qu'elle sanctionne est commandée par un motif honorable et ne cherche pas, comme l'union passagère, à s'environner de secret et de mystère. La publicité est aussi nécessaire à la validité du mariage comme acte civil, que le consentement à la validité du mariage comme acte naturel; par conséquent l'autorité civile est seule compétente pour lui donner cette publicité. Si le mariage ne consistait que dans la cohabitation et le consentement, il faudrait aussi donner ce nom à la polygamie des Orientaux et à la promiscuité des habitants de l'Océanie. Mais il est de l'essence de ce contrat de ne pouvoir se renouveler quand le premier lien n'est pas rompu et de ne pouvoir se résoudre même avec le consentement des deux parties contractantes. Quant à l'acte religieux, s'il n'est pas indispensable au point de vue légal, il est au moins utile au point de vue de la moralité, en ce qu'il fait comprendre la grandeur et la durée des obligations qui naissent de l'union accomplie. La liberté de conscience proclamée par la Révolution ne fait point obstacle à ce que la sanction définitive du pacte nuptial soit confiée au ministre du culte dont les époux ont fait choix. Dans un contrat qui intéresse toute leur vie et peut-être aussi l'avenir de leur famille, il est convenable que la nature, la société et la religion s'associent pour lui porter toutes les garanties désirables. Mais cette dernière sanction est purement facultative. La loi cesserait d'être impartiale et juste si elle la prescrivait comme un devoir, si elle l'imposait comme une nécessité.

L'origine du mariage, l'histoire est là pour l'attester, dérive du droit de propriété. Pour que les enfants nés de la femme fussent à l'homme, il a fallu que la femme lui appartînt en vertu d'un titre légitime. C'est pourquoi on fit du mariage, par assimilation du moins, ou un commodat, ou une vente, ou une société, et dans les trois systèmes, on fit dépendre, de la fiction du contrat, la preuve réciproque de la paternité et de la filiation. De-là la maxime : *pater is est quem justœ nuptiœ demonstrant.* La religion chrétienne devait chercher le principe du mariage dans le droit naturel, parce que, à ses yeux, l'union des sexes n'a qu'une manière licite de se manifester, mais le législateur ne l'a pas envisagée sous un point de vue aussi général. Il s'est renfermé dans un cercle plus étroit. Le mariage pour lui ne peut être un acte naturel. Le but de l'institution étant de déterminer les rapports et la hiérarchie de la famille, le principe qui lui donne l'existence ne peut être cherché ailleurs que dans la loi positive. Vainement donc on s'efforce de prouver que le mariage est contemporain de la création ; l'idée que nous nous faisons des mœurs primitives, ne nous autorise pas à lui assigner une aussi haute origine. Il ne remonte pas à une époque antérieure à la constitution régulière de la société et de la famille.

De tout ce qui précède, il résulte que le mariage barbare a été régénéré par le christianisme, qu'il s'est trouvé, par cela même et pendant une longue suite de siècles, soumis à l'action du pouvoir ecclésiastique. Il ne faut donc pas s'étonner si tout ce qui se rapporte à cette institution a été soustrait à l'influence du droit coutumier.

Il nous reste à démontrer qu'il n'a fallu rien moins qu'une révolution préparée par les efforts persévérants des légistes et des philosophes, pour le faire rentrer dans les attributions de l'autorité civile.

II.

Par quel concours de circonstances les lois organiques de la famille se sont-elles successivement modifiées ?

Il y a dans l'histoire de la famille trois grandes époques à observer : l'antiquité, le moyen-âge et les temps modernes. La transition de l'une à l'autre a été déterminée par deux causes tout à fait distinctes. L'une générale qui s'est étendue sur toute l'Europe, l'autre plus restreinte qui a eu pour théâtre les pays soumis à la domination française. La première révolution est due à l'influence des idées chrétiennes ; la seconde aux efforts des légistes et à l'esprit parlementaire. Le christianisme a agi en combattant simultanément le matérialisme romain et l'âpreté des mœurs barbares ; la jurisprudence en attaquant sourdement l'ultramontanisme et la féodalité, en préparant peu à peu, par l'unité du droit, le retour à l'unité politique.

L'antiquité, d'aussi loin que nos regards peuvent en percer les ténèbres, nous apparaît dominée par certains principes sous l'influence desquels les vieilles sociétés européennes se constituent et se gouvernent. Partout le mariage est une vente ou un louage, et la femme une marchandise qu'on achète ou qu'on loue; partout la puissance maritale est absolue et sans compensation pour celle qui y est soumise. Le mari a droit de vie et de mort contre l'épouse adultère et de répudiation contre l'épouse tombée dans sa disgrâce. Celle-ci, sans force comme sans protection pour lutter contre une volonté tyrannique, est réduite à courber un front résigné devant son seigneur et maître, soit qu'il la chasse du domicile conjugal, soit qu'il y introduise une concubine. La mort, en brisant le lien du mariage, ne l'affranchit pas de la servitude civile à laquelle elle est condamnée. En échappant à la puissance du mari, elle retombe sous la tutelle de l'agnat, trop heureuse quand le sort ne lui donne pas pour gardien celui-là même qui doit lui inspirer le plus de répulsion, le fils que son mari a eu d'un premier mariage. Partout la loi s'attache à conserver les biens dans les familles. C'est pourquoi le droit héréditaire est surtout un privilége de masculinité, et la succession, lorsqu'elle ne forme pas un tout indivisible, est toujours un patrimoine affecté aux héritiers du côté d'où les biens sont venus. A l'héritier le plus proche de ce côté, chez presque tous les peuples du Nord, appartient, à titre de préciput, l'indemnité pécuniaire des attentats commis contre la famille; car c'est à lui qu'incombe l'obligation d'en poursuivre la réparation ou la vengeance : obligation tellement impérative qu'il ne peut s'y soustraire qu'en perdant tous les droits qu'il est appelé à recueillir.

Le christianisme qu'on appelle avec raison la loi nouvelle, puisqu'il a changé complétement les idées du vieux monde, le christianisme, par la seule autorité des préceptes de l'Evangile, a replacé la famille sous l'empire des principes de justice et d'équité qui doivent la régir. Il a sanctifié le lien des époux; il a réhabilité la femme en la proclamant, non plus l'esclave, mais la compagne de l'homme, non plus son inférieure, mais son égale quant aux droits et aux devoirs qui naissent du mariage. Il a inspiré aux pères l'idée de corriger par leurs testaments l'iniquité de la loi, et il leur a dicté d'énergiques protestations contre la coutume invétérée, mais impie qui écartait les filles de la succession paternelle. Enfin, il a retranché de l'actif des successions, le prix du sang versé en interdisant le droit de le répandre, et en décrétant la trève de Dieu qui déclare la vengeance un sacrilége, quand elle s'exerce pendant l'un des jours réservés pour l'oubli sinon pour le pardon des offenses.

Il faut donc reconnaître que si le moyen-âge se distingue de la barbarie par l'adoucissement progressif de sa rudesse d'origine, le christianisme peut à bon droit se glorifier de cette utile réforme. Les canons des conciles, les diplomes des rois carolingiens, les décrétales des papes sont là pour attester que l'Eglise travailla avec constance et efficacité à la moralisation de la société barbare. En imprimant à la famille son cachet religieux, elle a plus fait pour la civilisation que le génie industriel par ses plus belles découvertes. Qu'est-ce, en effet, que le bien-être? Qu'est-ce que la richesse pour celui qui n'a pas le sentiment de ses devoirs de fils, d'époux, de père? Un dangereux présent qui ne fait que donner plus d'aiguillon à ses vices, plus d'emportement à ses passions. L'Eglise a combattu tous les fléaux destructeurs du bonheur domestique. Elle a harcelé de ses anathêmes le rapt, l'inceste, l'adultère, le concubinage, la répudiation. La répudiation, ce sacrifice de la passion éteinte à la passion qui s'allume, a été poursuivie par elle jusque dans le palais des rois, quand les rois donnèrent à leurs sujets l'exemple de ce scandale. La cause des veuves et des orphelins fut aussi l'objet de sa vigilante sollicitude, mais pour défendre et protéger d'aussi chers intérêts, il lui fallait un droit de juridiction. Elle se l'attribua. Sa plus fructueuse conquête fut évidemment de s'être fait accepter pour arbitre et pour juge de tous les litiges relatifs aux mariages et aux testaments: conquête immense qui soumit à sa juridiction les questions les plus délicates du droit civil et qui lui assura des profits considérables fondés sur l'obligation qu'elle imposait aux mourants de la comprendre, pour quelque chose, dans la manifestation de leur dernière et suprême volonté.

Par les mariages et les testaments, l'Eglise fut reine et maîtresse absolue, car c'est par la domination dans la famille qu'on arrive à la domination dans l'Etat. Aussi, ceux qui voulurent plus tard détruire son influence, cherchèrent-ils d'abord à la déloger du poste qui la lui avait donnée. Quand ils lui eurent ôté la juridiction civile, elle ne fut plus à craindre : elle avait perdu le plus ferme appui de sa puissance.

Les richesses toujours croissantes du clergé, sa prétention de n'obéir qu'au pontife de Rome, et de le placer, dans la hiérarchie temporelle, au-dessus des rois et des empereurs, ne tardèrent pas à provoquer des résistances. Elles se manifestèrent d'abord dans les arrêts des parlements, dans les écrits des jurisconsultes, puis dans les ordonnances des rois et dans les actes acceptés, par les concordats, sous le nom de *libertés de l'église gallicane*.

Il est remarquable que c'est sous le règne de saint Louis que surgirent les premiers symptômes d'opposition, et que c'est ce monarque lui-même qui en donna l'exemple. Le sire de Joinville rapporte que les prélats français, par la bouche de l'un d'eux, ayant représenté au roi qu'il serait utile que les juges royaux contraignissent à se faire absoudre quiconque aurait été excommunié pendant un an et un jour, le roi répondit qu'il y consentirait volontiers pourvu que les juges royaux fussent autorisés à examiner préalablement le bien ou mal fondé de la sentence d'excommunication. Les prélats se récrièrent, disant qu'ils n'accorderaient jamais ce droit de révision à la juridiction laïque. Le roi répliqua qu'il avait les mêmes raisons pour ne pas souffrir que la juridiction ecclésiastique dictât des lois à ses propres juges.

La juridiction ecclésiastique qui, dans l'origine, était limitée aux matières purement spirituelles, s'était tellement étendue que « les faubourgs, selon l'ex- » pression naïve de Pasquier, étaient trois fois plus grands que la ville. » Ives de Chartres, dans sa 138.ᵉ épître, avait soutenu que l'adultère était dans les attributions du juge d'église. Saint Grégoire, dans ses lettres, avait recommandé aux sous-diacres de prendre le fait et cause des veuves et des orphelins. C'en fut assez pour motiver les empiétements dont plus tard les rois et les barons eurent à se plaindre. Non seulement l'Eglise s'attribua les causes où les intérêts pupillaires et dotaux étaient engagés, mais aussi l'exécution des testaments avec le droit de faire inventaire et de procéder par apposition de scellés sur les titres, meubles et effets des défunts. — Le testament, disait-on, ne se fait ordinairement que pour le repos de l'âme de celui qui se dispose à mourir. Or, comme le testament se lie d'une manière étroite aux actes d'exécution qui en sont la suite, il est naturel que la connaissance de l'un entraîne la connaissance des autres. C'est pourquoi le juge ecclésiastique voulut, avec les testaments, attirer à sa juridiction les causes réelles, personnelles et mixtes qui s'y rattachaient d'une manière quelconque. Ces abus se perpétuèrent longtemps parce que les prélats avaient recours à l'excommunication pour intimider les parties qui déclinaient leur compétence et les juges qui ne la respectaient pas. Pour affronter un pareil danger, il fallait des hommes de courage et de résolution et un pouvoir énergique qui les appuyât.

Le premier qui entra en lice fut Pierre de Cugnières, avocat du roi au parlement de Paris, célèbre par la dispute, sur la trop grande extension de la juridiction ecclésiastique, qu'il soutint, en 1329, en présence de Philippe de Valois, contre Pierre de Bertrandi, évêque d'Autun. Le parlement de Paris qui n'était pas étranger à cette levée de boucliers, ne tarda pas à seconder les intentions du roi. Il condamna les prétentions du clergé toutes les fois qu'elles lui furent déférées par appel comme d'abus et qu'elles lui parurent incompatibles avec l'ordre et la bonne administration du royaume. Ainsi, pour ne citer que les décisions qui touchent à notre sujet, il condamna l'archidiacre de Paris, par la saisie de son temporel, à rendre à Mathieu Le Beul, la somme de 150 livres qu'il avait exigée de lui pour s'être laissé surprendre en flagrant délit d'adultère (Gallus, quest. 262); par arrêts de 1327 et 1388, il enjoignit à l'évêque d'Amiens de ne plus imposer des amendes aux bourgeois mariés de la ville qui auraient des rapports criminels avec d'autres femmes. Par arrêt du 1.er mars 1401, il détermina les droits que ce prélat pourrait percevoir, à Abbeville, pour les bans et publications de mariage. Enfin, par un autre arrêt du 19 mars 1409, avant Pâques, il lui fit défense expresse d'exiger de l'argent des nouveaux époux bourgeois d'Amiens, pour les autoriser à coucher ensemble les trois premières nuits de leurs noces ; d'empêcher à l'avenir la sépulture des décédés *ab intestat ;* et de contraindre les exécuteurs testamentaires à rendre leurs comptes devant l'official (1).

Les édits notables du xvie siècle sont la consécration des principes posés par la jurisprudence du xve et surtout des doctrines professées par les légistes. Celles de Dumoulin déterminèrent l'émission de l'édit de 1552 contre les petites dates. Destiné à remédier aux abus que commettaient les notaires apostoliques dans les résignations des bénéfices, cet édit a offert au célèbre jurisconsulte une occasion éclatante de signaler les usurpations de la juridiction ecclésiastique et de revendiquer les droits imprescriptibles de l'autorité royale.

L'édit du mois de juillet 1560, sur les secondes noces, introduisit aussi dans la législation civile une réforme depuis longtemps sollicitée par les légistes. On sait que cet édit tout favorable aux enfants nés d'un premier mariage, interdit au père ou à la mère qui se remarie le droit de disposer, en faveur de son conjoint, de la totalité de ses meubles et acquets, et ne permet pas de lui faire un avantage supérieur à la part de l'enfant le moins prenant. Jusque-là, les femmes ainsi que les hommes avaient pu régler, comme ils l'entendaient, les conditions de leur nouveau mariage. Les femmes veuves surtout, grâce à la facile tolérance de l'autorité ecclésiastique sous l'égide de laquelle elles contractaient, se laissaient entraîner à ces sortes de donations d'autant plus volontiers qu'elles y étaient alléchées par l'appât de la réciprocité. « Il arrive souvent, dit
» Beaumanoir, que la femme, pour faire la volonté de son second mari, lui
» laisse par testament ses meubles, ses conquets et le quint de son héritage et
» les ôte à ses hoirs. Mais quoique cela soit permis par notre coutume et par la
» cour de Beauvais (cour ecclésiastique), nous croyons que rien ne justifie de

---

(1) Pour connaître à fond les détails des curieux débats qui s'élevèrent, à cette occasion, entre l'évêque d'Amiens et la commune, on peut consulter les registres de l'Hôtel-de-Ville. Le cartulaire B en est rempli presque tout entier.

» semblables libéralités, car, si toutes les fois qu'une mère deshérite ainsi son
» enfant, il y avait appel de l'évêque au pape, ou des barons au roi, nous
» croyons bien que ces testaments seraient déclarés nuls comme contraires à la
» raison. » (Cout. de Beauv. ch. xii, *des Testaments*.)

Or, la raison, pour Beaumanoir, c'est la loi romaine, car l'édit de 1560, qui est conforme à sa doctrine, consacre le principe de la loi, au Code, *de secundis nuptiis*.

De toutes les oppositions que rencontra le pouvoir de l'Eglise, celle qui s'attaqua à sa juridiction temporelle fut la plus redoutable, car les légistes, par l'homogénéité de leurs interprétations, par la lente progression de la jurisprudence, sont arrivés au but qu'ils s'étaient proposé, à la réintégration de la justice civile, sous le patronage de l'autorité royale. Dans leur résistance aux juges d'église, les légistes avaient sur leurs adversaires un avantage immense, c'était de plaider la cause de l'équité et de la raison, sans aucune préoccupation d'esprit de caste ni d'intérêt personnel. Leur respect pour la religion se concilia très-bien avec la défense des principes qu'ils s'efforçaient de faire triompher. Il ne les empêcha pas de faire restreindre les prétentions du clergé, toutes les fois que ces prétentions parurent exorbitantes ou inadmissibles.

Mais la même impartialité ne dicta pas leur conduite vis-à-vis de la féodalité. Cela est facile à concevoir. La féodalité n'était pas, comme l'ultramontanisme, un pouvoir envahissant. Elle était au contraire un pouvoir légal, reconnu, accepté depuis longtemps et nullement agressif. On ne pouvait donc espérer de la vaincre à force ouverte et autrement qu'en dénaturant peu à peu le principe de sa constitution. Les jurisconsultes y travaillèrent sans relâche avec une opiniâtreté vraiment inimaginable; et ils eurent recours, pour arriver à leurs fins, à toutes les subtilités du droit, à toutes les ressources que la chicane met à la disposition des plaideurs.

Ce qui se passa lors de la rédaction des coutumes, la conduite que tinrent quelques commissaires royaux, pour empêcher l'enregistrement de certaines de ces coutumes, démontre bien que l'esprit dont ils étaient animés n'était pas favorable au maintien du *statu quo* et révèle une secrète tendance à ramener le droit français à des règles plus rationnelles.

Pour énerver la féodalité, pour purger le pays du droit haineux qu'elle y avait introduit, il fallait s'attaquer au principe même de sa force, c'est-à-dire au droit d'aînesse, à la conservation duquel les grandes familles étaient trop intéressées pour qu'il fût possible d'y porter la main. Les légistes ne l'essayèrent même pas. Ils aimèrent mieux empêcher qu'il ne se généralisât.

Ainsi, de même que les autres villes municipales, Paris avait une coutume particulière dont le ressort, sous les premiers capétiens, ne dépassait pas les limites de la banlieue. Avec le temps, cette coutume grandit à l'ombre de l'autorité royale, devint la coutume régulatrice et suppléa au silence des autres. Elle doit l'importance qu'elle a acquise, moins au séjour du roi dans la ville qu'elle régissait, qu'à la libéralité de ses principes en matière de succession et à la préférence que les tribunaux lui accordaient, quand il y avait lieu d'interpréter les autres coutumes provinciales. En déclarant que la coutume de Paris était la loi générale du royaume, ils proclamaient, par cela même, que l'égalité était la règle commune des partages et que le droit d'aînesse en était l'exception.

Nous ne parlerons pas de la réforme qui eut lieu dans la plupart des coutumes, vers le milieu du XVIe siècle. Quoique peu importantes, les modifications qui y furent introduites n'en marquent pas moins un progrès. C'était un pas de plus vers l'unité que la France appelait de tous ses vœux.

Après les légistes, instigateurs de la réformation des coutumes, sont venus les philosophes précurseurs de la révolution politique. Aux premiers nous avons dû le perfectionnement du droit civil, aux seconds l'amélioration de l'ordre social. Mais, entre les uns et les autres et pour leur servir de trait d'union, il faut placer le plus philosophe de tous les légistes, le plus légiste de tous les philosophes, Montesquieu, qui prouve que, dans la constitution civile comme dans la constitution politique, les lois ont leur raison d'être qui les détermine et les justifie, que le climat, la nature du terrain, les mœurs, l'industrie et une foule d'autres circonstances leur donnent le caractère libéral ou despotique et la forme particulière qui les distingue. Telle est l'harmonie des choses de ce monde que, une fois le principe posé, les conséquences se déduisent d'elles-mêmes. Ainsi Dieu a voulu que la juridiction civile appartînt au clergé à cause des bienfaits qui devaient en résulter, comme il entra aussi dans ses desseins qu'elle lui fut ôtée à cause des abus dont elle était le prétexte. — « Nous connais-» sons, dit Montesquieu, ces abus par les arrêts des parlements qui les réformè-» rent. Une épaisse ignorance les avait introduits, une espèce de clarté parut, » et ils ne furent plus. » (Esprit des lois, livre XXVII, chap. 41).—Quand le droit romain commença à renaître, et que des écoles d'Italie il passa dans les écoles de France, les papes qui craignaient, avec juste raison, qu'il ne fît une redoutable concurrence au droit canonique, essayèrent de le proscrire, mais ce fut en vain. Malgré leurs anathèmes, le droit romain fut enseigné dans les universités, et les universités devinrent la pépinière des jurisconsultes qui ont illustré plus tard la magistrature et le barreau français. Les juges illettrés des cours féodales avaient été suffisants pour appliquer des coutumes non écrites, mais aussitôt que les coutumes furent fixées par écrit, l'intervention du juge lettré fut nécessaire. Les baillis de robe longue remplacèrent les baillis de robe courte. Le parlement de Paris, ainsi métamorphosé, devint un corps politique et judiciaire qui protégea les intérêts particuliers par l'autorité de ses arrêts et les intérêts publics par l'enregistrement des édits. Cependant, comme quelque chose de l'institution qui disparaît se communique toujours à l'institution qui lui succède, le droit romain ne s'implanta point dans les tribunaux sans mélange de droit canonique et de droit féodal. La jurisprudence qui s'appropria chacun de ces trois éléments, les combina de telle sorte qu'ils se sont confondus en un seul qui est notre droit national. Les changements survenus dans la compétence des juridictions eurent lieu sans que l'autorité publique s'en mêlât, sans que la moindre mesure législative intervînt pour les prescrire. — « Tout cela, dit Montesquieu, se fit peu à peu, par la seule force des choses. »

L'auteur de l'Esprit des lois a aussi porté son jugement sur les lois de la famille, et personne n'a mieux que lui résumé en maximes les principes qui sont la base de son organisation. Le mariage, dit-il, procède de l'obligation naturelle qu'a le père de nourrir ses enfants. (Esprit des lois, liv. xxiii, ch. 2). — Le consentement des pères au mariage est fondé sur leur puissance, c'est-à-dire, sur leur droit de propriété (ibid. ch. 7). — La raison veut que, quand il y a un mariage, les enfants suivent la condition du père, que quand il n'y en a point, ils ne puissent concerner que la mère (ibid. ch. 3). — Nourrir ses enfants est une obligation du droit naturel, leur donner sa succession est une obligation du droit civil (ibid. liv. xxvi, ch. 6). — Le partage des biens, les lois sur le partage, les successions après la mort de celui qui a eu le partage, tout cela ne peut avoir été réglé que par la société (ibid.). — L'ordre politique demande souvent que les enfants succèdent au père, mais il ne l'exige pas toujours (ibid.). — Les lois des fiefs ont pu avoir des raisons pour que l'aîné des mâles ou les plus proches parents par mâles eussent tout et que les filles n'eussent rien (ibid.). — La communauté de biens introduite par les lois françaises intéresse les femmes aux affaires domestiques, et les rappelle, comme malgré elles, aux soins de leur maison (ibid. liv. vii, ch. 15). — L'adultère de la femme peut être une cause de séparation pour le mari; mais cette cause ne saurait exister pour la femme, car les enfants adultérins de la femme sont nécessairement au mari et à la charge du mari, tandis que les enfants adultérins du mari ne sont point à la femme ni à la charge de la femme (ibid. liv. xxvi, ch. 8).

On voit, par ces simples aperçus, avec quelle sagacité de jugement Montesquieu devine la pensée philosophique de la loi qu'il interprète, avec quelle vigueur d'expression il en formule la théorie. Mais les exigences de son plan et la prodigieuse variété des matières qu'il y fait entrer, ne lui ont point permis de donner à ses propositions tous les développements qu'elles comportent. On dirait qu'il laisse ce soin au lecteur. Il n'est personne, en effet, qui, en le lisant, ne trouve dans ses impressions personnelles la confirmation des conclusions qu'il énonce. Cet esprit généralisateur aborde tous les sujets et les résume en quelques lignes. La concision de son langage ne nuit point à la clarté de sa pensée, qui frappe d'autant plus qu'on ne se fatigue pas à la chercher dans un labyrinthe de formes oratoires. Les principes fondamentaux de l'organisation de la famille sont exposés dans son livre, mais, au point de vue monographique, ils n'y sont point classés méthodiquement. Malgré cela, il est facile d'en former un faisceau et d'en bien saisir les rapports. Qui voudra s'en aider trouvera que les idées du maître, sur le sujet qui nous occupe, ont toute la valeur d'une démonstration complète. Ce sont les jalons d'un chemin projeté qui sont déjà le chemin lui-même avec sa direction, ses exhaussements et ses abaissements de niveau, quoique la main de l'homme ne s'y révèle pas encore par des travaux apparents.

L'école philosophique, contrairement à la doctrine de Montesquieu, s'est imaginé que le législateur peut ne tenir aucun compte des institutions d'autrefois lorsqu'elles font obstacle aux réformes qu'il projette. S'étayant sur les principes d'un droit naturel, imprescriptible qui place tous les hommes sur la même ligne, elle a déclaré la guerre à tous les priviléges et fait passer toutes les classes de la société sous le même niveau. Résumant son programme de la déclaration des droits en deux mots : *liberté, égalité,* elle l'a appliqué avec une inflexible logique à la constitution politique et aux lois civiles. Elle a modifié l'ancienne organisation de la famille dans les points qui paralysaient la liberté de disposer et l'égalité des droits héréditaires. L'autorité paternelle a été restreinte, le privilége de masculinité mis au néant, le droit d'aînesse aboli, la distinction des patrimoines effacée, le lien conjugal relâché et le divorce décrété comme une conséquence du principe qui forme et dissout les contrats par le consentement des parties.

Rien de plus simple, rien de plus rationnel que l'ensemble des lois de la révolution. Elles s'enchaînent et se combinent les unes avec les autres dans une admirable unité. On les croirait écloses au sein du calme et de la paix des temps antiques. Mais combien il s'en faut qu'il en soit ainsi ! Quand on songe à l'opposition qu'elles ont rencontrée, aux haines, aux passions qu'elles ont excitées, aux fortunes qu'elles ont renversées, aux existences qu'elles ont compromises, aux larmes qu'elles ont fait répandre et au prix de quel tribut sanglant il a fallu les conquérir, on se demande s'il n'y a que les lois destinées à une longue durée, comme les lois de Moïse, qui doivent toujours prendre naissance au milieu des éclats de la foudre et du déchaînement des tempêtes. Il faut croire, en effet, que les bouleversements de la société, de même que les perturbations de l'atmosphère, ont lieu toutes les fois qu'une secousse soudaine rompt l'équilibre des éléments ou des pouvoirs. C'est la brusque substitution du nouveau système à l'ancien qui a motivé les excès de la révolution. Selon les desseins de Dieu, les changements dans les lois doivent suivre la lente progression du temps et s'opérer sans transition violente. L'architecte qui veut assurer la solidité de son œuvre, ne hâte point les travaux du monument qu'il édifie. Avant d'en élever le faîte, il laisse les parties inférieures s'affermir sur leur base.

Le Code civil doit sa perfection, peut-être, autant aux circonstances qui en ont retardé la promulgation qu'à la sagesse, aux lumières de ses rédacteurs. Que serait-il advenu s'il avait été délibéré au milieu des préoccupations et des orages révolutionnaires? Il est permis de penser, avec le jurisconsulte philosophe qui a pris la part la plus active aux travaux préparatoires de ce code, que l'intérêt politique du moment y aurait dominé les intérêts privés et compromis l'avenir. Voici, en effet, comment s'exprimait le savant Portalis, en présentant le projet au Conseil d'Etat : « Toute révolution, dit-il, est une conquête. Fait-
» on des lois dans le passage de l'ancien gouvernement au nouveau, ces lois
» sont nécessairement hostiles, partiales, éversives. On ne s'occupe pas des re-
» lations privées des hommes entre eux. On ne voit que l'intérêt politique et
» général..... Tout devient droit public. Si l'on fixe son attention sur les lois
» civiles, c'est moins pour les rendre plus justes, plus sages que pour les ren-
» dre plus favorables à ceux auxquels il importe de faire goûter le régime
» qu'il s'agit d'établir......... On renverse le pouvoir des pères, parce que les
» enfants se prêtent davantage aux nouveautés. L'autorité maritale n'est plus res-
» pectée, parce que c'est par une plus grande liberté donnée aux femmes, que
» l'on parvient à introduire de nouvelles formes et un nouveau ton dans le
» commerce de la vie. On a besoin de bouleverser tout le système des succes-
» sions, parce qu'il est expédient de préparer un nouvel ordre de citoyens par un
» nouvel ordre de propriétaires. Les institutions se succèdent avec rapidité sans
» qu'on puisse se fixer à aucune, l'esprit révolutionnaire se glisse partout, et
» cet esprit révolutionnaire, c'est le désir exalté de sacrifier violemment tous

» les droits à un but politique, et de ne plus admettre d'autre considération
» que celle d'un mystérieux et variable intérêt (1). »

Le Code civil cependant n'est point, dans toutes ses parties, la déduction des principes posés par l'organe de la commission de rédaction. Les préjugés qu'on s'efforçait de combattre ont trouvé, dans les orateurs du tribunat, des champions pour les défendre et, dans les délibérations du Corps législatif, des votes complaisants pour les sanctionner. Ce code, à mesure qu'il subit l'épreuve de l'expérience, laisse voir des imperfections et des anomalies qui sont l'objet de critiques fondées et qui ont déjà provoqué des mesures réparatrices. Ainsi, sans nous écarter du cercle des lois qui touchent à la famille, tout ce qui est de tradition a chance de durée, tout ce qui est contraire à ce principe, tout ce qui a été créé sous l'influence des idées du moment, n'a eu ou n'aura qu'une existence éphémère. — La loi d'adoption sans précédent dans nos mœurs, est un emprunt fait aux républiques de l'antiquité. Malgré la faveur qu'elle consacre, elle ne peut s'acclimater parmi nous où elle n'est, le plus souvent, qu'un moyen détourné de faire passer l'hérédité à des personnes auxquelles le droit commun la refuse, à cause du vice de leur naissance. — La loi du divorce ne se relèvera jamais de sa chute, car les saintes et pieuses traditions de la famille la repoussent comme une hérésie, au point de vue des idées religieuses, comme une monstruosité sans cause, au point de vue de l'intérêt social.

Et, au contraire, toutes les lois traditionnelles sur lesquelles repose le système de l'organisation de la famille sont un immense bienfait. Celles-là touchent à la perfection, autant qu'il est donné aux choses d'ici-bas d'en approcher. Mais par combien d'épreuves et de transformations diverses il a fallu passer pour en arriver là! Combien il y a loin des grossiers rudiments de la famille patriarchale de la Genèse, au mécanisme si compliqué de la famille romaine, et combien la nôtre s'éloigne de celle-ci par la simplicité de ses formes! L'excellence, la supériorité de nos lois, en cette partie, est l'œuvre, non pas d'un homme, non pas d'une génération, mais des vingt siècles qui nous séparent de la civilisation romaine. Chaque époque a sa préoccupation particulière qui se formule en réglements législatifs, chaque génération a ses idées de prédilection qui ne sont pas celles de la génération précédente, mais, en même temps, chaque siècle qui finit lègue au siècle qui commence des nécessités qu'il faut subir, de telle sorte qu'au milieu de cette fluctuation d'opinions contradictoires, dans ce va et vient de systèmes opposés, quelque chose surnage

---

(1) Locré. *Législation de la France*, tom. 1.", pag. 252, 253.

qui tôt ou tard s'ajoute au trésor d'expérience si péniblement amassé par la sagesse humaine.

Les grands principes de la rénovation du droit français sont le christianisme, la jurisprudence et la philosophie. Le christianisme a opéré la fusion du droit romain et du droit barbare, en amortissant, peu à peu, l'antagonisme des législations personnelles ; la jurisprudence, avec son audacieuse phalange de légistes, a su restituer à l'autorité royale tout ce que le pouvoir ecclésiastique et le pouvoir féodal avaient usurpé sur elle. La philosophie est entrée dans la lice pour dicter le programme des lois révolutionnaires et, par elle, le droit civil a été plié aux exigences de la politique. Aujourd'hui la philosophie, protestant contre ses propres écarts, reconnaît la nécessité de rattacher le présent au passé, *ce qui est à ce qui a été*. Elle voit bien que, pour assurer l'ordre de la société et la marche régulière du gouvernement, elle ne doit pas jeter le trouble dans les habitudes du foyer domestique et dans les intérêts civils qu'elles font naître ; que ces habitudes et ces intérêts ne se prêteront pas facilement à l'application de théories qui ne tendent à rien moins qu'à les détruire ; que l'Etat doit plus à la famille qu'à l'individu, parce que la famille dont l'Etat est l'image forme et prépare les citoyens aux devoirs que la société leur impose.

Avril 1847.

A. BOUTHORS.

COUTUMES DE LA PRÉVOTÉ DE DOULLENS (1).

Trois pages de grand parchemin. Lisible et très-bien conservé. 12 *articles*.

Ce sont les coustumes que l'on tient pour générales et dont on use chascun jour en la prévosté de Doullens.

1. Conforme à l'art. 1.ᵉʳ de la coutume imprimée.

2. Item, il y a aultre coustume en matière de ratraict, en ladite prévosté, qui est telle que de tous héritages vendus, cédés et transportez, en dedans l'an de la vendicion, les parens et lignagers du costé dont les héritages ont appartenu aux vendeurs sont habilles et recevables de les ravoir et ratraire au tittre de ladite proximité, pour les tenir en cotte et en ligne, par remboursant aux acheteurs qui en sont saisis, les deniers principaulx qu'ilz en ont payé avec le vin du marché, denier à Dieu, frais de lettres et autres leaulx coustemens sans fraulde.

3. Item, l'on ne scet point que, en tous cas relz (sic) et personnelz ne aussy en matière de nouvelleté, en douaire coustumier et exécution qui se traictent au siège de ladite prévosté, il y ait coustume audit siège desrogant à celle qui est générale au bailliage d'Amiens.

4. Item, et encoires dient que, par la coustume d'icelle prévosté, l'on ne pœult acquerir droit réel ne ypotecque sur aucuns héritages sans dessaisine et saisine, mise de fait, main assize et tenue de droit.

5. Conforme à l'art. 7 de la coutume imprimée.

6. Item, y a aultre coustume générale en ladite prévosté que ung chascun pœult en, son plain vivant ou par testament en dernière volonté, donner et disposer de tous ses biens mœubles, debtez, catelz et acquestes à telles personnes et ainsy que bon luy samble, sans le consentement de son héritier.

7. Toutesfois, non obstant lesdites coustumes générales de ladite prévosté, fait advertir que, es mettes d'icelle, sont enclavées aucunes parties des villes et villages de la comté d'Arthois, sénescauchie et comté de Saint-Pol et bailliage de Hesdin, esquelz lieux l'on use d'aucunes coustumes locales desrogant aux générales de ladite prévosté.

---

(1) Cette coutume de la prévôté royale de Doullens est probablement la première rédaction, car elle n'est point conforme à la coutume de 1507 imprimée dans les anciens recueils. Ainsi, les articles 2, 4, 8, 9 et 10 de la coutume imprimée ne sont point repris dans celle-ci; et pareillement les articles 2, 3, 4, 6, 7, 11 et 12 de cette dernière contiennent des dispositions qui ne sont point relatées dans la coutume imprimée. Elles ont été retranchées parce qu'elles sont conformes à la coutume générale, sauf l'art. 7 qui aura été supprimé comme inutile.

8. Conforme, pour le sens, à l'art. 3. de la coutume imprimée. — 9. Conforme à l'article 5 de la même coutume. — 10. Conforme à l'art· 6 id.

11. Item, et quant aux appeaulx des cas civils fais en ladite prévosté, les sergens sont tenus de intimer les parties appelées et leur faire savoir ladite assize de temps deu et en rescripre avec leurs informacions.

12. Et au regard des cas criminelz, les sergens qui ont fait les appeaulx sont tenus de les faire garder et entretenir bien et deuement au siège de ladite prévosté, es halles du roy nostre sire, sur les paines à ce introduites, et de tout rescripre à ladite assize.

Signés: J. Brunet. — J. Leboin. — J. Berthe. — F. Leboin. — J. Papin. — Ad. Viesier. — De Maisons. — De Reptain. — P. Papin. — Rohault. — A. Requehen. — Lebœuf.

ARQUÈVES.

SEIGNEURIE.

Une page en parchemin, lisible. 5 articles.

Ce sont les usages, droits, franchises et coustumes de la ville, terre et seigneurie de Arquesves, appartenant à noble homme Anthoine de Wadencourt, qu'il tient noblement de la seigneurie et chastellenie d'Authie où il a toute justice haute, moyenne et basse; lesquelles coustumes les dessoubz signans certiffient estre telles.

1. Primes, usent de la coustume générale du royaume de France, telle que le mort saisist le vif son plus prochain héritier habille à luy succéder; et pour appréhension faire de quelques terres ou héritaiges cottiers, ne faut faire quelque solempnité envers ledit seigneur; et de fiefs, il y a relief selon la coustume du bailliage d'Amiens.

2. Ont usage que, en don de mariage fait aux enfants ou enfant des manoirs et terres, il n'y a nulz drois au seigneur, sauf que ledit don se recongnoist devant luy ou ses officiers. Et de succession, à l'aisné filz ou, en deffault de filz, à l'aisnée fille appartient droit de quiefmez tel que le comporte l'héritaige soit de père ou de mère, et s'il y a plusieurs héritaiges, il choisist et sy amporte ce qui apend à ladite maison (1); et sont lesdits habitans frans de herbage de leurs bestes à laisne; et sy n'y a audit Arquesves droit de issue, sinon de bestial qui se paie à péril d'amende de LX sols parisis.

3. Et sy sont les rues et flégards de ladite ville communs à eulx tous et n'en pœult ledit seigneur riens appliquer à lui (2).

<small>4. Forage et afforage.</small>

5. Item, a ledit seigneur trois courvées en l'an de ceulx qui ont quevaulx, de quelque estat quilz soyent, cest assavoir en mars, gaquerison et en couvraine.

Le vin^e jour de septembre l'an 1507.

Signés : Anthoine de Wadencourt.—Colart Blarel.—Jehan Petit.—Huchon Leclercq.—Colin Werdière.—J. Carpentier, *et autres illisibles.*

AUTHIEULLE.

SEIGNEURIE.

Quatre pages de grand parchemin très-lisibles. 17 *articles.*

Coustumes locales de la ville, terre et seigneurie d'Authieulle, appartenante à nobles et puissans seigneur et dame Mgr. du Maisnil, et madame Marie de Grouches, sa femme, et à cause d'elle seigneurs dudit lieu.

1. Il est deu ausdits seigneur et dame, pour droit de relief d'hoir à autre, de chascun manoir, gardin ou pièce de terre à camps tenue en cotterie, qui doivent censive annuelle, double du cens, mais pour toutes les pièces de terre qui ne doivent aucuns cens, scituées au terroir d'Authieulle, il en est deu ausdits seigneur et dame ung sestier de vin pour droit de relief d'hoir à autre ou value selon la coustume de la ville de Doullens, à six sols chascun sestier de vin. — Et aussi en ladite ville y a droit de quiefmez à l'aisné filz ou fille, mais s'il y avoit ung filz il prendroit toujours avant la fille combien qu'il fut maisné d'icelle fille ; et aprez lesdits quiefmez prins tous les autres héritaiges sont partables aux enfants et héritiers de un trespassé autant à l'un comme à l'autre.

<small>2. Champart du cent 8 bottes pour les terres ablayées. — 3. Droit de vente des héritages cottiers le 6e denier selon l'article 4 de la coutume de la prévôté de Doullens.</small>

4. Item, il est deu ausdits seigneur et dame, pour chascune carue ahanant terres villaines, quatre garbes de blé et quatre garbes d'avoine, et ce pour droit que on dit droit de don, que sont tenus payer, chascun an, les laboureurs qui ont lesdites carues ahanans, en dedans le jour de saint Remy, soleil couchant, sur peine de LX sols d'amende.

<small>5. 3 sols d'amende aux seigneurs pour chaque prise de bestiaux faisant dommage aux récoltes. — 6. 60 sols parisis pour couper étalons dans les bois. — 7. Vif et mort herbage selon la coutume générale. — 8. Droit d'issue de ville pour vente de bestiaux — 9. Bestiaux pâturant dans les taillis au-dessous de 3 ans, amende de 60 sols, dans les grands bois, 3 sols.</small>

10. Item, lesdits seigneur et dame font faire par leurs officiers les desrengz et bonnaiges partout icelle terre, es lieux qui ne aboutent au chemin hors de ladite ville, aux warquiers ou patis esquelz les maire et eschevins de la ville de Doullens ont la garde, les desrengz et bonnaiges; sauf que iceulx maire et eschevins, ne peuvent desrengier ni faire bonnaiges de quelque lieu qui soit tenant ou aboutant aux terres desdits seigneur et dame et aux terres de leurs hommes, que eulx, leurs sergens ou officiers ne soient appelez (3).

11. Les seigneurs ont seuls la garde et les amendes de leurs terres, bois et eaux.

12. Item, se plaict ou débat se mouvoyent, pour cause de catheu, entre leurs hommes et tenans couchans et levans en ladite ville d'Authieulle, et entre les tenans d'eulx qui ne sont point dudit Doullens, ilz en ont la congnoissance et l'amende par le jugement de leurs hommes, sauf que se en plaidoyant ou aultrement clamoyent l'un l'aultre serf, l'amende en seroit aux maire et eschevins dudit Doullens (4).

13. Se plaict ou débat se mœult entre leurs hommes et tenans comme dit est, pour cause d'héritaige quilz ne seroient leurs taillables et coustumaux à le ville de Doullens, ilz en ont court et l'amende.

14. Item, se débat mœult pour occasion des terres de leurs tenans bourgeois de Doullens ou couchans et levans en icelle ville de Doullens, ilz en ont l'amende; et leur en doivent faire lesdits maire et eschevins court et jugement; et leur doibvent iceulx maire et eschevins juger bien et léalement.

15. Se plaict ou débat mœult entre les hommes desdits seigneur et dame, couchans et levans en ladite ville d'Authieulle, l'un envers l'autre, de lait dit, de férir de puings, de piedz, d'escamelle et aultrement, mais qu'il y ayt sang et affolure, ilz en ont la congnoissance et les amendes par le jugement de leurs hommes.

16. Se débat ou contens mœult d'aucuns leurs hommes couchans et levans en ladite ville d'Authieulle, envers aultruy ou d'aultruy envers eulx, lesdits maire et eschevins en ont et doivent avoir la congnoissance et les amendes.

17. Lesdits seigneur et dame ont justice vicomtière.

Le xviii° jour de septembre l'an 1507.

Signés : B. Estocart *bailli*. —Adam Letieullier *curé d'Authieulle*. — Jehan Depré. — Leboin. — De Le Follye. — Jehan Jembourg. — De Foucquesolles. — Hecquet. —Jehan Querel.—*Marques :* Adam Mallart *(une roue).*—Boin Hecquet *(une pelle à four).* —Jehan Feret. — Estienne Groseille *(un fléau).* — Jehan de Bonne Tour *(une fourche).* —Jehan Chocquet *(une faucille).*—Pierre de Bonne Tour *(grands ciseaux).*—Jacquemert Delattre.—Tassin Dault. — Adam Boullet. —Jehan du Gard. —Hue Rohault.

AUXI-LE-CHATEAU.

CHATELLENIE.

Ecrite sur le recto d'un long rôle en parchemin composé de trois peaux cousues au bout l'une de l'autre. — Ecriture très-fine, très-serrée, et d'une encre très-pâle; difficile à lire. 39 articles.

Coustume locale et particulière de la terre, seigneurie, chastellenie et berrie d'Auxi-le-Chasteau (5).

1. Pour mieulx monstrer que des coustumes soubscriptes on a tousiours usé audit lieu d'Auxy, est vray que ladite terre, seigneurie, chastellenie et berrye d'Auxi est située et assize sur la rivière d'Authie et tenue, en deux parries, assavoir ce qui est scitué et assis au-delà de ladite rivière, devers la ville d'Abbeville, depuis le fil et millieu d'icelle rivière, du roy nostre sire, à cause de sa conté de Ponthieu, et ce qui est scitué et assis en decha de ladite rivière, depuis ledit fil et millieu d'icelle, que on nomme les arrière-fiefz dudit Ponthieu, de Mgr. le conte d'Arthois, à cause de son chasteau de Hesdin, par certain achat fait en lan mil deux cens quarante-quatre, par le comte Robert d'Arthois, au comte Mahieu de Ponthieu, lequel lui vendit tous les hommages estans lors de ladite conté de Ponthieu, à commencher audit fil d'icelle rivière du costé d'Arthois, depuis l'Obellet de Wavans, jusques au Saulchoy de Maintenay; et ont les subgectz dudit lieu d'Auxi tousiours, sans delaissier, tenu les coustumes dudit Ponthieu, nonobstant ladite vindicion (6).

2. Item, que lesdits bailly ou son lieutenant et hommes liges d'icelle terre, seigneurie, chastellenie et berrye d'Auxi, pœultent tenir leurs plais et faire leur siége auditoire auquel lez et costé et en laquelle desdites deux parries que bon leur semble, et congnoistre de tous cas, causes et actions quelzconques, jusques à sentence et jugement définitif, ainsy quilz faisoient auparavant ladite vendicion.

3. Droit d'aînesse selon la coutume de Ponthieu en fiefs et cotteries. — 4. Relief des cotteries le double du cens annuel. — 5. Délai du relief, 40 jours pour les fiefs, 7 jours et 7 nuits pour les cotteries. — 6. Faculté de disposer par testament et entre vifs au profit de toutes personnes. — 7. Tout donataire ou légataire doit faire appréhension de fait. — 8. Donation en avancement d'hoirie permise. — 9. Droit des donations, en cotteries le 5ᵉ denier de l'estimation. — 10. Donations mutuelles entre époux permises. — 11. Libre disposition des acquets. — 12. Toute femme qui survit à son mari acquiert droit de douaire sur la totalité des biens de son mari. — 13. La veuve doit se faire mettre en possession de son douaire par justice. — 14. L'époux survivant a la moitié des acquets qui sont réputés communs. — 15. Tous biens acquis par donation sont réputés acquets au donataire et il en a la libre disposition. — 16. Pour être réputé propriétaire d'un immeuble donné par acte entre vifs ou testamentaire, il faut se faire envoyer en possession par justice. — 17. Le mari durant la communauté peut disposer des acquets. — 18. Retrait par proximité de lignage des héritages vendus, en dedans l'an et jour de la saisine.

19. Item, pœultent les subgectz dudit lieu mener leurs bestes aumailles, jumens, poullains et chevaulx, paistre es maretz dudit lieu d'Auxy, tant au costé d'Arthois que au costé de Ponthieu, esquelz maretz qui leur plaist; mais ilz n'y pœultent mesner blanches bestes sans commectre amende de LX solz parisis, saouf mondit seigneur d'Auxy qui, par principauté et seigneurie, pœult y mettre et garder les siennes s'il en avoit; et sy ne pœultent mener leurs pourcheaulx au maretz de Willencourt; et n'y pœultent nulz autres que les subgectz dudit lieu d'Auxy mettre esditz maretz aucuns bestaux, à peine de confiscacion ou d'amende de LX sols parisis; et ne pœultent nulz desdits subgects prendre ne avoir en leurs maisons bestes estranges à titre de louage, ou . . . . . à peine de LX sols d'amende comme dessus; mesmement. . . . . . et gens non ayans maison qui soit à eulx, sans permission expresse dudit seigneur.

20. Item, mondit seigneur a droit et seigneurie de prévention esdits maretz et communaultés dudit lieu, tant du costé d'Arthois que du costé de Ponthieu, lequel droit est tel que s'il prévient les officiers du roy ou de Mgr. le conte d'Arthois, soit en cause de personnes ou bestiaulx malfaisans et dommageans esdits marais, ou en aucuns exploitz de justice quels quilz soient, il en pœult et doit congnoistre jusqu'à sentence deffinitive.

21. Item, quant aucuns estrangiers se allient par mariage à aucunes filles ou femmes estans de la nacion de ladite ville d'Auxi ou demeurans en icelle ville, ilz ne pœultent la nuit de la feste de leurs nœupces couchyer avec leurs dites femmes, sans premièrement avoir congié de ce faire à mondit seigneur, ou son bailly ou lieutenant de son bailly, que ce ne soit en commectant amende de LX sols parisis chascun et pour chascune fois (7).

22. Le seigneur a droit de travers sur toutes les denrées et marchandises passant et allant de pays à autre.

23. Semblablement a droit de vicomté et seigneurie d'arrest, et pour son droit de chascune personne arrestée, II solz parisis.

24. Droit d'aide sur les tenans cottiers. — 25. Moulin et four banal.

26. Item, pareillement lesdits subgetz d'Auxi doibvent guet et garde au chasteau dudit lieu d'Auxy, et partant sont exempts de faire guet et garde en aultres fors ou villes (8).

27. Semblablement doibvent queuste à court et prisonnier garder (9) quant ilz en sont requis.

28. Droit d'herbage, une bête vive sur dix bêtes à laine, après une tournée à la vergue par le nourequier.

29. Tous les tenans cottiers doibvent ayde des prés fener au seigneur (10) et ceulx ayans cars ou carretes, amener les faings d'icelluy seigneur, en sa grange au lieu nommé la Court aux Bailles.

30. Tous les manans et habitans dudit lieu d'Auxi ou autres ayant maisons manables en icelle, qui les baillent à louage pœultent, à chascun des termes de la ville, qui sont de quatre mois en quatre mois, constraindre et justicier leurs louagiers pour ce quy leur serait deu de leurs louages.

31 à 39. Usages et stilz de ladite terre et seigneurie.

Le xxiie jour de septembre de l'an 1507.

Signés : De Boumy *lieutenant du bailly.* — Jean Rogier *prestre curé de Frohens doien de Labroie.* — Adrian Beusin *curé d'Auxi.* — Hugues Bresdoul *curé de Bernastre.* — De Wandin. — Nicola d'Estrées, *seigneur de Miaquaires* (11). — Jehan Dubus. — Jehan Morel. — d'Airon. — De Buynes. — Thomas Morel. — Ernoul Couzin. — L. Merchier. — Jacquemart Leroux. — Jehan Boutin. — C. Foubert. — Antoine d'Ault. — Collinet d'Ault. — Bastien Leroux. — J. Chocquart. — Julien Frochart. — Firmin Cocquet. — Hue Dumiesges. — Bastien Leborgne. — Jehan Wanquier. — Hugues Chocquart. — Guillaume Crochart. — Jehan Dumiesges. — Jehan Lecaron. — Bauduin Leborgne. — Hugues Bresdoul. — Jacque Dumiesges. — J. Jasquet. — Herencq. — Anthoine Leboin. — Jehan Lefeuve. — Enguerran Le Caron. — *Marques :* Jehan Portelanche. — Charles Du Crocq. — Jehan Leroux. — Michiel Dumiesge. — Jehan Desplanques *(une roue).* — Jehan Brisdoul. — Nicolas Pannet. — Jehan Heffroy. — Jehan Foubert. — Georges Clain *(une enclume).* — Charles Bernart. — Julien Le Prevost. — Jehan de Blavet *(deux épées en sautoir).* — N. Croisier.

BAGNEULX.

PRIEURÉ.

Une grande page en parchemin très-lisible. 4 articles.

Coustumes locales et particulières du prioré de l'église Nostre-Dame-de-Bagneulx, lez la ville de Doullens, ensemble de la seigneurie d'icelluy prioré, ses appartenances et appendances, dont possesse présentement vénérable religieuse personne frère Jehan de Richebourg, à présent prieur d'icelluy prioré de Bagneulx.

1. Fait à présupposer comment de grant antiquité ledit prioré de Bagneulx est noblement fondé et amorty sous le roy nostre sire, et est ledit prioré membre deppendant et sous l'église et abbaye Saint-Robert de Molesmes, de l'ordre de Mgr. saint Benoist; et à ceste cause, à icelluy prieur lui appartiennent plu-

sieurs beaux droits, prérogatives, prééminences, franchises, libertez avec justice et seigneurie fonssière dedans sa maison, lieu pourprins, ténement et bournes d'icelluy prioré; et pour ycelle exercer, maintenir et garder, a bailly et hommes cottiers, et ung sergent audit lieu et village de Bagneulx, et amendes de LX sols parisis et VII sols VI deniers parisis, selon l'exigence des cas.

2. Reliefs des ténements cottiers 3 sols parisis, droit de vente le 6ᵉ denier. — 3. Au petit village de Longuevillette, le prieur a toute justice. — 4. Audit Longuevillette pour les ténemens cottiers, il est dû relief à merchy et pour les terres labourables 12 deniers du journal.

Le XVI.ᵉ jour d'aoust 1507.

Signés: pour Longuevillette, Jacob Cotelle *prevost.* — Perrotin Brisse. — C. Brisse *prestre.* — Mahieu Pingré *lieutenant.* — *Pour Bagneulx:* Mahieu Roussel. — Jean Wyart. — Jehan Debray. — Martin Bellet. — Jehan Lefèvre. — Pierre Wyart *(une roue).* — Jehan Ancel *(un sarcloir).* — Colart Debray. — Hugues de Brabant *(une herse).* — Signé: P. Jolay *prestre, doyen de Doullens, curé de l'église Saint-Pierre, procureur du prieur de Bagneulx.*

BARLY.

SEIGNEURIE.

Une page en parchemin très-lisible. 16 *articles.*

Les coustumes de la terre et sirie de Mgr. Chiprien de Montmorency, seigneur de Barly, sont telles audit Barly, comme dient Pierre Desgardins, lieutenant, Pierre Austin, Estienne Dupuch, Pierre Desgardins le josne, et autres hommes de ladite sirie de Barly.

1. Il a justice et seigneurie vicomtière qu'il tient de Saulty et en souveraineté du bailliage d'Avesnes-le-Comte, et a toutes telles coustumes que Saulty. — 2. Est ruyer de tous les chemins et voieries en sa seigneurie; a le sang et le larron. — 3. Issues, forage et afforage. — 4. Droit d'herbage.

5. Le mort saisit le vif quant aux manoirs tenus en cotterie; des terres cottières il est deu au seigneur le double de la rente, soit grosse rente ou aultrement.

6. Celui qui a manoir audit lieu ne paie que 6 deniers de rente par mencaudée de terre; celui qui n'a point de manoir paie 12 deniers. — 7. Droit de terrage, 16 bottes du cent, c'est-à-dire 8 pour la dîme et 8 pour le terrage.

8. Et quant aux manoirs, il convient remonstrer et faire enregistrer seulement.

9. A la vente des fiefs, il est dû le 5ᵉ denier. — 10. Des manoirs non amasés, le 6ᵉ denier, quand ils sont tenus en cotterie, c'est-à-dire en main ferme. — 11. A l'aîné les fiefs, un quint aux puinés. — 12. A l'aîné les manoirs d'héritage et pareillement les manoirs d'acquisition, à moins que l'acheteur n'en ait disposé, ce qu'il peut faire sans le consentement de son héritier. — 13. Des terres cottières en appartient autant à l'un comme à l'autre.

14. Que se deux conjoinctz acquestent ensemble aulcuns manoirs ou terres cottières, et l'un va de vie à trespas sans delaissier enfant vivant, l'héritier du premier morant aura la moitié desdites acquestes, s'il n'y a conditions et marchiez faisans pour ce corrompre.

15. Pareillement les biens meubles se partissent se il n'y a enffans à le charge de la moitié des debtes.

16. Sont lesdits subjects banniers au four et au mollin.

Fait soubz les saings ou marques manuelz des dessus nommés ou de l'un d'eulx lieutenant, et hommes cy mis, le dix huitiesme jour d'aoust, lan mil cinq cens et sept.

Signés: Pierre Desgardins. — Pierre Desgardins *le josne.* — Austin. — Dupuch *(un cœur).* — Gille Delommel *(une roue).* — Colart Dupuch *(une roue).*

BAUDRICOURT.

SEIGNEURIE.

Une grande page en parchemin lisible. 17 articles.

Ce sont les coustumes locales desquelles, de toute anchienneté, l'on a accoustumé user en la ville de Baudricourt, appartenant à noble homme Arthur de Morœul, à cause de mademoiselle Catherine Du Bois sa femme, quil tient en deux fiefs, l'un de haulte et puissante dame, madame la comtesse de Vendosmois et de Saint-Pol, à cause de sa comté de Saint-Pol, l'autre fief de Mgr. de la Houssière à cause de son ficf et seigneurie de la Houssière.

NOTA. — Cette coutume se borne à énumérer les droits seigneuriaux tels que relief de succession et de vente, terrage, vif et mort herbage, forage et afforage, coups de main garnie et non garnie, paroles injurieuses, dommage aux champs par les bêtes à laine et autres, droit d'étalage des marchandises, défense d'ouvrir les jeux sans le congé du seigneur, de faire des travaux sur les frocs et flégards etc. etc. relatés pour la plupart dans la coutume de la prévôté de Doullens et dans celle de la sénéchaussée de Saint-Pol.

Lesquelles coustumes locales nous ont été affermées par serment estre véritables, notoires, manifestes en le ville de Baudricourt, par Jehan Gosson, Jehan Desgardins, Jehan Leclerc, Anthoine Leclerc, Anthoine de Monchiot, hommes de fiefs; Jehan Leprevost, Colart Delayens, Pierre Pedot, Gervois de Montigny, Jehan Herbert, Robert de Monchiot, Pierre Allart, Pierre Leprevost..... tous manans et habitans dudit Baudricourt, pardevant nous Thomas Plantart, bailly desdits fiefs.

Le dix huitiesme jour de septembre lan mil cinq cens et sept.

Signés : *(les ci-dessus nommés.)*

NOTICE.

BEALCOURT.

SEIGNEURIE.

Une grande page en parchemin très-lisible. 8 articles.

Ce sont les coustumes locales, usaiges et communes observances de la terre et seigneurie de Bialcourt, rédigées par escript, leues, publiées et accordées le ixe jour de septembre l'an mil cinq cens et sept, en présence de noble et puissant seigneur Mgr. Ferry de Saveuses, chevalier, seigneur dudit lieu, eagé de quarante-huit ans, Ferry Blondelus, escuyer lieutenant et autres soubssignans.

1. En cotterie tels cens, tels reliefs; à la vente le 5e denier des fiefs et le 6e denier des cotteries. — 2. Faute de relief le seigneur fait les fruits siens. — 3. Relief de bail par le mari. — 4. Pour les donations, même droit que pour les ventes, selon l'estimation des fiefs et cotteries. — 5. Vif et mort herbage selon la coutume générale. — 6. afforage des vins et cervoises. — 7. Moulin banal.

8. Item, ledit seigneur a, en sadite terre et seigneurie de Bialcourt, tenue en parrie de la terre et seigneurie de Dompmart, justice et seigneurie haulte, moyenne et basse et en dessoubs.

Le ixe jour de septembre 1507.

Signés : Ferry de Saveuses. — Ferry Blondelus *lieutenant.* — Jehan Blondelus. — *Marques :* Pierre Bertran *(une hache).* — Jehan de Cailly. — Colart Duval. — Jehan Perache. — Pierre Delepierre. — Jehan Fossier. — Jehan Sonnet. — Anthoine Dobin. — Le Nourrequier *bailly.*

BÉALLIÈRES (12).

SEIGNEURIE.

Une grande page en parchemin très-lisible. 8 articles.

Coustumes locales de la terre et seigneurie de Béallières, appartenant à noble homme Lancelot de Prouville, seigneur d'Avesnes-lez-Balpasmes et d'Estrées, laquelle seigneurie il tient noblement, en ung fief, de la terre et chastelenye de Beauval, appartenant à ault et puissant seigneur Mgr. de Morœul, à cause de madame Barbe de Chastillon-sur-Mer.

1. Haute, moyenne et basse justice, relief des cotteries à merci, c'est-à-dire le 6e denier, et droit de vente pareil au relief. — 2. Acquits, issues, tonlieux, forages, afforages, amendes de LX sols et VII sols VI deniers. — 3. Les tenans féodaux doivent service de plaids de 15^{ns}. en 15^{ns}. — 4 et 5. Mort et vif herbage. — 6. Le vif herbage est exigible à Noël, mais il n'y a amende qu'après refus de paiement.

7. Item, ung chascun pœult, de ses biens meubles et acquestes, ordonner et disposer à sa volonté et les donner à telles personnes ou personne et soubz telles charges et conditions que bon luy samble, soit l'homme à la femme ou la femme au mary.

8. Pour le surplus, on se règle sur les coustumes générales du bailliage d'Amiens, de la prévosté de Doullens et de la chastellenie de Beauval.

Le viiie jour de septembre 1507.

Signés : Jehan Papin *bailli.* — Ferry Blondelus. — Jehan Blondelus. — Colart Dobin. — Jehan Sonnet. — *Marques de* Philippe Daron. — Jehan Perache. — Pierre Brunet. — Jehan Daron. — Pierre Perache *(une navette).* — Jean Pruvost. — Jehan Cocquel. — Brunet *dit* Pinot.

BEAUVAL.

CHATELLENIE.

Un cahier en parchemin; trois pages et demie d'écriture; page et demie de signatures; très-lisible. 19 *articles*

Hault et puissant seigneur Mgr. de Soissons, chevalier, seigneur de Morœul, prince de Poix et seigneur de Beauval, à cause de madame Barbe de Chastillon sa femme, baille les coustumes locales et particulières de ladite terre de Beauval, tenue en plein hommage du roy nostre sire, à cause de son chasteau de Doullens.

Et Primes.

1. Toutes personnes forains aians terres labourables ou cottières audit terroir de Beauval, doivent droit de réseandise tel que ilz doivent XII deniers de chascun journel quilz labourent ou font labourer ou semencher, sinon quil se pœult acquictier par estre résidens, ou mois de mars, en ladite ville de Beauval, et en couvraine, pourvu que ce ne soit à fraulde.

2. Tous laboureurs audit terroir de Beauval, doivent pour chascun cheval tirant, pour droit de don, trois garbes de blé et trois garbes d'avaines ou aultre telle despouille quil croist sur ledit labour; et se doit amener en la grange dudit seigneur, en dedens le jour de le Saint-Remy, sur l'amende de III solz.

3. Toutes terres cottières de ladite terre de Beauval, doivent droit de rente tel que du cent de garbes ou waras huit garbes touteffois que lesdites terres portent; et une garbe ou waras de recompte sur trois cens que le rentier du-

dit seigneur prent sur lesdits trois cens mais que ce soit tout d'un camp; et autrement ne se doit payer ledit droit de rente.

4. Toutes personnes qui font labourer, soient forains ou subjetz aians terres cottières audit terroir de Beauval, soient quilz despoullent lesdites terres ou quilz les donnent à muissons, doivent droit audit seigneur quil s'appelle don, lequel est de deux garbes de blé ou garbes d'avaine, sur chascun homme ou femme despoullians lesdites muissons; se sur lesdites terres n'avoit ne blé ne avaine, ilz ne paient riens sinon telles avestures que lesdites terres auroient porté; lequel droit se paie au jour Saint-Remi sur l'amende de III solz (13).

5. Toutes personnes qui vendent ou achattent maisons, terres et autres héritages tenus en cotterie de ladite seigneurie de Beauval, ilz doivent le VI.ᵉ denier de vente audit seigneur, et en fief le quint denier; et se la vente se fait frans deniers, il est deu droit de venterolles.

6. Item, à cause de ladite seigneurie de Beauval, ledit seigneur a plusieurs hommes tenans de luy en cotterie en la ville et banlieue de Doullens, lesquelz lui doivent plusieurs cens et rentes fonssières à cause des maisons et terres quilz tiennent dudit seigneur et dont ilz doivent de relief d'hoir à autre, ung sestier de vin ou VI solz, et le quint denier de ventes et venterolles comme dessus (14).

7. Toutes personnes aiant héritaiges, maisons et terres ou champs en ladite seigneurie de Beauval, lorsquilz vont de vie à trespas delaissant plusieurs enffans, l'aisné emporte le quiefmez (15), qui est à entendre que se partie de la masure est amasée et l'aultre partie wide, ledit aisné a son choix de le prendre sur ledit amasement ou sur celuy quil n'est amasé, meismes sur une pièce de terre au camp s'il trouve que se soit mieulx son pourffit que lesdites masures ou amasement; et le surplus des aultres maisons et terres se aucunes en y a, se partissent chascune par égalle portion tant es héritages que aulx acquestes, pourveu que ceux qui vont de vie à trespas n'en aient disposé par testament.

8. En cotterie, relief de 7 sols pour toute espèce d'héritage.

9. Si les héritiers du deffunct vœullent partir et diviser les héritages d'icelluy, en tel cas ung chascun desdits héritiers est tenu payer pareille somme de VII solz.

10. Toutes personnes aians héritages en ladite ville de Beauval, quant ilz ou l'un d'eulx vendent la dernière maison quilz ont en ladite ville, et se partent pour aler demeurer ailleurs en autre demeure, ilz doivent VII solz pour issue.

11. Mort et vif herbage. — 12. Forage. — 13. Droit d'issue de ville pour vente de bestiaux.

14. Tous les habitans de ladite ville de Beauval lesquels ont deux ou trois chevaulx pour tenir carue et qui tiennent labour à part eulx, doivent chascun an une corvée audit seigneur de VII solz IX deniers.

15. Tous les habitans dudit Beauval et autres personnes pœultent faire arrester leurs debteurs forains par les sergens d'icelle seigneurie, dedens les fins et limites de ladite terre et juridicion, et quiconque en deffault est tenu payer pour le droit dudit arrest II solz VI deniers.

16. Se aucun débat et noise mœult entre lesdits subjez ou aultres tellement que aulcuns coups ou bastures enssievent entre eulx, cellui qui aura été bastu est tenu le denunchier incontinent le jour audit seigneur ou ses officiers, aultrement il eschet en amende de VII solz VI deniers.

17. Item, se ledit personnage bastu diffère ladite basture (denunchier), jusques au jour de lendemain, il eschet en amende de XV solz.

18. Item, et au cas quil attende jusques au tiers jour de soy plaindre, comme dit est, par ladite coustume, il est tenu payer XXII solz VI deniers.

19. Item, et au cas que esdits trois jours celui qui aura esté bastu ne se vient plaindre audit seigneur ou sesdits officiers, et que ilz recelleroient lesdites bastures, ledit seigneur ou sesdits officiers avertis d'icelle basture par tesmoings ou aultrement, iceulx malfaicteurs trouvés coupables sont tenus, chascun d'eulx, de payer XXII solz VI deniers audit seigneur (16).

En tesmoing de ce, je Pierre Louvel, bailli et garde de la justice dudit lieu de Beauval, pour ledit seigneur, et avec moi la plus grand partie des hommes liges, gens d'église et les hommes cottiers de ladite seigneurie, avons signé ces présents articles, en approbation de vérité, en ladite ville de Beauval, le mercredy XXII.ᵉ jour de septembre l'an mil cinq cens et sept.

Signés : P. Louvel. — N. Deboffles *seigneur de Nœufvillette.* — Guislain de Quereques.... — De Saincourt *seigneur de Hamencourt.* — Jehan Brisdoul *seigneur de Nœux en partye.* — Jeh. Nourequier *procureur du seigneur de Ricquemaisnil.* — N. Rouguet *procureur de M. de Maquerel, seigneur de Nœux en partie.* — Le Boin *bailly d'Occoche et de Breviller.* — Prevost *lieutenant du bailly de Noble* (sic) *pour Franchois de Condette, seigneur dudit lieu.* — Hubert Pogron *cappitaine de Beauval.* — Colin de Pernoys *curé de Beauval.* — P. de Pernoys *prestre, curé de la Vicogne.* — De Maisons *homme de fief, procureur pour Mgr. de Griboval.* — S. Le Viesier *homme de fief.* — A. Le Viesier *bailly du Souich.* — Papin *bailly de Beallières pour Lancelot de Prouville.* — N. d'Osterel *homme de fief dudit seigneur.* — R. Brisse *bailly de Brestel.* — Jehan Legris *lieutenant de Beauval.* — Jehan Dequen *procureur de Hue d'Os-*

terel, seigneur du Valheureux. —Mahieu Petit *eschevin de Beauval*—Levillain *eschevin de Beauval (une hache).* — Jehan Picquet *homme cottier.* — Pierre Wautriquet *eschevin de Beauval.*—Ernoul Lenffe *eschevin de Beauval.*—Jehan Despré *laboureur et eschevin de Beauval.* — Jehan Sevin *homme cottier.*—Hubert Sevin *eschevin et laboureur, demeurant à Beauval.*

BEAUVAL.

ÉCHEVINAGE.

Un cahier en parchemin contenant 7 pages d'écriture très-lisible. 34 articles.

Ce sont les usages et coustumes de la ville de Beauval, et dont les jurez, eschevins, manans et habitans dudit Beauval ont acoustumé user de tel et sy longtemps quil n'est mémoire, audit lieu, du contraire, et ce ensievant certaines lettres de previlége, en forme de chartre, données ausdits jurez, manans et habitans, par deffunct de noble mémoire Mgr. Hugues Campdavaine, en son vivant chevalier, seigneur dudit Beauval, icelles lettres dattées du moys de juing l'an mil deux cents et dix nœufz (17).

PRIMES.

1. Lesdits manans et habitans, en ensievant lesdites lettres de previléges, ont acoustumé avoir audit Beauval dix hommes jurez appelez les hommes de la loy, lesquelz congnoissent, jugent et ordonnent des droys de la justice et du régime et gouvernement de ladite ville, par l'espasse d'ung an tant seullement, en gardant partout le droit de Dieu, nostre mère saincte Eglise, et ses droys et seigneurie, par telle condition que se la chose de laquelle il est procès meu en justice pardevant eulx, se la judicature se pœult expédier, lesdits hommes de loy sont tenus jugier du tout selong le teneur et efficace desdites lettres de previléges, mais ou cas que la chose dont il est question ou procès ne se puist expédier par lesdits hommes de loy et que la judicature soit difficile, en tel cas lesdits hommes de loy en doibvent demander, interroguier et eulx informer par les frans hommes, comment en tel cas ilz doibvent expédier la judicature ; et par la manière quilz trouveront en conseil et opignion desdits frans hommes, ils doibvent bailler la judicature dudit cas, procès, question ou litige, en la présence dudit seigneur, son bailli ou lieutenant.

2. Par ladite coustume procédant de ladite chartre, se la matière dont il est procès, est si difficile et pesante que lesdits frans hommes ne sçachent ou puis-

sent bailler opignion souffisante, et que à ces causes il soit nécessité sortir hors de ladite ville pour soy informer de la manière de jugier et ordonner du litige, en tel cas la partie en deffinitive convaincue et trouvée en tort, est tenue rembourser lesdits hommes de loy des fraiz et despens par eulx sur ce faictz pour avoir conseil et sçavoir appointier audit litige (18).

3. Item, lesdits dix hommes de loy ainsy jurez assient bournes et ont la congnoissance des voyes et chemins ; quant aulcun par viollence oste, emporte, arrache les bournes par eulx mis ou transgresse les voyes ou chemins par eulx ordonnez, en tel cas celuy qui a transgressé doibt estre condempné par lesdits jurez envers le seigneur en amende de XX solz

4. Item, par ladite coustume émanée de ladite chartre comme dit est, tous marchyés, convenances, recongnoissances et traictés de choses mobiliaires, contractez, passés et recongnutz en la présence de deux ou plusieurs desdits hommes jurez, tels contractz ainsy par eulx attestés sont stables et fermes et doibvent sortir leur effet; et se aulcun contrevient à leur dit tesmoignage ou attestation, il est condempné envers le seigneur en la somme de XX solz et envers ung chascun desdits jurez en la somme de V solz.

5. Item, aprez l'an passé, lesdits hommes jurez, conviennent par ladite coustume et se assemblent es festes de Pasques en certain lieu, et sans contradiction, iceulx dix hommes eslisent quatre hommes de loi de ladite ville, lesquelz sont substitués au lieu desdits jurez ; et lesquelz quatre hommes ainsi jurez eslisent autres six hommes de ladite ville par eulx nommez, lesquelz ilz sont jurés de bonne foy comme leurs prédécesseurs ; et ainsy iceulx dix hommes ont autel previlége, en l'année susséquente, que ont eu lesdits dix hommes en l'année précédente, et ainsi s'est toujours fait d'an en an, et tout ce se doibt faire sans fraulde.

6. Item, lesdits dix hommes jurez ont un seau authentique que leur a donné et conféré ledit seigneur Hugues Campdavaine, pour eulx servir et dont ilz usent et est appellé le scel aux causes de ladite ville de Beauval.

7. Item, le bailly dudit Beauval, pour chascune foys qu'il est renouvelé, est tenu faire serment pardevant lesdits dix hommes jurez, de garder le droit du seigneur et desdits jurez et habitans, en le forme et manière acoustumée.

8. Item, lesdits dix hommes de loy, par lesdits anchiens priviléges et coustumes dudit lieu, pœultent d'ung commun accord instituer, commettre et ordonner ung garde messier ou sergent pour faire prendre aux champs et au temps de messon ; et des tors faiz et amendes commises rapportées par lesdits gardes ou sergens, à l'occasion desdites messons, lesdits jurez en font la re-

cepte; et desquelles amendes ou tortz faiz, lesdits gardes et sergens sont paiés de leurs gaiges; et au cas que desdits tors faictz et amendes payées, oultre le paiement d'iceulx gardes ou sergens, sont aucuns deniers superhabundans, le résidu superhabundant doibt se appliquier au prouffit des communs usages de ladite ville ou à la réparation de l'église ou de la cauchye.

9. Et au cas que lesdites amendes ne soient souffisantes pour paier les gaiges desdits gardes ou sergens, iceulx seront payés et salariés des deniers communs de ladite ville pour le reste.

10. Item, se aulcun desdits habitants, pour aulcun forfait en tant qu'il touche lesdites messons, sont condempnez en aulcune amende et font refus paier icelle amende, et que ad cause de son reffus la congnoissance du différent ou la clameur viengne à la congnoissance du seigneur, ledit seigneur, son bailly ou lieutenant baille son serviteur ou sergent pour assister le garde ou sergent desdits jurez, tant que paiement soit fait de ladite amende; et au cas que la partie condempnée parmette le sergent dudit seigneur faire exécution de ladite amende, icelle partye eschet en amende de III solz envers ledit seigneur.

11. Item, quiconque par lesdits hommes jurez, pour aulcun fourfait, sera condempné en aucune amende et fera reffus paier icelle amende, tellement que la congnoissance du reffus parviengne jusques au seigneur ou ses officiers, et soit nécessité que le sergent dudit seigneur face l'exécution, en tel cas, oultre l'amende par lui commise, ad cause du forfait, il est condempné, ad cause de son reffus, en amende de III soulz envers ledit seigneur.

12. Item, quant aulcun desdits manans et habitans de Beauval, lyé par mariage, va de vie à trespas et délaisse sa femme vivant, icelle femme est tenue relever son douaire et les possessions délaissées de sondit mary par payant VII soulz et non plus.

13. Item, l'héritier d'aulcun deffunct est tenu relever les héritaiges délaissiés dudit deffunct, et pour ce paier audit seigneur VII soulz et non plus.

14. Item, et se il y a plusieurs héritiers d'icelluy deffunct qui vœulent, puis après, partir et diviser les possessions d'icelluy deffunct ou qui pourfittent desdites possessions, ung chascun d'iceulx héritiers est tenu payer pareil droit de reliefz VII soulz et non plus.

15. Item, après le trespas de tel deffunct, par ladite coustume, se il y a plusieurs héritiers, l'aisné d'iceulx pœult prendre un quiefmez, pour droit d'aisnesse, à son chois et option, soit en masure, pré, ung camp de terre labourable en une pièche, ou aultre héritage particulier; et le résidu des héritages et acquestes cottières de tel deffunct, se partissent à chascun par égale portion,

avœucq icelluy aisné, pourveu que desdites acquestes, il n'en soit par lui disposé avant son trespas.

16. Item, et lequel droit de quiefmez appartient entre héritiers marles, mais quant il y a des femelles et avœucq elles ung hoir marle, ledit hoir a le droit de quiefmez, soit aisné ou puisné desdites femelles.

17. Item, se aulcun met en cause ung aultre pour valeur de cinq soulz et au-dessoubz, et le deffendeur fait dénégation de ladite somme, se ledit demandeur fait apparoir par ung tesmoing ladite somme estre deue, en tel cas, sans nulle contradiction, icelluy deffendeur est tenu payer ladite somme, et avœuc ce est condempné en III soulz d'amende au seigneur, pour avoir fait ladite dénégation.

18. Item, et se aulcun fait plainctif que aulcun luy auroit gasté aulcuns biens ou aultre chose à luy appartenant, en tel cas le personnage auquel tel malefice est imposé, est tenu se purgier, ou aultrement est condempné en amende de III soulz envers le seigneur.

19. Item, se aulcun est trouvé coppant au bois dudit seigneur, il est condempné par ladite coustume en amende de III soulz avec restitution du dommage et intérestz.

20. Item, les subgectz et habitans dudit Beauval, par ladite coustume, pœultent prendre et coper au bois dudit seigneur, plain leurs mains de verges, pour faire des caignons à mener leurs harnas de carue, touteffois quilz en ont affaire, sans demander grace et sans en ce eulx fourfaire envers ledit seigneur (19).

21. Item, par la coustume dudit lieu de Beauval, les subgetz et habitans dudit lieu qui sont adjournez pardevant le bailli ou son lieutenant et lesdits hommes jurez, pour chascune foys quilz ne comparent à leur journée ou procureur pour eulx et sont mis en deffault, sont tenus paier, pour chascun deffault, au seigneur de Beauval, la somme de III soulz et non plus.

22. Item, par ladite coustume, toutes personnes qui ont recongnut debvoir aulcune chose à aultruy, pardevant ledit bailly ou son lieutenant, présens deux hommes ou plus d'iceulx hommes de loy, et il convient que tel recongnoissant sœufre que le sergent dudit seigneur mette la main pour estre paié, tel personnage eschiet en amende de III soulz envers le seigneur, à condicion toutes voies que tel exploit ne se pœult faire par ledit sergent sans à ce appeller, pour présens, deux desditz jurez.

23. Item, lesdits subgetz et habitans dudit Beauval pœultent faire arrester par le sergent dudit Beauval, tous debteurs forains es fins et limittes du terroir dudit lieu de Beauval, et pour le droit dudit arrest est tenue paier la partye trouvée en tort, II soulz VI deniers d'amende envers ledit seigneur et non plus.

24. Item, que par ladite coustume il n'est deu aucun salaire au sergent ou officier dudit seigneur, pour adiournemens par luy faitz, soit à le requeste dudit seigneur ou desdits habitans, mais est gagé dudit seigneur quant à ce; toutesvoies sy fait aucune exécution et il est besoin pour icelle parfaire exposer biens en vente ou les mener au marchyé, il doibt estre payé de son salaire à la discrétion et taxe des officiers dudit seigneur et desditz jurez.

25. Item, par ladite coustume lesdits habitans pœultent avoir coulombier en leurs ténement, en demandant grace de l'édifier, ce que on ne leur pœult reffuser; toutefois se ilz édiffient lesdits coulombiers sans avoir demandé (grâce), ilz sont amendables envers ledit seigneur par LX soulz.

26. Item, lesdits subgetz et habitans de Beauval ont fosses à fyens sur les rues et flégars de ladite ville, se elles y sont d'anchienneté, et y demourront pourveu quil n'y ayt plaintifz desdits subgetz et voisins, et quil ne soit préjudiciable à eulx et à la communaulté dudit Beauval.

27. Item, et par ladite coustume, ceulx qui vœulent fouyr ou heuer sur lesdites rues ou flégars, ou faire des nouvelles fosses à fyens, sont tenus de demander grace au seigneur ou à son bailly, quil ne leur pœult reffuser sy n'y a plaintifz ou préjudice, autrement ilz escheent en amende de LX soulz.

28. Item, lesdits subgetz et habitans dudit Beauval qui ont affaire de dravyes ou verde vesche pour leurs bestes, sont tenus par ladite coustume demander grace au seigneur ou à leurs (ses) fermiers ou sergens, se leurs terres doibvent terrage, sur peine d'amende; et en cas de reffus ilz en pœultent aler quérir et prendre à leur volonté, pourveu touteffois quilz en paieront le droit de rentition et souffisamment; et se ledit seigneur, ses fermiers ou serviteurs vœulent dire quil ne ayt demandé ledit congié, iceulx habitans sont creu par leurs sermens sans amende.

29. Et pour cause que toutes terres et héritages de la seigneurie dudit Beauval sont taillables à le taille que on appelle le taille de le ville, qui se doibt au roy nostre sire, chascun an au jour saint Remy, sauf les terres du chastel dudit Beauval, bailyées à cens et les pretz et patys dudit chastel et les lieux de fiefz ou amortys comme la Maladerie et l'Hospital dudit Beauval; ledit seigneur de Beauval ne pœult par ladite coustume, usage et previlége avant dictz, appliquier à son prouffit et demaine lesdits héritaiges sans payer ledit droit de taille que doibvent ou debveroient lesdits héritaiges et terres, sinon du consentement de ceulx qui doibvent ladite taille.

30. Item, lesdits hommes jurez par leur loy et coustume (*ont tel privilége que*) le seigneur ne pœult, de droit, prendre aulcun des subgetz dudit Beauval,

ou faire prendre par ses sergens ou officiers, par soupechon de quelque cas ou malefice, ne faire mettre ou bouter en ses prisons sans avoir à ce présens deux hommes desdits jurez, et sans avoir fait ou fait faire informacion du cas ou soient appelez deux desdits jurez, sinon au cas que le malefice soit sy publicque que on ne le puist ignorer.

31. Item, tous les laboureurs, subgetz et habitans dudit Beauval, par ladite coustume et usage, qui labeurent à plaine carue, pœultent incontinent après la despoulle de leurs blez, merquer quatre journeulx d'esteule, esquelz quatre journeulx ainsy merquiés, nul ne pœult ou doibt aler prendre ny emporter ladite despoulle devant le jour saint Remy, sans la grace dudit labourier, sur amende de III soulz au prouffit desdits jurez, à convertir comme dessus.

32. Item, et qui ne labeure que à demy carue n'en pœult merquier que deux journeulx où pareillement nul ne pœult prendre devant le jour saint Remy, sus pareille amende de III soulz.

33. Item, en tous autres cas, lesdits jurez et habitans ensievent les coustumes et usaiges des bailliage de Beauval, prévosté de Doullens et bailliage d'Amiens, là où ilz ont leur ressort.

34. Et lesquelles coustumes telles que dessus, lesdits jurez, manans et habitans dudit Beauval, ont attesté et affermé par leurs sermens, pardevant nous, Pierre Hochecorne et Nicolas De Maisons, auditeurs du roy, nostre sire, au bailliage d'Amiens, es mettes de la prévosté de Doullens; et en oultre nous ont iceulx jurez monstrées et exibées lesdites lettres de previlége contenant lesdits usages et coustumes que dessus, données dudit seigneur Hugues Campdavaine, dattées du moys de juing l'an mil deux cens et dix-nœufz, et scellées en cyre verde, et las de soye du sceau dudit seigneur, aussy saines et entières en scel et escripture.

Fait et passé audit Beauval le vingt-huytiesme jour de septembre an mil cinq cens et sept.

Signés : N. De Maisons.—P. Hochecorne.—Ant. De Pernois *curé de Beauval.* — Jehan Legris *lieutenant de Beauval.*—Le Villain *eschevins.*—Jehan Halot *eschevins.* — Jehan Despré *eschevins.* — Mahieu Potier *eschevins.* — Jan Randoul *eschevins.* —Anthoine Deflesselles *eschevins.* — Hubert Sevin *eschevins.*—Adam Levoix *eschevins.*—Pierre Wautriqué *eschevins.*—Jacques De Famechon *eschevins.*—Jehan Pequart. — Adam Despré. — Antoine Pequart.—Jehan Dequen. — Fremin Pecart.—Ernoul Pecart. — Jehan Sevin. — Ernoul Lenffes.—Adam Villain. — Jehan Lecaron. — Robert Boullet. — Adam Duruy. — Fremin Devillers. — Jehan Bointan ; *tous habitans.*

BEAUVOIR.

SEIGNEURIE.

Un rôle en parchemin de un mètre de long, composé de trois feuilles cousues bout à bout, difficile à lire. 14 articles.

Coustumes locales de la terre et seigneurie de Beauvoir, appartenant à noble et puissant seigneur, monseigneur Ferry, chevalier, seigneur de Saveuses et dudit lieu de Beauvoir.

1. A la mort du tenant cottier, retour des héritages à la table et domaine du seigneur ; relief en dedans 7 jours et 7 nuits, du double du cens. — 2. Droit des ventes et donations le 5ᵉ denier.

3. Par ladite coustume, le seigneur a, en icelle terre et seigneurie, droit de erbage mort et vif, lequel droit de vif erbage est tel que, sur le trouppeau attaindans le nombre de dix bestes à layne et audessus, le seigneur a droit de prendre et choisir une beste vive, aprez une tournée à la vergue par le nourequier (20).

4. Item, de tous les manoirs estans en icelle terre et seigneurie, qui ne sont habités et où nulz ne font demeure, mondit seigneur de Beauvoir doit avoir pour droit de non réséandise quatre boisteaulx de blé mesure de Doullens, et sur tous manoirs non amasés aussi quatre boisteaulx de blé à payer chascun an au jour et terme Saint-Remy ; mais les possesseurs et ceulx auxquelz sont et appartiennent lesdits manoirs amasés et non habités, pœultent apporter les clefz au seigneur en temps deu qui est (*espace blanc*), pour en faire son proffit, et en ce faisant, ilz demeurent quictes dudit droit de non réséandise (21).

5. Chaque manoir doit une corvée en mars ou 22 deniers parisis. — 6. Tous les sujets sont tenus de fener les prés du seigneur.

7. Item, doibvent lesdits subgetz queuste à court et prisonnier garder ; lequel droit de queuste à court est que chascun des habitans et demourans en ladite ville, quant mondit seigneur fait assemblée pour sa seigneurie garder, ou lui vient noblesse en son chasteau, doibt chascun ménage trouver queuste et traversain de lit et couvertoir, aprez quilz en sont sommez par l'officier d'icelluy seigneur, sur peine de LX solz d'amende (22).

8. On peut disposer de ses acquets selon la coutume générale. — 9. Pour acquérir droit réel, saisine nécessaire. — 10. Pour les fiefs échus à la femme mariée, double relief. — 11. Droit d'aide, en fief comme en cotterie, pareil au relief. — 12. Four banal.

13. Item, tous les subgetz, manans et habitans de ladite ville, terre et seigneurie de Beauvoir, doibvent guet et garde au chasteau d'icelluy lieu, en temps de guerre et de doubte et partant sont quictes de faire autres guet et garde.

14. Item, pœultent lesdits habitans, par congié dudit seigneur, pour eulx garantir et deffendre des eaux sauvaiges seullement, prendre et lever terreaux au maretz du Try, autant que ladite seigneurie se estend en largeur dans le village, jusques aux prés de mondit seigneur tirant devers le chemin d'Abbeville que on dit les prés des Moisnes.

Le III° jour de septembre l'an 1507.

Signés: De Wandin *bailli.* — Ferry Blondelus *écuyer, homme de fief.* — Jehan Blondelus *homme de fief.* — Jehan Caumartin. — Noel Bocquet *(un couperet).* — Sire Loys Corbillet *prestre et chapelain domestique du seigneur.* — Gilles Lesellier. — Pierre Onguet *(un cœur) ; et autres illisibles.*

BÉTHENCOURT-LEZ-FROHENS.

FIEFS.

Une petite page en parchemin lisible. 3 articles.

Coustumes locales dont on use et a usé de tout temps ez fiefz, terres et seigneuries de Béthencourt, sçituez en la ville et terroir de Frohens, iceulx fiefz appartenant à Pierre Demay, escuier, seigneur de Saint-Gratien, lesquelz il tient en plain hommage de noble homme Lancelot de Prouville, seigneur d'Avesnes, à cause de sa terre et seigneurie du Quint de Frohens.

1. Primes, toutes et quanteffois que aucuns des subgetz et tenans cottièrement et rotturièrement desdits fiefz, vont de vye à trespas, leur héritier ou héritiers voulans rellever iceulx héritages roturiers sont tenus paier, pour ledit droit de rellief, rellief à merchy, qui est tel que du siziesme denier de la valeur et estimation des terres, héritaiges ou masures, et meismes des ablais qui seront croissans sur aucunes desdites terres.

2. A la vente il est dû pareillement le 6.° denier du prix. — 3. Tel cens, telle aide.

Le XXIV° jour d'aoust l'an 1507.

Signés : P. Demay. — De Prouville. — Anthoine Ronguet *lieutenant du bailli.* — Sire Jehan Ronguet *prestre curé de Frohens.* — Regnault Blondelu. — Colart Leprestre. — Colart de Givenchy. — Colin Jumel. — Colart Lormier. — Colin Demay. — Jehan Varin *(un rasoir).*

BLANGY-EN-TERNOIS.

TEMPOREL DE L'ABBAYE DE CE NOM.

Une grande page en parchemin, écrite dans le sens de la longueur, d'une encre très-pâle, maculée en plusieurs endroits par l'humidité. 22 articles.

Coustumes locales et particulières de l'église, abbeie et conté de Blangy-en-Ternois.

1. Primes, que tout le temporel desdits religieux, à cause de leur conté, est et a esté d'anchienneté et longtemps paravant que les contes d'Artois et de Saint-Pol aient esté constitués et plus de trois cents ans avant lesdits contes, au temps du roy Cloys, comme il appert par les saintes légendes, ledite abbeie dobtée et amortie soubz le roy; et se consiste en une conté et baronnie particulière, pure, voisine ausdits contés d'Artois et de Saint-Pol, assize et située au bailliage d'Amiens, es fins et mettes des prévostés de Doullens, de Monstrœul et de Beauquesne (23).

2. Item, à cause de leur dite conté et baronnie, lesdits religieux ont toute justice et seigneurie, haulte, moïenne et basse, siège et auditoire de bailliage, hommes féodaux en grant nombre, procureur d'office et autres officiers par lesquels ils ont fait d'anchienneté et font encoires chascun jour exerser et garder leur dite justice selon les coustumes et loix qui s'enssievent.

3. Item, sont lesdits relligieux seigneurs souverains des trois marés, et ont amende de LX solz parisis ou confiscacion, se.... y estoient prins par les gens desdits relligieux hors des limites à eulx ordonnées degattans lesdits marés, là où le commun a coustume de mener leur bestial.... Et se aucun menoit bestes ausdits marés qui ne fussent de le communaulté, lesdites bestes seroient confisquiées.

4. Item, ont lesdits relligieux coustume de prendre de tout temps pour un deffault. . . . . . X solz parisis.

5. Item, sont lesdits relligieux seigneurs du cours de l'eawe, depuis le pont de Tilly jusques au pont de Goucet, et nul n'y pœult peschier, ne lever sur amende de LX solz.

6. Succession des fiefs, ils sont indivisibles et appartiennent à l'aîné. — 7. Les anciens manoirs sont pareillement indivisibles.

8. Tous les manoirs et gardins non amazables, tenus cottièrement, sont partables à tous les enfans que délaisse le trépassé.

9. Disposition des acquets; (inintelligible à cause des lacunes.) — 10. Droit de vente des fiefs; (inintelligible). —

11. Relief des cotteries, le double du cens. — 12. Succession des fiefs en ligne collatérale. — 13. Relief des fiefs en ligne colletérale, pareil au relief en ligne directe.

14. Par aultre coustume, se aucun estrangier se marie à aucune femme...... et demourant es mettes d'icelle conté et y vient faire sa résidense avant qu'il couche avec sa femme, il est tenu paier ausdits relligieux, abé et couvent, un droit de II solz parisis que l'on nomme vulgairement cullage (24).

15. Item, lesdits relligieux, par aultre coustume observée et gardée de sy long temps quil n'est mémoire du contraire, ont accoustumé, en usant de leur justice et autorité, faire publicacion le nuyt Sainte-Berthe, envers douze heures de jour, sur la terre........ que nulz en ladite ville de Blangy ne fache assemblée ne m..... ou de debas sur peine d'estre pugni de prison et amende de LX solz.

16. Item, de faire défense à tous taverniers, brasseurs, hostellains..... *(le reste illisible.)*

17. Item, de faire défendre..... jus de dez ne hostellent femmes ne houllières (25), le jour et le nuyt de ladite feste durant, sur samblable amende que dessus et pugnicion de prison.

18. Item, ont acoustumé de tout temps, faire commandement à tous les subjets dudit Blangy de widier et mettre à desblay les flégards et rues dudit Blangy sur pareille amende que dessus est dit.

19. Ont en oultre acoustumé ledit jour Sainte-Berthe......... les flotz et flégards, en quelque juridicion quilz soient situez; et s'ilz sont trouvés emblaiés ou empeschez de bos ou aultes emblays et empeschemens durant ladite feste, le bos ou emblay demourra confisquié au droit de ladite église; et celuy à qui ledit bos ou amblay appardiendra est vers lesdits religieux en amende de LX solz parisis d'amende.

20. Ont aussy acoustumé le jour de ladite feste Sainte-Berthe faire tous aware affors nécessaire estre faits, en ladite ville de Blangy, des vins, bruvaiges et desrées qui se y vendent.

21. S'y ont acoutusmé de tout temps faire ordonnanche concernant le bien, prouffit et utilité temporel de ladite église, aussy avant et en tant que à conté et baronnie pœult compecter et appartenir.

22. Item, dient avoir autorité pouvoir faire, es mettes de ladite conté et baronnie, toutes manières de amortissemens.

Le..... septembre 1507.

Signés : Regnault Loise *curé de Blangy.*—De Crepieul.—Dupuich.—Delouard *prestre.*—Anthoine Bertrand.—Huchon Duret.—Jean Grenier *prestre.*—Guill.

Lobligois. — Pierre Duret. — Anthoine Varimont *greffier de ladite église.* — De Héricourt. — Tassart Desmarquet. — Huchon Grisel. — Vaisson.

BLANGY-EN-TERNOIS.

SEIGNEURIE.

Une page en parchemin lisible. Un seul article.

Aujourd'hui ix.ᵉ jour de septembre, l'an mil cinq cent et sept, en obéissant à l'ordonnance de Mgr. le bailli d'Amiens et au commandement de Mgr. le sénéschal de Saint-Pol, et à nostre grand et doubté seigneur Mgr. de Nœuville et de Blangy-en-Ternois, laquelle seigneurie est tenue et mouvante en parrie dudit comté de Blangy, les hommes féodaux de ladite seigneurie sur ce deubment sommés et adjournez, et comparans audit lieu au nombre de trente à trente-deux hommes et desservans, représentans et faisant la plus saine portion d'iceulx féodaux pour eulx, leurs maistres et les absens, ont avec les bailly, procureur, recepveur et autres officiers, pour responce, dit et déclarié.

1. Lesdits hommes scevent et congnoissent mondit seigneur de Nœuville avoir en sadite terre de Blangy toute justice et seigneurie haulte, moyenne et basse ; ils ont veu user des coustumes générales de la conté de Saint-Pol, sans y savoir aucune chose de particulier ne dérogant, se ce n'est par fait spécial et lettres qui peuvent, en aucun cas, estre au contraire ; des cotteries redevables annuellement de censive d'argent, de plume et grain est deu le double du cens pour relief. Et pour les terres qui doivent seulement disme et terrage XII deniers parisis de relief pour chascune mesure, le droit de vente desdites cotteries est du 6.ᵉ denier.

Signés : P. de Le Vacquerie. — A. Le Nourquier. — Piert. — P. Cornaille. — Philippe de Saint-Aubin. — Charles de Hauteclocque. — J. Quesnot. — V. de Bristel. — M. Carpentier. — Jehan Levasseur — Jehan Mansel. — Colart Petit. — Martin Meniel. — N. Dewaux.

BONNIÈRES.

TEMPOREL DE L'ABBAYE D'ANCHIN.

Une grande page en parchemin, belle écriture, bien conservée. 3 articles.

Ce sont les coustumes, usaiges et communes observances du temporel que vénérables et discrètes personnes les relligieux, abbé et couvent d'Anchin, de l'ordre de Saint-Benoit, au diocèse d'Arras, ont es mettes du bailliage de Hesdin, tant à cause de leur prioré et prévosté de Saint-Jorge lez ledit Hesdin, que à cause de leur terre et seigneurie de Bonnières, les apartenances et appendences où ilz ont toute justice viscontière et en dessoubz, les droits, prérogatives, autorités, prouffitz, émolumens à telle justice appartenans, lues, publiées et accordées, le xxiii.ᵉ jour de septembre de cest an mil cinq cent et sept, en le présence des curés, vice-gérens desdits lieux de Bonnières, vassaux et hommes féodaulx, praticiens et menu populaire, la plupart manans et habitans audit lieu ci-dessoubz signans, aprez serment solennel par eux presté à l'assemblée sur ce faite ledit jour, à le conjure de moy Nicolas Rumet, licencié ez lois, bailli dudit Bonnières.

1. Les manoirs et terres tenus en cotterie doivent relief à merci, c'est-à-dire le 6ᵉ denier de la valeur estimative. CONTREDIT des habitants qui affirment ne devoir que le double du cens pour les manoirs amasés et non amasés.

2. Par aultre coustume, ausdits relligieux ou à leurs bailli et hommes féodaulx audit lieu de Bonnières, appartient seul et pour le tout l'exercitte de la justice viscontière et en dessoubz, et en telle sorte que les vassaux et tenans en fiefz jasoit ce quilz aient aulcuns d'eulx justice en leurs fiefz, n'ont autorité ne leur loist avoir en leurs dits fiefs, bailli, sergens ny aultres officiers, mais convient que les dessaisines et saisines des manoirs et des terres tenus et mouvans de leurs dits fiefs se facent pardevant les bailly et hommes de mesdits seigneurs les relligieux, abbé et couvent dudit lieu, et que en la cour de mesdits seigneurs ilz pourchassent leurs amendes et aultres drois quilz porroient avoir et prétendre à cause de leurs dits fiefz, lesquelz lesdits bailly et hommes de mesdits seigneurs sont tenus leur adjugier à leur proffit sy avant que de raison.

3. Pour les autres cas, on se règle sur les coutumes générales du bailliage d'Hesdin.

Signés : Nic. Rumet *bailly de Bonnières.* — Jacques de Crepieul *le josne, conseiller et procureur pour office audit lieu.* — Jumel *commis par Jacques de Villers, vice-gérent de Bonnières.* — Jumel *prestre.* — J. Nanquet *prestre et homme de fief.* — Regnault Blondelus *homme féodal.* — Vincent *prestre.* — Fouloy *bailly de Rollepot.* — Anselin Daverton *homme de fief.* — Jehan Fossart *homme de fief.* — Mahieu Atteignant *pour Jan Dumoulin.* — Rober Brisse *homme de fief.* — Pierre Lescareu *homme de fief* — Jehan Deslaviers. — Adrien Attaignant. — Jacques Vicart. — Colart Morel. — Jehan Raingart. — Simon Brandicourt. — Tassin Cordier. — Jehan Binet. — Robert de Grantbois. — Huchon Lavalart *(une herse).* — Robert Jumel. — Jehan Riquier. — Jehan Rivillon. Jehan Cresson, *et autres illisibles.*

BOUBERS-SUR-CANCHE.

SEIGNEURIE.

Une grande page en parchemin lisible. 7 articles.

Aujourd'huy xv.ᵉ jour de septembre l'an mil cinq cens et sept, pardevant Clément Martin, lieutenant du bailly de la terre et seigneurie de Boubers-sur-Canche, pour noble et puissant seigneur Mgr. Jehan de Nœuville, chevalier, seigneur dudit lieu de Boubers, sont comparus, en leurs personnes, Pierre de Larres, prestre curé de Boubers; Pierre Flert, procureur de l'abbé et couvent d'Auchy-lez-Hesdin; Colart Hurache, procureur de Mgr. Loys Vignon, abbé de Cercamp; maistre Nicolle de Waillicourt, prestre; Nicolas d'Estrées; Waleran Lefrancq, escuyers; Jehan Delattre; Pierre de Le Ruelle; Pierre Rupel; Colart Bruyer; Jacques de Gricourt, tous hommes de fiefs; Pierre Cornaille, desservant pour mademoiselle Ysabeau de Ruyt, sa mère; Jehan Brunet, desservant pour Robert Sacqueleu..... lesquels ont dit que les coutumes locales de la terre et seigneurie de Boubers, qui est tenue du chasteau d'Hesdin, sont telles quy s'en suit :

1. Relief des fiefs.

2. Tous anchiens manoirs après le trespas du tenant, appartiennent aux prochains héritiers d'icelluy, en payant au seigneur en dedans sept jours et sept nuits, le double du cens fonsiers desdits manoirs; et se le tenant avoit plusieurs enffans, l'aisné choisiroit l'un desdits manoirs, l'aisné ensuivant ung aultre et ainsy conséquemment; et se il y avoit plus de manoirs que d'enffans, l'aisné d'iceulx recommenceroit à choisir et les autres enssuivant tant quil y auroit de manoir; et se le trespassé n'avoit que ung manoir de son héritage, il seroit à l'aisné sans que les puisnez y peussent avoir part, pour che que tel anchien manoir est indivisible (26).

3. Les terres cottières sont partageables entre tous les enfants par égale portion. — 4. Relief des terres cottières, 18 deniers du journal. — 5. Droit de vente pour toutes les rotures, le 6.ᵉ denier.

6. Item, monseigneur a auctorité de, en ses bois dudit Boubers, avoir le nombre de xxxiv... (piéges) (27)... de toute anchienneté et garesne en iceulx, se avant que ladite seigneurie s'estend; laquelle garesne il a de tout temps bailliée à ferme et l'a tenue en sa main quant il lui a plu; et se aulcun ou aulcune ont esté trouvez, à tous fillez, fuyrons et aultres harnas, es mettes desdits bos et garesne, soit quilz chassent à conins ou aultre bestail ou non, ilz enchient envers Mgr. pour chascune fois en amende de LX livres parisis, et tout ce quy chet esdits piéges

ayant le piet fourqu, est confisquié au profit dudit seigneur; et ne se peult ledit bestial ne aultre chose quelconque chutte esdits piéges, retirer hors sans le congié de mondit seigneur; et se aulcun fait le contraire, il enchiet en amende de LX sols parisis; mais aussy mondit seigneur est tenu faire visiter lesdits piéges qui seroient tendus de xxiiii heures en xxiiii heures, pour doubte que aulcune personne ne soit chutte en iceulx.

7. Pour le reste, on se régle sur les coutumes générales du bailliage d'Hesdin.

Signés : Clément Martin. — Le Nourquier. — Jehan Delattre. — Jehan Gargan *homme féodal* — De Waillicourt. — Cornaille. — Rupel. — Pierre Sacqueleu. — Waleran. — Lefrancq. — Jehan Grenier.

BOURRECH-SUR-CANCHE.

SEIGNEURIE.

Trois grandes pages en parchemin très lisibles. 16 *articles.*

Ce sont les coustumes locales de la terre et seigneurie de Bourrech-sur-Canche que les eschevins, manans et habitans dudit lieu, présentent à Mgr. le bailly d'Amiens ou son lieutenant-commissaire du roy nostre sire en ceste partie, telles et ainsy quil s'ensuit :

1. Primes, en ladite ville de Bourrech y a chinq eschevins quy se renouvellent chascun an, quy ont le cherge et conduite de toute la juridicion dudit lieu, lesquels, à le conjure et semonce de Mgr. le séneschal de Saint-Pol ou son lieutenant audit lieu, prononcent tous jugemens, sentences et appointemens; et ouquel lieu on plaide pardevant ledit séneschal ou son lieutenant, de xv.ne en xv.ne quant le cas s'y offre.

2. Item, en ladite ville y a deux fours banniers appartenans auxdits eschevins, manans et habitans dudit lieu; ausquelz fours tous les bourgeois, manans et habitans dudit lieu sont banniers, mais ilz et chacun d'eulx, pœuvent fournier ou faire fournier auquel quy leur playt sans rien meffaire; et se aulcun d'eulx fait le contraire, et quilz soient trouvés avoir fournié ailleurs, ilz confisquent le pain, tartes et autres victailles au droit proufit desdits eschevins, manans et habitans ou de leurs fermiers; et lesdits eschevins, manans et habitans et leurs fermiers pœuvent et leur loist aller copper et abattre au bois de le Haie-le-Conte, appartenant à Mgr. le conte de Saint-Pol, des fourcons pour servir à ministrer l'usaige desdits fours (28).

3. Lesdits eschevins, manans et habitans ont, en icelle ville, un lieu pourpris et ténement contenant demy quartier de terre ou environ, séant sur le chemin qui maisne dudit Bourrech à Cercamp, ouquel lieu ilz ont acoustumé logier les ladres, quant il y en a en ladite ville; lesquels ladres ont l'usaige d'aller à la rivière quérir de l'eau pour leurs nécessités (29).

4. Lesdits eschevins, manans et habitans pœuvent à le requeste d'aulcuns créditeurs, par le sergent de leur eschevinaige, arrester les redebvables ausdits créditeurs; et par ledit séneschal de Saint-Pol ou son lieutenant et lesdits eschevins, congnoistre dudit arrest tant quil soit terminé et mené adfin; et se tels arrestez ne pœuvent bailler cauxion vaillable, il leur loist les mettre prisonniers au chasteau de Frévench, ouquel lieu Mgr. le conte de Saint-Pol est tenu leur livrer prison.

5. Se aulcuns des eschevins, manans et habitans dudit lieu estoient constitués prisonniers et menés au chasteau de Frévens, pour débas ou aultres cas, par leur loy, previlége et coustume, yceulx eschevins, bourgeois, manans et habitans ne doibvent aucun droit de cepaige, entrée, ne yssue audit chasteau.

6. Tous eschevins, bourgeois, manans et habitans dudit Bourrech, qui vont vendre ou acheter derrées et marchandises à le croix et marché de Frévens, peuvent vendre et acheter franchement sans paier aulcun droit de tonnelieu, travessaige, ny aultre subside.

7. Le sergent de la loy et eschevinaige dudit Bourrech, pœut aler au bois de le Haie-le-Conte, à tout une serpe, copper et abattre autant de bois secq quil luy faut pour son usaige, sans commettre quelque meffait.

8. Tous lesdits eschevins, bourgeois, manans et habitans dudit lieu de Bourrech, pœuvent mauldre comme banniers au mollin dudit eschevinaige, tout le blé quy leur est nécessaire pour leur usaige, en paiant pour le mouture par chascun sestier ung boistel de blé; et durant le temps quilz sont mollant audit mollin, l'on ne pœult faire arrest ne empeschement sur eulx ne chascun d'eulx.

9. Le sergent de ladite loy et eschevinaige a droit et previlége de pooir mauldre audit mollin de Frévens, et de paier pour le mouture d'ung sestier et demy de blé seulement, ung boistel de blé et sy doibt avoir le desgren.

10. Les eschevins, bourgeois, manans et habitans ont droit et previllége de pooir aler audit bois de le Haie-le-Conte, et illecq pooir boiseter et recueillir le bois secq pour leur usaige, sans y porter cousteau ne sarpe sans meffait; aussy ilz pœuvent arracher ou copper herbe pour l'usaige de leurs bestiaulx, sans y pooir porter cousteau ne aultre instrument que de bois (30).

11. Les eschevins, bourgeois, manans et habitans dudit lieu ont ung petit

marés ou commune, séant entre le grand Bourrech et le petit Bourrech, là où ilz pœuvent faire pasturer leurs bestiaux, toutesfois que bon leur semble; et aussy par ladite coustume, le conte de Saint-Pol est tenu rellever et entretenir le grant pont y joignant.

12. En ladite ville de Bourrech, le mort saisit le vif son plus prochain héritier habille à luy succéder, sans paier aulcun droit de rellief; mais quant les anchiens manoirs et aultres héritaiges se vendent ou transportent, il est deu au conte de Saint-Pol, seigneur dudit lieu, pour ses drois, le $vi.^e$ denier; mais les dessaisines et saisines se doibvent faire pardevant le séneschal de Saint-Pol ou son lieutenant audit lieu, présens les eschevins; et sy baillent iceulx eschevins lettres d'icelles ventes et transpors quilz font grosser par leur greffier, lesquelles se font par cyrographe; dezquelz cyrographes le moittié se délivre aux parties, et l'aultre moittié demeure au coffre de la ville (31).

13. Lesdits eschevins, bourgeois, manans et habitans ont droit de censive en icelle ville, tel que sur chascune mesure d'anchiens manoirs cottiers, quilz prendent chascun an, au jour Saint-Remy, xxii deniers parisis, et aussy prendent sur chascune mesure de terre cottière audit jour Saint-Remy, iiii deniers parisis; et sy lesdites terres ou aulcunes d'icelles se vendent, les dessaisines et saisines se font et baillent par ledit séneschal ou son lieutenant audit Bourrech, présens lesdits eschevins, mais les drois seigneuriaux d'icelles terres cottières sont et appartiennent aux seigneurs. . . . . dudit Bourrech.

14. Aulcuns taverniers ne pœuvent vendre vin ne cervoise en icelle ville, que premiers le séneschal dudit Saint-Pol ou son lieutenant audit Bourrech et lesdits eschevins n'y aient mis pris, sur paine et amende de LX sols parisis; et pour tout droit que on nomme affor, leur est deu demy lot de vin, ung pain et ung fagot; icelle amende à appliccquier au conte de Saint-Pol.

15. Tous lesdits eschevins, bourgeois, manans et habitans, pœuvent vendre et achetter en icelle ville, tous bestiaux et aultres marchandises, sans pour ce paier aulcun droit d'issue ne aultre droit, se n'est de bestes vives; auquel cas et pour toutes bestes vives, ilz doibvent pour chascune i denier parisis, mais pour bestes à laisne, ilz ne doibvent que une obole.

16. Lesdits eschevins ont pooir de créer nouveaulx bourgeois touteffois quilz en sont requis par previlège de longtemps à eulx donné par les contes de Saint-Pol, en quoy faisant, se ceulx quilz creent ainsy sont issus de bourgeoisie dudit lieu, ne leur est deu pour leur droit que i denier parisis; et se ilz sont non issus de la bourgeoisie dudit lieu, leur est deu pour chascun V solz parisis; et sy sont tenus tous lesdits bourgeois obéir aux commandemens et deffenses que

lesdits séneschal ou son lieutenant audit Bourrech, et lesdits eschevins font ensemble, sur telle paine quilz imposeront ad ce.

Le xxviii.⁰ jour de septembre l'an mil cinq cens et sept.

Présens et signans : Jehan Maillot *eschevin, lieutenant de Bourrech.*—Jehan Godeffroy. — Pierre Daullé *eschevin.* — Jehan Delevallée *eschevin.* — Collart Poullain *eschevin.* — Anthoine Gourdain *bourgeois.* — Gille Gruet *eschevin* — Pierre Sainneville *eschevin.* — Jehan Dufour *abitant.* — Jehan Carpentier *bourgois.* —Colart de Vallon *bourgois.* — Jehan Le Carpentier *bourgois.* — Mahieu de Lucheu *bourgois.* — Pierre Martin *bourgois.* — Attaignant *greffier.*

BRESTEL-LEZ-DOULLENS.

SEIGNEURIE.

Un cahier de grand parchemin contenant six pages d'écriture très-lisible. 27 articles.

Ce sont les coustumes que l'on tieng et dont on a usé et use en la ville, terre et seigneurie de Brestel, appartenant à noble homme Pierre l'Escuier, rédigées par Collart Roussel, bailly dudit lieu, appelez plusieurs gens de bien qui ont signé et approuvé lesdites coustumes par la manière qui s'ensieut.

PRIMES.

1. Est assavoir que en icelle ville, terre et seigneurie de Brestel, icelluy seigneur a justice telle que à justice fonssière et viscontière appartient; laquelle justice et seigneurie de Brestel, icelluy seigneur tieng noblement, en deux fiefz, de la chastellenie de Beauval; en laquelle terre et seigneurie et pour icelle régir et gouverner, a bailly, lieutenant et plusieurs hommes cottiers qui de luy tiennent tant en ladite ville et terroy de Brestel comme en la ville et terroy de Doullens; et sy a aussy receveur et sergens avec quatre eschevins qui ont scel aux causes; lesquels eschevins se renouvellent chascun an, es festes de Pasques, et font le serment pardevant ledit bailly; et se passent les contractz et vendicions des héritages scituez en la ville et terroy de Brestel, tenus d'icelle seigneurie, pardevant ledit bailly ou son lieutenant, en la présence de deux desdits eschevins, touteffois que requis en sont; et se ce sont des héritages scituez dedens ladite ville, fourbourg et terroy de Doullens, les dessaisines et saisines se font et baillent pardevant ledit bailly ou son lieutenant en présence des mayeur et eschevins dudit Doullens.

2. Paiement des cens aux termes de Saint-Remy, Noël et Pâques. — 3. Relief des manoirs 7 sols. — 4. S'il y a plusieurs héritiers, chaque relevant paie 7 sols. — 5. S'il n'y a que terres labourables, le droit est de 12 deniers du journal. — 6. A la vente il est dû le 6.ᵉ denier du prix.

7. Item, il ne est deu en la ville, terre et seigneurie de Doullens, audit seigneur de Brestel, pour droit de relief d'hoir à autre quant le cas y eschet, pour tous manoirs, gardins, prés et terres, que ung seul relief qui est tel que ung sestier de vin évalué à VI solz.

8. Item, se aucun ou aucuns prendent masures audit seigneur en ladite ville de Brestel pour amaser, s'en dedens l'an ilz ne le amasent, ilz eschient envers ledit seigneur en VII solz d'amende.

9. Item, par ladite coustume, il y a droit de quiefmez en ladite terre, ville et seigneurie de Brestel, qui appartient à l'aisné, soit fieulx ou fille, mais le filz prend devant la fille, combien quil soit maisné d'elle.

10. Terrage, du cent huit bottes. — 11. Trois corvées de chevaux par an et trois corvées de bras. — 12. Vif herbage au-dessus de 19 bêtes à laine, une bête vive. — 13. Mort herbage au-dessous de 9 bêtes 1 obole par bête. — 14. Au-dessous de 19 bêtes, 2 oboles par bête. — 15. Droit d'issue sur les bestiaux vendus. — 16, 17, 18. Délits dans les bois. — 19. Entreprise sur les flots et flégards. — 20. Coup de poing ou de main non garnie, s'il n'y a pas sang répandu, simple amende de 7 sols 6 deniers. — 21. Pour coup de main garnie, qu'il y ait ou non sang répandu, si le blessé reste estropié, amende de 30 livres, mais s'il y a sang répandu sans affolure, 60 solz d'amende.

22. Item, est deu audit seigneur par celluy qui a esté bastu à sang courant, se il fourcelle son sang, pour le premier jour, il eschet en amende de VII solz VI deniers, pour le deuxiesme jour ensievant XV solz, et pour le troisiesme après ensievant XXII solz VI deniers d'amende s'il ne vient à congnoissance (32).

23. Point de douaire sinon douaire conventionnel. — 24. Retrait lignager en dedans la quinzaine après la 3ᵉ publication qui suit la vente.

25. Item, se ung homme foraing se marye et prend femme en ladite ville de Brestel, laquelle y soit demourant, alors quil le fianchera il doibt et est tenu payer le jour quil espousera (33), au seigneur de Brestel, II deniers et s'il deffault à les payer, il eschet envers ledit seigneur en amende de LX solz.

26. Le bailly doit être présent aux bornages et a deux deniers par borne. — 27. Pour le reste, on se règle sur les coutumes de la prévôté de Doullens.

Le pénultième jour de septembre l'an mil V cens et sept.

Signés Roussel *bailli*. — Sire Jacques Ogars *prestre*. — Ancel Leboin. — Jehan Papin. — Philippes Davesne. — Jehan Rivillon. — Philippe Canvart. — Robert Haboury. — Pierre Caignet *esleu de Doullens*. — Colart Pingré *eschevin de Brestel*. — Miquelot Boytel *homme cottier de Brestel*.

BRYON.

FIEF.

Un petit carré en parchemin. Un seul article lisible.

Coustumes locales de la terre et seigneurie de Bryon (34), tenue du roy nostre sire, à cause de son chasteau de Doullens, appartenant à Regnault Blondelus, escuier, seigneur dudit lieu.

1. Ledit seigneur a en sondit fief haute justice, basse et moyenne et drois à telle justice appartenans tels que tonlieux, issues herbages, afforages, etc.

Le xv.ᵉ jour de septembre an mil cinq cens et sept.

Signés : Regnault Blondelus. — Regnault Blondelus *en approbacion de sire Jehan Blondelus, à cause quil n'y voit point.* — Colin Lemercier. — De Gaissart *prestre.* — Jehan de Le Ruelle. — Colin Asselin.

COURT ET LA GORGUE.

FIEFS DE HALLOY.

Une grande page en parchemin mal écrite, déchirée et peu lisible. 5 articles.

Coustumes... dont use et a usé... Le Viesier, demeurant à Doullens (35), sur deux fiefs situés en la terre et seigneurie de Halloy, tenus l'un, savoir le fief de Le Court, de la comtesse de Vendosmois et de Saint-Pol, à cause de... Orville, et l'autre, le fief de Le Gorgue, de Mgr. d'Esquerdes, à cause de sa terre et..... de Caumaisnil.

1. Relief de succession pour les fiefs et rotures. — 2. Droit de vente. — 3. Droit de terrage. — 4. Amendes pour dégâts dans les bois. — 5. (Illisible).

Certifiés par Nicolas Leviesier, Augustin Lenain, Adam Malart, Jehan Mathon, Colart Le Parmentier, Brunet, Pierre Daullé, Toussain Foursy, Huc Oberon, Jehan Malart, *tous subgets et tenans.*

Le xvii.ᵉ jour de septembre 1507.

Signatures et marques des susnommés : la plupart illisibles.

CAUMONT, ERQUIÈRES ET TOLLENT.

SEIGNEURIE, CHATELLENIE.

Une grande page en parchemin, lisible et bien conservée. 8 articles.

Coustume de la seigneurie et chastellenie de Caumont, déclariés par Simon Delattre, lieutenant de hounourable homme et saige Colart Rivillon, bailly d'icelle terre et seigneurie, sire Jehan Boullefroy, prestre curé dudit Caumont, pour l'estat de l'Eglise, tous les hommes féodaux tenant d'icelle terre et seigneurie et les mayeur et eschevins de ladite ville de Caumont, appartenant à hault et puissant seigneur Mgr. d'Anthoing, seigneur dudit Caumont, le xiiiie jour d'octobre l'an 1507.

1. Ladite seigneurie et chastellenie de Caumont est tenue en parrye du chasteau d'Hesdin, en laquelle mondit seigneur a toute justice, haulteur et seigneurie.

2. En ladite ville et banlieue de Caumont, y a mayeur, eschevins et communaulté qui ont loy et commune et plusieurs previlléges à eulx de long temps donnez et ottroiez par le seigneur dudit Caumont, sous lequel ilz sont fondez en loy, corps et communaulté, au point et assis de la ville et banlieue de Hesdin et sellon leurs dits previléges quilz ont par escript.

3. Item, encoires a mondit seigneur d'Anthoing, en sadite ville de Caumont, ung prévost son fermier, lequel, soubz mondit seigneur, a la congnoissance de toutes les actions pures, personnelles et évocatoires d'entre parties demourans en ladite ville et banlieue de Caumont, ensamble d'arrestz et clams et empeschemens qui se pœuvent faire entre toutes parties non previlégiées arrestées à la tour du vicomte dudit Caumont, le tout avec deux eschevins dudit Caumont, lesquelz, au conjurement dudit prévost fermier, sont tenus faire et prononchier tous appointemens et sentences et faire droit aux parties.

4. Et se aulcun est appelant desdits mayeur et eschevins ou desdits prévost et eschevins, les appelans ressortissent pardevant ledit bailly et hommes de Caumont, se ilz sont trouvez avoir mal jugié, ou l'appelant avoir mal appelé, les mal jugans ou mal appelant eschient, chascun en son regard, envers mondit seigneur d'Anthoing, en amende de LX solz parisis.

5. En la ville d'Erquières estans des appendances de ladite terre et seigneurie de Caumont, y a quatre eschevins jugans à la conjure du bailly dudit Caumont, fondez en loy et previléges à eulx de longtemps donnés et ottroyés par le seigneur de Caumont.

6. Appartient ancoires à mondit seigneur d'Anthoing, la terre et seigneurie de Tollent et le molin et marés d'Oconnay estant audecha de la rivière d'Authie et des arrière fiefs de Ponthieu, tenus en demy parrie du chasteau de Hesdin (36).

7. En toutes lesquelles terres et seigneuries et chastellenie de Caumont et Tollent et leurs appartenances et appendances, au dehors desdites ville et banlieue de Caumont, previllégiées comme dist est, mondit seigneur d'Anthoing, seigneur desdits lieux, ses sujets, manans et tenans d'icelle se sont toujours accoustumés eulx régler et conduire, tant en fait de justice et seigneurie, drois seigneuriaulx, reliefz, amendes, prééminences et aultres cas quelconques, selon les usages et coustumes générales du bailliage d'Hesdin, es mettes duquel icelles terres et seigneuries sont situées et assises.

Fait soubz les saingz manuels desdits curé et aultres gens d'église, lieutenant, procureur, hommes et greffier d'icelle seigneurie et eschevins de Caumont, ey mis ledit jour xiiii.ᵉ jour d'octobre l'an 1507.

Signés : Derpiœul. — D'Avesne. — De Rue *greffier.* — M. Baillet. — Baudin Cambier *bailly de Plumoison.* — Pierre Caverel *procureur fondé.* — Loisel *procureur fondé de Raoul Blondel.* — T. Verrier. — W. Bernard *pour Nicolas Devaulx.* — Robert Boulet *procureur Salemon Hodiquet.* — Robert Boulet *pour ly.* — Monchiaulx *homme de fief.* — Jehan du Gauguier *curé pour Mgr. de Soycourt.* — Jehan Torellon. — Jehan Hoier. — Boulefroy. — M. Durand. — P. de Relly. — Jehan Gilles. — Pierre Caron *maïeur de Caumont.* — Baillet *eschevin.* — Rondel *recepveur de Caumont.*

CERCAMP.

TEMPOREL DE L'ABBAYE.

Un cahier de parchemin in-4.°, contenant six pages d'écriture et trois pages de signatures, un peu rongé dans la partie supérieure, mais du reste très-lisible et très-bien conservé. 24 articles.

Coustumes locales et usages de toute anchienneté . . . . terres et seignouries appartenant à messeigneurs les relligieux, abbé et. . . . . de l'église Notre-Dame de Cercamp, de l'ordre de Cistaulx, situés et assises es mettes de la prévosté de Doullens.

PRIMES.

1. Lesdits religieux, abbé et couvent en leur monastère fondé par les

contes de Saint-Pol (37), amorti soubz le roy nostre sire, ont toute justice et seignourie haulte, moyenne et basse, avec amende de LX solz parisis, quant le cas y eschet, et VII solz VI deniers de petite amende, depuis la première porte nommée la porte du Bois jusqu'au bout du camp des Vignes, tant haut comme bas, en venant de bon endroit à la rivière de Canche par le relaix, et jusques aux maretz de Frévench, en tournant autour du pré de le Tabe jusques à la petite rivière, et de là montant en haut jusques au chemin de Bourrech, lequel est bonné de bonnes hautes et patentes, et esdites rivières, aveucq ossi leurs estans et viviers; ont le droit dessus dit aveucq les pescheries, seulz et pour le tout, depuis lesdits maretz de Frévench jusques au bosquel de Rebrœuves, es prairies, tant decha comme delà le pont de Bourrech, ont pareil droit et seigneurie comme dessus; ont ossy lesdits religieux es prairies et manoirs contigus au chemin, par lequel on va à le Cousture, au long des pastiz de ladite abbaye, y compris lesdits patys, toute justice et seignourie; sy ont esdites rivières droit de mener ung ou plusieurs basteaulx jusques au molin de Frévench, et de faire abattre tous enpeschemens au passage desdits basteaulx, se aulcuns y estoient trouvez, et de mener leurs bestes paistre ausdits maretz de Frévench.

2. Les hommes cottiers doivent pour relief le double du cens et le 6ᵉ denier des ventes. — 3 à 22. Droits seigneuriaux de l'abbaye dans les fiefs et seigneuries de Sibeville, fief de Capel, Lenzeux, Séricourt, la Montjoie, les Cressonnières, fief de St.-Riquier à Frévent, Beauvoir, Ransart, Canteleu, Mont-Regnault et Boucquemaison, pareils à ceux des seigneurs vicomtiers.

23. Item, lesdits religieux pœuvent mener ou faire mener toutes choses croissantes et venans de leurs bois et terres, par tout le bailliage de Hesdin et conté de Saint-Pol, sans debvoir quelque exaction de travers, cauchie ou aultrement.

24. Mort et vif herbage selon la coutume générale.

Le mardy vingt-huytiesme jour de septembre an mil chinc cens et sept.

Signés : J. Caignet *bailli de ladite église.* — J. Papin *procureur.* — Raoul *lieutenant du bailli.* — Pignon *curé de Saint-Vast en Frévench.* — Leprevost *curé de Saint-Hilaire en Frévench.* — Hellie *curé de Lenzeux.* — De Callonne *bailly de Mgr. de Saveuse.* — Cordier *vice-gérant de Boucquemaison.* — Jehan Hochart *procureur de Jehan Flammencq, homme de fief de Sibeville.* — Damiens *homme de fief, seigneur de Monceaulx.* — De Sericourt *lieutenant de Sibeville* — Robert Cauet *lieutenant de Lenzeux.* — Pierre Siret. — Collart Fouet *lieutenant de Boucquemaison.* — *Marque de* Collart Le Cambier *lieutenant de Cannettemont.* —Jehan Dellencourt *homme de fief.* — Pierre Bonnet. — Ancel Daullé. — Jehan Louette. — Jacques de Baillon. — Colart Senet. — Jehan Patoul. — Antoine Torel. — Thomas Daullé *hommes de fief.* — Simon Bonvarlet. — Fremin Minet. — Simon Bonvarlet. — Jacquemont Bonvarlet. —

Jehan Dubos (*une clé*). — Jehan Hanicque; *et autres illisibles, tous hommes cottiers*.

CONCHY-SUR-CANCHE.

VILLE ET BANLIEUE.

Une peau en parchemin de 75 centimètres sur 55 de large, petite écriture, serrée, mais lisible. 25 *articles.*

Coustumes et usaiges particuliers et locaux de la ville, banlieue et bailliage de Conchy-sur-Canche, mises et rédigées par escript par les maïeur et eschevins dudit lieu.

Et primes *de matière de succession :*

1. Les maïeur et eschevins, dans les limites de leur banlieue, ont tel droit que le mort saisit le vif son plus prochain héritier habille à lui succéder, en gardant toutes voies solempnitez de relief, quand la succession vient et succède par le trespas d'homme, soit en ligne directe ou collatérale; et se vient de succession de femme, il n'y eschet aucun relief à faire, mais succède l'héritier ou héritiers de la femme en toute son hoirie, et en est ou en sont saisis de plein droit, sans en faire aucun relief ne appréhension.

2. Le relief quand il est dû doit se faire ainsy qu'il est prescrit par la coutume générale d'Hesdin, en dedans 7 jours et 7 nuits.

3. Pour lesquels droits de relief, de tous les manoirs amazés ou non amazés, terres, rentes, seurcens et aultres héritages qui se relleveroient tout ensemble, en combien de pièches quils se composent, est deu LX solz parisis de relief qui se paie pour tout ensemble par le relevant, moitié au comte d'Artois et moitié aux religieux de l'abbaye de Corbie (38).

4. Par ladite coustume, tous les manoirs amasés ou non amasés, prés, terres ahanables, rentes et seurcens réalisez et aultres héritages quelzconques, partout le terroy de Conchy, tenu du comte d'Arthois, sont partables entre les héritiers d'un trespassé, chascun également, saulf que, en ligne directe le principal et aisné héritier succède et à lui seul appartient toute le meilleure masure, pourprins et manoir qui auroit appartenu à ses père ou mère, de leur acqueste ou héritage et tout ce quy y append par un meisme..... se ledit héritage est situé en ladite ville et banlieue de Conchy, et ce pour droit de quiefmez, sans que ses frères et sœurs y puissent aucune chose demander, au cas toutes voies que

du manoir qui aurait appartenu à ses père ou mère de leur acqueste, ils n'en auroient disposé par testament ou aultrement, comme faire le pœuvent.

<small>5, 6 et 7. Des venditions, donations et aliénations d'héritages et des droits qui sont dus.</small>

Des drois, autoritez, justice, seigneurie et franchises ausdits maïeur et eschevins, et à leur commune appartenans.

8. Primes, sont lesdits maïeur et eschevins, de très long et anchien temps, fondez en corps, loy commune et previléges à eulx donnés et octroyés par les roys de Franche, comtes et comtesses d'Artois, au point et assis de la ville et commune de Hesdin ; à cause de ce il ont la congnoissance, correction et punicion de tous crismes, déliz et maléfices commis et perpétrés es mettes de leur dite ville et baulieue de Conchy, et généralement toute justice signamment viscomtière et autre.

<small>9. Les maire et échevins prononcent et imposent des amendes jusqu'à 10 livres parisis ; ils ont la moitié des amendes de lx sols. — 10. Dans les amendes de 3 sols, pour dégâts des bestiaux aux ablais et jardins, le fermier du seigneur n'y a aucune part.</small>

11. Item, en ladite ville de Canchy, a chascune sepmaine deux jours marchiet, assavoir le mardi et le jeudi ; et sy ont et tiennent chascun an, une franche foyre qui se commenche le veille du jour saint Barnabé et fine ledit jour saint Barnabé includ. Tous marchans pœultent vendre et aquatter sans païer aulcun droit ; aveuc ce ont aultres previléges au long contenus et déclairés es lettres et chartres de ce faisant mention ; et sy eslisent et instituent, chascun an le jour saint Jehan-Baptiste, un maïeur et quatre eschevins qui ont le gouvernement de la justice et police de ladite ville.

<small>12. Afforage des vins et cervoises par les maïeur et eschevins qui en partagent le profit avec le bailli de l'abbaye de Corbie.</small>

13. Tous les manans et habitans de le ville et bailliage de Conchy, pœuvent amener et envoyer leurs bestes chevalines, bestes à cornes, pourchiaulx et aultres bestiaux quelzcònques, de nuit et de jour, en et par tout les trois marez dudit Conchy, ung nommé le grand marez, le second le petit marez, le troisième le marez de Walicourt, soit que lesdits pourciaulx soient en acquestes ou non ; et si pœuvent passer et repasser, devant et aprez soleil couchié, à tous leurs cars et charettes, y aller et rendir à toute hœure et en tout temps, sans pour ce commettre aucune amende.

<small>14. Habitants exempts des droits de mort et vif herbage.</small>

15. Les manans et habitans dudit Conchy pœuvent rouer ou faire rouer leurs lins et canvres, et laver leurs blanches bestes en et sur la rivière de Canche, fluant parmy ladite ville de Conchy, et y pesquier à ligne flottant et dormant

seullement, sans pour ce demander aucune grace ne commettre aulcune amende.

16. Mais on ne peut piquer ni fouir sur les flégards, sans le congé des maire et échevins, sous peine de lx sols d'amende.

17. Item, en oultre par previllége et usaige anchien notoirement et de tout temps gardés et observez, tous manans et habitans de ladite ville et terroir de Conchy, résidens sur leurs ténemens tenus de Mgr. le comte d'Arthois, ne doivent en nulz cas travers, toulieux, yssues, ne aultres drois en la ville, prévosté et viscomté de Hesdin, pour les derrées, marchandises quilz mainent et ramainent parmy les mettes desdits travers et branches de ceulx dudit Hesdin; et sy ne y sont arrestables en corps ne en biens pour leurs debtes ne aultrement; et aussy ne sont les manans et habitans d'icelle ville de Hesdin, en ladite ville et banlieue de Conchy, ains sont de tout frans comme ci-dessus et aussi avant que de tout temps il ont acoustumé de estre; meismes ne doibvent ne ont acoustumé paier aucuns drois d'impost des laynes quilz vendent et distribuent en le halle dudit Hesdin, ne samblablement des aultres marchandises quilz vendent et distribuent en ledite ville, sauf toutes voies des despens de pesage et aulnage, et aultres despens quilz ont acoustumé païer comme les non previllégiés.

18. Par l'usage et coustume dudit Conchy, ont ung lieu nommé Beffroix, tenant auprez de la rivière de Canche en ladite ville, et de bout auprez du fossé du castel, là où ledit maïeur et ses compaignons pœuvent avoir une clocque à tenir plais toutes et quantes fois que requis en sont.

19. Les habitans de Conchy ne doivent point d'issue au Monchel, ne travers pour leur user, ne ceulx de Monchel à Conchy, car il sont pourmenans ensemble en aucuns marés.

20. Par l'usage, coustume et previllége, messeigneurs les habitans de Conchy prennent et cœuillent une maille de cauchie de chascune beste à quatre pieds, sauf se aucuns marchand en y a XL ou L, et ne doibt que ung denier, mais que che soit tout à luy; et en ce faisant sont tenus de entretenir les ponts et planques.

21. Les mains mises ne peuvent être faites, par le prévôt, qu'avec l'assistance de deux échevins. — 22. Ceux qui vendent vin ou cervoise sur lieux tenus du prévôt lui doivent, par chaque pièce, un lot de vin ou de cervoise.

23. Par l'usage et coustume et par anchienneté, messeigneurs les religieux de Corbie ou leur fermier, sont tenus..... ponts et planques et réfections d'église, se ad ce sont obéissants au commandement du maïeur de la ville; et tous les manans et habitans sont subgetz d'obéir au commandement du maïeur de la ville.

24. Par coustume et par anchienneté, depuis leawe de Canche jusques au pont à Lance, ne doivent point de travers messeigneurs les habitans de Conchy.

25. Par coustume et usage lesdits maïeur et eschevins de ladite ville de Conchy . . . . XL solz.

Le xxix.ᵉ jour de septembre l'an 1507.

Signés : Hue Deboffles. — Simon Deboffles. — Jehan Capperon. — Jehan de Courcelles. — Colart de Le Pierre. — Toussaint Crocqueson. — N. de Wakière *maïeur.* — Simon Attaignant *eschevins.* — M. Accard. — Gille Alard. — Jehan Lefeve *(une roue).* — Jehan Thérouane. — Colart Fromentin ; *et autres illisibles.*

COURCELLES (près Mézerolles).

SEIGNEURIE.

Un long rôle de feuille et demie de parchemin, cousues bout à bout, lisible. 7 articles.

Coustumes locales de la terre et seigneurie de Courchelles, appartenant à noble et puissant seigneur Ferry, chevalier, seigneur de Savéuse, lues et approuvées pardevant nous Philippe de Wandin, conseiller en court laie, bailly de Courchelles.

1. A la mort du tenant cottier, retour de ses héritages au domaine du seigneur pour être relevés en dedans 7 jours et 7 nuits. — 2. A la vente, il est dû le 6ᵉ denier du prix. — 3. Mort et vif herbage. — 4. Aide pareil au relief. — 5. Acquits, issues, tonlieux, forages, afforages. — 6. Pour acquérir droit réel, mise en possession par justice nécessaire.

7. Tous les subgetz et tenans d'icelle terre et seigneurie doibvent service de plaid en la cour de mondit seigneur, de xv.ⁿᵉ en xv.ⁿᵉ, quant ilz sont suffisamment semons et adjournez, et juger au conjure du bailly en faulte d'hommes de fief.

8. Toutes terres aux champs sont divisibles et partables quant elles cheent en succession entre plusieurs héritiers, soit en ligne directe ou collatéral; mais les manoirs sont indivisibles et non partables.

Le xi.ᵉ jour de septembre 1507.

Signés : Philippe de Wandin *bailli.* — Colin de Bétencourt. — Jehan du Petit Rieu. — P. Boutery. — Jehan Courtois. Mahieu Dournel. — Jehan Warin *(une banderolle).* — Adenet du Petit Rieu *(un marteau).* — Hubert Hanquet.

Autres comparans qui n'ont point signé : Gérard de Parenty *bailli d'Auxi.* — Colart Le Viesier. — Colart Lheureux.

CROISETTES-EN-TERNOIS.

SEIGNEURIE.

Un cahier de 8 rôles de grand parchemin, contenant 15 pages de texte avec les signatures, parfaitement écrit et bien conservé; très-lisible, à l'exception de quelques bouts de lignes, à la dernière page. 76 articles.

NOTA. — Les dispositions de cette coutume étant conformes, pour la plupart, à celles de la coutume de la sénéchaussée de St.-Pol, on n'en donne ici que quelques extraits avec les sommaires des chapitres.

Coustumes posées par les bailly, hommes liges et eschevins de la terre et seigneurie de Croisettes-en-Ternois, scituée et assize es enclavemens du conté de Saint-Pol, icelle amortye et appartenans à religieuses dames les abbesse et couvent Nostre-Dame de Messine, en Flandres.

CHAPITRE I.er
Des successions en ligne directe et des reliefs quy en sont deubz.

1. Le mort saisist le vif son plus prochain héritier habille à luy succéder, en gardant toutes voies les solennités de reliefz.

2. Relief des fiefs, 60 sols parisis et moitié chambellage. — 3. Relief des rotures, le double du cens. — 4. Relief de terres champêtres, 12 deniers du journal. — 5 et 6. Relief de bail. — 7. Fiefs indivisibles appartiennent à l'aîné mâle : quint héréditaire aux puinés. — 8. Sort du quint ou portion de quint non relevés.

9. Par ladite coustume, tous manoirs cottiers amasez et non amasez, terres champestres et arables et tout ce quy y est appendant sont divisibles et partables, et se succèdent aux enffans et héritiers des darreniers propriétaires, à chascun autant comme à l'autre, par égalle portion.

10. La moitié des acquets cottiers au survivant. — 11. Propres ne remontent pas. — 12. Succession mobilière ne suit point côte et ligne. — 13. Amasements qui sont de l'essence du fief. — 14. Amasements qui n'en font point partie. — 15. Rentes inféodées suivent la condition des fiefs, quand elles sont assises sur des fiefs. — 16. Les enfants sont obligés de rapporter à la succession de leurs père et mère ce qu'ils ont reçu en mariage.

CHAPITRE II.
Des successions en ligne collatérale.

17. Le plus proche parent mâle de la cotte et ligne hérite les fiefs. — 18. Les rotures sont partageables.

19. Tous ténemens cottiers tenus d'icelle seigneurie, les tenans d'iceulx soient terres campestres ou autres manans en la jurisdiction d'icelle seigneurie, sont tenus et submis le xi.e jour de novembre venir comparoir et assister audit Croisettes, au lieu acoustumé, pour par eulx estre esleux sept eschevins ; et se lesdits habitans ou l'un d'eulx sont reffusans ou delayans de non venir estre et comparoir audit jour, doibvent pour chascune fois et pour chascun d'eulx, V souverains; lesquelz habitans puis quilz sont esleux audit office d'eschevin, ne le pœuvent, ne doibvent reffuser; ains doibvent pour le première fois quilz

sont instituez audit office et en dedans l'an de son eslection, à ses frères et compaignons eschevins, en la manière acoustumée, ung paast et disner, et à ce peuvent estre compellez et constrains par saisissement de leur ténement et cotterie. Pour lesquelz eschevins, à ladite assemblée quy se nomme *franche vérité*, est deu par les relligieuses, pour leur disner, XX solz qui se paient ledit jour par le receveur d'icelles; et se ont iceulx eschevins congnoissance et la judicature du gouvernement et pollice d'icelle ville, du bien publique et de toutes causes et actions personnelles, le tout à la conjure du bailly dudit lieu; et sy se font les dessaisines et saisines, pardevant lesdits bailly et eulx, des héritaiges cottiers (39).

20. Mais quant aux délitz criminels commis et perpétrés es mettes d'icelle jurisdiction, ventes ou aliénations des héritages féodaulx tenus d'icelle seigneurie, ensemble toutes actions réelles, aux hommes liges d'icelle en appartient la congnoissance qui semblablement jugent et sentencient à la conjure du bailly.

CHAPITRE III.
Du bail aux mineurs d'ans et de leurs fais et eages.

21, 22, 23. Bail des mineurs possesseurs de fiefs.

24. Droit de bail n'a point de lieu en héritages cottiers et censuelz appartenans aux mineurs d'ans.

25. Les enfants mâles sont réputés âgés à 15 ans et les filles à onze.

CHAPITRE IV.
Des vendicions, aliénations, donacions de héritaiges.

26. Chacun peut vendre ses fiefs et rotures. — 27. On peut donner par acte entre-vifs ou par testament le quint de ses fiefs. — 28. L'acquéreur desdits quints en doit faire la division et séparation à ses frais. — 29. On peut donner son héritage féodal à l'héritier apparent. — 30. Pendant le mariage le mari peut disposer comme il lui plait des acquets roturiers sans le consentement de sa femme. — 33. Le mari ne peut rien donner à sa femme ni la femme à son mari par acte entre-vifs ou par testament.

CHAPITRE V.
De la forme et manière de avoir et acquerre droit réel es héritaiges donnés, vendus ou transportez.

32, 33, 34, 35, 36. Saisines, rapport pardevant les hommes liges, main assise et mise de fait, retrait seigneurial.

CHAPITRE VI.
De la juridiction, justice et droiz des seigneurs.

37. Icelles religieuses ont, en leur dite terre et seigneurie de Croisettes et deppendances, haulte justice en et par tout les mettes d'icelle, justice à trois pilliers, pillory et autres instrumens à exerser la haute justice, et avec ce leur

appartient les confiscacions des biens et héritaiges appartenant aux criminels exécutez ou bannis.

<small>38. Elles peuvent donner commissions évocatoires et interlocutoires sur les manans et habitans. — 39. Blessure à sang courant 60 sols. — 40. Coup de main garnie, sans plaie ouverte ni sang courant, 20 sols. — 41. Coup de poing, 7 sols 6 deniers. — 42. Dégâts dans les bois d'un, deux et trois âges, 60 sols. — 43. Pour couper du bois vert, 3 sols. — 44. Infraction de la main de justice, 60 sols. — 45. Résistance et rébellion aux officiers, 60 sols. — 46. Exploit de justice sans l'agrément des officiers des religieuses, 60 sols. — 47. Droit d'issue de ville, 60 sols d'amende. — 48. Entreprise sur les flégards, 60 sols. — 49. Champart 16 pour cent, la dîme comprise.</small>

50. Mais se aucunes terres demeurent sans labourer, par l'espace de trois ans, lesdites relligieuses ou leurs commis peuvent labourer ou faire labourer lesdites terres, et en prendre les fruitz et prouffitz aprez lesdits trois ans passés.

<small>51. Pour lever essaim de mouches à miel sans congé, 60 sols.</small>

52. Sauf que se lesdites mouches estoient arrestées en l'astre ou sur le ténement de celuy qui les trouveroit, par grace des seigneurs ou leurs commis, lever les pourroit et en avoir la moitié du prouffit qui en procéderoit, et l'aultre moitié audit seigneur.

<small>53. Droit de forage aux seigneurs vicomtiers. — 54. Le prix doit être mis par les eschevins. — 55. Droit de fournage sur le pain des taverniers. — 56. Dégâts par les bêtes à laine et pourceaux. — 57. Id. dans les bois au-dessous de trois ans. — 58. Id. dans les jardins, prés et terres des champs. — 59. Amende pour conduire les troupeaux par voies inaccoutumées. — 60. Chacun peut faire poursuivre la réparation du dommage qu'il a éprouvé par les officiers de la seigneurie. — 61. Le bail à surcens doit être consenti par les religieuses. — 62. L'échange est permis sauf les droits seigneuriaux quand il y a soulte.</small>

CHAPITRE VII.
Des douaires.

63. Par ladite coustume, les hommes vefves ont droit de douaire coustumier leur vie durant de la moitié des héritages qui auroient appartenu à leurs femmes.

ADVERTISSENT les tenans d'icelle seigneurie, assemblez pour concorder les coustumes, que ceste dessus nommée leur semble impertinente; que nulles terres voisines dudit conté de Saint-Pol n'ont ce droit (40).

<small>64. Les femmes veuves ont droit de douaire sur la moitié des fiefs et cotteries. — 65, 66, 67. Même sujet.</small>

CHAPITRE VIII.
De prescription et laps de temps.

68. Possession paisible d'aucune chose mobile ou immobille, à titre et sans titre, par le temps et espace de vingt ans continuelz entre présens et trente ans entre absens, personnes eagiés et non previllégiées, fait acquérir le droit et propriété de la chose ainsi possessée.

69. Mais le seigneur contre son tenant et le tenant contre son seigneur, ne acquièrent point de possession.

DOULLENS.

CHAPITRE IX.
Des retraicts par proximité de lignage.

70. Retrait des fiefs en dedans six dimanches et des cotteries en dedans trois dimanches. — 71. Si la vente a été faite à un parent proche cela n'empêche pas le lignager d'un degré plus éloigné d'exercer le retrait. — 65. Le retrait féodal exercé n'est point un obstacle au retrait lignager. — 73. Même sujet.

CHAPITRE X.
Des appellations et du ressort d'icelles.

74. Les appellations du bailli et hommes liges et des eschevins ressortissent à la prévôté de Doullens. — 75. Amende du désistement d'une demande judiciaire 18 sols. — 76. Chacun peut procéder par voie d'arrêt contre son débiteur.

Lesquelles coustumes ont esté leues, vériffiées et approuvées par les soussignés qui, pour tesmoignage et approbation d'icelles, ont cy mis leurs saingz manuels.

Le dimanche xix.ᵉ jour de septembre mil cinq cens et sept.

Signés : De Vignacourt *bailly de Croisettes.*—J. de Vignacourt. — P. de Vignacourt. — De Pernes. — Anthoine Ricard, *pour Michel de Lens.* — Jacques Boury. — C. Leblanc *prestre.* — Martin Leblanc. — Demonchiaulx. — Loys Martin. — Tassart Bestevene. — Miquel Wallet. — Jehan Pruvost. — *Marque de* Pierre Lattaignant. —*Marque de* Arnoul Prevost. —Jehan Rollain. — Villame Mancion. — Guillaume de Vignacourt. — Wallequin Grebert. — De Troisvaulx. — J. Leblond *clerc dudit bailliage.*

DOMART ET BERNAVILLE.

CHATELLENIE.

Extrait d'un registre en parchemin, communiqué par M. l'abbé Deroussen, curé-doyen de Domart-en-Ponthieu, dressé de 1728 à 1733, pour l'usage de la fabrique dudit lieu, par Jean Lefèvre, curé de cette paroisse. 26 articles.

Coutume locale et particulière des terres, seigneuries et châtellenies de Dommart et Bernaville, appendances et dépendances.

Et primes :

1. Quant aucun va de vie à trespas intestat, jouissant et possessant d'aucuns héritages, immeubles féodaux ou cottiers, situez et assis es mettes desdites villes et seigneuries, tels immeubles appartiennent au plus prochain hériter du deffunct habile à lui succéder; et esdits lieux n'y a qu'un seul héritier (41).

2. Tel héritier peut entrer de fait, sans payer droit de relief au seigneur, du chef-lieu principal héritage du deffunct, mais il doit relief des autres s'il y en a, qui est tel que des cens et mazures, jardins et terres aux champs, XII deniers du journal, et autant ez ventes, et quant aux mazures, les ventes sont du XIIIe denier; le tout ez choses cottières.

<small>3. Mort et vif herbage selon la coutume générale. — 4. Donation en avancement d'hoirie, simple relief — 5, 6 et 7. Relief des pairies et des fiefs selon la coutume générale.</small>

8. En ladite ville de Bernaville, les manans et habitans d'icelle doibvent corvées chascun an, c'est assavoir ceulx qui ont charrue et qui labourent terres vilaines tenues du seigneur dudit lieu, paient pour lesdites corvées, chascun an, XX solz.

9. Les subgetz habitans et demeurans en la ville de Dommart, qui tiennent charrue, doibvent chascun an trois journées de leurs chevaux et charrue, c'est assavoir, une en mars, une en mai et l'aultre en septembre.

10. Item, le seigneur a droit de prendre audit Bernaville, sur chascun brassin, XVI lotz à le mesure dudit lieu.

<small>11. Relief de propriété et de bail pour les fiefs échus à la femme mariée.</small>

12. Ledit seigneur, es mettes desdites châtellenies et seigneuries, est seul seigneur voyer au dehors des villages dedans lesquels chascun, à son regard et à l'endroit de son ténement, est seigneur.

Opposition : Sur cest article les pairs d'icelle chastellenie ont soustenu que le droit seigneurial du seigneur voyer, leur appartient en tout leurs mettes.

13. Item, le seigneur a droit de prendre sur ses vassaux tenans en pairie, un septier de blé, un chapon et un pain chascun an, iceux pain et chapon estimés II solz, et se paie ledit droit le jour de Noël; mais le seigneur doibt envoyer quérir le blé : le pain et le chapon se portent au chasteau de Domart.

<small>14. Four banal aboli.</small>

15. Item, esdits villages de Domart et Bernaville, là où on use de coustumes locales, l'enfant du juré, filz de bourgeois desdits villages, ne doit point de relief au seigneur, mais entre dans l'héritage de son père sans rien payer.

<small>16. La châtellenie de Domart et Bernaville est mouvante du roy à cause du bailliage d'Amiens; le seigneur y a toute justice haute, moyenne et basse.</small>

17. Item, quant aux autres fiefs qui sont tenus en plein hommage, ils ont justice et seigneurie vicomtière et foncière; et n'a aucun vassal ez fiefs tenus dudit seigneur, aucun droit de haute justice, s'il ne tient en pairie, sinon seigneurie foncière.

<small>18. Vassaux tenans en pairies doivent service de plaids à peine de 10 sols, les tenans en simple fief à peine de 5 sols.</small>

19. Item, en laquelle chastellenie de Dommart sont scituez et assiz lesditz villages de Domart et Bernaville, esquelz deux lieux y a maïeurs et eschevins qui sont faits et receus sous le seigneur dudit Domart, au moyen de ce, dans les banlieues d'iceux, y a loy et coustume locale dont on use notoirement (42).

20. Le village de Berneux et celui de Lanche sont scituez et assis en la chastellenie de Domart, et sont du propre domaine d'icelle seigneurie.

21. A Berneuil tels cens tels reliefs; pour le manoir principal, il n'y a que 2 deniers parisis de relief. — 22. A la vente des cotteries, il est dû le 13ᵉ denier.

23. Item, en ladite ville de Bernaville, y a jardins qu'on nomme francs jardins et francs lieux, et ne doibvent nulz cens; mais aucun ne pœult, ne doibt avoir ne tenir iceulx francs lieux quil n'ait masure en ladite ville pour chascun franc lieu; et s'il n'en a point, sy convient-il quil paie chascun an les cens d'une masure, qui est XII deniers, II cappons et I septier d'avoine, mesure de Domart.

24. Item, quant il avient qu'aucuns desdits hommes subgetz dudit Bernaville vend tous ses héritages, et quil ne demeure plus homme du seigneur, il doibt les droits d'issue d'une mazure, mais s'il vend franc lieu ou franc jardin à part lui, il doit payer le quint denier de vente.

25. Esdites villes et banlieues de Dommart et Bernaville, le seigneur peut et luy loist, par lui ou ses commis, permettre à telles personnes que bon lui semble, quilz prennent tel nombre d'esteule quil leur plaira; et ne peut aucun y aller ne prendre ou lever, sinon par congié dudit seigneur ou de ses officiers, sur et à peine de LX solz d'amende (43).

Opposition : Ceux de Dommart dient que le seigneur ou ses officiers ne pœuvent permettre à une personne non plus qu'à une autre, soit à celuy qui a labouré ou aultre; le procureur dudit seigneur, ensemble tous les vassaux et autres qui ne sont pas dudit Domart, ont soustenu tout le contraire.

26. Ledit seigneur, es mettes de sesdites chastellenies et seigneuries, a droit de prendre pour droit d'acquit, assavoir, pour chascune beste chevaline II deniers parisis sur le vendeur et autant sur l'achepteur; pour chascune beste à corne I denier, pour chascun pourceau et blanche beste I obole, tant sur le vendeur que sur l'acheteur; pour chascune pièce de toile ou drap I denier parisis, et pour chascun. . . . . de laine IV deniers parisis.

Lesquelles coustumes ci-dessus spécifiées ẽt déclarées ont esté, le vingt-sept septembre 1507, accordées et approuvées par les soubzsignans, tant gens d'église, nobles, pairs et hommes liges que aultres du tiers-estat, tenans et subgetz de ladite chastellenie, à ce faire convoquez et assemblez audit lieu de Domart, par nous Nicolas Maupin, sénéschal et bailli desdits lieux, pour mon très-redouté seigneur, messire Jehan de Soissons, chevalier, seigneur desdits lieux, etc.

Signés : N. Maupin *sénéschal de Domart.* — P. de Fontaine *pair de Domart.* — Anthoine Ducloy *curé de Saint-Hilaire.* — T. Desains. — Pierre... *pair de Domart.* — A. Delessau *procureur d'office à Domart.* — B. Briet *pair et homme lige.* — J. Carpentin *seigneur de Barlette, pair et homme lige.* — J. de Saint-Suplis *homme lige.* — H. Briet *homme lige.* — A. Choquet. — Wal. Briet *procureur et demi-pair.* — Pierre Blotefière *homme lige, seigneur du fief de Mesnières.* — Jehan Deroussen *homme lige.* — Arthus de Pisseleu *homme lige.* — Jehan De Saint-Suplis *homme lige.* — Colart Deroussen *procureur de monsieur de Nœuville.* — J. Revel. — Mahieu Blondelus. — Pierre Dequen. — Jehan Devault. — Jehan Rohaut. — Pierre Dubas. — Colin Warmez. — Colart Pruvost. — Petrus Duflos *presbyter, vice-gérant de Bernaville.* — Jacques Petit *maïeur de Bernaville.* — J. Duflos. — J. Petit. — *Ita est* To. Prangere *presbyter de Bernaville.* — Pierre Ringuez.

DOULLENS.

ÉCHEVINAGE.

Extrait du 2.me registre aux chartres et priviléges de la ville de Doullens, MS. des archives de la municipalité de cette ville, f.º 59, v.º communiqué par M. Eug. Demarsy, substitut du procureur de la République, à Abbeville, le 24 septembre 1845.

Les maire et eschevins de la ville de Doullens, en obéissant et acquiessant à la publication et adjournement à eulx fait par le juge et garde de la prévosté d'icelle ville de Doullens, en vertu des lettres et commission du siége du bailliage d'Amiens, en datte du second jour du mois d'aoust de cest an mil cincq cens et sept, esquelles lettres de commission sont inserrées certaines lettres et mandement patent du roy nostre sire, faisans mention de mettre et rédigier, ou faire mettre et rédigier par escript les coustumes générales et locales dudit bailliage d'Amiens. Iceulx mayeur et eschevins, comme haulx-justiciers soubs le roy nostredit sire, ont fait mettre et rédigier par escript les coustumes locales dont l'en use chaque jour, et de tel et si long-temps qu'il n'est mémoire du contraire en ladite ville et faulxbours, banlieue et seignourie d'icelle ville : ainsi que cy-après s'ensieult.

1. Fait à présupposer que de grant antiquité (44) lesdits maire et eschevins sont noblement fondez, doüez et amortis soubs le roy nostre sire, et ont loy, mairie et eschevinage, cloche à ban, banlieue grande et spacieuse (45), et oultre ont plusieurs beaux droits, previllége, prérogatives et prééminenches, et toute justice et seignourie haulte, moyenne et basse, soubs le roy nostredit seigneur: et à cette cause leur appartient la congnoissance, pugnition et correction de tous cas faits, commis et perpétrez ès termes de leurdite juridition et banlieue, sans ce que aucun ayant seignourie ès mettes de ladite banlieue, puisse congnoistre desdits cas et délits perpétrez ès mettes de ladite banlieue, saulf le roy nostredit seigneur et ses officiers, mesme pooir et authorité de faire pour le bien politique, tous édits, statuts et ordonnances au gouvenement du bien publicq; et si y a, avec ce en laditte ville, visconté et ville d'arrest.

2. Item, sont aussi iceulx maire et eschevins, à cause de laditte fondation, seigneurs des francque-tenuës scituées en laditte ville, faulxbours et banlieue, dont l'en ne rend, ne paye aucuns cens, ne redevances, et en ont seulement lesdits maire et eschevins, les ventes et reliefs à leur singulier prouffit, qui sont de ung sestier de vin pour ledit relief, et autant des ventes, estimé ledit sestier de vin à six sols pour chacun ténement, touteffois que les cas y eschient.

3. Item, par la loy et coustume de laditte ville, lesdits maire et eschevins, à la requeste de leurs subgets, pœuvent faire faire commandement à tous les redevables, à leurs subgets et demourans en laditte ville, faulxbours et banlieue, par l'un de leurs sergens à vergue, que, en dedens de sept jours et sept nuyts du jour du commandement fait, ils ayent payé aux créditteurs les sommes à eulx demandées; et se les redevables rechoivent ledit commandement paisibles, sans eulx opposer en dedens les sept jours et sept nuyts, les créditteurs pœuvent, après lesdits sept jours et sept nuyts passez, licitement eulx retirer par devers lesdits maire et eschevins, et ledit retraict enregistré ou registre dudit eschevinage, dont il échiet III sols de loy et amende au prouffit de laditte ville que doit le debteur, le sergent desdits maire et eschevins pœult incontinent aller exécuter le debteur, ou debteurs, à la requeste du créditteur, pour les sommes dont il auroit ainsi receu lesdits commandemens paisibles : mais se le debteur s'oppose au commandement en dedens les septième jour et septième nuyt, il y sera receu et aura assignation de jour pardevant lesdits maire et eschevins, sans namptir.

4. Item, il y a coustume en laditte ville, faulxbours et banlieue, que se aucun fiert aultruy de main garnie, il commet envers lesdits maire et eschevins, amende de LX sols parisis, ou aultre amende arbitraire, selon l'exi-

gence du cas; et se c'est de piez ou de main non garny, il n'y a que XX sols parisis d'amende, avec pugnition de prison.

5. Item, et se aucun injurie aultruy de bouche ou simple laisdit, il ne y a que V sols d'amende, avec pugnition de prison; mais s'il y a injures atrosses, scandaleuses et diffamatoires, les amendes sont arbitraires, selon l'estat des personnes et exigence des cas, avec pugnition de prison et réparation contiguë honnourable, prouffitable et civille envers partie et justice, ensemble des intérests, selon que les cas le requièrent, à l'ordonnance desdits maire et eschevins; et le tout au prouffit de ladite ville.

6. Item, il y a coustume, que tous ceulx qui doivent cens et rentes fonssières sur les maisons, masures, gardins et ténemens sciluez et assis en laditte ville, faulxbours et banlieue, les propriettaires et possesseurs d'iceulx héritaiges et ténemens, sont tenus payer chascun an, lesdits cens et rentes aux termes de Pasques, Saint-Remy et Noël, aux seigneurs dont leursdits héritaiges sont tenus, ou à leurs receveurs ou commis, à chacun d'iceulx termes le tierch; et s'il y a cappons, ils se payent au Noël apreciez, pour toutesfois, à XX deniers chacun cappon: lesquels cens ou rentes, se payent ausdits termes, sur paine de III sols parisis de loy ou amende, pour chacun terme, au prouffit de celluy ou ceulx à qui lesdits cens sont deubs.

7. Item, et mesme par laditte coustume, iceulx seigneurs ausquels sont deubs lesdits cens et rentes fonssières, sont dits seigneurs utilles d'iceulx héritaiges; et à ceste cause leur en appartiennent et sont deubs les ventes et reliefs touteffois que les cas y eschieent: c'est assavoir les reliefs d'hoir en aultre, qui sont tels que de ung sestier de vin, estimé à VI sols; et les ventes touteffois que lesdits héritaiges sont vendus, transportez ou aliennez, qui sont tels que de VI deniers de la vendue et prisiée d'iceulx héritaiges, au prouffit desdits seigneurs; saulf toutes voyes que, par laditte coustume, l'en pœult donner et transporter à aucuns de ses enffans puisnez, en avanchement de mariage ou autrement, aucuns de ses héritaiges, par payant seulement ausdits seigneurs, pour chascun ténement, ung sestier de vin tel que dessus.

8. Item, il y a coustume en laditte ville, que tous ténemens retournez ès mains des seigneurs dont ils mœuvent et sont tenus, par le trespas des proprieltaires, ainchois que l'on puisse licitement prouffiter ne prendre les prouffits d'iceulx cens et ténemens ainsi demourez ès mains desdits seigneurs, par deffault d'homme et de relief, il convient que iceulx seigneurs ès mains desquels iceulx ténemens sont ainsi retournez, facent cryer à haulte voix par les sergens à vergue desdits maire et eschevins, et par trois mairies, ès jours que

l'en renouvelle la loy et eschevinage de laditte ville, iceulx cens et ténemens ainsi retournez; et après icelles trois criées ainsi faittes et entretenues deuement, sans quelque interval, se aucun ne s'oppose, ou vient opposer ausdittes criées, iceulx seigneurs ès mains desquels ce est ainsi retourné, pœuvent et leur loist licitement, en prendant lettres desdittes criées, baillier de nouvel à leur prouffit iceulx ténemens, à nouveau cens ou rentes, à telle personne et pour tel prix que bon leur semble, et en user et possesser tant et jusques à ce que aucun vray héritier dudit héritaige ainsi cryé se apperra ou apperroit : lesquels héritiers, attendu les contumasses desdittes criées, ne pœuvent, ne porront rentrer audit héritaige sans relevement du roy nostre sire, et payer tous les ariérages et mises raisonnables.

9. Item, pareillement par laditte coustume, se aucuns ayans cens sur aucun ténement, dont il rende à aultruy aucune redevance, que on dit cens rendus en icelle ville, ne relieve d'hoir à autre sondit cens, à celluy duquel il le tient, et luy paye son droit de relief de VI solz, icelluy seigneur duquel il tient ainsi ledit cens, pœult pareillement en deffault d'homme et de relief, faire cryer par lesdittes trois mairies, ledit cens retourne en sa main; et après lesdittes trois mairies passées, en user à son prouffit comme de sa chose, se aucun ne s'oppose ausdittes criées, comme dit est.

10. Item, oultre il y a coustume, que touteffois que aucun tenant aucun ténement en censive en laditte ville et faulxbours d'aucun seigneur ou d'autre personne, délaisse ou est reffusant payer les cens ou rentes fonssières que luy doit ledit ténement, celluy ou ceulx à qui ledit cens est deu pœuvent par laditte loy, en deffaulte de payement, faire prendre et hoster hors des gons, par l'un desdits sergens desdits maire et eschevins, les huys ou fenestres d'icelles maisons ou ténemens, et les porter en l'eschevinage de laditte ville, sans les pooir rependre ne faire de nouvel par les debteurs, sur paine et amende de LX sols parisis, à appliquier ausdits maire et eschevins : mais se le louagier ou proprietaire d'icelles maisons ou ténemens s'oppose à laditte exécution, il y doit être reçu en namptissant, et avoir jour sur et servant pardevant lesdits maire et eschevins, pour y contredire, se bon luy semble.

11. Item, il y a coustume, que les prez à faucq et terres labourables situées ou terroir de laditte ville, ne doivent aucun droit de relief aux seigneurs dont ils sont tenus, mais en sont saisis les héritiers de plain droit par laditte coustume : toutes voyes se lesdits prez et terres se vendent ou transportent à aultruy, il en est deu ventes au seigneur, tel que du sixième denier de la vendue.

12. Item, néantmoins es terroirs de Han et Hardainval, qui sont es mettes

de laditte banlieue, les prez et terres labourables doivent reliefs; assavoir, chacune pièce de pré ou gardin, VI sols; et chacun journel de terre, XII deniers.

13. Item, aussi en la ville et terroir de Nœufvillette, en ce qui est tenu de la maison Saint-Ladre dudit Doullens, les héritaiges cottiers, tant manoirs, prez, que terres labourables, doivent pour droit de relief II sols IV deniers.

14. Item, il y a coustume telle en laditte ville, faulxbours et banlieue de Doullens, que quant héritaiges cottiers et tenus en censives, se vendent, donnent ou transportent à aucun aultre que à son héritier apparent, le vi.^{e} denier de la vente appartient au seigneur dont lesdits héritaiges cottiers sont tenus et doivent censive : lequel droit dudit vi.^{e} denier, en cas de vente, se paye tant par le vendeur que par l'achepteur, par chacun d'eulx, par moittié, s'il n'est traicté du payement desdits droits; mais s'il est dit que lesdits héritaiges sont vendus francs deniers, l'achepteur est seulement tenu au payement dudit vi.^{e} denier de ventes.

15. Item, il y a aultre coustume, s'aucun eschange se fait de maison, terre, ou aultre héritaige, de pièce à aultre, en laditte ville et faulxbours seulement, sans aucune saulte de deniers, lealement, et sans fraulde, il ne y échiet par laditte coustume nulles ventes aux seigneurs dont iceulx héritaiges sont tenus, pourveu que les ténemens échangiez soient tenus tout d'un mesme seigneur; et n'en a icelluy seigneur que ung sestier de vin, estimé à VI sols, comme dessus.

16. Item, il y a coustume en laditte ville et faulxbours, que le principal héritier d'aucun deffunct, pœult prendre et avoir pour droit de quiefmez, le principal héritaige qui luy plaira, délaissié par le deffunct, soit maison, masure, gardin, ou aultre ténement en acqueste, ou aultre héritaige; et le surplus des héritaiges et ténemens cottiers se partissent également entre les enffans d'iceulx deffuncts, autant à l'un comme à l'autre, en ligne directe : toutes voyes iceulx deffuncts ne pœuvent faire aucun don ou disposition de leur héritaige, que leur héritier principal n'ait son droit de quiefmez à son choix premièrement; lequel quiefmez ne se pœult, ne doit vendre sans y observer et garder l'une des trois voyes, c'est assavoir, nécessité jurée, ottroy d'hoir, ou remploy.

17. Item, en laditte ville, faulxbours et terroir de Doullens, la coustume est telle qu'il ne y a aucun droit de douaire coustumier appartenant aux femmes y mariées, se par fait espécial il n'est sur ce convenenchié par lettres ou tesmoings.

18. Item, par laditte coustume de laditte ville, faulxbours et terroir, tous

louages sont exécutables et se pœuvent saisir les biens trouvez audit louage, pour ung an seulement, tant que payement soit fait dudit louage; et est le louagier-locateur préféré en ladite exécution, à tous autres créanchiers : et se doivent payer lesdits louages aux termes accoustumez en laditte ville; assavoir, Saint Remy, Noël et Pasques.

19. Et quant au surplus desdittes coustumes, ils en ont accoustumez faire et user selon les coustumes générales, usaiges et stils des bailliage d'Amiens et prévosté de Doullens, es mettes desquels laditte ville, faulxbours et banlieue sont situez et assis.

Lesquelles coustumes dessus escriptes, ont esté veues et leues audit eschevinage, en la présence des prélats, gens d'église, nobles, officiers et praticiens de laditte ville, pour ce esvocquiez et adjournez audit eschevinage, qui ont afferme par serment, pardevant lesdits maïeur et eschevins, lesdittes coustumes estre telles en laditte ville, faulxbours et banlieue, que dessus : sy les ont signées de leurs signatures, avec lesdits maïeur et eschevins ; et en approbation de ce, y a esté apposé le scel aux causes de laditte ville, le xv.ᵉ jour de septembre l'an mil cincq cens et sept.

Ainsi signés : Loys Vignon *abbé de Cercamps, seigneur de Boucqmaison-Ruy.* — Leboin *maïeur de Doullens.* — Paignet *conseiller élu de Doullens.* — Journel *grenetier.* — Dudry *eschevin.* — Catellet. — Le Viesier. — J. Brunet *juge et garde de la prévosté et eschevin de Doullens.* — Le Viesier *à son tour maïeur de Doullens.* — Plantart *bailly de Frechevillier près Saint-Josse.* — Delabye *à son tour maïeur de la ville.* — Guillaume Le Vaasseur *prestre de Saint-Sulpis.* — Jehan Daullé *eschevin et bailly de Grouches.* — Journel *juge et garde de la prévosté de Beauquesne et eschevin de Doullens.* — M. Dosterel *eschevin de laditte ville.* — Lemeusnier *procureur en la prévosté et de la ville.* — Pecoul *eschevin.* — Le Viezier *procureur au siége de la prévosté, bailly du Souich et procureur de monseigneur de Myraumont.* — Leboin *procureur du roy en l'élection de Doullens et greffier de laditte ville.* — Jehan Estocart *eschevin de laditte ville.* — Tranchoir *eschevin.* — Robert Frachart *eschevin.* — De Restain *procureur au siége de la prévosté.* — Honoré Blondeleu *eschevin.* — J. B. Le Caron *eschevin de la ville.* — Hochecorne *procureur au siége de laditte prévosté.* — Papin *procureur et conseillier au siége de laditte prévosté, et procureur des relligieuses, abbesse et couvent de Berteaucourt.* — Roussel *bailly de Brestel.* — Rohault *eschevin de laditte ville, procureur au siége de la prévosté et greffier de l'élection dudit lieu.* — Berrogny *curé de Boucqmaison.* — Lesperon *viscegérent de le cure de Saint-Martin.* — Pahen *curé de Nostre-Dame en Doullens.*

— P. Jolay *pour le prieur de Bagneulx*, *et comme doyen et curé de l'église Saint-Pierre en Doullens.* — Rainteler *curé de Luchuel.* — J. Daullé *visce-gérent de Grouches.* — A. Croulé *curé d'Anchien.* — J. Mallet *curé de Beignieux.* — Caron *procureur des relligieuses de Saint-Michiel en Doullens.* — Jo. Monart *visce-gérent de Ham.* — Fournet *visce-gérent de Ramsart.* — P. Lannoy *sergent royal.* — Jehan Bresdoul *pour sadite terre de Nevillette.* — De Framecourt *seigneur de Hamencourt.* — J. Bryse *sergent royal.* — J. Mournel *sergent royal.* — Papin *procureur d'Abbeville*, *bailly de Harponville et   dudit Harponville.* — J. Le Bruccart *visconte de Doullens*, *pour le roy notre sire.*

<small>Expédié conforme à la minute étant aux archives du bailliage d'Amiens, où elle a été remise par le greffier dudit bailliage, soussigné, le vingt-six septembre mil sept cens trente-huit.</small>

<small>Signé, ROGER.</small>

FIEFFES ET BONNEVILLE.

SEIGNEURIE.

Un rôle en parchemin d'un mètre de long; écriture fine et serrée, très-lisible. 22 articles.

Coustumes locales et particulières des terres et seigneuries de Fieffe et Bonneville, appartenant à noble homme Charles de La Haye, seigneur desdits lieux, tenus en fief du vidame d'Amiens, à cause de son chasteau de Pirœquegny; esquelles terres et seigneuries, ledit seigneur a toute justice haute, moïenne et basse.

1. Primes, au plus prochain héritier, soit masle ou femelle, appartieng la choisie de une masure amasée ou non amasée, contenant soixante verges de terre ou autre pré apraiti, seulement en une pièche, de quoy icelluy hoir pourra faire son chief mez et entrer en icelle masure sans paier relief; et ce fait, peult venir icelluy hoir à partage es aultres héritages, aveucques les autres héritiers aussy avant que eulx.

<small>2. A la vente des maisons, terres et héritages, il est dû le 16ᵉ denier. — 3. Relief des terres arables 12 deniers du journal. — 4. Division de manoir double le cens de telle sorte que le cens entier est dû pour chaque partie divisée. — 5. Jusqu'à 20 bêtes à laine il est dû 1 obole pour mort herbage. — 6. Moulin banal. — 7. Four banal. — 8. Délit dans les bois par les manans, 2 sols 6 deniers. — 9. Id. par les bestiaux dans les bois au-dessus de 3 ans, 2 sols 6 deniers. — 10. Injures, 7 sols 6 deniers d'amende et 7 sols 6 deniers à la partie injuriée. — 11. Aide par les tenans cottiers dans trois cas, chevalerie du fils aîné, mariage de la fille aînée, et rançon du seigneur.</small>

12. Item, qui fiert de baston par quoy sang saille, doibt payer XX solz parisis d'amende.

13. Item, qui fiert d'arme mollue, il doibt LX solz; qui fait assault de maison, il doit LX solz.

14. Item, qui a sang, il doibt paier IV deniers, celuy qui le choille doibt paier VII solz VI deniers d'amende (46).

15. Qui trespasse le commandement du seigneur, il doibt paier II solz VI deniers; qui brise la saisine du seigneur, doit payer LX solz parisis d'amende ; qui fait fausse clameur dont aprez est ataint par tesmoingz, il doibt payer VII solz VI deniers parisis d'amende.

16. Forage des vins et cervoises. — 17. Champart du 100, huit bottes.

18. Item, tous les habitans de Fieffe et Bonneville, ensemble ceux de Monstrelet, sont tenus de venir au chasteau de Fieffe, en temps de guerre et de éminent péril, faire guet et garde.

19. Par la coustume dudit lieu et par la coustume de la chastellenie de Picquigny, nul ne peult porter arcs, arbalètes, ne chasser es bois dudit seigneur, sur peine de LX solz parisis d'amende.

20. Tous les tenans en plein hommage doivent service de plaids de 15^{ns} en 15^{ns}.

21. Item, tous ceulx qui ont ablais sur lesdites terres et seigneuries, sont tenus paier chascun an, au jour Saint-Remy, premier d'octobre, et à porter audit chasteau de Fieffe, pour leur advesture de blé, une garbe de blé, et pour leurs terres qui sont advestues de marchaine, une garbe ou waras desdites marchaines, sous peine de LX solz d'amende.

22. Item, tous les subgetz demourans esdites seigneuries, sont exempts de travers dans toute la chastellenie de Pincquigny et Vinacourt.

Lesdits usages et coustumes cy-dessus escriptes ou la plupart d'icelles, les manans soubz lesdites seigneuries les tiengnent et ont par lettres saines et entières, en date de l'incarnation Nostre Seigneur mil deux cens soixante xii, sous protestacion que les autres drois et seigneurie fonssière que a ledit seigneur, ne sont aultrement diminués, en remettant le surplus aux coustumes générales du bailliage d'Amiens.

L'an mil cinq cens et sept.

Signé par moy Colart de Foucquesolles *seigneur du fief de la Galehandise.* — Huc Pauchet *prestre.* — N. Rocquet *prestre.* — G. Lequien. *(Pas d'autres signatures.)*

FIEFFES.

COMMANDERIE.

Ecrite sur le recto d'une grande feuille de parchemin. 11 articles difficiles à déchiffrer à cause de la pâleur de l'encre.

Ce sont les coustumes locales et particulières et commune observance de toute la commanderie de Fieffes et membres deppendans d'icelle, lues et accordées en ladite ville de Fieffes, chef-lieu de toute ladite commanderie, par nous Philippes Avallas, lieutenant-général du bailli, pour Jehan d'Aunoy, chevalier de l'ordre de Saint-Jehan de Jérusalem.

1. Le commandeur est en sa fondation admorty soubz le roy nostre sire, et par ledit admortissement, en tous les villages, terres, paroisses et seigneuries à lui appartenant, a toute haute justice, moyenne et basse, et sy a bailli, lieutenant, sergent et officiers, hommes cottiers, et desquelz a congnoissance de tous les faits deppendans de sadite justiche.

2. A la mort du tenant les héritages retournent à la table et domaine du commandeur. — 3. Relief des masures, 14 deniers du journal, des terres labourables, 12 deniers parisis du journal. — 4. Le droit de donation d'hoir à autre est de 12 deniers des masures et le 6ᵉ denier pour les terres arables. — 5. Droit de vente 12 deniers d'entrée et autant d'issue. — 6. Vif et mort herbage selon la coutume générale.

7. Item, tous les subgets, manans et habitans demourans et faisant résidence soubz et es terres et seignouries d'icelle commanderie de Fieffes, en quelle juridicion quilz soyent couchans et levans, es manoirs d'icelle commanderie, sont frans et exemps de tous payages, assavoir de tous droits, comme de travers, issue de ville, tonlieux et de tous droix royaux ensemble pois, aunages et toutes exactions.

8. Tenans cottiers doivent service de plaid de 8ⁿᵉ en 8ⁿᵉ. — 9. Droit de forage sur les vins. — 10. Droit de cambage sur les cervoises. — 11. Licence desdits droits, cinq sols par an. — 12. Pour mettre le prix aux boissons, 1 pain et 1 fagot.

Signés : Messire Jehan Bocquet *prestre, visce-gérant de Fieffes.* — Messire Hubert Pauchet *prestre audit lieu.* — Messire Nicolle de Le Villette *prestre audit lieu.* — *Noble homme* Ferry Morel. — Guillaume Dequen *cottier.* — Jehan de Monchaulx *cottier.* — Anthoine Viquart. — Pierre Roussel. — Pierre Dupuch. Pierre Nollent.

FILLIEFFES.

ÉCHEVINAGE.

Une grande peau en parchemin de 1 mètre de long, sur 78 centimètres de large, trouée dans le bas de la page, écriture très-pâle mais lisible, sauf quelques articles et bouts de lignes. 30 articles.

Coustumes locales et particulières de la ville et banlieue de Firiesves... observées des maïeur et eschevins dudit lieu de Firiesves, en obéissant au commandement du prévost de Doullens; lesquelles ont esté publiées et accordées le vingt sizième jour de septembre l'an mil cinq cent et sept, en la présence de Pierre Eustache de Fontaines, prestre curé dudit lieu; sire Anthoine Samier, prestre; Jehan Samier, maïeur; Colart Brunet, lieutenant du maïeur, Pasquier de Conty, Jehan Marielle..... Leduc, Guillaume L..., Jehan Oupion, Jehan... Pierre Rivillon, tous eschevins, Fremin..... Jehan Brunet, Jehan Crosnel, Guillaume Rivillon, Jacques Cadoreq, Pierre le Samier dit Dubois, Guillaume de Villers, Pierre du Parck, Jehan Lierpot, Jacques Peuvion, Bernard Lierpot, Jacques le Samier *(et autres illisibles)*, tous habitans de ladite ville et banlieue de Firiesves, lesquels après serment sur ce fait, ont signé et affirmé lesdites coustumes estre telles et d'icelles avoir joy et possédé de tout temps en la forme et manière qui s'ensuit.

1. Par la coustume et usaige de ladite ville, le mort saisist le vif son plus prochain héritier habille à luy succéder, en gardant toutes voies solennitez de relief.

2. Relief des manoirs, terres et héritages en dedans 7 jours et 7 nuits.—3. Ledit relief est de 7 sols 6 deniers par toute partie d'hoir à autre ; lorsqu'il y a vente, les droits seigneuriaux sont de 5 sols tournois de chacun achat. — 4. Autres reliefs au comte d'Artois, le double du cens. — 5. Deux ou trois manoirs qui doivent relief à merci, c'est-à-dire le 6ᵉ denier. — 6. Procédure de dessaisine et saisine. — 7. Pour saisine et desaisine, il est dû aux échevins 5 sols tournois.

8. Quant aulcuns non bourgois de ladite ville et banlieue de Firiesves ou d'aultres villes achattent aulcuns héritages, rentes ou seurcens réalisés sur les héritages cottiers assis en ladite ville et terroy de Firiesves, les maïeur et eschechevins dudit lieu font publier par trois jours de dimence, à l'issue de la messe paroissial, ladite vente et l'achat dudit non bourgois, affin que se il y a aucuns bourgois quil vœulle reprendre l'héritage ou rente vendue, quil le porra reprendre en rendant les deniers principaulx, frais et leaux coustemens (47).

9. Pour rentes et arrérages dûs aux seigneurs on peut saisir les manoirs et héritages avec l'assistance de deux échevins.

10. Les maïeur et eschevins, par le loy à eulx concédée par les comtes et

comtesses d'Artois, ont autorité et puissance de afforer, vins, cervoises et autres bruvaiges de grains vendus en détail en ladite ville et banlieue, à quoy sont submis les vendeurs à peine de LX sols parisis d'amende à appliquier, moitié aux seigneurs dont est tenu le lieu sur lequel se fait la vente desdits bruvaiges, et l'aultre moitié à la loy et eschevinage de Firiesves : et il est deu de chascune pièche, soit vin ou cervoise, un lot, un pain et ung fagot.

11. Item, en la ville et terroy de Firiesves y a deux marez, l'ung vers Obremetz, qui se nomme le Grant Marés, audecha de lyawe de Canche, qui est commun aux subgetz et habitans de ladite ville de Firiesves, en tous temps, pour toutes leurs bestes, réservées blanches bestes. — Item, ung aultre marez que on dist le Petit Marez, tenant à une place appartenant à ladite ville nommée le Biez, auquel marez ne pœuvent aler pasturer les pourchaulx, ne blanches bestes, sur le amende de LX solz parisis, saulf que, en tous lesdits marez, tous les bourgois et manans dudit Firiesves y pœuvent tenir en pasture jusques au nombre de nœuf blanches bestes pour leur user, avec leur aultre bestial ; mais audit marez du Biez, il n'y a amende que III solz pour faire pasturer leurs blanches bestes et pourchaux, ne pareillement au marez de Galamez ci-dessoubz déclaré, il n'y a que III solz parisis d'amende pour faire pasturer blanches bestes et pourchaux ; en ce qui est en ville et banlieue, l'on a coustume prendre pour le séparacion dudit marez d'icelle banlieue, à aler au Val...

12. Item, que tous les bourgois subgetz demourans en ladite ville ont autorité de aller laver leurs blanches bestes en la rivière de Canche fluant parmy ladite ville, et seur les rivages rouer leurs lins et canvres, sans pour ce demander aucune grace, et non à l'endroit des maretz de le ville.

13. pœuvent lesdits subjets, manans et habitans de Firiesves amener pasturer leurs blanches bestes, vaches, viaulx au marez de Galamez, sans pour ce commettre aucune amende, tant de jour comme de nuit ; et au bout duquel marez, tient un prey nommé le prey de Caumont, lequel est commun ausdits manans de Firiesves, qui pœuvent y envoyer pasturer leurs bestes depuis la Saint-Remy jusques à la my mars.

14. Item, en oultre ont, lesdits manans et habitans de Firiesves, autorité de pooir chascun an, le jour saint Jehan-Baptiste, hœure de soleil levant, et dez lors en avant jusques au my mars ensievant, envoier pasturer leurs bestes chevalines, vaches et viaulx au prey que maistre Nicolle de Wallicourt a aquatté, faisant partie de son fief quil tient de Mgr. de Firiesves, tenant d'un bout à le rivière de Canche, d'autre costé au prey Thomas Dupont, d'autre bout aux preys des relligieux d'Anchin ; et semblablement droit au prey dudit Thomas

Dupont tenant à icelluy; et encores samblablement droit en ung prey que on dit le prey Jacquemon, appartenant à Jacques Patoul, tenant de liste à la rivière de Canche, et de l'autre aux preys de ladite ville.

15. Advertissent lesdits maïeur et eschevins de Firiesves quilz ont autorité et puissance, par leurs previlléges, faire tous bans pour laizditz, dague tirer et felonneusement se bouter, sacquier, blécher à sang, et aultres maléfices qui se pœuvent commettre en ladite ville et banlieue de Firiesves, sur les peines et amendes introduittes et prévues par leurs previlléges, à appliquier lesdites amendes, moitié au seigneur sur la juridiction duquel lesdits délitz sont commis et perpétrés, et l'autre moitié ausdits maïeur et eschevins.

16. Item, en oultre, advertissent que se lesdits délits et maléfices se commettent par aulcun sur aultre..... par armes moluttes, lesdits maïeur et eschevins pœuvent et ont acoustumé bannir de tous temps les délinquans aprez les trois tierchaines, en tel cas introduites, passées et expirées, en amende de soixante dix livres parisis, à appliquier soixante livres parisis au haut justicier, cent solz parisis à le ville et cent solz parisis au maïeur et eschevins; lesquels deniers sont commandés et ordonnés payer, par le délinquant, en dedans quinzaine, se ce quil a le vale, le tout selon lesdits previlléges comme il est acoustumé, comme des aultres faits dessus déclarés.

17. Item, que nulz ne pœuvent picquer, heuer, fouir, sur les rues et flégars de Firiesves, sans demander grace aux maïeur et eschevins dudit lieu, pour tous seigneurs, sur paine et amende de LX solz parisis; et lesdits seigneurs le comte d'Artois, Monseigneur de Firiesves, Monseigneur de Saint-Josse, Jacques Tonnellier et Colart Deplanques, ont rapporté en loy et en commun tout leur droit en la ville et banlieue, pourquoi ledit maïeur est seigneur en flos et en flégars, saulf les seigneurs desquels les terres sont tenus, lesquels pœuvent de leurs personnes, picquer et heuer sans grace.

18. Item, que audit lieu de Firiesves y a un lieu que on dit Le Buissière, où croist grant nombre de buis; en laquelle buissière nul ne pœult abattre ne coper aucunes branches ne corps de buis, sans demander grace aux officiers de mondit seigneur le comte d'Artois, de Monseigneur de Firiesves, des religieux de Saint-Josse-sur-le-Mer et desdits maïeur et eschevins, sur peine et amende de LX solz parisis, à appliquier la moitié ausdits maïeur et eschevins, et l'autre moitié aux seigneurs dessus dits, sauf que les manglisiers de Firiesves et Galametz pœuvent prendre en ladite buissière, chascun an, aucun nombre de buis pour donner à l'église, le jour de Pasques flouries, sans demander grace ne ancourir aucune amende (48).

19. Les maire et échevins peuvent prendre les bêtes en dommage. — 20. Les religieux de Saint-Josse-sur-Mer ont des terres labourables pour lesquelles ils ont le 6ᵉ denier des ventes.

21. Item, lesdits manans et habitans de Firiesves ont autorité et pooir d'aller et venir ez aunois d'Obremetz, et faire communaulté de sept ans les quatre ans et huit mois, sans ce que les seigneurs et sujets d'Obremetz les en puissent empescher.

22. Il n'est dû aucun droit d'issue à Obremetz, Haulte-Maisnil et Herniez. — 23. Aucun sergent ne peut faire exploit de justice sans l'assistance des maïeur et échevins.

24. Lesdits maire et eschevins, comme un mois et six sepmaines devant le saint Jehan-Baptiste, ont acoustumé et usage de eslire cinq hommes principaulx . . . par leur sergent à vergue, quilz se trouvent au lieu acoustumé de faire le nouveau mayeur sur les paines qui se pœuvent enssievir, et sont tenus les cinq premiers esleus d'eslire sept hommes bourgois trois (*de Galametz et quatre*), de Firiesves.

25. Ont usage et acoustumé de commettre tous les ans un nouveau mayeur et faire serment les uns aux aultres, sans à ce faire évocquier nulz. . . . exceptez pareillement.

26. Item, y a un lieu audit Firiesves nommé le Beffroy, qui appartient ausdits maïeur et eschevins, auquel lieu ledit maïeur fait faire serment aux eschevins . . . . . quant lesdits maire et eschevins vœulent bannir ou condempner aul- cuns en amende, ilz se y retirent.

27. Ils ne doivent issues ni chaussées à Hesdin. — 28. Ils ne doivent point de travers à Conchy. — 29. Prescription de 20 et 30 ans. — 30. Exploits des sergens royaux...... (Sans suite.)

Signés : Jacques de Fontaines. — Jan Samier *maïeur.* — Brunet. — Rivillon *(une herse) et autres illisibles.*

FILLIEFFES ET GALAMETZ.

SEIGNEURIE.

Une grande page en parchemin, maculée en plusieurs endroits, écriture très-pâle et difficile à lire. 19 articles.

Coustumes locales et communes observances des terres et seigneuries de Fillièves et Galametz, tenues en parrye et demy parrye du chasteau de Hesdin, lues et publiées et accordées le xxiiii.ᵉ jour de septembre l'an mil cinq cens et sept.

1. Le mort saisit le vif avec solennité de relief. — 2. A la vente des fiefs il est dû le quint denier. — 3. Illisible. — 4. Les tenans féodaux doivent l'aide aux deux cas pareille au relief, sans chambellage.

5. Item, tous les hommes de fief d'icelles seigneuries sont submis servir les plais audit lieu de Firiesves, quant ilz y sont souffisamment adjournez, et se ilz se laissent mettre en deffault, loist audit seigneur prendre, pour chascun deffault et pour chascun homme defaillant, X solz parisis; et davantage a le dit seigneur, une feste audit Firiesves le jour de mi-karesme, ouquel jour tous les hommes tenans en fief sont submis venir, quant ilz y sont souffisamment adjournez; assister ledit seigneur, son bailly et officiers, garder ladite feste, y tenir les plaitz; et pour chascun défaillant, loist audit seigneur prendre, sur chascun homme, X sols parisis d'amende (49).

6. En ligne directe, l'aîné a les 4 parts du fief. — 7. Liberté de donner par testament et par acte entre-vifs un quint des fiefs, dit quint datif. — 8. Relief de bail. — 9. Relief des cotteries 7 sols par pièce de terre ou par manoir, en dedans 7 jours et 7 nuits. — 10. Droit de vente desdits manoirs et pièces de terres cinq sols parisis.

11. Item, par ladite coustume tous anchiens manoirs faisans frocq sur rue sont indivisibles et non partables, et succèdent au plus prochain héritier, et n'en pœuvent les aultres estans en pareil degré y clamer ne demander aucun droit et sortissent nature et condition de fiefz (50).

12. Afforage des vins par les maïeur et échevins. — 13. Item, pour les menus breuvages. — 14. Vif et mort herbage.

15. Item, le seignenr a droit d'amende des prises de bestes sur les terres de ses vassaux non ayans fiefs ne seigneurie.

16. Aide aux deux cas.

17. Item, a ledit seigneur, en sadite seigneurie, ung four à ban estant en ruyne, auquel tous les subjets, manans et habitans couchans et levans, sont banniers, et ne pœuvent aller ailleurs faire cuire leurs pains, tartes, pastez et aultres vivres, tant pour sustenter le corps humain que de leurs bestiaux, sur paine de confiscacion desdits pains, tartes et pastez, touttefois quil plaist audit seigneur remettre en estat souffisant sondit four (51).

18. Moulin à eau banal pour Fillieffes et Galametz.

19. Item, a ledit seigneur, esdites terres et seigneuries de Firiesves et Galametz, lesquelles il tient, assavoir ladite seigneurie de Firiesves en parrie du chasteau d'Hesdin, et ladite seigneurie de Galametz, en demie parrie dudit chasteau, haute justice, moyenne et basse, et sy lui compectent tous drois de confiscacion, biens espaves, tous drois et amendes telles que à hault justicier appartient; en laquelle ville de Firiesves y a ville previlégié, loy et commune, avec banlieue en certaines limittes; avec ce y a justice, laquelle se exerce par maïeur et eschevins, qui se renouvellent chascun an, et qui ont regard et le judicature, tant sur . . . . . . comme sur aultres ténemens de plusieurs seigneurs voisins qui ont submis et rapporté leurs héritages à le loy et eschevi-

nage de ladite ville; laquelle loi est de long temps constituée et establye; et sont lesdits maïeur et eschevins tenus et submis de jugier à le conjure de son bailly, de tous différens, causes et discors cottiers, à leurs despens, périlz et aventures.

OPPOSITION A L'ART. 19. Aucuns des hommes féodaulx de cette seigneurie dient quilz ont oy dire et maintiennent que au bailliage d'Hesdin n'y a nulz haultz justiciers, synon le comte d'Artois; à quoy ledit seigneur de Firiesves a contredit à cause quil tient en parrye (52).

Lesquelles coustumes, moy Jehan d'Allewagne, seigneur dudit Firiesves et Galametz, envoie à Mgr. le bailli d'Amiens ou son lieutenant, commissaire du roy nostre sire, en ceste partie.

Le XXIV.ᵉ jour de septembre l'an 1507.

Signés : Jehan d'Allewagne *seigneur de Firiesves.* — Desains. — Fontaine *curé dudit lieu.* — De Waillicourt. — Jehan Carpin *homme féodal.* — Capperon. — Anthoine Cornealle. — Montan. — Teot. — Sauval. — Gambier. — Jehan Blassel. — Jehan Devillers. — Vignon. — Raulet. — Rivillon. — Jehan Le Nourquier *avec cette mention :* MOY JEHAN NOURQUIER, BAILLY DE LADITE SEIGNEURIE, APPROUVE LESDITES SIGNATURES.

FORTEL.

SEIGNEURIE.

Un long rôle en parchemin lisible. 8 articles.

Coustumes locales de la terre et seigneurie de Fortel, appartenant à Mgr. de Bonneval.

1. Succession des fiefs.

2. Tous anchiens manoirs aprez le trespas du tenant appartiennent aux prochains héritiers d'icelluy, en payant au seigneur le double du cens; si le tenant délaisse plusieurs enffans, l'aisné choisiroit l'un desdits manoirs; l'aisné ensuivant un aultre et ainsy conséquemment; et se il y avoit plus de manoirs que d'enfans, l'aisné d'iceulx recommencheroit à choisir et les aultres ensuivans, tant qu'il y auroit des manoirs.

3. Relief des prés cottiers, le double du cens : ils sont partageables.

4. Tous prés nouveaulx faits sur terres qui doibvent terrage, paient III solz parisis, et sont partables entre tous les enffans.

5. De même pour les terres cottières qui doivent censives. — 6. De même pour les terres qui doivent champart.

7. Le seigneur a seigneurie au praïel de Boubers où il a cent journaux de

bos esclichés des bos dudit Boubers, et tel et pareil droit esdits bos, que le seigneur dudit Boubers.

8. Droit de vente pour les fiefs, le 5ᵉ denier; pour les manoirs et terres, le sixième denier.

Pour le reste, on se règle sur la coutume du bailliage d'Hesdin dont ladite terre est tenue en souveraineté (53).

Le vingt-sixiesme jour de septembre 1507.

Signés : Raoul *bailly.* — Attaignant *prestre.* — Olivier Martin. — Nicole Ringart. — Carpentier. — Jehan Dupont. — Huchon Tallemart. — Jehan De Vicques. — Pierre de Le Clocque. — Jehan Lebas. — de Libessart, etc.

FRÉGEVILLERS.

SEIGNEURIE.

Une page en parchemin. 7 articles lisibles.

S'ensievent les coustumes locales dont l'on a acoustumé user en la ville, terre et seigneurie de Frégeviller, appartenant à messeigneurs les relligieux, abbé et couvent de Saint-Josse-sur-la-Mer, de leur fondacion et ancien admortissement; en laquelle terre et seigneurie ils ont justice vicomtière et en dessoubz.

1. En succession cottière, relief d'un setier de vin de la valeur de 6 sols pour chacune pièce de terre ou héritage. — 2. Droit de vente des cotteries, le 6ᵉ denier. — 3. Droit d'issue de ville. — 4. Bêtes en dommage aux champs. — 5. Coups de main garnie, 60 sols d'amende. — 6. Le champart doit être laissé sur les champs. — 7. Avant de charrier la dépouille, il faut appeler les officiers du seigneur pour lever le champart.

Le xxvi.ᵉ jour de septembre l'an 1507.

Signés : Jehan Gallant *prêtre chapelain à Doullens.* — Pierre Huguet *maistre es artz.* — Jehan Pauchet. — Jehan d'Encre. — Colart de Roullecourt — Jehan Labesse. — Guillaume Leprevost. — Vinchent Alavoine. — Estienne Groseille. — Jehan Herfault. — Hue Lefeuvre. — Jehan Dauthuille. — Jehan Delattre. — Jannequin Delattre.

FRÉVENT

ÉCHEVINAGE.

Trois pages petit in-folio, parchemin. 12 *articles lisibles.*

Coustumes locales dont l'on a acoustumé user en la ville, bourgage, loy et eschevinage de Frevench (54), mises et rédigées par escript par les maire et eschevins, au commandement de noble et puissant seigneur monseigneur le sénéschal de Ternois et bailly de la conté de Saint-Pol, en obéissant au commandement et bon plaisir du roy, desquelles coustumes la theneur s'ensuit.

1. Primes, par ladite coustume, le mort saisist le vif, son plus prochain héritier habille à luy succéder, es héritages cottiers tant seullement.

2. Item, par ladite coustume, lesdits maire et eschevins ont la congnoissance de tous cas, crismes, délis et maléfices, par prévention des personnes qui sont trouvez malfaisans es mettes de ladite loy et eschevinage, de cas civil tant seullement; et sy appartiennent les amendes quils meffont à ladite ville, selon l'exigence des cas; et sy ont iceulx maire et eschevins la congnoissance desdits délitz jusques en deffinitive; se telz délinquans se portoient pour appelant d'eulx dudit cas, conviendrait audit appelant relever son appel.

3. Item, par ladite coustume, nul ne pœult vendre vin, chervoise es mectes de ladite loy et eschevinage sans ce que icculx maire et eschevins les eussent préallablement eswardé et afforé, sur et à peine de LX solz parisis d'amende, vers iceulx maire et eschevins.

4. Item, par icelle mesme coustume nul ne pœult vendre aucune denrée ou marchandise, es mectes de ladite loy et eschevinage, sans avoir esté eswardée par lesdits maire et eschevins, sur pareille amende à appliquer comme dessus.

5. Item, par ladite coustume, lesdits maire et eschevins sont seigneurs de tous les flégars, marez et communaultés, avec madame la comtesse de Saint-Pol, dame dudit Frévench, sans ce que aulcun ou aulcuns ayant aucun fief ou seigneurie en ladite ville, loy et eschevinage, y puist sur lesdits flégars demander aucune chose en fons ou en propriété, saulf et réservé ladite dame soubz laquelle ilz sont totallement fondez (55).

6. Item, par ladite coustume ont, lesdits maire et eschevins, acoustumé tenir plais de huitaine en huitaine, et sy ont scel et contre scel pour sceller tous contractz et marchiez qui se passent par devant eulx; lesquelz scel et contre scel sont congnus partout (56).

7. Item, par ladite coustume, le bailly ou lieutenant de la ville de Frévench ne pœult ou doibt recevoir dessaisine ne bailler saisine à aultrui des héritages estans es mectes de leur dite loy et eschevinage, sans à ce évoquier et appeler lesdits maire et eschevins pour par eulx bailler sentence et jugement sur le fait de ladite dessaisine et saisine, et d'icelle en bailler lettres signées de leur greffier et scellées de leurs ditz grandz scel et contre scel.

8. Item, par ladite coustume, il loist à aucune personne faire arrester aultruy estans es mectes de ladite loy et eschevinage par ung sergent dudit bailly, pour par icelluy bailly congnoistre de la cause d'arrest; et à ce doibvent estre evocquiez jusques au nombre de deux dumains desdits eschevins. Lesquelles parties, tant l'arresté comme l'arrestant, doivent bailler cauxion, n'est que tel arrestant soit bourgois, auquel cas icelluy arrestant ne seroit tenu bailler cauxion; et sy ne pœult-on, par ladite coustume, faire aucun arrest sur les bourgois d'icelle ville de Frévench. *Et sy sont exems lesdits bourgois de la cauchie de Saint-Pol* (a).

9. Item, par ladite coustume, quant tel arresté vœult procéder sur la cause de sondit arrest, aprez quil a esté amené pardevant ledit bailly ou sondit lieutenant, icelluy bailly ou lieutenant n'en pœuvent congnoistre, mais convient quilz renvoient lesdites parties pardevant lesdits maire et eschevins au prochain plais enssievant ledit arrest. *Et par icelle mesme coustume, on ne pœult arrester aucun venant au molin et apportant blé pour mouldre au molin dudit Frévench.*

10. Item, par ladite coustume, à iceulx maire et eschevins compecte et appartient les drois de affor des vins et cervoises et aultres bruvages, de eswarder toute marchandise, denrée, pain, poisson, les poix et ballanches, y mettre pollice et règle raisonnable. Et se aulcun estoit défaillant de faire lesdits affors et eswars, il seroit vers lesdits maire et eschevins en amende de LX solz parisis.

11. Item, par ladite coustume, quant aucun vent ou achatte aucune marchandise es mettes de ladite ville et loy, il doibt faire eswarder par lesdits maire et eschevins; et se aulcun se ingeroit faire le contraire, il escherroit vers iceulx maire et eschevins, en amende de LX solz parisis. *Et sy, ne pœult aucune personne tenir ou mettre en sa maison, aucune denrée ou marchandise, comme cuyrs et aultres choses, sans le faire eswarder par lesdits maire et eschevins, sur pareille amende de LX solz parisis.*

12. Item, par ladite coustume, ont lesdits maire et eschevins, acoustumé de tous temps, de faire tous exploix de justice es mectes de leur banlieue, loy et eschevinage, en et sur tous les fiefz, arrière-fiefz, cotteries, manoirs et ténemens estans es mectes d'icelle loy, de quelz seigneur ou seigneurs quilz soient tenus et mouvans; et sy pœuvent visiter le molin dudit Frévench, une fois la sepmaine, pour savoir s'il y a à dire que tout ne soit bien audit molin. Auquel cas sy l'on y trouvoit à dire magnifeste, icelluy magnier escherroit vers iceux maire et eschevins, en amende de LX solz parisis.

(a) Les mots en italiques représentent les additions qui ont été faites à la rédaction primitive.

Desquels coustumes, franchises, drois et libertez dessus déclarés, lesdits bourgois, eschevins et habitans dudit Frévench, ont affirmé d'avoir veu joyr et user par lesdits maire et eschevins, de tout temps quilz ont eu congnoissance; et d'icelles ont joy et veu user en la forme et manière quelles sont ci-dessus déclarées; et ce fait ont esté par eulx passées, concluttes et accordées, et y mis pour approbacion de ce leurs signes manuelz, le vingt-quatriesme jour de septembre l'an mil cinq cens et sept.

Signés : Loïs Lechodoniet *capitaine de Frévench.* — Thomas Morel *lieutenant de Frévench.* — Pierre Capron *mayeur.* — Le Pruvost *prestre, curé de Frévench et doyen de Saint-Pol.* — Caron *bourgois dudit lieu.* — Pierre Vasseur *eschevin.* — Delehaie *eschevin.* — Martin Baudoin *eschevin.* — Leclercq *lieutenant du maïeur et eschevin.* — Colart Doublet *bourgois.* — Jehan Dwez *bourgois.* — Duwez *prestre.* — Grissel *bourgois.* — Palliart *bourgois.* — Jehan Boutin *bourgois.*

Marques : Pierre Vaugrat *bourgois (un instrument de cordier).* — Colart Cauvet *bourgois.* — Robert Leduc *bourgois.* — Pierre Tabart *bourgois.* — Mahieu Lessieur *bourgois.* — Jehan Lequien *bourgois (un fer à cheval).* — Simon Bonvarlet *habitant.* — Simon Bonvarlet *bourgois.* — Philippes Canyart *habitant.* — Jehan Delannoy *bourgois ; et autres illisibles.*

Signé : Lattaignant *greffier de l'eschevinage.*

FROHENS (les quatre parts de).

SEIGNEURIE.

Ecrite sur une grande peau de parchemin. 12 articles lisibles.

Coustumes, usaiges et droix locaulx de la terre et seigneurie de Frohens, appartenant à haut, noble et puissant seigneur Mgr. de la Gruthuze, et Des Pierres comme gardien d'icelle terre et seigneurie et aultres, pour Mgr. Jacques de Luxembourg, fils mineur d'ans de hault et puissant seigneur Mgr. Jacques de Luxembourg, seigneur de Fiennes et de feue madame Marguerite de la Gruthuze, qui fut femme dudit seigneur de Fiennes; icelluy Jacques Monseigneur, héritier de deffuncte madame Marie d'Auxi, sa grant mère, qui fut femme mondit seigneur de la Gruthuze, lues et accordées pardevant nous Pierre de Bonmy, lieutenant de Mgr. le bailli d'Auxi et dudit lieu de Frohens.

1. Premièrement, ladite terre et seigneurie de Frohens est tenue du roy à cause de son chastiau et chastellenie de Doullens, les quatre pars par mondit

seigneur d'Auxi et de Frohens, et la cinquième partye, vulgairement nommée le quind de Frohens, compecte et appartient à noble homme Lancelot de Prouville, escuyer, seigneur d'Avesnes et de Béallières, à cause de mademoiselle Claire de Herponlieu, sa femme qui, aussy en ce nom, le tient du roy à le cause dite; lequel quind est de pieça divisé desdites quatre pars.

2. Que mondit seigneur d'Auxi a, en icelle sa terre et seigneurie de Frohens, tant en ce qui est de son domaine comme en ce qui en est tenu et mouvant, toute seigneurie et justice haute, moïenne et basse, sauf le ressort où il est deu, et tous droix, auctoritez prééminences qui a telle seigneurie compecte et appartient, amendes de LX solz parisis et en dessoubz, bailly, procureur d'office, sergens et aultres officiers.

3. Tous les héritages féodaux et cottiers, à la mort du tenancier, retournent à la table et domaine du seigneur; les manoirs doivent tels cens, tels reliefs; les terres arables, 12 deniers du journal.—4. Droit de vente, le 6ᵉ denier pour les cotteries. — 5. Mort et vif herbage selon la coutume générale. — 6. Acquets, issues et tonlieux, forages et afforages selon la coutume de la châtellenie de Doullens. — 7. Champart, du cent 8 bottes.

8. Item, mondit seigneur de Frohens a, audit lieu, deux fours banniers, esquelz ses hommes et tenans ou les hommes et tenans dudit Lancelot de Prouville, sont banniers et tenus venir faire toutes leurs cuistures, tant pains, tartes, pastez que aultres metz et cuistures de four; duquel droit icelluy seigneur de Frohens prend les quarts parts, et ledit escuier et seigneur de Béallières la cinquième.

9. Droit de non réséandise.

10. Item, ledit seigneur d'Auxi et de Frohens a, en sadite terre et seigneurie de Frohens, droix de pescherie sur la rivière d'Authie.

11. Hommes féodaux doivent service de plaids de 15ⁿᵉ en 15ⁿᵉ.

12. Les manans et habitants subjetz et demourans audit lieu, ont droit de pasturage comme ceulx du Petit-Frohens, es marais et communaultés que l'on dist les marais et communaultés de Maizerolles et de Frohens, ainsy et comme lesdits marais et communaultés se comprendent et estendent, tant en largeur comme en longueur, depuis ledit lieu de Frohens jusques à la barrière dudit lieu de Maizerolles, allencontre dudit marais, pour en icelle distance et estendue de lieu et maresquage, garder et tenir, faire garder et tenir à herde ou sans herde, leurs bestes à corne et d'aumaille et samblablement leurs bestes chevalines, sauf leurs bestes à laine et pourchaulx; lesquelz leurs pourchaulx ilz peuvent garder et tenir en pasture en ung aultre petit marez communément appelez les Marquiaulx. — Pareillement ont droit de pasturaige pour leurs dites bestes d'aumaille et chevalines, en ung aultre marez assis et situé entre ledit lieu de Frohens, au-decha de ladite rivière d'Authie et les pretz que l'on dist

le pré de Lannoy; auquel Lannoy aussy contigü et tenant au marez dessus dit, ils pœultent aussy mettre leurs bestes chevalines et à corne, réservé es taillis dudit Annoy, quilz n'ayent attains l'age de trois ans, sur peine de III sols parisis d'amende. — Ont aussy pareil droit de pasturaige en ung aultre troisième marez au-delà de ladite rivière, tenant aux prés de Guerard de Penti; et ne leur loist ne appartient de y tenir bestes estranges par louaiges, ventes simulées ne aultrement, sous peine de confiscation desdites bestes ou de amende de LX sols parisis, au choix de Monseigneur.

Le xxvii.ᵉ jour de septembre 1507.

Signés : De Bonmy. — Guillaume Hairon *procureur de Mgr. de Saveuses.* — *Marque de* Colart Fauquel.

FROHENS. (Sixte de)

FIEFS.

Une grande page en parchemin. 7 articles lisibles.

Coustumes localles et particulières des fiefs et seigneuries de Cantereine et Sixte de Frohens, appartenans à noble homme Lancelot de Prouville, seigneur d'Avesnes-lez-Balpasmes; lesquelles terres et seigneuries de Cantereine et Sixte de Frohens il tient noblement, en deux fiefs, de noble, hault et puissant seigneur, monseigneur Jacques de Luxembourg, seigneur et ber d'Auxi et seigneur dudit Frohens, lues, approuvées, arrestées pardevant nous, Jehan Papin, bailli desdites terres et seigneuries, par les soubz signans noble et puissant seigneur, messire Ferry de Saveuses, eagé de chinquante ans environ, Regnault Blondelus, agé de quarante-huit ans ou environ, etc.

1, 2 et 3. Droits seigneuriaux semblables à ceux de la coutume des quatre parts de Frohens. — 4 et 5. Droits d'herbage selon la coutume générale. — 6. Libre disposition des meubles et acquets. — 7. Pour acquérir droit réel sur l'objet donné, il faut être envoyé en possession par juge compétent.

Le huitiesme jour de septembre 1507.

Signés : Ferry de Saveuses. — Colart Fauquel. — R. Blondelus. — Jehan Le Fossier. — Jehan Marcoul. — Jean Caron. — Guillaume Mallet. — Jehan de Famechon. — Ferry Blondelus. — Albin de Le Ruelle. — Jehan Coissepin. — Jehan de Cailly. — Pierre Bertran. — Fremin Morant. — Collinet Caron. — Guillaume Coissepin.

GÉZAINCOURT.

LOI ET ÉCHEVINAGE.

Un cahier de deux feuilles de grand parchemin contenant sept pages d'une écriture très-serrée; les premières lignes des 2.ᵉ, 3.ᵉ, 4.ᵉ et 5.ᵉ pages sont maculées par l'humidité : la pâleur de l'encre et les rides du parchemin les ont rendues indéchiffrables. La charte latine contient 30 *articles, et la coutume,* 38.

Ce sont les coustumes et usaiges de la ville de Gésainecourt-lez-Doullens, appartenant à noble et puissant seigneur Mgr. Adrian de Brimeu, chevalier, seigneur de Humbercourt, Contay, et Merghen, aussi seigneur dudit Gésainecourt; lesquelles coustumes et usaiges les eschevins, jurez, manans et habitans dudit Gésainecourt ont fait rédiger et mectre par escript, en ensuivant le commandement à eulx fait par les officiers du roy nostre sire au bailliage d'Amiens, pour icelles présenter audit bailliage ainsy quil leur a esté ordonné.

Item, et que lesdites coustumes et usaiges sont précédées de certaines lettres de previlléges données ausdits jurez, manans et habitans de Gésainecourt, par feu de noble mémoire, messire Robert Fretials, en son vivant, chevalier, seigneur dudit Gésainecourt, pour le cause et par le manière contenue en certaines lettres de chartres quilz ont desdits previlléges scellées du sceau dudit seigneur, datées du mois d'avril mil deux cent quarante, dont la teneur s'ensuit :

In nomine sancte et individue trinitatis. Ego Robertus Fretials, dominus de Gesainecourt notum facio omnibus presentibus et futuris, quod pro injuriis quas avus meus intulit hominibus meis de Gesainecourt, assensu Yde uxoris mee et de consensu Margarete fille mee primogenite et consilio liberorum hominum meorum, pietatis intuitu, et pro redemptione anime mee et antecessorum meorum, legem secundum usus et consuetudines Bellevallis, dictis hominibus meis de Gesainecourt, tradidy tenendam in perpetuum et concessy, jure sancte ecclesie et meo in omnibus observato et heredum meorum (57).

1. Scilicet, quod in dicta villa mea de Gesainecourt erunt de cetero sex legales homines juraty qui jura et omnia ad justiciam et requiem dicte ville pertinentia per annum dictabunt et judicabunt, ita quod si judicium rey de qua judicaturi erunt in tenore presentis carte contineatur, secundum tenorem illius et efficaciam judicabunt : sy autem in presenty carta illud contineri non contigerit, a meis liberis hominibus prefate rey judicium, interrogabunt et requirent et secundum quod ab illis receperint, in presentia mea pronunciabunt.

2. Si forte, causa inquirendy judicii, juratos exire villam (58) opportuerit, illum qui de injuria convictus fuerit custum et expensas inquisitorum reddere oportebit.

3. Prefaty sex juraty metas disponent et vias discernent per totam (*blanc*), dicte ville; si quis metas quas posuerint amoverit, vel vias interceperit, decem solidos michi persolvet de emenda, sy ab eis super hoc convictus fuerit.

4. Omnis conventio de re mobilly in presentia duorum vel plurium dictorum juratorum contracta, testimonio eorumdem, stabilis habebitur et firma; si quis testimonio eorum contradixerit michy per decem solidos et cuilibet juratorum per duos solidos et quinque denarios, emendabit.

5. Communie anno elapso, quarta Pentecoste feria, dicty sex juraty convenient et absque contradictione tres legales homines de predicta villa nominabunt et ipsos in juratos eligent substitutos; illy autem tres, allios tres homines legales de eadem villa nominabunt et eligent in juratos bona fide; et illy sex in anno allio sequenty jurati erunt sicut predicty sex fuerant in anno precedenty, et ita annuatim fiet sine fraude; si autem dicta die, juraty non eligerent, ego eligerem et substituerem qui in anno allio, sicut juraty qui prius fuerant, juratorum officium in omnibus exercerent.

6. Preter predicta sepe dicta, juraty de omni assensu suo, custodes messibus custodiendis instituent, ita quod eorum institutioni non potero obviare; et de forefactis et emendis a forefactoribus, et occasione dictarum messium, per manus eorumdem juratorum perceptis, premia dictorum custodum persolventur.

7. Quod sy de forefactis predictis, premiis persolutis, aliquid superhabundaverit, residuum in usus ville communes, ut in templo et calceis, de consilio meo distributum erit et locatum

8. Quod sy forefacta ad premia dictorum custodum solvenda, non sufficerent, de communi ville perficettur *(sic)*.

9. Qui autem partem premiarum sibi a dictis juratis assignatam, ad submonitiones eorumdem qui hoc colligere debet *(debent)* non persolverit, si colligentes de eo ad me clamorem fecerint, ego cum ipsis famulum meum ad domum persolvere contradicentis, transmittam; quod sy ad domum ejusdem, ob hanc causam, ydem famulus perrexerit, michi per duos solidos et quinque denarios emendabit; similiter qui forefactum messium ad submonitiones supra dictorum juratorum non persolverit, sy de eo clamor factus fuerit et famulus meus ad domum ejus perexerit, michi per duos solidos et quinque denarios emendabit.

10. Mortuo autem viro, uxor ejus superstes quecunque possidet per tres solidos et nichil amplius relevabit; quod sy postmodum heredes inter se par—

tiry voluerint, quilibet partem suam per tres solidos et nichil amplius relevabit.

11. Si quis *domum suam censualem vendiderit* (a) de quibuslibet duodecim denariis, duos denarios de venditione persolvet michi; *eodem modo* de censualibus terris, *ita tamen* quod vendens domum suam censualem *plegius* (sic) donabit quod infra annum herbergagium (sic) faciet loco illius substitutum, sy remanere voluerit, sin autem quatuor denarios pro suy recessus licentia, persolvet; sy autem remanserit et infra annum non fecerit herbergagium, plegius quinque solidos et nichil amplius pro eodem, michi persolvet pro emenda.

12. Si quis sine armis in allium violentas manus injecerit, qui clamorem fecerit quinque solidos vadiabit; quod sy usque ad allium diem clamorem facere distulerit et tunc clamorem fecerit, decem solidos vadiabit; sy autem usque altereundem diem distulerit et tunc clamorem fecerit, per quindecim solidos emendabit; sy vero ad nullum trium dierum clamorem fecerit, per quindecim solidos et nichil amplius, emendabit vel se manu tercia purgabit; et eodem modo ille qui cum eo dimicaverit erga me agere tenebitur, ita tamen quod *postquam* (b), clamor factus fuerit, in illum qui per veritatem legitimy testimonii convictus fuerit, dampnum universum revertetur et redundabit.

13. Si quis allium armis invulneraverit et inde convictus fuerit, sy invulneratus salvis membris convalere poterit, invulnerans michi per vigenti solidos emendabit; quod sy membrum invulneratus amiserit et deinceps imbecillis fuerit, invulnerans michi per decem libras emendabit et leso per medietatem recte solutionis..... emendabit.

14. Si quis clamorem de allio fecerit citra valorem quinque solidorum de venaly suo, per manum propriam probare poterit; ita convictus absque alliam contradictionem persolvet quod contra eum fuerit probatum, et michi per duos solidos et quinque denarios emendabit; item, si quis de allio citra valorem quinque solidorum vel amplius clamorem fecerit, de re allia quam de venaly, per testimonium duorum testium probare poterit, et convictus absque ulla contradictione persolvet quod contra eum fuerit comprobatum et per duos solidos et quinque denarios michy emendabit.

15. Si quis de allio super devastationem aliquam clamorem fecerit, se manu sua decima impetitus purgare poterit, et allius clamorem suum per duos solidos et quinque denarios emendabit.

(a) Les mots, en italiques, illisibles dans la charte de Gézaincourt, ont été restitués d'après le texte de la charte de Beauval, communiqué par M. Demarsy.

(b) Ce mot est resté en blanc dans la coutume de Gézaincourt: le copiste n'aura pas pu le lire dans la charte originale.

16. Si quis nemus meum scindens inventus fuerit, tres solidos persolvet vel se propria manu purgabit : homines mei de Gesainnecourt, pugnum suum plegnum *(plenum)* virgis, ad carrucas ducendas, quotiescunque opus fuerit, sine forefacto in nemoribus meis capere poterunt (59).

17. Si quis eradicans vel fodiens nemus meum inventus fuerit, vigenti solidos michi persolvet de emenda, vel se propria manu purgabit.

18. Si quis aliquo forefecerit in ipsum solum pena revertetur, nec ejus forefactum luent perentes *(parentes)* ejus, nisy convicty fuerint quod ad eorum consilium et auxilium, post forefactum, habuerit regressum.

19. Item, constituy quod sy quis habens hereditatem in villa mea de Gesainnecourt aut in territorio ejusdem ville, hereditatem suam vendere voluerit, infra quindecimam postquam vendiderit, venditio hereditatis per duos dies dominicas sequentes continue, in facie ecclesie, per famulum meum clamabitur; si vero aliquis qui, ratione venditoris, hereditatem venditoris per proximitatem reclamare poterit et infra quindecimam post venditionem, per pretium venditoris non requisierit, ad illam hereditatem, ratione illius venditoris, sicut proximus, de cetero venire non poterit, nisy extra patriam redierit (60); per legem ejusdem ville, ad hereditatem, sy reddat pretium, redire poterit.

20. Statutum est etiam quod aliquis foraneus in villa mea de Gesainnecourt, neque in territorio ejusdem, hereditatem aliquam que de me teneatur comparare neque per proximitatem aliquo modo habere poterit, nisy prius homo meus devenerit et hereditate obtenuerit tenementum quemadmodum homines mei de Gesainnecourt suas de me tenent hereditates.

21. Preterea constitutum est quod *(de)* omnibus tam debitis quam conventionibus et contractibus,... dimicationibus, conbustionibus, furtis, injuriis, vastationibus et omnimodis alliis interceptionibus de quibus ad me vel ad ballivum meum clamor factus fuerit, per legitimam inquisitionem prius a juratis factam, causa de qua clamor factus fuerit terminabitur et qui convictus fuerit judicio juratorum emendabit.

22. Si quis autem in orto aut pomario aliquem ceperit et propter denegationem super hoc *(clamor)* factus fuerit à captore, ille qui clamor*em* fecerit per manum suam probare poterit captionem, et qui captus fuerit judicio juratorum emendabit.

23. Et est sciendum quod, nisy contra faraneum, faraneus in testimonium non recepitur.

24. Hic est *(non)* omittendum quod sy, aliqua causa contingente, in villa mea de Gesainecourt aut in territorio ejusdem aliquid accidere contigerit in quo

juratis visum fuerit esse corrigendum, sy ad ipsorum juridictionem spectaverit, jure sancte ecclesie et meo in omnibus observato, de consilio juratorum corrigetur (61).

25. Item, statutum est quod homines mei de Gesainecourt non habentes carrucas per unum solummodo diem et non amplius, in toto anno debent michi servitium in marcio persolvendum; et sy carrucas habuerint bis in anno scilicet in martion *(sic)* per unum solummodo diem et in auptomno similiter et non amplius, de carrucis suis michi servitium reddere tenentur.

26. Preterea, quilibet hominum de Gesainecourt de pane suo nataly per solum quietatur (62).

27. Item, homines mei de Gesainecourt......... tallia sunt immunes; possunt tamen juraty de Gesainecourt......... in utilitate ejusdem ville prout viderint expedire; et quicumque partem tallie sibi assignatam *solvere contra*dixerit per legem ville emendabit.

28. Item, si quis in pomariis vel in pratis meis de Gesainecourt inventus fuerit colligens, michi quinque solidos persolvet vel se propria manu purgabit; sy quis autem de nocte........ vel in pratis inventus fuerit, decem solidos michi solvet.

29. Item, si quis de hominibus meis de Gesainecourt in rivulo vel vivario meo usque ad metas vivarii de Braitel, pescans inventus fuerit, michi duos solidos et quinque denarios solvet vel se propria manu purgabit.

30. Item, si dominus de Gesainecourt ab inimicys captus fuerit, quodlibet managium de Gesainecourt tenetur dare dicto Domino duodecim denarios; eodem modo, si dictus Dominus, filium suum primogenitum militem fecerit quilibet *(sic)* managium prefate ville tenetur dare duodecim denarios; similiter si dominus dictus filiam suam primogenitam maritaverit, quodlibet dictorum managiorum dare eodem Domino duodecim denarios, tenetur.

Statutum est et sub rellgionis sacramentum, quod unumquodque capitulorum, prout presenty carta plenius est expressum, fideliter observetur, et tam ego quam predicty homines mei ad invicem nos legitime creantavimus servaturos, salvis exercitibus, equitationibus meis et auxiliis, in corpore meo et amicitiis meis.

Contractum anno incarnationis Domini millesimo ducentesimo quadragesimo, mense aprily.

Item, lesquelles coustumes et usaiges, en ensuivant le teneur de ladite chartre et lettres de previlliéges, sont telles :

1. Primes, que lesdits jurez, manans et habitans doivent avoir et ont telles

coustumes que les habitans de Beauval, saulf en tout le droit de sainte église, dudit seigneur et de ses hoirs.

2. Item, que ausdits habitans appartient et ont droit de eslire six hommes qui se nomment jurez et eschevins; et se eslisent lesdits jurez chascun an le mardy prochain aprez le feste de Penthecouste.

3. Item, lesquelz six eschevins jurez ont et leur appartient la judicature et congnoissance des différens et litiges qui seurviennent entre les habitans dudit Gézainecourt; et sont lesdits jurez les hommes par lesquelz le bailly ou lieutenant dudit seigneur se doit régler pour expédier lesdits litiges et différens.

4. Item, que lesdits jurez pour faire leurs jugements se doyevent régler selon qu'il est contenu en ladite charte, se le jugement y est trouvé, mais sy n'appert par ladite charte de la judicature, iceulx jurez se doyvent retirer vers les hommes de fiefz que l'on dist francs hommes dudit seigneur, et expédier le différent par leur conseil et advis, pardevant ledit seigneur, son bailly ou lieutenant.

5. Item, et que ladite coustume est telle que, s'il est besoing auxdits jurez sortir et aller hors dudit Gézainecourt pour avoir conseil de judicature, cestuy des parties qui est trouvée avoir tort doyt par ladite coustume payer les frais desdits jurez.

6. Item, que par ladite coustume, lesdits jurez ont le garde et doyvent entendre aux voyes et chemins dudit Gézainecourt, et aussi asseoir bournes et limitter héritages, quant ils en sont requis; et lesquelles bournes ne se peuvent asseoir que en leur présence, et leur est deu, pour assister à asseoir lesdites bournes, la somme de V sols et I denier.

7. Item, par ladite coustume, si aucun entreprent sur lesdites voyes et chemins, ou qu'il auroit transporté lesdites bournes, et il est de ce convaincu par lesdits jurez, il doibt X sols d'amende audit seigneur.

8. Item, que par ladite coustume, tous marchiez et contrats passez pardevant lesdits jurez, pour chose mœuble ou debte personnelle, sont vaillables et se aucun y contredit, il est amendable envers ledit seigneur de X sols et, envers lesdits jurez, de II sols V deniers à chascun d'eulx.

9. Item, que par ladite coustume, lesdits jurez et eschevins au nombre de six comme dist est, sont esleux le mardy aprez Penthecoustre, combien que anchiennement ilz se feissent le mercredy, et se fait ladite ellection par la manière qui senssuit : c'est assavoir que lesdits six jurez de l'année précédente eslisent et dénomment trois des habitants de ladite ville, pour estre eschevins et jurez l'année séquente; et lesdits trois esleux en dénomment et eslisent trois autres à prendre iceulx ou nombre de ladite année précédente; et iceulx six hommes sont jurez et eschevins pour ladite année séquente.

10. Item, que ainsy se doit faire chascun an sans fraulde, et sy doit, par ladite coustume, un juré nouveau qui ne a autreffois esté eschevin, pour sa bienvenue auxdits eschevins, V solz et ung denier.

11. Item, s'il y a faulte de faire ladite ellection en dedans ledit jour, ledit seigneur, pour ladite année séquente, pœult commectre telz six jurez, eschevins que bon lui sambre *(sic)*, à prendre desdits habitants.

12. Item, que par ladite coustume, il appartient auxdits jurez de commectre et instituer ou tamps de messon, gardes et sergens pour entendre aux ablais; et ne pœult le seigneur empescher lesdits commis desdits jurez.

13. Item, oultre par ladite coustume, lesdits sergens, commis et instituez par lesdits jurez, sont payez de leurs vaqations et sallaires par lesdits jurez, des amendes qui procèdent desdites messons; et se lesdites amendes ne sont souffisantes pour satisfaire auxdits sallaires, iceulx sergens et commis sont payés des deniers communs de ladite ville; et oultre, se lesdites amendes sont superabondantes, lesdits sergens payez, le résidu desdites amendes se convertit au prouffit de l'église paroissiale ou à la reffections et entretiennement des voyes et cauchies communes de ladite ville.

14. Item, encoires par ladite coustume, se aucun desdits habitans est reffusant de payer les amendes au commandement desdits jurez, ou aura debte recongnue pardevant lesditz jurez, le sergent et officier dudit seigneur est envoyé envers le contredisant, et pour ce doit d'amende audit seigneur la somme de II solz V deniers.

15. Item, quand aucun va de vie à trespas audit Gésainecourt, la femme de luy que l'on dist sa vesve, doit de relief audit seigneur III solz et non plus. Et les héritiers, soit ung ou plusieurs, doyvent chascun, pour ledit droit de relief, III solz.

16. Item, par ladite coustume, quant aucun vent son manoir tenu en cens et coterie, il doit audit seigneur, pour le droit de vente, de XII deniers II deniers qui est le sixiesme denier ; et pareillement des terres tenues en cens et cotterie.

17. Item, que par ladite coustume, quant aucun vent son manoir là où il fait résidence, comme dit est, il doit bailler plesge que en dedans l'an, il aura autre manoir pour faire résidence audit lieu, autrement il doit IV deniers d'issue audit seigneur ; et se ledit . . . .
. . . .

18. Item, par ladite coustume, sy aucun fait viollence ou injure à aultruy et l'injurié...... doit gagier sa viollence de V solz, en dedans le jour de l'in-

jure à luy faite. Et se... et il en fait plaincte et clameur, il doit gagier sa viollence de X sols d'amende; et... jusques au tierch jour, par sa négligence, il doit d'amende XV sols, et pareillement se avoit plus de trois jours. Autrement luy et cestuy auquel il seroit accusé avoir eu débat, sont tenus eux purgier par un tesmoing, autrement ilz sont emendables en ladite amende de XV sols, à condition toutes voyes que se cestuy qui fait déclaration est trouvé soy este complainct à bonne et juste cause, cestuy qui est en tort doit payer l'amende et tout le frait (63).

19. Item, par ladite coustume, se aucun blesche ung autre à plaie ouverte, sans affolure, il doit XX sols d'amende audit seigneur, et se le bleschié est affolé de membre, cestuy qui a fait l'injure doit amende de dix livres audit seigneur, et sy doit amender la bleschure envers cestuy qui est injurié.

20. Item, par ladite coustume, un chascun créanchier de bonne foy est creu par son serment jusque à la valleur de V sols de la chose par luy vendue; et cestuy qui dénye la debte, en ce cas, doit amende audit seigneur de II sols V deniers.

21. Item, et par ladite coustume, si aucun est redevable vers aultruy aultrement que de marchandises, et il est trouvé par deux témoings devoir ladite debte, il doit d'amende audit seigneur II sols VI deniers.

22. Item, par ladite coustume, se aucun se complainct de dommage à lui fait et pour ce en fait clameur, cestuy duquel on se complainct se peult purgier par dix tesmoings; et en ce cas, cestuy qui fait clameur, doit audit seigneur d'amende, II sols V deniers.

23. Item, que par ladite coustume, si aucun desdits habitants est trouvé coppant bois es bois dudit seigneur, il doit amende de III sols ou soy purgier par son serment.

24. Item, que par ladite coustume, les hommes dudit Gésainecourt ont pooir de copper es bos dudit seigneur, toutesfois que leur est besoing, plain puing de vergues pour mener leurs carrues, sans amende.

25. Item, que par ladite coustume, quiconque est trouvé picquant, heuant et arrachant les bois dudit seigneur, il doit amende de XX sols ou soy purgier par sa main.

26. Item, par ladite coustume, les parents ne sont responsables des amendes et offenses commises par leurs enfants naist que, aprez lesdites offenses commises, lesdits enffans ayent eu conseil et aide desdits parents (64).

27. Item, par ladite coustume, si aucun ayant héritage audit lieu et terroir de Gésainecourt veut vendre sondit héritage, il est tenus de faire savoir la

vente par deux jours de dimenche sequens, sans moyen, l'un l'aultre la vendition faite publiquement par le sergent dudit seigneur, et ce à l'église paroissiale de Gésainecourt, à heure et issue de la grand messe ; et se aucun veult ratraire par proximité et comme parent, il est tenu soy approchier en dedans ladite quinzaine, autrement il est privé dudit ratrait n'estoit qu'il fut absent et hors du païs, ouquel cas luy retourné en rendant l'argent de la vendicion, il porra ratraire ledit héritage (65).

28. Item, par ladite coustume, nulz ne peult, estrangier audit Gésainecourt, *acquérir héritage* par achat ou par ratrait de proximité, se premièrement il n'est homme dudit seigneur et tenant héritage et submis aux coustumes de ladite ville.

29. Item, par ladite coustume, lesdits habitans sont responsables pardevant le bailly dudit seigneur ou son lieutenant, présents lesdits jurez, de toutes debtes, contractz, convenances...... débatz, soit par fur, brullin, dégatz, villaines paroles ou autres différents quelsconques ; desquelz cas l'enqueste se doit faire par lesdits jurez ; et ladite enqueste faite, la cause se doit terminer par le conseil et advis desdits jurez ; sy doit amender cestuy qui a tort, et ce à leur ordonnance.

30. Item, et que par ladite coustume, si aucun est trouvé au gardin ou courtil d'aultruy faisant dommages, se il le dénye, celui à quy appartient ledit courtil sera creu par son serment, et l'ameudra le ayant tort à l'ordonnance desdits jurez.

31. Item, que par ladite coustume, ung forain n'est receu en tesmoignage au préjudice desdits habitants, n'est en cause de forains (66).

32. Item, quant aucun usaige qui arroit esté audit Gésainecourt, par délay de tamps, seroit trouvé non prouffitable auxdits habitants, il se pœult corriger par lesdits jurez, saulf toutesvoyes les droitz de sainte Eglise et dudit seigneur, à ce présent ledit seigneur ou son bailly et de son accord.

33. Item, que par ladite coustume, les hommes dudit Gésainecourt non ayant carrue, doyvent une seule corvée par un jour au mois de mars ; et ceux qui ont carrue doyvent deux corvées avec leurs dites carrues par deux jours seullement, l'un audit mois de mars et l'autre en auptomne, est à dire en septembre (67).

34. Item, par ladite coustume, les habitants dudit Gésainecourt et leurs hoirs sont quictes de toutes tailles envers ledit seigneur ; toutesvoyes iceulx habitants par l'advis desdits jurés, ont pooir de mettre sus taille pour subvenir aux affaires de la communaulté de ladite ville.

35. Item, par ladite coustume, lesdits habitants de Gésainecourt, s'ilz sont trouvés cueillant fruitz de jour, es gardins dudit seigneur, ils doivent V sols d'amende et de nuyct X sols; et oultre pour peschier, depuis les viviers dudit Gésainecourt jusques aux viviers de Braistel, sans son congié, ils doivent II sols V deniers d'amende.

36. Item, par ladite coustume, lesdits habitants pour leurs blanches bestes que l'on dist moutons et brebis, doivent un droit d'herbage, tel que tous ayans bestes blanches, particulièrement jusques au nombre de dix, doyvent vif herbage qui est tel, que l'une desdites bestes est au choix dudit seigneur, par son commis, après une choisie par cestuy à quy les bestes appartiennent; et lequel droit de vif herbage se paie le jour saint Jehan-Baptiste : toutesvoyes ledit seigneur est tenu de l'envoyer quérir audit jour; et s'il y a plus de dix bestes blanches, sy n'est-il deu pour ledit vif herbage que une desdites bestes ainchois que dessus; mais s'il y a moins de dix, lesdits habitants ne doyvent que mort herbage à paier de chacune beste une obole, la veille de saint Jehan-Baptiste.

37. Item, sy ont lesdits jurez droit d'afforage du vin et autres bruvaiges vendus en destail, tel que de chacun ponchon de vin ou de chacun brassin ung lot, ung fagot et ung pain, et amende telle quil appartient au cas pour vendre sans afforage.

38. Item, et sy doivent lesdits de Gésainecourt par lesdites coustumes, ayde audit seigneur en trois cas : assavoir quant ledit seigneur est prisonnier de ses adversaires ou quil fait son fils aisné chevalier ou quil marie sa fille aisnée; et est ledit droit d'ayde pour chacun desdits cas, de XII deniers de chacun mesnage et non plus.

Et lesquelles coustumes et usages, mesmes ladite chartre dont elles sont précédées, ont esté veues, lues par lesdits habitants et par eulx accordées comme telles en la présence desditz jurez, et d'icelles ilz ont usé de si long tamps qu'il n'est mémoire audit Gésainecourt du contraire. En tesmoing de ce y ont apposé leurs saings ou merques avec lesdits jurez, et présent à ce sire Martin Bellet comme curé dudit Gésainecourt.

Fait et passé par lesdits jurez soubzsignans, le xxix.ᵉ jour de septembre en l'an mil cinq cent et sept.

Signés : M. Bellet. — Mahieu Du Ruyt. — Jan Dumaisnil. — Colart Quien *(un cornet).* — Jan Gaffet *(ciseaux ouverts).* — Jan Li Fornier. — Jan de Quellen. — Jan Audreu *(un cœur).* — Fremin Domon *(une serpette).* — Anthoine Domon *(un fléau).* — Du Crocq.

DOULLENS.

GROUCHES.

SEIGNEURIE.

Une grande page en parchemin, écriture très-pâle, difficile à lire. 21 articles.

Ce sont les usaiges et coustumes de la terre et seigneurie de Grouches, notoires aux manans, subjectz et habitans dudit lieu.

1. Relief d'un setier de vin de chaque pièce de terre ou manoir. — 2. Relief des fiefs nobles, 60 sols parisis, des autres 7 sols 6 deniers. — 3. Droit d'issue de ville que paient les forains acheteurs. — 4. Mort et vif herbage. — 5. Droit de vente, le 6e denier. — 6. Coup de main garnie et à sang, 60 sols d'amende. — 7. Laid dit et simple coup, 7 sols 6 deniers. — 8. Les amendes de la ville sont de 60 sols et 3 sols 6 deniers. — 9. Le seigneur a droit de dîme sur plusieurs parties de terre. — 10. Pour abattre ou émondre arbres, 60 sols d'amende. — 11. Terrage du 100 huit bottes. — 12. Nul ne peut charrier sa dépouille avant d'avoir appelé le commis chargé de recevoir le terrage du seigneur, sous peine de 60 sols d'amende. — 13. De même pour les blés verts et autres ablais. — 14. Le retrait des héritages féodaux et cottiers a lieu dans l'an et jour.

15. Item, le premier venant offrir les deniers de ladite vendicion à l'achetteur par la manière de rembours des parens et amis de cestuy qui a vendu ledit héritage, pœult rembourser ledit achetteur sans que nul des aultres parens dudit vendeur y puisse revenir, puis aprez remboursement faire.

16. Forage et afforage selon la coutume générale. — 17. Les dessaisines et les saisines se font par les officiers du seigneur.

18. Item, audit lieu de Grouches, y a droit de aigneesse tel que l'aîné fil des enfans d'aucuns trespassez, a tous les héritaiges amasés de ses père et mère venans de coste et lingne; et les terres aux champs tenues en cotterie, se partent autant à l'un comme à l'autre des enfans.

19. Item, à l'aisné appartient les fiefs et aux puisnez le quint, se appréhender le vœullent; et en les appréhendant ou aultres héritaiges, celluy qui les appréhende à tiltre de succession, ne se charge des debtes d'icelluy trespassé.

20. Bestiaux en dommage dans les ablais d'autrui, 60 sols d'amende. — 21. Le seigneur a droit d'épaves et de confiscation, selon la coutume du bailliage d'Amiens.

Signés : Daullé. — Jehan Le Tisseran. — Jehan Cramier. — Colart Valère. — Jehan Colin. — Robert Le Prevost. — Jehan Le Prevost. — Louys Le Prevost. — Jehan Connel. — Jehan Briet. — Jehan Le Vasseur-le-viel *(un dôme de clocher).*

HEUZECOURT.

SEIGNEURIE.

Une page de parchemin, d'une écriture fine et très-serrée, difficile à lire. 5 articles.

Coustumes localles de la terre et seigneurie de Heuzecourt, appartenant à hault et puissant seigneur Mgr. Jacques de Bourbon, bastart de Vendosme, seigneur de Bonneval de... de Ligny-sur-Canche et de Fortel, mari et bail de madame Jehanne de Rubempré, dame desdits lieux, baillistre de mademoiselle Loyse de Crevecœur, fille mineure d'ans de messire Franchois de Crevecœur et de madite dame.

1. Relief des fiefs en dedans 40 jours. — 2. Relief des cotteries en dedans 7 jours et 7 nuits. — 3. En cotterie, le droit de vente est le 6ᵉ denier. — 4. L'aîné a droit de choisir un manoir. — 5. Pour le reste on se règle sur la coutume générale du bailliage d'Amiens.

Le xxiii.ᵉ jour de septembre l'an 1507.

Signés : Anthoine Nourrequier *lieutenant du bailli.* — Hanicque *curé d'Heuzecourt.* — Jehan Millon *prestre audit lieu.* — Foursy de Cailly. — Hue Hulot. — Jehan Ballin. — Mahieu Bacquet. — Jehan Lefèvre — Colart de Le Ruelle. — Colart Cofin le josne. — Pierre Lefèvre. — Jehan Balin *de le Plache.* — Mahieu Dournel.

LA ROSIÈRE.

SEIGNEURIE.

Un rôle en parchemin composé de deux feuilles, écriture d'un seul côté, lisible. 12 *articles.*

Coustumes locales de la terre et seigneurie de La Rosière, appartenant à noble et puissant seigneur Mgr. Ferry, chevalier, seigneur de Saveuses, de Beauvoir et dudit lieu.

1. A la mort du tenant cottier, ses héritages retournent à la table et domaine du seigneur qui fait les fruits siens jusqu'à ce quils aient été relevés par relief double du cens. — 2. Il est dû pour droit de vente des cotteries le 6ᵉ denier. — 3. Mort et vif herbage selon la coutume générale. — 4. Aide double du cens. — 5. Le seigneur jouit des droits seigneuriaux qu'accorde la coutume générale.

6. Item, monseigneur a, en sadite terre et seigneurie de La Rosière, LXX journeux de marés, lequel marés est commun en pasturages à ses hommes subjetz, demourans, couchans et levans audit lieu de La Rosière, et non à aulcun, pour y mectre et tenir en pasture les bestes à corne, jumens et poullains ; et quant aux bestes à layne et pourchaulx, ilz en sont bannis et mis hors à peine de confiscacion ou d'amende ; et sy ny pœultent lesdits sujets delaissier, tenir ne garder de nuyt leurs bestes chevalines se ilz n'ont labouré le jour sur le terroir d'icelluy lieu sur peine de l'amende en tel cas acoustumée ; et se

aucunes bestes estranges y sont trouvées pasturans, elles sont confisquées au droit dudit seigneur, s'il lui plaist, ou LX sols parisis d'amende.

7. Item, que tous les subjetz qui doivent un droit vulgairement nommé herban le doibvent payer, chascun an, le nuyt St.-Jehan-Baptiste, par dedans soleil couché, sur et à peine de LX solz parisis d'amende (68).

8. Moulin et four banal.

9. Ledit seigneur a droit de pecquerye en la rivière de Canche, ainsy et comme sadite terre se comprend et estend; et ny pœultent nulz peschier, soit à la ligne à filles ou autres harnas sans le congié d'icelluy seigneur que ce ne soit en comectant amende de LX solz par chascun et pour chascune foys; et ne pœultent nulz, en ladite rivière, acrocher lins ne canvres sans préalablement avoir la licence et congié d'icelluy seigneur ou de ses officiers et commis, et lui paier son droit de rochage tel quil est deu d'anchienneté (69).

10. Nul ne peut picquer sur flégard. — 11. Le seigneur a droit de champart sur plusieurs parties de terre avec droit de don qui est d'une botte par journal que les tenans doivent charrier à leurs frais.

12. Ledit seigneur, à cause de sadite terre et seigneurie de La Rosière, a droit et seigneurie au village d'Ouppy à lencontre de monseigneur l'évesque d'Amiens, seigneur principal dudit lieu d'Ouppy, tel que de avoir et prendre le tiers en toutes les amendes commises et perpétrées sur les frocz et flégards, le tiers de la tonture et despouille des hourmaulx et aultres bois estans sur lesdits frocz et flégards, le tiers du droit de la bannée du four et des amendes en provenant.

Pour le surplus, on se règle sur les coustumes générales du bailliage d'Amiens et de la conté de Saint-Pol, dont icelle terre est tenue en souveraineté.

Le xiii.ᵉ jour de septembre 1507.

Signés: Ph. de Wandin *conseiller en court laye, bailly*. — Pierre Bourgoys. — Jehan Destrées. — Jehan Maillot *escuier (trois maillets).*— Pierre de Tellus. — Jehan Leprevost. — Guillaume Pruvost. — Brassier. — Robert Delemare, *tous hommes liges.*— Jehan Gavory. — Robert Binet — Jehan de le Boulle. — Jehan Tabarie *(un gril).* — Colenet Binet. — Jehan Platel *(un marteau).* — Jehan Bouteville. — Leurin Mauvoisin *(un étendard).* — Grimbert Daullé. — Robert Baillu. — P. Boullenguier. — Colart Lepruvost. — Corbin Bourgois. — Jehan Renou. — Jehan Binet — Jehan Gourdin. — Jehan du Hamel.

LE SOUICH.

SEIGNEURIE.

Une feuille de parchemin écrite d'un seul côté. 6 articles, lisibles.

Coustumes locales de la ville, terre et seigneurie du Souich, appartenant à noble homme Pierre de Fouencamp, seigneur dudit lieu et dudit lieu du Souich.

1. Relief à mercy, le 6e denier de l'estimation. — 2. A la vente, il est dû le 6e denier du prix. — 3. Pour dommages des bestiaux ou pour charrier et passer dans les récoltes amende de vii sols. — 4. Mort et vif herbage.

5. Item, lesdits subjetz sont tenus de apporter queute à court, touteffois quils en sont sommés par ledit seigneur ou ses commis.

6. Tel cens, telle aide.

Le xxiie jour de septembre 1507.

Signés : Jehan Gode *homme de fief.* — Guy Le Viesier *bailly du Souich.* — Hubert *lieutenant dudit lieu.* — Jehan Patte. — Martin Renou. — Jehan Billet. — Pierre Quesnel *homme de fief.* — Gillain Patte. — Jehan Lequien. — Martin Deneux *vice-gérant dudit lieu.*

LIGNY-SUR-CANCHE.

SEIGNEURIE.

Un rôle en parchemin fort ridé, lisible. 4 articles.

Coustumes locales de la terre et seigneurie de Ligny-sur-Canche, tenue de l'évêché d'Amiens.

1. Relief des fiefs. — 2. Choix des manoirs par ordre de primogéniture. — 3. Les terres cottières se partagent. — 4. Droit de vente des fiefs, le 5e denier ; des rotures, le 6e denier.

Pour le reste on se règle sur la coutume générale du bailliage d'Amiens.

Le vingt-deuxième jour de septembre 1507.

Signés : De Libessart *lieutenant du bailly.* — Jehan Morel *curé de Ligny.* — Jehan de Malfiance *escuyer.* — Jehan Pailliart. — Jehan Herouart. — Colart de Moronval. — Jacques Hanicque. — J. Briois, etc.

LIGNY-SUR-CANCHE.

PRIEURÉ.

Une page en parchemin, lisible. 5 articles.

Coustumes locales du prieuré de Ligny-sur-Canche, scitué au bailliage de Hesdin et amorty soubz le roy.

1. Relief des fiefs. — 2. Anciens manoirs appartienent au plus prochain héritier. — 3. Nouveaulx manoirs sont partageables. — 4. Les terres cottières sont partageables. — 5. Le droit de vente des fiefs est le 5ᵉ denier du prix ; pour les cotteries, c'est le 6ᵉ denier.

Pour le reste on se règle sur la coutume d'Hesdin.

Le vingt-deuxième jour de septembre 1507.

Signés : De Libessart. — Morel *curé*. — Nourquier *bailly*. — Halot. — Jehan Herouart.

MAISICOURT.

SEIGNEURIE.

Une grande feuille en parchemin écrite d'un seul côté. 11 articles lisibles. Le procès-verbal, joint à cette coutume, est écrit également d'un seul côté sur une feuille de parchemin. Les lignes sont disposées parallèlement à la longueur.

Pardevant nous Pierre de Boumy, lieutenant du bailly de la terre de Maisicourt, pour noble homme Jehan de la Houssoye, escuier, seigneur dudit lieu, le xxii.ᵉ jour du mois de septembre l'an mil cinq cens et sept, sont comparus vénérable et discrète personne sire Jehan Gosselin, prestre curé dudit lieu, agié de lx ans ou environ; Mahieu Herencq, au nom et comme procureur de Jacques Herencq, son père, agié de xxiii ans, Jacquiez Cafin, tuteur et curateur commis par justice au gouvernement des enfans mineurs d'ans de feu Pierre Galet, agié de xxxviii ans, tous hommes de fief; Mahieu de Mesinecourt, agié de xxx ans, Colin de Boissenelle, agié de xxxviii ans; Jehan Frouart dit Journé, eagié de xxxviii ans; Jehan Roussel, agié de xl ans; Jehan Platel, eagié de xxx ans doïen de Mesinecourt, agié de xxxvi ans; Colart Esgret, eagié de l ans; Henry Wangnier, eagié de xxxvii; Regnault Helle, Simon Dournel, Jehan Guillebault l'aisné, Quentin Rabouille, Jehan Turbet, Jehan Treuct et Jehan Guillebault dit Jennequin, tous gens de labour et de manœuvre, hommes sujets et tenans cothièrement dudit escuier seigneur de Maisicourt, à cause d'icelle sa terre et seigneurie, pour dire et déposer les coustumes locales et particulières de ladite terre et seigneurie de Maisicourt qui sont telles.

1. Relief à merci, le 6ᵉ denier de l'estimation. — 2. A la vente il est dû aussi 6ᵉ denier du prix. — 3. Le seigneur a haute, moïenne et basse justice et tous les droits y afférants. — 4. Tel cens, telle aide en cotteries. — 5. Mort et vif herbage. — 6. Four banal : il est dû au seigneur, de 40 pains ung pain.

7. Item, par ladite coustume dudit lieu de Maisicourt, ledit escuier et sei-

gneur et tous ses hommes et tenans, soit en fief ou en cotterie, ont droit de pasturage es maretz et communaulté d'Auxy que on dist le grand maretz, entre ladite ville d'Auxi et la ville de Wavans, auquel maretz icelluy escuier et sesdits hommes et tenans pœultent mener et mectre pasturer et ramener toutes leurs bestes à cornes, chevaulx, poullains et jumens, à herde ou sans herde, et prendre leur passage parmi toutes les terres dudit lieu de Maisicourt et celles dudit lieu d'Auxy, estans entre ledit lieu de Maisicourt et ledit maretz, en estendue et distance ou longueur deppuis le bois dudit lieu d'Auxi, que on nomme le bois de la Tieulloie, jusques au bois de Beauvoir, nommé le bois de Mesmes', hors les terres qui sont labourées à droites solles (70).

8. Item, par icelle coustume, ledit escuier et seigneur et sesdits subjetz pœultent, ung chascun an, en la saison de may, aller laver ou faire laver leurs bestes à layne à la rivière d'Authie, et pour le jour qui lavent ainsy leurs bestes, les laissier pasturer et tenir audit maretz, depuis l'heure de soleil levant jusques à l'heure de soleil couchant, sans pour ce commectre aucune amende.

9. En toute succession, soit en ligne directe ou collatérale, il n'y a qu'un seul héritier.

10. Le seigneur a tous les droits seigneuriaux de la haute, moyenne et basse justice, tels que acquets, tonlieux, issues, forages, afforages et les amendes. — 11. Tous les meubles et acquets sont réputés biens communs aux deux époux qui les peuvent donner à qui bon leur semble, l'homme à la femme et la femme à son mari. — 12. Pour le surplus on se régle sur les coutumes générales du bailliage d'Amiens et de la châtellenie de Gézaincourt.

L'an et jour dessus dits.

Signés : Gosselin. — C. Esgret. — Jehan Turbet *(une pelle à four). La signiture de M. Herencq est retirée.*

Extrait du Procés-Verbal.

A noble et puissant seigneur le bailli d'Amiens ou vostre lieutenant, Pierre de Boumy, lieutenant du bailli de Maisicourt, tout honneur et révérence. Noble et puissant seigneur, plaise vous savoir que, ensuivant les lettres données par monseigneur votre lieutenant, le xxv.ᵉ jour du mois d'aoust sur le fait des coutumes, le xx.ᵉ jour de ce présent mois de septembre, je me transportai de la ville d'Auxi où je fais ma résidence au lieu de Maisicourt, au lieu où l'en a acoustumé tenir le siège et auditoire dudit bailliage où se présentèrent et comparurent (les susnommés), lesquels aprez serment par eux presté de dire et déposer vérité sur les coustumes locales et particulière de Maisicourt, lesquelles par l'advis de ceulx du conseil dudit seigneur et escuier, son procureur d'office et aultres, avoyent esté rédigées et mises par escript; je fis faire lecture d'icelles coustumes, ainsi qu'elles estoient rédigées au roolle, parmi lequel ce présent mon procès verbal est annexé, après laquelle lecture, il leur fut dit et déclaré que se, esdites coustumes localles, il y avoit chose desrogeant à raison où ilz voulsissent aucunement contredire, quilz ce deissent ou feissent dire, — sur quoy et telles parolles par eulx oyes, ilz dirent tous ensemble :

1.° Sur l'art. 6 faisant mention du droit de bannée du four que durant la minorité dudit escuier, ilz avoient eu appointement avec ses tuteurs et curateurs, moyennant 2 sols tournois par chaque masure amazée et que partant ilz estoient exemps de ladite bannée (71).

Et ledit Mahieu Herencq audit nom a dit que, au chef-lieu du fief que sondit père tient d'icelle seignourie de Maisicourt, il pooit avoir four pour faire toutes cuistures, mesmement qu'il avait audit fief toute seignourie et justice, telle que ledit escuyer et seigneur avoit en sadite terre et seignourie.

Et par les officiers dudit escuyer a esté répondu quilz ne savoient riens dudit affranchissement de bannée, mais que quant il seroit vray, ce ne seroit ledit escuyer tenu à avoir pour agréable, s'il ne lui plaisoit, en tant que ce avoit esté fait durant sa mynorité ; et que audit four à ban, les hommes de fief comme les cottiers estoient banniers, et que icelluy Jacques Herrencq comme les autres n'avoit en sondit fief autre justice et seignourie que seullement justice foncière.

Aprez quoy je fis commandement aux comparans quilz voulsissent signer et approuver avec moy lesdites coustumes.

Lesquelz me répondirent, sauf et réservé lesdits sire Jehan Gosselin, curé ; Colart Esgret, Jehan Turbet et Mahieu Herrencq qui signèrent ledit roolle, quilz ne signeroient ne y mettroient leurs signes que premièrement ilz n'eussent sur ce advis de conseil.

Le xxvi.° jour dudit mois, en la ville d'Auxi, comme en terre et seignourie empruntée, se présentèrent devant moi de rechief les dessus nommés en l'hostel on pend pour enseigne saint Martin, comme semblablement feist ledit escuyer accompagné de Philippe de Wandin, son procureur.

Nota. — Dans cette seconde assemblée, les habitants représentés par Grégoire de Wandin leur procureur, contredisent le 1er article, prétendant qu'en cotterie, il n'était pas dû relief à merci, mais relief de 3 sols 4 deniers, comme à Gézaincourt ; le seigneur répond qu'il est fondé en titre. — Contredit peu intéressant sur le 5e article.

Sur le 6e article, même réponse qu'à la première assemblée.

Sur le dernier article, denié par les comparans.

En principe, ils soutiennent que le seigneur de Maizicourt ne peut avoir plus de droits dans sa terre et seignourie que le seigneur de Gézaincourt, de qui il tient, n'a dans la sienne.

Sur ce, le seigneur escuyer requiert que les comparans soient contraints de signer le roole des coustumes et que la signature de Mahieu Herrencq qui estoit mise audit roole pour n'avoir pas fait apparoir de sa procuration, comme aussi pour la présence dudit Jacques son père, fut rayée dudit roolle et, au lieu de luy, ledit Jacques le signer.

Laquelle signature dudit Mahieu a esté rayée de son consentement.

Et ce fait, à la requeste dudit procureur, j'ay fait exprès commandement auxdits comparans quilz signassent ledit roole avecques moy, lesquelz me ont fait response quilz ne signeroient ne approuveroient que premièrement je n'eusse fait mettre et rédiger, en la marge d'icelluy roole, leurs dites oppositions et contredits, ce que ledit procureur n'a vollu consentir, disant quil souffisoit quilz eussent la copie ou double de mondit procès-verbal. Parquoy n'a, es choses dessus dites, par moy esté plus avant fait et procédé que dit est dessus. Sy voie vostre très saige et pourveue discrétion ce quil est bon de faire, noble et puissant seigneur ; toutes les choses dessus dites vous certiffie estre vraies.

DE BOUMY.

MÉZEROLLES.

SEIGNEURIE.

Un rôle en parchemin de 1 mètre 20 cent. de long sur 0 mètre 33 cent. de large, composé de deux feuilles cousues bout à bout, écrit d'un seul côté, lisible. 28 articles.

Coustumes localles de la terre et seignourie de Maiserolles, appartenant à Mgr. d'Auxi.

1. Premièrement, en ladite terre et seignourie y a deux juridicions, assavoir bailly et six eschevins qui se renouvellent chascun an, par Monseigneur ou ses officiers, le jour de Noël et les jours enssievans, et font serment pardevant ledit bailly ou son lieutenant ; et à son conjurement font tous jugemens excepté cryminels et ceulx qui deppendent des fiefs et terres noblement tenues d'icelle seignourie de Maiserolles, pour ce que congnoissance d'iceulx appartient aux hommes de fiefz.

2. Lesquelz hommes de fief jugent d'iceulx au conjure dudit bailli, et ne y sont lesdits eschevins aucunement tenus.

3. S'il advenoit quil fut appellé du jugement desdits eschevins, l'appel se pœult rellever pardevant ledit bailli et hommes, et leur en appartient la congnoissance en première instance ; et de l'appellation qui se feroit desdits hommes

de fiefz, la congnoissance aussi de première instance, en appartiendroit à monseigneur le bailly de Hesdin.

4. Ont lesdits eschevins et pœultent avoir un sergent messier créé par le bailli ou son lieutenant, lequel peut faire toutes prinses de gens et de bestes meffaisans es ablais du terroir, et en faire son rapport duquel il sera creu par son serment; et sont les amendes de III solz parisis au proffit commun de ladite ville.

5. Les époux peuvent se donner réciproquement par testament leurs biens meubles, immeubles et acquets. — 6. Le mari ne peut disposer des biens acquis pendant le mariage sans le consentement de la femme, lorsque la femme et le mari en ont été saisis conjointement. — 7. Si le mari a été saisi seul, il peut vendre sans le consentement de la femme la portion dont il a été saisi. — 8. Droit de vente des cotteries, le 6ᵉ denier : les dessaisines et saisines des cotteries se font pardevant bailli et échevins, celles des fiefs pardevant bailli et hommes.

9. Ont les subjetz dudit Maiserolles droit de toute anchienneté de mener paistre leurs bestes tant vaches comme poullains et jumens, exceptez pourchaulx ou bestes à layne, aux maretz dudit Maiserolles, jusques aux termes et limites anchiennement acoustumées, et aussy avant que la seignourie dudit Maiserolles s'estend et non aultres, mais lesdits pourchaulx pœultent aler au lieu nommé les Marquiaulx ; et se aucunes bestes à layne sont trouvées esdits Marquiaulx, il y a LX solz parisis d'amende à appliquier à mondit seigneur.

10. Item, que nul ne pœult prendre bestes par forme de louage ou soubz faintize d'achat pour mestre paistre ausdits maretz, se ceulx à quy elles appartiennent ne sont résidans et demourans audit lieu de Maiserolles, sur peine de confiscacion desdites bestes.

11. Item, ne pœultent aucunes bestes chevalines usenser, gesir ausdits maretz, se elles n'ont laboures le jour précédent à gorelle ou à bas (72), sur paine d'amende de III solz parisis à appliquier à mondit seigneur.

12. La succession des fiefs appartient au fils aîné sauf un quint viager aux puînés. — 13. Les terres aux champs sont partageables sauf que l'aîné peut choisir la meilleure pièce, s'il n'y a manoir, pour son droit de Quièfmez. — 14. Tous ceulx qui ont manoirs non habités doivent droit de non réséandise, pour chaque masure trois quartiers de blé. — 15. Le droit d'arrêt est de trois sols, qui se paie par la partie condamnée. — 16. Le seigneur a droit de prévention sur les marais et communautés. — 17. Personne ne peut charrier ni passer avec bêtes chargées dans les marais sous peine de lx sols d'amende exceptés ceux qui sont obligés d'y passer pour vider leurs prés. — 18. Le seigneur a droit d'acquit, tonlieu, forage et amendes, etc. — 19. Mort et vif herbage. — 20. Terrage du 100 huit bottes qui doit être mené à la grange. — 21. Les habitants doivent corvées pour la coupe des foins du seigneur. — 22. Ceux qui ont chevaux 3 corvées de charrue, à mars, à gacquière et à couvraine, pour labourer les terres de la table et domaine du seigneur. — 23. A la mort du tenant, les cotteries comme les fiefs retournent de plein droit à la table et domaine du seigneur qui fait les fruits siens jusqu'à ce qu'ils soient relevés. — 24. Relief des cotteries, 2 deniers parisis du journal. — 25. Aide aux deux cas, pour les fiefs, 60 sols.

26. Item, tous les hommes et subjetz dudit lieu de Maiserolles, en temps de guerre et de doubte des ennemis doivent guet, garde-porte et pionnage au chasteau dudit Maiserolles et pour la fortification d'icelluy, et partant sont exens de faire guet, garde et de pionnage es aultres fors ou villes (73).

27. Item, les habitans et demourans audit lieu de Maiserolles pœultent par chascun an, pour l'entretennement de leurs maisons et édiffices, aller faire estœulles sur les terres du terroir, incontinent le feste de saint Remy passée, sauf que chascun des laboureurs dudit lieu se ils ont parqué leurs terres ou les ont fumé, ilz pœultent en retenir, esteuceler pour le parquis, deux journaux pour le parquis; esquelz lieux esteucellés nulz ne pœult prendre ne faire estœule sans le congié du laboureur.

28. Pour les autres cas on se règle sur les coutumes générales du bailliage d'Amiens et de la chastellenie de Hesdin, dont ladite terre de Maiserolles est tenue.

Le xix.º jour de septembre l'an 1507.

Signés : Jehan Asselin *curé de Maiserolles.*—Pruvost.—Jehan Ogart.—Pierre Binet. — Hue de Hanchies. — Jehan Vignier. — Pierre Le Wuygnier. — Jacob Le Barbier. — Jehan Courtois. — Robert de Le Hestroy. — Colart Renier.—Pierre Julien. — Leroy. — Guillaume Desjardins. — Pierre de Vallières. — Pierre Lefèvre. — Mahieu Dufestel. — Simon Cafin. — Jehan Vallart. — Jehan de Bieuvoir. — Hue Locquet.—Jehan de Givenchy. — Jehan Leroy. — Jehan Varin. — Henry de Hanchies. — Pierre Lefèvre (*une enclume*). — Rouchet. — Jehan des Gardins. —Jehan Julien.—Thomas Paradis. —Bernard du Quesnes.— Palamèdes Gensse. — Jehan Lefevre *dit* Siméon. —Toussain Breban. — Jehan Feron.

Signé Hue Denne *lieutenant du bailly.*

MONCHEAUX-LES-BÉALCOURT.

SEIGNEURIE.

Une page en parchemin, un peu écornée sur la droite, lisible sauf quelques bouts de ligne des 3.º et 4.º articles.

Coustumes locales de la terre et seignourie de Monceaux-lez-Béalcourt, appartenant à noble homme Jehan de Monceaux, seigneur de Houdeng ou Bray...... et Martincourt.

1. A la mort du tenant retour des cotteries à la table et domaine du seigneur; relief du 6º denier. — 2. Le plus proche héritier appréhende les maisons et manoirs qui sont héritages au défunt; les autres terres se partagent. — 3. A la vente, don et transport des coteries, il est dû le 6º denier.— 4. Mort et vif herbage. — 5. Droit d'acquit ou issue de ville sur les bestiaux vendus.

Le xxii.º jour de septembre l'an 1507.

Signés : N. De Saisseval *seigneur vicomtier de Saisseval, bailli de Monchaux.*

— Ferry Blondelu *homme de fief.* — Jehan Coissepain *prestre.* — Jehan Brunet. — Jehan Lattaingnant. — Jehan Lecaron *dit Flamencq.* — Guillaume Coissepin.

MONCHAUX (comté de Saint-Pol).

SEIGNEURIE.

Une petite page en parchemin très-lisible. 5 articles.

Coustumes de la terre et seignourie de Monchaux, appartenant à Jehan d'Amiens, escuier seigneur dudit lieu.

1. Premièrement, a ledit d'Amiens en sa maison et hostel seigneurial dudit Monchaux, une chapelle fondée par ses prédécesseurs à laquelle appartiennent plusieurs droix de dismes; et sy sont lesdits d'Amiens et ses prédécesseurs fondateurs de l'église d'icelle ville de Monchaux.

2. Secondement, par ladite coustume, icelluy Jehan d'Amiens a, en toute sadite terre et seignourie de Monchaux et es appendances et deppendances d'icelle, qu'il tient en justice et seignourie viscomtière de Monchy-Caïeu, frocqz et flégards à l'endroit de ses ténemens, ensemble droix d'amendes, estallages, afforages, herbages et yssues

3. Demie gerbe du journal advestu pour droit de don. — 4. Aide et four banal à Monchaux et à Cannettemont. — 5. Reliefs et droits seigneuriaux des seigneurs vicomtiers.

Le xxiv.ᵉ jour de septembre l'an 1507.

Signés : N. Presvost *prestre, vice-gérant de Monchaux.* — D'Hornoy *prestre desservant la chapelle dudit lieu.* — Michiel Gavory *homme de fief.* — Pierre de Nœufville *homme cottier.* — Robert Bontan *homme cottier.* — Colart Lucas *homme cottier.* — Antoine Daubers *cottier.* — Mahieu Vincent *homme de fief.* — Balthazar Baillet *lieutenant de Monchaux.* — Jehan Campion *homme cottier.* — Robert Lucas *cottier.* — Marc Campion *homme cottier.* — Jehan Campion *couturier homme de fief.* — Loys Leroux *cottier.* — Noël Caruel *cottier.*

Signé : J. Delegorgue *bailly dudit Monchaux.*

MONCHEL.

SEIGNEURIE.

Un carré en peau de parchemin, lisible. 3 articles.

Coustumes locales de la terre et seignourie de Monchel, appartenant à mademoiselle Ysabeau de Monchy, veuve de feu Mgr. Jacques de Foucquesolles, ayant le bail d'Ysabeau de Foucquesolles, fille myneure.

<small>1. Relief des fiefs. — 2. Manoirs et jardins appartiennent au plus proche héritier. — 3. Les terres cottières sont partageables entre les héritiers du même degré.</small>

Pour le reste on se règle sur la coutume générale du bailliage d'Hesdin.

Le xv.ᵉ jour de septembre 1507.

Signatures : Le Nourquier *le josne bailly.* —Pierre Stert *procureur.* — Hues Lequien *recepveur.* — Raignaut Lamier. — Pressart. — N. De Waillicourt. — Pierre Fromentin. — Jehan Grisel. — Jehan Bocquet.

MONTIGNY ET SAINT-ACHEUL.

SEIGNEURIE.

Un rôle en parchemin écrit d'un seul côté, lisible. 12 articles.

Coustumes locales et particulières des terres et seigneuries de Montigny et Saint-Acheul, appartenant à noble homme Jehan de Warluzel, escuier seigneur desdits lieux.

<small>1. A la mort du tenant, retour des cotteries au domaine du seigneur. — 2. Relief des manoirs, 3 sols parisis et de chaque journal de terre labourable, 12 deniers. — 3. Droit de vente des cotteries, le 6ᵉ denier. — 4. Le seigneur a droits d'acquit, de tonlieu, d'afforage, forages, etc. — 5. Mort et vif herbage. — 6. Audit lieu il n'y a qu'un seul héritier, quant aux manoirs et terres aux champs qui sont héritages indivisibles, en ligne directe, l'aîné seul les appréhende. — 7. Le cens se paie en monnaie parisis, telle que xiii deniers obole, monnaie courante pour xii deniers parisis, à moins qu'il n'y ait lettres ou convention contraires. — 8. Four banal. — 9. Tous les censitaires et tenans cottiers doivent service de plais au conjurement du bailli. — 10. Libre disposition des meubles et acquets. — 11. Pour acquérir droit réel, tout légataire doit se faire envoyer en possession par juge compétent.</small>

12. Le seigneur a sur ses frocqz et flégards, justice haute, moyenne et basse et amende de LX solz.

Le septiesme jour de septembre 1507.

Signés : Ph. de Wandin *bailli dudit lieu.* — Jehan de Vimeu *prestre curé de Montigny.* — Jehan d'Aboissevelle *dit Lacquet.* — Jehan d'Aboissevelle *dit Bochet.* — Jehan Martin. — Jehan Asselin. — Fremin Caffin. — Mahieu Doublet. — Colin Caffin. — Ysacq Doublet. — Collin Caffin.

NOEUX.

FIEF ET SEIGNEURIE.

Une grande page en parchemin, lisible. 8 articles.

Coustumes locales du fief, terre et seigneurie de Jehan Bresdoul, seigneur de Nœux en partie.

<small>1. A la mort du tenant, les cotteries retournent à la table et domaine du seigneur. — 2. Le relief des cotteries est le 6ᵉ denier de l'estimation que communément on appelle relief à merci. — 3. Droit de vente, le 6ᵉ denier des cotteries.</small>

4. Item, que audit fief y a droit d'herbage, mort et vif sur toutes les bêtes à laine y pernoctans et pasturans ; lequel droit est tel que sur le troppeau de bestes actaindans le nombre de nœuf et en dessoubz, il est deu pour chascune beste une obole parisis ; et sur le troppeau actaindans le nombre de dix bestes et en dessus, une beste prinse au choix dudit seigneur ou de son commis, *après une tournée à la vergue* (74) par le nourrequier ou celluy à qui est ledit troppeau.

<small>5. Droit de terrage. — 6. Le seigneur a droit d'acquit, d'issue, de tonlieu, de forage. — 7. Le seigneur a toute justice, et homme de fief pour le service de sa court de plaids de 15ᵉ en 15ᵉ. — 8. Amende de 7 sols 6 deniers pour non paiement du cens aux termes accoutumés.</small>

Pour le surplus on se règle sur les coustumes du bailliage d'Amiens, de la prévosté de Doullens et de la chastellenie de Beauval, dont icelluy fief est tenu et mouvant.

Le dix-huitiesme jour de septembre 1507.

Signés : Phil. de Wandin *bailly de Nœux*. — Ernoul des Poullettes *escuier seigneur de Boffles*. — Jehan Binet *escuier*. — Jacques Grebert *dit Sarazin*. — Pierre Candelier. — Maistre Jehan Triboulet. — Nicolle Caron. — Guerrard Renache, etc.

NOEUX.

SEIGNEURIE.

Une page en parchemin, écriture pâle, mais lisible. 4 articles.

Coustumes locales et usaiges de la terre et seigneurie de Nœux, appartenant à noble et puissant seigneur Anthoine Maturel, escuier seigneur de Harminville en Normandye, et dudit Nœux en partie.

1. Ledit Anthoine Maturel tient sadite terre de Nœux de la chastellenie de Beauval, en laquelle il a toute justice, haute, moyenne et basse, avec amendes quant le cas y eschet, de soixante solz et six solz six deniers ou la petite amende.

<small>2. Il a tenus de lui plusieurs fiefs tant à Nœux qu'à Boffles et Fortel. — 3. Il a plusieurs tenans cottiers à Nœux, à Boffles et à Fortel, qui doivent relief à mercy, c'est-à-dire 7 sols 6 deniers.</small>

4. Item, les subjets dudit lieu de Nœux ont accoustumé mener leurs bestes, sauf brebis et pourchaux, paistre au marechon de Drucat.

Le xxiiii.ᵉ jour d'aoust 1507.

Signés : Jehan Binet. — Pierre Herbet *lieutenant du bailly.* — Bauldin Leroy. — Jehan de Villers. — Jacquart Sarrazin. — Colart Dufour. — Adrien Lyon. — Jehan Treuet. — Jacquart Treuet. — Jehan Duclerc.

NEUVILLETTE.

SEIGNEURIE.

Une grande page en parchemin, lisible. 8 articles.

Coustumes localles de la ville, terre et seigneurie de Nœufvillette, appartenant à noble homme Pierre de Boffles, escuier, seigneur dudit lieu.

1. A la mort du tenant, relief à mercy pour les terres labourables, c'est-à-dire le 6ᵉ denier ; les manoirs ne doivent que 28 deniers. — 2. A la vente, il est dû le 6ᵉ denier du prix ; les manoirs 24 deniers. — 3. Aide pareille au cens. — 4. Mort et vif herbage. — 5. Quente à court. — 6. Issue de ville sur la vente des bestiaux. — 7. Champart du 100, 8 bottes. — 8. Amende de 3 sols pour ne pas payer les cens aux termes accoutumés.

Le xxiv.ᵉ jour de septembre 1507.

Signés : A. Le Viesier *bailli dudit lieu.* — Pierre de Layre. — Tempez. — Jehan Levasseur. — Guillart. — Jacques Lefèvre. — Jehan Lefèvre, *et autres illisibles.*

NEUVILLETTE.

FIEF.

Une page en parchemin, lisible. 7 articles.

Coustumes localles et particulières dont on use en la ville de Neufvillette, en ce qui est tenu de mademoiselle Marie Brunel, veuve de feu Jacques Bresdoul, en son vivant demeurant à Aussy, laquelle terre ladite demoiselle tient noblement en ung fief de la terre et seigneurie de Bieuval.

1. Fiefs, doivent 60 sols de relief, 30 sols d'aide et 30 sols de chambellage. — 2. Reliefs des cotteries, 24 deniers et autant pour droit de vente. — 3. Champart portable à la grange du seigneur. — 4. Mort et vif herbage. — 5. Forage. — 6. Les sujets doivent service de plaids de 15ᵉ en 15.ᵉ. — 7. Chaque manoir amasé doit 12 deniers de corvée.

Le iv.ᵉ jour de septembre l'an 1507.

Signés : Jehan Papin *bailli.* — Jehan Haradin. — Jehan de Willemant. — Hue de Willemant. — Jacques Lefèvre. — Adrien Haradin. — Jehan Guillart. — Hubert Haradin, *et autres illisibles.*

OCOCHE.

SEIGNEURIE.

Un cahier de deux feuilles en parchemin, formant deux rôles et demi d'écriture très-lisible. 24 articles.

Coustumes locales de la terre et seigneurie d'Occoch, appartenant à noble homme Guyon Leroy, seigneur de Chillon, de Villeroy et dudit lieu d'Occoch, à cause de demoiselle Ysabeau de Beauval, sa femme.

1. Cest assavoir que, en ladite terre et seigneurie d'Occoch qui est tenue noblement en deux fiefs, l'un du roy nostre sire, à cause de son chasteau de Doullens et se nomme le fief de Vauchelle, et l'autre de noble et puissant seigneur monseigneur de Morœul, à cause de madame sa femme et de leur terre et seigneurie de Beauval, quy se nomme le fief d'Occoch, icelluy seigneur de Chillon a toute justice et seigneurie haute, moïenne et basse, avec bailly, prévost, procureur, recepveur, sergens et autres officiers pour icelle sadite justice gouverner et garder; et sy a droit de confiscacion comme hault justicier; et sy a ville d'arrest et se font lesdits arrestz par ledit prévost.

Les maire et eschevins d'Occoch se sont opposés à cest article (75).

2. Pour les manoirs cottiers, il est dû 12 deniers parisis de relief par chaque héritier relevant. — 3. Relief des fiefs nobles, 60 sols, des fiefs restreints, 5 sols. — 4. A la vente des fiefs, il est dû le 5ᵉ denier et des cotteries le 6ᵉ denier. — 5.Les cens sont payables aux termes de Noël et St.-Remy. — 6. 3 corvées de charrue par an. — 7. Mort et vif herbage. — 8. Droits d'issue de ville.

Opposition des maire et eschevins sur cest (dernier) article.

9. Amende de 60 sols, pour dommage des bestiaux dans les bois taillis au-dessous de 3 ans et de 3 sols dans les bois au-dessus de cet âge.

Opposition des maires et eschevins.

10. Pour couper ou arracher bois sans licence, 60 sols. — 11. Tous ceux qui achètent marchandises doivent un denier de tonlieu. — 12. Forage. — 13. Terrage du 100, 8 bottes portables à la grange du seigneur. — 14. Terrage du fief de Vauchelle se partage entre le seigneur et l'abbaye de Willencourt et les héritiers de Jehan d'Affincourt.

15. Item, est encores deu audit seigneur soixante solz parisis d'amende pour chascun arbre ou estalon coppé ou abbatu en tous ses bos de sadite terre et seignourie d'Occoch, et pour autre petit et menu bos abbatu au bos dit de Quesnoy, la somme de trois solz parisis d'amende; et moyennant ladite amende de trois solz parisis et autres amendes que prétendoyent avoir les maire et eschevins dudit Occoch, audit bos du Quesnoy, à quoy ilz ont renonchié, iceulx maire et eschevins demeurent quictes de la somme de dix solz parisis quilz devoyent audit seigneur chascun pour leurs wacquiers et flégards.

Les maire et eschevins s'opposent à cest article.

16, 17, 18, 19, 20, 21. Terrage et droit de don sur certaines portions de terres. — 22. Pour frapper par injure et félonie à plaie ouverte et sang courant, il y a amende de 60 sols au seigneur. — 23. Nul ne peut, sous peine de ladite amende de 60 sols, piquer, fouir, heuer, planter, édifier sur les frocz et flégards sans le congé du seigneur.

Les maire et eschevins s'opposent à ces deux articles.

24. Moulin banal.

Le xiiie jour d'octobre, l'an 1507, les présentes coustumes ont esté veues, lues et approuvées pardevant nous Ancel Le Boin, procureur au siège royal de la prévosté de Doullens, bailly d'Occoch, par les ci après nommés savoir : sire Jacques Donnez, prestre curé d'Occoch, procureur des religieuses abesse et couvent de Willencourt-lez-Auxi, de madame Claire de Beauvoir, veuve de feu messire de Bournoville ; A. Leviesier, procureur de Pierre de Fouencamp, seigneur du Souich ; les maire et eschevins d'Occoch, cest assavoir : Ancel le Baillu, maieur ; Jean Lœureux, son lieutenant ; Jehan Lourdel, Jehan Lemaire, Jehan de Le Hestroye, Jehan Becquet, Ancel Lefèvre et Mahieu Aucquier, eschevins ; Mahieu de Donnez, Guissart Groul, Jehan Duflos dit Hacquin, prévost ; Mahieu de Le Hestroye, Jehan Le Baillu, Pierre de Le Haye, Jehan Turbet, Hue Turbet et Colart Flaidebecq, au nom et comme procureur de Colart de Saint-Amand, tous hommes tant féodaux que cottiers.

Signés : Le Boin *bailli.* — A. Le Viesier *procureur de Pierre de Fouencamp.* — De Donnez *curé d'Occoch.* — De Maisons *procureur pour Jehan Penel escuier.* — Jehan Duflos. — Guissart Groul. — De Donnez *cottier.* — Mahieu de Donnez *homme de fief.* — Pierre de Vaulx. — Colart Fledebecq.

OCOCHE.

ÉCHEVINAGE.

Un cahier de deux feuilles de parchemin contenant trois rôles et demi d'écriture y compris les signatures, lisible. 15 *articles.*

Ce sont les coustumes locales notoirement tenues, gardées et observées en la ville, eschevinage et banlieue d'Occoch, qui ont esté mises et rédigées par escript, par les mayeur et eschevins dudit lieu, appelez avec eulx les gens d'église dudit lieu, les nobles et tous les bourgoys et hommes d'icelle ville, tant hommes de fiefz que cottiers, lesquels ont affirmé par serment solempnel par eulx sur ce fait, présens lesdits mayeur et eschevins, lesdites coustumes estre véritables et que on en use en ladite ville, eschevinage et banlieue d'Occoch, de si long temps qu'il n'est mémoire du contraire, ainsy et par la forme et manière qui sensuit.

1. Et primes, fault présupposer pour vérité que audit lieu d'Occoch y a mayeur et eschevins, loy et eschevinage quy se renouvelle chascun an ; lesquelz mayeur et eschevins tiennent court et plais ordinaires de viii.^{nr} en viii.^{nr} et ont congnoissance de tous cas, actions, crimes et maléfices qui sont faiz et perpétrés par toutes les methes de leur eschevinage et banlieue, par quelzconques personnes que ce soit ; mais se aucuns y avoit commis cas pour estre bastu par les carrefours, avoir le oreille coppée par main de boureau ou estre mis au dernier suplice, en ce cas, la prononciacion et exécucion de la sentence, le procès par eux fait, appartient au bailly ou prévost du seigneur dudit lieu d'Occoch et non à autre ; et quant à l'amende du délit commun et à la confiscacion des biens, elles appartiennent ausdits maieur et eschevins (76).

2. Item, de tout temps et anchienneté, lesdits mayeur et eschevins ont justice et seignourie vicomtière, toutes amendes de soixante solz parisis et au dessoubz, par quelzconques personnes que lesdites amendes soient deues et pour quelconque cause que ce soit, ou en quelconque lieu dudit eschevinage que le délict soit commis, sauf des cas et amendes commises ou boys du Quesnoy, que lesdits mayeur et eschevins ont puis naguères, du consentement des habitants dudit lieu, accordé appartenir au seigneur dudit lieu qui sont telles que de troys solz tournois de ceulx qui sont trouvez copant bois commun ; mais qui seroit trouvé coppant un estallon, il commet amende de LX solz parisis.

3. Item, ausdits mayeur et eschevins compecte et appartient justice et seignourie vicomtière, en tous les flos, flégards, bois, eaues, prez, maretz et quelzconques autres lieux de leur eschevinage et banlieue qui s'estend par toutes les fins et limittes d'un des fiefz d'icelle ville, nommé le fief d'Occoch, avec toutes les assistances, congiés d'estaller et autres, aussi le renvoy, court et congnoissance de tous leurs hommes et subjetz en quelconque lieu et pour quelconque cause quilz soient mis en procès ou détenus prisonniers, sil ny avoit cas previlégié, dont la congnoissance deust appartenir par prévencion ou aultrement aux juges royaulx (77).

4. Item, ont lesdits mayeur et eschevins à eulx appartenans et dont ilz ont usé de tout temps et ancienneté, tous les maretz et waquiers (78) qui sont scituez et assis es methes dudit fief d'Occoch, pour iceulx mettre en pasturage communs, sauf quilz peuent bailler partie desdits waquiers à louage, ou aultrement au prouffit d'icelle ville, et du tout en faire et user ainsi que bon leur semble, en la présence et du consentement de la pluspart des habitans dudit lieu.

5. Item, ont lesdits mayeur et eschevins acoustumé d'avoir de tous temps et anchienneté prisons, chep, pillory et carcan, pour mettre et pugnir les malfaifaicteurs quant le cas y eschiet.

6. Item, ausdits mayeur et eschevins compecte et appartient droit de eswars, afforages et quelzconques autres droix, justice et seignourie qui concerne pollice de ville ; et si ont accoustumé aussi d'estre et comparoir à toutes dessaisines et saisines qui se font par le bailli dudit lieu ou son lieutenant, de toutes les terres, maisons et héritages qui sont scituez et assises es methes des deux fiefz d'Occoch ; et pour leurs droix de chascune saisine, ont iceulx mayeur et eschevins acoustumé de prendre et avoir pour leur sallaire et vaccacion, cincq solz tournois.

7. Item, par la coustume dudit lieu, toutes bestes oyseuses ne peuent estre mises aux maretz et pasturages communs d'icelle ville, que de jour et entre soleil levé et soleil esconsé, sans commettre amende de LX solz, par chascun et pour chascune foys (79).

8. Item, on ne doit, par la coustume dudit lieu, pour toutes bestes prinses en dommages et pour toutes personnes prinses es bois, coppant bois communs en quelque lieu que ce soit des methes dudit fief d'Occoch, et pour quelque cause, que troys solz tournois d'amende pour chascune prinse, sauf que se les bestes de plusieurs personnes estoient prinses, il y a pour les bestes de chascune personne une amende, mais si toutes les bestes de la herde (80) du lieu estoit prinse, il ny auroit que une amende ; et encores se auscunes bestes estoient prinses es taillis, ou aucune personne abatans estallons au bois, aussi se pourcheaulx ou bestes à layne estoient prinses es maretz d'icelle ville, et oultre sil y avoit aucunes bestes prinses en nouvelles esteulles : en tous lesdits cas, il y a pour chascune prinse LX solz d'amende.

9. Item, par la coustume dudit lieu, nul ne peult picquier, ne heuer sur les flos et flégars, ne es caues, sans le consentement desdits mayeur et eschevins, ne mettre canvre ruyr, ne autres choses, ne aussi pescher que, en ce, ne commette amende de LX solz parisis ; et sy ne pœult on passer à chariot ou chevaulx par lesdits maretz, sans leur congié, sinon en commettant amende pareille de LX solz parisis.

10. Item, par la coustume dudit lieu, quant deux conjoinctz par mariage ou lun deulx va de vie à trespas, tous leurs enfans viennent à la succession du trespassé et partissent tous les biens, héritages et acquestz, à chascun par égalle portion, se aultrement n'en a esté disposé par le trespassé, sauf que à l'aisné, pour son droit d'aisné ou quiefmez, appartient le principal manoir seullement, oultre part des héritages qui viennent de succession se aucuns en y a ; mais en deffault des héritages, ledit aisné a et prend pour son droit d'aisné ou quiefmez sur les acquestes du trespassé, soit aux champs ou à la ville ; et sy a et prend ledit aisné pour son droit d'aisné et avant part tous les fiefz de la maison, sauf

le quint aux puisnez qui nest réputé que viager, sinon quil leur fust autrement donné.

11. Item, par la coutume dudit lieu, toutes personnes peuent seullement disposer par leur testament ou eulx estans au lict mortel, de tous leurs biens, mœubles et acquestz et aussi du revenu de trois ans de leurs héritages.

12. Item, par la coustume dudit lieu, il n'est deu pour droit de relief de toute une succession, tant grande quelle soit, que XII deniers parisis à chascun seigneur de qui les héritages sont tenus, sauf sil y avoit fief, ouquel cas est deu pour un fief noble, LX solz parisis de relief, et pour un fief abrégé, il n'est deu que V sol parisis.

13. Item, par la coustume dudit lieu, qui fiert ung autre de puing ou de palme sans estre garny de baston, et aussy injurie autruy, il eschiet en V solz tournois d'amende, se la personne battue ou injuriée n'est constitué en aucune dignité ou office, car en ce cas, y a plus grande amende, comme il est mis au long es chartes des mayeur et eschevins (81); mais qui fiert de main garnye ou de baton affaitié, il eschiet en amende de LX solz parisis; et pour toutes amendes de deffault et retraitz, il ny a amende que de trois solz tournois, pour chascun deffault ou retraict.

14. Item, par la coustume dudit lieu, tous cens reliefz et autres redevances annuelles qui sont deues au parisis à quelque personne et pour quelque cause que ce soit, l'on n'a acoustumé payer que XIII deniers obole tournois, pour chascun sol parisis, sauf es amendes de LX solz parisis.

15. Item, par la coustume dudit lieu, nul ne pœult aller faire ne quérir de l'esteulle aux champs, soit sur ses terres ou ailleurs, sans le congié ou licence desdits mayeur et eschevins, devant le jour Saint-Remy, sur peine amende de LX solz parisis.

Lesquelles coustumes locales, usages et communes observanches; ainsy que contenues sont cidessus, ont esté veues, leues et publiées par nous mayeur et eschevins dudit lieu d'Occoch, et icelles accordées par les gens d'église, bourgoys, eschevins, manans et habitans dudit lieu, pour ce présens et assemblez, après serment solempnel par eulx pour ce fait; et lesquels en tesmoing de ce ont signé pour aprobacion de vérité.

Fait à Occoch, le xxv.ᵉ jour de septembre l'an mil cincq cens et sept.

Signés : Rohault *procureur pour office et procureur des religieuses abbesse et couvent Saint-Michel en Doullens.* — Ancel Le Baillu *maieur.* — Jehan Leureux *lieutenant du maieur.* — Guissart Groul *lieutenant du bailli d'Occoch.* — Jehan Lourdel *eschevin.* — Robert Ogier *abitans.* — Colart Louette *abitans.* — Symon de Hestroye. — Mahieu de Donnez *bourgois*. — Pierre de Le Haie *bourgois*. — Jehan Le Baillu *bourgois*. — Adam Lecaron *bourgois*. — Ancel Lefœuvre *eschevin*. — Jehan Lemaire *eschevin*. — Jehan Becquet *eschevin*. — Jehan de Hestroye *eschevin*.

Cette coutume était scellée du sceau de l'échevinage sur queue de parchemin. Il n'en reste plus trace.

OEUF-EN-TERNOIS.

SEIGNEURIE.

Sur velin, très-belle écriture, en long, une seule page. 5 articles.

Coustumes localles de la terre et seigneurie d'OEuf en Ternois, appartenant à haut et puissant seigneur monseigneur Jacques de Bourbon, bastard de Vendosme, seigneur de Bonneval, de Vauchay, de Ligny-sur-Canche et de Fortel, mary et bail de madame Jehanne de Rubempré, dame dudit lieu, baillistre de mademoiselle Loyse de Crévecœur, fille mineure d'ans, de deffunct messire François de Crévecœur, en son vivant chevalier seigneur desdits lieux.

1. Succession féodale.—2. Les anciens manoirs au plus prochain héritier.—3. Les manoirs de la ferme d'OEuf sont indivisibles : ceux sur rue, amasés et non amasés ; mais ceux qui ne sont ni amasés, ni sur rue et qui furent autrefois en nature de terres labourables, sont divisibles et partageables.—4. Les terres cottières sont partageables.—5. Le droit de vente pour toutes les natures de manoirs et terres est le 5e denier du prix ; en tout autre matière, on se régle sur les coutumes générales des comtés d'Artois et de St.-Pol, et de la seigneurie de Pas.

Le dixiesme jour de septembre 1507.

Signés : Antoine Nourquier le josne *bailli*, — Ferry de Letoille *vice-gérant de la cure*. — Jacques Lefranc. — P. Dupré. — Pierre Gacquère. — P. Corne. — Baudin Corne. — George Harduin. — Pierre de Fauquembergue. — Robert Corne. — Ysembart Corne. — Tassart Dupont.

OEUF-EN-TERNOIS.

PRIEURÉ.

Une page en parchemin étroit ; écriture en long, lisible. 4 articles.

Coustumes locales de la terre et seigneurie de la prioré de OEuf en Ternois, pour vénérable et religieuse personne frère Marc Gaultier, docteur en théologie et prieur d'icelluy prioré.

DOULLENS.   (151)

1. Succession des fiefs.

2. Les manoirs et terres labourables appartiennent au plus prochain héritier, en payant par eux, en dedans sept jours et sept nuits, tous ceux qui doibvent censives, le double de ladite censive d'un an, les terres qui ne doivent point de censives, XII deniers parisis pour relief de chascun journel.

3. Les fiefs et les cotteries doivent le quint denier des ventes. — 4. Pour le reste, on se régle sur les coutumes générales du comté de St.-Pol, dans le ressort duquel est situé le prieuré d'OEuf.

Le seiziesme jour de septembre l'an mil cinq cent et sept.

Signés : Jacques Lefranc *escuier bailly*. — Guillaume de Furnes. — Ysembart Corne. — Guillaume Duflos. — Andrieu Duflos. — Pierre Petit. — George Harduin. — Louis Corne. — Caffin Dupont.

ORVILLE.

CHATELLENIE.

Deux rôles en parchemin, déchiré en deux endroits, lisible en partie. 9 articles.

Coustumes locales de la terre et chastellenye d'Orreville, appartenant à madame la contesse de Vendosmois, de Saint-Pol..... lieu d'Orreville.

1. Fiefs en pairie, 10 livres parisis de relief. — 2. Autres fiefs, 60 sols de relief et 30 sols de chambellage. — 3. Manoirs cottiers, 7 deniers parisis de relief. — 4. Relief des terres cottières, par journal, une obole parisis.

5. Item, par ladite coustume d'Orreville, tous héritaiges eschéans en succession par trespas et tenus en cotterie, aucun relief ny eschet.

6. Les fiefs doivent le quint denier des ventes. — 7. Pour les héritages cottiers, le 12ᵉ et 13ᵉ denier des ventes. — 8. Pour le reste, on se régle sur les coutumes du comté de St.-Pol.

Le vingt quatriesme jour de septembre 1507.

Signatures : Philippe de Regnauville *lieutenant du bailly*. — Thomas Plantart. — Colart Le Viesier. — Regnault Outrebon. — Jehan Bocquet. — Antoine Sains. — Anthoine Parent *(une main)*. — Witasse de Beaufort. — Hubert Le Parmentier. — Nicolas de Maisons. — Simon Allart. — Jacques Lecompte. — Pierre Flen, etc.

ORVILLE.

ÉCHEVINAGE.

Une grande page en parchemin, maculée et illisible à l'endroit du pli. 12 articles.

Ce sont les usaiges et coustumes des maire et eschevins de la ville d'Orville, appartenant à madame la contesse de Vendosmois et de Saint-Pol.

ET PRIMES :

1. Ont coustume telle que quant ung homme va de vie à trespas, que ses héritiers n'ont que VII deniers parisis de relief à payer et une obole du journel de terre ; et ny a point de relief pour la femme.

2. Les maieur et eschevins ont droit de affor tel que nul ne pœult vendre vin ne cervoise sans leur grâce, et quy fait le contraire, commet amende de LX solz dont ladite dame en a la moitié et nul autre.

3. Et ont de coustume les bourgois de ladite ville, de aller au bois sans porter quelque fauchillon pour copper herbe pour leurs bestiaux; et sy pœuvent mener leur dit bestial pasturer, mais que le bois soit au-dessus de sept ans, sans meffait, et se il y avoit quelques bestes ausdits bourgois appartenans qui fust prinse es taillis d'iceulx bos; en ce cas, il ny escherroit que II deniers d'amende.

4. Et sy ont pareillement de coustume d'avoir maretz et les ont achetez au seigneur dudit lieu ; et se il y a aucun qui viengne sans grace, il ne pœult mener ses bestes pasturer sans la grace desdits maieur et eschevins, sur paine de LX solz d'amende à appliquier, moitié à le ville et l'autre à ladite dame (82).

5. Et se il y a boucher qui viengne là demourer, il ne pœult tuer ne vendre char sans demander grace ausdits maieur et eschevins, aultrement il encourroit en pareil amende que dessus.

6. Les boullangiers ne pœulvent faire pain qui ne soit eswardé de par lesdits maire et eschevins, et se ilz le font, ils escheent en amende comme dessus est dit.

7. Et sy ont acoustumé tous les ans au my mars daller visiter se auscuns ne entreprennent point sur les flégards et voyes de ladite ville et se les hayes sont bien closes ; et se il estoit reconnu quelles ne fussent point bien closes, il y a II sols d'amende.

8. Se il advient que ung bourgois soit prins par la justice de madite dame de Vendosmois, lesdits maire et eschevins, le... *(pœuvent demander)* et ramener en leur justice pour en congnoistre ; et se il avoit commis ou forfait quelque amende, l'amende de LX solz..... *(moitié est)* à ladite dame et laultre ausdits maire et eschevins à cause des franchises que ladite dame a baillié ausdits bourgois, lesquels pour ce..... doibvent chascun an à icelle dame une myne d'avoine.

9. Tiennent siége et plais avec le prévost dudit lieu ; et se recongnoissent les dons, ventes et dessaisines pardevant ledit prévost appelé ledit maieur ou deux desdits eschevins ; et ne sont lesdits bourgois arrestables audit Orville ne leurs

enffants; et sy ne doibvent tous lesdits habitants de mouton d'erbaige et en sont francqz envers ladite dame.

10. Et pœuvent asseoir une rente de pain, plumes, toutesfois que le cas y eschet et constraindre et justicier les assiz à paine *(de)* prinse de leurs biens; et a le sergent IIII deniers pour son sallaire.

11. Et sy ont droit d'aller visiter, quant bon leur semble, le molin dudit lieu et constraindre le magnier à avoir un varlet.... et qui ny pœult tenir bestial sans ladite grace.

12. Avec ce ont plusieurs previlliéges par lettres quilz entendent les garder et en user.

Sans date.

Signatures : Ph. de Regnauville. — Pierre Ricquier *maieur.* — Jacques Le Compte. — Pierre Fleurs. — Simon Allart. — Flourent Maille. — Jehan Benoist. — Anthoine Parent. — Oneré Pollet. — Jehan Fourdrin. — Pierre de Famechon, *et autres eschevins et bourgois.*

LES AUTEUX (Zoteux),

SEIGNEURIE.

Un rôle en parchemin écrit d'un seul côté. 5 articles, lisibles.

Coustumes locales et particulières de la terre et seignourie des Auteux (83), appartenant à noble homme Jehan de Licques, seigneur d'Alennes, mary et bail de demoiselle Anthoinette d'Osterel.

1. Le seigneur a justice haute, moyenne et basse, et confiscations. — 2. Hommes féodaux qui tiennent par LX sols de relief, etc. — 3. En cotterie, le relief des manoirs est de 10 sols et de 10 sols par journal de terre; le droit de vente est le 6ᵉ denier. — 4. Droit d'issue de ville de 1 denier par bête. — 5. Pour les autres cas, on se règle sur les coutumes du bailliage d'Amiens, et de la ville et prévôté de Doullens.

Le xxvi.ᵉ jour de septembre l'an mil cinq cens et sept.

Signés : N. d'Osterel *bailli.* — A. Le Viesier *recepveur..* — Bernard Brasseur *homme de fief.* — Pierre de Quen. — Bourgois *prestre curé des Auteux.* — Thomas Ringard. — Jehan Vaillant. — Jehan de Cornehotte le josne *(un sabot).* — C. Picot *cottier.* — Varlet *cottier.* — Olivier *cottier.* — H. Quesnot. — J. Quesnot. — Saint-Amand. — Triboulet *et autres illisibles.*

OUTREBOIS.

TEMPOREL.

Un rôle en parchemin écrit d'un seul côté, lisible, sauf quelques bouts de lignes. 8 articles.

Coustumes locales de la terre et seignourie d'Outrebois, appartenant à vénérables et discrettes personnes les doïen et chapitre de l'Eglise Nostre-Dame de Paris.

1. Haute justice, moyenne et basse; flocs et flégards; amendes de LX sols; hommes féodaux et cottiers. — 2. Le relief des héritages cottiers est de 12 deniers seulement par chaque relevant; le droit de vente est le 6ᵉ denier; mort et vif herbage.

3. Item, y a en ladite ville eschevins jusques au nombre de sept, qui sont esleux et qui font serment chascun an, au renouvellement de leur élection, qui est le jour de my karesme, pardevant le bailly ou son lieutenant, audit lieu d'Oultrebois; lesquelz ont scel aux causes et contre-scel, et leur appartiennent les amendes de trois solz.

4. Quant il eschiet faire aucuns desrengz, planter bournes, faire visitacions et main mise, les eschevins doivent estre présens, evocquiez et appellés, et leur appartient aussi les dessaisines et saisines, et sont tenus de servir les plais desdits seigneurs (84).

5. Les échevins doivent être présens à l'afforage des boissons, et il leur est dû un pain, un lot de vin et ung fagot pour leur droit. — 6. Personne ne peut vendre vin à détail sans affor, sous peine de LX solz d'amende.

7. Aucun ou auscuns ne pœvent mettre es maretz dudit lieu aucunes bestes pasturer, sinon les habitans et demourans audit lieu, sous paine de confiscacion, ou de LX solz d'amende, ne en icelluy marez avoir ne tenir aucuns poullains marles, mais agé de plus d'un an, sur pareille confiscacion ou amende; pœuvent lesdits manans et habitans, mettre leurs vaches, chevaux, jumens au petit maretz d'entre Oultrebois et Occoch, et pareillement es prés de Canaples, audit lieu, aprez que la première coppe sera faite et despouillée; l'argilière dudit lieu est commune.

8. L'aîné a droit de choisir une maison ou manoir avant part.

Le XXVI.ᵉ jour de septembre l'an 1507.

Signés : Pierre Caignet *bailly d'Outrebois.* — Raingard. — d'Offignicourt. — De Cornehotte. — Esteve Franchois. — Loys Turbet. — Jehan Delaire. — Andrieu Courtois. — Pierre Plomier. — H. Le Vasseur, *et autres illisibles.*

PROUVILLE.

SEIGNEURIE.

Un rôle en parchemin, écrit d'un seul côté, difficile à lire à cause de la pâleur de l'encre. 7 articles.

Coustumes locales de la terre et seignourie de Prouville, appartenant à noble homme Jehan de Miraumont, escuier de France ordinaire de la royne, quil tient en parrie de monseigneur Jehan de Soissons, seigneur de Morœul, à cause de sa terre et seignourie de Dompmart et Bernaville.

1. Relief des masures cottières, 4 deniers parisis, des terres cottières et jardins, 12 deniers du journal.— 2. Droit de vente des masures, 16 sols et le 5ᵉ denier des terres labourables et jardins tenans aux champs. — 3. Mort et vif herbage. — 4. Faute de paiement du cens des masures, le seigneur peut saisir les biens du tenancier. — 5. Le seigneur a toute justice sur une portion de terre appartenant aux religieux de Domart et peut, à la requête desdits religieux, faire saisir les dépouilles croissant sur lesdits biens. — 6. Il n'y a qu'un seul héritier qui appréhende les héritages cottiers. — 7. Pour les autres cas, on se règle sur les coutumes du bailliage d'Amiens et de la prévôté de Doullens.

Le xvi.ᵉ jour de septembre 1507.

Signés : Jehan Petit le josne *lieutenant du bailli.* — Jehan Roussin *prestre, vice-gérant de Prouville.* — Pierre Maqueron *prestre.* — Anth. Boistel *escuier.* — Jehan Petit *laisné.* — Antoine Le Moutardier. — Mathias de Boubert. — Enguerran Toulouse. — Jacques Toulouse. — Joseph Carton. — Jehan Carton. — Jehan Le Brasseur.

LE QUESNEL.

SEIGNEURIE.

Une page en parchemin, lisible. 3 articles.

Coustumes locales de la terre et seignourie du Quesnel, appartenant à noble homme Pierre de Fouencamp, seigneur dudit lieu.

1. Relief à merci, c'est-à-dire le 6ᵉ denier. — 2. Droit de vente, le 6ᵉ denier. — 3. Amendes de 60 sols et 7 sols 6 deniers pour dégâts des bestiaux et délits des sujets dans les bois.

Le xxi.ᵉ jour de septembre l'an 1507.

Signés : A Le Viesier *bailli du Quesnel.* — Houset *prestre.* — Pierre Boudet. — Hubert Fauquel *lieutenant de Frohens.* — Collart Fauquel *homme cottier.* — Colart Le Prestre. — Anthoine de Ligny *homme de fief.*

QUEUX.

SEIGNEURIE.

Une grande page en parchemin, lisible. 2 articles.

Coustumes et usages observez en la terre et seigneurie de Queux, appartenant à monseigneur Jehan Blosset, seigneur de Torcy, Duplessis-Parc, de Doudeauville et dudit lieu de Queux.

1. De toute anchienneté, en ladite seigneurie de Queux, laquelle est tenue en justice et seigneurie viscomtière de la terre et seigneurie de Caumont, ressortissans et situés au bailliage d'Hesdin, le seigneur de Queux a coustume de, en icelle sa terre et seigneurie de Queux, user de relief à mercy, telz que de prendre et recepvoir pour chascun rellief touteffois que le cas advient, l'estimacion et valleur des terres et héritages qui sont de luy tenus en cotterie ou censive es mettes d'icelle seigneurie, à la prisée et ordonnance des hommes féodaux y aians fiefs de luy tenus.

Opposition : Non obstant que de ceste coustume ait esté usé de toute ancienneté, il semble à aucuns des hommes féodaulx qu'elle n'est point fondée, considéré que l'on n'en use point à Caumont, seigneur souverain, ne au bailliage d'Hesdin.

2. Par ladite coustume, les hommes féodaulx ne ont en leurs dits fiefz aucune justice ne seigneurie, mais appartient audit seigneur de Queux pour en joir en tous drois conchernans sa justice et seigneurie viscomtière et en dessoubz.

Opposition : Jacques Gambier dit avoir en son fief seigneurie foncière.

Lesquelles coustumes ont esté rédigées par escript, lues, publiées et accordées par les gens d'église, hommes féodaulx, officiers, subjetz et habitans de ladite terre dessoubz signans, après serment solempnel par eux fait en l'assemblée tenue en ladite ville de Queux et au chastel dudit lieu, comme représentans les trois estats d'icelle seigneurie.

Le xxvi.ᵉ jour de septembre mil cinq cens et sept.

Signatures : Laupart *curé de Queux.* — Le Caron *vice-gérant.* — Moudeman *bailly.* — Gambier. — Monchiaulx *homme féodal.* — Thellier *féodal.* — Fraudos. — Ansel de Béthune Fraudos. — *Marque de* Pierre de Galames. — Janin Martin. — Colart Dournel *homme quotier.* — Colart Lejon *homme quotier.* — Colart Lefebvre *homme quotier.* — *Marque de* Jan Vylyn *homme cotier (une herse).*

REMAISNIL.

SEIGNEURIE.

Une page en parchemin, lisible. 4 articles.

Coustumes locales et particulières de la ville, terre et seignourie de Rumaisnil, scituée en la prévosté de Doullens et près de la rivière d'Authie, appartenant à noble homme Robert de Mailly, seigneur dudit lieu, laquelle terre il tient noblement en ung seul fief du roy, à cause de son chasteau de Doullens.

1. En icelle terre et seignourie a toute justice haute, moyenne et basse, bailly, sergens et officiers, est seigneur des flos et flégars, et y a droit d'amende de LX solz parisis, avec droit d'amende de VII solz VI deniers parisis, avec droit d'issue, d'afforaige, terraige, herbage et droit de four.

2. Tenants féodaux par LX solz parisis, doivent service de plaids de XVes en XVes. — 3. Relief des manoirs, 12 deniers; des terres, XII deniers du journal; à la vente, il est dû le 6e denier — 4. L'aîné en cotterie a droit de choisir un manoir hors part.

Le xxiiie jour d'aoust l'an 1507.

Signatures : Caignet. — Johannes de Mailly. — Colart Baquet. — Jehan Le Feron. — Pierre Binet. — Jehan Le Feron le josne.

REBRŒUVES.

SEIGNEURIE.

Une grande page en parchemin, écrite sur deux colonnes, lisible, sauf les signatures dont l'encre a pâli. 6 articles.

Coustumes locaulx de la ville, terre et seigneurie de Rebrœuves, appartenant à noble homme Guillaume de Framecourt, seigneur dudit lieu.

1. Le seigneur a haute, moyenne et basse justice. — 2. Tous les hommes féodaux doivent 7 sols 6 deniers parisis de relief, avec le 5e denier du prix quand ils vendent leurs fiefs. — 3. Il y a aussi certains fiefs qui doivent 15 sols de relief. — 4. Le relief des cotteries est le double du cens, et pour les terres tenues à champart, XII deniers de relief par journal, avec le 6e denier du prix de vente. — 5. Droit d'issue, 1 denier parisis par bête vendue. — 6. Forage et afforage.

Et pour icelle coustume, accorder et vérifier, avons ce jourd'hui assemblé plusieurs hommes féodaux et cottiers de ladite seigneurie, soubs signans.

Le xxiie jour d'aoust 1507.

Signatures : Jehan Poupin *bailli de Rebrœuves*. — Jan Bonnet *(une roue)*. — Jehan de Boffles. — Pierre Cretel. — Jehan Destrée. — Colart Campion. — Anthoine Bard. — Jan Bard. — Jan Rousel. — Pierre Batel. — Gille de Tournai. — Enguerren Sacqueleu. — Pierre Sacqueleu.

SAINT-ACHEUL.

TEMPOREL.

Un rôle en parchemin, écrit d'un seul côté et composé de deux peaux cousues bout à bout.

Coustumes locales de la terre et seignourie de Saint-Acheul, appartenant à religieuses et vénérables dames les dames abesse et couvent de l'église et abbeye Notre-Dame de Willencourt.

1. Héritages cottiers, à la mort du tenant, retournent à la table et domaine du seigneur jusqu'à ce qu'ils soient relevés. — 2. Faute de relief, en dedans 7 jours et 7 nuits, les fruits sont acquis au seigneur. — 3. Tels cens, tel relief; droit de vente, le 6ᵉ denier. — 4. Mort et vif herbage. — 5. Acquits, issues, tonlieux, forages, afforages.

6. Item, lesdites dames ont droit de mectre et faire mectre, garder et tenir en pasture, tant de jour comme de nuit, leurs bestes chevalines, bestes à cornes et pourcheaulx, au maretz et commun vulgalement nommé le maretz de Beauvoir et Béalcourt, deppuis l'encommencement dudit Béalcourt jusques à Wavans, et leurs hommes tenans et subjectz dudit lieu aussi leurs bestes chevalines, bestes à corne et pourcheaulx.

7. Relief à merci sur aucuns héritages. — 8. Lesdites dames ont justice vicomtière. — 9. Les tenants féodaux doivent le service de plaids de 15ᵉ en 15ᵉ. — 10. Champart du 100, 8 bottes. — 11. Droit de queute à court sur quelques maisons seulement. — 12. Le terrage est portable à la grange des religieuses.

Le xxiii.ᵉ jour de septembre l'an 1507.

Signatures : P. de Boumy *lieutenant du bailly de Saint-Acheul.* — Jehan Quillet *prestre.* — Jehan du Blaisel. — Floury du Blaisel. — Jehan Blondelus. — Quentin Asselin. — Jehan Fossier. — Jehan Quesnot. — Colenet Martin. — Pierre Asselin. — Floury Fossier *(une herse).* — Colart Asselin. — Jehan Lyault. — Pierre de Le Ruelle. — Jehan Asselin. — Guillaume Coissepin. — Fremin Cafin. — Pierre Cafin.

SAINT-LAU.

SEIGNEURIE.

Fragments sans suite d'un cahier en parchemin de quatre feuillets formant huit pages. — Ils ne concernent que des fiefs, situés à Waulx, à Wargnies, etc. — Presque illisible.

Ce sont les coustumes, droix et usaiges que Jehan de Saint-Lau, escuier seigneur dudit Saint-Lau, a en et sur la seigneurie de Saint-Lau (85), quil tient en fief du roy, à cause de la terre de Doullens.

<small>Les articles de cette coutume ne concernent que les reliefs des fiefs et les droits seigneuriaux.</small>

La fin manque.

SAINT-SULPICE-LEZ-DOULLENS.

PRIEURÉ.

Une page en parchemin, très-bien écrite. 2 articles.

Ce sont les coustumes localles et particulières du prioré, prévosté et seignourie de Saint-Sulpis lez la ville de Doullens et dont possesse présentement vénérable et religieuse personne Damp Guillaume Le Vaasseur, à présent prieur et prévost dudit Saint-Sulpis.

1. Premièrement, fait à présupposer comment de grant antiquité ledit prioré et prévosté de Saint-Sulpis est noblement fondé, et amorty (86) soubz le roy nostre sire, et icelluy prioré et prévosté, membre dépendant et soubz l'église et abbeye Saint-Saulveur d'Anchin, de l'ordre de monseigneur Saint-Benoit, et à ceste cause, a icelluy prieur et prévost, justice et seignourie fonssière.

<small>2. A Luchuel, tenants cottiers qui relèvent leurs manoirs par 6 sols tournois, et paient, pour droit de vente ou donation, le 6ᵉ denier.</small>

Le xiiii.ᵉ jour d'aoust l'an mil cincq cens et sept.

Signatures : Guillaume Le Vaasseur.

VACQUERIE-LE-BOUC.

SEIGNEURIE.

Un carré de peau en parchemin, lisible. 7 articles.

Coustumes locales de la terre et seigneurie de Vacquerie, tenue du comte d'Artois, à cause de son chastel de Hesdin, appartenant à haut et puissant seigneur monseigneur Jacques de Bourbon, bastard de Vendosme, seigneur de Bonneval, de Ligny-sur-Canche, de Fortel, mari et bail de madame Jehanne de Rubempré, dame desdits lieux, baillistre de mademoiselle Loyse de Crévecœur, fille myneure d'ans de deffunct monseigneur Franchois de Crévecœur, en son vivant chevalier seigneur dudit lieu.

NOTA. — Cette coutume est conforme à celle de Fortel, sauf toutefois le septième article de cette dernière qui n'y figure point.

Le VII.ᵉ jour de septembre 1507.

Signatures : Hue Wibart. — Anthoine Le Nourquier le josne *bailly.* — Anthoine Leboin. — Jehan Dubus. — Monchiaulx. — Pierre Lefèvre. — Pierre Desvres.

WAMIN.

SEIGNEURIE.

Une page en parchemin, lisible, sauf la partie usée par le pli. 4 articles.

Coustumes locales de la terre et seigneurie de Wamin, appartenant à Robert Leblond, escuyer seigneur dudit lieu et de Divion, qu'il tient noblement en fief et hommage de monseigneur le Prince de Castille, comte d'Artois, à cause de sa chastellenie d'Avesnes-le-Conte.

1. A la vente, don ou transport des héritages cottiers, il est dû le sixième denier du prix. — 2. Droit de venterolle quand la vente est faite francs deniers. — 3. Relief des rotures, le double du cens. — 4. Pour le reste, on se règle sur la coutume d'Artois.

Le vingt-neuviesme jour d'aoust 1507.

Signatures : Robert Leblond *seigneur de Wamin.* — Adam Delannoy *curé dudit lieu.* — Baudin Baudry *lieutenant.* — Anthoine de Thelu *(une croix).* — Sire Franchois *prestre.* — Colart Delannoy *mareschal.* — Jehan Wallois. — Pierre Allart, etc.

WAVANS.

SEIGNEURIE.

Trois pages et un quart de grand parchemin, écriture pâle et altérée, surtout au bout des lignes et à l'endroit des plis. 16 articles.

NOTA. — EN MARGE EST ÉCRIT : Au mois dapvril 1681, nous advocat du roy, avons remis au greffe la présente coustume qui estoit venue en nos mains. — BRUNEL.

Ce sont les coustumes locales, usaiges et communes observances de la terre et seigneurie de Wavans, rédigées par escript, lues, publiées et accordées le premier jour d'aoust mil cinq cens et neuf, à la conjure de Jehan Nourquier, bailly de ladite terre.

1. Relief des fiefs. — 2. Relief de bail. — 3. Aide aux deux cas. — 4. Relief des cotteries, 12 deniers du journal, pré ou manoir. — 5. Faute de relief des fiefs, le seigneur fait les fruits siens. — 6. A la vente des fiefs et cotteries, le droit est le 5ᵉ denier. — 7, 8, 9. Illisibles.

10. Item, a icelluy seigneur par prév..... droit de pescherie en le rivière d'(Authie), et jusq..... milieu du fil de leau du costé de *Ar*thois, depuis le W... de Drucat, jusques au les le molin de Béal*court*, à un gref qui fait... (borne), à un coing des prés tenus de Frohens, en laquelle rivière a droit des pescherie et seigneurie...

<small>11. Droit de mort et vif herbage. — 12. Droit de forage, 4 lots par pièce, qui s'exerce par les maire et échevins dans la banlieue et par les officiers du seigneur, au chef-lieu seigneurial. — 13. Droit d'issue, un denier par bête. — 14. Moulin banal. — 15. Four banal. — 16. Pour le reste, on se règle sur la coutume du bailliage d'Hesdin.</small>

Le 1.ᵉʳ aoust 1509 (87).

Signatures: Le Nourquier *bailly*. — N. Raingart. — Jehan Blondel.

WILLENCOURT.

TEMPOREL.

Un rôle en parchemin, écrit d'un seul côté, très-lisible. 8 articles.

Coustumes localles de l'église et abbeie Nostre-Dame de Willencourt lez la ville d'Auxi, appartenant à vénérables et relligieuses dames, les dames abbesse et relligieuses de ladite église et abbeie (88).

<small>1, 2, 3, 4 et 5. Même rédaction que les 5 premiers articles de la coutume de St.-Acheul.</small>

6. Item, lesdites dames relligieuses ont droit et auctorité de faire mettre, garder et tenir en pasture, tant de nuit comme de jour, leurs bestes chevalines, bestes à corne et pourchaulx, et aussy leurs bestes à layne, au maretz et commun vulgaulment nommé le maretz de Willencourt, deppuis l'encommenchement dudit maretz vers Auxy, jusques à la croix de ladite église, et d'icelle croix jusques aux villaiges de Vy et du Ponchel; et leurs hommes tenants et subjectz, seullement leurs bestes chevalines, bestes à cornes et pourcheaulx.

<small>7. Lesdites dames ont haute, moyenne et basse justice. — 8. Comme l'art. 9 de la coutume de St.-Acheul.</small>

Le XVII.ᵉ jour de septembre l'an 1507.

Signatures: P. De Boumy *lieutenant du bailly de Willencourt*. — Colart Outreboin. — Adam Lemeigneu. — Jehan Robert. — Colart Lemeigneu. — Guillaume le Borgne. — Jacques Outreboin. — Jehan Fremin. — Jehan Lemeigneu. — Martin Boury. — Martin Martin. — Andrieu Beaudelo. — Jehan Lefebvre. — Ancel Sangnier.

LACUNES DE LA SIXIÈME SÉRIE.

Extraits de l'inventaire de 1559.

CAUMONT ET AUCONNAY. — *Châtellenie.*

Les coustumes de la terre, seigneurie et chastellenie de Caumont et de Auconnay, appartenant à hault et puissant seigneur monseigneur d'Anthouin et de Caumont, escriptes en une grande paige de parchemin, signées : Le Pirail procureur, De Rue, Brullet et autres.

CANDAS. — *Seigneurie.*

Les coustumes locales de la terre et seigneurie du Candas, appartenant à madame Jehenne de Villers, escriptes en ung fouillet et demie paige de parchemin, signées : N. de Saisseval, Vincent et autres.

FURQUEVILLERS (*sic*). — *Seigneurie.*

Les coustumes localles de la ville, terre et seigneurie de Furquevillers appartenant aux relligieux de Saint-Josse sur la mer, située en la prévosté de Doullens, escriptes en une paige de parchemin, signées : Blautart, Gaillart et autres.

FROHENS ET BAUCHINES. — *Seigneurie.*

Les coustumes localles de Frohens et de *Bauchines* escriptes en une longue paige de parchemyn, appartenant à messire Ferry de Saveuses, chevalier, signées : Morant, de Wandin et aultres, auxquelles coustumes sont attachés deux procès-verbaux, signés de Philippe de Wandin.

COMTÉ DE SAINT-POL.

Les coustumes de la conté de Saint-Pol, escriptes en dix-huit rolles de parchemyn, y compris les signatures contenant deux feuillets.

NOTA. — Cet article est rayé dans l'inventaire.

SAINT-POL-EN-TERNOIS. — *Échevinage.*

Les coustumes localles et particulières de la ville, loy et eschevinaige de Saint-Pol en Ternois, escriptes en deux feuillets de parchemyn, signées : de Bailloeul, Dupuch et aultres.

NOTA. — Cet article est rayé dans l'inventaire.

REBIAUMES (*sic*).

Les coustumes localles de *Rebiaumes*, appartenant à Guillaume de Framecourt, escriptes en une paige de parchemyn en deux coullombes signées de plusieurs seings.

VILLERS-L'HÔPITAL. — *Seigneurie.*

Les coustumes locales de la terre et seigneurie de Villers-l'Hospital, appartenant à messire Ferry de Saveuses, escriptes en une grande paige de parchemyn et signées de plusieurs seings.

NOTES

DE LA SIXIÈME SÉRIE.

Note 1. — Page 56.

Arquèves. — Art. 2 : *Et sy amporte ce qui apend à ladite maison.*

C'est-à-dire tous les amasemens et catheux. Le droit de quiefmez, par cela même qu'il était restreint à un seul manoir, était absolu et sans réserve pour les puinés. Au contraire dans les pays, comme l'Artois et le comté de Saint-Pol, où le précipit de l'aîné s'exerçait sur tous les manoirs et héritages amasés, il y avait toujours une partie des amasemens qui était considérée comme mobilier par rapport à la succession. (Voir la notice de cette série, page 9, *in fine.*)

Note 2. — Page 57.

Arquèves. — Art. 3 : *Et sy sont les rues et flégards de ladite ville communs.*

En vertu d'un droit de privilège concédé aux habitans et non en vertu d'un droit de commune qui n'existait pas. Cette immunité est sans doute au nombre des *droits et franchises* dont parle le préambule de la coutume.

Note 3. — Page 58.

Authieule. — Art. 10 : *Les maire et eschevins de Doullens ne peuvent desrengier.*

Nous devons à la bienveillante communication de M. Eug. Demarsy, un acte du mois de juillet 1280, qui donne l'explication de cet article.

« Jou Hues de Rosière, chevalier et sire de Rosière, faict savoir à tous chiaux qui ces lettres
» verront ou orront, que comme contens et plais
» eust esté mus en le court mgr. le roy à Doullens,
» entre my d'une part et les bourgois de Doullens
» d'autre part, sur chou que jou clamoie et demandoie à avoir par tout men fief d'Authieulle.......
» toute justice et toute seigneurie. Et li bourgois de
» ledicte ville y clamoient et demandoient à avoir
» toute justice et ban par le raison de banlieue. Il
» fu accordé et traictié par le conseil de boine gent
» et de mes amis, entre my et les dis bourgois, en
» telle manière que jou recongnois as bourgois devant dis, quilz ont et doivent avoir toute justice,
» haute et basse, par le raison de banlieue en toute
» le ville d'Authieulle..... sauf chou, avec my et mes
» hoirs, le desreng et le bournage par tout men
» fief et par toute me ville d'Authieulle..... Ce fu
» fait en lan de le incarnation Nostre Seigneur mil
» deux chens et quatre vins, ou mois de jule. »
(Archives de la ville de Doullens, Cartulaire noir, f.° 52.)

Note 4. — Page 58.

Authieule. — Art. 12 : *Saulf que se en plaidoyant... clamoient l'un l'autre serf.*

La qualification de *serf* était en effet l'injure la plus grave qu'on pût adresser à un homme libre, surtout à la face de la justice. Pour ôter à celui qui la recevait la pensée de venger son affront dans le sang de son adversaire, il ne fallait rien moins que la protection de l'autorité gardienne de la paix publique, de celle qui avait qualité pour pacifier les différends. Authieule étant situé dans la banlieue de Doullens, et la commune y possédant seule le droit de la haute justice, c'est à elle qu'il appartenait de fixer les conditions de l'assûrement. Ici donc l'amende pour l'injure en question est réservée aux maire et échevins de Doullens, en reconnaissance du droit qu'ils auraient de poursuivre la réparation de l'outrage si la justice du seigneur négligeait de le faire. La charte de la commune d'Amiens punissait aussi d'une amende de 20 suls celui qui appelait son juré *serf*, banqueroutier, traître ou *wisloth* (mari trompé) et ce n'est pas le seul emprunt que la charte de Doullens lui ai fait, ainsi qu'on peut s'en convaincre en comparant les deux chartes. (Ord. du Louvre, tom. xi, p. 311 et suivantes. — Tome 1.er de ce recueil, page 62 et suivantes.)

NOTE 5. — PAGE 59.

Auxi-Château. — Préambule : *Chastellenie, berrie d'Auxi.*

1. — « Les anciens auteurs flamans, dit M. Warn-
» kœnig (Histoire de Belgique), se sont donné beau-
» coup de peine pour expliquer, d'une manière rai-
» sonnable, le nom de *ber* ou *beer* que portèrent,
» comme titre d'honneur, quatre des plus puissants
» vassaux des comtes de Flandre. » On a trouvé que
le mot *beer*, en langue tudesque, signifie ours, c'est
pourquoi on a fait de cet animal l'emblème de la dignité dont ils étaient revêtus. Dans un tableau allégo-
rique de la cour de Baudouin I.er, les quatre bers
du comté sont représentés, chacun sous la figure d'un
ours, portant une bannière avec leurs noms et leurs
armes. Mais ce n'est là qu'un de ces jeux de mots dont
l'abus était si fréquent au moyen-âge. A l'aide de
l'étymologie du mot germanique *ber, bar, baro*,
on arrive à une solution plus raisonnable.

En effet, dans tous les monuments de l'époque
mérowingienne, rien de plus fréquent que la termi-
naison *bert* des noms d'homme : *Childe-bert, Hilde-
bert, Dago-bert*. Ce radical signifie *puissant protec-
teur*. *Land-bert* dans l'idiome flamand veut dire *défenseur du pays*.

C'est donc par allusion à leur qualité de grands
vassaux, que les seigneurs de Paruelle, de Cisoing,
de Boubers et de Heyne, en Flandre, de même que
le seigneur d'Ysche, en Brabant, et le seigneur
d'Auxi, en Artois, étaient appelés *bers*. (*Messager
des Sciences de Belgique*, Gand, 1836, tom. 2, pag.
36.)

2. — La coutume d'Auxi qualifie ce fief de *chastellenie, berrie*, d'où il semblerait résulter qu'il constituait nécessairement l'apanage d'un seigneur revêtu
de la dignité de *ber*. C'est là une conséquence que
nous ne pouvons admettre, car tous les possesseurs
de cette terre n'ont point porté ce titre. Le célèbre
Jean d'Auxi est le seul qui ait été connu sous ce nom,
qu'il devait, non pas à son fief, mais à sa qualité de
grand officier de la cour de Flandre.

Jean d'Egmont, seigneur d'Auxi, fut très en faveur sous les princes de la maison de Bourgogne,
Philippe-le-Bon et Charles-le-Téméraire.

Des lettres de Philippe-le-Bon, duc de Bourgogne,
données à Arras le 29 septembre 1435, l'établissent
maitre des eaux et forêts situées dans le comté de
Ponthieu et dans tous les pays de Picardie cédés par
Charles VII au duc de Bourgogne, aux termes du
traité de paix d'Arras : « en consideracion aux sens,
» discrécion, prudence et souffisance de nostre amé
» et féal nostre conseiller et chambellan le *seigneur*
» *d'Auxi*..... l'établissons par ces présentes maistre
» des eaux et forestz de nostre comté de Ponthieu, tant
» es bailliages d'Amiens comme de Vermandois et
» es ressors et enclavemens, es marches de Picar-
» die, etc. »

De son côté le roi Charles VII, par ses lettres
données à Arras le 4 octobre suivant, lui confère les
mêmes fonctions dans ses pays de Picardie : « pour la
» bonne et louable relacion qui nous a esté faite des
» sens, prudhommie et bonne diligence de nostre amé
» et féal *Jehan, seigneur d'Auxi*, chevalier..... par
» l'advis de nostre très-cher et très-amé cousin le duc
» de Bourbon et autres nos ambaxeurs par nous en-
» voiés à Arras pour le traictié de paix..... l'avons
» commis, institué et establi, le commettons, insti-
» tuons et establissons maistre des eaux et forêtz es
» pays de Picardie. »

Le 28 novembre 1435, Philippe-le-Bon, duc de
Bourgogne, le nomme capitaine de Saint-Riquier, aux
gages de cent livres parisis par an. Ses lettres datées
d'Amiens portent : « Comme par le traictié de paix
» derenièrement faite en nostre ville d'Arras, entre
» Mgr. le roy et nous, nous aient esté bailliées et
» transportées toutes les cités, villes, chasteaux,
» terres, rentes et revenus estant deça la rivière de
» Somme, appartenant à la coronne, et toutes les
» villes, chasteaux et terres de la rivière de Somme,
» tant deça que delà, savoir : faisons que, pour les
» grans biens et vertus que savons estre en la per-
» sonne de nostre amé et féal *le seigneur d'Auxi*,
» l'avons nommé, receu et establi, le nommons, re-
» cevons et establissons capitaine de Saint-Riquier,
» aux gages de cent livres parisis par an. »

Ces documents prouvent deux choses, d'abord que
le seigneur d'Auxi a joué un rôle assez important dans
les négociations qui ont amené le traité de paix d'Arras, en second lieu qu'il n'était point désigné sous le
titre de *ber*, dans les témoignages de munificence
que lui accordèrent les souverains avec lesquels il se
trouva en rapport.

Le traité d'Arras garantissait de trop grands avantages au duc de Bourgogne pour qu'il ne se montrât
point libéral envers celui qui avait peut-être le plus
contribué à le lui faire obtenir. Il en donne une
preuve éclatante en le nommant gouverneur du comté
de Charolais, en 1440. Voici l'acte qui contient cette
nomination.

« Philippe, par la grâce de Dieu, duc de Bourgo-

« gne, etc., pour les grands sens, vertus et dis-
» crécion que, par vraye exercice, sçavons et con-
» gnoissons estre en la personne de nostre amé et
» féal chevalier nostre conseiller et chambellan,
» *messire Jehan, seigneur d'Auxi*, à icellui confiant
» à plain de ses loyaulté, prudhommie et bonne dili-
» gence, l'avons receu, commis et ordonné, recevons,
» commettons et ordonnons chambellan et garde de la
» personne de nostre très-cher et amé fils le comte de
» Charolois, pour icelluy nostre filz servir doresna-
» vant oudit estat et faire bien, duement et loyau-
» ment tout ce qui y appartient aux gages ou livroisons
» pour six personnes et six chevaulx, et aussi à la
» pension de cinquante livres du pois de quarante
» gros, monnoie de Flandre, par mois.... Donné en
» nostre ville de Bruges, l'an de grace mil CCCC
» quarante. » (Titres d'Auxi : *Honneurs*.)

3. — La châtellenie d'Auxi après avoir passé du comte de Flandre au comte de Ponthieu, et de celui-ci au comte d'Artois, fut achetée vers la fin du XIII.e siècle par Colart d'Egmont, dont la famille l'a possédée jusqu'à la révolution de 1789. Ce qui reste du domaine appartient aujourd'hui à M. le duc d'Albert de Luynes, successeur des d'Egmont-Pignatelli.

Le château d'Auxi est situé au nord de ce bourg, sur un escarpement qui domine la vallée de l'Authie. Bâti par Philippe d'Alsace, en 1197, il fut ruiné pendant les guerres des Anglais, et reconstruit par Jean d'Auxi vers 1455, époque où ce seigneur était tout puissant à la cour de Bourgogne. Ce château fut encore attaqué par les Espagnols sous François I.er, Henri IV et Louis XIII, et par les troupes du prince Eugène, sous les dernières années du règne de Louis XIV. Les murs étaient construits en pierres et en briques. Une grosse tour ouverte par dehors, laisse voir à l'intérieur des vestiges de l'escalier tournant par lequel on montait sur la plate-forme : l'entrée, située au nord, était formée d'un pont en briques, divisé en cinq arches, d'une arcade en ogive sous laquelle se trouvait un pont-levis et une herse dont on aperçoit encore les coulisses.

Des fouilles pratiquées, il y a quelques années, ont fait découvrir les restes d'une chapelle et d'un oratoire, un éperon, des fragments de vases du XIII.e siècle, avec des arabesques, des médailles au coin des comtes de Flandre, des ducs de Bourgogne et d'Autriche ; un cachet très-ancien qui a été communiqué à M. le docteur Rigollot, président de la Société des Antiquaires de Picardie ; enfin, une bague en or avec un châton orné d'un rubis, que nous avons vue et qui est en la possession de M. Beaussart, propriétaire actuel du château.

4. — Le droit de commune n'existait pas à Auxi-le-Château. L'administration municipale appartenait au seigneur qui choisissait des *sages hommes* de la localité, pour rendre la justice et pour régler certains droits qui ne pouvaient être exercés qu'en commun, par exemple le droit de pâturage dans les vastes marais qui avoisinent ce bourg ; Colart d'Auxi, le 18 septembre 1380, donna, sous forme d'aveu, une déclaration qu'à bon droit on peut considérer comme étant la coutume du lieu, par rapport à la jouissance des marais communaux.

Voici un passage de cette déclaration qui se réfère évidemment à l'article 19 de la coutume de 1507.

« Ay le pasture en tous les marès quy sont entre
» ladite ville d'Auxy et Wavans, et y puis mener et
» faire ramener toutes manières de bestes. »

« Sy aucune personne foraine veult demourer en
» ladite ville d'Auxy, et il n'a aucun ténement qu'il
» tient de my, il ne peult envoier sesdites bestes
» paistre en communité de ladite ville d'Auxy, se il
» n'est advoué de my. » (*Extrait de l'original déposé au greffe du comté de Ponthieu.*)

NOTE 6. — PAGE 59.

AUXI-CHATEAU. — ART. 1.er : *Nonobstant ladite vendicion.*

Voir la notice de cette série, tom. 2, p. 7.

Tels sont au surplus les termes mêmes de l'acte par lequel Mathieu de Montmorency, et Marie, comtesse de Ponthieu, son épouse, transportent à Robert d'Artois, frère puîné de S. Louis, les deux pairies mentionnées dans l'article premier de la coutume d'Auxi-Château.

Universis, etc... Matheus comes et Maria uxor ejus comitissa Pontivi salutem. Noverit universitas vestra quod nos propter urgentem nostram et evidentem necessitatem, illustri viro et charissimo domino Roberto comiti Atrebatensi vendidimus et guerpivimus bene et legitime feudum quod tenet de nobis comes Sancti Pauli; Item feudum quod tenet de nobis vicecomes de Ponte Remy, in quo est homagium unum domini de Wavans de his que habet a medio fili aque Alteie versus Hisdinum. Item homagium unum domini de Auxiaco de omnibus que tenet de nobis a medio fili aque unda versus Hisdinum. Item homagium Johannis Ambianensis militis, quod nobis debet pro villa de Buires et omnibus pertinentiis ejus : et pro foresta de Graast que sedet super Labroye, que sunt in dominio suo: et homagium quod Theobaldus de Ambianis tenet de illo apud Buires; et homagium quod Bernardus de Ambianis miles debet pro Reginaldi villa; et homagium quod Hugo Quieret miles, debet ei pro villa de Dourrier, et ejus pertinentiis. Item homagium de Rochefay juxta Buires. Item homagium quod nobis Guillelmus de Bouberch debet pro villa de Thim (?) et de Willencourt, in quo homagio est feodum quod tenet Johannes de Bardes; Item feodum de Vy in quo sunt duo vavassores; Item homagium quod nobis debet Henricus de Guisnes de iis que habet apud Yvregny. Item homagium Mathei de Roya, in quo est feudum apud Yvregny. Item homagium Hugonis de Caumont, militis, de feodo quod tenet de nobis apud Tollent; Item vendidimus et guerpivimus eidem homagia, feoda, retrofeoda, redditus, justicias, advocacias, dominia et alia omnia quecunque habebamus et habere poteramus in omnibus, a medio fili aque de Alteia versus Hisdinum et versus aliam terram dicti comitis, sicut se comportat a Wavans usque ad salseyam sitam inter Maintenay et Dourier...... (Suivent les stipulations du prix de vente et les garanties promises par les vendeurs). Datum apud Argenteolum, anno domini millesimo ducentesimo quadragesimo quarto, mense novembris. (*Hist. des comtes de Ponthieu et maieurs d'Abbeville*, page 167.)

Tous ces démembrements féodaux qui emportaient avec eux transport de domaines et de mouvances, devaient nécessairement jeter quelque perturbation dans les droits et ressorts de justice. L'attribution de la juridiction devenait souvent une chose difficile à vérifier. De-là des conflits sans nombre que la cour du parlement avait mission de régler. Ainsi, en 1278, le comte d'Artois qui avait, par rapport à ses domaines confinant au bailliage d'Amiens, un double titre à faire valoir, savoir l'acte constitutif de son apanage et l'acte de vente que nous venons de rappeler, se vit inquiéter par le bailli d'Amiens, dans la possession de ses droits de justice sur certains fiefs qui avaient fait partie de la mouvance de Ponthieu, quoiqu'ils eussent été attribués au comte d'Artois par l'acte de 1239 ci-dessus rappelé (tom. 2, p. 7). Le bailli d'Amiens réclamait sur les deux fiefs de Robert Freteaux, chevalier, et de Guyot de Courcelles, écuyer, des droits de justice qu'il prétendait avoir été achetés anciennement, par le roi, du seigneur de Beauval, en disant que le comte d'Artois ne pouvait exciper de l'accord de 1239, lequel ne devait pas préjudicier au roi qui y était resté complètement étranger. Enfin, un arrêt du Parlement de Paris de 1278 mit fin au débat, en déclarant que le comte d'Artois tirait son droit de la cession que le roi saint Louis lui avait faite des fiefs par lui acquis du comte de Ponthieu, lesquels comprenaient dans leurs mouvances les deux fiefs en question. Voici cet arrêt :

Cum carisssimus consanguineus et fidelis noster R. comes Attrebatensis, nobis conquestus fuisset quod, licet per inquestam, dudum super hoc factam, justitia in feodis moventibus de comitatu Pontivi, a medio fili aque Autie usque ad Spinam Alvernosam et per medium fili ejusdem aque, sicut se comportat directe, usque ad Aubelotum de Dorlens versus Hysdinum, R. comiti Attrebatensi, quondam patri ipsius comitis qui nunc est, fuisset adjudicata, prout in carta regia, super hoc confecta, contineri dicebat, nichilominus, ballivus noster Ambianensis, in feodis que Robertus Freteaux, miles, et Guiotus de Scorcellis, armiger, ibidem tenent a nobis, dictam justiciam impediebat et perturbabat eidem ; ballivo nostro pro nobis dicente dictam justiciam in dictis feodis et consimilibus ad nos pertinere, quia licet moveant de comitatu Pontivi, per antecessores nostros fuerunt acquisita per emptionem a domino de Bella-Valle, nec inquesta predicta facta fuerat inter nos, set inter comitem Attrebatensem et Symonem, comitem Pontivi, et sic nobis prejudicare non debebat ; dicto consanguineo nostro ex adverso dicente, tantum esse in carta sua, quod clare memorie karissimus dominus et genitor noster Ludovicus, Francorum rex, in feodis per ipsum acquisitis, moventibus de Pontivo, sitis infra dictos terminos, predicto comiti Attrebatensi, fratri suo, concesserat justiciam antedictam : Auditis hinc inde propositis, visa eciam dicta carta, pronunciatum fuit, per curie nostre judicium, dictam justiciam, quantum ad nos pertinet et salvo jure cujuslibet, infra dictos terminos, ad dictum nostrum consanguineum pertinere ; in cujus rei.

Arrêt de 1278. — (*Olim*, tom. 2, p. 127).

NOTE 7. — PAGE 60.

AUXI-LE-CHATEAU. — ART. 21 : *Quant aucuns estrangiers se allient par mariage à filles ou femmes estans de ladite ville.*

Sous l'empire du servage dont cet article rappelle les traditions, l'homme libre qui épousait une serve devenait serf comme elle en vertu de la maxime : *en for mariage, le pire emporte le bon.* Par la même raison, lorsqu'un étranger épousait la sujete d'un autre seigneur, il fallait qu'il fît acte de soumission à ce seigneur ou qu'il payât l'amende, si le mariage avait lieu sans l'accomplissement de cette formalité. Cette exigence s'explique jusqu'à un certain point, car la femme suit toujours la condition de son mari; si elle épouse un étranger qui va demeurer ailleurs, elle prive nécessairement son seigneur des profits qu'il retirerait de l'habitation des deux époux sur ses domaines. L'usage où l'on est encore, dans certains cantons de la Picardie, d'imposer, sous peine de charivari, le vin du mariage aux étrangers qui y viennent contracter alliance, est sans doute un dernier vestige de cette coutume. Tous les jeunes gens de la commune auxquels cet étranger enlève l'espérance d'une union possible avec l'un d'eux, se réunissent pour exiger de lui l'indemnité du préjudice que leur fait éprouver la préférence qu'on lui accorde. Les lois répriment souvent les abus de ce vieil usage; mais elles n'ont pas le pouvoir de le faire cesser.

NOTE 8. — PAGE 60.

AUXI-LE-CHATEAU. — ART. 26 : *Lesdits subgets doivent guet et garde au chasteau dudit lieu d'Auxi.*
Voyez tome 1.*er*, page 455.

NOTE 9. — PAGE 60.

AUXI-CHATEAU. — ART. 27 : *Semblablement doivent queuste à court et prisonnier garder.*
Voyez tome 1.*er*, page 460 et page 452.

NOTE 10. — PAGE 60.

AUXI-LE-CHATEAU. — ART. 29 : *Tous les tenans cottiers doivent aide des prés fener au seigneur.*
Voyez tome 1.*er*, page 454.

NOTE 11. — PAGE 61.

AUXI-CHATEAU. — SIGNATURES : Nicola Desirées, seigneur de *Miaquaires.*
Miaquaires ou Miaquères était un village à deux kilomètres d'Auxi, sur la rive gauche de l'Authie, en face du hameau de Drucat. Il a été détruit pendant les guerres de la fin du règne de Louis XIII. Il n'en reste plus d'autre trace que le nom du canton où il était situé. Il est à présumer que la section de la commune qui porte le nom d'*Auxi-Picardie* s'est formée principalement de la réunion, en cet endroit, des habitans de Miaquères.

NOTE 12. — PAGE 64.

BÉALLIÈRES.

Nous ne connaissons pas de village de ce nom. C'était sans doute une section de Béalcourt, car Ferry Blondelus, Jehan Perache, Jehan Sonnet, signataires de la coutume de Béalcourt, se retrouvent parmi les signataires de la coutume de Béallières.

NOTE 13. — PAGE 66.

BEAUVAL, *châtellenie.* — ART. 4 : *Droit de don.*
Ce droit est différent du champart ou terrage en ce sens que celui-ci se percevait à raison de la quantité des fruits récoltés, tandis que le droit de don n'était productif qu'à raison du nombre des récoltans. C'était une espèce de rente en gerbe qui, comme la rente en grains, était exigible à la Saint-Remi.

NOTE 14. — PAGE 66.

BEAUVAL, *châtellenie.* — ART. 6 : *Ledit seigneur a plusieurs hommes tenans de lui en cotterie en la ville de Doullens.*

Le fief du seigneur de Beauval, à Doullens, consistait en terres et maisons chargées de censives annuelles et de reliefs à chaque mutation. Comme il n'y a point de fief domanial sans chef-lieu où le censitaire acquitte ses redevances, le seigneur de Beauval possédait dans l'intérieur de la ville, une maison qui fut, pour la commune, une cause incessante de procès et de débats de toute espèce. Si la coutume de la châtellenie de Beauval ne mentionne pas l'existence de cette maison, c'est parce que, à l'époque où fut rédigée la coutume, la maison avait été cédée à la ville qui l'avait convertie en beffroi.

Nous devons à l'active et intelligente collaboration de notre honorable collègue M. Eugène Demarsy, la communication de documents très-précieux. Ils font connaître la nature et les vicissitudes des conflits qui surgirent à cette occasion et qui eurent, pour dernier résultat, la cession à la commune de la maison en question.

Le premier de ces titres nous reporte à la fin du XIII.e siècle. Philippe-le-Bel, par ses lettres de juillet 1286, fait défense au seigneur de Beauval, d'élever forteresse à Doullens et de faire monter sa tour au-delà de l'élévation qu'il détermine.

« Ph. Dei gratia francorum rex, universis presentes
» litteras inspecturis salutem. Notum facimus quod
» cum Robertus, dominus de Bellavalle, miles, quam-
» dam turrim quam antecessores sui habuerunt apud
» Dullendium, incepisset reedificare et vellet eam al-
» cius elevare, maiore et scabinis de Dullendio se
» opponentibus et dicentibus se previlegiatos esse per
» regale previlegium quod nullus, infra mettas sue
» communie, poterat facere fortaliciam sine assensu

» eorum. Tandem visa carta dictorum majoris et sca-
» binorum, auditis rationibus hinc inde, pronunciatum
» fuit quod dicta turris, in statu in quo est ad presens,
» remaneret, absque eo quod idem dominus eam pos-
» set alcius elevare nisi solummodo de tabulamento.
» Poterit tamen idem miles, si aliqua pars dicte turris
» sit inferior admodum alcioris partis, adequare voltas
» hostiarias, fenestras et caminos in eadem facie et
» eam cum tornellis secundum quod forma edeficii
» requirit, non tamen in modo fortalicie facere co-
» operiri. In cujus rei, etc... Datum Parisiis anno do-
» mini millesimo CC°. octogesimo sexto. Mense julio. »

L'opposition de la ville de Doullens à la prétention du seigneur de Beauval était fondée sur l'article 38 de la charte communale, par laquelle le comte de Ponthieu déclare qu'à l'avenir aucun de ses héritiers ou autre ne pourra élever, dans la ville et dans la banlieue, d'autre forteresse que celle qui existe. (Ord. du Louvre, tome XI, p. 311.)

Cependant un siècle n'était pas écoulé que déjà, au mépris de cette injonction royale, un descendant du seigneur de Beauval, recommençait à inquiéter la commune par une entreprise du même genre. Elle n'eut pas plus de succès que la première ; mais cette fois ce fut un arrêt du Parlement qui interdit au seigneur d'Occoche, lequel était en même temps seigneur de Beauval, de construire une forteresse à Doullens. Voici quelques passages de cet arrêt qui est fort long, fort embrouillé, parce qu'il statue sur plusieurs chefs de contestation ; il est du 6 janvier 1365-66.

« Item, sur ce que les dis de Dourlens s'estoient
» complains en parlement sur cas de nouvelleté du-
» dit messire Robert de Beauval pour sa maison quil
» a à Dourlens, que en leur préjudice vouloit enfor-
» cier et pour une petite loge quil avoit fait ou en-
» commenchié à édifier de nouvel en sadite maison,
» ACCORDÉ est que ladite maison demourra en lestat
» où elle est, sans que li dis chevaliers la puisse
» fortifier, mettre à deffense, ne faire-y quelconque si-
» gne ou apparence de forteresse autre que à présent
» y a. Et quant à ladite logette de nouvel édifiée,
» elle doit estre démolie et mise jus se ainsi nestoit
» que lesdis maire et eschevins de leur grace et vo-
» lenté le veullent donner, delaissier et espargner
» audis chevalier, auquel cas quil le délairoit, il ne
» pourra icelle ordener ne mettra à deffense ne faire
» y pont, lieu ne quelconque signe de forterece ne
» si successeur. » — (Archives de Doullens, livre noir, f.° 17.)

Le même arrêt constate que le seigneur de Beauval, dans ses discussions avec la commune, se permettait les actes de violence les plus condamnables et souffrait que ses gens se fissent les complices de ses outrages.

« Item, sur toutes les injures et vilonnies que li
» dis chevaliers et tous ses gens ont fait au dis
» maire et eschevins et à toutes les personnes de
« ladite ville de Dourlens, et autres personnes de la
» communaulté de ladite ville, ACCORDÉ est quil ira et
» sera tenu de aler, en se personne, en ladite ville
» de Doullens lau mieux plaira aux dis de Dourlens,
» et pardevant le peuple, dira et recongnoistera que
» li maieurs et eschevin qui pour le présent sont et
» pour le temps passé ont gouverné, ne en quelque
» personne du commun dicelle, il ne sceut onques
» que bien et honneur ; et que si aucune chose en
» avoit dit, il on ses gens, ce avoit esté par eschauf-
» foiture et par ire, sans quil y sceut aucun mal ni
» vilonnie ; et pour ce fera et sera tenu de faire
» amende aux dis maire et eschevins, pour eux et pour
» tout ledit commun, à gage plegié et en leur disant
» quil leur amende du tout à lenr volenté sans aucune
» condicion ou espérance de depport ; et accordera à
» faire amende telle comme par eux sera sur ce or-
» dené. »

« Item sur ce que les dis de Dourlens requeroient
» asseurement dudit chevalier pour eulx et pour tout
» le commun dicelle ville, ACCORDÉ que ledit cheva-
» lier leur promettera et jurera sollempnellement à
» tenir et faire tenir par lui, par tous ses amis, com-
» plices, varles, bastars et autres bonne paix ferme et
» loial à toujoursmais, sur paine de six mil livres pa-
» risis avec toute autre paine quil de paix enfrainte se
» porroit ensievir. » (Ibid.)

Le sire Robert de Beauval fit en effet amende honorable aux maieur et eschevins de Doullens, le 11 mars 1365-66, en présence de Jehan de Saint-Omer et de Jehan de Poix, auditeurs du roi. (Archives de Doullens, *Livre noir*, f.° 20.)

Toute cette curieuse procédure, si elle ne se rattache pas directement à la forteresse, nous donne au moins la mesure des embarras que l'existence de cette maison suscitait à la commune. Dans tous les cas, elle témoigne de la force de ces institutions du moyen-âge qui, quoique déjà frappées de décrépitude, protègent encore le faible contre le fort, parce qu'elles trouvent des magistrats qui ont la volonté et le pouvoir de les faire respecter.

Il n'y avait qu'un moyen de faire cesser ces fâcheuses collisions, c'était de transférer à la commune la propriété de la maison qui en était le prétexte et la cause. En 1386, la tour du seigneur de Beauval fut cédée à la commune pour en faire le nouveau beffroi dont le roi Jean, par ses lettres de 1363, datées d'Hesdin, avait autorisé l'établissement, au lieu et place de l'ancien qui *estoit de grant anchienneté et moult empirié.*

Tout ce qui précède explique suffisamment pourquoi les droits du seigneur de Beauval à Doullens se trouvaient restreints, en 1507, à quelques maisons et pièces de terres tenues à cens. Ce n'est pas un aussi minime intérêt qui devait exciter les successeurs de Robert à renouveler ses attentats contre les droits de la commune, pour les expier comme lui par l'humiliation de l'amende honorable. La commune, en achetant la tour du seigneur de Beauval, avait fait disparaître la pomme de discorde. Il n'apparaît pas que depuis cette époque les luttes aient continué d'être aussi violentes et aussi acharnées qu'elles l'étaient auparavant.

Note 15. — Page 66.

Beauval, *châtellenie.* — Art 7 : *L'aisné emporte le quiefmez.*

Voyez la notice de cette série, tome 2, page 10.

Note 16. — Page 67.

Beauval, *châtellenie.* — Art. 19 : *De payer XXII sols VI deniers audit seigneur.*

La coutume de la châtellenie, sous les articles 16, 17, 18 et 19 reproduit les dispositions de l'article 12 de la charte de Beauval de 1219, tandis que la coutume de l'échevinage qui est, pour ainsi dire, la traduction de cette charte, n'en fait nulle mention. Cela peut paraître singulier. Mais il ne faut pas perdre de vue que la coutume générale de la châtellenie a été rédigée six jours avant la seconde ; qu'elle a été signée par les échevins de Beauval, par conséquent, toutes les prescriptions en étaient connues des rédacteurs de cette dernière qui, pour cette raison, se seront crus dispensés d'insérer, dans leur cahier particulier, celles de ces prescriptions qui n'avaient pas trait directement à leurs privilèges, mais au droit commun du seigneur haut justicier, dans toute l'étendue de sa juridiction.

Note 17. — Page 68.

Beauval, *échevinage.* — Préambule : *Datées du mois de juin l'an mil deux cens dix-neuf.*

Nous donnons ici le texte de la charte de Beauval, non tel qu'il est imprimé dans l'Histoire du Doyenné de Doullens, par le père Daire, mais tel qu'il existe dans un cartulaire du xiv.e siècle conservé aux archives de la mairie de Doullens. La copie qui en a été faite par M. Eugène Demarsy, avec un soin tout particulier, est reproduite ci-après avec les dispositions correspondantes de la charte de Gézaincourt.

Charte de Beauval.

1249.

Ego Hugo, dominus Campdavesne, miles, notum facio presentibus et futuris quod, cum Jerosolymam essem iterum arrepturus, ut in beneficiis crescerem apud deum et homines, donavi et concessi in perpetuum hominibus meis Bellavallis quod, omnibus consuetudinibus si que antea sequentibus contrarie fuerint, abrogatis :

1. De cetero decem homines legales erunt jurati in villa Bellavallis qui jura et omnia ad justiciam et regimen dicte ville pertinentia per annum dictabunt et judicabunt, jure sancte ecclesie et meo in omnibus observato; ita quod, sy judicium rey de qua judicatury erunt in tenore quarte subsequentis eidem teneatur,

Charte de Gézaincourt.

1240.

In nomine sancte et individue trinitatis. Ego Robertus, Fretials, dominus de Gesainecourt, notum facio omnibus presentibus et futuris quod, pro injuriis quas avus meus intulit hominibus meis de Gesainecourt, de assensu Yde uxoris mee, et de consensu Margarete, fille mee primogenite et consilio liberorum hominum meorum, pietatis intuitu et pro redemptione anime mee et antecessorum meorum, legem secundum usus et consuetudines Bellavallis, dictis hominibus [de Gesainecourt, tradidy tenendam in perpetuum et concessy, jure sancte ecclesie et meo in omnibus observato et heredum meorum.

1. Erunt de cetero sex legales homines jurati qui jura et omnia ad justiciam et requiem dicte ville pertinentia, per annum, dictabunt et judicabunt ; ita quod, sy judicium rey de qua judicatury erunt in tenore presentis carte contineatur, secundum tenorem illius et efficatiam judicabunt : sy autem in presenty carta

secundum tenorem illius et efficaciam judicabunt. Sy autem in dicta quarta illud contineri non contigerit, a meis liberis hominibus prefate rey judicium interrogabunt et inquirent et secundum quod ab illis acceperint in presentia mea pronunciabunt.

2. Si vero, causa inquirendi judicii, exire villam opportuerit, illum qui de injuria convinctus fuerit custum et expensas inquisitorum reddere opportebit.

3. Prefati vero juraty metas disponent et vias discernent. Si quis metas quas posuerint amoverit, vel vias interceperit, vigenti solidos michi persolvet de emenda, si ab eis super hoc convictus fuerit. 20 s.

4. Omnis conventio de re mobilly in presentia duorum vel plurium dictorum juratorum contracta, testimonio eorum stabillis habebitur. Si quis testimonio eorum contradixerit michi per vigenti et cuilibet juratorum per quinque solidos emendabit.

Amende au seigneur . . . . 20 s.
A chacun des jurés . . . . 5 s.

5. Anno autem elapso, in festis paschalibus, dicti dicem jurati convenient et, absque contradictione, quatuor legales homines de predicta villa nominabunt et ipsus in juratos elligent substitutos. Illi autem quatuor, sex alios homines in eadem villa nominabunt et elligent in juratos bona fide ; et isti decem, in anno illo sequenti, jurati erunt sicut predicti decem fuerant in anno precedenti ; et ita annuatim fiet sine fraude.

Item consedo et confirmo universitati prememorate ville ipsam de cetero sigillum habituram.

6. Preter predicta supra, dicti jurati, de assensu suo, custodes messibus custodiendis instituent, ita quod eorum constitutiony non potero obviare ; et de forefactis et emendis a forefactoribus, occasione dictarum messium, per manum eorumdem juratorum perceptis, premia dictorum custodum persolventur.

7. Quod si de forefactis predictis, premiis persolutis, aliquid super habundaverit, residuum in usus ville communes, ut in templo et calceis, de consilio meo, distributum erit et locatum.

8. Quod si forefacta ad premia dictorum custodum solvenda non sufficerint, de communi ville perficentur.

9. Qui autem partem premiorum sibi a dictis juratis assignatam, ad submonitionem eorumdem qui hoc colligere debent, non persolverit, sy colligentes de eo ad me clamorem fecerint, ego cum ipsis famulum meum ad domum persolvere contradicentis, transmittam ; quod si ad domum ejusdem, ob hanc causam,

illud contineri non contigerit, a meis liberis hominibus prefate rey judicium interrogabunt et requirent, et secundum quod ab illis receperint in presentia mea pronunciabunt.

2. Si forte, causa inquirendy judicii, juratos exire villam opportuerit, illum qui de injuria convictus fuerit custum et expensas inquisitorum reddere opportebit.

3. Prefaty sex juraty metas disponent et vias discernent per totam...... dicte ville. Si quis metas quas posuerint amoverit vel vias interceperit decem solidos michi persolvet de emenda, si ab eis super hoc convictus fuerit. . . . . 10 s.

4. Omnis conventio de re mobilly in presentia duorum vel plurium dictorum juratorum contracta, testimonio erumdem stabilis habebitur et firma ; si quis testimonio eorum contradixerit michy par decem solidos et cuilibet juratorum per duos solidos et quinque denarios emendabit.

Amende au seigneur . . . . 10 s.
A chacun des jurés . . . . 2 s. 5 d.

5. Communie anno elapso, quarta Pentecoste feria, dicty sex juraty convenient et absque contradictione tres legales homines de predicta villa nominabunt et ipsos in juratos eligent substitutos. Illy autem tres, allios tres homines legales de eadem villa, nominabunt et eligent in juratos bona fide, et illy sex, in anno allio sequenty, juraty erunt sicut predicty sex, fuerant in anno precedenty et ita annuatim fiet sine fraude ; si autem dicta die juraty non eligerent, ego eligerem et substituerem qui in anno allio, sicut juraty qui prius fuerant, juratorum officium in omnibus exercerent.

6. Preter predicta *sepe dicta*, juraty de omni assensu suo custodes messibus custodiendis instituent, ita quod eorum institutionem non potero obviare ; et de forefactis et emendis a forefactoribus et occasione dictarum messium per manus eorumdem juratorum perceptis, premia dictorum custodum persolventur.

7. Quod sy de forefactis predictis, premiis persolutis, aliquid superhabundaverit, residuum in usus ville communes, ut in templo et calceis, de consilio meo, distributum erit et locatum.

8. Quod sy forefacta ad premia dictorum custodum solvenda non sufficerint, de communi ville perficettur.

9. Qui autem partem premiorum sibi a dictis juratis assignatam, ad submonitiones eorumdem qui hoc colligere debent, non persolverit, si colligentes de eo ad me clamorem fecerint, ego cum ipsis famulum meum ad domum persolvere contradicentis, transmittam ; quod si ad domum ejusdem, ob hanc causam,

idem famulus perrexerit, michi per tres solidos emendabit ; similiter qui forefactum messium ad submonitiones supradictorum juratorum non persolverit, si de eo clamor factus fuerit et famulus meus ad domum ejus perrexerit, michi per tres solidos emendabit. . . . . 3 s.

10. Mortuo autem viro, mulier ejus superstes per septem solidos et nichil amplius relevabit ; quod si post modum heredes inter se partiri voluerint, quilibet partem suam per septem solidos et nichil amplius relevabit. . . . . 7 s.

11. Si quis domum suam sensualem vendiderit, de quibuslibet duodecim denariis, duos denarios de venditione persolvet michi ; eodem modo de sensualibus terris, ita tamen quod vendens domum suam sensualem plegium donabit quod infra annum herbergagium faciet loco illius substitutum ; quod nisi fecerit infra annum, plegius septem solidos et nichil amplius, pro eodem, michi persolvet de emenda . . . . 7 s.

12. Si quis sine armis in alium violentas manus injicerit, qui clamorem fecerit septem solidos et dimidium vadiabit ; et si usque ad alium diem clamorem distulerit quindecim solidos vadiabit ; si autem usque in tertium diem clamorem distulerit et tunc clamorem fecerit, per vigenti duos solidos et dimidium emendabit ; si vero ad nullum trium dierum clamorem fecerit, per vigenti duos solidos et dimidium et nichil amplius emendabit, vel se manu tertia purgabit ; et eodem modo ille qui cum eo demictaverit, erga me agere tenebitur, ita tamen quod, postquam clamor factus fuerit, in illum qui per veritatem legitimi testimonii convictus fuerit, dampnum universum revertetur et redundabit.

Amendes 7 s. 6 d. — 15 s. — 22 s. 6 d.

13. Si quis alium armis vulneraverit et inde convinctus fuerit, si vulneratus salvis membris convalere poterit, vulnerans michi per sexaginta solidos emendabit ; et si membrum vulneratus amiserit et deinceps imbecillis fuerit, vulnerans michi per sexaginta libras emendabit . . . . 60 s. — 60 *livres.*

14. Si quis clamorem de alio fecerit, citra valorem quinque solidorum et illum per testimonium unius testis convincere poterit, convictus absque ulla contradictione persolvet quod contra eum fuerit comprobatum et propter hoc michi per tres solidos emendabit. . . . . 3 s.

ydem famulus perrexerit, michi per duos solidos et quinque denarios, emendabit ; similiter qui forefactum messium ad submonitiones supradictornm juratorum non persolverit, sy de eo clamor factus fuerit, et famulus meus ad domum ejus perrexerit, michi per duos solidos et quinque denarios emendabit 2 s. 5 d.

10. Mortuo autem viro, uxor ejns superstes quecunque possidet per tres solidos et nichil amplius relevabit ; quod sy postmodum heredes inter se partiry voluerint, quilibet partem suam per tres solidos et nichil amplius relevabit . . . . 3 s.

11. Si quis *domum suam censualem vendiderit*, de quibuslibet duodecim denariis, duos denarios de venditione persolvet michi ; *eodem modo*, de censualibus terris, ita tamen quod vendens domum suam censualem plegium donabit quod infra annum herbergagium faciet loco illius substitutum, sy remanere voluerit ; sin autem, quatuor denarios pro suy recessus licentia persolvet ; sy autem remanserit et infra annum herbergagium non fecerit, plegius quinque solidos et nichil amplius, pro eodem, michi persolvet pro emenda. . . . . 5 s.

12. Sy quis sine armis in allium violentas manus injeceri, qui clamorem fecerit quinque solidos vadiabit ; quod sy usque ad allium diem clamorem facere distulerit et tunc clamorem fecerit, decem solidos vadiabit ; sy autem usque ad altereundem diem distulerit et tunc clamorem fecerit, per quindecim solidos emendabit ; si vero ad nullum trium dierum clamorem fecerit, per quindecim solidos et nichil amplius emendabit vel se manu tertia purgabit ; et eodem modo ille qui cum eo demicaverit erga me agere tenebitur, ita tamen quod, postquam clamor factus fuerit, in illum qui per veritatem legitimy testimonii convictus fuerit, dampnum universum revertetur et redundabit.

Amendes 5 s. — 10 s. — 15 s.

13. Si quis alium armis vulneraverit et inde convictus fuerit, sy invulneratus salvis membris convalere poterit, invulnerans michi per vigenti solidos emendabit ; quod sy membrum invulneratus amiserit et deinceps imbecillis fuerit, invulnerans michi per decem libras emendabit et leso, per medictatem recte solutionis . . . . . . emendabit. . . 20 s. — 10 *livres.*

14. Sy quis clamorem de allio fecerit, citra valorem quinque solidorum de venaly suo, per manum propriam probare poterit ; ita convictus, absque alliam contradictionem, persolvet quod contra eum fuerit probatum, et michi per duos solidos et quinque denarios emendabit ; item si quis de allio citra valorem quinque

15. Si quis de alio, super devastatione aliqua, clamorem fecerit, se manu sua decima impeditus purgare poterit, et alius clamorem suum per tres solidos emendabit . . . . 3 s.

16. Si quis nemus meum scindens inventus fuerit, tres solidos persolvet vel se manu propria purgabit: homines mei Bellavallis pugnum suum plenum virgis ad carrucas ducendas, quotiescunque opus fuerit, in nemoribus meis sine forefacto cappere poterunt. 3 s.

17. Si quis eradicans vel fodiens nemus meum inventus fuerit, sexaginta solidos michi persolvet de emenda vel se manu propria purgabit. . . 60. s.

18. Si quis in aliquo forefecerit, in ipsum solum pena revertetur nec ejus forefactum luent parentes ejus, nisi convincti fuerint quod ad eorum consilium et auxilium, post forefactum, habuerit regressum.

19. Ad hujus (sic) annuatim, in festo beati Remigii, supradicti homines Bellavallis de tallia sexaginta libras michi persolvent, et nichil amplius preterquam proprios redditus assignatos, ab eis extorquere seu exigere potero nisi de eorum voluntate

20. Pretaxati autem jurati plenariam habent potestatem, in prefata villa, talliam assignandi et eamdem colligendi secundum quod viderint expedire. Qui autem partem tallie sibi assignatam, ad submonitionem ipsorum colligentium, non persolverit, si clamor exinde ad me pervenerit, ego famulum meum cum ipsis, ad domum persolvere nolentis, transmittam; etsi, ob hanc causam, famulus meus ad domum ejusdem perrexerit, per tres solidos michi emendabit.

Hujus rei testes sunt Lambertus presbyter, Robertus Clericus, Milo de Sarton, Mainardus de Sancto Leodegario, Johannes de Wallaincourt, Santelimus de Sarton, Simon de Busquey, milite; Girardus de Willeman, Robertus d'Orreville, Valterus du Candas, Arnulphus Calles, Clementus Wanes, et milites alii.

Quod ut ratum permaneat et in perpetuum inconcussum, ego Hugo Campdavaine, miles, dominus Bellavaliis et Guido Campdavaine, et Guido de Chaumont, fratres mei, milites, juramentis interpositis, affirmamus nos bona fide omnia supradicta servaturos, et insuper sigilli mei munimine dignum duxi roborari.

Actum anno Domini M.° CC.° nono decimo mense junio. (Extrait du livre noir de Doullens.)

solidorum, clamorem fecerit de re allia quam de venaly, per testimonium duorum testium probare poterit et convictus, absque ulla contradictione, persolvet quod contra eum fuerit comprobatum et per duos solidos et quinque denarios michi emendabit 2 s. 5 d.

15. Si quis de allio, super devastationem aliquam, clamorem fecerit, se manu sua decima impetitus purgare poterit, et allius clamorem suum per duos solidos et quinque denarios emendabit . . . . 2 s. 5 d.

16. Si quis nemus meum scindens inventus fuerit, tres solidos persolvet vel se propria manu purgabit: homines mei de Gesainecourt pugnum suum plenum virgis ad carrucas ducendas quotiescunque opus fuerit, sine forefacto, in nemoribus meis, capere poterunt. 3 s.

17. Si quis eradicans vel fodiens nemus meum inventus fuerit, vigenti solidos michi persolvet de emenda vel se propria manu purgabit . . . . . 20 s.

18. Si quis aliquo forefecerit, in ipsum solum pena revertetur nec ejus farefactum luent parentes ejus, nisy convicty fuerint quod ad eorum consilium et auxilium, post forefactum, habuerit regressum.

19, 20, 21, 22, 23, 24, 25 et 26 *concernent des dispositions qui ne se trouvent pas dans la charte de Beauval.*

27. Item homines mei de Gesainecourt . . . . tallia sicut immunes; possunt tamen juraty de Gesainecourt . . . . in utilitate ejusdem ville, prout viderint expedire; et quicumque partem tallie sibi assignatam *solvere contra*dixerit, per legem ville emendabit.

28, 29, 30. *Ces articles relatent des coutumes dont il n'est pas fait mention dans la charte de Beauval.*

Statutum est et sub relligionis sacramentum quod unumquodque capitulorum, prout in presenty carta plenius est expressum, fideliter observetur; et tam ego quam predicty homines mei ad invicem nos legitime creantavimus servaturos, salvis exercitibus, equitationibus meis et auxiliis in corpore meo et amicitiis meis. Contractum anno incarnationis Domini millesimo ducentesimo quadragesimo, mense aprily. (*Voyez page* 121.)

Ces deux pièces, isolées l'une de l'autre, n'auraient présenté peut-être qu'un médiocre intérêt ; nous les avons rapprochées pour qu'elles se contrôlassent mutuellement dans les points qui peuvent avoir été altérés par l'erreur des copistes ; et, en outre, par cela même qu'elles se rapportent à des objets identiques, elles font naître le désir de rechercher pourquoi elles ne les règlent pas toujours d'une manière uniforme. C'est ce que nous avons essayé de faire dans la notice de cette sixième série. (*Voir ci-dessus pages* 22, 23 *et* 24.)

NOTE 18. — PAGE 69.

BEAUVAL, *échevinage* — ART. 2 : *Pour avoir conseil et savoir apointier audit litige.*

L'art. 5 de la coutume de Gézaincourt renferme une disposition analogue. Il était, en effet, d'usage dans toutes les questions difficiles qu'avait à décider la justice échevinale, de recourir aux lumières des magistrats municipaux des grandes villes. On appelait cela aller à l'enquête. Les réponses sur les points de droit résolus par ces consultations juridiques, non seulement servaient à trancher les litiges pour lesquels on les avaient obtenues ; mais encore on les destinait à servir de règle dans les cas semblables qui pourraient se présenter par la suite. Les greffiers des villes consultantes et les greffiers des villes consultées, gardaient note de ces réponses, en les transcrivant sur un registre qu'on appelait le livre des *records de loy*, qu'il ne faut pas confondre avec les *records de court*, dont les Olim du parlement nous offrent le plus curieux spécimen.

Tous les échevinages du rayon de l'Amiénois allaient à l'enquête à Abbeville, à Saint-Quentin, à Amiens. Ceux du nord de la France allaient à Arras, à Lille, à Cambrai, parce qu'on trouvait, dans ces grands centres de population, des garanties de savoir et d'expérience qu'on ne rencontrait pas dans les petites localités. La commune d'Amiens, pensionnait des avocats et des procureurs qu'elle chargeait de la défense de ses intérêts et dont elle prenait l'avis, quand elle avait à juger des questions épineuses. (Voyez tome 1.er, page 145, note 44.) Tout porte à croire que les affaires que les villes voisines avaient à débrouiller étaient soumises à l'examen de ces mêmes jurisconsultes. Le rôle des présens de vin que nous avons publié dans les notes de la première série de ces coutumes, constate qu'il ne se passait pas de semaine sans qu'on offrît le vin d'honneur au maieur ou aux échevins de quelque commune des alentours. Ceux de Montreuil, d'Hesdin, de Doullens, d'Abbeville, de Saint-Riquier, de Péronne, de Montdidier, de Corbie, etc., étaient en perpétuelle communication avec Amiens. (Voyez tom. 1.er, pag. 146, note 42.) Qu'y venaient-ils faire? Probablement chercher des conseils.

La commune d'Abbeville nous a conservé, dans son *Livre rouge*, un certain nombre de ces curieux monuments de la jurisprudence du moyen-âge, et nous remercions bien sincèrement M. Eugène Demarsy de nous avoir fourni l'occasion d'en citer quelques-uns.

CONSEIL PRIS A AMIENS ET A ABBEVILLE (vers 1315). Il avint à Doullens que deux hoimes aseurerent li uns l'autre. Che fait li oncles de lun pour un debas que il avoit et cuidoit que che soit de ses amis, ahert le cousinet de lautre home injurieusement par le poitrine. Or fu chiex qui le autre ahert sievis dasseurement brisié. Duquel fait li maires et li esquevin de Doullens en envoierent cheens au conseil et pour che meisme on eu envoié à Amiens. Et fu raporté du conseil d'Amiens et accordé par li esquevin, que le asseurement nestoit mie brisies pour che que il navoit eu point de plaie, et que chil en estoit de tout délivrés. (*Livre rouge d'Abbeville*, f.° 115.)

CONSEIL PRIS A SAINT-QUENTIN ET A ABBEVILLE (sans date). Il avint à Doullens que messire Robert Frestaus feist fortereche dedans le banlieue de Dorlens à Gizencourt. Le commune le vault abattre. Me sires Robert aporta avant une charte ki dist que li maires et li esquevin de Dourlens tesmoignent par leurs lettres ke li quens de Pontieu avoit donné à son pere par se volenté et par lassens de Dourlens, pour le service de le bataille de Flandres, congié de faire mur de XII pies de haut et fosse de XL pies de le. Et bien se renoukoit. — Il se conseillerent a nous et eurent conseil de Saint-Quentin, de prendre seureté du maieur et del esquevin qui demouré estoient, ke li autre estoient tout mort, et de leur advis destre a leswart de le ville. Et se il ne voloient faire, con presist leur cors et leur cateus pour estre a droit. Nous leur conseillames et desimes que nous avions à usage, ke kant li maires et li esquevin devoit issir del eskevinage, il content as eskevins et as preudhoumes et à le commuigne, et ils issent sans contredit et sans calenge, ke il ne doivent estre repris ne occoisonné, ne ne doivent respondre de nule cose ki avenue soit, ki apartiegne ne a maire, ne a eskevinage. (*Livre rouge d'Abbeville*, f.° 43.)

Ce record n'est pas très-clair. Cependant nous croyons y démêler que la forteresse de Gézaincourt n'est pas l'objet direct de la consultation, mais au contraire qu'il s'agit d'une action à intenter contre le maieur et les échevins de Doullens qui, chargés de suivre le procès contre le seigneur de Gésaincourt, ont produit une pièce qui leur a fait perdre leur cause. La question engagée était donc une question de responsabilité sur laquelle il y a eu avis contradictoires, savoir l'avis de Saint-Quentin qui semble autoriser le recours, et l'avis d'Abbeville qui oppose à l'action une fin de non-recevoir tirée de l'approbation tacite des comptes des maieur et échevins, s'ils les ont rendus à la fin de leur exercice, sans qu'il y ait eu protestation.

La coutume de Baralle et Buissy renferme plusieurs records qui y forment un chapitre particulier. (Voyez 7.ᵉ série). Un autre non moins curieux indique la manière de procéder.

Lorsqu'après trois quinzaines successives les échevins ne sont point d'accord sur le jugement qu'ils doivent rendre, ils le déclarent au maieur pour qu'il fasse consigner, par les parties, les frais que doit occasionner le déplacement. Ils lui demandent de leur procurer une feuille de parchemin, de l'encre et un clerc expérimenté pour libeller le point de fait de la consultation dont il est donné lecture aux plaideurs. Lorsque ceux-ci l'ont approuvé, il est clos et scellé du sceau de l'échevinage, afin qu'on n'y puisse rien retrancher ni ajouter. Le maieur conduit à Arras et ramène à Baralle, ceux auxquels est confiée la mission d'aller à l'enquête; à leur retour, *ils font enseignement et recort à leurs compaignons de ce quils ont trouvé et raporté par droite enqueste*. Le maire fait comparaître les parties et ordonne aux échevins de prononcer leur jugement. Ils lui répondent qu'ils sont prêts à le faire si les plaideurs l'ont nanti de bon gage ou de bon argent. S'il dit *oui*, ils rendent leur jugement, car la déclaration d'appel, immédiatement après la sentence, mettrait le maieur dans l'impossibilité de restituer à celui qui gagne son procès, la portion de dépens qu'il aurait consignés.

Les échevins d'Arras, ajoute la coutume, sont volontiers en halle trois fois la semaine, savoir : le lundi, le mercredi et le vendredi. Quand il y a lieu d'aller à l'enquête, le maieur prend avec lui trois échevins de Baralle et deux de Buissy désignés par le choix de leurs collègues. Il les conduit à la halle où siégent les échevins d'Arras et leur présente en disant : *Mes seigneurs, vees chy les échevins de Baralle et de Buissy, officiers de monseigneur le comte de Saint-Pol, qui sont venus à l'enqueste par devers vous, ainsy qu'on a toudis fait et accoustumé; je vous pris et vous requiers de les expédier au plus tost dans leur besogne, ainsi que vous saves si bien faire*. Cela dit, les délégués présentent leur mémoire et les échevins d'Arras l'examinent, dans leur chambre de délibération, avec leurs conseillers. Puis, *ils font hucquier ceux de Baralle, les font seoir en coste d'eux*, et leur disent : « Seigneurs eschevins, nous avons visité
» vostre enqueste, et nous avons bonne mémoire de
» tout ce que vous nous avez donné de *bouque et par*
» *escript*, c'est pourquoi nous vous déclarons que si
» nous avions tel cas à juger, nous le ferions ainsi. »
Et ils leur exposent les termes du jugement en terminant par ces mots : *tenez et gardes bien vos us et vos coustumes*. Quand l'enquête est ainsi répondue, si les délégués ne sont pas sûrs de leur mémoire, le clerc de l'échevinage d'Arras qui est assermenté pour cela, rédige la résolution en leur présence, pour qu'elle soit rapportée plus fidèlement.

Cet usage d'aller chercher au dehors la solution des questions embarrassantes, n'était point particulier au nord de la France, il s'étendait beaucoup plus loin. Nous en trouvons trace dans la Lorraine allemande. Un weisthum de Taben (Pays de la Saar) de l'an 1486, traduit presque littéralement l'art. 2 de la coutume de Beauval. « S'il arrive, dit l'art. 10, que les éche-
» vins de Taben aient un *missell* ou quelque jugement
» à faire, sur lequel leur opinion ne soit pas bien
» fixée, ils ont coutume d'aller au conseil devant les
» quatorze échevins de la cour supérieure (ober-
» hoff) de S. Maximin, aux coûts et dépens des par-
» ties qui doivent leur faciliter le voyage, en leur
» fournissant les moyens de transport. (*Grimm Weis-
» thümer, tom.* 2, *pag.* 72.)

On trouve aussi quelque chose d'analogue dans les coutumes de la Westphalie. L'art. 7 du Rôle de la métairie de Barmen prescrit que, « s'il advient quel-
» que cas difficile à juger, devant le tribunal de la
» cour libre (frey hoffsgericht), et que les hommes
» de cour ne soient pas assez éclairés pour porter
» une décision, ils doivent se consulter avec le bailli
» ou écoutète (schulteiss), rédiger leur jugement
» tous ensemble et le prononcer à Ervelfeld. »
(*Grimm Weisth., tom.* 3, *pag.* 11.) Mais ici ce n'est point un tribunal qui a recours à un autre tribunal, c'est un jury qui consulte son président.

Cette manière de procéder tire-t-elle son origine du droit romain ? Nous ne le pensons pas; car si les jurisconsultes de l'époque impériale émettaient leur avis sur le bien ou mal fondé des actions portées devant les tribunaux, nous ne voyons pas que les juges se soient jamais adressés à eux pour suppléer à l'insuffisance de leurs propres lumières. Le moyen-âge est une époque d'exception. Il y avait trop de magistrats pour que tous eussent le degré d'instruction nécessaire. C'était donc pour ceux-ci un droit et un devoir de recourir aux conseils d'hommes plus expérimentés. Ceux-là même qu'on allait interroger prenaient encore la précaution d'avoir, auprès d'eux, *des conseillers* pour les guider dans leurs décisions. Quand les fonctions judiciaires n'ont plus été inhérentes à certains offices féodaux ou municipaux, les conseillers ont quitté la chambre du conseil pour monter sur les sièges du prétoire, et l'on a vu les juges de robe longue remplacer les juges de robe courte.

NOTE 19. — PAGE 74.

BEAUVAL, *échevinage*. — ART. 20 : *Plein leurs mains de verges pour faire des caignons à conduire leurs harnas.*

L'article 16 de la charte de Beauval accorde ce droit aux habitants, comme correctif de la disposition qui leur interdit de couper du bois dans les taillis, sous peine de 3 sols d'amende. L'article 16 de la charte de Gézaincourt énonce le même droit et la même prohibition.

Lorsque le sol de la Gaule était encore couvert d'impénétrables forêts, il est évident qu'elles suffisaient et au-delà au chauffage et à la consommation des communes, mais lorsque les défrichements successifs en eurent diminué le nombre et l'étendue, il fallut restreindre les droits d'usage et en régler l'exercice. Les seigneurs furent chargés de ce soin. C'est alors qu'ils commencèrent à se considérer comme les propriétaires et qu'ils redoublèrent de sévérité pour assurer la conservation de leurs taillis. Ils défendirent d'y couper du bois sans leur consentement, excepté dans les cas d'urgente nécessité, par exemple, dans le cas où un laboureur aurait besoin de réparer sa charrue. Il en a été de même dans tous les pays placés dans une condition analogue, et, à cet égard, le droit de la France ne différait guère du droit de la Germanie.

Nous voyons, par le rôle de la métairie de Barmen, que, dans les contrées sauvages de la Westphalie, les bois sont restés, sous le nom de *marches*, beaucoup plus longtemps la propriété des communes. Les seigneurs n'étaient que les conservateurs et les gardiens du droit de tous.

« Les possesseurs d'héritages, dans la métairie de Barmen, ne peuvent prendre sur les marches plus que la consommation de leur foyer et les besoins de leur fumier, la nourriture des bestiaux de leur basse-cour. » (art. 36).

« Ils ont droit de prendre, toutes les quatre nôces, plein un chariot de tremble ou de bouleau, plus le droit, en tout temps, de couper les troncs secs, de recueillir les copeaux, de ramasser les mousses, mais rien de plus. » (art. 39).

» L'écoutête, c'est-à-dire le prévôt, indiquera aux laboureurs qui cultivent le domaine du gracieux seigneur, le lieu où ils devront prendre le bois dont ils ont besoin pour leurs charrues et leurs herses. » (art. 35). — (Grimm Weisthümer, tom 3, pag. 14).

De même chez les Brehons d'Irlande, le paysan natif peut couper des pommiers sauvages pour faire des manches à croc à pêcher, bruler des broussailles, pendant la nuit, pour apprêter le poisson, couper des branches de noisetier pour faire des jougs et autres choses comme liens pour la charrue, des cerceaux et battoirs à beurre, etc. (*Michelet, origine du droit français, pag.* 87).

Ainsi les mêmes traditions du droit primitif se retrouvent chez tous les peuples de la vieille Europe, seulement la France en a conservé moins bien la trace, parce qu'elle est entrée plus tôt dans les voies de la civilisation. La marche a sans doute aussi existé chez nous, comme dans l'Allemagne du nord. Mais nous ne saurions dire quand et comment elle a été envahie par la propriété privée. Trop de temps s'est écoulé depuis l'époque où cette transformation s'est accomplie.

NOTE 20. — PAGE 74.

BEAUVOIR. — ART. 3 : *Après une tournée à la vergue par le nourraquier.*

Manière de désigner la bête à laine que le propriétaire du troupeau entend soustraire au choix du seigneur. Les autres coutumes se servent de cette expression : *Après une choisie et mise à l'écart par le nourraquier.* Voyez tome 1.er, page 458.

NOTE 21. — PAGE 74.

BEAUVOIR. — ART. 4 : *Dudit droit de non réséandise.*

Ce droit dérive de l'obligation de résider pour que le seigneur ne soit pas privé de ses censives.

NOTE 22. — PAGE 74.

BEAUVOIR. — ART. 7 : *Queuste à court quant mondit seigneur fait assemblée pour sa seigneurie garder.*

Voyez *Théorie des prestations seigneuriales*, tome 1.er, page 460.

Note 23. — Page 76.

Blangy-en-Ternois. — Art. 1.er : *Assize et situés es fins et mettes des prévostés de Doullens, de Monstrœul et de Beauquesne.*

Ainsi tout le pays situé en deça de la Ternoise appartenait à la première, tout ce qui était au-delà, vers Hesdin, à la seconde; tout ce qui était au-delà, vers Lisbourg et Pernes, à la troisième

Note 24. — Page 77.

Blangy-en-Ternois. — Art. 14 : *Que l'on nomme vulgairement cullage.*

Voyez la note 7 de cette série.

Note 25. — Page 77.

Blangy-en-Ternois. — Art. 17 : *Femmes ne hoallières.*

C'étaient probablement des chanteuses et joueuses d'instruments ambulantes : *hoallieres* doit avoir la même signification que le mot *harolleurs* dont parle l'art. 3 de la coutume de Saint-Mauvis, tome 1.er, page 422.

Note 26. — Page 80.

Boubers-sur-Canche. — Art. 2 : *L'aisné choisiroit l'un desdits manoirs.*

Cet article a été imprimé dans le *Coutumier général de Richebourg*, tome 1.er, page 347. (Voir la notice de cette série, tome 2, pages 10 et 11.)

Note 27. — Page 80.

Boubers-sur-Canche. — Art. 6 : *Le nombre de* xxxiv *piéges.*

Les lois lombardes de Rotharis rendaient ceux qui tendaient des piéges responsables des accidents et des dommages que ces piéges pouvaient occasionner. « Si in pedica aut in taliola fera tensa fuerit aut in homine aut in peculio damnum fecerit, ipse componat qui pedicam misit. » (Leg. longob. Roth. 314, apud Canciani, tome 1.er, page 90.) — Voyez aussi le Gloss. de Du Cange, V.º *Pedica.*

Note 28. — Page 81.

Bourrech-sur-Canche. — Art. 2 : *A ministrer l'usaige desdits fours.*

La Haie-le-Comte était un bois qui, ainsi que ce nom l'indique, était destiné à la conservation du gibier, par conséquent interdit à l'usage commun des habitans. (Pour plus ample explication, voir le Glossaire de Du Cange, V.º *Haga.*)

Note 29. — Page 82.

Bourrech-sur-Canche. — Art. 3 : *Lieu pourpris pour loger les ladres.*

Les hauts seigneurs qui avaient le droit de fonder des communes et des abbayes, pouvaient aussi fonder des léproseries. Celle qui existait à Bourrech est un acte de la munificence des seigneurs qui ont doté la riche abbaye de Cercamp.

Note 30. — Page 82.

Bourrech-sur-Canche. — Art. 10 : *Ne autre instrument que de bois.*

Ils ne peuvent donc y entrer les mains garnies d'autre chose que de liens d'osier, pour réunir en fagots ou en bottes le bois sec et l'herbe qu'ils sont autorisés à y prendre.

Note 31. — Page 83.

Bourrech-sur-Canche. — Art. 12 : *Desquelles cyrographes...*

On voit, par cet article, que l'usage des cyrographes a continué plus longtemps dans les campagnes que dans les villes, car il y a une délibération de l'Hôtel-de-Ville d'Amiens, du 13 décembre 1441, qui décide qu'à l'avenir les actes publics ne seront plus rédigés dans cette forme. (Registre T, n.º 5. — Voyez la note 14 de la 3.e série, t. 1.er, p. 339).

Note 32. — Page 85.

Brestel. — Art. 22 : *Qui est bastu à sang et il fourcelle son sang.*

Quand il y avait rixe entre deux individus suivie d'effusion de sang, le blessé était obligé de dénoncer le fait à la justice, sous peine d'une amende qui augmentait à raison du retard qu'il mettait à déposer sa plainte, car on devait supposer que celui qui cachait ainsi l'outrage qu'il avait reçu, le dissimulait pour en tirer vengeance avant qu'on pût le contraindre à donner assurément à sa partie adverse. (Voir la note 10 de la 1.re série, tome 1.er, page 103).

Note 33. — Page 85.

Brestel. — Art. 25 : *Il doibt, le jour qu'il espousera, II deniers*

Voir la note 7 de cette série.

Note 34. — Page 86.

Bryon. — Préambule : *Terre et seigneurie de Bryon.*

Il n'y a point de village de ce nom dans les alentours de Doullens, et nous ignorons la commune où ce fief était situé.

NOTE 35. — PAGE 86.

COURT ET LA GORGUE. — PRÉAMBULE : *Dont use et a usé..... Le Viesier, demeurant à Doullens.*

Il y a plusieurs Le Viesier parmi les signataires de la coutume de Doullens. L'un d'eux y figure comme *maieur, à son tour, de la ville*, un autre comme *procureur au siège de la prévôté et bailly du Souich.* Le fief que cette famille tenait au village de Halloy, appartint plus tard à une autre famille municipale de Doullens, celle de *Le Boin*, dont l'un fut maieur en 1507. Ce fait nous est révélé par un manuscrit en papier qui a appartenu aux descendants de cette dernière famille. Ce manuscrit contient, dans la première partie, les coutumes du bailliage d'Amiens, de la sénéchaussée de Ponthieu et des prévôtés foraines conformes à la première rédaction ; dans la seconde partie, les mêmes coutumes, moins celles de Ponthieu, telles qu'elles ont été corrigées en 1560. Enfin dans la troisième partie, des annotations sur le texte du 2.e livre des Institutes, tirées des interprètes et des commentateurs du droit romain. Les feuilles de garde sont couvertes de signatures et de noms de lieux qui forment, pour ainsi dire, l'accessoire des paraphes. En voici quelques échantillons : LEBOIN, *Mont-Caubert-Cauchie-Halloy* ; — LEBOIN, *Cauchie-Halloy* ; — NICOLAS LEBOIN, *quartenier* ; — CLAUDINET LEBOIN, *jeune homme à marier.* — *Je suis à Claude Leboin, filz aisné de François Leboin, seigneur de Halloy-en-Ternois, demourant proche l'église Saint-Michel-en-Amiens, tesmoing mon seing cy mis* : LEBOIN, *Cauchie-Halloy.* — La main de ce dernier y a aussi inscrit des sentences et même des vers ou le nom de sa famille et de son fief se trouvent encadrés, au moyen de jeux de mots plus ou moins ingénieux :

— En toutes choses retiens
Le bon Haloy.

— Qui acquiert fait beaucoup, mais il fait davantaige,
Qui l'ayant bien acquis garde son héritaige.
Communément et le plus souvent
En ma bourse n'y a point d'argent.
Celle-là est bien heureuse !
Celle-là est bien heureuse
D'avoir retraitié de Halloy,
Elle en doit estre bien amoureuse ;
Car il est de fort bon aloy.

Toutes ces signatures nous indiquent l'origine du manuscrit, et, en outre, les rébus et les sentences dont elles sont accompagnées trahissent les préoccupations d'un jeune fils de famille qui interrompt ses études de droit pour esquisser des vers où percent déjà ses orgueilleuses espérances. Si le style n'est pas, comme le nom et le fief du poëte, de *fort bon aloi*, il est au moins dans le goût et l'esprit d'un siècle qui poussa fort loin l'abus du calembourg. La chronologie des maîtres de la confrérie du Puy d'Amiens nous a été transmise au moyen de devises et de rébus semblables. Peut-être notre jeune étudiant aspirait-il à briguer les palmes littéraires que cette célèbre association distribuait à ses lauréats.

NOTE 36. — PAGE 88.

CAUMONT. — ART. 6 : *Estant au-decha de la rivière d'Authie et des arrière-fiefs de Ponthieu.*
Voir la notice de cette série, tome 2, page 7.

NOTE 37. — PAGE 89.

CERCAMP. — ART. 1.er : *Fondé par les comtes de Saint-Pol.*

Hugues Campdavaine, comte de Saint-Pol, excommunié en 1134 par le concile de Reims, absous en 1137, fut le fondateur de l'abbaye de Cercamp, de l'ordre de Cîteaux ; le premier établissement date de 1143. Cette abbaye ne possédait pas moins de 12,000 arpents de terres labourables, 2,000 arpents de marais et bois ; la coutume en indique la situation.

Voir, pour plus amples détails, l'*Histoire chronologique des comtés, pays et villes de Saint-Pol-en-Ternois*, par Ferry de Locre, page 27.

NOTE 38. — PAGE 90.

CONCHY-SUR-CANCHE. — ART. 3 : *Moitié au comte d'Artois, moitié aux religieux de l'abbaye de Corbie.*

Le plus ancien titre de l'abbaye de Corbie relatif à Conchy, est une déclaration de Philippe, comte de Flandre, de l'an 1225 environ, par laquelle il reconnaît que la terre et seigneurie de Conchy, avec toutes ses dépendances, est commune entre lui et l'abbaye de Corbie par indivis, de telle sorte que celle-ci a droit à la moitié du produit des eaux, des terres, des bois et du moulin, sauf le travers de Conchy, qui appartient exclusivement au comte de Flandre.

On voit que les comtes d'Artois, en succédant aux comtes de Flandre, n'ont pas modifié cet état de choses.

NOTE 39. — PAGE 95.

CROISETTES. — ART. 19 : *Qui se nomme franche-vérité.*

Les éclaircissements sur les plaids généraux et les franches vérités seront mieux à leur place dans les notes de la 8.e série.

NOTE 40. — PAGE 96.

CROISETTES. — ART. 63 : *Les hommes vesves ont droit de douaire coustumier.*

La prétention d'accorder un douaire coutumier aux hommes aussi bien qu'aux femmes, est une chose tellement extraordinaire, qu'on ne s'étonne pas de la voir qualifiée d'*impertinente*. Le vieil adage du palais : *la femme au coucher gagne son douaire*, indique assez la nature toute spéciale de ce droit, et il ne faut pas de bien grands efforts pour prouver que la succession de l'époux devait seule en être chargée.

NOTE 41. — PAGE 97.

DOMART ET BERNAVILLE. — ART. 1.er : *Esdits lieux, il n'y a qu'un seul héritier.*

Comme dans le Ponthieu dont cette châtellenie est un démembrement.

NOTE 42. — PAGE 98.

DOMART ET BERNAVILLE. — ART. 13 : *Le pain et le chapon se portent au chasteau de Domart.*

La redevance d'un pain ainsi que celle d'un chapon, est ici un droit réel assis sur l'héritage. Elle n'implique nullement la condition roturière du censitaire, puisqu'elle est due par les vassaux tenans en pairie.

NOTE 43. — PAGE 99.

DOMART ET BERNAVILLE. — ART. 25 : *Tel nombre d'esteule qu'il conviendra.*

Il paraît résulter de cet article que l'enlèvement du chaume, après la récolte des céréales, ne pouvait avoir lieu qu'avec l'agrément du seigneur, mais l'opposition des habitans de Domart à cet article, indique que, dans leur banlieue, ce n'est pas au seigneur seul qu'il appartenait de régler l'exercice de ce droit. En effet, nous trouvons dans le manuscrit de Jean Lefèvre, cité plus haut (tome 2, pag. 25), la preuve que les maieur et échevins de Domart étaient présents avec les officiers du seigneur, lorsqu'on faisait la distribution du chaume. « En 1690, les seigneurs de Do-
» mart ont aboli l'ancien usage d'abandonner les
» éteules à la Saint-Remy. Avant cette époque, les
» maieur et échevins allaient en compagnie avec les
» officiers du seigneur, dans les champs, faire la cé-
» rémonie de l'abandon desdites éteules que le sei-
» gneur de Domart s'était réservées, comme il est porté
» au 25.e article de la coutume locale, sans qu'il fût
» permis à qui que ce soit d'y toucher avant ce jour
» là, sous peine d'amende. Cet abandon se faisait aux
» pauvres comme aux riches. Au retour de la cérémo-
» nie, les maire et échevins donnaient aux officiers
» de la seigneurie un repas qui coûtait quelquefois 32
» livres, d'autres fois 44 livres, ainsi qu'il appert
» par les comptes de tous les anciens maires.—L'abo-
» lition de ce droit est devenu très-préjudiciable aux
» pauvres qui faisaient le plus qu'ils pouvaient d'é-
» teule, pour le feu de leur ménage, pour chauffer
» leurs fours et pour couvrir leurs bâtimens, au lieu
» que depuis ce temps-là, ils sont obligés d'en acheter
» des riches. » (Archives de l'hospice de Domart, MS. de Jean Lefebvre, pag. 75.)

Nous nous demandons pourquoi les riches participaient, avec les pauvres, à la distribution des éteules. D'autres coutumes nous donnent l'explication de ce fait. On leur permettait seulement de réserver le chaume sur une quantité de terres proportionnée à la quantité du fumier qu'ils étaient censés y avoir répandu dans l'année. Cela était juste, car le rateau du ménager aurait nécessairement enlevé, avec l'éteule, une partie de l'engrais non encore consommé. (Voir Mézerolles, art. 25, tom. 2, p. 140.)

NOTE 44. — PAGE 101.

DOULLENS, échevinage. — ART. 1.er : *Fait à présupposer que de grant antiquité...*

L'érection de la commune de Doullens date du milieu du XII.e siècle, mais elle ne fut définitivement instituée qu'en 1202, par Guillaume III, comte de Ponthieu, dont la charte énonce les circonstances sous l'empire desquelles cette institution a pris naissance : « Notum facio quod, cum avus meus Guido
» comes Pontivi, propter injurias et molestias a po-
» tentibus terre sue, burgensibus Dullendii frequenter
» illatas, concessisset eis communiam vendidisset, et super
» illa venditione burgeuses scriptum autenticum non
» haberent... concessi eis communiam habendam...
» secondum jura et consuetudines Abbatisville, etc. »
(Ord. du Louvre, tom. XI, pag. 311.)

L'art. 8 autorisait les maire et échevins de Doullens à abattre la maison du bourgois qui en attaquait un autre à main armée. Il paraît que la commune fut trop souvent obligée d'avoir recours à cette voie rigoureuse de répression. Le comte de Ponthieu, en 1212, révisa cet article de la charte, en substituant l'amende arbitraire à la peine de la destruction de la maison, dans tous les cas où les blessures faites à main armée n'auraient pas occasionné la mort. Il appert en outre de cet acte, qu'il fut sollicité par la commune elle-même, comme une mesure utile et profitable à la généralité des habitants.

NOTE 45. — PAGE 101.

DOULLENS, *échevinage*. — ART. 1.er : *Banlieue vaste et spacieuse.*

Les limites de la banlieue de Doullens furent déterminées par la charte de commune de 1202, art. 38 :
« Banleucam eis in perpetuum concessi usque ad spi-
» nam de *Folanbray*, et usque ad *hayam de Ampliers*,
» et per totam *Seri*, et usque ad *Viconiam*, et usque
» ad *fossam de Candas*, et usque ad *crucem de Lon-*
» *gavilla*, et usque ad *vetus Autoreh* (vieil Ocoche),
» et usque ad *Hunort fosse*; et infra hos terminos nec
» ego, nec heredes mei, nec aliquis alius aliquam
» munitionem, preter illam que est infra Dullendium,
» firmare poterimus, etc. » (Ord. du Louvre, tome
XI, pag. 314.)

Le droit de banlieue emportait avec lui, pour les maieur et échevins de Doullens, le droit de haute justice, et pour les seigneurs qui possédaient des fiefs dans la circonscription de la banlieue, l'interdiction d'y élever châteaux ou forteresses. Or, il arriva que presque tous ceux dont les domaines étaint enclavés dans le territoire de la commune, ne tardèrent pas à lui contester ce double privilège. Tantôt, c'est le seigneur de Beauval qui dresse ses fourches patibulaires sur les terres que la ville comprend dans sa juridiction ; tantôt, c'est le comte de Saint-Pol qui enferme, dans son parc de Lucheux, un bois dépendant de la banlieue ; tantôt c'est le seigneur des Auteurs qui y usurpe les droits du seigneur haut justicier ; tantôt, c'est le seigneur de Gézaincourt à qui la comune demande la destruction du château fort qu'il y édifie. (Voir aux notes 18 et 83 de la présente série, les actes relatifs à la procès que la ville eut à soutenir avec ces deux derniers.) Une transaction du mois de février 1264, mit fin au litige avec le comte de Saint-Pol. Celui-ci fut autorisé à renfermer le bois de la *Prumeroye*, dans son parc de Lucheux, et la ville de Doullens fut déclarée exempte du travers, pour tous les objets que les habitants de cette ville transportaient à dos ou en brouette. (Daire, *Hist. du Doyenné de Doullens*, pag. 196.)

La contestation avec le seigneur de Beauval, quoiqu'elle se résumât dans la prétention d'ériger des fourches patibulaires dans la banlieue de Doullens, avait une grande importance pour la commune, car la possession de ce symbole aurait établi contre elle une présomption défavorable, toutes les fois qu'elle aurait été inquiétée dans l'exercice de ses droits de juridiction. C'est ce que démontre très-bien l'acte de reconnaissance du mois de juin 1266 qui termina ce procès. « Je Robers sires de Beauval fais a savoir a
» tous ceux qui ces presentes lettres verront et orront
» que, comme contens et plais eust esté, en le court
» monseigneur le roy a Paris, entre Estenne mon frere,
» seigneur de Biauval adoncques dune part, et les
» bourgois de Dourlens dautre, sur ce qui li devans
» dit Estenne se plaignoit que li devant dit bourgois
» lavoient dessaisi et fait dessaisir dunes fourches
» quil avoit faites lever, par raison de joustise, en son
» fié ou il avoit toute joustise et toute seignourie qui
» escheoir y pooist, si come il disoit. Et li devant dit
» bourgois disoient que ces fourches estoient levées
» et dréciées par dedens leur banlieue ou il avoient
» et ont tout jugement et tout maniement et li roys
» la justise, si comme il disoient. Et plait pendant,
» cil Estiennes alast de vie à mort, et je Robers
» hoirs au devant dit Estienne et hoir de le devant
» dite terre de Biauval eussent requis, en la devant
» dite court le roy à Paris, au parlement, a estre
» ressaisis des devant dites fourches, comme cil
» qui estoient au lieu du devant dit Estienne. Et
» li devant dit bourgois disoient que ces fourches
» estoient levées et dreciées en leur banlieue où il
» avoient et ont tout jugement et tout maniement et
» li roys la justise de ce, si come il disoient. Et li
» fust mie cler ou les termes de la banlieue de Doul-
» lens fust devers Biauval et neust oncques esté di-
» visée ne cerquemenée en ces parties. Je par le
» conseil de mes amis et de demoiselle Agnes, ma
» femme, et de moult autres bonne gent, me suis
» assentis et accordez que li termes de la banlieue
» de Doullens, devers Biauval, est à la bonne qui est
» au karefour de la voie herbense qui est desseure la
» maladrerie de Beauval, au milieu d'icelle voie, et
» va parmi celle voie herbeuse à la bonne que est
» au bout dun sentier qui tourne a aler a Sery (a). Et
» d'autre part, la devant dite banlieue va de la devant
» dite bonne qui est au karrefour, a la bonne qui est
» au commenchement du sentier qui est dencoste
» Biauval, et va cil sentiers au fossé du Candas ;
» et de celle bonne sen va de bonne en bonne, si

(a) SERY. Le village ou hameau de Sery devait être situé au sud-ouest de Terramesnil. Il n'en reste plus d'autre trace que le nom d'un bois de quelques arpents défriché depuis plusieurs années.

(180)   SIXIÈME SÉRIE.

» come les sont assises, droit au fossé dou Candas
» tout comme li terroirs de Biauval dure. Et de
» même li fief de la Vicoigne, dehors les bonnes et
» par dedens les bonnes de leur banlieue, en mes
» terres et es terres à mes hommes, par tous mes
» fiefs en quelconque lieu que my fié sestendent que
» je tieng et que l'on tieng de moy, par toute leur
» banlieue, je leur recongnoie et ottroie toute justise
» et tout maniement et toutes amendes, aussi avant
» come il ont usé et manié en la ville de Doullens,
» tant come a moi appartient. Et se aucun droit y
» avoie ou poois avoir qui leur droiture amenuisast
» de telle come il ont en la ville de Doullens, si
» leur quitte je dore en avant. Sauf que je retiens
» devers moy le bounage des voies et des chemins
» devers Biauval et es propres terres de mes hommes
» demourant à Beauval, si avant comme li eschevin
» de Beauval lont a jugier par le point de leur charte.
» En telle manière que si li tenant ou autre, hor-
» mis les hommes demourant à Biauval, soient en
» amende des chemins et des voies, l'amende est a
» ceulx de Doulens par le jugement des eschevins
» de Biauval. Et la garde des champs du propre ter-
» roir de Biauval, si avant come li poins de la charte
» de Biauval le donne aux eschevins de Biauval et
» les amendes qui de che isteront ; et retiens plain
» pouvoir de donner congié de charroyer ou de def-
» fendre en aoust de moi et de mes hommes, de-
» mourant à Biauval, et des esteulles emporter de
» leurs propres terres ; et se je en donnoie congié
» toutes gens le puent prendre. Et de leurs propres
» bestes mettre en esteulles de leurs propres terres.
» Et se je donnoie congié toutes bestes y peut aler.
» — Et se aucun plait diretage mouvoit de aucunes
» des terres de mes hommes demourant à Biauval et
» de mes tenans, ou li eschevin de Biauval ont usé
» de jugier, qui sont dedens ces bonnes au terroir
» de Biauval, li uns contre l'autre ou a aultre gent,
» li homme de Biauval le jugeroient et je en auroie
» l'amende. — Et se aucun cas de lait dit ou de meslée
» avenoit, dedens les bonnes es propres terres de mes
» hommes demourant à Biauval ou es terres de mes
» tenans ou li eschevin de Biauval ont usé a jugier, li
» uns contre les aultres ou a autre gent, li homme
» de Biauval le jugeroient et cil de Doullens en
» aroient l'amende. — Et je Robers, sire de Biauval,
» à le requeste du maieur de Doullens ou de son
» command, sui tenus à conjurer les eschevins de
» Biauval ou de faire jugier l'amende de tous les cas
» qui y escherroient ; et toutes les fois que mestiers

» sera, si comme il est devant dit et ordené ; et par
» dessus ce, chil de Doulens en pourront ouvrer par la
» loy de la ville de Doullens pour les amendes
» avoir ; et chil de Doulens ne puent prendre nul
» des hommes demourant à Beauval en leur propre
» terre de Biauval, ne cil de Beauval ceulx de
» Doullens ; et de mesme à ceulx de Doullens ap-
» partient toute la congnoissance et tous manie-
» mens et toute justise de toutes gent hormis les
» propres hommes demourant en la ville de Biauval
» ainsit comme il est devant dit et ordené ; et sil
» avenoit par aventure que je ou my sergant ou my
» homme de Beauval maniesions de aulcuns autres
» cas que ceux qui sont devant dit, ou aultrement
» quil nest devant dit, et pour celluy maniement
» voulsissons estre en saisine contre icelle ville de
» Doullens, je voil et ottroie que celle saisine soit
» nulle et cil maniement soit nul et que riens ne
» nous vaille et serions tenus de ressaisir. Et ne
» puent cil de Doulens drecier fourches entre Doul-
» lens et Biauval ; ne je Robers sires de Beauval, ne
» mi hoirs ne porrons drecier fourches entre Beauval
» et Doullens. Et sy est a savoir que je recongnois
» que cil de Doullens ont, du jour de la Nativité Saint
» Jehan-Baptiste jusqu'au jour de le Toussaint, toute
» justise, tout jugement, tout maniement, toute con-
» gnoissance et toutes amendes qui escherront en mon
» manoir qui siet à Doullens, hormis le seigneur
» de Biauval, sa femme et les hoirs qui seront sei-
» gneur de Biauval ; et du jour de la Toussaint
» jusqu'au jour de le Nativité Saint Jehan-Baptiste,
» je leur recongnois quil ont toute justise, tout ju-
» gement, tout maniement, toute congnoissance et
» toutes amendes qui escherront en ce manoir, aussi
» avant comme il ont usé en la ville de Doullens,
» hormis le seigneur de Beauval, sa femme et toute
» sa mesnie qui seroit en chief de luy de sa propre
» mesnie (a). A toutes ces coses tenir et accomplir
» et garder si comme elles sont devant dites je y

(a) *De sa propre mesnie*, c'est-à-dire les gens de la maison du seigneur qui sont compris dans l'exemption de la juridiction de la commune, depuis la Toussaint jusqu'au jour de la Nativité de saint Jean-Baptiste. Il est probable que le seigneur de Beauval, en sa qualité de châtelain de Doullens, sous la domination des comtes de Ponthieu, était tenu à un stage de huit mois chaque année, dans la ville, c'est pourquoi pendant la durée de ce service, les gens de sa maison jouissaient du privilége de n'être pas non plus soumis à la justice de la commune. (Sur le stage des hommes liges, voir Brussel, de l'*usage des fiefs* et le Rôle des feudataires de Corbie, tome 1.er de ce recueil, page 318, art. 5, 6, 7, 8, 9, 10, 11, 12, 13 et 14.)

» oblige moy et mes hoirs a tous jours, en telle
» manière que la charte de la commune de Donl-
» lens ne soit mal mise pour cestui ne empiriée
» en aucune chose, ne celle pour celli. Et en tes-
» moing de ce je donne ces lettres scellé de mon
» scel. Ce fu fait en lan del incarnacion Nostre
» Seigneur, mil cc. et soissante six, au mois de
» juing. (Extrait du Cartul. de Doullens, f.° 11,
communiqué par M. Eugène Demarsy.)

NOTE 46. — PAGE 107.

FIEFFES ET BONNEVILLE. — ART. 14 : *Qui a sang, il doibt païer IV deniers, qui le choille doit païer VII sols VI deniers.*

Les autres coutumes ne prononcent point l'amende, pour le fait de la blessure, mais pour le fait de non révélation à la justice dans un délai déterminé : celle-ci va donc beaucoup plus loin, car, dans tous les cas, le battu est obligé de payer l'amende. Pourquoi cela ? Parce qu'il est toujours censé avoir provoqué son adversaire.

NOTE 47. — PAGE 109.

FILLIEFFES., *échevinage.* — ART 8 : *Afin que se il y a aucun bourgois qui veut reprendre l'héritage.*

Cet article a été imprimé dans le *Coutumier général de Richebourg*, tom. 1.ᵉʳ, pag. 347. Il est en effet l'expression d'un droit peu commun, celui qui permet au bourgeois de retraire, par privilège de bourgeoisie, l'héritage acheté par un non bourgeois auquel il rembourse le prix de son acquisition.

NOTE 48. — PAGE 111.

FILLIEFFES, *échevinage.* — ART. 18 : *Aucun nombre de buis pour donner à l'église.*

Il y avait, dans cette commune, une buissière qui approvisionnait de buis toutes les églises des environs le jour du dimanche des Rameaux. Les registres aux comptes de la fabrique de l'église d'Auxi, pour les années 1587 et suivantes, mentionnent cet usage : « A esté payé par les compteurs pour avoir
» envoié à Filievres querir du buis pour distribuer
» aux paroissiens, le jour de Paques flouries, pour ce
» païé à Sombret, à sa femme et à ses enfans la
» somme de 24 sols. »

NOTE 49. — PAGE 113.

FILLIEFFES ET GALAMETZ. — ART. 5 : *Garder ladite feste.*

La fête de la mi-carême, à Filièvres, attirait nécessairement les étrangers. De-là l'obligation que le seigneur imposait à ses vassaux de venir lui prêter leur concours, pour le maintien de la police et la répression des délits.

Voyez tome 1.ᵉʳ, pag. 531, note 26.

NOTE 50. — PAGE 113.

FILLIEFFES ET GALAMETZ. — ART. 11 : *Tous les anchiens manoirs faisant frocq sur rue.*

Sans cela tous les manoirs créés par les pères de famille, pour le besoin de leurs exploitations, auraient été compris dans la réserve des aînés. Il ne suffisait pas qu'ils fussent amasés depuis plus de quarante ans, il fallait encore qu'ils fussent situés sur le llégard des rues, pour être réputés non partageables.

NOTE 51. — PAGE 113.

FILLIEFFES ET GALAMETZ. — ART. 17 : *Lodit seigneur a un four à ban astant en ruine.*

Parmi les droits seigneuriaux, il y en avait qui étaient de leur nature imprescriptibles, d'autres qui ne pouvaient résulter que d'un titre ou d'une possession constante et non contestée. Tels étaient le droit de garenne ouverte et le droit de la banalité du four. Ce dernier n'était obligatoire pour les habitants qu'autant que le seigneur tenait le four banal en bon état de réparation ; si donc le four venait à tomber par cas fortuit ou par vétusté, le seigneur était obligé de le reconstruire immédiatement, sous peine de voir périmer son droit. L'art. 17 de la coutume précitée ne signifie pas autre chose.

NOTE 52. — PAGE 114.

FILLIEFFES ET GALAMETZ. — ART. 19 : *Ny a nulz justiciers synon le comte d'Artois.*

Voir la coutume d'Hesdin. — *Richebourg, Coutumier général*, tome 1ᵉʳ.

NOTE 53. — PAGE 115.

FORTEL. — IN FINE : *Dont ladite terre est tenue en souveraineté.*

Tenir en souveraineté, dit Maillard, c'est tenir immédiatement d'un suzerain sans moyen. (*Cout. d'Artois*, art. 33, *pag.* 474, n.° 3.)

NOTE 54. — PAGE 116.

FRÉVENT. — PRÉAMBULE : *Bourgage, loy et eschevinaige de Frévench.*

Gui de Châtillon, comte de Saint-Pol, accorda à Frévent, en 1218, les franchises, lois et coutumes établies à Saint-Pol. Moyennant cette concession, la ville s'obligeait à lui payer, chaque année, au terme du 29 décembre, outre les redevances ordinaires, quatre boisseaux d'avoine, à la grande mesure de Saint-Pol.

La mairie de Frévent conserve encore actuellement, dans ses archives, une copie collationnée des lettres du mois de juin 1493, par lesquelles le roi Charles VIII concéda à cette ville le droit de deux foires par an.

« Charles, par la grace de Dieu, roy de France,
» savoir faisons à tous présens et à venir, nous avoir
» reçu l'humble supplicacion de nos bien amez les
» manans et habitans de la ville de Frévench, au
» comté de Saint-Pol, contenant que ladite ville est
» assize sur la rivière de Canche, en bon pays et fer-
» til, entre bonnes villes come Doullens, Saint-Paaul
» et Hesdin, bien habituée ; et, en icelle, a chastel et
» chastellenie, bailly, deux églises parochialles et un
» hostel-dieu, pour recueillir les pauvres ; mais au
» moyen des guerres et divisions qui, par chy de-
» vant, ont longtemps régné et en cours au pays, la-
» dite ville est tombée en ruyne et grant décadence,
» et lesdits manans et habitans ont souffert et sup-
» porté de grants pertes et dommaiges, tellement
» quilz ne s'en pourroient bonnement de longtemps
» relever ne remettre sus, sans participacion de quel-
» que fruict yssant de nostre grace et autorité, et à
» ceste cause ont advisé que s'ilz avoient deux foires
» l'an en ladite ville, quelles leur seroient et à toute
» la chose publique d'icelle et du pays, moult prouf-
» fitables, se nostre plaisir estoit les leur octroier,
» humblement requérant icelles. Pourquoi, ce considé-
» ré, désirant subvenir auxdits manans et habitans de
» ladite ville de Frévench, et incliner à leur humble
» supplicacion et requeste, afin quilz se puissent re-
» lever des inconvéniens qui, par fortune desdites
» guerres, leur sont avenu ; pour ces causes et aul-
» tres considéracions, à ce nous mouvans, avons
» créé, érigé, institué, estably et ordonné, et par le
» teneur de ces présentes de nostre grace espécial,
» plein puissance et autorité roïal, créons, erigeons,
» instituons, establissons et ordonnons deux foires en
» ladite ville de Frévench, aux jours qui sensuivent,
» savoir est, l'une et la première au jour de la Saint-
» Martin d'esté, quatrième jour du mois de juillet,
» et l'autre le lendemain du jour et feste des Trépas-
» sés, tiers jour du mois de novembre, pour y estre
» doresnavant tenues auxdits jours et, en icelles, estre
» vendues, achatées, changées, trocquées et déli-
» vrées toutes manières de denrées et marchandises
» licites et permises, selon droit, privilléges, fran-
» chises et libertés que à aultres foires semblables du
» pays d'environ, pourveu que à quatre lieues à la
» ronde ny ait autres foires establies auxdits jours
» dessus nommés, auxquelles ces présentes pourroient
» préjudicier. Si donnons mandement au bailly d'A-
» miens et à tous nos aultres justiciers et officiers ou
» à leurs lieutenans présens et à venir, à chascun
» deux come il lui appartiendra, etc.
» Donné à Paris, au mois de juin l'an de grace mil
» CCCC quatre-vingt-treize, de nostre reigne le
» dixième. » (Scellé en cire verte sur queue de fil de soie vert et cramoisi.)

NOTE 55. — PAGE 116.

FRÉVENT. — ART. 5 : *Sont seigneurs de tous les marais avec le comte de Saint-Pol.*

Voir la notice de cette série tome 2, page 17.

NOTE 56. — PAGE 116.

FRÉVENT. — ART. 6 : *Lesquels ont scel et contre-scel.*

Le sceau de Frévent représentait une tour, du moins telle est l'empreinte que nous avons vue sur de vieux actes émanés de l'échevinage de cette ville.

NOTE 57. — PAGE 121.

GÉZAINCOURT. — PRÉAMBULE DE LA CHARTE : *Secundum usus et consuetudines Bellevallis.*

Voir la note 17 de la présente série.

NOTE 58. — PAGE 122.

GÉZAINCOURT. — CHARTE, ART. 2 : *Exire villam opportuerit.*

Voir la note 18 de la présente série.

NOTE 59. — PAGE 124.

GÉZAINCOURT. — CHARTE, ART. 16 : *Pugnum suum plenum virgis.*

Voir la note 19 de la présente série.

NOTE 60. — PAGE 124.

GÉZAINCOURT. — CHARTE, ART. 19 : *Nisy extra patriam redierit.*

Le délai de quinzaine après le jour de la vente, pour l'exercice du retrait lignager, ne courait point contre les absents. Ceux-ci, après leur retour dans la commune, étaient encore fondés à réclamer leur héritage, mais il fallait qu'ils le fissent sans retard, et, s'ils apprenaient la nouvelle de la vente dans leur voyage, qu'ils ne perdissent pas de temps pour se mettre en route et venir offrir le prix à l'acquéreur. C'est du moins ce que prescrivent les coutumes allemandes, notamment celles de la Westphalie. Lorsqu'un chef de maison (hausmann) vend son héritage, si quelqu'un se présente pour retraire l'héritage ou le bien vendu, il le peut pourvu qu'il fasse ses diligences dans l'an et jour, absent ou présent. Celui donc à qui tel droit compète, aussitôt qu'il est informé de la vente, s'il est à prendre son repas, doit remettre son couteau dans sa gaîne, sans se donner le temps de l'essuyer, et venir réclamer l'héritage ainsi que le droit le prescrit. Il va trouver l'écoutéte, et il prend un siège à trois pieds sur lequel il place de l'or et de l'argent. De cette manière il a satisfait au vœu de la loi, quel que soit le temps qui s'écoule jusqu'à son envoi en possession. (Rôle de la métairie de Barmen, art. 3. — Grimm. Weisth., 3, pag. 11.)

Il en était de même pour le relief des héritages, lorsqu'au moment du décès du possesseur, l'héritier se trouvait absent. — Si quelqu'un meurt laissant un héritier direct qui ne soit pas au pays au moment du décès, aussi longtemps qu'il ignore le décès, il ne peut aucunement être frustré de son bien, mais s'il en apprend la nouvelle, n'importe en quel lieu que ce soit, s'il est à table, il doit renfermer son couteau dans sa gaîne, sans prendre le temps de l'essuyer, ne pas passer deux fois la nuit dans le même endroit, jusqu'à ce qu'il soit arrivé sur le lieu où est situé le bien qu'il veut relever et demander l'investiture en offrant ce qui est dû pour le relief. (Weisthum de Schwelm, art. 4. — Grimm. Weisth., tome 3, pag. 31.)

NOTE 61. — PAGE 125.

GÉZAINCOURT. — CHARTE, ART. 24 : *De consilio juratorum corrigetur.*

Il résulte de cet article combiné avec l'article 32 de la coutume, que les échevins de Gézaincourt ont droit de corriger et de réformer les statuts dont l'expérience aura fait connaître le vice, pourvu qu'ils ne sortent pas de la sphère de leurs attributions et qu'ils ne touchent en rien aux droits de l'église et du seigneur. Ainsi les échevins de Gézaincourt avaient, jusqu'à un certain point, le droit de réviser et de modifier leur constitution. Mais cela, chez eux, ne tirait pas à conséquence.

NOTE 62. — PAGE 125.

GÉZAINCOURT. — CHARTE, ART. 26 : *De pane suo nataly.*

Cet article n'est pas reproduit dans la coutume. Le droit qu'il consacre sera tombé en désuétude, ou bien les habitants auront traité avec le seigneur pour le rachat de ce droit. (Voir la notice de la sixième série, tome 2, page 24.)

NOTE 63. — PAGE 128.

GÉZAINCOURT. — COUTUME, ART. 18 : *Si aulcun fait viollence.*

Il est facile de restituer, sinon les termes, du moins le sens de cet article en le comparant avec l'art. 12 de la charte dont il est la traduction.

NOTE 64. — PAGE 128.

GÉZAINCOURT. — COUTUME, ART. 26 : *Les parents ne sont responsables des amendes et offenses commises par leurs enfants.*

Cette disposition de l'article 26 de la coutume, calquée sur l'article 18 de la charte, est diamétralement opposée à l'esprit de la législation germanique qui fait de la solidarité de la famille, en matière de crimes et délits, un principe absolu dont rien ne peut fléchir la rigueur, ainsi que le témoigne l'article 16 d'un vieux record de Nyel (pays de Liège), de 1569 : « Nous échevins, tenons aussi que, si les enfans de » quelqu'un estant en puissance de père et de mère, » de quel âge quilz soient, auroient commis quelque » meffait ou mesus, que le seigneur peult calengier à » son profit le bien des parens, meubles et immeu- » bles et le corps et la personne du délinquant. » (Grimm. Weisth., tome 2, pag. 829.) — La coutume de Gézaincourt décharge les parents de cette obligation, lorsque les enfants, après le délit commis, n'ont pas eu recours à leur conseil et à leur assistance. (Voyez tome 1.er, pag. 72, art. 42, pag 113, note 72.)

NOTE 65. — PAGE 129.

GÉZAINCOURT. — COUTUME, ART. 27 : *Pourra ratraire ledit héritage.*

Voir la note 60 ci-dessus.

NOTE 66. — PAGE 129.

GÉZAINCOURT. — COUTUME, ART. 31 . *Un forain n'est reçu en tesmoignage.*

Voyez tome 1.er. page 113, note 32.

NOTE 67. — PAGE 129.

GÉZAINCOURT. — COUTUME, ART. 33 : *Corvées en mars et en auptomne.*

Nous avons expliqué plus haut (tome 1.er, pag. 153,

n.° 3), la nature et l'origine des corvées d'hommes et de chevaux. Les maîtres qui étaient dans l'impossibilité de faire valoir par eux-mêmes les terres labourables et les prés qu'ils réservaient pour les besoins de leur maison, exigèrent que les serfs affranchis leur vinssent en aide au moment de la récolte et de la semaille, c'est pour cela que ceux qui avaient des chevaux étaient obligés à deux corvées par an, tandis que ceux qui n'en avaient pas n'en faisaient qu'une. Les coutumes allemandes, beaucoup plus explicites que les nôtres sur ce point, nous font connaître, avec détail, les obligations réciproques du corvéable et du seigneur. « L'article 24 du weisthum de Schwelm » (Westphalie), défend de commander la corvée le » dimanche, pour ne pas exposer le corvéable à » passer sur le chemin qu'il suit en allant à l'église : » *Die vronen en sollen niemans verbodden des hilli-* » *gen dages op sinem kerckwege.* » (Grimm. Weisth., tom. 3, pag. 28.) L'art. 48 ajoute : « Tous ceux qui » sont sous la protection de la forteresse de Schwelm, » doivent deux jours de service par an au prévôt, un » jour pour le foin et un jour pour la paille. Le service dure depuis le lever jusqu'au coucher du so- » leil et pas davantage. » (Ibid., pag. 30.)

Un autre weisthum de Goestingen (Haute-Moselle) de 1539, prévoit les accidents qui peuvent interrompre le corvéable dans l'accomplissement de sa tâche. « Le laboureur qui a perdu (ein lauen) de sa charrue » et qui voit que la roue peut s'échapper de l'essieu, » doit prendre un pain de seigle assez gros pour » qu'on puisse y percer un trou, et l'appliquer sur » l'essieu contre la roue, et ensuite continuer sa cor- » vée jusqu'à ce que le pain s'effrite, tombe en » miettes et que la roue se détache. Alors seulement » il peut quitter le champ de la corvée et rentrer » chez lui. »

« Lorsque le laboureur brise sa charrue en accom- » plissant sa corvée, il peut aller la raccommoder et » revenir après continuer son service. Si les autres » corvéables cessent leur travail, il lui est permis de » discontinuer le sien et de retourner chez lui. » (Grimm. Ibid., tome 2, pag. 26.)

Dans le Rôle de la métairie de Barmen (Westphalie), ce sont les habitants eux-mêmes qui déclarent le mode et la condition de leur service. « Notre gra- » cieux seigneur, disent-ils, a ici une terre que nous » devons labourer et herser. Ceux d'entre nous qui » n'ont point de chevaux ne doivent qu'un jour de cor- » vée par héritage ; ceux qui ont des chevaux doivent » deux corvées à la charge, par les possesseurs des » cette terre, de donner le matin à chaque ouvrier » un hareng sec (einen pickelhiring), à chaque che- » val une botte de foin et, à midi, un repas aux valets » de charrue et aux chevaux ration suffisante. — Une » partie de cette terre est située à Klingenholt et » s'appelle la terre des œufs, parce qu'elle est tenue » par un prêtre d'Elverfeld, à qui incombe l'obliga- » tion de fournir aux hommes de corvée, quand ils » cultivent la terre de notre gracieux seigneur, la » ration de hareng comme il est dit ci-dessus, et de » casser les œufs pour leur repas. — Quand le grain » est mûr, c'est nous, habitants de Barmen, qui som- » mes tenus d'en faire la récolte. Nous y travaillons » les uns un jour, les autres deux, et le possesseur » est obligé de nous donner à boire et à manger. S'il » arrivait que le grain fut versé, il y a des gens » qu'on appelle cottiers et qui sont chargés de le » couper à la faucille, le possesseur de la terre leur » fournit également la boisson et la nourriture. S'il » ne leur fait pas porter à boire, sur le champ même » où ils travaillent, ils peuvent s'en aller l'un après » l'autre (fufs vor fufs), jusqu'à l'endroit, au-dessous » de la chapelle, où il y a une source qu'on nomme » la mare de Weylans, et s'y désaltérer. S'ils sont » fatigués, ils ont le droit de se reposer trois fois » et, malgré ces trois interruptions, ils n'en ont pas » moins accompli leur jour de travail. » (Grimm, *ut supra*, tome 3, pag. 15, *in fine.*

Je réclame l'indulgence du lecteur pour cet essai de traduction et les inexactitudes qu'il pourra y rencontrer, car ce n'est pas chose facile que de bien interpréter les idiomes germaniques du moyen-âge. Le dictionnaire de la langue allemande auquel M. Jacob Grimm vient de donner la dernière main, sera sans doute d'un grand secours pour l'intelligence des weisthümer dont cet illustre philologue continue la publication. A défaut de cet indispensable auxiliaire, je n'ai eu pour me guider que les conseils de mon digne et excellent ami M. Fruchstuck, aujourd'hui professeur au lycée Charlemagne. Je saisis cette occasion de lui en témoigner toute ma reconnaissance.

NOTE 68. — PAGE 133.

LA ROSIÈRE. — ART. 7 : *Un droit vulgairement nommé herban.*

Herban (*herbæ bannum*), le droit de vif herbage qui se paie à la Saint-Jean-Baptiste.

NOTE 69. — PAGE 133.

LA ROSIÈRE. — ART. 9 : *Et lui payer son droit de rochage.*

Le *rochage* est donc le droit fiscal dû au seigneur pour faire rouïr les lins et les chanvres dans les étangs et rivières où il a droit de pêche.

NOTE 70. — PAGE 136.

MAISICOURT. — ART. 7 : *Ont droit de pasturage ès marais et communaulté d'Auxi.*

En expliquant, dans la notice de cette série, p. 14, comment les habitants de Maisicourt ont perdu leur droit de pâturage dans le marais d'Auxi, nous avons indiqué, comme pièce à consulter, un arrêt du conseil que cette dernière commune conserve parmi ses titres. Les démarches que nous avons faites pour nous le procurer, n'ont pas été infructueuses; mais nous sommes forcés de reconnaître que cet arrêt ne juge pas la question dans les termes que nous avions supposés. Voici dans quelles circonstances il est intervenu :

En 1746, la paroisse d'Auxi-le-Château, pour faire face à une dépense de 23,000 livres occasionnée par la réparation des chemins, fut autorisée à vendre, par adjudication et pour un nombre d'années qui ne pourrait dépasser le terme fixé par le cahier des charges, la jouissance d'une portion de 100 journaux à prendre dans le grand marais entre Auxi et Wavans. Plusieurs personnes soumissionnèrent; celle qui offrit de remettre la commune en possession au bout de 19 ans, fut déclarée adjudicataire *comme moins disant d'années*, selon les termes du procès-verbal d'adjudication. Les paroisses de Maisicourt et de Wavans y formèrent opposition en se fondant sur leur droit d'usage, et le 14 avril 1750 intervint un arrêt du Conseil ainsi conçu :

« Ouï, le rapport du sieur Machart, conseiller
» ordinaire du roy au Conseil royal, et controlleur
» général des finances, LE ROY EN SON CONSEIL, sans
» avoir égard à l'appel des habitants de Mézicourt
» et de Wavans, dont S. M. les a déboutées et déboute, a ordonné et ordonne que l'adjudication
» du cinquième avril 1746 des 100 mesures de marais dont est question et l'ordonnance du sieur
» Chauvelin, intendant et commissaire des pastys en
» Picardie et Artois, seront exécutées suivant leur
» forme et teneur. Et cependant maintient et garde,
» S. M., lesdits habitants de Mézicourt et de Wavans
» dans l'usage où ils sont de temps immémorial de
» faire paistre leurs bestiaux dans le marais litigieux,
» conjointement avec les habitants de la paroisse
» d'Auxy-le-Chasteau, autant néantmoins que l'utilité
» publique et les besoins particuliers desdits habitants
» de la paroisse d'Auxy-le-Chasteau ne les mettront
» pas dans la nécessité d'aliéner ou d'engager ledit
» marais en tout ou en partie. Fait au Conseil du
» roy à Versailles, le 14 avril 1750. *Signé* : DOU-
» VIGNY. »

On remarquera que cet arrêt, tout en reconnaissant le droit des deux paroisses usagères comme résultant de la possession immémoriale, réserve la propriété tout entière à la paroisse d'Auxi que celle-ci établit par la production de l'extrait de sa coutume locale. Or, si la paroisse de Maisicourt n'avait pas fait la faute, en 1507, de refuser son adhésion au projet de coutume qui lui fut présenté à signer, il est probable que son opposition aurait eu plus de succès, car ce n'est pas un droit de servitude fondé sur l'usage immémorial, mais un droit de co-propriété, par indivis, fondé sur un titre qu'elle aurait invoqué. La paroisse de Wavans était dans des conditions bien moins favorables, puisque le texte de sa coutume, rédigé en 1509, ne fait aucune mention du droit de pâturage dans le marais en question. D'où vient donc que celle-ci conserve encore son droit, tandis que l'autre l'a perdu. C'est que Wavans confine au marais et que Mézicourt en est éloigné de deux kilomètres. Pour que les troupeaux de celle-ci pussent arriver dans la vallée, il leur fallait traverser des terres arables. Les obstacles qui paralysaient l'exercice de son droit n'ont fait que s'accroître avec le temps. Il ne faut donc pas s'étonner si, à la fin, elle l'a laissé prescrire. Elle est aujourd'hui dans la position où elle se trouverait si elle avait renoncé au bénéfice de l'arrêt de 1750.

NOTE 71. — PAGE 137.

MAISICOURT. — PROCÈS-VERBAL : *Sur l'article faisant mention du droit de bannalité du four.*

Voir la notice de cette série page 14.

NOTE 72. — PAGE 139.

MÉZEROLLES. — ART. 11 : *se elles n'ont laboures le jour précédent à gorelle et à bas.*

Gorelle, collier du cheval de trait, de-là le nom de gorreliers donné à ceux qui fabriquaient cette espèce de harnais. Les statuts des gorreliers d'Amiens de 1352 et 1378 ne laissent pas de doute sur l'identité de la gorelle avec le collier : « Item *un colers*
» doibt estre emplis de tel emplage et de aussy bon
» pardedens quil est embouquié par dehors. (Statut
» du 28 novembre 1352.) — Que nul ouvrier dudit
» mestier ne poist ralonger nul *gorrel*, sil ny a du

» cuir dessoubz... Item que nul ne le puist aemplir, » dautre aemplage dedans que par dehors. » (Statut de 1378.) Archives de l'hôtel-de-ville, registre N, f.° 177 v.° et 178 r°.

NOTE 73. — PAGE 139.

MÉZEROLLES. — ART. 26 : *Doivent guet, garde porte et pionnage.*

Les châteaux forts étaient le refuge ordinaire des habitants des campagnes en temps de guerre. C'est pour cela qu'en retour de la protection qu'ils leur accordaient dans l'enceinte de leurs murailles crénelées, les seigneurs les obligeaient à y faire un service de sûreté et à travailler aux fortifications quand il y avait nécessité d'y pourvoir.

Voyez tome 1.er, page 455.

NOTE 74. — PAGE 143.

NŒUX. — ART. 4 : *Après une tournée à la vergue par le nourrequier.*

Voir la note 20 ci-dessus.

NOTE 75. — PAGE 145.

OCOCHE. *Seigneurie.* — ART. 1er : *Les maire et eschevins se sont opposés à cest article.*

Le motif de l'opposition est expliqué par l'art. 1.er de la coutume de l'échevinage. (Voir la note suivante).

NOTE 76. — PAGE 147.

OCOCHE. *Echevinage.* — ART. 1.er : *Ont congnoissance de tous crimes et maléfices.*

Il est visible, d'après cet article, que le seigneur n'a pas le droit de haute, moyenne et basse justice d'une manière aussi absolue qu'on le déclare dans l'art. 1.er de la coutume de la seigneurie d'Ocoche, puisque la commune articule ici des prérogatives qui détruisent en partie cette prétention. En effet, les maieur et échevins ont le profit des amendes des délits communs et même la confiscation des biens des criminels exécutés ; ce sont eux qui ont l'initiative des poursuites et qui dirigent la procédure. Que reste-t-il donc au seigneur ? le droit de prononcer la sentence et de la faire exécuter, c'est-à-dire, le droit de fournir le juge et de tracer le devoir du bourreau.

NOTE 77. — PAGE 147.

OCOCHE. *Echevinage.* — ART. 3 : *S'il n'y a cas prévilégié.*

Les maire et échevins d'Ocoche ont la justice et la seigneurie vicomtière dans toute l'étendue de leur banlieue et échevinage qui n'a d'autres limites que celles du fief d'Ocoche. Par conséquent le seigneur n'y peut prétendre aucun droit de moyenne justice ; les juges royaux seuls ont pouvoir d'agir, par prévention, dans certains cas déterminés par la coutume générale du bailliage d'Amiens. (Cout. de 1507, art. 111, 112.)

Cependant, comme la banlieue d'Ocoche touchait à celle de Doullens, il arriva souvent que les deux communes se trouvèrent engagées dans des conflits de juridiction qui furent réglés par des arrêts du Parlement que la ville de Doullens a conservés dans ses archives.

NOTE 78. — PAGE 147.

OCOCHE. *Echevinage.* — ART. 4 : *Tous les marais et waquiers.*

WAQUIERS est la traduction du mot latin *wasketa* dont parle l'art. 37 de la charte de commune de Doullens de 1202 (Ord. du Louvre, tome XI, page 314) ; *wasketa*, dit l'annotateur, ne se trouve point dans le Glossaire de Du Cange ni dans son nouveau supplément. Il paraît signifier la même chose que *waskium*, en vieux françois, *waskie* dont on s'est servi pour désigner les communaux. (Ibid, note H.) Cependant s'il est vrai, comme nous le pensons, que *wasketa* et *waquiers* soient synonimes, c'est à une certaine nature de biens communaux que cette expression doit s'appliquer. Les waquiers nous paraissent une partie de pâturage exclusivement réservée aux bêtes à cornes, car, même encore aujourd'hui, dans le patois picard, on appelle *waquiers* ceux qui gardent les vaches en troupeau.

NOTE 79. — PAGE 148.

OCOCHE, échevinage. — ART. 7 : *Les bestes oyseuses ne peuvent estre mises au marais que de jour.*

Voir la notice de cette série, tome 2, page 15.

NOTE 80. — PAGE 148.

OCOCHE, *échevinage.* — ART. 8 : *A herde ou sans herde*

Herde, vient sans doute du mot latin *hardeia* (*fasciculus*), qui veut dire fagot, botte, assemblage d'objets réunis par un lien. Le mot *herde* ici signifie une quantité de bêtes à cornes conduites par un seul gardien. (Voir le Gloss. de Du Cange V.° Hardeia.)

NOTE 81. — PAGE 149.

OCOCHE, *échevinage.* — ART. 13 : *Comme il est mis au long es chartes d'iceulx maieur et eschevins.*

Que sont devenues ces chartes? L'histoire du Doyenné de Doullens, par le père Daire, n'en fait aucune mention.

Note 82. — Page 152.

Orville, *échevinage.* — Art. 4 : *Et les ont achetés du seigneur du lieu.*

Si le marais d'Orville n'avait pas été susceptible de produire des foins, nous doutons que le seigneur eût pu en transmettre la propriété à titre onéreux. Il y aurait eu certainement excès de pouvoir, s'il s'était agi d'un marais non défensable où le pâturage s'exerce en tout temps. (Voir la notice de cette série, tome 2, pag. 14 et suivantes.)

Note 83. — Page 153.

Les Autheux. — Préambule : *Terre et seignourie des Autheux.*

Le seigneur de ce village voulut aussi, comme les seigneurs de Beauval, de Gézaincourt et d'Ocoche, s'attribuer l'exercice de la haute justice dans les limites de la banlieue de Doullens ; mais moins heureux que ces derniers, il n'eut pas l'honneur de voir sa prétention fixer les regards de la Cour du Parlement. Il s'exécuta lui-même par un désistement en forme donné, devant le prévôt de Beauquesne, en 1350 et 1351.

« A tous chiaulx quy ces présentes lettres verront et
» orront, nous Guerard, sire des Autheux, chevalier,
» salut. Comme descort et debat ait esté et fut meu
» entre les maire, eschevins et communaulté de la
» ville de Doullens, d'une part, et nous seigneur des
» Autheux, dessus nommés, d'aultre part, en le
» court du roy notre sire à Beauquesne, pardevant
» le prévost forain dudit lieu, sur ce que ledit maire
» et eschevins sestoient complains de nous en cas de
» nouveleté, trouble et empeschement sur saisine,
» pour ce quils disoient quil avoient toute jurisdicion
» haulte, moïenne et basse et pour le tout, en tout
» le ville et banlieue de Doullens et especiallement en
» tous les lieux quy nous sont tenus par moïen ou
» sans moïen, en fief et arrière-fief ou en aultre ma-
» nière, assiz, situez et enclavés en ladite banlieue ;
» et que, pardedans ladite banlieue, auriènes prins ou
» fet prendre et lever, par Broissart Quierot et Tris-
» tram Campdavaine, Pière de Bienhiere, qui trouvé
» fu par les dessus nommés Broissart et Tristram, gi-
» sant navré à plaie ouverte et à sang courant, dont
» mort se pooit ensievir, en une pièche de terre qui
» est Jehan de Rollepot, tenue de nous par moïen ;
» lequelle pieche de terre est assye, scituée et encla-
» vée pardedans et es mettes de ledite banlieue ; et
» que ledit Pierre Bienhière avoient levé et emmené
» hors de ledite banlieue, et avoient fet waigier audit
» Pierre le sang quil avoit heu (sic) à no prouffit, et
» lavoient fet et firent obligier de venir lui rendre pri-
» sonnier pardevers nous, touttefois que on ly feroit
» sçavoir ; et avec ce, pour ce quil adjournèrent et
» appelerent à nous dessus dit, de thiers jours en thiers
» jour et de quinzaine en quinzaine, pour le soupe-
» chon de ledite navreure, Williaume Morel, Aliame
» Morel et Jehan Porée, en no court as Autheux ;
» lesquelles œuvres et exploix fais par les dessusdits
» Broissart et Tristram, nous heuemes (eûmes) pour
» agreable et ichiaulx advouames pardevant ledit pré-
» vost ; et pour ce que nous avions receu à nos drois,
» en no court as Autheux, ledit Williaume Morel
» pour lui purgier ou pugnir du cas dessus dit ; et que
» ensement voliemes ou entendiemes et aviemes vo-
» lenté et espérance de mouvoir, contre lesdits maire,
» eschevins et communaulté, debat ou question par-
» devant ledit prévost ou ailleurs, de ce que lesdits
» maire et eschevins avoient banny de leur dite ville
» et banlieue, à toujours sur le hart, ledit Williau-
» me Morel, après ce que, en nostre dite court, la-
» vieme reçeu à droit et que ausdits maire et esche-
» vins laviemes fet seignifier et sçavoir par nos let-
» tres, *sachent* tous que pour ce que, à quelzconque
» personne que ce soit ou puist estre, nous ne vau-
» riemes aucunement leurs drois ne leur juridiction
» empescher, et que, ausdits maire, eschevins et
» communaulté, vauriemes en toutes manières leurs
» drois, juridicion, saisines et libertez garder,
» tenir et demourer à leurs drois, en le manière quil
» se peult et doibt appartenir : nous nous sommes
» bien et suffissamment informés, tant à no con-
» seil à plusieurs bonnes gens du pays qui de ce
» scavoient parler, comme par les chartes, let-
» tres et priviléges de ledite ville, que ledite ban-
» lieue, au lez pardevant mes (mot passé), des villes
» des Autheux et les fiefz et autres lieux qui sont te-
» nus de nous par moïen ou sans moïen, va et ses-
» tend du fossé con dist du Candas jusques à une
» crois con dist le crois de Longuevillette, et de le-
» dite crois à aller au (lez) vers Occoche, parmi le
» trenque que on dit les arbres de Huigermes ; et que,
» pardedens ledite banlieue, ont toute justice es lieux
» tenus de nous par moïen ou saus moïen, comme
» dist est, soit es terres de nos hommes ou es
» terres qui de nos hommes sont tenues en quels-
» conques lieux que nos fiefs, terres ou nos te-

» nures sestendent que nous tenons ou que on tient
» de nous........ sur quoy nous, auxdits maire,
» eschevins et communaulté, avons recongnu et re-
» congnoissons que, en tous les lieux dessusdits, il ont
» et doivent avoir toute justice, tout maniement et
» toute seigneurie, toutes amendes et exploís, tout
» aussy et en telle manière comme il ont usé et manié
» en le ville de Doullens, et quil usent et manient
» pardedens ladite ville, et que nous ne demandons,
» es lieux dessus dit, ne poons demander et avoir ;
» recongnoissons, octroions et accordons que a mau-
» vaise cause feismes faire par les dessusdits Broissart
» et Tristram, les œuvres et exploís paravant dits, et
» que à bonne cause sen complainirent lesdits maire
» et eschevins, et que ledit Williaume Morel ils
» pooient bannir; et en oultre recongnoissons que ledit
» Pierre fu trouvé navré et levé de la par lesdits
» Broissart et Tristram, pardedens ledite banlieue, en
» le juridicion desdits maire et eschevins, etc.
» Donnèes el mois de juillet l'an de grace 1351. »
(Extrait du Livre noir de Doullens, communiqué par
M. Eugène Demarsy.)

NOTE 84. — PAGE 154.

OULTREBOIS. — ART. 4 : *Faire aucuns desrengs, planter bournes.*

Dans tous les lieux où il y a des échevinages, la plantation des bornes et la délimitation des biens ruraux se font par les maieur et échevins ou par les échevins avec les officiers du seigneur. Partout ailleurs les tenans féodaux assistent ces derniers. (Art. 3 de la coutume de l'échevinage de Beauval. — Art. 3 de la charte, et art. 6 de la coutume de Gézaincourt.) En cela les coutumes de l'Allemagne du nord différaient peu des coutumes françaises, ainsi que le prouve cet article du rôle de la métairie de Seelscheidt en Westphalie, de 1440 et 1449 : « L'écoutète de la métairie, de » concert avec les hommes de fiefs, place les bornes » et pieux de limite. Pour chaque borne, il est dû » au seigneur féodal 4 bast et aux hommes de fief » 6 deniers. Celui qui arrache ou enlève les bornes » de limite, lorsque le fait est connu de l'écoutète, » est tenu de payer six bast au seigneur féodal et » 6 deniers aux hommes de fief » (Grimm. Weisth., tome 3, page 32.)

Au moyen-âge, lorsqu'on plantait des bornes, on le faisait en présence des enfans et, pour qu'ils en gardassent la mémoire, on leur donnait des soufflets ou on leur pinçait les oreilles. (Michelet, *Orig. du droit français*, p. 99 à 103.)

NOTE 85. — PAGE 159.

SAINT-LAU. — PRÉAMBULE : *Sur la seigneurie de Saint-Lau.*

Cette seigneurie se composait de fiefs situés à Vaulx et à Wargnies : l'état de délabrement de la coutume ne nous permet pas de bien déterminer la situation du chef-lieu seigneurial.

NOTE 86. — PAGE 159.

SAINT-SULPICE-LÈS-DOULLENS. — ART. 1.er : *est noblement fondé et amorty soubs le roy nostre sire.*

Le prieuré de Saint-Sulpice eut pour fondateurs les comtes de Ponthieu. Il était encore, en 1507, propriété de l'abbaye d'Anchin, mais par la suite il fut réuni aux domaines de l'abbaye de Corbie. (Daire, *Histoire du doyenné de Doullens*, p. 55.)

NOTE 87. — PAGE 161.

WAVANS. — DATE : *le 1.er août 1509.*

Cette coutume est la seule qui porte la date de l'année 1509. Elle ne se réfère pas, comme les autres, aux coutumes de la prévôté de Doullens et du bailliage d'Amiens, mais seulement à la coutume du bailliage d'Hesdin. C'est pourquoi nous ne nous expliquons pas bien pourquoi elle figure dans cette série. Il faut croire que le seigneur de Wavans, entraîné par l'opposition de son suzerain qui se prétendait exempt de la juridiction du bailly d'Amiens, n'aura consenti à fournir son cahier de coutumes qu'à l'époque où celles d'Artois ont été rédigées.

NOTE 88 — PAGE 161.

WILLENCOURT. — PRÉAMBULE : *De l'église et abbaie Nostre Dame de Willencourt.*

Nous avons déjà publié une coutume de Willencourt. (Voir tome 1.er, page 525.) Mais elle concerne un fief mouvant de l'Abbaye de Saint-Riquier; pour cette raison, on n'a pas pu la comprendre dans le ressort de la prévôté de Doullens.

COUTUMES LOCALES.

SEPTIÈME SÉRIE.

PRÉVOTÉ DE BEAUQUESNE.

NOTICE

SUR

LA PRÉVOTÉ DE BEAUQUESNE.

La prévôté de Beauquesne doit son origine à l'établissement du bailliage d'Amiens et n'a été créée que peu d'années après celui-ci.

Philippe d'Alsace, comte de Flandre, avait fait bâtir à Beauquesne, vers la fin du XIIe siècle, un château fort qui servait pour la tenue des assises ou plaids généraux, à l'époque où ce puissant vassal étendait sa domination sur l'Artois, l'Amiénois et le Vermandois. En 1185, intervint, entre lui et Philippe-Auguste, un traité qui réunit ces domaines à la couronne. Le roi, maître du château de Beauquesne, y mit un officier qui, sous le ressort du bailli d'Amiens, avait mission de recevoir ses revenus et de rendre la justice en son nom. Beauquesne devint ainsi le siège de la plus considérable des huit juridictions foraines du bailliage.

Cette prévôté embrassait dans son ressort une vaste étendue de pays. Elle comprenait, dans l'Amiénois, les châtellenies de Vignacourt, de Domart et d'Authie ; dans le comté de Saint-Pol, celles d'Orville, de Saint-Pol et de Pas ; dans l'Artois, celles de Bucquoy, d'Avesnes-le-Comte, de Houdain, d'Aubigny, de Pernes, de Lillers, de Saint-Venant, de Béthune, de Lens et d'Arras, avec la principauté d'Epinoy, le pays de Lalleu et Riquebourg-Saint-Vaast ; dans la Flandre et le Cambrésis, la châtellenie d'Oisy, le temporel des églises Saint-Amé-en-Douai, Saint-Pierre de Lille, et de l'abbaye de Marchiennes. Le procès-verbal de l'assemblée des trois états du bailliage tenue à Amiens les 25 et 26 août 1507, prouve en outre que Lille, Douai et Orchies, étaient anciennement du ressort de la prévôté de Beauquesne, car le prévôt énonce qu'il a fait des efforts infructueux pour contraindre les officiers de ces châtellenies à exécuter sa commission.

En effet, les guerres de la maison de Bourgogne contre la France et la réunion toute récente de l'Artois à la couronne, n'indiquaient pas une assez longue possession pour justifier le droit de juridiction que le bailli d'Amiens revendiquait sur ces provinces au nom de son souverain. Les Flamands surtout répugnaient à s'y soumettre, parce que leurs mœurs, leurs préjugés les portaient à l'indépendance et que leur duc Maximilien avait plus de propension à s'avouer vassal de l'empire que vassal de la couronne de France. Les événements ne tardèrent pas à justifier ces résistances. Le malheureux traité de Madrid en 1525, nous enleva encore une fois l'Artois et la Flandre, qui ne redevinrent provinces françaises qu'après la paix des Pyrénées, et avec la condition de former des états séparés du bailliage d'Amiens. C'est pourquoi la prévôté de Beauquesne, à partir de 1530, ne s'étendit plus au-delà de l'Authie. Elle fut même supprimée quelques années avant la révolution.

L'inventaire des coutumes rédigé en 1559 constate, pour la seule prévôté de Beauquesne, la présence, aux archives du bailliage, de 150 procès-verbaux apportés à l'assemblée des trois états, du 2 octobre 1507. Sur ce nombre 11 ont disparu. Il en reste par conséquent 139. Mais, comme un même cahier renferme quelquefois plusieurs coutûmes, il en résulte que le chiffre de ces dernières s'élève encore aujourd'hui à 157.

Pour classer avec méthode cette masse de parchemins qui ne contient pas moins de 700 pages de manuscrit, nous les avons distribués en deux sections. La première renferme les coutumes de l'Amiénois au nombre de 29; la seconde celles des communes et villages que les traités enlevèrent à la France. Celles-ci sont au nombre de 128. Nous les avons groupées selon l'ordre des châtellenies, quand les procès-verbaux nous ont fourni l'indication de la mouvance, et nous avons placé dans un article particulier 15 coutumes où cette indication manque.

I.

Les coutumes de la première section s'écartent peu de l'esprit de la coutume générale du bailliage; elles ne sortent guères du cadre des droits de reliefs, amendes de justice et profits seigneuriaux. Il est très-rare d'y rencontrer des dispositions sur le droit civil. Quatre cependant méritent une mention particulière : ce sont celles d'Authie, de Toutencourt, de Flixecourt et de Beauquesne.

La coutume d'Authie donne la nomenclature des villages qui étaient du ressort de cette châtellenie. On en compte 9, savoir : Authie, Louvencourt, Saint-Léger, Vauchelles, Marieux, Raincheval, Arquèves, Toutencourt et Maurepas. Cinq de ces villages ont leurs coutumes particulières.

A Toutencourt, le bailli du seigneur juge, avec les hommes de fief, les cas ordinaires de la juridiction civile et criminelle; mais s'il se présente des cas extraordinaires, il doit les juger seul : les hommes de fief ne sont pas tenus d'en connaître, à moins qu'ils n'y consentent. La faculté de s'abstenir leur était ouverte sans doute pour ne pas les exposer à l'amende de 60 livres dont ils étaient passibles quand leur sentence était infirmée sur appel.

La coutume de l'échevinage de Flixecourt relate des dispositions qui sont évidemment calquées sur d'anciens priviléges octroyés par les seigneurs de Picquigny, car cette coutume a tous les caractères d'une loi municipale. Les droits de la communauté y sont garantis ; et, au moyen d'une taille annuelle de 5 sols par masure amasée, de 2 sols 6 deniers par masure non amasée, le fort portant le faible, la généralité des habitants est quitte de toute redevance seigneuriale et le profit des amendes appartient aux magistrats municipaux. Tous les ans, le jour de Pâques, les habitants élisent un nouveau maïeur. Le maïeur élu choisit 12 échevins, avec lesquels il juge et administre. Les boulangers, les bouchers et les taverniers sont placés sous la surveillance des échevins. Ceux-ci, avec le maïeur, font la visite des haies après la mi-mars, quand le prévôt a publié l'arrêté qui prescrit de les reclorre. Ils assistent à la plantation et à la vérification des bornes. Ils ont l'inspection de l'église et de la maladrerie pour constater que tout y est en bon état de réparation et d'entretien.

A Beauquesne, le prévôt royal est chef de la municipalité. Il y tient la place et exerce les fonctions de maïeur, assisté d'un conseil de sept échevins nommés et renouvelés tous les ans, par les habitants, le jour de la Saint-Simon Saint-Jude. Les échevins jugent au civil comme au criminel toutes les causes qui sont dans les attributions du seigneur haut justicier. Leurs sentences, sur appel, ressortissent directement au parlement de Paris. Ils peuvent condamner et faire exécuter les criminels qui ont mérité la peine capitale ; mais l'exécution de la personne n'entraîne point la confiscation de ses biens.

Les droits du fisc dont le profit appartient au roi, y sont très-modérés en ce qui concerne les mutations domaniales. Il n'y a point de relief de succession, parce que le mort saisit le vif. Il n'y a pas non plus de droit de transport pour les donations entre vifs ou testamentaires aux enfants ou aux parents consanguins ; mais le droit de vente est le 6.ᵉ denier du prix. L'acquéreur n'a pas à redouter l'éviction du retrait lignager ou seigneurial.

Les habitants sont exempts, par privilége, de tout droit de travers depuis Beauquesne jusqu'à Amiens, Corbie, Arras et Abbeville, par la raison, dit la coutume, que Beauquesne appartient nuement au roi. Tous les ans, à l'époque de la Fête-Dieu, ils sont autorisés à aller dans les bois du domaine royal, couper chacun deux charges de rameaux verts et en feuilles, pour orner la façade de leurs maisons et les rues où passe la procession du Saint-Sacrement, sous la condition de conserver ces mêmes rameaux pour servir aux feux de la veille de la Saint-Jean-Baptiste et de la Saint-Pierre.

La coutume de l'échevinage de Beauquesne est le premier jalon d'acheminement aux usages du nord de la France. Nous y voyons, en effet, deux choses qui caractérisent plus particulièrement le droit coutumier de l'Artois et de la Flandre : c'est, d'une part, que la peine capitale, en matière criminelle, n'entraîne pas la confiscation des biens, et, de l'autre, que l'époux survivant a la pleine propriété de la moitié de tous les biens mobiliers et immobiliers de quelque côté qu'ils proviennent, et l'usufuit, sa vie durant, de l'autre moitié.

Pour expliquer l'existence, à Beauquesne, d'une coutume si contraire au droit commun de l'Amiénois, il faut supposer qu'elle est venue s'y implanter à l'époque où les comtes de Flandre possédaient l'Artois et le comté d'Amiens, et qu'elle a été la conséquence des privilèges que Philippe d'Alsace accorda aux habitants de ce village alors incorporé à son propre domaine. C'est, en effet, dans les coutumiers artésiens qu'il faut aller chercher des dispositions analogues à celles que nous venons de rappeler.

II.

Les coutumes de la deuxième section s'appliquent à l'Artois et à quelques localités de la Flandre et du Hainaut. Nous les divisons en neuf groupes principaux, savoir : *Sait-Pol*, 15 coutumes; *Arras*, 29; *Lens*, 16; *Béthune*, 8; *Lillers*, 12; *Epinoy*, 7; *Oisy*, 7; les deux derniers comprennent les *Mouvances incertaines* et les *Temporels ecclésiastiques*. Cette division qui a pour but de réunir en un seul faisceau toutes les coutumes d'une même circonscription féodale, ne les classe pas toujours dans l'ordre de leur origine, car il arrive fréquemment que les rapports de vassalité contredisent les rapports de juridiction. Pour nous conformer aux indications des textes, nous avons suivi ce système de classification qui a l'inconvénient d'agglomérer arbitrairement des seigneuries dont les usages n'ont aucune conformité avec ceux du fief dominant.

Par exemple, toutes les coutumes du premier groupe se rattachent au comté de Saint-Pol, mais toutes cependant ne se réfèrent pas à la coutume générale de cette sénéchaussée. Ainsi, les châtellenies de Cambelain, et de Monchy-Cayeu, la baronnie de Barlin, les seigneuries de Sus-Saint-Léger, de Cunchy et de Siracourt, suivent les usages de Saint-Pol; la châtellenie de Pernes appartient bien au comte de Saint-Pol, mais elle *consiste en un seul fief et hommage immédiat du chasteau d'Arras* (art. 1.ᵉʳ) ; pour la décision des cas non prévus par cette coutume, *on use selon les poustumes dudit chasteau d'Arras* (art. 40). Les seigneuries de Godiempré, d'Henu et Warlincourt sont dans la châtellenie de Pas, qui est aussi une appendance du comté de Saint-Pol, tenue immédiatement du château d'Arras. Hestrus, suit les coutumes du bailliage d'Hesdin ; Vimy et Farbus, enclavés dans le bailliage de Lens, n'ont pas d'autres coutumes que celles de ce bailliage.

Dans le deuxième groupe, sont classés tous les fiefs et hommages du château d'Arras, dans l'ordre des châtellenies dont ils relèvent. Ce groupe se compose de 29 coutumes, dont 9 appartiennent à la mouvance propre d'Arras, 6 à la châtellenie d'Avesnes-le-Comte ; 10 à la châtellenie d'Aubigny ; 2 à la châtellenie de Bucquoy, et 2 à la châtellenie d'Houdain.

Le troisième groupe, outre la coutume du bailliage de Lens, en comprend 13 autres qui se règlent sur cette coutume et sur celle de la prévôté de Beauquesne, sans être, comme les précédentes, assujetties au ressort de la gouvernance d'Arras.

Le quatrième groupe est composé de 8 coutumes d'échevinages et de seigneuries relevant de l'avouerie de Béthune, laquelle comme fief ecclésiastique détaché anciennement des domaines de l'abbaye de Saint-Vaast, avait ses coutumes particulières, quoiqu'elle fût soumise à la souveraineté du comte d'Artois.

Le cinquième groupe renferme 12 coutumes dont 10 appartiennent au bailliage de Lillers, 1 au bailliage de Saint-Venant et 1 au bailliage d'Aire.

Au sixième groupe appartiennent les coutumes de la principauté d'Epinoy. Les six premières sont réunies en un seul cahier ; la septième, celle de l'échevinage d'Oignies, forme un cahier séparé. Toutes ont un caractère bien marqué d'affinité avec les coutumes de la Flandre dont la principauté d'Epinoy bordait le territoire.

Les coutumes de la châtellenie d'Oisy, au nombre de sept, forment le septième groupe. Celles-ci ont plus de rapport avec les usages du Hainaut, parce que la châtellenie d'Oisy qui, originairement, faisait partie du Cambrésis, en a été détachée par la suite.

Le huitième groupe réunit les coutumes des seigneuries d'Acq, Fosseux, Bois-Bernard, Hannecamp, Neuvireuille, Wanquetin *en partie* et Fléchinel. Nous les avons classées sous le titre de *Mouvances incertaines*, parce qu'aucune ne mentionne la châtellenie dont elle relevait.

Le neuvième et dernier groupe comprend les *Temporels ecclésiastiques* dont les coutumes, au nombre de 16, se répartissent de la manière suivante : *Evêché d'Arras*, 3 ; *Abbaye de Saint-Vaast d'Arras*, 2 ; *Abbaye de Marchiennes*, 6 ; *Abbaye de Corbie*, 1 ; *Chapitre de Saint-Pierre de Lille*, 1 ; *Chapitre d'Arras*, 1 ; *Chapitre de Saint-Amé-en-Douai*, 2.

Sans établir de comparaison sur la valeur de chaque groupe, nous pouvons dire que le septième l'emporte de beaucoup sur les autres par l'intérêt que présentent quelques-unes de ses coutumes, notamment celles de *Baralle* et *Buissy* et de *Tuncq-Saint-Martin*. Nous remercions M. Tailliar, conseiller à la Cour de Douai, d'avoir bien voulu se charger de l'annotation de ces vieux textes si pittoresques par les formes du langage, si curieux par la révélation d'usages ruraux empruntés aux traditions germaniques. Nous espérons que nos lecteurs nous sauront gré d'avoir fait appel au concours de son amitié et de son érudition.

Il n'entre pas dans le plan de cette notice de faire l'historique de tous ces différents groupes, encore moins de donner l'analyse des coutumes qui les composent, car un semblable travail dépasserait singulièrement les limites du cadre dans lequel nous voulons nous renfermer. Nous nous bornerons à signaler quelques faits qu'il importe de ne pas négliger.

On appelait *Artois royal* toutes les terres de cette province sur lesquelles les prévôts royaux de Doullens, de Saint-Riquier, de Montreuil et de Beauquesne, avaient une juridiction directe (Maillard, *Cout. d'Artois*, notes sur le placard de 1544, n.° 37). — En effet, les seigneuries d'origine allodiale, comme la principauté d'Epinoy, qui plus tard a été réunie à la grosse tour du Louvre, les communes fondées ou reconnues par lettres du roi, les rotures non féodales, les temporels ecclésiastiques amortis, tels que les biens de l'évêché et du chapitre d'Arras, des abbayes de Saint-Vaast-d'Arras, de Marchiennes, etc., n'ont jamais fait partie du fief de l'Artois, ni même du ressort de ce comté jusqu'au traité de 1530. Par exemple, la collégiale de Saint-Amé, quoique enclavée dans la ville de Douai, en Flandre, était, en conséquence d'une ancienne garde gardienne attribuée au bailli d'Amiens, placée sous le ressort immédiat du prévôt de Beauquesne (Maillard, *ut suprà*, n.° 26). — Cet officier avait une juridiction si étendue, que, pour communiquer plus facilement avec ses justiciables, il tenait ses assises tantôt dans la cité d'Arras, propriété de l'évêque, tantôt à Grandval, village situé à un quart de lieue, au midi, de la même ville (ibid, n.° 97). C'est seulement à l'époque où Charles-Quint a été reconnu souverain de l'Artois, que l'*Artois royal* a été réuni à la juridiction du Conseil provincial d'Arras.

En 1531, Charles-Quint ordonna une nouvelle rédaction des coutumes des Pays-Bas. L'homologation des coutumes générales d'Artois est du 3 mars 1544. Elle a été ordonnée sans préjudice des coutumes locales. Elle n'a donc pas anéanti celles qui ont été rédigées en 1507, car il aurait été souverainement injuste de rendre les communes intéressées responsables d'une omission de formalité qui n'était pas leur fait, dès lors qu'il était constant qu'elles avaient fait leurs diligences en temps opportun, et envoyé leurs cahiers rédigés dans la forme prescrite par l'ordonnance des commissaires royaux (ibid, n.° 73).

Cependant le défaut d'homologation a fait rejeter, dans le dernier siècle, plusieurs des coutumes locales de l'Artois. Celles de la ville de Saint-Pol l'ont été par arrêt du Parlement de Paris, du 12 janvier 1700 ; celles d'Avesne-le-Comte par arrêt du 27 décembre 1732 ; celles de Carvin et Epinoy par arrêt de la même Cour, du 2 mai 1737 (ibid, n.° 82 à 86).

Si les coutumes locales apportées au greffe du bailliage d'Amiens, avaient été soumises au contrôle d'une vérification intelligente, il est certain que le nombre de leurs dispositions aurait été singulièrement réduit, car la plupart sont la reproduction de ce qu'on trouve dans les coutumiers des châtellenies et des bailliages. Tout ce qui a rapport aux droits féodaux et aux amendes seigneuriales y occupe une place trop considérable, à raison de la précaution qu'avaient prise les rédacteurs de la coutume de la prévôté de Beauquesne de déterminer ces mêmes droits d'après la nature des seigneuries. C'est pourquoi, procédant par voie d'analyse et non par voie de retranchement, nous avons indiqué sommairement l'objet d'une foule d'articles qui font double emploi avec les coutumiers généraux ou qui, à cause de leur prolixité, auraient augmenté démesurément le volume de ce recueil déjà trop surchargé d'oiseuses et d'inutiles répétitions.

D'après les termes formels de l'édit de Grenoble du 2 avril 1506, avant Pâques, il était interdit de faire figurer parmi les coutumes, les priviléges des villes de loi. Nonobstant cette prohibition, bon nombre d'échevinages les ont insérés dans leurs cahiers en totalité ou par extraits. Nous devons leur en savoir gré, car si le scalpel des commissaires avait passé sur les procès-verbaux de rédaction, il en aurait bien certainement fait disparaître la partie la plus curieuse, et nous serions aujourd'hui dans l'impossibilité de produire une foule de documents qui intéressent, à un si haut degré, l'histoire si peu connue et si peu étudiée des municipalités rurales.

Les coutumes locales de la deuxième section de la septième série embrassent donc deux objets principaux : les seigneuries et les échevinages. Le but de cette notice est de rechercher les caractères qui les distinguent.

Les coutumes des seigneuries, comme les seigneuries elles-mêmes, sont diverses selon la qualité du fief qui détermine les prérogatives et les droits du possesseur. Le haut et puissant seigneur, le comte, ou celui qui possède à titre de principauté, est dans son fief une espèce de petit souverain investi du pouvoir législatif et judiciaire. Son autorité s'étend sur un vaste territoire. Il y bâtit des châteaux, des forteresses; il y fonde des abbayes, des hospices, des léproseries, des prieurés, des communes, des foires, des marchés. Comme gardien de la paix publique, il est chargé de la répression des crimes qui y portent atteinte. S'il établit des péages sur les grands chemins, c'est parce qu'il a mission d'y assurer la sécurité des voyageurs. Il est responsable envers le marchand à qui on vole ou on enlève violemment sa marchandise, lorsque celui-ci a acquitté le droit de travers qui lui garantit secours et protection. Le haut seigneur a une cour de pairs qui administrent sa justice et qui jouissent, dans leurs terres, de priviléges presque aussi étendus que les siens, car ils ont, comme lui, la connaissance de tous les cas criminels et civils, la confiscation des biens des condamnés à la peine capitale ou au bannissement, le pouvoir de prononcer des amendes arbitraires et de décréter des édits qui ont force de loi dans leurs seigneuries. De là résulte, comme première conséquence, une coutume générale qui est celle du comté, et des coutumes particulières qui sont celles des châtellenies. La première règle le droit territorial d'une manière uniforme, les autres spécifient les rapports des vassaux avec leurs tenanciers ou des tenanciers entre eux, par un tarif particulier d'amendes et de droits seigneuriaux, ou bien elles énoncent la possession, par le haut justicier, de certaines prérogatives comme celle du droit de garenne, du moulin ou du four banal et l'exemption, au profit des sujets, de certaines prestations ou péages qui existent dans d'autres seigneuries.

La coutume de la prévôté de Beauquesne énumère les droits du moyen et du bas-justicier. Celui-ci a le forage des boissons vendues en détail sur son fief; en matière de délit, sa compétence est limitée aux amendes de cinq sols (*Cout.* de 1507, art. 3).

Le moyen justicier ou vicomtier prononce des amendes jusqu'à soixante sols inclusivement; il peut juger et faire exécuter à mort les larrons, mais la confiscation des biens appartient au haut justicier de qui il relève. Il appréhende la succession des bâtards; il est propriétaire des épaves; il fait mettre le prix aux boissons vendues en détail et perçoit les droits d'afforage. Une aide pareille au relief lui est due par tous ses tenants féodaux, lorsqu'il fait son fils aîné chevalier ou qu'il marie sa fille aînée (ibid, art. 2 et 8).

La justice vicomtière, en Artois, avait aussi ses prérogatives comme la haute justice. Ainsi le vicomtier peut avoir four et moulin banal, travers, etc. lorsqu'il a titre ou possession suffisante. Le seigneur d'Estreelles, qui se qualifie premier pair du château d'Aubigny, a, comme le seigneur d'Aubigny, droit de travers sur toutes les denrées et marchandises qui passent par sa seigneurie, avec cette seule différence qu'à Aubigny le droit est dû sans qu'on le demande, tandis qu'à Estreelles, il n'est pas dû si on ne le demande pas (2.ᵉ groupe, *Estreelles*, art. 12). — Le même seigneur a droit de prendre, sur les chassemarées qui vont à Arras, tout le poisson nécessaire aux besoins de sa maison *pour le prix que le pareil sera vendu sur le marchiet, le jour du passement dudit poisson, par chertificacion du maieur de ladite ville d'Arras* (ibid, art. 17). — Le seigneur d'Estreelles et ses officiers peuvent aller *armés et embastonnés avant la ville d'Aubigny, jouer aux dez et donner grasse de y jouer si bon leur semble* (ibid : art. 19). — Le seigneur de Villers-Brulin, autre pair du château d'Aubigny, jouit de priviléges à peu près semblables. Il peut contraindre ses taverniers à mettre leurs pièces en perce et à lui fournir du vin pour lui et ses familiers ; et en outre, quand il se rend avec eux à la fête du Bosquel qui a lieu le jour de Pentecôte, il peut s'y présenter en habillement de guerre, pour la sûreté de son corps, et de même en autre temps sans méfait (2.ᵉ groupe, *Villers-Brulin*, art. 17).

Le gibet est le signe distinctif de la seigneurie, c'est pourquoi celui du seigneur vicomtier n'a que deux piliers, celui du haut justicier en a trois (Beauquesne, *prévôté*, art. 2. — Artois, art. 22. — Salle de Lille, art. 3).

Il ne faut pas confondre les profits de la seigneurie avec les droits réels inhérents au fief. A part le relief qui est toujours proportionné à l'importance du ténement relevé, les autres droits de mutation ne varient jamais, quel que soit le titre de la seigneurie ou de la justice. Tout possesseur féodal qui vend, donne ou transporte son fief, doit au seigneur de qui il le tient le cinquième du prix ou de l'estimation (Beauquesne, art. 10).

Tels sont les principes que pose la coutume de Beauquesne pour reconnaître et constater les droits afférents à chaque nature de justice. Les coutumes des divers bailliages de l'Artois et de la châtellenie de Lille les développent sans les contredire.

Selon l'art. 6 de la coutume d'Artois, le seigneur vicomtier a l'inspection des vivres et des mesures qui servent à les distribuer aux consommateurs. Si les mesures sont trouvées fausses, il en doit renvoyer la connaissance au haut justicier qui lui adjuge son amende de 60 sols.

L'article 15 de la même coutume permet au seigneur haut justicier ou vicomtier qui veut poursuivre ses amendes, de faire arrêter et emprisonner les délinquants et de ne consentir à leur élargissement que si bon lui semble et avec caution solvable. L'article 5 de la coutume de la prévôté de Beauquesne accorde le même droit *à tout seigneur ayant justice*, mais il ajoute que les praticiens assemblés pour la vérification de cette coutume, ont été d'avis qu'on devait exiger deux conditions pour que ce droit pût être exercé : qu'il fallait qu'il y eût flagrant délit ou présomption de culpabilité résultant d'une information préalable.

L'article 18 de la coutume de la Salle de Lille qui dispose dans le même sens, exige trois conditions au lieu de deux : flagrant délit, information précédente, ou instance entre parties civiles sur le fait qui motive l'arrestation.

Les mots *information précédente* nous conduisent naturellement à parler de la procédure criminelle et correctionnelle devant les tribunaux des seigneurs. Il n'y avait alors ni juges ni chambres d'instruction. Mais le droit coutumier de l'Artois et de la Flandre armait les hauts justiciers et vicomtiers d'un moyen puissant d'enlever aux coupables l'espérance de l'impunité. C'était la faculté qu'il leur accordait de procéder par voie d'inquisition, non seulement pour atteindre les auteurs inconnus de délits constatés, mais encore pour arriver à la connaissance des méfaits non révélés. Tel était particulièrement l'objet de la convocation des assises des plaids généraux et des *franches vérités* auxquelles tous les chefs de maison étaient tenus de comparaître sous peine d'amende pour déposer, sous la foi du serment, de tous les délits venus à leur connaissance depuis la dernière assise.

La coutume de la Salle de Lille (titre 1.er art. 5 et 19) établit une distinction entre la vérité spéciale et la vérité générale. La première consiste à entendre des témoins sur un fait déterminé, par exemple sur un fait de nature à faire prononcer la peine de mort ou le bannissement contre son auteur : elle était dans les attributions exclusives des hauts justiciers. La vérité générale avait pour objet la révélation de tous les délits. C'était une voie d'instruction commune aux hauts justiciers et aux vicomtiers. Ces derniers y avaient recours pour connaître les auteurs des voies de fait contre les personnes, des délits ruraux et des infractions aux bans de mars et d'août. C'est pour cela que les plaids généraux et les franches vérités étaient d'une application si fréquente dans les justices subalternes. La plupart des coutumes locales qui mentionnent cet usage ne s'appliquent qu'à des seigneuries ayant la moyenne justice seulement.

Pour compléter cet aperçu sommaire des justices nous devrions aussi dire un mot de celle des échevins. Mais ici le champ devient plus vaste. Le service d'échevinage étant la condition d'une espèce particulière de tenure différente du fief et de la censive, il n'est pas possible de bien comprendre la nature et le but de cette institution, sans une étude préalable des divers modes de possessions roturières et des services qu'elles engendrent par rapport aux possesseurs. Ce travail fera l'objet de l'introduction de ce second volume.

Novembre 1850.   A. B.

ALLONVILLE.

SEIGNEURIE.

Deux pages de grand parchemin lisibles. 8 articles.

Coustumes localles et particulières dont on a usé et use lon chascun jour, en la ville, terre et seigneurie d'Alonville, appartenant en propriété à noble et puissant seigneur Mgr. Charles d'Ailly, seigneur, baron de Pinquegny, de Raynoval et de Labroye, vidame d'Amiens, et madame Philippes de Crévecœur, sa femme, à cause d'elle, et usufructuairement aussy à noble dame madame Marguerite de la Trimoulle, dame de Dours et dudit lieu d'Alonville, dame douairière de Crévecœur, de Thieuves et de Thois, icelle tenue en souveraineté de ladite terre et seigneurie de Pinquegny.

1. Relief des héritages cottiers, XII deniers parisis. — 2. Droit de vente des héritages situés à Allonville, XII deniers, des terres aux champs, huit pour cent du prix.—3. Bétail passant dans les bois conduit par un gardien, donne lieu à l'amende de LX sols parisis; si quelque bestiaux s'y échappent, il n'y a que II sols VI deniers d'amende—.4. Tous les taverniers vendront à la mesure d'Amiens, qui est aussi celle des grains, sous peine de LX sols. — 5. Allonville est ville d'arrêt.—6. Quand il y a empêchement ou main mise de justice, les échevins ont, pour leur peine, IV sols, le sergent XII deniers s'il s'agit d'ablais ou de terres aux champs, et la moitié si l'arrêt a lieu sur choses situées dans la ville.

7. Item, toutes et quantes fois que aucuns des manans et habitans dudit Alonville, vendent tous leurs héritages à eulx appartenant, scituez es mettes de ladite seignerie ou quilz wident du tout et de leur dernier héritage, en ce cas, en faisant la dessaisine, ilz sont tenus envers les eschevins de ladite ville en la somme de V solz et ung denier (1).

8. Gain de survie réciproque sur la moitié des héritages que chacun des époux possède au jour du mariage, c'est pourquoi douaire n'a lieu en ladite ville.

Signatures : Scourion *bailly dudit Alonville.*—Jehan Blanchart *lieutenant d'Allonville.*—Courtois *procureur pour office.*—P. Demay de S. Gratien *homme de fief.*—Jo. Blanchart *prestre, vice gerant dudit lieu.*—Jo. Brunet *prestre.*—Colart Cornet *manouvrier*—Robert Mortereu *manouvrier.*—Jo. Blanchart.—N. Craspoullet.—*Marques :* Pierre Briet.—Nycot Grimaut.—Symon Lethieulier.—Jehan Petit Craspoullet.—Symon Coquerel.—Colart Moisant *vigneron.*—Jaque Troquealaue *cottier.*—Jehan de Hedicourt le josne *manouvrier.*—Jaque Moisant *berquier.*—Martin Grimaut *manouvrier, et autres illisibles.*

Le 29 septembre l'an 1507.

ARGOEUVES.

SEIGNEURIE.

Une petite page en parchemin lisible. 3 articles.

En la terre et seigneurie d'Argœuves, appartenant à Nicolas Fauvel, escuier, seigneur d'Estrées en partie et de Lannoy en Villers-au-Boscage, qu'il tient en plain hommage de hault et puissant seigneur Mgr. Jehan de Soissons, chevalier, seigneur de Moreul, à cause de sa terre et seignourie d'Esquesnes, lon a acoustumé user des coustumes qui s'en suivent.

1. Relief des successions cottières, VIII sols et trois setiers de vin à la mesure de Poix, par chaque héritier relevant. — 2. Droit de vente, la moitié du prix des héritages, le XII.e denier pour la vente des terres.—3. Pour le reste, on se règle sur les coutumes du bailliage d'Amiens et de la prévôté de Beauquesne.

Le vingt-deuxième jour de septembre l'an 1507.

Signatures et marques : Hue Domon *lieutenant du bailli.*—Jacquemart Domon. — Hue de Croissy. — Jehan Robellot. — Pierre de Sorel. — Jehan Domont.

AUBIGNY-LEZ-PIERREGOT.

FIEF.

Deux pages un quart de parchemin, in-4.°, lisibles. 9 articles.

Coustumes locales et particulières de la terre et seigneurie nommée le Petit-Aubigny, séant à Pierregot, appartenant à noble homme Chrystophe d'Aizincourt, seigneur d'Aubigny et dudit fief, tenu noblement de Mgr. le vidame d'Amiens, à cause de son chasteau de Vinacourt.

1. Relief des héritages, XVI deniers ; droit de vente, le VI.e denier.—2. Mort et vif herbage.

3. Nul quel qu'il soit ayant bestes à laine ne peut mettre icelles bestes en autre parcq que celui du seigneur, sinon avec le consentement dudit seigneur, sous peine de LX sols d'amende.

4. Droit d'issue de ville sur les bestiaux vendus. — 5. Idem sur les vins vendus en gros. — 6. Forage des boissons. — 7. Coups de main garnie, LX sols d'amende.

8. Tous chariots qui sont trouvés passant parmi les terres ou autres héritages de ladite seigneurie, commettent envers icellui seigneur amende de XV sols parisis pour chascune fois, et chascune carette fourfait amende de VII sols VI deniers parisis pour chascune fois.

9. Dommage des bestiaux, II sols VI deniers d'amende.

Le dix-huitiesme jour de septembre 1507.

Signatures et marques : Chrystophe Daizincourt. — Symon Bliaust. — Mahieu Hennebert.—Jaque Huier *(serpette de vigneron).*—Jan Magnet.—Gille Tristren. —Jehan Bliau *(une herse).*

AUTHIE.

CHATELLENIE.

Trois rôles de grand parchemin, y compris une page de signatures, écriture très-lisible. 31 *articles.*

Ce sont les coustumes locales de la ville, terre, seigneurie et chastellenie d'Authie, tenue en une seule parrie de la terre et seigneurie de La Ferté-lez-Saint-Riquier; appartenant à noble et puissant seigneur Mgr. Charles de Rubempré, chevalier, seigneur dudit Rubempré et Authie, en laquelle il a toute justice haulte, moienne et basse.

1. Tous les subgets vassaux et tenans féodaux dudit seigneur d'Authie, en première instance, sont poursuivables en toutes matières réelles, personnelles et mixtes, mesmes en cas criminelz et de délitz pardevant les bailly et hommes dudit Authie, pourveu, quant à matière personnelle, que la somme monte à V sols tournois.

2. Procédure sur appel. — 3. Relief des pairies cent sols de chambellage et de même pour les demi-pairies. — 4. Relief de bail par le mari. — 5. Relief de bail pour les mineurs.

6. Ung seigneur n'est tenu de recevoir aucuns colleges, corps d'église, de ville ou communaulté qu'on dist main morte, à homme ou tenans aucuns héritages féodaux ou cottiers à eulx donnés ou legatez ou autrement transportez, que ce ne soit à la charge de par eulx en wider leurs mains et les mettre en main non morte, par dedans ung an ensuivant la saisine qui leur en seroit baillié.

7. Eteules défensables jusqu'au 13.ᵉ jour aprez la récolte. — 8. Seigneurs hauts justiciers connaissent de tous cas criminels et civils, exceptés les cas réservés au roi. — 9. On ne peut mettre ni pourceaux ni bêtes à laine pâturer dans les marais — 10. Congé du seigneur nécessaire pour faucher l'herbe des marais, pour y piquer et fouir, pour y mettre les chevaux en pâture. — 11. Défense sous peine de LX sols de porter arcs, arbalètes, fillets dans les bois et d'y chasser et fureter. — Défense, sous peine de V sols, de jeter des immondices dans les rivières, fossés et courans d'eau et d'encombrer les rues et llégards. — 12. Injures verbales, VII sols VI deniers. — 13. Chaque seigneur haut justicier peut faire des ordonnances et statuts touchant le fait de l'état politique des sujets. — 14. Formalité de l'hypothèque. — Le seigneur d'Authie peut faire ajourner devant sa justice toute espèce de malfaiteurs, pour crimes commis sur les terres de ses vassaux, quand ceux-ci sont contumaces au regard de la justice du seigneur duquel ils relèvent.

16. En cas criminel, le seigneur d'Authie peut faire appeler les criminels, à peine de bannissement d'icelle chastellenie, et les en banir de fait quand le cas le requiert.

17. Toutes personnes qui, sans le congé du seigneur d'Authie, se ingèrent de pescher, fouir, heuer, estocquer et mettre aucuns harnois ou filez pour pescher et prendre aucuns poissons, ou de chasser aux chines et oiseaux, soit en ses viviers, estangs, ruisseaulx et fossez qu'il a en sadite chastellenie d'Authie ou autres rivières, es mettes d'icelle chastellenie, là où ledit seigneur a justice et pescherie, chascun, pour chacune fois, eschiet en amende de LX solz parisis, à appliquer au seigneur d'Authie; et demeureront tous les filez et harnois des facteurs confisquez au droit dudit seigneur.

18. Tout tavernier doit se munir du congé du seigneur, avant de décharger aucune pièce de vin en cellier, sous peine de LX sols d'amende, au seigneur duquel il relève.

19. Les tenans féodaux doivent le service de plaids en personne...

EN MARGE : Il semble que cest article est bien rigoureuse et contraire à la coustume générale du bailliage d'Amiens, qui permet de servir par procureur.

20. Aux seigneurs féodaux appartient droit derbage sur les blanches bestes de leurs tenans cottiers, tel que quant ilz en ont jusques au nombre de dix, il leur est deu une beste vive, choisie en icelles aprez ce que le tenant en a choisi les deux; et audessoubz de dix bestes, appartient auxdits seigneurs droit que on dist mort herbage qui est d'une obole parisis pour chascune beste...

EN MARGE : Les subgets d'Authie, d'Arquesvres, de Louvencourt, de Vauchelles, de Marieux et Maurepas, dient que jamais ils ne payèrent ledit droit derbage et quilz n'en doivent riens, mais mesme ceulx dudit Authie, à cause de de LX solz de taille quilz paient chascun an au seigneur (2).

21. Chaque portion divisée de l'héritage cottier est responsable de la totalité du cens.— 22. Droit de vente des maisons, masures et jardins, II sols parisis, c'est-à-dire XII deniers d'issue et XII deniers d'entrée. — 23. Le droit de vente des terres aux champs est le XII.e et XIII.e denier du prix. — 24. Au seigneur d'Authie appartient la justice vicomtière dans la ville et terroir d'Authie, et il a seul le profit des amendes.

25. Par ladite coustume, appartient entièrement audit seigneur toute la riviére dudit Authie, estendue et largeur d'icelle, tant en pescheries que autres choses quelzconques, depuis le ville de Saint-Léger jusques en la ville de Thièvres, au pont d'icelle, au-delà du molin bannier, appartenant audit seigneur et pour ceste cause lon nomme la rivière d'Authie, et en retournant dudit pont, en montant amont, sur la rivière de Pas jusques au vivier Castellain.

26. Y a audit Authie ville d'arrest tel quil loist et est permis à ung chascun faire arrester tous forains y passans et leurs biens et marchandises pour debtes et autres choses par eux deues, où il y a promesse, obligation ou compte fait; et les peult lon, par ladite coustume, détenir et arrester prisonniers tant et jusques à ce quilz auront nampti des choses par eulx deues.

27. Par ladite coustume, y a maïeur et sept eschevins, en la ville d'Authie, qui

ont loy, commune ; lesquels ont regard sur la police de ledite ville, comme dasseoir le taille du seigneur dudit Authie, de bailler les bestes à herde, visiter les flos et flégards, bois dudit seigneur, et estre présens à bailler les saisines des cotteries et autres choses regardans et concernans la police d'icelle ville; et se renouvellent chascun an lesdits eschevins; et à leur entrée, font serment pardevant le bailli dudit Authie ou son lieutenant, de faire bien et léallement leur debvoir du fait dudit eschevinaige.

28. Les seigneurs, manans et habitans des villes dudit Authie, Saint-Léger, Louvencourt, Maurepas, Vauchelles, Arquesves et ce qui est tenu de feu M.ᵉ Robert de Cambrin et de Robert de Habart, sont banniers et subgets au mollin à blé dessus dit, appartenant audit seigneur d'Authie, séant auprez dudit lieu de Thievres...

29. Ledit seigneur d'Authie soloit avoir four à ban, audit Authie, dont il a franchy ses subgets dudit Authie, moiennant XX solz tournois quilz lui rendent chascun an.

30. Quant aucuns ou aucun viennent achetter, en la ville d'Authie, quelques bestes et autres marchandises, ledit seigneur peult avoir lesdites choses ainsy vendues en paiant aux achetteurs le pris quilz en auroient baillé (3).

31. Ledit seigneur a droit d'issue tel que, pour chascun pourceau vendu et emmené hors de ladite ville d'Authie, I denier, de 1 cheval, III deniers, de chascune vache ou bœuf, II deniers, de une peau de vache ou bœuf, I denier, de une brebis et de la peau, I obole, de une peau de veau et de la peau d'un cheval, II deniers, que les achetteurs sont tenus paier audit seigneur d'Authie, ainchois quilz le wident hors de ladite ville; et se ilz partent hors de ladite ville, sans ce faire et paier, ilz escheent pour chascune fois, envers ledit seigneur, en amende de LX solz parisis.

Signatures : P. Voiture *commis pour le prieur d'Authie.* —T. de Tramecourt *vice gerant de la cure d'Authie.* — Jo. Pumera *vice gerant de la cure de Louvencourt.* —Ja. Tripet *curé de Vauchelles et Arquesves.* —Colart Catellain *procureur de Mgr. de Saint-Léger.*— J. Berthe *procureur de Mgr. de Raincheval.*— Colart Josse *procureur...* — Pierre Delebarre *procureur.* —Pruvost *homme de fief.* — Pierre Riquier. — Gille de Fremicourt. —Jason Parmentier. — Blondel *eschevin d'Authie.* —Defontaines *eschevin.* — Jehan Roussel. — A. Rohart — et autres illisibles.

Signés au bas : J. Cresson *curé de Raincheval.* —Leriche *procureur de Mgr. de Rubempré et Authie.*

Demonchy *bailli d'Authie.*

BEAUQUESNE.

ÉCHEVINAGE.

Trois rôles de parchemin petit in-folio.—Belle écriture très-lisible. 23 articles.

Ce sont les coustumes et usages dont len a acoustumé user en la ville, loy et eschevinage de Beauquesne, appartenant au roy nostre sire, mises et redigées par escript par nous prevost et eschevins de ladite ville, le vingt troisième jour de septembre lan mil cinq cens et sept.

1. Toutes appellations qui se entrejectent des prevost et eschevins de ladite ville ou diceulx eschevins seullement, soit de appointement interlocutoire ou de sentence deffinitive, ressortissent de plain droit et sans moyen en la court de parlement; et sy lappelant est declaré mal appelant il eschet envers le roy en amende de LX livres parisis.

2. Lesdits prevost et eschevins ont, en ladite ville et eschevinage de Beauquesne, haulte justice, moienne et basse et la congnoissance, pugnicion et correction de tous cas, crimes et delictz commis et perpétrez par leurs subgetz et autres qui auroient delinqué es fins dudit eschevinage.

3. Peuvent les manans et habitans dudit Beauquesne, au renouvellement de la loy qui se fait chascun an, eslire, nommer et faire en commun, le jour saint Simon et saint Jude, sept eschevins d'entre eulx, lesquelz ont le gouvernement du fait politique, ensemble de la justice et seigneurie de ladicte ville de Beauquesne, *avec le prevost (a)*.

4. Ont lesdits eschevins de Beauquesne auctorité et povoir de faire, par leur justice et par l'un de leurs sergens ou officiers, procéder par voie d'arrestz, à le requeste de partie, sur les corps ou biens de tous forains venans en ladite ville et es fins et limites dudit eschevinage, pourveu que celluy qui ainsi seroit arresté fut trouvé redebvable envers la partie qui lauroit fait arrester; et ne le pœult on arrester synon sur flégard de ville sil n'est obligié.

5. Se aulcuns des subgectz, manans et habitans dudit Beauquesne ou aultres ayans terres et héritages es mectes dudit eschevinage, commectent cas criminel qui soit digne de recevoir mort, et que, pour raison dicelluy cas, tel ayant commis ledit cryme est exécuté criminellement ou quil soit banni, il ne confisque

---

(a) Les mots en italique indiquent les additions et corrections faites au moment de la vérification et avant l'apposition des signatures.

seullement que le corps et non point ses biens (4). *Il n'y a que LX solz ou le hart.*

6. Les drois seigneuriaulx des héritages ou terres scituées et assises audit eschevinage vendus à toutes personnes sont telz que du sixiesme denier de vente de la somme à quoy monte ladite vendicion; et sont lesdits drois seigneuriaulx appartenans au roy nostre sire, qui se rechoipvent par le prevost fermier de ladicte ville de Beauquesne; lesquelz héritages ainsy vendus ne tombent en ratraict lignager, posé ores que iceulx ou les aucuns aient appartenu au vendeur de son propre; et sy ne pœuvent revenir par puissance de seigneurie à la table et domaine dicelle ville de Beauquesne.

7. Quant il advient qu'aulcuns desdits habitans vont de vie à trespas, leurs héritiers ne doivent, pour leurs dits héritages, aucuns reliefs, car le mort saisist le vif.

8. Les habitans, sans demander grace ou licence au rentier, ni paier aulcun droit de terrage, pœuvent aller querir leurs ablais croissans verdz, soier, faucquier, soit blez, soilles, orge, dravys ou aultres choses croissant pour en donner raisonnablement à leurs chevaulx et bestiaulx; *et depuis que lesdits ablais sont venus à meurison, on n'en pœult riens prendre sans terrager, sur l'amende de LX solz parisis.*

9. Se daventure le fermier des rentes et terrages tardoit trop longuement à venir terrager les ablais desdits subgetz venus à meurison, iceulx subgetz et habitans se pœuvent retraire par devers lesdits eschevins; et pœuvent iceulx eschevins commectre leur sergent ou aultre pour terrager leurs dits ablais et faire envoier le droit à le grange dudit rentier, gens présens à ce faire avec le sergent.

10. Se deux conjoincz par mariage ont et leur appartiennent, au jour de leurs espousailles, de quelque moien que ce soit, et constant leur dit mariage, ilz font aucunes acquestes, et aussy leur vient de la succession de leurs prédécesseurs aulcunes maisons ou aultres héritages assiz es mettes dudit eschevinage, ils polroient, pœuvent et leur loist, ensemble et du consentement l'un de l'aultre et non aultrement, donner et aumosner par don d'entre vifs ou testamentaire, ainsi quil leur plaist, iceulx héritages et acquestes à leurs enffans ou autres personnes de leur consanguinité et parens, à chascun d'iceulx, sans ce que, pour ce faire, les donateurs soient tenus paier aulcuns drois seigneuriaulx; et avec ce pœuvent eschanger leurs dits héritages sans paier aulcuns drois, sil ny a rétribution.

11. Se aulcuns conjointz font ensemble aulcunes acquestes réelles ou leur soit succédé, par avant leur mariage ou depuis et durant icelluy, par la mort et trespas

de celluy ou ceulx dont lesdits conjointz ou l'un d'eulx se sont fondés héritiers, quelque maisons ou héritages, à chascun desdits coinjointz appartient entièrement la moitié desdits acquestes réelles et héritages, supposé que a l'un d'eulx lesdits héritages fussent succédez par le trespas de ses prédécesseurs ; et ne pœuvent, sans le consentement l'un de l'autre, vendre ne aliéner lesdits héritages; mais si l'un desdits conjointz va de vie à trespas, le survivant joyt entièrement de la totalité d'iceulx héritages et acquestes réelles, sa vie durant tant seulement ; et aprez le trespas dudit survivant, le tout retourne aux enffans que iceulx trespassez auroient delaissé au jour de leur mort (5).

12. Pœuvent semblablement deux coinjointz, homme et femme, advantager et donner l'un à l'aultre, par entrevifz, par forme d'entradvestissement, tous leurs héritages patrimoniaux, acquestes et autres biens quelzconques pour, par le survivant d'entre eulx, en joyr et possesser sa vie durant seullement et, aprez son trespas, par leurs enffans autant l'un que l'autre se ilz sont plusieurs, ou en deffault d'iceulx, par les plus prochains héritiers desdits conjointz par égale porcion (6).

13. Lesdits eschevins ont autorité de long temps et anchienneté, de faire appeler de tierchaine en quinzaine tous délinquans aians meffait es mettes dudit eschevinage, pour cas criminel et civil, et procéder par bannissement sur la hart à toujours, à l'encontre d'iceulx criminelz, silz ne comparent en dedans la dernière quinzaine d'iceulx appeaux.

14. *Se aulcuns desdits habitans estoient adjournez par trois fois au siége dudit eschevinage et ailleurs, et ilz ne comparent à la troisième fois, ilz sont escheus en trois solz d'amende envers ledit prevost.*

15. Avons, en ladite ville, franc marchiez chascun lundi de l'an, et commenche depuis le dimanche XII heures de midi jusques au mardi XII heures, et ne pœult lon arrester nulz ne nulles venant servir ledit marchié sil nest obligié.

16. Item, ne pœuvent, ne doivent les taverniers ou subgets dudit village vendant vin à broche, faire tirer ne distribuer leurs dits vins, estans en leurs maisons et celliers, pour tant quil conviengne avoir lumière ou chandelle, synon à chandelle de chire, sur peine et amende de V solz pour chascune fois quilz seroient trouvez avoir fait le contraire ; *et ne pœuvent vendre sans afforer ; et doibvent pour chascune pièce un lot, ung fagot et ung pain; et ung pot pour chascun fons au roy, nostre sire, pour forage.*

17. Item, se aulcuns desdits habitans de Beauquesne vont ou envoient laver drapeaux ou aultres wardes, laines, ou font aulcune aultre immondisse à un qay

que lon appelle le flot du Boille, estant en ladite ville de Beauquesne, sans avoir le congié desdits eschevins, ils escheent, pour chascune fois, envers le roy, en l'amende de V solz parisis, qui se doit paier audit prevost d'icelle ville de Beauquesne, pour ledit seigneur.

18. Item, nulz desdits habitans ne aultres aians terres aux champs estans au terroir dudit lieu, qui doivent terrage au roy, nostre sire, ne pœuvent faire fermeture de haies, plantichz, ne aultres clostures dicelles terres.

19. Item, sont tous lesdits habitants, de grand temps et anchienneté, pour leurs denrées et marchandises quilz mainent hors de la ville, exempz, francqs et quittes de tous drois de travers, depuis ladite ville de Beauquesne jusques à Amiens, Corbie, Arras et Abbeville, à cause que ladite ville de Beauquesne est nuement au roy; et desdites franchises et exempcions ont lesdits habitans joy et usé de si long temps quil n'est mémoire du contraire.

20. Item, appartient auxdits prevost et eschevins de Beauquesne, faire visitacion du molin de la ville d'Orreville et des mesures à blé dudit molin, avec des voies et chemins qui maynent dudit Beauquesne à icelly molin, toutes les fois quil plaist auxdits prevost et eschevins pour, par eulx, faire remettre à point ledit molin, s'il n'estoit en estat souffisant; faire et contraindre cestuy quy auroit la charge de le mener et conduire, de mesurer le blé à bonne mesure, silz trouvoient quil mesurast de fausse mesure; et aussi de maintenir et entretenir lesdits chemins en telle largeur que ilz ont esté de toute anchienneté; et ont les habitans dudit lieu droit de mauldre leur blé audit molin, quand il y est, auparavant tous aultres; *et est à cause que lesdits habitans sont banniers audit molin.*

21. Item, les habitans de Beauquesne pœuvent aller ou envoier, le jour du Sacrement, au bois du roy, sur le lieu où le verdier desditz bois les menera et non ailleurs, prendre, copper et emporter, par chascun an, à icelluy jour du matin, pour chascun mesnage de ladite ville, deux charges ou faiz de bois verd fœuillu pour parer les rues par lesquelles len fait la procession, ledit jour où len porte le Saint-Sacrement de l'autel; et se il est trouvé que aulcuns d'iceulx habitans voisent ailleurs que ledit verdier leur aura monstré, ilz et chascun d'eulx, escheeront en amende de LX solz parisis comme dessus; et là où il apperra que aulcuns desdits subgetz absconssent et muchent quelque partie dudit bois en leurs maisons, sans le mettre pour faire ledit parement sur rue, ilz payeront V solz parisis; et doibvent tous lesdits habitans garder icelluy bois pour faire les fuz de la veille des jours Saint-Jehan-Baptiste et Saint-Pierre, ensievans ledit jour du Sacrement (7); *et si pœult le capitaine dudit Beauquesne mettre*

27.

ses bestes pasturer es dits bois, sans les mettre es taillis sous trois ans, et ledit verdier y pœut mettre une vache et son veau et non aultrement sans amende de LX solz parisis.

22. Item, ont les habitans dudit Beauquesne coustume de povoir aller au bois querir des harchelles pour loyer leurs haies et entretenir leurs edeffices (8).

23. Item, se aulcunes bestes sont trouvées, en la saison et messon d'aoust, es nouveaulx que l'on nomme nouvelles esteules, sur les terres tenues dudit eschevinage, durant les jours ordonnez et entredits de mener lesdites bestes es dittes esteulles, celui à qui appartient lesdites bestes, eschiet seullement en amende de III solz qui se applique au roy comme dessus; et se aulcuns estoient trouvez es ablais ou aultres biens, deux hommes bien famés pœuvent prendre lesdites bestes de vue; en faisant leur rapport à justice, et ilz seront à LX solz en les gardant esdits ablais.

Et quant aux aultres coustumes, etc.

Signatures et marques : P. Huchon. — Gaspardus Sevin *prestre.* — D. Ancel. Robert Ancel, eagié de LX et VII ans. — Jehan Poulliette : *ainsi signé par moy* S. H. Andriole. — *Ainsy signé par moy Henri Andriole prestre demeurant à Beauquesne.* — Jeh. de Pas *capitaine de Beauquesne.* — Colart Lesellier. — Henry Briaux. — Estoquart — Jehan Sevin. — Bertran Grevin. — Mallard. — Pierre Vallet. — Jaque Dufrenne. — Miquiel Dufrenne. — P. Maqueron. — Robert Houchart. — Jehan Courtois. — Jehan Wimans. — Jehan Bernart. — Wautriquet. — Desains.

BERTANGLES.

SEIGNEURIE.

Une page en parchemin, écriture en long, très-serrée, mais lisible. 8 articles.

Coustumes localles de la terre et seigneurie de Bertangles, que le seigneur et demoiselle de ladite seigneurie ont droit de prendre outre et pardessus les coustumes du bailliage d'Amiens et de la chastellerie de Vinacourt, appartenant à Mgr. le Vidame d'Amiens; laquelle seigneurie de Bertangles est tenue en parric de ladite chastellerie de Vinacourt.

1. Droit de vente des cotteries, le VIe denier.

2. Ledit seigneur a, sur ses hommes et autres, ung droit seigneurial quy se nomme droit de don, c'est assavoir sur les terres qui doivent rente, du cent huit

bottes et deux de don, au blé le blé, et au mars l'avaine ou autre grain si la terre le porte. Et n'est mie à oublier que si l'ung des laboureurs labouroit toutes les terres qui doivent rente, ledit seigneur ne aroit, avec sa rente, que deux garbes de blé et deux d'avaine ou quatre waras de veses au lieu d'avaine, pour droit de don; et se il ny avoit que waides pour les mars, ledit laboureur ne paieroit que quatre tourteaulx de waide avec les deux garbes de blé pour tout don (9).

3. Droit de sac et queute à court.—4. L'homme doit XX deniers parisis et la femme XVI deniers parisis de relief en cotterie. — 5. Chaque maison où il y a chevaux, doit V sols de corvée à la Saint-Jean.

6. Tous les subgetz sont tenus, en dedans la my mars, chascun an, de avoir fermé et clos leurs haies aprez les commandemens fais à l'église, sous peine de VII solz VI deniers parisis d'amende.

7. Les habitans dudit Bertangles sont tenus, chascun à l'équipollent de sa puissance, de nétoyer les puis et mares dudit village, quant ilz y sont adiournés et quil est de nécessité ; et en deffaulte d'aide, le lieutenant pœult envoier desgager sur-le-champ et y mettre gens à leurs despens ; auxquelz puis et mares du village, nulz ne nulles ne pœuvent aller, ne venir, ne riens emporter sans confisquer les vaissiaulx, se ilz ne demandent congié du seigneur ou lieutenant dessus dits.

8. Droit de bannalité du four racheté par la prestation d'une poule par chaque maison.

Pour le reste, on se règle sur les coustumes d'Amiens et de Vignacourt.

Signatures : Jehan de Fransures *lieutenant*. —Jan Saguier. — Jan Crocloie. — Devillers. —Colart Crapollet. —Fremin le Prevost. — Jan Levasseur, — *et autres illisibles*.

BÉTHENCOURT.

SEIGNEURIE.

Une petite page de parchemin ridé, difficile à lire. 4 articles.

Coustumes de la terre et seigneurie de Béthencourt, appartenant à noble et puissant seigneur Mgr. Jehan du Bois, chevalier, seigneur d'Esquerdes, conseiller et chambellan ordinaire du roy, quil tient en plain hommage du vidame d'Amiens, à cause de son chasteau de Pecquigny.

1. Le mort saisit le vif, sans relief, en succession cottière.—2. A la vente il est dû la moitié du prix de la vente des héritages. — 3. Le droit de vente des terres à labour est XII deniers du journal, au grand terroir, VI deniers pour celles du petit terroir. — 4. Les héritages cottiers se partagent également.

Le 18.ᵉ jour de septembre 1507.

Ont affirmé lesdites coutumes : Colart Petit dit Campion *lieutenant du bailli*.

— Jehan Petit dit Campion. — Simon le Nourrequier.—Pierrart le Nourrequier. — Jehan le Nourrequier, *et autres manans et habitans.*

BOURDON-SUR-SOMME.

SEIGNEURIE.

Deux pages et demie de parchemin, in-folio, très-belle écriture. 13 articles.

Coustumes locales et particulières du village, terre et seigneurie de Bourdon-sur-Somme, appartenant à Charles d'Azincourt, seigneur de Wargnies, maistre Nicole de Conty, chanoine d'Amiens, Jehan Quellette et maistre Jehan Mahon, chanoines de Nelle-en-Sangters, quilz tiennent noblement de la sénéchaussée de Dompmart-lez-Ponthieu, en demie parrie.

1. Manoirs, terres et héritages patrimoniaux, appartiennent à l'aîné. — 2. Biens, meubles et acquêts immobiliers se partagent. — 3. Reliefs de succession, le double du cens des manoirs. — 4. Relief des terres à labour, XII deniers du journal. — 5. Droit de vente des maisons et masures, huit pour cent du prix. — 6. Idem, des terres à labour, XII deniers par le vendeur et autant par l'acheteur pour chaque journal.—7. Mort et vif herbage.—8. Droit d'issue de ville.

9. Ont lesdits seigneurs ou terroir de Bourdon, grant nombre de terres communes, lesquelles tous les subgetz d'icelle terre, tenans en cotterie pœuvent labourer et semencher et despouiller, par paiant, pour droit de rente auxdits seigneurs, de chascun cent de garbes, bostes ou waras des ablais y venans à meurison, les huit et autant de dismes.

10. Amende de LX sols contre ceux qui enlèvent la récolte avant d'avoir payé ladite rente.

11. Item, ont iceulx seigneurs de Bourdon, chascun quarante ou cinquante journaux de maretz, esquelz les subgetz d'iceulx seigneurs peuvent envoier pasturer leurs vaches et bestes chevalines, et ne sont tenus paier aucun droit auxdits seigneurs.

12. Les bêtes des non sujets des seigneurs sont exclues desdits marais, à peine de LX sols d'amende.

13. Item, tous les prez, quelz qu'ilz soient, sont communs auxdits habitans, depuis le jour Sainct-Remy jusqu'au jour Nostre-Dame, en mars.

Le *(date en blanc)* de septembre 1507.

Signatures : De Ville. — Colin Warnier.—Colin Fuiret.—Thomas Leclerc. — Jehan Lefevre *(une navette)*. — Jehan Anicque. — Jehan le Vasseur *(un arc avec sa flèche)*. — Jan Duval *(la grande scie de charpentier)*. — Christophe Gaiant *(cisailles)*. — Pierre de Vaucelles *(une faulx)*. —Mahieu Carette.

BUISSY-LEZ-HÉRISSART.

SEIGNEURIE.

Trois pages en parchemin, petit in-folio, lisible. 9 articles.

Coustumes locales et particulières de la terre et seigneurie de Buissy-lez-Hérissart, tenue de la chastellenie de Vinacourt.

1. Relief des ténemens cottiers, XVI deniers par chaque héritier. — 2. Droit de vente, le XII.ᵉ et XIII.ᵉ denier. — 3. Droit d'issue de ville. — 4. Chaque maison doit II sols pour la bannalité du four. — 5. Mort et vif herbage. — 6. Amendes pour dégâts commis par les bestiaux. — 7. Epaves. — 8. Aide aux deux cas.

9. Item, se aucuns va ou vient, soit à piet ou à cheval, par autre voie ou chemin quil n'est accoustumé, et il soit seu, celuy ou ceulx qui seroient ainsy trouvé paieront LX solz parisis d'amende pour le chariot, et VII solz VI deniers pour l'homme à piet.

(Sans date.)

Signatures : N. Iberon. — Runache. — Germain. — De Helly. — Ernoul le Vacquier. — Jan Quignon. — M. de le Falize. — Jan de le Falize. — Jan de Tronville. — Olivier le Petit. — Jan le Gorlier.

CLAIRFAY.

TEMPOREL DE L'ABBAYE.

Une petite page en parchemin, mal écrite, difficile à lire. 4 articles.

Coustumes locales de la seigneurie et temporel des religieux, abbé et couvent de l'église Nostre-Dame de Clairfay.

1. Relief des successions cottières. — 2. Droit de vente. — 3. Amendes de LX sols, et VII sols VI deniers. — 4. Dégâts dans les bois.

Le XII.ᵉ jour de septembre de l'an 1507.

Signatures et marques : Simon Lelong. — Jehan Quentin. — Jacquemart Leblond. — Jehan Dufour. — Jehan Leclerc, — *et autres illisibles.*

FLESSELLES.

SEIGNEURIE.

Une petite page en parchemin lisible. 7 articles. (Cette coutume est en double.)

Coustumes et usaiges de la terre, juridicion et seigneurie de Flesselles, appartenant à Mgr. le président Carmione et madame Elaisne de Savesses.

1. Toute justice; relief de XII deniers par chaque tête d'héritiers. — 2. Droit de vente en cotterie le XIII.ᵉ denier. — 3. Mort et vif herbage. — 4. Issue de ville. — 5. Amendes de LX sols. — 6. Amendes de VII sols VI deniers. — 7. Justice des flégards.

De toutes autres coustumes et usaiges lesdits subgets et manans ont acoustumé user selon la coustume du bailliage d'Amiens et de leur supérieur Mgr. le vidame d'Amiens.

Le deuxiesme jour de septembre 1507.

Signatures : Jehan Floury. — Jehan Cornet dit Ansel. — Guillaume Morel. — Henry Noël. — Paque Cornet. — Collin Cuignet.

FLIXECOURT.

ÉCHEVINAGE.

Un cahier de deux feuilles de parchemin contenant cinq pages écrites et demi-page de signatures, bien conservé, lisible. 44 articles.

Ce sont les coustumes locales de la ville, banlieue et eschevinage de Flixecourt, dont usent et ont acoustumé user les maire et eschevins et communaulté dudit Flixecourt.

1. Le mort saisist le vif son plus prochain héritier habile à lui succéder, en telle manière qu'il n'est besoin à l'héritier d'un trespassé de rellever l'héritage, soit manoirs ou terres aux champs, scitué en ladite ville et banlieue et tenu cottièrement.

2. Se deux conjoinctz par mariage acquestent ensemble aucuns manoirs, terres ou autres héritages scituez en ladite ville et banlieue, ung chascun d'eulx pœult disposer de sa moitié par son testament, comme il fait de la moitié de leurs biens mœubles, à qui que bon leur plaist.

3. Se aucun, par noise ou débat, frappe aultruy du poing ou de la main, en ladite ville et banlieue, icelluy eschiet en amende de XX solz parisis dont en appartient audit maire et eschevins XV solz parisis et les V solz au seigneur. Et pour ung lait dist V solz, les III auxdits maire et eschevins, et les autres II solz au seigneur.

4. Se aulcun frappe du poing ou de la main aucun eschevin de ladite ville, icelluy eschiet en pareille amende de XX solz envers lesdits maire et eschevins, et n'a le seigneur en ce aucun droit (10).

5. Se aucun frappe et navre autruy de baston *injurasible (sic)*, par noise ou débat, icelluy frappant eschiet en amende de LX solz dont en appartient XL solz auxdits maire et eschevins et les XX solz au seigneur (11).

6. La vesve d'aucun trespassé aiant douaire sur aucuns héritages ou terres de ladite ville, icelle vesve ne pœult vendre ne engagier sondit droit de douaire à autre personne que à l'héritier dudit trespassé, sinon d'an en an.

7. Se aulcun got et possesse d'aulcuns manoirs ou terres sciduez en ladite ville et banlieue, à vray titre, par le temps et espace de sept ans continuelz et ensievans, entre présens, sa partie soit agié et non previllegié, tel possesseur acquierre le droit de la chose ainsy possessée, en telle manière que, aprez ledit temps passé, aucun n'est recepvable de en faire contre luy aucune action ou poursuite.

8. Mort et vif herbage. — 9. L'aîné seul succède aux héritages. — 10. Afforage et forage.

11. Item, par ladite coustume est de recœullir la cauchie de ladite ville de chascun cheval, I obole et d'un car, II deniers.

12. Que nul ne pœult vendre desréc sans avoir pois ou mesure desdits maire et eschevins.

13. Avons coustume d'aller au long des murs Mgr. de Villes, du quemin de Bourdon à le rue des marez et de le rue du Chimart au quemin de Bourdon, et de le tourelle Jehenne de Vinacourt poons mener......... par lien, jusques au chastel.

14. Nul ne pœult partir de ladite ville sans paier V solz auxdits maire et eschevins, sil n'a héritage en ladite ville (12).

15. Toutesfois que le maieur a affaire pour le proufit de ladite ville, il envoye son sergant adjourner les eschevins et tous les autres demourans en cotterie, sur lamende de V solz; et pareillement se on le faisoit crier à l'église, sur ladite amende de V solz.

16. Nul ne pœult tuer quelque beste pour vendre, en ladite ville, sans ce que ladite beste soit eswardée desdits eschevins sur l'amende de LX solz, et estre privé an et jour de son mestier.

17. Nulz boulengers ne pœuvent vendre pain sans avoir pris et esward desdits maire et eschevins, ou aultrement le pœult donner pour Dieu.

18. Nul ne pœult vendre fain en ladite ville et banlieue, à toursel, sans gauge desdits maire et eschevins.

19. Nous poons envoier bestes estranges auxdits marais, vacques et chevaulx et en prendre le proufit.

20. Est coustume d'aller par toutes les terres Mgr. de Villes aux esteulles,

et celles qui de luy sont tenues, aprez le jour Mgr. saint Remy et devant sil ne le défend.

21. Est coustume de prendre toutes les sepmaines une myne de blé sur le molin de Flixecourt, à la cause de la maladerie.

22. Est coustume de maure au mollin ung subget après un forain.

23. Le prevost ne pœult tenir siége sans maieur et eschevins.

24. Nul ne pœult estre saisi en cotterie, sans paier les drois desdits maire et eschevins; et le prevost en baille la saisine en paiant le XIII.ᵉ denier au seigneur.

25. Est coustume d'aller visiter les haies de la ville, aprez le cry fait par le prevost; et ne les pœult cryer ledit prevost avant le mi-mars.

26. Avons coustume d'aller à le quarrière Mgr. de Villes, et avons voye commune pour y aller.

27. Le maieur, a compagnie des eschevins, est tenu de y aller quand ledit prevost le requiert, en luy paiant ses drois.

28. Toutes visitacions en cotterie se font par ledit maieur et eschevins.

29. Est coustume de baillier les marais de le Soubite et en prendre le prouffit tel que bon nous a samblé; et sy avons coustume, se il y a quelques prinses de bestes, comme d'autres choses, l'amende est au prouffit de ladite communaulté; et sy avons voie et coustume de y aller par le chemin de Bethencourt, et descendre parmy une pièche de terre qui se nomme le Cartelle, et de là, entre camp et maretz, jusques à ladite Soubite.

30. Avons coustume d'aller par tous les prez, aprez le jour saint Jehan, mener nos bestes en pasture.

31. Est coustume d'assir sur chascune masure amasée V solz, et une masure non amasée II solz, pour et fournir les deniers de mondit seigneur le Vidame, et le surplus le fort portant le foible (13).

32. Nous avons droit de justicier, sur l'assiette faite par maieur et eschevins, signée par le clerc dudit maire.

33. Est coustume d'aller cherquemaner (14) et assir bournes en cotterie, accompagnier dudit prevost, par paiant audit maire et eschevins V solz.

34. Que le Prieur dudit Flixecourt nous doit trouver ung clerc souffisant pour servir ladite ville; avec nous doibt trouver, ledit Prieur, thoir et ver souffisant.

35. Est coustume que tous ceulx qui ont terres ou prez aboutans, sur les maretz, aux bournes de ladite ville, doibvent closture souffisant sur l'amende.

36. Est coustume, d'an en an, visiter le maladerie dudit Flixecourt, apparte-

nant à ladite communaulté, pour savoir si la chapelle est bien entretenue et logis pour les ladres souffisamment.

37. Est coustume de visiter l'église dudit Flixecourt, pour savoir si le lieu est bien entretenu.

38. Est coustume d'aller à l'eschevinage de ladite ville toutes fois que nous y avons affaire.

39. Que tous les malfaicteurs prins de par la ville, nous les poons bouter audit eschevinage prisonniers.

40. Est coustume que tous les ans, le lundi de Pasques, (faisans nouveau) maieur pour gouverner ladite ville.

41. Aprez que ledit maieur est fait, icelluy eslit douze eschevins de ladite ville.

42. Item, aprez que ledit maieur a eslu ses eschevins, le prevost leur fait faire serment pour garder les drois de monseigneur et de ladite ville.

43. Est coustume de prendre sur chascun journel de terre vilaine, séant ou terroir dudit Flixecourt, VI deniers quant elle porte.

44. Est coustume de prendre, sur chascun journel de terre de Roquemon que on dit le Campagne, VI deniers quant elle porte.

Lesquelles coustumes ont esté veues, lues et accordées par les maieur, eschevins et habitans de Flixecourt, pour ce appelez et assemblez en eschevinage, etc.

(Sans date).

Signatures : Ducloy. — P. Lequien. — Boitel. — Lefevre. — Henry Papin. — Gilles de Lanches. — C. Guerard. — Du Gardin. — Jehan Canart. — Des Augiers. — J. de Brucamp. — C. Blondel. — Martin Pallart. — C. de Brucamp. — Lauren Lequien. — P. Delehaie. — Jehan Dalcon. — L. Jocourt. — P. Leroy.

HARPONVILLE.

SEIGNEURIE.

Un demi rôle en parchemin, dont le haut et le bas sont rongés par l'humidité. Le titre manque et les premiers articles.

. . . . Amendes de LX sols pour coups de main garnie. — Amendes pour laid dit, bestiaux en dommage, X sols VI deniers. — Libre disposition des acquêts.

Item, il est deu audit seigneur droit de forage et afforage, tel quil appartient à hault justicier, et que le contient la charte.

Fait soubs les saings..... desdits hommes cy mis, en la présence de..... dudit Harponville.

Signatures : ..... *lieutenant.*—Jehan Paverel.—Jehan Floury.—Jehan Lefevre. —Godebert. —Obin Cosse. —Andrieu Leblon. —Fremin Lecaron.

HÉRISSART.

SEIGNEURIE.

Un cahier de deux feuilles de parchemin. La première, servant de couverture, contient, sur le verso, le procès-verbal. Les trois premières pages de la feuille du milieu contiennent les coutumes. 15 *articles.*

Coustumes locales et particulières de la terre et seignourie de Hérissart, tenue en parrie de mon très-grant et doubté seigneur Mgr. le Vidame d'Amiens, à cause de sa chastellenie de Vinacourt.

1. Amendes pour dégâts des bestiaux. — 2. Droit de vente des cotteries.—3. Reliefs des cotteries. — 4. Bailli compétant jusquà six deniers. — 5. Amendes des défauts. — 6. Terrage et champart. —7. Le droit de vente en cotterie est le tiers du prix, quand le vendeur se dépouille de tout ce qu'il possède. — 8 et 9. Droit d'issue de ville.

10. Item, audit seigneur appertient droit de reséandise, en ladite ville de Hérissart, tel que quiconques a maison en ladite ville, est tenu luy ou son commis de estre et couchier le nuyt saint Jehan-Baptiste, en ladite ville, sur paine de LX solz d'amende; et pour chascun journal de terre quil auroit audit village, sil falloit de faire ladite résidence, il paieroit XII deniers parisis.

11. Corvées de chevaux.— 12. Corvées de bras.— 13. Four bannal.—14. Mort et vif herbage. — 15. Exemption des travers de Vinacourt et Beaucourt.

Le VI.ᵉ jour de septembre 1507.

Signatures : Rohault *bailli.* — J. Barbe *procureur fiscal.* —A. de Flesselles *chapelain d'Hérissart.*—Robert Macque *lieutenant d'Hérissart.*—Sellier *procureur à Amiens.*— Jaque de Bailli *cottier.*—Carpentier *homme de fief.*—Coterel *homme cottier* — *et autres illisibles.*

LA FOLYE.

FIEF.

Un petit carré en parchemin, lisible. 1 *seul article.*

Coustume locale et particulière d'un fief et noble ténement, situé auprez de

La Folye, appartenant à Jehan de Sangters, dit Lescuier, tenu en plain hommage de la terre, seignourie et chastellenie de Vinacourt, par LX sols parisis de relief, XX solz parisis de chambellage, LX solz d'aide et le V.ᵉ denier des ventes, et par desservant les plais de XV.ⁿᵉ en XV.ⁿᵉ, au lieu de Domart, quant ledit Jehan de Sangters est suffisamment adjourné.

1. Tel cens tel relief.

Signatures : Henry Vicart *pour une pièche de pré.* — Pierre Colier *pour une pièche de pré.* — Binet Delassus *pour un pré.* — Mahieu Petit *pour un pré.*

LOUVENCOURT.

SEIGNEURIE.

Une grande page en parchemin, mal écrite, mais lisible. 11 articles.

Usages et coustumes de la ville et seigneurie de Louvencourt, appartenant à Mgr. de Griboval, seigneur dudit lieu.

1. Relief des fiefs et cotteries : *en cotterie, de mère à fils, il n'y a point de relief.* — 2. Issues de ville. — 3. Amendes pour dégâts dans les bois, bestiaux, etc. — 4. Petites amendes.

5. Item, le seigneur a droit de don des bestes chevalines que ont les laboureurs dudit Louvencourt, tel que deux jarbes de blé et deux jarbes d'avaine.

6. Police des flégards. — 7. Terrage et champart. — 8. Retraits lignagers des fiefs, forage et afforage, selon la coutume générale du bailliage d'Amiens.

9. Audit Louvencourt, y a droit de maineresse, tel que le maisné a l'un des manoirs à son choix et trois journaux de terre cottière hors part.

10. Libre disposition des acquêts. — 11. Droit d'épaves et confiscation.

Le xx.ᵉ jour d'aoust 1507.

Signatures : V. Lussemin. — Jaques Lofroy *tavernier.* — Jehan Mallart. — Colart Mallart. — Colart Estaffe. — N. Leboucq *prestre.* — Gille Lebouc. — Jehan Choquet. — Fremin le Magnier.

Ferry Harlé *bailli de Louvencourt.*

MARIEUX.

SEIGNEURIE.

Trois petites pages en parchemin, lisibles, à l'exception des signatures. 15 articles

Coustumes locales de la ville, terre et seigneurie de Marieu, appartenant à noble homme Guillain de Creseque, seigneur dudit lieu.

<small>1. Relief des fiefs. — 2. Relief des terres cottières. — 3. Droit de vente. — 4. Aide des cotteries, tel cens telle aide. — 5. Afforage. — 6. Amendes pour dégâts dans les bois.. — 7. Bestiaux dans les taillis au-dessous de trois ans. — 8. Rente seigneuriale, VI deniers et IV deniers par journal. — 9. Droit d'issue sur les bestiaux vendus. — 10. Droit de don, 4 gerbes de blé, 4 gerbes d'avoine, dû par ceux qui ont chevaux de labour. — 11. Corvées de chevaux. — 12. Ablais verts pour les chevaux.</small>

13. Item, les hommes féodaux dudit seigneur ne doivent couronne (15) audit seigneur ; et ne se doivent aucun droit d'issue, sauf que sy ne labourent les terres tenues en franchise.

<small>14. Retrait lignager. — 15. Pour le reste on se règle sur les coutumes de la châtellenie de Beauval.</small>

Le vingt-sixiesme jour de septembre 1507.

Signatures : Pecoul *bailli dudit lieu.* — Jehan Morel. — Jehan de Barly — *les autres illibles.*

MOLLIENS-AU-BOIS.

SEIGNEURIE.

Une petite page en parchemin, mauvaise écriture, difficile à lire. 4 articles.

Usages, drois et coustumes de Moliens-au-Bois et Moliens-au-Val, appartenant à Mgr. de Dours.

<small>1. Haute justice, confiscation, issues, amendes de LX solz, herbage et reliefs féodaux et cottiers. — 2. Droits de vente. — 3. Partage égal des cotteries. — 4. Libre disposition des acquêts.</small>

Pour le reste, les habitants se règlent sur les coustumes de leur seigneur souverain, Mgr. le Vidame d'Amiens.

Le xx.ᵉ jour d'aoust 1507.

Signatures : J. Harlé. — Jaque Lecaron. — P. de Flesselles. — Martin Lefevre. — Martin de Flesselles. — P. Maron. — Jaques Lefevre. — Colart Lefevre. — Jehan le Sanier. — Jaques Petit. — Jaque Minotte. — Michault Domon.

MONSTRELET-LEZ-FIEFFES.

SEIGNEURIE.

Une page en parchemin, écrite dans le sens de la longueur, lisible, sauf à l'endroit du pli et des signatures où l'encre a pâli. 4 articles.

Coustumes locales et particulières de la terre et seigneurie de Monstrelet-lez-

Fieffes, appartenant à noble homme Robert de Fontaines, escuier, licencié es loix, seigneur dudit lieu de Monstrelet, advocat du roy au siége du bailliage d'Amiens.

1. Relief des cotteries dans le délai de 7 jours et 7 nuits.— 2. Ledit relief est de XII deniers par journal de terre.— 3. Droit de vente, le VIe denier. — 4. Le terrage se porte à la grange du seigneur.

Signatures : Tassart Caron. — Pierre Masse. — Jehan Lefevre. — Colart de Villers. — Rohault *prestre* — *les autres illisibles.*

POULAINVILLE.

SEIGNEURIE.

Une page en parchemin, lisible, à l'exception de quelques bouts de lignes dont l'encre a pâli. 3 articles.

Coustumes locales et particulières de la terre et seigneurie de Poullainville, appartenant à noble homme, Mgr. Jehan de la Motte, seigneur dudit Poullainville et de Flixecourt, en partie, rédigées par Jehan Daut, conseiller au siége du bailliage d'Amiens, bailli dudit lieu.

1. Relief des cotteries dans le délai de 7 jours et 7 nuits.— 2. Faute de relief en temps voulu, amende de LX sols.— 3. Droit de vente, le VIe denier.

Ladite terre et seigneurie de Poullainville est tenue et mouvante de vénérable en Dieu, Mgr. l'évesque d'Amiens.

Signatures : Jehan Daut *bailli.* — Tassin de Tilloy *manouvrier,* — *et autres marques.*

RAINCHEVAL.

SEIGNEURIE.

Trois grandes pages en parchemin, belle écriture, très-lisible. 25 articles.

Coustumes localles et particulières de la terre et seignourie de Raincheval, appartenant à noble et puissant seigneur Mgr. Jehan du Bois, chevalier, seigneur d'Esquerdes, conseiller et chambellan ordinaire du roy nostre sire, qu'il tient en parrie de la chastellenie d'Authie.

1. En matière de succession, en tous héritages cottiers, le mort saisist le vif son plus prochain héritier habille à lui succéder, sans ce que icelluy vif soit tenu rellever ne payer aucuns drois au seigneur.

2. En cotterie il est dû le VIe denier des ventes. — 3. Relief des fiefs. — 4. Retrait lignager des cotteries. — 5. Droit de don. — 6. Corvée de charrue.

7. Item, ledit seigneur prent un tiers de la disme partout où il prent terrage.

8. Coups de main garnie, LX sols.—9. Laid dit, V sols.—10. Défaut, XXVIII deniers.—11. Pour un retrait, XXVIII deniers.—12. Infraction de justice, LX sols.—13. bêtes faisant dommage aux récoltes, XXVIII deniers.—14. Id. dans les taillis, au-dessous de 3 ans, LX sols.—15. Pareille amende pour y scier de l'herbe sans congé. — 16. Id. pour couper étalons et pérots. — 17 Id. pour bêtes prises dans les nouvelles éteules. — 18. Récoltes en vert aux chevaux.

19. Nulz des subgetz et habitans ne pœuvent desloyer ni descharger car, carette ou brouette, depuis quilz seront chargez des ablais ayans creu sur le terroir dicelluy village, dont est deu terrage; et iceulx cars, carettes ou brouettes amené en leurs maisons ou ailleurs pour entasser lesdits ablais, que préalablement ilz ne aient évocquié, appelé ledit seigneur ou son rentier, sur paine de LX solz parisis d'amende.

20. Quiconque apporte à teste aucuns ablais des terres dont est deu terrage, iceulx ne pœuvent descharger leurs charges et testées sur aucuns lieux privés, mais seulement sur le flégard, sans la grace du seigneur, sous peine, pour chascune charge et testée, de LX solz d'amende.

21. Fol appel, LX sols d'amende. — 22. Etallage de marchandises sans congé, LX sols d'amende.

23. Se aucun se avanche, sans licence d'icelluy seigneur ou ses officiers, de mettre ou prendre, es mettes d'icelle seignourie, aucun estœuf, flaiche, boulle, pris ou gay pour raison et affin d'aucuns jeux ou esbattemens pareillement oisons, anettes ou autres volilles, pour icelles ruer et abattre, il commet amende, pour chascune fois, de LX solz parisis.

24. Pareille amende pour picquer, fouir, planter ou édifier sur les frocs et flégards sans congé.

25. Pour le reste, on se règle sur les coustumes du bailliage d'Amiens, de la prévosté de Beauquesne et de la chastellenie d'Authie.

Le vingt-huitiesme jour de septembre 1507.

Présens : Sire Robert Lebouchier, prestre curé et pensionnaire; sire Jehan Cresson, curé d'icelle terre; Mahieu Quatrelivres; Guy Brunel; Colart Deflesselles; Pierre Quatrelivres, Gille Cresson; Michel Crampon pour Philippe Raingard; Jehan Hourdequin l'aisné; Andrieu Godebert; Gille de Corbye; Pierre de Corbye; Pierre Lemaire; Jehan Deflesselles; Colart Godebert; Philippes Quatrelivres; Symon Andrieu; Jehan Descamps; Jehan Hourdequin marissal.

Signatures : Thomas Plantart *bailli.* — Le Bouchier. — Cresson. — Andrieu Godebert. — Gille de Corbye. — Jan Hourdequin — *et autres.*

RUBEMPRÉ.

SEIGNEURIE.

Deux pages et demie de parchemin, déchiré par le bas, petite écriture difficile à lire. La partie enlevée correspond aux articles 4 et 5, 9 et 10.—10 *articles.*

Coustumes locales de la terre et seignourie de Rubempré, tenue de la terre et chastellenye de Vinacourt, appartenant à noble et puissant seigneur Mgr. Charles de Rubempré, seigneur dudit lieu de Rubempré, d'Authie et du Hamel.

1. En icelle ville de Rubempré, y a cinq eschevins quy se renouvellent chascun an et font serment, pardevant le bailly dudit lieu, de bien exercer le fait dudit eschevinage, lesquelz doivent jugement, service de plais avec les hommes de fiefz dicelle seignourie.

2. Rubempré est ville d'arrêt. — 3. Reliefs des héritages cottiers, II sols parisis; droit de vente le XII.⁶ et XIII.ᵉ denier. — 4 et 5 (déchirés). — 6. Droit d'issue de ville sur les bestiaux vendus. — 7. Droit de XII deniers par journal de terre, appelé *la taille de le Toussains*.

8. Item, appartient audit seigneur pour droit de taille de four, IV livres parisis, XV deniers tournois par patart, que lesdits eschevins sont tenus assir sur les héritages dudit Rubempré et le recueillir à leurs despens, et le paier, chascun an audit seigneur de Rubempré, le jour de Pasques (16).

9 et 10 (déchirés).

Eschevins de Rubempré : Colart Dieumeprend, Robert Crampon, Jehan Alixandre, Jehan Darras et Pierre Bernault.

Signatures : Demonchy *bailli.* — De Riche *procureur de Mgr. de Rubempré.* — Jehan Darras *eschevin.* — Jehan Bernault *eschevin.* — Jehan Alexandre *eschevin.*

SAINT-GRATIEN EN ALLONVILLE.

FIEF.

Une petite page en parchemin lisible. 3 articles.

Coustumes locales des terres et seignourie seans lez la ville d'Allonville, appartenant à noble homme Pierre de May, seigneur de Saint-Gratien, quil tient noblement et en plain hommage, de la terre et seignourie d'Argœuves.

1. Reliefs des terres et vignes : 1 muids de vin ou XVIII sols tournois. — 2. Droit de vente, XII.ᵉ et XIII.ᵉ denier. — 3. Pour le reste on se régle sur la coutume du bailliage d'Amiens.

Présens : Noël Hublée, procureur et conseiller au bailliage d'Amyens, bailli desdits fiefs, avec les hommes cottiers assemblés, en la ville d'Allonville, terre empruntée à Mgr. Charles d'Ailly, chevalier, vidame d'Amiens, seigneur dudit lieu d'Allonville.

Le penultiesme jour de septembre 1507.

Signatures : N. Hublée *bailli.*— Pierre-Joseph Blanchart. — Guillaume Harlé *laboureur.* — Colart Moisnart. — Christophe Crapoulet — *et autres.*

SAINT-GRATIEN.

SEIGNEURIE.

Une page en parchemin, mauvaise écriture, altérée par l'humidité. 4 articles.

Coustumes locales de la terre et seigneurie de Saint-Gratien, appartenant à noble homme Pierre de May, seigneur dudit lieu, quil tient en plain hommage de la terre et seignourie de Querrieux.

1. L'époux survivant à la moitié, en toute propriété, des héritages de son conjoint. — 2. Relief des héritages cottiers, XII deniers parisis. — 3. Pour le reste, on suit les coutumes du bailliage d'Amiens et de la châtellenie de Picquigny,

Le penultiesme jour de septembre 1507.

Signatures et marques : Noël Hublée *bailli.*— Pierre le Barbier *lieutenant du bailli.* — Aleaune de Gamache. — N. Porte *homme de fief.* — Penales *procureur pour office* — *et autres illisibles.*

SAINT-HILAIRE-LEZ-DOMART

FIEF.

Une petite page en parchemin très-lisible. 2 articles.

Coustumes locales dont use demoiselle Perine Lequien, vesve de feu Nicolas Renart et ses tenans, en son fief assiz et séant au village de Saint-Hilaire-lez-Dommart, qu'elle tient noblement de Mgrs. les religieux, abbé et couvent de Saint-Martin-aux-Jumeaux.

1. Tel cens, tel relief des manoirs, jardins et autres ténemens ; et XII deniers par journal de terre. — 2. Droit de vente, le V.ᵉ denier.

Le XXVIII.ᵉ jour de septembre 1507.

Signatures : Jehan Rohault. — Philippes le Hardi.

SAINTHUIN-LEZ-DOMPMART (Saint-Ouen).

SEIGNEURIE.

Un cahier de deux feuilles de grand parchemin contenant six pages écrites et demi-page de signatures, très-lisible. 21 articles.

Coustumes locales et particulières de la terre et seignourie de Sainthuin, appartenant à noble et puissant seigneur messire Adrien de Mailly, chevalier, seigneur de Conty, de Buires, Wavans, Thalemas et dudit lieu.

1. Le seigneur a toute justice sous le ressort et souveraineté du roy et de la châtellenie de Picquigny dont ladite terre est tenue en plein hommage. — 2. Mort et vif herbage. — 3. Droit de 4 lots sur chaque coquet de cervoise vendu en détail. — 4. Forage et afforage des vins. — 5. Droit de pêche en la rivière de Canaples.

6. Item, les habitans, manans et subgetz dudit lieu sont tenus faire le guet au chasteau dudit lieu, en temps de guerre et de émynent péril, quant ilz en sont requis.

7. Moulin à eau banal.—8. Droit de III sols par chaque cheval tirant.—9. Même droit.—10. Terrage.— 11. Droit de pontenage et chaussée. — 12. Relief des fiefs. — 13. Droit de vente des fiefs. — 14. Même sujet. — 15. Aide en cotterie pareille au cens. — 16. En succesion cottière, le mort saisit le vif.—17. Les taillis au-dessous de 3 ans interdits aux bestiaux. — 18. Corvées de bras par ceux qui n'ont point de chevaux. — 19. Droit de XV deniers tournois pour exemption de la banalité du four. — 20. Droit d'issue de ville pour les bestiaux vendus à des forains. — 21. Pour le reste, on se règle selon les coutumes du bailliage d'Amiens, de la prévôté de Beauquesne et de la châtellenie de Picquigny.

Le nœuviesme jour de septembre 1507.

Signatures : P. le Villain *bailli.* — De Merelessart *homme lige.* — Robert Pecoul *homme lige.* — Jehan Cagé *homme lige.* — Collin Boitel *eschevin.* — Colart Roussel *lieutenant.* — N. du Bos *visce gérant dudit lieu.* — Noël Jolibois *eschevin.* — Jehan Boitel *dit Quin.* — Perrotin Levasseur *et autres.*

TOUTENCOURT.

SEIGNEURIE.

Un cahier de deux feuilles de grand parchemin, contenant sept pages d'une écriture très-fine et très-serrée, difficile à lire, surtout la dernière page. 49 articles.

Coustumes locales et particulières de la terre et seigneurie de Toutencourt, appartenant à messire Adrien de Bournonville, chevalier, seigneur, tenue de la chastellenie d'Authie.

1. Haute, moyenne et basse justice.—2. Le seigneur a bailli, sergens, maire qui exercent ladite justice, chacun en droit soi.

3. Item, le bailly congnoist de tous cas quelzconques, soit de criminel ou civils, sauf les cas réservés au roy, lesquelz cas sont jugés par les francs hommes, au conjurement du bailly, excepté que, se il avoit cas qui fust extraordinaire, ledit bailly les doibt jugier de lui-mesmes, et ne sont tenus les hommes de juger si ne leur plaist; et des jugements qui sont fais par lesdits frans hommes, au conjurement du bailli, se appel en estoit fait, et fust dit que iceulx hommes eussent mal jugé, ils seroient escheus en amende, envers ledit seigneur, de LX livres; et se c'estoit de partie contre autre, et il fust dit que l'appelant eust mal appellé, il devroit amende audit seigneur de LX solz; et se aucuns des frans hommes appeloit dudit bailli, que pour cause de son fief et quy eust regard à son fief, s'il estoit dit mal appelé, il seroit escheu en amende de LX livres envers le seigneur; se l'appel ne touchoit au fief, il ne seroit que à LX solz d'amende; et se le bailli faisoit ung jugement de lui-mesmes, se appel y eschoit, ce seroit à poursuivre à luy à frais dudit seigneur; et se l'appel estoit fait pour le jugement des hommes, iceulx hommes le doivent poursievir à leurs frais jusques en fin de cause (17).

4. Le bailly crée tant et telz sergens que bon lui plaist qui ont pooir, à cause de leur office, de faire tous adjournemens, exécucions, prendre toutes gens et bestes qui sont trouvez malfaisans.

5. Ledit seigneur a audit lieu maire que on dist franq sergent, qui a pooir et doibt faire tous adjournemens de partie contre autre pardevant ledit bailli, son lieutenant et hommes, et prent à cause de son office, sur les faulx clams, IV deniers (18).

6. Le maire connaît des afforages.

7. Doibt ledit maire crier les cens du seigneur, aux termes qui sont deubz, par toute la ville et tous les marquiés que ledit seigneur fait de ses cenchives, et se aucun est défaillant de payer audit jour, ledit seigneur pœult oster les huis des défaillans hors des gons; et pour ce faire a, ledit maire, le maison de ledite mairie quite de cens.

8. Les huis des défaillans doivent demeurer hors des gons jusqu'à ce que le lieu sera acquitié desdits cens; et sy rependoient leurs huis sans le congié dudit seigneur, ilz seroient escheux en amende de LX solz parisis.

9. S'il n'y a point d'habitation, le seigneur peut saisir les lieux et les fruits. — 10. Même sujet.—11. Terrage. — 12. Même sujet.

13. Quiconques carie ses ablais, en aoust, devant soleil levé et aprez soleil couchant, et il est prins en ce faisant et sans congié, il eschiet en amende de LX solz.

14, 15, 16. Nouvelles éteules, dégâts des bestiaux dans les jardins.

17. Item, les habitans peuvent faire et commettre ung sergent pour warder leurs ablais, et se en iceulx ledit sergent prendoit aucuns malfaiteurs ou bestes, telz délinquans seroient punis d'amende de VI deniers et restituer le dommage; et se avoit point de sergant ainsy commis par lesdits habitans, et iceulx malfaiteurs fussent prins par le sergant du seigneur, ilz escheroient en amende de II solz VI deniers, envers ledit seigneur.

18. Item, nul ne pœult chasser à cry, à hu, chiens ou fille, ne porter arbalestre en garenne, bois et terres dudit seigneur, sans son congié, sous peine de LX solz parisis d'amende.

19. Amendes pour menu bois coupé dans les taillis. — 20. Taillis au-dessous de trois ans interdits aux bestiaux, sous peine de LX sols. — 21. Si les taillis ont plus de trois ans, VII sols VI deniers d'amende. — 22 Amende pour gros bois coupé.

23. Se il advenoit que aucunes bestes ou gens ayant fait dommage esdits bois, et que ceulx qui ce auroient fait, se fussent partis sans avoir esté prins en cas de présent meffait, ledit seigneur les pœult faire poursievir à frecque poursieute, et prendre en juridicion et au dehors, et requerir à justiciers dont les parties seroient subgetes que iceulx luy soient remis pour l'amender.

24. Moulin banal. — 25. Amende des défauts, II sols VI deniers. — 26. Procédure en matière personnelle. — 27. Service de plaids par les hommes du seigneur, de 15.ne en 15.ne — 28. Relief des fiefs. — 29. Droit d'aide. — 30. Saisie des fiefs. — 31. Coups de main garnie. — 32. Idem, avec armes.

33. Quiconques est frappé à sang s'en doit venir plaindre à justice et monstrer son sang; s'il ne le fait et il est seu par aultruy, celui qui aura fourchellé son sanc est escheu en amende de LX sols (19).

34. Paroles injurieuses, V sols. — 35. Corvées de chevaux. — 36. Droit de mouture, 1 setier sur 18. — 37. Moulin à waide également banal. — 38. Droit de vente des cotteries, le XIII.e denier. — 39. Relief des héritages cottiers.

40. Item, une femme qui demeure vesve, quant l'enterrement de son mary est fait doit, pour rentrer en sa maison, II solz (20).

41. Forage des vins. — 42. Droit sur les brasseurs. — 43. Droit sur la vente du pain. — 44. Vente de pain par les forains. — 45. Droit d'issue de ville pour denrées. — 46. Idem, pour bestiaux.

47. Item, toutes les bestes à layne vendues en ladite ville, doivent de six ung denier, et se il y a aucunes noires bestes à layne, le noire est comptée pour deux blanques, à compte de brebis (21).

48. Mort et vif herbage.

49. Nul ne pœult commancher danse, tirer au gay, ne ruer la soulle (cholle) sans le gré, consentement dudit seigneur ou de ses officiers, sur paine de LX solz parisis d'amende, pour chascune fois.

Le troisiesme jour d'octobre 1507.

Signatures : Demonchy *bailli de ladite terre.* — P. le Tonnelier. — Jehan

Choquet *maressal (un fer à cheval)*. — Jehan Godebert.—Colin de Beauvais. — Waquet— *et autres effacées et illisibles; en tout* 35.

NOTA. Cette coutume, ainsi qu'il résulte d'un acte annexé à la minute, n'a été déposée au greffe du bailliage d'Amiens que le 26 octobre 1618.

VILLERS-BOCAGE.

SEIGNEURIE.

Une grande page en parchemin, lisible. 10 articles.

Coustumes locales de la ville, terre et seigneurie de Villers au Boscage, appartenant à Mgr. Jehan de Nœufville, chevalier, et madame Catherine de Créquy, sa femme, à cause d'elle, seigneurs de Ville.....

1. Mort et vif herbage. — 2. Relief des fiefs. — 3. Droits de vente.—4. En cotterie il n'y a point de relief. — 5. Succession des fiefs.

6. Item, ledit seigneur a droit de corvées, et sont ses subgetz tenus luy mener ses grains à trois lieues loing de ladite ville de Villers, en ville de marchié, à leurs despens.

7. Nouvelles éteulles. — 8. Forage et afforage. — 9. Service de plaids par les hommes féodaux. — 10. Terrage.

Le xx.ᵉ jour d'aoust 1507.

Signatures : N. Castellain *prestre*.—Sagnier. — Pierre Morel.—Jehan Floury. — Robert Sagniez. — De Saint-Fuscien. — Fauvel.

WARGNIES.

SEIGNEURIE.

Une petite page en parchemin, lisible. 3 articles.

Coustumes locales de la ville, terre et seigneurie de Wargnies.

1. Reliefs des héritages et ténemens cottiers, IV deniers parisis, et VI deniers par chaque journal de terre. — 2. Droit de vente, le V.ᵉ denier. — 3. Mort et vif herbage.

Au mois d'aoust 1507.

Signatures : Jehan Froideval.—Simon Hublée. — Martin Lefevre. — Thomas du Bos. — Pierre Lefevre *(une herse)*. — Jehan le Fruitier.

CAUMAISNIL ET LA PRÉ.

SEIGNEURIE.

Une grande page en parchemin, petite écriture très-serrée, lisible. 14 articles.

Coustumes locales de la terre et seignourie de Caumaisnil et La Pré, appartenant à noble et puissant seigneur Mgr. Jehan, chevalier, seigneur d'Esquerdes, conseiller et chambellan ordinaire du roy nostre sire, tenue en plain hommage de la chastellenye d'Orreville.

1, 2, 3, 4. Reliefs, droit de vente et retrait lignager des fiefs et coteries. — 5 à 8. Amendes pour coups, injures, bêtes en dommage, nouvelles éteules. — 9. Tonlieu ou droit d'issue de ville. — 10 et 11. Terrage. — 12. Amende pour couper menu bois. — 13. Le mari doit relief de bail pour les fiefs de sa femme.

14. Item, il loist au censier ou censiers de la cense et maison de Caumaisnil, appartenant audit seigneur, de cultiver, labourer et semencher toutes les terres d'icelle cense en passant, rapassant et labourant, à tout leurs bestes et harnas parmi et à travers les grans chemins sans aucun meffait, à cause du droit seigneurial nommé le droit de voirye.

Le XVII.ᵉ jour de septembre 1507.

Affirmées par Colart le Viesier *homme de fief.* — Hue Oberon *procureur de demoiselle Adrienne de Saint-Léger.* — Jehan Lenaim. — Colart le Parmentier. — Jehan Millon. — Miquiel Bellet.

Signature : Le Viesier.

CAMBLAIN-LE-CHATELAIN.

BAILLIAGE ET ÉCHEVINAGE.

Quatre grandes pages en parchemin lisibles. BAILLIAGE, 16 *articles;* ÉCHEVINAGE, 7 *articles.* — *Total 25 articles.*

Coustumes locales de la terre, seignourie, bailliage et échevinage de Cambelin-le-Chastellain, appartenant à noble homme Mgr. de Lisgnes, seigneur dudit lieu de Cambelin, chastellain hérédital de Lens en Artois.

BAILLIAGE.

1. Au seigneur de Lisgnes, entre autres ses villes, chasteaux, terres et seignouries, lui compecte et appartient ladite ville, terre et seignourie dudit lieu

de Cambelin et le chasteau, en laquelle et en tout ce qui en mœult et despend, il a toute justice et seignourie, confiscacions, espavetez, bois, eaues, molin et autres pluiseurs beaux drois, auctoritez et prérogatives ; et pour icelle sa justice garder, exerser et maintenir, il a bailli, lieutenant, pluiseurs hommes féodaulx et cottiers, prevost, eschevins, sergens et autres officiers.

2. Item, en laquelle seignourie de Cambelin, ledit seigneur de Lisgnes a pluiseurs beaux bois grans et spatieulx en tous lesquelz bois, il a garenne telle que nulz ou aucuns ne peuvent en icelle chassier ne faire quelque prinse signamment des conins et aultres bestes sauvages y estans sans son congié ou de ses officiers, gens ou commis, que ce ne soit en commettant et pour chascune fois, LX solz d'amende et pugnicion de prison, ensamble de confisquier chiens, fillez, harnas, armures et bastons, et de paier les mises de justice raisonnables.

3. Obligation pour les manans et habitans de faire moudre leurs bleds au moulin banal.—4. Ledit seigneur a la justice et la seignourie des eaux de la rivière du lieu, et nul n'y peut pêcher sans son agrément.—5. Droit de vente des fiefs et des coteries. — 6. Reliefs des fiefs selon leur nature. — 7. Reliefs des succesions féodales et cottières : faute de relief, le seigneur fait les fruits siens. — 8. Le feudataire qui a payé le relief, doit fournir dénombrement, servir les plaids. — 9. Les fiefs et les manoirs amasés ou qui peuvent être amasés sont indivisibles et appartiennent à l'aîné. — 10. En ligne collatérale, les puinés n'ont point de quint. — 11. Les terres cottières sont partageables. — 12 Amende pour gros bois abattu sans congé, LX solz parisis. — 13. Dommage des bestiaux dans les taillis au-dessous de 3 ans, puni de pareille amende.—14. Amende pour couper menu bois, VII sols VI deniers. —15. Bestiaux dans les nouvelles éteules, LX sols d'amende. — 16. Bestiaux dans les grains d'autrui, III sols d'amende. — 17. Le douaire est de la moitié des fiefs et du tiers des héritages cottiers.

Pour le reste on se régle sur les coutumes de la conté de Saint-Pol dont la seigneurie de Cambelin est tenue immédiatement, en un seul fief et hommage.

ÉCHEVINAGE.

Coustumes locales de la prevosté et eschevinage dudit lieu de Cambelin que les prevost et eschevins dudit lieu baillent au seigneur de Lisgnes.

1. Lesdits prevost et eschevins ont loy en ladite ville de Cambelin, laquelle se renouvelle chascun an, pardevant lesquelz sont poursuivables tous les subgetz, manans et habitans dudit lieu.

2. Et sy ont iceulx prevost et eschevins le renvoi et congnoissance desdits habitans quant le cas le requiert.

3. Ont aussy pooir de faire chascun an, au mi-mars, visitacion des flégards, estans es mettes dudit eschevinage, acoustumé aussy de faire rasseir les pierres et planques des chemins desdits flégards, de rellever les filles des rivières, faire eslaver les hayes pendant sur lesdits flégards, sur paine et amende, pour chascune personne reffusant ou en demeure de ce avoir fait en temps deu, de amende de III solz parisis au prouffit desdits prevost et eschevins.

4. L'époux survivant jouit en viager de tous les biens meubles, dettes, catheux et héritages du premier mou-

rant; mais après le trépas des deux conjoints, les héritiers partagent par moitié la succession des meubles, dettes et catheux, et les héritages suivent côte et ligne. L'aîné des enfans emporte le principal manoir; et s'il y a plusieurs enfans et divers manoirs, chacun d'eux a son manoir amasé ou à amaser, de degré en degré; mais chacun a part égale dans les terres cottières.

5. Tous possesseurs propriétaires de manoirs, terres et héritages tenus dudit eschevinage sont submis à estre eschevins dudit Cambelin ou quilz soient demourans, quant ilz y sont appelez, et de payer leur pas et bien venue acoustumée; et se ilz sont reffusans de ce faire, lesdis prevost et eschevins peuvent saisir (22) leurs héritages et prendre les fruits et revenus, tant quilz auront en ce obey et acquiescé.

7. Dans les autres cas on suit les coutumes du bailliage de Cambian.

Le XIXe jour de septembre 1507

Signatures : Jehan Roullier *bailli de Cambelin.* — Waleran Morel *homme de fief et eschevin.* — Collart Dauchel *homme de fief et lieutenant du bailli.* — Philippot Boutin *eschevin.* — Loys le Bourgeois *eschevin.* — Jehan Delaire. — Gillot Duhamel *et autres.*

BARLIN.

BARONNIE.

Trois rôles de grand parchemin, grosse écriture, très-bien conservés. 22 *articles.*

Coustumes et droit seigneurial de la ville, terre et seigneurie de Barlin, appartenant à Mgr. Olivier de Vrenade, seigneur de la Bastie, à cause de Marguerite du Bois, son épouse, dame dudit Barlin et douagière de Roye.

1. Ledit seigneur tient la terre et seigneurie de Barlin, appartenances et appendances d'icelle, en un seul fief, de madame de Humbercourt, à cause de son chastel de Honnelin, de la conté de Saint-Pol; auquel fief il a toute justice, haute, moienne et basse; à cause dudit fief, visconté, baronnie et seignourie de Barlin, ledit seigneur a plusieurs beaux droix, previliéges et prérogatives sur tous ses hommes et tenans; et sy a un certain droit de cullage qui est tel, que toutes femmes qui tiennent fief dudit seigneur de Barlin, toutes et quantes fois qu'elles se maryent ou changent de mary, elles ou leurs dits maris sont tenus paier, assavoir les fiefs, reliefs limités et les coteries, le VIe denier de la valeur; duquel droit de cullage, ledit seigneur de Barlin est tenu faire pareil droit à madame de Humbercourt. — Oultre, a, au dehors de ladite ville de

Barlin, en lieu limité et acoustumé, une justice de pierre (23) anchienne, où ledit seigneur fait toutes exécussions sur toutes personnes et, aprez leurs condempnacions, les fait pendre, trainer, brusler tant que mort s'en enssieut; —Avec ce, a audit lieu, sur le riez et bourc d'icelle ville, un pillory anchiennement fondé pour à icelluy faire justicier et pugnir les delinquans; a drois de confiscacions comme les autres hauts justiciers du conté de Saint-Pol, et par espécial, comme les seigneurs de Baillœul et d'Acgnet, dont la dame de Humbercourt tient son chastel de Honnelin; tous les hommes et tenans dudit Barlin sont exemps des drois de travers, tonlieux, sussides et maletottes à Saint-Pol, Pernes et enclavemens d'icelle conté; et se, a ledit seigneur de Barlin, à cause de sa visconté, en ladite ville de Barlin et non ailleurs, droit d'arrestz sur toutes personnes, selon la coustume et, avec ce, droits d'affor et d'issues et autres drois au long déclairiés au rapport de ladite terre.

2. Les vassaux du seigneur de Barlin n'ont aucun droit de justice en leurs terres.—3. Réglement du terrage. — 4 et 5. Succession des fiefs. — 6, 7, 8, 9, 10. Douaire et droits de la femme sur les fiefs. — 11. Aliénation des propres féodaux et cottiers : nécessité, consentement de l'héritier apparent et remploi. — 12. Vente des acquets permise. — 13. Douaire coutumier sur les héritages cottiers. — 14. On peut, par testament, disposer du revenu de trois ans des fiefs patrimoniaux. — 15. Faute de relief dans le délai voulu, le seigneur fait les fruits siens.

16. Item, par la coustume locale dudit lieu, se aucuns possesseurs de plusieurs manoirs vont de vie à trespas, à l'aisné fils appartient le meilleur desdits manoirs et dont il aura son chois, le second manoir au second héritier, filz ou fille, et se il n'y a que ung filz, à la fille aisnée; et se il n'y avoit nulz filz, la fille aisnée porra prendre le premier et meilleur manoir comme feroit le filz aisné, sauf que les autres cohéritiers porront avoir part aux marescauchies, comme granges et estables, et demeurent à l'héritier en payant la prisée.

17. Item, se deux conjoingz acquestent aucuns manoirs en ladite seigneurie, l'homme seul est réputé pour acquesteur.

18. Si ce sont des terres cottières, les héritiers de la femme prédécédée en emporteront la moitié.—19. De même pour les biens meubles.

20. Quant au mollin à waide qui se déclare bannyer par le rapport, lesdits hommes ont déclarié non estre banyers au seigneur de Barlin.

21. Quant aux drois seigneuriaux, reliefs, ventes appartenant à madame de Razeghien, Charles de Houchin, seigneur de Montescourt, et les héritiers de Gilles d'Oignies, seigneur de Bruay, tenus dudit Barlin, ilz ont tous et autel droit sur leurs subgets que ledit seigneur prend, en sadite seigneurie de Barlin, qui est le VI.ᵉ denier des ventes et reliefs en cotterie.

Le XVIII.ᵉ jour de septembre 1507.

Signatures : P. de Houchin. — Ch. de Houchin. — N. Ravel. — Trancart.

— G. Brault. — V. de Nedonchel. — N. d'Escoives. — N. de Raines. — De Burbures. — J. Delayens. — Pierre de Barlin.

MONCHY-CAYEU.

CHATELLENIE.

Ecrite sur le recto d'une grande peau en parchemin. Le texte de la coutume occupe le tiers de la page, les signatures, les deux autres tiers. Très-lisible. 4 articles.

Coustumes de la chastellenie, parrie et seignourie de Monchy-Cayeu et ses appartenances et appendances, appartenant à noble et puissant seigneur Mgr. Loys Bournel, chevalier, seigneur de Thiembronne, de Beauchien, de Monetigny, de Donqueire, baron de Hamerville, mises et rédigées par escript par nous Enguerrent de Bristel, seigneur de Wauticring, bailli de la chastellenie.

1. Haute justice, moyenne et basse : bois où nul ne peut chasser, rivières où nul ne peut pêcher sans son congé, sous peine de LX sols d'amende. — 2. Marais communs. — 3. Amendes des flégards.

4. Item, icelluy seigneur a, en icelle terre, chastellenie et seignourie et en tout ce qui en mœult et despend, soit en la ville et eschevinage de Saint-Pol et autres lieux où ladite terre s'estond, tous droix de bannée, foraiges, afforaiges, issues, herbaiges, drois seigneuriaulx, relliefs, amendes, confiscacions et tous aultres droix, telz que hault justicier a et peut avoir, par la coutume générale de la conté de Saint-Pol, de laquelle ladite chastellenie est tenue et mouvant; et en tous autres cas de successions, donacions, douaires comme aultrement, les autres coustumes de ladite terre de Monchy se refférent aux coustumes dudit conté de Saint-Pol.

Au chasteau de Monchy, le xv.ᵉ jour de septembre 1507.

Signatures : De Bristel *bailly de Monchy.* — de Bermycourt *receveur dudit lieu.* — Poret *greffier.* — N. Croquison *procureur d'office de ladite seigneurie.* — Deatru *curé de......* — Truart, *curé de Monchy.* — P. Saloppié *curé de Houvin et Houvigneul.* — Bourgoy *prestre, vice-gérant de Rebrœuviettes.* — Pierre Dubos *homme de fief.* — Riancelin *chappelain de Monchy.* — De Surques *desservant le fief Charlotte de Surques.* — Doimbert. — De Calonne *bailli de Mgr. de Saveuses.* — Jehan Levasseur *homme de fief.* — Delegourgue *desservant le fief de Mariette Lanbin.* — Pepin *bailly de Mgr. de Montsorel.* — Simon Monvoisin *homme de fief.* — De Frommantel. — De Maubus. — Jacques de Houvin. — Jehan de le Verdure *homme de fief — et autres illisibles en grand nombre.*

SUS-SAINT-LÉGER.

SEIGNEURIE

Deux rôles en parchemin, recouverts d'une feuille de garde, belle écriture. 15 articles.

Coustumes localles de la terre et seigneurie de Sus-Saint-Léger, appartenant à honnourable et sage Jehan de Wignacourt, seigneur d'Yvregny et dudit Sus-Saint-Léger, conseiller du roy en sa court de parlement, à Paris, auquel lieu y a bailly et hommes, loy et eschevinage, haulte justice, moyenne et basse.

1. Ung filz est tenu pour eagié et tenu pour habille à demener ses affaires et besongnes, tant en demandant comme en défendant, incontinent quil a attaint l'eage de quinze ans et une fille de douze ans.

2. Relief des terres cottières, VI deniers du journal, des fiefs selon la coutume de Saint-Pol.—3. Relief des manoirs cottiers, II sols par manoir.

4. Item, le seigneur a droit de prendre, chascun an, de rentes fonssières sur ceux qui ont terres campestres et qui n'ont point de manoir amasé audit lieu, sur chascun journel de terre, XVI deniers parisis, et quant ilz ont ung manoir amasé, ilz n'en doibvent audit seigneur de Sus-Saint-Léger, pour chascun journel de terre, que IV deniers.

5. Item, ledit seigneur a droit de prendre et avoir, chascun an, de ses subgetz non ayans manoir amasé audit lieu, pour manssion, II solz parisis, et quant ilz ont ung manoir amasé, ladite manssion n'est plus deue audit seigneur.

6. Item, nul des subgets dudit seigneur ne pœult aller demourer hors de ladite ville de Sus-Saint-Léger, sans le gré, congié ou licence dudit seigneur; et se il advient que il y voit sans son congié ou licence, ledit seigneur pœult prendre et appréhender, et aussy appliquer à son prouffit, toutes les terres et héritaiges de sondict subgiet, pour en faire et user à son bon plaisir et volenté (24).

7. Item, se le conte de Saint-Pol prend une ayde en sa terre ou que ledit seigneur de Sus-Saint-Léger soit prins prisonnier par fortune de guerre, ou quil fache son filz aisné chevalier, ou marie sa fille aisnée, les vassaux et tenans de ladite seigneurie lui doibvent, en ce cas, X livres d'ayde.

8. Mort et vif herbage.

9. Item, chascune carue d'icelle ville doibt audit seigneur, au mars, une corvée à binoter les terres, une aux couvraines et une à gasquière; item, un manouvrier doibt audit seigneur trois corvées l'an, mais icelluy seigneur ne les pœult prendre au moys d'aoust; item, tous les subgets dudit lieu aians chevaulx, sont tenus, deux foys l'an, à leurs despens et à leurs dis chevaulx et cars, mener

six lieues loing dudit Sus-Saint-Léger, tout ce quil plaist audit seigneur leur faire mener, assavoir deppuis le commencement du moys d'aoust jusques au jour de Toussains enssievant, et l'autre convoiure se doibt payer, par lesdits subgiers, depuis ledit jour de Toussains jusques au jour de Noël, saulf que ceulx demourans sur fiefz, sont exemps dudit droit de convoiure de chevaulx (25).

10. Tous les subgiers de ladite ville pœuvent aller querir de l'herbe es bois dudit lieu, sans amende, moïennant quilz ne portessent nulles armes qui sentendent nul taillant; et se aucun est trouvé cœullant lesdites herbes à tout armes ou taillant, il doibt pour chascune fois, II solz d'amende.

11. Se les bestes de ladite ville sont trouvées es bois en dessoubz sept ans, assavoir, un cheval ou ronchin, doibt iiij deniers; une jument, ij deniers; une vache, ij deniers; un veau sievant une vache, ij deniers, et pour l'intérest, pour chascune beste, une obole.

12. Se notables chevaliers gisent en la maison et hostel seigneurial dudit lieu, les subgiers de ladite ville seront tenus livrer autant de lis quil y aura logiés de nobles chevaliers en ladite maison et hostel seigneurial dudit Sus-Saint-Léger, et ne les polra ledit seigneur tenir que une nuyt seulement (26).

13. Un subgiet dudit lieu estant trouvé apportant boys venans du boys dudit lieu, il doibt audit seigneur, pour chascune fois quil seroit prins, III solz d'amende, au cas toutes voies que icelluy subgiet n'eust passé la première maison d'icelle ville, ouquel cas ycelluy subgiet n'en debveroit ryens et en seroit quicte.

14. Se une vache est trouvée es ablais d'icelle seignourie, il est deu audit seigneur, par cestuy à quy appartiendroit ladite vache, iiij deniers; une brebis, j denier, une ronchin ou cheval, iiij deniers; une jument, ij deniers.

15. Et quant au residu de l'usaige et coustume dudit Sus-Saint-Léger, lon en use comme lon fait en la conté de Saint-Pol.

Aujourdhui xxi.*e* jour de septembre lan mil cinq cens et sept, pardevant Jullien Dupuch, maïeur de Saint-Pol, et Allart Bontemps *eschevin de ladite ville*, sont comparus Symon Doresmaulx *dit Monchet*, Symon Floure, Jehan le Pivier, Glaude Anthoine, et Jehan Denœufz *eschevins et habitans de Sus-Saint-Léger*, Symon Desbureaulx *dit Despretz*, Jehan Brunel *dit Gaffault*, Gillard Brunel, Salmon Caron, Grigoire le Prevost, Jehan Latour *dit Frere*, tous manans et habitans dudit Sus-Saint-Légier, par tous lesquelz a esté dit et affermé pour vérité, que les coustumes cidessus escriptes sont telles que on a acoustumé user audit lieu, de sy long temps quil n'est mémoire du contraire, et que ainsy il est escript en leurs previlleges sy comme ilz ont recognu pardevant lesdis mayeur et eschevins.

Suivent les signatures des cidessus nommés.

BERQUINEHEM.

BOURGAGE.

Deux pages et demie de parchemin, in-4.°, très-lisibles. 10 *articles.*

Coustumes dont on use en la ville et bourgage de Berquinehem, rédigées au commandement de Mgr. le seneschal de Ternois, bailli dudit bourgage, pour madame la comtesse de Vendosmois et de Saint-Pol.

1, Primes, quant aucuns ou aucun bourgois dudit lieu va de vie à trespas, les héritiers d'icelluy bourgois doivent au seigneur dudit lieu pour l'héritage quil voldroit relever de la succession dudit bourgois, XII deniers, par dedans sept jours et sept nuys.

2. Item, quant aucun ou aucuns vend ou donne aucun héritage, tenu en bourgage, il n'est deu au seigneur dudit lieu que XII deniers, pour droiz de vente.

3. Nul ne pœult mener pasturer ses bestes au francq lieu dudit Berquinehem, entre le XV.⁰ jour de may jusques en fin d'icelluy mois et depuis la Saint-Jehan-Baptiste; et est commun ausdits bourgois et non à aultres, car se aucunes bestes y estoient trouvées endessus de deux, ilz commettroient amende de XII deniers parisis, pour chascune foys, envers les eschevins dudit lieu.

4. Tous les manans et habitans dudit lieu sont exens de guet au chasteau de Saint-Pol.

5. Droit d'arrêt. — 6. Afforage des vins et cervoises.

7. Item, quant aucun bourgois dudit lieu est arresté à la requeste d'aultruy, il se pœult cauxionner de lui meismes (27), ce que *(ne pourrait faire)* ung aultre qui ne seroit bourgois; et quant aucuns desdits bourgois est arresté en la ville de Heuchin, il doit estre renvoyé pardevant les lieutenant et eschevins dudit Berquinehem.

8. Tous les bourgois dudit lieu pœuvent vendre et acheter francquement lun à lautre audit lieu, sans payer pour ce le droit d'issue ou tonlieu; et parellement ont iceulx bourgois et eschevins, telz drois audit lieu de Heuchin, quant ilz achettent ou vendent quelque chose.

9. Iceulx eschevins pœuvent faire inventoire, si bon leur samble, des biens d'aucuns trespassez pour le conservation diceulx biens et des héritiers.

10. Quant lesdis eschevins dudit Berquinehem ont affaire de conseil, ilz se doivent retraire vers le maïeur et eschevins de Saint-Pol, qui leur doivent donner conseil, confort et aide, sans quelque chose payer (28).

Le xx.ᵉ jour de septembre 1507.

Signatures : Jehan de la Beuvrière *lieutenant.*—Cazier curé.—J. Quesnot.—Charlot Quesnot.— Jehan Danel.—Jehan Oudart.—Hue Praquellin—*et autres illisibles.*

CHELERS.

SEIGNEURIE ET BOURGAGE.

Trois petites pages en parchemin, fort altérées par l'humidité. 12 *articles.*

Coustumes locales de la seignourie et eschevinage de Celers, rédigées par escript au commandement du seneschal de Ternois, bailli de la conté de Saint-Pol et de ladite terre de Celers.

1. Toutes et quante foys que aucune personne va de vie à trespas, delaissant aucuns ou aucun héritage, tenu en bourgage dudit Celers, il est deu audit seigneur, de quy l'héritage est tenu, pour droit de relief, II solz parisis d'entrée, et autant pour issue.

2. Quant aucune personne vend ou donne son héritage scitué es mectes dudit bourgage, il est deu audit seigneur pour ses droitz seignouriaulx, pareille somme de II solz parisis d'entrée et II solz parisis d'issue.

3. Les eschevins et jurez dudit Celers ont pooir faire arrester aultruy, à la requeste de quelque personne estant es mectes de leur bourgage, et congnoistre du deu jusques en diffinitive, saoulf que ledit arrest ne se pœult faire sur ung des bourgois dudit Celers, mais se pœult bien faire commandement par un sergent dudit eschevinage, en la présence de deux eschevins, que icelluy bourgois paye la somme que on luy demanderoit, en dedens sept jours et sept nuyts, sur peine d'amende de LX solz parisis, à appliquier au seigneur dudit lieu.

4. Item, quant aucun a fait arrester aultruy es mectes dudit bourgage, à faulses enseignes et à tort, il eschiet vers iceulx maïeur, jurez et eschevins, en amende de VII solz VI deniers parisis.

5. Item, toutes terres qui ne doivent point de rente au seigneur dudit Celers, et scituées au terroir d'icelluy, se reliefvent en payant, audit seigneur, XII deniers parisis, pour le relief de chacun journeu et mesure tant seullement.

6. Item, iceulx eschevins jurés, ont droit d'affor sur le vin et cervoise, en telle fachon que se aucun ou aucuns se ingeroit vendre vin ou cervoise, sans estre eswardé et afforé et mis à pris, il escheroit vers le seigneur, en amende de LX solz parisis.

7. Item, ont iceulx eschevins droit de prendre plesge d'aucun meffaiteur, sy

avant quilz sauront arbitrer du meffait, et ne pœut le bailly dudit Celers prendre ledit faiteur, mais seullement congnoistre du meffait avec lesdits eschevins juréz, et par faulte de non savoir arbitrer par lesdits eschevins d'icelle plesge, ilz se doivent rethirer pardevers les pers et hommes de Saint-Pol, pour en arbitrer (29).

8. Item, ont parellement lesdits bourgois dudit Celers, pooir de vendre l'amasement de leurs maisons, et transporter hors du mez en payant audit seigneur II solz parisis tant seullement, et quant audit mez, il demeure au pourfit dudit seigneur, pourveu que icelluy bourgois ne eust meffait sondit héritage (30).

9. Item, ont parellement lesdits habitans dudit Celers, droit que, pour quelque chose quilz vendent ou achettent dedens ladite ville, les ungs aux autres, ilz ne doivent point de tonlieu, et se ne doivent point de guet.

10. Item, ont lesdits bourgois ce previlége que ilz ne doivent point d'herbage; ne de chose quilz vendent audevant de leur maison tenue en bourgage, ilz n'en doivent point de tonlieu, ne parellement pour achetter audevant desdites maisons.

11. Item, par ladite coustume, les entrées et issues des terres aux champs dudit Celers, se doivent faire par les pers et hommes du chasteau de Saint-Pol.

12. Item, que iceulx eschevins, auparavant le renouvellement de leur loy, font commandement à tous bourgois, sur paine de V solz, quilz soyent en la chimetière dudit lieu (31), jusques à ce quilz ayent renouvellé icelle loy, et par faulte d'obéissance, ilz pœuvent saisir leur maison estant audit bourgage, tant et jusques à ce quilz auront paié ladite amende de V solz.

Le dix-neufviesme jour de septembre l'an mil cinq cens et sept.

Signatures : Picart *lieutenant dudit Celers.* — M. Boubert *curé.* — Josse de Ricamez *escuier.* — De Bethencourt *escuier.* — Jehan Ricart *eschevin.* — Dallus de Boiaval *eschevin.* — J. Gotran *eschevin.* — Pierre Machellet *eschevin.* — Pierre Caudron *bourgois.* — Gille Hulot *eschevin.* — Gilles de Ballelet *bourgois.* — Collart de Laurin *bourgois.* — Jehan de Bersin *bourgois.* — Collart d'Isque *bourgois.* — Colart Moi *bourgois.* — Ansel Ricart *bourgois.* — Jacques de Gaffin *bourgois.* — Colart Flament *bourgois.* — Jos. de Huzeverez *bourgois.* — Bastien Polart *bourgois.*

CUNCHY.

SEIGNEURIE.

Un cahier de deux feuilles de parchemin dont la première sert de garde. — Deux rôles de texte d'une très-belle écriture. **22** *articles.*

2.ᵉ PARTIE. 1.ᵉʳ GROUPE.

Coustumes et usaiges de la ville et seignourie de Cunchy, appartenant à haute et puissante dame, madame Ysabeau de Luxembourg, dame d'Espinoy, de Richebourg, de Sainghin et de Cunchy, qu'elle tient du chasteau de Béthune, en un seul hommage, en laquelle elle a toute justice et seignourie viscontière.

1. A cause de sadite justice ladite dame a les amendes, les successions des bâtards et généralement tous les droits des seigneurs vicomtiers. — 2. Elle a pareillement droit de juridiction sur les fiefs et coteries. — 3. Son bailli procède, en matière féodale, avec l'assistance des hommes de fief, et, en matière cottière, avec celle des tenans cottiers. — 4. Succession des fiefs. — 5. Reliefs des coteries. — 6. Conditions de la vente des fiefs. — 7. Retrait lignager des héritages cottiers. — 8. Droit de vente des fiefs et coteries. — 9. Délai du relief. — 10. afforage des boissons. — 11. L'époux survivant, lorsqu'il n'y a pas d'enfants issus du mariage, emporte la moitié des héritages, à la charge de payer la moitié des dettes.

12. Item, se il advenoit que ledit survivant ayt enffans ou enffant de son premier mariage et procédast à ung second mariage, sesdits enffans sont habilles à demander, ce que lesdits père ou mère leur est tenus bailler, la juste moitié de tout son vaillant en tel estat quil est lors trouvé, en paiant, par lesdits enffans, la moictié de toutes les debtes (32).

13. Item, se ledit survivant a enffans du second mariage et, audit second mariage, il fache aucunes acquestes, le moitié desdites acquestes avec son patrimoisne, aprez son trespas, les enffans du premier mariage partiront avec les enffans du second mariage ausdis patrimoisne, acquestes, mœubles et catheux pareillement, chascun à égale porcion.

14. En faisant les partages aux enfans, le filz aisné a son choix de prendre premier, et aprez chascun ainsi quil est né, et les filles pareillement; sil ny a marle, la fille aisnée a son choix et aprez les autres filles ainsi qu'elles sont nées.

15. Sy ne pœult on estre aumosnier et parchonnier; et que se aucun veult succéder à père ou à mère, il est requis quil rapporte en mont commun ce qui donné luy est à son mariage et aultrement.

16. Item, que en ladite seignourie en use en telle manière que, quant deux conjoingz mariés enssamble ont aulcunes affaires et ilz prendent aucune somme d'argent courant en rente, la coustume est telle que, pour la seureté d'iceulx deniers, ilz pœuvent rapporter et werpir leurs maisons et héritages par le bailli et hommes, en la main dudit bailleur pour estre payé dudit prendeur de terme en terme de sadite rente, chascun an; et au cas que l'un des paiemens rataindist l'autre, ledit bailleur se pœult retraire audit bailly requerant la sommacion estre faite, selon le contenu des lettres faisant mencion de ladite rente, audit prendeur ou ses hoirs ou au domicile esleu par lesdis prendeurs au chief de ladite sommacion; se lesdits prendeurs ne ont paié et contenté ledit bailleur, ledit bailleur par lesdis bailli et hommes, se pœult faire décréter esdis ma-

noirs et héritages ypotecquiés à ladite rente; et aprez les criées et publicacions faites par trois quinzaines, en jour de dimence, et le fera on vendre ou décréter pour estre plainement paié du principal et des arrérages de tous frais et despens pour ce mis et encourus.

_{17. Les hommes de fief doivent le service de plaids, reliefs de bail et aide de chevalerie. — 18. Ladite dame a seule les amendes et les profits des voiries, chemins et flégards. — 19. Elle a seule la pêche des étangs et rivières. — 20. Personne ne peult faire exploit de justice, en sa juridiction, sans son assentiment. — 21. Nul tenant féodal n'y a justice vicomtière.}

Le xxvii.ᵉ jour de septembre 1507.

Signatures : Du Plouhy *bailli.* — Bosquet *lieutenant.* — Harcler. — Baillet *homme de fief.* — Segoré. — De Flandres *homme de fief.* — Pierre Lefebvre. — G. Robelin *cotier.* — Jehan Bouché *manans et cotier.* — Jacques Robelin *et autres.*

SIRACOURT.

FIEF.

Un petit carré en parchemin contenant treize lignes écrites dans le sens de la longueur. 1 article.

Coustumes d'une partie de la terre et seignourie de Siracourt, assise es enclavemens du conté de Saint-Pol, tenue en parrie de la chastellenie d'Authie, lesquelles coustumes sont semblables à celles dudit Siracourt, saulf en matière de relief etc., appartenant à Guillaume de Pernes, escuier, seigneur dudit lieu.

_{1. Relief à merci pour les héritages et les terres cottières, c'est-à-dire le VI.ᵉ denier de l'estimation, en y comprenant la valeur venale des bois, des récoltes et des édifices.}

Le xx.ᵉ jour de septembre 1507.

Signatures : Adrien de Vignacourt *escuier, bailli de Siracourt.* — Sire Jehan Hanot *curé de Siracourt.* — Loys Martin. — Médard Loysel. — Jehan Rousel. Thomas Martin. — Baudechon Martin.

VIMY ET FARBUS.

SEIGNEURIE.

Un cahier de deux feuilles de parchemin contenant six pages et un quart d'écriture très-nette, très-lisible. 8 articles, non compris un long préambule énumératif des droits seigneuriaux.

Coustumes notoirement gardées et observées es villes, terres et seignouries de

Vimy et Farbus, leurs appartenances et appendances appartenant à noble et puissant seigneur, monseigneur Philippe, baron de Montmorency, chevalier, seigneur dudit lieu et de Saint-Leu, et madame Marie de Hornes, fille et héritière de deffunct Mgr. Fédriq de Hornes, en son vivant chevalier, seigneur de Montigny, Vimy et Farbus, laquelle terre et seignourie ilz tiennent, en un seul fief, de noble et puissante dame et princesse, Marie de Luxembourg, contesse de Vendosmois et de Saint-Pol, à cause de ladite conté de Saint-Pol.

I. Pour laquelle justice garder, maintenir et exerser, ilz ont bailly, lieutenant de bailly, procureur fiscal, sergens et autres officiers.

II. Avec ce, ont et leur compecte une mairie héritable (33) quil font exerser par telles personnes ou personne que bon leur samble.

III. Avec, pluiseurs hommes que l'on dist ostes submis à aucuns services à la court et hostel dudit seigneur, à cause de certains manoirs quilz tiennent et possessent seans en ladite ville de Vimy : lesquelz hommes il samble estre de la nature que eschevins héritables (34) qui ont la congnoissance avec ledit maieur, à sa conjure et societé, de toutes matières de clams et arrestz.

IV. Et par trois fois lan plais généraux où se raffrésissent et wident, se faire se pœult, toutes matières dont le congnoissance leur appartient dépendans desdis clams et arrestz, le tout sous le ressort du fief, terre et seignourie de Vimy.

V. Es terroirs desquelz lieux de Vimy et Farbus y a bois croissans, esquelz et lieux environ y a garenne de connins previlegiée......

vj. Reliefs et droits de vente des fiefs et cotteries. — vij. Flots et flégards ; forage, afforage — viij. Issues de ville ; terrage. — ix. Moulin et four banal, corvées. — x. Pouvoir de faire des édits et statuts de police...

Esquelz lieux de Vimy et Farbus, ont lieu les coustumes ci-après déclariées.

1. Succession des fiefs. — 2. Douaire de la femme ; la moitié des fiefs en usufruit sa vie durant. — 3. Tous les héritages cottiers sont divisibles et partageables entre les enfans et héritiers au même degré. — 4. Les manoirs, quand il y en a pluiseurs tenus d'un même seigneur, se distribuent entre les enfans, de telle sorte que l'ainé choisit un manoir, et les autres enfans chacun à son tour et par ordre de primogéniture, mais l'enfant mâle précède toujours la femelle.

5. Item, se ung trespassé délaisse pluiseurs manoirs et pluiseurs enffans, iceulx manoirs tenus de divers seigneurs séans esdis lieux de Vimy et Farbus, soit quilz fussent ou soient tenus du seigneur tenant en souveraineté dudit Vimy, neantmoins ledit aisné marle emporte le chois du premier manoir, comme dist est, et aprez emporte ung autre manoir sieuvant tenu d'autre seigneur ; et aprez se encoires y a autre manoir tenu d'autre seigneur, il eschiet aprez de degré en degré aux autres enffans, ainsi quil est batisié.

6. En fief comme en coterie, il faut faire appréhension de fait par relief, pour acquérir droit réel et faculté de transmettre à ses héritiers. — 7. L'époux survivant acquiert la pleine propriété de la totalité des biens meubles quand il y a des enfants issus du mariage, à la charge de les nourrir et gouverner et de payer les dettes.

..: Mais, sur contredit, ilz ne l'ont pour veu jugier ne déterminer, en ont veu sourdre et encommenchier pluiseurs procez qui sont demourez indecis; bien scevent que, par la coustume desdis lieux, quant au jour du trespas du premier morant, n'y a aulcuns enfans, audit sourvivant appartient la moictié desdis biens mœubles, et l'autre moittié aux héritiers dudit premier morant, paiant dettes chascun par moittié.

8. Item, toutes marescauchies estant sur manoirs et blans bois y croissans tiennent la nature du fons dudit manoir et ne sont repputez en succession biens mœubles ne catheux, n'estoit que lesdis blans bois et marescauchies fussent démolies et abatues, ouquel cas elles sortiroient nature de mœubles.

Pour le reste on se règle sur les coutumes de Saint-Pol et d'Artois.

Le xv.ᵉ jour de septembre 1507.

Signatures pour Vimy : Robert Carbonnel. — Roguier Legrant. — Jacques de Henin.— Jehan Legrant *dit Malart*— Jehan Escaillebert. — Philippes Wallon. — Colart Martin. — Pierre de Wacheux, *habitans de Vimy.*

Signatures de Farbus : Jehan de Monchy. — Gilles Pollet. — Gilles de Monchy. — Jehan Duvauchel. — Jehan Legrant *dit Sournois.* — Robert du Wachœul, *habitans de Farbus.*

Certifiées par : Porus Lebailly *conseiller en court laye*, *bailli de Vimy et Farbus.*— *Sire* Jehan Loys *curé de Farbus.*—*Sire* Robert Adam *curé de Vimy.* — *Maistre* Bertran Fercot *escuier, homme de fief.* — Guillot. — Berque.

HESTRUS.

SEIGNEURIE.

Une grande page en parchemin, trouée dans le milieu, mais lisible. 3 articles.

Coustumes, usages et communes observanches de la terre et seignourie de Hestrus, appartenant à Mgr. Guy du Maisnil, chevalier, seigneur dudit lieu et de Lespieult, conseiller et maistre d'hostel ordinaire du roy nostre sire, comme mari et bail de madame Marie de Grouches, dame dudit lieu de Hestrus, d'Authieulle et de Rumetville.

1. Aulcuns ou aulcunes marians en ladite terre et seignourie de Hestrus ne pœuvent ou doibvent, le jour de leurs nœpces ne aultruy à leur prouffit, asseir le bachin pour recepvoir le revis (35) que ceulx des nœpces vœullent donner

ou offrir auxdits marians après le disner, souppcr ou aultrement, que premièrement et avant que ledit bachin soit assis, iceulx marians ou lun d'eulx ne aient premièrement demandé et requis grace et congié de ce faire au seigneur dudit Hestrus ou à ses bailly ou lieutenant de bailly audit lieu; et se le contraire estoit fait, assavoir que ledit bachin fust assis par icheulx marians ou par aultres à leur requeste sans avoir eu ladite grace ou congié, le revis, se aulcun en estoit fait par la manière dite, avœcq ledit bachin, seroient et demouroient confisquiez au droit et prouffit dudit seigneur.

<small>2. Corvées de chevaux et de bras. — 3. Justice vicomtière avec les profits, droits, émoluments qui en dépendent, conformément aux coutumes du bailliage d'Hesdin.</small>

Signatures : Vauret *bailli de Hestrus.*—De Crepiœul *procureur et conseiller du seigneur du Maisnil.*—Henry le Petit *procureur pour office.*—De Boyaval *prestre, vice-gérant de la cure dudit lieu.*—A. Mourin *prestre.*—Jehan Louys *prestre.*—Miquiel Obin *procureur de la demoiselle de Capendu.*—Antoine Leroy *homme de fief.*—Jehan Lefevre *homme de fief.*—Perrot Planchon *homme de fief.*—Denis Darras,—*et autres en très-grand nombre, illisibles.*

HENU ET WARLINCOURT.

SEIGNEURIE.

Trois pages de parchemin bien conservé. 5 articles.

Coustumes locales de la seignourie des villages de Henu et Warlincourt-les-la-ville de Pas en Artois, appartenant à hault et puissant seigneur Mgr. Guyon Leroy, seigneur du Cyllon et du Plessis, mary et bail de mademoiselle Ysabeau de Beauval, et à cause d'elle, seigneur desdis lieux de Henu et Warlincourt.

1. Ung filz est tenu pour eagié et abille à demener ses causes et querelles tant en demandant comme en deffendant, incontinent quil a atteint l'eage de quinze ans, et une fille à douze ans complex.

<small>2. Donation en avancement d'hoirie n'entraîne que le droit de double relief; mais donation en avancement de mariage emporte droit du V.ᵉ denier pour les fiefs et du XIIIᵉ denier pour les cotteries. — 3. Le mari doit relief de bail des fiefs échus à sa femme.— 4. L'époux survivant a la moitié des acquêts; les époux ne peuvent se donner réciproquement que le revenu de trois ans de leurs héritages. — 5. L'époux survivant pendant la minorité de ses enfans a la jouissance légale de leurs biens. — 6. Conditions de la vente des héritages; nécessité de vendre, ou remploi ou consentement de l'héritier apparent.</small>

Pour le reste, on se règle sur la coutume de la châtellenie de Pas.

Le xxvii.ᵉ jour de septembre 1507.

Signatures : Cavielon. — Le Grant *curé de Henu.* — Loys Langlet *homme de fief.* — Baudin Bocquet. — Jehan Perache. — De Wignacourt *greffier.* — Jehan Remy. — Pierre Legrant *homme de fief.* — *Marque de* Toussains Miette *homme de fief (un balai avec son manche).*

GODIEMPRÉ.

SEIGNEURIE.

Trois petites pages en parchemin. 4 *articles.*

Coustume localle de la seignourie et ténemens que noble homme Loys de Saveuses, escuyer, seigneur de Gœudiempré en partie, a en icelle ville et appendance d'icelle.

1. Seigneurie vicomtière. — 2. Tonlieux ou issues de ville. — 3. Droit de vente des coteries. — 4. Le chef manoir appartient à l'aîné, pour droit de quiefmez.

Pour le reste, on se règle sur les coutumes de Pas dont ladite terre est tenue en souveraineté.

Le xxvii°. jour de septembre 1507.

Signatures : Mielon. — Jehan Forment. — De Vignacourt *procureur fondé de Philippes de Monchaux.* — Jehan Thorel *homme cotier.* — Léon Legrand. — Jehan Despré.

PERNES.

CHATELLENIE.

Un cahier de quatre rôles de parchemin, pourri et troué dans le milieu du haut en bas, de sorte que les lacunes se trouvent au milieu des lignes. 40 *articles.*

Pour obéir aux ordonnances, publicacions et *commandemens* (a) faits de par le roy nostre sire, par honorable et saige Jehan Fournel, juge et *garde de la* prevosté de Beauquesne, pour le roy nostre seigneur, en vertu des lettres données du roy *nostre dit seigneur*, à Grenoble, et de la commission de *Mgr. le bailly* d'Amiens ou son lieutenant, commissaire commis et député de par le roi,

---

(a) Les caractères italiques indiquent les mots ajoutés au texte par l'éditeur, les blancs pointés les passages qu'il lui a été impossible ou qu'il n'a pas cru prudent de restituer.

en ceste partie, touchant le fait des coustumes *généralles* et localles dudit bailliage d'Amiens; *les officiers de* nostre très-doubtée dame, Madame la contesse de Vendosmois et de Saint-*Pol et de la ville et chastellenie* de Pernes, et au nom d'icelle, baillent à mondit seigneur le bailli d'Amiens *ou son lieutenant, les* coustumes généralles et localles dont on a acoustumé user de tout temps et anchienneté en ladite ville et chastellenie de Pernes; requérans quil leur *plaise lesdites coustumes* estre entretenues. Desquelles coustumes et par ordre la *déclaration senssuit*.

1. Primes, par nostre *dite coustume, à ladite dame* de Vendosmois et dudit Saint-Pol, entre autres ses villes, chasteaux, *terres et seignouries, compecte* et appartient ladite ville et chastellenie de Pernes, qui sestent . . . . Flouringhem-le-Cauchie, alentour au lez decha du grant . . . . , et le Fresté en partie; en laquelle ville a chastel et en tout *sadite chastellenye*, a toute justice et seignourie; et pour icelle sa justice exer*ser*, *garder et maintenir* nostre dite dame a bailly, lieutenant, pluiseurs hommes de fief et cottiers . . . . , prevost, sergens et aultres officiers; laquelle ville et chastelle-nie *se consiste* en ung seul fief et hommaige immédiate du chasteau d'Arras, avec . . . . on et Tainques; tous lesquels villaiges ont acoustumé venir faire guet, en temps *de doubte et* éminent péril, au chastel dudit Pernes, et responsables au siége de ladite chastellie, en tous. . . . . . judiciaires.

2. Item, et entre lesquels fie*fz du* chastel de Pernes, les ungs sont à dix livres parisis de relief, les aultres à cent *solz*, *soixan*te solz, trente solz et sept solz six deniers, ayde pareille au relief *et le tierch* chambellaige, toute à monnoye parisis, quant le cas y eschiet.

3. Item, et touteffois que aucune alliénacion se fait des fiefz tenus de ladite chastellenie, il en appartient à nostre dite dame, *par droit seigneurial*, le cinquiesme denier que l'acheteur et vendeur lui sont tenus payer ou *à son recepveur* et commis, chascun par égalle porcion, se aultrement il n'en est entre eulx apointié *ou que les fiefz* soient vendus francqs deniers; et adonc sont deues les venterolles à nostre dite dame.

4. Item, et quant vente, don*ation ou transport* se fait des héritaiges tenus en cotterie, à icelle *nostre dite* dame est deu, pour le droit seignorial, le sixiesme denier que lui *sont tenus payer* les vendeurs et acheteurs, avec les venterolles quand la vente est faite francq argent.

5. Item, touteffois que ung *homme possédant fief va* de vie à trespas, qui délaisse ung ou pluiseurs enfans, au fils aisné compectent tous lesdits *fiefz* ; et sil ny a que filles, ils appartiennent à l'aisnée fille, à la charge de en bailler le

quint aux puisnés, se appréhender le veullent, et tenir à pareilles charges et honneurs comme le fief dont . . . . relever dudit fief, en dedans quarante jours aprez ledit trespas, et *faire les debvoirs au cas appartenant*; et au cas que lesdits héritiers ne ayent ce fait en dedans ledit jour, *ladite dame peult par elle ou ses officiers* regaller et ravir tous les ablais et advestures *estans sur lesdits fiefz, et en faire* ce que bon lui semblera avec des revenues diceulx; et après *que lesdits héritiers ont esté* receus à homme et tenans de nostre dite dame, elle leur pœult *faire commandement par* ses officiers de, en dedens XL jours, aprez ledit relief et cambrelaige paiés, de *bailler la déclaration* et dénombrement desdits fiefz, faire serment de fidélité, payer . . . . . . servir ses plais et faire tous aultres services, drois et debvoirs *acoustumés*.

6. Item, et quant *aux manoirs et héritages estans* en ladite ville de Pernes, ilz sont indivisibles et non partables. . . . . ce que les possesseurs propriétaires d'iceulx fiefz, sont submis . . . . enter de ladite ville de Pernes, et les faire bon en une somme à nostre dite dame; *néantmoins ilz sont tenus* à pareilz services comme les aultres, et les rellever et payer tous aultres droix quant *le cas y eschiet*.

7. Item, et en ligne collatéral, *ilz* succèdent à l'aisnée fille, s'il n'y a que filles, sans ce que les *puisnez* puissent demander aucun droit de quint, ny autre droit; et par ladite coustume il n'est nulz reliefs nécessaires et souffist se *avouer* à homme et tenant de elle.

8. Quant aucuns des tenans *cottiers va* de vie à trespas, qui délaissent ung ou pluiseurs enfans naturelz ou légitismes, ou aultres *proches pa*rens et habilles à eulx succeder, telz enfants ou plus prochains parens peuvent rellever, par égalle portion, lesdites cotteries, soient manoirs amasez ou à amaser, prez, jardins, terres *labourables*; lequel relief ilz sont tenus faire en dedens sept jours et sept nuitz aprez ledit trespas, *et four*nir ledit relief à nostre dite dame ou son recepveur, le double de la rente à peine posée. . . . .

9. Item, et s'il advient *que en succession des* ténemens cottiers, il y ait oncles et nepveurs, lesdits nepveurs représentent la per*sonne de leur pére ou mère morts* et partissent, en ladite succession, avec lesdits oncles *ou tantes par* égalle portion, comme si leur père ou mère vivoient, et y use on . . . . degré que ce soit, tant en ligne directe comme collatérale.

10. Item, quant deux conjointz alliés par mariage, qui ont ung ou pluiseurs enfans nés et procréés *dudit mariage, si le mari va de vie à* trespas auparavant la femme, elle prend touteffois que bon lui *semble* . . . . droit de douaire coustumièrement allencontre desdits enfans ou héritiers du *mary*,

dans les biens dont il joissoit au jour dudit mariage, durant leur conjonction. . . *assavoir*, de la moitié en fief et le tierch en héritaiges cottiers, avec la *moitié des meubles.* . . . . *catheux,* en payant la moitié des debtes mobiliaires dudit conjoint décédé . . . . *(le reste de l'article est totalement illisible.)*

11. Item, et touteffois que *lesdits conjoingtz par* mariage, font aulcunes acquestes ensemble, durant leur conjonction, *et l'un d'iceulx va* de vie à trespas, les héritiers du trespassé succèdent contre le survivant, en la *moitié des*dites acquestes, en héritaiges cottiers seullement.

12. Item, quant deux conjointz ensemble font aucunes acquestes, durant leur conjonction, l'homme est réputé le acquesteur, et peult vendre les héritaiges par eux acquis durant ladite conjonction, sans le consentement de sa femme, au cas qu'elle n'en eust receu la saisine d'iceulx héritaiges avec son mary, *et sans que,* aprez le trespas dudit mary, elle y puist demander ne avoir aucun droit de douaire; *si l'un* d'iceulx termine vie par mort saisi desdits héritaiges, en ce cas, les héritiers du trespassé . . . . partiroient allencontre du survivant esdites acquestes, sinon en héritaiges féodaux *qui suivroient la* coste et ligne du mary, pour la noblesse du fief.

13. Item, se aucune vente *se fait par les héritiers successeurs,* propriétaires d'aucuns fiefz, manoirs, terres ou héritaiges cottiers, quilz leur soient venus et escheulx par le decepz et trespas de leurs prédécesseurs et parens desdits vendeurs, procédant du costé et ligne dont viennent *lesdits fiefz et héritaiges vendus, peuvent, si* bon leur semble, touteffois qu'il leur plaist, en dedans ung an, du jour de la dessaisine, *reprendre,* ravoir et ratraire par proximité lesdits héritaiges, en remboursant à l'achetteur d'iceulx tous les deniers qu'il en a paié . . . . et autres mises raisonnables . . . . . . *(le reste illisible.)*

14. Item, que . . . . *réel* ou personnel, à title ou sans title, paisiblement . . . . vingt ans entre personnes présentes, eagées et non previlégiées . . . . . *posses*seur ou possesseresse, acquiert le droit de la chose par *prescription* . . . . . . toutes actions et poursuites que on en porroit faire all. . . . . ent estainctes.

15. Item, quant . . . . le mort saisit le vif son plus prochain héritier et habille à lui succéder, du costé et *ligne dont sont venus les héritaiges* délaissez par ledit deffunct précédent, en faisant les reliefz et debvoirs *acoustumez.*

16. Item, se aucun va de vie *par trespas, laissant* aucun son enfant naturel ou légitiesme ou aultre son prochain parent, et le p. . . . . . . habille à lui

succéder, se aprez le trespas dudit deffunct, tel enfant ou plus pro*chain parent prend* les biens du trespassé, et iceulx prend et aplicque à son prouffit ou en fait ce que *bon lui semble,* sans faire inventoire ou soy aultrement pourveoir par justice, tel enfant plus pro*chain sera* réputé héritier simplement d'icelluy deffunct.

17. Item, que les détempteurs . . . . d'aucunes maisons et héritaiges, chargiés de rentes et aultres telles et semblables charges . . . . elles sont tenus personnellement et pœuvent estre contrains par toutes voyes dues et rai*sonnables, à payer* les rentes ou aultres telles charges à cheluy ou cheulx envers lesquelz lesdits héritaiges *sont ypotecquiez; et se il* advient que lesdits héritaiges ainsy chargiez ou ypotecquiez, escheent en aultres mains que en celles . . . . ou ypotecquié, il convient avant que on y puist procéder par exécucion contre les possesseurs . . . . que les lettres de ce faisant mencion soient contre eulx déclairiés *exécutoires, et qu'il soit tant* procédé quilz soient condampnez en ladite rente et arrieraiges.

18, 19, 20—(*illisibles*).

21. Item, quand *deux personnes sont alliez par mariage,* ils ne peuvent durant leur mariage, à leur trespas ni aultrement, *au profit l'un de l'aultre, disposer* par donation au préjudice de leurs héritiers.

22. Item, se aucuns def*functz délaissent ung ou* pluiseurs enfans mineurs d'ans, aux plus prochains parens d'iceulx mineurs d'ans, *appartient l'administration* et gouvernement légitiesme d'iceulx et leurs biens, jusques à tant quilz auront leur *eage, assavoir*: ung filz, quinze ans, et une fille, onze ans.

23. Item, que toutes personnes *peuvent donner par* testament ou aultrement, à telle personne que bon leur semble, les levées faites et prouffitz . . . . de leurs héritaiges et revenues, l'espace de trois ans continueulx et enssuivans l'un l'aultre, s*ans le consentement de l*eurs héritiers, en paiant les rentes desdits héritaiges pour le temps quilz les *compectera.*

24. Item, à madite dame, madame la contesse de Vendosmois et dudit Saint-Pol, appartient pluiseurs drois de terraige quilz se cœullent, *prendent et levent* sur pluiseurs pièches de terres labourables scituées au terroir de ladite ville et chaste*llenie de Pernes, avec* au terroir et dismaige de Saissin et pays allenviron, quelle baille *ou fait bailler à ferme*, à telz personnes, par tel temps et pour telle somme de deniers que bon lui semble, *à son plus grand prouffit.*

25. Item, lequel droit est tel que de chacun cent de garbes ou waras creu sur *terres chargées dudit droit de the*rage, à nostre dite dame en appartient les huit, et de chascune mesure une garbe de don seulement . . . . . que les possesseurs desdites terres lui sont tenus payer préalablement et avant quilz en puissent . .

. . . . . . au chois de nostre dite dame, ou de son fermier d'icelluy droit, et les amener à la grange et lieu ordonné . . . . . . *(le reste illisible).*

26. Item, *les possesseurs des terres chargées dudit droit de terraige,* ne les peuvent amaser de maisons ou aultres édiffices, apreyer (*sic*) . . . . les terres et héritaiges chargées dudit droit, ne les mettre à aultres usaige, *sans le consentement* de nostre dite dame, ou si le contraire se faisoit, à peril et pour chascune fois de . . . . constraings par toutes voies judiciaires à les remestre en l'estat . . . . les despens encourus à l'occasion de ce.

27. Item, que . . . . travers de Pernes, qui se comprend, cœulle et lieve en ladite ville ou aultres lieux . . . . *esche*vinage, loy et banlieues qui porte ou maisne aucune marchand*ise* . . . . desdites banlieues, il ne paye ledit droit de travers en la manière acoustumée . . . . enseigne, en ce réservé les personnes previlégiées.

28. Item, se le contraire se *faisoit, les officiers de nostre dite dame,* comme son prevost, gens et commis, pœuvent poursievir telz délincquans. les appréhender . . . . corps, prisonniers au chastel dudit Pernes ou ailleurs où il appartient, et contre eulx . . . . *amen*de de LX sols, droit de travers et despens.

29. Item, que nul ne pœult *emporter* aucune marchandise que, aprez l'emport par luy fait, ou telle veue faite signalement es mettes *de ladite ville de Pernes,* il ne paie à nostre dite dame ou son prevost, les droits pour ce acoustumez, réservé en ce *les porteurs* de marchandise privilégiée.

30. Item, que les héritaiges *tenus dudit eschevinage,* doivent de relief à nostre dite dame ou son prevost, pour chascune pièche grande ou petite, *douze deniers* parisis, et pour droit seigneurial que sont tenus recepvoir lesdits maires héritables, l'un desquels doibt . . . . à la vente, deux deniers parisis; la dessaisine et la saisine se font par . . . . . . lesdits maieur et eschevins.

31. Item, que tous les bois *estans allenviron du*dit Pernes et Sassin, qui appartiennent à nostre dite dame sont tenus et repputez garenne, saulf . . . . contiguans aux bois de Papinshoult et le Haye de le Croix.

32. Item, esquels bois *aucun ne peult chasser* ne aultrement prendre conins ni aultres bestes sauvaiges, *sans grace* de nostre dite dame ou commis, que ce ne soit à péril et pour chascune fois . . . . par les delincquans de amende en tel cas appartenant, et pugnicion de prison dure, et confiscation des . . . . . chiens suyrons, filles, harnas, arbalestres . . . . . . bastons et armures.

33. Item, en tous lesquels bois aucun ne peult copper, abattre ne transpor-

ter aucuns quesnes, estallons ou aultres mairiens et gros . . . . semble sans le gré ou volenté d'icelle dame ou de sesdits officiers. . . . . commectant vers elle par telz delincquans et pour chascune fois une *amende de LX sols parisis*, avec restitution de l'intérest, pugnicion de corps et despens.

34. Item, quiconques *picque*. . . . . . *et* heue esdits bois, oultre le volenté d'icelle dame ou de ses officiers, il *eschiet envers elle et pour chascune fois*, en pareille amende de LX sols parisis, avec restitution de *l'interest et despens* . . . . . . toutes personnes qui coppent esdits bois aucuns menus bois . . . . commectent envers icelle nostre dite dame, et pour chascune fois, une amende de . . . . . . et pugnicion et despens que dessus.

35. Item, toutes be*stes qui sont trouvées co*urans et malfaisans es taillis desdits bois en dessoubz l'eage de *trois ans*. . . . . . ou aultrement sans le congié dessus déclarié, commectent, envers icelle nostre dite dame *et pour chascune fois,* amende de LX sols parisis et restitution d'intérêt, mais en aultres taillis ou aultres bois, il n'y eschiet que VII solz VI deniers parisis et restitution du dommage ainsi que dessus.

36. Item, se aucunes bestes sont *trouvées ou prinses* par les officiers de nostre dite dame, es mettes de ladite seigneurie, malfaisans à garde faicte, elles *commectent envers ic*elle dame, pour chascune fois quelles seroient prinses ou trouvées, III solz parisis; néantmoins se *elles estoient à plusieurs gardes* à diverses personnes, chascune garde et lesdites bestes seroient coupables *de pareille amende de III solz parisis.*

37. Item, que nulz bregiers ne *peuvent venir* ou faire venir pasturer leurs blanches bestes, es mettes de ladite chastellenie, hors leur *pasturage* limité, que ce ne soit à péril et pour chascune fois, de amende de LX sols parisis, au droit *et prouffit d'i*celle dame.

38. Item, que toutes personnes *qui sans congié coppent* ou arrachent sur les flos, flégards, chemins . . . . . . voiries, viviers, rivières, ne filles d'icelles, sans tel *congié, commettent, pour chascune fois,* pareille amende de LX sols parisis avec restitution de l'œuvre. . . . .

39. Item, et es mettes de ladite ville et chastellenie, nul ne peult ou doibt battre ne . . . . . . sang courant ou plaie ouverte . . . . pareil péril d'amende, ne pareillement battre ou aultrement . . . . que ce ne soit à paine de XX sols parisis . . . .

40. Item, et de *toutes les coustumes ci-dessus* touchiées, on en a de tout temps usé et communément use lon, au surplus, selon les coustumes dudit chasteau d'Arras.

En approbation etc. . . . .
Le . . . . . . jour de septembre l'an mil cinq cens et sept.
Signés : Potier *curé de Pernes.*—Jehan Roullier *recepveur.*—Du Bristel *procureur d'office.* — Morel. — Martin Ségard. — Mahieu de Boyenval. — De Sallentin. — Simon Cauber. — Jacques d'Ollehain. — Pierre Duponchel. — Morel *maire de Pernes.* — Robert Roullier *bourgois.* — Jehan de Houvin. — Robert Brunel- — Jehan Rose, *ces trois derniers eschevins.*

PERNES.

ÉCHEVINAGE.

Un cahier de six rôles en parchemin dont un et demi en blanc, pourri par le haut; lisible, sauf les têtes de page. 44 articles.

Pour obéir *aux publications* et commandemens faits de par le roy *nostre sire (a)*, par Jehan Fournel, juge et garde de la prévosté de *Beauquesne,* et en vertu des lettres données du roy nostredit sire, les maieur et eschevins de la ville de Pernes en Ternois, selon le contenu desdites lettres et en obéissant à icelles, baillent aux commissaires du roy ad ce depputez la déclaration des coustumes dont lon a accoustumé user de tout tempz en icelle ville et eschevinaige de Pernes, requerans en icelles estre entretenus.

1. Primes, lesdits maieur et eschevins de Pernes baillent la coustume générale du royalme de France qui est toute notoire, et laquelle a lieu en icelle ville, es mettes de l'eschevinaige de Pernes.

2. Item, en ladite ville et eschevinaige de Pernes, la coustume est telle que quant deux conjoingz par mariage délaissent enffans ou enffant et l'un d'iceulx conjoingz termine paravant l'aultre, les enffans ou enffant délaissiez au jour dudit trespas partissent et succèdent de leur propre patrimoisne par moictié.

3. Item, et aussy se aulcun desdits enffans délaissiez va de vie à trespas, le père ou mère survivant est heritier dudit enffant trespassé es biens meubles et catheulx et acquestes par lui délaissiez.

4. Item, en ladite ville et eschevinaige de Pernes, aultre coustume que, sil advient aulcune succession escheue entre oncles, antes, nepveurs ou nieches, les nepveurs ou nieches partissent, avec lesdits oncles ou antez, également du costé dont les biens et héritaiges procèdent.

(a) Les caractères italiques indiquent les mots ajoutés au texte par l'éditeur.

5 Item, quant l'un de deux conjoingtz par mariage va de vie à trespas, le survivant acquiert droit de douaire, aussy bien l'homme que la femme, sur les héritaiges délaissiés par ledit trespas, et emporte le moictié des biens mœubles en paiant moictié debtes.

6. Item, *par aultre coustume dudit* eschevinage de Pernes, quant *aulcun va de vie à trespas* délaissant aulcuns *ses enffans*, nepveurs ou nieches, la succession du *trespassé* se partist égallement, en matière cottière, en *représentant, lesdits* nepveurs ou nieches, leur père ou mère et en faisant *chascune* chocques une teste; et quant à la féodalité, elle appartient à l'aisné à la charge du quint.

7. Item, par ladite coustume de l'eschevinage de Pernes, quant aulcuns héritages escheent par succession, l'on ne doit de rellief de chascune pièche de masure ou terre, soit grande ou petite, que xij deniers parisis; et quant aulcune portion se vend, soit grande ou petite, l'on ne doit, pour droit seigneurial, que ij deniers aux maires héritables de ceste ville de Pernes et pareillement aux bournages.

8. Item, quant aulcuns conjoingtz vont de vie à trespas sans délaissier enffans, aiant fait aulcunes acquestes, le survivant emporte le moictié contre les héritiers du trespassé en paiant moictié debtes.

9. Item, et quand aulcuns se fondent héritiers d'un trespassé es biens mœubles, debtes et catheux, il est soumis et tenus de payer et acquitter toutes debtes mobiliaires.

10. Item, quant aulcuns ont vendu héritage audit eschevinage de Pernes, les parens du vendeur pœuvent reprendre les héritages ainsi vendus du costé et lignaige dont iceulx héritaiges procèdent, en dedans ung an du jour de la vendicion et saisine, en rendant les deniers et tous leaulx coustemens et faisant tous les devoirs ad ce pertinens.

11. Item, et quant aulcunes rentes par lettres de rachat sont inféodées, elles sont repputées pour héritages, et quant aux rentes non inféodées, elles sont repputées pour mœubles.

12. Item, par la coustume de ladite ville et eschevinage de Pernes, se aucuns bourgois marient leurs filles à aulcuns non bourgois, les biens mœubles et catheux qui seroient donnez . . . . à la volenté desdits maire et eschevins dudit lieu.

13. Item, pareillement *quant* une femme vesve ou bourgoise d'icelle ville se marie à ung non bourgois, les biens mœubles et catheux quelle aroit es mettes dudit eschevinage de Pernes, seroient estassez, et en appartiendroit au

droit d'icelle ville le quint denier, en la volenté desdits mayeur et eschevins.

14. Item, pareillement aussi par ladite coustume, se aucuns bourgois ou bourgoise d'icelle ville de Pernes vont de vie à trespas, et les héritiers qui ne seroient point bourgois vœulent appréhender la succession d'icelluy bourgois par succession ou aultrement, ilz seront tenus payer au droit d'icelle ville de Pernes, le quint denier des biens mœubles, debtes et catheux par eulx appréhendez.

15. Item, y a encore aultre coustume aiant lieu audit eschevinage de Pernes, que se deux conjoingtz par mariage aians enffans, et l'un d'iceulx va de vie à trespas paravant l'aultre, les enffans du sourvivant ont la moittié des héritages d'icelluy sourvivant; et s'il se remarie, soit une ou pluiseurs fois, il pert pareillement le moittié de son héritage pour chascune fois quil se remarie, soit l'homme ou la femme; et va ledit héritage au prouffit des enffans issus de chascun d'iceulx mariages.

16. Item, par ladite coustume, quiconquez got et possesse ou ait demouré paisible de chose mobile ou ymmobile par l'espasse de vingt ans entre présens et de trente ans entre absens, il acquiert le droit de la chose ainssy par lui paisiblement possessée.

17. *Item, les bourgois et habitans de ladite ville de Pernes sont fondés en loy et priviléges des* contes de Saint-Pol, prédécesseurs de nostre grande et très-doubtée dame, madame la comtesse de Vendosmois et de Saint-Pol (36).

18. Item, les mayeur et eschevins de ladite ville de Pernes ont acoustumé avoir et ont la congnoissance de tous déliz et meffais commis et perpétrez par les bourgois et habitans en le loy et banlieue d'icelle ville, ou cas quil ny aroit cas previllégié, ainsy que le délit soit perpétrez contre nostre très-doubtée dame, madame la comtesse de Saint-Pol, ou ses officiers, ad cause de leurs offices ou en enfraignant la sauve garde ou que la chose touchast à le domaine d'icelle dame; mais se pour aultres cas quelconques non previllégiés, lesdits bourgois ou habitans en ladite ville, estoient prins ou arrestez en quelque lieu que ce fust, feust par les officiers d'icelle dame ou par aultres, sy seroient rendu ausdits maire et eschevins, et à eulx en appartient la congnoissance (37).

19. Et se par aucuns forains, aucuns délis estoient en icelle loy perpétrez, et lesdits maire et eschevins par eulx ou leurs officiers ou par aucuns des bourgois d'icelle ville, le malfaiteur estoit premiers prins, lesdits maire et eschevins en aront entièrement la congnoissance, pourveu que il n'y ait cas previllégié comme dessus, et porront, selon l'exigence des cas, les condempner ou absoultre ceulx dont la congnoissance leur appartient, soit criminellement, soit civillement;

et se traiteront et seront demenez les poursuites criminelles par lesdits maire et eschevins au conjurement du prevost dudit lieu ; et se porront, par leur sergent, en tous les lieux où il y a héritages dont lesdits prevost, maire et eschevins ont la congnoissance, faire faire prinses, arrestz, exécutions et aultres exploix raisonnablement des choses et cas dont à iceulx maire et eschevins appartient la congnoissance (38).

20. Item, quant il est question des héritages estans es termes de la prevosté dudit lieu de Pernes, ou quant ilz sont transportés par succession ou aultrement et quil les convient rellever, ledit prévost a le rellief et lesdits maire et eschevins au conjurement dudit prevost ont reçu dessaisine et baillié saisine dont pour ce ledit prevost a II sols pour chascune fois, lesdits maire et eschevins XI sols, et le maire héritable d'icelle ville, II deniers (39).

21. Item, touteffois que ledit prévost est de nouvel créez en icelluy office, il est tenus faire serment solempnel au bailly ou lieutenant de notre dite dame, présens et ad ce appelez lesdits maire et eschevins ; et ne porra ledit prevost traittier personne, es termes d'icelle prevosté, fors seullement pardevant lesdits maire et eschevins ; se porra instituer ung lieutenant qui par luy sera sermentez en le présence desdits maire et eschevins ; aussy les clams et arrestz se font pardevant ledit prevost ou son lieutenant présens deux bourgois ; et au sourplus, lesdits maire et eschevins aront la congnoissance (40) . . . .
. . . .

22. Item, se pour fair . . . . . . ou aultres nécessitez de ladite ville, soit besoing faire tailles sur les bourgois et habitans d'icelle, lesdits maire et eschevins faire le porront par voie raisonnable et par égalle portion sur les mœubles comme sur les héritages cottiers desdits bourgois, manans et habitans (41).

23. Item, pour ce que lesdits bourgois et manans sont et doivent estre banniers au mollin d'icelle ville, appartenant à nostre dite dame, le mannier est et sera tenus faire serment, pardevant le bailly et prevost d'icelle ville, présens et ad ce appellez lesdits maire et eschevins, de prendre droit de moulture, assavoir le xviij.ᵉ de ce que chascun bannier fera maulre ; et sy seront tenus lesdits maire et eschevins de eslire un bourgois souffisant et idoine, le présenter au bailly ou lieutenant et faire le serment pour garder les blez et farines, les mener et ramener, en prendant sallaires acoustumez (42).

24. Item, se en icelle ville aucuns se vœulle entremettre de boulenguerie, il sera tenus faire le serment aux maieur et eschevins dudit lieu pour faire derrées raisonnablement, prendre as eswardeurs sur ce commis certains pois et *estairie* (sic) selon les villes voisines ; et se deffaulte y avoit que lesdites derrées ne

fussent bonnes et raisonnables, lesdits maire et eschevins porroient prendre du pain jusques à la valleur de chincq *sauldez* (*sic*), chascun pain copper en deux et constraindre le marchant à amende de V solz au prouffit de la ville, et mettre icelles derrées non compétentes à pris raisonnable, selon la valleur d'icelles (43).

25. Item, se aucuns taverniers avoient en ladite ville de Pernes, vins de deux manières, ilz ne les doibvent mettre ensamble sans le congié des maieur et eschevins, ne iceulx vendre à brocque sans estre afforé par iceulx maire et eschevins et paier le droit d'affor qui est deux lotz de chascune venue (*sic*) et sy ne doibvent mettre lesdits vins dedens sans evocquier les fermiers ad ce commis, sur péril et amende de LX solz parisis (44).

26. Item . . . . tuer *aucunes bestes sans les* monstrer aux eswards vives et non . . . . sans estre eswardées; et s'ils tuent fress . . . . les brusler et saller ainchois quils les mettent . . . . ne porront tuer brebis et moutons à estal par avant le nuyt . . . . se n'est par le congié desdits maire et eschevins auxquelz ilz *sont tenus* faire tous serments et à peine d'amende au tel cas *appartenant.*

27. Parcillement se aucuns se vœullent entremettre de drapperie ou aultre fait ad ce pertinent, ilz sont tenus faire serment ausdits maire et eschevins de faire bonnes et léaux derrées; et se faulte y avoit, par l'advis des eswars, le amenderont et seront pugny à le volenté desdit maire et eschevins, comme il est acoustumé.

28. Item, se aulcuns veullent vendre cervoise, goudalle ou aultre breuvages, ils seront eswardez par les eswars ad ce commis et mis à pris par lesdits maire et eschevins (45).

29. Item, généralement sur toutes aultres derrées et marchandises qui en ladite ville seront venduez ou achettéez, soit par poix, mesure ou aultrement, lesdits maieur et eschevins ou leurs commis eswardeurs, aront la congnoissance, et en sera par eulx usé ainsy que anchiennement est acoustumé, en y gardant en tout le droit de ladite ville et des marchans, vendeurs et achetteurs.

30. Item, se aulcun veult devenir bourgois d'icelle ville, il sera tenus faire serment ausdits maieur et eschevins en le manière acoustumée et payer chascun an, au prouffit de nostre dite dame, une myne d'avaine, mesure de Pernes (46).

31. Item, et se aucun volloient yssir dudit bourgage, lesdits mayeur et eschevins en porront user, en gardant le droit de la ville, ainsy que anchiennement est acoustumé (47).

32. Item, ausdits mayeur et eschevins appartient le regard et administration des enffans mendres d'eages escheus audit eschevinage, avec le gouvernement des biens d'iceulx enffans pour en faire leur prouffit et en rendre compte et reliqua, eulx venus en eage competent ou quant il appartient (48).

33. Item . . . . regite et à deux . . . . sermentés et prisées des . . . . appartenant aux orphelins et enffans *mendres d'eage en* ladite ville et eschevinage de Pernes, pour garder le *droit desdits enffans*, en prendant par eulx salaires raisonnables ainsy quil est acoustumé.

34. Item, par aultres previllieges ottroyez de temps anchien par les prédécesseurs contes de Saint-Pol, sur le fait de le bannée, les bourgois, manans et habitans dudit lieu de Pernes, ont droit de prendre et avoir, chascun an, es bois à coppe d'icelle ville, appartenant à nostre dite dame, et que sont tenus délivrer les marchans fermiers d'iceulx bois, ad cause dudit droit de bannée, fagos de nœf palmes de tour, sept piez de bille et cincq piez de costères, de vif bos, tel qu'il chiet à coppe pour huit solz parisis chascun cent prins esdits bois, chascun an et durant certain temps en l'an que ledit droit de bannée a cours, pour le user et despense desdits bourgois et subgetz dudit lieu tant seullement, sans les convertir en aultres usages, ne en prendre pourffit aucun; et sans ce quilz puissent, le temps de ladite bannée durant, aler querir, ne faire venir aultres bois en quelques aultres lieux; et à ceste cause sont tenus payer les droix de *gavres (sic)* et aultres services et redebvances appartenant à nostre dite dame, pour VIII solz parisis le cent, telle monnoie que XVIII sols parisis vaillent ung escu d'or, telz que les six vaillent un marc d'argent ou marc de *craie;* assavoir, ung chascun d'iceulx habitans, par égalle portion, selon ce que pour la despense ordinaire de son hostel lui en conviendra, sans les vendre ne aussy employer en brasseries, chauffages de fours, tainctures de drapz, ne hostelleries (49).

35. Item, à ladite ville de Pernes compecte et appartient de prendre et avoir, chascun an, pour droix de impos et maletolte des vins, sur chascun muy de vin vendu et distribué à brocque, la somme de XXX solz, pour les reffections et entreténemens, tant des murailles, ponts, portes, planques, comme fossez et chemins d'icelle ville et banlieue (50).

36. Pareillement, à icelle ville compecte et appartient, pour son droit de impos et maletoltes des cervoises, à prendre par an sur chascun tonnel de cervoise vendu audit lieu, III solz, à cause des coustemens, reffections et aultres choses cidessus déclariées.

37. *Item, pareillement appartient à icelle le droit* d'estallage . . . .

Saint-Luc . . . . à ferme, dont ledit fermier doit prendre *de chascun haion* couvert, II solz, et des aultres. . . . . . . à chascun d'iceulx . . . . . . le droit d'icelle ville . . . . . que ledit fermier d . . . . ses despens lesdits haions.—Et se prent pour *le droit de la ville* sur chascun haion couvert, II deniers, et sur les non couverts, I denier.

38. Pareillement appartient à icelle ville le droit et ferme des aunages à prendre sur chascune querte de toille ou drap passant XII aunes, trois deniers.

39. Item, la ferme des cauchies appartient à ladite ville, dont le fermier doit avoir de chascun car, II deniers, de une carette, I denier, et de chascune beste chevaline, une obole, comme il est acoustumé, que le fermier est tenus demander.

40. Item, les poix, ballances et mesures à grains appartiennent à icelle ville, dont le fermier a pour le pesage, II deniers de chascun cent, et le prevost a deux deniers pour droit d'acquit ; et sy a le fermier de ladite ville, II deniers de mesurage pour chascun sestier de grain ; mais les bourgois d'icelle ville peuvent peser et mesurer pour eulx, en leurs maisons, sans en paier quelque débite au fermier.

41. Item, que lesdits maïeur et eschevins pœuvent faire constraindre et justicier par voie d'exécucion, par le sergent de ladite ville, les fermiers redebvables à icelle ville, à cause des fermes, des choses dessus déclarées ; et sont iceulx deniers de ladite ville exécutoires, ainsy qu'il est acoustumé.

42. Item, lesdits mayeur et eschevins ont le regard sur tous les chemins, flégars et voieries d'icelle ville, es mettes et termes des banlieuez d'icelle, avec le droit des eauez et fossez. Et se aulcunes faultes ou entreprinses y estoient faictes, la congnoissance et correction leur en appartient.

43. Pareillement les amendes, se aulcunes y escheoient, seroient au pouvoir de ladite ville, à la volenté et modéracion d'iceulx maire et eschevins, tant pour commandemens, désobéissances, deffenses faictes comme aultrement, ainsy qu'il est de tout temps acoustumé

44. Et sy ont iceulx mayeur et eschevins l'administracion et gouvernement de l'église paroissial, hospital et maladerie de ladite ville, avec des deniers, entreténemens et revenus d'iceulx lieux (51).

Lesdits mayeur et eschevins, avec leurs signés, ont cy mis le scel aux causes d'icelle ville de Pernes, le dix-neufviesme jour de septembre, l'an de grace, mil cinq cens et sept.

Signés : Morel. — Potier. — Morel. — De Bristel. — Roultier. — Pitain. — Simon Ravery. — Guerard. — Morel. — De Sallentin.—Duponchel *greffier* etc., etc. . . . .

CHARTE DE LA VILLE DE PERNES

Copie de 1734 conservée aux archives de Pernes, cotte B.

Nota. — Cette copie, quoique certifiée par deux notaires au conseil d'Artois, ne paraît pas reproduire très-fidèlement l'original.

Philippe, comte de Liney et de Saint-Pol, seigneur de Fiennes et chastellain de Lille, savoir faisons à tous présent et advenir : nous avons veu et examiné lettres patentes de feu nostre très-cher seigneur ayeul, Mgr. Walerand de Luxembourg, comte et seigneur desdits comtés et seigneuries, scellées en lacs de soie vermeille et verd et cire vermeille, données l'an de l'incarnacion de N.-S. 1390, au mois d'avril, après Pâques communiaux; desquelles lettres la teneur s'ensuit :

I. Walerand de Luxembourg, comte de Liney et de Saint-Pol, à tous ceulx qui ces présentes verront ou oirront, salut. Savoir faisons : Nous avons receu l'humble supplicacion de nos bien amés bourgois, habitans et communaulté de nostre ville de Pernes, nos bons et loyaux sugets, contenant que, comme de très-long temps et ancien, par deffunctz nos prédécesseurs de bonne mémoire, comtes et comtesses de ladite comté de Saint-Pol, que Dieu pardonne, ladite ville de Pernes eust esté première fondée en loy et communaulté ; à cause de laquelle création et fondacion, et en faveur qu'icelle fust mieulx et plus grandement peuplée de bonnes gens, pluiseurs franchises eussent esté ottroiées à icelle loy et aux bourgois d'icelle, et par spécial que, pour icelle loy gouverner deument et sérieusement leur avoient esté ottroiés mayeur et certain nombre d'eschevins, qui chascun an, estoient et devoient estre élu et institué (52); après laquelle institucion et créacion, lesdits maire et eschevins avoient le gouvernement et administracion d'icelle loy, et pour ce faire avoient en outre scel de communaulté, scel aux causes comme avoit et a ladite ville de Saint-Pol, aiant maison, eschevinage, belfroy, clocque pour eulx assembler pareillement qu'ont et peuvent avoir les maire et eschevins de ladite ville de Saint-Pol; et sy avoient lesdits maire et eschevins de Pernes, la congnoissance de tous les faits et deliz advenu et perpétré en ladite loy et juridicion; pouvoient diminuer les amendes selon le quallité des meffaits et icelles prendre au prouffit de ladite ville, les quitter ou modérer si leur plaisoit; et se comprendoit et estendoit ladite juridicion tant au corps de ladite ville, comme en toute le banlieue, jusqu'au lieu ou lieux où sont assis certaines bonnes qui en font démonstracion et enseignement; et sy avoient lesdits maire et eschevins avec le prevost d'icelle ville, la congnoissance de tous les héritages chensiveux estans pardedans ladite banlieue et prevosté, avec pluiseurs autres droits et connoissances, lesquels ilz ont plus pleinement baillés par déclaracion par *(sic)* d'entre nous *(passée entre nous)* et les gens de notre conseil, disant que d'icelle loy, droitz, charte, préviléges, franchises et usages, qu'ils avoient joy et possédé franchement et paisiblement, sans abus et sans commettre cas ni chef dont on les puisse ou dusse reprendre, asavoir envers nosdits prédécesseurs et vers nous, fait les debvoirs et paiements de ce quilz estoient et sont tenu à cause de ladite loy et franchise de bourgage. Si est :

II. Assavoir, pour chascun bourgois une mine d'avoine, et pour chascun manans non bourgois, XXVI deniers parisis chascun an une fois, mais par le fortune et estant un fusel *(sic)* qui, environ 1369 (53), advint en ladite ville qui fust prise et assalie par les Anglois et ennemis du royaume de France, lesdits suppliants perdirent toutes leurs chartes et previléges et enseignements qu'ils avoient de ladite création de ladite loy et périe avec leurs biens que lors ilz avoient; depuis laquelle perte, ils ne surent plus user de ladite loy, et pour ce firent requeste à deffuncte nostre très-amée tante, la comtesse de Saint-Pol, douairière que Dieu pardonne, laquelle, pour son temps, leur accorda icelle loy estre par eulx continuée comme ilz avoient acoustumé, ce que faisoient lors les maire et eschevins de Saint-Pol; aprez lequel temps falli de nostre tante et que la possession nous fut revenue, ilz ont de nous et de nos officiers obtenu semblable grace, jusques à certain temps et d'une manière passé *(sic)*, et pour ce, nous ont requis, iceulx supplians, autant justement que de nouvel, nous leur voulions ottroier ladite loy et icelle ordonner par telle manière qu'eux puissent doucement estre et demourer pardessous nous et en nostre bonne obéissance, offrant à faire tous les debvoirs et *fructz (sic) (services)* que en tel cas, ont acoustumé et doivent faire bons et loyal subgetz ains *(envers)* leur droiturier seigneur, et à payer les debtes et redebvances pour ce anciennement acoustumées ; sur laquelle requeste et sur le gouvernement desdits bourgeois et habitans, nous avons par iceux nos commis et conseillers, fait faire une informacion, laquelle a esté rapportée avec les faits et droits baillés par déclaracion par lesdits supplians dont ils disent avoir joy, et aussy aucunes modificacions que sur ce mettoient ou vouloient mettre aucuns de nos conseillers; et sur tout avons de leur conseil et advis, par bonne et meure délibération, sur ce ordonné et pourveu, en faveur de nosdits bourgeois et sujets et pour le bon rapport qui nous a esté fait de leur bonne diligence et loyauté, et aussi de leur bon port et gouvernement, que ladite loy leur demourera, et ce leur avons accordé et ottroié et par la teneur de ces présentes, accordé par le manière qui cy aprez sera déclaré.

III. Assavoir, pour ce que anciennement avoit, en ladite loy, un mayeur et douze eschevins (54), et que le nombre de nos bourgeois est grandement diminué en icelle ville, nous avons ordonné que ledit nombre d'eschevins sera doresnavant et n'y aura que le mayeur et six eschevins qui, chascun an, seront renouvellés au jour saint Jean-Baptiste, lequel renouvellement se fera en icelluy jour, ainsi qu'anciennement au jour Nostre-Dame, en aoust, où on les élisoit et renouvelloit; lesquels maire et eschevins, durant le temps de leur création, auront l'administration et gouvernement de ladite loy, par la manière ci-après déclariée, et auront maison d'eschevinage, scel de communaulté et scel es causes, cloche, ainsi que anciennement ils ont eus et qu'ont les maire et eschevins de Saint-Pol.

IV. Item, auront lesdits maire et eschevins, es termes de la loy, pardedans leur banlieue, la congnoissance de tous délitz et meffaitz qui là seront commis et perpetrez par les bourgeois et habitans en icelle loy et banlieue, ou cas toutesfois qu'il n'y auroit cas previlégié, est assavoir que le délict fust perpétré contre nous ou contre nos officiers, à cause de leur office ou en enfreingant nostre sauvegarde, ou que la chose touchast à nostre domaine; esquels cas lesdits maire et eschevins n'y auroient que voir *(sic)*. Se pour aultres non previlégiés, lesdits bourgeois et habitans en ladite ville estoient pris et arresté en quelque lieu que ce fust, par nous ou nos officiers ou par aultres, sy seroient-ils et seront rendu ausdits maire et eschevins; et ausdits maire et eschevins en appartenoit et en appartiendroit la congnoissance; et sy par aulcuns forains non demeurant en ladite loy, aulcuns delitz estoient en icelle loy perpetrés, et lesdits maire et eschevins par eulx ou leurs officiers, si le malfaiteur ou malfaiteurs estoit ou estoient prins premiers, et au cas que nous ou nos officiers y eussent mis mains, lesdits maire et eschevins en auront entièrement la connoissance, pourveu qu'il n'y ait cas previlegié; et sy nos officiers faisoient ladite prise, icelle et le connoissance du cas ou des cas nos appartenroit, sans ce que les maire et eschevins y eussent que veu *(sic)*; et pourront, selon l'exigence des cas, iceux maire et eschevins, condamner ou absoudre ceux dont la connoissance leur appartenroit, soit criminellement, soit civillement, ainsy qu'anciennement a esté fait et qui est acoustumé au lieu..... Et se traitteront et seront demené les poursuites criminelles par lesdits maire et eschevins, au conjurement de nostre prevost audit lieu, ainsy que anciennement a esté fait; et sy ont et pourront avoir lesdits maire et eschevins, deux valletz sermentés, assavoir, l'un pour sonner leur cloche et garder de nuit ladite ville en la manière acoustumée, et l'autre pour servir lesdits maire et eschevins en leur maison eschevinale et pour, en ladite loy et en tous les lieux où il y a héritages dont lesdits prevost, maire et eschevins ont la connoissance, faire prisée, arrest, exécucions et autres exploitz raisonnables des choses et cas dont ausdits maires et eschevins appartient la connoissance.

V. Item, et pour ce que anciennement a esté usé que les héritaiges estans es termes de nostre prévosté dudit lieu, quand il en est question ou quand ilz sont transportés de main à autre par quelque manière que ce soit, ont esté traittiés par nostre prevost et par lesdits maire et eschevins, et quant ce n'est par succession et qui les avoient relevé *(sic)*, à nostre dit prevost eschet le relief; et s'ils ont esté vendu ou donné et qu'il y ait convenu bailler saisine et recevoir dessaisine, ce a esté fait et demené par les maire et eschevins; et quand ce n'est par succession et qu'il les a convenu relever, à nostre dit prevost eschet pour chascune fois, II solz desquels lesdits maire et eschevins ont XII deniers et nos maire héritable II deniers : nous voulons et avons accordé icelluy usage estre confirmé et maintenu sans icelluy en riens muer.

VI. Item, et pour ce que anciennement est accoustumé que ausdits lieux nos prédécesseurs et nous avons eu et commis ou fait commettre, quand bon nous a semblé, un prevost qui, en plusieurs cas, est conjureur de ladite loy, nous avons ordonné et voulons pour le bien et entretènement de ladite loy que audit lieu ait prevost ainsy qu'il est accoustumé pour des droits de ladite prévosté jouir en nostre nom et profit; et touteffois que ledit prevost fust de nouvel créé en icelluy office, il sera et fust tenu de faire serment solemnel à nostre bailly ou son lieutenant, présens et à ce appelez lesdits maire et eschevins, de gouverner et maintenir ladite prévosté et les droits d'icelle justement et loyaument; et ne pourra ledit prevost traiter quelque personne, es termes de ladite prévosté, fors seulement par lesdits maire et eschevins; lequel prevost pourra instituer un lieutenant qui prestera serment en la présence desdits maire et eschevins; et se aucuns fait clain sur autre, pardevant ledit prevost ou son lieutenant, nous avons ordonné et voulons que ad ce faire soient appelés et présens deux de nos bourgeois de ladite ville, et que, si le demandeur requiert détention de corps, que ledit prevost ou son lieutenant puist les prendre et emprisonner s'ilz n'ont prévillége de bourgeois suffisant et les tenir en leur prison et raisonnable*(ment)*; mais en cas que ladite caution seroit bailliée, ledit prevost seroit tenu de recevoir sans contredit et sans aucune contrainte et recevoir *ceux qui de ladite caution ne prétend finir (sic)*, et qui seroit prisonniers paiera III sols, assavoir II deniers pour l'enserrer, et XII sols (X deniers) pour l'entrée, et pour son vivre chascun jour, II solz; et pour ce ledit prevost sera tenu de trouver au prisonnier, gouvernemeut selon l'estat de le personne sans vin; et en outre paieront les prisonniers tel debitte qu'en ce cas on a accoustumé en ladite ville de Saint-Pol; et au surplus, lesdits maire et eschevins auront la connoissance et le jugement sur ledit clain ou clains au conjurement dudit prevost ou de son lieutenant; et sur ce, seront tenu de faire bon et loyaux jugement; mais ledit prevost ne pourra point esdits clains emprisonner les bourgeois de ladite ville ni aucuns d'iceulx pour ce qui est deu au sujet; et pour le franchise dudit bourgage, ils sont et seront caution pleige; et seront, au surplus, lesdits bourgeois contraintz par ledit prevost ou lieutenant à répondre et procéder sur ledit clain ainsi que anciennement a esté fait et usé en tel cas.

VII. Item, se aucuns de nosdits bourgeois ou bourgeoise avoient ou ont, par dedans ladite ville, aucuns catheux et fussent tenus, en icelle ville, de dehors, et là avoient demeuré une nuit, ils les pourront ou pourroient mener hors pour vendre ou alliéner, faire à leur plaisir sans dommage de prendre à nous ou à nos commis pour ce aucuns congé ou licence; et si pour nous faire aide ou autre nécessité à ladite ville, convenoit ou fust besoin de faire tailles sur nos bourgeois habitans en icelle ville, faire le pourront par voie raisonnable et par égalle portion, tant sur les meubles que sur les héritages cottiers de nosdits bourgeois et des manans et habitans de ladite ville.

VIII. Et si aucuns de nosdits bourgeois marient leurs filles à autre non bourgeois, les catheux qui au mariage seront donnés seront exclud du quint denier, en la manière acoustumée, au moins en la grace desdits maire et eschevins.

IX Item, et pour ce que lesdits bourgeois et habitans de nostre dite ville sont et doivent estre banniers à nostre molin de la Fresté, et que par ce droit ils doivent estre tenus d'aller à icelluy moulin gouverné et serf de moudre leurs grains et livrer en farine par bonne mesure et justement, et que pour ce faire est de nécessité audit lieu avoir meusnier, moleur et vallet, nous avons ordonné pour estre à la conservation de nosdits droits et aussy pour le bien public, que toutes fois que ledit meusnier sera de nouvel mis en icelluy moulin et aussy quand il nous plaira et à nos officiers, icelluy meusnier fera serment solemnel pardevant nostre bailli ou nostre prevost, présens et à ce appelés lesdits maire et eschevins, que ledit moulin et moulage il gouvernera et fera bien justement, et loyaument gardera nostre droit de tous les banniers d'icelluy moulin, aussy de toutes autres personnes qui voudroient moudre, recevra et prendra nostre droit de moulage justement, c'est assavoir le dixhuitiesme de ce que chascun bannier fera moudre au moulin; ne pourra ledit meusnier tenir hosteage ni mesnage audit moulin, ni en icelluy tenir beste ni poulletz; mais lesdits maire et eschevins esliront un des bourgeois de ladite ville, lequel ils seront tenus de présenter à nostre bailli ou prevost pour demeurer audit moulin, sans y avoir bestes quelzconques, exceptés cheval, jument ou asne pour mener et ramener les bleds et farines qui audit moulin seront moulues; et laquelle présentation sur ce faite par lesdits maire et eschevins, lesdits bailly ou prévost seront tenus de recevoir ledit bourgeois au cas qu'il sera preudhomme et habille pour ledit moulin et banniers; et sera payé de son sallaire ainsy que anciennement a esté usé; et pardessus ce, ledit bourgeois ainsy commis sera tenu de mener et ramener lesdits bled et farine et garder seurement à son péril tous les bleds et droits desdits banniers et de tous autres habitans audit moulin; auquel moulin lesdits maire et eschevins, quand bon leur semblera, pourront aller, envoier visiter lesdits meusnier et commis avec les mesures et aultres ustensiles dudit moulin, pour savoir si aucun défaut y seroit au préjudice desdits banniers et autres habitans audit moulin; et en cas que en ce auroit aucun deffaut, ledit bailly ou prevost seroit ou seroient tenus d'y pourvoir sans délai raisonnablement, à la plainte desdits maire et eschevins; et se audit bourgeois ordonné et esleu pour servir et garder ledit moulin en le manière que dit est, avoit aucune difficulté, nostre bailly ou prevost le pourront visiter et mettre hors; et ce fait, en icelluy cas, lesdits maire et eschevins seroient et seront tenus d'en eslire et présenter un autre qui, en la manière dessus déclairiée, soit ou sera institué et sermenté par nostre bailli ou prevost.

X. Item, et pour ce que lesdits bourgois et habitans de nostre dite ville nous doivent fournir, pour le cuisage de leur pain ou pasté, est assavoir le 18.ᵉ pain, tant pour nostre droit que de celui qui le cuit, en la manière ancienne, et qu'en ladite ville nous n'avons ni sommes tenu de avoir aucuns fours s'il ne nous plaist, lesdits bourgois pourront et peuvent avoir four chascun en sa maison, mais si là ilz cuisent ou font cuir pains ou pastés, ils seront tenus d'appeler nos commis ou fournier avant que le pain soit mis au four, à paine de LX solz parisis d'amende vers nous; et sy nous seront tenus de payer le droit de bannée à portion de ce qui en sera cuit; et aussy seront-ils tenus de cuire les pains et pastez de leurs voisins banniers en prenant, tant pour eulx que pour nosdits droits ci-dessus déclaré, assavoir le 21.ᵉ ou à portion tant du plus que du moins; et si chelui qui ledit pain aura cuit à son four a porté et rapporté lesdits pains et pastez, il auroit sallaire raisonnable à la volonté de chelui à qui ledit pain appartient; et sera tenu celuy à qui ledit four sera de cuire toutes les tartes desdits bourgois habitans, toutes les fois qui leur plaira, chascune tarte pour une maille parisis au profit du fournier et d'autre chose à l'advenant, réservé à Pasques qu'il aura plus grand sallaire.

XI. Item, se aucuns, soit bourgois ou autre, se veut entremettre de boulangerie en ladite ville, il doit et sera tenu de comparoir pardevant lesdits maire et eschevins, et là faire serment solennel que dudit fait de boulengerie il gouvernera ladite ville bien et souffisamment et fera denrée bonne et loyaux ; sy sera tenu de prendre aux eswardeurs sur ce commis par lesdits maire et eschevins, certains poids selon les villes voisines ; et si deffaut y avoit et que les denrées ne fussent bonnes et loyaux, lesdits maire et eschevins pourront prendre du pain jusqu'au nombre et valeur de cinq *haudrée (sic)*, chascun pain couper en deux et donner pour Dieu, et si pourront contraindre les marchands à donner pleige pour l'amende ; laquelle amende lesdits maire et eschevins pourront prendre au proffit de ladite ville ainsy que anciennement est accoustumé, est à savoir amende de V solz ; et outre pourront lesdits eschevins mettre icelle denrée non compétente à feur et prix raisonnable, selon la qualité et valeur d'icelle.

XII. Item, si aucuns tavernier, soit bourgeois ou autre, avoit en ladite ville vins de deux manières, ils ne les pœuvent ou pourront mesler ensemble sans le congé ou licence desdits maïeur et eschevins, ni iceulx mettre à brocq sans estre afforé par lesdits maire et eschevins et payer le droit d'afforage ; lequel afforement se fera par lesdits maire et eschevins ainsy que anciennement a esté usé ; et ne pourront lesdits taverniers boulanger pain ni tourner à l'escuelle *(sic)* en leurs maisons ; et s'ils faisoient le contraire, ilz en seroient puni par lesdits maire et eschevins en la manière accoustumée.

XIII. Item, se aucuns se veullent entremettre de boucherie en ladite ville, il ne pourra tuer bestes qu'elles ne soient bonnes et loyaux, et si ce sont bestes à cornes *et elles ont fie et pourfie (sic)* ou qu'elles soient *dohee ou tourchée (sic)* et aussy qu'elles n'aient livre et demie de sieu du moins, ceux qui les tueroient et mettroient à estal, ilz en seroient punis par lesdits maire et eschevins ; et s'ils tuent pourceaux et mettent à estal et qui ne soient sains et vifs et mort et passé par l'esward, ils en seront punis comme dessus ; et s'ils tuent frissingue pour mettre en estal, ils seront tenus de les brûler, saller *suffisant au choix (sic)* qui les puissent mettre en estal, et s'ils font le contraire, ils seront punis comme dessus ; et aussy ne pourront tuer brebis pour mettre à estal, devant la nuit de saint Luc, se n'est par le congé ou licence desdits maire et eschevins ; et sy seront tenus de faire auxdits maire et eschevins tous les sermens en tel cas acoustumé.

XIV. Item, se en ladite ville aucuns se veullent entremettre de drapperie ou autre fait à ce appartenant, ceux qui de ce se veullent entremettre seront tenus de faire ausdits maire et eschevins le serment en tel cas acoustumé, et de leurs draperie et ouvrages faire eswarder par lesdits maire et eschevins ou les eswardeurs par eux à ce commis, et se en ce avoit aucun deffault, ils seront punis et seront sur ce traitié et demené en la manière acoustumée.

XV. Item, si aucuns de ladite ville voulloit vendre goudaille, cervoise, miel ou aultre breuvage, iceux breuvage seront mis à pris par lesdits maire et eschevins, et seront, quant à ce, maintenu et gouverné en la manière acoustumée.

XVI. Item, et généralement sur toutes autres marchandises et denrées qui, en ladite ville et loy, seront ou seroient vendu ou achepté, soit à mesure, à poids ou à l'aune ou en autre manière quelsconques, lesdits maire et eschevins, par eux ou leurs commis eswardeurs, en auront la connoissance et en sera par eux usé par la manière qui est acoustumée.

XVII. Item, et s'il avenoit que aucuns ou aucunes veut devenir bourgois ou bourgoise, tenus seroient de à nous payer une minne d'avoisne pour chascune ame dans chascun an; et se aucunes personnes vouloient issir d'iceluy bourgage, lesdits maire et eschevins en poudront user en la manière acoustumée.

XVIII. Et pour ce que ladite ville et gouvernement d'icelle puisse et doive demeurer seurement, et que les prouffitz et revenus soient loyaument gouverné au prouffit de la communaulté, nous avons ordonné que lesdits maire et eschevins seront tenus de rendre et faire bon compte, juste et loyal, chascun an une fois, est à savoir, le prochain dimanche avant le jour de saint Jehan-Baptiste, en la présence de nostre bailly ou lieutenant, s'ils le veulent ou peuvent, et aussi en la présence de nos bourgois de ladite ville, de tout l'estat et gouvernement d'icelle ville et des receptes et mises qui par eux auront esté faites en icelle année.

XIX. Item, et pour ce que lesdits maire et eschevins ont anciennement eu l'administration des biens et revenus appartenant à la maladerie, hospital et aussy la pauvreté qui sont choses d'aumosne et de charité fondées par lesdits nos prédécesseurs que Dieu pardonne, nous avons ordonné et voulons que lesdits maire et eschevins aient l'administration et gouvernement quant aux receptes, mais ils ne pourront faire quelque mise en aumosne ni en autre manière au-dessus de XX solz, que la distribution ne soit faite en la présence de nostre dit bailly ou son lieutenant ou autre commis de par nous, et aussi en la présence du curé de ladite ville; et seront tenus iceux maire et eschevins de rendre et faire bon et juste compte, chascun an une fois, au jour que les comptes se doivent rendre, du fait de ladite ville, en la présence de nostre dit bailly ou lieutenant, ou autres de nos gens ou commis quant à ce; tous lesquelz comptes seront recollés, vus et visités, toutesfois qu'il plaira à nous ou nostre conseil, en dedans un an, après le compte fait.

XX. Toutes lesquelles ordonnances, connoisances, jugements et choses ci-dessus déclaré, tant pour nous et nos successeurs, pour contemplation de nosdits bourgois et habitans en nostre dite ville, aussi pour l'accroissement et bien d'icelle ville, avons ottroyé à nos bourgeois et habitans, par la teneur de ces présentes, leur ottroions et accordons, sy donnons en mandement à tous nos officiers et sugetz, prions et requérons toutes autres, en aide du droit, que lesdits maire et eschevins et communaulté de nostre dite ville souffrent et laissent jouir paisiblement de ladite loy et de tout ce que dessus est déclaré, sans iceulx molester ou empescher aucunement. Au contraire et pour ce que ce soit chose ferme et stable, nous avons fait mettre nostre scel à ces présentes, qui furent faites et données, en l'an de l'incarnation de Nostre-Seigneur, mil trois cent quatre-vingt-dix, au mois d'avril, après Pasques communiaux.

Ainsi signé, par monseigneur le comte, présens monseigneur d'Escandessin, monseigneur Lionel de Fœnil.

Collation faite par moi, Jehan d'Escamand.

Lesquelles lettres ci-dessus transcriptes, nous aiant icelles et tout le contenu agréable, avons à la supplicacion de nos bien amés bourgois, habitans et communaulté de Pernes, pour nous, nos hoirs et successeurs, icelles agréé et rattifié et approuvé, agréons et rattifions et approuvons en tant que ilz en ont deuement jouy et usé, confirmons de grace spécial par ces présentes et promettons icelles entretenir. Sy donnons en mandement, etc.

Donné en nostre hostel à Saint-Pol, au mois de novembre, l'an de grace mil quatre cent vingt-deux.

Collationné la présente copie à l'expédition des lettres-patentes estantes en placard sur parchemin, et trouvée y estre conforme par les nottaires royaux d'Artois, soubsignés, à eux exhibée et remise à l'instant dans les archives de la ville de Pernes. Fait à Pernes, le 4 d'octobre mil sept cent trente-quatre.

Signés : Toursel. —Dufour.

FIN DU PREMIER GROUPE.

CITÉ D'ARRAS.

ÉCHEVINAGE.

Trois grandes pages en parchemin, lisibles. **18 articles.**

Coustumes de l'eschevinage de la cité d'Arras.

1. Les eschevins ont congnoissance et judicature de tous cas de haulte justice, moienne et basse, en matière civile entre parties, aussi de police dudit eschevinage, à l'adjournement et sémonce des sergens ou officiers dudit eschevinage, et, en matière criminelle et de délit, à la conjure, calenge ou semonce

du prevost ou son lieutenant pour justicier au ressort, en cas d'appel des prevost ou son lieutenant et hommes de fiefs, de la salle épiscopale de l'eveschie d'Arras.

2. L'on use, entre conjoingz par mariage, d'entravestissement qui se fait par sang ou par lettres, en telle fachon : se lesdits conjoingz ont enffans de leur mariage, posé quilz décèdent auparavant le trespas du premier morant desdits conjoingz, en ce cas, les mœubles et les héritaiges délaissiez par ledit trespas, appartiennent au seurvivant des conjoingz entièrement à charge des debtes.

3. Sy lesdits enffans sont vivans au trespas du premier morant, non obstant ce, lesdits mœubles appartiennent au seurvivant, à charge des debtes; quant aux héritaiges, il en est usufructuaire, meisme propriétaire expectant ou cas que lesdits enfans terminassent vye par mort auparavant ledit dernier vivant; lequel durant la vye desdits enfans, ne pœult vendre la propriété desdits héritaiges ni les chargier sinon son viage et usufruit. *Il est tenu des charges et dans les rentes et choses que telz wiagiers pœuvent devoir, comme entretenir les ediffices ainsy que à wiagiers appartient (a).*

4. Se ledit survivant, ayant enfans venant de son premier mariage, convole en secondes nopces dont soient procréés enfans, se ledit seurvivant décède, lesdits enffans du second mariage ne pœuvent aucune chose demander esdits héritages, mais appartiennent entièrement aux enffans dudit premier mariage; et s'ilz estoient terminés vye par mort, ilz succéderoient aux enffans dudit second mariage.

5. Les enffans du premier mariage pœuvent appréhender les héritages sans estre submis aux debtes créées devant le trespas du premier morant desdits père et mère.

6. Tels héritages succèdent entièrement de plain droit aux héritiers, sans qu'il soit besoing appréhender de fait ni paier aucuns droits; et sont iceulx partables autant à l'un comme à l'autre.

7. Lequel entravestissement, posé que ledit premier morant n'ayt terminé ses jours audit eschevinage, a lieu et sortist au prouffit du dernier morant, pour acquerir droit es biens où quilz soient, et aussy des héritages scituez en aultres eschevinaiges où ledit entravestissement a lieu.

8. Entravestissement par lettres se fait, par amour mutuel, entre deux conjoingz qui se recongnoist et passe pardevant deux eschevins du mains; lequel entravestissement, quant aux biens mobiliers, sortist pareille nature que ledit en-

---

(a) Ce dernier paragraphe est une addition faite à la rédaction primitive, probablement avant l'apposition des signatures, et sur l'observation du prévôt ou de son lieutenant.

travestissement de sang; mais quant aux héritages, il n'a lieu sinon où il est passé.

9. Contract (de) vendicion d'héritaiges passé et recongneu pardevant deux eschevins, engendre saisine d'iceulx héritages à l'achetteur pour luy, ses hoirs ou ayans cause, sans en faire aucune autre appréhension; et ne pœuvent deux conjoingz vendre héritages scituez audit eschevinage, l'un sans l'autre, de quelque costé qu'il soit.

10. En déclarant pardevant deux eschevins, pour acquerir sureté et ypothèque d'aucunes sommes sur leursdits héritages, que iceulx enpportent et mettent es mains desdits eschevins pour la seureté que dessus . . . . . desniée, telle obligation engendre ypothèque sans pour ce paier aucuns drois seigneuriaulx; et ne pœuvent pareillement ce faire deux conjoingz l'un sans l'autre.

11. Biens mobiliers trouvez et estans esdits héritages sont exécutables, à qui quils appartiennent, pour les termes escheus des louages ou occupation d'iceulx.

12. Ont lesdits eschevins congnoissance et juridicion des rues, flots, flégars et voiryes, en toutes les banlieues, posé que aucuns, à l'endroit d'iceulx flégars, aient ténemens et seigneuries de visconte ou aultrement, sauf et réservez les pooirs du Chappitre Saint-Vast d'Arras pour leur pooir que on dit le Cuisinette (55).

13. Item, audit eschevinage est usé d'arrest entre partyes, et duquel l'arresté a main levée de son corps et de ses biens empeschez, en baillant cauxion subgete ou en namptissant.

14. Se aucuns héritages audit eschevinage, soyt de succession ou acqueste, se vendent, ratraicte, soyt par proximité ou par puissance de fiefz, n'a lieu.

15. Ont lesdits eschevins toute judicature, en ladite justice, à la conjure et semonce que dessus; et quant à l'exécucion criminelle, elle se fait par le prevost ou son lieutenant; et doibt livrer à ses despens l'officier exécuteur, le chastellain héritable de cité.

16. Chascun peult donner et disposer de ses héritages scituez audit eschevinage, aynsi que bon lui samble sans pour ce faire y observer aucunes des trois voyes, au cas quil ne soit marié ou, en ce cas, fauldroit le consentement de sa femme pour ce faire.

17. Pour ressort dudit eschevinage, y a la salle épiscopale d'Arras qui se traicte et se conduit pardevant prevost ou son lieutenant et hommes de fiefz tenans de ladite salle qui est le chef-lieu de l'eveschie d'Arras, sous le ressort du bailliage d'Amiens; on y use généralement selon la coustume générale de la prevosté de Beauquesne et conté d'Artois, sauf que lesdites coustumes d'icellui eschevinage, se elles y viennent à discuter, elles y sont observées selon les termes et manière ci-dessus transcriptes.

18. Est à noter que le chastellain livre prison es mettes de l'eschevinage et mesures, assavoir, deux en blé et deux à l'avaine.

Fait et arresté, en la salle de l'eschevinage d'Arras, le vingt-huitiesme jour de septembre 1507.

Signatures : Antoine de Beaulaincourt *prevost.* — De Ranchicourt *lieutenant.* — De Reptain *eschevin.* — Honmonot *eschevin.* — Cyprien Aubry *eschevin.* — Nicolas . . . . . . *eschevin.* — Bandran Bloquel *eschevin.* — Le Borgne *clerc de l'eschevinage.* — Duwez *héritier.* — De Mouflers *héritier en ladite cité.* — J. Berquier *héritier* (56).—Jacques Bauduin *héritier.*—Guillot *héritier.*—Delestrée *héritier.* — Pierre Testart *héritier.* — Le Bouchier *comme mandataire Païen de Libessart.*

ADINFER.

SEIGNEURIE.

Cinq pages de grand parchemin, lisibles. 33 articles.

Coustumes de la terre et seigneurie d'Andinfer, appartenant à Antoine, seigneur de Harnes et d'Andinfer, et à mademoiselle Ysabeau de le Grach, vesve de deffunct Martin de Harnes, douayrière dudit Andinfer, avec ce ayans le gouvernemens dudit Anthoine, filz dudit feu et d'elle.

1. Adinfer est tenu du château d'Arras, le seigneur a toute justice et seigneurie vicomtière. — 2. Police des flégards. — 3. Il a le sang et le larron, biens épaves, succession des bâtards, droits d'issue. — 4. Afforage. — 5. Four banal. — 6. Police des bois. — 7. Droit de terrage. — 8. Succession des fiefs. — 9. Reliefs, id. — 10. Droits de vente, id. — 11. Relief des cotteries. — 12. Droits de vente, id. — 13. Idem, des manoirs. — 14. Idem, des terres labourables.

15. Que se deux conjoingz par mariage voyent de vie à trespas, tous les manoirs venans d'hoirie amasez et non amasez, appartiennent au maisné, soit fils ou fille de leurs enffans, ou en deffaulte d'enffans, au maisné plus prochain du costé dont l'héritage procederoit; et quant aux terres cottières elles se partent autant à l'un comme à l'aultre, posé quelles viennent d'hoirie.

16. Que se deux conjoingz acquestent ensemble aucuns fiefz, s'il ne y a condicion au marché faire, l'homme seul est acquesteur; la femme ne pœult avoir que son douaire.

17. Et quant aux manoirs et terres cottières, se il ny a condicion à l'achat, et lun va de vie à trespas sans délaisser enffans, les héritiers du premier mourant partissent et aux biens mœubles, en payant la moitié des dettes, par lesdits vesve et héritiers, par égale porcion.

18. Une femme aprez le trespas de son mari, au retour de le porter en terre,

où elles ont acoustumé de aller, ne pœult retourner en sa maison sans grace du seigneur ou de ses officiers, sur péril et amende de LX solz; et se ladite femme n'y va point, elle ne doibt riens (57); et pareillement les enffans se il n'y a point de *hestie* (sic).

19. Douaire coutumier sur les fiefs, la moitié pour la première femme, rien pour la seconde, s'il y a enfant du premier mariage, à moins que les fiefs n'aient été acquis ou hérités pendant le second mariage, — 20. Le douaire est du tiers des manoirs et terres cottières.

21. Que les subgetz doivent de chascun manoir tenu en cotterie, veille le nuyt de may autour du bois d'Andinfer, se il plaist au seigneur, sur amende de II solz (58).

22. Chaque manoir tenu en cotterie doit un agneau d'herbage.

23. Que quant un ladre ou ladresse meurt en ladite ville sans estre jugié, toutes ses bestes à piet fourcu sont confisquées audit seigneur (59).

24. Que les subgetz dudit lieu ne pœultent labourer à doubles fers sans grace, sur l'amende de LX solz parisis (60).

25. Que toutes bestes prinses à camps ou à la ville, faisant dommage, sont à condampner à l'amende de V solz parisis, et rendre le dommage.

26. Que ledit seigneur pœult faire publier les bans d'aoust, que nulz ne carie devant soleil ne après soleil, sur peine de LX solz parisis, ne aller es esteulles aprez l'emport fait des adventures, sur pareille amende, que ne soient trois jours passez.

27. Que il pœul faire cryer, au mi-mars, que l'on reclot toutes haies, gardins et prez, en dedans sept jours et sept nuitz, sur l'amende de V solz parisis; et se on ne les reclot, en dedans lesditz jours, les faire reclore aux despens des possesseurs.

28. Que nulz desdits subgetz ne peuvent avoir yssue par derrière, sur peine de V solz d'amende (61).

29. Que en secq temps, il pœult faire publier qu'on mette eaue à huys (62), sur V solz d'amende; et faire visiter les queminées, nestoyer laver et amender les rues.

30. Que il pœult faire cryer ses rentes, et, durant le siége, les subgets peuvent payer en avaines, cappons et autres besognes en nature, et se ilz sont défaillans... *(la phrase n'est pas achevée).*

31. Que se les subgetz sont en deffaulte de payer trois ans leurs rentes, ledit seigneur pœult appréhender les manoirs, terres et héritages, et les bailler à annuelle rente.

32. Que les subgetz ne aultres ne peuvent picquer, fouyr, ne heuer sur les chemins, comme dist est, ne y mettre reue ou estaque pour reuer à l'eaue, ne prendre estœuf pour juer à la palme, sans grace, sur peine et amende de LX solz parisis.

33. Aussi, nul merchiers ne marchans ne peult estaller sans grace, et sur pareille amende, et de payer, pour chascun estal, une pièche de sa marchandise audit seigneur.

Le xii.ᵉ d'octobre 1507.

Signatures : Carpentier *curé d'Andinfer.* — H. Courcol. — Jehan Durier *curé de Saudemont.* — Hue Courcol *tuteur d'Abel Courcol.* — Jehan Hary. — Jehan Leblond. — Jan Duparc. — Jacque Lecocq.

BAUDIMONT-LEZ-ARRAS.

FIEF.

Trois pages de petit parchemin, lisibles. 10 *articles.*

Ce sont les coustumes locales et prérogatives du fief, seignourie de Baudimont, estans es faulxbourcs de la cité d'Arras, hors la porte dudit Baudimont, appartenant à noble homme Anthoine Sacquespée, seigneur d'Isquemine, de Jumelles, d'Escoult et dudit lieu de Baudimont, qu'il tient en fief, par LX solz parisis de relief, de la baronnie de Blareville.

1. Justice vicomtière. — 2. Il y a plusieurs héritages cottiers dont les tenans doivent rentes en argent. — 3. Reliefs et droits de vente. — 4. Il y a un bailly et cinq échevins qui exercent la justice. — 5. Police des mesures. — 6. Entravestissement par sang et par lettres. — 7. Les époux, avec le consentement l'un de l'autre, peuvent disposer de leurs héritages. — 8. Le survivant jouit sa vie durant de l'héritage lorsqu'il y a des enfans. — 9. Les dons, ventes, transports et saisines se passent devant le bailli et les échevins.

10. Aussy pour obliger et submettre ypothécairement les héritages tenus dudit eschevinage, pardevant le bailli et eschevins, il fault davantage que les obligeans les rapportent par dessaisine es mains dudit bailly, présens eschevins, pour habout seureté de ypothèque des sommes et debtes pour lesquelles l'en le voldroit submettre et ypothéquier.

Pour le surplus, on se règle sur les coustumes des eschevinages voisins.

Le xxiv.ᵉ jour de septembre 1507.

De Reptain *bailly.* — Baudran Bloquel *eschevin.* — Jehan de Labie *eschevin.* — Bertran Planchon *eschevin.* — Ernoul Honnouré *eschevin.* — Jehan Morel *eschevin.* — Deval *greffier.* — Thomas Grenier. — Noël Carpentier. — Guérart Fagot *sergent.* — Miquiel Fagot.

BAILLEUL-MONT.

SEIGNEURIE.

Une page en parchemin, pourrie par le haut, écriture serrée, peu lisible. 7 articles.

Coustumes locales du villaige et seignourie de. . . . . . . homme Roland de Chables, escuier, qu'il tient en fief de la seignourie de . . . .

1, 2, 3, 4. *Illisibles à cause de l'altération du parchemin au commencement, au milieu et au bout de chaque ligne.*

5. Droit de vente des coteries, XVI pour cent du prix. — 6. Forage et afforage des vins et cervoises, coups de main garnie ou non garnie. — 7. Police des bois.

De toutes les coustumes susescriptes ont toujours usé et veu user les hommes, manans et habitans dudit Bailleul au Mont, et ainsy l'ont affermé en jugement :

Suplis Porquier. —Jacquemart de Basseux. —Rasse de Basseux. —Colart Maillot. —Jehan Delattre. —Antoine Leblanq et autres.

Le xx.ᵉ jour de septembre 1507.

Signatures : J. de Darly, *et les susnommés.*

BLAIRVILLE.

SEIGNEURIE.

Quatre petites pages en parchemin, lisibles. 25 articles.

Coustumes locales de la terre et seigneurie de Blarreville, appartenant à Guillaume de Humières, seigneur de Larseigny et dudit lieu de Blareville, qu'il tient du chastel d'Arras, par LX solz parisis de relief et le tierch cambellaige.

1. Justice vicomtière.—2, 3, 4, 5, 6, 7. Flégards, issues de ville, forage et afforage, four banal, droit d'herbage.— 8. Amende pour retard dans le paiement du cens.

9. Item, aprez le trespas d'un homme, se sa vesve convoie le corps à porter en terre, ou s'il n'y a point de vesve, ses enffans conduisant ledit corps, au retour, ne peuvent rentrer en sa maison sans grace, sur paine d'amende de LX solz parisis, au prouffit dudit seigneur (63).

10, 11, 12, 13, 14. Reliefs et droits de vente des fiefs et cotteries.

15. Aprez le trespas de père ou mère, au fils aisné appartient tous les fiefs.

16. Et pour les manoirs en main ferme, au maisné appartiennent iceulx.

17. Et le terres cottières se partissent tant à l'un comme à l'aultre.

18. Douaire féodal. — 19. Terrage. — 20. Etallage des marchandises.

21. Item, un car cheu par terre, on ne le pœult rellever, en ladite seignourie, sans grace, sur paine de V solz d'amende (64).

22. Le seigneur pœult faire publier les bans d'aoust, que personne ne puist carier après soleil ne devant soleil, sur paine de LX solz parisis à luy appliquer, ne pareillement à aller es nouvelles esteules, sur pareille amende.

23. Et de reclorre en mars, sur V solz d'amende, et de faire reclorre aux despens des défaillans.

24. Une personne ne pœult ahaner audit terroir, à deux fers sans prendre grace, sur paine de LX solz parisis (65).

25. Et sy doivent tous lesdis subgetz cœute à court.

Le xve jour de septembre 1507.

Signatures : Jehan Caussin *prestre, vice-gérant de la cure.*—Robert le Prevost *lieutenant du bailli.*—Jacques Marchant *procureur d'office,—et autres signatures illisibles.*

BELLES-WITASSE.

SEIGNEURIE.

Deux feuilles de parchemin contenant six pages de texte et une page de signatures, lisibles. 24 articles.

Coustumes locales et prérogatives de la terre et seignourie de Belles-Witasse, appartenant à noble homme, Loys de Longueval, visconte de Verneul, seigneur de Beloy, escuier de la royne et seigneur dudit Belles et Briviller, à cause de noble damoiselle Marguerite de Lalaing, sa femme; et se comprend ladite terre et seignourie en trois fiefs, chascun à LX solz de relief, l'un d'iceulx tenu du seigneur de Beauffort, à cause de sa terre et seignourie de Beaumez-Porchelet, nommé le fief de Beaumez, et les deux autres nommés, l'un le fief de Heudecourt et l'autre de Beaucamp, tenus de Roland de Chable, escuier, à cause de sa seignourie de Roillemont.

1. Le seigneur a toute justice et seigneurie de vicomte. — 2. Les hommes de fief doivent service de plaids. — 3. Reliefs et droits de vente des fiefs. — 4. Dîme et terrage sur le fief de Beaumetz. — 5. Relief et droits de vente des cotteries. — 6. Corvées et queute à court. — 7, 8 et 9. Autres droits seigneuriaux à cause des fiefs de Beaumetz et Heudecourt. — 10. Agneau d'herbage, un sur trois. — 11, 12, 13, 14, 15 et 16. Droits seigneuriaux analogues à cause du fief de Beaucamp. — 17, 18. Afforage, forage. — 19, 20. Régale et saisie des fiefs.

21. Les héritages cottiers et de main ferme se partissent également à compte de testes entre les frères et sœurs, autant à l'un comme à l'autre.

22 Le mari est réputé propriétaire des acquets féodaux.

23. Aussy est acoustumé audit Belles que tous manoirs cottiers scituez et assis es mettes de ladite seigneurie, compectent et appartiennent aux enfans maisnez qui est à entendre, s'il y a pluiseurs masles, au maisné d'iceulx, et s'il y a masles et fumelles, au masle seul maisné; et se ce sont toutes fumelles, la maisnée emportera le tout sans ce que nulz des autres enffans y puissent clamer droit.

24. Point de douaire en cotterie et main ferme : le survivant jouit sa vie durant des héritages.

Sans date.

Jehan de Reptain *bailli.*—Lesculier *vice-gérant de la cure.*—Anthoine Chocquet. — Guy du Praiel. — Hugues Mathon. — Jehan Baqueler *homme de fief, et autres illisibles.*

BUS.

SEIGNEURIE.

Une grande page en parchemin, longue de 66 centimètres et large de 33, très-belle écriture. 15 articles.

Coustumes localles de la ville de Bus et terroir d'icelle, qui est tenue et mouvante par indivis de trois seigneurs, assavoir chasteau et basse cour de hault et puissant prince, Mgr. l'archiduc d'Autrisse, prince de Castille, conte de Flandres et d'Artois, à cause de son chasteau d'Arras, et de haut et puissant seigneur, Mgr. de Contay, à cause de sa terre et seigneurie de Contay, et aussy de haut et puissant seigneur, Mgr. d'Aveluichs, à cause de sa terre et seigneurie dudit Aveluichs.

1. Le seigneur a toute justice et seigneurie, haute, moienne et basse, et cinq eschevins pour tenir les plaids avec le bailli, de 15.ne en 15.ne — 2. Le seigneur seul a droit de seigneurie.

3. Et se y a en ladite ville loy, previlége et usage pour tous arrestz à le requeste de partie qui se pœult faire chascun jour de l'an, saulf le jour de Saint-Denis, qui est la franche feste dudit lieu; et sy ont lesdits bailli et eschevins connoissance des arrestz; se il y a opposition et se daventure avoit faulx clam, auroit XI solz d'amende pour ledit seigneur.

4. Afforage et forage. — 5. Dessaisines et saisines des cotteries.—6. Reliefs des fiefs et des cotteries.—7. Terrage.— 8. Four banal. — 9. Franche fête et marché, le mardi de chaque semaine ; corvées d'hommes et de chevaux en *marchaines, couvraines* et *gasquières.* —10. Nul ne peut disposer des héritages patrimoniaux par testament, pour avantager l'un de ses enfans, mais il peut, par acte entre vif et en bonne santé, disposer de ses héritages, et par testament de ses acquêts. — 11. L'aîné des enfans a droit de prendre avant part le principal manoir, pour son droit d'aînesse. Les autres biens se partagent. —12. Il n'est dû que III sols pour le relief des cotteries.—13. Douaire fixé par la coutume générale. — 14. Formalités du retrait lignager en cotterie. — 15. On ne peut acquérir gage d'hypothèque sur aucun héritage, soit pour dette personnelle ou rente viagère ou perpétuelle, que par main assise, mise de fait et qu'avec le consentement du seigneur féodal.

Le xxiv.ᵉ jour d'aoust 1507.

Signatures : Jaques Revel *prestre, vice-gérant de Bus* — Colart Acquart *eschevin.* — Fremin Dumont *eschevin.* — L. Franchois *eschevin.* — Pollet Lefevre *eschevin.* — J. Blondel *eschevin et homme de fief.* — M. Lenain *homme cottier.* — Colart Castelain. — J. Josse *eschevin et homme de fief.* — Jehan Leduc *homme cottier.* — Pierre Poulain *homme de fief.* — Pierre Josse *homme cottier.*

WANCOURT ET GUEMAPPES.

SEIGNEURIE.

Trois rôles de grand parchemin, dans la même forme et de la même écriture que la coutume de Vimy et Farbus. 30 *articles.*

Coustumes locales des terres et seigneurie de Wancourt et Guemappes, appartenant à noble et puissant seigneur, Mgr. Anthoine de Montmorency, seigneur de Croisilles, Guemappes et Wancourt, à cause de laquelle ledit seigneur a toute justice et seignourie viscontière, bailli, sergens, hommes féodaulx, maieur et huit eschevins, lesquels officiers sont de lui créez.

§ I.ᵉʳ *Droits seigneuriaux.*

1. Corvées de bras à Wancourt et Guemappes.—2. Six corvées de chevaux à Wancourt, vingt-quatre à Guemappes. — 3. Afforage. — 4. Rentes de la Saint-Remy, et amendes de II sols parisis contre les rétardataires. — 5. Censives d'avoine à Wancourt et queute à court.

6. Item, ceulx desdits lieux de Wancourt et Guemappes qui ont bestes à laine, c'est assavoir portières et en ont jusques à trois agnaulx et au desseure, le nourrequier en prend deux à son chois, et ledit seigneur en prent un autre.

7. Moulin banal où le seigneur prend le 16.ᵉ de la mouture. — 8. Four banal.

9. Audit lieu de Wancourt a pluiseurs cours d'eauwe et rivières qui vont et fluent jusques au pont Hendemant, esquelles rivières et cours d'eauwe ledit seigneur y a toutes justices, drois, amendes et exploix telz que à justice de visconte appartient jusques au pont Hendemant, et pœult y avoir et mettre chines nonans jusques à icelluy pont.

10. Amendes de LX sols contre ceux qui sont trouvés coupant étallons dans les bois du seigneur. — 11. Amendes de V sols pour couper menu bois. — 12. Même amende pour faire paître les bestiaux dans les taillis de trois ans et au-dessous. — 13. Même amende pour les vaches et chevaux trouvés dans les bleds et escourgeons. — 14. Amende de II sols VI deniers s'ils sont trouvés dans les jardins depuis la Toussaint jusqu'à la mi-mars.

§. II. *Coutumes.*

15. Primes, audit lieu de Wancourt le bailli et hommes féodaux ont la court,

judicature et congnoissance de tous les subgetz couchans et levans ez fiefs de ladite seignourie, et tiennent leurs plais de XV jours en XV jours.

16. Reliefs et droits de vente des fiefs. — 17. Succession des fiefs. — 18. En matière féodale on suit les coutumes de la gouvernance d'Arras. — 19, 20, 21. Matières qui sont de la compétence de l'échevinage.

22. Audit lieu de Wancourt ilz usent d'entravestissement de sang et par lettres, assavoir cestuy par lettres, que deux conjoingz ensemble par mariage pœvent entravestir l'un l'autre et aler comparoir par devant les maieur et eschevins, et illecq recongnoistre leur entravestissement de tous leurs biens mœubles et héritaiges tenus en eschevinaige et main ferme dudit Wancourt et Guemappes, et ce qui est audit Guemappes de la justice de Wancourt, dont se font lettres, en fourme de chirographe, qui se mettent et enhuschent au ferme l'eschevinaige dudit Wancourt.

23. Item, ledit entravestissement ainsy passé, se l'un des conjoingz va de vie à trespas, le sourvivant joira sa vie durant et en porra faire du tout à sa volenté, et aprez son trespas appartenront aux plus prochains héritiers du sourvivant, sans ce que les héritiers du premier morant ils puissent avoir ou demander aulcun droit.

24. Item, l'entravestissement de sang esdis lieux de Wancourt et Guemappes, de ce qui est de la seignourie dudit Wancourt audit Guemappes, ne est que ung eschevinaige ayans héritaiges d'eschevinaige et main ferme patrimoniaulx ensemble (*textuel*); se dudit mariage ilz ont enffans et que l'un desdits conjoingz va de vie à trespas, et aprez le trespas du premier morant, le sourvivant joira propriétairement de tous les biens mœubles délaissiés par le trespas du premier morant en paiant les debtes, et sy joyra viagèrement, sa vie durant, de tous les héritaiges estant esté communs ensemble par ledit mariage; lesquelz héritaiges ledit sourvivant ne pœult vendre, chergier ne aliéner, ne est par l'une des trois voies, assavoir pour povreté, nécessité jurée et tesmoingnée et par remploi d'héritage sortissant pareille nature, ou le consentement des plus prochains héritiers.

25. Item, et se ledit sourvivant se remarie et il y a des enffans du subséquent mariage, iceulx enffans dudit subséquent mariage ne auront aucuns drois es héritaiges qui auroient esté communs ausdis marians dudit premier mariage, mais retourneront, incontinent le trespas dudit sourvivant, aux enffans dudit premier mariage, se aucuns en y a au jour du trespas dudit sourvivant, et se il n'y avoit nulz enffans, ilz succèdent aux enffans dudit second mariage.

26. Item, se ung sourvivant, aprez le trespas du premier morant, acquestoit aulcuns héritaiges dudit eschevinaige ou main ferme ou quil succédast en aul-

cuns héritaiges de pareille nature et quil se remariast et que du subséquent mariage il eust enffans, auxdits subséquens enffans appartenroient lesdits héritages acquestez, ensemble ceulx qui lui seroient venus de succession, sans ce que les enffans de son premier mariage, se aulcuns en y a, aient ou puissent demander aulcun droit.

27. Samblablement quant deux conjoingz par mariage ont héritages d'eschevinage ou main ferme, s'ilz ont enffans dudit mariage, et que lesdits enffans succèdent, aprez le trespas de leursdits père et mère, en aulcuns héritages d'eschevinage ou main ferme, ilz partissent également chascun à compte de testes, saulf que au filz masle puisné, soit quil y ait des filles puisnées, ledit filz puisné a d'avant part le chois des manoirs et ediffices délaissés par lesdits père et mère (66); et s'il n'y avoit nulz filz masle, à la fille puisnée appartenroit ledit chois des manoirs.

28. Le relief des héritaiges d'échevinage et main ferme, à Wancourt, est le double de la rente. — 29. A Guemappes le mort saisit le vif sans relief pour les héritages. — 30. Le relief des terres cottières labourables est de XII deniers du journal.

Le xix.ᵉ jour de septembre 1507.

Signatures : Jehan Deleaue *maieur de Wancourt.* — Rogier Crocqfer *eschevin dudit lieu.* — Jehan Lemerchier *eschevin.* — Jacquemart le Prevost *eschevin.* — Martin Colle *eschevin.* — Thomas Lalouette *eschevin.* — Grard Deleane *eschevin.* — Jehan le Petit *eschevin.* — Noël Hœvegrave *eschevin.* — Jehan Gosson *escuier, seigneur de Halloy, homme de fief.* — Leurens David *homme de fief.* — Pierre de Bellesaiges *homme de fief.* — Jehan Lemaire *homme de fief.* — Colart de Buires *homme de fief.* — Rasse Pronnier *homme de fief.* — Pierre Dupuch *homme de fief.*

Pour coustumiers : Phillippes de Crepiœul. — Guerard Terage. — Jehan de Hamelaincourt. — Jehan Roullier. — Oudart Levasseur. — Jacquemart Crocquefer. — Jacques Tayon. — Pasquier Rasset.

Nicolas de Cambray *lieutenant du bailli.* — Sire Pierre Pottier *vice-gérant de Wancourt.* — Sire Nicole Prangere *vice-gérant de Guemappes.*

FONQUEVILLERS.

SEIGNEURIE

Deux rôles en parchemin, lisibles. 15 articles.

Coustumes locales et droittures de la ville, terre et seignourie de Fonconviller, appartenant à noble et puissant seigneur, Mgr. Louys-Charles de Humières, chevalier, seigneur de Vitermonlt, Ochonviller et dudit Foncqueviller, tenue en arrière-fief, tant du chasteau d'Arras que du chasteau de Busquoy, en laquelle il a toute justice et seignourie vicontière.

1. Primes, tous les manoirs et héritages seans, tant en la ville comme sur le terroir de Foncqueviller, aprez le trespas des possesseurs, se rellèvent par les hoirs les plus apparens; pour lesquelz reliefz se paie, par chascun relevant, VI deniers parisis; et pareillement quant on les vend, change, cède ou transporte, pour tout: tel relief, telle vente; et se partissent lesdis manoirs et héritages, à tous les enffans autant à l'un comme à l'aultre; et en lingne collaterale se lesdis héritages y descendent, se partissent autant à l'ung comme à l'aultre, aussi prochain l'un comme l'autre.

2. Ont iceulx bourgois et manans dudit Foncqueviller acoustumé, sy quilz maintiennent faire, par les conjoings en mariage, entravestissement qui est tel que, en faisant ledit entravestissement, quilz soient en santé et prospérité et quilz puissent aler avant le rue; le dernier vivant hérite des héritages appartenant auxdites parties, en tous proffiz héritablement (67).

3. Item, se deux conjoingz par mariage ont des héritages, tant manoirs que pretz, terres aux champs, et l'un va de vie à trespas sans faire ledit entravestissement, le dernier vivant joyt en tous proffis, sa vie durant, et ne peult le dernier vivant vendre, engager lesdis héritages, sans nécessité jurée et souffisamment prouvée, se il n'y a enffans dudit mariage (68).

4. Item, et se il n'y a nulz enfans dudit mariage, et quilz (*les héritages*) descendent en lingne collaterale, les prochains parens du deffunct partissent incontinent aprez le trespas desdits deffunctz; et le vivant, soit de l'homme ou de la femme, fait de sa moittié ce que bon lui semble, sans consentement de ses hoirs.

5. Item, ont acoustumé lesdis bourgois que, quant un homme et une femme se mettent ensemble par mariage, et l'ung a des héritages à camp ou à ville, et ledit mariage consommé, et quilz aient couchié ensamble, et l'ung va de vie à trespas, combien quil ayt d'héritages, le derrain vivant en acquiert la moittié pour en user héritablement, se il n'y a nulz enffans nez ou procréés audit mariage (69); et se il y a enffant dudit mariage, il joyt, tout son vivant, en tous proffis.

6. Item, tous biens moeubles et catheux sont et appartiennent au dernier vivant, et en pœult faire à sa discretion et volenté.

7. Item, le dernier vivant, soit homme ou femme, demourés aprez le deceps

de son mari ou femme, et il se remarie et a des enffans du second mariage, iceulx ne pœuvent riens avoir aux héritages possédés par les parties du premier mariage; mais se à la partie *(deux mots illisibles)* se remarie, dont viendront des enffans, viengnent aucuns héritages, soit d'hoirie ou d'acqueste, ilz ont, les enffans du second mariage, la totalité comme les autres du premier mariage oultre, se che vient paravant le second mariage.

8. Le nuyt saint Andrieu, les bourgois (70) et manans font et renouent *(renouvellent)* les eschevins et jurés dudit lieu, jusques au nombre de sept, lesquelz sont esleus par lesdis bourgois et manans, et ont auctorité et puissance de régir et gouverner le police et justice de ladite ville, seoir en siége et juger, au conjurement du mayeur, et faire toutes sentences tant criminelles que civiles.

9. Item, sont lesdis eschevins tenus et subgetz au jour du treizième que on dist le jour des Roys, tenus eulx assembler et tenir siége pour et au nom dudit seigneur, afin de recepvoir les capons deubz de rente au seigneur du lieu, et les jugier telz quilz doibvent estre; pour ce faire, sont tenus lesdis eschevins faire aler cryer par leur sergent et commis, par les rues et carfours, que tous cheulx qui doivent audit seigneur pour ses rentes de cappons, quilz les aient aportez au lieu, en le ville, où sont lesdis eschevins assemblez et priez de les recevoir et jugier se ilz sont telz que de raison; auquel jour, pour ledit jugement et recepte faite par lesdis eschevins, ont pour leur droit et payement, chascun eschevin, deux cappons en plume, et pour leur souper, chascun, un tel quils le prendent et reçoivent; et sy ont, chascun eschevin pour tenir ledit siége, un denier parisis, et pour le sergant ou commis, un denier parisis, et pour la table, un denier parisis, et pour le plat, un denier parisis, et pour leur greffier, II solz; et à soleil couchant ou tantost aprez, est tenu le maieur venir et jugier de l'heure qui est passée, et le commis dudit seigneur vient prendre les cappons par eulx recheux à telle heure (71).

10. Item, lesdis eschevins sont tenus de droit eulx assembler, comme dist est, pour rechevoir les petites rentes escheues le jour de Pasques-Quasimodo, de tenir siége et faire crier par leur sergant, comme dist est, que chascun qui a ung menchaux d'avaine viengne payer II deniers parisis que sont tenus recepvoir lesdis eschevins, et en rendre compte audit seigneur ou à son commis; et pour sallaire ont, chascun eschevin commis, pour table et plat, chascun un denier parisis, et pour leur greffier, XII deniers; et pareillement doit ledit maieur venir jugier de l'heure; et qui fault eschiet en amende.

11. Item, ont icheulx eschevins acoustumé eulx assembler pareillement, le jour saint Remy, tenir siége, faire crier comme dist est, que tous cheulx qui doi-

vent rente audit seigneur, les viengnent paier, et que les eschevins sont en siége pretz à les recepvoir, les avaines deues à ce dit jour avecques, pour chascun mencaux, IV deniers parisis que sont tenus recevoir lesdis eschevins comme dessus ; et pour leur salaire ont, comme au jour dudit Quasimodo, I denier parisis, et le greffier, XII deniers.

12. Et se plet audit seigneur, ledit jour saint Remy expiré, faire crier et mettre jour affin que chascun ayt lesdites avaines prestez, seront prestez au jour qui sera denommé; auquel jour sont les eschevins tenus de les faire porter et carier on bon luy samblera ; et pour ce faire ont lesdis eschevins chascun un mencaux d'avaine franchement.

13. Ont acoustumé et est de droit que, audit jour ainsy crié, que lesdites avaines soient receuptez, est deub ausdis eschevins, et que leur doibt payer le seigneur la nuyt devant, un pourcel cras vallissant XL solz, que font tuer lesdits eschevins en leur présence ; et les *garlons*, les piedz y tenans avec les *hinguez* et corées, sont pour eulx desjeuner ledit jour, et le residu dudit pourcheau pour soupper; auquel soupper est ledit seigneur ou commis, pour lui, tenu livrer ausdis eschevins II mencaux de blé molu et converti en pain blans et bis ; et sy leur doibt livrer porée blanque, avecquez IV oysons blans et IV cappons, une poire de blanc angoisse chascun et cuite, et à chascun une crue ; et sy doibvent estre esclairé audit soupper de flambeau de cyre, et estre bien servis de vin viez et nouvel, blans et vermeil, avecquez fromage et yssue telle que de raison (72).

14. Item, et sont (lesdis eschevins) tenus de rechevoir et faire bon audit seigneur, le taille de le ville telle et sy faitte qu'elle est accoustumée et qui eschiet audit jour saint Remy.

15. Sont tous les bourgois et manans dudit Fonconviller, banniers au four dudit seigneur, et ne pœvent ne doivent cuire pain, tartes, pastez, ne aultres vivres à nulz fours fors audit four banier, sans le grace de mondit seigneur ou de son commis, que ce ne soit et pour chascune fois en peine de estre confisquez tous les vivres cuis à aultre four ; mais il y a et doit avoir audit four, balanche et pois pour peser le patte pour le droit du fournier pour chascune fournée ; et poise le pois dudit four nœuf livres et demie ; et à ce faire y a homme ou femme sermentez et ad ce commis pour justement faire le poix et paiement dudit fournier ; et sy a audit Foncqueviller un manoir ad ce subget et est le possesseur ou possesseresse dudit manoir tenu ad ce faire, et fait le serment chascun an devant le maire et eschevins dudit lieu, et par ledit serment garde le droit du seigneur et de ses subgets ; et sy est tenus ledit fournier cauffer son four et cuir toutes et

quantes fois quil en est requis, en ayant son plein paiement de fournier; et se par faulte dudit fournier il y avait gat en aucuns vivres, icheluy fournier seroit tenu les rendre et payer lesdis gatz ou les choses gastées.

Tout ce que dessus a esté vériffié et attesté en la fachon et manière que dessus, et oultre plus que par leurs prédécesseurs et feux pères, parens et amis, ilz en ont veu ainsy user et en ont usé tant et sy longuement quil n'est mémoire du contraire.

Ce fut fait le XXIIe jour de octobre l'an mil cinq cens et sept.

Signatures : Jos. Roussel *curé, vice-gérant.* — Guillain Dupuis *maieur.* — Georges Franchois. — Jan Roussel. — Pierre Marguet. — Gille Marguet. — Marc Wast. — Jan Marguet *tous eschevins, et plusieurs autres illisibles.*

HÉBUTERNE.

ÉCHEVINAGE.

Un cahier de parchemin in-4.° contenant six rôles écrits. 38 articles.

Coustumes de Hébusterne.

Hugues de Meleun, chevalier de l'ordre de l'archiduc d'Autriche, vicomte de Gand, seigneur de Hébusterne et les habitans dudit lieu baillent ce présent coyer où sont contenu aucunes coustumes observées audit lieu comme il s'enssieut.

1. Primes, lesdits habitans se règlent, en pluiseurs passaiges, aux coustumes notoirement observées es mettes des prevosté de Beauquesne et conté d'Artois.

2. Le seigneur dudit lieu ne pœult faire ne imposer taille sur la ville ne sur les habitans d'icelle (73).

3. En ladite ville, on doibt faire et eslire cinq eschevins qui se font et créent par le seigneur, au jour de Toussains, par chascun an; et les eschevins précédens doivent rendre compte en dedans huit jours, aprez leur issue, pardevant le bailly et les eschevins nouveaulx créez et la commune de la ville, se ilz y vœullent estre.

4. Lesquels eschevins nouveaux doibvent et pœultent faire, chascun an, aux coustz, frais et despens de la ville un sergant nommé messier, lequel messier a pooir et puissance de prendre de vue et dont il sera cru par son serment; et les prinses par luy faites et les amendes de luy jugiées ou par son accusacion, lesdits eschevins les doibvent prendre et recœullir et faire venir dedens, dont et desquelles lesdits eschevins en ont la moittié, et l'autre moittié le doibvent

bailler à mondit seigneur ou son recheveur : desquelles amendes le taux et déclaracion senssieut.

5. C'est assavoir brebis du nombre de six prinses en dommage doivent j denier; et se tout le four y est, il doibt ij solz, se ce n'est coursie ou enffort; ung cheval, vi deniers; une vache, iiij deniers; ung veau, j denier; une beste hommaille que on dist beste useuse, chascun ij deniers; ung pourchel, j denier; une truye, iiij deniers; une carette prinse en faulse voye, ij solz, et non plus n'en doibvent ilz es bois; ung homme, ij deniers; une femme, ij deniers; ung homme à cheval, vj deniers; qui va sus aultruy biens. il chiet en amende de vj deniers; qui aporte gaignage d'aultruy par nuyt, en esté, v solz d'amende, et par jour, ij solz; en aoust par nuyt, x solz, et par jour, v solz; qui carie devant le cloche du jour, v solz d'amende, et pareillement depuis le cloche du vespre, v solz; et qui iroit amasser, ne porter, ne ouvrer, devant le cloche au jour, ne depuis le cloche du vespre, aux champs, v solz.

6. On fait les bans quil ne soit nulz ne nulles qui despoulle terre d'aultruy dont ilz doibvent muyson de grains ne de deniers, se ce n'est par le gré et consentement de cheluy à qui les biens appartiennent, ou faire le seuretté des muysons, sur peine et amende de lx solz; qui glenne festes ne dimences, il eschiet en amende de vj deniers; qui monte sus chaines ou sus dizeaux, vj deniers; qui siet sus, ij deniers.

7. Se aucun veut vendre vin en ceste dite ville de Hébusterne, il doibt du premier tonnel ou pièche de vin, au seigneur ij lotz, et au moyen de ces deux lotz il peut vendre vin à tous jours en paiant les drois de forage sans plus payer; et pœult prester de son vin jusques à chincq paulx mesurés entre galle et vin, au pris quil l'affoirra; et se il est trouvé quil y ait plus de chincq paulx de wit, il chiet en amende de xv solz; desquelz xv solz mondit seigneur a x solz et les eschevins v solz; et doibt tirer sondit vin à leale mesure sur l'amende de x solz, et à chandelle de cyre ou le serment.

8. Autres amendes, est assavoir : s'il est trouvé faulx poix en maison desdits soubgetz vendans à faulx poix, x solz; à faulx boiteaulx, x solz, se il ne fait serment que aultre ne y ait mesuré ne mesura chose qui ait esté vendue ne achettée à deniers, ne payé muysons; et que nulz ne nulles n'ayt boitel là où on mesure chose qui soit vendue ne achettée, ne paye muysons, s'il n'est signé par les eschevins, sur v solz d'amende.

9. Se aucun vœult boulengier, il doibt ij deniers de pain d'estalage de la première fournée et plus n'en doibt à tous jours au seigneur; et se il fait pain desconvenable ou quil ne soyt point de pris raisonnable, il chiet en amende de

ij solz ; et sy metteront lesdits eschevins pris audit pain selon le valeur deue.

10. Se aulcuns bouchiers vœulent vendre char, ilz doibvent à mondit seigneur la plus belle pièche de char de leur estal, saouf membre entier, de la première beste quil tuera, et plus n'en doibt à tous jours (74).

11. Ne pœuvent nulz bouchiers vendre en ladite ville char surconnée, ne char de truye, ne de thorel, ne de couller *(sic)*, ne de ver, s'il ne le vent à bas estaulx, sur paine et amende de v solz ; et ne pœultent nulz bouchiers vendre pain ne vin avecquez char, ne chandelle, ne oingtz, mais il pœult vendre lequel quil vœult sans autre chose vendre avecquez, ausy quelque craisseon, sur l'amende de v solz ; et se il faisoit aultrement, il doibt perdre et luy pœult on interdire tous les dessusdis mestiers ung an.

12. Quil ne soit nulz qui escorche chevaux, qui mette main à pain ne à char, sus xij deniers d'amende (75).

13. Tous les habitans de ladite ville pœuvent achetter pain et moudre blé partout là où bon leur semble sans nulz meffait.

14. Y a en ladite ville un droit de clam qui se fait par la manière qui s'enssieut, c'est assavoir de cheluy de qui on se clame de son fait, il doit congnoistre ou nyer prestement et en l'heure que le justice luy fait commandement quil congnoisse ou nye ; et se c'est d'aultruy fait, et il demande jour de conseil, il le doibt avoir ; et se il ne vœult congnoistre ou nyer, la justice lui doibt commander que il paye che que cheluy qui a fait le clam luy demande, et che en dedens xv jours ; et se il ne paye en dedens lesdits xv jours ou fache le gré de sa partye, et ladite partie se retraye à la justice, il eschiet à le loy et amende de iij solz et se est ataint du clam ; et doibt la justice prendre de ses biens gaige et les mettre garder en la ville xv jours, et puis aprez lesdits xv jours, la justice lui doibt vendre ou faire vendre et carrier aux coustz et frais dudit arresté ou de ses biens, et lui signifier quil soit à le vente ou de par luy se bon luy semble ; et s'il n'y vœult estre ou envoier, au jour de marchiet, vendre le pœult on et convient au tesmoignage de le vente ; et se le sergent ne pœult avoir tesmoignage, il doibt estre creu par son serment ; — Et se c'est pour aultruy, et il y présente son corps, aprez les premiers xv jours, on le doibt prendre et garder xv jours ainsy comme on feroit son gaige ; et puis les autres xv jours aprez, on doibt prendre ses biens ou catheux se il en a, pour les vendre en la fachon et manière que chy dessus est escript tant quil ait fait satisfation à partie (76).

15. On ne doibt nulles saisines au seigneur, c'est assavoir : que se aucuns enffans orphelins de père ou de mère et de tout orphelin, et ils se vœulent partir leurs eschéances soit d'héritage ou de catheux, faire le pœuvent sans seigneur,

pourveu quilz aient eage; et se aucun de entre eulx voloit rappeler, il ne pœult, ainchois luy convient tenir ceste partie, se les autres ont tesmoingnage que il ait esté fait par l'accord de entre eulx enffans.

16. Se aulcuns, soit homme ou femme, marie son enffant, et il a terre que il lui vœulle donner en mariage, donner lui pœult sans le seigneur, à le coustume de ceste ville.

17. On pœult vendre son héritage pour pouvretté jurée et tesmoingnée.

18. Selong le coustume et usage de ceste ville de Hébusterne, se aulcuns commenche merlée de mains ou de piedz, il est à xv solz d'amende; et se il frappe de baston, xxx solz; et s'il fait sang, à lx sols d'amende; et se cheluy se revenge prestement ou il y a aucuns parens qui le ayde, et il fait sang à cheluy qui a commenchiet le merlée, cheluy doibt l'amende qui a commenchiet le merlée : et ainsy a esté jugié en ceste ville japiecha.

19. Se aulcuns, soit homme ou femme, acquiert héritage, et il soit hors du pain et du pot et du père et de le mère, vendre et donner le pœult sans le gré ne consentement de leurs pères et mères et de leurs frères et sœurs (77).

20. Se deux conjoingz par mariage sont ensemble et ilz acquierent héritage ne autre chose, vendre et donner le pœult sans le gré ou consentement de leurs héritiers; et se l'ung d'icheulx conjoingz va de vie par mort, sa part eschiet à ses hoirs; et cheluy qui demoura en vie pœult faire de sa part à sa volenté.

21. Se l'homme emporte en mariage aulcuns manoirs ou maisons, sa femme joira et possessera sa vie durant desdits manoirs ou maisons, se il va de vie par mort devant elle; et pareillement aussy se le femme va de vie par mort devant l'homme, il joira et possessera sa vie durant des manoirs et maisons de ladite femme, se aulcuns biens aporte en mariage; et aprez le trespas desdits conjoingz, lesdits manoirs retournent au puisné du costé dont lesdits manoirs ou manoir viennent; et se iceulx conjoingz acquièrent aulcuns manoirs ou manoir et ilz ont enffans ensamble, lesdits manoirs ou manoir appartiennent au maisné (78).

22. L'homme et la femme peuvent relever leur succession et eschéance de père ou de mère en paiant iiij deniers de relief; et quy vend terre, il doibt le xiij.^{e} denier de vente au seigneur et iiij deniers d'issue, l'achetteur ij deniers d'entrée, hors les terres du Carion; qui vent terre qui siet au Carion, il ne doibt nulles ventes fors que iiij deniers d'issue et le achetteur ij deniers d'entrée; et doivent faire les saisines et dessaisines pardevant le seigneur dudit lieu ou son bailly et les hommes du Carion.

23. Se aulcuns desdits manans et habitans de ladite ville de Hébusterne sont

demourans sus aulcuns manoirs qui doibvent corvées et ilz tiennent chevaulx esdis manoirs, ils doibvent pour corvée de chevaulx viij solz tournois, et pour dieme courant, iiij solz, sans payer aucunes autres corvées de bras.

24. Se aulcuns, soit homme ou femme, fœue ou fache fouir une boitellée de terre, il doibt iij garbes d'avaine; et si n'en doivent non plus combien quil en fœue ou fache fouir; et se ne les doivent pas les terres de Maroie ne les terres du Carion, ne les Courtieulx, ne les terres qui doibvent terrage,

25. Les manans et habitans de ladite ville ont tout tel droit de communaulté es bos dudit lieu, comme ont cheulx de la chastellenye de Busquoy (79), c'est assavoir de cœullir les herbes esdis bois à le main et les esteules, ainsy pareillement qu'à Busquoy; et sy pœuvent cœullir vesche verde, tant pour les chevaulx comme pour les vaches, sans de ce paier aulcuns terrages; et se c'estoit vesche yvrenage, on en doit demander congiet au terragier, lequel congiet on a toujours acoustumé de donner.

26. Se aulcuns, soit homme ou femme, s'en va pour debte ou pour aulcuns faiz ou par pouvretté, et il laisse manoir en ladite ville, et ledit manoir demeure iij ans ou plus sans paier rente, et il vœulle après ce revenir à sondit manoir, il le pœult reprendre et ravoir en paiant, pour che, trois cens et trois loix qui est, pour chascune loy, iij solz.

27. Se aulcuns conjoing par mariage, et le mary a ung manoir, la femme doibt paier, aprez le trespas de son mary, xij deniers à mondit seigneur avant qu'elle puisse rentrer dedens ledit manoir; et se le femme va de vie par mort devant l'homme, l'homme ainsy demouré vesve n'en doibt riens (80).

28. Se aulcun a plegié aultruy ou respondu pour luy, le partye doibt descoutengier cestuy à ses coustz, fraitz et despens.

29. La femme, pour sa vesvette, pœult prendre son lit et partauch estoffé de ij paires de liucheux, couvertoire et cœute jointe se elle y est en lit ou en la maison avecquez les courtines se elles y sont, et trois des meilleures pièches de la maison avec tout che; et aussy fait l'homme pareillement.

30. Les manans et habitans de ladite ville qui doibvent cens et rentes en argent à mondit seigneur, ilz sont tenus de les payer aux jours et aux termes sus paine et amende de loy se on le vœult prendre; et pour les blez et avaines et aussy les chappons, le seigneur doibt envoyer par les maisons les deswagier; et se aucun gaige n'y trouve, il pœult ou doibt despendre les huys desdits manoirs, et n'y a aultre amende se on ne les repend.

31. Se il est fait sang à aulcuns par felonnie, chestuy le doibt monstrer sus paine et amende telle que de sang courant et de playe ouverte.

32. Tous manans et habitans en ladite ville de Hébusterne ne doivent aulcune chose de quelque derée qu'il vende ou achette à Miraumonlt; et sy ne pœult nulz homme dudit Miraumonlt luy clamer ne faire clam, en ladite ville de Miraumonlt, sur aulcuns dudit Hébusterne, et pareillement cheulx de Hébusterne sur cheulx de Miraumonlt, en ladite ville de Hébusterne, s'il dit qu'il soit de Miraumonlt, en offrant de faire droit là où faire le doibt; et pareillement en toute le chastellenie de Busquoy; avecques ce ausy, ne doibvent lesdits manans de Hébusterne travers ne tonnelieu, en toute ladite chastellenie, ne pareillement à Foncqueviller point de travers.

33. Aussy pareillement nul homme de Foncqueviller ne se pœult ne doibt clamer sus homme de ceste ville, fors que audit lieu de Hébusterne, se ce n'est par faulte de justice; et pareillement sus cheulx de ceste ville ne font cheulx de Foncqueviller.

34. Se aulcuns enffans demeurent orphelins de père et de mère, et il leur seroit escheu aulcunes terres ou héritages, l'ung pœult relever pour tous les autres, se il vœullent et ilz le trouvent par conseil.

35. Se aulcuns manoir séant audit lieu de Hébusterne eschiet au maisné ou à aultruy, le maison manable et fouier et tout che qui tient à lingne de feste, à cleux et à queville, demeure à l'héritage; et tous arbres, entes et cherisiers de messes demeurent avecquez l'héritage; et tous les autres choses partables.

36. Se aulcuns contredist aux jugemens des eschevins et il en est reprins du seigneur, ou se les eschevins s'en plaindent, il chiet en amende de LX solz envers le seigneur; et à chascun des eschevins qui seroit audit jugement, faire X solz d'amende, et rendre tous coustz et fraitz.

37. Et doibt ledit seigneur ou son bailly habandonner les esteules par le conseil des eschevins (81).

38. Mondit seigneur a pluiseurs hommes de fief en sadite terre et seignourie de Hébusterne, les aulcuns à LX solz parisis de relief, autres à XXX solz, autres à XV solz, et autres à VII solz VI deniers de relief et le tierch cambelaige, avec droit d'aide selong la nature desdits fiefs et service de court et de plaix; et sy doivent pareillement le quind denier des ventes desdits fiefz.

Fait et passé audit lieu de Hébusterne, le xxvie jour de septembre l'an mil chincq cens et sept.

Signatures : Le curé Ogier. — De Ricamez *bailli.* — Deleporte *recepveur.* — Colart Roger *lieutenant.* — Vassin de Covin *eschevin.* — Vas *eschevin.* — Gille de Coullemon *eschevin.* — De Mailly, *eschevin.* — Thomas Martin. — Jehan Briois.

— Jehan de Quais. — Andrieu Michel. — Vassin Lefornier. — Jehan Picquet, *et autres illisibles.*

AVESNES-LE-CONTE.

ÉCHEVINAGE ET BOURGAGE.

Deux rôles et demi de grand parchemin sur un cahier de trois feuilles dont les trois derniers rôles contiennent les coutumes du bailliage d'Avesnes-le-Comte, très-lisibles. 31 articles.

Coustumes généralles et locales des maire et eschevins d'Avesnes-le-Conte; les préviléges quilz ont se règlent aux us et coustumes généralles des prevosté de Beauquesnes et conté d'Artois.

1. Primes, audit eschevinage, il y a maire avœucq les eschevins qui fait la conjure d'iceulx; et se il y a sergant d'arrestz; et tous clams qui se font audit eschevinage, en appartient la congnoissance ausdits eschevins et non à autres juges (82).

2. Item, audit eschevinage, tous débas et noises qui se y font, appartient ausdits eschevins faire toutes informacions, pour amendes civilles adjugier par iceulx, aprez que le procureur du seigneur à bailliet son intendit; et toutes amendes de XX solz et au-dessous appartiennent à iceulx eschevins, saulf les amendes du bos qui sont au conte d'Artois, seigneur du lieu.

3. Item, se aucuns malfaicteurs faisoit aucunes noises ou entreprises widant hors de le maison d'un bourgois pour battre ou villener aultruy, main garnie de baston ferré ou affaictié, et partout audit eschevinage, telz delinquans escherroient en amende de soixante trois livres, assavoir LX livres au conte d'Artois et LX solz ausdits eschevins, mais ichelle amende se pœult modérer par icheulx eschevins et dyminuer.

4. Item, nulz habitans audit eschevinage ne peuvent vendre vin sans afforer qui se fait par icheulx aveucq ledit maire, ou aultrement ilz escherroient en amende de XX solz, et, aprez deffense, en amende de LX solz; et sy ne peuvent bouter leurs vins es caves ne cheliers ou maisons, sans le grace du seigneur, sur ladite amende de LX solz.

5. Nulz brasseurs de cervoises ne peuvent brasser, la loy renouvellée, sans grace d'iceulx eschevins, sur l'amende de XX solz; et quant ilz ont brassé, ne le peuvent vendre sans afforer, sur pareille amende, et, aprez deffense, sur l'amende de LX solz.

6. Toutes prinses de bestiaulx, assavoir es prez et gardins, il y a III solz d'amende ausdits eschevins, le salaire du sergant, rendre le dommage; aux champs XVI deniers d'amende aux eschevins, le droit du sergant XII deniers, et rendre le dommage.

7. Quant aucuns ou aucunes dient injures l'un à l'autre et pour desmentir, il y a amende de V solz, pour chascun laidit, et pareillement pour chascune fois desmentir ausdits eschevins.

8. Se aulcuns malvais garnemens maugréent et renonchent Dieu et la loy (83), telz delinquans sont mis au querquant par le bailly ou son lieutenant, pugnis et corrigiez selon le cas.

9. Nulles saisines ne dessaisines ne se y font synon que par iceulx eschevins; pour leur drois de chascune dessaisines et saisines, ilz ont V solz.

10. Pour le relief que doibt un bourgoys est deu XVI deniers au seigneur; et quant aucuns héritaiges se y vendent, le seigneur a pour ses drois seigneuriaulx, de VI deniers l'un, par don, transport ou aultrement.

11. Quant deux conjoinctz par mariage vont de vie à trespas l'un devant l'autre, le dernier vivant tout tenant (84), et aprez leur trespas, se il y a enffans, autant à l'un comme à l'autre; et sans entravestissement de loy, les héritiers tant d'un lez que de l'autre, partissent chascun par moittié.

12. Audit eschevinage on use d'entravestissemens (s'il) y a lieu, et sortissent en toult, sauf que héritages vendus, soient manoirs et terres labourables, gissent en ratraicte lignagière, pourveu que le ratraiant fache ses diligences auparavant la saisine bailliée desdits héritages et en l'instant que le contract se recongnoist publiquement devant lesdits eschevins, aultrement ratraicte n'a lieu.

Observation en marge : Se passera cest article moiennant que, quant les officiers ce feront, on publiera le plait VIII jours devant ladite saisine en jour sollempnel.

13. Se le mary ou la femme termine vie par mort, posé quil y ait enffans dudit vivant au jour dudit trespas, les mœubles demeurent entièrement au seurvivant; et se le dernier vivant convolle en seconde nopces et durant le second mariage soient faictes aucunes acquisitions, quand ores che auroit esté desdits biens mœubles, et il advenist que le père ou le mère eust enffans du premier mariage, se il y a enffans vivans du second mariage, ilz ne succéderont aucunement esdis héritages ainsy acquis, lesquelz succéderont aulx enffans dudit second mariage; et ne polront lesdits premiers enffans demander et avoir, synon les héritages dudit premier mariage dont le dernier vivant seroit demouré usufructuaire et lesdits enffans propriétaires expectans; mais les mœubles ainsy de-

laissiés se partissent à compte de testes tant aux premiers comme derniers enffans.

14. Ont lesdits eschevins previliége que le bailly, son lieutenant et autres leurs officiers dudit lieu ne pœuvent, audit eschevinage, constituer aucuns prisonniers bourgois pour amende civille se il ne le requiert devant lesdits eschevins, pour en ordonner ainsy quilz le verront par raison, en faisant les informacions des cas; et leur appartient le jugement d'iceulx.

15. Audit eschevinage y a plais ordinaires de XV.ne en XV.ne que lesdits maire et eschevins sont tenus faire en jour de jœudi et donner toutes sentences à la conjure dudit maire; et en donnant ichelles sentences, se aucunes appellations se font et donnent des condampnés, ressortissent ichelles appellations ad plain à la court de Parlement à Paris.

16. Audit lieu d'Avesnes y a marchiet chascun merquedy de l'an, et deux franques festes, l'une au premier jour de may, l'autre au XXV.e jour d'octobre, et y a franchise huit jours devant et huit jours aprez que nulz clams ne s'y font se n'est que les debtes soient faictes et recongnutes esdis jours de franchises.

17. Quant aucunes marchandises se font audit eschevinage, quelles qu'elles soient, se ung bourgois ou pluiseurs est ou sont au marchiet faire et aux offres, et que le marchiet soit accordé à aultruy que ichelluy ou icheulx bourgois et vendu aultrement, ichelluy ou icheulx bourgois peut ou pœuvent demander et clamer part de la moittié en paiant le pris que le marchandise auroit cousté au marchant (85).

18. Ont lesdits eschevins previliéges de recepvoir le serment de tous officiers qui exersent audit eschevinaige, assavoir de leur maire, leur greffier, des sergans aux champs et pour les amendes du bos.

19. Audit eschevinage, nulles bonnes et desrans ne se y mettent ne assiettent que ledit maire avœucq aucuns des eschevins ne soient présens, pour assister les quatre hommes jurez et depputés à che.

20. Ont lesdits bourgois et eschevins previliége que, quant ilz trouveront bestiaulx ou gens en leurs dommages et ilz ne peuvent recourir à leur sergant, ils peuvent prendre de vue et tels delinquans ou bestiaulx condampner en l'amende et rendre le dommage.

21. Ont lesdits eschevins et bourgois previliéges telz que, quant ilz font aucunes marchandise et quilz vont par les champs, ilz ne sont cappables ne doivent riens du travers de Bappalmes, Péronne, Saint-Riquier et Lens, à cause que c'est chambre d'Artois (86).

22. Quant aucuns conjoinctz par mariage, audit eschevinage, ont des héritages pluiseurs et des enffans ou autres leurs prochains héritiers, ilz peuvent conjoin-

tement et ensemble, donner icheulx héritages ou partie à ung de leurs enffans ou proismes par avanchement de mariage ou par aultre magnière d'amittié à leur volenté, mais quil soit à leur prochain héritier en paiant pour leur issue XVI deniers parisis, et pour l'entrée dudit héritier XVI deniers pareillement.

23. Ont lesdits bourgois previliége, audit eschevinage, de fouir, heuer, picquier et prendre de l'argylle ou terre sans grace, moiennant qu'elle se prent aux lieux acoustumés et sans porter préjudice à héritage d'aultruy et aux chemins.

24. Ont lesdits bourgois, manans et habitans dudit lieu d'Avesnes auctorité d'aller au mollin là où il leur plaist; et ne sont banniers à nulz mollins.

25. Nulz ne nulles marchans et autres quelz quils soient, audit eschevinage, ne peuvent bailler ou délivrer nulles marchandises ou faille avoir pois, aunes, tranmaulx et ballanches et mesures que préalablement ilz ne soient flastris et merquiés des merques dudit eschevinage ainsi que d'anchienneté on a acoustumé, sur l'amende de XX solz ausdits eschevins.

26. Ont lesdits eschevins auctorité de recepvoir, à l'église dudit lieu, le serment du bailly qui est le gouverneur d'Arras quand il est renouvellé, promettant alors, par ledit bailly, garder icheulx bourgois en tous leurs drois et previliéges.

27. Ont lesdits eschevins auctorité avœucq ledit bailly et ses hommes de distribuer les dons que ont fait d'anchienneté les contes d'Artois, tant en argent que en aultres choses, quy est en argent, pour chascun an, de XII livres tournois aux povres bourgois dudit lieu.

Observation en marge : Trachié cest article parce que chest à faire au bailly ou lieutenant avec les hommes.

28. Audit eschevinage, par tous les nourretiers de blanques bestes qui pasturent, est deu au conte d'Artois, seigneur du lieu, un agnel d'erbaige moiennant quil en ait jusques à trois et est pour chascun nourretier; et se plus en ont, ne doivent audit seigneur non plus; et ne les peuvent tondre sans grace dudit seigneur ou son commis, sur l'amende de LX solz parisis, que ledit seigneur n'ait prins et levé le sien quil doibt lever le premier jour de may.

29. Lesdits eschevins ont auctorité et previliége, à la loy renouveller, de faire ban sur toutes magnières de gens qui usent et vendent de pluiseurs marchandises, quilz ne vendent sinon que marchandises loialles; et meismes font et eslisent quatre eswars ydoines et gens de bien en ce congnoissans pour eswarder toutes manières de vivres, tant de pain, chars, poissons, blez et tous grains, meismes sur eschoppes et vendeurs de marchandises esquelles il appartient eswarder; et cheulx qui ont faulses mesures et marchandises, en faire leurs rappors, pour telz delinquans condampner es amendes selon les cas.

30. Y a audit eschevinage scel autentiques congnut en parlement à Paris et pour toute justice, quelle que elle soit.

31. Et outre, en autres magnières de faire, se règlent lesdits eschevins, bourgois et manans et habitans sur les coustumes de Beauquesne et conté d'Artois. Le xxiii.° de septembre mil cincq cens et sept.

Signatures : De Wignacourt. — Lequeux *curé d'Avesnes*. — A. Le Carpentier *prestre*. — Dosemain. — Jaque Leureux. — Gille Dupuch. — Miquiel Damiens. — Rappine *héritier*. — Colart Mainfroy *eschevin*. — Jaque de Hem *eschevin*. — Jehan Thorel *eschevin*. — Jehan de Waillicourt *eschevin*. — J. Bosquet *eschevin*. — P. le Carpentier *eschevin*. — Pierre Pignier *eschevin*. — Pierre Pluquet *maire*. — N. Regnault *greffier*. — Leger Lefossier. — Chritian de Vignacourt. — Guillaume Douchet.

AVESNES-LE-COMTE.

CHATELLENIE.

Ecrite sur le même cahier que la précédente. 19 articles.

Coustumes généralles et locales du bailliage d'Avesnes-le-Conte sortissant en la court de Parlement à Paris, qui se règlent aux us et coustumes des prevosté de Beauquesne et conté d'Artois.

1. Droits du comte d'Artois à la mutation des fiefs et cotteries. — 2. Retrait lignager.

3. Au bailly ou son lieutenant appartient la prinse, calenge et exécution de tous cas advenu audit bailliage, au jugement des hommes et, en l'eschevinage dudit lieu, au jugement des eschevins.

4. A ledit bailly ou son lieutenant auctorité de recevoir le serment des eschevins et manegliers d'Avesnes.

5. Ont auctorité ledit bailly ou son lieutenant et autres officiers et fermiers que nulz de la chastellenie ne peuvent vendre ne aller vendre, se n'est en leurs maisons, nulz bestiaux et nulz grains quelz quilz soient, sans les monstrer amenés audit lieu d'Avesnes, sans grace des officiers, sur l'amende de LX solz.

6. A ledit bailly ou lieutenant auctorité de créer les eschevins dudit lieu d'Avesnes à la loy renouveller, en faire quatre et icheulx quatre en eslisent quatre autres, et aprez icheulx eslus et créez, recepvoir leur serment.

7. Plaids de 15.ne en 15.ne le mercredi. — Gages et salaires des sergents. — 8. Le bailli connaît des débats et mêlées commis de jour et quand il n'y a ni mort ni blessures. — 9. Afforage et forage des vins. — 10. Les poids et mesures doivent être marqués sur l'étalon du bailliage.

11. Audit bailliage il y a hallages et estallages, mesurage et tonlieux quant on les........ (*trou au parchemin*) ilz sont demandez; se icheux s'en vont sans contenter le fermier, telz delinquans eschievent en amende de LX solz.

12. Dégâts des bestiaux dans les taillis et dans les champs.

13. Audit lieu d'Avesnes et au bailliage, il n'y a nulz drois d'issues ne de voiries se on ne les demande.

14. Quand un prisonnier est eslargy, il y a audit bailli ou son lieutenant, pour son eslargissement, X solz, pour le cepaige, V solz.

15. L'aîné hérite les fiefs aux charges déterminées par la coutume générale.

16. Audit bailliage et seignouries viscontières, se le cas advient que deux conjoingz par mariage terminent vye par mort et, durant leur conjonction, ilz aient acquis aucuns manoirs et héritages, ledit cas advenu, se les manoirs et héritages sont tenus tous d'un seigneur, l'aisné héritier choisist l'un des manoirs; et se daventure lesdits manoirs ainsy dénommés sont tenus de pluiseurs seigneurs, en che cas, ledit héritier joiroit desdits manoirs, et quand aux autres héritages, comme prez et terres labourables, ilz se partissent à compte de testes; et doivent de relief, telle rente telle relief.

17. Les confiscations, les épaves et les successions des bâtards, appartiennent au comte d'Artois.

18. N'est point à oublier, audit bailliage, que les bourgois et manans et habitans avœucq aultres des villages prochains ont des terres labourables et aucuns prez chargiez de drois de terraiges jadis appartenant audit conte d'Artois, qui est de chascun cent huit garbes; se doibt ichelluy droit amener audit lieu d'Avesnes et descharger, partie à la grange et lieu con dist le grange de Sombrin, partie à l'ostel qui fust audit conte d'Artois et à le grange de Magnicourt; pareillement ung autre droit de terrage nommé le petit terrage dont partie est deschargée à le ruelle du Prestre et l'autre à l'ostel de Hue de Vignacourt; les redebvables doivent amener le disme des terres chargées du droit de petit terrage.

19. Amendes pour contravention à la coutume générale qui règle l'exercice du droit de terrage.

Le xxII°. jour de septembre 1507.

Signatures : Gille Dupuch *lieutenant.* — Lequeux *curé d'Avesnes.* — Jehan Anquier *pour Mgr. d'Anthoing.* — De Ransart *pour Mgr. de Beaufort.* — Vindicien Fercot *prestre.* — Chrystophe de Habarcq. — Rappine *pour le Chapitre d'Arras.* — De Wignacourt. — Robert le Cuvelier *pour Robert Leblond.* — Pierre le Carpentier *prestre.* — Dosemain. — Guillaume Douchet. — Jacques Damiens. — Du Castel *prestre.* — Chritian de Wignacourt. — *Les procureurs des seigneurs de Barly, de Hunbercourt, de Maingoval, de Sombrin, de Rullecourt,* etc.

COULLEMONT.

SEIGNEURIE.

Quatre grandes pages en parchemin, très-lisibles. 28 articles.

Coustumes localles et usaiges de la terre et seignourie de Coullemont, appartenant à très-noble et puissant seigneur, Mgr. de Humbercourt, qu'il tient en un seul fief du conte d'Arthois, à cause de sa seignourie et chastellenie d'Avesnes-le-Conte ; en laquelle terre le seigneur de Humbercourt a toute justice et seignourie haute, moienne et basse, bailli et hommes, maieur et sept eschevins qui se renouvellent, chascun an, au jour des brandons.

1. Relief des fiefs et droits de vente. — 2. Relief et droits de vente des cotteries. — 3. L'époux survivant a la jouissance sa vie durant des acquêts et héritages cottiers. — 4. Les enfans du second lit ont seuls part aux acquêts faits pendant le second mariage. — 5. Retrait des héritages cottiers doit précéder la saisine de l'acquéreur. — 6, 7, 8, 9. Amendes pour coups, gros et menu bois abattu ou coupé et pour fausse demande en justice.

10. Item, toutes et quantes fois que aucun fait serment pour bourgoisie, il doit au seigneur du lieu, pour ses gans, IV deniers parisis pour une fois, et ne sont lesdis bourgois arrestables en aucune manière en toute ladite terre et seignourie de Coullemont, eux ne leurs biens.

11. Amendes pour les bestiaux trouvés dans les taillis. — 12. Tonlieux ou issues de ville pour marchandises. — 13. Tonlieux pour bestiaux. — 14. Dégâts des bestiaux dans les jardins et dans les champs.

15. Item, les manans et habitans dudit Coullemont ne doivent nul *(salaire)* en faisant poursieute l'un contre l'autre en la justice dudit lieu, mais les forains doivent IV deniers pour présentacion.

16. Item, quant les eschevins de Coullemont rechoivent ou sont à rechevoir les cens et rentes du seigneur, au jour des roix les cappons et, au jour de le mymars, les avaines, le seigneur doit à chascun des eschevins deux cappons, audit jour des roix, et un sestier d'avaine, mesure du lieu, audit jour du my-mars (87).

17. Item, quant les eschevins font jugement de saisines ou dessaisines, ilz ont pour leur droit de ladite saisine et dessaisine, V solz en cotterie, et pour dessaisines et saisines des héritages féodaux, il est deu aux hommes liges, X solz pour tous leurs drois.

18. Item, le sergant du maieur doit faire tous les exploits de justice pour l'eschevinage, dedans la ville, aux despens du maieur et non dehors la ville pour civil.

19. Item, quant aucuns prisonniers sont prins et mis es prisons de monseigneur, est deu au droit de mondit seigneur XII deniers, pour chascun jour quil auroit esté dedans ses prisons, pour son droit de chepaige, sans touchier aux despens.

20. Item, les manans et habitans dudit lieu ont acoustumé aller esracher de l'herbe pour leurs bestiaux, tant seullement à la main, sans quelque taillant, et quant au bos secq, selon la chastellenie d'Avesnes.

21. Pendant le premier mariage on peut vendre les acquêts et héritages cottiers sans le consentement de l'héritier apparent. — 22. Terrage du cent, 8 bottes.

23. Item, est deu audit lieu de Coullemont, droit que l'on dist austiches au jour et terme Nostre-Dame my-aoust, qui est tel que ung chascun ayant terres subgectes au droit de terrage, non aiant manoir amasé audit lieu, doit audit jour my-aoust, de chascun journel, VI deniers au seigneur, soit qu'il soit ablayé ou non.

24. Afforage et forage des boissons. — 25. Bâtardise et aubaine.

26. Item, les eschevins ont droit d'eswart sur tous vivres et breuvaiges quelzconques, venans audit Coullemont.

27. Item, il est deu au mayeur dudit Coullemont, pour chascune bourne plantée dedans la ville, quatre deniers, et les eschevins n'auront aucune chose; et se il y a à asseir aucunes bonnes plantez aux champs, il en est deu quatre deniers parisis audit seigneur, et V solz courans aux eschevins.

28. Item, les habitans peuvent envoyer leurs bestiaux, depuis le jour saint Remy jusques au my-mars, pasturer en aucuns gardins nommez les gardins des Fontaines.

Le xxvii.ᵉ jour de septembre 1507.

Signatures et marques : Thoittier *maieur de Coullemont.* — Warin Pignier *eschevin.* — Pierre Hemery *eschevin.* — Gilles le Prevost *eschevin.* — Jacques Lefevre *eschevin.* — Flourent Ansart *eschevin.* — Guillaume Pignier *homme lige.* Jehan le Prevost *cottier.* — L. Lecaron. — Antoine Gayot *cotier.*

Signés au bas : Le Boin. — Papin.

NOYELLE-LE-WYON.

SEIGNEURIE.

Quatre pages en parchemin, lisibles malgré la pâleur de l'encre. 7 articles.

Coustumes de la terre et seignourie de Noyelles-le-Wyon, les Avesnes-le-Conte, appartenant à noble homme Arthur de Lallaing, sénéchal d'Ostrevan, seigneur de Gordaing, de Brebières et dudit lieu de Noyelle-le-Wyon, à cause de Jehenne de Habarcq, sa femme, tenue en deux fiefz de très-grant et doubté prince, Mgr. l'archiduc d'Autrisse, prince de Castille, conte de Flandres et d'Artois, à cause de son chasteau d'Arras.

1. Succesion des manoirs féodaux, à l'aîné sans quint aux puînés. — 2. Choix des manoirs cottiers par ordre de primogéniture. — 3. S'ils sont tenus de différens seigneurs, l'aîné en choisit un dans chaque seigneurie. — 4. La femme veuve jouit sa vie durant de la moitié des biens de son mari. — 5. Les amasemens réputés catheux sont partageables, — 6. Le mari survivant est propriétaire des acquêts ; la femme n'en a que l'usufruit. — 7. Le mari peut disposer par testament des amasements réputés catheux.

Pour le reste on se règle sur la coutume générale d'Artois.

Le xxvi.ᵉ jour de septembre 1507.

Signatures : Tassinet du Plouich *bailli.* — Jeh. Bernard *curé de Noyelles.* — Muette. — Pierre de Pieusves. — D. Rappine. — Freminot Dupuch. — J. Godin. — Gilles Dupuch. — L. Camus. — Guillaume de Bacqueville. — Miquiel Delofres. — Jehan Baiart. — Noël Lefevre. — Chrystophe de Habarcq. — Anthoine Dupuch *et autres illisibles.*

SAULTY.

SEIGNEURIE.

Deux pages et demie de parchemin, très-belle écriture. 9 articles.

Coustume de la terre et seignourie de Saulty, appartenant à très-hault et puissant seigneur, Mgr. Jehan de Meleun, chevalier, seigneur d'Anthoing et dudit Saulty, quil tient noblement et en fief de très-hault et puissant prince, Mgr. le prince de Castille, à cause de son chasteau d'Avesnes-le-Conte.

1. Justice vicomtière. — 2. La terre consiste notamment en un beau bois situé autour du village de Saulty. — 3. Plaids féodaux de 15.ne en 15.ne — 4. Relief des fiefs et des cotteries ; quant aux manoirs cottiers, il n'y a point de relief, car le mort saisit le vif. — 5. Audit lieu on suit les coutumes de la prévôté de Beauquesne et du comté d'Artois. — 6. L'époux survivant emporte les héritages d'acquisition pour en disposer à sa volonté. — 7. Les héritages de succession suivent côte et ligne. — 8. Les biens meubles se partagent entre le survivant et les héritiers de l'époux prédécédé. — 9. Les héritiers entre eux partagent les terres arables qui viennent par succession de leur côte et ligne.

Sans date :

Signatures : Marchant *bailly.* — Sire Simon Douchet *curé de Saulty.* — Petit. — Anqhier. — Bauduin Bocquet. — De Habart. — Jehans de Beaurains. — Jehan Caudron.

SOMBRIN.

SEIGNEURIE.

Une grande peau en parchemin écrite d'un seul côté, rongée dans le haut et trouée, dans le milieu, en deux endroits correspondant au pli du parchemin. Écriture très-pâle, effacée, illisible dans plusieurs parties. 9 articles.

Coustumes locales de la ville, terre et seignourie de Sombrin, appartenant à . . . . seigneur dudit Miraumont et dudit Sombrin.

_{1. Relief des héritages cottiers le double du cens. — 2. Droit de vente le VIe denier. — 3. Les héritages et terres cottières doivent droit d'aide pareil au relief. — 4. L'aîné prend l'héritage, les terres cottières se partagent. — 5. Terrage. — 6. Corvées. — 7. Queute à court. — 8. Tous les tenans qui ont des chevaux doivent trois gerbes de blé et trois gerbes d'avoine au mois d'août. — 9. Droits d'issue de ville.}

Le xxie jour de septembre 1507.

En présence de Nicole Pronnier *curé de Sombrin*. — Jehan Gosselin. — Jaquemart Doullet. — Jacotin de Loes. — Pierre Anthoyne. — Flourens Bernart. — Robert Anthoyne *le Josne.* — Colart Estoffe. — Guerard Cleuet. — Jehan dit *le Teste*. — Mahieu Viesier. — Jehan Harduin *le Josne: hommes de fiefs*. — Jehan Lefaucheur. — Guerart Longuet. — Jehan Harduin. — Tassart . . . . — Wal..... Poulain. — Wymot Gosselin : *hommes cottiers.*

Signatures complètement illisibles.

AUBIGNY.

ÉCHEVINAGE.

Un cahier de deux grandes feuilles de parchemin bien conservé, écriture assez nette, mais difficile à lire. 39 *articles.*

Senssieuvent les coustumes de la ville et eschevinage d'Aubigny, pour les eschevins dudit lieu qui ont leurs clams et arrestz au ressort de la court de Parlement à Parys, meismes justice de congnoistre de tous cas tant criminelz que civilz.

1. Quant aulcuns conjointz par mariage ont héritages estans scituez en l'eschevinage dudit lieu, par le trespas du premier morant, le dernier survivant du premier mariage doit joyr entièrement de tous les manoirs et héritages estans scituez en ladite loy et eschevinage, sa vye durant, et des biens mœubles.

2. Item, se lesdits conjointz estoient tous deux terminés vye par mort, et eussent enffans vivans, et eussent pluiseurs manoirs tenus de divers seigneurs et de diverses seignouries, le filz aisné a son choys de prendre ung manoir en chascune desdites seignouries pour tant que ce soit de divers seigneurs comme dit est ; et se il y a plus d'un manoir tenus d'un seigneur, le filz aprez aisné y choisit ; et ainsy de manoir aux filz (*sic*) de aisnecte en aisnecte, sans que les filles, se aulcunes en y a, puissent riens avoir ausdits manoirs tant que les filz aient eult leurs choys ; et quant aux héritages cottiers, ils se partissent également à tous les enffans issus desdits deux conjointz.

3. Et se avoit nulz enffans desdits deux conjointz, les héritages patrimoniaulx, se aucuns en y avoit, retourneroient aux plus prochains héritiers dont l'héritage vient et descent; et quant aux acquestes, les héritiers de chascun costé les partissent également.

4. Le premier morant desdits deux conjointz ravestit le seurvivant par ce que dit est que le derrain vivant doit joir de tout, tant es héritages comme en tous les mœubles; et n'est besoing riens mettre par escript en enssieuvant ladite coustume.

5. Item, et se lesdits conjoinctz ont fait aucunes acquestes ensamble durant conjonction, ilz n'en peuvent avanchier l'un l'autre par don ne autrement, mays les peuvent bien donner à leurs enffans ou à l'un d'eux, s'ilz en ont, ou à personne estrangue; et se ilz n'avoient nulz enffans, lesdites acquestes se partiroient par les prochains héritiers de chascune partye, à charge de paier debtes à égalle porcion.

6. Et quant aux fiefz, supposé que aulcuns fiefz soient enclavés dedens ladite loy et eschevinage, ce ne gist en la congnoissance desdits eschevins.

7. Ledite ville d'Aubigny et eschevinage est tenus par indivis, dont trez-redoubté seigneur, Mgr. l'archiduc d'Autrisce, prince de Castille, conte d'Artois, a le tierch de toutes amendes, Mgr. de Carency a l'aultre tierch, et lesdits eschevins, pour ce quilz sont tenus servir lesdits seigneurs en la court de l'eschevinage dudit lieu et faire les informacions, sentences et jugements, ont aussy un tierch.

8. Item, ausdits eschevins appartiennent toutes les amendes de V solz et au-dessous qui surviennent audit eschevinage.

9. Item, à cause dudit indivis, sont deux maieurs créés de par lesdits seigneurs souverains dessus nommés, lesquelz font justices et conjures d'eschevins; et ne peultent iceulx eschevins tenir plays ne asseoir jugemens que lesdits maieurs n'y soient présens pour les conjurer.

10. Lesdits eschevins ont tous drois d'afforage comme vin ou autre boire de grain; et leur appartient de chascun fons du bruvaige ung lot et demy de vin.

11. Item, se lesdits taverniers vendent leur vin sans estre afforés, il y a amende de V solz au prouffit desdits eschevins.

12. Item, que nulz ne peult empeschier le flégart, piequer ne heuer sans grace desdis eschevins, sur peine et amende de V solz.

13. Item, que nulz ne peult mettre empeschement sur le cauchie d'Aubigny de fiens, bottes ou argilles pour l'y laissier par huit jours, sur V solz d'amende.

14. Lesdits eschevins ont puissance de ordonner bonneurs pour asseoir bonnes

en ladite loy et eschevinage, faire awars de terre, gaugeurs de fain et awars de poisson et de cervoises.

15. Que nul ne peult vendre poisson ne char que premyers ilz ne soient awardés par les awars, sur amende de LX solz, se les chars estoient malvaises ou ledit poisson, de V solz.

16 Item, que nulz ne peult picquer ne heuer sur les chemins qui sont en ladite loy et eschevinage, sur amende de V solz, et le dommage ou fossé remply.

17. Item, que nul ne peult mectre enseigne hors pour faire taverne ou cabaret, sur paine et amende de LX solz.

18. Lesdits eschevins ont les drois des werps de dessaisines et saisines quant aulcuns marchiés ou vendicions d'héritages se font en ladite loy et eschevinage; et sy ont le droit d'en hussyer *(mettre en huche)* les lettres quy se font en double chirographe.

19. Ont aussy droit sur le fait des visitacions du registre et des passemens quy se font audit eschevinage, tant mariages, contratz et autres choses.

20. Les manans demourans et résidans en ladite ville d'Aubigny ne sont en riens tenus au fait du travers de ladite ville, ne au droit d'issue d'icelle ville.

21. Les eschevins ont droit de faire aux brasseurs awarder leurs brasses; et se iceulx brasseurs en vendoient sans estre awardés ou s'ilz n'ont grace desdits eschevins, ilz escheent en amende de V solz au prouffit desdits eschevins.

22. La loy dicelle ville se renouvelle d'an en an; et y a sept eschevins qui peuvent eslire quatre autres bons preudhommes, les faire eschevins, les appeler de nom et seurnom, les présenter à leurs balliefz ou lieutenans des baillis pour les seigneurs souverains; et fault que lesdits deux mayeurs soient présens à che faire; et aprez quilz ont été présentés, les sept eschevins qui widenl et les quatre renouvellez se vont faire le serment en l'église ausdits quatre renouvellez; et lesquelz quatre eschevins font les trois autres, en dedans le jour du XX.ᵉ aprez Noël, sans les présenter ausdits baillis ne à leurs lieutenans.

23. Item, nul ne peult estre fait eschevin de ladite ville s'il n'est bourgoys dudit lieu.

24. Aussy lesdis eschevins par l'un d'iceulx maieurs, font faire commandement à ceulx qui sont esleus pour mectre audit eschevinage, de non partir ne widier ladite ville, sur paine de cent mars, cent livres d'amende, au prouffit desdis seigneurs souverains, au cas que faulte y seroit trouvé, et jusqu'à ce que ledite loy soit renouvellée.

25. Item, que nulz taverniers, ne cabaretiers ne peultent vendre vin, ne cervoyse, se leurs mesures où ilz thirent ne sont flastries sur celles de ladite ville,

et au gauge d'icelles, sur amende de LX solz au prouffit desdis seigneurs souverains et desdis eschevins.

26. Item, selon la coutume dudit lieu, nulz ne peult droit de bourgoys acquérir, s'il n'est filz de bourgoys ou bourgoise; le mari bourgois peult faire sa femme bourgoise, et la femme bourgoise son mari bourgois semblablement : mais il convient, pour acquérir ladite bourgoisie, que le jour de leurs espousailles, ilz viennent couchier ensemble en ladite ville d'Aubigny, et faire appeller les eschevins dudit lieu pour les voir tous deulx au lit (88) près l'un de l'aultre, et que riens ne soit mis entre eulx deulx. Autrement ne se peult faire le non bourgois bourgois, ne semblablement la non bourgoise bourgoise; et par ces moyens, se lesdis conjointz ont enffans, ilz seront bourgois; et sy sont tenus lesdits conjointz eulx faire registrer du jour quilz ont acquis ledit droit de bourghesie, es registres desdis eschevins.

27. Item, bastard ne bastarde ne peuvent acquérir droit de bourgois ne de bourgoise par quelque fachon que ce soit; et sy ont lesdits eschevins la congnoissance des manans et habitans de ladite loy et eschevinage ; et ne doivent respondre en aultre justice que pardevant lesdis eschevins; et se traictiez y estoient, se doivent ilz estre renvoyés pardevant lesdis eschevins.

28. Audit lieu d'Aubigny y a une franche feste qui se publie tous les ans, le mardi devant le jour de Penthecouste, et dure nœufs jours enthiers; pendant lesquelz jours les marchans sont quictes de payer les drois du travers d'Aubigny, et ne paient quelque debite; et sy peultent venir en ladite ville les bannys dudit eschevinage; et sy ne peult on faire nulz arrestz durant ladite feste.

29. Item, que tous officiers venans prendre possession de leurs offices, comme gouverneurs, bailliefz, lieutenans de baillifz, sont tenus de faire le serment pour soustenir et maintenir la loy d'Aubigny et de garder les drois des seigneurs du chastel.

30. Lesdis eschevins ont le gouvernement et administration de l'ospital et maladrye d'Aubigny, avec la cense de lostellerye, assavoir, de bailler ladite maison et terres à cense et y mectre censsier, recepvoir les fruis et revenus, et les deniers employer en la réfection dudit hospital, assavoir, en lictz, lincheulx, couvertoirs, vivres et aultres choses nécessaires pour sustenter les ladres et commis, quant ledite maison eschiet de le reballier et non ainchois.

31. La nuyt des Roys, iceulx eschevins font un convivre, et doivent à soupper aux lieutenant, officiers et aux bourgoys de ladite ville, pour faire le élection des eschevins, lequel convivre se paie des deniers venans de ladite maison, qui leur est aloué par l'advis et oppinion en rendant leurs comptes ; et sy font ilz le jour des Roys avec les bourgoys et officiers (89).

Observation en marge : Cest article icy est renvoyé au droit commun.

32. Le jour des Cendres, les eschevins, officiers et bourgoys, aprez que lesdis eschevins ont rendu leurs comptes pardevant les bourgois de ladite ville et en le présence des eschevins qui sont renouvellez, s'en viennent ensembles lesdis bourgois et officiers digner; et se paye le diner par lesdis eschevins, en la manière que dessus.

Observation en marge : Cest article est aussy renvoyé au droit commun.

33. Sy sont tenus lesdis eschevins de faire et servir, en toutes dessaisines et saisynes, pour tous seigneurs qui ont seigneurie en ladite loy d'Aubigny, pourveu que les baillis ou lieutenant de baillis soient présens pour recevoir les dessaisines et saisines des héritages vendus.

34. Item, tous ceulx des bailliages sont tenus aporter toutes leurs mesures, quelques quelles soient, flastrier aux mesures d'Aubigny, et gaugier sur celles dudit Aubigny, et semblablement leurs poys à peser.

35. Item, et tous les bourgoys et bourgoises dudit lieu d'Aubigny et aultres couchans et levans en ledite ville, ont franchise de achecter toutes choses à eulx nécessaires, sans pour ce estre tenus en quelques debictes; mais ceux qui sont marchans et tavernyers et forains, ne peultent achecter quelque choses devant le cry de l'officier pour ce ordonné, seur amende de chincq solz, et de perdre la chose achetée; et se le non bourgois achecte aucune chose où le bourgois soit présent, ledit bourgois en peult prendre la moitié de la chose achectée en le payant.

36. Et quant à la loy et eschevinage renouveller, il est prohibé de droit que nulz consangins soient commis eschevins; et sy ne peult prendre ou eslire le père le filz, ne le filz le père, nepveu, cousins ou proche consangin (90).

37. Et quant lesdits eschevins rendent les comptes de la maison et ospital, se aulcuns bourgois avoient office et fussent ausdits comptes rendre, se ne signeroient point pour officiers, sinon que pour franchise de bourgoys.

38. Item, sy ont droit iceulx eschevins de bailler à ferme pour ung an commenchant au jour Nostre-Dame Chandelier, ensemble la cauchie de le ville d'Aubigny, à son de cloche sonnant, et demourant au desrain renchérisseur aprez la cloche cessée de sonner, et ce au prouffit desdits eschevins; aussy font-ilz des boistaulx et mesures de ledite ville, et ce pour entretenir la cauchie ou choses nécessaires de refection de ladite ville.

39. Item, se les bestes des bourgois ou bourgoises estoient prinses en dommage d'aultruy, es limites dudit eschevinage, se ne cheent en ce peril de prison, mais celuy à quy les bestes appartiengnent peult estre condempné à le requeste de partye adverse.

Toutes lesquelles choses ci-dessus déclariées, aprez quelles ont esté leues en la présence des assistans soussignés, le xxvi.ᵉ jour du moys de septembre l'an mil chincq cens et sept, aprez quilz ont fait le serment, ont atesté et tesmoignyé les choses dessus dites estre vraies et notoires, pourquoy ilz les tiennent pour coustumes locales notoires audit lieu.

Signatures : Simon Philippes. — Georges de Lerue. — Genede *eschevin (un rateau).*—Jehan Dupont *eschevin.* — Jehan de Lannoy. — Pierre Macron. — P. Genede. — J. Duval. — Jacquin Deuci. — Pierre Brisse. — L. Cardon.—Jaques Baulin. — Jehan Vicart. — Andrieu Menasse. — Etienne Maillet. — Martin Mainpotel, *et autres illisibles.*

BERLETTE (le Petit).

SEIGNEURIE.

Un rôle en parchemin de 68 centimètres de longueur, lisible sauf quelques parties effacées dans le bas. 13 articles.

Coustumes, drois et usaiges que Mgr. de Werchin, a à cause de sa parrie et seigneurie du Petit-Berlecte, qu'il tient en souveraineté de Mgr. le conte d'Arthois, à cause de son chastel d'Aubigny.

1. Les manoirs cottiers d'héritage appartiennent à l'aîné.

2. Se il y avoit divers manoirs tenus de diverses seignouries, ledit aisné en a ung en chascune dicelles préalablement; et se plus en y a, de degré en degré, lesdis enffans soit fils ou filles y succèdent; et se enffans n'y avoit, ce succède en la fachon que dessus aux prochains héritiers, à cherge, se c'est du costé du mary, que le femme, se elle survit, a se demeure en lun diceulx manoirs, ou quarante solz sa vye durant, à son choix et obcion; et se c'estoit du costé de la femme, ils succèdent comme dist est sans que le mary y puist demander demeure.

3. La femme survivante jouit sa vie durant des manoirs d'acquisition. — 4. Les terres cottières suivent côte et ligne, et se partagent entre les héritiers au même degré. — 5. Les acquêts cottiers se partagent entre les héritiers du premier mourant. — 6. Retrait lignager des héritages cottiers. — 7. Relief à merci desdits héritages. — 8. Flots et flégards. — 9. Enseigne de taverne. — 10. Afforage, saisines, bâtards, épaves. — 11. Amende pour retard dans le paiement des rentes seigneuriales. — 12. Le seigneur a tous droits de vicomtier. — 13. Corvées de bras en mars et en août.

Le xxv.ᵉ jour de septembre 1507.

Simon Phlippe *bailli.*— P. Dralin.— Jehan Bacot. — Gillot Bigot. — Collart Bacot. — Gilliot Lequo, etc.

BERLETTE (le Grand).

SEIGNEURIE.

Un rôle en parchemin composé de deux feuilles cousues bout à bout, lisible à l'exception de quelques parties altérées par l'humidité. 13 articles.

Coustumes, drois et usages que Mgr. de Berlette a en sa parrie et seigneurie du Grand-Berlettes, en laquelle il a justice et seigneurie vicontière.

Même rédaction que la précédente, sauf l'art. 8.

8. Item, à mondit seigneur, à cause de sadite seigneurie, appartient le tiers du travers d'Aubigny, le tiers du four bannier et le tiers du molin.

Le xxv.ᵉ jour de septembre 1507.

Simon Phlippe *bailli.* — De Noyelle. — Colart Berclau. — Jehan Bras-de-Fer. — Colart Guisart. — Willaume Lecocq. — Gillot Bigot. — Jehan Leroux.

BÉTHENCOURT (Artois).

SEIGNEURIE.

Deux pages en parchemin, lisibles. 8 articles.

Coustumes de la terre et seigneurie de Béthencourt, tenue d'Aubigny, appartenant à Martin de Harnes, dénommé héritier par bénéfice d'inventoire de deffunt Mgr. Jehan de Harnes, en son vivant chevalier.

1. Toute justice et seigneurie vicomtière. — 2. Relief des fiefs. — 3. Droit de vente des fiefs. — 4 et 5. Relief et droit de vente des cotteries. — 6. Les manoirs d'héritage, quand il y en a plusieurs tenus d'une seule seigneurie, se distribuent entre les enfans par ordre de primogéniture. — 7. La femme survivante jouit sa vie durant de la moitié des manoirs acquis pendant le mariage : après sa mort, cette moitié appartient à l'héritier possesseur de la moitié du mari : l'époux survivant est réputé propriétaire du tout. — 8. Les terres cottières suivent côte et ligne; les héritages patrimoniaux subissent la condition du retrait lignager.

Le ix.ᵉ jour d'octobre 1507.

Signatures : De Bulie. — Ph. Marchant.

ESTREELLES.

SEIGNEURIE.

Trois rôles et demi de grand parchemin, belle écriture bien conservée. 21 articles.

Coustumes, usaiges et drois dont on use en la ville, justice et seignourie d'Estreelles, appartenant à noble dame, madame de Saveuse, laquelle est tenue en parrie du conte d'Artois, à cause de son chastel d'Aubigny.

<small>1. Justice vicomtière. — 2. Le seigneur a les mêmes droits que les autres pairs d'Aubigny. — 3. La justice seigneuriale prononce des amendes jusqu'à LX sols. — 4. Droit de vente des cotteries. — Relief des cotteries : telle rente, tel relief. — 5. L'époux survivant a la moitié des meubles, acquêts et héritages à l'encontre de ses enfans, en payant la moitié des dettes.</small>

6. Item, se lesdits conjoins, durant ledit mariage, ne ont nulz enffans issus d'icelluy mariage vivant ou apparent à naître, au jour du trespas du premier morant, incontinent icelluy trespas advenu, les héritages patrimoisniaulx et acquestes quilz auroient fait ensemble retournent, assavoir les héritages patrimoisniaulx du lez et costé dont ilz sont procédez et les héritages d'acquestes faits durant ledit mariage vont, assavoir la moitié aux héritiers du premier morant et pareillement la moitié des biens mœubles, et l'autre moitié au sourvivant en payant, par chascun, moitié des debtes.

7. Aussy se deux conjoingz ont ung, deux, trois ou quatre manoirs audit lieu d'Estreelles, et l'ung desdits conjoingz va de vie à trespas, incontinent ledit trespas advenu, le filz aisné, se aulcuns filz y a, il succède et lui appartient le chief-lieu et manoir procédant du costé du premier morant, soit père, soit mère; et se il ne y avoit nulz filz, à la fille aisnée, et conséquemment de aisnete en aisnete, tant que lesdits manoirs pœuvent durer.

<small>8. Relief des fiefs selon leur nature. — 9. Relief de bail, aide et service de plaids. — 10. Droit de vente des fiefs.</small>

11. Item, en icelle parrie qui est la première parrie du chasteau d'Aubigny, y pœult on avoir un four banal auquel tous les subgets d'icelle sont supmis et tenus y aler cuire, sans ce que nulz d'iceulx subgets puisse avoir four en sa maison se il ne plaist audit seigneur ou à ses officiers.

12. Item, à cause de laquelle parrie, le seigneur dudit lieu a droit de travers de toutes desrées et marchandises passans et rapassans par icelle parrie, qui se prend et cœulle pareillement comme fait cestuy d'Aubigny, réservé que cestuy dudit Aubigny ne se demande point, et icelluy droit audit lieu d'Estreelles se doit demander; et quiconques est hors des mectes d'icelle seignourie sans payer icellui droit, depuis quil aura esté demandé, il eschiet, envers ledit seigneur, en amende de LX solz parisis.

13. Il loist audit seigneur que, quant aucuns poissonniers ou cachemarées aians poisson passent par ladite seignourie, il pœult prendre et avoir du poisson pour sa maison pour un tel pris que le pareil sera vendu en la ville d'Arras, le jour du passement dudit poisson, par chertificacion du maieur de icelle ville d'Arras.

<small>14. Queute à court et droit d'herbage. — 15. Corvées de chevaux et de bras. — 16. Amendes pour retard dans le paiement du cens.</small>

17. Item, à cause de ladite parrie qui est la première parrie du chasteau d'Aubigny, ledit seigneur ou ses officiers pœult battre ou faire battre le bretesque dudit lieu d'Aubigny et y faire cris et publicacions, y prendre du vin sans affor pour son argent, achetter ou faire achetter au marchiet dudit lieu, à toutes heures, toutes desrées pour le prouvision de son hostel ou de cheulx y demourans, sans, pour nulles des choses dessus dites, préjudice avoir ne demander grasse et congié; et sont les subgetz dudit lieu d'Estreelles exems et non sujetz au marchiet d'Aubigny ny au travers d'iceluy ne autres débites qui se prendent et cœullent en icelle ville, mais pœuvent passer et rapasser par tous les destrois d'icelle, sans pour che paier aucune chose.

18. *Dessaisines et saisines par les échevins et les officiers du seigneur.*

19. Item, icelluy seigneur ou sesdits officiers pœuvent aller armés et enbastonnés, avant ladite ville d'Aubigny, jouer aux dez et donner grasse de y jouer se bon leur samble.

20. Il est seigneur des flots, flégards, chemins, voiries. — 21. Il a les successions des bâtards, les épaves et tous les droits des seigneurs vicomtiers.

Le xiv.ᵉ jour de septembre 1507.

Signatures : Defaucompré *bailli.* — Wyllemot Hapyot *lieutenant du bailli.* — Lambert Martin *homme de fief.* — De Bernemicourt. — Le Foulon *curé de Cambelin-Labbé.* — Jehan Happyot *homme de fief.* — Robert Happiot *homme de fief.* — Michaut Maupetit *homme de fief.* — Philippot Nepveu *cotier.* — Loys Lecocq. — Guerard Deleplache *cotier, et autres.*

GOUY.

TEMPOREL.

Une grande page en parchemin. 7 articles.

Coustumes locales de la ville, terre et seigneurie de Gouy, appartenant à messeigneurs les religieux, abbé et couvent de Marchiennes, admortie soubz le roy nostre sire.

1. Il y a, dans ladite ville, bailliage et échevinage. — 2. En ladite ville et échevinage on use d'entravestissement par sang et par lettres. — 3. L'entravestissement par sang a pour effet de donner à l'époux survivant la propriété des meubles et l'usufruit des héritages sans distinction d'origine. — 4. L'entravestissement par lettres produit le même effet. — 5. S'il n'y a pas eu entravestissement, l'époux survivant n'a que la moitié des meubles et acquêts. — 6. Retrait lignager des héritages vendus, condition de son exercice.

7. En ladite ville et eschevinage on use d'arrest; et pœult un créditeur faire arrester son débiteur ou ses biens, lequel en baillant cauxion aura main levée.

Le xxix.ᵉ jour de septembre 1507.

Signatures : Nicolle Prevost *prestre*, *vice-gérant de la cure.* — Jehan Laust *lieutenant.* — Jehan Cousin *maieur.* — Jehan Dorle *eschevin.* — Robert Dufour *eschevin.* — Miquiel Prevost *eschevin.* — Jehan Luden *eschevin.* — Emery Watrelos *eschevin.* — Antoine Garçon. — Grégoire Fourdrin. — Pierre Belloy. — Jehan Delecharte. — Jehan Robert *(un fléau).* — Mahieu Pruvost. — Willaume David. — Jehan Roguet. — Jehan Combret. — Perrotin Vimy.

GOUY ET BAVAINCOURT.

FIEFS.

Une grande page en parchemin, maculée en deux endroits. 3 articles.

A noble et puissant seigneur, Mgr. Jehan de Gouy, chevalier, seigneur de Ponchaux, Monstrœul-sur-Bresse, du Bacq-à-Bery, de Gouy en Artois, Bavaincourt et Beaumez, pour . . . . . partie, compettent et appartiennent trois fiefs et nobles ténemens, dont le premier est tenu de Mgr. le conte d'Artois, à cause de son chasteau d'Obigny; le second de noble homme Bertran de Bourbon, seigneur de Carenchy, à cause de sa seigneurie dudit Obigny; et le troisième de Philippe de Beaufort, escuier, à cause de sa terre et seigneurie de Montenescourt; ausquelz lieux de Gouy et Bavaincourt où lesdis trois fiefs sont situés, ledit seigneur de Ponchaux se pœult nommer seigneur en partie desdis lieux et a toute justice et seigneurie vicontière et en dessoubz.

1. Tous les manoirs amasés ou non amasés venans de succession, appartiennent au puisné, marle ou femelle, des prochains héritiers du trespassé; et se il n'y avoit nulz marles, à la puisnée des femelles du costé et ligne dont ilz appartenoient audit morant, sans ce quilz soient partables à quelques autres héritiers, ne leur faire quelque récompense, à la charge du douaire de la femme se elle sourvit son mary . . . . *mais les catheux et amasemens sont partageables.*

2. Il en est de même des manoirs dont l'acquéreur aurait été saisi au jour de son trépas, et n'aurait pas disposé par son testament; ils appartiennent également au puîné, mais l'époux survivant en a l'usufruit.

3. Item, se il y avoit aucunes terres labourables en aboult ou de la même rente que lesdis manoirs, icelles ne sont point partables, mais appartiennent à cellui ou ceulx à qui ou ausquelz lesdis manoirs appartiendroient, soient fiefz ou cotteries.

Le xxi.ᵉ jour de septembre 1507.

Signatures : J. Maton *bailli du seigneur.* — Pierre Leroux. — Martin Dollé. —

Jacquemart Garnier. — Andrieu Bucquet. — C. le Mercyer *homme de fief.* — Willaume Dupuch *et autres.*

POMMIERS.

SEIGNEURIE.

Un grand carré de parchemin, longues lignes, petite écriture, très-nette et très-lisible. 9 *articles.*

Coustumes locales du villaige, terre et seignourie de Pommiers, situé en Arthois, appartenant à noble homme Roland de Chable, escuier, seigneur dudit lieu quil tient, en un seul fief, de la seignourie d'Aubigny.

1. Succession des fiefs et reliefs. — 2. Succession cottière : tous les manoirs patrimoniaux à l'aîné ; les maréchaussées se partagent. — 3. L'époux survivant a l'usufruit des acquêts, manoirs et courtils. — 4. Il partage avec les héritiers de l'autre époux les acquêts en terres labourables. — 5. Forage et afforage des boissons vendues en détail. — 6. Amendes pour entreprises sur les flégards. — 7. Amendes pour couper gros et menu bois ; bestiaux dans les taillis au-dessous de trois ans. — 8 et 9. Droits particuliers du seigneur à cause des deux fiefs du *Quartier* et du *Rouille.*

Le xxviii.ᵉ jour de septembre 1507.

Signatures : Sire Pierre Dubos *curé de Pommiers.* — Lambert Vion. — Colart Dubos. — Thomas Deleville. — Jehan Vion. — Jehan Dubos. — Colart Varier. — Pierre le Boursier. — Robert du Piel. — De Rue. — *Deux autres illisibles.*

VILLERS-BRULIN.

SEIGNEURIE.

Un rôle de parchemin de 70 *centimètres de longueur sur* 25 *de largeur, écrit sur les deux côtés, maculé d'une large tache noirâtre produite par l'humidité, petite écriture très-serrée, mais lisible.* 18 *articles.*

Coustumes de la terre et seignourie de Villers-Brullin, appartenant à noble homme Jehan de Bussy, escuier, seigneur dudit lieu, qu'il tient en parrye de noble, hault et puissant seigneur, Mgr. de Carency, à cause de son chastel d'Aubigny, en laquelle terre de Villers-Brullin, il a toute justice et seignourie vicontière.

1. Choix des manoirs par ordre de primogéniture. — 2. La femme survivante jouit sa vie durant de la moitié des manoirs quand il y en a plusieurs. — 3. Les terres cottières se partagent, si ce sont des acquêts ; l'époux survivant en a la moitié. — 4. Les héritages cottiers sont soumis au retrait lignager. — 5. Flots et flégards. — 6. Issues et tonlieux. — 7. Afforages. — 8. Enseigne de taverne — 9. Queute à court et corvées.

10. Item, mondit seigneur est fondateur de l'église dudit Villers et cure de ladite église, et a homme vivant et mourant, pour avoir tous les drois de relief, droits de vente et des rentes qui sont tenues de ladite église, toutesfois quelles vont de main à autre.

11. Four banal. — 12. Moulin banal.—13. Autres droits seigneuriaux, tels que saisines, dessaisines, bans d'août et amendes de LX sols et au-dessous. — 14. Nouvelles éteules.

15. Item, qui est trouvé chariant garbes après soleil ou devant soleil levé, se lesdites gardes n'estoient *(chargées)* de plein soleil ou qu'il ayt grace de mondit seigneur, son bailly ou lieutenant, chiet en amende de. . . . . ledit seigneur.

16. Mondit seigneur à cause de sadite seignourie, pœult battre le bretesque . . . . ou faire battre pour faire crier tous crys et marchiés . . . . . avoir affaire, en sadite seignourie sans meffait.

17. Sy pœult ledit seigneur faire perchier vin aux taverniers et en avoir pour lui, ses gens et familiers sans affor, si bon luy samble; avec ce pœult ledit seigneur de Villers, aller en le feste de Penthecouste, feste du Bosquel, à compagnie de ses gens et familliers, en habillemens de guerre, pour la seureté de son corps, et en aultres jours sans meffait.

18. Ledit seigneur, à cause de sadite parrie, est francq luy et son censier demourant et résidans en ladite maison dudit seigneur, du travers d'Aubigny, pour tous biens et marchandises qui se maineront et videront dudit travers.

Pour le reste, on suit les coutumes générales d'Artois.

Sans date.

Signatures : Symon Philippes *bailly de Villers.* — Jehan Damiens. — C. de Habart.—J. de Villers. — J. Rasse.—Jehan le Boursier. — Colin de Millevoye. — Collinet de Millevoye. — Colart le Gaillart. — Jehan Griffon. —Colart Rasse *et autres.*

VILLERS ET YZER.

SEIGNEURIE.

Une feuille en parchemin contenant 4 pages d'écriture et signatures, petite écriture très-lisible. 9 articles.

Coustumes de la terre et seigneurie de Villers et Yzer, appartenant à noble dame, madame Ysabeau de Villers, dame de Belloy, du Candas et desdits lieux de Villers et Yzer, tenue de la chastellenie d'Aubigny, rédigées par moy

Jehan Devillers dit de Holleville, bailly desdites terres, au rapport et rellacion de sire Nicolle Martin, prestre, vice-gérant de la cure, messire Léon Quieret, chevalier, homme cottier, Estienne de Bethencourt, Jehan Hurtier, hommes féodaulx, Jacque Lefevre, mary et bail de Gyotte Wardavans, sa femme, à cause d'elle homme féodal d'icelle seignourie, Estienne Gonnet, Jacques Descourtieux, Jehan le Cuvelier, Guillaume Preverel, Jehan Cotaille, Jehan Louvet, Jehan Descourtieux, tous subgetz et tenans.

1. A la mort du tenant, les héritages cottiers retournent à la table et domaine du seigneur, qui fait les fruits siens jusqu'à ce qu'ils soient relevés par tel cens tel relief.— 2, Manoirs indivisibles, s'il y en a plusieurs tenus d'un même seigneur, les enfans en choisissent chacun un par ordre de primogéniture. — 3. Les maréchaussées des manoirs sont partageables,— 4. De même pour les terres labourables.— 5. Afforages.— 6. Forages.— 7. Droit de vente des manoirs et héritages, le VI.ᵉ denier. — 8. Tarif du droit d'issue de ville pour les bestiaux et marchandises. — 9. Fours banaux à Villers et à Izer.

Le xx.ᵉ jour de septembre 1507.

Signatures : Jehan Devillers *bailly.* — De Saisseval *procureur pour office.*— Jehan de Hucqueliers. — Baudechon de Capy. — Baude Lelong — *et autres repris ci-dessus.*

HOUDAIN.

Un gros cahier en peau de parchemin de neuf feuilles et demie pourries et effritées sur la tranche verticale, de telle sorte que les bouts de ligne de chaque recto ont disparu. Les lacunes des versos sont moins nombreuses. Elles n'existent que dans la moitié supérieure des pages et au commencement de chaque ligne. Le cahier se divise en trois parties, savoir : les coutumes du bailliage, f.° 2 à f.° 5; les coutumes du fief de Honnelin-lez-Houdain, f.° 7. Enfin les coutumes de l'échevinage d'Houdain, f.° 10 à f.° 18, r.° ; les autres feuilles sont restées en blanc.

VICOMTÉ CHATELLENIE.

(24 *articles.*)

S'ensievent les coustumes locales de la terre, *visconté et chastellenie* de Houdaing en ensievant la charge ordonnée *estre faite* par Mgr. le lieutenant de Mgr. le bailli *d'Amyens, commissaire* du roy nostre sire en ceste partie, et desquelles *coustumes la teneur* s'ensuit.

1. Primes, a la dame de Houdaing, en sadite terre, chastellenie et *seigneurie de Houdaing,* justice viscontière et tout tel droits que à seigneur *viscontier pœult* compecter et appartenir. Pour laquelle sa dite justice exercer et maintenir, elle a ung presvost au lieu de bailli (91), procureur, greffier, lieu*tenant de*

presvost et autres officiers, lequel prevost ou son lieutenant ont congnoissance *de tous* cas qui eschient en ladite seignourie.

2. A cause de laquelle sadite terre, seignourie et chastellenie, elle a plusieurs beaux drois, prééminences et prérogatives; et entre aultres elle est ruyère en et par tout les chemins, flos, flégars, rues et voyeries, contre tous seigneurs quelz quilz soient; avec es villes de Dieval, Honnelin, Boursmarez, Valhuon, Noyelle et Grincourt et Baisu, à lencontre des aultres ses hommes féodaulx tenus de luy (*sic*); samblablement contre les fiefs de Beaurepair situez en la ville de la Cousture-lez-Béthune; esquelz chemins, flégars, flos, rues et voieries lui appartiennent toutes amendes en ce pertinentes à lencontre de ses voisins; et ne peut nulz sur iceux chemins et flégars piquier, heuer, sarter, fouyr, estaller, prendre ne emporter, sans grace, sans encourir, pour chascune fois, en amende de LX sols parisis; sauf que les seigneurs viscontiers ont, à lencontre de leurs ténemens, pareil droit que nous avons hors la ville de Houdaing.

3. A encoires madite dame, à cause de sa terre et seignourie dudit Houdaing qui *est fief* previlégié, plusieurs hommes de fiefz qui de lui tiennent plusieurs fiefz à plusieurs *natures de* reliefz, les ungz à LX sols parisis, les aultres à XXX solz parisis, et à VII *solz* VI *deniers*, et une pairie qui se nomme le bois de la Lihne, laquelle est à dix *livres parisis* de relief; et sur chascun d'iceulx fiefz tous cambrelage et aide pareilz *au relief*, quant le cas si adonne.

4. Lesquelz ses hommes et vassaux, par ladite coustume, sont tenus servir ses *plais toutesfois que* sommé et requis en sont deuement, en rendant et prononchant tous *jugemens* interlocutoirs et sentences deffinitives des parties et causes pendant par*devant eux* en jugement, à la conjure dudit prevost ou de son lieutenant.

5. *A, à cause* de sadite seignourie, plusieurs hommes coctiers et rentiers qui lui doivent *et paient* plusieurs cens et rentes, tant d'argent, grains, chappons comme autres *choses;* telz rentiers, par ladite coustume, lui doivent au relief pour les terres censives *quils tiennent*: tel rente, tel relief; et à la vente le quint denier de la *valeur* d'iceux; et en samblable droit, en doivent ses hommes féaudaux ayant *justice* viscontière et non aultrement, s'il n'appert par fait spécial.

6. Item, et quant aux hommes féodaux, ils sont tenus par ladite coustume lui payer, quant ilz vont de main à aultre par mort, les reliefs limitez et, en la vente, le quind denier de la vendue; et samblablement en doivent ainsi user tous ses hommes et vassaux ayans justice viscontière comme elle.

7. En toute laquelle sadite terre, chastellenie et seignourie et en tout ce qui s'en deppend et qui en est tenu et mouvant, elle a toute telle et semblable

coustume que l'on a acoustumé user et que l'on use journellement ou chastel d'Arras, dont sadite terre est tenue et mouvante en pur ressort, synon en sa ville de Houdaing et en l'eschevinage d'icelle, auquel y a coustume local de laquelle en sera faite mencion à part.

8. Item, puet par ladite coustume, ledit prevost ou son lieutenant et est en sa faculté et puissance de statuer et faire faire, en et partout ladite seignourie, par cry publiques . . . . . . pour rappointier les chemins et rivières pour le bien publique, sur et à peine de LX solz parisis, et de pugnir, condempner et absoldre les transgressans et delinquants desdits cris et publicacions, par toutes voies deues et raisonnables, au jugement desdits hommes et à sa conjure, meismes de bannissement se le cas le requiert, soit à toujours ou à lapz de temps.

9. Item, a aussi, à la cause dite, ung droit de travers qui se prend depuis les hayes de Division, jusques à la croix d'Ollehain et sur le grand chemin d'Arras, comme parmy les villes de Rebreuves, Ranchicourt et Baoufle; esquelles limites, par ladite coustume, nul ne puet passer synon gens previllégiés qui ne soit tenus payer ledit droit selon que la derrée ou marchandise le requiert et à peine de LX solz parisis, se on le demande; mais en et partout ladite ville de Houdaing, il ne se demande point au moien quil y a boiste pendante, sauf que tous les hommes féaudaux sont exemps dudit droit sy ceux qui y sont demeurans ne sont marchans publiques.

10. Item, a encores ung aultre droit de travers lequel, en enssievant ladite *coustume, se prend* en la ville de Dieval et pays environ. Duquel droit de travers *ladite dame a* les deux pars et le seigneur du Raimel le tiers; et si se *doit demander* et aprez quil est demandé, se on est reffusant de le payer . . . . . . reffusans, il eschiet en amende de LX sols parisis; en laquelle *amende ladite dame de* Houdaing a les deux pars et ledit seigneur du Raimel le tiers.

11. Item, a aussi ung droit de terraige, tant à l'entour dudit lieu *de Houdaing qu'à l'entour dudit* lieu de Dieval et païs environ, lequel droit ceux qui sont chargiés . . . . ne pevent encarier ne emmener les advestures estans sur iceux héritaiges *sans le congié* du seigneur ou de son commis, sur paine et amende de LX solz parisis; pareillement *ils doivent* paier du cent de garbes ou waras huit garbes, sur pareille amende que *dessus; et si doivent* l'amener à la grange de madite dame ou de son commis, sur la paine que dessus.

12. Item, et se a, appartenant à ladite seignourie, plusieurs grandz quantité de bois esquelz, par ladite coustume, se aucunes bestes y sont trouvées paissans et mengant, assavoir es taillis jusques à trois ans, ceux à qui lesdites bestes appartiennent sont tenus paier, par ladite coustume, amende, se c'est en esto-

quis, depuis le Saint-Remy jusques au mois d'avril, X sols parisis de chascune prinse, et se c'est depuis ledit mois d'avril au jour Saint-Remy, amende de LX solz parisis et la prinse du sergent.

13. Item, semblablement par ladite coustume, se aucune personne ou personnes sont trouveez habatans bois comme estallons ou aultre bois portant tarelle, ceux qui sont trouvez ce faisant, eschient en amende de LX sols et restitution de l'emport et intérest.

14. Item, mais se aucune personne ou personnes estoient trouvées habatans *bois* sureagiés que l'on nomme et reppute en ce quartier pour fons de héri*taiges*, ceux qui seroient trouvez ainsi le faisant seroient tenus en grande *amende* arbitraire, à l'ordonnance de la court et restablissement de l'intérest *tel* que de raison.

15. Item, et aussi par ladite coustume, ledit seigneur ou dame de Houdaing a, *en et par* tout sadite seignourie, droit de toutes espavetez et estrayures de bastars par sadite justice viscontière.

16. Item, par ladite coustume, encores a madite dame ou ses officiers ung droit que l'on nomme prinse de *marée* qui se prend sur tous les cacheus de marée cachans et menans poissons qui passent par le *grand* chemins d'Arras (92) estant emprez ladite ville de Houdaing ou parmy ladite terre où que ce soit; pœult ledit seigneur ou dame ou ses officiers prenre ou faire prenre dudit poisson, toutes les *fois que* bon lui semblera, tant et si peu quil veult; mais quil en demeure auxdits *officiers*, de marée un panier ou la moitié d'un, par eulx paiant à l'équipolent *qu'ils ven*deront le pareil en la ville d'Arras ou quil aura valu pour le jour; de laquelle   value ilz doivent rapporter bonne certificacion sans malengien, et lors selon icelle *leur sera* délivrés leur argent.

17. Item, par ladite coustume, a ledit seigneur de Houdaing, par lui et ses officiers, la faculté de congnoistre, user et prouffiter de tous dons de quints ou demi-quints et aultres paines qui lui seront données sur ses subgetz, hommes et tenans, soit par moyen ou aultrement, adfin d'avoir plus brief paiement des debtes qui seront deues aux donateurs; et puet par sadite justice, à cause desdits dons et services, faire mettre à exécution lesdites debtes s'il en appert; et en demeure la congnoissance à ladite justice sans quelque renvoi.

18. Item, si deux conjointz par mariage achètent fief ou fiefz, en ce cas, l'homme est achepteur; et se l'homme va de vie à trespas auparavant sadite femme aveucq enffans ou non, les plus prochains héritiers dudit achepteur succèdent audit fief, à la charge du droit de douaire que ladite femme, par ladite coustume, lui compecte et lui doit appartenir; et ne puet ladite femme joir

de sondit droit de douaire tant quelle l'aura appréhendé par mise de fait ou aultrement.

19. Item, encores par ladite coustume, se deux conjoings par mariage constant leurdit mariage font acqueste ensemble d'aucunes terres coctières ou censives et l'un d'iceulx va de vie par trespas, au survivant compecte la moitié desdites acquestes de plain droit sans les relever, et aux héritiers du premier morant l'aultre moitié desdites acquestes, en faisant les devoirs en tel cas pertinens.

20. Item, aussi se deux conjoinctz par mariage l'un d'iceulx ayans héritages coctiers, soit du lez et costé de l'homme ou de la femme, se l'homme va de vie à trespas paravant sadite femme, icelle sa veuve emportera le profit du tiers des héritages sa vie durant seullement ; aprez son trespas retournent à la coste et ligne dont ilz sont dessendus, mais si elle (*sic*) vient de par elle, en ce cas c'est à elle.

21. Item, et pareillement par ladite coustume, se deux conjoinctz par mariage ont plusieurs manoirs venant de leur patrimoisne, tant d'un costé comme d'aultre, délaissant aucuns enffans, à l'aisné marle compecte le chois desdits manoirs pourveu qu'ilz soient tenus tout d'un seigneur ; et se plus en y a, ses frères et sœurs choisissent aprez luy ; mais s'il y avoit plus de manoirs que d'enffans, l'aisné auroit son obsion de choisir après et *conséquemment* . . . . chascun en son aisneté ; mais se tous lesdits manoirs estoient *tous tenus de divers seigneurs*, audit aisné compecteroient tous lesdits manoirs ; et s'il y en avoit plusieurs qui ne fussent de divers seigneurs, aux frères et sœurs devroit compecter *le choix des autres manoirs*, chascun en son degré de eage ; et se il y avoit fille aisnée des marles . . . . le puisné marle procéderoit esdits manoirs paravant *la femelle aisnée*.

22. Par ladite coustume, tous les manans et habitans de ladite ville. . . . . . au molin au blé de ladite ville ; et ne pevent maulre ailleurs . . . . . . en estat, que ce ne soit sur paine de perdre et confisquer. . . . . au prouffit du seigneur.

23. Item, se deux conjointz par mariage ayans pluiseurs enffans délaissans aucun fief ou fiefs venant de patrimoisne, et ilz vont de vie à trespas, en ce cas au filz aisné apartient ledit fief, selon ladite coustume, à la charge du quint appartenant à ses frères et sœurs puisnez, se appréhender le vœullent ; et ne sont nulz fiez à quintier, se ce n'est du père ou de la mère, au filz ou fille.

24. Item, a madite dame, en sesdits bois, garenne previllégiée et anchienne ; en sesdits bois nulz ne puet cachier à harnas de fille, lapz de fil, d'arbalestes ne à furons ne sonner trompe en iceulx, que ce ne soit en commettant amende ;

assavoir aux nobles hommes, sur et à paine de.... solz, et autres non nobles, sur et à peine de poing coppé (93) et les harnas et furons confisqués à son droit.

Toutes lesquelles coustumes ainsi articularisées que déclaré est en ce présent kayer, ont esté accordées, consenties et approuvées par les hommes de fiefz soubsignés, sans nul contredit, comme par leurs saingz manuelz cy-soubzsignés appert, le XXI.ᵉ jour de septembre l'an mil cinq cens et sept, sauf l'article de la garenne auquel se sont opposés le seigneur de La Conté, le seigneur d'Ourton et Charles de Bernicourt.

Signés : De Salentin. — De Menricourt. — Forfaulx. — J. Dent *prestre, pour Adrien Salmon.*—J. Leriche.—Evenillart.—Duquesnoy.—De Roussy.—Maille. Grenet.—Jan Grard.—Fontaine.—J. Doré.—Grenier *pour Mgr. d'Esquerdes.* — De Servin. — N. Ham.—Bertrand Ferquot. — Pierre de Houdaing. — Williaume Desprez — Tristram Demons. — Duriez. — Jehan le Libert. — Waleran Ricard. — Willaume Hermant *pour le seigneur de Beaufort.* — Leroy. — Jan Dugropré. — Guillaume du Sart. — Jehan de Bruay. — De Vignacourt. — Jacobus Lombart *pour le seigneur de La Vallée.* — *Le procureur du seigneur de Varennes*, etc. , *et autres illisibles.*

FIEF D'HONNELIN.

(9 articles).

Aultres coustumes d'un aultre fief, terre et seignourie . . . . . . de Houdaing nommé le fief, terre et seignourie de Honn*elin.* . . seul fief du seigneur de Bailleul, à cause de son . . . . la comté de Saint-Pol. Auquel fief ladite dame *a toute justice, haute,* moienne et basse ; pour laquelle sadite justice garder . . . . . a bailli, lieutenant de bailli et autres officiers, lesquels con*gnoissent* de tous cas appartenant à congnoistre à hault justicier.

1. Item, à cause de laquelle terre et seignourie, elle a plusieurs *hommes et tenans* qui de lui tiennent ; lesquelz lui doivent plusieurs cens et rentes *qu'ils paient* à divers termes, tant d'argent, grains, chappons, corvées ou aultrement... *lesquels* hommes sont tenus, quant leurs héritages vont de main à aultre *par trespas*, paier à ladite dame ou à son receveur pour le relief des héritages d'elle tenus . . . . . au relief; et en la vente d'iceulx le vj.ᵉ denier de la ven*due d'iceulx* par ladite coustume.

2. Item, a, appendans à ladite seignourie, plusieurs hommes de fief, lesquelz sont tenus payer, quant ilz se transmettent de main à aultre par mort, les reliefz limitez, lesquelz sont à divers reliefz avec moitié cambellage et aide pa-

reil auxdits reliefz quant le cas se adonne; et à la vente d'iceulx le quint denier.

3. Item, sont lesdits hommes tenus de servir les plais touteffois que sommez en sont deuement audit lieu de Honnelin.

4. Item, par ladite coustume, elle a, à cause de sadite justice et seignourie de *Honnelin*, *ung droit* que l'on nomme droit de dismes et terraiges; au moien *duquel droit*, en ensievant ladite coustume, nulz ne puet emporter les advestures des champs sans délaisser la disme; et pareillement que nulz ne puet emporter les ablais estans sur *lesdits champs sans* grace du seigneur ou de son fermier, et de mener et encarier *ledit droit de terraige* qui est du cent huit en la grange dudit seigneur ou de son fermier, *sous peine et amende* de LX sols parisis, pour chascune fois quil serait trouvé de ce *défaillant*, avec restablissement dudit droit.

5. Item, et si est ruyer en tous les chemins, flos, flégars, rues et voieries de tous ses seigneurs voisins en tout ce qui de sadite seignourie deppend, *tellement que* nulz ne puet picquier, fouyr, copper, sarter ne espuchier, prendre ne emporter *aucune chose sur* iceux chemins et flégars, que ce ne soit en commettant amende de LX sols parisis *pour chascune fois*, sans grace du seigneur ou de ses officiers.

6. *Item, doivent* lesdits officiers, par ladite coustume, statuer et faire cris publiques pour *l'utilité* publique en et partout sadite ville, pour l'entretenement desdits chemins, *voieries* et flégars, touteffois que bon leur semble, es mettes dudit bailliage, *et cont*raignent les délinquans à payer les amendes en tel cas pertinentes.

7. Item, a encores droit, par ladite coustume, de congnoistre et user et prouffiter de tous dons de quintz et demi-quintz et aultres paines qui pourroient estre donnez par sesdits subgetz ou aultres audit seigneur, soit par moyen ou aultrement, adfin d'avoir plus brief paiement des debtes qui sont ou porroient estre deues aux donateurs; et puet par sa haulte justice, à cause desdits dons et services, faire mettre à exécution lesdites debtes s'il en appert, et en demeure la congnoissance à sadite justice sans en faire quelque renvoi *(textuel)*.

8. Item, a aussi par ladite coustume, à cause de sadite haute justice, droit de toutes estrayures, espavetez et avoirs des bastars et luy en appartient la congnoissance et à nulz aultres, avec toutes confiscacions.

9- En tout lequel nostre fief, terre, chastellenie et seigneurie et en ce qui en deppend, nous avons tout tel droit et coustume que mondit seigneur de Baillœul, et si ont tous nos hommes, hostes et vassaux qui de nous tiennent tout tel droit que nous et non aultre s'il n'appert par fait espécial; et si sont frans et exemps par tout la conté de Saint-Pol, Pernes, ressors et enclavemens, de tous tonlieux, travers subsides et maletoctes, comme les vrais subgetz de Mgr. de Baillœul.

Toutes lesquelles coustumes ont esté accordées, consenties, signées et approuvées par les hommes soubzsignés, assavoir : Valeran de Menricourt bailli dudit lieu, Pierre de Salentin procureur d'office, Jehan Clavel bailly et procureur du seigneur de Barlin, Pierre Dais homme de fief, Jehan Doré aussi homme de fief, Leurens Flemeng pour Martin Deleval aussi homme de fief, Jehan Blocquel, Adam Leglé, Jehan Godeber, Jean de Beauvoir.

Le xxie jour de septembre l'an mil cincq cens et sept.
Signatures.

ÉCHEVINAGE D'HOUDAIN.

(66 *articles*).

S'ensievent les coustumes locaux de la ville, *bourgage* et eschevinage de Houdaing en Artois, et de *la banlieue* d'icelle; desquelles l'on use et l'on a acoustumé *user de tel* et si long temps quil n'est mémoire du *commencement*, en ensievant la charge, ordonnance et évocation *sur ce faite* par Mgr. le lieutenant de Mgr. le bailli d'Amiens, *commissaire* du roy nostre sire en ceste partie; et desquelles *coustumes* la déclaration s'ensuit.

1. A et doit avoir audit lieu de Houdaing, pour l'exercice de *la justice*, un *prevost* ou lieu de bailli; lequel ou son lieutenant exerce toute la *justice en ladite ville* comme en l'eschevinage d'icelle; et pour l'administration *de la justice* audit eschevinage, sont ordonnés annuellement ix eschevins *à la conjure* dudit prevost ou de son lieutenant.

2. Item, lesquelz eschevins, par ladite coustume local, se renouvellent chascun an, assavoir *le premier* mardy après le xxe de Noel, auquel jour, par ladite coustume, doivent *créer* aultres ix eschevins; lesquelz, chascun en son regard, sont tenus eux trouver *en* la halle dudit lieu qui est lieu limité là où on tient les plais; et *là* se doivent faire tous jugements et auprez d'icelle, à heure des *estoilles* au chiel; à laquelle heure eux et chascun d'eux sont tenus venir *chercher* ledit prevost ou sondit lieutenant, à deux torses ardans qui se portent *au devant* dudit prevost ou lieutenant par le sergent dudit eschevinage *et l'un des* sergens du seigneur ou dame audit lieu, et eux trouver ou lieu où est ledit prevost ou lieutenant en ladite ville; et convient auxdits eschevins audit jour *que dit est* quilz soient accompagnié des viez eschevins et nouveaux; et si *ceux qui sortent* ou qui doivent remonter en office ce dit jour ne sont en nombre

souffisant, auparavant ladite heure, et que aucuns de leurs compagnons *aient finé vie* par trespas ou prins aultre office du seigneur ou pour leur pro*pre utilité* soient alé demourer hors de la ville, ou que aucuns d'iceux *aient vendu* leurs bourgages, ce que faire porroit, en ce cas *ledit prevost ou* sondit lieutenant peuvent, avec les aultres oficiers, assavoir pro*cureur d'office* et greffier, avec les eschevins régnans pour ledit jour, mettre *et créer*... à leur nomination aultres eschevins nouveaux les plus ydoines *qu'ils pourront* demander ou regarder audit bourgage, banlieue et eschevinage, *tant que le* bancq soit furny de ix eschevins comme l'on a acoustumé faire.

3. *Item*, en ce faisant, celluy ou ceux qui en ladite ellection emportera le plus de voix *desdits bour*gois et eschevins demoura ou demouront esleu eschevin ou eschevins pour *l'an enssievant;* et ne le puet reffuser d'estre en exercice d'icelluy office pour l'an *entier*, sans en ce commettre amende et pugnission à discrétion *dudit prev*ost ou lieutenant, et de ses frères et compaignons, tel que de raison.

4. . . . . . . Aprez ledit an expiré, ilz peuvent et porroient vendre leur dit bourgage . . . . . . à tel personne et pour tel pris que bon leur semblera, et par ce . . . . . . ne demeurent bourgois; ilz sont exempz à jamais d'estre eschevins et . . . .

5. *Et cela* fait, se à ladite heure quilz sont tenus eux trouver par devers ledit prevost *ou sondit lieutenant,* avec lequel prevost ou lieutenant doivent audit jour estre ledit lieutenant. . . . . . . et greffier et lesdits eschevins; et eux tous ensemble assemblez *aude*vant ladite halle; et illecq arrivé, ledit prevost se siet en son siége judicatoire et les officiers dudit seigneur auprez de luy.

6. Item, aprez se posent et assient lesdits ix eschevins qui ont régné pour ledit an sur un bancq auprez dudit prevost ou de sondit lieutenant.

7. Item, et eux illecq assis comme dit est, vient ung des sergens dudit prevost apporter sur le bureau une crois de cœuvre à laquelle est mis et posé la remembrance et l'ymage de Nostre Saulveur Jhésu-Christ.

8. Aprez laquelle crois ainsi posée que dit est, par l'ordonnance dudit prevost ou lieutenant, vient le greffier dudit eschevinage dénommer, l'un aprez l'aultre, en ung billet de papier quil tient en sa main, tous les eschevins ordonnés ou esleux pour régner l'an ensievant.

9. Item, mais ainchois quilz soient assis audit bancq, ledit prevost les contrainct de se mectre à genoulx fleschis et, chief nu, faire serment solempnel et par chascun d'iceulx, en mettant la main sur ladite croix, que deuement et leallement ilz exerceront leurs dits offices d'eschevins, en gardant par eux les termes acoustumés estre tenus, observez et gardez.

10. Et à la mesure que par ledit greffier sont appellez *lesdits eschevins* ils se assient audit bancq, et les aultres qui ont servy l'an *précédent* se assient à la mesure quilz sont appellez; et tant est en ce *fait jusqu'à ce que ledit banq* est ou doit estre furny desdits ix eschevins.

11. Item, et ledit bancq ainsi furny que dit est, iceulx *eschevins demandent au* prevost ou lieutenant grace de faire et besoingner *en leur dit office* ainsy quilz ont acoustumé faire de toute anchienneté. *Et ce fait comme dit est*, se lyeve de son siége ledit prevost ou ledit lieutenant; *et lesdits ix eschevins* demeurent un petit avec les aultres leurs frères et *compaignons pour* savoir à eulx quelz charges ilz leur délaissent pendant *l'année de leur* eschevinage, ce quilz leur déclairent et quils sont tenus *leur déclarer ainsi* quilz doivent.

12. Item, aprez quilz ont ensemble consultez leurs matières, lesdits *eschevins se* partent de ladite halle et s'en vont tous ensamble où est ledit *prevost ou* lieutenant soupper tous ensamble.

13. Item, et le lendemain matin, en enssuivant ladite coustume, environ heure de ix *heures* du matin, tous lesdits eschevins ainsi créés et renouvellez que dit est se *rendent* en ladite halle avec eux leur greffier; et illecq eux tous en*samble* ayans le police et gouvernement d'icelluy eschevinage et banlieue *eslisent* gens honnestes et notables, assavoir menistres et mangliers *pour régir* et gouverner les biens, rentes et revenus appartenant à l'église *paroissial* dudit Houdaing. Lesquelz sont tenus rendre compte et reliqua de *leur gestion* pardevant ledit prevost, lieutenant et eschevins, procédant une fois *l'an*.

14. Item, se ont, par ladite coustume, lesdits eschevins faculté en *leur eschevinage* de commettre et ordonner gens honnestes pour régir et gouverner les biens des poures dudit lieu; lesquels sont tenus *de rendre compte* et reliqua comme dit est.

15. Item, et ce fait, commectent aussy gens notables aux *eswars du pain* et de la char, cervoise et poisson qui se vendent par an *audit eschevinage*, avec eswars à la drapperie, au cuir et aux terres, à le *utilité* publique, ainsi quil est acoustumé faire.

16. *Item*, en enssievant laquelle coustume, se partent de la halle lesdits eschevins et greffier, *et s'en* vont à la bretesque (94) dudit Houdaing publier à cry publiques les estatuts *et ordonnances* qui se doivent maintenir et garder audit eschevinage, sur et aux *peines* des amendes déclaréez esdits statutz et ordonnances, adfin que nulz n'y puisse *prétendre* cause d'ignorance; lesquelles amendes compectent et appartiennent *au seigneur* dudit Houdaing et non à aultre.

17. *Item, peuvent* iceux eschevins, de l'auctorité et puissance que dessus

à eux bailliée par lesdits prevost ou lieutenant et à sa conjure, d'an en an quant le cas le désire, *pour l'entretenement* et conservation dudit bien publique, faire statuts et *ordonnances* en ladite ville et banlieue et non ailleurs, et aussy condempner, *à la conjure* dudit prevost, les délinquans en amendes telles quilz verront ou cas *appartenir*, le tout selon la fourme et teneur que font lesdits eschevins d'Arras, qu*ant ilz sont semons par le*dit prevost ou sondit lieutenant pardessus en tout; et si ont, en enssievant *ladite coustume*, la faculté et puissance de faire ban soit à toujours ou à rappel, selon *que* le cas le désire, à la conjure d'icelluy prevost, des cas commis audit eschevinage et banlieue et non hors; et, pour ce dénoter, y a clocque ordonnée pour sonner; laquelle doit sonner depuis que le délinquant part du pié de la halle (95) jusques ad ce quil est hors dudit eschevinage et banlieue.

18. Item, est aussy en leur faculté et puissance de congnoistre de tous cas de crisme commis es mettes de leur dit eschevinage, aussy avant que à justice viscontière doit compecter et appartenir, et les délinquans, à la conjure que dessus, les condemner et absoldre selon l'exigence des cas par eux commis et perpétrez.

19. Item, par ladite coustume, peuvent iceulx eschevins afforer les vins vendus à détail en ladite ville se ad ce sont requis; lesquels vins nulz taverniers ne peuvent vendre sans affor, sur et à paine de LX sols parisis pour chascune pièce ou ponchon au droit et prouffit dudit seigneur; et convient à faire ledit affor quil y ait trois eschevins du mains, ad ce appellé ung des sergens dudit prevost qui a puissance, par icelluy, de conjurer lesdits eschevins pour, en ce, estre gardé le bien publique; et si ne peuvent iceulx taverniers tirer de leur vin sans grace plus de quatre paux, paux de garle, ne le prester à plus hault pris quil sera afforé sur et aux paines que dessus; et sont tenus, ledit affor fait, faire cryer le nom du terroir dont il est, se le peuvent, du jour à lendemain, sur l'amende que dessus; et en ce faisant ont lesdits eschevins droit de prendre et avoir, de chascune pièce grande ou petite, ung lot de vin pour chascune fois, avec une brimbe de fromage pour boire leur dit vin.

20. Item, sont aussy, par ladite coustume, lesdits eschevins tenus, de *xv.*ⁿᵉ en *xv.*ⁿᵉ, *tenir les* plais dudit eschevinage en la halle de ladite ville avec *ledit prevost ou* lieutenant, et illecq faire raison aux parties contractées par*devant eux*, *à la* conjure dudit prevost, ainsi quilz verront au cas appartenir; et *se tiennent* ordinairement iceulx plais en jour preficq qui est jour de m. . . . .

21. Par ladite coustume, se aucune appellacion ou appellacions *se interjettent* des ordonnances, appointemens et sentences deffinitives prononchées *par les-*

dits eschevins ; en ce cas l'appelant est tenus rellever sadite appellation . . . . . . pardevant ledit prévost ou lieutenant et hommes de fiefz du chastel. . . . . . et non ailleurs, que préalablement ledit prevost ou son *lieutenant* n'aient congneu, ordonné et appoinctié d'icelle appellacion.

22. Item, et aussi se du déclinatoire, sentence, ordonnance jugées par les*dits prevost et hommes de fief* s'en eussyoit aussi appelacion, en ce cas il conviendroit *par ledit appelant* relever sadite appellacion pardevant les gouverneur, lieutenant et *hommes du chastel* d'Arras, duquel ladite ville est mouvant en pur ressort et non ailleurs; et desdits gouverneur, lieutenant et hommes dudit chastel, l'appellacion d'iceulx va et doit aller *tout d*roit en parlement et non ailleurs(96).

23. Item, autre coustume local audit Houdaing, de laquelle l'en a acoustumé user journellement, qui est telle que se aucune personne, soit quil soit *demourans* en la prevosté dudit Houdaing ou ailleurs, en quelque lieu quil soit *de ladite* chastellenie, ou aultres de ladite ville, s'ils sont trouvés audit eschevinage . . . . . (97) à aulcune personne de ceste subjection, estre envers eux tenus pour *aucunes* debtes personnelles que ce soit ou puist estre, puis que le debteur est *demourans* audit eschevinage et banlieue, celluy qui sent ledit debteur *estre envers luy* tenu, puet si bon lui semble soy retraire pardevant ledit prevost *ou son* lieutenant et lui requerre que la personne qui sent vers *luy estre* redebvable, que son plaisir soit la mander venir vers lui par v. . . . . . ce que ledit prevost ou lieutenant, par ladite coustume, ne puet reffu*ser, puis* quil soit en ladite banlieue et eschevinage ; et par ledit prevost oy *le demandeur,* il ordonne à sondit sergent qui la voist querre et l'amène par devers luy; et incontinent icelluy sergant et officier, en obéissant au commandement *de son* maistre le prevost, va querre le debteur et le amaine devers sondit *maistre ;* et illec estant pardevant lui, celluy qui l'a requis estre mandé *fait sa* demande; et se le debteur confesse le deu contre lui prétendu, ledit *prevost de son* auctorité lui ordonne l'avoir contenté et paié en dedans sept jours et *huit nuytz ;* et l'ordonnance faite, convient au debteur bailler caucion subjette audit eschevinage pour ce fait ; et se la denye, ledit prevost ou sondit lieutenant remet lesdites parties à l'ordonnance *de la court* dudit eschevinaige; et n'a le sergant faisant ceste traite ou adjournement, que iiij deniers parisis de chacun exploit; et sont les sentences de telz et semblables *actes* exécutoires en et partout ladite prevosté et chastellenie ; et sont tenus *les parties* ainsy traictées, estans en ladite subjection, de y répondre sans quelque renvoy.

24. *Item,* a encores en ladite ville et eschevinage aultre coustume local que l'on nomme *droit d'*arrest, qui est telle que se il y a aucune personne

redebvable envers *une aultre p*ersonne, et il est trouvé audit eschevinage et banlieue et non ailleurs. . . . . . . que la personne lui doive et soit envers luy tenu par action personnelle, *il puet la* faire arrester et faire clam et arrest sur sa personne par un des *sergens à* verghe de ladite prevosté ; et la personne arrestéee et mise à le loy dudit *eschevinage*, ledit sergent doit veoir sa partie qui a fait faire ledit arrest en soy tenant *ladite* partie par lui arrestée, et ainsy le doit amener pardevant deux eschevins, *devant* lesquels le demandeur fait sa demande et fourme son clam et arrest ; et se le deffendeur confesse la demande contre luy prétendue, iceulx eschevins le condempnent paier et contenter ledit demandeur en dedans sept jours et huit nuytz comme dit est ; et se le deffendeur la denye, lesdits eschevins, pour le différent estant entre eux, les renvoient, à l'ordonnance de la court dudit eschevinage, aux prochains plais ensievans ledit jour.

25. Item, et ce fait et oy, par ledit sergent, ledit appoinctement et ordonnance, *il* demande auxdits eschevins quil doit faire de la partie ainsi arrestée, à quoy lesdits eschevins *respon*dent quil s'en tiengne seur, se tant se ne le croit; et lors ledit sergent, s'il ne puelt caucionner la personne ainsi arrestée que dit est, il convient à la personne arrestée trouver pleige ou caucion subgecte audit eschevinage ; se trouver ne la puet, il doit estre mis en prison fermée jusques à plaine satisfacion.

26. Item, et aux plais sur ce suivans convient, audit jour de plais, lesdis eschevins ou la plus part d'iceulx quilz soient audit jour de plais seans en bancq, en ladite halle, avec ledit prevost ou sondit lieutenant; pardevant lesquelz les causes pendant au siége dudit eschevinage sont appelées à tour de roolle par le greffier; en quoy faisant, les parties y ayans causes sont entretenues et plaidoyées ou jugées selon que le cas le requiert ou désire ; et n'ont, les procureurs servans les parties en ladite court, pour la première journée, que ij solz tournois, et les autres journées enssievant, xij deniers, se n'est pour marchié fait.

27. Item, auquel jour est de nécessité au demandeur faire *enregistrer à* ladite court par le greffier, sa demande dont il a, pour la présentation, xij deniers *du deffendeur* demeurant hors dudit eschevinage et non bourgois, et autant des *deffendeurs qui* sont bourgois ou fils de bourgois demeurant oudit eschevinage. Il n'*a plus de l'arresté* ne du deffendeur synon se condempnacion s'en enssuit ; il a. . . . . . la condempnacion se enqueste ne s'en enssuit ou lettres ne s'en *font*.

28. Item, par ladite coustume, est de nécessité au deffendeur. . . . . quant le demandeur fait sa demande ; et se procureur ou. . . . . . . selon l'usaige

et stil de ladite court, requiert avoir deffault contre. . . . . . lui sera, saulf l'eure, laquelle est jusques aux est*oilles au chiel* . . . le deffendeur ne vient ou compare ou procureur pour luy en dedans . . . . . . demandeur est tenus soy trouver pardevers deux desdits esch*evins* . . . . . tenus remonstrer la diligence par lui faite de ainsy. . . . . jusques à ladite heure, eux requerans quilz soient memo . . . . . . aux prochains jour de plais enssievant ledit jour ; et ce faire *registrer au* registre de ladite court.

29. Item, et lesdites diligences ainsi faites que dit est par le demandeur, ... plais enssievans en appelant sadite cause, requiert à la court ou proc . . . que, en enssievant l'usaige et stil de ladite court, que ses demande et . . . . lui soient adjugées; sur laquelle requeste ladite court sur ce com. . . . . . . leurs avis jusques aux arrestz, lesquelz arrestz se tiennent . . . . aprez toutes les causes expédiées audit jour; et convient que audit . . . . . . prevost ou lieutenant se lyeve de son siége tant que lesdits arrestz . . . . . auxquelz se widen les causes dudit eschevinage qui. . . . . estans en l'avis de ladite court, se de ce ilz sont juges, et . . . . se doivent trouver, à chascun des plais, tous les eswars, commis ou . . . . . . de ladite ville pour le bien publique, pour, pardevant les . . . . faire leur rapport, chascun en son regard, de ce quilz auroient *trouvé*. . . . . perchu, es offices où ilz sont ordonnez, sur paine d'estre pu*gnis à le* discrétion dudit prevost et eschevins.

30. Item, et sont tenus, au jour et heure desdits arrestz, estre en nombre *compectent* quilz sont commis esdits offices jusques au nombre de trois ou quatre *eswars*. Et se aucuns ont esté trouvez avoir delinquié, ilz sont tenus le dire *et dénoncer* auxdits eschevins pour en faire rapport audit prevost ou sondit *lieutenant*, et sur ce en estre fait à la discrétion d'icelluy prevost.

31. Item, et lesdits eswars oys et interroguiés, se widen les advis des causes estans pardevant . . . . , et entre entre aultres la cause du demandeur qui ainsi a fait ses dilligences. . . . . . dessus touchées; et le tout veu et oy, en enssievant ledit usage et stil, ilz ordonnent . . . . . clarent, par meure délibéracion de conseil, au demandeur qui ainsi a fait sesdites. . . . ses conclusions lui estre adjugées; et ledit deffendeur ad ce condempné es despens. . . . .

32. . . . . leurdit avis widié, se partent hors de leur bancq deux desdits eschevins . . . . . . demeurent, et s'en vont requerir ledit prevost ou lieutenant qui est et doit estre. . . . adite halle, et illecq se part avec eux et s'en reva en son siége judicatoire. . . . . illecq rassis, le procureur du seigneur présent, iceux eschevins ordonnent à leur dit greffier q*uil p*rononce ce que

par eux a esté dit et appoinctié, ensemble le rapport *des eswars* et des causes pendant audit siége.

33. *Item, en* obéissant à laquelle ordonnance, icelluy greffier dit publiquement le déclaration et appointement prononchié par iceulx eschevins, ensamble le rapport desdits eswars; et se aucuns d'iceulx ont perchu ou congneu faulte en leursdits offices, ledit greffier le dist et déclare audit prevost pour desdites faultes y estre pourveu par le procureur du seigneur, ainsi quil appertient par raison; et ce fait, ledit prevost ou sondit lieutenant se rassiet et remet toutes les causes pendant audit siége jusques à la xv.^{ne} enssievant, et à tant se part toute ladite court.

34. Item, a encores en la court dudit eschevinage aultre coustume, laquelle est toute notoire, duement gardée et observée au siége de ladite court, qui est telle que, se deux parties sont traicttées par mandement ou par arrest et non aultrement, parce que on n'y procède point par adjournement; aprez que le demandeur a fait sa demande, le deffendeur puet, ung jour ou deux devant le jour des plais suivans, soy trouver pardevant deux eschevins parmy la ville ou en leurs maisons, et pardevant iceux requerir avoir comtremant premier contre sa partie demanderesse; et au jour sur ce suivant ou aultre entretenu d'icelluy, aprez la demande formée par le demandeur en jugement, iceux deux eschevins sont tenus déclarer ces motz ou en substance, disant : IL Y A COMTREMANT AU DEFFENDEUR; et lors, pour l'entretenement de la cause, le demandeur est tenu demander PARDEVANT QUY LEDIT CONTREMANT A ESTÉ REQUIS; et lors iceux eschevins le déclarent audit greffier, lequel en fait notte en son registre pardevant quelz eschevins ledit contremant a esté requis et se pose aussi en teste de sondit registre : CONTREMANT PREMIER.

35. Item, et sur ceste fourme puet le deffendeur continuer par trois xv.^{ues} . . . . . . se tienne ledit jour de plais sur le cauchie ne par la ville. . . . . veu son contremant n'avoit lieu, et le puet le demandeur const. . . . . . aultres délay se ne lui plaist ou s'il ne vuelt respondre à la . . . . .

36. Item, et lesdits contremandz obtenus par ledit deffendeur, y a encores . . . . . . que l'on nomme delay d'absence, et n'y a nulz aultres délais. . . . . le deffendeur que ledit délay d'absence; et icelluy obtenu, il convient . . . respondre à la cause, se respondre y vuelt, et se faire ne le vuelt . . . puet obtenir deffault aussi bien en sa présence comme en son *absence* . . . . il puet demander guaing de cause et despens ; et s'il n'est po. . . . . garder son jour jusques au jour qui ci-dessus est déclaré . . . . que dessus.

37. Item, et se par ledit deffendeur ou son procureur est deffendue le demand. . . . . . . le demandeur puet demander jour à répliquier et le deffendeur à duplicquier . . . quilz sont appointié contraires et . . . et aussi plus procéder en . . . par enqueste comme aultrement, comme l'on fait es aultres courts layes.

38. *Item*, a encores oudit eschevinage une aultre coustume local dont l'on use *et a acoustumé* user audit eschevinage, que l'on nomme coustume d'entravestissement, *qui est* telle, que deux conjoinctz par mariage ayans enffans ou enffant, *par le fait du* trespas de l'un d'iceulx, au survivant, par ladite coustume, compec*tent* . . . tous et quelconques les biens meubles, debtes et casteux del . . . jour du trespas du premier morant, sans ce que en iceulx biens *mœubles* et casteux les enffans délaissiez du premier morant y aient nul . . . . . . avec tous les héritages situez en eschevinage ou quilz soient *situez*, es villes et lieux où l'on use dudit droit d'entravestissement; *pour desdits* héritages joir par le seurvivant viagèrement et usufructueusement, sa *vie durant* seullement, à la charge de paier et furnir toutes les debtes; et *la nue* propriété d'iceux héritages, soit quilz viennent du lez et costé *du seurvivant* ou du premier morant, appartient aux enffans délaissés du pre*mier morant, à* chascun par égalle portion; et, au nom d'iceulx enffans, *le seurvivant* doit relever lesdits héritages situez audit eschevinage et bourgage, en dedans. . . . . . aprez le trespas dudit premier morant, sur et à peine de LX solz *parisis* au droit et prouffit du seigneur de Houdaing.

39. *Item, et* ne puet ledit sourvivant vendre, chargier ne engagier héritaiges. . . . . . de sesdits effans, pour quelque affaire ou nécessité qui lui puist *advenir* . . . jassoite que iceux héritages venissent de son costé, et n'y puet prétendre aultre droit que son viage seullement, lequel droit de viage il porroit . . . . vendre contre le gré de sesdits enffans, à la charge de l'entravestissement devant dit.

40. *Item*, et *encores* se aucuns d'iceux enffans aloient vie par trespas auparavant l'un l'aultre, *appartiendroit de* droit audit survivant, la part et portion dudit enffant ou enffans, sur . . . . de que dit est, et en dedans ledit jour aprez le trespas d'iceux enffans . . . . , parce que lesdits héritages sont partables autant à l'un comme aux aultres; *et au moyen* duquel rellief et dudit droit d'entravestissement, se tous les enffans aloient *de vie par trespas* auparavant ledit survivant, à icelluy survivant compecteroient et *appartiendroient tous* lesdits héritages de quelque costé quilz soient venus ou descendus, et en porroit *faire et* disposer comme de sa propre vraye chose, parce quilz sont repputez *pour choses* mobilliaires non tenant ne coste ne ligne.

41. Et se, par cas d'aventure, aucuns d'iceux enffans, fust filz ou fille, demouroient grans et se aliassent par mariage, et que, constant icelluy mariage, ilz eussent enffans au moien desquelz, par ladite coustume, y avoit entravestissement de sang, en ce cas, se l'un d'iceux conjointz aloit vie par trespas délaissans aucuns enffans, il conviendroit au survivant relever le fons et propriété desdits héritages, pourveu qu'ils fussent audit eschevinage, au proffit desdits enffans, à la charge dudit premier viage d'icelluy premier survivant.

42. Item, et se les enffans issus d'icelluy second mariage aloient vie par trespas, au moien d'icelluy relief qui auroit esté fait par ledit second survivant pour sesdits enffans, à icelluy second survivant appartiendroient lesdits héritages, à la charge du viage dudit premier survivant, et par ce moyen seroit tenus relever, de la succession d'iceux ses enffans, ledit héritage; et porroit ledit fons et propriété vendre et en faire son prouffit à la charge dudit premier viage; et ledit premier morant trespassé, la totallité appartiendroit audit second survivant et à ses hoirs, parce quilz sont repputez pour choses mobiliaires comme dit est.

43. Item, aussi par ladite coustume, se deux conjoinctz par mariage aiant enffans ou non, et, pour leur affaire ou pour leur singulière volenté, vouloient vendre leur dit bourgage, ou bourgages, faire le porroient licitement sans en ce faire ne tenir la règle ne en ce garder les solempnitez dont l'on use en la . . .
. . . . *comme de remploi* d'héritage, consentement de hoir ou urgente nécessité jurée, et te*lement que ne* peuvent nulz, par ladite coustume, ad ce contredire de quelque costé que lesdits héritages *soient venus ou* descendus, soit du costé de l'homme et de la femme, parce que iceux héritages sont *tenus et repputez* comme chose mobilliaire comme dit est.

44. Item, mais se l'un d'iceux conjoinctz aloist vie par trespas auparav*ant l'autre, et se* il y avoit enffans ou enffant au moien desquels il y auroit entrave*stissement par sang, ainsy* faire ne le porroient, et pour ce demouroient iceulx héritages à le sub*jetion desdits enffans* et aux charges que dessus.

45. Item, a encores, oudit eschevinage et banlieue, une aultre coustume nottoirement observée que l'on nomme coustume de entravestissement par lettres, qui est telle *que, se deux conjoinctz* par mariage, ayans nulz ne aucuns enffans *procréés de* leur char, par ladite coustume, ils peuvent licitement entravestir l'un l'aultre se ad ce *consentent*, et ne puet ad ce nul contredire; au moien duquel droit d'entravestissement, *au survivant* d'iceux compecte et appartient tous et quelconques les biens mœubles, debtes et *catheux à* eux appartenant, sciluez oudit eschevinage, à la charge de paier toutes debtes, avec *ce tous* les

héritages scituez audit eschevinage, se aucuns en sont, à la charge du relief fait *en temps* comme dit est, sans jamais iceulx héritages retourner la coste et ligne dont *ilz sont* venus et descendus; et en puet ledit survivant, touteffois que bon lui sem*ble*, en disposer et ordonner à sa volenté comme de sa propre chose pour les causes et p. . . . . que dessus, sans que en iceux nulz ny aucun y puist prétendre nul . . . . . .

46. Item, et en enssuivant laquelle coustume, en faisant et recevant les saisines *et dessaisines* d'iceux héritages situez audit eschevinage, il convient, en ce *faisant, que* lesdits dessaisines et saisines soient faites en plaine halle et non ailleurs, *en présence* dudit prevost ou de son lieutenant, et que ad ce faire y ait cinq eschevins . . . . . .

47. Item, et se font lesdites dessaisines et saisines par le signe d'une pièce *d'argent* (98) que le vendeur ou acheteur est tenus mettre et poser es mains d'icelluy . . . . faisant bon, icelle pièce d'argent, autant d'estaux ou bourgages que lesdits héritages doivent, en les promettant payer et furnir au recepveur de ladite *seigneurie*. Lequel droit est pour chascun bourgage iiij deniers parisis d'entrée et autant d'*issue;* et n'a et ne puet avoir ledit seigneur, pour son droit seigneurial, pour la vendicion *d'héritages* de la subjection que dessus, aultre droit que iiij deniers d'entrée et autant d'issue.

48. *Item*, mais se lesdites dessaisines et saisines se faisoient en jour de plais dudit eschevinage, *le vendeur* ou acheteur ne doivent quelque droit pour ce faire auxdits prevost et eschevins, *et ne* doivent que au greffier son registre qui est de ij sols tournois; et si ce se faisoit hors *de* court, en ce cas, le vendeur ou acheteur, selon leur marchié, sont tenus paier la somme de *xiiij solz*. pour assemblée de court, assavoir au prevost ou lieutenant, v sols, aux eschevins v sols, et *au gref*fier iiij solz, sur quoy serait compris sondit registre.

49. *Item, en* enssievant laquelle coustume, lesdites dessaisines et saisines ainsi faites que dessus, *ledit* prevost ou sondit lieutenant et lesdits eschevins widié hors de ladite halle, il n'y a point de ratrait par proximité de héritages ainsi vendus estans en la subjetion *des proximes* ainsi vendus en halle comme dit est.

50. *Item*, et partant, convient aux parens et amis dont lesdits héritages de la condicion que dessus (*sic*), s'ilz veullent ratraire iceux héritages, leur loist et appartient apporter les deniers de la vendue en ladite halle, et les présenter sur le bureau en or et argent comptant, ensamble tous leaux coustemens audit prevost et à partie acheteresse; et en cas de reffus, ledit prevost ou son lieutenant le doit présenter à ladite partie; et se de ce est reffusant lui assigner jour pour aussy plus procéder audit ratraict ainsi qu'il appartient par raison.

51. Item, que, par ladite coustume, tous ceux qui se dessaisissent de leurs dits bourgages et les vendent sans retenir aultre bourgage, sont tenus paier, au prouffit de ladite ville, droit d'estarsage (99) qui est de XX denier l'un; et pareillement s'ilz vendent leur dit bourgage à une personne non bourgoise, le vendeur ou acheteur est tenus paier ledit droit tel que dessus.

52. Item, encores par ladite coustume, tous bourgois qui ont héritages oudit eschevinage, sont tenus chascun an, au jour saint Martin d'iver, apporter les estaux quilz doivent de leur dit bourgage, qui sont iiij deniers parisis pour chascun bourgage, en la halle dudit Houdaing, au recevcur d'icelle seigneurie, auquel lieu ledit recepveur doit tenir siége depuis xij heures à midi jusques à solleil couchant; et se ce ne font, en dedens ladite heure, ilz eschient, pour chascun bourgage, en amende de LX solz parisis envers ledit seigneur.

53. Item, en ce propre jour, sont tenus lesdits eschevins eux trouver tous ensemble *à* heure de soleil couchant, et les sergens portans deux torses *ardans*, vont *trouver* ledit prevost ou sondit lieutenant au lieu où il sera, en ladite ville; et *aussi doivent y* estre les officiers dudit seigneur; et eux assemblez tous ensemble, *se doivent* transporter en ladite halle, auquel lieu et pardevant iceux *se doivent présenter* tous les manans et habitans de ladite ville, par espécial *ceux qui ne* sont bourgois (100); et illecq chascun à part soy d'iceux non bourgois *doivent* requerre et demander grace audit prevost ou sondit lieutenant *de avoir* encores ung an et de demourer en ladite ville comme ilz ont *fait; et le* prevost leur accorde, parce que en icelle ville ne puet *demourer* plus d'un an sans estre bourgois, se n'est par la grace *dudit prevost; et* qui aultrement en fait, il eschiet en amende de LX sols parisis.

54. Item, pour ad ce remédier et pourvoir, se aucuns avoient *esté deffaillans* de ce faire ou de avoir paié leur dit bourgage, en ce cas, les eschevins . . . . . avec ledit prevost, avant d'icelluy (*sic*), lui requièrent grace pour lesdits *non bourgois* jusques aux prochains plais enssievant ledit jour, ce que par ledit pre*vost leur* est accordé; combien que lesdits défaillans, nonobstant la grace *par eux demandée*, ilz sont tenus comparoir par devers ledit prevost ou sondit lieutenant et faire *leurs dilligences* devers le greffier, pour leur dite dilligence estre enregistrée, avec aussi de *payer* leur dit bourgage, sur paine et amende que dit est dessus.

55. Item, et en enssievant ladite coustume, y a ung droit au prouffit de ladite ville que *l'on nomme* vulgairement droit d'estarsage qui est tel que se aucun ou aucuns *bourgois*, pour aucunes leurs affaires, vendent leur bourgage à aultruy personne *non bourgoise* ou aultres, s'ils ne retiennent ou demeurent

bourgois par aultre bourgage (101), *l'acheteur doit* à ladite ville ledit droit d'estarsage qui est de xx deniers j denier; mais *si le vendent* francs deniers ou deniers waris, ledit acheteur doit d'estarsage le . . . . . .

56. Item, par ladite coustume, sont tenus lesdits eschevins de servir en ladite halle, le *jour où l'on* tient les franques véritez; lesquelles se tiennent une fois l'an en jour pre*fix; et pour ce* les fait on publier le vendredi précédent adfin que nulz n'y prétende cause *d'ignorance;* auxquelles franques-véritez sont tenus *les habitans* eux trouver, en ladite halle, pardevant ledit *prevost ou* sondit lieutenant et le greffier qui les doit tous enregistrer; et eux estant pardevant ledit *prevost ou* sondit lieutenant, il les fait jurer en tourble, viij ou dix ensemble, par serment sol*empnel;* lesquelz, ledit serment fait, promettent dire vérité; et ledit serment fait, icelluy *prevost les* renvoie auxdits eschevins qui sont en bancq; et illecq ung chascun déclare *ce que il* a veu de meffait, tant en jardins comme aux champs, auxdits eschevins lesquels *doivent* en faire leur rapport aux prochains plais; et se aucuns desdits habitans s*ont défaillans* de ce faire, ilz eschient en amende de LX sols parisis envers ledit seigneur, sauf que les officiers du seigneur, ne les gens sermentez et familliers sont de ce exemps.

57. *Item,* en ladite ville de Houdaing et en l'eschevinage, y a ung pilory *où,* par ladite coustume, sont pugnis les délinquans qui sont trouvez avoir commis cas de *crisme* oudit eschevinage, à l'adjudicature d'iceux eschevins et à la conjure dudit prevost *ou* de sondit lieutenant, selon l'exigence des cas.

58. *Item,* en enssievant laquelle coustume, iceux eschevins ont scel et contre scel congneu, duquel *ilz* s*c*ellent tous contratz et obligacions qui se passent pardevant eux, lequel scel *est enco*re le scel de l'eschevinage; et d'icelluy en ont acoustumé user de si long *temps* quil n'est mémoire du contraire; et encores en use len.

59. *Item,* par ladite coustume, a la ville de Houdaing deux franques festes en l'an, dont *l'une* se commence la nuit de la Penthecouste et dure nœuf jours entiers, pendant *lesquelz* nœuf jours, toutes personnes de quelque estat ou vocation quilz soient *allant,* passant, survenant, vendant, achetant et rapassant, sont francqz, quictes et exempz de tous travers, tonlieux, subsides et maletotes, sauf les drois acoustumez de la ville; et ne puet, pendant ledit temps, ledit prevost ou sondit lieutenant congnoistre de nulz cas de justice ne ses sergens porter verghe, ne faire exploit de justice, se ce n'est pour cas commis en ladite feste.

60. Item, en enssievant ladite coustume, l'aultre et seconde feste se commence à la Sainte-Croix en septembre et dure huit jours entiers, pendant le-

quel temps, elle est de exercice, vertu et efficace et de semblable previllége que la feste précédente, et dudit droit en ont lesdits eschevins lettres patentes octroyées et accordées des prédécesseurs roys de France à Mgr. le comte de Eu, lors seigneur dudit Houdaing, lesquelles sont possées ou coffre de leur dit eschevinage.

61. Item, aussi par ladite coustume, tous les bourgois ayans bourghesie en ladite banlieue et eschevinage, estans demourans hors de ladite ville, bourghesie et banlieue, sont tenus paier au droit de ladite ville et au prouffit d'icelle pour chascune bourghesie, chascun an, au jour St.-Martin d'iver, xij deniers tournois (102); et se paier ne le veullent, lesdits eschevins comme ayans le police et gouvernement d'icelle ville, se peuvent retraire par devers ledit prevost ou son lieutenant, et à icelluy requerre que leur dit bourgage soit mis en la main dudit seigneur de Houdaing, tant et jusques ad ce que leur sera paié ladite somme de xij deniers pour chascun bourgage, et tous les despens et frais qui à ceste cause s'en enssievront; et se doit paier par ceux qui sont reffusans de paier ladite somme.

62. Item, par ladite coustume, ne puet le fermier du molin au blé aller audit molin synon *le jour* de samedy, et doit avoir ung fromentier sermenté qui ne puet ne doit *tenir* maisnage ne avoir sa femme ne au molin ne en le ville (103).

63. Item, par ladite coustume, nulz sergens à verghe ne puent ne doivent *exercer leurs* offices que préalablement ilz n'aient baillié pleisge et caucion subjecte *auxdits eschevins*, pour la somme de LX solz tournois, chascun sergent pour seureté des clams et arre*stz quilz font* ou porroient faire.

64. Item, et en enssievant ladite coustume, il loist et appartient auxdits eschevins recepvoir. . . . . . avec mettre une taille sur la ville, pour frais de ville, *toutes les fois* que la matière le requiert, mais de ce sont tenus en advertir ledit pre*vost ou son* lieutenant.

65. Item, par ladite coustume, tous bourgois sont frans et exemps de tous tonlieux *pour les choses achetées* et débitées quilz vendent ou achetent en ladite ville, ensamble *leurs serviteurs;* et se puent lesdits bourgois avoir la faculté de avoir la moitié de tous *marchiez* faits par estranger ou bourgois contre aultre, pourveu quilz soient présens *au marchié* (104) et en paiant comptant le droit quil demande . . . .

66. Item, par ladite coustume, ceux qui tiennent du fief maistre Regnier, lequel est enclos et enclavé oudit eschevinage, ne doivent, à la vente de leurs héritages, que iiij deniers d'entrée et autant d'issue, et le semblable au relief; et si doivent maulre à droite mouture et estre banniers au four maistre Regnier.

Toutes lesquelles coustumes ci-dessus touchées et articularisées ont esté lues, démonstrées, mot aprez aultre, aux eschevins, manans et habitans de ladite ville, bourgage et eschevinage et banlieue, lesquels, tous d'un commun accord, ont . . . . consenty et accordé le contenu esdits articles et d'icelles coustumes en ont *toujours veu* user et encores use l'en : et les ont signé le XXI.ᵉ jour de septembre l'an mil cinq cens et sept.

Signés : De Menricourt *prevost d'Houdaing.* —De Salentin. — J. Champtin. — Remy *prieur d'Houdaing.* — J. Desains. — Leriche. — Jehan Dumon. — Dais. — N. Porée *eschevin.* — Mercier *eschevin.* — Jehan Salmon *maieur.* — H. Bouquier *eschevin.* — G. Desfontaine. — P. Damonleville.—Pierre Renart. — Andrieu Parisée. — De Frevillers. — J. Parisée. — Boyart. — Flourent Lagache.—Aliamet Fercot.—G. Lecourt.—Sallomon Simon.—Dupuis.—Jacques Lebrun. — De Waveran. — *Marque de* Willaume Hamelin. — *Marque :* Izambart Ansart. — Huc Hermant, *et autres au nombre de* 44.

BEUGIN-LEZ-HOUDAIN.

PRIEURÉ.

Un cahier en parchemin contenant quatre rôles et demi d'écriture et signatures, lisible. 32 *articles.*

Usaiges et coustumes de la ville, terre et seigneurie de Beugin-lès-Houdaing en Artois, appartenant à honneste et discrète personne Damp Remi Forsaux, relligieux de l'abbaye et église Saint-Remi de Reims, prieur dudit Houdaing, membre d'icelle église, laquelle seigneurie se comprend avec les appendances dudit prioré estant tant en la ville de Moncy-Breton, Dieval, Ruit que Houdaing.

1 à 15. *Détail des droits seigneuriaux et revenus du prieur.*

16. Pour laquelle sa justice garder et maintenir, il y a audit lieu de Beugin un prevost au lieu de bailli, lieutenant du prevost et hommes; lequel prevost et ses hommes congnoissent de tous cas venans et procédans en eschevinage, et pœuvent pugnir les délinquans, les condempner et absoldre de tous cas venans à leur congnoissance, comme font les officiers de justice des hauts justiciers.

17. Même compétence pour les causes civiles. — 18. Dessaisines et saisines.— 19. A Monchy-Breton il y a un bailli et des hommes féodaux. — 20. Les appels du bailli et du prévôt sont du ressort du parlement.— 21, 22, 23. Issues de ville, forages, afforages à Beugin. — 24. Succession des fiefs. — 25. L'époux survivant a la moitié des acquêts cottiers. — 26. La veuve jouit sa vie durant du tiers des héritages de son mari. — 27. Choix des manoirs par ordre

de primogéniture.—28. S'ils sont tenus de diverses seigneuries, l'aîné en choisit un dans chaque seigneurie.—29. L'aîné emporte les quatre cinquièmes des fiefs. — 30. Bestiaux pris dans les récoltes ou dans les bois. — 31, 32. Délits dans les bois.

Le xxi.ᵉ jour de septembre 1507.

Signatures : Remi Forsaux *prieur d'Houdain.*—Denne *prestre.*—De Roussy.—Du Markais. — Mahieu Noël. — J. du Markais. — Jaques Salentin.— Claude Beharel.— Jeh. Beharel. — Lebailly. — Tomin du Croquet. — Pierre Maupetit. Jehan Defontaines. — Jehan Hanebricq. — P. Salentin. — H. Porée *greffier.*— Huot Harmant. — G. Lecourt. — Augustin Marchant. — Jehan Penet.—Jeannot Durant. — Jehan Lemachon. — Jehan du Beffroy *(un rasoir ouvert).*—Miquelet de Belleval. — Andrieu Mailin *(une houlette).* — Jaquet Lebuc. — Simon des Planques. —Huchon Lefevre.—Willaume Huleur.—Jehan Lebourgois.—Robin Bourgois. — Tomin Robequin. — Baudin Machuc. — Huart Dubos. — Jehan Danel. — Lionnel du Terrach. — Pierre Dehaut.—Aléaume de Markais *prevôt de Beugin.*

FIN DU DEUXIÈME GROUPE.

LENS.

BAILLIAGE.

Trois rôles et demi de grand parchemin, petite écriture très-serrée mais lisible. 22 articles.

Coustumes générales et localles du bailliage de Lens, rédigées et mises par escript par nous Nicollas de Cauvers, bailly de noble et puissant seigneur, Mgr. le chastellain héredital de Lens, seigneur de Licques, de Recourt et Cambelin-le-Chastellain, Charles Lefevre, procureur fiscal de la chastellenie, Jehan Crepin, greffier, et autres officiers d'icelle chastellenie, ce jourdhui XXIII.ᵉ jour de septembre l'an mil cinq cens et sept, en présence des personnes cy-aprez nommées, lesquelles, aprez serment solempnel par eulx presté, ont certiffié et affermé lesdites coustumes telles que cy-desoubz est déclarié.

1. Tous lesquelz, par la bouche dudit Jehan Crepin, greffier d'icelle chastellenie, dient et depposent que ledit seigneur a haulte justice, moienne et basse à cause d'icelle, et que pluiseurs droix et prééminenches luy en appartiennent et sont deubz, tant en la ville et eschevinaige de Lens, comme au lieu et villaige de Chocques et païs environ, et que, pour la justice d'icelle seignourie garder et exersser, il a bailly, prevost, eschevins et hommes féodaulx

qui jugent à la conjure dudit bailly; et luy appartient tout ce qui à hault justicier appartient seloncq la coustume du bailliage de Lens, conté d'Arthois et prevosté de Beauquesne, es mettes de laquelle conté et duquel bailliage de Lens et qui est es mettes de ladite prevosté de Beauquesne, icelle chastellenie est tenue et ressortist de plain droit.

2. Item, lesdis hommes féodaux aians justice pœuvent ou leurs baillifz conjurer leurs hommes et exersser leur justice es mectes de leur seignourie selon la forme de ladite chastellenie, bailliage de Lens et conté d'Artois, et ont telz droix que à seigneurs viscontiers appartient par les coustumes desdits lieux.

3. Item, par la coustume d'icelle chastellenie, en fiefz les marles précèdent les femelles, jasoit quilz soient puisnez, soit en ligne directe ou collatéral.

4. Item, se les héritiers sont négligens, en dedens XL jours, rellever les fiefz ou fief de leurs prédécesseurs, le seigneur pœut régaller et lui appartiennent les fruis depuis le trespas du dernier possesseur.

5. Item, si le vassal est sommé de venir faire hommage et fidélité en dedens XL jours depuis le relief par luy fait, et il est reffusant, il est loisible au seigneur de saisir la terre: jusques à ce que ledit vassal ayt fait son hommage et fidellité, icelluy seigneur joyra des fruis des fiefz ou fief.

6. Item, quant, par deffaulte de service de plais ou de rapport non baillié, deppuis les commandemens et sommacions faites audit vassal, se faulte y a, il est loisible au seigneur de saisir lesdits fiefz ou fief, et iceulx faire recepvoir jusques à ce que ledit vassal ayt fait lesdits debvoirs; et lesdits debvoirs fais, ycelluy vassal aura compte des fruis de ses fiefz ou fief, en paiant par luy les mises.

7. Item, le femme, en matière de fief, pour douaire, a la moittié pourveu qu'elle le apprèhende et que son mary n'ayt convollé en premières nœpces dont ayt procédé des enffans; et quant aux héritaiges cottiers en main ferme, icelles femmes n'y ont aucun douaire.

8. Item, que aucun ne pœult disposer de ses fiefz soit d'acqueste ou de patrimoisne, au préjudice de sa femme.

9. Item, est loisible de disposer du quint des fiefz ensemble du revenu de trois ans par don de testament, sauf à sa femme, pour ce que, par ladite coustume, le mary ne pœult avanchier sa femme ne la femme son mary.

10. Item, se de père ou de mère procèdent pluiseurs enffans, l'aisné pœult et luy est loisible de appliquier les quatre pars du fief, et aux puisnez le quint; et aultre chose ne pœvent demander contre ne sur iceulx fiefz allencontre de leur aisné; et chascun qui se fondera héritier pour sa part de quint, doibt au-

tel relief comme le principal fief, ensamble autel service et redevableité que le fief principal doibt.

11. Item, se aucuns fiefz ou fief se vendent, cèdent ou transportent, sauf à son héritier apparent, en avancement d'orrie et succession, il est deub au seigneur dont le fief vendu est tenu le quint denier, et s'il est dit par ledit achepteur franc argent, le requint est deub audit seigneur.

12. Item, en aide de chevalerie, ensemble quant le seigneur marie sa fille aisnée, en matière de rattrait par puissance de fief, prisée du fief s'il n'est pas à juste pris vendu, en rattraicte de proximité, avec de bail légitime quant à mineurs insensés et aultres non aians sens de leur gouverner, de bail de mariage, en matière de conplainte et aultrement, ladite chastellenie a acoustumé soy régler selon les coustumes dudit bailliage de Lens, conté d'Artois et prevosté de Beauquesne.

13. Item, en icelle chastellenie, a pluiseurs héritaiges tenus cottièrement et en main ferme que l'on nomme cotteries et parries, auxquelz succèdent tous les héritiers par égalle porcion et sont partables en deux comme sont mœubles et catheux, et se pœuvent lesdits héritaiges cottiers régaller par le seigneur se ne sont rellevez par les héritiers, en dedens sept jours et sept nuytz, et à luy appliquier les catheux estans sus.

14. Se lesdits héritages sont vendus, le seigneur les pœult faire prisier, se bon luy samble, pour avoir son droit seigneurial qui est du X.ᵉ denier ou le rattraire à sa table et demaine; et sy bon samble au parent du vendeur, il les pœult ravoir, en dedans les trois cryées et non aprez, en paiant par lui le pris principal et tous loiaulx coustemens; et quant aux reliefs, iceulx héritiers cottiers doibvent double rente; et procède le proisme devant le seigneur.

15. Item, a aucuns héritages cottiers et parries qui sont situés en icelle chastellenie, en ladite ville de Lens et paiis environ, dont les aucuns ne doibvent que iiij deniers d'entrée et autant d'issue; et se ce sont terres cottières tenues en franc-alleux, ilz doibvent seullement xij deniers parisis d'entrée et autant d'issue; mais en icelle seigneurie, les aucuns des hommes féodaulx d'icelle aians justice et seignourie viscontière, ont les ungz le vj.ᵉ denier, tantost le viij.ᵉ, x.ᵉ et xiij.ᵉ en ventes et en reliefs dont les rapports et récépissés en font mencion.

16. Item, que en ladite ville de Chocques, a pluiseurs manoirs et héritaiges qui se nomment eschevinage (105) tenus en rente d'icelle seigneurie de Chocques, desquelz, par ladite coustume, quant ilz sont possessés et appartiennent à deux conjoingz par mariage demourans audit Chocques, soit à titre de succession ou patrimoisne ou aultrement d'acqueste, et il advient que l'ung desdits conjoingz va

de vie à trespas audit lieu de Chocques, ayans eu enffans ou enffant de leur mariage audit Chocques, qui seroient allés de vye à trespas, en ce cas, c'est au derain vivant tout tenant; est assavoir que tous les manoirs et héritaiges suscèdent et demeurent au sourvivant desdits conjoingz, avec tous les biens mœubles, debtes et catheux pour en joyr par ledit sourvivant et ses hoirs, sans lors et aprez son trespas en retourner aucune chose à la coste et lingne dudit premier morant, à le charge des debtes; et se nomme ladite coustume entravestissement de sang.

17. Item, par ladite coustume de Chocques, se au jour du trespas du premier morant desdits conjoingz y avoit enffant ou enffans vivans, yssus de leur mariage, tous lesdits manoirs et héritaiges que délaisseroit ledit premier morant, soit de son patrimoisne ou de son acqueste comme dit est, seroient et appartiendroient pareillement audit sourvivant pour en joyr seulement sa vie durant, sans les povoir alliéner ne chergier au préjudice desdits enffans ou enffant qui en joyroit entièrement après le trespas dudit sourvivant; mais quant aux biens mœubles et catheulx, ledit sourvivant en pœult faire à son plaisir et vollenté, à la cherge des debtes et funérailles dudit premier morant.

18. Se lesdits enffans ou enffant vont de vie à trespas, paravant leurs dits père et mère sourvivant, lesdits manoirs et héritaiges retournent et suscèdent en fons et propriété audit sourvivant pour luy et ses hoirs à tous jours.

19. Item, et se ainsy estoit que lesdits conjoingz par mariaige aians et possessans héritaiges en eschevinage audit Chocques, ne eussent nulz ne aucuns enffans de leur dit mariage et pour ce, entravestissement de sang ne fust entrevenu entre eulx; en ce cas, aprez le trespas du premier morant desdits conjoingz, lesdits héritaiges procédans et venans de patrimoisne dudit premier morant suscèdent et retournent aux plus prochains héritiers ou héritier dudit premier morant de la coste et lingne dont ilz viennent et procèdent; et sy succède la moittié des biens mœubles, catheux et acquestes au plus prochain héritier ou héritiers sans avoir regard à coste ne à lingne en paiant moittié debtes; et en toutes suscessions, fors ledit entravestissement, lesdits héritaiges tiennent coste et lingne dont ilz procèdent, comme font les héritaiges cottiers et parries qui sont es mettes de ladite chastellenie et seignourie quilz ne sont submis audit entravestissement comme dit est.

20. Item, tous les héritaiges tenus en eschevinaige se pœuvent vendre et aliéner par les possesseurs d'iceulx pour tel pris et ainsi que bon leur samble, sans y garder nullez ne aucunes des trois voyes dont dessus est touchié; et sy n'y a pas de rattraite de proximité.

21. Une femme vesve ayant héritage de ladite nature d'eschevinage est tenue relever iceulx par le trespas de sondit mary, et non le mary tenu, par ledit trespas de sa femme, rellever les héritages de ladite nature quy lui suscèdent par icelle coustume.

22. Tous les hommes féodaulx ont déclarié quilz ont acoustumé user de tout temps quilz ne doibvent point de cauchie en passant par ladite ville de Chocques, en cas quilz soient hommes feodaulx à mondit seigneur le chastellain et à Mgr. de Beures touchiant leur dite seignourie de Chocques.

Toutes lesquelles coustumes dessus déclariées, les personnes ainsy quilz sont atitulez, nommés et signés cy-aprez, apprez serment solempnel, ont esté certiffiéees, approuvées et accordées, c'est assavoir :

Mgr. l'abbé de Chocques, eagé de XLIII ans; Mgr. le prieur des Chartreulx de Gosnay, eagé de XXXV ans; sire Toussain Marchans, procureur des dames de Gosnay ; sire Pierre de Blangehem, curé du Mont Bernenchon ; sire Pierre Cocq, vice-gérant de la cure de Chocques; Jehan Maupetit, procureur de Mgr. d'Oresmeaulx; Charles Naye, homme de fief; Jehan Bordel, Jehan Faybien, hommes de fiefz... sire Guillaume de Tannoy, chanoine de Lillers; Jehan Penel, bailli de Mgr. de Rasse.... Jacquin d'Estampes, procureur de l'abbé de Lotz ; Jehan du Pont, procureur des hoirs de feu Jacques de Coupigny ; Tassinot Duploich, procureur de Elyon d'Ais; Toussain Leroy, procureur de Mgr. de Nœuville; Jehan Lebel, procureur de Mgr. de Boieffle . . . . . .

Sensuivent les noms et surnoms des eschevins de la ville de Chocques : Pierre Lemerchier, eagé de L ans ; Miquiel Lemerchier, eagé de XLVIII ans ; Toussain Wastel, eagé de LIV ans; Bauduin Louvet, eagé de LVI ans; Pierre le Seneschal, eschevin, eagé de XXXVIII ans.

En la ville de Chocques, le xxiii.ᵉ jour de septembre l'an mil cinq cens et sept, en la maison et hostel que l'on nomme le Toison, où les hommes ci-dessus nommés ont esté assemblez.

Signatures : Justin *abbé de Chocques.* — J. Quillet. — De Cauvers. — Allart de Fremicourt. — P. de Baudechen. — Lefevre. — Fabien. — Caulier. — De Nedonchel. — De Tannoy. — Maupetit. — Naye. — C. Lefevre. — Lancelot de le Cacherie. — Bastien Maupetit. — De Penin. — Penel. — Lefevre. — Jacquart Descamps. — P. Conbliel. — Andrieu Bruyant. — Lequien. — Tassinot du Ploich. — De Marsille. — Du Pont. — Bourgois. — Miquiel Lemerchier. — Toussaint. — Wattelet. — Pierre Lemerchier. — Leroy. — De Hucqueliers. — Pierre Senescal. — Crepin *greffier de Lens.*

LENS.

ÉCHEVINAGE.

Six rôles de grand parchemin altéré par l'humidité dans le haut des pages, lisible, à l'exception de quelques passages correspondant aux parties maculées. 45 articles.

Coustumes pour la ville et eschevinage de Lens en Arthois.

1. C'est assavoir que par la coustume générale de ladite ville et eschevinage, icelle ville est tenue et ressortissent les sentences et explois pour appellations, en la cour de parlement de Paris; auquel eschevinage les maire et eschevins ont la congnoissance de tous cas consernant haulte justice, moienne et basse.

2. Item, audit eschevinage, entravestissement de sang et par lettres a lieu en telle fachon saulf, entrautres choses, que se deulx conjoingz par mariage ont enffans et héritages audit eschevinage, au sourvivant d'iceulx conjoingz appartient lesdits héritages sa vye durant avec tous et chascun les mœubles que iceulx conjoingz auroient au jour du trespas du premier morant, à cherge de payer et acquitier toutes les debtes delaissiés par lesdits conjoingz, au jour dudit trespas.

3. Item, aprez le trespas du dernier morant, appartiennent iceulx héritages entièrement en propriété et usufruit aux enffans d'iceulx conjoingz à compte de testes, et en ligne collatéral, sans enffans vivans, aux héritiers du dernier vivant sans autre disposition, pourveu qu'il y ait eu entravestissement de sang ou par lettres passées audit eschevinage.

4. Item, mais s'il y avoit eu enffans vivans dudit mariage, au trespas du dernier morant, l'usufruit se ugnit avec la propriété quilz auroient acquis expectant par le trespas du premier morant, en telle fachon que le dernier vivant ne pœut faire aucune disposition mortuaire obstant lesdits enffans.

5. Item, se le dernier vivant dudit mariage se convoloit en secondes nœpces usufructuaire desdits héritages, les enffans yssans dudit second mariage ne pœvent aucune chose clamer, mais retournent entièrement aux enffans dudit premier mariage se ilz sont lors vivans.

6. Item, pœuvent iceulx enffans, aprez le trespas du survivant, en appréhendant seulement lesdits héritaiges, demourer quictes de toutes debtes contractées depuis le trespas dudit premier morant.

7. Item, se il advenoit que, durant le second mariage, il y eust enffans, lesdits enffans succéderoient es acquestes fais par leurs père et mère constant ledit second mariage, se ilz survivent, sans que les enffans dudit premier mariage y puissent aucune chose clamer.

8. Item, se il n'y avoit enffans dudit second ou premier mariage vivans au trespas du dernier morant, les biens et héritages dudit dernier morant estant audit eschevinage se partissent par les c. . . . dudit dernier morant, pourveu quil y ait eu entravestissement de sang ou par lettres.

9. Se deux conjoingz ensemble audit eschevinage, constant leur mariage, n'y avoit aucun entravestissement feust de sang ou par lettres, et l'ung d'iceulx alast de vie à trespas, en ce cas, les héritiers du premier morant suscéderoient en la moittié des biens et héritages délaissez au jour dudit trespas du premier morant en paiant moittié des debtes, se n'estoit que les héritages délaissés venissent du lez et costé dudit dernier vivant, auquel cas iceulx demouroient audit dernier vivant, à luy et à ses hoirs.

10. Item, et se constant ledit mariage, lesdits conjoingz acquestent aucuns héritages, et l'un d'iceulx alast de vie à trespas, en ce cas, les héritiers du premier morant auroient, allencontre du dernier vivant, la moittié desdits héritages acquestés, ensemble des biens *(meubles)*, en paiant moittié des debtes comme dit est, pourveu quil n'y ait eu entravestissement de sang ou par lettres.

11. Item, se il advenoit que, constant ledit mariage, le mary ou la femme ou l'un d'iceulx seul vausist vendre et aliéner partie des héritages par eulx acquestez ou à eulx appartenant, estans audit eschevinage, de quelque lez ou costé quilz leur peussent compecter et appartenir, en ce cas, lesdits maris et femmes ne pœvent faire aucune alliénacion sans le gré et consentement les uns des autres.

12. Item, pour vente ou rapport d'héritage, ne soufist contract personnel, mais est requis, en che passant pardevant eschevins, dessaisine faire par le vendeur en la main desdits eschevins, et la saisine baillier à l'achepteur par la main desdits eschevins.

13. En tous et chascun les manoirs, terres et héritaiges estans audit eschevinage, le mort saisit le vif son plus prochain héritier habille à luy succéder, sans ce que, pour le relief, les héritiers soient tenus paier aucune somme de deniers, ne pareillement à la vente, don ou transport.

14. Item, en succession d'héritaiges, héritiers en semblable degré, soit en biens mœubles ou héritaiges, suscèdent à compte de testes, sans que l'un, en ce cas, soit plus previllégié que l'autre.

15. Item, aux maieur et eschevins de ladite ville appartient la congnoissance de tous et chascun les manans et habitans en icelle ville et eschevinage, sans ce que nulz seigneurs aians revenus audict eschevinage y puissent, sans ledit maieur, aucune somme clamer et congnoistre desdits manans et habitans.

16. Item, auxdits eschevins appartient la congnoissance de toutes et chas-

cunes les dessaisines et saisines et rapports d'héritaiges et autres choses faites en ladite ville et eschevinage, sans ce que nulz seigneurs aians seignourie audit eschevinage, en puissent ou doibvent aucune chose clamer ne décider, ne par eulx en leur justice en avoir aucune congnoissance, sauf des ventes et reliefs des fiefs estans audit eschevinage.

17. Item, n'est loisible à la justice fermière d'icelle ville ne aultres seigneurs quelzconques, constituer prisonnier aucun des manans et habitans de ladite ville et eschevinage ne aultres, que, préalablement, lesdits prisonniers aient esté amenez pardevant lesdits eschevins, et que iceulx eschevins aient enseigné à ladite justice ou aultres seigneurs iceulx mectre et constituer prisonniers.

18. Item, se aucuns bourgois estoit prisonnier pour batture ou navrure, il doibt avoir main levée de sa personne sans bailler cauxion, s'il le requiert, pourveu quil n'y ait apparence de mort certiffiée par gens à ce congnoissans.

19. Item, l'on ne pœult arrester nulz bourgois, et se on les arrestoit pour debtes, sy doivent ilz avoir main levée sans cauxion.

20. Item, se il advenoit qu'aucun bourgois ou bourgoise ou leurs enffans estans à marier, feussent exécutez ou bannis aucunement par justice, ou quilz mourussent d'aucune villaine mort, en ce cas, ne confisqueroient aucunement leurs biens ne héritaiges.

21. Item, se bourgois ou filz de bourgois ou bourgoise, en monstrant corps deffendant, blessoit ou tuoit cellui ou ceulx qui le agresseroient ou ataqueroient de fait, en ce cas, ilz seroient déclarés quittes par sentence des maieur et eschevins, pourveu quilz se rendissent ou feussent prisonniers pardevers lesdits maieur et eschevins.

22. Item, est loisible à tous bourgois, manans et habitans estans en ladite ville et eschevinage, boire vin et cervoise en leurs maisons, sans ce quilz soient submis et constrains à aucuns impos; meismes pœuvent lesdits manans et bourgoys avoir une pièce de vin à trois (106) et en boire chascun à porcion et par taille, pourveu que dudit vin ilz ne baillent aucunement à aultruy pour argent, ce quilz ne pœvent faire sans paier l'impos de ladite ville.

23. Item, nul ne pœult exerser l'office de justice fermière en ladite ville et eschevinage, s'il n'est bourgoys; et convient que telle justice soit présentée par les officiers du prince et chastellain, aux maieur et eschevins, lesquelz le reçoivent à serment pour exerser ledit office s'ilz congnoissent icelle estre ydoine et propre à ce faire.

24. Item, loist ausdits maieur et eschevins sè ilz trouvent icelle justice non se avoir acquitié souffisamment de son service et avoir fait aucune cacette en

son office, forcher icelle se demettre et lui faire mettre sa vergue sus le bureau, en le pugnissant comme ils veroient au cas appartenir, meismes y commettre nouvelle justice, tant et jusques à ce que lesdits officiers y auroient pourveu de autre justice ydoine et propice.

25. Loist aux maieur et eschevins de ladite ville statuer et ordonner nouveaulx esdictz pour le bien et utilité de ladite ville, lesquelz esdictz sont à tenir et entretenir, sur et aux peines par eulx indittes, à quoy seroient constrains les délinquans à che faire.

26. Item, loist aux dessus dis maieur et eschevins baillier commissions, appeaux itératives et autres sur tous seaulx congnus, meismes le scel royal, lesquelles commissions, la justice fermière en ladite ville, pœult mettre à exécion es mettes dudit eschevinage.

27. N'est loisible à aucun officier royal ou autre faire aucun exploit de justice en ladite ville et eschevinage, sur les manans d'icelle, que ce ne soit en aiant ladite justice ou en assistance, sur et à peine de LX solz parisis.

28. Item, ne loist à nulz officiers royaulx ne aultres faire appeaulx, ne appréhender aucuns délinquans, pour cas par eulx commis audit eschevinage, mais en appartient la congnoissance seule ausdis maire et eschevins et à nulz autres.

29. Item, se ung non bourgois se alye par mariage à fille d'un bourgois ou bourgoise, en ce cas, la ville pour son droit y prend le VI.ᵉ du portement audit mariage, pourveu que les biens donnés soient séans audit eschevinage.

30. Item, pareillement se ung non bourgois vend ou achapte héritages estans audit eschevinage à quelque bourgois ou bourgoise, en ce cas, ladite ville y prent, sur le pris de la vendue, semblable droit.

31. Après le trespas d'aucun bourgois, se leurs enffans marles vœullent appréhender les biens et héritaiges desdits deffunctz, ilz sont submis ausdits drois, n'estoit que iceulx eussent relevé leur bourgaige, ce quilz pœuvent faire en paiant XII deniers pour le registre, à quoy ne sont submises les filles, elles estans à marier.

32. Item, la vesve d'aucun bourgois pœult et lui est loisible, en dedans XL jours enssievans le trespas de son mari, relever le bourgaige de sondit mary pour elle et ses enffans mineurs, à quoy elle doit estre reçue en paiant XII deniers comme ci-dessus.

33. Item, loist à la justice fermière et eschevins de ladite ville, quand ilz en sont requis ou quil est nécessaire, aprez la mort d'aucun manant, aller en la maison d'icelluy sceller, inventorier et mettre en main de justice tous et chascun les biens délaissiés par le trespassé, et che pour le seureté des créan-

ciers, héritiers et autres à qui ce droit pœult et doibt compecter et appartenir; lesquelz biens demourent et pœuvent demourer en main de justice, tant et jusques à ce que ceux à qui ils appartiengnent aient baillié cauxion souffisante pour en rendre compte et relica touteffois que requis en seront.

34. Item, en icelle coustume, quiconques possesse d'aucun droit réel, corporel ou incorporel, entre parties présentes, eagiées et non previllégiées, XX ans, entre absentes, XXX ans, et previllégiées, XL ans, tel acquiert le droit par la coustume que l'on dist de prescription.

35. Item, ... sonniers criminelz ou callengiez criminellement, soit quilz sortent condemnez et. . . . . ne doibvent chepaige depuis la callenge contre eux faite; mais se ils s'estoient despéchiés auparavant conclusion criminelle ou quilz feussent détenus civilement, en ce cas, ilz doibvent VIII deniers par jours.

36. Item, toutes exécucions criminelles et civilles adjugées par lesdits maire et eschevins se mettent à exécution par les officiers du conte d'Arthois, audit lieu de Lens, et congnoissent, lesdits maieur et eschevins, de toutes matières civilles sans concurrence d'aultruy.

37. N'est loisible à la justice fermière faire aucune exécucion sur les manans de ladite ville, sans évocquier, avec luy, deux eschevins pour estre présens à ce faire.

38. Item, loist auxdits maieur et eschevins de ladite ville, à la conjure et semonce de la justice fermière d'icelle, condempner tous et chascun les délinquans audit eschevinage, en amende de LX solz, XXX solz, XX solz, X solz et V solz, ou aultres telles amendes quilz verroient ou cas appartenir.

39. Item, ne est loisible à ladite justice fermière, pour les amendes dessus touchiés, pacifier, accorder ne appointier avec les délinquans sans ad ce évoquier les officiers du conte d'Arthois, chastellain, et lesdits maire et eschevins.

40. Item, ne loist à nulz manans de ladite ville et eschevinage ne autres, silz ne sont previllégiez, aler querir vin au pot, bouteille ou aultrement es celliers previlégiez où la ville ne prend impos, que ce ne soit en commectant, pour chascune foys, amende de V solz, et les vaisseaulx et vin confisquiés ausdits justice ou sergant et eschevins.

41. Item, loist aux maire et eschevins de ladite ville de Lens, flatrir ou faire flatrir toutes et chascune les mesures, baraulx, poix, balances et autres choses dont on use en ladite ville, eschevinage et bailliage de Lens, en tout stil quelconques de marchandises et en telle fachon que, s'aucun en use aultrement, il eschiet en LX solz d'amende.

42. Loist ausdits maire et eschevins, en la fin de leur roye *(règne)* qui dure xiiij mois, eslire, en enssievant le serment par eulx fait, autres maire et eschevins pour régner comme dessus.

43. Item, tous et chascun les eschevinages estans au bailliage de Lens ressortissent, en conseil et police de justice, selon que l'on se règle en ladite ville et eschevinage.

44. Item, loist aux parens lignagiers, ratraire héritaiges patrimoniaulx vendus audit eschevinage, pourveu quilz se offrent à ratraire auparavant la saisine bailliée, en rendant promptement les deniers de l'achapt et tous frais raisonnables.

45. Item, que quant au demeurant des coustumes, usages et manières de faire dont on use de tout temps et encores use l'en audit eschevinage, l'on en use selon les coustumes génerailles des eschevinages de la conté d'Arthois.

Ce jourd'hui vingtiesme jour de septembre l'an mil cinq cens et sept, les articles dessus transcriptz ont esté luz et approuvez par ceulx des estas appelez et assemblez en la chambre et auditoire dudit eschevinage.

Signatures : Du Paiage *lieutenant de Lens.* — Ch. Lefevre *procureur fiscal du bailliage de Lens.* — T. de Liach *(de Licques) seigneur du lieu.* — Eloy *recepveur du domaine et bailliage de Lens.* — Picavet. — Dyllies *bailli du chapitre de Lens, bourgois et greffier de ladite ville.* — De Busne *escuier, maieur de Lens, non régnant.* — Colart de Douvrin *maieur régnant.* — N. Damerencourt *eschevin non régnant.* — Robert Rigolet *eschevin.* — Jehan Rigolet *eschevin.* — Jacquet Richard *eschevin.* — Jehan Dassonneville *eschevin.* — Antoine Sensier *eschevin.* — P. J. Mantel *greffier de Lens en Artois et bourgois de ladite ville* — G. Flamine *curé de Saint-Legier en Lens.* — M... *curatus sancti Laurentii.* — Philippe de Busne *cappelain de la capelle Sainte-Barbe.* — Nicolay Boullé *bourgoys de Lens.* — Jehan Quignon *bourgois de Lens.* — Noël Rigault *manant de Lens* et deux autres illisibles.

AIZ (en partie.)

SEIGNEURIE.

Un rôle en parchemin contenant deux pages d'une écriture très-serrée et difficile à lire. 17 articles.

Coustumes localles de la terre et seigneurie d'Ais, en partie, assise assez près de Lens, appartenant à Gilles d'Ais, dit Hellion, quil tient en fief de Mgr. de Lisques à cause de sa chastellenie de Lens.

1. Choix des manoirs par ordre de primogéniture, les mâles d'abord, les filles ensuite, s'ils sont tenus du même seigneur. — 2. Si les manoirs sont tenus de différents seigneurs, l'aîné les appréhende. — 3. Douaire de la moitié des manoirs. — 4. Catheux partageables. — 5. Le survivant des époux jouit sa vie durant des acquêts en manoirs.—6. Les terres labourables se partagent entre le survivant et les héritiers de son conjoint, — 7. Retrait lignager des fiefs et cotteries.

8. Ledit seigneur a, en ladite ville d'Ays, toute justice et seigneurie viscontière et en desoubz; et sy est ruier par toutes les rues et flégars de ladite ville; et sy a le quart des amendes fourfaictes en flégars et rues de ladite ville allencontre de Mgr. de Carenchi et de Mgr. de Boieffle.

9. Epaves, échéances de bâtards. — 10. Amendes pour entreprises sur les flégards. — 11. Id. pour prendre l'é- teuf sans congé.

12. Nul ne pœult bouter hors escouvette ou enseigne sur le flégard, ne vendre vin sans grace et sans affor.

13. Four banal. — 14. Sujets et bestiaux faisant dommage, 60 sols d'amende. — 15. Amendes pour menu et gros bois abattu sans congé.— 16. Droit de vente des fiefs et cotteries.

17. Item, a ledit seigneur droit d'avoir amende de chincq solz sur cheulx qui seront défaillans de relever les ruisseaux et courans d'yaues, aprez commandement fait par ledit seigneur ou ses officiers; et pareillement cheulx qui laveroient laine, fille ou autres choses immondes auxdits ruisseaux, ilz fourfont amendes de chincq solz, et ledit fille et laisne confisquié audit seigneur; et pareillement ceulx qui feroient rouir leur lin dedans ladite yaue, fourfont amende de chinq solz.

Le XXVI.e jour de septembre 1507.

Signatures : Flourent Gaillard *homme de fief.* — Joachin Couvreulx *vice-gérant de la cure.* — Jan Delatre.— Jehan Pouchin *homme cottier.* —Jaque Delannoy *homme de fief.* — P. Hogier *homme cotier.* —Colart Lefournier, *et autres en grand nombre.*

AIZ EN GOHELLE.

SEIGNEURIE.

Un grand rôle en parchemin contenant deux pages d'écriture, paraissant de la même main que la précédente, mais moins bien conservée, trouée et maculée à l'endroit du pli; lisible, sauf le 5.e article. 16 articles.

Coustumes locales de la terre et seigneurie d'Ays en Gohelles, appartenances et appendances d'icelle, assavoir Ablain, Bouvignies et autres, appartenant à Mgr. de Carency.

Même forme de rédaction que la précédente, excepté dans les articles ci-après.

10. Item, quant les manoirs et terres cottières séans au terroir d'Ablain, tenues de ladite seigneurie d'Ays, vont de main à autre par succession, l'on paie pour ce, de relief de chascun manoir deux solz, et douze deniers de chascune mencaudée de terre; et par vente, don ou transport, le dixième denier de la valeur.

15. Le seigneur de Carency tient ladite terre et seigneurie d'Aiz et Bouvignies et les appendances, en parrie, du chastel de Lens en Artois.

Le xxvi.ᵉ jour de septembre 1507.

Signatures : Joachin Couvreulx *visce-gérant de la cure.* — Jehan Delatre *lieutenant de la parrie d'Aiz.* — Baudin Gablot *bailli de Mgr. de Bailloeul et de Divion.* — Jehan Cramet. — Isaac de Lannoy *hommes de fiefs.* — Loys Doudin *manant d'Aiz (une hache de charpentier).* — Philippot Fardel *procureur pour Mgr. d'Ais et pour Saint-Jermain.* — Pouchin *laboureur, et autres en grand nombre.*

ARLEUX-EN-GOHELLE.

TEMPOREL DE L'ÉGLISE SAINT-PIERRE DE LILLE.

Un petit cahier de parchemin long et étroit, écriture très-serrée, mais lisible, 40 articles.

Coustumes locaux de la terre et seigneurie d'Arleux en le Gohelle, située es mettes de le conté d'Arthois, et enclavée en icelle, appartenant au chapitre de Saint-Pierre de Lille, que les manans et habitans dudit lieu baillent par escript.

1. Les usages audit lieu se conforment, en pluiseurs passages, aux coustumes généralles des prévosté de Beauquesne et du conté d'Arthoys; et, en ladite seigneurie, lesdits du chapitre ont justice et seigneurie haute, moienne et basse.

2. Amendes coutumières. — 3. Le survivant des époux jouit sa vie durant, de l'usufruit des biens féodaux et cottiers de son conjoint décédé. — 4. Fiefs suivent côte et ligne. — Acquêts féodaux et cottiers sont partageables. — 6. Arleux est ville d'arrêt. — 7. Retrait lignager. — 8 et 9. Le bailli et les hommes de fief connaissent des matières féodales. — 10. Les échevins connaissent des manoirs et héritages cottiers et des flégards.

11. Pour infraction de justice, comme de soy rescourre hors des mains de justice, rompre prison, prendre et emporter ablais saisis, sans avoir congié ou main-levée, faire sanc à aultruy par debat et remors soudaing; meismement lancher et marcher aprez aultruy par yre, main garnie de baston invasible, posé

quil n'y ait touchement, en ce cas est usé d'amende de LX solz pour chascun des délinquans. Mais pour fouyr au flégard, n'y chiet de prime face amende, n'estoit que la chose fust par malice ou trop préjudiciable à aultruy; néantmoins, se commandement est fait le reparer, et se n'estoit fait et reparé en dedans sept jours, le faiteur est tenu en amende de LX solz au profit du seigneur (107).

12. Coup de bâton sans effusion de sang, XV sols, de poing non garni, X sols.—13. Saisines des fiefs.—14. Idem, des cotteries. — 15 et 16. Même sujet. — 17. Droit de vente des fiefs, le 5.ᵉ denier. — 18. Relief des fiefs selon leur nature. — 19. Droit de vente des cotteries, le 18.ᵉ denier ; relief, le 28.ᵉ denier.

20. Il y a pluiseurs héritages tenus en soiete, esquelz le seigneur prend contre l'héritier ou censier, le moictié des advestures ; pour laquelle moictié, ledit héritier ou censier est tenu livrer et mener franchement, en la grange dudit seigneur, quarante garbes bonnes et lealles, pour chascun cent desdites advestures, deduis soyage et dismage, mais le seigneur ou son commis est tenu livrer la moictié des semences, et aux moichonniers moictié renguillage *(sic)* (108).

21. Sy les bleds estoient et escheoient sur fumage, pareillement les marchaines enssievans, le seigneur délaisse la moictié de son droit et des fouys ; le laboureur pour la première despouille, prend pareillement moictié s....... (soiete) du fumaige.

22. En succession cottière et de main ferme la femme relève pour ses enfans.

23. Les garbes venans des soietes se doivent battre par les manans natifs dudit lieu, se faire le vœullent, et non par aultres.

24. Droit de terrage portable à la grange seigneuriale.

25. Il y a proyer pour la garde des bestes, lequel office se baille par descrois, par la communaulté, au moindre pris que faire se pœult ; et doit ledit proyer garder cinq pour quatre.

26. Chascun a autorité de pouvoir parquier de ses blanches bestes, sans y pooir acumuller bestes d'aultruy.

27. Four banal. — 28. Afforage. — 29. Inspection des denrées et marchandises. — 30. Issues de ville. — 31. Bans d'août. — 32. Bans de mars.

33. Ont les manans et habitans exemption et liberté de taille, aides et subsides, ne sont subgetz sinon au roy et aux seigneurs propriétaires, en telle fachon qu'aucun officier roïal ou autre, sinon de leur seigneur, ne pœult exploiter se n'est le bailly d'Amiens, comme gardien commis de par le roy (109).

34. Procédure de saisie. — 35. Idem d'ajournement. — 36. Idem, en matière de retrait lignager des cotteries. — 37. Idem des fiefs.

38. Illégitismes peuvent tester de leurs biens et héritages, et leurs enffans légitismes succéder en leurs biens, pareillement ceux qui descendent d'iceux enffans en ligne directe ; mais si elle venoit en ligne collatérale, ce qui procéderoit et seroit de la succession dudit illégitisme, appartiendroit au seigneur (110).

39. Ont audit lieu et tiennent, deux fois lan, plais généraux que lon dist parjures (111), en telle fachon combien que l'on ne puisse prendre, ne exécuter es manoirs, se nest par condampnacion ou obligation, néantmoins esdits jours, se aucun plaintis vient contre aulcun manant, on le pœult prendre lui et ses biens en sa maison ; et tiennent eschevins lieu, esdits jours, à l'ostel seigneurial, le lundi ensievant le jour du vingtième, jusques aprez le soleil esconssé et le lundi aprez le jour de la Quasimodo, entre deux solaux, en faisant les publicacions acoustumées.

40. Ont droit et sont exemps de paiage, travers, vente et cauchie, es villes de Lens, Hennin et Pont-à-Wendin, pour toutes les marchandises venans de leur creu, quilz mainent et vendent esdits lieux.

Fait le xxiv.ᵉ jour de septembre lan mil cinq cens et sept.

Signatures et marques : Gilles Villain *lieutenant.* — Bertoul Pasques *manant.* — Gilles Chivot *eschevin.* — Gilles Cornet *eschevin.* — Gilles Hanedanche *eschevin.* — Pierre Ogier *eschevin.* — Pierre Busquet. — Vast Pasques *manant.* — Colart Delpierre *manant.*

BOIEFFLE.

SEIGNEURIE.

Trois grandes pages en parchemin, lisibles. 19 *articles.*

Coustumes de la terre et seigneurie de Boieffle, appartenant à Mgr. Porus du Bos, chevalier, seigneur d'Azincourt, de Regnauville et de Boieffle, quil tient de Mgr. de Lisques, chastelain de Lens, où il a toute justice et seignourie viscontière.

1. Les tenans féodaux n'ont que la justice foncière. — 2. Relief des cotteries le double de la rente.

3. Item, lui doivent les tenans cottiers blé aussy bon que du meilleur du pays à le mesure de Lens, et l'avaine à mesure de Béthune.

4. Item, quant aucun desdits tenans va de vie à trespas ayans pluiseurs manoirs, l'aisné filz choisit, le second aprez choisit et ainssy de chois en chois, moyennant que le trespassé n'en ait point disposé.

5. En cotterie, les terres labourables se partagent également. — 6. Le seigneur de Boieffle est aussi seigneur d'Aiz en Gohelle, en partie. Il partage les amendes des flots et flégards avec le seigneur de Carency et Hélion d'Aiz. — 7 et 8. Autres droits réciproques du seigneur de Boieffle et du seigneur Hélion d'Aiz. — 9 Terrage. — 10. Four banal. — 11. Le seigneur de Boieffle tient de l'archiduc d'Autriche, à cause de son château de Lens, un autre fief à Bully. — 12. Il en possède un autre avec seigneurie, à Bouvignies, qu'il tient du même seigneur et pour la même cause. — 13 à 19. Droits seigneuriaux attachés à ce fief.

Le xxiv.ᵉ jour de septembre 1507.
Signatures : Jehan Pouchin. — De Mortagne. *prestre.* — Antoine Gallot. — Ansel. — Baudin Le maïeur. — Jaquemart Gallot. — Pierre Dourdicq. — Philippe Le Maïeur. — Toma Lechercq. — Jaquemart Loson. — Jehan Le Maïeur. — Jehan Gallot. — Anquetin de Gufroy. — Anthoine de Perchy.

―――――

BREBIÈRES-LEZ-DOUAI.

SEIGNEURIE.

Une grande page en parchemin, lisible. 6 articles.

Coustumes locales de la ville, terre, justice et seignourie de Brebières-lez-Douay, appartenant à noble homme Arthur de Lallaing, seneschal d'Ostrevant, seigneur de Hordaing et de Brebières et de Noielle-Wyon, laquelle terre et seignourie de Brebieres il tient en fief de trez grand et doubté seigneur et prince Mgr. l'archiduc d'Autrise, prince de Castille, conte de Flandre et d'Artois, à cause de son chastel de Lens, par LX solz parisis de relief et le tierch cambrelaige.

1. Se le cas advient que quelque héritier de ladite terre et seignourie voist de vie à trespas, son prochain hoir ou hoirs possesseront sans quelque relief ne nulz drois payer; et par ladite coustume le mort saisist le vif.

2. Item, et quant deux conjoingz qui seront ensamble alliez par mariage et qui portent, pour parvenir à icelluy, pluiseurs héritaiges tant d'un costé que de l'aultre, incontinent le mariage parfait et consommé, ledit mary pœult vendre et aliéner tous les héritages de sa femme sans le appeler ne evocquier; et ne pœuvent les prochains héritiers les reprendre par proximité, ainchois demeurent vendus (112).

3. Item, se l'un d'iceulx marians termine vie par trespas, délaissant pluiseurs enffans, le seurvivant d'iceulx marians possesse sa vie durant desdits héritaiges; et se lesdits conjoingz ont fait en leur . . . . . aucunes acquestes, le seurvivant possesse sa vie durant desdites acquestes, et iceulx les pœult vendre et cherger et donner à se vollenté; et se ainsy à sa mort il ne en a disposé, lesdites acquestes retournent à son plus prochain hoir ou hoirs alors vivans.

^{4.} Pour les terres féodales on suit la coutume du bailliage d'Amiens.

5. Item, se quelque bourgois de Douay, Arras ou d'autre seignourie que dudit Brebières, donne, par testament ou aultrement à aucune personne, certains héritages tenus de ladite seignourie, se il ne vient comparoir pardevant maieur

et eschevins dudit lieu, ledit don est de nul effet et valleur, et est reppulé pour nul.

6. Et se, y a en ladite terre, justice et seignourie, selon la coustume générale, piet, aune, pauch et mesure comme et ainsy que ont et que usent les manans et habitans de Douay, en ladite ville.

Le XII.ᵉ jour de septembre 1507.

Signatures : Bauduin de Habarcq *escuier*, *bailly de Brebières.*—Sire Pierre Desmollins *curé dudit lieu.* — Jehan Bainart *maieur de Brebières.*—Guerart Preudomme *eschevin.* — Nicaise Geneme. — Robert Tallart.—Pierre Lequeuch. — Jaquemart Fresnet. — Jaquemart Sauvaige. — Jehan Quauquet, etc.

DROCOURT.

SEIGNEURIE.

Un cahier de cinq rôles et demi de petit parchemin, écriture cursive difficile à lire. 25 articles.

Coustumes locales de la ville, terre et seignourie de Dereaucourt, située au bailliage de Lens en Arthois, entre Lens et Douay, appartenant à Jehan, seigneur de Tramerye, qu'il tient noblement de Mgr. le chastelain de Lens, à cause de la motte en ladite ville de Lens, qui est le chief lieu de la seignourie dudit chastelain, à LX solz parisis.

1. Le seigneur a toute justice et seignourie de vicomte. — 2. Il a les amendes et profits des flégards et voiries. — 3. Il a le sang et le larron, les épaves et les successions des bâtards. — 4. Forages et afforages.

5. Item, a ledit seigneur pluiseurs rentes, comme d'argent, de cappons, de poules, pouletz et oisons rendu et paiet en sa maison, là ou bon lui samble, sur XI sols parisis d'amende que on dit de loix, pour chacun terme; lesdits blés et avaines à la mesure de Lens, ladite avaine à main torse que on ne voie point le fer ne les bors de ladite mesure.....

6. Terrage. — 7. Cens de Noël, avoine et poules. — 8. Relief des fiefs selon leur nature. — 9. Hommes de fief doivent service de plaids avec le bailli.— 10. Relief des cotteries. — 11. Bans d'août selon l'usage d'Artois.— 12. Pour infraction des commandemens de justice, LX sols d'amende.

13. Item, y a, en ladite ville de Dereaucourt, ung four banier tenu en fief dudit seigneur (113), à cause duquel fief l'iretier diceluy est maieur hiretier de ladite ville; se appartient audit maieur les drois de yssue et de tonlieux de toutes choses, selon l'usaige de ladite conté et aussi dudit Lens; et aussi les amendes de LX solz en quoy seroient encourus ceux qui ne paieroient ladite yssue ou tonlieu, appartiennent audit seigneur.

14. Faute de relief des fiefs et cotteries, le seigneur fait les fruits siens. — 15. Tonlieu de la waide, un denier la mesure. — 16. Le seigneur est seul vicomtier dans sa seigneurie. — 17. Succession des fiefs. — 18. Douaire féodal, la moitié des fiefs.

19. Item, quant aux hiretages cotiers délaissiet par père ou mère, chascun enfant, tant fils que les filles, partissent par moitié chacun autant l'un que l'aultre, mais se tel hiretage soit acquis durant le mariage de leur père et mère, au dernier vivant appartient la juste moitié contre les enffans qui prennent l'autre moitié.

20. Succession des acquêts féodaux. — 21. Aliénation des propres féodaux et cottiers soumise à l'une des trois conditions : consentement de l'héritier, ou pauvreté jurée, ou remploi. — 22. L'héritage de la femme ne peut être vendu ou donné sans son consentement. — 23. Toute vente non réalisée devant la justice locale est nulle et de nul effet. — 24. Les droits de vente en cotterie sont supportés moitié par le vendeur et moitié par l'acquéreur. — 25. Le seigneur peut exercer le retrait féodal.

Signatures : Lucas *bailli.* — Jehan Bauduin *homme de fief.* — Estene Bauduin. — Baudart de le Chanpainne. — J. Richepiet *homme féodal.* — Thomas Hugo *prestre desservant la cure.* — Joh. le Parmentier *prestre audit lieu.* — Alexandre Cuvelier *homme féodal.* — Robert Clicquet *homme féodal.* — Andrieu Ruissole *cotier.* — Jehan Ruissolle *cotier — et autres.*

Signés au bas : J. Poullart *greffier de la court dudit seigneur.* — De Tramerye *seigneur de Dreaucourt.*

DOUVRIN LEZ LA BASSÉE.

SEIGNEURIE.

Une grande page en parchemin maculée et trouée en deux endroits et pourrie sur toute la tranche du côté gauche, de manière qu'un quart de chaque ligne est enlevé. 23 articles.

(Coutumes locales). . . . ville, terre et seignourie de Douvrin Lez La Bassée, au bailliage de Lens en Artois, qui est tenue en fief du chasteau . . . . Jehan de Canteleu, escuyer.

1. Justice vicomtière. — 2. Les officiers de la justice connaissent de tous crimes et maléfices. — 3. Amende de LX sols, justice à . . . . . pillers, le sang et le larron. — 4. Flégards et voiries. — 5. Marais commun aux habitans de Douvrin, Halluch et Berclau. — 6. Franches vérités (*cet article est complètement illisible*). — 7. Issue de ville sur les bestiaux et denrées.

8. . . . . . . a une mesure de waide qui se baille à ferme au prouffit dudit seigneur, à deux personnaiges qui font serment de garder le droit de ung. . . . . . . *touchant* ladite mesure, et de bailler à un chascun le droit qui lui appartient.

9. Les sujets seuls peuvent mettre leurs bestiaux en pâture sur le terroir du lieu.

10. . . . . . subgetz, aians bestes à layne, doivent chascun an audit seigneur un agneau d'erbaige bon et bel et de may.

11. Four banal. — 12. Un moulin au blé à vent et deux moulins aux waides non banaux. — 13. Afforage.—14. Relief des fiefs. — 15. Droits de vente des fiefs. — 16. Droit de vente des cotteries. — 17. Droit de l'époux survivant sur les meubles et héritages cottiers. — 18. Droit des enfans du premier mariage. — 19. S'il n'y a point d'enfans, les héritages suivent côté et ligne, et le survivant n'emporte que les meubles. — 20. Même sujet. — 21. Même sujet. — 22 et 23. Complétement illisibles.

Signatures : Pierre le Merre. — Pierre Lecocq *lieutenant du lieu.* — Michinel Lequesne. — Jehan Delahaye, *et autres.*

LANNOY (Quint de Lens).

FIEF.

Une longue page en parchemin. 7 articles.

Coustumes particulières, générales et locales du fief et noble ténément nommé le fief de Lannoy, qui est le quind de la chastellenie de Lens, qui se comprend en la ville de Queverchon, Pascault et Mont-Bernenchon et Chocques, appartenant à noble homme Jehan de Nedonchel, seigneur de Lievin, auquel fief ledit seigneur de Lievin a toute justice viscontière.

1. Le fief se compose de tenures féodales et cottières. — 2. Juridiction des flégards et voiries. — 3. Reliefs et droits de vente des fiefs. — Reliefs et droits de vente des cotteries. — 5. Relief de bail pour les fiefs de la femme. — 6. Pas de gain de survie sur les héritages. — 7. En matière de douaire, succession et partage, on suit la coutume de Lens.

Le xxi.ᵉ jour de septembre 1507.

Signatures : Sire Herry Lamotte. — Jacques Labitte. — Pepin *greffier.* — Pierre Réant *lieutenant du bailli.*

LIEVIN.

SEIGNEURIE.

Une page et demie sur un carré de parchemin, lisible sur le recto, mais fort altéré par l'humidité sur le verso. 8 articles.

Coustumes de la ville et seignourie de Lievin, scituée au bailliage de Lens en Arthois.

1. Jehan de Nedonchel dit Agnieulx est seigneur dudit lieu où il a toute justice vicomtière. — 2. Est seigneur principal dudit lieu et réputé fondateur de l'église, et est seul ruyer avec le comte d'Artois. — 3. Droits d'issue. — 4. L'aîné des enfans est seul héritier des manoirs amasés ou non, mais les maréchaussées se partagent. — 5. La

femme veuve jouit de tous les héritages cottiers délaissés par son mari, à la charge de nourrir et entretenir ses enfans et d'acquitter les rentes dont lesdits manoirs sont chargés, — 6. La femme veuve qui se remarie perd sa jouissance. — 7. Conditions du retrait lignager. — 8. Relief et droits de vente des cotteries.

Le xiie jour du moys d'octobre 1507.

Signatures : Pierre Luly *lieutenant de Lievin.* — Geuluy *homme* . . . . — Le Mantel *procureur fiscal.* — Gille Herlon *homme de fief.* — Ricart Geuluy *homme de fief.* — Robert Rigolet *homme de fief, et quatre autres illisibles.*

NEUVE CAPELLE.

TEMPOREL DE L'ABBAYE DE MARCHIENNES.

Une page en parchemin un peu maculée dans le haut et dans le bas, mais lisible, à l'exception des signatures. 9 articles.

Coustumes locales de la terre et seignourie de le Nœusve Capelle.

1. En la paroisse de le Nœusve Capelle a deulx seignouries, assavoir la seignourie de Mgr. l'archiduc d'Autriche, conte d'Artois, et la seignourie de Messeigneurs les religieux, abbé et couvent de Marchiennes, lesquelz ont, pour leur justice et seignourie garder, bailly, lieutenant, hommes de fiefz, eschevins et sergens.

2. Chaque seigneur a son bailli et ses hommes, mais l'échevinage est commun aux deux seigneuries.—3, 4, 5, 6. De l'entravestissement et de ses effets. — 7. cas où l'héritage patrimonial peut être vendu. — 8. Retrait lignager.—9. Rapport à succession.

Le xxviie jour de septembre 1507.

Signatures : Jehan Boullaing *lieutenant du bailly de Lens, pour le comte d'Artois.* — Jacques Lefevre *lieutenant de maistre Robert Bertoul, bailli de l'abbaye de Marchiennes.* —Thomas Baillon. — Delehaie.—Mahieu de Boyaval *curé.* — *Les autres illisibles.*

NOULETTE.

SEIGNEURIE.

Deux pages sur un long rôle en parchemin, petite écriture très-serrée. 20 articles.

Coustumes de la terre et seignourie de Noulette, estant assez prez de la ville de Lens en Artois, appartenant à noble homme Jehan de Buissy, escuier, seigneur de Vilers-Brulin et de Noulette, laquelle terre de Noulette il tient en fief de Mgr. de Cavron, à cause de sa terre et seignourie de Vieil-Wendin.

<small>1. Choix des manoirs par ordre de primogéniture.—2. Tous les manoirs féodaux et cottiers qui arrivent par succession, appartiennent à l'aîné mâle ou femelle. — 3. Douaire de la femme : l'usufruit de la moitié des biens ; si elle se remarie elle perd sa jouissance.— 4. Amasemens réputés catheux, non compris dans la réserve de l'aîné.— 5. Le mari survivant jouit sa vie durant de la totalité des manoirs. — 6. Terres arables sont divisibles et partageables. — 7. Retrait lignager des fiefs. — 8. Retrait des cotteries. — 9. Le seigneur a tous les droits de vicomtier en flots et flégards. — 10. Droits de vente. — 11. Amende pour entreprise sur les flégards. — 12. Nul ne peut étaler sur rue ou chemin pour vendre, sans le congé du seigneur. — 13. Nul ne peut pendre escouvette ou enseigne de taverne sans congé. — 14. De même pour prendre l'éteuf. — 15. Four banal. — 16. Droit de terrage. — 17. Épaves. — 18. Dommage aux grains et récoltes. — 19. Dégâts dans les bois.</small>

20. Item, se aulcuns sont defalans de restouper héritages sur front à rue, aprez le commandement fait par les officiers du seigneur, ilz commettent, pour chascune fois, amende de V solz, et pareillement ceulx qui sont defalans de descouvrir leurs bournes.

Le xxviie jour de septembre 1507.

Signatures : Jacques Couvreulx *vice gérant d'Ais.* — Jehan de Locre *bailli de Noulette.* — Jacquemart Legay *homme de fief.* — Phlippot Fardel *homme de fief.* — Jehan de Brebain. — Willaume du Castel. — Arnoul Leblond.

SENGHEIN-EN-WEPPES.

SEIGNEURIE PAIRIE.

Un cahier de six rôles en parchemin, déchiré dans le bas, mais sans lacunes ; deux sortes d'écritures, l'une très-grande et mal formée, l'autre très-nette et très-belle. 39 articles.

Coustumes notoirement gardées et observées en la ville, parrye, terre et seignourie de Senghein-en-Weppes, appartenant à madame Ysabeau de Luxembourg, dame d'Espinoy, de Richebourg et dudit Sainghin, vesve de defunct haut et puissant seigneur, Mgr. Jehan de Meleun, en son vivant chevalier, seigneur dudit Espinoy, de Wingles, connestable de Flandres, quelle tient en parrye du conte d'Artois, à cause de son chasteau de Lens.

<small>1. Justice vicomtière.— 2. Bailliage et échevinage.— 3. Causes qui sont du ressort du bailli et des hommes féodaux.</small>

4. Ladite dame a des hommes cottiers qui se nomment hommes d'Antrin, lesquelz, à la conjure du bailli, ont la congnoissance et judicature de ce qui se fait es mettes desdites terres cottières d'Amtrin ; desquelles terres ont les werps et saisines ; et pareillement ladite dame a autres hommes cottiers à Biaumont et à l'environ, qui tiennent leurs terres de la seignourie de Senghin.

5. Item, et, pour les autres terres séans en l'échevinage de Senghin, audit lieu, y a sept eschevins que ladite dame fait créer de ses tenans, et deporte quant il lui plaist; lesquelz eschevins ont la court et congnoissance de tous cas, crimes et maléfices commis et perpetrés en ladite ville et eschevinage, et aussy la congnoissance de tous les manans en icelluy et de toutes matières personnelles, réelles, pétitoires et possessoires, à la conjure dudit bailli, sous le ressort immédiat desdits hommes de fief; et, de ce qui se fait et passe pardevant eulx, ilz en baillent lettres en double cyrographe, dont l'une se met en la ferme desdits eschevins et l'autre se baille à partye.

6. *Relief des fiefs selon leur nature*. . . . . assavoir aucuns à soixante solz parisis, à trente solz parisis, esperons dores, fuz de lanch et le tiers cambrelaige (114).

7. Hommes féodaux doivent service des plaids, aide aux deux cas et relief de bail quand il y a lieu. — 8. Droit de vente des fiefs.— 9. Succession des fiefs.— 10. On peut vendre ses fiefs patrimoniaux et cottiers.— 11. Retrait lignager. — 12. Relief des cotteries. — 13. Les terres de Beaumont doivent divers reliefs. — 14. Reliefs des héritages d'échevinage, double rente; droit de vente, IV deniers d'entrée et autant d'issue.

15. Item, se deux conjoingz par mariage ont aucuns héritaiges es mettes dudit eschevinaige, et le mary va de vie à trespas, la femme est tenue de rellever tous les terres quilz auroient et possesseroient ensembles, soient quelles viendent du costé du mary ou de la femme; mais se la femme va de vye à trespas, le mary ne doibt point de relief des terres de son costé ou de sadite femme.

16. Définition de l'entravestissement par sang et par lettres.

17. Item, quant deux conjoingz par mariage entravestissent par lettres et lun diceulx va de vie à trespas, au survivant compectent et appartiennent tous les biens mœubles, debtes et catheux et acquestes. . . . . . tous les héritaiges séans es mettes dudit eschevinage, pour en joyr par ledit survivant sa vie durant; et apprez son trespas les héritaiges patrimoniaulx et portez audit mariage estans audit eschevinage, retournent au lez et costé dont ilz sont venus; et le surplus, tant acquestes que biens mœubles qui seroient trouvez en la possession du dernier morant, au jour de son trespas, se partissent par moitié aux héritiers d'un costé et d'autre.

18. Item, et se ledit entravestissement est par sang, au survivant, soit homme ou femme aiant enffant soit vivant ou non, appartient tous lesdits biens mœubles, debtes, catheux et acquestes et héritaiges d'eschevinage, pour en joyr, sa vie durant, en tant quil demeure en viduité, sans pooir vendre ne chergier lesdits héritaiges, et, aprez son trespas, le tout appartient ausdits enffans, se aucuns en y a vivans au jour dudit trespas; et se lesdits enffans estoient terminez avant ledit survivant, depuis le premier morant, le tout seroit et escherroit aux prochains héritiers dudit survivant; mais se, durant le conjonction desdits ma-

rians, et auparavant que lun diceulx fust terminé, leurs enffans quilz auroient eu audit mariage, fussent aussi allé de vie à trespas, en ce cas le sourvivant joyra sa vie durant tant seulement des héritages estans en eschevinage, et, aprez son trespas, retourneront aux héritiers tant d'un costé que de l'autre, comme par la coustume d'entravestissement par lettres.

19. Et se il advient que tel sourvivant aiant enffant vivans procedez de sondit mariage, convolast à secondes nœuces, en ce cas, ledit sourvivant est tenu bailler à sesdits enffans la juste moittié de tous les biens mœubles, debtes, catheux, acquestes et héritaiges d'eschevinage, paiant par lesdits enffans moittié des debtes; mais se telz enffans estoient terminés par avant, en ce cas, ledit sourvivant en faisant et procédant à second mariage, ne pert quelque chose et luy demeure le tout.

20. Item, se il advenoit que tel sourvivant convolast à secondes nœpces, terminast et delaissast des enffans dudit second mariage, lesdits enffans et ceux du premier succéderont, à compte de testes, en la moittié des biens mœubles, debtes et catheux et acquestes et héritaiges d'eschevinaiges, allencontre du sourvivant, en paiant debtes à porcion.

21. Item, se le mary et la femme ne ont entravesti l'un l'aultre par sang ou par lettres, les héritaiges patrimoniaulx du premier morant sortissent coste et ligne d'icelluy; et les acquestes et biens mœubles se partissent également entre le sourvivant et les héritiers du premier morant, en paiant la moittié des debtes.

22. Item, es héritaiges séans audit eschevinage et es biens mœubles, les frères succèdent également, et n'est le filz plus advanchié ou previllégié que la fille.

23. Item, représentation n'a point de lieu, tellement que le nepveu ne vient point à le succession de son grand-père avec ses oncles et antes.

24. Item, mais audit lieu l'on est tenu de rapporter ce que l'on a porté au mariage de don fait par ses père et mère, auparavant que l'on puist venir à la succession desdits père et mère avec ses frères et sœurs.

25. Item, pour vendre son héritage séant en eschevinage ou terre cottière d'Esmerin, est requis avoir le consentement de sa femme se le vendeur est allyé par mariage; et moiennant ledit consentement, le mary pœult vendre lesdites terres, soit quelles viengnent de son costé ou du costé de sa femme.

26. Item, se quelqu'un vend son héritaige patrimonial séant en eschevinage, le proixime ou parent du lez et costé dont tel héritaige est procédé, pœult rattraire iceulx héritaiges, en dedens trois criées qui se font par trois dimenches audevant de l'église paroissial dudit Sanghin, en namptissant en justice les principaulx deniers, frais et léaux coustemens comme dit est ci-dessus.

27. Item, tous et chascun les manans et habitans de Sanghin et eschevinage

d'icelle ville, pœuvent chassier tout leur bestial au marez d'icelle ville, pasturer soubz la garde de ung proyer commis et institué de par le bailly et eschevins et communaulté, et en iceulx marais, prendre et cœuillier à le fauque autant d'herbe que besoing leur est pour le provision de leur bestial, pourveu que ladite herbe ne soit par eulx tournée à usaige de feure, et ce par avant le jour saint Jehan-Baptiste; et aprez ledit jour saint Jehan-Baptiste, lesdits manans pœuvent tourner ladite herbe à tel usaige que bon leur samble, et le résidu, tant bois croissant et pesquaige, appartient à ladite dame dont, pour et au lieu de ce, lesdits manans et aussi les manans du couvent Saint-Pierre doibvent à ladite dame, pour chascun an et chascun manoir où on fait feu, une rasière d'avaine; et se pluiseurs manoirs estoient mis en un, les possesseurs desdits manoirs sont tenus paier pour autant de manoirs; mais lesdits possesseurs pœuvent lesdites rentes rachetter pour le pris qui, pour ce, sera mis et assis par lesdits eschevins; et aprez ledit rachapt fait, on ne pœult plus faire feu en ladite maison rachettée fors en paiant la rente comme paravant ledit rachact; et ainsy en a esté usé; toutesvoies se ung manoir se approprioit à pluiseurs demeures, l'on est tenu payer que une rente qui se paiera à porcion.

28. Item, lesdits manans pœuvent avoir ung bacq aux travers de l'eaue qui est entre le tenement de ladite seignourie de Sanghin et Aveullui, pour servir ladite dame, lesdits manans et nulz autres à aller et venir au marez qui est entre ladite eaue, à Lennées, Carvins, Aveullui, Prouvins, Bœuvins et jusques à le navie que l'on nomme Migore, en venant à le grand navie; auquel marez et es limites ainsy spéciffiées, ladite dame et le communaulté d'icelle pœuvent et ont acoustumé faucquier, soyer et fener herbes et en prendre et emporter à leur prouffit, pesquer au cappel, faire tourbes à le faucille, et faire paistre lesdits marez de toutes bestes quelzconques; et se aucuns de ladite communaulté en feucquent les baulx qui sont fais par lesdits eschevins appartenans à icelluy marez, lesdits eschevins de Sanghin les jugent en amendes communes à la seigneurie, lesquelles amendes appartiennent à icelle dame.

29. Item, et sy a ladite dame et ses ostes et tenans (115) d'icelle ville et communaulté d'icelle, song de clocque sans accord contre tous estrangiers qui voudroient faire mal à quelque personne de ladite communaulté (116).

30. Item, lesdits eschevins ont coustume de user de ban ou bannissemens contre les delinquans ou malfaicteurs quant le cas sy offre, et aussy de faire édis et statutz pour le police du bien publique, par le consentement de ladite dame et ses officiers et de y apposer amendes telles que au cas appartient, assavoir de LX solz parisis, X solz parisis et en dessoubz; et meismes ont registre

où sont les anchiens édis et statuts lesquelz se publient, à le halle dudit lieu, es jours et ainsy quil est de coustume.

31. Item, ont coustume lesdits eschevins tenir plais généraux trois fois l'an, assavoir les premiers au prochain lundi aprez le vingtième du Noël, les secondz au lundi aprez le Kasimodo, et les troisièmes, le lundi prochain aprez les festes de Pentecouste ; à chascun desquelz jours tous les manans dudit eschevinaige sont tenus comparoir, en dedans le siége leur, sur paine de iij solz parisis d'amende vers ladite dame ; et lesdits manans illecq assemblez et autres forains se ilz y sont, pœuvent faire demande ly ung à l'aultre de leur deu, et le debteur est tenu respondre en confessant ou en nyant ; se il confesse le deu et quil fust pour paine et labeur de corps, lui est ordonné payer en dedens soleil couchié, et se c'est pour autre cause, en dedens sept jours et sept nuytz, sur pareille amende de iij solz.

32. Item, tous les manans dudit eschevinaige sont tenus comparoir pardevant lesdits bailly et eschevins une fois l'an, assavoir le prochain dimence precedent le jour Saint-Luc, sur paine de X solz parisis, au moins le dimence enssievant, à quoy est receu à se présenter ; et ausdits jours font serment de dire vérité des mesus quilz ont veu durant l'année à l'exament desdits eschevins ; desquelz manans sont tenus exemps de comparoir les manans aians tonssure et leurs maisnies et nulz autres se ilz n'y sont contrains.

33. Item, en ladite parrye et seignourie de Sanghin, l'on ne pœult faire aucun exploit de justice par quelque sergant que ce soit, sans avoir assistance de ladite dame ou ses officiers.

34. Item, quant quelqu'un en ladite seignourie vœult vendre vin ou boire boulliz *(est deu)*, pour le droit de foraige tel que de deulx lotz pour chascune pièche de vin, et de boire boulliz, quatre lotz de chascun brassin, et pour le droit d'affor est deu, demi-lot de vin, un pain et autant de cervoise.

35. Item, se un bastard va de vie à trespas délaissans aulcuns biens et héritaiges séant en ladite seignourie sans en avoir disposé, tel avoir de bastard et aultres, tous droix d'espaves et estrayes compectent et appartiennent à ladite dame (117).

36. Item, ladite dame est toute ruyère en sa terre et seignourie, et luy compectent les flos, flégards, chemins et voieries, tant à l'endroit de ses tenemens comme d'aultres, et samblablement les pescheries, cours d'eaues, escluses, halletries, regiez et bois, en tous les maretz que ladite *(dame)* a, assavoir les maretz, bois et eaues tenans à la terre du seigneur de Waurin et mouvant de ladite terre de Waurin, en revenant au long de la navie et rivière qui vient

de Lille et Le Bassée jusques au tenement de Lerclan, en revenant à Marquillies jusques au tenement de le chastellenie de Lille.

37. Item, quiconque abat arbres, picque, feue ou plante sur les frocs, flégards, rues, chemins de ladite ville, sans avoir grace ou congié du bailli ou son lieutenant, il eschiet en amende de LX solz parisis ; et aussy y a pareille amende pour avoir enfraint la main de justice.

38. Item, quiconque bat quelqu'un en ladite ville et eschevinaige à playe ouverte et sang courant, il eschiet en amende de LX livres ; et pour porter arcq, tendre arcq ou arbalestre avant ladite ville, est deu pour l'amende X livres parisis, se cestuy qui porte ledit arcq ou aultre baston, comptent au ban de ladite ville ; et pareillement à madite dame compcte amende de LX solz parisis et en dessoubz selon l'exigence des cas.

39. Item, que, en ladite ville, l'on ne pœult vendre ne acheter grain que ce ne soit à le mesure flatrie de ladite ville, sur paine et amende de LX solz parisis ; lesquelles mesure, marque et flatrissure sont en la ferme dudit eschevinaige ; et aussy, en ladite ville, y a poix pour peser ce qui se vend au poix et à le ballance et ponchon, pour seigner les mesures des merchiers, crachiers et taverniers et aultres qui vendent aucunes choses à mesure ; et qui vend à menres poix, il eschiet en pareille amende de LX solz parisis.

Lesquelles coustumes, usaiges et manières de faire ont esté consenties, accordées et approuvées audit lieu de Sanghain, en la halle dudit lieu par les soubzsignans, le xxv.ᵉ jour de septembre l'an mil cinq cens et sept.

Signatures : Robert Berthoul *lieutenant de Sanghin*. — Bordel *procureur fiscal*. — Barrat. — De Manchicourt *homme de fief*. — Peuveron *homme de fief*. — Deloffes. — Jehan Parent. — Delattre. — Jehan Delecambre *homme de fief*. — Joachim Fevart. — J. Quielle. — M. Quielle. — Castellain. — Carvin. — Estene Foucquet. — Dubies. — Jehan Lemaire. — Jehan Travier. — Rolant Leclerq. — Colart Lallau *eschevin*. — Jehan Cartier *eschevin*. — Thomas Wallemot *eschevin*. — Mathieu Lejoy. — Jehan Descamps *abitant*, etc...

NOTRE-DAME-SOUS-EURIN (près Hénin-Liétard).

TEMPOREL DE L'ABBAYE DE CE NOM.

Une grande page en parchemin, très-lisible. 5 articles.

Us et coustumes des terres et seignouries appartenant aus religieux, abbé et couvent de l'église et abbeie Nostre-Dame-sous-Eurin lez la ville de Hennin Liettart.

1. Lesdits religieux ont seignourie en plusieurs et divers lieux, assavoir en la ville de Dourges, Courieres, Courchelles, Esquerchin, Quency, Grenay, Billyes, Marquillies, Sailly et autres. . . . .

2. Reliefs et droits seigneuriaux. — 3. Dessaisines et saisines. — 4. Toutes les sentences en matière civile et criminelle sont exécutées par le bailli aux dépens des parties condamnées. — 5. Les amendes se perçoivent selon l'usage des lieux.

Le xxvi.ᵉ jour de septembre 1507.

Signatures : Jehan Grindor. —Denis Grindor. — Antoine Canot *cottier.* — Climent Grindor. — Nicollas le Canoine *bailli de l'abbage d'Henin.* — Jehan Bucquet *homme de fief.* — Grandsire *curé d'Henin.* — Ludovicus Pigache *curé de Billy.* —Pinchon *homme cottier.* — De Remy *curé de Montigny.* — Le Riche *homme cottier.*

HÉNIN-LIÉTART.

ÉCHEVINAGE.

Un cahier de trois feuilles de parchemin, dont la première sert de couverture, contenant quatre rôles d'écriture très-serrée, lisible, sauf quelques parties altérées par l'humidité, principalement la partie supérieure des rectos des premier et quatrième rôles. 21 articles.

Coustumes de la ville et eschevinage de Hennin-Liétart.

Le ville de Hennin-Liétart, scituée . . . . pays et conté d'Artois, entre les villes de Lens et Douay, est ville bien previlegié, laquelle appartient à noble damoiselle, madame Marguerite. . . . . vesve de deffunct Monseigneur Jacques de Coupigny. En laquelle ville a, pour corps de loy, eschevins qui chascun an se renouvellent le jour de la Sainte-Trinnité, qui ont entièrement la congnoissance et judicature de tous cas criminelz et chivils qui adviennent et sont perpétrés partout ladite ville et eschevinage, à la semonsse et conjure des bailly, lieutenant ou prevost de ladite damoiselle, clocque de ban, scel autenticque, bretesque et tout ce généralement qui à corps de loy et ville previlégié appartient en touttes choses sans quelque exception.

1. Lesquels previléges, franchises et libertez dont ladite ville, ensamble les bourgois, manans et habitans d'icelle ville, sont souffisamment douez et dont paisiblement et publicquement ilz ont tousjours joy et usé de tel et sy long temps qu'il n'est mémoire du commencement ne du contraire, et encoire usent au veu et sceu de toutes personnes qui lont volu et vœullent veoir et savoir, ont esté donnez, concédez et accordez par les seigneurs et dames de ladite ville,

des lan mil quarante-trois (118), et depuis confirmez par pluiseurs roys de France, contes et contesses d'Artois et autres, comme de tout ce pœult plus amplement apparoir par chartres et lettres confirmatoires, reposans saines et entières en touttes choses, au ferme des eschevins de ladite ville qui en ont la souveraine garde et administracion.

2. En vertu desquelz previléges et aultres, lesdits eschevins ont et leur appartient en tout la congnoissance et administracion et gouvernement du corps et communauté de ladite ville, ensamble la judicature et congnoissance de tous cas quelconques qui adviennent, comme dit est, en ladite ville, terroir et eschevinage, à la conjure et semonsse de ladite damoiselle ou aultres officiers, qui a toutes prinses judiciaires et lesdits eschevins tous jugemens, lesquelz leurs jugement sortissent de plain droit, sans quelque arrest en cas d'appel, en la court de parlement à Paris.

3. En et partout ladite ville, banlieue et eschevinage, ladite damoiselle a toute justice haute, moyenne et basse, et tout ce qui à haulte justice pœult et doit competter et appartenir. Sy doit, toutes les fois que le cas le requiert, l'exécuteur, eschelles, cordes, verghes et aultres choses selon l'exigence des cas. Et lesdits eschevins doivent tous jugemens qui, comme dit est, sortissent de plain droit, en cas d'appel, en la court du parlement à Paris.

4. En laquelle ville et partout ledit eschevinage ont lieu pluiseurs coustumes et usaiges que lon pœult ou porroit dire et appeller coustumes locaulx, dont lon a acoustumé user en ladite ville, de tout temps passé, jusques aujourd'hui, entre toutes partyes. C'est assavoir :

5. Que touttesfois que les manoirs, terres et héritaiges estans enclavez *es mettes dudit* eschevinaige, et par especial ceulx que lon dist cottiers *ou main fermes,* vont de main en aultre par vente, don, eschange ou *aultrement,* par quelque moyen que ce soit et de quy quilz soient tenus et mouvans, lesdites ventes, dons ou eschange, se passent et doivent passer pardevant lesdits eschevins, et sy en rechoipvent lesdits bailly, son lieutenant ou prevost, lequel qui premier y soyent, les dessaisines et en baillent les saisines, dont le greffier desdits eschevins fait registre, et en expédie lettres en tel cas requis qui se scellent du scel et contre-scel aux causes de ladite ville; et sy se seignent du saing manuel dudit greffier; et les droix seigneuriaux de ce procédant appartiennent aux seigneurs dont telz héritaiges sont fonssièrement tenus et mouvans, qui sont telz que chascune personne yssant de son héritaige, soit de peu ou gramment, doit pour son droit d'issue à chascun seigneur, quatre deniers; et celluy qui en rechoit la saisine doit, pour son droit d'entrée . . . . . . à chascum seigneur, deux solz;

et au relief, à la mort de l'héritier, deux solz, pour chascune teste relevant à chascun seigneur, soit de peu ou gramment d'héritaiges, lequel relief se doit faire sept jours et sept nuyts aprez la mort de l'héritier.

6. Lesquelz héritaiges cottiers ainsy vendus, donnez, eschangez ou aultrement alliencz, appartiennent à ceux à qui lesdites ventes, dons ou eschanges se font et qui en ont rechus les saisines, sans ce que les proiximes ne aultres personnes quelconques les puissent reprendre par proximité de lignage, puissance de seigneurie ne par quelque voye ou moyen que ce soit, mais sortisssent telles ventes, dons ou eschanges leur plain effet, valleur et vertu à tousjours, comme choses bien et deuement faites ; et sy ne pœuvent les seigneurs dont telz héritaiges sont tenus et mouvans, faire sur iceulx quelque ravissement ne emport quelconque, en deffaulte de relief, rentes non payées, ne d'aultres devoirs non fais, mais convient que iceulx seigneurs, pour lesdits devoirs non fais, se plaignent au bailly ou prevost de ladite dame, eschevins présens ; et ce fait, lesdits officiers ou lun d'eux, à l'ensseignement desdits eschevins, seigneffie ladite plainte à ceulx à quy ce pœult touchier, leur faisant savoir quilz ayent à contenter lesdits seigneurs ou leurs officiers qui ainsy se sont plains, dedans sept jours et sept nuys, de ce pourquoy ladite plainte se fait, ou aultrement l'en mettra l'héritaige sur quoy ladite plainte se seroit faitte en la main du complaignant, ce qui ainsy se fait journellement, pour en joyr par eulx tant et sy longuement que les devoirs, pourquoy ladite plainte se fait, soyent entièrement furnis et payés, voire s'il n'y a opposition au contraire, à quoy lon seroit rechus ; durant laquelle joissance, lesdits seigneurs ne sont tenus rendre quelque ne aucun compte aux héritiers qui viengnent reprendre et purgier telz héritaiges des levées quilz en porroient avoir faittes sur iceulx; mais aussi tels héritiers ne sont tenus payer aucunes rentes auxdits seigneurs, pour les années que lesdits héritaiges avoyent esté en leurs mains, quelque long temps que ce fust, fors seullement les arrérages des rentes escheus jusques au jour de ladite plainte ; et sy revyennent telz héritiers toujours à leurs héritaiges, sans que les seigneurs dont telz héritaiges sont tenus et mouvans se puissent aydier de longue possession.

7. Par lesdites coustumes ou usaiges, lesdits eschevins ne ont quelque congnoissance des fons et propriétez des fiefz estans audit eschevinage, mais en appartient la totale congnoissance aux bailly, lieutenant et hommes de fiefz de ladite damoiselle, dont lesdits fiefz sont tenus et mouvans, et en rechoipvent les dessaisines et en baillent les saisines à la conjure desdits hommes de fiefz, toutesfois que le cas le requiert. Sur lesquelz fiefz qui sont en petit nombre, ladite damoiselle a droit que lon dist ravissement de ce quy porroit estre trouvé sur

lesdits fiefz, s'il estoit ainsy que les héritiers d'iceulx fussent en deffaulte de les rellever et droitturer des reliefz dont ilz sont chargez, dedans quarante jours aprez le trespas dudit héritier d'iceulx; et sy a icelle damoiselle de Hennin, pour drois seigneuriaulx, à la vente, don ou transport, touttesfois quilz vont de main en aultre, par quelque moyen ou manière que ce soyt, le quint denier de la valleur d'iceulx fiefz. Et sy doivent les possesseurs d'iceulx fiefz service de plais en la court de ladite damoiselle, touttesfois que besoing est et requis et sommez en sont, à peine d'avoir leurs fiefz saisis, en tant quil touche le fons et propriété desdits fiefz, et, pour aultres choses, non. Et sy ne sont tous les dessusdits héritaiges, tant féodaulx comme cottiers, chargés du droit que l'on dist terraige, fors seullement du droit de disme à Dieu, qui se paye aux relligieux, abbé et couvent de l'église et abbaye Nostre-Dame-soubz-Eurin lez ladite ville de Hennin, de l'ordre de Saint-Augustin.

8. Tous lesquelz héritaiges tant féodaulx, cottiers comme aultres, estans dedens l'enclos de ladite ville, terroir et eschevinage de Hennin, sont hors de de touttes confiscacions, pour quelque cas que les héritiers d'iceulx puissent commettre et perpétrer; et ainsy en a esté usé de toute anchienneté, au veu et sceu de touttes personnes, en vertu des previléges dont ladite ville est souffisamment douée, comme aultrement.

9. Touttes personnes qui, pour leurs demerittes, sont par la sentence des eschevins, à le conjure des bailly, lieutenant ou prevost de ladite damoiselle, bannyes de ladite ville, banlieue et eschevinaige, telles personnes ne pœuvent ne doivent, par quelque moyen que ce soit, ravoir ladite ville, banlieue et eschevinaige, que les bans contre eulx donnez ne soyent terminez et acomplis; et ainsi en a esté usé de tout temps passé jusques à huy, allencontre de toutes personnes ayans fourfais bannissemens.

10. Se deux conjoingz (*sont*) alliez ensemble par mariaige, le mari se bon lui samble, pœult, ledit mariage parfait et consommé, vendre, chargier et aultrement allyener les heritaiges apportez audit mariage par sa femme, sans ad ce appeller ne evocquier icelle sadite femme, lesquelles ventes, charles (*charges*) ou allyennacions ainsy faittes, ont, de tout temps passé, sortis leurs effectz comme choses bien et deuement faittes; voire se en faisant et traittant telz mariages, ne avoit conditions au contraire, telles que le mary ne porroit les héritaiges aportez par sa femme, vendre, chargier ne aultrement allyenner, ce quy se fait souventes fois pour ladite coustume corrompre (119).

11. Se deux conjoingz alliez ensemble par mariage font, durant leur conjonction, aucunes acquestes et lun d'iceulx va de vie à trespas, soit le mary ou la

femme, sans au jour d'icelluy délaissier enffans vivans ou apparant de naistre dudit mariage, en ce cas, le demouré vivant got et possesse desdites acquestes sa vie durant; et aprez son trespas, telles acquestes se départissent moittié aux hoirs du premier morant, et l'aultre moittié aux hoirs du derain vivant, à la charge de payer, chascun par moittié, les dettes délaissiées par lesdits morans coujoingz.

12. Se lesdits conjoingz ainsy alliés ensamble par mariage ont, ou l'un d'eulx, portez aucuns héritages ensamble audit mariage, le derain vivant d'iceulx possesse desdits héritaiges ainsy portez, soit qu'il y ait enffans vivans dudit mariage ou non, qui est à dire : le derain vivant tout tenant; et aprez le trespas du derain vivant, telz héritaiges succèdent aux enffans delaissiez desdits conjoingz, s'aucuns en délaissent, et aultrement aux plus prochains hoirs dont telz héritaiges sont yssus.

13. La femme sourvivant son mary ne pœult ne doit apprehender les biens délaissiés par icelluy, que ce ne soit à le charge de payer touttes les debtes délaissiées par icelluy son mary; mais telle femme a quarante jours d'induxe aprez le trespas de sondit mary, pour apprehender ou renonchier à telz biens; et se telle femme renonche auxdits biens, elle aura son droit de douaire convenancé, ou elle se tiendra à son droit de douaire coustumier, lequel quy mieulx lui plaira, et sy ne sera, par ce moyen, cappable au payement desdites debtes délaissiées par sondit mary.

14. Se il advient que une ou pluiseurs personnes ayent, par quelque moyen, fait entreprinses sur les flégards, chemins et voirryes de ladite ville et eschevinage, sy comme d'y avoir assis édiffices oultre les bournes, faict fouyues ou aultres entreprinses, par quelque moyen que ce soit, telz entreprenans ont induxe sept jours et sept nuys, aprez que commandement par justice leur sera fait, de remettre en premier estat et deu ce que entreprins auroient et sans amende, mais ledit temps de sept jours et sept nuys expiré et passé, se telz entreprenans n'ont fait tous restablissemens selon l'exigence des cas, chascun est en amende de LX solz; et ainsy en continuant de sept jours en sept jours, tant que les commandemens fais par justice seront entièrement et purement furnis et acomplis.

15. Item, que toutes amendes jugiées par lesdits eschevins, pour quelque cas que ce soit ou puist estre, icelles amendes se départissent moittié au prouffit de ladite damoiselle et l'aultre moittié au corps de ladite ville, sauf que les amendes de LX livres, pour main de justice enfrainte et aultres pour semblable cas, appartiennent entièrement et totallement au souverain, comme de ce pœult apparoir en exprès, par les previléges de ladite ville.

16. Item, que deux bourgois ou manans de ladite ville, pour tant quilz y

sont demourans, ne pœuvent ne doivent traittier ly ung l'aultre, pour quelque cause que ce soit, que pardevant les eschevins de ladite ville, à payne d'amende.

17. Item, ne fait point à oublier que tous les fiefz estans oudit eschevinaige qui sont en petit nombre et valleur, sont tenus de ladite dame à cause de sadite seignourie de Hennin, et que à cause desdits fiefz ne aultrement, les possesseurs d'iceulx fiefz ne ont sur iceulx leursdits fiefz ne partout ailleurs oudit eschevinage, quelque justice ne seignourie fonssière ne aultre, mais appartient la totale justice et seignourie, par tout ledit eschevinaige, à ladite damoiselle qui, comme dit est dessus, a touttes prinses et exécucions, et lesdits eschevins tous jugemens.

18. Item, s'il advient que les bourgois, manans et habitans de ladite ville ou leurs enffans se entrebastent ly ung contre l'aultre, ou allencontre d'aucunes personnes foraines, soyt quil y ait playe ouverte ou non, le bailly de ladite ville ou son lieutenant pour ladite damoiselle, ne les pœuvent, pour lesdits cas, detempter ne prendre au corps et, s'ilz les prendoyent ou detemptoient prisonniers, se doivent ilz avoir main levée de leurs corps, sans plesges ne caucion bailler; mais lesdits bailly ou son lieutenant sont entier *(en droit)* de prendre contre eulx et chascun d'eulx telles fins et conclusions que bon leur semblera, selon l'exigence des cas; à quoy telz délinquans seroient et sont tenus respondre pardevant les eschevins de ladite ville, soit en confessant ou en desnyant, ou cas toutes voyes en tant que partye bléchiée allast camp et voye; mais telz délinquans seroyent et sont tenus tenir prison, se appréhender au corps on les pœult.

19. *Item, ledit bailly ou* son lieutenant ne pœuvent ne doivent emprisonner, es prisons de ladite ville, nuls des bourgois, manans et habitans d'icelle ville ne leurs enffans, que deux du mains des eschevins de ladite ville ne soient présens et par leur enseignement, ne parcillement les mettre hors desdites prisons.

20. Item, que touttes prinses, exécucions, seigniffications, adjournemens, sommacions et autres exploix judiciaires nécessaires estre fais par tout ladite ville et eschevinaige, se font et doivent faire par les bailly, son lieutenant ou prevost de ladite damoiselle ou de l'ung d'eulx, toujours en la présence et enseignement de deux du mains des eschevins de ladite ville, saulf que les adjournemens, seigniffications, sommacions et aultres semblables exploix nécessaires estre fais au dehors dudit eschevinaige, telz exploix se font par le sergent à vergue desdits eschevins, en vertu de leur commission réquisitoire quilz en expédient en tel cas requis.

21. Item, que lesdits bailly, lieutenant ou prevost ne pœuvent ne doivent

prendre ne arrester au corps nulz des bourgois ou manans de ladite ville pour debtes personnelles quilz puissent devoir à aulcunes personnes, mais convient que à telz bourgois ou manans commandement soit fait, à le requeste de partye à ce présente, et à veue de deulx eschevins du mains de ladite ville, quilz vyengnent respondre, pardevant lesdits eschevins, ad ce que partye ainsy pœult leur volloir et fera demander; à quoy ilz sont personnellement tenus respondre, soit en confessant ou nyant; et se telles personnes sont à ces premiers commandemens reffusans ou delayans, on leur fait de rechief commandement quilz respondent à peine de LX solz d'amende; et se à ces secondz commandemens ilz sont encoires reffusans, commandement leur est fait encoires de respondre à peine de IX livres et LX livres; et se à tous ces commandemens ilz sont reffusans, lesdits officiers ou l'ung d'eulx pœuvent et doivent telz reffusans prendre et detempter au corps.

Touttes lesquelles choses dessus transcriptes ont esté bien et au long veues, tenues, leues et diligemment regardées, mot aprez autre, meismes icelles approuvées, jurées, certiffiées et attestées estre véritables et ainsy en avoir veu user et déterminer par toutte la ville et eschevinaige, entre touttes personnes, par nous Jacques Vasseur, par la permission divine, humble abbé de l'église et abbaye Nostre-Dame-soubz-Eurin lez ladite ville de Hennin, Jehan de Fœuchy prestre, relligieux et coadjuteur de ladite église; Jehan Granssire aussi relligieux de ladite abbaye et curé de l'église paroissial de ladite ville; Antoine du Paiage escuier, bailly de ladite damoiselle; Jehan de Glen, au nom et comme procureur de ladite damoiselle et de noble homme Helbert Gosson, escuier, aussi homme de fief . . . . . . Anthoine de la Doyère. . . . . Jehan Leriche, lieutenant du bailly de ladite damoiselle, Wery le Tasneur, Jehan Russant, Thomas de. . . . , Andrieu Caron, Andrieu Bosquet, Jehan Merlin l'aisné, Jehan Merlin le josne, Jannin Pache, Martin Chellé, Collart Chellé, Wery de Salappe, Collart Poulle, Jehan Duval, Collart Russent, Antoine Damiens, Jehan Broche, Estienne Damiens, Collart Pinchon, Denis Locquier, Mahieu de Lannoy, Robert Houbart, tous demourans en ladite ville, assemblez en la halle et chambre de l'eschevinage de ladite ville, à la requeste des eschevins de ladite ville; et nous, eschevins de ladite ville de Hennin, avons fait mettre à ces présentes le scel et contre scel aux causes de ladite ville.

Le xvi.ᵉ jour de septembre l'an mil chinq cens et sept.

Suivent les signatures des ci-dessus nommés.

FIN DU TROISIÈME GROUPE.

BEUVRY ET CHOCQUES.

CHATELLENIE.

Un cahier de trois grandes feuilles de parchemin, très-belle écriture, très-bien conservée. — BEUVRY, 31 *articles*. — CHOCQUES, 7 *articles*. — *Total* 38 *articles*.

Coustumes des villes, chastellenyes et seigneuries de Beuvry et Chocques, situées assez prez de la ville de Béthune en Artois, appartenant à haut et puissant seigneur, Monseigneur Aldof de Bourgoingne, seigneur de Beures, où il a toute justice haute, moienne et basse, cappitanies et chasteaux, baillis, procureurs fiscaux, hommes de fief, eschevins, sergens et autres officiers.

BEUVRY :

Art. 1 à 10. Des matières féodales. — 11, 12, 13, 14. Droits des vicomtiers.

15. Item, y a en ladite terre et seigneurie de Beuvry, pluiseurs anchiens manoirs nommés mez, selon les anchiens pappiers thériers dicelle seignourie, qui doivent rentes fonssières audit seigneur de Beuvry; lesquelz anchiens mez par le trespas des possesseurs d'iceulx, soit homme ou femme, succèdent, assavoir : le meilleur desditz mez à leur filz aisné, et en deffaulte de filz, succèdent à la fille aisnée; et a ledit filz ou fille son chois desdits mez, sans que les enffans puisnez y puissent demander aucun droit, saulf es catheux estans dessus où il ont leur part et porcion; et aiant lesdits mez devant part comme dist est, lesdits aisnés, filz ou fille, ou le mary de ladite fille, sy mary y a, sont tenus de servir à leur tour comme eschevins audit Beuvry, se à ce ilz sont esleus (120).

16. Item, se ung père ou mère délaisse pluiseurs desdits mez, ledit filz aisné ou fille aisnée, ont le chois du premier mez et devant part, et aprez le second aisné filz ou fille aisnée second, auroit le chois du second mez devant part pareillement, à la charge dudit eschevinage, et ainsy en continuant d'hoir en hoir.

17. Les héritages cottiers suivent côte et ligne et passent aux héritiers sans charge de douaire. — 18. L'époux survivant a la moitié des acquéts. — 19. Le bailli et les échevins font inventaire pour conserver les droits des mineurs.

20. Item, iceulx bailli, lieutenant, hommes et eschevins peuvent et leur loist en chascun an, es mettes de ladite seigneurie de Beuvry, faire publier, à certain jour prefix, les franques verités ausquelles les subgetz et manans dudit Beuvry sont tenus de comparoir et venir jurer et depposer verité, pardevant ladite justice, de ce dont ilz seront interroguiés sur le fait desdites franques verités, et ce sur paine et amende de III solz parisis par chascun défaillant ; et se ladite justice trœuve, par lesdites franques verités, aucuns avoir meffait et commis aucuns criesmes, soit criminel ou aultres, icelle justice les pœult puguir selon

l'exigence des cas, par bannissement et amendes pecunielles jusques à LX solz, sans aucunement mettre en cause, evocquier ne appeler lesdits malfaiseurs.

<small>21. Droit de vente des cotteries, le 10.ᵉ denier. — 22. Relief, le 10.ᵉ denier. — 23. Relief des fiefs selon leur nature. — 24. Retrait féodal. — 25. Droit de confiscation sur les criminels exécutés, droit de bâtardise et épaves. — 26 à 31. Droits seigneuriaux auxquels participent les seigneurs vicomtiers.</small>

Le xxii.ᵉ jour de septembre 1507.

Présens : Philippe du Borrout *lieutenant du bailli.* — Sire Jehan Delaville *prestre curé de Beuvry.* — Sire Jehan le Pecqueur *prestre.* — Sire Claude du Borrout *prestre.* — Jehan Dupont *procureur fiscal.* — Jehan Lefevre *recepveur.* — Adolf de Coupigny *escuier seigneur de Henin.* — Robert de Nedonchel *escuier.* — Robert Grault, etc., *hommes de fiefs.* — Jehan Bournisien *procureur fondé de Monseigneur Jehan du Bois, chevalier, seigneur d'Esquerdes.* — Guillaume Penel, *bailli de Guillaume de S. Simon, seigneur de Rasche, et de Monseigneur Jehan de Bethencourt, chevalier, seigneur de Fresnes.* — Jehan Maupetit *procureur fondé de demoiselle Mahieue d'Ippres.* — Charles Naye *bailli de Loys de Planques, escuier.* — Jehan le Bourgois *bailli du fief de Loyse de Crevecœur.* — Jehan Dubois *procureur fondé d'Antoine d'Estrées.* — Pierre Taillefer *procureur fondé de Jehan Pingreleu.* — Alexandre Collebaut *bailli de Anthoine Blondel,* etc., *aussy hommes de fief dudit Beuvry.*

Signatures : De Borrout *lieutenant.* — Adolf de Coupigny. — Delaville *curé de Beuvry.* — De Nedonchel. — Dupont. — J. Robillard. — Grault. — Lefevre. — De Bernencourt, etc.

Chocques :

1. Tous les manoirs, terres et héritages tenus à rente dicelle seigneurie de Chocques, qui se nomment eschevinages, quant ils sont possessés par deux conjoingz par mariage, demourans audit Chocques, soit à titre de patrimosne ou d'acquestz, et il advient que lun desdits conjoings va de vie à trespas, aians eu enffans ou enffant de leur mariage audit Chocques, qui seroient alez de vie à trespas, en ce cas, c'est au derrain vivant tout tenant, est assavoir que tous lesdits manoirs et heritages succèdent et demeurent au survivant desdits conjoingz avec tous les biens mœubles, debtez et catheux, pour en joir par ledit survivant et ses hoirs, sans lors ne aprez son trespas en retourner aucune chose à la coste et ligne dudit premier mourant, à la cherge des debtes ; et se nomme ladite coutume entravestissement de sancq (121).

<small>2. S'il y a des enfans, le survivant a l'usufruit des héritages et la pleine propriété de meubles et catheux.</small>

3. Item, se lesdits enffans ou enffant vont de vie à trespas paravant ledit seurvivant, lesdits manoirs et héritages retournent et succèdent audit survivant pour luy et ses hoirs à toujours.

· 4. Item, se lesdits conjoingz aians et possessans manoirs en eschevinage audit Chocques, ne eussent nulz ne aucuns enffans de leurdit mariage, et par ce ne aroient acquis ledit droit de entravestissement, en ce cas, aprez le trespas du premier morant, lesdits heritages procédans et venans de patrimosne dudit premier morant, succèdent et retournent aux plus prochains heritiers de la coste et ligne dont ils viennent et procèdent; et sy succède la moitié des biens mœubles, catheux et acquestes aux plus prochains heritiers ou heritier, sans avoir regard à coste ne ligne, en paiant la moitié des debtes; en toutes successions, hors ledit entravestissement, lesdits heritages tiennent la coste et ligne dont ilz procèdent.

5. Le possesseur des biens tenus en échevinage peut les vendre et en disposer comme bon lui semble, et il n'y a point de retrait lignager. — 6. Le relief et le droit de vente des tenures en échevinage est le dixième de la valeur ou du prix de vente. — 7. Pour le surplus on se règle sur les coutumes de Beuvry.

Le jeudi XXIII.ᵉ jour de septembre 1507.

Présens : Jehan du Saulchoy *lieutenant du bailli*. — Jehan Dupont *procureur fiscal*. — Jehan Lefevre *recepveur*. — Justin *abbé de Chocques*. — Sire Pierre Bonclar *prestre vice gérant de la cure*. — Sire Pierre de Blanquehem *religieux dudit Chocques*. — Jehan Marsille *prestre*. — Jehan Ysoré *prestre*. — Jehan de Penin *procureur de noble homme Arculliez de Lalaing, seigneur du Mont-Bernenchon, de noble homme Jehan de Nedonchel dit Agnieux et de demoiselle Jehenne de Divion*. — Charles Lefevre *procureur de noble homme Josse de Pailart, seigneur de Chocqueuses*. — Dampt Toussain Marchand *procureur des dames et chartreuses de Gonnay*. — Jehan Maupetit *procureur de Jehan de Pissy d'Oresmiaux*. — Gaudeffroy des Laviers *bailli et procureur de noble homme Anthoine de Wissocq, seigneur de Gappaines, et aussy en son nom privé*. — Jehan de Le Helle *bailli de Thomas d'Abbelain*. — Robert de Nedonchel *escuier, seigneur de Sevelenghes*. — Frère Jehan Quillet *prieur des chartreux de Gonnay*, et autres en très-grand nombre, hommes de fief et échevins.

Principales signatures : Jeh. Ysoré. — Pierre Boucq *prestre vice gérant*. — Justin *abbé de Chocques*. — Dupont. — Marsille. — Breneaudin. — De Vignacourt. — Des Laviers. — Grault. — Paquier Lebrun. — L. de le Cacherie. — Bourgois. — Marchant. — Lefevre. — De Nedonchel. — Quillet. — Naye. — Obert Lecocq, etc.

FOUCQUEROEULLES.

SEIGNEURIE.

Une grande page en parchemin lisible. 5 articles.

Coustumes locales et particulières de la terre et seignourie de Foucqueroeulles, appartenant à Jehenne du Bosquel, veuve de feu Lucq de Hem, et que elle tient en deux fiefs, l'un du chasteau de Béthune, et l'autre du chasteau de Lens.

1. Au filz maisné compecte et appartient le chef-lieu et meilleur manoir de patrimoisne délaissé par son père ou sa mère trespassé; et se il n'y a que filles, à la fille maisnée appartient ledit droit.

2. Item, s'il n'y a nulz manoirs de patrimoisne auquel ilz se doivent premièrement tenir, et que il ne y ait que manoirs d'acqueste, les dessus dits maisnez, selon que dit est, auront la moitié du meilleur manoir d'acqueste contre leur père ou mère sourvivans; ainsi (mot illisible) aprez le trespas du sourvivant, son père ou mère.

3. Item, par ladite coustume, se aucuns aians manoirs en ladite seignourie voist de vie à trespas délaissans deux frères ses héritiers, au maisné pour sa maisneté, appartient le meilleur manoir de patrimoisne à quoy il se doit premièrement tenir; et se il n'y a nulz manoirs de patrimoisne, il aura le meilleur manoir d'acqueste; et se il n'y a nulz frères et que ce soit toutes sœurs, à la maisnée femelle appartient ledit droit.

4. Icelle maisneté ne s'estend esdits manoirs que au fons et en ce qui est dessus réputé héritage.

5. Les mœubles et catheux estans dessus lesdits manoirs sont partables, entre les autres frères avec ledit maisné, autant à l'un comme à l'autre.

Le xix.ᵉ jour de septembre 1507.

Signatures : Jehan Tury *lieutenant.* — Marmuset *bailli de Foucqueroeulles.* — Leurent Maupetit. — Jehan de Calonne *cotier.* — Guillaume Dufresne *cottier.* — Jehan Fournier *cottier.* — Leurent Maton. — Pierre Dufresne *cottier.* — Baudin Vaillant *cotier, et autres.*

CARENCY.

SEIGNEURIE.

Une grande page en parchemin, longue de 66 centimètres, lisible. 5 articles.

Coustumes locales de la terre et seignourie de Carenchy, appartenant à noble et puissant seigneur, Mgr. Bertran de Bourbon, seigneur de Busquoy, Aubigny, d'Ais en le Gohelle et dudit Carenchy, quil tient en parrie de Mgr. l'archiduc d'Autrisse, prince de Castille, comte de Flandres et d'Artois, à cause de son chasteau, terre et advouerie de Béthune; auquel lieu de Karency et es villes de Villers-au-Bois et Ablain, ledit seigneur a justice et seignourie viscontière.

1. Choix des manoirs par ordre de primogéniture. — 2. Le survivant des époux jouit sa vie durant des manoirs achetés pendant le mariage. Si la femme convole en secondes noces, elle en perd la jouissance. — 3. Les manoirs féodaux appartiennent à l'aîné mâle exclusivement. — 4. Les amasements des manoirs sont réputés catheux et partageables. — 5. Les terres labourables mises en nature de manoirs sont impartageables

Le xxvi.ᵉ jour de septembre 1507.
Signatures illisibles.

ANNEZIN-LEZ-BÉTHUNE.
SEIGNEURIE.

Une petite page en parchemin, de mauvaise écriture et d'une encre très-pâle, difficile à lire. 4 articles.

Coustume et drois de la ville et seignourie d'Anezin-lez-Béthune, appartenant aux relligieux, abbé et couvent de Saint-Jehan-au-Mont lez Thérouane, de l'ordre de Saint-Benoist et du diocèse dudit Thérouane.

1. Cette seigneurie relève nuement du roi par amortissement; les droits de relief et de vente sont fixés à trois sols par les titres et registres de l'abbaye.

2. Le curé dudit lieu d'Annezin, par la coustume anchienne, par mort ou permutation, est tenu de relever le tenement et héritage quil tient de ladite église.

3. Aulnaie indivise avec le seigneur de Buires. — 4. Pour régir la justice, il y a audit lieu bailli, échevins et sergens.

Le xxv.ᵉ jour de septembre 1507.
Signatures illisibles.

ROBECQUES.
SEIGNEURIE.

Quatre pages de grand parchemin, petite écriture, lisible. 15 articles.

Coustumes de la terre et seignourie de Robecques, appartenant à noble homme Jehan de la Tramerye, seigneur dudit lieu et de Dereaucourt, quil tient du chastel de Béthune, en laquelle terre il a justice et seignourie viscontière.

1. La coutume, en matière féodale, est celle de l'avouerie de Béthune. — 2. Droits de vente des fiefs.— 3. Service des plaids. — 4. Hommage féodal. — 5. Aides aux deux cas. — 6. Echevinage composé de sept échevins. — 7, 8 et 9. Entravestissement.

10. Se ung homme ou femme se remarie seconde fois, les enffans qui ysseroient de ce second mariage n'ont aucune chose, part ne porcion es héritages que leurs dits père ou mère ont eu à eulx appartenant, du temps de leur premier mariage, et appartiennent iceulx héritages aux enffans issus dudit premier mariage; et pareillement se, durant ledit second mariage, succèdent auxdits conjoingz ou quilz acquestent aulcuns héritages en eschevinage, ilz appartiennent aux enffans dudit second mariage et non à ceux du premier, lesquelz n'y ont aulcun droit.

11. S'il n'y a pas d'enfants issus du mariage, le survivant des époux n'a que la moitié des héritages et acquêts en usufruit et la moitié des biens meubles en toute propriété. — 12. Le possesseur des biens d'échevinage peut les vendre et en disposer comme bon lui semble; ils ne sont pas soumis au retrait lignager. — 13. Le relief et le droit de vente des héritages en échevinage est le 13.ᵉ denier. — 14. Les rentes réalisées sur héritages sont soumises aux mêmes droits seigneuriaux. — 15. Mention d'anciennes ordonnances touchant l'entretien des rivières et cours d'eau.

Le xxv.ᵉ jour de septembre 1507.

Signatures : Robert Roussel *prestre, vice-gérant de la cure.*— Baudin Bernard *bailly de Robecques* — Jehan de Habarcq *escuier.* — Pierre de Beugin. — Andrieu Broupsauch. — Robert Baudelle. — Gui de Cusselle. — Pierre Becq. — Guillaume Leclercq.

SAINT-PRY-LÈS-BÉTHUNE.

TEMPOREL DU PRIEURÉ.

Deux rôles de grand parchemin y compris page et demie de signatures, belle écriture, très-lisible. 14 *articles.*

Coustumes localles et particulières de la seignourie, bailliage et eschevinage de la prioré de Saint-Pry-lez-Béthune, membre deppendant de l'église et abbaye Saint-Pierre d'Abbeville, de l'ordre de Clugni, nuement fondée sous le roy et sous la garde et protection de Mgr. le bailly d'Amiens, en laquelle seignourie y a toute justice, haute, moienne et basse.

1. Rentes d'argent et de chapons dans la banlieue de Béthune, sur plusieurs manoirs qui doivent relief double de la rente. — 2. Droit de vente le 10.ᵉ denier — 3. Manoirs, maisons, terres et héritages tenus dudit prieuré au Locon, à Sailly-Nœuve, Beuvry, Houchain, Drouvin, Haillicourt, Houdaing, Bouchière, Hesdigneul, Foucquerœulles, et qui doivent le 10.ᵉ denier. — 4. Autres droits seigneuriaux à Lestrem. — 5. Id. pour les terres cottières de Beuvry double rente de relief, et le 10.ᵉ denier de vente. — 6. Id. pour les terres d'Allewagne le 5.ᵉ denier de vente. — 7. Id. pour celles de Pernes, Marais, Floringhem, Prechy, Sassin *(Sachin)*, double rente de relief et le 5.ᵉ denier de vente.

8. Item, en matière de succession, dient que se deux conjoingz ensemble par mariage, possesseurs de manoirs, terres et héritaiges scituez audit eschevinage, aiant entravesty l'ung l'aultre par sang, ont eu enffans en ce mariage, et l'un

voist de vie à trespas, demourans audit eschevinage, sans délaissier enffant vivant, au sourvivant desdits conjoingz, par ladite coustume, compecte et appartient tous lesdits manoirs, terres et héritages tenus dudit eschevinage, soient venans du costé du premier morant d'acquest ou aultrement, avec tous les biens mœubles, debtes et catheux où quilz soient, pour de tout joir par ledit sourvivant héritablement sievant sa coste, et en riens du costé du premier morant, en paiant, par ledit sourvivant, toutes debtes.

9. Item, se au jour du trespas dudit premier morant ainsy terminé, demourans soubz ledit eschevinage, y a un ou pluiseurs enffans vivans, ausdits enffans, aprez ledit trespas, compecte et appartient le fons et propriété des héritaiges tenus en eschevinage, aussy bien de ceulx du sourvivant que du décedé, par droit que l'on appelle droit expectant, et ne a, en tout, ledit sourvivant que son viage, en retenant les édiffices comme à viager appartient; et quant aux biens mœubles, debtes et catheux, ils appartiennent, par ledit entravestissement de sang, audit sourvivant où quilz soient, à le cherge de paier toutes debtes.

10. Se tous les enffans vont de vie à trespas paravant ledit sourvivant, les manoirs en eschevinage appartiennent en fons et propriété audit sourvivant, pour en faire comme de sa chose, et n'ont lesdits enffans ne aucun d'iceulx, au trespas du premier morant, riens esdits héritaiges sinon ledit droit expectant et ou cas que ledit sourvivant voist de vie à trespas paravant eulx; et ne pœuvent leurs enffans représenter audit droit, et sy ne pœuvent en riens diregarde des lettres ou tiltres desdits manoirs.

11. Item, se pendant leur mariage et au jour du trespas du premier morant desditz conjoingz, iceulx ne ont eu nulz enffans, en ce cas, posé que ledit premier morant terminé demouroit audit eschevinage, les héritages venans de son costé retournent à ses héritiers, ensemble la moictié des biens mœubles, debtes et acquestes, en paiant moitié debtes.

12. La femme survivante relève tous les manoirs situés en échevinage. — 13. Le mari survivant ne les relève pas. — 14. Faute de relief, le prieur fait les fruits.

Lesquelles coustumes ont esté lues, attestées et affermées par les depposans soubzsignetz, sans porter préjudice aux coustumes locales et particulières des villes et villaiges où lesdits héritaiges tenus dudit prioré sont situés et assis.

Fait le XXVIe jour de septembre 1507.

Signatures: Taillefer *curé de Bruay.*—Taillefer *bailli.*—G. Castel *vice-gérant.*—Desplancques *seigneur de Hesdignœul.*— Desplanques *seigneur de Niellettes.*—Jehan de Hulleu *seigneur de Hesdignœul.*—Doré *curé de Houdaing.*—De

Bernicourt. — Du Veron *vice-curé de Lestrem.* — Cousin *eschevin.* — Pasquier Lebrun *eschevin.* — Nicolas Petit *eschevin.* — N. d'Escoives *greffier.* — Miquiel Roger *eschevin.* — Pierre Lequien *eschevin.* — Pierre Lefevre *eschevin.* — Gilles Bacat *lieutenant.* — Baudin Leconte *labourier.* — J. de Bruay *labourier.* — Thoma Leconte *labourier.* — *Et* 48 *autres signatures de laboureurs.*

SOUVERAIN-BRUAY.

SEIGNEURIE.

Quatre grandes pages en parchemin un peu rongé sur la tranche, lisibles à l'exception de quelques bouts de ligne des deux pages recto. 20 *articles.*

Coustumes locales de la seignourie et eschevinage de Souverain-Bruay, appartenant à Mgr. de Bruay, seigneur de Chaustres-d'Estovy.

1. Tous les heritaiges tenus à rente d'icelle seignourie, quand ilz sont possessés et appartiennent à deux conjoingz par mariage, demeurans audit lieu, soit à tiltre de succession et patrimoisne ou tiltre d'acqueste, et il avient que lun desditz conjoingz va de vie à trespas, aiant eult enffans ou enffant de leur mariage audit Bruay, qui seroient allés de vie à trespas, en ce cas, c'est au dernier vivant tout tenant : c'est assavoir que tous lesdits manoirs et heritaiges succèdent et demeurent au sourvivant desdits conjoingz, avec tous les biens mœubles, debtes et catheux, pour en joyr par ledit sourvivant et ses hoirs, assavoir desdites acquestes, biens mœubles et catheux, lui et ses hoirs heritablement et à toujours ; et quant ausdits heritaiges venant du patrimoisne dudit premier morant, aprez le trespas du derrain vivant desdits conjoingz, iceulx heritaiges retournent aux héritiers et à la coste et lingne dudit premier morant ; et se ainsy estoit que ledit sourvivant se remariast, incontinent ledit mariage parfait et consommé, sans attendre sondit trespas, retourne à ladite coste et lingne dudit premier morant, ce qui est tenu et mouvant du chastel de Béthune.

2. S'il y a des enfans vivans au jour du décès, le survivant n'a que l'usufruit des héritages patrimoniaux et d'acquêt, mais il a la libre disposition des meubles et catheux. — 3. Si les enfans meurent avant l'époux survivant, leurs héritages appartiennent aux héritiers de l'époux prédécédé. — 4. S'il n'y a jamais eu d'enfans, les héritages patrimoniaux de l'époux prédécédé retournent à ses plus prochains héritiers de la côte et ligne, et les héritiers du sang partagent, par moitié avec le survivant, les biens meubles, catheux et conquêts. — 5. Hors le cas d'entravestissement tous les héritages suivent côte et ligne. — 6. Tous les héritages d'échevinage se peuvent vendre par le possesseur. — 7. Ils sont soumis aux droits seigneuriaux de relief et de vente. — 8. Faute de relief le seigneur fait les fruits siens.

9. Item, y a audit lieu de Souverain-Bruay, anchiennes ordonnances et estatuts qui se gardent et observent, chascun an, touchant les bans d'aoust, touchant l'entretennement des rivières et cours d'eauc, chemins, pons, plancques, passaiges

et autres choses conchernant le bien et polisse de la chose publicque, et aussy auctorité de pooir faire et tenir les franques vérités, banir et pugnir selon l'exigence des cas.

10. Le bailli, les hommes de fiefs et les échevins font l'inventaire des biens des mineurs, veillent à la conservation de leurs intérêts et rendent compte de leur gestion. — 11. Droits seigneuriaux du fief d'Houdain. — 12. Pour le fief d'Houdain on suit la coutume dudit lieu. — 13. Les hommes tenans de ce fief doivent le service de plaids.

14. Item, les tenans en fief et en cotterie de Bruay, peuvent planter halotz et autres arbres sur le bort des flégars et des . . . . . à l'opposite de leurs ténemens et heritaiges, es mettes de ladite seigneurie et de . . . . . . le prouffit d'iceulx plantins, en entretenant à leurs despens lesdits chemins . . . . d'eaues, en bon et souffisant estat et de largeur compettente, sur paine et amende de X solz contre la grande rivière, et III sols contre les flégars et contre le petite rivière et lesdits chemins et flégars.

15. A Bruay, le seigneur a justice haute, moyenne et basse. — 16. Le fils aîné hérite seul les fiefs ; les manoirs cottiers sont indivisibles, et quand il y en a plusieurs, il y a choix par ordre de primogéniture.—17. Pour le fief d'Houdain, la coutume d'entravestissement n'a point lieu. — 18. A Bruay, la femme n'a point de douaire. — 19. Bruay est ville d'arrêt. — 20. Les appels de l'échevinage de Bruay se relèvent devant le gouverneur et les hommes de Béthune.

Le xxv.ᵉ jour de septembre 1507.

Signatures : Nicolle Taillefer *curé de Bruay.* — Nicollas Weranier *escuier, seigneur des Tourelles, bailly de Bruay.* — Toussains Marchant *religieux, procureur des dames de Gosnay.* — Waleran de Menricourt *escuier.* — Jehan Lefevre *dit Hector.*—Gilles d'Oresmaulx *escuier.*—Robert Graulx.—P. Wallon. — G. Leconte. — Jehannin Defontaines. —P. le Barbier. — Marin Fournier. — Will. Lenoir. — P. Vincque. — Jehan Bacheler. — Pierre Lolieur. — Franchois Grart. — Delehaye. — Marmuse, etc.

NŒUVILLE-SIRE-WITASSE.

SEIGNEURIE.

Trois pages en parchemin de moyenne dimension, très-lisible. 7 articles.

Coustumes localles de la terre et seigneurie de Nœufville-Sire-Witasse, de Hennin-sur-Cogœul et de Viel-Castel, membres deppendans dudit Nœufville, appartenant à Monseigneur Jehan de Nœufville, chevalier, seigneur desdits lieux . . . . . . qu'il tient en trois fiefs, assavoir : ladite ville de Nœufville, à cause de l'avouerie de Béthune ; et les creneaulx et chasteau dudit Nœufville, avec ladite ville de Hennin, du comte d'Artois, à cause de son chasteau d'Arras.

SEPTIÈME SÉRIE. BEAUQUESNE.

1. En succession cottière et de main ferme, la mort saisit le vif. — 2. Droit de vente, le double de la rente. — 3. S'il n'y a pas entravestissement, le survivant n'aura que la moitié des biens de l'époux prédécédé. — 4. S'il y a des enfans, il aura l'usufruit de la totalité : dans ce cas, il n'est pas tenu à relief.

5. Item, se le sourvivant survit les enffans, il pœult joyr, user et disposer, à son bon plaisir et volenté, de telz heritages, sans que les parens et amis du premier morant y puissent prétendre aucun droit ne porcion.

6. Item, en chascun desdits lieux on use d'entravestissement, assavoir, que deux conjoingz par mariage pœuvent entravestir l'un l'aultre par lettres passées pardevant les baillys, leurs lieutenans et eschevins desdits lieux, de tous et chascun leurs biens et heritaiges qui seroient situés esdits lieux et eschevinages, tellement que au sourvivant diceulx sera et appartiendra et les aura à son seul prouffit, sans ce que les héritiers du premier morant y aient aulcun ne quelque droit, part ne porcion, se n'est que par ledit entravestissement soit condicionné ce que, par icelluy, lesdits coujoingz peuvent faire, et chargié le sourvivant d'aucune somme de deniers et aultrement, et en autant prendre que baillier, ce que le dernier morant est tenu de furnir, purgier et acquitier.

7. Pour le reste, on se règle sur les coutumes générales de la prévôté de Beauquesne et du comté d'Artois.

Le xxi.ᵉ jour de septembre 1507.

Signatures : Guillaume Raulin *bailli.* — Andreas Payen *vice gérant de Nœuville.* — Lambert de Flers *lieutenant.* — Regnault Danel. — Jacques Descourt. — Eloy Savalle. — Jacques Savalle. — Gilles Pollart. — Jehan Petit. — Walart. — Pierre Lebouchier. — Paques Maillet. — Jehan Belot *curé d'Henin.* — Gilles Blondel *lieutenant de Viel-Castel.* — Jehan du Mont-Saint-Eloy *escuier.* — Jehan Caullier *escuier.* — Pierre Lallart.

FIN DU QUATRIÈME GROUPE.

LILLERS.

BAILLIAGE.

Un cahier de dix rôles de grand parchemin bien conservé, très-belle écriture. 54 articles.

PROCÈS-VERBAL.

En obéissant à certaine ordonnanche naguères faite par hault et puissant seigneur, Mgr. le bailli d'Amiens ou son lieutenant, commissaire du roy nostre sire, en ceste partie, que toutes les personnes entendans avoir coustumes non conformes à la coustume générale d'icelluy bailliage d'Amiens, naguères rédigées par escript, les portent ou envoient en icelluy siége en dedans le derrenier jour de septembre mil cinq cens et sept, nous Philippe d'Osterel, bailli de Lillers et Mallaunoy, avons fait assembler les trois estatz dudit bailliage, ce jourdhui quinzième jour de septembre, en icelle ville de Lillers, et aprez serment solempnel par eulx fait, ont dit, depposé et affermé par ung commun assentement, estre les coustumes observées en icelluy bailliage de Lillers, par la bouche de Jehan Le Pippre, greffier, telles que chi-aprez, en ce présent coyer, sont rédigées par escript.

En laquelle assemblée, révérend père en Dieu, Mgr. l'abbé de Ham, les doien et procureur général de Saint-Omer en Lillers, et le prieur des chartreux de Gosnay, déclarèrent quilz estoient exempz dudit bailliage par l'amortissement et exemptions que leur avoient donnés les seigneurs de Lillers et autres, à quoy leur avons déclaré que la comparution à ladite assemblée ne leur portera aucun intérêt à leurs église ne à leur exemption, et ilz me déclarièrent que ilz estoient hommes féodaulx dudit chasteau de Lillers, et par tant submis aux plais et judicatures qui se font audit Lillers.

S'enssieult les noms et sournoms des personnes estans à ladite assemblée.

Primes, révérend père en Dieu, Hugues, abbé de l'église et abbaye de Ham et homme de fief, per de Lillers, eagé de XLII ans ou environ.

Maistre Robert de Tannay, doien de l'église collégial de Saint-Omer en Lillers, procureur général des chanoines et chapitre de ladite église et homme de fief dudit Lillers, eagé de XLVIII ans.

Frère Jean Quillet, prieur des chartreux du Val-Saint-Esprit lez Gosnay, eagé de XXXVII ans, homme de fief.

Sire Robert de Lières, prestre, curé de Garbecque, eagé de XLIV ans.

Sire Jacques du Saulchoy, curé de Burbures, agé de XLVIII ans.

Sire Baudin Boullet, curé de Bourrech, agé de LVIII ans.

Sire Loys Le Gouch, curé de Quermes, agé de XLIII ans.

Sire . . . . . curé de Cottenes, agé de XXXVIII ans.

Messire Jehan bastard de Waurin, chevalier, seigneur de Garbecque, eagé de LXII ans, homme de fief, per et vaasseur de la seignourie.

George de Waurin, escuier, seigneur du Quesnoy; homme de fief, per de ladite seignourie, eagé de XLVI ans.

Jehan de Willerval, escuier, seigneur de Cottenes, agé de XLIII ans, homme de fief, per et vaasseur dudit Lillers.

Adrien de Baillœul, escuyer, seigneur du Plantin, homme de fief, per et vaasseur dudit Lillers.

Phlippes de Noyelles, escuyer, seigneur de Marès, homme de fief, per dudit Lillers, eagé de XLII ans.

Floure des Cressonnières, seigneur dudit lieu et d'Esquedecque, escuier, homme de fief, per dudit Lillers, eagé de XLVII ans.

Charles de Crépiœul, escuyer, seigneur des Bricques et du Taillich, homme de fief, per et vaasseur dudit Lillers, agé de XLII ans.

Jacques d'Ollehain, escuyer, seigneur de Fressoy, eagé de XLVI ans, homme, per et vaasseur dudit Lillers.

Allard de Framecourt, escuier, seigneur de Beaurepoir, eagé de LII ans, homme de fief et vaasseur de ladite seignourie; et sy est homme du chapitre.

Walerand de Belleforières, escuier, seigneur du Limon, homme et per dudit Lillers, eagé de XVIII ans.

Porrus de Framecourt, escuier, seigneur de Lespesse, eagé de XXIX ans.

Pierre Lefebure, seigneur de Houdicq, homme vaasseur dudit Lillers, eagé de XXXIX ans.

Jehan de Le Haye, lieutenant général du bailliage de Lillers, homme de fief, per et vaasseur de Lillers, eagé de LXII ans, et sy est homme du chapitre.

Mahieu Caulier, prieur et recepveur de ladite seignourie, homme de fief et vaasseur, eagé de LX ans ou environ, et aussi homme du capitre.

Jehan Le Pippre, greffier de ladite seignourie, homme de fief et per, eagé de XXXIX ans.

Maistre Jehan Baudelle, lieutenant de Ham lez Lillers et homme de fief de ladite seignourie, eagé de LII ans.

Chrystophe Binet, homme de fief, per de ladite seignourie, eagé de LIII ans.

Sire Jacques de Rouques, prestre, homme de fief, eagé de LI ans.

Jehan de Le Haie, le josne, eagé de XXIX ans, homme de fief, vaasseur dudit Lillers et homme du cappitre de Lillers.

Nicolas de Penin, homme de fief dudit Lillers, eagé de XXVII ans.

Phlippes Teisson, homme de fief de icelle seignourie, eagé de XXVII ans et est homme de cappitre.

Robert de Wimile, lieutenant du bailli de Nedon pour Mgr. de Boures, eagé de LXIV ans.

Martin Mallin, bailly de Mgr. de Lique à Rely, eagé de LIX ans.

Phlippes de Markais, au nom et comme procureur de Monseigneur de Crequi, eagé de XXV ans.

Jehan de Wavrans, bailli de Monseigneur de Becond, audit Becond, eagé de XLVI ans.

Jehan Roullier, bailli des seignouries Monseigneur de Humières, tenues dudit Lillers, eagé de LXII ans.

Gawain de Bristel, bailli de messire Robert de Framezelles, de sa seignourie de Saint-Yllaire, eagé de LII ans.

Jehan de Le Rue, bailli de Sallomez, pour Monseigneur de Roisimbos, eagé de LI ans, et homme de cappitre.

Alleaume de Port, bailli de Monseigneur Dincourt, en sa terre et seignourie de Hurconville, eagé de XXXVI ans.

Colart de Bruay, bailly de Saint-Fleurisse, eagé de LVI ans, et les eschevins dudit lieu.

. . . . . bailli de la seignourie de Robecque, pour Monseigneur Charles de Piennes, seigneur dudit lieu.

Jehan Broude, praticien en court laye, au nom et comme procureur de Porrus de Wismes, eagé de XXXIX ans.

Jehan de Marlers, bailli de Canteraine, pour Sohier de Divion, eagé de XLVII ans.

Jehan Le Cornu, bailli de damoiselle Emerenchienne de Lières, eagé de XXXVI ans.

Jehan Faiolle, bailli de Franchois d'Allennes, eagé de LV ans.

Pierre Carpentier, bailly de Monseigneur de Robecque, et de Tassinot de Bresmes, eagé de LIII ans.

Pierre Boursier, bailli de Goumard de Wissocq, eagé de LIV ans.

Anthoine Roye, bailli de Hennet de Baillœul, eagé de XLIV ans.

Jehan de Tannay, homme de fief de Lillers, eagé de LII ans, et homme de cappitre.

Jehan de Quieuville, homme de fief de Lillers, eagé de LIX ans.

Bertrand Le Moisne, escuier, naguères recepveur de Lillers, eagé de LX ans.

DÉCLARATION DES COUTUMES.

1. Primes, a esté declaré que ladite terre et seignourie de Lillers se consiste en une chastellenie, et que en icelle nostre dit seigneur a haulte, moienne et basse justice et autres beaux droits et prééminences, desquelz ne est faicte icy mencion ; et est ladite seignourie ressortissant de plein droit et sans moien pardevant Mgr. le gouverneur et les francs hommes du chasteau d'Arras.

2. Item, par la coustume dudit bailliage de Lillers et chastellenie, quant les hommes féodaux tenans en fief, vont de vie à trespas, leur plus prochain héritier est tenu de relever iceulx fiefz aux seigneurs ou officiers de quy lesdits fiefz

sont tenus, en dedans XL jours du trespas dudit darrain possesseur, se apprehender le vœult, de telz reliefz que iceulx fiefz doibvent, avec payer le tierch de icelluy relief pour cambrelaige.

3. Et se icelluy héritier ne a fait et payé lesdits relief et cambrelaige, et en contente lesdiz seigneurs ou leurs officiers en dedans ledit jour, il est loisible et pœuvent lesdits seigneurs faire prendre et emporter à leur prouffit tous les catheux et advestures et choses mobiliaires estans et croissans sur icelluy fief; et se joiront lesdits seigneurs de tous les fruits, prouffis et revenus d'iceulx fiefz estans à relever, tant et jusques ad ce que icelluy héritier aura fait lesdits relief et cambrelaige.

4. Ledit relief fait et payé, se commandement se fait à icelluy héritier par le bailli ou son lieutenant quil fache serment de fidelité et hommage à sondit seigneur, en dedans XL jours du jour que lon luy fait lesdits commandemens, se de ce faire il est reffusans et en demeure, ledit bailly ou son lieutenant, en la présence de deulx des aultres hommes de fief, pœult saisir, prendre et mettre en la main du seigneur icelluy fief ainsi de nouvel relevé; lequel seigneur joira et possessera des fruitz, prouffis et revenus, tant et jusques ad ce que ledit héritier aura fait ledit serment de fidelité et hommaige.

5. Pareillement, commandement fait audit heritier de bailler rapport et denombrement de sondit fief, par ledit bailly ou sondict lieutenant, à sondit seigneur ou officiers en dedans quarante jours enssievans, il est tenus de ce faire; et se il est en deffaulte, ledit bailli ou lieutenant pœuvent saisir et mettre en main icelluy fief aux despens d'icelluy heritier, duquel il ne aura main levée jusques ad ce qu'il aura donné ledit rapport et denombrement.

6. Item, est tenu ledit nouvel homme, par ladite coustume, payer à ses pers et compaignons hommes de fief, un pas raisonnable qui se nomme cuiret, à pareille peine que dessus (122).

7. En ligne directe et collateral, le marle precede la femelle, jasoit quelle soit aisnée, en succession de fief.

8. Et se il ny a hoir marle, la fille aisnée plus prochaine ou en pareil degré des puisnez, succède à iceulx fiefz.

9. Quant aulcuns hommes féodaux tenans d'icelle seigneurie et bailliage, vendent leurs dits fiefz, ils en doibvent et sont tenus payer le quint denier de la vendue d'iceulx fiefz se il ny a devise au contraire que l'achetteur paira les drois seigneuriaulx, audit cas, ledit achetteur sera tenus et doit payer le quind denier de autant que les drois seigneuriaux monttent par ledit marchié.

10. Et sy doit l'achetteur un relicf pareil que le fief doibt à le mort de l'heri-

tier qui se nomme un relief d'achat sans cambrelaige; et pœult le seigneur faire saisir ledit fief et le tenir quarante jours en sa main, pour estre payé de ses droix selon la prisie se bon luy samble, ou pour, en dedens quarante jours, le reprendre pour les deniers de la vendue, et le remettre à sa table et demaine.

11. Doibvent lesdits achetteurs paraux droix de fidelité et hommage, rapport et bien venue comme fait un nouvel héritier et à pareilles paines que chidessus est déclarié pour ledit nouvel heritier (123).

12. Tous propriétaires de héritages féodaux pœuvent disposer, par leur testament et aultrement, du quind et revenues de trois ans d'iceulx fiefz et revenues feodalles, à qui que bon leur samble.

13. En ligne directe, à laisné marle, se il y a femelle, succèdent les quatre pars des fiefz tenus dudit bailliage; et aux puisnez marles et femelles succède le quind et non plus, se appréhender le vœulent.

14. Se aulcun desdits puisnés vont de vie à trespas sans avoir rellevé ou appréhendé leur porcion d'icelluy quind, ladite porcion retourne avec les quatre pars; et ny ont les survivans puisnez que leur porcion telle qui leur estoit escheu par les trespas de leursdicts pére ou mère, se appréhender le vœulent comme dict est.

15. Et se iceulx puisnez relèvent et apprehendent leurditte porcion de quind, ilz doibvent paraux et samblables reliefz, cambrelaiges et autres droix que le principal fief et que dict est chidessus; et ne le pœuvent vendre, aliéner ne en disposer sinon par la manière et comme il est dict des héritages patrimoniaulx; ausquelz quindz eslischez, succèdent les plus prochains héritiers.

16. Pœuvent toutes personnes donner et disposer à leurs héritiers apparans, en avanchement de hoirrie et de succession, sans observer nulles des voies icy declariées, leurs heritages patrimoniaulx, soient feodaux ou cottiers, en payant un double relief, en fief, tel que lesdits heritages doibvent.

17. Quant aulcuns se alye par mariage à une femme aians fiefz tenus d'icelle seignourie, il est tenus payer un relief pareil que cydessus est dict, que se nomme et appelle relief de bail, et pour ce n'est deu aulcun cambrelaige; et sy doibt fidelité et hommage pour desservir ledit fief.

18. Quant aulcuns fiefz succèdent à mineurs et insenssés ou aultres non habilles à gouverner leurs biens, leur plus prochain, soit marle ou femelle, a le gouvernement d'iceulx fiefz ou fief, jusques à l'age dudit mineur, laissant lesdits fiefs ou fief net et deschargé de toutes debtes et aultres charges que celui ou celle ayant ledit bail auroit fait; pour lequel bail et administracion, icelluy baillisseur est tenu payer un relief sans cambrelaige, tel que lesdits fiefz ou fief

doibvent, et faire le serment, rapport et pas comme ayans le bail ou non de l'heritier myneur ou autre.

19. Quant le seigneur marie sa fille aisnée ou que son fils aisné est chevalier, le père vivant, les hommes féodaux tenans de luy en fief, doibvent une aide audit seigneur tel que le relief d'iceulx fiefz luy doivent sans cambrelaige.

20. Quant aulcuns heritaiges feodaulx procedans de coste et ligne sont vendus, le proixime au vendeur du lez et costé dont ledit heritaige vient, pœult ravoir et rattraire ledit heritaige en dedens lan et jour de la saisine et adheritement, en rendant et remboursant les deniers principaulx, frais et leaulx coustemens.

21. Item, sont tous héritiers tenus relever héritaiges cottiers en dedens sept jours et sept nuytz du jour du trespas de celluy dont ilz se fondent héritiers en lignes directe et collatéral, et se de ce faire sont défaillans, le seigneur de quy ledit heritaige est tenu ou ses officiers, pœuvent faire abattre et despendre et emporter tout ce qui est catel et mœuble, et est croissant sur ledit héritage; et sy joira ledit seigneur des fruits, prouffits et revenues desdites terres cottières, tant et jusques ad ce que ledict relief sera fait par héritier habille à faire ainsy et comme cidessus est déclaré des terres féodalles.

22. Quand aulcun vend ou transporte sesdits heritaiges cottiers tenus de ladite seignourie, il est deu au seigneur, pour ses droits seigneuriaulx, le quint denier de ladite vendue, dont ledit vendeur doibt les deux pars et l'achetteur le tierch, se il n'y a devise au contraire par le marchié; et se l'achetteur paie tous les droix qui se appelle franc argent, il est tenu payer pour les droits seigneuriaulx, le quind desdits deux pars que debvoit sondit marchand vendeur; et pœult ledit seigneur faire prisie et du tout en faire et reprendre pour les deniers, se bon luy samble, comme des héritages féodaulx.

23. Quant deux conjoingz acquestent aulcuns héritages cottiers, et lun va de vie à trespas, la moitié d'iceux succède à ses plus prochains héritiers, soit en ligne directe ou collatéral, et l'aultre moittié compecte et appartient au sourvivant pour luy, ses hoirs ou ayans cause.

24. Iceulx héritages ainsy acquestez par iceulx deux conjoingz, le mari pœult, pendant ladite conjonction, vendre, chergier, donner et aliener, sans y evocquier sa femme.

25. Et au contraire nul quel qui soit ne pœult vendre, donner, chergier, ne aultrement aliener ses héritages patrimoniaulx, soient féodaux ou cottiers, que ce ne soit en y observant et gardant l'une des trois voies ad ce requises : est assavoir par nécessité jurée et souffisamment approuvée par deux tesmoings dignes

de foy, consentement de l'héritier apparent d'icelluy vendeur, ou pour remploier les deniers d'icelle vendue en heritaiges pour sievir la coste et ligne dudit vendeur, ainsy et comme eussent fait lesdits heritaiges par lui vendus.

26. Tous lesdits heritaiges cottiers tenus dicelle seignourie, sont submis et doivent ceux à qui ils succèdent, relever iceulx aux seigneurs quand ilz leur succèdent, et faire pour relief le double de la rente que iceulx heritaiges cottiers doibvent ou la valleur d'iceulx de trois ans lun, la rente d'icelluy an deduite et rabattue à la prisie des autres hommes d'icelle seignourie, lequel qui mieulx plaist prendre audit seigneur; saulf que les heritaiges tenus en bourgoisie dudit Lillers, ne doibvent que ij solz parisis d'entrée et ij solz parisis d'issue ; et paraulx drois à la vente ou transport.

27. Succèdent en iceulx heritaiges, en ligne directe, tous les enffans de deux conjoingz par mariage, soient marles ou femelles; et se il en y a aulcuns termynés vie par mort, ayans esté mariés et qui aient delaissié enffans d'icelluy mariage, leursdits enffans on enffant les représentent en icelle succession, et se il en y a pluisieurs, ilz font une teste et chocque allencontre de chascun de leurs oncles; et oultre, en ligne collatéral, ladite représentation a lieu.

28. Les proximes du vendeur de heritaiges cottiers du lez et costé dont lesdits heritaiges procèdent, pœuvent ravoir et ratraire par proximité lesdits heritaiges cottiers vendus, en dedans lan du jour de la saisine, en rendant les deniers principaulx, frais et leaulx coustemens ; saulf que l'achetteur par trois quinzaines fait publier à l'église parochial où lesdits heritaiges sont situez, ledit marchiet en le nottiffiant aux proximes; aprez lesdites trois criées faictes et passées, qui portent quarante jours, lesdits proiximes sont privés de ladite rattraite ou cas touteffois que lesdits proximes ne soient absens du païs; lesquelz absens auroient un an de jours à faire ladite rattraitte.

29. Il ne est loisible soy nommer ne porter héritier de ung trespassé, se il n'est de la coste et ligne à icelluy trespassé, du lez et costé dont les heritaiges luy appartiennent.

30. Se aulcun se offroit à relever dudit trespassé qui ne fust de ladite coste et ligne, le bailli ou lieutenant du seigneur de quy l'héritage est tenu, pœult recevoir ledit relief auquel le seigneur, son bailli ou procureur se pœult opposer ; et sur ce doibt ledit bailli assigner jour aux parties pardevant luy et les hommes de ladite seigneurie, pour en ordonner comme de raison.

31. Se aulcuns vendent ou transportent leurs heritaiges par contratz personnelz, le seigneur ou son procureur pœult faire convenir et adjourner les vendeur et achetteur en sa court, pardevant les hommes et contre eulx conclure

que ilz seront tenus congnoistre ou nyer ledit marchié, à ichelluy renonchier se faire le vœullent, et sinon quilz seront condampnez à procéder à réalité et payer les drois seigneuriaulx telz quilz doivent en matière de vente et transport, et ad ce doivent estre condampnez par ladite coutume.

32. Les père et mère, s'ils ont aulcuns enffans lesquels vont de vie à trespas auparavant eulx, ilz leur succèdent en mœubles, catheux et acquestes et non en autres choses.

33. A la veuve compecte et appartient pour son droit de douaire coustumier, la moittié des fiefs, terres et seignouries estans en icelluy bailliage, et le tierch en toutes les terres cottières et main fermes, sa vie durant tant seullement.

34. En icelly bailliage, secunde femme quand le mary a enffant ou enffans dudit premier mariage, ne a aucun droit de douaire sur iceulx fiefz ne héritages cottiers.

35. Au surplus est submise la femme douagière à relever et entretenir les maisons et hostels sur lesquelz elle a douaire, saulf gros membres.

36. Quant une femme lyée de mary va de vie à trespas, son mary ne a aulcun droit de douaire sur ses héritages féodaulx ou cottiers.

37. Es eschevinaiges estans dessoubz ce bailliage et en aulcunes seignouries, y a reliefz limitez et pareillement les droix seigneuriaulx.

38. Tous ceulx qui ont héritaiges contigus aux chemins, courans, fillez, sont tenus et submis par ladite coustume à retenir et entretenir iceulx chemins, courans et fillez aveucq tous pondz, planques et appuyes, à leurs coustz, frais et despens en ayans les plantins, se aulcuns en y a, se il n'y a fait espécial au contraire.

39. Chascun an, en la saison de may et de septembre, l'on crie es églises paroissialles de ladite seignourie, que chascun répare lesdits chemins, ponds, fillez, courans, pierres, planques et appuyes allencontre de son héritaige, en dedens sept jours et sept nuys enssievans, sur paine de encourir en amende de trois solz parisis envers le seigneur; et iceulx sept jours et sept nuys passés, le bailli, son lieutenant, sergent, ou ses commis aveucq deux hommes de fief ou cottiers d'icelles seignouries, vont visiter les choses dessus dites, et se ilz trœuvent quil y ait faulte en icelles réparacions et que le tout ne soit en bon et souffisant estat, et sans pooir porter dommage ne intérest à la chose publique, lesdits hommes, à la conjure du bailly, lieutenant ou commis, condempnent sur le lieu les possesseurs et occupeurs des héritaiges contigus à ladite faulte, en ladite amende de trois solz parisis et estre tenus de faire icelle réparacion en dedans aultres sept jours et sept nuys, sur peine de pareille amende (124).

40. Et au dimenche prochain aprez ou aultre enssievant, l'on publie à l'église icelles amendes, et fait on commandement d'avoir fait ladite réparacion en dedens les aultres sept jours et sept nuytz; et iceulx passés, se ilz ne le ont fait, ilz sont condempnez en ladite seconde amende, et à la troisième fois en amende de soixante solz parisis et à paier l'œuvre et réparacion que ledit bailli, sondict lieutenant ou commis fera faire, lesquelles amendes et mises sont exécutées sur les possesseurs d'iceulx héritaiges par saisie de leurs dits héritaiges, prinse et exécucion de leurs biens ou emprisonnemens de leurs corps.

41. Tous seigneurs ayans haulte justice ou viscontière sont ruiers contre et à l'opposite de leurs héritaiges et tenemens tenus de eulx, se il n'y a fait espécial au contraire.

42. Tous plantins estans sur les flégards allencontre et à l'opposite des tenemens de ceulx qui ont héritaiges, compectent et appartiennent à iceulx pour retenue des chemins, saulf que es riez, plaches et au millieu des chemins et flégards, compectent et appartiennent aux seigneurs viscontiers et ruiers, se il n'y a fait espécial au contraire.

43. Tous enffans marles sont tenus et repputez eagiez ayans actains l'eage de quinze ans, et une fille à onze ans.

44. Sont repputez pour héritage sur fief, maison manable, porte, fournil, coullombier, porcquerie, arbres portans fruitz, hallotz à teste, quesnes en dessoubs sept ans et en dessus soixante ans.

45. Quilconques fiert aultruy par ire faite, soit à sang ou non, il commect amende de LX solz parisis, saulf que en la bourgoisie de ladite ville de Lillers, se il n'y a sang courant ou que le délinquant ne frappe de baston affaictié, il n'y a que trois solz parisis d'amende.

46. Toutes rentes à rachat, soit quelles soient ipothéquiées sur fiefz, cotteries ou non, sont repputées mobiliaires et partables entre héritiers.

47. Aulcuns bastards ou bastardes ne succèdent à père ne à mère; et se iceulx bastards ou bastardes ont héritaiges, biens mœubles ou catheux, ilz en pœuvent disposer et legater à leur plaisir et vollenté, sans le consentement du seigneur; et se ilz ne en disposent, leurs dits biens et héritaiges appartiennent aux seigneurs.

48. Aulcun ne pœult acquerre droit réel en héritaige se n'est en rellevant au seigneur dont icelluy héritaige est tenu, par mise de fait, main assize, dessaisine et saisine, le seigneur appellé et contenté de ses droix.

49. Ne pœulvent aulcuns ou aulcun chassier ne faire chassier leurs bestes à corne, chevaulx, poullains ou blancques bestes es biens d'aultruy, que ce ne soit

en commectant amende, envers le seigneur, de trois solz parisis, aveucq rendre et payer le dommage et intérest que lesdites bestes auroient faict à la prisie de gens en ce congnoissant.

50. Se aulcunes bestes, en temps de messon d'aoust, sont prinses es nouvelles esteules es mettes dudit bailliage, il y eschiet amende de soixante solz parisis au seigneur dans la seignourie où icelles bestes seroient prinses.

51. Et pareillement ne pœult-lon chassier, par ladite coustume de Lillers, ne laissier paistre ses bestes en nouveaulx taillichs de boix audessoubz de trois ans de eage, sur péril et amende de soixante solz parisis à appliquier au seigneur et luy rendre son intérest.

52. Aussy ne pœult-lon copper ne emporter boix, soit en bos à coppe, mariens ou aultres de la grosseur que l'on puisse forer oultre de ung tarelle commun, que ce ne soit pareillement en commectant amende de soixante solz parisis envers le seigneur et luy rendre son intérest.

53. Nul ne pœult aussy prendre ne emporter hors des boix estans es mettes de ladite seignourie aultres mendres boix que dessus est dit, sur péril et amende de dix solz parisis envers le seigneur et de rendre l'intérest.

54. Quilconques enfraint la main de justiche audict bailliage de Lillers, commect et eschiet en amende de LX solz parisis envers le seigneur.

Signatures : H. *abbé de Ham*.— d'Osterel. — De Le Haie. — Jeh. de Waurin. — G. de Waurin. — De Tannay. — Adrien de Baillœul. — Pippre. — De Willerval. — D'Ollehain. — De Tannay *doyen du chapitre de Lillers*. — Baudelle. — De Penin. — Teisson. — Boulet. — Caulier. — Pippre *greffier*. — Lemoyne. —J. de Le Haie. — Jeh. Cornu. — Martin Mallin *bailli de Rely*. — Carpentier. — De Marles.

Deppuis laquelle assemblée ont esté de rechief évocquiés par nous bailly, pour dire et depposer vérité sur deux coustumes dudit bailliage qui auroient esté obmises à mettre et rédiger par escript en ce présent coyer, les personnes qui s'enssievent. *(Voir aux signatures.)*

55. Lesquelz dessus nommez ont dict, certifié et affermé et depposé par leur serment par eulx solennellement fait, que ilz scevent que, par la coustume dudit Lillers, le mary ne pœult advantager sa femme ne la femme son mary durant la conjonction.

56. Et se aulcuns fiefz sont achettés durant ladite conjonction, iceulx fiefz, aprez trespas du mary, sievent sa coste et ligne et n'y pœult demander la femme fors son douaire.

Signatures : Jacq. de Waurin.—De Tannay. — d'Osterel. — Jeh. de Waurin,

— J. de Le Haie. — Pippre. — De Le Haie. — M. Caulier. — Teisson. — De Marles.

LILLERS.

VILLE.

Une grande page en parchemin. 5 articles.

Coustumes locaulx de la ville de Lillers, appartenant à Mgr. le prince de Chimay, tenue du chasteau d'Arras, pour lesquelles vérifier ont été appellés par nous, Philippes d'Osterel, seigneur de Lieres, bailly de ladite terre, en la halle dudit lieu, les *(soussignés)*, lesquels aprez serment solempnel par eulx fait, ont certifié pour vérité que ils tiennent les coustumes de ladite ville de Lillers, estre telles :

1. Primes, la coustume de ladite ville et bourgoisie dudit Lillers, est telle qu'il y a chastellain portant la vergue, qui a puissance et luy appartient de faire tous arreztz de corps, de biens, faire tous adjournemens et autres exploix es mettes de ladite bourgoisie, dont la congnoissance et judicature appartient aux bourgois héritiers tenans héritages en bourgage de ladite seignourie; lequel chastellain a aussi congnoissance de tout le venel d'icelle ville.

2. Item, y a, en ladite ville, quatre eswars sermentez qui eswardent toutes marchandises qui se font avec tous vivres et autres choses qui se vendent, lesquelz condempnent les délinquans.

3. Item, condempnent aussi toutes fausses mesures, faulx poix, faulsses aunes et autres choses contraires à la chose publicque.

4. Item, mondit seigneur le prince de Chimay est ruyer contre toutes personnes, aussi avant et ainsy que anchiennement la vergue du chastellain soloit aller.

5. Item, est mondit seigneur le prince de Chimay, à cause de sadite terre et seignourie de Lillers, posé que la coustume générale de ladite seignourie soit contraire, seigneur ruyer de tous les frocs et flégards, voiries et communaultés de toute la ville de Burbure.

Le xix.ᵉ jour de septembre 1507.

Signatures : Jehan de Waurin *chevalier, seigneur de Garbecque.* — George de Waurin *escuier, seigneur du Quesnoy et de Quermes.* — Mahieu Caulier *procureur fiscal.* — Pierre Gaucelin. — Andrieu Louchart. — Chrystophe Deleval. — Jehan de Le Haye *lieutenant du bailly.* — Pierre Baudel. — Ph. d'Osterel *bailli.*

LIESTRES.

SEIGNEURIE.

Deux pages et demie de grand parchemin, belle écriture. 8 articles.

Drois et coustumes particulières de la terre et seignourie de Liestres, appartenant à noble et puissant seigneur, Mgr. Nicollas de Werchin, seneschal de Haynau et seigneur dudit lieu de Liestres, à cause de Yolens de Luxembourg, son espouse, quil tient du roy, à cause de son buffet d'Amiens.

1. Primes, a ledit seigneur en sadite terre et seignourie de Liestres, la haute justice, moyenne et basse, laquelle haute justice il tient du roy, nostre sire, à cause de son buffet d'Amiens, et ladite moyenne justice et basse avec ladite terre de la chastellenye de Lillers, en parrye.

2. A cause de laquelle terre, compecte audit seigneur le cours de la rivière qui passe parmi ladite ville de Liestres, mouvans depuis au-dessoubz du mollin d'Estrées jusques à la seignourie de Quermes; et ne pœuvent les propriétaires et héritiers ayans leurs héritages tenans à ladite rivière, trenchier icelle rivière, pour faire flotter leurs prez, sans le congié dudit seigneur ou de ses officiers, ou aultrement ilz commectent amende de LX solz parisis envers ledit seigneur.

3. Appartient audit seigneur tout le chemin qui maisne de ladite ville de Liestres au bos Herlencq, avec le chemin depuis le riez de Serny, en venant parmi le bos Regnault, aux arbrisseaux de ladite ville de Liestres, et de là en avant à la motte du mollin à vent et à Witrenes, en passant parmi le plache dudit Witrenes, qui est son propre flégard, en retombant devers Lillers, en allant au mollin de Quermes et à le Besvrene jusques au grant chemin de la ville de Lambres, et de là en allant jusques à la fontaine à Tresseues.

4. Et aussy appartient audit seigneur eu et partout sadite parrye, esdites villes de Liestres et Longhey, tous les frocs, flégards, chemins, voyeries et communaultez, contre quelque seigneur ou seigneurs que ce soit.

5. Item, encoires appartient audit seigneur tous les chemins et flégards estans en ladite ville de Lambres, excepté le grant chemin qui passe parmy icelle ville, lequel appartient au roy.

6. Il a tous les droits vicomtiers définis par la coutume de Lillers.

7. Item, a ledit seigneur à cause de sadite seigneurie de Liestres, pluiseurs hostes et tenans qui de luy tiennent pluiseurs héritages en alleux (125), lesquelz tenans, par la coustume dudit lieu de Liestres, sont tenus de comparoir et eulx présenter, par trois fois lan, aux jours de plais, sur le Beaumont dudit lieu

de Liestres, à peine d'amende de trois solz parisis en quoy ils enchieent pour chascune fois quilz défaillent envers ledit seigneur ; et se tiennent lesdits plaix par les bailly et hommes dudit seigneur, assavoir, le prochain vendredy aprez le close Pasque les premiers, les secondz le vendredy aprez le Trinité, et les tierchz plais le vendredi aprez le vingtième *(du Noël);* le tout aprez soleil couchié et à l'heure que on voit les estoiles au chiel, et chascun à telle paine et à telz jours que dessus.

8. Ledit seigneur pœult, par ses bailly et hommes, recepvoir les dessaisines et baillier les saisines des héritaiges tenus de luy en alleux, sur ledit Beaumont, et y faire toutes prinses et callenges et autres manières de justice ; et pour chascune foys que lesdits tenans se dessaisissent de leursdits héritages, en jours de plaix sur ledit mont, ilz sont tenus de payer ausdits bailly et hommes, XVIII deniers ; et s'ilz font lesdites dessaisines en autres jours, hors desdits plaix, lesdits bailly et hommes ont pour leurs drois XIV solz ; et quant au droit dudit seigneur, il a droit de prendre et avoir à la vente IV deniers parisis d'entrée et IV deniers parisis d'issue ; et pareillement à la mort, à cause desdits héritages ; et à l'égard de plaidier par quinzaines, ilz font tenir lesdits plaix sur le fons des héritages tenus en alleux.

Pour le surplus on se règle sur les coustumes de la chastellenie de Lillers.

Le XVIIe jour de septembre 1507.

Signatures : Sohiez Marmuse *bailli.* — Jacques Leviesier *escuier.* — Martin Broude. — Jehan du Castel. — Jehan Dantan. — Pierre Wallart. — Antoine Patinet *hommes de fief* — *et autres marques,* etc.

HAM (en Artois).

TEMPOREL DE L'ABBAYE DE SAINT-SAUVEUR.

Quatre rôles de parchemin très-bien conservé et d'une très-belle écriture. 9 articles.

Aujourd'hui XVIIIe jour de septembre l'an mil V cent et sept, nous Jehan Baudelle, lieutenant de Philippes d'Osterel, seigneur de Lierres, bailli de messeigneurs les religieux, abbé et couvent de Saint-Sauveur de Ham, en Arthois, au diocèse de Thérouane, de l'ordre de Saint-Benoist, en enssievant l'ordonnance de révérend père en Dieu Mgr. l'abbé dudit lieu, avons assemblé les hommes de fiefs, eschevins et hommes cottiers de ladite église et abbeie de Ham, pour dire la vérité des coustumes observées en la terre et seignourie du dit lieu de Ham, lesquelles, aprez serment par eulx fait, ilz ont dit estre telles que s'enssieut.

1. Premièrement, ladite église et abbeye de Ham a esté fondée par les seigneurs de Lillers, et amortye du consentement du roy et des comtes de Flandres et d'Artois, et les coustumes de ladite terre et seignourie et bailliage de Ham sont semblables et se conforment aux coustumes du bailliage de Lillers, dont ladite terre et seignourie de Ham est yssue.

2. En ladite terre et seignourie de Ham, y a eschevins et hommes de fief dont lesdits eschevins, jugans au conjurement du bailli dudit lieu, ont la congnoissance de toutes les actions réelles et personnelles, poursieutes, claims et arrestz qui se font audit bailliage de Ham, sauf que les hommes féodaux ont la congnoissance des matières des fiefs et des causes criminelles et de ce qui a regard à le haute justice d'icelle église.

3. Oultre les plaix ordinaires, est accoustumé, en ladite seignourie, de tenir francques véritez et plaix généraux quatre foys en l'an, ausquelz les hostes tenans en cotterie d'icelle église sont tenus comparoir, à péril d'amende de trois solz parisis, pour dire les mesus et délitz advenus en ladite seignourie de Ham.

4. Reliefs et droits de vente des fiefs et cotteries.

5. Item, par la coustume local dudit lieu de Ham, toutes fois que l'un de deux conjoingz par mariage ayans enffans d'icelluy mariage, va de vie par trespas, ausdits enffans eschiet par succession la moittié des héritages et terres cottières appartenant au survivant (126) de son patrimoisne ou aultrement, en fachon telle que, se lesdits enffans vont de vie par trespas sans délaissier hoirs de leur char, ycelle moittié des cotteries eschiet à leurs héritiers collatéraux en pareil degré ou en dessoubz, sans ce quilz retournent à leur père ou mère sourvivant duquel ilz sont partis.

6. Item, les père et mère ne succèdent aucunement à leurs enffans, mais va la succession desdits enffans non ayans hoirs de leur char à leurs héritiers collatéraux en pareil degré ou en dessoubz, sans remonter.

7. Un bastard succède à sa mère si elle n'a aucuns enffans légitimes.

8. Tous amasemens et bois croissans sur héritages cottiers et tout ce qui est hors de terre sont tenus et réputés mobiliaires et pour catels et partables entre héritiers et autres.

9. Une femme, pour droit de douaire, goot et possesse sa vie durant de la moittié des fiefz et pareillement de la moittié des cotteries; et le mary a droit de douaire que l'on dist linotte, sur les héritages cottiers de sa femme desquelz il possesse de la moittié sa vie durant.

Signatures : Robert de Tannay *doyen de l'église collégiale de Saint-Omer, en Lillers.* — Sire Guillaume de Tannay *chanoine de ladite église.* — Aleaune Teuler *prestre de Ham.* — Jehan Baudelle *lieutenant'général du bailliage.*— Jehan Pepin *eschevin.* — Pierre de Tannay *eschevin.* — Estene Baudelle *eschevin.* — Jacques de Coupigny *eschevin.* — Paul Cousin *eschevin.*

SAINT-FLEURISSE.

SEIGNEURIE.

Deux rôles et demi de grand parchemin, très-belle écriture. 8 articles.

Coustumes et usages de la terre et seigneurie de Saint-Fleurisse, appartenant à moy Holbin Gosson, dict Agnieulx, aians le bail et gouvernement de Jehennet Gosson, seigneur de Saint Fleurisse, mon filz mineur d'ans.

1. Ladite terre et seignourie de Saint-Fleurisse est tenue et mouvante en parrie de la terre, chastellenie et seignourie de Lillers, en laquelle mondict filz a justiche, seignourie viscontière et en dessoubz.

2. Item, pour icelle justice exersser ay ung bailly, cinq eschevins et ung davantaige pour supporter les absens, qui jugent de tous cas, sauf de ce qui est tenu en fief.

3. On suit les coutumes du bailliage de Lillers. — 4. Le mort saisit le vif. — 5. Droit de vente: 4 deniers d'entrée 4 deniers d'issue. — 6. Nul n'est bâtard par sa mère.

7. Item, tous les manans de ladite ville, tenans ou non tenans de ladite seignourie, sont tenus de comparoir, une fois l'an, c'est assavoir le sepmaine aprez le jour de Saint-Remy, aux plais généraux qui se font en ladite ville de Saint-Fleurisse, chascun an, sur péril et amende de trois solz parisis, et illecq depposer et affermer tous les mesus et délictz quilz scevent avoir esté fais ou commis en icelle seignourie.

8. Item, en ladite ville de Saint-Fleurisse, y a loy et ville d'arrest.

Le XVIIIe jour de septembre 1507.

Signatures : Collart de Bruay *bailli.* — Sire Nicaise Hucguel *prestre, vicegérant de la cure.* — Mahieu de Sallines. — Jehan Brisse.—Gilles Bouchiquel. — Jacques Hucguel. — Cyprien Hucguel. — Jaspart Drouvin. — Jehan Regnart. — Cyprien Lemoine. — Jacquemart Simeon.

GARBECQUE.

SEIGNEURIE.

Une page et demie de parchemin, très-lisible. 6 articles.

Coustumes locaux de la terre et seignourie de Garbecque, appartenant à messire Jehan bastard de Waurin, chevalier, seigneur dudit lieu et du Forestel, tenue de la chastellenie de Lillers.

1. Garbecque est tenu en pairie de Lillers ; le seigneur a tous les droits de la justice vicomtière. — 2. Il y a cinq échevins qui jugent avec le bailli. — 3. On suit les usages de Lillers. — 4. En succession cottière, il n'est pas dû de relief, car le mort saisit le vif. — 5. Droit de vente, 4 deniers par le vendeur et autant par l'acheteur.

6. Item, en ladite seignourie de Garbecque, tous les subgetz tenans de ladite seignourie en coterie, sont tenus de comparoir à trois plais généraux qui se font trois fois lan, assavoir, aprez le Saint-Remy, Trinité, et le XX.ᵉ aprez Noël, sur péril et amende de trois solz parisis, et illecq depposer et affermer tous les meslés et delitz qui sçavent avoir esté fais et commis en icelle seignourie de Garbecque.

Sans date.

Signatures : Nicolle de Lieres *prestre, curé de Garbecque.*—Hues Dusaultoir.— Jehan Martin. — Guerart Dannet. — Pierre Meurisse. — Jehan Ruffin *tous eschevins de Garbecque.* — Jehan Bresdoul *lieutenant du bailli.* — Pippre *greffier.*

BUSNE.

TEMPOREL.

Trois pages et demie de grand parchemin, belle écriture, assez bien conservée. 4 articles.

Coustumes de la terre et seignourie des chanoines et Chapitre de l'église collégial de Saint-Omer, en Lillers, qui se comprend des fauxbonrg et paroisse dudit Lillers, Busnes, Mollenghen, Rely et autres villages à l'environ.

1. Le chapitre a haute, moyenne et basse justice sous le ressort immédiat de la gouvernance d'Arras ; les coutumes sont conformes à celles du bailliage de Lillers, sauf les exceptions ci-après.

2. Assavoir que, au hamel du Mess et paroisse dudit Lillers, nous sommes seigneurs ruyers en et partout les flos et flégards, riez, voieries, chemins et communaultés, tant allencontre des ténemens des aultres seigneurs et seignouries voisines, et nous compectent et appartiennent tous les plantins estans et croissans en iceulx flégars.

3. Et sy avons en nostre dite seignourie, au village de Busnes, un maieur et cinq eschevins, qui ont la congnoissance de toutes actions réelles et personnelles.

4. Audit lieu de Busnes, on y use de telles et semblables coustumes que au bailliage de Lillers, saulf que, en ligne directe ne collatéral, représentation ny a point de lieu en matière de succession.

Le xv.ᵉ jour de septembre 1507.

Lues, publiées et accordées en présence des ci-aprez nommés : — Maistre Robert de Tannay, *doyen de l'église et procureur général du Chapitre*, agé de XLVI ans. — Maistre Jerosme Le Prestre, *doyen rural dudit Lillers*, agé de L ans. — Sire Nicolle Louchart, *curé de Busne*, agé de XLII ans. — Sire Baudin Gamelin, *chapelain*, agé de LXVI ans. — Sire Pierre de Ligny, *curé de Rely*, agé de XL ans. — Marc de Framecourt, *escuier, seigneur de Beaurepair*, agé de LXII ans. — Jehan de Tannay, *escuier*, agé de L ans. — Jehan Delehaye *l'aisné, lieutenant général du bailli de Lillers*, agé de LXXII ans. — Mahieu Caulier, *procureur fiscal dudit bailliage*, agé de LIX ans. — Bertrand Lemoine. — Jehan Delerue. — Jehan de Quieuville. — Jehan de Lalleawe *l'aisné, maieur de Busnes*, agé de XLVI ans, etc.

Suivent les signatures.

LA BEUVRIÈRE et ALLEWAGNE.

PRIEURÉ.

Deux rôles de grand parchemin; écriture serrée, difficile à lire. 16 *articles.*

Coustumes locales de le prioré de le Beuvrières, appartenances et appendances d'icelle situées en la comté d'Artois, au diocèse de Thérouanne, membre appendant de l'église et abbaye de Charroux en Poitou, icelle prioré appartenant à vénérable et discrète personne, frère Jehan de Lafaye . . . , . religieux et grand prieur de l'abbaye de Charroux et dudit prioré de le Beuvrières.

1. Toute justice et seigneurie, haute, moyenne et basse.—2. Les vassaux n'ont que la justice vicomtière.— 3. Les mâles précèdent les femelles. — 4. Douaire, la moitié des fiefs. — 5. Matières féodales réglées par la coutume d'Artois et prévôté de Beauquesne.

6. Item, en icelle prioré a plusieurs héritages cottiers tenus cottièrement et de main ferme ausquelz succèdent tous les héritiers par égalle porcion, et sont partables entre eulx comme sont mœubles et catheux, sauf et réservé que les manoirs seans audit lieu de le Beuvrières appartiennent au filz ou fille puisnés

de le succession de leur père ou mère; et se pœuvent lesdits manoirs et terres cottières régaller par le seigneur sy ne sont rellevez, par les héritiers, en dedens sept jours et sept nuys.

7. Droit de vente. — 8. A Allewagne, manoirs tenus en échevinage dont le survivant emporte les meubles et catheux, à la charge de payer les dettes, et jouit sa vie durant, pourvu qu'il ne se remarie pas. — 9. Desdits manoirs d'échevinage, l'aîné choisit le meilleur.—10. Sort des acquêts cottiers et d'échevinage : l'héritier du premier mourant les doit relever; les enfans du second mariage n'y ont aucune part, à moins qu'il n'y ait point d'enfants du premier.

11. Item, en ladite ville de Allewagne, se tiennent chascun an trois plais généraux, assavoir les premiers au prochain jœudi aprez le jour Saint-Remy, les seconds le prochain jœudi aprez le jour du XX.ᵉ aprez Noël, et les troisièmes le prochain jœudi aprez le Casymodo ; ausquelz plais tous les hommes tenans en échevinage de la prioré sont tenus comparoir, en dedans solleil couchant, sur paine et amende de III solz parisis, au prouffit du bailly ou son lieutenant; et aprez que, par le maieur héritier, tous lesdits eschevins sont appelés et ilz sont défaillans à la conjure dudit bailly, ilz sont condempnez par les eschevins en ladite amende de III solz, pour laquelle amende on pœult saisir les héritages.

12. Ausquels jours de plais généraux, l'on use, es mettes dudit eschevinage, de matière d'arrest dont à la conjure dudit bailli les eschevins sont juges et non en aultres jours.

13. Le prieur a toute la seigneurie de la rivière d'Allewagne.

14. Item, ycelluy seigneur le prieur a droit d'herbage, d'oyson et d'aigneaulx en ladite seigneurie, qui est tel, assavoir sur chascun manant sous ladite prioré, et aussy que les oysons et bestes soient en ladite seigneurie de ladite prioré, ayans jusques au nombre de chincq oizons ou aigneaulx, un oizon ou ung aignel ; et quant plus y en auroit, ledit prieur ne a droit d'avoir que l'un des deux ; et acquitte l'oizon l'aignel et l'aignel l'oizon.

15 et 16. Prés communs après la récolte des foins.

Le xxv.ᵉ jour de septembre 1507.

Présens : sire Nicolle Desprez prestre, religieux, procureur et fermier d'icelle prioré et coadjuteur de l'abbé de Ruisseauville.—Sire Philippe des Pourchaulx prestre, curé de le Beuvrières. — Jehan de Wimille prestre, vice-gérant de la cure d'Allewagne.—Sire Bon Coriette prestre.—Sire Jehan Le Couvreur prestre. — Philippes de Nedonchel escuier, homme de fief, agé de LXXIII ans. — Pierre Delebecque escuier, homme de fief, agé de XLVII ans.— Jaques de Penin homme de fief. — Jehan Beaudelet homme de fief. — Jehan de Poix lieutenant du bailli d'Allewagne. — Jehan Le Magnier lieutenant du bailli de le Beuvrières.—Andrieu Bruyant, tant en son nom que comme procureur de Mgr. de Allewagne. Jaques Sirot eschevin.— Bauduin Le Couvreur eschevin. — Jaquin Lefevre eschevin. — Colart Warin eschevin. — Charles Crepin. — Charles Legrant. — Guillaume Duval. — Micquiel Tavernier. — Théry de Longcourtil. — Bauduin Estoquet. — Mahieu Tavernier.

Signatures : N. Després. — Ph. des Pourcheaulx. — Philippe de Nedonchel. — Delebecque, etc.

BERQUETTES.

SEIGNEURIE.

Deux pages in-4.° en papier, belle écriture, très-lisible. 2 articles.

Coustumes locales de la terre et seignourie de Berquettes, appartenant à Mgr. de Roisimbos, seigneur de Filloingtz et dudit lieu de Berquettes.

1. Ladite terre et seignourie de Berquettes est tenue et mouvante de la terre et seignourie de Nedon, en laquelle Mgr. de Roisimbos a toute justice et seignourie viscontière.

2. Item, les coustumes audit lieu de Berquettes sont pareilles et samblables et se conforment aux coustumes de la seignourie de Nedon et du bailliage de Lillers, saulf que, en icelle seignourie de Berquettes, y a trois plais généraux en lan, qui se tiengnent les sepmaines aprez le Trinité, le Sainct-Remy et le XX.ᵉ aprez Noël; ausquelz plais tous les tenans cottiers et tenans de ladite seignourie, sont tenus de comparoir à péril de III solz parisis d'amende, pour depposer des delitz quilz polroient avoir veu commettre en icelle seignourie.

Le xxi.ᵉ jour de septembre lan 1507.

Présens : Jehan Delerue bailli; Robert de Lieres, prestre, curé dudit lieu; Jacques du Mollin, escuier, seigneur de Blecquin; Jehan Pippre, greffier du bailliage de Lillers; Jehan Hedon; Jehan Bresdoul; Jacques de le Porte; Collenet Catillart; Perignet du Puch; Pierre Trencquart; Pierre Bonnemain; Adrian Lorquet; Bardin Hanon; Jehan Le Cigne et Nicolas de Lierres, tous hommes cottiers.

Signatures : Ro. de Lieres *prestre*. — Nicolas de Lierre. — Jaq. du Molin. — Jehan Delerue. — Jehan Bresdoul. — Jehan Pippre.

WENDIN.

SEIGNEURIE.

Une page en parchemin, écriture très-grossière et mal formée. 4 articles.

Coustumes locales de la ville, terre et seignourie de Wendin, appartenant à Holbin Gosson, escuier, seigneur dudit lieu, comme père et tuteur legistime de Jehan Gosson, son filz, aussi escuier, consistant en deux fiefz tenus, lung de Mgr. d'Orbec, qui se nomme le fief de *Molingehem*, tenu en souveraineté de Lillers, et le second nommé *le Ganthaux*, tenu du chastiau de Chocques, rédigées par Pierre Leleu, bailli dudit lieu.

_{1. Au fief de Molinghem, double rente pour relief, 45 deniers de la valeur pour droit de vente. — 2. Au fief de Ganthaux, de *dix francs l'ung* pour relief et pareillement pour droit de vente. — 3. Les héritages cottiers se partagent également. — 4. L'époux survivant jouit de la moitié des meubles et héritages, et l'autre moitié appartient aux enfans ou héritiers.}

Le xiie jour de septembre 1507.

Signatures: J. Enlart *prestre, chapelain dudit lieu.*—Pierre Leleu *bailli dudit lieu.* — Ysambart Doré.— Deval. — Denis Fardel. — Jehan du Ponchel. — Jehan Flouret *hommes dudit lieu.*

SAINT-VENANT.

BAILLIAGE (127).

Huit rôles de grand parchemin, grosse écriture, très-lisible. 40 articles.

En obéissant aux commandemens fais à hault, noble et puissant seigneur, Monseigneur le prince de Chimay, seigneur de Lillers, Mallaunoy et Saint-Venant, par Monseigneur le prevost de Beauquesne, en vertu des lettres patentes du roy nostre sire, et ordonnanche de Monseigneur le bailly de Amiens sur ycelles, nous Mahieu Caullier, bailly dudit Saint-Venant et des appartenanches et appendanches, avons fait convenir et assembler en la halle dudit Saint-Venant, le onzième jour de septembre an mil chinq cens et sept, les gens d'église, hommes féodaulx dudit bailliage, aveucq les eschevins vielz et nouviaulx, pratichiens et aultres coustumiers congnoissans les usaiges et coustumes desdites ville et bailliage, lesquelz, aprez serment par eulx faict, ont depposé et affermé avoir veu usier et usé des coustumes chy apprez redigeéz par escript en ce present cahier.

1. Primes, ladite terre et seignourie de Saint-Venant est tenue du conte d'Ar-

tois, ad cause de son chastiau de Aire, en laquelle il a justice haulte, moïenne et basse; laquelle terre et seignourie est scituée et assise es mettes du bailliage de Amiens et de la prevosté de Beauquesne.

2 à 9. Conformes aux articles correspondants de la coutume du bailliage de Lillers. — 10. Conforme à l'art. 11 de Lillers.

11. Item, tous propriétaires de heritaiges feodaulx peuvent disposer par leur testament et aultrement du quind et revenus de trois ans d'iceulx fiefs et revenues feodalles, à quy bon leur semble.

12. Conforme à l'art. 13 id.— 13. Id. art. 14. — 15. Id. art. 16. — 16. Id. art. 19. — 17. Id. art. 20.

18. Item, se l'acheteur de héritages cottiers faict crier à l'église et savoir au proixime l'achat quil a faiz desdits héritages, par trois criées qui se font par jour de dimanche, par trois quinzaines, ledit proxime est privé les ratraire, lesdites quinzaines passées.

19. Item, et sy est nostre dict seigneur ruier en toute la ville et paroisse de Saint-Venant, contre quy que ce soit.

20. Item, il y a eschevinage audit Saint-Venant, et sont les eschevins nommez par le bailly et le maieur, lesquels eschevins jugent selon les usages, édicts, statuts, previléges et coustumes de ladite ville et seignourie chy dessus déclariez.

21. Item, se comprend et estend ladite terre en toute la paroisse dudit Saint-Venant, en laquelle paroisse le mort saisit le vif sans quelque redevanche ; et quant on vend et transporte les héritages cottiers estans en ladite paroisse, il n'est deu pour droit seigneurial que quatre deniers d'entrée et quatre deniers d'issue, ainsy que l'on use audit bailliage d'Aire.

22. Item, en icelle ville et paroisse es mettes de ladicte seigneurie, quant deux sont ensemble conjoincts par mariage, ayans enfans d'icelluy mariage, et l'un d'iceulx va de vie à trespas, iceulx enfans succèdent au trépassé, soit père ou mère, et se leur succède la moitié des héritages patrimoniaulx du survivant, et à icelluy survivant demeure l'autre moitié d'iceulx sesdits héritages ; et dans la moitié qui est escheue à sesdits enfans d'iceulx sesdits héritages patrimoniaulx, il ne y pœult jamais retourner, parce que succession d'héritages ne remonte point par icelle coustume, mais le mary a droit de linotte ou vivenotte sur les héritages patrimoniaulx quy appartiennent à sadite femme, et la femme pareillement, leur vie durant tant seulement; et par icelle coustume, les bastards succèdent à leur mère.

23. Item, le père et la mère sont héritiers de leurs enfans en biens, meubles, catels et acquestes, au cas que lesdits père et mère soient encore vivans au jour du trespas desdits enfans, que l'on dist le lit entier.

24. Item, quant deux conjoints par mariage acquestent aulcuns héritages cot-

tiers, et l'un va de vie à trespas, la moitié d'iceulx succède à ses plus prochains héritiers, soit en ligne directe ou collatéral, et l'autre moitié compecte et appartient au survivant, pour luy, ses hoirs et aians cause.

25. Item, iceulx héritages ainsy acquestez par iceulx deux conjoints, le mary pœult, durant ladite conjonction, vendre, cergier, donner et aliener sesdits héritages, sans y evocquier ne appeller sa femme.

26. Item, nul quel quil soit ne pœult vendre, donner, chergier ne aultrement alliener ses héritages patrimoniaulx, soient féodaulx ou cotiers, que ce ne soit en y observant l'une des trois voyes ad ce requises, est assavoir par nécessité et pouvreté jurée et suffisamment approuvée par deux tesmoings dignes de foy, consentement de l'héritier apparant d'icelluy vendeur, ou pour remployer les deniers d'icelle vendue en héritages pour sievir la coste et ligne dudict vendeur, ainssy et comme eussent fait les héritages par luy vendus.

27. Item, succèdent en iceulx héritages, en hoirrie directe, tous les enfans de deux conjoints par mariage, soient marles ou femelles, et se il y en a aulcuns terminés vie par trespas, ayans esté mariez et qui aient delaissé enfans d'icelluy mariage, leurs dits enffans ou enffant les représenteront en icelle succession ; et se il y en a pluiseurs, ils font une teste et chosque allencontre de leurs oncles et antes.

28. Item, en ligne collatéral, succèdent les plus prochains héritiers des trépassés, et sy représentent les enfans leurs père ou mère quy seroient terminés vie par trespas, en ladite succession, ainssy et par la manière comme il est dict chy dessus en ligne directe.

29. Item, sont tenus ceulx qui ont leurs héritages contigus aux chemins, courans, rivières et fillets, tenus et submis par ladite coutume, à relever et entretenir iceulx avœucq tous ponts, pierres, plancques et appuys, souffisamment à leurs coustz, frais et despens.

30. Item, chascun an aux premiers dimenches enssievans les jours saint Jean-Baptiste et saint Martin, eschéant en yver, l'on crie en l'église paroissialle dudit Saint-Venant, que chascun repare lesdits chemins, ponds, pierres, rivières, courans, plancques et appuys allencontre de ses héritages, en dedens sept jours et sept nuits enssievans, sur paine de encourir en amende de trois sols parisis envers le seigneur ; et iceulx sept jours et sept nuits passez, le bailly, son lieutenant et le maieur, avœucq deux eschevins d'icelle seignourie, vont visiter les choses dessus, et se ils trouvent que il y ailt faulte en icelles réparations, et que le tout ne soit en bon et souffisant état et sans pouvoir porter dommage ne interest à la chose publicque, lesdits eschevins à la conjure dudit bailly, son lieu-

tenant, maieur ou leur commis, condempnent, sur le lieu, les possesseurs et occupeurs des héritages contigus à ladicte faulte, en ladite amende de trois sols parisis et estre tenu de faire icelle réparation en dedens autres sept jours et sept nuits, sur peril de pareil amende.

31. Item, et au dimenche prochain apprez ou aultre enssievant, l'on publie à l'église icelles amendes et faict on les commandemens de avoir faict ladite réparacion en dedens les aultres sept jours et sept nuits ; iceulx passez, se ils ne le ont faict, ils sont condempnez en ladite seconde amende; et à la troisième fois en amende de soixante sols parisis, et à paier l'œuvre et réparation comme ledit bailly, ledit lieutenant, maieur ou commis fera faire; lesquelles amendes et mises sont exécutoires sur les possesseurs d'iceulx héritages par saisie de leurs héritages, prinse et exécucion de leurs biens ou emprisonnement de leurs corps.

32. Item, par ladite coustume, tous plantins estans sur les flégards allencontre et à l'opposite des ténemens de ceux qui ont héritages, compectent et appartiennent à iceulx pour retenue des chemins, sauf que ez rietz, plaches, et au milieu des chemins et flégards, compectent et appartiennent aux seigneurs viscontiers et ruiers, se il ny a fait especial au contraire.

33. Item, pareillement par ladite coustume, tous enfans marles sont tenus et réputtez pour eagiez, aians attaint l'eage de quinze ans, et une fille de onze ans.

34. Item, par la coustume dudit bailliage, tous les deniers deubs à notre dit seigneur, à cause de sadicte terre et seignourie, sont exécutoires; et a tel droit comme le conte d'Artois.

35. Item, par ladite coustume, quiconcques fiert aultruy par ire faicte, soit à sang ou non, en ycelluy bailliage, il commet amende de soixante solz parisis.

36. Toutes rentes à rachat, quelles que elles soient, sur fiefs, cotteries ou non, par ladite coustume sont réputées mobiliaires et partables entre hérittiers.

37. Item, se aulcunes bestes, en temps de meschon de aoust, sont prinses en nouvelles esteules ez mettes dudit bailliage, il y eschet amende de soixante solz parisis au seigneur de la seigneurie où ycelles bestes seroient prinses.

38. Item, et le surplus desdictes coustumes, tant en succession de fiefs, vendicion et autres choses quy ont regard à fiefs, les coustumes sont conformes et pareilles aux coustumes du bailliage de Aire, ressort de ladite seignourie de Saint-Venant, et semblablement en espavetez, estrayures et aultres choses.

Coustumes de ladite seignourie de Saint-Venant, en la ville et paroisse de Busne.

39. Item, se comprend ladicte terre et seignourie de Saint-Venant, en la ville

et territoire de Busne, en laquelle ville et territoire les coustumes sont semblables et se conforment à celles dudit bailliage de Saint-Venant en toutes choses, sauf des droix seigneuriaulx, reliefs, amendes comme aultres et ainssy quil est est chy aprez déclarié.

40. Item, pareillement se comprend ycelle terre et seigneurie de Saint-Venant au territoire et parroisse de Lillers, où pareillement les coustumes sont semblables que les coustumes dudict bailliage de Lillers, comme chy-dessus est dict pour celles de Busne.

Signatures : M. Caulier *bailli de Saint-Venant.* — Colart Louchart *lieutenant.* — Maillin Carton *maieur de Saint-Venant.* — Jeh. Bomman *prestre.* — J. Le Petit. — Jehan Batterel. — Jehan Faucquet. — Willaume du Terail. — Petit.— Jehan Loisel. — Maillin Pommart. — Le Barbier. — Vincent Wallée. — Jacques du Jommel. — Cartier. — Waleran de Belleforière *escuier, seigneur du Limon.* — N. Louchard *curé de Busnes.* — Jehan de Lalau. — Jacquet du Cauroy.— Mahieu Maillin. — De Le Haie.

MAMMEZ, MARCQUETES, LE NATOY.

SEIGNEURIE.

Trois rôles de grand parchemin en quatre pages d'écriture dont la première est au verso du premier rôle ; lisibles, sauf au milieu de la première page où il existe un trou. 15 *articles.*

Coustumes des terres, seigneuries et appendances de Mammez, Marcquetes et le Natoy tenues et mouvans du chasteau et bailliage d'Aire, appartenant à hault et puissant seigneur, Mgr. Philippes de La Viesville, chevalier, seigneur desdits lieux.

1. Relief des fiefs. — 2. Droit de vente des fiefs. — 3. Relief des cotteries pareil au cens. — 4. Droit de vente, 4 deniers d'entrée et autant d'issue. — 5. Le seigneur a tous les droits des autres seigneurs du bailliage d'Aire. — 6. En toute succession cottière, les héritiers au même degré partagent également. — 7. Succession des fiefs. — 8. Le douaire de la femme est de la moitié des héritages féodaux et cottiers. — 9. Le mari survivant aura aussi, pour droit de linotte, la moitié des fruits de tous les héritages, sa vie durant.

10. Item, se la femme et le mary sont allés de vie à trespas sans enffans venans dudit mariage, les héritiers, tant d'un costé que de l'aultre, partiront par moitié leurs biens mœubles et acquestes quilz auront au jour de leur trespas, chascun en son regard, à la cerge de payer toutes les debtes acoustumées.

11. Item, esdits lieux représentation a lieu, c'est assavoir que les nepveurs et niepces viendront en partage, avec leurs oncles et antes, comme représentans leurs pères et mères trespassés.

12. Afforages, tonlieux, confiscations. — 13. Le seigneur a seul le profit des amendes. — 14. Il a la seigneurie des rivières et flégards.

15. Item, les tenans de Marcquetes ont droit de vendre à Aire tout che qui vient de leur crust sans payer audit Aire aucuns drois de ville, assavoir tonlieu et cauchie, et aussy de ce quilz achètent audit Aire, pour leur user.

Le xxiv.ᵉ jour de septembre 1507.

Signatures : Philippes Robart *bailli*. — N. Le Parmentier *prestre, vice-gérant de Mammez*. — Picavet *prestre, vice-gérant de Marquetes*. — Prisel *homme de fief*. — Leroy *homme féodal*. — Robert Visconte *eschevin*. — Victor Dupont *homme féodal*. — Jehan Piron *prevost de Natoy*. — Pierre Robilart *homme féodal*, et autres illisibles.

FIN DU CINQUIÈME GROUPE.

ÉPINOY ET CARVIN.

CHATELLENIE.

Un cahier de neuf rôles de grand parchemin qui réunit ensemble les coutumes d'Epinoy, de Libercourt, de Garghetel, de Meurchin, de Bellonne et de Willerval. Les deux premières et la quatrième sont écrites de la même main; Garghetel, Bellonne et Willerval diffèrent de rédaction.

Epinoy, 33 *articles*. — *Libercourt*, 16. — *Garghetel*, 8. — *Meurchin*, 3. — *Bellonne*, 16. — *Willerval*, 8. — *Au total 84 articles.*

A noble et puissant seigneur Franchois de Meleun, connestable de Flandres, estant ad present, pour son bas eage, au bail noble et gouvernement legistime de madame sa mère, appartient, entre aultres ses nobles tenemens, le chastel, ville, terre, seigneurie et chastellenie d'Epinoy et Carvins en Carembaut, qui est ville de brethesque et de marchié (128), une mesme seigneurie et seulle paroisse tenue de la personne du conte de Saint-Pol, séant et joignant d'un costé à le chastellenye de Lille. En laquelle terre ledit seigneur a de beaulx drois, prérogatives et prééminenches, justiche et seignourie haulte, moyenne et basse. Et pour icelle justice exercer, a bailly, court, hommes tenans en parrie et en fief, et sept eschevins jugans à la conjure dudit bailly. Et en icelle terre est acoustumé user des coustumes et manieres de faire cy aprez touchiées. Lesquelz us et coustumes ont été vériffiés et approuvés au mois de septembre 1507, par pluiseurs prelatz, curés, gens d'église, pers, hommes de fief et eschevins, gens et officiers de justice et plusieurs manans, et aussy de plusieurs nobles gens tenans leurs seignouries de ladite seignourie et de pluiseurs leurs officiers, comme par les saings des aucuns d'iceulx mis et opposés en la fin de ce kayer, pœult apparoir.

1. Primes, ledit seigneur a, en icelle sa terre, gibet, pilory pour pugnir et justichier tous délinquans par la corde, espée, feu, copper oreilles, fustighier (129) et aultrement selon l'exigence des cas au jugement et enseignement de ses pers, hommes de fief ou eschevins, chascun ou l'un d'eulx, à la conjure et semonse d'un mesme bailly, et ainsy en a de tout temps esté usé.

2. Aussy a auctorité et puissance de, au jugement que dessus, bannir délinquans à tousiours et à temps, et enjoindre voiages et lesdits voiages et bannissemens à temps commuer en sommes de deniers dont ledit seigneur a la moitié et le corps et communaulté d'icelle ville l'autre moitié, et ainsy en a tousiours été usé (130).

3. Par ladite coustume, les eschevins ont auctorité et puissance et ont accoustumé condempner vers ledit seigneur tous ceux qui par maltalent ont batu et navré à sang courant et plaie ouverte (131) aucune personne, en amende de LX livres parisis, et pour avoir batu de sombres coups, en amende de X livres parisis, et tirer espée ou dasghe et faire semblant en vouloir frapper aultruy par maltalent, en pareille somme de X livres; du jugement desquelz eschevins, sont exempts les pers et hommes de fief, lesquelz sont à pugnir par leurs pers et compaignons et condempner vers ledit seigneur, assavoir, les hommes de fief pour navrure à sang et plaie ouverte, en LX sols parisis, et pour sombres coups et espée ou dasghe tirer, en X sols parisis; et quant aux pers, ilz ne peuvent fourfaire quelque amende vers ledit seigneur, pour quelques mesus de main ou de bouche et ne sont à pugnir sinon criminellement si le cas le désire.

Opposition. Le procureur du seigneur est opposant sur le fait des pers en tant qu'ils maintiennent estre exempt de quelque amende.

4. En icelle terre et seignourie nul autre que ledit seigneur, ses gens ou officiers ne pœuvent faire exploit par adjournement, execucion, capcion de corps ne aultrement, sans premier avoir ou requerir assistance, laquelle en aucuns cas et à aucun ne se pœult reffuser ainsy qu'il en a esté usé.

5. Par lesdits usaiges et coustumes, l'on pœult refuser manoir en ladite terre à tous ceulx qui sans sauf-conduit n'oseroient aller en la court leur seigneur, et quy ne porroient baillier caucion subgette pour la somme de LX solz (132).

6. Et par lesdits usaiges, les manans de ladite terre pœuvent baillier aide et confort ly ung à l'aultre, mesme sonner le clocque sans accord, pour résister aux violences et entreprinses indeues que aucuns forains vouldroient faire sur les manans de ladite terre et seigneurie, sans pour ce fourfaire quelque chose (133).

7. En toute ladite terre, ledit seigneur est ruyer et se luy appartient l'estraye et l'avoir du bastard, droit d'affor sus vins et boires boulis et aussy droit de tonlieu, et luy appartient les fros et flegars.

8. Item, et par lesdits usaiges et coustume, tous les manans d'icelle terre et paroisse, pœuvent faire garder, au marés de la communaulté, par gens ad ce commis par les pers, hommes et eschevins et non par aultres, touttes et chascunes leurs bestes, reserve pourchaux et bestes à layne, et illecq prendre à fauch et fauchille herbe et aussy hotter et faire tourbes pour leur usaige, sans les povoir vendre ne mener hors de la paroisse; et généralement y pœuvent prendre et lever à piet et à bateau tout ce que besoin leur est, sans touchier à le volille et au poisson que ledit seigneur a retenu pour luy.

9. Et en icelle terre, a une francque feste ordonnée qui commenche la veille de Penthecouste mydy et fine le lundy mydy de close Penthecouste, durant laquelle toutes personnes y pœuvent hanter et converser sans empeschemens de justice pour quelques mesus quilz ayent commis hors feste, reserve murdre ou vilain cas; mais se durant ladite feste aucun debat se faisoit à sang, l'amende seroit double que hors feste (134). Et se mort ensievoit, le delinquant seroit à pugnir criminellement et ses biens déclariés confisquez audit seigneur. Et pour mort ou autre cas de pugnicion criminelle commis hors ladite feste, confiscation (135) n'a lieu; et telle est la coustume en icelle terre.

10. Est aussy acoustumé prendre, cœullier et lever en ladite seignourie et paroisse, certain impos sus vins et boires boulis pour tourner au soustentement de la taille et autres affaires de la ville; ledit droit tel et ainsy que contenu est es lettres d'ottroy.

11. Par ladite coustume, l'on renouvelle lesdits eschevins quy sont en nombre de sept personnes, le jour des ames; lesquels avec les pers et hommes de fief dudit chastel, ont puissance faire editz et statutz pour le bien de la communaulté, et y apposer amendes telles que de LX sols et en desoubz; et lesdits editz et statutz faire crier et publier en diverses saisons et temps propice; et les contrevenans condempnent es amendes inditees sus le seul et simple rapport de ung officier à ce commis, ou sus le rapport de la personne sus quy le delit auroit esté fait.

12. Et lesdits pers et hommes de fief et eschevins ont, chascun en ses lymytes, la court et congnoissance de tous cas, crymes et maléfices, actions reelles, personnelles, petitoires et possessoires, mesmes en cas et matière d'arrest sur corps et biens des forains, le tout à le conjure d'un mesme bailly, soubz le ressort immédiat du bailly d'Amyens, combien que le conte d'Artois ait voulu soustenir du

contraire, sus quoy et de long temps est procès en la court de parlement qui encoires est indécis ; et ainsy en a tousiours esté usé (136).

13. Et sy ont par ladite coustume, la court et congnoissance des werps et transports des dessaisines et saisines quy se font en ladite terre, assavoir, les pers d'héritaiges en parrye et les hommes de fief d'héritaiges en fief, et de ce baillent lettres soubz leurs seaulx ; et lesdits eschevins d'héritaiges tenus en eschevinaige, et de ce font lettres en double chirographes dont ly une se met au ferme et l'aultre se délivre à partie.

14. Sus lesquelz heritaiges tant parryes, fiefs que eschevinaiges se prend certain droit de disme qui est deu à pluiseurs et diverses personnes, et est tel que, pour chascun cent de garbes, bottes ou waras qui ont creu et venu à meurison sus les terres chargées de terrage nommé le VIII.ᵉ du Vermez, se paie à dyvers pris ; et sur les terres chargiées de terraige vers l'abbaye Saint-Pierre de Gand, est tel, pour disme et terraige quy se laisse sus le champ, treize garbes et demye du cent ; et des autres dismes quilz se prendent sus autres heritaiges du cent huit garbes, bottes ou waras ; et pour le prouffit et commodité que les manans prendent en leurs jardins, iceulx manans sont tenus payer chascun an, le jour saint Andrieu, au curé et à ceulx ayant le droit des oblacions, un denyer parisis ; et ainsy en est acoustumé user.

15. Aussy est acoustumé prendre, cœullier et lever, par pluiseurs et diverses personnes, sus pluiseurs terres, certain droit de terrage et que les possesseurs sont tenus payer, assavoir, pour le VIII.ᵉ du Vermez, divers pris qui se laisse sur le champ ; et pour les autres terraiges du cent de garbes, bottes ou waras, les XII garbes, bottes ou waras que les possesseurs sont tenus mener à la grange de ceulx à quy il appartient leurs censiers ou commis, primes et avant quilz puissent quelque choses emmener de leur part, sus peine d'amende ; et quant esdites terres se dépouille du waide, le disme et terraige se paye au tourtel ou à l'argent.

16. Item, et par ladite coustume, tous ceux quy ont le droit desdites dismes et terraige, sont tenus prendre serviteurs aultres que les censiers pour cœullier et partir lesdites dismes et terraiges, et iceulx amener pardevant lesdits bailly, pers, hommes de fief et eschevins, à certain jour quy se publie ; lesquelz serviteurs font serment de justement prendre leur droit et aussy de rapporter de bouche ou par escript tous les mesus quilz auront veu durant la saison et messon d'aoust ; et à leur depposicion et de chascun d'eulx, l'on adjouste foy telle que pour asseoir condempnacion.

17. Aussy est de coustume mander et faire venir pardevers bailly et eschevins, à certain jour, une fois l'an tost aprez la messon d'aoust, tous les manans chiefs

d'ostel de ladite paroisse, lesquelz seroient bigames et non clers, et qui ne tiendroient heritaiges en fief, et iceulx interroghier par serment de tous les mesus quilz auroient veu durant l'année (137); et se paye chascun maisnaige audit jour, audit seigneur, XII deniers parisis et, à ceste cause, sont francqs et exempz des droits qui porroient estre deubz audit seigneur pour les achats quilz feroient d'heritaiges en eschevinaige; et quy ne compare audit jour il eschiet en l'amende sur ce inditte.

18. Tous lesquelz héritages sont de telle nature quilz eschient aprez le trespas des possesseurs, assavoir tous les fiefs et parryes en quelque nombre et de quelque valleur quilz soient, au filz aisné, et à faulte de filz, à la fille aisnée elle chargiée de quint et douaire se le cas sy offre; et les héritages d'eschevinaige eschient aux prochains héritiers à compte de testes, soit malle ou femelle, ligne didirecte ou collateral, sans empeschement de entravestissement; et ainsy en a esté usé et acoustumé.

19. Et par ladite coustume est requis pour acquerre droit réel esdits héritaiges, pour le transmettre à son héritier aprez luy, iceulx relever et apprehender et pour ce payer audit seigneur les reliefz qui sont divers pour les fiefs et parryes, assavoir de XX livres, X livres, LX sols, XXX sols, X sols et VII sols VI deniers, et cambellaige à l'equipollent, esperons dorés, fustz de lanche, cynes et autres (138); et pour les terres d'eschevinaige, pour chascune mencaudée, ung denier parisis, et pour chacun manoir, quatre deniers parisis.

20. Et quant lesdits héritaiges vont de main à aultre par don, vente ou transport, est deu audit seigneur pour son droit seigneurial, assavoir pour les fiefs et parryes le X.ᵉ denier de la vendue, et pour héritages d'eschevinaige le XX.ᵉ denier de la vendue; lesquelz droitz sont tenus payer les achetteurs sans quelque devise et sans dimynucion du pris principal et, avec ce, auxdits eschevins quatre deniers de le livre; desquelz droits, reserve les drois d'eschevins, sont francqs et quictes les bigames et non clercs pour les causes contenues ci-dessus, au XVII.ᵉ article; et ainsy en use l'on.

21. Item, et par ladite coustume, l'on ne pœult vendre ne chargier ses héritaiges patrimoniaulx tenus en parrye ou en fief d'icelle seigneurie, fors par le gré de son héritier apparent ou par nécessité jurée et tesmoignée par deux tesmoings dignes de foy, ou par remploi en autres héritaiges vaillables et de pareille nature; et quant aux héritaiges d'eschevinaige, ils se pœuvent vendre avant estat de mariaige prins, à quelque titre quilz appartiengnent aux possesseurs, sans y observer nulles des voyes ci-dessus, mais se tel possesseur est en estat de mariaige, est requis sur ce avoir le consentement de la femme, en

quoy faisant le mary pœult vendre telz héritaiges, soient de son costé ou de sa femme.

22. Et avant de bailler la saisine à l'achetteur est requis, par ladite coustume, que le marchié et vendaige des parryes et fiefs tel quil est soit publié par trois quinzaines, jour de dimenche, à l'église, heure de messe paroissial, et ledit temps passé portant XL jours et jusques la saisine baillyer exclusive, les proximes sont habilles et aprez inhabilles à ratraire.

23. Et pour les héritaiges d'eschevinaige, est aussy requis que la vente soit publiée en ladite église, jour de dimenche, heure de messe paroissial, que le possesseur a vendu ou wœult vendre son héritaige; et VII jours aprez et non devant, l'on pœult donner la saisine à l'achetteur ou au proxime; et aprez la saisine bailliée le proxime est inhabille à rattraire; et ainsy en a esté usé et acoustumé.

24. Aussy l'on use en ladite terre d'entravestissement de sang et par lettres qui est tel que, au sourvivant de deux conjoings par mariaige ayant entravesty comme dit est, appartient tous les biens mœubles, debtes, catheulx, acquestes et héritaiges en eschevinaige pour en joir par ledit sourvivant ayant entravesti par lettres, sa vie durant, des héritaiges du premier morant et du sourplus par ses hoirs héritablement; et se ledit entravestissement est par sang et que les enffans soient terminés (vie) paravant père ou mère, ou paravant que ledit sourvivant ait procédé à second mariage, audit sourvivant appartient tous lesdits biens mœubles, debtes, catheulx, acquestes et héritaiges en eschevinaige, pour en joir par lui et ses hoirs héritablement; mais se ledit sourvivant procède à second mariage ayant enffans vivans du premier mariage, ledit sourvivant est tenu baillier auxdits enffans la juste moitié de son vaillant, quant par lesdits enffans il en sera requis, et encoires aprez le trespas dudit sourvivant, iceulx enffans pœuvent avoir la juste moitié des biens mœubles, debtes et catheux, acquestes et héritaiges d'eschevinaige avec les enffans du second mariage s'aucuns, en y a, à porcion et compte de testes, allencontre du sourvivant dudit second mariaige, en paiant debtes à porcion; et ainsy en est acoustumé faire.

25. Et par ladite coustume, ung sourvivant de deux conjoings estant en viduité ou avant partaige fait à ses enffans, ne pœult vendre ne chargier ses héritaiges en eschevinaige, fors par le gré desdits enffans ou en faute de povoir obtenir ledit consentement, en jurant et affermant que ladite vente il le fait pour mieulx faire que laissier et non pour frauder ses hoirs, et que ce soit certiffié par six personnes dignes de foy; en quoy faisant telles ventes sont déclarées bonnes.

26. Et par ladite coustume, représentacion n'a point lieu en matière de suscession, et sy ne pœult l'on estre aumosnier et parchonnier; et que quiconques vœult suscéder à père et à mère avec ses frères et sœurs, est requis quil rapporte en monnoie commune ce qui donné luy a esté par sesdits père et mère.

27. Et en icelle terre, l'on use de pois, lot et aune semblable à celles de Lille, et quant aux mesures de blé et mars qui sont diverses, elles sont ly une ung petit moindre et ly aultre un petit plus grande que les mesures de Lille; et la mencaudée de terre porte cent verghes, et chacune verghe vingt piets, et chacun piet onze pauch; et à auner on baille pauch à aune.

28. Et les rentes de blé deues tant audit seigneur comme à autres se payent de divers grains, les aucunes de blé fourment et les autres de blé commun, et les rentes en deniers, reliefs, et aucunes amendes se payent à monnoie parisis dont, pour vingt solz parisis, l'on paie vingt-quatre solz monnoie courante en Artois qui vallent XLVI gros monnoie de Flandres.

29. Audit seigneur, oultre et pardessus ce que dit est, appartient droit d'aide, de chevalerie et de mariaige et relief de bail, lesquels drois d'ayde et de bail sont telz que du plain relief que la terre doit sans cambellaige; et se luy appartient par droit seigneurial auctorité de relever et remettre à sa table les héritaiges de ses vassaux quant ilz en font vendicion, ou cas que proxime ne les prende par ratraicte.

30. Et tous les vassaux lesquelz ont justice et seigneurie, comme les seigneurs de Bellonne et Willerval et autres, ont leur ressort immédiat pardevant bailly, pers et hommes de fief, chacun selon sa qualité.

31. Et en icelle terre l'on prend, cœulle et lieve les quatre tailles du roy, comme en Artois et nulle autre; toutes voyes l'on a baillié et délivré pluiseurs fois aucuns deniers aux contes d'Artois, par forme de nampt, sans porter préjudice à l'exempcion dont les eschevins d'icelle ville de Carvins ont pluiseurs lettres de non préjudice.

32. Tous lesquelz drois, usaiges, coustumes et manières de faire ont esté certifiés et affermés pour véritables par pluiseurs personnes, en grant nombre, tel que deux cents personnes ou environ pour ce assamblées au chasteau d'Espinoy, le xx.ᵉ de septembre mil cinq cent sept, tant gens d'église, nobles, pers, hommes de fief, eschevins et manans en ladite terre et chastellenye.

33. Mesmes ont tous et d'un commun accord, certifié que ledit seigneur tient icelle sa terre de la personne du conte de Saint-Pol et non de la conté (139), et que quand elle se doit relever, ledit conte est tenu venir audevant dudit seigneur d'Espinoy jusques à l'entrée des bois de Saint-Pol, au lieu où

est croissant certaine espine, et illecq ledit seigneur d'Espinoy doit présenter et délivrer audit conte ung blanc fust de lanche, et ledit conte doit tirer de son doit ung anneau à pierre (140) et le poser au doit dudit seigneur d'Espinoy; et ainsy le ont tousjours oy dire et maintenir aux eschevins; mesmes plusieurs desdits déposans quy sont et ont esté eschevins *(disent qu'ils)* ont veu et quils gardent, au ferme, pluiseurs anneaulx à pierre quy sont attachiés à certain escript faisant mencion de quel conte ilz procedoyent et à quel seigneur ilz avoient esté délivrés.

Signatures : Willaume de Jedion *bailli de Saint-Pierre de Gand, collateur de la cure.* — *Sic est* Joh. Vallet *vice-gérant de Carvins.* — *Sic est* Philippus Gallot *prestre.* — Antoine Lucat *bailli de l'abbé de Loos.* — De Verdiere *per.* — Jehan de Marquignœul *escuier et per.* — Antoine du Bos *homme de fief.* — De Frelin. — Gilles de Haubersart *bailli du seigneur de Monchaux.* — C. Raulin *bailli de Willerval.* — Valentin Le Cuvelier *lieutenant de Bellonne.* — Jacques Pollart. — De Meurchin. — Et autres signatures et marques.

LIBERCOURT.

MEMBRE D'ÉPINOY.

A noble et puissant seigneur Franchois de Meleun, seigneur d'Espinoy, de Wingles et connestable de Flandres, estant, pour son bas eage, au bail noble et gouvernement legitisme de madame sa mère, appartient le village de Libercourt quy est dit membre d'Espinoy et une mème paroisse ; en laquelle il a bailly, court et hommes ; et use lon et a on acoustumé user des coustumes cy aprez.

1. Primes, quant on vend les héritaiges d'icelle seigneurie à une personne bigame et non clerc, est deu au seigneur ung blanc denier du bonnyer; et pour chacune pièce ung blanc denier, et pareillement ung blanc denier pour le relief; et quant l'achetteur est clerc, est deu audit seigneur le xx.ᵉ denier de la vendue.

2. Et sy est de coustume, se aucun vend son héritage, que il le fache publier à le capelle de Libercourt, aprez le grant messe, par ung jour solempnel, par le bailly de ladite terre ou le sergent de la justice dudit lieu ; et le criée faite et sept jours aprez et non devant, l'on baille la saisine à l'achetteur ; mais se proixime se aproche du bailly ou sergent ou hommes et offre or et argent, ledit proixime doit estre saisy.

3. Pour entretenir le court de justice l'on tient les plais, auprez de le capelle,

le lundy environ ix heures du matin quy durent jusques à xij heures avant que l'on puist baillier deffault ne congié contre personne.

4. Pour tant quil est sourvenu, de long temps, de grans procès en ladite justice, il y a un ferme qui se freme à trois diverses clefz que gardent trois desdits hommes et ny peuvent aller ly ung sans l'autre; ouquel ferme sont lesdits procès et les lettres de leurs héritaiges quy sont lettres cirographes.

5. On a acoustumé clore et ouvrir le court des plais, les prochains plais aprez que ceulx de Carvins ont clos et ouvert.

6. Est acoustumé faire bans de mars et d'aoust incontinent aprez ceulx de Carvins; et en faulte de bans, le bailly et ses hommes en loy adjugent les amendes telles quy sensievent.

7. Senssievent les amendes des fourfais.

On deffend à tous ceulx quy ont maison à louer quilz ne lieuchent à nul estrangier sy n'ont plesge ou cose vaillable pour l'amende.

On deffend à tous hostelains et autres que nul ne loge estrangier plus d'une nuyt sans le congié du bailly, sus l'amende de LX sols.

Et fait on commandement que nul ne nulle ne vende à plus petite mesure que on a acoustumé de mesurer en ladite terre de Libercourt, sus LX sols de fourfait.

Et que ceulx quy vendent à boire et à mengier faichent leur pain selon l'usanche dudit lieu sus trois solz de fourfait, et ne tiengnent jeu de cartes, ne de dés, ne de jour ne de nuyt, sus amende de jour V sols, de nuyt X sols; et celuy quy tiendroit le jeu le double; et toutes les amendes au pourfit dudit seigneur.

Et que chacun ait restoupé à front de rue en dedans sept jours et sept nuyts sus trois sols de fourfait, toute quemynée netoyée et belos entretenus et freste relevée s'il y a fautte, en dedans sept jours et sept nuyts : sus chascun article trois sols de fourfait.

Tous escheus et cauchies entretenus en dedans le commandement fait, sus V sols de fourfait.

Se l'officier trœuve aucune beste en dommaige, trois sols de fourfait; et pœult ledit officier ramener lesdites bestes en prison audit lieu.

8. Et sy est acoustumé que monseigneur le bailly de Carvins et eschevins pœuvent venir, une fois l'an, tenir les vérités en ladite ville de Libercourt pour pugnir en sa justice, comme souverains, ceulx quy l'ont desservy.

9. La justice de Libercourt est diverse à celle de Carvins, à cause de la mesure quy est la mesure telle que le mesure tremoise et non moindre, tant pour

le blé que pour avaine, audit villaige. Et samble que les manans dudit Libercourt ne payent point à monseigneur droit de bigamie.

10. Et quant on fourfait en batant l'ung à l'autre en le grevant à sang, le bailly met main audit malfaiteur et est le fourfait au proffit dudit seigneur. Et pour autre meffait, pour le hart ou bans, ledit bailly doit mener les malfaiteurs au chasteau d'Espinoy et le faire savoir à le justice de Carvins, et aprez en lieve sa main.

11. Et se il advenoit que les manans dudit Libercourt fusssent traictiés pour debte ou aultre chose, le sentence doit estre faicte pardevant le bailly et hommes de fief.

12. En ladite terre, pour quelque mesus que l'on fache, n'y a quelque confiscacion.

13. Es héritaiges de Libercourt, ung homme marié luy et sa femme ayant hoirs, se le père et la mère moroient devant, lesdits enffans seroient hoirs de père et de mère. Et se les enffans mœurent devant, père et mère seroient hoirs de leurs enffans.

14. Et se lesdits manans estoient traictié Amyens ou à Beauquesne pour debte ou pour amende, on seroit renvoyé à Carvins se on le requeroit.

15. Et en ladite terre l'on use d'entravestissement par sang et par lettres.

16. En ladite terre, l'on ne a point veu les bailly et hommes jugier amende de soixante livres et dix livres; et se ledit seigneur a droit avoir icelles, les soubzsignés s'en attendent à Monseigneur et aux parties à quy ce touche.

Tous lesdits usaiges ont esté vériffiés par les manans de ladite ville de Libercourt, le xxvi.ᵉ jour de septembre l'an mil cinq cent et sept.

Signatures, illisibles.

GARGHETEL.

MEMBRE D'ÉPINOY.

A très hault et très puissant seigneur, monseigneur Franchois de Meleun, seigneur d'Espinoy, appartient certaine seignourie quil a au villaige de Garghetel, descendant de ladite seignourie d'Espinoy.

1. A cause de laquelle seignourie, mondit seigneur a ung bailly et pluiseurs hommes cottiers qui tiennent d'icelluy seigneur certain nombre de terres et héritaiges qui lui doivent pluiseurs rentes que on dit les mars de Garghetel, dont chascune mencaudée de terre doit par an dix deniers de monnoie courante en Artois.

2. Item, chascun manoir doit trente deniers de ladite monnoie et rente de cappons et autres, l'un plus l'aultre mains, comme il pœult apparoir par les cartulaires du seigneur.

3. Doivent lesdites terres et manoirs telz reliefz et droiz seigneuriaulx que ilz font audit Espinoy, pour touttes terres et manoirs.

4. Item, ont acoustumé lesdits hommes de faire service de court et de plais audit Garghetel, toutteffois que sommés et requis en sont souffisamment et de par lesdits bailly et hommes et tenir plais quand partie le requiert; et il n'y a point plais ordinaires; lesquels plais on tient par le lundy à une heure aprez midy, et ainsi de XV.^{ne} en XV.^{ne} entretenir tant que les parties sont d'accord ou que procès est jugié.

5. Item, ont lesdits hommes acoustumé de jugier, à la conjure dudit bailly, amendes de III solz, V solz et X solz et non plus grant amende; du surplus appartient à congnoistre aux bailly et hommes d'Espinoy.

6. Item, ont acoustumé faire bans de mars et d'aoust ainsy que audit Espinoy.

7. Item, ont lesdits bailly et hommes acoustumé de faire touttes dessaisines et saisines des manoirs et terres cottières situez audit Garghetel, et tenues d'icelle seignourie, et d'avoir ferme audit lieu.

8. Item, ont acoustumé que des actions personnelles ou reelles aller au conseil aux hommes de fief de ladite seignourie d'Espinoy, et de en jugier par le conseil et advis d'iceulx hommes de fief.

Le XXIIIe jour de septembre l'an mil cinq cent et sept.

Signatures : De Glen. — Jehan Urbain *bailli*. — P. Pollet. — Toussain Lefay.

MEURCHIN,

MEMBRE D'ÉPINOY.

Coustumes, drois et manières de faire en la ville et terroir d'Espinoy, appartenant à noble homme Franchois de Meleun, seigneur dudit lieu, à cause de la seignourie qu'il a en la ville de Meurchin, etc.

1. Primes, appartient audit seigneur l'exécucion criminelle de tous condempnés par mayeur et eschevins dudit lieu de Meurchin; lesquelz maieur et eschevins sont tenus, incontinent ledit jugement fait, livrer et bailler ledit condempné es mains des officiers dudit seigneur d'Espinoy, pour le délivrer à l'exécuteur. Lesquels officiers tant d'Espinoy comme de Meurchin, sont présens à faire l'exécucion dudit condempné lequel doit estre exécuté en dedans soleil couchant (141).

2. Item, appartient audit seigneur d'Espinoy toutes amendes commises en ladite ville de Meurchin, qui sont telles, assavoir : pour avoir batu à playe et à sang, de LX livres; et pour mettre main sus à aultruy par maltalent, dix livres parisis; aultres de dix solz; aultres de XX solz; et aultres de LX solz; et quant aux amendes de V solz et au desoubz, elles appartiennent audit mayeur, dont pour ce est tenu, vers ledit seigneur d'Espinoy, en soixante solz parisis.

3. Item, aussy ledit seigneur d'Espinoy a le droit des flos et flégards, d'estraye et avoir de bastard; et en ladite terre l'on ne pœult quelque chose confisquier pour quelque meslées de bouche ou de main, et aussy ny a confiscacion audit eschevinaige.

Vériffiées et approuvées au mois de septembre 1507, par maieur, eschevins, curé, manans et habitans dudit lieu.

Signatures : G. Didier *lieutenant du maieur.* — P. Lechion *eschevin.* — Franchois Grard *eschevin.* — Thomas Carette *eschevin.* — Pierre Sisette *eschevin.* — Willaume Cauvel *eschevin, et autres.*

BELLONNE,

MEMBRE D'ÉPINOY.

Les coutumes et drois de la ville, terre et seigneurie de Bellonne, appartenant à Monseigneur Jehan d'Ailly, mineur d'ans, quil tient en parrie de noble et puissant seigneur, Monseigneur d'Espinoy, à cause de sa chastellenye d'Espinoy.

1. Primes, en ladite ville de Bellonne, pour les héritaiges tenus d'icelle seignourie, tant en fief comme en main-ferme et cotterie, ils en usent et ont acoustumé user et régler en tout selon la coustume générale de la prévosté de Beauquesne et conté d'Artois, sans ce quils aient coustume locale au contraire.

OPPOSITION par le bailly d'Espinoy à cest article (142).

2. Item, a ledit seigneur, à cause de ladite ville et seigneurie de Bellonne, toute justice et seigneurie haulte, moyenne et basse, bailly, lieutenant de bailly, maieur, pluiseurs hommes de fief et cottiers, sergens et autres officiers pour exercer, maintenir et garder sadite justice et seignourie; tiennent plais de XV^{ne} en XV.^{ne}; ont le prinse et congnoissance des malfaiteurs et malfaitresses de tous délits et crimes aians mesprins et meffait en ladite seignourie; aussy de toutes bestes prinses en dommaige.

3. Item, toutes amendes tant arbitraires que de LX solz parisis et en desoubz.

4. Item, a ledit seigneur pluiseurs rentes d'argent, cappons, poules, courré-

vées de bras et rentes de blé que doivent audit seigneur pluiseurs hommes cottiers tenans de luy héritaiges cottiers et main-fermes.

5. Item, a ledit seigneur pluiseurs hommes de fief qui tiennent de luy les aucuns à LX sols parisis, à XXX sols et à VII sols VI deniers parisis, et le tierch en iceulx de cambellaige.

6. Item, à la vente desdits fiefs, don, transport, ypothèque, appartient audit seigneur le X.ᵉ denier, et en cotterie et main-ferme, pour chacun manoir et pour chacune pièce de terre quant ils vont de main à autre par succession, don, vente, rapport et ypothèque, IV deniers d'entrée et autant d'issue par les vendeurs et acheteurs.

7. Item, pœult ledit seigneur, par ses bailly, lieutenant, hommes et officiers, faire saisir pour deffaulte d'homme, de relief, de rentes non payées, dénombrement et déclaration non bailliée et autres devoirs non faits, assavoir, par lesdits bailly, lieutenant et hommes, les héritaiges tenus en fief et en main-ferme et en cotterie par mayeur et sesdits hommes ; aussi de recevoir toutes dessaisines et saisines d'héritaiges tenus de ladite seigneurie.

8. Item, qui ne relieuve en fief en dedans XL jours, et les manoirs, mainfermes et cotteries en dedans sept jours, tels héritaiges reviennent de plain droit à la table et demaine dudit seigneur ; et pœult faire prendre, emporter et regaller les ablais, sans pour ce payer aucune chose.

9. Item, a ledit seigneur droit de terraige sur pluiseurs héritaiges tenus de luy, tel que du cent de garbes ou waras, les nœuf quy se maisnent en la maison et chief-lieu dudit seigneur, et pour lequel terragier, ledit seigneur, son censier ou commis est appelé paravant que aulcune despouille soit emmenée, à peine de LX sols parisis d'amende.

10. Item, a ledit seigneur droit d'afforage de vin et boire boully qui se vendroit audit lieu et seigneurie, tel que de chascun fons deux lotz, soit vin ou autre boire boully ; et se ne pœult tel vendeur mettre enseigne hors que en prenant la grace audit seigneur ou à ses officiers, à peine d'amende desdits LX sols parisis.

11. Item, a ledit seigneur droit d'aide tel que d'un relief, à la chevallerie de son fils aisné ou au mariage de sa fille aisnée, sauf de cambrelaige ; aussy tous reliefz de bail tels que la nature desdits fiefs.

12. Item, a ledit seigneur droit d'espave avec droit de fisq quy est succession de bastard, s'il estoit quil ny olt enffant légistime.

13. Se aulcun appelle de le justice et il deschiet, tel appelant eschiet en amende de LX sols parisis ; sy est tenu l'appelant de faire relief de son appel en dedans XL jours.

14. Item, est ledit seigneur, à cause de sadite ville et seigneurie, seigneur des flos, flégards, voieries, communaultez esquels les héritaiges tenus de luy sont marchissans allencontre de ses voisins.

15. Item, n'est le fief et seigneurie dudit seigneur en confiscacion, ne pareillement ledit seigneur n'a confiscacion sur ses sujets.

16. Item, a ledit seigneur de Bellonne, en tout, aultres choses et drois que a tel hault justicier appartient, selon la coustume générale de ladite prevosté de Beauquesne et conté d'Artois; le tout sous le ressort dudit Espinoy.

Le xxv.ᵉ jour de septembre 1507.

Signatures : De Tranquilte *curé de Bellonne.* — Gilles de Renœul *lieutenant du bailli.*—Waleran Le Cuvelier *maieur de Bellonne.* — Thierry de Tournay. — Jeh Lallart. — Lauren Bourguinon. — N. Wachon. — Jehan Wiart, *et autres.*

WILLERVAL,

MEMBRE D'ÉPINOY.

A tous ceulx que ces présentes lettres verront, Guillaume Raulin, bailly de Willerval, pour noble homme Guilbert de Lannoy, seigneur dudit Willerval, salut, etc....

1. Primes, que en ladite seigneurie, le mort saisit le vif son plus prochain héritier à luy abille à succeder, à la charge de relever et droiturer les héritaiges en cotterie et main-ferme, tel que pour manoir amasé ou non amasé, quatre deniers parisis, et pour la mencaudée de terre à camps, I denier.

2. Item, à la vente d'iceulx héritaiges, de vingt francs, ung franc à payer par les vendeurs sy aultrement par leur marchié n'est declaré.

3. Se deux conjoingtz par mariaige ont aulcuns héritaiges estans situez et assis en ladite seigneurie, soit de suscession ou acqueste, et l'un d'iceulx va de vie par mort, les héritiers du premier morant ne arront riens, se le survivant ne se remarie, de ce dont ils estoient possesseurs au jour du trespas du premier morant, avec tous les biens mœubles, à la charge de payer les debtes, sy ensamble n'en ont disposé pardevant la justice dudit lieu, ce quilz peuvent faire ensamble ou par testament.

4. Item, s'il estoit quil y olt enffans dudit mariaige, le sourvivant aprez le premier morant d'iceulx n'a en iceulx héritaiges riens, se ledit survivant ne se remarie, ne pareillement es biens mœubles; et se il se remarie les héritaiges se partiront par moittié.

5. Item, se ledit sourvivant sourvit lesdits enffans, en ce cas, à luy appartient tous les héritaiges, soit de son costé ou de se partie ; et aprez le trespas du dernier vivant, les héritaiges retournent coste et ligne.

6. Item, que en eschevinaige l'on use d'entravestissement, assavoir : que deux conjoinctz par mariaige pœuvent entravestir l'un l'autre. *Il ny a point d'escherinaige à Willerval* (143).

7. Item, quant aux aultres coustumes et manières de faire, tant en fief comme en main-ferme et tenure en cotterie et en toutes autres choses, sauf des choses ci-dessus, ilz en usent et se règlent selon les coustumes d'Espinoy, quy est nostre souverain seigneur.

8. Item, a ledit seigneur de tout temps haulte justice, moyenne et basse, telle et pareille que ledit seigneur d'Espinoy. Et sy tient ledit seigneur son fief du seigneur d'Espinoy, à X livres de relief.

Le XIX.e jour de septembre 1507.

Signatures : Colart Plantehaie. — Laurent *curé de Willerval.* — Pierre Leduc. — Henri Carpentiers *homme de fief.* — Jan Bocquet. — Jacquemart Busquet. — Willaume Pruvost *homme cotier.* — G. Raulin *lieutenant du bailli.*

ONGNIES.

SEIGNEURIE.

Un cahier long et étroit de sept rôles en parchemin, pourri dans le bout et au milieu vers le point de suture des feuilles, lisible en partie. 73 articles environ.

. . . . . . Ladite terre et . . . . . . d'Ongnies est scituée en. . . . conté d'Artois et la chastellenie de Lille, ten. . . . . . d'un costé à la terre et seigneurie d'Espinoy, et d'autre. . . . . . ladite castellenie, et du long aux marés d'Hennin-Liétard.

1. (*La fin des lignes manque*). — 2. Relief des héritages féodaux et cottiers. — 3. Succession des fiefs (*lisible*). — 4. Retrait des héritages féodaux (*la fin manque*). — 5. (*Inintelligible*).

6. Item, selon la coustume dudit lieu d'Ongnies, a ledit seigneur acoustumé de renouveler, tous les ans une fois, ses eschevins le premier jour de l'an, et les pœult conjurer, à ce dit jour, de congnoistre de ses subgetz manans audit Ongnies, et en cas de refus, les pœult contraindre en toutes voyes dues et raisonnables.

7. Les héritages d'eschevinage escheent aux plus prochains héritiers des pos-

sesseurs, soit filz ou filles, ligne directe ou collatéral, soit patrimoisne ou acqueste au trespassé, chascun à porcion et compte de testes.

8. Item, les héritages d'eschevinage dudit lieu d'Ongnies sont de telle nature que ceulx à qui ils appartiennent, avant quilz aient procédé à quelque lyen de mariage, soit homme ou femme, pœult d'iceulx héritages faire et user à son plaisir et les vendre sans observation de quelque consentement; mais se tel possesseur, soit homme ou femme, est conjoinct par mariage, est requis par ladite coustume que, pour vendre ledit héritage, pour faire avoir la saisine à l'achetteur, que lesdits conjoingz faicent la dessaisine ensamble, mettant la main au baston (144), de quelque costé que ledit héritage leur appartient.

9. Item, est requis que telle vente soit publiée par trois dimences continueulx, heure de messe paroissial, et trois jours aprez l'on baille la saisine à l'achetteur ou au proxime, et aprez ladite saisine ledit proxime est inhabille.

10. *(Le commencement manque)*... font et baillent lettres de cirographes qui sont lettres en double, dont les unes se mettent au ferme de l'eschevinage et les autres se baillent à partie.

11 et 12. De l'entravestissement et de ses effets. *(La fin des lignes manque.)*

13. Item, en toute ladite seigneurie, loy et eschevinage, représentacion n'a point lieu; et se aulcun vœult succéder à père et à mère aveucq aultres ses frères et sœurs, il convient raporter en mont commun ce qui donné lui auroit esté par mariage et aultrement, tellement que l'on ne pœult estre aumosnier et parchonnier.

14. Item, par ladite coustume, l'on a usé d'arrest de corps et biens des gens de forains.

15. Se aulcun homme a debat à aultre et lui fait sang d'armure esmolue, se le seigné le pœult monstrer, ly faisant est et doibt estre jugié par eschevins à LX livres d'amende ce que l'on n'a veu paier...... *(Le reste manque.)*

16. Tonlieu des marchandises , ...

17. Lequel tonlieu se prent à l'achetteur de gens de forains; et selon la coustume du lieu, l'on prent, de chascune quarrée de marchandises, deux estrelins qui vallent iiij deniers tournois.

18. A ledit seigneur, à cause de sadite seigneurie d'Ongnies, relief et services à sa volunté, selon la quantité du vaillant; lequel relief l'on a acoustumé paier audit seigneur du dixiesme denier de la priserie des héritages relevés.

19. L'on a acoustumé paier audit seigneur, pour droit seigneurial de la vente d'héritages, le X.ᵉ denier de ladite vente.

20. Par ladite coustume, les subgets dudit seigneur sont tenus de venir rel-

lever, dedens XL jours, sur l'amende de LX solz; et avœucq ce pœult prendre, aprez les quarante jours passés, tous mœubles qui trouvés sont croissans sur les héritages, exceptez carpentages amasés.

21. Item, a ledit seigneur ses frans ples généraulx qui se nomment les parjures, qui se tiennent trois fois l'an, assavoir, le plus prochain lundi aprez le Saint-Remy, le plus prochain lundi aprez le XX.º *(de Noël)*, et le plus prochain lundi aprez le Quasimodo; lesquels ples se tiennent à heure de vespres; ausquels ples les chiefs d'ostel sont tenus comparoir, sur dix soubz d'amende, au son de la clocque qui est sonnée par trois fois.

22. *(Sans suite).* — 23. Corvées. — 24. Moyen de contraindre au paiement des rentes seigneuriales. *(La fin des lignes manque.)*

25. Et quiconques seroit en deffault de paier ses rentes au seigneur jusqu'à trois rentes, le seigneur s'en pœult plaindre pardevant ses eschevins; et eschevins luy doivent dire par jugement que le seigneur face adjourner tous ceulx et celles qui à tel héritage saroyent à demander, par espécial l'héritier et généralement tous aultres; et ledit adjournement fait, le fault cryer en l'église et aussy faire savoir à la partie par sergent sermenté, par trois quinsaines; et les trois quinsaines passées, on le doit faire radjourner et faire savoir quil ayt l'héritage desrenté de rentes et de lois dedens ung an et un jour; et se, en dedens tel an et jour, le partie ne s'appert pour l'héritage despechier, le seigneur le pœult et doit reprendre en sa main et réunir à sa table et demaine pour le faulte de rentes et de lois (145).

26. Item, pœult le seigneur faire deffendre, par jugement des eschevins, les armures deffensables en toute sadite terre d'Ongnies, sur l'amende de soixante soubz.

27. *(Sans suite)*. . . . lesquelles rentes se comp. . . . . . argent, comme grains de blé et avaines. . . . . . . poulles, pains, œufs, estœufs, et fer à cheval . . . . . . argent, se paie à soubz parisis, et ledit bled a. . . . . à vendre pour XIII soubz tournois le rasière, et l'avaine pour iiij soubz le rasière de monnoie.

28. Prent et demande le seigneur ses acoursaiges sur tous ses subgetz qui ont bestes à piet fourchus, qui se paie à la saint Remy, par chascun manant VI deniers tournois, che que les subgetz dient quilz n'ont point acoustumé paier ledit acoursaige, ne la rente d'argent à soubz parisis, sinon depuis XII à XIII ans.

29. A ledit seigneur, à cause de sadite seigneurie, les terraiges qui lui sont deubz, et que on a acoustumé paier par pluiseurs de ses subgetz, sur pluiseurs pièces de terre séans audit terroir d'Ongnies, en divers lieux, assavoir : VIII garbes du cent de garbes de tout ce qui vient à meurison.

30. Sont tenus lesdits subgetz amener ledit terrage en la grange dudit seigneur, et ne pœuvent emmener nulles garbes hors du camp qui doit ledit terrage, que premièrement ledit seigneur ne soit payé de son droit de terrage, et ce sur amende de LX soubz, et de restablir les garbes enlevées dudit camp.

31. A ledit seigneur le maletaute qui se prend sur tous boires de vins et autres boires boulis qui se vendent audit lieu, assavoir : de quœue, demi-quœue, ponchon, cacque ou tonneaulx, de chascun fons, deux lotz, telle mesure que on a acoustumé mesurer audit Ongnies, laquelle doit estre aussi bonne que celle de Douay.

32. Nulz sergans ou officiers reaux ne pœuvent ne doivent faire nulz exploix de justice audit lieu d'Ongnies, sans prendre obeyssance au bailly dudit lieu ou son lieutenant.

33. *(Manque entièrement.)*

34. Les eschevins dudit Ongnies ont, pour leur service, un grant coffre fermant à deux diverses clefz, séant en l'église dudit Ongnies, auquel coffre est enclos ung autre petit coffre fermant de iiij diverses clez et différentes l'une à l'autre, que lesdits eschevins ont en leur garde; et ny pœult aller l'un sans . . . . avec lui; ausquelz deux coffres tout ce qui est . . . . . et passé devant iceulx eschevins . . . . . gardé esdits coffres (146).

35. A, en ladite ville d'Ongnies, le hall . . . . séant au millieu dudit lieu d'Ongnies . . . . . . dist l'Estrée d'Ongnies; en laquelle h. . . . . . acoustumé tenir les ples par . . . . . dix heures au matin jusques à XII heures *du* jour; lesquels ples se tiennent de quinse . . . . . jours; et les pœuvent les bailli et eschevins . . . . . au mois quant bon leur semble.

36. L'on a acoustumé publier les bans de mars en l'église dudit Ongnies, par le premier dimence du mois de mars, heure de messe paroissial, selon le manière qui senssieut.

Primes :

37. Quil ne soit nulz ne nulles qui faice vendance sur vendance, ne rapport sur rapport qui touche à héritaige, sur l'amende de LX soubz.

38. Que nulz ne nulles ne mesurent à nulle mesure, se elle n'est bonne, juste et leale, laquelle doit estre aussy bonne que celle de Douay, sur l'amende de LX soubz.

39. Que nulz ne nulles ne vendent derrées nulles, où balance ne tranneaux soit, qui ne poise de poix juste et leal, et doit estre aussy bon que celui de Douay, sur l'amende de LX soubz.

40. . . . . là où il eschiet awart, se . . . . sur l'amende de X soubz.

41. Que nulz ne nulles ne faice assenne . . . . . de mœubles ne de catheux se ne le denomme . . . . . . sur l'amende de X soubz.

42. Que nulz ne nulles ne hostellece houriers ne hourières, ne gens de mauvaise vye, plus hault d'une nuyt, sur l'amende de X soubz.

43. Que nulz ne nulles ne vende synon à justes aunes qui doit estre aussy bonne que celle de Douay, et paux à aune, sur l'amende de LX soubz (147).

44. Quil ne soit nulz qui joue à nulz jeu ou detz, soient excepté le jeu de tables et le nypollette (148), sur l'amende de V solz par jour et X soubz par nuyt; et ceulx à qui seroit le maison où tel ju se feroit, il escherroit en pareille amende.

45. Que nulz ne nulles ne loue maison à gens de forains, sans le gré du seigneur, sur l'amende de X soubz.

46. Que nul qui ahenne terre d'aultruy à deniers, qui ne les ahenne bien et souffisamment jusques au dit des awardeurs, sur l'amende de iij soubz; et soit fait l'awart en dedens tiers jour aprez le terre ahennée, s'en paie le maistre la moittié et le varlet l'autre moittié.

47. Que nulz ne nulles ne copece bos sur aultruy que on puist forer d'un tarel heuceret *(sic)*, sur l'amende de V soubz (149).

48—49. *(Manquent.)*

50. Que nulz ne nulles ne laisse aller bestes nulles, en biens des camps d'aultruy, sur l'amende de XII deniers.

51. Que nulz ne nulles ne soyce en prez, n'en bosquiaux, n'en chaingles d'aultruy, sur l'amende de iij soubz.

52. Que nulz ne nulles ne soyce es forestz d'aultruy, sur l'amende de deux soubz.

53. Que nulz ne quarie parmy les *biens d'aultruy* sur l'amende de ij soubz.

54. Que nulz ne maisne herche synon . . . . ou à traynel, ne quarue se elle n'est . . . . . parmy biens d'aultruy, sur l'amende . . . . . .

55. Que nulz ne tournece sur l'ahennage *d'aultruy,* sur l amende de XII deniers.

56. Que nulz ne nulles ne soyce en *courtiaux* d'aultruy, sur l'amende de V solz.

57. Que nulz ne nulles ne prende le harnas d'aultruy, se n'est le gré de celluy à qui c'est, sur l'amende de ij solz.

58. Tous ceulx qui doivent plancques et voyes, elles soient mises bien et souffisamment en dedens le loy de le ville, sur l'amende de XII deniers; et qui les coperoit il seroit à ij soubz.

59. Que nulz ne nulles ne laissent brouster bestes en hayes, n'en bosquiaux, n'en chaingles desoubz trois ans, sur l'amende de iii soubz.

60. Que nulz ne nulles ne maine bestes en riez d'aultruy, sans le gré de celui qui ce seroit, sur l'amende de XII deniers.

61. Que chascun ayt restoupé bien et souffisamment, chascun en droit luy, à front de rue, en dedens le loy de le ville, sur l'amende de XII parisis.

62. *(Manque)*.

63. Et est chascun messier du sien *et de son voisin*, et crut par son serment; et se *bestes de soubz* eagiés y meffont, on s'en prendra *aux pères et* mères ou à ceulx à quy les bestes seroient; et sy a le seigneur le moittié de l'amende, et ceulx qui les prent l'aultre moittié.

64. L'on a acoustumé une fois l'an publier les bans d'aoust par ung jour de dimence, heure de messe, en l'église dudit lieu, en la manière qui s'enssieut.
Primes.

65. Quil ne soit nulz qui quarrie devant soleil levant ne aprez soleil esconssant, sur l'amende de X solz.

66. Que nul ne nulles ne emporte garbe ne demy garbe, warat ne demi warat, gavelle ne demi gavelle, sy ne trœuve son garant, sur l'amende de V solz.

67. Quil ne soit glenneur ne gleneresse qui ne soit à piet et à quemin de soleil, sur l'amende de XII parisis.

68. Et quil ne soit glenneur ne gleneresse qui glenne en garbes ne gavelles d'aultruy, sans le gré de celui à qui est le camp, sur l'amende de ij soubz.

69. Et quil ne soit glenneur ne glenneresse qui aproce les quoyseaux ne drois bledz à XX piets prez, sur l'amende de XII parisis (150).

70. Et quil ne soit glenneur ne gleneresse qui glenne en aultruy camp en l'absence celui à qui c'est, ou sans son gré, sur l'amende de iij solz; et se sont enffans soubz eagiés, on s'en prendra aux pères et mères.

71. *(Sans suite)*

72. Et est chascun messier du sien et de son voisin et crut par son serment (151).

73. Et par la coustume dudit lieu. . . . . . franques vérités quil fait tenir par ses. . . . . . et eschevins, aprez le mois d'aoust. . . . . . qui plet prendre ausdits bailli . . . . . . de dimence; ausquelles vérités . . . . . . dudit lieu sont tenus rapporter par *serment* auxdits eschevins tous les meslées et *fourfais qu'ilz* ont veu durant les messons *sur* l'amende de ij soubz.

Le XXVII.ᵉ jour du moys de septembre 1507.

Signatures : Nicolas de Calonne *escuier*, bailli *d'Ongnies*. — Regnier *curé dudit lieu*. — Ch. Blondel *cappelain dudit lieu*. — Jacques Lemaire. — Leurent Cambrelecq. — Colart Wendeville. Lucas *eschevin*. — Jacquemart Le Carlier. — Pierre Mignot. — Jehan Brocq. — Gille Boullengier. . . . .

OISY (152).

CHATELLENIE.

Un cahier de huit rôles de grand parchemin, très-belle écriture. 24 articles.

Ce sont en brief les drois et coustumes ayans lieu et que baillent, pour obéir au commandement du roy et de ses depputez et commis sur le fait des coustumes, les officiers de la terre, chastellenye et seigneurie d'Oisy, pour noble dame, madame la contesse de Vendosmois et de St.-Pol, dame dudit Oisy (153), et ce par l'advis et consentement de pluiseurs nobles, bourgois, manans, habitans, hommes et tenans d'icelle dame, en ladite terre, chastellenie et seigneurie d'Oisy, pour ce assamblez et qui, en approbation d'iceulx drois et coustumes, ont apposé leurs saingz manuelz en la fin et cloture de ce present cohier; desquelles coustumes la teneur sensuit.

1. Primes, au filz aisné d'ung trespassé délaissant pluiseurs fiefz ou fief tenus de ladite seigneurie d'Oisy, comppettent et appartiennent lesdits fiefz ou fief, à la charge du quind héritable aux puisnez, s'aucuns en y a et apprehender le veullent, et s'il n'y a aucuns filz, à la fille aisnée appartiennent lesdits fiefz ou fief, à la charge que dessus; lequel droit de quind, entre le puisnez, est divisible et partable par égalle portion; desquelz fiefz ou fief il est requis faire appréhention et payer les droix de reliefz selon leur nature, en dedens XL jours enssievans l'eschéance, ou sinon de plain droit ilz sont en la main du seigneur jusques ad ce que relief et appréhention s'en fait; mais s'aucuns puisnez finoient vye par mort sans faire appréhention de leur quind ou portion de quind, icelluy quind ou portion de quind demeure au gros dudit fief; lesquelz puisnez en appréhendant leur dite portion de quind, ce qui est requis estre fait se prouffiter en vœullent, tiennent chascune portion dudit quind, du seigneur à pareil relief, service, hommage que le fief principal dont il est esclichié; et soit que iceulx quindz ou portion de quind ainsi apprehendez retournent par succession ou aultrement au possesseur du fief principal, icelluy quind, en tout ou portionne, ne se reconsolide point au gros du fief, mais tant d'appréhentions, tant de fiefz, en quelque main quilz viennent ou escheent, à paraulx drois et deniers que le principal fief.

2. Lesquelz fiefz ou fief, quant l'héritier et possesseur d'iceulx va de vye à trespas délaissant pluiseurs héritiers apparans en lingne collatéral, escheent, compectent et appartiennent au plus prochain et aisné parent du lez et costé dont lesdits fiefz descendent; mais se esdits héritiers y avoient pluiseurs masles

et femelles en ung meisme degré, à l'aisné masle compectent et appartiennent lesdits fiefz, et fourclot en ce le masle la femelle, posé quelle soit aisnée; et s'il n'y a nulz enffans masles, à l'aisnée femelle appartient ladite succession, et tout ce sans charge de quind, car en ligne collateral fiefz ne se quintient point.

3. En laquelle terre, seignourie et chastellenie d'Oisy, y a pluiseurs fiefz nobles tenemens tenus de madite dame, à la cause dite, tant en fief que en arrière-fief, chascun desquelz fiefz doit son relief, service et hommage selon sa nature, les aucuns à cheval et armes, les autres à liege et demi liege et aucuns aultres à simple hommage (154), comme et ainsy qu'à ce ilz ont, de tout temps, esté submis et tenus et que contenu est es anchiens tiltres et enseignemens de madite dame et de ceulx de qui, soubz elle, iceulx fiefz sont tenus:

1.° Sur la déclaration requise et soustenue devoir estre faite par les féodaulx, quelle chose s'entend se devoir payer ou livrer pour cheval et armes, le procureur de madame a respondu quil ny fault aultre déclaration que le teste des tiltres, et que là où il est dit *cheval et armes* que c'est assez spécifier et déclarer.

2.° Sur semblable requeste et soustenue là où il est dit *fief liege* et *noble tenement*, ledit procureur dit quil n'y doit estre constraint et souffist d'en faire comme de tout temps on en a usé.

3.° Sur la déclaration de ce là où il est *simplement liege*, le procureur respond que, pour le liege simple, est deu LX solz de relief, pour le demi liege xxx solz, le quart liege xv solz, et simple hommage vij solz vj deniers, le tout monnoie cambresis, et telle et ainsy que de tout temps a esté payée et receue en ladite terre.

4. Et au regard de droit de cambellaige, quant le fief est à cheval et armes ou liege, le cambelaige est de soixante sols, et quant il est à demi liege, ou à simple hommage, le cambellaige est pareil que le relief.

Sur le débat meu entre le procureur de madame et les hommes de fiefz, ou fait de l'esclercissement des solz, il est conclut que les solz sont cambresis telz que de tout temps ont esté receus en la terre.

5. Quant aucuns d'iceulx fiefz vont de main en aultre par don, vente, eschange, cedition ou transport etc., en est deu au seigneur, pour droit seigneurial, le quind denier de la vendue ou de l'appréciacion de la valleur desdits fiefz, laquelle appréciation le seigneur pœult faire faire, se bon lui semble, meismement par puissance de fief, lui est loisible ratraire à sa table et demaine lesdits fiefz vendus se faire le vœult en payant le pris de la vendue, pareillement de tous héritaiges cottiers et vendus, mais ce se doit faire auparavant la saisine baillié à l'acheteur d'iceulx.

6. Pareillement se aucun héritaige se vend francs deniers, il est deubt droix seigneuriaulx pour le franc que l'on dit ventrolles, qui porte le quind denier des drois seigneuriaulx deubz pour la somme principalle.

7. Touttes et quantesfois que aucun fait créer ypothecque par rapport et main assize ou mise de fait, sur aucuns fiefz ou héritaiges tenus en main ferme, cottiers et roturiers, pour la seureté d'aucunes rentes héritières ou viagères ou de douaire conventionnel payable annuellement, à la vie de la douaigière, droit seignourial en est deu au seigneur tel que du quind denier du pris du principal de la constitucion des rentes ou de l'appréciacion qui seroit faite du douaire conventionnel, saulf des héritaiges d'eschevinaige, esquelz ny a drois fors selon les coutumes des lieux (155); mais se aucuns fait créer ypothecque pour seureté d'une somme pour une fois, nul droit seigneurial n'en est pour ce deu; bien se pœult le temps d'ypothecque limitter et dire combien ladite ypothecque tiendra.

8. En et par toutte ladite ville, chastellenie et seignourie d'Oisy, le seigneur d'Oisy est ruyer en toutes les rues, voyeries, flos et flégars estans en icelle ville, générallement en tous les villaiges estans des membres et demaine d'icelle terre et seignourie d'Oisy et ailleurs là où sa justice et seignourie s'estend, saulf et réserve es lieux où ses féodaulx et vassaux ont justice et seignourie de visconte; esquelz lieux iceulx seigneurs viscontiers, à l'endroit des héritaiges tenus d'eulx, ilz ont la seignourie se ainsy n'estoit que, à l'un des costés, fussent héritaiges tenus sans moyen dudit seigneur d'Oisy, car en ce cas audit seigneur d'Oisy, comme hault justichier et supérieur, appartient la seignourie de tout le flégart ou ruaige à l'endroit de sa tenure.

9. Tous héritaiges rotturiers, cottiers et de main ferme, quant ilz escheent par mort à l'éritier d'aucun trespassé derrenier possesseur d'iceulx, le mort saisit le vif, et n'est requis en faire aucune appréhention et relief actuel, se lon ne veult; et sont telz héritaiges divisibles et partables entre les cohéritiers d'ung trespassé, chascun par égalle portion, aussy bien le masle que le femelle, tout en ung meisme degré.

10. Mais, quant iceulx héritaiges vont de main en aultre par don, cédition, vendicion, eschange, transport ou aultre alienation, il en est deu droit seigneurial tel que du quind denier de la vendue, valleur et priserie desdits héritaiges; desquelz la saisine et dessaisine sen baille par bailly et hommes, quant telz héritaiges sont séans hors eschevinaige, car en eschevinaige les eschevins en ont la congnoissance, à la conjure du mayeur ou prevost, et non aultres (156).

11. Et sy aucuns desdits héritaiges de main ferme, roturiers et cottiers sont

à usaige de manoirs et applicquiés à la commodité d'iceulx manoirs, quant aucuns conjointz par mariaige, derreniers possesseurs d'iceulx, vont de vie à trespas esdits manoirs et y ayans leur résidence, délaissans pluiseurs enffans, au maisné desdits enffans compecte et appertient le fons propriétaire et édiffices d'iceulx manoirs et héritaiges après le trepas du sourvivant et non ainchois; et s'il estoit que ledit enffant maisné terminast vie par mort auparavant ledit sourvivant, en ce cas icelluy manoir et héritaige de main ferme ainsy quil est applicquié succéderoit et escherroit à l'aultre enffant trouvé le maisné.

12. Après le trespas duquel sourvyvant, audit maisné par son droit de maisneté, luy compecte et appertient de prendre et avoir à son chois, en tous les biens meubles et extensilles de maisnaige delessiez par ledit derrenier sourvivant, trois pièches de maisnaige, pourveu quelles soient pièches et choses servant à usaige et commun utencille audit maisnaige.

13. A la femme vesve, après le trespas de son mary, compecte et appertient droit de douaire coustumier, sur tous les héritaiges féodaulx, cottiers et rotturiers et de main ferme que délaisse sondit mary au jour de son trespas, qui est tel que de la moictié des fruitz et prouffitz des fiefz et le tierch en cotterie, sa vie durant tant seullement, se appréhender le vœult et non aultrement.

14. Par toutte laquelle terre et seignourie d'Oisy, l'on ne pœult vendre ne aliéner son héritaige patrimonial sinon par l'une des trois voies, assavoir, consentement d'héritier apparant, par nécessité jurée et souffisamment approuvée ou par remploy des deniers de l'héritaige vendu en aultres héritaiges sortissans pareille nature et condicion que l'héritaige vendu.

15. Lesquels héritaiges patrimoniaux ainsy vendus, il est loisible aux prochains parens du vendeur ratraire, à titre de proximité et pour tenir cotte et lingne, en paiant et remboursant le juste pris de la chose vendue, ensemble tous fraiz et leaulx coustemens, en dedans le temps ainsi que la coustume générale d'Artois le vœult.

16. Par la coustume notoirement gardée et observée en ladite terre et chastellenie d'Oisy, le mary ne pœult advantagier sa femme ne la femme son mary en héritaiges féodaux (157); mais quant aux héritaiges de main ferme, iceulx mariés, durans leur conjonction, pœuvent entravestir l'un l'autre; par le moyen duquel entravestissement, iceulx héritaiges de main ferme appartiennent au sourvivant; et sy est loisible à ung chascun, par testament ou aultrement, de disposer de ses biens mœubles, acquestz et concquestz, saulf, comme dit est, que lesdits marians ne peuvent avantager l'un l'autre; bien est permis, par ladite coustume, à ung possesseur propriétaire d'aulcuns fiefz, de disposer par son

testament et donner le revenu de trois ans des fruitz et prouffitz desdits fiefz et non plus, et pareillement des main fermes.

17. En laquelle terre et seignourie d'Oisy, n'y eschet aulcune confiscacion, n'est que le vassal ou subget d'icelle terre, commecte cas en la personne de son seigneur par félonnie, desadveu ou aultre moien de droit.

Sur ce que les féodaulx dient que ceste article de non confisquier doit estre absolute et généralle, sans reservation nulle, à la raison quilz dient et entendent ceste terre estre anchiennement distraicte de la conté de Cambresis en laquelle n'en y a point.

Le procureur respond que à eulx n'appartient parler ne congnoistre dont la terre procède, et que la réservation de non commectre fellonnie ou desadveu contre son seigneur, est de droit réservé contre et pardessus toutes coustumes et previléges, meisme en cambresis.

18. Ladite ville, chasteau, terre et seignourie d'Oisy est tenue et mouvant, en ung seul fief, de la conté d'Artois à cause du chasteau d'Arras (158); à cause duquel fief, en toutte icelle terre à seignourie d'Oisy, le seigneur y a toutte haute justice, basse et moienne ensemble, tous drois, eschéances, auctoritez, prérogatives que à hault justicier compecte et appartient.

19. Par toutte laquelle terre et seignourie, n'y a aultre hault justicier que ledit seigneur d'Oisy; bien est quil y a pluisours hommes tenans fiefz et nobles tenemens dudit Oisy, à cause desquelz, en divers lieux, ilz ont justice et seignourie de visconte, eschéances de bastard, droit d'espaves et estrées et telz que à justice de visconte appartient.

20. Item, ancoires le seigneur d'Oisy, a pluisours beaulx drois en et partout sadite terre et seignourie, pour lesquelz, ensamble le fait de la justice garder, maintenir et exerser, il a gouverneur et bailly, lieutenant, procureur fiscal, pluisours hommes féodaulx et cottiers, sergans et aultres officiers, garenne previllegiée, fours et mollins bannyers, la haulteur et regard sur tous les chemins, voyeries et rivières, et tous drois et auctoritez que sur icculx pœult et doibt compecter et appartenir à hault justicier; meismement de editer et statuter, faire calengier, prendre et recevoir amendes arbitraires et aultres ordinaires, telles et ainsy que fait a esté de tout temps.

21. Et davantaige, est loisible audit seigneur, quant il est requis d'aulcun de le voulloir faire paier de quelque debte deue par ses subgetz ou aultres, en lui offrant ou à ses officiers demi quind de la debte, faire, par sesdits officiers et par commission de son gouverneur et bailly ou sondit lieutenant, prendre par exécution, sur celluy qui doibt la somme prétendue, et, en cas d'opposition, la

main de justice tient et demeure garnie jusques au jour servant; auquel jour, celluy sur qui l'exploit et exécution a esté faite, a la main levée en namptissant ou en baillant caucion subjette ou souffisante (159).

22. Le gouverneur et bailli d'Oisy ou son lieutenant, de tout temps a acoustumé user de baillier toutes commissions de mise de fait, main assizes, complainctes, en cas de nouvelleté, evocatoires et aultres judiciaires, soubz son scel et signée du saing du greffe dudit bailliage, selon que les cas et matières le desirent, maismement commissions exécutoires quant il en est requis, sur touttes lettres obligatoires passées pardevant auditeurs et tabellions royaux, approuvées et scellées du scel royal, et ainsy que fait pareillement le gouverneur d'Arras, et aultres haulx justiciers au conté d'Artois, et sur icelles administrer raison aux parties, en cas d'opposition et débat, namptissement fait préalablement des sommes contenues esdites commissions exécutoires.

23. Tous deniers deus au seigneur d'Oisy par ses hommes et tenans et aultres, tant pour raison de ses cens et rentes, fermes, censes et marchiez comme aultrement, sont exécutoires par ses sergans et officiers, tant en vertu de leur pooir général comme de commissions dudit gouverneur et bailly ou son lieutenant, inscripte es rolle ou rolles et billet signé du saing manuel du recepveur général dudit Oisy; et se sur icelles naist opposition, contredit ou débat, l'on assigne jour aux parties, la main de justice garnie, pardevant ledit gouverneur ou son lieutenant et les hommes d'icelle seignourie; auxquelz gouverneur et hommes appartient de ceste matière la congnoissance et judicature.

24. En toutes aultres choses, on se règle, en ladite terre et seignourie et es appendances d'icelle, tant es matières de dons testamentaires ou aultres, ventes, alliénations, retraictes, douayres, executions comme en touttes aultres manières de contratz, selon la coustume génералle du conté d'Artois, auxquelles ils renvoyent le tout, par protestation de non préjudicier aux droitures de ladite dame ne aultres desdits subgez et vassaux, ou aux coustumes particulières dérogeantes à la générale, se aucunes estoient obmises.

Fait à Oisy, le xxiv.ᵉ jour de septembre l'an mil chincq cens et sept.

Signés : Jacques de Courcel *lieutenant du bailly d'Oisy.* — Antoine Adin *recepveur d'Oisy.* — Jehan Bosquillon *procureur d'Oisy.* — Cinachacle *greffier d'Oisy.* — De Longueval. — Audain Dartois. — De Villers *pour Mgr. de Montmorency et de Saint-Leu.* — Jasselo. — A. Saint-Hilaire. — Martin de Wavrechin. — Jan de Raimancourt. — De Haussy. — A. de Saint-Aman. — Antoine de Wairans. — Blocquel. — De Hennin. — Mope. — Jan Cabuille. — De Baynastre, *et autres.*

OISY.

ÉCHEVINAGE.

Un cahier de douze rôles de parchemin, petit in-f.°, recouvert d'une feuille de garde; moins bien écrite que la précédente, mais lisible et bien conservée. La charte de 1216 contient 52 articles et la coutume 8 articles.

CHARTE DE 1216.

Al nom de nostre seigneur, je Jehain, chastellain de Cambray et seigneur d'Oisy (160), fay savoir à tous cilz qui sont et qui seront à tousiours, que nous oltroyons à tous les habitans d'Oisy, et qui venront par là manoir et habiter.

1. Quiconcques ahennera d'un seul cheval, il pœut ahenner pour VI sols jusques à XII mencauldées de terre, et, à ces XII mencauldées de terre ahenner, il pœut mettre tant de chevaulx quil vouldra pour les six solz devant dis; et sil veult ahenner d'un seul cheval, il ahennera tant comme il porra de terre, pour VI solz; et sil ahenne plus de XII mencauldées de terre, jusques à XXIV mencauldées de terre pœut ahenner pour XII solz; et dedens ces XXIV mencauldées de terre, il pœut mettre tant de chevaulx comme il vouldra pour XII solz; et s'il ahenne tant seulement de deux chevaulx, il ahennera tant de terre comme il vouldra pour XII sols; et seloncq cest establissement, ly bourgois porra ahenner d'un seul cheval, de deux ou de trois ou de pluiseurs au vaillant; et, el temps de semer, il pœut mettre tant de chevaulx quil vauldra, ne pour ce l'assise ne croistera ne decroistera.

2. Quiconcques tient quatre mencauldées de terre, de la terre le seigneur, de son héritage ou plus, il doit au seigneur IV solz; et sil en tient mains de quatre mencauldées, il n'en doibt néant.

3. Qui tient metz enthier, il doibt au seigneur III solz, le sourhoste XII deniers; et quiconcques paiera au seigneur pour sa terre ou pour son ahennage VI solz, en ce quicte il son manoir; cest assize doibt estre payé au seigneur chascun an, à la feste saint Remy, en dedens le VIII.ᵉ jour, s'elle est semonse par le sergent le seigneur; et se, après le semonse du sergent, cest assize n'est payé au seigneur si comme elle doibt, ly bourgois rendera au seigneur, aprez le terme, XII deniers pour le fourfait; de requief ainsy est il ordonné de toutes les rentes le seigneur.

4. De requief, se ly bourgois ne paye à chevalier ou à noble homme, telle rente comme il lui doit, au jour déterminé, sil en convient faire clameur, il payera XII deniers au prevost.

5. Chascun bourgois manans dedens Oisy, doibt au seigneur six crovées, chascune crovée par un jour en la terre le seigneur, chascun an, de ce meisme labeur dont il vit; se ly sires vœult faire faire celle crovée en aultruy terre, et sil rebelles ny veulle aller, sil est semons par le prevost et par le sergent le seigneur, ly eschevin pouront mettre à icelluy pris raisonnable, et lors il converra ly bourgois sievir le dit d'eschevins; de requief se ly crovée est semonse par les eschevins, ly bourgois le pœult faire sans fourfait dedens deux jours; le sergant le seigneur pœult lyever ung aultre qui payera pour lui celle crovée; du manouvrier prendera ly sergans VIII deniers de l'omme, et d'un seul cheval II solz; et sil a deux chevaulx III solz, et sil a trois chevaulx IV solz; et sil a plus de chevaulx il n'en payera plus; de requief se ly bourgois offre au sergent le seigneur à faire la crovée dedens deux jours par tesmoignage de deux bourgois, de celle semonse ly sergent le seigneur ne le pœut en nulle manière agrever.

6. De requief, il est assavoir que se ly sires vient en la ville d'Oisy, et a mestier de quieutes, il doit avoir chascune quieute pour II deniers, s'elle est portée fors de le maison et se elle demeure est aises (sic) des hommes au seigneur, et demeure en le maison dudit bourgois, elle doit estre aloée pour I denier; et se ly bourgois, par tesmoingnage de bourgois, est convaincus quil ait reprins ses quieutes pour convoitise de grand pris, il l'amendera de V sols au seigneur; et se ly bourgois ne veult liever ses quieutes pour le pris qui est establis, ly sergans doit aller as eschevins pour se plaindre de ce; et ly eschevin doivent délivrer les quieutes au sergant pour ledit pris, sil ne voient apparant nécessité d'ostes; et toutes voies au bourgois et à sa femme leur quieute leur demoura.

7. De requief, se ly sergans le seigneur, en temps de messon, treuve ou camp du bourgois fais de fourment ou d'aultre avaine levet à tort, il demandera au bourgois ou à celui qui treuve ou camp en son lieu sil claime, comme sien, ce fais qui ainsy est trouvez et s'il recongnoist quil est siens, il perdera le fais et se amendera le fourfait au seigneur de V sols; et sil ne le réclame, ly devant dit fais demoura tout délivres au sergans; de requief, se ly sergans le seigneur treuve aucun portant fais siez de telle manière qui soit à tort soiez de le terre le seigneur, se ly porteres n'a warandie, il perdera le fais et payera V sols au seigneur pour fourfait; de requief, se aucuns pert ses garbes en son camp, et il peut prouver par tesmoingnages ou par serment, ly sires ly doit rendre en telle manière que ly bourgois jura et fiancera que, sil congnoist, dedens l'an, le ravisseur des garbes, il lacusera au seigneur ou au prevost, ne sur ce ly bourgois ne doit plus faire.

8. De requief, le bourgois peut, en le terre le seigneur quil ahane d'un seul cheval, semer une boistellée de terre de veches sil veult, et celle boistellée doit contenir II mesures ung quartier mains; et sil ahane de pluiseurs chevaulx, il peut plus semer au vaillant; et sil est convaincus par tesmoings quil en ait plus pris, il l'amendera au seigneur X sols; — de requief, se ly bourgois pert sa veche, et il poeut pouver par tesmoingnage et par serment quil la perdue, ly sires ly doit rendre; — de requief, se ly sergans treuve aucun portant veche dont il n'ait warandie, il gardera la veche et amendera au seigneur de V sols et rendera le damaige; — de requief, se ly bourgois ou aucun de sa maisnie voit cœuillier ou porter sa veche, il le doit monstrer à deux ou à trois, et se cil deux ou trois tesmoingnent, devant le prevost et devant les eschevins, que ilz aient ce veu, ou il veulle ce detenir par son serment, il paiera au seigneur V sols, et la veche demoura au seigneur et restora le damaige à celui à qui on lara fait; et se ly sires ou ses sergans veult avoir de la verde vece devant moison, il le doit partir pour le bourgois, et lors ly sergans de la partie le seigneur peut faire sa volenté, et la partie le bourgois demoura saine.

9. Puis que ly ban seront fait à lentrée daoust par le conseil d'eschevins, par la volenté du seigneur, se aucuns est trouvé après heure, quil ne porte néant; sil ne monstre cause raisonnable, il donra au seigneur V sols; et se on treuve quil porte aucune chose dont il puist estre convaincus, par le loy de le ville, qui viengne de mauvais lieu après heure, il sera en la volenté du seigneur; se aucuns est trouvé, après heure, menant carette, sil peut prouver par tesmoingnage quil querqua se carette devant leure du ban, et nulz ne sen plaint, il sen peut aller en paix sans fourfait; et s'aucuns se plaint de luy, il se porra purgier par deux tesmoings, desquelz ly ungs soit hors de son pain, quil n'a fait à nulluy damaige en la voie; et sil ne se peut en ceste manière, il paiera au seigneur XX solz; et quiconcques est trouvez de nuyt portant larchin, il sera en la volenté du seigneur.

10. De requief, se ly fous de brebis est trouvez en bois ou en bledz ou en avaine ou en quelque damaige d'aultruy, lequel ly paistres wart dedens le domaige, ly sergens peut prendre XII deniers du propre du pasteur avecq le seigneur; et se ly bourgois est prins en telle manière, il paiera II solz au seigneur; et se ly paistres ou ly bourgois se deffent contre le sergant le seigneur, et le sergant le detient sur son serment, ly bourgois paiera V solz au seigneur et ly paistres V sols; de requief, se ly sergans peut prendre brebis courant en aultruy domaige, de autant de brebis comme il prouvera par son serment quil ara veuez en damaige, deseurement il peut prendre dou propre du pasteur, pour six brebis,

I denier; et restablira ly paistres le damaige à celuy à qui on l'aura fait; ly cheval trouvez en damaige d'aultruy, IV deniers paiera; ly vacque, II deniers; la truye, I denier; ly pourceaulx et ly fous d'awes, II deniers, et restablir le damaige à ciaulx à qui on l'ara fait.

11. De requief, se ly sergans le seigneur treuve carette en aultruy damaige, ou voit mener et il afferme par son serment quil a ce veu, ly caretiers paiera au seigneur II solz, et sil se deffent contre le sergant, il paiera V solz et rendera le damaige.

12. De requief, se ly sergans prent aucun allant par faulx sentier, sil est du chastel, il doit II deniers au seigneur, sil est estrangiez, doit I denier, sil ne jure quil ne savoit mie que ce sentiers fust deffendus.

13. De requief, de my may jusques à l'issue d'aoust, ly devant dit part de toutes bestes seront double; — Aprez l'issue de may, quiconques cuilra herbe en aultruy blé ou vece ou en poix, sil est du chastel, doit au seigneur VI deniers, sil est estrangers, XII deniers doit; et qui apres la feste saint Jehan-Baptiste quœlle herbe en avaine, il querra en ladite paine.

14. De requief, se ly bourgois voit aucunes manières de bestes ou carettes ou cœulleurs en son dommaige, il peut prendre waige du maufaicteur et rendre au prevost, et ly prevost doit au bourgois rendre le damaige con ly ara fait, et peut prendre le fourfait le seigneur, si comme devant est dit; et se cil qui fait le damaige ne vœut donner wage au bourgois, ly bourgois apelera tesmoings sur ce, sil les peut avoir présens, se non il prouvera par son serment devant prevost et devant eschevins, que il dist voir de celle cose, et prevost fera rendre au bourgois le damaige que on ly ara fait, et prendera du maufaicteur le fourfait pour le seigneur, cest assavoir V solz.

15. De requief, se bestes sont trouvées en aultruy damaige sans warde, ly prevostz les doit retenir jusques à tant que ly damaiges soit restores et ly sires ait se part.

16. S'aucuns, dedens le banlieue, deshonneste aucuns par laidenge, sil en est convaincus par tesmoings, il payera au seigneur X solz.

17. De requief, quiconcques fiert aucun par ire ou mettra main à aucun sans sang, il paiera XX sols; de requief, quiconcques par ire traira sang d'aultruy ou d'aucun, il paiera LX sols; de requief, s'aucuns trait coutel à pointe pour luy deffendre, il paiera C sols et sera banis de la terre dusques à la volenté du seigneur; de requief, quiconcques ferra de coustel à pointe de jour, il paiera X livres et sera banis de la terre dusques à la volenté de Monseigneur; de requief, quiconques ferra de coustel par nuyt, il paiera X livres et sera se personne à la volenté du seigneur, sauf les membres.

18. De requief, se ly sires ou ses menistres semont eschevins que ilz facent le ban sur tous les hommes le seigneur d'Oisy, qui porteroient coustel à pointe dedans la ville, ly sires fera le ban par le conseil d'eschevins, sur paine de LX sols; doit perdre le coustel puis que ly bans sera fais par le commandemant du seigneur et par eschevins, cil sur cui on trouvera coustel à pointe, et paiera au seigneur LX sols, et perdra le coustel dusques au terme mis du seigneur et des eschevins; de requief, se estrangues qui ne sara ce ban vient demourer dedens la ville, puis cil bans ly sera apertement revelés dou prevost, se il enfraint le ban en aucune manière, il soustera cele meisme paine que ly autre homme de la ville soustiennent.

19. De requief, quiconcques envayra aucun de jours, en sa maison, il paiera C sols; et se ly envaissemens est fait de nuyt, il paiera X livres; ly bourgois ainsy envays se peut deffendre sans fourfait, de tous les fourfais devant dit, fors de folement parler; ly navres ou ly ferus aura la tierche part et ly sires les deux pars; de requief, quiconcques navre aultruy, il paiera au navré coustz raisonnables: toutes ces choses doivent iestre esprouvées devant prevost et devant eschevins.

20. De requief, tout ly fournier, ainscois quilz entrent es fours à servir à le ville, juront que il les fournées asoceront à droit, et prendront paste et fuille à raison et à droit, à leur pooir selon leur sens, au feur que tout nous adioustons affourfais que, se tumultes ou batailles avient par aventure entre les bourgois, dont ly sires ait son fourfait, et ilz ne veullent faire paix entre eulx, ly sires ou ly prevost face paix entre yaulx par conseil d'eschevins, et face amender à celuy cui on aura fait tort, la honte qu'on lui aura faicte.

21. De requief, de cascune ancqueste pour lesquelles il converra eschevins aler à Cambray (161), cil qui perdera la querelle, paiera à eschevins V sols pour leurs despens.

22. De requief, s'aucuns réclame dete sur aucun et il noie la dete et la recongnoist après le serment du clamant, il paira au seigneur II sols ; de requief, s'aucuns noye de ce pour cause d'avoir respit, sil en peut estre convaincus, il paiera au seigneur II sols; de requief, s'aucun s'evocque en eschevins de debte et eschevins len fallent, il paiera II sols, cest assavoir, au seigneur XII deniers, et as eschevins XII deniers.

23. De requief, ly eschevin metteront pris à le cervoise, et se ly cambiers acroist le pris que ly eschevin y aront mis ou brisse en aucune manière, il paiera XX solz au seigneur, ne dedens ung an et un ung jour ne peut vendre sans congié du prevost et eschevins.

24. De requief, ly vendeur de toutes choses venans, se mestier est, peuent

prendre waige plus vallant le tierch que il ne creroit sus, et ly créeur warderont ce waige par XV jours, et quant cil XV jours seront passés, ly créeur peuvent emprunter leur debte sur le wage à leur pooir; et sil ne peuvent, puis que l'aront monstré as eschevins, il le peut vendre sans fourfait et par tesmoignage; et ce quil surcroistera rendre le doivent au debteur; de requief, s'aucuns venderes peut iestre convaincus que y coille son venal, il paiera V solz, sil ne jure quil n'en a que tant que mestier luy est à luy et à se maisnie par deux jours et en tel manière il demoura en paix.

25. De requief, se ly bourgois a maison propre de laquelle il paie l'assise, sil maint ailleurs en la ville, pour ce ne paiera il plus d'assises.

26. De requief, quiconcques tient de la terre au seigneur quatre mencaus ou plus, il paiera au seigneur VI solz; et sil acquiert de celle meisme terre aucune chose ou ly esquieve par héritaige, pour ce ne doit il plus.

27. De requief, les esteulles doivent remanoir sur la terre enthièrement dusques à VIII jours devant le feste de Toussaint; et quiconcques sera trouvé, dedans ledit terme, en fauquant ou cœullant ou portant esteulle, il paiera au seigneur II sols et perdera l'esteulle, et, en cel an, il ne peut cœullier sans grace dou prevost ou des eschevins.

28. De requief, s'aucuns a maison ou grange à couvrir, il doit venir devant le prevost et devant les eschevins et il ly asseneront esteulle à couvrir; de requief, quiconcques ahanne de le terre le seigneur d'un seul queval, il ly loist retenir, an quelconcques lieu quil vaura de son ahannage, l'esteulle de III mencaus; et sil ahanne de plus de quevaulx, retenir en peut plus au vaillant; de requief, quiconcques tient quatre mencaudées de la terre le seigneur où il ait fourment, il peut retenir l'esteulle d'une seule mencaudée et de pluiseurs mencaus au vaillant puet retenir; et sil en retient plus et il en soit convaincus, il paira au seigneur V sols; de requief, s'aucuns a sa terre propre où ly sires n'a nient fourment, l'esteulle lui demoura délivrée.

29. De requief, ly bouchier toute la car de porc quil turont apparelleront du tout en tout se comme mestiers sera, et atourneront les boyaux pour IIII deniers, le buef ou la vacque pour VIII deniers, le mouton pour II deniers, et sil refusent ce à faire, en cel an dedens la ville, il ne venderont nul venal, ne ne s'entremetteront de leur office sy n'est par le congié du prevost et des eschevins.

30. De requief, quiconcques vaura venir au chastel d'Oisy, pour cause de demourer, il ly loist quil y viengne sil se peut deffendre de murdre et de traison, sauve les droitures et les rentes au seigneur (162).

31. De requief nulz ne puet entreprendre bourgois de la ville, sil ne jure avant, devant eschevins, quil gardera de tout son pooir le feuté de la ville.

32. De requief, se femme tence à une autre femme ou à ung homme, se elle est convaincue par tesmoings, elle donra au seigneur V solz.

33. De requief, s'aucuns, en ladite ville, veut ediffier ou manoir sur aultruy metz, tel hostage comme il converra entre lui et le seigneur dou metz, par tesmoignage d'eschevins, il paiera au seigneur du metz, et se donra au seigneur de la ville XII deniers.

34. De requief, ly bourgois sa maison ou sa mansion peut vendre ou muer et departir de la ville quant il vaura, par telle condicion que la maison demeure en la ville et quil paie en la ville ce quil devra, et ly sires n'aura nient de vendaige.

35. De requief, se ly sires de la ville veut faire chevalier de son fil, ou sa fille marier, ou pour luy raquater, ou il veulle racater terre qui luy esquiet par héritage, sil ly plaist, il peut demander ayde as hommes de la ville, et ly bourgois, à leur vollenté, doivent aidier à leur seigneur ; et se were despouruvement ou en aultre manière naist au seigneur, ly bourgois de leurs corps et de leur carettes doivent leur seigneur aidier à leur povoir, pour retenir sa terre et son honneur.

36. De requief, ly bourgois pour fourfait quil face en celle meisme ville, du seigneur ou d'aucun de par luy, sans jugement des eschevins, ne peut iestre en nulle manière agrevez (163).

37. De requief, se ly prevotz ou ly sergans le seigneur semont aucun, il doit venir à le justice, et sil ny veut venir, ly prevost ou sergant le seigneur le peut amener à le. justice, sans laidengie et sans ferir, et justicier par eschevins.

38. De requief, se ly bourgois voit courtil wit en la ville, il le doit requerre à celuy cui ly courtieux est par hostage, et sil ne luy veut donner en ceste manière ne faire maison en icelluy, ly prevotz ly fera avoir, sauf l'ostage du bourgois, et ly sires prendera son droit de cely qui y manra.

39. De requief, ly eschevin mettront pris au vendaige de vin, et s'aucuns vendoit vin sans considération d'eschevins, il paiera au seigneur XX sols, et ly venderes vendera le vin à le droite mesure de Cambray ; et s'aucuns a faulse (*mesure*) sil est convaincus par tesmoignage d'eschevins, il paiera au seigneur LX sols.

40. De requief, se ly bourgois de chevalier ou d'aultre homme qui soit, fait claim sur dete et ly eschevin tesmoignent la dette, la justice ly fera paier en sa présence, se non il venront à loy ; et se ly bourgois jure que il ly doit celle

debte, ly debteur la paiera sans fourfait; et sil ne le veut paier, il se deffenge par le tierche main d'ommes à tout serement de celle debte; c'est dit dou chevalier, mais ly homme de pooste seront jugié par loy d'eschevins.

41. De requief, s'aucuns se plaint de chevalier de debte, il doivent venir ensamble devant la justice, et se ly chevaliers congnoit quil doive la dette, il la doit paier dedens XV jours, et sil ne le paie en dedens ce terme, la justice sans meffait puet prendre dou chevaliers et rendre au *deteur*.

42. De requief, s'aucuns, dedens le pourpris de la ville, font damaige à aultruy de jours, en courtieux ou en gardins, sil peut estre prouvés par loyal tesmoignage, se plainte en vient à justice, ly sires en aura V solz, et rendera le maufaiteres le damaige au bourgois, et s'aucuns est pris par nuyt ou fourfait devant dit, la vollenté le seigneur sera faite de luy sans dansnation de mort et sans bleceure de membres.

43. De requief, s'aucune manière de biestes est en la ville qui n'ait warde de pasteur et est trouvées de nuyt en aultruy damaige, se il n'a tesmoingnage que il ait quis, il paiera double part; et sil a certain tesmoingnage que il la quis, il rendera le damaige et enmenra sa beste en paix; et se elle est trouvée de jours en ce fourfait, il donra le part et restablira le damaige.

44. De requief, s'aucuns, dedens le pourpris de la ville, entre à force en maison d'aultruy et coroimt et violle aucune femme à force, se en est convaincus par loyaux tesmoings, la volenté du seigneur sera faite de luy; et quant la volenté du seigneur sera accomplie de celui, ly malfaitieres, sans le congié de la femme et de ses amis, ne puet demourer dedens la terre le seigneur.

45. De requief, se ly sergans le seigneur treuve aucuns caupant quesne ou portant ou trainant à carette et il monstre le lieu là où la caupé, sil amaine loyaux tesmoings, il paiera au seigneur LX sols, se ly quesnes puet iestre fores d'un tarelle œucerée; et se ly sergans jure sans tesmoingnage quil est ainsy, ly bourgois ou ly coppieres donra XXX sols; et se ly queusnes ne peut ainsy estre forez, il donra X sols au seigneur; de tout aultre vert bos X solz, du sectes bos XII deniers.

46. De requief, se ly baillius demande as eschievins se il a entre yaux aucuns qui ne soient mie pourfitable en l'office d'esquievin, doivent nommer au prevost seulement deux d'iaulx liquel sont à hoster, et quant cil deu seront osté, ly baillius deux aultres, par le conseil des chincq eschevins eslueus sur leur sairement, deux souffisans doivent (*doit*) restablir en ce meisme office (164).

47. S'aucuns brise querue d'aultruy ou caupe, de quoy il puist estre convaincus, il sera en la volenté du seigneur et rendera le damaige.

48. De requief, dedens le banlieue, mort pour mort, membre pour membre; la banlieue s'estend dusques à Fresies et dusques à le porte d'Allues, et dusques à le duière de Sauchy-l'Estrés et dusques à Saucy-le-Court-les-Moisnes et dusques à Espinoy.

49. De requief, s'aucuns de mes villes esquelles ceste francquise n'est pas, veult manoir en mes chasteaux esquelz franquise est establie, il n'y peut manoir sans mon congiet.

50. De requief, ly esquievin dient, sil voient homme en la ville à qui li sires, aux us et aux coustumes de la ville, ait donné mez, il aueront celuy pour bourgois.

51. De requief, ly esquievin, en nulle manière, ne receveront baillis ou prevost ou aulcun autre sergant le seigneur, sil ne fait avant serment, par tesmoingnage d'eschevins, que il, de tout son pooir, toutes les droictures le seigneur et ensement les drois des hommes de la ville gardera, par toutes choses, sans nulles bleceure; — pardeseure tout ce, la brebis trouvée en tailliz de bos le seigneur, doit I denier, ly quevaulx VI deniers, ly vacques IV deniers.

52. De requief, s'aucuns sergens le seigneur ou ses hommes treuve aucun en fourfait au bos le seigneur, il le peut prouver par son serment ou par l'aide d'aucun autre, et en celle manière, paiera cil fourfait qui est devant escrips en la carte.

Et pour cou que ceste nostre constitucion soit ferme et estable à tousiours, et vaille à tousiours, par plus ferme force, nous avons warny le present escript de l'emprainte de nostre scel, et avons warny de suscription de tesmoings, et avons juré en sains, et avons fait jurer nos chevaliers et nos frans hommes que nous garderons fermement et sans bleceure cest escript signe de moy Jehan, seigneur d'Oisy et de Mommiral et castellain de Cambray; signe de Bietremieu, nostre capellain; signe Dieudonné, nostre clerc; signe de Bauduin, seigneur d'Aubeurnel, Huon Papelart, Alart de Saucy, Simon de Raucourt, Wilame, son frère, Jacque de Marquion, Pierron de Lambres, Landry d'Allues, Simon d'Oisy, Huon de Villers, Alart de Paluel, Landry de Saucy, Engueran de Hainecourt, Pierron de Douay, Watier de Geulesin, Guion de Ruancourt, Robiert de Welu, Bietremieu de Bregières, Huon Lequien, Simon de Bourlon, Huache de Bussy, Engueran de Billy, chevaliers et mes hommes; signé d'Englebert, le prevost d'Oisy; signé de Estienne Le Lonbart, de Adam Bridoul, Huon Lefevre, Jehan Wilame, Jehan de le Capelle, eschevins d'Oisy. — Et fut fait l'an Nostre-Seigneur milieme deucentime sezième, es witimes kalendres de may: dure à tousiours.

COUTUMES.

En obtempérant à l'ordonnance faite du roy, nostre sire, aux commandemens sur ce fais, tant en vertu de certaines lettres royaulx, comme d'aultres lettres de commission données du lieutenant général de Mgr. le bailly d'Amiens, prevost et eschevins de la ville d'Oisy et autres bourgois, manans et habitans d'icelle, dient et advertissent, au plus prez que leur a esté possible, les coustumes dont anchiennement l'on a usé et use journellement au siége d'icelle ville et eschevinage, sy avant quilz en pœuvent congnoistre, estre telles et ainsy que cy apres sera escript et déclairé.

1. Premiers, ou fait des héritaiges de main ferme vendus en ladite ville et eschevinage d'Oisy, le seigneur ne prent ne a aucun droit seignourial pour ladite vente, synon tant seullement au vendeur pour l'issue XII deniers, et à l'achetteur pour l'entrée, XII deniers et le droit des prevost et eschevins pour le dessaisine et saisine desdits héritaiges (165).

2. En ladite ville et eschevinaige, par ladite coustume, sur héritaige de main ferme, se prent droit de maisneté qui est de tel nature que, quant deux conjoingz en leur premier et noble mariage ont pluiseurs enffans, au maisné appartient par son droit de maisneté, le maison et héritaige de main ferme en laquelle le premier morant des deux a sa résidence et domicille au jour de son trespas s'èlle leur appartient avec la totalité de l'héritage, sy avant quil est en ung meisme usaige et possessé par les conjoings, à la charge du viage du souvivant, car se, paravant le derrenier vivant, il finoit vie par mort, de quelque costé que l'héritage viengne, cestuy qui seront le plus jone après luy y succèderont; mais en quelque secon mariage ne aultres subséquens, quelque maisneté n'est deue.

3. Avec ce, le maisné prent et a droit avoir, après le trespas du derrain morant, cestuy qui a le droit de maisneté, trois pièces mœubles ou ustensilles à son choix (166), pourveu que ce soit servant à usage commun.

4. En la ville et eschevinage d'Oisy, et par ladite coustume, il n'y a point de confiscacion, et ainsy en a esté usé de tout temps, *à cause que anchiennement elle a esté distrete et esclichée de la conté de cambresis, en signe de quoy l'on y use de poix, aulne, mesure et monnoie de cambresis, n'est que le vassal ou subgés d'icelle terre, commette cas en la personne de son seigneur, par felonye, desaveu ou aultrement de droit* (167).

> Sur le débat et contredit baillié à cest article par le procureur fiscal de madame la contesse de Vendosmois, dame d'Oisy, ledit article est corrigie du consentement de chacune partie, selon certain autre article mis en la générale coustume de la terre et ainsy que le correcteure le contient.

5. Et quant au fait de la plaidoierie, l'on a acoustumé que, quant aucune personne veult estre payé d'aucune debte à luy deue d'aultruy personne, requérant aux presvot et eschevins estre payé, et par clam, de celui qui debvera la debte, lequel presvot accompagné de quatre eschevins; en leur présence, le demandeur se clamera sur celui qui debvera la debte, et se le debteur ne paye sa debte, sera prins et appréhendé au corps, ou aucuns ses biens, sil n'est appréhendé au corps, et ne sera point mis au délivre, luy ne ses biens ne receu à opposition, jusques ad ce quil aura nampty souffisamment de la demande à luy faite; après lequel namptissement, jour sera assigné aux parties l'un contre l'autre silz le requièrent, et se le debteur se oppose à la demande après le nampt, sera receu à dire et déclarer les causes de son opposition (168).

6. Aultrement, l'on a acoustumé audit eschevinage, en pure et evocation simple, ung sergent, à la requeste de partie demandante, adjourne le partie deffendante sans commission sinon sa commission générale, et quant ce deffendeur aura esté adjourné et ne compare point à son jour servant, au premier deffault, le deffendeur sera condempné, soit que l'adjournement comprende sa personne ou non, pourveu que ledit demandeur affermera par serment sa demande.

7. *Par la meisme coustume, s'aucuns bourgois ou manans dudit eschevinage d'Oisy, sont adjournées ou constrains en aultre justice que d'icelluy eschevinage, cestuy ou ceulx qui sera ou sont constrains ou adjournez, soit tant pardevant bailly et hommes de fiefz dudit lieu d'Oisy, comme du chasteau d'Arras et ailleurs, en requerrant le renvoi, iceulx adjournés ou constrains, ont eu et ont leur renvoi pardevant presvot et eschevins dudit lieu et eschevinage d'Oisy, chergié de demande et despens, pour illecq en faire la raison et justice.*

Sur le débat et contredit baillié, sur cest article, par le procureur fiscal de madame la contesse de Vendosmois, dame d'Oisy, disans icelluy estre trop général et mal couchié, et quil souffissoit de ce que, pour la congnoissance et judicature des eschevins sur les bourgois et manans, estoit et est articullé et mis en leur chartre et prévillége cidessus encorporé, ledit article, du consentement et acord des parties, est royé et le tout renvoyé à ce que en contient ladite charte et prévilége.

8. Meismes, quant aulcuns malfaicteurs, manans dudit eschevinage ou aultres, ont esté prins et appréhendé audit eschevinage par ledit presvost et eschevins, iceulx eschevins, au conjurement dudit presvost, lesdits malfaicteurs ont esté mis à execucion par sentence criminelle d'iceulx eschevins, et en ont eu, de tout temps, iceulx eschevins congnoissance desdits manans et aultres appréhendés audit eschevinage.

55.

9. Et pour iceulx previléges, chartes et coustumes entretenir comme est déclarié cidessous, tous les seigneurs et dames d'Oisy, en prenant la possession dudit lieu d'Oisy, ont fait serment en la main du bailly, présens les bourgois et hommes dudit lieu, de entretenir tous lesdits bourgois et manans dudit Oisy, en tout leurs franchises et libertés, comme deffunct tout leurs prédécesseurs que Dieu absoille, les ont tousiours entretenu, et comme encoires on fait et use à présent.

A ces coustumes mettre et rédiger par escript, ont esté pour les weriffier et aprouver : Colart Ghougart, prevost d'Oisy, Christophe Lantier, Ponce Rambault, Jehan Cabuille, Guillaume de Hainccourt et Jehan de Laplace, eschevins, avecq Jehan Carton, Colart de Hennin, Jacques Gheudin, Jacques Leduy, Colart le Carlier, Jehan le Barbieur, Colart Rambault, Fremin Faré; Jehan Savary, Colart Lourdel et pluisers aultres manans de ladite ville d'Oisy : tesmoings les soubssignans.

Le vingt-huitiesme jour de septembre l'an mil chincq cens et sept.

Signés : Goughart. — Jan Cabuille. — Guillaume de Hainecourt. — Jehan de la Plache. — J. Rambault. — Christophe Lantier. — Savary. — Carton. — Fremin Faré. — Jacques Leduy. — Denys Glorieux. — Aquin Sallmon. — Jan de Roncourt.

MARQUION.

ÉCHEVINAGE.

Un cahier de douze rôles de petit parchemin couvert d'une feuille de garde; deux sortes d'écritures; très-bien conservé et lisible. — La charte de 1238 contient 77 articles; la coutume 6.

CHARTE DE 1238.

Au nom de nostre seigneur,

Jou Jehans, chastellains de Cambray et sires d'Oisy (169): tant es présentes choses comme en celles advenir, en perpétuité, l'ordonnance de la chose faitte solennellement est célébrées par mémoire vaillable, quant, pour le question advenir, la chose faitte par pais moienne est célébrée par escript solennel de paisible reclamacion (170). Savoir faisons à tous cheulx qui sont et qui seront à tousiours, que comme ly pœuple desoubz nostre seignourie adecertes esjoissans pour les libertés cy-debsoubz escriptes, vaille multiplier et fructifier et meismes ne désirent mie à monter et cœullier es malvaises actions ostées par nostre ferme protection, et pour faveur de liberté seullement; et pour ches choses, nous ottroions à tous les habitans et venans pour cause de demourer en le ville de Marquion, que :

1. Quiconcques ahennera de ung seul cheval, il pœult ahenner pour six solz jusques à douze mencaldées de terre, et à ces douze mencaldées de terre ahenner, pœult il mettre tant de chevaulx comme il vœult pour ses six solz devant dis; et se d'un seul cheval vœult ahenner, il ahennera tant de terre comme il porra pour six solz; et sil ahenne plus de douze mencaldées de terre jusques à xxiiij mencaldées, il pœult mettre tant de chevaulx qui vœult pour XII solz; et sil ahenne de deux chevaux seullement, il ahennera de terre quancques il porra pour XII solz; et selonc ceste constitucion, le bourgois porra ahenner d'un seul cheval ou de deux ou de trois ou de plus au vaillant, et au temps de semer porra mettre tant de chevaulx que il vorra, ne pour che ne croist ne descroit ceste assize.

2. Item, quiconcques tient quatre mencaldées de terres du seigneur, de son héritaige ou plus, il doibt six solz au seigneur, et se mains tient de terre du seigneur de quatre mencaldées, il n'en doibt nient.

3. Item, qui tient manoir entier, il doibt au seigneur trois solz, le sourhoste doit XII deniers.

4. Item, quiconcques paiera au seigneur, pour se terre ou pour son ahanaige, six sols, il acquitte en che son manoir.

Ceste assize doibt estre payé au seigneur, chascun an, à la feste Saint-Remy, ou en dedens huit jours après, se par le sergant du seigneur a esté semonse; qui à le semonse du sergant ne paiera au seigneur ceste assize si comme on doibt, après ledit terme, XII deniers au seigneur rendera pour son fourfait; ainsy est il ordonné et de toutes les rentes du seigneur.

5. Item, se le bourgois ne paie à chevalier ou à noble homme ses rentes au jour déterminé, se il en convient faire clameur, XII deniers au seigneur paiera.

6. Item, chascun bourgois manans en le ville Marquion, doibt au seigneur six corouwez annuellement.

7. Item, se ly sires vœult icelluy conduire en le terre d'aultruy, et il rebelle et n'y veulle aler, se il en est semons par le maieur ou par le sergant des eschevins, pœult mettre raisonnablement loyer à celluy, et lors il convient celluy ensievir le dis des eschevins.

8. Item, se le courovée est semonse par eschevins, le pœult faire icelle en dedens deux jours sans fourfait, et se il ne le fait en dedens deux jours, le maire du seigneur pœlt lieuwer ung aultre qui paiera cette corowee pour cel-

luy : d'un mannouvrier prendera le maire VIII deniers de l'homme, d'un seul cheval II solz, et se il a deux chevaulx III solz, se il a trois chevaulx IV solz, et se il y a plus de chevaulx, il n'en paiera non plus.

9. Item, se ly bourgois offre au maieur du seigneur à faire le corowée dedens deux jours, par le tesmoingnage de deux bourgois, de ceste semonse ne pœlt le maire du seigneur celluy aggrever en nulle manière qui soit.

10. Apprès ces choses est à sçavoir que, se ly sires vient en le ville et il a besoing de quieuttes, il doit avoir chascune quieutte pour ung denier; se elle est portée hors, se elle demeure es aises des gens du seigneur, en le maison du bourgois, avoir le doibt pour une maille; et se le bourgois est convaincus par tesmoingnage de bourgois, que il ait reprins les quieuttes par convoitise de graindre pris, au seigneur l'amendera de V sols; et se ly bourgois ne vœult livrer au maieur pour pris qui est establis, il doit aler aux eschevins pour lui plaindre de ce; les eschevins doibvent délivrer audit maire lesdites quieuttes pour ledit pris, se ils ne voient nécessité de hostes apparant; toutes voies au bourgois et à se femme leur quieutte leur demoura.

11. Item, se ly sergans du seigneur trœuve en camps de bourgois, au temps de messon, faix de fourment ne de orge soiez injustement, doibt demander au bourgois ou à celluy qui trœuve au camps en son lieu, sy claime ce fais comme siens; se il recongnoit que ly fais soit sien, le fais perdera et paiera au seigneur V solz; et se il ne réclaime le fais, il jurra que il n'est mie siens et par luy illeuc ne soit mis, ledit fais demoura délivrés au sergant du maieur.

12. Item, se le sergant du seigneur trœuve aulcuns portans fais de telle manière qui soit ainsy soyés à tort de le terre du seigneur, se il n'a garant, ledit fais perdera, et au seigneur paiera, pour fourfait, V solz.

13. Item, se aulcuns pert aux champs ses garbes de nuit, se il le pœlt prouver par tesmoings ydoines, ly sires les doibt rendre à celluy en telle manière que ly bourgois jurra, par se foy sur ce mise, que se en dedens l'an recongnoist le ravisseur d'icelles, au seigneur ou au maieur icelluy ravisseur racusera; ne sur celluy bourgois plus ne doibt faire.

14. Le bourgois, quant il ahenne de ung seul cheval, pœult semer de vecche en le terre du seigneur, une boistellée de terre se il vœult, et celle boistellée doibt contenir deux mesures ung quartier mains; et se de plus ahenne à le value pœult semer; et se par tesmoings est convaincus que plus en ait pris, au seigneur doibt pour le fourfait X sols.

15. Item, se ly bourgois pert se vecche et il pœlt prouver que il ait perdue par tesmoingnage de preudomme, ly sires le doit rendre.

16. Se ly sergans du seigneur trœuve aulcuns portans vecche dont il n'ait warandisse, le vecche perdera, au seigneur amendera de V sols, et rendera le domaige.

17. Item, se ly bourgois ou aulcun de se maisnie voit porter ou cœullier se vecche, il le doit monstrer à deux ou à trois, et se chil deux ou trois devant le maieur tesmoignent che avoir veu, et présens les eschevins, ou que il le veulle affermer par son serment, se il est tel que il ne soit mal souppechonnes que pour toutes choses il ne se parjurast, au seigneur paiera V solz, et le vecche au seigneur demoura, et restablira le domaige à celuy à qui il ara fait.

18. Item, se ly sires ou ses sergans vœullent avoir de le vecche devant messon, il le doit partir pour le bourgois, et lors ly sergans pœult faire se vollenté de le partie du seigneur, et le partie au bourgois demoura salve, puis que ly bans seront fait à l'entrée d'aoust, par le volenté du maieur, du conseil des eschevins.

19. S'aulcuns est trouvé quil ne porte nient, se il ne monstre cause raisonnable, il doit au seigneur V sols; et se il trœuve qui porte aulcune chose dont il puist estre convaincus, par le loy de le ville, que il viengne de malvais lieu après heure, à la volenté du seigneur sera.

20. S'aulcuns est trouvés menans carette après heure, se par tesmoings pœlt prouver se carette avoir chargié devant le heure du ban et nul ne s'en plaingne, aler s'en pœlt à paix sans fourfait; et s'aulcun se plaint de luy par deux tesmoings desquelz l'un soit hors de son pain, se porra purgier qui n'a fait à nulluy domaige en se voie; et se en ceste manière purgier ne se pœlt, au seigneur paiera XX sols; se celuy qui sera complains pœult celuy constraindre par loy, aulx tesmoings le domaige amendera, et sera le malfaiteur à la volenté du seigneur.

21. Item, quiconcques est trouvé portant larchin de nuit, il sera à la volenté du seigneur.

22. Item, se ly foux de brebis est trouvé en bois, ou en soille, ou en orge, ou en quelconque domaige d'aultruy, lequel le paistre wart dedens le domaige, le maire en pœlt prendre XII deniers au pourfit du seigneur, et le domaige faire restorer à celuy à qui il a fait, et se ly bourgois en telle manière est trouvé, II solz au seigneur paira, et le dommaige à celuy à qui il sera fais restorra; et se ly paistres ou ly bourgois se deffent contre le sergant du seigneur, et ly sergans sus sen serment che affermera, ly bourgois paira au seigneur V solz.

23. Item, se ly sergans pœlt prendre brebis courans en domaige d'aultruy, de tant de brebis comme il prouvera, par son serment, avoir veu en domaige, pour six brebis pœlt prendre VI deniers, et le domaige à celui à qui il sera fais restablir.

24. Item, ly chevaulx reparans en domaige d'aultruy, paira IV deniers, le vacque, II deniers, le truye, I denier, le porcq, I maille, et ce domaige et injure au souffrans restablira.

25. Item, se le sergant au seigneur voit ou trœuve aulcun menant carette en aultruy domaige, et par son serment affermera che avoir veu, au seigneur paira II sols, et se contre le sergant se deffent, V sols paira et le domaige.

26. Item, se ly sergans au seigneur prent aulcun allant par faulx sentier, se il est de Marquion, II deniers doibt au seigneur.

27. Item, moiennant de may jusques à l'issue d'aoust, ly parch devant dit doubleront; après l'issue de may, quiconcques cœullera herbe en aultruy soille ou vecche ou pois, se il est de Marquion, au seigneur doit VI deniers et le domaige restorer; et qui puis le feste saint Jehan-Baptiste, herbe en avaine cœullera, en ledite paine esquerra et le domaige rendera.

28. Item, se ly bourgois trœuve aulcunes bestes ou carettes, ou cœulleurs en son domaige, du malfaiteur pœult prendre waige et rendre au mayeur; le maire doibt au bourgois son damaige, se de ce lui appert par le serment du bourgois, se il est telz qui ne soit soupechonnes, et le fourfait du seigneur si comme dessus est escript pœult prendre; et se le malfaiteur ne vœult donner waige au bourgois, ly hommes appellera tesmoings sur ce, se présens les pœult avoir, se non par son serment, avœuc le tesmoignage d'aultruy qui soupechonnes ne soit, prouvera sur celui avoir dit voir devant le maieur et eschevins; le maieur fera rendre au bourgois le domaige que on lui ara fait, et de celui le fourfait pour le seigneur, et est assavoir V sols.

29. Item, se bestes sont trouvées sans garde en domaige d'aultruy, le maire doit icelles retenir jusques à dont que le domaige restablis soit, et ly sires ait se part.

30. Item, se aulcuns, dedens le terme de le ville, deshonnestera aultruy par vices, se de ce il est convaincus par tesmoings, au seigneur paira X sols.

31. Item, quiconcques fierra aultruy par ire ou mettra main à aultruy, sans sanc, au seigneur paira XX sols.

32. Item, quiconcques d'aultruy traira sanc par ire, LX sols paira.

33. Item, se aulcun trait coutel agu, C solz paira, et de le terre banis sera jusques à la volenté du seigneur.

34. Item, se ly sires ou ses menistres semont eschevins que il faichent bans sur tous les hommes du seigneur de Marquion, qui dedens le ville porteront agu coutel, le sire fera le ban par le conseil des eschevins, sus paine de XL solz, et le coutel perdre; après chely ban sera fait en la juridicion du seigneur et des es-

chevins, chil sus qui coutiaux agu sera trouvés paiera au seigneur XL sols, et le coutel perdera jusque au terme establi du seigneur et des eschevins.

35. Item, se estranges non sachans de ce ban, se vœult dedemourer dedens le ville, après ce que du maieur ledit ban sera révélés à cellui par tesmoingnage, se chieulx effraint ledit ban en aulcune manière, ceste meisme paine souffrira que ly aultre homme de le ville.

36. Item, se aulcun envaist aulcun de jour en se maison, cent sols paira, et se de nuit ceste envaie est faite, dix livres paira; ly bourgois ainsy envais se pœult deffendre sans fourfait, de tous les fourfais devant dis, excepté de fol parler.

37. Item, ly plaiés ou ly ferus ara le tierche partie de l'amende et ly sires les deux parts.

38. Item, quiconcques ara fait plaie à aultruy, au platé despens raisonnables paiera; toutes ces choses doibvent estre approuvées devant le seigneur et les eschevins.

39. Item, tous les fourniers, avant quils entrent au four pour servir, jurreront que justement les fournées assoicheront, et samblablement paste et fuille de tout leur pooir et selon leur sens, justement et raisonnablement prenderont au feur. Avœucq nous adjoustons, se batailles ou tumultes se tournent forment entre les bourgois dont ly sires ait sen fourfait, et iceulx ne vœullent faire paix entre eulx, ly sires ou ly maire faiche paix entre eulx par le conseil des eschevins, et faiche amender le honte au vilené que on lui ara faite.

40. Item, pour chascune enqueste pour lesquelles il conviengne aler à Oisy (171), chieux qui perdera le querelle paiera aux eschevins V sols, pour leurs despens.

41. Item, se aulcun réclaime debte sur aultruy et il nie le debte et, après le serment du claimant, il congnoit devoir celle chose à celluy, au seigneur paira II solz.

42. Item, s'aulcun nye debte pour cause d'avoir respit, se il en pœult estre convaincus, il paira II sols.

43. Item, s'aulcun se vouque en eschevins de debtes et eschevins le fallent, II sols paira: XII deniers au seigneur et XII deniers aux eschevins.

44. Item, les eschevins meteront pris à le cervoise, et se ly cambiers accroit le pris establi par eschevins ou effraint en aulcune chose, au seigneur debvra XX sols, ne, dedens uug an ne ung jour, ne polra vendre fors par license du maieur et eschevins.

45. Item, vendeurs de tous lez venans, doibvent prendre waige, se mestier est, le tierch partie plus vaillant qui ne croient sus celuy, et ly créditeur warderont

che waige XV jours, et quant chil XV jours seront passé, il pœult emprunter leur debte sur che waige à leur pooir, et se il ne pœult, puis quil aront au maire et aux eschevins monstré, il pœult vendre icelluy sans fourfait par tesmoingnage, et che qui sourmontera doivent rendre au debteur.

46. Item, s'aulcun venderes pœlt estre convaincus avoir celé se venal, il paira V sols se il ne jure que il n'en a que che que mestier est, à luy et à se maisnie, pour II jours, et en telle manière il demoura en paix.

47. Item, se ly bourgois a maison propre de quoy il ait payet assize, se il maint ailleurs en le ville, pour ce ne paira il mie plus d'assize.

48. Item, quiconcques tient de le terre du seigneur quatre mencauldées ou plus, il doit au seigneur VI sols.

49. Item, quiconcques acquerra de celle meisme terre, ou à celluy esquerra de droit de son héritaige, pour che ne doibt il plus.

50. Item, les esteulles doibvent remanoir sur les terres du seigneur entièrement jusques à huit jours devant le feste de Toussaints; et quiconcques sera trouvé dedens ledit terme, faucquant ou cœullant ou portant esteulle, au seiseigneur paira II sols, et l'esteulle perdera: en cel an ne pœult cœullier esteulle fors par license du maire et des eschevins.

51. Item, se aucuns a maison ou grange à couvrir, il doit venir devant le maieur et les eschevins, et eulx luy assineront esteulle à couvrir.

52. Item, quiconcques ahennera de terre du seigneur d'un seul cheval, il loist à celluy, en quel lieu qui vorra en sen ahennage, retenir l'esteulle de trois mencauldées de terre, et se il en ahenne de plus au vaillant; et s'aulcun tient quatre mencauldées de se propre terre qui ne soit fourment, il pœult retenir l'esteulle d'une seule mencauldée, et de pluisers mencauldées pœult retenir au vaillant; et se plus en detient et il en soit convaincus, il paira au seigneur V sols; et s'aulcun aura fourment en se propre terre, l'esteulle francque à celuy demoura, se le sire n'y a nient.

53. Item, les bouchiers appareilleront, du tout en tout, le char de porcq qui tueront, se mestier est, et tourneront les boiaulx pour IV deniers, le bœuf ou le vacque pour VIII deniers, le mouton pour II deniers; se il refusent che faire, en cel an, nul venaille ne venderont ne ossy ne se entremetteront de leur office, se n'est par license du maieur et des eschevins.

54. Item, se hons forains vient en le ville de Marquion pour cause de manoir ou de demourer, qui ne se pœult faire preudes hons ou lieu dont il venra, on monnera par loiaux tesmoingnage se ly sires ou ses baillus pœult icelluy soubmettre par conseil des eschevins.

55 Item, quiconcques vorra venir demourer en le ville de Marquion, il lui loist quil y viengne, mais qui se faiche preudons sauf les drois et les rentes du seigneur.

56. Item, se aulcuns estranges non estans de le ville de Marquion, contraire à aultruy de le ville vœult entreprendre, ly sires prendra son amende et le justice du seigneur à celluy, ou on deffendera selonc le conseil des bons hommes.

57. Item, se femme tenche à aultre femme ou à homme, et de che par tesmoings soit vaincus, au seigneur paira V solz.

58. Item, ly bourgois pœult vendre ou eschangier se maison ou son manoir, et de le ville, quant il vorra, reparier, par condicion que le maison en le ville remaine, et que il paiche che que debvera en ledite ville.

59. Item, se ly sires de le ville vœult faire son filz chevalier, ou se fille marier, ou pour se renchon, ou il vœulle rachater terres à luy eschéans par héritaige, de droit, se il lui plaist, il pœult requerre aide aux hommes de le ville: ly bourgois doibvent aidier au seigneur du leur par raison.

60. Item, se were ou aultres nécessités tourne au seigneur, ly bourgois le doibvent aidier de leurs corps et de leurs carettes à warder sa terre, et soubvenir à leurs pooirs.

61. Item, ly bourgois pour fourfait que il faiche en celle meisme ville, par le seigneur ne par aultruy ne porra, en nulle manière, sauf les fourfais devant dis, estre aggreves sans jugement des eschevins, fors de murdre ou de chose congnutte notoirement ou d'embrasement ou de homme occhis, ou de larchin ou du sergant au seigneur.

62. Item, se le maire ou ses varles, ou les sergans du seigneur semonnent aulcun, il doit venir à le justice, et se il ne vœult venir, le maire ou le sergant du seigneur, avœuc le tesmoingnage d'aulcun aultre, le porra amener à le justice, et par les eschevins sera justicies.

63. Item, se le bourgois fait claim sur debte de homme qui soit de le justice du seigneur, ly sires lui fera droit par le loy du païs.

64. Item, ly maires et ly eschevin metteront pris ou vendaige de vin ; et se aulcuns, sans congiet du maieur ou des eschevins, vent vin, au seigneur paira XX sols, et le vendeur icelluy à juste mesure vendera.

65. Item, se aulcuns a fausse mesure et de che est convaincus par tesmoingnage des eschevins, au seigneur paira LX solz.

66. Item, se boulengier est en le ville ou aultres vendans pain, il doit faire et vendre juste derrée par maieur et eschevins, ou se non, se de ce est convaincus, au seigneur paira XX sols.

67. Item, se aulcuns, dedens le pourpris de le ville, de jour, fait domaige à aultruy, en courtis ou à pommes, se complaindant vient à le justice, le seigneur ara V solz, et le domaige restitué au bourgois par le malfaiteur.

68. Item, s'aulcun est pris de nuit au fourfait devant dit, la volenté du seigneur sera faite de luy, sans dampnacion ne blecure de ses membres.

69. Item, se aulcuns a aulcune manière de bestes qui soient en le ville sans warde de pasteur, et de nuit est trouvés en domaige d'aultruy, se il n'a tesmoingnage que il ait quis, double part paira; et se il a certain tesmoingnage que il ait quis icelle bestes, le domaige restitura et remettra se beste en paix, et se de jour elle est trouvée en tel domaige, le part debvera et le domaige restitura.

70. Item, s'aulcuns dedens le pourpris de le ville, par viollence entre en maison d'aultruy et par force violle femme, et se, par loyaulx tesmoings ou par le loy de le ville en est convaincus, le volenté du seigneur sera faite de luy.

71. Item, se ly baillus demande liquel ne sont mie pourfitable entre eulx en l'office des eschevins, ly eschevin doibvent nommer deux d'iceulx qui soient à oster, et ces deux ostés, ly baillus deux aultres souffisans esleus par le conseil des cinq eschevins, par le serment d'iceulx, audit office doibt restituer.

72. Item, se aulcuns brise ou coppe quaruwe d'aultruy, de quoy puist estre convaincus, en le volenté du seigneur sera et le domaige restablira.

73. Item, s'aulcuns, dedens le teneur de le ville, aultruy de coutel aggu, de jour ou de nuit, ferra ou affollera ou en aultre manière, à celuy membre ostera, et il sera en la volenté du seigneur.

74. Item, se ly bourgois voit courtil wit en le ville, se chieux qui le tient est requis par le maieur de faire maison en icelluy, et il ne le vœult faire, ly sires le porra baillier à aultruy vœullant en icelluy faire maison.

75. Item, se aulcuns de mes hommes de mes villes esquelles n'est ceste francise establie, vœult manoir en le ville de Marquion, en lequelle ceste francise est establie, il ny pœult manoir synon par licence du seigneur.

76. Item, ly eschevin dient que se il voient homme en le ville de Marquion, à quy ly dis sires, aux us et as coustumes de le ville, ait donné manoir il aront celuy pour bourgois; ly maires de le ville de Marquion et les sergans du seigneur jurront au seigneur ou à son certain commandement, que eulx, de tout leur pooir, tous les droits du seigneur et semblablement les drois des gens de le ville, sans blechier, par tout garderont.

77. Item, se bestes de le ville de Marquion, en bois reparent ou en terres ructifians, le domaige doibt estre restitué à celuy à quy il a esté fais, soit au

seigneur ou au bourgois à qui que il soit fais et, avœuc le restitution du domaige, les bestes doibvent paier telle part que dessus est dit.

Et pour che que lidite lois establie soit wardée ferme et certaine, en perpétuité à le paix et utilité publique en ceste présente charte démonstrées, sauf les drois de l'église et des nobles hommes, diligentement, jou ay fait enwarnissement de men seel roborer.

Fait et donné l'an de l'incarnacion Nostre-Seigneur mil deux cens trente et wit, au mois de décembre.

COUTUMES.

En obtemperant à l'ordonnance faite du roy nostre sire, aux commandemens sur ce fais, tant en vertu de certaines lettres royaulx, comme d'aultres lettres de commission données du lieutenant général de Mgr. le bailly d'Amiens, les mayeur et eschevins de le ville de Marquion et autres manans et habitans d'icelle ville, dient et advertissent, à leur povoir, les coustumes dont d'anchienneté l'en a usé et use journellement en ladite ville et eschevinaige de Marquion et au siége dudit lieu et eschevinaige, sy avant quilz en pœullent congnoistre, estre telles ainsy que cy-après sera déclaré, spéciffié et par escript.

Premiers.

1. On fait des héritaiges vendus en ladite ville et eschevinaige de Marquion, le seigneur ne prent ne a aucun (*droit*) seigneurial pour ladite vente, synon tant seullement au vendeur, pour l'issue, XII deniers au seigneur, et pour l'entrée XII deniers, et le droit des mayeur et eschevins pour la dessaisine et saisine desdits héritaiges.

2. En ladite ville et eschevinaige et par coustume anchienne, sur héritaige de main ferme se prent droit de mainesté qui est de telle nature que, quant deux conjoins en leur premier et noble mariage ont pluiseurs enffans, au maisné appartient, pour son droit de mainesté, la maison et héritaige de main ferme en laquelle le premier morant des deux à sa résidence et domicille au jour de son trespas, s'elle leur appartient avecq la totalité de l'héritaige, sy avant quil est en ung meisme usaige et possesé par les conjoins, à le charge du vyaige du sourvivant, car se, paravant le derrenier vivant, il finoit vye par mort, de quelque costé que l'héritaige viengne, cestuy qui seroit le plus jone aprez luy y succéderoit; mais en quelque second mariage ne aultres subséquens, quelque droit de mainesté n'est deue.

3. Avecq ce le maisné prent et a droit avoir, après le trespas du darrain morant, cestuy qui a droit de mainesté prent trois pieces de mœubles et uten-

silles à son choix, pourveu que ce soient pièces servant à usage commun.

4. *En ladite ville et eschevinaige de Marquion, par le meisme coustume, n'y a point de confiscacion, et ainsy en a esté usé de tout temps, car d'anchienneté elle a esté distraite de la conté de cambresis, et à ceste cause, l'on use encoires et on a tousiours usé de poix, aulne, mesure, solz et monnoie de cambresis.*

Tant quil regarde la confiscacion que pœullent fourfaire les manans et subgés dudit eschevinaige, ilz le remettent en la coustume généralle de la gouvernance et bailliage d'Oisy, et comme l'on a acoustumé de faire.

5. Et quant aux plaidoiries que l'on a acoustumé audit eschevinaige, nulz ne pœult constraindre aultruy pour debte audit eschevinaige, synon par claim fait par le mayeur et eschevins du lieu, à le requeste de la partie demandante sur laquelle il fera ledit claim, et s'il y a opposition ou namptissement de la demande, il sera receu à opposition au jour assigné aux parties l'un contre l'aultre; et se l'opposant se laisse mettre en deffault, au premier deffault il sera condempné envers le demandeur avecq es despens.

6. *Par la meisme coustume, s'aucuns bourgois ou manans dudit eschevinaige de Marquion est adjourné ou constrains en aultre justice que d'icelluy eschevinaige, celluy ou ceulx qui sera ou seront constrains ou adjournez, soit tant pardevant le bailly et hommes de fiefz du chasteau d'Oisy, comme du chastel d'Arras et ailleurs, iceulx adjournez ou constrains, par quelque moyen que ce soit, saulf le criminel, ont eu et ont le renvoy pardevant lesdits mayeur et eschevins s'ilz le requierent, chargé de demande, ous et despens, pour illecq en faire le raison et justice.*

Ceste article est royé pour che que le contenu en icelle est déclaré es chartres cy-devant.

A ces coustumes mettre et rédiger par escript, pour les vériffier et approuver, ont estez Antoine Savary, mayeur de le ville de Marquion, Gilles de Saint-Pol, Simon Ségart, Noël de Queant, Collart de Maine, Gilles Barra, Pierre de le Barre et Colart Dumont, eschevins de ladite ville, messire Pierre Lartisien curé dudit lieu, Jehan Lantié, Nicaise Huault, Michiel Duflos, Michiel Richart, Robert Lartisien, Michiel de Le Court et Andrieu de Le Pesquerie, manans dudit lieu et eschevinaige de Marquion, tesmoings les soubsignez cy mis le xxvi.e jour de septembre l'an mil chincq cens et sept.

Signé: P. Lartisien. — A. Savary. — Noé de Queant. — Gillo de Sain-Pol. — Simon Segard. — Col. de Maine. — Gile Brasseur. — Pierre de Bare. — Miquiel Delecourt. — Collart Dumon. — Miquiel Richard. — Jehan Lantier. — Mikiel Duflo. — Nicase Huaute. — Robert Lartisien. — Andrieu de Pesqri.

BARALLE ET BUISSY.

ÉCHEVINAGE.

La coutume de Baralle et Buissy, la plus importante de la collection, forme un cahier de parchemin in-4.° de dix-neuf rôles, dont le premier ne contient que le titre. Le texte commence au recto du deuxième rôle et finit au haut du verso du dix-neuvième. L'écriture conforme à celle des chartes de la fin de XV.° siècle, est très-nette, très-régulière et lisible dans presque toutes ses parties. Malgré cette perfection matérielle de sa rédaction, le copiste n'a pas rendu très-fidèlement la lettre des manuscrits qu'il avait à reproduire: beaucoup de non sens accusent l'altération du texte. La coutume contient 180 articles divisés en 18 chapitres.

SOMMAIRE DES CHAPITRES :

CHAPITRE Ier Que li sires peult faire mayeur qui et quant il li plest et ossy ung lieutenant dudit mayeur.

CHAP. II. Comment on doit faire eschevins à Baralle ou à Buissy quant ly cas le desire, et fault quil en y ait sept, quatre de Baralle et trois de Buissy.

CHAP. III. Comment le mayeur doit faire l'offise.

CHAP. IV. Comment on se doit clamer de personne à aultre pour aucun deu pardevant les mayeur et les eschevins.

CHAP. V. Comment on doit pledier et l'ordenanche des eschevins et du délay quil peuent avoir.

CHAP. VI. L'ordenanche du fait de l'enqueste aler Aras, et comment li maires doit faire et quant eschevins il faut aler.

CHAP. VII. Comment on peut jugier amendes en le loy par les eschevins au conjurement du mayeur.

CHAP. VIII. Chest l'ordenanche con dist le jour des sermens que on doit faire à l'entrée d'aoust, ainchois que soilles ne secourions soient soyet ne manouvré.

CHAP. IX. Comment on doit faire messier à Baralle et à Buissy, ne quant pour warder les mises sur les camps.

CHAP. X. Quel droit le mayeur doit avoir des bestes amenées par devers li en prison par aucunes personnes ou pluiseurs.

CHAP. XI. Ques drois doit avoir le mayeur en le mairie de Baralle.

CHAP. XII. Comment on doit afforer, soit vin ou cervoise ou aultre, qui se vendent par affor.

CHAP. XIII. Coustume de le ville d'Aras (adoptée à Baralle en ce qui touche les obligations de la femme).

CHAP. XIV. Comment une gentil femme doit avoir douaire en fief que son mary ara vendu, le mariaige durant de yaulx deux.

CHAP. XV. Par quelles manières peult une femme faire quelle n'a point droit de douayre.

CHAP. XVI. De l'usaige de renouveller tous les ans les bans d'aoust ainssy quil est acoustumé.

CHAP. XVII. Des prises des messiers et telles qu'elles peuent estre selon le coustume du lieu.

CHAP. XVIII. Mémoires servans à l'usance et judicature des eschevins.

CEST LE DOUBLE ET COPPIE DES COUSTUMES, stilz et usaiges de l'eschevinage des villes, terres et seigneuries de Baralle et Buissy, appartenant à noble et puissante dame, madame la contesse de Vendosmois, de Saint-Pol et dame d'Oisy, à cause et des deppendances de sa terre, chastellenie, justice et seignourie d'Oisy. Icelles coustumes, stilz et usaiges contenuz et déclarez en ung livre et coihier, reposant ou ferme et coffre de loy dudit eschevinaige, clos et fermé à pluiseurs clefz gardées par divers eschevins; ouquel coffre sont mis, sequestrés, enclos et gardez, avec ledit livre, tous les chirograffres, lectres, tiltres, escriptz et enseignemens servans aux héritiers, manans et tenans héritaiges oudit eschevinaige. Et lequel coyhier et livre les mayeur, eschevins, subjetz et manans desdits lieux et eschevinaige, tiennent et reputent pour espécial previleige, chartre, coustume et usance local et tel que sur le contenu, en tous cas y mencionnez, l'on a jugié, sentencié et ordonné touteffois que le cas y est escheu, de tout tel et si anchien temps quil n'est mémoire du commencement ne du contraire. Duquel livre et coyhier de mot à aultre la teneur s'ensuit (172).

EN CHEST LIVRE ET COIHIER est devisé pluiseurs enseignemens et advis du fait de l'offisse de le mairie et esquevinaige de Baralle et de Buissy; et des coutumes pluiseurs.

CH. 1.er *Que li sires peult faire mayeur qui et quant il ly plest, et ossi ung lieutenant dudit mayeur.*

1. Premiers, en la mairie et esquevinaige de Baralle, li sires peult faire mayeur duquel qui ly plest, toutefois qui ly plest, et convient quil soit sermentez de par le seigneur ou son baillieu d'Oisy ou de son lieutenant, et pardevant eschevins de Baralle et de Buissy, de justement et loyalment, as us et ainsy que anchiennement on a acoustumé, exerser ledicte offise de le mayrie; et le seigneur fait commandement as eschevins et as autres quil obéyssent à luy comme au mayeur représentant le personne du seigneur, et aussy de faire ung lieutenant dudit mayeur, dudit baillieu ou par son lieutenant dudit mayeur (*sic*), par le conseil dudit mayeur, soit de Baralle ou de Buissy, tel quil leur plaira (173).

CH. 2. *Comment on doit faire eschevins à Baralle ou à Buissy, quant ly cas le desire; et fault quil en y ait sept, quatre de Baralle et trois de Buissy.*

2. Premiers, que par les eschevins de Baralle et de Buissy, il convient qui soit requis au mayeur que leur loy soit plaine et leur faiche avoir des eschevins che quil en appartient à le loy; et lors le mayeur leur fait commandement que, par le serment quil ont fait au seigneur, quil avisent entre eulx ensemble bonne gens et loyaulx, pour exerser ledit offise de l'esquevinaige; et lors li eschevins se mettent ensemble à leur secret et prendent leur avis qui leur sembleroit boin à estre; et pour ce que li curé de Baralle ou de Buissy, qui doivent mieux congnoistre le consciencha de l'homme ou des ames de leurs parochiens, ly eschevins

leur demandent aucune fois, et aussy font il au mayeur et à aucune gens de bien, pour mieulx eulx aviser leurs compaignons; Et si ne leur plaisoit à prendre leur conseil, il est en eulx de prendre et d'eslire quel quil leur plest, et ne sara riens le mayeur de autre de leur secret, jusques à tant quil requerront au mayeur qui leur fache avoir ledit esleu, et ly maires les va querre; et quant ly maires les a amenés pardevant eschevins, adoncques, de commun acord, les eschevins font leur requeste au mayeur quil veullent avoir chely ou cheus compaignons, et requerront au mayeur qui leur faiche avoir; et lors le mayeur fait commandement à chely ou à cheus qui le soit ou soient, et ne peuent lesdis refuser qui ne le soient, se il ne sont sergans du seigneur, sur estre en l'indinacion du seigneur et sur estre à LX livres d'amende et à chascuns eschevins; et lors le mayeur le sermente de justement et loyalment exerser ledit offise et que de faire boin jugement et loyal aveucques ses compaignons, touteffois et cantefois que saiges seront, et conjurez en seront par ledit mayeur ou son lieutenant, et que le secret de le court il warderont et céleront, et aussy tout le droit du seigneur il warderont, et aussy bien au poure comme au riche, et aussy au commandement de leur mayeur pour le fait du seigneur il obbéiront; et cela fait, le mayeur fait commandement à toutes personnes, de par le seigneur, quil obéissent à eulx comme eschevins, et leur donne pooir de exerser ledit offise de l'esquevinaige (174).

Сн. 3. *Comment le mayeur doit faire l'offise.*

3. Item, quiquonques est mayeur de Baralle, il ne peult ne doit faire esploit nul d'office se il n'a eschevins aveucque ly par leur enseignement, se che n'est en cas hatif, comme de estre à ung débat pour prendre les mal faisans et faire mettre en prison pour eulx faire amender leur délit, ou pour arrester ung forain pour aucun deu, qui seroit demourant hors des deux villes, c'est assavoir de Baralle et de Buissy, à le requeste d'aucune personne; et fait aprez ledit arest, ledit mayeur assambleche eschevins pour le mettre à responsse audit clam, et, se cestoit pour debte, pour le calengier de leur débat selonc che quil avoit fait, et faire jugier, se ce n'est en cas criminel ou ly eschevins n'ont point de congnoissance; et, se il y estoit, il fauroit que le mayeur le fesist mener à Oisy comme à son seigneur souverain; et n'y aroient eschevins nulle congnoissance.

4. Mémore : Par le coustume de le loy de Baralle, nul homme de sen vivant qui soit esleus et sermentez eschevins, soit de Baralle ou de Buissy, depuis quil est en ledit office sermentez, on ne le peult debouter de l'office se vie durant, se ce n'est par se requeste et il plaise as autres compaignons, ou par mauvaise grasse aquerans de estre pau secres à eulx pour le fait de leur office, ou

pour villain cas, ou quil soit bourgois d'Inchy, ou escumenés, car ung homs qui est escumenés ne peult jugier, ou se ce n'est quil voist demourer hors de le ville (175), ou se il n'a prochez en le court quil faice les eschevins aler à l'enqueste pour son prochez, se il leur plaist à souffrir à leur prins (*sic*) pour le doubte des appiaus à juger sans avoir leur loy plaine, mais peuent bien les eschevins requerir au mayeur d'avoir leur loy plaine pour aler en l'enqueste pour chely jugier, et debouter chely eschevins qui plaideroit, hors de l'office, à tout fait, et le nouvel tenir à tous jours comme eulx, ou rappeler l'autre quant sen plait seroit fines, car ainsy on en a veu user anchiennement; et se ne peult estre ung sergens eschevins.

C<small>H</small>. 4. *Comment on se doit clamer de personne à aultre pour aucun deu pardevant le mayeur et les eschevins.*

5. Premiers : Il convient que le demandeur, se il se veult clamer d'aucune personne demourant à Baralle ou à Buissy, d'aucun deu, il convient que en le présenche du mayeur et de deux eschevins dumains, et en le présenche de chely sur qui il se veult clamer, qui se claime et son clain il fourme de son deu en restraingnant que de dire : dusque à bon compte; et par le vertu dudit clain, le mayeur conjure eschevins sur ce, et eschevins vont à conseil ensemble; et puis quant il se sont conscillés, il dient et par jugement, que chely de qui partie s'est clames qui le faice responde en congnissant ou en nyant à ledite demande; et se il n'est bien conseilliés qui le conseille; et lors le mayeur li fait chely commandement; adoncques peult chely demander au mayeur d'avoir un eschevins à son conseil pour luy conseillier pour respondre à chely clain, et convient, se il demande, quil ait lequel qui luy plaist, et par le droite coustume du lieu; et fait commandement le mayeur audit eschevins qui le voist conseillier; et quant il est conseillié le mieulx quil peult, il respont à chely clain en congnoissant ou en nyant selonc che qui ly plaist (176); se il ly nie, ly maires reconjure eschevins sur che; adoncques dient eschevins au mayeur et par jugement qui leur baille journée as plus prochains plais de le XV.^{ne}, le lundy à l'issue de le messe, le demandeur pour son catel warder et l'autre pour son catel deffendre; se ly commandent, se il a ne preuve ne tesmoings, qui les faice oïr en dedans le XV.^{ne}; et ainsy le mayeur ly assine jour ainsy que dit est.

6. Item, se partie congnoist le deu et dont en s'est clames de ly, il ny fault que secucion sur ly et que de le mener en prison, ou il ne nantisse justice, ou il payeche le deu, car telle est le coustume dudit lieu.

7. Item, encoire, se on se claime d'une personne ainssy que dit est paravant

et il nye le debte, partie averse peult requerir au mayeur et présens eschevins, et par clain sil ly plaist, qui se tiengne nampti de ledite partie d'autant ou de plus quil fait demande, tant pour les cous et frais qui s'en porroient enssievir comme pour le principal, pour che que, en dedens le XV.^{ne} que leur jour devroit servir, il ou aultre porroit bien, en tel cas, le sien amenrir et distribuer et destourner à celle fin que ledit demandeur, ou cas qui porroit bien monstrer sen fait allencontre de se partie, ne porroit estre payés ne avoir son deu ainssy qne raison seroit, et fauroit quil fust ainssy se on le requeroit par le coustume; Et aussy chely qui se clameroit seroit tenus de faire seureté et caution de tous cous, frais payer à partie averse ou cas quil dequeroit de sen fait et demande, et aussy de poursievir sen procès alencontre de se partie jusques à le fin, s'acorder ne se pooyent ensemble en dedans le jour; et fauroit quil fust ainssy par le coustume dudit lieu, car il a esté jugiet et pluiseurs fois par droit enqueste.

8. Item, se uns homs se claime d'aucune personne sans faire restrainte, en le fin de se demande, que de dire jusques à boin compte, et il est sceu et prouvé quil demande plus que chely ne ly devra, il sera, se ly mayeur le veult, calengié à V solz de cambresis d'amende et jugiés par eschevins, dont le seigneur en ara les deux pars et eschevins le tiers; mais on peult bien faire et fourmer sen clain de si grant somme qu'on veult, pour amender de dire jusques à boin compte, sans meffait.

9. Item, que se li mayeur faisoit aucun exploit d'offise, en le loy, sur aucun manant, sans che quil eust eschevins aveucques ly, ou par leur enseignemens, et il fuist en aucune manière refusant, et il les vouloit sur che calengier d'amende pardevant eschevins, et il fust seu et prouvé ainssy que dit est, ly eschevins ne le jugeront point à amende, car on l'a veu jugier en cas pareil, du tans que Fontaine fu mayeur, alencontre de Tumas Lefevre, en l'an mil quatre cens LXXIX.

CH. 5. *Comment on doit pledier et l'ordenanche des eschevins et delay quil peuent avoir.*

10. Premiers, l'ordenanche de le loy sy est telle que on ne plaide point par escript, fors de bouque, car ainsy en a esté uzé anchiennement (177).

11. Item, se uns homs plaide pardevant eschevins aprez le clain fourmé mis à responsse, congnut ou niet le fait de partie à aultre, et il fault que procès s'en commenche, le partie deffenderesse sy peult avoir iij XV.^{nes} de délay pour faire jecter encontre deux contremans et une ensoinne, à cascune des XV.^{nes} l'un des trois, se partie averse ne li debat qui ne le doit mie avoir, et ou cas quil en seroient à fin contraire, il fauroit que, par jugement d'eschevins, quil en fust ju-

giet, se conjurez en estoient du mayeur; et n'en fust onques jugiet passé XX ans ou plus que on ne les deust avoir, car il n'a eu nul qui les ait debatus, partie contre aultre.

12. Item, se uns homs avoit fait jecter entre deux contremans et une ensoine ainssy que dit est, et il venist, par le seigneur et les eschevins, ou jour qui doit servir pour le purgier de ses délais, à l'eure que on doit plaidier, et il se présente sans ly purgier de ses délais, et partie averse ly présentée, volloit aliguer et proposer alencontre de ly que d'avoir aquis sa cause et ses cous et frais et que partie en fut contumassée par jugement, et il requeroit, partie seroit il tenus de rendre cous et frais et despens jusques à chely jour, aussy se partie ne li volloit faire grasse et recommenchier de nouvel prochès.

13. Item, que se il convenoit quil euist prochès pardevant mayeur et eschevins, veu que on a mie uzé de pledier par escript, il convient que eschevins soient bien souvenant et retenant de tout le plaidoyer, tant du demandeur comme du deffendeur et bien retenir en leur secret, pourcoy, se il convenoit quil y eust aucunes adicions entre lesdites parties, que par les eschevins fussent mis à raison selonc che quil le requeroient deument; et meismement, il appertient de droit et de raison que li maires entende aussy bien à retenir ledit plaidoyer desdites parties, edier à abregier en pluiseurs manières, sil leur plaist; et ou cas quil fauroit que lesdites parties ne se vorroient apointier par l'ordenanche du mayeur amiablement, sans aler par jugement d'eschevins, se conclus estoyent en droit d'aucune cause ou autrement, il fauroit que par le mayeur fu ledicte cause relatée et représentée as eschevins sur che que les vauroit conjurer, afin que les eschevins le peussent encore mieux entendre et retenir et assir leur jugement selonc che et droit il seroient d'acort (*textuel*).

14. Item, que se li eschevins n'estoyent d'acort de jugier, ils peuent prendre leur délais telx que le coustume l'enseigne, c'est qui ont iij délais de trois XV.nes, en prendant leur respit de XV.ne en XV.ne, en disant au mayeur que il ne sont mie saige de jugier, ne tous ensamble, ne d'acort; sy peut demander et requerir au mayeur de leur faire avoir leurs compaignons, se il ny sont tous; asdites XV.nes en XV.nes se peuent il prendre leur délay ainssy que dit est (178).

15. Item, à le iij.e XV.ne, le desraine de leur respit, il leur convient estre enssamble, et convient que il jugent se il sont saiges et d'acort enssamble, ou pour l'une partie ou pour l'autre, ou il convient quil demandechete au mayeur leur droit sens de maistire (*sic*) et leur retour as eschevins de la ville d'Aras, or et argent pour y aler et revenir, clerc et encre et parchemin pour escripre; et convient que par les eschevins et par l'un d'eulx pour tous, que tout le fait

dont il seront conjurez de en jugier, quil soit reportet du lonc en lonc et acordé desdites parties, pour plus justement escripre leur enqueste.

16. Item, que le coustume est telle pour aler les eschevins à l'enqueste se aler convient, il convient que li mayeur faiche commandement as parties pour qui il convient aler, tant à l'un comme à l'autre, et prestement, aprez che que li eschevins aront demandé leur sens de maistire, qui nantissent le mayeur de II frans ou de trois pour mener les eschevins et ramener, ou de plus sil besongnoit; et se ne voloient faire, li eschevins n'iroient point en l'enqueste et demouroit le cause en chely estat, sil ne le requierent; et au cas que li une des parties feroit devoir de bailler argent et li autre non, il converroit quelle fust contraincte de le faire aussy.

17. Item, sil convenoit aller en l'enqueste, il convient de droit et de raison, selonc le coustume du lieu, que li maires maine et ramaine les eschevins, au coust et au frait des partiez, sans ce que li eschevins il mettent riens du leur, et quil ait peine de payer tout ce quil fraient en alant et venant, et il parellement come eulx; et au retourner de le ville d'Aras, quant il sont revenus en le ville de Baralle, li maires est tenus de rendre conte as eschevins qui ont esté en l'enqueste des frais quil ont fait, et que li maires a payet; par coy se l'enqueste est rendue au contraire de l'un, quil sache plus justement combien il doit rendre à se partie adverse, tant de l'argent quil auroit bailliet pour y aler, se tant y avoit esté aliené, comme pour les autres frais; et se ne peuent mie eschevins faire frais quil ne soient raisonnables; et convient que ainchois que les eschevins rendete ne desploye leur enqueste que ceulx qui ont esté Aras, faichent enseignement et recort à leurs autres compaignons de ce quil ont trouvé et raporté par droite enqueste; et aprez che li maires fait convenir les parties, et sur eure pardevant ly et les eschevins au lieu acoustumé de pledoyer, c'est au prayel de Baralle; et quant lesdites parties sont venues, li maires conjure les eschevins, se ils sont saiges, de jugier sur le fait de coy il les a autreffois conjurés dont il ont prins leur délaiz; et lors, ainchois que il voisent en jugement, il dient au mayeur que il se tiengne nampti de bon waige ou de bon argent desdites parties, tant de l'un comme de l'autre, de tous les cous et frais entièrement quil aront fait à aler à l'enqueste, pour coy, quant jugement seroit rendus au contraire de l'un, que li maires peuist rendre à l'autre partie les siens, et aussy pour le doubte des appiaux sil n'estoit ainsy fait et partie appelloit, après l'apel fais, li maires ne porroit contraindre en nulle manière pour l'atentat.

18. Item, che fait, li eschevins renderont leur jugement ou pour l'un ou pour l'autre, selonc ce dont il sont sage et d'acort; et pour avertir le loy de Baralle,

les eschevins d'Aras sont volentiers en halle iij fois la sepmaine, c'est le lundy, merquedy et venredy (179).

Ch. 6. *L'ordenanche du fait de l'enqueste aler Aras, et comment li maires doit faire et quant eschevins il faut aler* (180).

19. Premiers, il fault que li maires prenge iij eschevins de Baralle et ij de Buissy pour aler en l'enqueste, et convient que par tous les eschevins y soient d'acort lesquelx iront; et quant il sont esleus, li maires les maine Aras, en le halle, devers les seigneurs et commis, et les doit représenter par devers eulx en disant ainssy : messeigneurs, vees chy les eschevins de Baralle et de Buissy, officiers à Mgr. le conte de Saint-Pol, qui sont venus en l'enqueste par devers vous, ainsi que on a anchiennement toudis fais et acoustumé, pourquoy je vous prie et requier qui les vous plaise les à délivrer, au plus tost qui vous plaira, et aviser en leur besongne ainsy que vous sarez bien faire.

20. Item, que, quant il convient aler à l'enqueste ainsy que pardevant est dit, il convient que tous les eschevins de Baralle et de Buissy se mettent enssamble à leur secret, à Baralle ou à Buissy, en lieu où il puissent faire escrire leur enqueste le plus justement quil porront, selon le cas dont il aront esté conjurez et dont il convient que il y voisent Aras; et se il ny a nus de leurs compaignons qui sache escrire leur enqueste, il leur fault avoir i clerc sermentés par le mayeur, pour eulx servir en chely cas ou en autre, sil en ont affaire; et se convient que chely soit hons justes et loyaus et bien secret, et aussy que se il estoit eschevins, pour che quil fauroit quil fust à le fie le secret d'eschevins.

21. Item, que quant eschevins aroient fait escripre leur enqueste de commun acord, il convient que cheulx qui demouront et n'iront mie Aras, sellent de leurs seaulx bien clos en manière de raulle ledit enqueste, pourquoy cheux qui le porteront ny puissent ne mettre ny oster autre chose que che que leurs compaignons aront acordé eulx tous ensemble au départir.

22. Item, que quant les eschevins sont alés Aras devers les seigneurs et eschevins de le halle d'Aras, et il plaist asdis seigneurs de eulx délivrer et avoir en aius sur leur enqueste, les dessus dis eschevins font hucquier ceulx de Baralle, et quant ilz sont aveucques eulx en leur secret, il ny a que les seigneurs et leur conseil sermentés, et font seir cheulx de Baralle et de Buissy en coste eulx, et puis il leur lisent mot à mot leur dite enqueste telle quil leur ont baillié; et quant il ont visité l'enqueste, si leur demandent il sil y veullent plus riens dire que par leur escript ont bailliet; et lors quant il ont che demandé, ceus de Baralle, sil avoyent aucune cose oublié, il leur dient et ont conseil sur tout; et quant il leur baillent le querque de ledite enqueste, il leur dient ainssy : sei-

gneurs eschevins, nous avons bien veu che que vous nous avez bailliet par escript et aussy de bouque, pourquoy nous vous disons que, se nous avoesmes affaire et à jugier telle cause ou telles en tel cas que vous avez, nous feriesmes et jugeriesmes ainssy quil leur plaist à dire, mais tenes et wardes bien vos us et vos coustumes.

23. Item, que quant les eschevins ont leur enqueste ainssy que dit est en leur querque de bouque sans escrit, et quant ce vient à l'issir, il fault que li mayeur payeche au hallier de sen droit V sols parisis, à cascune fois que les seigneurs eschevins baillent querque d'enqueste as eschevins dessus dis, et plus ne quiet de frait, de droit et d'usaige anchiennement acoustumé quil leur feroit droit; et parmy che, il est tenus de ramentevoir as seigneurs le fait de cheux de Baralle, et d'aler querre les seigneurs eschevins avant le ville au commandement des autres, pour leur délivranche; combien quil ait aucun sergent de seigneurs qui veullent avoir leur vin pour che que, pour eulx aucune fois, vont querre les seigneurs à leur tour, ainssy que le hallier porroit faire, sy leur donnon qui veult et qui non; mais il ont acoustumé depuis, et fault quil soit, qui doivent avoir V solz aussy bien que le hallier, de cascune enqueste, car ainssy le falut faire en l'an iiij^{xx} et ix (1489), pour le fait de Jaquemart Pasque et de Castel.

24. Item, que aucune fois les eschevins d'Aras ont i clerc sermentés qui est à leur secret et qui list l'enqueste que cheus de Baralle ont aportée, pour che quil est à le querque et au conseil baillier de ledite enqueste, cheux de Baralle, hors de le halle à secret, li peuent, pour le vin, pryer qui leur veulle escrire en leur présence, pour mieulx souvenir et retenir et pour raporter plus justement; et sil lui plaist il le fait, et se il ne luy plaist il n'en fait riens, car au fort on ne l'en porroit de riens contraindre, car le coustume n'est mie telle.

CH. 7. *Comment on doit jugier amendes en le loy par les eschevins, au conjurement du mayeur.*

25. Premiers, il est de coustume que se i homme fiert i aultre de coutel, de dague ou d'espée, ou d'armure esmolute, et il est seu et prouvé contre luy, il est à LX livres cambresis d'amende.

26. Item, sil est aucuns qui fierch i aultre de main garnie de quelque cose que che soit, ne quil ait en se main, il est à X livres cambresis d'amende; et aussi seroit il d'un wans en se main ou d'un annel ou autre cose.

27. Item, se aulcun fiert d'un planchon ou de cuingnies ou de baston affaities, et il est seu et prouvé contre li, il est à X livres cambresis d'amende, et aussy seroit il de son piet cauchiet.

28. Item, se aulcun fiert i aultre de se main nue ou il adoise par aucune

manière de bouter ou de saquier, et il est seu et prouvé contre ly, il est à XXX sols cambresis d'amende.

29. Item, se aulcun fiert i aultre de se main ou de sen puing, ou il le hurte et saque et fache à chely sanc, et il est seu et prouvé *(contre)* ly, il est à LX sols cambresis d'amende.

30. Item, se aucuns desment i aultre et il sen veulle doloire au seigneur, et il soit seu et prouvé contre ly, il est à V sols cambresis d'amende (181).

31. Item, se aucuns fait demande, pardevant le mayeur et les eschevins, à aultre de certaine rente sur aucun héritaige et il en dequiet, il est à LX sols cambresis d'amende.

32. Item, se aucuns fait demande de héritaige à aultre sans cause, pardevers le mayeur et eschevins, il est à LX sols cambresis; et se cest à cause, et partie se deffend contre qui li nie, il est aussi à LX solz, sil a tort.

33. Item, que nul ne doit fouir, ne fosser, ne riens emprendre sur le warequais du seigneur, se ce n'est par grasse du mayeur ou de son lieutenant, sur l'amende de LX sols cambresis.

34. Item, que nul ne doit despouillier héritaige d'aultruy, se ce n'est par grasse de l'iretier ou de son commis, sur l'amende de LX sols cambresis, car il est renouvelé tous les ans es bans d'aoust.

35. Item, que nulz ne se doit clamer d'aultre ne li faire aucune demande, sil ne le fait bien justement; que sil y a à dire par bon conte ou par confession de partie, et le mayeur l'en veult calengier à amende, il sera à V sols cambresis d'amende; mais on se peult bien clamer l'un de l'autre de si grant somme que on veult sans meffait, mais que on restraigne se demande en disant: jusques à boin conte.

36. Item, que se nul se claime d'aultruy, et il fault que le demandeur soit crus par sen serment et quil en jure sur les sains, et partie défenderesse ne se deffent, li tiers, à jurer le contraire contre ly et semblablement sur les sains, et le mayeur l'en veult calengier d'amende, il sera à V sols cambresis (182).

37. Item, que se nul enforchoit i aultre en se maison comme de li battre et de li courre sus, et il fu seu et prouvé contre li, il en seroit à LX livres cambresis d'amende, et si est toute l'amende au seigneur.

38. Item, que si aucun fait débat, tenchon ou rihotte des uns as aultres sur le waresquais du seigneur ou ailleurs en se maison, et l'autre partie l'aloit assalir en sedite maison, fust à wis ou à fenestres, ne à paroit, ne chose de le maison, et il fust seu et prouvé, il seroit à LX livres cambresis, toutes au seigneur et toutes amendes de LX livres; mais par la coustume du lieu i hons peult bien

saquier un coutel, une espée ou aultre chose défensable sur i aultre sans férir, ne adoser, quil n'est point à amende, et aussy faire cache, l'un aprez l'autre, le coutel ou espée ou autre baston en se maison de qui est les deux villes, et mesmement jusques en se maison et parmy le maison de son hainneur, tout en alan sen quemin, sans arrester ne sans férir à adoser à chose nulle d'ichely qui cacheroit; et se n'en seroit point à amende fors quil fust bien monstrés; et sil estoit trouvés le contraire, il en seroit à LX livres cambresis (*textuel*) (183).

39. Item, que se aucuns jue à dés et il est seu et prouvé, il est à V sols cambresis d'amende.

40. Item, se aucuns soutoite le ju de dés, il est à X sols cambresis d'amende sil est seu et prouvé contre li (184).

41. Item, que toutes amendes doivent estre jugiés par eschevins, et doivent avoir les eschevins en toutes amendes le tiers contre le seigneur, exepté es amendes de LX livres où il n'ont riens; et aussy es amendes de X livres où il n'ont que XX sols; et sont toutes amendes jugiés en cambresis, dont les II cambresis vallent I denier d'Artois.

42. Item, que se le mayeur faisoit aucun exploit de justice à aucune personne, par commandement ou par main mise, et présent eschevins, et cheli estoit reffusans et desobéissans et li maires l'en volloit calengier d'amende, il seroit à LX sols cambresis d'amende, les ii pars au seigneur et le tiers as eschevins.

43. Item, que se ledit mayeur avoit fait aucun arest par l'enseignement d'eschevins, à le requeste d'aucune personne, fust sur biens as camps ou à le ville, et ledit arrest senefyet à partie à qui il appartenoit à senefyer et présens eschevins, on ne porroit asdis biens attenter, prendre ne lever, se n'estoit par le gré du mayeur ou de son lieutenant, sur l'amende de LX sols cambresis.

44. Item, que le coustume de Baralle si est telle que, sil i a aucun débat en le demaine de le loy, et le mayeur le peult savoir, et partie ne se vosis point doloir ne conplaindre au seigneur l'un de l'autre, li sires se peult bien plaindre et faire calengier sur les faisans, et che quil en porra prouver pardevant eschevins à leur secret, les parties seront jugiés à l'amende selonc che qui sera prouvé contre eulx.

45. Item, que le coustume est telle que, se il y a aucuns quil ayent débat ensemble et ayent feru l'un l'autre, et il s'en veullent dolloir et complaindre au seigneur pardevant eschevins, li maires les calenge selonc leur meffait, et fault faire audicions de tesmoins par eschevins; et se il est bien prouvé leur délit tel quil aront fait, il sont jugiet en ledite amende; ledite partie villenée, en amende de X livres, en a VI livres à part ly, et le seigneur et eschevins

IIII livres, desques IIII livres le seigneur en a LX sols cambresis et eschevins XX sols cambresis.

46. Et en celles de XXX sols, partie villenée qui se plaint en a le moitiet contre le seigneur, et le seigneur et eschevins l'aultre moitiet; et ledite partie villenée ne se peult jamais mener en fait de werre contre s'averse partie, pour chely fait et cause, ou cas que il sera plain au seigneur ne prins le proufit de l'amende.

47. Item, que toutes amendes jugiés par eschevins de X livres, le coustume est telle que, se partie qui est villenée se plaint au seigneur, il a les VI livres se prendre les veult, ainssy en demeure IIII livres dont monseigneur en a LX solz et eschevins XX solz, et tout à cambresis; et se partie villenée ne les veult prendre elle demeurent au pourfit du facteur, et s'ont eschevins le tiers es amendes en desous, puis quelles sont jugiés par eulx.

48. Item, que le coustume est telle que de nul fait quelconques quil appartient que ou fait de l'ofice du mayeur et d'eschevins, que se le mayeur veult aucune personne calengier d'aucun délit avoir fait, dont il ait fourfait amende, se li semble, il appartient que pardevant eschevins le mayeur calenge ledite partie; et se partie le connoit, il n'y a que de le jugier selonc che quil connistra; et sil plaist au mayeur de plus avant enquerre, il le doit pour offrir à prouver le sourplus, et se il veult prouver, il est de raison quil amène ses tesmoings par qui il le veult prouver pardevant eschevins, et lors le mayeur leur fait faire serment, et présens eschevins, que de le cause dont il les a trait en tesmoingnage pour le seigneur ou contre, quil en diront as eschevins che que il en saront; et lors quant il les a sermentez, les eschevins, à leur secret sans le mayeur, les examinent le plus fort que il peuent, selonc le cas, et ne peut le mayeur estre à leur secret, et ne doit estre à nulle audicions ne pour le seigneur, ne pour aultruy, ne il ne set ne doit savoir le jugement d'eschevins, jusques à tant que il aront rendu ou pour li ou contre li, et en cas pareil pour aultres.

49. Item, que es amendes de XXX solz, le partie villenée en a le moitiet s'elle le veult prendre; et s'elle ne le veult prendre, il demeure au proufit du facteur, et monseigneur et eschevins ont l'autre moitiet, et en le moitiet, eschevins ont le tiers.

50. Item, en toutes amendes quelconques, excpté de LX livres, le seigneur et les eschevins ont tout, se ce n'est es rapport de messiers, de che quil ne jugent point, et aussy des sergans d'aoust en cas pareil, mais de che quil jugeront il ont leur tiers en l'amende (185).

51. Item, le coustume de Baralle est telle : quiconques lieuwe maison de main

ferme qui doit deniers au seigneur, d'an en an, de terme en terme, il doit au seigneur, par an, XII deniers de seurostaige, moitié à le Pasque et l'autre à le Saint Remy; et aussy font toutes manières de gens qui tiennent maisons à rente, sil n'en sont aherités plainement dudit seigneur par le loy, se ce n'est es manoirs de fiefs quil ne doivent nulle xij^{es}. ou quiesmes. (186).

Сн. 8. *Chest l'ordenanche con dist le jour des sermens que on doit faire à l'entrée d'aoust, ainchois que soilles ne secourions soient soyet ne manouvré* (187).

52. Premiers : Il est de coustume que quant les secourions sont en point de soyer et de manouvrer, pour che que Mgr. de Saint-Pol, en le ville de Baralle et là entour, a pluiseurs grant foisons de terres partaules, et aussy Mgr. le Baudrain d'Esve, au terroir de Bussy, à parluy, pourtant quil leur peult rewarder à tous, on a acoustumé anchiennement :

53. Item, il est de coustume que, VIII jours devant ainchois que le jour des sermens d'aoust soit, que li maires l'anonche au moustier, à le messe, et le fait on toudis à tel jour que le dimanche environ le Saint Wast.

54. Item, que au jour des sermens, il est de coustume que li messier qui aront esté pour l'année doivent raporter par escript, pardevant le mayeur et eschevins, toutes les prinses quil aront faites, et n'ont plus pooir jusques aprez aoust que on les restablist de nouvel, ainchois que on recommence à semer pour le temps à venir.

55. Item, que audit jour des sermens, il est de coustume que chely qui est censsier du seigneur desdits camparts et terrages appartenans au seigneur, il se doit présenter devant le mayeur et eschevins, et pour offrir certaine personne ydoine, soit il mesmes ou aultre pour li, et pour le droit du seigneur prenre et partir justement et loyalment selonc che quil appartient as bonnes gens sur les camps; et lors le mayeur le sermente bien et fort de prendre le droit du seigneur justement et loyalment, de partir et aler partir as bonnes gens touteffois et quantefois que requis en sera, et aussy au poure comme au riche, et le droit des bonnes gens warder ; et si li donne le mayeur plain pooir et autorité de par Mgr., et le commet et establis sergans des camps pour prenre toutes manières de gens malfaisans sur les camps, pour le mechon d'aoust, comme de fais mal mechonnez, de trouver car ou carette quariant devant soleil ou après soleil couchant, ou bestes en damaige ou en nouviaux portis, et de pluiseurs autres coses quil appartient affaire audit offisse, et de rapporter justement et loyalment leurs prinses pardevers le mayeur, au pourffit du seigneur, selonc le meffait quil aront fait.

56. Item, pour che que à Mgr. le Baudrain appartient, alencontre du seigneur, le moitiet desdits campars et terraiges, exepté en aucunes con appelle aleus forains où il ne prent riens contre le seigneur, ledit Beaudrain, sil tient son droit en se main sans courir à cense, il appartient que il de se personne ou arme de pour li, soient à cheli jour pour commectre certaine personne pour li et en son nom, de prenre et recevoir sen droit, et rechevoir sen droit alencontre de son seigneur sur les camps tout partout où il a sen droit; et quant il est ordené ledite personne pour li et en son nom, on adreche à ly ainsy con fait à chely qui est pour le seigneur, et sur che le maieur le sermente; et se ledit Baudrain les a bailliet à censse à aucune personne, ichely doit venir pour offrir de faire serment pour partir justement et loyalment alencontre du seigneur, et ne peuent partir l'un sans l'autre pour raison.

57. Item, encoire pour le fais des campars de Buissy, où nus ne partist contre les hommes Mgr. le Baudrain, il est de coustume que il ou personne de par li audit jour des sermens, représente une personne, pour li en son nom, pour cachier ses campars de Buissy; et quant il a che fet, le mayeur pardevant eschevins le sermente comme il appartient et l'establist sergant d'aoust de par le seigneur, comme cheli de Baralle.

58. Item, doivent les eswardeurs des fiens et des terres de Baralle et de Buissy, deument sermentés par le mayeur, et présens eschevins, doivent rapporter au jour des sermens d'aoust, par escript, tout che quil ont eswardé en le saison passée, pourcoy les bonnes gens qui ont fumé puissent avoir et emporter paisiblement, en l'aoust prochain, le prouffit et le despouille du mars de le terre quil aroient, si avant que par eulx seroit raporté, et aussy bien sil avoient fumé sur gasquiere que sur li mars, si doivent emporter franc le premier mars après ensuivant de che quil auroient fumé.

59. Item, quant a fet che que dit est, le mayeur et présens eschevins, sy fait pour le seigneur, quil soit nus ne nulle qui soie ne maneuvre terre qui doivent campart ne terraige appartenant as dessus dits seigneurs, sil n'ont fait serment chely jour, sur l'amende de LX sols cambresis.

60. Item, que nulz ne carrieche ne ne porte ne despoulle le terre d'aultruy se ce n'est par le gré et volenté de l'iretier ou de son commis, sur l'amende de LX sols cambresis.

61. Item, que nulx ne despoulle terre villaine sans partir, sur l'amende de LX sols cambresis.

62. Item, que nul ne quarie devant soleil n'après soleil, et se il est pris en cheli fait, il est à LX sols cambresis d'amende.

63. Item, se on treuve beste aucune en damaige, soit en blé ou en marchaine, il est à V sols cambresis d'amende et rendre le damaige; et sil en y avoit pluiseurs nient plus n'en seroient elles.

64. Item, se on treuve pasteur wardant bestes as cans en damaige, ou bastant coisiaux, il est à V sols cambresis d'amende.

65. Item, se on treuve aucun messonneus aportant fais de glenne, soit de blé ou de secourion, ou fais d'avaine ou de veche mal mechonnés, il est à V sols cambresis d'amende et le fais acquis au seigneur.

66. Item, se on treuve aucun meschonneur portant faucille as camps, il est à V sols cambresis d'amende, et le faucile acquise au seigneur.

67. Item, se nulz ne nulle entre en le ville à tous fais de messons, se n'est par les sentiers acoustumés, il est à V sols cambresis d'amende.

68. Item, se nuls afincelle queval ne vaque derière li as camps, et il donne gavelle de blé ou d'avaine à menger, il est à V sols cambresis d'amende.

69. Item, se nus aporte fais de meschons, de camps à le ville, devant soleil n'après soleil, il est à..... (*sic*).

70. Item, se aucuns font (*vont*) fustant les courtieux l'un de l'autre et il est seu et prouvé, il est à V sols cambresis d'amende.

71. Item, et de toutes les prinses et rapors fais par les sergans des camps deument raportés, tant de Baralle comme de Buissy, il doivent estre creus par leur serment, car on n'y met mie volentiers gens qui ne soient de raison, et doivent li sergant faire leur raport pardevers le mayeur ou le recheveur du seigneur.

Cн. 9. *Comment on doit faire messier à Baralle et à Buissy, ne quant pour warder les mises sus les camps* (188).

72. Premiers, il est de coustume que quant l'aoust est passé, à le requeste des censsier du seigneur, il se retraient devers le seigneur ou le mayeur en li requerant et présens eschevins, quil establiche i messier pour prendre warde sur les camps, pour tant quil leur touque, sur les terres des campars et ainsy quil appartient affaire.

73. Item, et lors, à leur requeste, le mayeur par leur advis et le conseil d'eschevins, il en élisent quil soit preudomme et ydoine de ce faire; et lors li maire le sermente pardevant eschevins, de bien et justement et loyalment exerser ledit office et de faire bonnes, justes et loyaulx prinses, et raporter par le foy de sen cœur et de sen corps, et sur quanques on peult jurer, et sur le damnation de son ame que de faire ledit office; et lors li donne pooir de par le seigneur, de prendre, d'arester toutes manières de prinses, comme de cars, ca-

rettes par faus sentiers, de bestes, d'erbilleurs, d'erbilleresses et de toutes autres choses quil appartient à messier; et aussy ledit messier le jure et promet affaire bien et loyallement ainssy que dit est; et si doit payer le messier le vin audit mayeur et eschevins qui sont audit serment faire.

74. Item, on a vent que li messiers avoit de sallaire pour ses droiz, sept mencaux de blé sur les rentes du seigneur, mais il est ordené que li messiers ont moitiet es prises et n'ont plus de blé ne autre cose; et ne sont les amendes des messiers, les plus grandes, que de V sols cambresis et de XII deniers cambresis, au prouffit du seigneur et de li, et de faire rendre le damaige à cheulx qui l'aroient fait, et le doit raporter pardevers le mayeur ou son lieutenant.

75. Premiers, le coustume est que, puis que une terre sera terchie, on ny peult ne doit carier sur le temps avenir, se ce n'est sur chemin acoustumé, et qui iroit hors du chemin et se fesist nouvelle voye, et qui le feroit ainssy, et le messier le trouvoit, fu cars ou carette, il seroit à l'amende telle que devisé est par chy devant.

76. Item, en cas pareil, se on y cachoit i fouc de bestes, il seroit à XII deniers cambresis, et autant sil n'en y avoit que une; et aussy gens de piet et de queval, sil n'est à frain et à selle.

77. Item, en telle manière, se les terres sont mises sus, tant à le roye, à blé comme à mars, on ny peult aler ne carier se ce n'est en péril d'amende, pour che que on dit que c'est faus sentiers, sil estoit trouvés du messier, et de rendre le damaige.

78. Item, se li messiers treuve erbilleurs ou erbilleresses es blés, soilles et secourion, après le deffense faite par le mayeur et présens eschevins, cascun est à l'amende de XII deniers cambresis.

79. Item, en cas pareil, es terres querquies de mars, exepté poix et vesches qui sont défendu des con les sème, se ne sont cheulx à qui il sont pour roster aucune ordure qui les porroient grever, et qui le feroit autrement, il seroit à l'amende de XII deniers cambresis.

80. Item, quil est accoustumé que ledit messier faiche enseigne sur l'entrée des quemins, parcoy les gens se percheivete de le défense et que on ne s'en puist mie excuser, et aussy à l'entrée des faus quemins.

81. Et de toutes les prinses faites par ledit messier, il doit estre creus par sen serment sil n'est monstré trop souffisamment contre luy.

82. Item, pour ce que le messier n'est point ordené à Baralle que pour les terres du seigneur, il ne prenroit point warde, sil ne volloit, as autres terres franques se ce n'estoit par le gré du seigneur, et aussi que d'icheulx en avoir

aucun proufit qui le requeroient que il presist warde aussi bien comme as autres du seigneur.

83. Item, quil est de coustume que cascun qui treuve bestes en sen damaige, il les peult bien amener en le prison du seigneur sans meffet; et ne les peult le seigneur délivrer que on ne soit réparé de sen damaige; et doit le mayeur, pour le seigneur, livrer prison pour ses drois avoir en le ville de Baralle.

Cʜ. 10. *Quel droit le mayeur doit avoir de bestes amenées par devers li en prison, par aucunes personnes ou pluiseurs.*

84. Premiers, le coustume est telle, à Baralle, que li mayeur doit livrer prison pour mectre bestes, quant li cas le desire et aucunes gens les y amainent, soit le messier ou autre, sil les treuvent en damaige; et doit avoir ledit mayeur, de cascun jour qu'il seront en prison, XII deniers cambresis, et sil les gouverne, il doit avoir che quil fraieront raisonnablement, car le jugement en fu rendus du tans Jehan Cuvellier, qui estoit mayeur de Baralle, en lan mil quatre cens lxviij, pour le fait de Jehenne de Vitry qui en fist fait contre le mayeur.

Cʜ. 11. *Ques drois doit avoir le mayeur en le mairie de Baralle* (189).

85. Premiers, le mayeur doit avoir de cascun clain XII deniers cambresis.

86. Item, se un fait un faus clain, c'est a entendre une fausse demande dont il dequieche, il doit avoir III sols cambresis.

87. Item, que tous les défaillans qui ne payeroient mie leur rentes au seigneur au jour de Pasques, au jour de Noël, au jour de Saint Remy, as jours que on doit payer sil les rechoit, il a II sols cambresis, mais on a de coustume qu'on le anonche viij jours devant le droit jour auquel on veut rechevoir lesdites rentes du seigneur, soit par le mayeur ou par le recheveur du seigneur; et si les rechoit on en ledite ville de Baralle, et aussi bien est on à loix, à i lez comme à l'autre, qui ne paye à chely jour, se li maires veult ou li recepveur.

88. Item, que li mayeur doit avoir de cascune saisine que on fera sur les camps, sur aucuns biens ou sur héritaiges, V sols cambresis, et eschevins leur vin raisonnablement.

89. Item, que de tous rapors fais des héritaiges en se main et présens eschevins, espéciallement des terres à camps, il doit avoir de sen droit XXX deniers cambresis.

90. Item, que *de* tous héritaiges, raport par manière de vente en le main du mayeur et présens eschevins des terres as camps, que de tant de gens qui mectront main au baston pour eulx deshériter, il doit avoir à chely qui en doit avoir le saisine, pour cascun, XV deniers cambresis, se ce ne sont ij conjoingz en mariage, car il ne font que une obligation.

91. Item, en cas pareil, des héritaiges des camps, des obligations par raport, de tant de gens mectant main au baston, li maires en a pareillement à eulx les droitures, aussi bien que sil estoit vendu, et aussi ont eschevins, mais tant y a que ycheulx qui s'obligent les payent, et quant il ont acquitiet leur héritaige, li maires les y remet sans cous et sans frait; et sil avient que li héritaige soit vendu par le seigneur, par le vertu de l'obligation, chely qui en hérites les payera.

92. Item, que de tous héritaiges, les manoirs vendus en le demaine de le loy, li maires à cascun, tant au vendeur comme à l'acateur, *prend* XII deniers cambresis d'autant de gens qui mettront main au baston; et autant paye le vendeur comme l'acateur.

93. Item, que le mayeur doit avoir de sen droit le forage de tous bruvaiges, exepté de vin leur il n'a nus droit, mais est au seigneur; et de tous boires les eschevins ont de leur droit i lot de cascune pièche, soit vin ou servoise; et le mayeur de cascun brassin iiij los, et ij los s'on veult au cabaret.

94. Item, doit en le mairie et esquievinaige de Baralle, avoir un chep pour mectre aucunes personnes se mestiers est, pour aucun deu dont il sont contrains par ledit mayeur et présens eschevins, à le requeste d'aucune personne; et ou cas quil seroit manans et regidens en le ville de Baralle ou de Buissy, ledit prisonnier doit avoir prison sus rue, soit en chep ou en autre prison, et par le coustume du lieu, le mayeur le doit faire warder au coust du prisonnier ou de partie adverse, en ledite prison, vij jours et vij nuys, ainchois que le doye envoyer en prison à Oisy, se ainsy quil soient d'acord à se partie averse, en dedens le terme dessus dit.

95. Item, que se ledit prisonnier n'estoit point demourans es ij villes dessus dites qui seroit arestés, mis en prison pour aucun deu, ly maires ne le warderoit point, sil ne volloit, que i jour et ij nuys quil ne le menast à Oisy, et le requerquier à le tourrie pour tel fait dont on le poursievroit, et partant le mayeur en seroit delivrés de le warder; et se il ne seroit point délivrés, se ce n'est par le consentement dudit mayeur, et par se relacion quil en feroit à sen seigneur du cas tel pour lequel il aroit esté menés.

96. Item, que sil avenoit cose que aucuns héritaiges tenus de le mairie et esquevinaige de Baralle, fussent pour aucun deu obligiet, et par rapport fait deument, pour vendre ou mesvendre, se ly cas le pour offroit, à requeste de partie, et il fausist que li mayeur le mesist à vente, il fauroit que chely pour qui il seroit obligiet le requesist au mayeur et par clain et présens eschevins, et que par enseignement d'eschevins, li maires le fesist et non aul-

trement; et sil se faisoit, il fauroit que le mayeur le senefiast, après che quil aroit mis à vente, et présens eschevins, à le partie qui ledit héritaige avoit obligiet pour savoir si se vauroit en riens opposer à ledite vente, ne se il voroit pourpozer paye ou respit ou quittanche dudit deu; sil le volloit faire, on ly assineroit jour en le manière quil appartient, à Baralle, et cesseroit le vente jusques à dont que li jugemens seroit rendus ou pour l'un ou pour l'autre; et sil ne volloit riens dire contre, li maires le crieroit par iij jours solempnes, pour che que c'est le coustume, et aussi de le vendre à cry et à reméré; et pour sen sallaire de che faire, il en doit avoir V sols cambresis du mains, sans le cout et les frais de ly et d'eschevins, pour aler faire les seignifications en le manière quil appartient.

CH. 12. *Comment on doit afforer, soit vin ou cervoise ou aultre desréez qui se vendent par affor* (190).

97. Premiers, il est de coustume que se il est personne qui veulle vendre en le maisrie et esquevinaige de Baralle, il doit requerir au mayeur quil li faiche aforer ses desrées; et lors li maires sy assamble les eschevins, tant de Baralle comme de Buissy; et faut à l'aforer quil en y ait iiij du mains, et faut quil en y ait de Buissy aveuc cheulx de Baralle, et les amaineche en le maison du requerant; et lors loste sy requiert au mayeur et par clain et présens eschevins, quil ly faiche aforer ses desrées; et *quant* il a che requis, le mayeur conjure les eschevins par le foy et serment quil ont *fait* à Dieu et à Mgr. que il mectent tel feur et tel pris as desrées de loste qui ne soit mie perdans, et aussy que les bonnes gens n'ayent cause de plaindre de l'afor; et vont ij eschevins à tout i pot aveucque loste à le queuwe ou à le pièche de vin quil veut aforer, et il wetent dedens se le queuwe est plaine, et s'elle n'est plaine et que on en ait sacquiet sans le congict du seigneur, il est en eulx de li demander se li mayeur luy a donné grasse avoir d'en sacquier ou non, et sil dist oil, il le peuent demander sil leur plait au mayeur; se le mayeur l'avœue, il est en péril d'amende, et sil ne l'avœue, il est à l'amende sil en a vendu, sil plest as eschevins de le dire au mayeur; et aussi li eschevins font eswart, au fons du celier de loste, sil ny a nulle bassières es queuwes aultrement pour che que, par raison, on ne peult ne devroit aforer que loste les eiust toutes widies, pour che que il en porroit bien *evocquier* (eûquier) aucuns boine gens à faire melle de l'un avec l'aultre.

98. Item, que quant les eschevins ont tout ce fait et eswardé, et il sont dacord d'aforer, il doivent hucquier loste à leur secret et li demander, en se loyalté et par sen serment, quil leur die en droite vérité combien le lot de vin ou

le muy li couste amené en se maison, et apartient par raison quil leur die pour plus justement mettre à pris, et aveuc che doivent les eschevins demander au mayeur sen conseil et à aucunes gens de bien, se il sont, affin que de mieulx estre conseilliés pour ledit affor, et touteffois, nonobstant quel conseil prins, se il sont dacord du pris tel quil leur samble qui doivent valloir, en leur secret il le tiennent, et puis se dient ainssy au mayeur, en tenant l'un des eschevins le vin ou che que on veult afforer comme de vin ou de cervoise ou aultre desrées, soit en i hanap, ou en i voire, ou en i godet, il dient: maires, nous avons bien veu que li ostes que vechy, en no présenche, vous a requis et par clain que ches desreez li soient aforées et mises à juste pris, et que de che vous nous aves conjurés ; pour nous, vous disons et par jugement, que vous faichies commandement audit oste que il tiengne ses desrées juste et loyaux, en tel estat que nous les trouvons, sans y meffaire, sur l'amende de LX sols cambresis ; item, qui les saqueche à juste pot et à juste mesure et loyal, sil les a, et sil ne les a et il vous requiers à avoir, que vous li faichies avoir à sen coust et frait, juste et passet par l'eswart d'eschevins, et si en edeche à toutes manières de gens pour leur argent ou pour boin waige, et se il le veult croire, il en est en ly, et venge cascun lot le pris dont il sont dacort et aussy du pain.

99. Item, et lors le mayeur fait commandement à loste, de point en point, ainssy que eschevins l'ont jugiet, quil le faiche et entretiengne et sur l'amende acoustumée telle que dessus est dit ; adont respont l'oste qui se wardera de meffaire, se diex plaist, et qui tient le jugement à boin ; ou il dira, se ly plaist, sil voist quil soit trop perdans et que on ne ly ait mie bien afforé chely, japelle de che jugement ; et sil faisoit, il fauroit que eschevins sousteintes contre ly, à leur coust, frait et despent, leur jugement, ou il y aroit grant perte pour eulx et grant blasme.

100. Item, que le coustume du lieu est telle que, de cascune queuwe de vin que on vendera audit lieu ou en lesquevinaige, li sires a pour son droit ij los de vin de cascune queuwe, et li eschevins i lot et i pain de cascune queuwe.

101. Item, que de ung tonnel, tout en une pièche plain de vin, ly sires en a iiij los de vin et eschevins ij los.

102. Item, sil y avoit aucun qui vendesist vin en gros, sans détail, en ledit eschievinaige, affin quil y fust desquerquiet, ly sires voroit avoir ses afforaiges et ly eschevins aussy comme dessus est dit, se me doubte quil n'en fust riens, assavoir ailleurs comment il en est.

103. Item, que le coustume du lieu est telle que on ne doit afforer que au cambresis, dont les ij cambresis doivent valloir i denier d'Artois

Ch. 13. *Coustume de la ville d'Aras.*

104. Le coustume est telle que pour cose que i homs doiche, se femme ne peult estre arestée ne clamer sur elle, se ainssy n'est que ledite femme soit obligié aveucque son mary ou aultrement, se elle n'a prist aucune desrée, au creu elle de ly, de se personne soit bourgoise ou foraine.

105. Et aussy seroit il à Baralle, se le cas y queoit, pour che que il prendent leur retour et leur sens des choses dont il ne sont mie saige de jugier, mais sen catel, de tant quelle seroit mariée et ses barons seroit espave, on aresteroit et contraindroit, mais à sen corps non, sil n'estoit ainssy que dit est.

Ch. 14. *Comment une gentil femme doit avoir douayre en fief que son mary ara vendu, le mariage durant de yaulx deux* (191).

106. Comment quil soit venus, ou desqueanche ou de coste, et en ces coses l'ara elle, tant l'ait il vendu xxx ans ou xl ans devant son trespassement, et bien ait esté vendu par plusieurs fois et mis de main à aultre, car à celuy qui le tenra, ledite femme le requera et demandera, et ne vaura à chely le longue tenure riens, ne chose quil dit quelle ny soit mise de fait, tout aussy tost quelle le demandera, et chieux sera appellés pour dire ses raisons se il y a pourcoy elle ny doit avoir droit.

Ch. 15. *Par quelles manières peult une femme faire quelle n'a point droit de douayre.*

107. Par trois manières, peult le femme faire tant quelle a droit de douayre en che que ses maris a vendus durant leur mariaige.

108. Li premiers, si est quant sen mary vent sen fief et baille et délivre pardevant hommes et seigneur, de se terre, à ledite femme, en escange pour le douaire quelle y porroit demander, et elle se en tiens à bien récompensée et payé et partant claime quitte, sen douaire jamais avoir ly peult tant vendist elle labout et l'escange dont, s'elle le vendoit, il apert bien quelle a eu son escange et récompenssement quant elle en a goy.

109. Ly secons est que, se elle renonche pour son ordinaire, chest par lettres de l'official; se elle les donne et quelle ait eu convent que jamais, en temps advenir, droit de douaire elle ne demandera en le vente du fief que ses maris a fait, et ara eu convent par se foy ad che tenir, or est voirs que tant y ait elle renonchiet par ceste manière, s'elle s'apert, après le trespas de son mary, en court de seigneur, et faiche ajourner chely qui l'acat ara fait dudit fief à son mary, et die au seigneur: je vous requiers, comme au souverain, que men douaire vous me faichies avoir et partir et bonner au fief que mes maris vendi à tes que vees là; li sires le fera mettre et en joyra, tout débat elle que avoir ne le doit mie

par le renonciacion où elle s'est mise, car elle peult maintenir et dire que che quelle en fist che fu par cremeur et de doubte que ses maris ne l'en fesist mal; dont li acateur le peult bien contraindre par escumeniement, et se, il poroit faire ajourner en le court du roy, s'elle estoit couchans et levans en sa prevosté ou en se domaine, et requerre quelle fust mise hors de douaire comme celle qui avoit renonchiet, li prevost l'en ostera tantost pour se foy quelle y ara mise, et encore se denier ou loyer s'en estoit ou fussent bailliet et quelle l'eiust eult et que, pour che quelle y eust renonchiet, jamais ny poroit avoir douaire par droit.

110. Le tierche cose, si est se ledite femme a renonchiet au droit de wellepier *(velléien)*, car che est li secons et li drois que droit de douaire leur fait avoir, dont il apert par ces iij petis vers :

> Casibus in seuis mulier *spondende* tenetur,
> Pro *librante quod dare* renonciet
> Et si *decipiant* precium cupiat, amat que secundo.

Ch. 16. *Il est vray maires, comme vous saves, que il est usaige et de coustume tous les ans, une fois en l'an, quinzaine ou iij sepmaines après le saint Jehan-Baptiste ou environ, que de renouveller et faire les bans d'aoust, ainssy quil est acoustumé* (192).

111. Et premiers, vous establires sergans d'aoust et les sermenterez pour les campars; et après, quant il aront esté establi et sermentez pour cachier les deniers campars pour cheli an, par vous seront sermentez présens eschevins, ainssy quil est acoustumé de faire.

112. Item, en après, vous ferez le ban et deffense de par Mgr. le conte de Saint-Pol, que nulz ne maneuvreche les biens des camps qui sont sur terres partaulle, se aront fait le sermeut en vo main comme mayeur et présens eschevins, de le manouvrer justement et loyalment, ainssy quil appartient ou de les faire faire, et sur l'amende de LX sols cambresis.

113. Item, vous ferez le ban et deffense de par Mgr. le conte de Saint-Pol, que nuls ne despoulle héritaige d'aultruy, se ce n'est par le gré de l'iretier ou de son commis, sur l'amende de LX sols cambresis.

114. Item, vous ferez le ban et deffense de par Mgr., que nuls ne despoulle les biens des terres partables, sans partir, ou par le gré des commis du seigneur, sur l'amende de LX sols cambresis.

115. Item, vous ferez le ban et deffense de par Mgr., que nuls ne quarie devant soleil levant ne après soleil escouchant, sur l'amende acoustumée.

116. Item, vous ferez le ban et deffense de par Mgr., que nuls ne nulles n'aporte fais de blé, ne d'avaine, ne d'aultres grains des camps, devant soleil

levant ne aprés soleil esconssant, sur l'amende de V sols cambresis et les fais acquis à Monseigneur.

117. Item, et vous ferez le ban et deffense de par Mgr., que nuls n'aporte fais de blé ou d'avaine ne d'autre fourage, des camps à le ville, se ce n'est par les entrées de le ville et par les sentiers acoustumés, et sur l'amende de V sols cambresis, et les fais acquis à Monseigneur.

118. Item, vous ferez le ban et deffense de par Mgr., que nuls n'aporte fais de meschon d'aoust, des camps à le ville, se il n'est justement meschonné, sur l'amende de V sols cambresis, et le fais acquis à Monseigneur.

119. Item, vous ferez le ban et deffense de par Mgr., que nuls meschonneur ne porte point de faucille as camps, sur l'amende de V sols cambresis, et faucille aquise à Monseigneur.

120. Item, vous ferez le ban et deffense de par Mgr., que nuls meschonneur ne voisent as camps pour meschonner, se les ouvriés ny sont, sur l'amende de V solz cambresis.

121. Item, vous ferez le ban et deffense de par Monseigneur, que nuls ne voist fustant les courtieulx d'aultruy, par jour, sur l'amende de V solz cambresis, ne par nuyt, aussy sur tel amende et meffait que au cas appartient.

122. Item, vous ferez le ban et deffense de par Mgr., qui ne soit nuls pasteur gardant bestes as camps qui wastent les coisiaus de blé, d'avaine, ne d'aultres grains; que se il sont trouvé faisant damaige, il sont à l'amende de V sols cambresis, et rendre le damaige.

123. Item, vous ferez le ban et deffense de par Mgr., que se on treuve bestes en damaige sur les campars en terres partables ou en autres terres, elles sont à l'amende de V sols cambresis, et rendre le damaige.

124. Item, vous ferez le ban et deffense de par Mgr., que nuls ne maine as camps queval ou vacque, à la fincelle, à pasturer, et il lui donne blé ou avaine ou veche, soit de franque terre ou de partable, se il est seu, il sera à l'amende de V sols cambresis.

125. Item, et de toutes les choses et rapors fais par les sergans qui sont commis et ordenés sergans sur les camps, pour tout meschon d'aoust, tant pour les campars de Mgr. le conte de Saint-Pol et Mgr. le Baudrain d'Esve, ou terroy de Baralle et ou terroy de Buissy, selonc le raport quil en feront au mayeur de Baralle et pardevant eschevins, seront telles amendes que au cas appartenra et que le ban et deffense est faicte.

126. Item, que les messiers qui aront esté fais, pour cascun an, depuis que le meschon d'aoust est passée jusques aujourd'huy jour des sermens, doivent ra-

porter par escript au mayeur et présens eschevins, les esplois des prisez quil aront fait en toute le saison devant dicte.

127. Item, que les eswardeurs des ahans et des fumaiges des terres des camps, tant de Baralle comme de Buissy, doivent aujourd'hui, jour des sermens, raporter par escript, pardevant les camparteurs, tous les fiens combien cascuns a fumé sur lesdites terres en chely an, tant à le roye du march que à le gasquière, pour cascun avoir se franquise par le manière quil est acoustumé.

Ch. 17. *Item, des prises des messiers et telles quelles peuvent estre selon le coustume du lieu* (193).

128. Premiers, se on trouve beste en damage, l'amende n'est que de XII deniers cambresis et rendre le damaige, et autant une que plusieurs pour le fait de l'amende.

129. Item, prises de kars et carette par faus sentiers, doivent amende de V sols cambresis, et rendre le damaige.

130. Item, prises d'erbillars et d'erbilleresses, l'amende n'est que de XII deniers cambresis, et rendre le damaige.

131. Item, prises de gens par faus sentiers, sont à XII deniers cambresis.

132. Item, que cascun peult bien prendre bestes à son dommaige, et amener en prison du seigneur pour ravoir son dommaige et sans meffait.

133. Item, que se bestes sont trouvées en meschon d'aoust, après le ban fait, en damaige qui soient de plusieurs wardes wardées, de tant de wardes que on trouvera de bestes en meffait qui seront en le warde des pasteurs, les pasteurs seront à V sols cambresis d'amende, et rendre le damaige; et se c'est paye (*sic*) de ville qui ne soient que une warde, n'est que une amende, et rendre le damaige.

134. Item, vous ferez le ban et deffense de par Mgr., sur toutes manières de gens vendant denrées où il ayent pois et balanche, que il ne poisete ne mesurete se che n'est à juste pris et loyal mesure, et passée par l'esward d'eschevins, et sur l'amende de LX sols cambresis.

135. Item, vous ferez le ban et deffense de par Mgr., que nuls ne prenge ne foiche sur le warequais du seigneur, sans prendre grasse au mayeur ou à son lieutenant, sur l'amende de LX sols cambresis.

136. Item, vous ferez le ban et deffense de par Mgr. sur toute manière de gens vendans vin ou cervoise ou autre bruvaige, quil ne vengete point sans affor et sans grasse du mayeur ou de son lieutenant, sur l'amende de LX sols cambresis, et tirer à juste pot et à juste mesure, et sur l'amende de LX sols cambresis.

137. Item, vous ferez le ban et deffense de par Mgr., sur boulenguier ou tavernier qui faiche pain de i denier ou de ij deniers, et se ne se parte point du four se l'aront veu eschevins, et sur l'amende de V sols cambresis.

138. Item, vous ferez le ban et deffense de par Mgr., que nuls ne mesure à mesure de grains à franquet ne boisteaux quil ne soient bon, juste et loyal et passet par l'eswart d'eschevins et partant leur flastre, et sur l'amende de LX sols cambresis et les mesures acquises à Monseigneur.

139. Item, vous ferez le ban et deffense de par Mgr., que nuls ne jue à dés, sur l'amende de V sols cambresis, et cheluy qui soustoite le jus de dés, il est à X sols cambresis d'amende.

140. Item, en après, vous ferez le ban et deffense de par Mgr., que nuls ne nulle ne voyent à l'erbe sur biens des camps, n'à blé, n'à mars, depuis le jour des bans d'aoust fais, sur l'amende de V sols cambresis et rendre le damaige.

141. Item, vous ferez le ban et deffense de par Mgr., que nuls ne quarie nulle garbe des camps sans les escoiseller, sur l'amende de LX sols cambresis.

142. Item, vous ferez le ban et deffense de par Mgr., que nuls ne tiengne ses courtieulx desclos par derrière sur camp d'aultruy, sur l'amende de V sols cambresis.

143. Item, vous ferez le ban et deffense de par Mgr., que nuls ne laisse aller ses bestes sur les estauques, derrière les courtieulx vers le marés, sur tel amende que le seigneur y porroit prendre.

144. Item, vous ferez le ban et deffense de par Mgr., que nuls cartons ne trainneche son harnas parmy terre derchie sans trainneau, sur l'amende de V sols cambresis.

145. Item, vous ferez le ban et deffense de par Mgr., que nuls pasteur ne cachete ne mainent leur bestes en terre terchie, sur l'amende de V sols cambresis.

146. Item, vous ferez le ban et deffense de par Mgr., que nuls cartons ny aultres ne labourent point sur les quemins oultre les bonnes, et sur l'amende de LX sols cambresis.

147. Item, vous ferez le ban et deffense de par Mgr., que nuls ne nulles ne voisent querre du fu en quelleque maison que che soit, en lanterne qui ne soit seure.

148. Item, en oultre, vous ferez commandement que toutes gens mettent de liauwe à luch *(l'huis)* sur péril d'amende.

Ch. 18.

Au livre dessus dit et, en ensuivant les termes des chartres previleiges et usances dessus transcriptes, estoient et sont mis et transcriptz plusieurs mémoires servans à l'usance et judicature desdis eschevins, aussy plusieurs consaulx, en temps anchien, prins à plusieurs et divers conseillers, tant d'Aras comme d'ailleurs, selon lesquelz lesdits eschevins de Baralle s'estoient et sont réglez et règlent journellement, quant le cas le requiert, entendans user de terme de justice et les réputans pour previleiges et coustumes locales ; desquelz mémoires, consaulx et en effet de tout ce qui au surplus audit livre estoit et est escript et articulé le teneur sensuit (194):

149. Mémoire : Que se il estoit ainsy que li eult i prochés de corps de ville par le consentement de le plus saine partie de le ville, les despens qui seroient fais à procheder, les despens se doivent assir as habitants de la ville, à portion des tailles ou aydes de la ville, c'est assavoir à cascun selon se puissance, et aussy seroit il sil avenoit faire quelque réfection à l'église, car il a esté trouvé, en conseil à Aras, à maistre Robert de Bernicourt.

150. Mémoire : Que se il y avoit ij personnes qui eussent question l'un contre l'autre, et l'un des ij desmentoit l'autre par ses dens, et ainsy fut que il n'eut point menty, se seroit il à l'amende de laydit, car il a esté trouvé, au conseil à Aras, à maistre Robert de Bernicourt.

151. Mémoire : Se on faisoit audicion de femmes, mais quil y eiust deux qui ensievissent l'un l'autre, et quelles fuissent de bonne fame et renommée, sans reproche nulle, elles porteroient autant d'effet que deux hommes; et autant vault une femme que ung homme, che dist maistre Robert de Bernicourt.

152. Item, que se il estoit trouvé que on eult tapé une personne d'une dague, combien que, par le coustume générale d'Artois, ne cheest pour ledit cas aultre ne plus grande amende que de LX sols, touteffois se, par le coustume local de l'eschievinaige de Baralle et de Buissy, il y chiet pour ledit cas amende de LX livres, et que ainssy on en ait jugiet et usé d'anchienneté, on doit garder ladite coustume et condempner le délinquant à l'amende de LX livres cambresis ainssy con a acoustumé; et a esté trouvé, au conseil Aras, de maistre Robert de Bernicourt.

153. Item, se il y avoit deux personnes qui plaidassent l'une contre l'autre, et l'une des parties, c'est asssavoir le demandeur, ne venist point à le première journée ou à le seconde, alencontre du défendeur, et li défendeur presist deffault congiet de court et despens, on doit adjugier au défendeur congiet de court et despens et non aultre chose; et que, non obstant ychely congiet, le de-

mandeur porra recommenchier sa poursieute se bon luy semble; et a esté trouvé, au conseil à Aras, à maistre Robert de Bernicourt.

154. Item, sil avenoit que une paire de gens mariés vosist donner à ung de leurs enffants aucuns héritaige, c'est assavoir de fief, et l'enffant en fuist aherités ainchois quil fust mariés, et que che fust pour en goir après le décès de père et de mère et non paravant, et, en après, il se mariast et eiust des enffans, et le femme morust de cheluy qui auroit esté aherités, iceluy porroit très bien vendre et mesvendre yceluy héritaige sans gré de hoir, c'est assavoir de ses enffans et sans préjudiche, et il ne le porroit faire de main ferme sans gré d'oir, car ainsy on la trouvé, au conseil Aras, à maistre Robert de Bernicourt.

Conseil de maistre Gille Flamengh.

155. Présupposé, comme il a esté de bouche, que eschevins de Baralle ont acoustumé de condempner en amende de LX livres tous cheux qui, es mettes de leur eschievinage, ont esté convaincus d'avoir batu aultruy personne à playe et à sanc, d'armures et bastons défendus, et que naguaires aucuns pour ce estant en cause pardevant lesdits eschevins, d'armures tels que dessus, ont batu sans playe et sans sanc, il semble à moi, Gille Flamengh, que lesdis délinquans ne sont à condempner en ladite amende de LX livres, mais seullement en l'amende générale ou coustumière, en pays d'Artois à tous vicontiers, est assavoir de LX sols cascune, se ce n'estoit que lesdits eschevins fondés en la coustume de leur ressort et quieflieu ou aultrement, eiussent acoustumé, sans playe et sans sang, ainsy jugier à plus grant amende que de LX sols, comme de X livres, tant pour le bature comme pour la main garnie, laquelle coustume ilz devroient user, et selonc icelle condempner cascun desdits délinquans en ladite amende de X livres.

Le fait du conseil d'Aras.

156. MÉMOIRE : Que ce il estoit ainssy quil y eult aucunes personnes de le terre d'Oisy, et il alaissent juer en le terre d'aultruy seigneur, et il se conbatesissent ensamble, et batesissent l'un l'autre, et y fuissent pris de le justice leur où il auroient fait ce délit, il seroient punis et payeroient l'amende et non plus ailleurs; et se ilz n'estoient point pris et revenissent en la terre leur où ilz seroient demourans, se partie villenée se plaignoit à justice, li délinquant seroit punis et jugié en l'amende; ainsy on la trouvé au conseil Aras.

157. Item, en après, que se il estoit ainssy que aucunes personnes se combatoient enssamble et tellement que il eiussent epieu, dague, gouge ou aultre baston où il eust fer d'armure esmolue, et il tapaissent de lansse de ces bastons, et il eiussent che remors que il ne veullent si maisement faire que taper du fer, il ne seroient ne doivent estre jugiet à l'amende que se il estoit trouvé d'un sim-

ple baston, qui sont X livres cambresis; ainsy on la trouvé au conseil à Aras.

158. Item, en après, que se il y avoit aucunes personnes qui se il tenchoient l'un l'autre de parolles et tant que li ung alast tollir le baston de l'autre et le jetta oloinh sans taper et sans autre cose faire, il ne seroit point trouvé que il fuissent à l'amende, et ainsy on la trouvé, au conseil Aras, et tout à maistre Robert de Bernicourt, voirs pourtant que cheluy qui avoit che baston vosist taper, cheluy qui luy tollist le baston ne le vosist point taper, celuy qui auroit tollu le baston, seroit à l'amende de main mise.

Le fait du conseil d'Aras.

159. MÉMOIRE : Que se il estoit un josne compaignon que il ly fust esqueu par hoirie et de patrimoine plusieurs héritaiges de mainferme, tenus de l'eschievinaige de Baralle et de Buissy, ayant ressort en l'eschievinaige de le halle d'Aras, chieux compaignon se marie à une josne femme et il ayent des enffans de l'un l'autre, ces enffans iroient de vie par trespas devant le père, et le père voist de vie par trespas aprez ses effans, le mère goira de tous les héritaiges de l'homme dessus dis à tousjoursmais à luy *(sic)* et à ses hoirs, et ny aront riens les amis de l'homme ; et on a trouvé au conseil Aras, à maistre Martin Baudart, et dist que en mainferme ny a point de coste ne ligne.

Du conseil d'Aras.

160. MÉMOIRE : Assavoir pour che que il y a eult ung homme qui s'est venus complaindre à justice de ung aultre homme qui avoit batu et ortié sen fil, que on luy en fesist raison et justice; et l'aultre homme fut mandé devant justice, et congnut quil avoit ortié et cachié hors de sen courtil; et pour advertir, le josne fil dessus dit n'avoit point son eage : il a esté trouvé par conseil que il ny a point d'amende fors que de cauregier le josne fil de son père et de sa mère ; ainsy on le a trouvé par conseil à maistre Martin Baudart d'Aras.

Conseil d'Aras.

161. MÉMOIRE : Se il étoit trouvé que ung homme qui eiust tapé d'un louchet ou d'une fourque fillé, qui est'nommée fourque de fer, il a esté trouvé, au conseil à maistre Martin Baudart, que c'est armure esmolue pour estre à l'amende de LX livres cambresis, se ce ne fust pour che que cheluy qui fust tapé avoit aqueru le débat, et pour che fust modéré par maistre Martin Baudart, que les amendes ne seroient que de X livres cambresis.

162. MÉMOIRE : Que se le mayeur et les eschevins aloyent saisir terres à camps, hors de le ville, soit une lieuwe ou deux, et fesissent ij ou iij ou iiij saisine à un homme, mayeur et eschevins ne doivent avoir que ung sallaire, et ainssy l'a on trouvé au conseil à maistre Martin Baudart ; et aussy se les opposans ve-

noient à leur journée et requesissent avoir veu de lieu et main levée de leurs biens, il est trouvé par conseil que il ne doivent point avoir main levée, puis que c'est pour arreraige de rente deu au seigneur; mais on peut bien accorder veu de luy (de lieu) et ainssy le dit maistre Martin Baudart.

163. Mémoire: Que se il estoit aucune personne qui fesist fonder obis sur héritaige et pour tant que les héritaiges venissent du costé de cheluy qui l'acorderoit, et pour entendre, chest pour che que Jehan Poirel avoit fondez ij obis sur deux héritaiges quil avoit séans à Baralle, par le consentement de se femme qui estoit au lit mortel; et apella Jehan Poirel le lieutenant du mayeur et ij eschevins, et là fust content Jehan Poirel que c'est ij obis fussent fondez; en aprez, il a fait deffaulte et a dit que les obis n'ont point esté souffisamment fondez et que il n'en feroit plus; il a esté trouvé par conseil, puisque la femme Jehan Poirel a esté consentant, veu que les héritaiges venoient de son costé et que il a esté fait devant justice, que le fondacion des ij obis est fait deuement.

Conseil d'Aras.

164. Mémoire: Que il est vray que le mairie de Baralle a esté mise à ferme, à cris et à renchière, et devoit estre le desraine criere le jour Saint-Pierre, premier jour d'aoust an lxx, et ne le criant point che jour là, mais on le cria le dimenche ensievant et demoura au marchant quil l'avoit mis à pris; c'est vray que le mayeur qui paravant estoit, c'estoit Martinal, assembla les eschevins le jour Saint-Pierre, ainchois que le mayrie fut demourée au nouveau maire, vault faire et fist jugier les amendes qui estoient en court et en droit de jugier, pour luy aquitier et les eschevins, tellement quelles furent jugiés par eschevins le jour Saint-Pierre qui estoit hors jour de court; quant elles furent jugiés, le nouveau maire, dont c'estoit Tumas Roussel, vint aprez que le loy se furent partis, au lieu où les eschevins avoient jugiés ches amendes, et assembla des gens et dist quil appeloit de toute le loy et quil avoient fait ung faus jugement; et pour savoir la vérité, on en a esté au conseil Aras, et on a trouvé che qui s'ensieult: veu che que dist est, se lesdites sentences et appointemens ont esté renduz avant que la ferme de ledite mairie soit demourée au fermier nouvel, que ce ne lui touche ne a regard au fait de se ferme, et ne peult pour ce resiler ne délaissier à tenir et à exerser ladite ferme, et sy n'ont lesdits eschevins riens meffait pour avoir rendu lesdites sentences et appointemens hors jours de plais, pourveu que ce ait esté fait à le requeste et conjurement du mayeur pour lors dudit Baralle; et est vray que on la trouvé en conseil Aras, à maistre Martin Baudart et à maistre Rikart Pinchon, tesmoing leurs signez, et furent mis à le

cedulle que le procureur d'Oisy raporta de ces conseilliers, mais il convenoit que les parties eussent esté en jugement, à cause quil estoit jugiés hors jours de court.

Conseil d'Aras

165. Mémoire : Assavoir que se un mayeur qui est fermier au seigneur ou aultrement, sil peut bien prendre gens qui vont parmy damaige, à camp ou à ville, pour che quil est mayeur et que on ne vit onques mayeur prenre ne estre sergent; il a esté trouvé, et par ce conseil, puisque les sergens sont créés et commis par le mayeur, en l'absence ou deffaulte d'iceulx, le mayeur peult prenre, et la prinse amener à congnoissance pardevant eschevins, et ne seroit pas prinse de veue souffisans, mais convient que il y ait main mise sur la personne.

166. Mémoire : Assavoir se ung mayeur peult exercer par cuing ou demi cuing, pour che que on n'en a point veu user à ung mayeur, il a esté trouvé par conseil, se, en le terre d'Oisy, l'en a acoustumé de veir et donner par forme de cuing ou demi cuing, et que les sergans, sur ladite déclaration, font exploix sur cheux qui sont tenus et obligiez en aucune somme envers le partie qui fait ledit don, il semble que pareillement le mayeur, pour et au nom du seigneur, peult faire, se on se retrait à luy.

167. Mémoire : Assavoir se ung brasseur ou tavrenier vendoient sans affor ou sans prendre grasse de vendre au mayeur ou à son lieutenant, assavoir autant de brassin quil brasseroit sans prenre grasse, se il seroit à autant d'amende de LX sols; se ainsi estoit que le brasseur eust vendu son brassin sans prandre grasse d'aforer, et quil en apparust deuement par se confession ou aultrement, il devroit l'amende contenue es bans, édis et statuts d'aoust pour chacuns brassin quil aroit vendu sans affors ; mais pour tant que ledit brasseur maintient d'avoir prins grasse au mayeur, une fois pour tout, l'en doit ordener aux parties de werfier de cascun costé che que bon leur semblera et au surplus en appointer par le manière quil appartenra et par raison, et on a trouvé tout che chydessus à maistre Martin Baudart.

168. Mémoire : Assavoir se il estoit un sergent qui presist bestes en damaige, en blé ou en avaine, et il racachast les bestes en le maison dont les bestes sont, assavoir se il y auroit amende pour che que les bestes ne furent point cachiez en prison; il a esté trouvé par conseil : ja soiche que li sergent nait point cachié les pourchaux en prison, toutefois il doit estre creu de le prise, puisque l'amende ne excece point outre la somme de V sols; et est le dit de maistre Martin Baudart d'Aras.

169. Il est vray que se ung homme et une femme qui sont mariez conjointe-

ment en mariage, et acquestoient aucuns héritages de main ferme ensemble, et tellement quil eust des enffens ensemble par conjointement de mariaige, et vequesistent tant ensemble que les enffans eust enffans par mariaige, et le femme de che premier homme qui aroit aquesté ches héritaiges devant dit alast de vie par trespas, et se demourasete les enffans qui sont nepveu et niepche à l'homme et à la femme trespassée, les héritaiges dessus dis demeurent et doivent demourer à che premier homme qui a aquesté ches héritaiges, à en faire sens et follie à sa volenté, et ny doivent rien avoir les niepches et nepveux de lomme et de le femme dessus dis; et que en main ferme n'y a ne coste ne ligne; et on l'a trouvé, au conseil, à maistre Martin Baudart.

Du conseil d'Aras.

170. En tant qui touche quel sallaire les commissaires doivent avoir pour cascune journée que il vacquent ad che, il semble que on se devroit riculer selon le stil de le court et comme en tel cas en aroit esté fait et usé, et pour che que dit a esté de bouche que là on ne set comment on en a usé, et que la court ne applique stil sur ce introduit, il semble que, attendu que les eschevins du lieu ont acoustumé de se rieuller selon la loy d'Aras, et que, en cas de doubte, il ont acoustumé de illec se retourner pour avoir conseil et advis pour au surplus se riculer selon les stil et usaige de la loy et eschievinage dudit lieu d'Aras, il semble que lesdits commissaires qui doivent estre au nombre de deux, doivent avoir pour leur sallaires de oyr cascun tesmoing, II sols, c'est assavoir cascun d'icheux XII deniers, et le clerc autant avec le sallaire de son gros, quant il grosse l'enqueste.

171. MÉMOIRE : Que se il estoit aucunes personnes qui plaidassent l'un contre l'autre à Baralle, et il avenoit que les eschevins desissent au mayeur que les parties nantesissent, cascune de II escus, pour aller au conseil, et après quant li maires aroit fait commandement, il ne vausist point nantire : assavoir se il doivent nantire ou non; il est vray quil a esté trouvé, et par conseil, que nulle parties qui plesdent et mainent procès ne doivent nantir, et que les juges les doivent faire à leur despens; et ainsy on la trouvé, au conseil Aras, à maistre Robert de Bernicourt et à maistre Jehan Guiot, qui ont mis leur signez à une cédulle.

Conseil d'Aras.

172. MÉMOIRE: Assavoir que se il estoit ainssy que il y eiust aucune personne demourant en l'eschievinaige de Baralle et de Buissy, et poursieuvist ung aultre personne qui demouroit hors de le terre, et celle personne qui demouroit hors de le terre eiust aucune cose en l'eschevinaige, aucun meubles, et on l'eust fait arester par le mayeur et eschevins, et on alast sommer et sénefier à icelle per-

sonne de dehors, et se il s'oposoit et eiust jour en court, et au jour de court il requesit avoir main levée de ses biens : assavoir se il l'aroit ; il a esté trouvé, et par conseil d'Aras, à maistre Jehan d'Auffay, que les eschevins peuent bien acorder main levée en baillant caution subjette en l'eschevinaige de Baralle, pour la somme d'autant que le jugié poroit estre jugié à l'encontre dudit défendeur.

173. Il a esté trouvé que, se il y avoit aucune personne que il eiust eu argent dofferun *(sic)*, soit x francs ou xij, et il eiust promist de rendre à viij jours de semonse et eiust promist le personne de faire courtoisie à l'autre autant que d'argent d'offre, et l'eiust tenu x ou xij ans, et après que cheluy qui l'aroit prestée le voroit ravoir, et cheluy qui aroit eu chel argent ne le vausist point rendre, et desist que il ly feroit perdre à cause que il aroit payet aucune courtoisie : on a trouvé, et par conseil, que cheluy qui avoit presté cel argent le peult très bien poursievir et par justice bien et radement.

Conseil d'Aras.

174. Mémoire : Que il y a eult ij femmes qui ont tenchies l'un contre l'autre, et tellement que l'une appella l'autre ribaude, et disoit quelle ne valloit riens et quelle s'estoit biaucop de fois relevet de sen lit pour aler conquier aveucq les hommes, et l'autre ne luy dist nulle villenies, et le poursievy par justice pour avoir réparation : il a esté trouvé, et par conseil, à maistre Jehan de le Vacquerie, que celle qui a dit celle villenie quelle luy doit prier merchi, et dire, che quelle a dit, quelle a maisement et faussement, à tort et à poquet, et quelle ne vit oncques que bien et honneur à celle qui estoit villenée ; et fust au jour de plais quelle fist celle réparation, et s'en fist et devoit autant faire le jour sainte Katherine, à l'issue de la messe, auprès le prayel de Baralle, pardevant justice et le commun que elle en fist le jour de plais, et se doit prier celle qui fist le réparation à celle qui fust villenée que, pour l'amour de Dieu et de sa passion, quelle lui vausist pardonner, et l'autre fust tenue de luy pardonner et lui pardonna.

Conseil d'Aras.

175. Mémoire : Il est vres que il yeult ij hommes qui plaidoient l'un contre l'autre, tellement que le demandeur qui fist se demande dit devant justice, pour abrégier le prochet, qui le prenoit à sen serment ou il bailloit au défendeur, le défendeur en pose le serment à faire, et fist le serment à déposer à le XV.ne au jour de plais ; et quant ce vint au jour de plais servant, le demandeur vint et se présenta, et li défendeurs ne vint point pour déposer ; et quant le demandeur vit que le défendeur n'estoit point venus, il requist avoir congiet de court et de se demande adjugier, et que le défendeur devoit estre condempné es cous, frais et despens : il a esté trouvé, et par conseil, à maistre Jehan de le Vacquerie,

que veu que le défendeur n'est point (venu) pour déposer, que on doit referer le serment au demandeur, et le doit faire se veult avoir se cause adjugié.

176. Mémoire : Il est vray que le maire a mis sus Bonifasse Clavin, tavrenier, que il a vendu cervoise sans grasse et vendu du pain sans monstrer as eschevins, dont il a calengiet quil a fourfet une amende de LX sols pour le cervoise, et V sols pour le pain ; Bonifasse ne veult mie dire quil n'ait vendu de le cervoise, mais il dit que le maire en but, et dit que le maire dit : vechy bonne cervoise, mais il n'avoit point pris grasse au maire ; et ossy Bonifasse a congnut que du pain quil ne l'avoit point monstré, mais il n'en avoit point vendu fors à conscience du pain de se table ; il a esté trouvé, par conseil, à maistre Jehan de le Vacquerie, que veu les bans d'aoust que on a usé et acoustumé de faire, c'est assavoir que on fait commandement de par monseigneur, que nulx tavreniers ne vengete ne vin ne cervoise sans prendre grasse au mayeur ou à son lieutenant, sur l'amende de LX sols cambresis, et aussy que ne nulx tavreniers ne boulengince ne faichete point de pain que de I denier ou de II deniers et ne prenche point du four se l'aront veu eschevins, sur l'amende de V sols cambresis ; il a esté trouvé, et par conseil, que Bonifasse a fourfet une amende de LX sols, pour cause quil a vendu le cervoise sans grasse ; et se a esté trouvé que Bonifasse a fourfet amende de V sols cambresis, pour che que il n'a point monstré le pain as eschevins, et que il ne peult vendre de son pain de se table et dire que on en paye che à le volenté des gens, et que on ne peult rompre les bans d'aoust, et convient quil soient entretenus.

177. Mémoire : Le mayeur nous a conjurez pour che quil dit quil en y a aucuns qui dient que il ne peut prendre aussy bien que les autres en aoust, et si a esté sermenté du lieutenant ; il a esté trouvé, et par conseil de maistre Jehan de le Vacquerie, que le mayeur, veu quil a esté sermenté du lieutenant, que il peult ossy bien prenre comme les autres qui sont sergans d'aoust, qui ont esté sermentez de par le mayeur, c'est assavoir que le mayeur peult prendre tout et partout en nostre eschevinaige, par main mise bouté jus, faire cachier bestes en prison, mais il ne peult ne doit prendre de veue ; et ainsi on la trouvé par conseil.

Conseil d'Aras.

178. Mémoire : Il a esté *trouvé et par conseil*, pour che que le mayeur faisoit exploit par service de quing ou demi quing ou service agréable, que il ne se doit point faire, pour che que on n'en a point *acoustumé* de faire ; et ainsi on la trouvé par conseil à maistre Jehan de le Vacquerie. (Voir art. 166.)

179. Se il estoit ainssy que *ung héritaige* dust grant rente, et chieux qui

tenroit l'iretaige n'eust mie bien de *coy* payer, et il demourast aucune personne sur le lieu, pour tant qu*il doit* du loyer on le poroit bien poursievir, mais se il ne devoit riens *de loyer*, on ne le poroit attenter sur ses biens, mais le personne qui l'aroit; *et sil avoit* retenu son wiage dedens et il y demourast sur le lieu, et l'iretier y demouroit sus, se il n'avoit de coy payer le rente, cheluy qui auroit son viaige pourra poursievir l'iretier sil a de coy et requerre à payant, car on poursievroit le viaigier se l'iretier ne le payoit ; ainsy on la trouvé à maistre Jehan de le Vacquerie.

180. Mémoire : Se il estoit ainsy que ung homme aloit veir ses blés ou ses avaines as camps, en aoust ou en aultre temps, et y trouvast des meschonneurs ij ou iij qui meschonnast, soit homme, soit femme, et les batesist d'un baston tous trois, pour savoir quelle amende il y a : il a esté trouvé, et par conseil, pour che que les batures ont esté tout d'une candeur, quil n'y a que une amende au seigneur d'avoir batu tous trois ; mais cheux qui ont esté batus, c'est assavoir les trois, aront cascune leur portion, c'est assavoir se l'homme qui les a batus soit jugies as X livres cambresis, cascunes d'elles trois qui ont esté batuz ara VI livres cambresis d'amende, se prendre elles veullent : ainsy on la trouvé à maistre Jehan de le Vacquerie.

Lesquelles chartres, previleiges, usances, avecq les advis et consaulx ci-dessus transcripz, les maire et eschevins et manans de Baralle et Buissy ci-dessoubz signans, pour eulx et toute la communaulté dudit eschevinaige, ont, en obéissant au roy nostre sire, fait mettre et escripre au présent coihier pour iceluy envoyer à Mgr. le bailly d'Amiens ou son lieutenant, commissaire en ceste partie, affermans le tout par leurs dittes signatures faites et apposées le xxix° jour de septembre l'an mil cinq cent et sept.

Signatures : Bonard Bloucart *maire*. — Pierre Delecourt. — Jehan de Henin. — Willaume de Bailleul. — Jacquemart Rivière. — Jean Leauté — Grard de Villers. — Jean Tibout. — Loys Henning. — Loys Levarrier. — Antoine Baré. — Colart Le Cuvelier. — Gilles de Brevilers.

LAMBRES.

SEIGNEURIE , ÉCHEVINAGE.

Un rôle et demi de parchemin in-4.°, belle écriture, lisible. 13 articles.

Déclaration des coustumes de la ville, terre et seignourie de Lambres, dont de tout temps Jehan de le Rue, maieur dudit lieu, eagé de chincquante-chincq ans ou environ, Jehan Wendin, de soixante-douze ans ou environ, Gillot Barbieur, de chincquante-six ans, et aultres eschevins avecq pluiseurs anchiens personnaiges dudit lieu, ilz ont tousiours veu user.

1. Premiers, quant aucuns qui ont héritaiges audit eschevinaige vont de vie par trespas, aux hoirs de telz trespassez, par la coustume dudit eschevinaige, le mort saisy le vif, mais quant tel cas advient, il est deu au seigneur dudit Lambres, IV deniers parisis, et quatre deniers parisis à l'adhéritement et dewest, quant héritaiges se vendent en icelle seigneurie, et autant à l'un comme à l'aultre.

2. Item, que en ladite ville, terre et seignourie de Lambres, il ny a point de confiscacion pour quelque cas et adventure de mort que ce soit, fortuit ou aultre.

3. Item, que tous clercqs et bourgois de Douay, acquestans terres et aultres héritaiges audit eschevinaige de Lambres, doivent le quint denier de ce à quoy porte telle vente, et en est deu le moitié au conte d'Artois, qui se paie à son receveur de Lens, et l'aultre moitié à madame d'Oisy, des prédécesseurs de laquelle dame ladite terre est venue audit seigneur, lequel tient sadite terre et seignourie en souveraineté d'icelle dame (195).

4. Item, que en la ville de Lambres, de tout temps, ceulx de la loy ont acoustumé de aller à sens et enqueste en la cambre de la ville de Cambray; et leur sont tenus ceulx de la loy dudit Cambray baillier conseil et advis sans pour ce leur paier quelque chose, pourveu que l'on sy trouve quant ilz tiennent leur conseil, en leur dite cambre, qui est jour de merquedy de chascune sepmaine (196).

5. Item, que ceulx de ladite loy de Lambres ont en leur ferme, par leurs chartres, pooir jugier amendes de V sols, X sols, XX sols, XL sols, LX sols, C sols et X livres cambresis; les aucunes amendes pour prinses de bestes; les aultres pour delys selon l'exigence (197).

6. Item, que de prinses de bestes en meffait es biens d'aultruy personne, les sergens et officiers dudit seigneur sermentez présent loy, sont creu; et jugent sur leur rapport, les eschevins dudit lieu de Lambres amendes de chincq sols cambresis et aultres; et sy condempnent celluy à qui les bestiaux appartiennent à rendre domaige; et font prinses de veue lesdits officiers de poutrains, pourcheaulx et brebis.

7. Item, a le seigneur puissance de user de commandement et deffence à ses subgetz et aultres, par ses gens de justice, quant bien sont saisis et en aultres cas; et se telz aloient enfreindre saisine et deffence, ilz escheroient on amende de deux fois LX sols et à restablir celle infraction.

8. Item, que en la ville de Lambres, quant aucuns vendent héritaiges, il ny a point de proximité et demeurent telz vendues en vertu.

9. Item, que les officiers dudit seigneur ont puissance de faire les bans de mars et d'aoust, chacun an, selon la règle et coustume d'Artois et de Cambresis.

10. Quant à matière de fief, on sy règle selon la coustume d'Artois.

11. Que tout ce que maire et eschevins jugent par ban, le seigneur dudit lieu de Lambres peult rendre aux banis la ville et non aultres.

12. Que le maisnete ont droit des héritaiges audit lieu de Lambres.

13. Item, a ledit seigneur droit de parjurez telz que tous hommes cottiers tenans de ladite seigneurie de Lambres, sont tenus de tenir trois fois l'an les plais généraulx jusques aux estoilles au ciel, sur peine de l'amende; et quiconcques y vœult envoier par procureur, il est quitte en payant XII deniers pour le registre.

Touttes lesquelles coustumes ont esté attestées et approuvées par nous maieur, eschevins et communaulté de Lambres, qui, ainsi que dessus est dit, certiffions de tout temps en avoir veu user audit lieu de Lambres; tesmoings nos saingz manuelz cy mis et cestuy de Gilles Catel, nostre clercq, y mis à notre requeste.

Le xxvi.ᵉ jour de septembre mil cinq cens et sept.

Signés : Delaru. — Jehan Courtin. — Gille Barbieur. — Jan Potentier. — Gilles Catel. — Allar de Wasqual, etc.

ESCOIVES.

SEIGNEURIE.

Deux petites pages en parchemin, lisibles. 11 *articles.*

Ce sont les coustumes locales que l'on a acoustumé user de toute anchienneté en le terre et seignourie d'Escoives, appartenant à noble homme Jehan de Longueval, lequel tient du chasteau d'Oisy; en laquelle seigneurie, il a toute justice viscontière et en desoubz, bailly, lieutenant, hommes féodaulx et cottiers et sergens, et est par tout ruyer.

1. Les hommes féodaux tenant de lui tiennent leurs fiefs, les uns à **LX** sols, les autres à **XXX** sols et les autres à **VII** sols **VI** deniers de relief et le tiers chambellage : à la vente, don ou transport, le quint denier du prix de la vente est dû au seigneur.

2. Item, en matière de succession; pour fons cottiers tenus de ladite seigneurie, est deu d'hoir à aultre pour rellief, assavoir des manoirs amasez ou non amasez, et

quant ilz vont de main à aultre par don, vente ou transport, pour droix seigneuriaulx, le VI.ᵉ denier de la vendue ou valeur d'iceulx manoirs, et des terres labourables, soit en reliefs ou droix seigneuriaulx, semblables droix telz que le VI.ᵉ denier.

3. Sur les terres chargées de terrage, nul ne peult charrier ses ablais sans le congé du seigneur ou de son commis. Le terrage doit être mené à la grange du seigneur, le tout sur peine de LX sols.

4. Item, ne loist à aucun, par ladite coustume, vendre vin ne cervoise sans grace et affoir et, pour le droit d'affoir du vin, payer ung pain de denier, ung lot de vin et une trenche de fromaige, et aussy payer, pour le droit de foraige de chascun fons de tonnel, un lot sur lesdites peine et amende de LX sols; et pour droit de chevilles, pour chacun brassin de cervoise, deux lotz au curé et deux lotz audit seigneur.

5. Item, par ladite coustume, pour prinse de bois en ladite seignourie, ledit seigneur prent amendes de LX sols pour arbres de deux eages, et de V sols d'un sarment en desoubz ledit eage; de chascune bestes à cornes, petit hot de brebis, en bois desoubz cinq ans, LX sols, et pardessus lesdits V ans, V solz; et aussi pour bestes prinses en dommaige d'aultruy, en prez, terres ou gardins, V sols, et le dommaige et le sallaire du sergent; et aussy pour non avoir renclos sur le flégart, après commandement fait, semblable amende de cincq solz.

6. Item, a ledit seigneur molin et four banniers auxquelz ses subgetz ont acoustumé porter ou envoier leur blé mouldre, et leur paste et autres vivres cuyre, sur peine et amende, à chacun défaillant et par chacune fois, d'avoir son blé, sacq, paste et autres vivres à luy confisquiés; et sy est tenu le molinier de servir et expédier les subgetz de ceste seignourie avant tous aultres; et pour son droit, il prent le seizième partie du grain à luy mené, et le fournier le xxiiij.ᵉ partie en pain et en pastez, tartes et aultres le xij.ᵉ partie.

7. Item, coustume de prendre droit de disme sur les terres aux champs, tel que du cent de garbes, bostes ou waras les huit; et de menues dismes comme de foings, de bois de haies, de fruitz, le x.ᵉ denier quant il se vent; et des agneaulx, cochons, laisnes, pouchains et oisons, le x.ᵉ partie.

8. Item, a ledit seigneur droit de choses espaves, de bastards et bastardes.

9. Item, par ladite coustume, ledit seigneur pœult regaller un fief en faulte de rellief, après ung an expiré du jour de trespasse, et en cotteries quarante jours.

10. Item, par ladite coustume, ledit seigneur pœult saisir ung héritaige cottier en faulte de rellief, rentes non paiés et devoirs non fais.

11. Item, a ledit seigneur, quant aux aultres coustumes, acoustumé soi régler,

en ladite ville d'Escoives et deppendances d'icelle, selon les coustumes générales du chasteau d'Arras.

Le xxiv.ᵉ jour de septembre l'an mil cinq cens et sept.

Signés : Robert le Tardieu *curé d'Escoives.* —Le Corier *lieutenant du bailli.* — Pierre Heruet. — Noël Le Corier. — Guerard Fastoul *manant.* — Abacus Millon *manant.* —Gilles de Condette *manant.* — Robert de Fontaines.—Jacques Lemort *manant.* — Pierre Macheclerc. — Bricot. — Jacquemart Adhemer. — Liebert. — Happiot.

THUN-SAINT-MARTIN (198).

ÉCHEVINAGE.

Un cahier de huit rôles en parchemin long in-4.°, contenant onze pages écrites par une main exercée, lisibles, à l'exception de quelques parties atteintes par l'humidité. 66 *articles.*

Les chartres, previleges et usances de l'eschevinage de la ville, terre et seignourie de Thung Saint Martin, appartenant à messire Pierre de Belle Foriere, chevalier, seigneur dudit lieu, et tenue de la chastellenie, terre et seignourie d'Oisy, sont telles que le contiennent certaines lettres chirograffées reposans en leur ferme qui est ung coffre fermé de trois serrures et à trois clefz gardées de trois eschevins. Ouquel coffre sont mises, gardées et sequestrées touttes lettres passées et approuvées par loy et eschevins, et aux héritiers et servans audit eschevinaige, tenans héritaiges sciluez en leur judicature. Desquelles chartres, previleges et usances, de mot à aultre la teneur sensuit :

Sacent tous présent et advenir que, au clam de hounorable homme Jehan de Boucaut, procureur tant du seigneur que des manans de le ville de Thun-Saint-Martin ou royaume, et receveur d'icelle seignourie, et au conjurement de hounorable homme Andrieu Rousseau, à ce jour mayeur souffisamment establi, a esté dit et recordé (199) par Collart Loyset l'aîné, Simon Misvein, Gillot Maireau, Gillot Le Boil, Jehan Liegart l'aisné, et Jehan Maireau, et dont les aucuns estoient présentement eschevins de ledite ville, et les aultres avoient esté autreffois eschevins d'icelle, et pour ce faire ont esté remis et restablis audit eschevinaige, que eux et chascun d'eulx ont trés bien mémore que, du temps quilz ont esté eschevins de ledite ville de Thun, ilz ont veu et oy et ont esté pour ce hucquez et appellés par le mayeur de ledite seigneurie, à tenir et renouveller les plais généraux en ledite ville chascun an deux fois, jusques à l'heure de l'estoille, c'est assavoir le prochain lundy aprez le Quasimodo, et le prochain lundy aprez les Roys, et les amendes et fourfais jugier en le manière qui sensuit.

1. C'est assavoir, quil doibt audit lieu de Thun, avoir four bannier appartenant au maïeur héritable dudit lieu (200).

2. Item, doit avoir en icelluy four ung fqurnier qui soit souffisamment sermenté, pour prendre son droit et laissier et garder l'aultruy.

3. Item, est ledit fournier tenu de assochier les subgetz et manans du seigneur dudit lieu touttes et quantesfois quilz veullent cuire.

4. Item, se iceulx subgetz et manans veullent cuire, icellui fournier est tenu de eulx commander quilz facent le levain de par Dieu.

5. Item, quant il est heure de cuire, icellui fournier est tenu de faire pertrir de par Dieu, et dire : quant il sera temps je venray querir vo paste.

6. Item, est icellui fournier tenu de livrer ung cheval et cariot qui doivent estre serfs de aller querir le paste et puis de remener le pain ausdits subgetz et manans.

7. Item, quant le paste desdits subgetz et manans sera amenée au four et quelle sera tournée en pain, mis et coucquié sur le coucque, cellui ou ceulx qui aront ou ara pain à cuire sont et doivent estre tenus de appeller ledit fournier pour compter leur pain, et dire audit fournier quil prende son droit, et ce sur l'amende de LX sols cambresis, pour chascune fois quilz y seroient rapportez deffaillans de ce faire.

8. Item, que depuis que ledit pain sera ainsy compté que dit est, il est et. doibt estre en le garde dudit fournier par tel sy et condicion que, se aucuns pains estoient perdus, ledit fournier les renderoit et doibt rendre.

9. Item, que ledit fournier ne doibt avoir et n'est tenu prendre à chascun subget manant pour son droit, que de XXVII pains quil cuira en icellui four, que ung pain, et sur l'amende que dessus touttesfois quil sera rapporté que aultrement en soit fait.

10. Item, sil estoit aucuns desdits subgetz et manans qui voulsissent porter leur paste et leur fuille au four, et pareillement rapporter leur pain quant il sera cuit en leurs maisons, icellui fournier ne pœult demander, prendre ne avoir à iceulx pour son droit, que de XL pains quil cuiroit en icellui four, que ung pain, et sur l'amende que dessus, touttesfois quil en sera reprins et quil sera rapporté que aultrement en soit fait.

11. Item, doivent et sont lesdits subgetz et manans tenus, quant ils doivent cuire leur pain, de mener ou faire mener ledit fournier à leur moys de rayme

ou de fuille, pour par icellui fournier en tant prendre et emporter quil en puist souffisamment cuire le pain d'icellui, et si doibvent et sont iceulx subgetz et manans tenus de tirer à leur dite moye avec ledit fournier, mais icellui fournier n'en doibt prendre fors celle quantité de cellui ou ceulx qui aront pain à cuire.

12. Item, et toutesfois que ledit fournier cuist le pain desdits manans et subgetz, il est tenu de laissier et rendre à chascun de ses sochennes les breses qui viennent desdites raymes et fuilles, à le quantité de ce quilz aront livré de ledite rayme ou fuille.

13. Item, sil advenoit que ledit fournier neiust point fuille ne rayme assez pour bien et souffisamment cuire se fournée, il est tenu de dire à icellui ou ceulx qui de ledite fuille aront peu livré à leur quantité, en eulx appelant par leurs noms: je vous commande que vous allez requerre de le raime ou de le fuille, car vous en avez pau livré à votre quantité.

14. Item, et se cellui ou ceulx à qui ledit fournier ara fait iceulx commandemens ou commandement, ne vont droite voye querir de ladite fuille ou rayme, il est tenus de eulx appeller par leur nom et de eulx dire seconde fois quilz voisent querre de ledite fuille ou rayme, quilz en ont pau livré à leur quantité.

15. Item, se cellui ou ceulx à qui ledit fournier ara fait iceulx commandemens seconds ne vont prestement, audit second commandement, querir de ledite rayme ou fuille, ledit fournier est de requief tenu de eulx appeller par leur nom et de dire : allez me querir de le rayme ou de le fuille, car vous en avez pau livré à vo quantité, ou parolles en substance.

16. Item, se cellui ou ceulx à qui ledit fournier ara fait iceulx commandemens ou commandement, par trois fois ainsy que dit est, désobeissent et ne voisent nullement querir rayme ou fuille, icelluy fournier est et doibt estre tenus de aller querir et accater de le fuille ou de le rayme pour parcuire et par ariner sa fournée, adfin quil ne ait en icelle fournée nulles faultes ne pertes quelzconques.

17. Item, et en tant que icellui fournier accatera ou ara accaté fuille ou rayme pour ce faire que dit est, il pœult et doibt, pour estre remplis et remboursés ou pour estre quittes par devers cellui ou ceulx à qui il ara ledite fuille ou rayme accatée, prendre du pain de cellui ou de ceulx qui désobeissent de non livrer fuille ne rayme assez, tant et si largement que ledite fuille ou rayme soit acquittée et payée par devers ceux quil appartiendra.

18. Item, et pour ce ne demeure mie que ledit fournier ne soie tenue de bien et souffisamment cuire et apointier sa fournée, adfin quelle ne soit perie et wastée par se deffaulte, et se deffaulte ou perte aucune y estoit par le faulte d'icellui fournier trouvée, icellui fournier, sil plaisoit à ceulx qui aroit leur pain au four,

renderoit ledit pain ou autant quil vaulroit à ceulx quil appartenroit, sans contredit ne opposition aucune baillier au contraire.

19. Item, est icellui fournier tenus, et par fait spécial, de mettre en icellui four le pain que tous les subgetz et manans dudit seigneur aront à cuire, avant ce quil y mette le pain de forain nul, et se il advenoit que il y mesist le pain dudit forain, et le pain desdits subgetz et manans demourassent à y mettre, icellui fournier sera et doibt estre, pour autant de fois quil sera en ce prins et trouvé deffaillans et délinquans, en l'amende de XXX parisis, dont cellui qui ce rapportera au seigneur ou au bailly dudit lieu de Thun, en ara le tierch.

20. Item, que nulz desdits subgetz ne manans ne pœuvent et ne doivent cuire, es ataux de l'an, compenaige nulz en nulz fours quelzconques fors audit four bannier, sans le gré et consentement d'icellui fournier et sur l'amende de XXX parisis, touttesfois quilz seront en ce trouvés meffaisans (201).

21. Item, que nulles personnes quelzconques, de quelque estat quil soit, ne pœult et doibt, en icelle ville de Thun, vendre goudalle à plus grand gaing et prouffit que de une maille tournois sur chascun lot, et ce sur l'amende accoustumée, touttesfois quilz en seront reprins.

22. Item, que nulles personnes quelzconques ne pœut et ne doibt, en icelle seignourie, vendre vin ne cervoise ne aultre bruvaige, sans evocquier ne sans appeler mayeur et eschevins dudit lieu, pour mettre feur et affor à chascun desdits bruvaiges, et ce sur le peine de LX sols cambresis touttesfois que ce en seront trouvés meffaisant.

23. Item, que ledit mayeur advesty d'eschevins n'est aucunement tenus de faire mettre par lesdits eschevins affor ne pris à nulz tonneaux emplis de vins, de cervoises, ne d'aultres breuvaiges quelzconques, se premiers et avant toutes œuvres, icellui mayeur ne tatte à son droit, se iceulx vaisseaux ou tonneaux ne sont plains tellement quil y puist mouillier son doit, et se iceulx vaisseaux ou tonneaux ne soient point plains et emplis tellement que ledit mayeur ne puist mouillier son doit, au boutter en icellui vaissel ou tonnel, icellui mayeur n'est tenu de y faire mettre pris ne affor, mais est tenu de sen retourner par devers le seigneur ou bailly dudit lieu, et lui faire sçavoir et dire qu'il n'a point trouvé lesdits vaisseaux ou tonneaux emplis, addfin que, sil vœult prendre les amendes de LX sols cambresis ad ce japieça introduites, quilz les prenge.

24. Item, et se ledit mayeur, en le présence desdits eschevins, trœuve iceulx vaisseaux ou tonneaux plains et emplis de breuvaige tellement que, à y boutter son droit, il le rapporte tout mouilliet, icellui mayeur est tenu de rapporter ausdits eschevins quil a trouvé lesdits tonneaux et vaisseaux plains et enthiers, et

sur ce, lesdits eschevins, à son conjurement, sont tenus et doibvent dire audit mayeur quil demandeche audit vendeur qui vouldra vendre lesdits breuvaiges, que le vendeur dye par son serment solennellement fait, combien ledit breuvaige lui couste, et ledit vendeur est tenu par sondit serment de lui dire justement et à son pooir, sans fraulde nulle, le pris quil lui a cousté, et ce sur la peine à ce introduitte, et ce fait iceulx eschevins sont tenus de y mettre pris et affor, et faire commandement audit vendeur, et sur la peine de LX sols cambresis, que ledit vendeur vende à bon lot et à bonne mesure et tiengne lesdits breuvaiges ou breuvaige sains, netz et sans empirier.

25. Item, doibt ledit mayeur avoir, pour son droit de laffor, pour chacun fons desdits vaisseaux ou tonneaux de breuvaige, ung lot de breuvaige, et les eschevins dudit lieu le premier lot qu'on tire hors desdits tonneaux, ung pain de ii deniers tournois et une taille de froumaige pour leur droit.

26. Item, que nulz tavreniers (202) ne cervoisiers ne hostellains ne doibvent et ne pœvent rapporter ne faire rapporter ne ramener du four le pain quilz veullent vendre à détail aux buveurs ne aultres personnes, en leurs maisons, jusques à tant quil l'aront monstré au four, aux mayeur et eschevins dudit lieu, et que iceulx eschevins, au conjurement dudit mayeur, l'aront afforé et mis à pris, et ce sur l'amende de LX sols cambresis, touttesfois quilz feront au contraire.

27 Item, que nulz desdits tavreniers vendeur ne hostellains ne pœvent tuer en leurs maisons nulles bestes quelconques pour vendre à détail, cuite ne creue, que premiers et avant touttes œuvres, ils ne l'ayent monstré au mayeur et eschevins dudit lieu saynes et en vie, et pareillement tuée ouverte et pendant au pel ou à la chainte, pour les périls et dangiers qui s'en polroient ensuivir, et ce sur peine de LX sols cambresis d'amende, touttesfois quilz en seront repris.

28. Item, que nulz tavreniers ne hostellains ne pœuvent et ne doivent herberger nulz hostes de quelque estat quilz soient, plus hault ne plus avant d'une nuit, silz ne le nonchent et font sçavoir audit seigneur ou à son bailly, et sur l'amende telle que dessus.

29. Item, que nulz tavreniers ne hostellains ne peuvent et ne doivent tenir nulz jus de dez, de quartes, de tablier, de tatinclan ne aultres, sans le gré, licence et autorité du seigneur ou de son bailly dudit lieu, et ce sur peine de LX sols cambresis (203).

30. Item, se ung forain doibt à un subget et manant dudit lieu de Thun, quelque chose que ce soit, ledit manant pœult prendre et saisir son debteur par où il pœult (204), et ce fait, pœult et doit dire sil vœult à ung aultre manant

qui là sera, se oyr le pœult : allez me querir justice, cel homme cy me doibt, si veulz estre de lui payez, ou se vous ne le me voulez aller querir, tenez me cel homme cy mon debteur, et je le yrai querir; se cieux refuse de aller querir ledite justice ou de tenir ledit debteur jusques à tant que le demandeur et créditeur le ara allé querir, il enquiet, pour son refus, en l'amende de LX sols cambresis, avec de faire bon au créditeur ce quil entendoit demander à son debteur, en tant toutesfois que ledit debteur *(sic)* le poursuiroit dedens vij jours et vij nuits, ledit cas advenu, et aussi que, par son reffus, ledit debteur escaperoit du créditeur.

31. Item, se ung subget ou manant dudit lieu de Thun, doibt à ung aultre aussy subget et manant dudit lieu, le créditeur et manant ne se pœult faire payer de l'aultre manant qui lui debvra, fors par clam et par loy.

32. Item, se ung forain fait clam et arrest sur ung manant dudit lieu de Thun, il est tenu de faire caucion à justice, et ou cas quil ne fera ladite caucion, son clam sera interrupt, et se sera à l'amende à ce accoustumée devers le seigneur, qui est de cent deniers cambresis.

33. Item, que, par aultre coustume, ung manant audit lieu de Thun pœult poursuir le forain, soit par clam ou par service du sien fait au seigneur, lequel que mieulx lui plaira, et ou cas quil se fera par clam, c'est à recevoir au mayeur; et sil se fait par don ou service, il se polra faire par maïeur comme sergent féodal ou par aultre sergent du seigneur, en rapportant l'exploit, sil se fait par clam, au bailly dudit lieu (205).

34. Item, que nul de quelque estat quil soit, ne pœult et ne doibt porter armures molues ne aultres, audit lieu de Thun ne en la terre, sil n'est officier portant commission de sergent, et sur peine de LX sols cambresis et les armures à perdre.

35. Item, quil y a audit lieu de Thun, une voye qu'on dist aise de ville (206) qui commence derrière le maison qui fut Gillot le Willaume et fine au manoir Amant de Marque et à le rue qui maine au marés, contenant xv pietz de larghe ou environ; en lequelle voye ou aise de ville, nulz subgetz ne manans dudit lieu ne peuent et ne doivent mener leurs bestes paistre sans les tenir par le loyen, et ce sur l'amende de XX sols parisis, touttesfois que lesdites bestes seront trouvées en meffait.

36. Item, peuent lesditz subgetz et manans faucher et soyer l'herbe de ledite voye sil leur plaist pour emporter son fais seullement et sans quelque fraulde ne faire dommaige aux marchissans d'icelle voye, et se dommage y faisoient, ils seroient à l'amende de XXX parisis; et quant aux forains, ilz n'ont autorité nulle de y mener leurs bestes ne de fauchier et soyer l'herbe dicelle voye,

et se aucunement estoit sceu que ce feissent, ils seroient à l'amende accoustumée qui est de XXX parisis; et se aucuns avoient à faire de carier en icelle voye, laquelle se clot de hayes ou de fossés, pour le doubte des bestes, ouvrir et reclorre le puevent sans préjudice.

37. Item, y a encores une voye et aise de ville commanchant à ladite rue qui maine au maretz allant jusques au desquerquoir, qui contient ix pietz de larghe ou environ, auquel lieu on peult et doibt tourner une carette à deux chevaux, et se aucuns arbres ou hallotz y bailloient empeschement, on les peult copper et le laissier en ledite rue ou aise de ville.

38. Item, et depuis ledit desquerquoir y a une autre voye et aise de ville contenant x pietz de large, séans entre l'éritage Jehan Delattre et l'éritage Jean Feron, faisant yssue devant le moustier dudit lieu et est bien bonnée.

39. Item, encore y a une autre aise de ville commenchant audit desquerquoir, contenant trois pietz de large ou environ qui va jusques à l'Escault, et sil y avoit aucun empeschement en icelle, on le polroit copper et là laissier.

40. Item, y a une navye de commugne contenant unze pietz de largue ou environ qui va jusques audit Escault.

41. Item, et depuis ledit Escault, y a une autre aise de ville sur la rue du Casteller qui contient trois pietz de large, qui va jusques au reverchoir, et sil y avoit aucun empeschement d'arbres, on le polroit copper et laissier audit lieu.

42. Item, a le Casteller franquise d'avoir, en mars et en aoust, une voye si large, que pour y passer et rappasser à carette ou à bennel et d'aller yssir en la rue du maretz, derrière le grange Andrieu de Mastain, à faire le menrre dommage que faire se puelt sur tous les héritages, et on doit carier et mettre se reue à un lez du ruyot, pour mettre et pour widier les biens dudit Casteller.

43. Item, y a une navye audit lieu qui commenche à l'Escault, venant à l'héritage le Daussue et le mairrie, et depuis là venant entre l'héritage Colin Lefebure et l'héritage Nicaise Labrehan, et doibt estre icelle navye si largue que pour rencontrer deux bacquetz, l'ung querquiet et l'aultre non, l'ung l'aultre sans empeschement baillier l'ung à l'aultre.

44. Item, que le navye Daussue doibt avoir voierre et widenghe si large que pour y aller à car ou carrette foutesfois quil en est mestier; et se fait l'entrée et yssue dudit naviaige aux arbres du Preel dudit lieu de Thuń.

45. Item, quil y a une aise de ville commenchant à le bonne des arbres, qui s'estend parmi le fossé Mathieu le Tessolt, sy avant que le royaume se comporte, jusques aux fossés du Castellet, pour aisier en touttes manières quelzconques, tous les subgetz et manans du seigneur dudit lieu de Thun.

46. Item, y a une autre aise de ville commenchant depuis Saint-Gery, allant jusques à la busette de le maison qui fut castellain.

47. Item, depuis le maison qui fut castellain, y a une autre aise de ville, contenant x pietz de larghe, allant entre les courtieux et le rue jusques à le buisette qui est emprez le maison Jehan Lemaire.

48. Item, depuis ledite buisette, y a une autre aise de ville qui va jusques à le maison Jacquemart le Vanteux, et depuis selon le bos Desve et les marchissans à l'autre lez, jusques aux prez Grard Deswars et Philippes de Hertain, jusques à le buisette du maretz et contenant icelle voye et aise de ville xv pietz de larghe ou environ.

49. Item, depuis ledite buisette du maretz, y a une autre aise de ville qui maine entre le riez et le rue Plommée.

50. Item, depuis le rue Plommée, y a une aultre aise de ville qui maine et va queir seloncq le bos de Paradis, en allant sur l'Escault.

51. Item, y a sur les camps, une aise de ville commenchant à le Fontaine Malade et allant tout du long le bosquet jusques au Torgoir, et contient icelle voyerie v pietz ou environ de large, et y peuent, les subgetz et manans dudit seigneur, mener leurs bestes paistre par le loyen, et soyer l'erbaige qui en vient pour l'emporter, son fais seulement et sans quelque fraulde, et non point les forains, sur l'amende de XXX sols parisis, et se les bestes desdis manans y estoient trouvées sans garde et sans ce qu'on les tenist par le loyen, ledit seigneur prenderoit l'amende telle que dessus.

52. Item, y a une aultre voyerie et aise de ville commenchant au Crocquet, venant sur l'éritage Françoise le Royne, laquelle doibt estre si large que pour y passer deux buices plaines deauwe en ses mains et un fardel de buée sur son quief; et se aucune chose, tant bas que hault, l'empesche, on le peult sans préjudice copper et laissier sur le lieu.

53. Item, y a et doibt avoir une buse commenchant à l'enboucquement du Crocquet qui sert et doit servir de abeuvrer le Reuier, et ne doibt estre ledite buse non plus grande ne non plus large que pour tourner et avaller, aval leauwe, un œuf deauwe, et se doibvent ceulx du Reuier faire et retenir ledite buse à leurs frais et despens.

54. Item, y a encores une rue qu'on dit le Puchautiain, qui contient x pietz de large, séans entre le maison qui fut Kabarie et le ruelle de le maison Jehan Watte-Paste.

55. Item, y a le maretz dudit lieu de Thun, qui commenche depuis les deux busettes à un lez et à l'aultre de le ville et va jusques Aywir et les bos de

Warmes, ouquel maretz nulles bestes foraines n'y peuent et n'y doivent aller pasturer ne paistre, fors celles desdits subgetz et manans, et ce sur l'amende de XXX parisis, touttesfois et quantesfois que lesdites bestes foraines y seront trouvées et prinses.

56. Item, y a emprez d'icellui bos de Warmes, une voye et aise de ville qu'on dist le rue le Mauvais, contenant xxxv pietz de large ou environ, commenchant à l'entrée du maretz et allant tout parmi les pretz et les bos du Torgoir et faisant issue à ung vert quemin qui maine à Naves, en laquelle aise de ville, nul, de quelque estat quil soit, ne puelt ne doibt apréhender ne prendre pourfit es bos ne es herbages qui y sont et qui y croissent, fors le seigneur et les subgetz et manans dudit lieu de Thun, et ce sur l'amende et paine ad ce introduite.

57. Item, quiconques prend et desrive le bacquet d'aultrui, en l'Escault, sans prendre congiet à celui à qui ledit bacquet est, cieux qui ce fait, de quelque estat quil soit ou puist estre, est à l'amende de V sols cambresis avec la journée de celui à qui ledit bacquet sera (207).

58. Item, que nul, de quelque estat quil soit, ne puelt ou doibt carier ne prendre aultre quemin que ceulx qui sont acoustumez, et se ne pueult aussy nul apporter messon, fors entre deux sollaux et par lesdittes voyes, et si ne puelt encores carier, depuis soleil esconssé, nulles voittures de biens quelzconques sil n'a querquiet de soleil luisans, et sil n'a grace du seigneur ou de bailly, et sur l'amende de LX sols cambresis; et se aucunement il advenoit que lesdittes voittures de biens rentraissent en le ville depuis soleil esconssé, et il fut aresté ainsy que faire se doibt, des officiers du seigneur, cellui ainsy aresté, sil ne faisoit souffiment apparoir quil eiust querquié de soleil iceux biens, il seroit condampné en laditte amende de LX sols cambresis.

59. Item, que nulz censiers quelzconques tenant les terres du seigneur, des subgetz et manans aussy des héritiers dudit lieu de Thun, ne pœuvent et ne doibvent icelles terres despouiller, quil naient souffisamment prins grace au seigneur ou à son bailly et à ceulx de qui ilz les tiennent, et ce sur l'amende de LX sols cambresis.

60. Item, que nul, de quelque estat quil soit, ne doit faire feu en mauvaise queminée, et ce sur l'amende de LX sols cambresis (208).

61. Item, sont tenus les plus prochains voisins et marchissans des maisons qui aront mauvaises queminées, faire visiter tant par la loy comme autrement, aux despens de ceux qui aront tors, et sur les amendes à ce introduittes; et sil estoit trouvé par icelle visitacion que lesdittes queminées fussent mauvaises et quelles

ne fussent souffisamment réparées et remises et commenchées à mettre, pour continuer à ladite réparacion, en estat deu, xv jours aprez sommacion faite à l'eritier, en tant touttefois quilz ne clorroient l'huis de le maison, et quilz ne condempneroient et ne fesissent plus de feu en icelle queminée ; cellui ou ceulx qui seroient en rémission et deffaulte de leditte queminée réparer et retenir, seroient en l'amende de LX sols cambresis.

62. Item, doivent et sont, chascun an, tous les héritiers, subgets et manans desdits lieux, de quelque estat quilz soient, tenus de descouvrir, chascun en droit lui et ses marchissans, touttes les bonnes quil ara contre le warresquais, et ce sans préjudice, en dedans l'issue de mars, et ceux qui ce ne feront ou aront fait seront à l'amende à ce introduite.

63. Item, que tous les manans et subgets dudit seigneur de Thun, sont tenus par fait spécial, de comparoir et venir à touttes journées de plaids généraux (209), qui se font et doivent faire, chascun an, ainsy que dist est cidessus, deux fois, assavoir est le prochain lundy aprez le Quasimodo, et le prochain lundy aprez les Roix, et de apporter une obole au maieur pour le seigneur, et ce sur l'amende telle quelle est pieça ordonnée auxdits plaids généraux, qui est de XII deniers parisis pour chascun deffault, et ou cas que lesdits subgetz et manans ne venroient et ne comparroient à nulz ne à chascun desdits plais, ilz enquerront et seront en plus grande amende que celle de dessus.

64. Item, que tous ceulx du Reuier doibvent et sont tenus comparoir et venir à tous plais généraux, mais ils ne doivent point de maille parisis, et se ilz défailloient de venir à chascun desdits plais, ilz seroient à l'amende telle que dessus.

65. Item, et n'est mie à oublier que nulz manans subgetz audit seigneur de Thun, ne peult ne doit constraindre ung aultre subget et manant audit lieu pardevant quelque autre justice ou seignourie temporelle pour debte, sinon pardevant le justice spirituelle de Cambray (210) ou aultre telle justice, sur peine de LX sols cambresis, avec de reffonder et rendre les despens de cellui qui ainsy seroit constrains.

66. Item, et se ung subget et manant dudit lieu de Thun, prend question et débat à ung aultre aussi subget et manant dudit lieu, tellement que ilz fierrent et battent l'ung l'autre, cieulx qui ainsy se débattent et font cest assault l'ung contre l'aultre, se ilz ont illecq présent varles ou mesquines, domestiques (211) à leurs despens et loyers, peuent requerrir à leursdits varletz ou mesquines qui là seront, en tant touttes voies quilz seront présent as premières parolles, leur aide et confort ; et ce ainsy fait, iceulx varletz ou mesquines peuent bien et franquement aidier, sans péril criminel de le justice dudit lieu, leurs maistres ou

leurs dames en leur dite meslée, et pour ce, ne demeure mie que touttes icelles parties combattans ne soient chascun en droit lui, tenus de payer les amendes à ce introduittes au seigneur; mais ce iceulx varletz ou mesquines domestiques, de leurs voulentez, s'avanchoient de aidier leursdits maistres ou maistresses pour travailler leurs parties adverses, sans avoir esté présens aux premières parolles dont la question seroit venue, ceulx et celles qui ce feront esquerront et seront es amendes et porteront les pugnicions telles que au délit et au cas appartiendroit.

Et de tout ce que dessus est dit, ont lesdits eschevins fait et rendu leur record souffisamment par fieulte et tous d'accor, à Nicaise Droghet, Jehan Meurines et Toussains de Mastain, eschevins. Et en leur tesmongnaige, cieulx records fu fais et rendus en leditte ville et seignourie de Thun-Saint-Martin, le douzième jour du mois de mars l'an de grace mil quatre cent et quarante-sept.

Et combien quil ne soit point cy dessus dit et devisé quelles amendes et aultres choses cy devant déclairées, soient à le discrétion des juges, toutesvoes est il que lesdites amendes et chascune d'icelles, selon le cas, sont à jugier à le discrétion et jusques au dit des juges dudit lieu de Thun-Saint-Martin.

Oultre et pardessus le contenu es chartres et usances dessus transcriptes, audit lieu de Thun-Saint-Martin, le seigneur a droit de morte main sur les héritaiges, quant par succession ilz vont de main en aultre, qui est telle: que cety à qui appartient la succession, avant l'apréhender, est tenu de payer au seigneur XII deniers de le livre, de le valleur et priserie de l'éritaige ou héritaiges esquelz il succède, soit en lingne directe ou collatéral; laquelle priserie se fait par trois hommes à ce députez de par le seigneur, lesquelz prisent le fond de l'éritaige seullement et non les édiffices; et se le succédant entendoit son héritaige estre trop prisié, lesdis eschevins sont tenus le prendre pour le pris de la priserie et en payer les deniers; aussy ledit seigneur a II solz de le livre pour droit seigneurial quant, par vente, don, transport ou eschange, les héritaiges tenus dudit eschevinaige vont de main en aultre; et se prend le droit seigneurial, d'autant que l'éritaige peult estre vendu ou apprécié.

Et ainsy et par ceste manière, en a esté fait de tout temps et en ont veu user tous les lieutenans du seigneur, receveurs, maïeurs et eschevins cy-dessoubz signans, affermans et approuvans leurs dites chartes et usances, et aussy ledit droit de morte main et seigneurial, le tout en le manière ditte.

Signatures: Jehan Gresillon. — *Marque de* Saudart Lemaire *lieutenant du seigneur.* — Jehan Sohier. — Crystophe Mairiau. — Jehan Maurisse. — Jehan Weran. — Bertrand Sohier. — Miquiel Gresillon. — Tomin Macron. — Antoine Gresillon. — Antoine Carré. — Nicaise Butry, etc.

ACQ.

SEIGNEURIE.

Deux pages en parchemin, lisibles. 11 *articles.*

Ce sont les coustumes locales de la terre et seignourie d'Acq, appartenant à noble homme Jehan de Longueval, seigneur d'Escoives et dudit lieu, quil tient de la seignourie de Hornes.

<small>1. Relief des fiefs et droits de vente. — 2. Reliefs des manoirs amasés et des terres, le revenu d'un an; droit de vente le VIe denier. — 3. Terrage. — 4. Forage. — 5. Amendes pour délits ruraux. — 6. Moulin et four banal. — 7. Grosses et menues dîmes. — 8. Epaves et bâtards. — 9. Le seigneur peut régaller les fiefs et les cotteries, c'est-à-dire jouir des fruits, faute de relief, dans le délai voulu. — 10. Il peut aussi saisir les cotteries quand les reliefs et rentes ne sont point payés. — 11. Pour le reste on s'en réfère aux coutumes d'Artois.</small>

Lesquelles coustumes ont esté affermées par sire Jehan de Berclou prestre, curé dudit lieu, Colart Gorrelier lieutenant du bailli, Jehan Le Sieur, Jehan de Boubers, Loys de Labbre, Jaque de Labbre, Jaque de Douay, Collart Macron, etc.

Signatures illisibles.

FOSSEUX.

SEIGNEURIE.

Une grande page en parchemin, lisible, sauf quelques mots à l'endroit du pli. 5 *articles.*

Coustumes locales des terres et seignouries de Fosseux, Autheule et Lenval, appartenant à Mgr. Claude de Montmorency, seigneur desdits lieux.

<small>1. Succession des fiefs. — 2. Succession des cotteries; partage égal entre les enfans; la femme survivant a la moitié des acquêts cottiers, sa vie durant, et à titre de propriétaire, quand elle en a été mise en possession par justice conjointement avec son mari, au moment de la vente. — 3. Elle emporte la moitié des meubles à la condition de payer la moitié des dettes. — 4. Reliefs des fiefs et coteries. — 5. Droits de vente.</small>

Le XIVe jour d'aoust 1507.

Signatures : Jehan Wastelin. — Pierre Willequin. — Jehan Mordacq. — Pierre Mustin. — Martin Morel. — Jehan Frion. — Estienne Dupuch. — Pierre du Gardin.

BOIS-BERNARD.

SEIGNEURIE.

Une petite page en parchemin, longues lignes maculées et presque illisibles. 3 *articles.*

Coustumes dont usent les manans et habitans de Bos Bernard.

1. L'époux survivant a la moitié des meubles, manoirs et terres cottières, à la charge de payer la moitié des dettes, à l'encontre des enfans issus du mariage. — 2. S'il n'y a point d'enfans . . . . . *illisible.*

3. Item, le mari pœult vendre, donner, charger, transporter à telles personnes que bon lui samble, les manoirs et terres tenues dudit eschevinage pour tel pris que bon lui semblera, sans pour ce y evocquier ne avoir le consentement de sa femme, nonobstant que tels manoirs ou héritages ainsi vendus ou chargés, viennent du costé de ladite femme (212).

Le xix.ᵉ jour d'aoust 1507.

Marques et signatures : Jehan Bufel. — Collart Le Pesqueur. — Colart Le Marissel. — Martin Bufel, etc.

HANNECAMP.

SEIGNEURIE.

Un petit carré de parchemin, belle écriture. **1 article.**

Coustumes de la terre et seigneurie de Hannecamp, appartenant à noble homme Jaques de Nedonchel, escuier, seigneur dudit lieu.

1. Justice vicomtière.

Au moys d'octobre, l'an de grace mil cinq cens et sept.

Signatures : Lefebvre *curé de Hannecamp.* — Marc Franchois. — Gille Baudœul. — Martin de Le Croix. — Jacques Plebault. — Toussaint Candellier. — Guiot Candellier. — Jehan Froment.

NEUVIREULLE.

SEIGNEURIE.

Un petit carré en parchemin, lisible. **3 articles.**

Coustume local de la ville de Nœufvireulle en Arthois, appartenant à noble homme Pierre de Cuncy, mineur d'ans.

1. L'époux survivant a l'usufruit des fiefs, manoirs et héritages de l'autre époux.—2. En succession collatérale, les héritages suivent côte et ligne. — 3. Les acquêts se divisent entre les héritiers des deux côtés.

Le xix.ᵉ jour d'aoust 1507.

Signatures : Nicaise Wachon *lieutenant dudit lieu.* — Jehan Després. — De Crois. — Jehan Delabeie. — Robert Rigolet. — Jacquemart Le Dieu. — Robert

Le Dieu *dit* Foi. — Pierre Le Felon. — Bernart Ledieu. — Miquiel Le Dieu. — Le Dieu *dit Cardon.*

WANQUETIN (en partie).

SEIGNEURIE.

Un page et demie de grand parchemin. 9 articles.

Coustumes locales de le ville et seignourie de Wanquetin, en partie, appartenant à Jehenne de Ranchicourt, vesve de feu Pierre de Habarq, en son vivant, seigneur dudit lieu en partie, mises par escript par Jehan Le Bouchier, bailli dudit lieu.

1. La seigneurie des flots et flégards lui appartient.

2. Item, se deux conjoingz par mariage ont manoir en cotterie, amasé ou non, venant de succession, en ladite seignourie, sil ont enffans ou enffant marles, aprez le trespas desdits conjoingz, au maisné fils desdits enffans appartient ledit manoir saus part d'aultruy.

3. Item, se il y avoit pluiseurs manoirs en cotterie, ledit maisné auroit son chois de prendre lequel quil voldroit, et les aultres manoirs se partiroient aux autres enffans, chascun à égalle porcion, soit quil vint ausdits conjoings de succession ou d'acquest.

4. S'il n'y a que des filles, la fille maisnée exerce le même droit. — 5. Les époux peuvent se donner réciproquement l'usufruit de leurs acquêts ; si l'homme survit, il peut disposer à sa volonté desdits acquêts, soit qu'il y ait des enfans ou non.— 6. Les maréchaussées non tenant au corps de l'habitation sont réputées meubles, en partage de succession. — 7. L'époux survivant est propriétaire de la moitié des meubles à la charge de payer la moitié des dettes. — 8. Les héritages cottiers venans de succession, lorsqu'il n'y a pas d'enfans, retournent aux plus proches parens. — 9. Tous les héritages féodaux sans distinction appartiennent à l'aîné.

Le XVIIe jour de septembre 1507.

Signatures : Jehan Delannoy *curé dudit lieu.* — Jehan Maillet *lieutenant du bailli.* — Jacques de Labbie. — Jehan Vredure. — Servais de Burbure. — Jehan Segard *homme de fief.* — Jehan Corier. — Pierre Grard.

FLÉCHINEL.

SEIGNEURIE.

Trois petites pages en parchemin, bien conservé, belle écriture, très-lisible. 13 articles.

Coustumes localles et particulières de la terre et seignourie de Fléchinel, appartenant à Walerant de Fléchinel.

<small>1. Justice haute, moienne et basse. — 2. Reliefs des fiefs selon leur nature. — 3. Droit de vente des fiefs. — 4. Succession des fiefs.</small>

5. Item, se le fief vient en ligne collatérale, l'aisné l'emporte, soit filz ou fille, se ce n'est tout d'un ventre; mais se c'est tout d'un ventre le marle l'emporte.

6. Item, quant anchiennes filles ayant fiefs se maryent, il est deu relief de bail sans cambellaige.

<small>7, 8. Relief des cotteries. — 9. Succession des cotteries. — 10. Douaire féodal. — 11. Amende pour les rentes non payées. — 12. Mention d'un fief à Estrée-Blanche, mouvant d'Aubigny. — 13. Mention d'un autre fief où l'on suit la coutume de Lillers.</small>

Le xvie jour de septembre 1507.

Signatures : Mahieu Morel. — Pierre Faucquet. — Jehan du Hocquet. — Willaume de Garbecque. — Philippes Loire. — *Sceaux rompus* de Jacques Le Mannier *bailli*, de Guillaume de Lespinoy, de Andrieu Meliot et de Bertran le Gouch.

FIN DU HUITIÈME GROUPE.

PAYS DE LALLŒU.

TEMPOREL DE L'ABBAYE DE SAINT-VAAST D'ARRAS.

Copie en papier de 1732, très-mauvaise écriture. 26 articles.

Coustumes du Pays de Lallœu, terre amortie à Saint-Vaast d'Arras, qui se comprend en trois paroisses et partie d'une quatrième, contenant environ une lieue en tout quarrure, lequel Païs est pur voisin à la conté d'Artois, conté de Flandres, chastellenie de Lille, et en rien subject, tenu et mouvant à aulcun d'iceulx (213).

1. Et primes touchant les fiefs, les eschevins dudit Païs n'en ont aucune congnoissance, et de che, en succession, se règlent selon la coustume générale de Saint-Vaast.

2. Item, par la coustume génerralle notoirement gardée et observée audit Païs de Lallœu, les eschevins d'icelluy Païs congnoissent de tout délict commis, tant sur les fiefz comme sur terre cottière séant audit pays, sauf et réservé que les hommes de fief ont congnoissance des adhéritemens, deshéritemens, saisines, dessaisines et des reliefs desdits fiefz.

3. Le mort saisist le vif son plus prochain héritier habille à lui succéder, sans

ce que ledit héritier soit tenu payer aucune chose pour le relief d'icelle terre, entrée ne issue ne autre chose.

4. L'on use, audit Pays, de entravestissement par sang et par lettres, lequel entravestissement par sang s'engendre quand deux conjoingz par mariage, durant icelle conjonction, ont un ou pluiseurs enffans, et entravestissement par lettres se fait quand deux conjoingz entravestissent, par mariage, l'un l'autre de tous biens pardevant eschevins dudit Pays.

5. Quant deux conjoingz entravestissent l'un l'autre par lettres, au survivant compecte et appartient tous et chascun les mœubles et chasteulx, de quelque nature et condicion quilz soient, délaissez par le trespas du premier morant, où quilz soient trouvés, situés et assis, pour en joyr et disposer, par le survivant, à son bon plaisir et volenté, sans que les héritiers du premier morant desdits conjoingz y puissent aulcune chose avoir ne demander.

6. Item, quant aux héritaiges séans es mettes dudit Pays et eschevinaige, au cas dessusdit, le survivant en joyt sa vie durant seullement, de quelque costé quilz procèdent, soit du premier morant ou survivant, et soient issus dudit mariage enffans ou non ; et aprez le trespas du dernier morant, icelle terre et héritaige sortissent cotte et ligne du lez et costé d'où ilz procèdent sans ce que le survivant puisse aucunement vendre, charger, hypothéquer les héritaiges venans du premier morant, de laquelle terre le survivant joyt viagérement.

7. Item, et se durant ladite conjonction, iceulx conjoingz qui ont entravesti l'un l'aultre par lettres, faisoient aulcuns acqueslz et en ce dudit eschevinage, le survivant jouira sa vie durant de tous lesdits acqueslz ; se d'icelluy mariage ne y avoit aucuns enffans vivans, aprez le trepas du dernier morant, iceulx acqueslz se partiront également entre les héritiers desdits conjoingz.

8. Item, se lesdits conjoingz ont entravesti l'un l'aultre par sang, au survivant compecte et appartient entièrement tous les mœubles et catheaulx pour en joyr et disposer par luy ainsi quil lui plaira, comme dist est d'entravestissement par lettres ; et quant aux héritaiges séans es mettes dudit Pays et eschevinage, le survivant en jouit tant et si longuement quil aura aucuns enffans ou enffant vivans procédans d'icelluy mariage ; et se il advenoit que les enffans ou enffant terminassent de vie par mort auparavant le premier morant desdits conjoingz ou aprez, lesdits héritaiges sortiront coste et ligne comme se n'y avoit point eu entravestissement par sang.

9. Item, et quant deux conjoingz par mariage ont aucuns héritaiges séans audit Pays de Lallœu, soit quilz procèdent du costé du mary ou de la femme tant seullement, ou d'un costé ou d'autre, et l'un d'iceulx va de vie à trespas sans ce

quilz aient entravesti l'un l'autre par sang ou par lettres, en ce cas les biens mœubles et acquestz délaissés par le trespas du premier morant, se partissent égallement entre le survivant et les héritiers du premier morant; et quant aux héritaiges patrimoniaulx, ilz sortissent coste et ligne sans ce que les héritiers du premier morant aient aucune part et porcion es héritaiges venans du survivant.

10. Item, se durant et constant ledit mariage, lesdits conjoingz ont aucune terre patrimonialle ou acquest, et durant icelluy aient aucuns enffans, se il advenoit que l'un d'iceulx voist de vie à trespas, le survivant ne pœult vendre, charger ne hypothéquer les héritaiges patrimoniaulx ou acquestz, sans le consentement de tous les enffans, soit qu'icelle terre vienne d'un costé ou de l'autre; mais se le survivant, depuis le trespas du premier morant, faisoit aucune acqueste ou que lui succède par horie aucune terre, en ce cas, de tel acqueste ou horie, il porroit disposer à sa volenté.

11. Item, se deux conjoingz par mariage ont aucun héritage audit Pays de Lallœu, le mary ne le pœult vendre, charger ne hypothéquer sans le consentement de sa femme, soit que les héritages viennent du costé du mary ou de la femme, soit que telz héritaiges soient patrimoniaulx ou acquestz.

12. Item, l'on ne pœult alliéner ou vendre son héritaige patrimonial ou acquest sinon par l'une des trois voyes, assavoir par droite vente, en payant drois seigneuriaulx au seigneur; secondement, en donnant à son enffant légitime en don de mariage, tiercement en émancipant son enfant, que l'on dist audit pays vulgairement mettre hors de son pain; esquelz deux cas derniers, ilz peuvent disposer des héritages sans payer aucuns drois seigneuriaulx.

13. Item, l'on pœult chargier et hypothéquer sa terre, en prenans aucuns deniers courans en rente, sans paier nul ni aucuns drois seigneuriaux, jusqu'à ce que sur iceulx la main du roy est mise et assize.

14. Item, l'on pœult bailler sa terre et héritaige en arentement et surcens pour en joyr, par le prendeur, héritablement et à toujours, sans ce que l'on soit tenu payer aucun drois seigneuriaulx.

15. Item, représentation n'a lieu, en telle manière que le neveu ou nièce ne représente point son père ou sa mère, et ne partit point contre son oncle ou tante en quelque succession que ce soit.

16. Item, les enffans procédans du mariage, aprez le trespas de leurs père et mère, partissent par égalle porcion les héritaiges délaissiés par leurs dits père et mère, et n'y a l'ung previllége plus que l'autre, assavoir le filz que la fille et la fille que le filz, sauf que le maisné filz, se filz y a, sinon la maisnée fille du premier mariage, pourra prendre la meilleure pièce de terre délaissiée par

lesdits père et mère, moïennant quil y ait autant de terre, en mesure, pour chascun des enffans prendre pareille quantité de terre poséores quelles fussent de moindre valeur.

17. Les enfants mariés venant à la succession de leur père et mère sont obligés de rapporter ce qui leur a été donné en mariage. — 18. Vente, saisine et retrait lignager des héritages vendus.

19. Item, se quelqu'un va de vie à trespas sans hoir procréé de sa char en leal mariage, délaissant un ou pluiseurs frères ou sœurs vivans, les père et mère ou l'ung d'iceulx, en la succession de leurs enffans, excluent les frères et sœurs du trespassé.

20. Nul n'est bastard de par sa mère; meisme succède le bastard es biens mœubles, catheux et héritaiges, de par sa mère, à compte de testes, avec les enfans de la mère procréés en mariage, se aucuns y a.

21. Item, un enfant masle est repputé eagié, pour avoir l'administration de ses biens, quand il a atteint sa quinzième année, et la fille sa treizième année.

22. Item, quiconques joyt et possesse d'aucun droit corporel ou incorporel, paisiblement et publiquement, par espasse de vingt ans continuelz et subsequtifs l'un à l'autre, et partie présente et non previllégiée, tel possesseur acquiert droit en la chose ainsi possessée.

23. En ligne collatéral, se aucuns héritaiges suscèdent à aucuns héritiers en pareil degré, comme à cousins procédés de divers parens, iceulx héritiers partiront également à compte de testes et non de lignes.

24. Item, quand l'un de deux conjoingz va de vie à trespas, le survivant, soit l'homme ou la femme, a droit de veuve, en telle manière quil prendra de chascune pièce par ménage, la meilleure à son choix, sans toucher au sang.

25. Item, quant aucun don de mariage est fait et traité pardevant deux tesmoingz, du père à l'enffant, il est réalizé et sortit son plain et entier effet pardevant loy ou justice.

26. Lesdites coustumes cidessus sont sans touchier aux cartes, previlliéges et édit dudit Pays de Lallœu (214).

Le XXIII.ᵉ jour de septembre 1507.

Signatures : Bertoul Prevost *bailli de Saint-Vaast*. — Sohier. — Vaast Patte. — J. Jane. — J. Caulier *prestre, curé de La Venthie.* — Anicque Sohier *de Neuglise.* — P. Petit. — Denis Barbin. — Rogeau. — Pierre Le Secq. — Jacobus de Maubus *curé de Sailly.* — P. Legris. — Bauduin de Le Croix. — Michel de Lannoy. — Jehan de Watelette. — Jehan Le Vaast. — Ridel Olivier. — G. Toulouse. — J. Mas. — Jeh. Defontaines. — Pierre Rogeau. — Jacques de Lannoy *dit Bonne Candeille,* etc.

Délivrée conforme à la minute estant en la chambre des archives du bailliage d'Amiens, où elle a été remise par moi, greffier en chef dudit bailliage et siége présidial d'Amiens, soussigné; le cinq de may mil sept cent trente deux.
Signé : Roger.

RIQUEBOURG-SAINT-VAAST.

LOI ET ÉCHEVINAGE.

Quatre rôles de grand parchemin, écriture très-serrée. **34 articles.**

Nous Jacques Levesques, prestre vicegérant, Phlippes Duhamel, bailly, Jacques Frulleux, maïeur, Pierre Brouquesauch le josne, Collart Lefevre, Jacques du Hamel, Bertremieu du Hamel et Phlippes Tassin, eschevins de la terre et seignourie de Riquebourg Saint Vaast, certiffions à hault et grand seigneur, Mgr. le bailly d'Amiens ou son lieutenant, que nous avons fait doubler nos chartres et previllèges où sont comprinses les coustumes, usages et manières de faire, dont de toute auchienneté, nous et nos prédécesseurs, avons acoustumé user en ladite ville, terre et seignourie de Riquebourg Saint Vaast, et ne savons pas que en icelle soient aucunes autres coustumes locales que celles que esdites chartes dont le teneur s'ensieut, est contenu.

Jehans, abbez de Saint-Vaast d'Arras, et tout le couvent de cel maisme lieu, salut en Dieu. Nous faisons savoir à tous ceulx qui cest escript verront, que nous avons telle loy donnée par le conseil des bonnes gens en no alleue de Riquebourg que on appelle labeye :

1. Tout ly fourfait qui y porroient advenir seroit amendé par soixante-trois solz de le monnoie de Flandres, sauf ce que, se aucuns fiert l'aultre, et cieulx qui ferus est se pœult ou vœult revengier en celluy qui premiers ce commencha, cellui qui premiers ce commencha sera jugié par vérité et par eschevins, en six livres six solz d'amende, desquelz ly lesdengiet aura quatre solz, et des autres aura Saint Vaast les deux pars et ly maires le tierch ; et se ly lesdengiet ne volloit ou ne povoit revengier, cil qui commença ne sera en amende que de soixante-trois solz, desquelz ly lesdengiés aura deux solz et des autres Saint Vaast aura les deux pars et ly mares le tierch, mais ne cuident nous ne vollons mie mettre à cest feur les fourfaits de le haulte justice, sy comme de murde, hommecide, larchin, rat et arsin, ains seront tractiés par eschevins sy comme ilz ont esté jusques à huy ; toutes autres choses seront jugiées par eschevins et par vérité qu'on enquerra, et par le teneur de la charte.

2. *Pour toutes choses jugés :* Nous avons en celle alleuve estably cincq eschevins; sy vollons que toutes les choses qui seront tractiés ou tesmoingnés ou jugiés par quatre eschevins ou par trois, soient fermes et estables et wardées, saulf ce que tout ly cincq eschevins soient présent aux choses qui appartiennent à l'héritage, sy comme de terre eschangier ou vendre, werpir ou achetter, ou en aucune manière qui maine à héritage ou à werp de requerir; et sy eschevin meismes vend ou achatte en eschevinage, bien y pœult estre avœucq les autres.

3. *Pour estre condempné par eschevins:* Se aulcun deforains est dampny par eschevins pour aucuns de telz fourfais que pardessus sont nommés, il ne pœult demourer en le terre de cel eschevinage.

4. *Pour luy enfouyr quant on a fourfait :* Se aucun fourfait et il sen va, ly fourfais est jugiés par eschevins, et se il advenoit que cil qui jugiet est reparust en icelle terre, ly justices le pœult faire arrester et tenir tant longuement quil auroit fait treuve de son fourfait (215).

5. *Pour luy clamer d'aultruy :* Se nulz vient pour clamer en ne alleuve de Riquebourg, et aprez sen claim, eschevin enseignent que, sy on fait venir devant eulx celui de qui on se clame, dedens sept nuyts, se il n'est présent pour congnoistre ou pour nyer ce que on lui demande, se il congnoist son claim pourquoy il est mandez, eschevins enseignent que, dedens sept nuits, soit rendus ly claims au clamant; se il le rend dedens sept nuyz, il s'acquite bien ; et se il ne le rend dedens les vij nuyz, il est à l'amende envers le clamant de ij soubz et à la justice de xij deniers, de quoy Saint Vaast a les deux pars et ly maires le tierch, et le justice fait avoir le claim au clamant par l'enseignement d'eschevins, se cil qui pert le claim à tant vaillant en la ville; et se cil de qui on se claime, pour tant quil le sache, ne vient dedens sept nuys pardevant eschevins, amender le doit par ij solz au claimant et par xij deniers à le justice, desquelz Saint Vaast a les deux pars et ly maires le tierche, ou escondire par serment que mot n'en scet de l'enseignement; et se chely de qui on se claime vient dedens sept nuyz pardevant eschevins, et il advenist que il nyat le claim, la justice doibt prendre plesge des parties par enseignement d'eschevins, et puis adjourner et tractier par loy, se cest héritage qui sièce en l'eschevinage de labeye, qui soit mis en claim, et plainte en viengne pardevant justice et devant eschevins, pleges en doibt on prandre des parties par enseignement d'eschevins; et eschevins doibvent oyr le bonne vérité, par serment de ceulx que l'on nommera, se parties se y appoient; et se ly unes des parties ne s'appoyoit à vérité, on orroit celui qui sy apoye, et sy le traictroit on par le loyal vérité jurée, que tous les V

eschevins orroient; et par le boinne vérité que eschevins auroient oye et entendue, sur leur serment, donneroient à chascun son droit.

6. *Pour vérité d'héritage* : Et sy vollons que nulz héritaiges que on meche en claim, soit tractiés par autre vérité que par les hostes ou tenans Saint Vaast de l'eschevinage de l'abeye de Riquebourg ; et se il advenoit de claim d'éritage, ne s'apoyast nulle des parties à vérité, ly clameres va as sains par seulle main, et cil seur quy on se claime par se quinte main ; et se ly eschevin voient que ly clameres fait bien ses loys, et cil sur qui on se complaind mesprend en ses loix, il pert le claim et sy est en amende de LXIII solz, desquelz cieulx qui descame en a II solz et la justice LXI solz, desquelz Saint Vaast en a deux pars et ly maires le tierche ; et se cieulx qui va as sains lui quinte mains fait bien ses loix, eschevins sur leur serment luy pourwarderont son droit, et cil qui clama remaint en amende de LXIII solz, desquels ly délivrés a II solz et la justice LXI solz, desquelz Saint Vaast a les deux pars et ly maires le tierche.

7. *Pour claim de catel* : Et se ce sont catel ou debte de quoy on viengne à justice et à eschevins, tractier les doibt on par aultre telle loy que devant est dite d'éritage, saulf ce que les véritez, se nulle des parties sy appoye, amener les pœut on de là où on les apporta et de là où convenance fut faite, de quoy il demande vérité pour tant quelle soit loyaulx, et eschevins tous V doibvent oyr les vérités, et puis pourwarder et rendre à chascun son droit sur leurs sermens, ly dampnez ert en amende de III solz, desquelz cil qui descame en a II solz sil les demande, et ly justices XII deniers, desquelz Saint Vaast a les deux pars et ly maires le tierche ; et se nulles des parties ne s'apoye à vérité, et il y a mains de XX solz el clame, ly clameres va par seulle main as sains, et cil seur qui on clama lui tierche main, et (se) cil qui va tierche main fait bien ses loix, eschevins seur leur serment le délivrent, et ly délivrés a s'amende de II solz et la justice XII deniers, desquelz Saint Vaast a les deux pars et ly maires le tierche, et sil ne fait bien ses loix il perd le claim, et sy l'amende par trois solz dont cil qui descame a II solz et la justice XII deniers, desquelz Saint Vaast a les deux pars et ly maires le tierch ; et se cil qui vast tierche mains as sains, fait bien ses loix, cil quil clama l'amende par trois solz dont cil qui est délivré a II solz et la justice XII deniers, desquelz Saint Vaast a les deux pars et ly maires le tierch ; et sil y a XX solz ou plus el clam, et nulle des parties ne s'apoye à vérité, cil qui clame va seulle main as sains, et cil sur qui on clama quinte main ; et se cil qui va quinte main fait bien ses loix, eschevins ly pourwarderont ses droix, et cilz qui clama remaint envers lui en amende de II solz sil les demande, et a le justice XII deniers, desquelz Saint Vaast a

les deux pars et ly maires le tierch; et sil ne fait bien ses loix, il pert le claim, et sy l'amende audit clamant par II sols, à la justice par XII deniers, desquelz Saint Vaast a les deux pars et ly maires le tierch.

8. *Pour toutes choses par vérité jurée :* Nous vollons que toutes plaintes qui venront pardevant justice et pardevant eschevins, soient tractiés et pourwardées par loyale vérité jurée, ainsy comme elles appartiendront as querelles dont eschevins diront droit sur leur serment; et bien se warde qui a vérité s'apoye que il laist (*sic*) qui serment le convenra faire devant ses vériteurs, qui vérité clamera.

9. *Pour non venir rendre sa vérité quand on y est adjourné par loy :* Se aucuns est nommez à véritez venir, devant eschevins pour vérité rendre, et il n'y volloit venir, amender le doibt par III solz, desquelz ly plaingneurs a II solz et la justice XII deniers, desquelz Saint Vaast a les deux pars et ly maires le tierch; et se il n'y vient, eschevins enseignent que la justice meche la main au sien quil a en l'eschevinage, sil tant l'aime que dedens XV.^{ne} viengne se vérité rendre, et quant il l'aura rendu, délivrés est par l'enseignement d'eschevins.

10. *Pour debte congnue à loy :* Se aucuns fait debte de quoy il a eschevins, et cil qui doibt se fait clamer de luy, la justice doit commander au debteur, cuy on doit que on le paie dedens vij nuyz; et sy ly debteurs ne le paye, la justice le pœut prendre des choses le debteur tant quelles puissent estre souffisans à le debte payer; et sy les doibt on tractier par enseignement d'eschevins, pour payer celui cuy on doibt; et sil n'a choses que on puist prendre de castel part, la justice pœut prendre son corps et le warder et tenir par vij nuyz, et ly prisons doit vivre del sien propre; et sy, pour lui warder en le prison, il convient mettre sergent, il doibt vivre aux coustz le prisons raisonnablement; et quant la justice l'aura wardée par vij nuyz, rendre le doibt on à celluy à qui il doit la dette, et cil le doibt tenir en prison dedens l'abeye, et le warder aux coustz cellui qui prisons est; et se c'est debte de quoy on n'aist mie eschevins, par loy voist et par vérité et par enseignement d'eschevins.

11. *Pour mettre gens en plesges :* Se aucuns fait debte et il met gens en plesges, et il mœurt ou il s'enfuit, et il n'a cateulx par quoy se debte puist estre soustenue, vendre pœut on de son héritage par loy et conseil, se mieulx ne pœut on faire.

12. *Pour arrest fait en le ville :* Se aucuns de l'alleuve ou aultre deforain est pris ou arresté en l'eschevinage, ly maires le doibt warder jusques à tant quil soit jugiés par eschevins, se il ne pœut avoir plesges.

13. *Pour record de loy :* Se aucuns requiert enseignement ou record de chose dont eschevins auront dit enseignement, tant comme ilz sont en lieu de plait, cil qui ce requerra sera en amende de II solz à chascun eschevin qui présent ert; et a le justice, pour chascun eschevin qui là ert présens, XII deniers desquelz Saint-Vaast a les deux pars et ly maires le tierch.

14. *Pour desdire eschevins :* Se aucuns desdit eschevins, il sera en amende à chascun eschevin de X solz, et à le justice, pour chascun eschevin de LX solz dont Saint Vaast a les deux pars et ly maires le tierch.

15. *Pour plaidier :* Nous avons estably qu'on peult plaidier de quinzaine en quinzaine.

16. *Pour renouveller eschevins :* Nous avons estably que on peult remuer eschevins d'an en an, et que on fache nouveaulx ainchois que les vielz soient ostez, pour ce que le ville ne demourast sans loy; et quand il plaist à labbé et au conseil de l'église de Saint Vaast, que on fache nouveaulx eschevins, par le conseil du prestre et des preudommes de la ville, les doibt on faire.

17. *Pour aller à l'enqueste :* Nous vollons que, se il convient eschevins à aller à enqueste, de cose dont ilz ne sont creans, à Arras, en le cambre l'abbé doibvent venir, et ly abbés et ly consaulx debvront mander et assambler les plus preudommes eschevins de leur terre Saint Vaast, et conseil donner aux eschevins de le alleuve de Riquebourg loyalment de le querelle dont ils demandent sens et enqueste; et cieulx qui dampnez sera de celle querelle dont eschevins auront esté à enqueste, paiera les despens que eschevins auront fait; et sachent eschevins que de ce dont il sont sages ne doibvent aller à enqueste, et sil y vont ilz se parjurent (216).

18. *Pour tesmoingnage et record :* Nous vollons que, par le record et par l'enseignement de V eschevins qui sont en l'alleuve de Riquebourg, soit ly loys tractiet; et se aucuns vœult avoir tesmoingnage ou record des convenances qui soient faites pardevant eschevins, ly convient avoir trois eschevins ou plus, et ce quilz tesmoingueront ou recorderont sera ferme et estable, saulf ce que tout ly cinq eschevin soient à toutes les coses qui appartiennent à héritage.

19. *Pour parchons :* Nous vollons que ly enffans soit au lieu du père et de la mère en toutes esqueances, se ly hommes ou ly femmes sont trespassé et aient enffans; et il deffault de père ou de mère, ly enffans doibvent partir catheux et héritages contre le vivant; et se ly vivant emporte l'héritage en se partie qui viengne de par le mère, et de lui deffault, cieulx héritage doit revenir as enffans; et se ce estoient acquestes, ly enffans doivent avoir le moittié des acquestes del père ou del mère, et le vivant, soit père sòit mère, doibt tenir l'aultre moittié et en

pœult faire sa volenté; et se il advenoist que cieulx vivant se remariast et eust enffans et puis mourust, cil darrain enffant avecq les premierains partiroient au remenant del mort; et celle qui au paratre ou à le marratre demoureroit après le mort de lui ou de cellui *(sic)* revarroit as derrains enffans; et se cil desdis enffans ou autres mouroient, sans hoir de leur char, ly héritages remenroit as plus prochains parens de le costé dont ly héritages mœult et ly catel autres sy reparront à le coste dont ilz viennent.

20. *Pour acquestes :* Se il advenoit que ly hommes ou ly femmes fesissent acquestes en aultre jurisdiction que en ceste, à partie apporter les doibt en ceste justice pour partir se il aime tant ceste partie.

21. *Pour dons de mariage :* Se il advenoit que ly hons ou ly femmes marient ung de leurs enffans et ly donnent terre, se à partir vient, autant doibvent prendre les aultres enffans; et se il ny a terre de remenant dont ilz puissent avoir yeulx parties, rapporter en doibt tant que parties soyent yeulx; et se ce sont catel, rapporter les doibt, sil tant aime le remenant; et se cil que ly pères ou mères ont marié mœurt sans hoirs, au père ou à la mère doibt reparier ly remanans; et se ly uns d'eulx deffault, au vivant rement tel partie comme à lui affiert; ly vivant de l'homme ou de le femme qui auront esté ensamble par mariage, demourera el mez par escange contre terre, et sy aura les arbres fruitz portans, et le maison pour pris de . . . . saulf ce que ly parchonnier prendent autant de terre comme il a el mes, à leur quieulx; et ly maisnez des hoirs marles quieulsit avant, et ly autres sy comme il vient naissant, et des femelles ainsy, sil ny a masle, saulf ce que se ly maisnez qui demeure el mez se remarie, et ly mez vient de par lui, se il a enffans d'autre femme, au derrain enffant maisné demourera ly mez, sil ny a masle à le femelle; et se ly mez ne vient de par le vivant, aprez son deciepz, reparrera au derrain masle, et sil ny a masle, à le deraine femelle par escange de autre terre; et le premier escange doibt on rapporter se il, à son quieulx, vœult venir.

22. *Pour enffans de songuant (sic)* (217) *:* Ly enffant venu de songuant partiront à l'héritage de leur mère; se ly hommes ou ly femme entrespousé ont enffans, et ly homs ou ly femme mœurt, ly enffant partiront contre le vivant; se il y a enffant qui n'ait mie son eage, ly vivans, soit père soit mère, warder le doibt, sil est masles, jusques à XV ans, et le femelle jusques à XI ans, sans le leur amenrir; et sil ont catheulx, mettre les doibt on en héritage par le conseil d'eschevins, et cieulx qui les warde en recepvra les preux sil vœult jusques à leur eage; se eschevins vont à partie d'enffant contre père ou contre mère, parties qui demourent ensamble doivent à chascun eschevin ij deniers, et à le justice

iiij deniers; et se parties sont derompues, toutes parties que on fera doivent à chascun eschevin ij deniers et à le justice iiij deniers; et sil y convient justice et eschevins au repartir, leurs despens raisonnables doivent avoir.

23. *Pour vendre terre* : Se aucuns vœult vendre de son héritage, il doibt faire crier par trois quinzaines, et se proismes le vœult avoir, il ly convient estre de cel costé dont ly héritage mœut, et dedens le werp doibt venir; et se cieulx qui le proximité requiert ne croist que le cose soit tant vendue comme elle est, cieulx qui le vend doibt jurer que tant le vend loyalment; et sy le proismes ne le vœult prendre, ly marchans doibt jurer que tant l'acate et puis l'emporte.

24. Nous vollons que se nulz fait serment, sil, par adventure, ceolle ou rinœult les sains, pour che ne soit pris à occoison, mais furnisse son serment oultre (218).

25. *Pour parchons:* Se à partir vient, ly parchonniers de cellui qui el mez demeure prend un mez aussy grand comme cieulx en affront, sil y pœut estre; et sil ne peult prendre, le doibt par derrière, et sil y hesberghe, livrer lui doibt en front à voye, par eschange d'autre terre.

26. *Pour bonnes devoier :* Nous vollons que se bonne est desvoyé en l'eschevinage de sen lieu, remettre par loyal vérité, le pœut on en sen lieu.

27. *Pour vérité de terre :* Se on vend terre en l'eschevinage, cieulx qui l'accatte doibt à le justice IIII deniers et à chascun eschevin II deniers, et cieulx qui la convient en livrer, livrer le doibt par justice et par eschevins; et cieulx qui le livre doibt à justice IIII deniers, et à chascun eschevin II deniers pour leur paine; et se neant n'en livre, neant n'en doibt, ne à le justice ne à eschevins.

28. *Pour arrester ly ungs l'aultre :* Nous vollons que se nulz qui est hostes ou tenans en l'eschevinage, arreste ly ungs l'autre en estrange justice, renvoier le doibt, pour droit faire et pour droit prendre, au bourcq, en l'abeye, tout délivré se tant aime se tenance.

29. *Pour debte deue à l'ostel des deffuntz :* Se ly homs ou ly femmes qui entrespousés sont, mœurt sans hoir et il doibvent debte, paier les doibt on de commun, saulf ce que ly vivans prend, avant part, tant vaillant que ly mors emporte en ses coustz et en ses aulmosnes; et doibt partir ly vivans contre les parchonniers, et de le partie que ly parchonnier doibvent avoir, ly vivans en prend quarte partie pour se linenocte.

30. *Pour parchons d'enffans de songuant :* Nous voullons que, ainsy que ly enffant de songuant partissent l'héritage de par le mère, quilz partissent aussy as catheulx.

31. Toutes les amendes de II solz qui jugiés sont à rendre, se cil ne les demandoit qui avoir les doibvent, demeurent à le justice, sil ne les demande; et Saint Vaast en a les deux pars et ly maires le tierch.

32. *Pour parchons d'iretage :* Se aucune gens sont parchonniers et il ont terres ensemble, partir et bonner les pœuvent, et tenir telz parties comme ilz seront, tant comme ilz se concorderont, et se nulz ne se déside et il demande partie par loy de le terre, faire le doibt ly justice par enseignement d'eschevins; et justice et eschevins auront tel droit comme avoir doivent.

Et pour ce que nous voullons que toutes ces loix et ces coses soient fermes et estables, et par la requeste de noz gens de l'abeye, en no alleue de Ricquebourg, avons nous ceste chartre fait faire et sellée de noz propres seaulx.

Et ce fut fait en l'an, aprez l'incarnacion de Nostre-Seigneur, mil deux cens et trente, el mois de febvrier.

En approbacion desquelles coustumes dessus touchées, icy résumées et transcriptes . . . . nous vice-gérant, bailly, maieur et eschevins cidevant nommez, avons, en fin de ce présent cayer, mis et apposé nos saingz ou marques manuelz . . . . Le XXIIe jour de septembre l'an mil cinq cens et sept.

Avec lesquelles coustumes et usaiges et manières de faire dessus touchié, nous vice-gérant, bailly, maieur et eschevins cidevant nommez, certifions que :

33. En ladite ville, terre et seignourie de Riquebourg-Saint-Vaast, tous plantins estans sur les flégardz appartiennent aux héritiers et autres héritages allencontre desquelz iceulx flégardz sont contigus, à le charge par iceulx héritiers et possesseurs desdits héritages, de entretenir et retenir à leurs despens, les cauchies, cours d'eaue, planques et appuyes contre leursdis héritages.

34. En laquelle terre et seignourie de Riqueboug-Saint-Vaast, le seigneur d'icelle ou sa justice ont droit et auctorité de avoir mesure, poix et aunes flatries pour mesurer, peser et auner toutes marchandises et choses passant par mesure, poix et aune, et auctorité aussy pour commectre eswardz, chascun an, pour eswarder toutes derrées et marchandises à ce submises.

Signatures : Lefevre. — De Bourges. — De Levesque *prestre, vice-gérent de Riquebourg.* — Jehan Thorel. — Pierre Brouquesauch. — Pierre Leroy. — Mahieu Callot. — F. Fraileux *maieur.* — Bruno Legrant. — Jehan Lecerf. — Jehan Fransart. — Jehan de Lofle. — Jehan Cousin. — Willaume Blondel. — Colart Lefevre. — Bertremieux du Harnes. — N. Blondel *greffier.*

VITRY.

SEIGNEURIE.

Une grande page en parchemin, écriture très-pâle et difficile à lire. 10 *articles.*

Us et coustumes des subgetz, manans et habitans de la ville de Vitry, appartenant à révérend père en Dieu, Mgr. levesque d'Arras.

1. En ladite ville ledit seigneur n'a droit de confiscacion, pour quelque subget qui se homecide ou soit exécuté et mis au dernier supplice par justice, en aucuns ses biens et héritaiges, mais demeurent et appartiennent à l'héritier du mort, en enssievant les lettres de chartres octroiées de sy longtemps quil n'est mémoire du contraire.

2. Loist ausdits subgetz, manans et habitans, aller mener ou faire mener, au marest dudit Vitry, appartenant audit seigneur, qui est commun, tous et chascun leurs bestiaulx à cornes et bestes quevalines, sans pour ce paier aucune chose ne meffaire, meismes prendre, faulquier et soyer l'herbaige pour leursdis bestiaux.

3. Item, leur loist picquier, fouir ou terroir dudit Vitry, sans prendre grace audit seigneur ou ses commis, sans pour ce fourfaire ne encourir aucune amende, mais seullement sont tenus le remettre au premier estat, selon les deffenses sur ce à eulx faites, par dedens sept jours et sept nuitz, sur peine de l'amende coustumière envers ledit seigneur.

4. Item, que tous héritaiges scituez et tenus en eschevinaige dudit lieu, le mort saisit le vif sans faire aucune appréhension ne payer aucun relief; et ne pœult le possesseur de tel héritage, se il est marié, sans le consentement de sa femme, vendre ne chergier ledit héritaige.

5. Item, que quant deux conjoingz possesseurs desdits héritaiges et l'un va de vie à trespas, le sourvivant, posé quil y ait enffans vivans, joist sa vie durant desdits héritaiges, et aprez le trespas du dernier morant, appartient ausdits enffans ou enffant; et se dernier vivant desdits conjoingz se remarioit, et d'icelluy mariage procédast aucuns enffans ou enffant, iceulx enffans, aprez le trespas d'icelluy dernier morant, se lesdits premiers enffans estoient vivans, n'auroient aucuns droits esdits héritaiges.

6. Item, que à le vendicion des héritaiges en eschevinaige ou en hommaige, l'on paie pour droix seigneuriaulx VIII deniers, assavoir quatre deniers par le vendeur et autant par l'achetteur, pour tout héritaige vendu.

7. Item, à le vente des héritaiges féodaux, est dû de drois seigneuriaulx le quint denier de le vendue, et de relief par mort selon le nature dudit fief.

8. Item, que tous héritaiges féodaulx, en succession, appartiennent à l'aisné filz dont procède ledit fief, et sil n'y a filz, à l'aisnée fille.

9. Item, que tous les héritaiges d'hommaige, en succession, se partissent entre les héritiers à égalle porcion (219).

10. Item, que tous possesseurs d'aucuns héritaiges scituez en ladite ville et terroir, soit fief, hommaige ou eschevinaige venant d'acqueste ou de patrimoisne, peuvent donner et en disposer ainsy que bon leur semblera, en recongnoissant tel don ou disposicion pardevant le seigneur et hommes, en seignourie dont l'héritaige est tenu.

Le xxi.e jour de septembre l'an 1507.

Signatures: Josse de Soquies *prevost*. — Estienne Caudron *maieur*. — Jorge Lesieure *eschevin*. — De Houvin *eschevin*. — Jehan Demory *eschevin*. — Colart Le Cuvelier *eschevin*. — Jehan Serurier *eschevin*. — Martin Gourdin *eschevin*. — Jehan Ataingnant *habitant*. — Colart Watel *habitant*. — Jehan Bernart. — Jehan Dallonneville *eschevin*. — Pierre de Warghienne *habitant*. — Pierre Gourdin *habitant*. — Fremin de Billy *habitant*. — Jacque Frutier *habitant*.

RASSE-LES-DOUAY.

PERSONNAT.

Un petit carré en parchemin contenant dix lignes d'écriture et deux signatures. 2 articles.

Coustumes du personnaige de Rasse-lez-Douay, bénéfice attitulé en l'église cathédrale Nostre-Dame d'Arras, et dont est possessant sire Robert Bruyant, à cause d'icelluy personnaige, chappelain de ladite église Nostre-Dame, quil tient en fief de révérend père en Dieu Mgr. levesque d'Arras.

1. Haute, moyenne et basse justice sous le ressort et souveraineté de l'évêché d'Arras. — 2. Amendes et droits des seigneurs ayant haute justice, moyenne et basse.

(Sans date).

Signatures: Ro. Bruyant. — Jan Lamoury.

LA BOUCHIÈRE, RUICT, GOSNAY.

TEMPOREL.

Un rôle en parchemin. 7 articles.

Coustumes locales des villes et terroirs de Le Bouchière, Ruyt et Gosnay, appartenant à révérend père en Dieu, Mgr. maistre Nicolle, par la permission divine, évesque d'Arras, en laquelle il a haute, moyenne et basse justice.

1. La justice se compose d'un prévôt, lieutenant et hommes cottiers. — 2. Amendes et profits des flégards, tonlieux, afforages, entrées, issues. — 3. Reliefs des manoirs, terres et héritages cottiers. — 4. Droit de vente. — 5. En succession cottière, choix des manoirs par ordre de primogéniture; les terres cottières se partagent. — 6. Congé du seigneur nécessaire pour prendre la boule ou l'étœuf et pour étaler marchandises. — 7. La seigneurie est amortie.

Le xv.ᵉ jour de septembre 1507.

Signatures : Jehan Du Crocq *lieutenant.*—Sire Pierre Leriche *curé.*—Jehan Du Crocq *l'aîné.* — Pacquet Mathon. — Collart Mathon. — Adrien Cayart. — Jehan Besart. — Nicolas Warnier *escuier*, demeurant à Le Bouchière. — Sire Jacques de Hulleu *prestre.* — Sire Nicolle de Hulleu *prestre.* — Jacquemart Lolieur. — Jehan Du Crocq *(de Gosnay).*—Pierre Lolieur.—Jehan Martin. — Toussains Guerart. — Pierre Le Flamench. — Jehan Le Caron *(de Gosnay).* — Jehan Barbet *dit Bosquet.* — Jehan Bourel. — Jacquemart Doe. — Jehannet Desmollins. — Jehan de Bernicourt *(de Ruyt).*

ECOURT ET SAUDEMONT.

TEMPOREL DE L'ABBAYE DE MARCHIENNES.

Une grande peau en parchemin écrite d'un seul côté, grosse écriture, mal formée, mais lisible. 7 articles

Coustumes locales de la terre et seigneurie de Saudemont et Ecourt, appartenant à Messeigneurs les religieux, abbé et couvent de Marchiennes.

1. Deux juridictions, savoir *bailliage* composé d'un bailli, lieutenant et hommes de fiefs, pour connaître des matières féodales; 2.ᵉ *échevinage* composé d'un maïeur, d'échevins et de sergens, pour connaître de toutes les actions personnelles et réelles dans le ressort de leur échevinage. — 2. Entravestisement par sang et par lettres. — 3. L'époux survivant est propriétaire de tous les biens meubles. — 4. De même des acquêts faits pendant le mariage. —5. Les héritages échus par succession appartiennent aux enfants issus du mariage ou aux héritiers de la côte et ligne. — 6. On peut disposer de ses héritages, les vendre et les donner sans que les héritiers puissent contredire; mais on ne peut donner ni aliéner ses acquêts sans le consentement de son conjoint.

7. Item, quant au ratraict d'éritage vendus, on le pœult rattraire aprez les trois cryées qui se font par trois jours solempnelz, et meismes au jour que l'achetteur en venroit prendre la saisine et possession, car à che jour, on appelle le

proismes par trois fois, et pœult venir un proixme à che jour, à tout or et argent pour ratraire, le maire et échevins présens, et faire son namps bon pour autant, que les mailles et deniers pœult monter, et avec tous loyaux coustemens ; et a ledit rattraiant sept jours et sept nuytz pour prendre ou renoncer ledit héritage sans amende ; et telles sont lesdites coustumes.

Le xxviii.ᵉ jour de septembre 1507.

Signatures : Jehan Delemotte *curé de Saudemont.*—Jehan Demantelle.—Jehan Decaulle. — Mailh. — Pierre Decaulle *eschevin.* — Jehan Navelz *eschevin.* — Jacquemont Celan. — Jehan Fievez. — Jehan Fievez *dit Gadiffers.* — Pierre de Maville *eschevin.* — Jehan de . . . . . *eschevin.*

SAILLY.

TEMPOREL DE L'ABBAYE DE MARCHIENNES.

Un grand carré en parchemin, écriture nette et lisible. 8 articles.

Coustumes locales de la ville, terre et seigneurie de Sailly, appartenant à Messeigneurs les religieux, abbé et couvent de Marchiennes.

1. Bailliage et échevinage. — 2, 3, 4 et 5. Entrevestissement et ses effets. — 6. Retrait lignager. — 7. Droit d'arrêt sur la personne et les biens du débiteur,

8. Item, audit lieu, l'on tient trois fois l'an les plaiz généraux que l'on appelle perjure, là où les subgetz desdits relligieux doibvent comparoir, assavoir le lundi après le saint Remy, le lundi aprez le XX.ᵉ et le lundi aprez le Quasimodo.

Le xxix.ᵉ jour de septembre 1507.

Signatures : Jos. Gelles *curé.* — M. de Fresnes. — Collart Lefebvre. — Jehan de Brimeux. — Guerard Batel. — Martin Lecherf. — Calice Defresne. — Colart Leclercq. — Pierre Helluin, *et autres illisibles.*

MAZENGARBE.

TEMPOREL DE L'ABBAYE DE MARCHIENNES.

Une grande page en parchemin un peu écornée dans le haut, mais lisible. 4 articles.

Coustumes de la terre et seigneurie de Mazengarbe, appartenant à Messeigneurs les religieux, abbé et couvent de Marchiennes.

1. Bailliage et échevinage. — 2. Entravestissement par sang et par lettres: l'époux survivant a la pleine propriété de tout le mobilier et des héritages; s'il y a des enfants vivants au jour du trépas du premier mourant, il n'aura que l'usufruit des héritages.— 3. A défaut d'entravestissement, le survivant partage le mobilier avec les héritiers du premier mourant et les héritages retournent à ces derniers. — 4. Un créancier peut saisir la personne et les biens de son débiteur.

Le xxviie jour de septembre 1507.

Signatures : Jehan Le Petit *curé de Mazengarbe.* — Maistre Robert Bertoul *bailli.* — Colart de Lobel *lieutenant.* — Jehan Queval *eschevin.* — Pierre Fleurs *eschevin.* — Jehan Delattre *eschevin.* — N. Waleran. — Pierre Cauvel. — Baudin du Quesne. — Jehan Roubert *eschevin.* — Jehan Delebarre *le josne.* — Gilles Cauvel. — Baudin Brunel.

LORGIES, LE BIES, LIGNY-LE-PETIT.

TEMPOREL DE L'ABBAYE DE MARCHIENNES.

Une grande page en parchemin de 66 centimètres de hauteur sur 35 de largeur, petite écriture très-nette et très-lisible. 6 articles.

Coustumes de la terre et seignourie de Lorgies, Le Bies et Ligny-le-Petit, appartenant à Messires les religieux, abbé et couvent de Marchiennes.

1. A Lorgies, bailliage et échevinage, savoir cinq échevins à Lorgies et cinq échevins à Ligny-le-Petit et Le Bies. — 2. Entravestissement par sang et par lettres.— 3 et 4. Effets de l'entravestissement. — 5. A quelles conditions on peut vendre son héritage patrimonial. — 6. Délai et formalités du retrait lignager.

Le xxviie jour de septembre 1507.

Signatures : Robert Bertoul *bailli.* — Robert Taffin *curé de Lorgies.* — Jehan Watier *eschevin.* — Joosse Watier. — De Courcelles *eschevin.* — Pierre Taffin. — Pierre Descamp *eschevin.* — Jehan Roussiel. — Pierre Carlier. — Denis Despinoy. — Leurens Desmasures, *et autres illisibles*

HAYNES.

TEMPOREL DE L'ABBAYE DE MARCHIENNES.

Un carré de parchemin, écriture serrée, mais facile à lire. 9 articles.

Coustumes de la terre et seignourie de Haynes, appartenant aux relligieux, abbé et couvent de Marchiennes, amortie sous le roy nostre sire.

1. Bailliage et échevinage. — 2. Compétence des deux juridictions. — 3. Entravestissement par sang et par lettres. — 4. Effets de l'entravestissement; le survivant est saisi de tout le mobilier et il a l'usufruit des héritages et acquêts. — 5. S'il n'y a pas entravestissement, les héritages retournent aux héritiers, et les meubles et acquêts se partagent

par moitié avec l'époux survivant. — 6. Conditions alternatives pour la validité de la vente de l'héritage patrimonial. — 7. Retrait lignager.

8. Item, audit lieu, l'on tient les plais généraux trois fois l'an, assavoir les samedi aprez le Quasimodo, saint Remy et le vingtième de Noël, ausquelz plais ceux de Mazingarbe, Lorgies et dudit lieu de Haynes, sont tenus de y comparoir sur paine de l'amende de III solz tournois.

9. Item, un créanchier pœult faire arrester son debteur en ses biens audit eschevinaige, lequel debteur aura main-levée en baillant caution subgette, pour au surplus procéder devant lesdits eschevins ainsy que de raison.

Le XXIV.ᵉ jour du moys de septembre 1507.

Signatures : Jehan Lelong *eschevin*. — Bertoul Descamps *eschevin*. — Clément de Hally *eschevin*. — Jehan Lelong. — Jehan Covin. — Pierre Godin. *Les autres illisibles.*

BOIRY-SAINTE-RICTRUDE.

TEMPOREL DE L'ABBAYE DE MARCHIENNES.

Une grande page en parchemin d'une écriture très-pâle. 6 articles.

Coustumes de la terre et seigneurie de Boiry-Sainte-Rictrude, appartenant aux relligieux de l'abbaye de Marchiennes, amortie sous le roy.

1. Les échevins tiennent trois plaids généraux par an.

2. Item, audit lieu, on use de entravestissement par sang et par lettres, lequel entravestissement par sang se fait quant deux personnes alyées par mariage ont un ou pluiseurs enffans, et entravestissement par lettres dont se font lettres en double, dont une se met en la ferme et l'aultre se baille à la partie.

3. Quant le mary et la femme ont entravesti l'un l'aultre par sang ou par lettres, et l'ung desdits conjoingz va de vye à trespas, au survivant compectent et appartiennent tous les biens mœubles délaissés au jour du trespas du premier mourant, pour en joyr et disposer à son plaisir ; et quant aux maisons et terres, le survivant en joyt sa vye durant ; et aprez le trespas du dernier morant desdits conjoingz, se il y a aulcuns enffans vivans procédez dudit mariage, à iceulx, se pluiseurs y en avoit, appartenront les terres à partir entre eulx également, sans ce que les enffans du second mariage y puissent demander aucune chose ; et se lors ne y avoit aulcun enfant vivant dudit mariage, les héritages patrimoniaulx sortissent coste et ligne, et les acquestes se partissent par moitié entre les héritiers desdits conjoingz.

4. Faute d'entravestissement par sang ou par lettres, les héritages suivent côte et ligne, et les meubles se parta-

gent entre le survivant et les héritiers de son conjoint. — 5. formalités du retrait lignager. — 6. Tout créancier a droit de faire arrêter la personne et les biens de son débiteur.

Le v.ᵉ jour de septembre 1507.

Signatures et marques : Vincent Dary.—Jehan de Mailly *lieutenant du bailly.* — Jehan de Becourt *maieur du lieu.* — Jehan Millien *eschevin du lieu.* —Guillaume Lefevre *eschevin.* — Robert Leleu *eschevin.* — Simon de Paradis *homme du seigneur.*— Jehan Hurteux *homme du seigneur.*—Jehan Caron.—Thomas Taffin. — Robert Rogier. —Mahieu Furet *(une herse).* — Jacques Dusacque *homme du seigneur.* — Bernart de Mailly.

AMES.

TEMPOREL DE L'ABBAYE DE CORBIE.

Une grande page en parchemin, belle écriture, lisible, sauf les bouts de lignes qui ont été atteints par l'humidité. 9 articles.

Coustumes locales de la terre, justice et seignourie de Ames et appendances d'icelle, et pays environs, appartenant à Messeigneurs les religieux, abbé et couvent de Corbye.

1. Primes, lesdits relligieux, abbé et couvent, es mettes desdits lieux, ont toute justice, haute, moyenne et basse, service de plaix de XV.ⁿᵉ en XV.ⁿᵉ quand le cas le requiert, et singulièrement trois plaix généraux et trois vérités l'an, où tous les tenans desdits de Corbye sont tenus de comparoir, sur péril et amende de trois solz parisis; auxquelz plaix l'en peult clamer et faire arretz; et convient que cestuy sur qui on clame responde en dedans le jour, et se le demandeur déchiet de son clam, il doibt trois solz parisis pour l'amende, et le deffendeur aultre telle amende se il déchiet; et les pœult arrester es flos et flégars, rues et communaultés; esquelz flos et flégars lesdits de Corbye sont seigneurs en ladite ville; et qui fait clameur d'héritage et il déchiet, il doibt LX solz parisis pour l'amende.

2. Relief des héritages cottiers. — 3. Amendes pour coups et blessures. — 4. L'époux survivant jouit sa vie durant de la moitié des fruits des héritages cottiers. — 5. Choix des manoirs par ordre de primogéniture.

6. Quiconques doibt corvées est tenu, sur péril et amende de trois solz parisis, de venir payer au tierch coup du son de la cloche de l'église dudit Ames.

7. Est aussi de coustume de visiter par le bailli et cerquemanans, une fois l'an, les chemins de ladite ville, avœc de faire descouvrir les bonnes, de faire

restoupper les gardins et manoirs sur les flégars; et qui ne répare lesdits chemins et restouppe lesdits gardins, en dedans sept jours aprez les cris fais par les commis desdits de Corbye, il eschiet en amende de trois solz parisis; et tiennent et réputent mesdits seigneurs de Corbye ruiers en icelle ville.

8. Quiconques achate prouffit en terre, ly achetteurs paye, pour chascune pièche de terre, quatre deniers pour le tonlieu ainchois quil despoulleche, ou il est à LX solz d'amende.

9. Se deux conjoingz par mariage achattent ensemble aulcuns manoirs tenus en cotterie desdits relligieux, le sourvivant desdits conjoings aura et joira desdits manoirs héritablement, luy et ses hoirs sans quelque relief, pour le trespas du premier morant, et sy polra user et disposer à sa volenté; et quant aux terres labourables, elles sont partables.

Pour le reste on se règle selon la coustume de la conté de Corbye.

Présens à la rédaction: Messire Pierre Pryer curé d'icelle ville, agé de 64 ans; Jehan Ywain dit Gaillard, agé de 50 ans, bailli du personnage dudit Ames, ayans seignourie enclavée en icelle seignourie; Jaques d'Ollehain, escuier, seigneur de Fressay et de le Cauchie à le Tour, agé de 40 ans; Guillaume de Fontaines, escuier, agé de 50 ans, tous hommes féodaux d'icelle terre; Pierre Blanquart, agé de 60 ans; Pierre de le Marlière, agé de 60 ans; Enguerran Vincent; Gilles Lohier; Jacotin Vincent; Mahieu Queubel et Gilles de le Marlière, iceulx hommes cottiers et cerquemanans jugans en icelle terre et seignourie de Ames, et Philippes d'Osterel bailli d'icelle terre.

Le seiziesme jour de septembre 1507.

Signatures: Philippes d'Osterel bailli, *et autres susnommés*.

HARNES.

TEMPOREL DE L'ÉGLISE SAINT-PIERRE DE GAND.

Trois rôles et demi de grand parchemin, mauvaise écriture. 23 articles.

Coustumes de la ville, terre, justice, seignourie et poesté de Harnes, appartenant à Messeigneurs les religieux, abbé et couvent de l'église et abbeye de Saint-Pierre lez Gand, qui sont trois villages, assavoir: Harnes, Annay et Loison.

1. Justice haute, moyenne et basse. — 2. Bailliage et échevinage. — 3. Relief des fiefs. — 4. Droits de vente des fiefs. — 5. Amendes pour coups et blessures. — 6. Les appels de l'échevinage sont portés devant le bailli de Harnes ou devant le bailli d'Amiens. — 7. Détermination des cas dont l'échevinage peut connaître: les échevins sont au nombre de sept. — 8. Messiers pour la garde des biens des champs.

9. Item, les sept eschevins sont commis et ordonnez par les eschevins yssans leurs prédécesseurs; iceulx eschevins entrans font le serment en la main du bailly ou son lieutenant, pour lesdits relligieux, en la présence des eschevins issans et qui les ont esleu.

10. Ne peuvent estre esleu eschevins nul se il n'est natif, luy ou sa femme, de ladite terre et poesté de Harnes.

11. La femme veuve emporte la totalité des biens délaissés par son mari, à la charge de payer les dettes, mais elle n'a que l'usufruit des héritages dont son mari jouissait au jour de sa mort.

12. Item, se ladite femme survivant sondit mary se remarie, incontinent ledit mariage, les héritiers du premier morant peuvent avoir et redemander la moitié de tous et chascun les héritages quy seroient venus et procédez du patrimoisne d'icelluy premier morant, avec ce pœuvent demander et avoir la moittié des acquestes faites durant le premier mariage, sans pour ce estre submis ne cappables aux debtes contractées durant icelluy mariage; mais ladite vesve survivant est entièrement capable desdites debtes.

13. Se ladite femme se remarye, soit quelle ait ou non des enffans du subséquent mariage, et quelle voist de vie à trespas, incontinent sondit trespas advenu, l'autre moitié des héritages patrimoniaux estans audit eschevinage du costé du mary, retournent samblablement coste et ligne, et l'autre moittié desdites acquestes appartient aux héritiers d'elle, à compte de testes.

14. Il y a délai d'an et jour, à partir de la saisine, pour l'exercice du retrait lignager.

15. Item, se le ratrayant n'a puissance de tout ratraire, il peult et luy loist rataire tant et telles porcions d'héritages vendus quil a puissance de furnir de deniers, en furnissant porcion esquivalente de ladite retraite, des frais et loyaux coustemens.

16. Droit de vente des héritages, le VIII.ᵉ denier. — 17. Relief, idem, XX deniers par mencaudée. — 18 et 19. Deux fours et deux moulins banaux. — 20. Les habitans d'Annay et Loison ne sont point sujets des fours banaux de Harnes. — 21. Tarif du droit de travers appelé droit de vinage. — 22. Droit de dîme, 9 bottes pour cent; droit de terrage, 7 bottes pour cent. — 23. Epaves et succession des bâtards.

Le xv.ᵉ jour de septembre l'an mil V cent et sept.

Signatures : Willaume de Jodion *bailli de Harnes.* — Jacques Loste *lieutenant.* — Jehan de Faucompré *procureur pour office.* — Simon Delefosse *procureur du seigneur d'Espinoy.* — Nicolas Le Canoine *procureur du seigneur d'Ongnies.* — Philippe Cressin *procureur du seigneur de Noyelles.* — Jehan Bretel (avec cette mention) : *moy, Jeh. Bretel, par commandement de mes six frères eschevins.* — Gille Cappelain *prestre escolatre, et autres.*

ARRAS.

TEMPOREL DU CHAPITRE DE L'ÉGLISE.

Un cahier de deux feuilles en parchemin bien conservé, contenant cinq pages de texte et de signatures, très-lisible. 13 articles.

Coustumes locales des terres, juridictions et seignouries des prevost, doien et Chappitre de l'église d'Arras.

1. Primes, lesdits du Chappitre, tant de dot et fondation que par don et amortissement faitz à leurdite église, ont pluisieurs terres, justices scituez et assis en divers limittes et juridictions, esquelles ils ont tout droit de justice et seignourie selon les lieux.

2. Ilz usent des coustumes générales de la prevosté de Beauquesne, qui ont esté leues et publiées le mardi XXI.ᵉ jour de ce moys, en la grande salle épiscopale de l'esvechie d'Arras, signées et approuvées par les estatz d'Artois, et aussy par les commis desdits du Chappitre, soubz protestacion que c'estoit sans préjudice aux coustumes locales et particulières quilz peuvent avoir en leursdites terres.

3. BASSEUX : les manoirs cottiers ne se partissent point, mais se il y a pluisieurs enffans, le maisné filz choisit le premier, l'aultre maisné filz aprez, et ainsy autant quil y aura de manoirs ; et n'y ont riens filles jusques ad ce que les masles soient partis ; et s'il n'y avoit nulz filz, les filles maisnées partissent comme et en la fachon que les masles.

4. BRAY et ESCOIVE soubz le *Mont-Saint-Eloy :* le chef-lieu des maisons et manoirs cottiers appartient à l'aisné, en recongnoissant ses aultres frères et sœurs, chascun pour sa part de la priserie et valeur de leur portion, pour que lesdits manoirs ne se desclichent point.

5. HAILLICOURT : A l'aisné masle appartient le chois des manoirs, et aux autres conséquemment selon leur age ; et se il n'y a nulz fils aux filles en la fachon que les masles.

6. La femme survivante jouit sa vie durant des manoirs de son mari.

7. ESTRÉES-EN-CAUCHIE, FRENICOURT, VERDREL, PETIT-SERNINS et BAILLON : Sil y a pluisieurs manoirs tenus de divers seigneurs, l'aisné filz a tous lesdits manoirs sans part de ses frères et sœurs ; mais sil y a pluisieurs manoirs tenus de ung seigneur, l'aisné filz choisist et les autres conséquemment ; et se il y avoit plus de manoirs que d'enffans, l'aisné recommenche.

8. SAINT-QUENTIN-EN-LATTRE et NOYLETTE : Se pluiseurs héritiers y sont, l'aisné

aura la maison de son prédécesseur trespassé, sans nulle récompense aux autres, réservé que se aucunes marescauchies y sont, comme grange, estables, sans toucher à porte ne à coullombier, lesdites marescauchies se partissent, autant à l'un comme à l'autre, comme biens mœubles.

9. Se le possesseur de pluiseurs manoirs va de vie à trespas, le principal héritier aura le chois du premier manoir, le second aprez, le tierch enssievant, *et sic de aliis.*

10. Les terres cottières se partissent également.

11. Wanquetin : L'héritage venant de succession appartient au maisné filz; et se il ny a que filles, à le maisnée.

12. Souchez et Ablain : L'aisné filz succède entièrement es manoirs tenus de mesdits seigneurs.

13. Monchel-Nostre-Dame : Sil y a pluiseurs manoirs, l'aisné fils choisist le premier, et l'autre fils aprez; et aprez les filz, les filles, chascune à son tour.

Lues et publiées le xxvii.ᵉ jour de septembre 1507.

Signatures : Allou *doien et chanoine de l'église d'Arras.*—Des Mares *chanoine d'Arras.* — Mignot *chanoine.* — Morel *chanoine et recepveur de l'église d'Arras.* — B. Raoul *chanoine d'Arras et curé personnataire de Latre.* — De Mouflers *prevost et garde de Latre.* — Lefevre *homme de fief.* — De Magnicourt *homme de fief.*—G. Gosson *homme de fief.*—Jobasteporte *homme de fief.* — Payen. — Chrystophe de Habarcq.—A. Carpentier.—Eloy Leroy *hommes de fief, et autres en très-grand nombre.*

SAINT-AMÉ EN DOUAI.

TEMPOREL DU CHAPITRE.

Un grand cahier, en peaux de velin, de seize rôles dont quinze d'écriture et de signatures, parfaitement conservé et très-lisible. Il est ainsi divisé : Ville de Douai, 13 articles; Ecourt et Saudemont, 14; Anhiers, 9; Versées, 2; Flers, Rost, Esquerchin, Cunchy, 4; Corbehem, 7; Vitry, 5; Houpplin, 5; Faches, 5; Herlies, 7; Hamel de Punmeraulx, 6. Total, 75 articles.

Ce sont les drois et coustumes locaulx dont on use en l'église, ville, terres et seigneuries de révérends et honnourez seigneurs Messeigneurs les doyen et Chappitre de l'église collégial de Sainct Amé en Douay, qui est de fondation royal.

§ I.ᵉʳ ᴇɴ ʟᴀ ᴠɪʟʟᴇ ᴅᴇ ᴅᴏᴜᴀʏ.

1. Mesdits seigneurs de Chappitre ont toute justice, haulte, moyenne et basse

en leur église et chimentière, maisons, héritaiges, plaches, pourpris et rues de eulx mouvans et tenues, en telle fachon que Mgr. le comte de Flandres, le bailly et eschevins de Douay, ne aultres seigneurs temporelz, ne y ont quelque congnoissance, haulteur ne seignourie ; et quant il advient que aucuns héritaiges des maisons de eulx tenues audit Douay, se vendent, donnent ou transportent, ilz ont pour leurs drois seigneuriaulx le disiesme denier.

2. Item, ont, en toutes brasseries estans en la paroisse de Saint-Albin, en ladite ville, de chascun brassin, ung tonnelet de boire nommé francquet.

3. Item, que au mois d'octobre ilz ont, chascun an, les afforaiges, tonlieux et malletotes par toute ladite ville, depuis Nonnes sonnée en leur dite église, le jour Saint-Lucq, jusques Nonnes sonnée le lendemain qui est toujours le jour Mgr. Saint-Amé, par don que leur en fist un conte de Flandres nommé Arnoul (220).

4. Item, que en leursdites terres sciutez en ladite ville de Douay, et partout aylleurs où ilz ont seignourie, leur compecte et appertient droit de confiscacion, avoir de bastard et biens espaves.

5. Item, que, en tant quil touche le temporalité de ladite église, le roy nostre sire est leur gardien immédiat qui leur a baillié mondit seigneur le bailly d'Amiens, pour les garder de toutes oppressions et viollences (221).

6. Item, que es lieux tenus de mesdits seigneurs en ladite ville de Douay, et en toutes les autres terres et seigneuries sciutées et enclavées au bailliage d'Amiens, nulz sergens royaux ne peuvent ne doibvent exécuter sans commissions de mondit seigneur le bailly d'Amiens ou de son lieutenant, causées de ceste clause : *Bailly d'Amiens, commis gardien, de par le roy nostre sire, aux églises de Saint-Pierre de Lille et de Saint-Amé en Douay.*

7. Item, ont mesdits seigneurs en ladite ville de Douay, pour icelle leur justice exercer, garder et maintenir, ung bailli qui est bailli général de toutes leurs terres et seigneuries, dont ilz ont pluiseurs hommes de fief et cottiers, sergens et aultres officiers telz que à telle justice doibt compecter et appertenir.

8. Item, lesquelz hommes de fiefz et cottiers, aprez le serment par eulx fait en la main dudit bailli, ont en ferme une coustume locale observée audit lieu, qui est telle que, pour duement vendre aucun héritaige tenu de ladite église audit Douay, il est de nécessité que telle vente soit, par le sergent de mesdits seigneurs, criée et publiée en l'église de Saint-Albin, sciutée audit Douay, dont mesdits seigneurs sont les pattrons, et ce par trois dimenches enssievans l'un l'autre, à ceste fin que, sil y avoit aucun proismes de tel vendeur dudit héritaige qui vausist ravoir icelluy, que, durant lesdites cryées, il s'approche dudit bailly, deux desdits hommes présens, ausquels il doibt déclarer que, comme proixime de

tel vendeur, il consigne et met es mains d'icelluy bailly, en la présence que dessus, les deniers principaulx à quoy aueroit porté ladite vente, ensemble les deniers qui, à l'occasion d'icelle, aueroient esté déboursés par l'achetteur; aultrement se lesdites trois cryées estoient faites et parfaites sans ce que aucun proixime se apparust, en ce cas ledit achetteur demouroit bien saisy dudit héritaige.

9. Item, par ladite coustume, mesdits seigneurs ont droit d'appeaulx en toutes leurs terres et seignouries, en telle fachon que, quant aucun ou aucuns a tué, occis aultruy personne, ou usé de traict, ou par basture affolé aucun ou aucune, en ce cas, ledit bailly général de mesdits seigneurs aprez quil est duement informez du cas, il, à compagnie de deux hommes de fiefz du moingtz et du sergent de ladite église, se transporte sur le lieu où le cas auroit esté commis, et illecq ledit sergent, en la présence que dessus, appelle au droit d'iceulx seigneurs le dellinquant ou dellinquante, de tierchaine en tierchaine et de quinzaine en quinzaine, à paine de bannissement; et ce fait, se tel appelé ou appelez ne vient pour ester à droit et que tant actende que une tierchaine soit escheue, en ce cas, il eschiet en deux solz parisis au prouffit de mesdits seigneurs, et autant pour chascun deffaut des aultres tierchaines et quinzaines; et se est l'amende arbitraire de chascun de ces cas, à la discrétion desdits bailly et hommes de fiefs.

10. Item, se ung dellinquant ayant commis l'un desdits cas, souffisamment appellé aux drois d'iceulx seigneurs ainsy que dessus est dit, ne vient ester à droit pardevant lesdits bailly et hommes de fiefz, en dedans un an, à compter du jour de la date desdits appeaulx, tel dellinquant seroit banny de toutes les terres, jurisdicions et seignouries de mesdits seigneurs, selon le gravité du cas criminellement ou civillement.

11. Item, quant aucun subget de mesdits seigneurs appelle de certaine sentence deffinitive ou interlocuttore rendue par lesdits bailly et hommes, se tel appelant deschiet de sadite appellation, soit que à icelle renonche ou non, et ce en dedens les jours à ce introduitz, il eschiet, au prouffit de mesdits seigneurs, en l'amende de LX solz parisis.

12. Item, tous les subgetz de toutes les terres et seignouries des mesdits seigneurs ont leur ressort, en cas d'appel, au siége dudit lieu à Douay; et se il advenoit que l'appelant fut déclaré mal appelant, en ce cas, il escherroit pareillement en l'amende de LX sols parisis.

13. Item, audit lieu le mort saisist le vif son plus prochain héritier abille à de luy succéder.

Tous lesquelz drois et coustumes ont esté approuvez, gréés et consentys, aprez serment solempnel, par tous les soubsignetz.

De Fives *doïen et chanoine.* — Delarachie *bailly général.* — *Ita est* Boubry *trésorier.* — De Raissen *chantre et chanoine.* — Simon Lemaire *procureur Mgr. de Belleforière.* — De Weautre *procureur Mgr. de Licques, chevalier, seigneur de La Conté.* — Bellon *desservant le fief de Jehan Carpentier.* — Desaigny *homme de fief.* — M. Maillart *chanoine.* — Jehan Barcy *chanoine.* — Jeh. Baubien *chappellain de ladite église.* — Jaspart Villain *homme de fief.* — Jehan Ripatte *homme de fief.* — Willaume du Hamel *pour le seigneur de Piettre.* — Naye *homme cottier.* — Jacq. Lolivier *chapelain.* — Jehan Landrieu *cottier.*

§ 2. ECOURT ET SAUDEMONT.

1. Mesdits seigneurs ont, esdictes villes d'Ecourt et Saudemond, terroirs et dépendences, toute justice haulte, moïenne et basse, en ce qui est tenu d'eulx et mouvant, mais es marés et plaches communes, ilz y ont quant au faict de justice haulte, jurisdicion commune par indivis contre les religieux de Marchiennes ou le seigneur d'Oisy.

2. Esquelles villes mesdits seigneurs ont, pour leurdite justice exerser, maintenir et garder, lieutenant de bailly, mayeur, sept eschevins, sergent et autres officiers qui y jugent à solz et livres parisis, monnoie royal : Assavoir pour un cop de puing donné par yre à aultruy personne, V solz parisis. Pour basture de ung baston affaitié, sans sang, LX solz parisis. Pour basture à sang, pareillement LX solz parisis. Pour le main de justice enffrainte, LX solz parisis. Pour bestes prinses en dommaige, V solz parisis.

3. Item, ont esdits lieux, les afforaiges des vins qui se y vendent, de chascun fons deux lotz.

4. Item, ont, à cause des patronnages quilz ont es églises desdits lieux d'Ecourt, Saudemont et Recourt, les dismes grosses et menues, à le charge de payer aux curez desdits lieux de leur gros acoustumé; et y payent les héritiers, assavoir, esdits terroirs d'Ecourt et Recourt, leursdites grosses dismes au foeur du cent neuf.

5. Item, ont droit de prendre et recepvoir, à leur prouffit, le X.ᵉ denier des ventes de toutes terres tenues d'eulx en main ferme, esdits lieux et terroir d'Ecourt et Saudemond, quant elles se vendent, et semblablement le valeur d'icelles quant elles se donnent ou transportent.

6. Item, que, en ladite église de Saint-Amé, sont fondés XXV prébendes, à cause desquelles chascun possesseur chanoine a de lui tenues certain nombre de terre gissans es terroirs desdites villes de Ecourt et Saudemond, l'ung plus l'aultre moingtz, lesdites terres chargiées envers ledit chanoine de certaines rentes de bled et argent; lesquelles ilz ont acoustumé asseir chascun an, en le ville d'Ecourt,

le nuyt saint Martin, au son de la cloche, par le recepveur de mesdits seigneurs, le maire, les eschevins et les kiefmazuriers desdites prébendes audit lieu, et ce selon le pris et valeur des bleds, le jour Saint-Simon et Saint-Jude; et quant le solle de l'Escluzette est verde ou advestie de bled, audit jour Saint-Martin, la rente qui s'appelle de poulles et œufz se double, pareillement quant le solle qui s'appelle de le Thurelle est verde comme dessus, la rente appellée vignettes se double (222).

7. Item, que quant il advient que ung kiefmazurier dudit pays va de vye à trespas, tous et chascun des héritiers qui tiennent terres estans tenues de la prébende de laquelle ledit trespassé estoit kiefmazurier, est et sont tenus de rellever, au chanoine seigneur de ladite prébende, leursdites terres en lui payant, de chascune rasière de terre, ung franc d'Artois et à l'avenant.

8. Item, que les kiefmazuriers dudit pays qui sont XXV, selon le nombre desdites prébendes, sont tenus envers mesdits seigneurs, chascun an, en deux pastz; lesquelz deux pastz ilz ont acoustumé de présenter à mesdits seigneurs, en leur église de Saint-Amé en Douay, assavoir celluy d'esté, le nuyt ou jour de Saint-Barnabé, et celluy d'hiver, le nuyt ou jour de Saint-Simon et Saint-Jude; et iceulx pastz ainsy présentés, faire et furnir à mesdits seigneurs, se prendre les vœullent, quinze jours ou environ aprez le jour desdites présentacions, en leur moison et cense dudit Ecourt, aux frais et despens des héritiers ayans terres tenues de mazuriers; auquel pastz faire, se mesdits seigneurs le prendoient, chascun kiefmazurier est tenu de y servir son seigneur chanoine, en tenant l'estrier de son cheval à descendre et à monter, le servir à table audit past, le logier luy et son cheval honnestement, panser sondit cheval et le nourrir de faing et advaine, le tout ainsy et par la manière que l'on a fait par ci-devant, aux despens desdits héritiers comme dict est.

9. Item, que audit lieu d'Ecourt, mesdits seigneurs ont droit du four à ban.

10. Item, que audit lieu d'Ecourt et de Saudemond, y a une coustume locale en mattière de rattraicte d'héritaige par proximité, qui est telle que, quant aucune personne vend son héritaige à aultruy personne, scitué esdits lieux, il convient et est de nécessité que tel héritaige soit par le sergent du lieu cryé, manifesté et publié par trois jours de dimenche continuelz et enssieuvans l'un l'autre, en l'église dudit lieu d'Ecourt, à celle fin que sil y a proixme de telle personne venderesse qui vœullent ravoir tel héritage, quil s'approche, durant lesdites trois cryées, du maire dudit lieu d'Ecourt, deux eschevins présens ausquelz il doibt dire que, comme proixme de telle personne venderesse, il consigne et namptit es mains dudit maieur, en le présence que dessus, or et argent, en

lui déclarant oultre quil fait ladite consignacion et namptissement bon pour autant que ledit héritaige aueroit esté vendu, avœucq de rembourser tous loyaulx coustemens qui à ceste cause en seroient enssieuvis; ce fait, ledit maire assigne jour à telle proixme pour, aprez lesdites trois cryées faites et parfaites, comparoir au jour à luy assigné pardevant luy et lesdits eschevins audit Ecourt, pour, aprez les deniers principaulx furnis et raemplis ensamble tous loyaux coustemens comme dict est, estre saisis et adhéritez en payant ausdits maire et eschevins les drois acoustumez, avec le droit seigneurial deu pour ce à mesdits seigneurs tel que dessus est dict.

11. Item, il est en la faculté de tel proixme, depuis quil a fait sa consignacion et namptissement, aprez que il s'est informez du prix et de la valleur dudit héritage, de renonchier à ichelluy, se faire le vœult, et en laissier et souffrir joyr telle personne acheteresse.

12. Item, pour duement faire la vente d'héritaiges, il convient quelle soit faicte par certain coulletier *(courtier)* qui, auparavant que ledit achetteur soit mis en possession de l'éritaige par luy ainsy achetté, afferme par serment solempnel pardevant lesdits maire et eschevins, le coustz, pris et valleur d'icelluy, adfin que mesdits seigneurs ne soient aucunement fraudez de leur droit seigneurial procédant de ladite vente, ne aussi le proixme de tel vendeur, aultrement et se ainsy n'estoit fait, telle vente seroit dicte et déclarée nulle et de nulle valeur.

13. Item, se aucun proixme ou proixmes de tel vendeur n'avoit puissance de ravoir la totalité de l'héritage qui ainsy se venderoit, en ce cas, tel héritage se debveroit partir et diviser selon la puissance et faculté dudit proixme ou proixmes, et avoir dudit héritaige ou héritaiges, selon ce quil auroit d'argent, par dict de labouriers et de gens ad ce congnoissans.

14. Que, esdites villes d'Ecourt et Saudemond, il y a telle coustume locale qui est conforme au royaume de Franche et dont l'on use souvent, qui est telle que le mort saisit le vif son plus prochain héritier habille à lui succéder.

Lesquelz drois et coustumes ont été approuvées, gréées et consenties, aprez serment solempnel, par tous les soussignetz.

Signatures : Johannes Le Roy *vice-curé d'Ecourt.* — Johannes Dincosta *curé, propriétaire de Saudemond.* — Pierre Choquet *maieur d'Ecourt.* — Willaume Gallois *lieutenant du bailli.* — Pieron. — Claude de Le Pesquerie. — Bernart Descaudain. — Jacquemart de Le Motte *eschevin.* — Artus Daussy. — Daniel Le Prout. — Abel de Mauville *homme cottier, et autres.*

§ 3. ANHIERS.

1. Mesdits seigneurs ont audit lieu toute justice haulte, moïenne et basse et, pour icelle exercer, toutes gens que à toute justice doit competter et appartenir, droit de confiscation, avoir des bastards et biens espaves, comme cidessus est déclaré.

2. Item, ont audit lieu pour leur droit seigneurial, à le vente, don ou transport des héritaiges tenus d'eulx, huit lotz de vin, assavoir : quatre lotz pour issue et autant pour l'entrée.

3. Item, que es terres gissans es terroir de Wassiers devant Garbigny, qui sont de l'eschevinage dudit Anhiers, mesdits seigneurs ont pour leurs relliefz d'icelle, à le mort de l'éritier, double rente, et à le vente don ou transport, VIII lotz de vin comme dessus.

4. Les eschevins dudit lieu d'Anhiers jugent, à le semonce du lieutenant du bailly illecq, toutes amendes à solz et livres doinsiennes *(sic)*, et vont au sens et enqueste aux eschevins de Douay, et ont acoustumé jugier pour bestes prinses en dommaige d'aultruy, V solz doinsiens; pour défallir à la recréacion de la loy, LX solz doinsiens; pour battures et envayssemens sur aultruy personne, X livres, L livres ou LX livres doinsiennes, le plus ou le moingz selon l'exigence des cas.

5. Il y a audit lieu coustume locale qui est telle que, quant deulx conjoingz par mariage ont porté pour l'advancement d'icelluy pluiseurs biens et héritaiges, que l'ung d'iceulx termine vie par trespas, au sourvivant competent tous les biens et héritaiges délaissiés par le premier trespassé, en telle manière quil est en la faculté du sourvivant, vendre dissiper et aliéner se bon luy semble, tous lesdits héritaiges ainsy délaissés par icelluy premier trespassé, soit quilz aient ou non enffans vivans de leurs chars, pourveu quil n'y ait eu, en traictant leurdit mariage, devise et condicion au contraire.

6. Item, que se lesdits conjoingz, durant leurdite conjonction, avoient acquesté aucuns héritages, en ce cas, lesdits héritaiges appartenroient au dernier vivant et à ses plus prochains héritiers.

7. Pendant ladite conjonction, il loist et est en la faculté du mary vendre, charger et alliéner, toutes et quantesfois que bon luy semble, ses héritaiges tout ou en partye, venant tant de son costé que du costé de sa femme, sans pour ce evocquier, ne appeler sa femme, ne ses héritiers, se il n'y a aucune condicion ne devise au contraire (223).

8. Item, il souffit, pour faire deue vendicion d'aucun héritaige scitué audit

lieu, aprez que les vendeur et achetteur auroient esté d'accord du prix et valleur d'icelluy, eulx approchier des gens de justice dudit lieu, et à iceulx requerre la saisine et dessaisine leur en estre faite, sans autres solempnitez faire ne tenir par cris et publicacions en l'église de Raisse ne ailleurs ; mais se il advenoit que proixme de tel vendeur adverty de telle vente s'approchast des gens de ladite justice auparavant que l'achetteur en eu receu le werp, en ce cas, tel proixme, en remboursant et payant les deniers principaulx avœucq tous loyaulx coustemens, tel proixme seroit saisy et adhérité.

9. Y a encoires telle coustume que le mort saisist le vif son plus prochain héritier habille à luy succéder.

Toutes lesquelles coustumes ont esté approuvées et consenties par les soubssignetz.

Jehan Levasseur *lieutenant du bailli audit lieu.*—Pierre Huart *eschevin.* — Mahieu Legris. — Jacquemart Corion *eschevin.*

§ 4. VERSÉES.

1. Haute, moyenne et basse justice, lieutenant de bailli et hommes cottiers. — 2. Relief et droit de vente, le XII.⁺ denier.

Signatures : Lolivier *pensionnaire de la cure.* — Jehan de Cronniers *lieutenant du bailli.*—Ysac du Bar *homme cottier.* — J. Delebarre *pour Jehan du Bar.*

§ 5. FLERS, ROST, ESQUERCHIN, CUNCHY.

1. A Flers, Rost, Esquerchin, Cunchy et pays environ, y a pluisseurs pièches de terre tenues en cotterie et main ferme, desquelles le mort saisist le vif à le mort de l'héritier, saulf que le maire illecq a droit, de chascune pièche de terre, de XII deniers parisis ; et pareillement à le vente, don ou transport autant.

2. Ont mesdits seigneurs, esdits lieux, à le vente, don ou transport desdites terres, pour le droit seigneurial, le X.⁺ denier.

3. Item, que le mairrie dudit lieu de Flers est ung fief tenu de mesdits seigneurs à LX solz parisis de relief et le tierch cambellaige, à le mort de l'héritier, dont mesdits seigneurs ne ont que les deux pars et la fabrique de ladite église le tierch.

4. Faculté de retraire, par proximité de lignage, le fief de la mairie.

Signatures : Frère Jehan Desmarquettes *prieur de Flers.* — Frère Pierre Pruvost *curé de Rost.*—C. Desmarquettes *maire de Flers.*—Vincent Delattre *cottier.* — Jacquemart Raoul *cottier.* — Pierre Prouvost *cottier.* — Jehan de Biauquesne. — Robert Barate. — Ernou Legrant *cottier.*

§ 6. CORBEHEM.

1. Mesdits seigneurs ont, audit lieu, aucuns hostes et pluiseurs pièches de terre tenues en cotterie.

2. Confiscation, épaves, bâtards. — 3. Afforages; droit de vente des terres, le X.ᵉ denier. — 4. La justice se compose de lieutenant de bailli, hommes cottiers et sergent. — 5. Le mort saisit le vif. — 6. Formalités de la vente (*comme l'art. 8 d'Anhiers ci-dessus*).

7. Item, quant deux conjoingz sont ensemble alliés par mariage, et que d'icelluy ilz n'ont nulz hoirs de leurs chars, et que l'un desdits marians va de vye à trespas, en ce cas, au survivant tout tenant sa vye durant; mais aprez le trespas dudit desrain vivant, les héritaiges, s'aucuns en y a, retournent coste et ligne.

Signatures : Guillain Lefebvre *lieutenant de bailli.* — J. de le Barre, *signé à la requeste de* Martin Boucher et Jacquemart de Loffres.

§ 7. VITRY.

1. Mesdits seigneurs ont, audit lieu, aucuns hostes, manoirs et terres tenues en main ferme et toute justice, avœucq maieur et hommes cottiers seullement, ayans congnoissance sur les hostes et subgetz; se jugent toutes amendes à solz et livres doinsiennes, en ayant leur ressort, en cas d'appel, pardevant les bailly et hommes de fiefz et cottiers jugans au cloistre de mesdits seigneurs audit lieu de Saint-Amé en Douay.

2. Droit de vente, IV deniers d'entrée, IV deniers d'issue.

3. Item, quant deux conjoingz possesseurs d'aucuns héritaiges, et que des deux l'un termine vye par trespas, posé quil y ait enffans ou enffant de leurs chars, le survivant joyt et possesse sa vye durant desdits héritaiges, et aprez son trespas appartiennent ausdits enffans ou enffant; et se il advenoit que icellui desrain vivant se remariast et que d'icelluy mariage il eult un ou pluiseurs enffans, aprez son trespas, se lesdits premiers enffans estoient encoires vivans, assavoir du premier mariage, dans ce cas, les enffans du desrain mariage n'auroient nulz drois esdits héritaiges et appartenroient auxdits premiers enffans ou enffant.

4. Tous posseseurs d'héritaiges sciluez en ladite seignourie, venant de patrimoisne ou d'acqueste, les pœuvent vendre, donner ou alliéner et en disposer ainsi que bon leur semble, pourveu, se ce sont à aucuns conjoingz, que la femme le consente, en recongnoissant telle vente, don ou disposicion, pardevant les gens de justice audit lieu.

5. Le mort saisit le vif.

Signatures : Jehan Allongeville *maieur dudit lieu.* — Jehan de Hovin. — Jehan Quaré. — Jehan Millet. — Andrieu Josse *cottiers.*

§ 8. HOUPPLIN.

1. Mesdits seigneurs ont audit lieu toute justice et, pour icelle garder, maintenir et deffendre, y a un maieur héritier lequel tient en fief de mesdits seigneurs xij bonniers de terre séans audit lieu, à XXX solz parisis de relief et le tierch cambellaige.

2. Droits d'afforage, confiscation, épaves et bâtardise.

3. Quant deux conjoingz sont ensemble alliés par mariage, et que le mary termine vie par trespas sans délaissier hoir né ou procréé de leur char audit mariage, en ce cas, la femme got et possesse sa vye durant des héritaiges patrimosniaulx portez et venans du lez et costé de sondit mary, pourveu quelle demeure en sa viduité, aultrement se elle se remarioit, en ce cas, lesdits héritaiges tiendroient incontinent coste et ligne; mais se il advenoit que le femme terminast premiers, en ce cas, les héritages par elle portez audit mariage retourneroient prestement à ses plus prochains héritiers.

4. Les enfants, sans distinction de sexe, partagent également la succession des père et mère. — 5. Chacun peut vendre ses héritages sans criée préalable (*comme l'art. 8 d'Anhiers ci-dessus*).

Signatures : Delebarre pour Jehan Dailet. — Jehan Mengier. — Pasque Tieldre, *et deux autres illisibles.*

§ 9. FACHES.

1. Mesdits seigneurs ont, audit lieu, seignourie par indivis avœcq Messeigneurs de Saint-Piat de Seclin, sur XVI bonniers de terre, auquel lieu mesdits seigneurs ont un maïeur héritier qui tient un fief nommé le Mairrie de Faches, tenue de la fabrique et prevosté de ladite église à LX solz parisis et le tierch cambellaige, et ont eschevins avœcq ledit maïeur, lesquelz baillent les saisines et dessaisines des héritages tenus d'iceulx seigneurs.

2. Droit de vente, le X.e denier. — 3. Confiscation, épaves, bâtards. — 4. Le maïeur a les droits d'afforage et tonlieux. — 5. La femme veuve jouit des biens meubles et immeubles de son mari aussi longtemps qu'elle demeure en viduité . . . .
. . . Mais se il advenoit quelle se remariast, en ce cas, elle doit faire partage égal de tous ses biens mœubles à tous ses enffans, et quant aux héritaiges patrimoniaulx venans du lez et costé de sondit feu mary, ilz se partissent également aux enffans masles en fourcloant les filles; quant aux acquestes, elles se partagent également autant aux masles comme aux filles.

Signatures : Pierron Kocquet *maïeur.* — Jehan Pety. — Gillebert Blanquar. — Pierrart des Mulliers.

§ 10. HERLIES.

1. Maïeur héritier qui tient sa mairie en fief de la prévôté et fabrique de l'église Saint-Amé.

2. Doit livrer ledit maire à mesdits seigneurs ou à leurs commis, plache, estrain, destrain, table et blanque nappe (224).

^{3.} 72 bonniers de terre tenus de la fabrique qui doivent le Xe denier de vente.

4. Item, sont deubz chascun an, sur certains manoirs, à la fabrique de ladite église, six litz et demi.

5. *Comme l'article 5 du § précédent.*

Signatures : J. Wastepatte *maïeur dudit lieu.* — M. Bauffremez *bailli.* — Bauffremez *pour* Allart Cayeux *homme de fief.* — Bertran Delchaie, *et quatre autres illisibles.*

§ 11. HAMEL DE PUNMEREAULX ET WIERES.

1. La terre et seignourie se tient, par main commune, par mesdits seigneurs ayant l'administration de leur fabrique et prevosté, et par Mahieu Desplanques, nommé parchonnier de Mgr. le prevost.

^{2.} Droits de vente, XII deniers d'entrée et autant d'issue. — ^{3.} Toute justice avec bailli et hommes cottiers. — ^{4.} Epaves, bâtards, dîmes grosses et menues.

5. Quant aux coustumes locaulx, icelles sont toutes semblables à celles de Herlies, saulf que les filles partissent également avœcq leurs frères en tous héritaiges délaissiés par leur père et mère, aussy bien es héritages patrimoniaulx que en acquestes.

^{6.} L'époux survivant jouit sa vie durant de tous les biens meubles et immeubles que l'autre époux a apportés en mariage ; s'il se remarie, les enfans du second mariage n'hériteront que des acquêts ; les biens patrimoniaux retourneront aux enfans du premier mariage.

Signatures : Bauffremez *bailli.* — Willaume du Hamel. — A. Danglas *cottier.* — Jehan Le Gillon. — Jehan Wignoble.

Lesquelles coustumes dessus déclarées ont esté leues publiquement, mot aprez autre, en la présence de tous ceulx qui ont cidessus signé, pour ce jourd'hui XXVIIIe jour de septembre 1507, assemblez en la maison de Jehan Fives, doïen et chanoine de ladite église, tesmoingz les saingz manuelz de maistre Vaast de Larachie, escuier, lieutenant es lois, bailly général de mesdits seigneurs, de sire Martin Legris, prestre, nottaire apostolique, et de moy Pol Delebarre, greffier.

V. De Larachie. — M. Legris. — P. Delebarre.

LA COMTÉ.

SEIGNEURIE.

Trois rôles en parchemin, mauvaise écriture, difficile à lire, 15 articles.

Coustumes locales de la terre et seignourie de La Conté, appartenant à Mgr.

Nicollas de Licques, chevalier, seigneur de La Conté, quil tient en fief de messires les doien, prevost et Chapitre de Saint-Amé en Douay, en laquelle il a toute justice et seigneurie, haute, moienne et basse.

<small>1. Choix des manoirs par ordre de primogéniture. — 2. Si les manoirs sont tenus de divers seigneurs, l'aîné choisit le principal manoir dans chaque seigneurie. — 3. En ligne collatérale, les héritiers au même degré succèdent de la même manière. — 4. Maréchaussées et autres choses réputées meubles sont partageables. — 5. L'époux survivant a la pleine propriété des manoirs d'acquisition; la femme survivante jouit de la moitié desdits manoirs sa vie durant. — 6. Les terres labourables sont partageables. — 7. Relief des coteries, trois années de revenu; droit de vente, le 5.e denier. — 8. Relief et droit de vente des fiefs.</small>

9. Item, ladite terre et seigneurie de La Conté et les subgetz y demourans et es mettes d'icelle sont exemps du bailliage d'Amiens et de la prevosté de Beauquesne, et de tous aultres juges, tellement que nulz sergens reaux ne aultres ne pœuvent, en vertu de quelque commission, faire adjournemens, commandemens, executions ne aultres exploix en ladite seignourie..... mais icelluy seigneur et ses sugetz sont tenu répondre pardevant Mgr. le bailly d'Amiens, comme gardien et commissaire du roy, commis aux églises Saint-Pierre de Lille et de Saint-Amé en Douay et non aultrement, en réservant la congnoissance aux bailly et hommes de Saint-Amé en Douay, dont icelle terre est tenue et mouvante.

<small>10. Nature des causes qui sont de la compétence de la justice seigneuriale. — 11. Seigneurie des flégards. — 12. Idem, des cours d'eau. — 13. Amendes relatives aux droits de voirie. — 14. Moulin banal. — 15. Amendes pour coups et blessures, délits dans les champs.</small>

Fait le xe jour de septembre 1507.

Signatures : Nicollas de Licques *seigneur de La Conté*. — Denis *prestre*. — Johannes de Gove *vice-gérant de la cure*. — De Bristel *bailly dudit lieu*. — M. Durant *prestre*. — Marmuse *procureur de La Conté*. — Le Flameng *lieutenant du bailly*. — Bernard *greffier du bailliage*. — N. de Salentin, *et autres hommes de fief et cottiers en très-grand nombre*.

<small>FIN DU NEUVIÈME GROUPE.</small>

LACUNES DE LA SEPTIÈME SÉRIE.

Extraits de l'inventaire de 1559.

Aiz. — *Seigneurie.*

Les coustumes de la seignourye de Aiz, appartenant à Gilles d'Aiz dict Hellion, tenue de la chastellenie de Bus, au comté d'Artois, escriptes en un long feuillet de parchemin et signées Joachin Acu et autres.

Bernaville. — *Échevinage.*

Les coustumes locales et particulières des maïeur et eschevins de Bernaville, escriptes en deux feuilletz et une paige de parchemin et signées Petit, greffier dudit eschevinaige.

Belloy-sur-Somme. — *Seigneurie.*

Les coustumes locales et particulières de la terre et seignourye de Belloy-sur-Somme, appartenant à madame Jehenne de Villers, dame dudit lieu, escriptes en deux feuilletz de parchemin et signées N. de Saisseval et autres.

Canaples. — *Seigneurie.*

Les coustumes locales et particulières de la terre et seignourye de Canaples, en deux fiefz, l'un tenu de la chastellenie de Vinacourt, et l'autre tenu de la seignourye de Heilly, escriptes en un feuillet et une paige de parchemin, signées P. Louvel et autres.

Donqueur. — *Seigneurie.*

Les coustumes de la terre et seignourye de Donqueur, appartenant à damoiselle Marguerite de Greboval, escriptes en un rôle de parchemin, et seignées de plusieurs seings.

Gouy. — *Temporel de l'abbaye de Marchiennes.*

Les coustumes locales de la ville, terre et seignourye de Gouy, appartenant aux relligieux, abbé et couvent de Marchiennes, amortye soubz le roy, escriptes en une grande paige de parchemin et signées Nicolle Preux, prestre et visce-curé de Gouy, Jehan Cousin, maieur et aultres.

Montonvillers. — *Seigneurie.*

Les coustumes de Montonvillers tenu de Vinacourt, appartenant à Jacques de Bussu, seigneur de Buires, escriptes en ung fœullet et une paige de pappier, seignées de Bussu.

Ricquebourg-Saint-Vaast. — *Seigneurie.*

Les coustumes localles de la ville, terre et seignourye de Riquebourg-Saint-Vaast, escriptes en quatre rôles de parchemin, signées Lefevre et autres.

Talmas. — *Seigneurie.*

Les coustumes localles de la terre et seignourye de Thallemas, appartenant à messire Adrien de Mailly, chevalier, seigneur de Conty, escriptes en deux fœulletz de parchemin, et signées Marcq Quignon, Ferry Cosette et autres

Vinacourt. — *Prévôté et échevinage.*

Les coustumes localles de la ville, prevosté et eschevinage de Vinacourt, escriptes en deux fœulletz de parchemin, signées de plusieurs saings.

Wingles. — *Seigneurie.*

Les coustumes localles du chastel, ville, terre et seignourye de Wingles, estant en deux fiefz, l'un tenu de l'abbaye de Saint-Pierre de Gand, et, à cause d'icelluy, *(le seigneur)* est connestable de Flandre, et l'aultre fief est tenu du conte d'Arthois, à cause de son chastel de Lens, escriptes en deux fœulletz de parchemin, seignées Jehan de Sailly et autres.

NOTES

DE LA SEPTIÈME SÉRIE.

Note 1re. — Page 201.

Allonville. — Art. 7 : *wident du tout ou de leur dernier héritage.*

Dans toutes les villes de bourgeoisie, l'aliénation partielle des héritages n'entraîne qu'un droit de mutation très-minime ; mais celle qui dépouille entièrement le possesseur donne ouverture au droit d'issue de bourgeoisie.

Voir p. 215, art. 14, et la note 12 ci-après.

Note 2. — Page 204.

Authie.—Art. 20 : *dient quilz ne payèrent jamais ledit droit d'erbaige... moismes ceulx dudit Authie, à cause de LX solz de taille.*

Les hauts seigneurs avaient seuls le pouvoir d'amortir les droits inhérents à leur justice, les autres ne pouvaient que les convertir en une prestation d'argent quand ils voulaient en rendre la perception moins vexatoire pour leurs sujets. C'est pourquoi la banalité du four, du moulin et les droits d'herbage, dans toutes les coutumes qui en affranchissent les habitants, sont toujours remplacés par une taille commune qui se paie annuellement. (Rubempré, II, p. 223, art. 8).

Note 3. — Page 205.

Authie. — Art. 30 : *ledit seigneur peut avoir lesdites choses ainsi vendues.*

Cette espèce de retrait que le seigneur d'Authie exerce sur les objets mobiliers vendus dans sa juridiction, d'autres coutumes l'accordent, comme un privilége, aux bourgeois, quand ces objets sont vendus à des marchands du dehors. Mais il y a cette différence que, dans le cas particulier, le seigneur peut prendre la totalité de la chose vendue, en remboursant le prix à l'acheteur, tandis que les bourgeois qui ont été témoins d'un marché conclu avec un forain, ne peuvent réclamer que la moitié. (Voir Avesnes-le-Comte, II, p. 289, art. 17.— Aubigny, ibid. p. 300, art. 35).

Note 4. — Page 207.

Beauquesne. — Art. 5 : *il ne confisque que le corps et point ses biens.*

Cette disposition, si contraire à l'esprit des coutumes de l'Amiénois, est bien une preuve que Beauquesne a dû ses priviléges et ses franchises aux comtes de Flandre eux-mêmes ; car les coutumes de ce pays ne prononcent pas la confiscation des biens du criminel condamné à la peine capitale ou au bannissement.

Il y avait, outre la raison d'équité, une considération de droit civil qui s'opposait à ce que la confiscation fût prononcée. Par l'effet du mariage contracté, l'époux était censé propriétaire de la moitié des biens de son conjoint. Or, arrivant le cas où le condamné n'aurait rien possédé au jour du mariage, le fisc aurait pu revendiquer, par droit de confiscation, la moitié que l'art. 11 lui attribue éventuellement, et en cas de survie du conjoint, priver celui-ci de la jouissance à laquelle il a d'autant plus droit de prétendre que le bien sur lequel il l'exerce provient de son propre patrimoine. — Voir la note suivante.

Note 5. — Page 208.

Beauquesne. — Art. 11 : *à chascun desdits conjoints appartient entièrement la moitié desdites acquestes et héritaiges.*

Voir le 2.e § de la note précédente.

A voir l'extension que certaines villes de bourgeoisie donnent au principe de la communauté de biens, on est tenté de croire que c'est là qu'il a pris naissance et qu'il y a été consacré comme une conséquence nécessaire des priviléges que confère la qualité de bourgeois. Partout où la possession du bien en bourgage était la condition de l'exercice du droit de bourgeoisie, il était rationnel que ce bien fût commun entre les époux, pour que le survivant ne perdît pas, à la dissolution du mariage, les droits politiques que le mariage lui avait fait acquérir.

Note 6. — Page 208.

Beauquesne. — Art. 12 : *et par forme d'entravestissement.*

Ce contrat qui conférait des droits plus ou moins étendus au survivant, était un pacte de succession mutuelle assez généralement usité dans les échevinages de la Flandre et de l'Artois. L'existence de cette coutume à Beauquesne est une nouvelle preuve de ce qui a été dit, à la note 4 ci-dessus, touchant l'origine des priviléges de cette commune.

Note 7. — Page 209.

Beauquesne. — Art. 21 : *deux charges de bois vert feuillu pour parer les rues le jour où l'on porte le Saint-Sacrement de l'autel.*

Le bois du roi ainsi que le domaine qui faisait partie, à l'époque de la Révolution, de l'apanage du comte d'Artois, a été vendu nationalement et affranchi de la servitude à laquelle l'article 21 fait allusion. Les habitants ont encore continué, pendant quelques années, de suspendre des rameaux verts devant les façades de leurs maisons, le jour de la procession de la fête Dieu, mais on les prenait sur les héritages des particuliers, c'est pourquoi l'usage n'a pas tardé à disparaître.

Au surplus ce n'était pas là un droit dont les usagers pussent se prévaloir, car le bois coupé ne tournait pas à leur profit singulier. Il avait au contraire une sorte de destination publique, puisqu'il servait aux feux de la Saint-Jean et de la Saint-Pierre.

Note 8. — Page 210.

Beauquesne. — Art. 22 : *querir des harchelles pour loyer les haies.*

Voyez tome II, p. 175, note 19. — Ibid. p. 176, note 28.

Note 9. — Page 211.

Bertangles. — Art. 2 : *quatre tourteaux de waide.*

La waide ou guède (All. *waid;* Angl. *woad;* Dan. *vede;* Flam. *weed;* Holl. *weede;* Ital. *gradone;* Esp. et Portug. *pastel*) est une substance colorante que l'on retire des feuilles de la plante qui lui a donné son nom. Cette plante bisannuelle de la famille des crucifères croît naturellement en Europe, sur les bords de la Mer Baltique et de l'Océan. On la cultive encore en grand dans le Languedoc, et on la cultivait autrefois dans les environs d'Amiens, particulièrement à Bertangles.

La guède ou pastel a été employée en grande quantité pour la teinture en bleu, jusqu'à l'introduction de l'indigo qui, avant la découverte du chemin de l'Inde par le Cap de Bonne-Espérance, nous arrivait par le Golfe Persique, la Perse, la Syrie, la Mer Rouge, l'Egypte et le port d'Alexandrie. Ce trajet était si coûteux et surtout si incertain, que l'indigo était à un prix énorme et très-rare, aussi n'était-il employé qu'en très-petite quantité et comme mélange pour aviver et rehausser la couleur bleue du pastel. Aujourd'hui c'est tout le contraire, le pastel est mêlé avec l'indigo pour aviver la couleur bleue de celui-ci.

Lorsqu'à la fin du xvie siècle, l'indigo se fut répandu dans le commerce, les cultivateurs firent tous leurs efforts pour en faire prohiber l'usage. Un édit impérial de 1654 ordonne de prendre tous les soins possibles pour en empêcher l'importation secrète, sous prétexte que cette *couleur du diable* diminuait le commerce du pastel et faisait passer le numéraire à l'étranger. Les magistrats de Nuremberg forçaient les teinturiers à jurer, tous les ans, qu'ils s'abstiendraient de faire emploi de l'indigo. En 1598, sur une représentation d'urgence des Etats de Languedoc, et à la requête des cultivateurs du pastel, l'usage de l'indigo fut interdit, et cette prohibition dura jusqu'en 1737, époque à laquelle les teinturiers français furent libres de teindre avec l'indigo.

Autrefois le pastel était livré au commerce sous trois formes différentes, en tourteaux, en poudre et en barreaux. Le rôle de l'aide sur cette marchandise levée à Amiens en 1386 et 1389 nous fait connaître que la waide était évaluée à 1,000 tourteaux pour une tonne et à 1,000 tourteaux pour un barreau, d'où on peut tirer l'induction que le barreau, qui n'était que la onzième partie d'une tonne, était une pâte beaucoup plus fine et contenant, dans un plus petit volume, une plus grande quantité de matière colorante. C'est sous cette forme qu'elle était exportée. Par ce moyen on réalisait une notable économie sur les frais de transport. Les teinturiers d'Amiens employaient généralement la guède en poudre et en tourteaux, leur dépense pour dix mois de l'année 1386 est de quatorze tonnes, une pipe, soit 14,500 tourteaux qui se répartissent ainsi :

Robert Pinguet	3,500 tourteaux.
Adam Ducroquet.	2,000 id.
Colart Lemaire	1,500 id.
Robert Wairon	2,000 id.
Jehan Cosette	3,000 id.
Jehan de Breneux	2,500 id.
Total égal . .	14,500 id.

Le droit d'aide, qui était en 1387 de 32 sols parisis

ou deux francs par tonne, donne pour résultat général du commerce de cette ville, par rapport à la guède, 1,100,000 tourteaux, et pour 1390 1 million de tourteaux. Nous ferons toutefois observer que le premier de ces deux exercices ne comprend que les dix premiers mois de l'année 1387, du 3 janvier au 28 octobre.

L'aide de 1390 produit la somme totale de 1,130 livres parisis ou 1,356 livres tournois; laquelle, d'après les calculs de M. Leber, représenterait aujourd'hui 67,800 francs. Or, en supposant cet impôt égal au dixième (2 sols pour livre) du prix de la marchandise, il donne comme équivalent du capital engagé dans cette branche d'industrie, une valeur de 678,000 francs qui se répartit sur 32 maisons, et donne, terme moyen pour chacune d'elles, un peu moins de 22 mille francs par année.

Cette évaluation est loin d'être exagérée, surtout si on en compare le chiffre au capital roulant de nos maisons de commerce d'aujourd'hui; mais alors les opérations étaient moins hasardées, la spéculation était beaucoup plus timide et le crédit plus restreint. Chacun travaillait, dans la mesure de ses ressources, à amasser lentement et honorablement une honnête aisance dont il ne cherchait pas à faire étalage dans la crainte de passer pour riche, ce qui n'était pas un médiocre inconvénient. En effet, les registres aux comptes de l'hôtel-de-ville d'Amiens constatent que les principaux bourgeois de cette cité servirent d'otage pour la rançon du roi Jean, et que lorsque les embarras et la pénurie du Trésor contraignaient le gouvernement à décréter quelque impôt extraordinaire, c'étaient les citoyens les plus considérables qui en faisaient l'avance sous forme d'emprunt forcé, trop heureux quand on ne les obligeait pas à faire des prêts en vaisselle d'argent pour défrayer la cour du monarque qui venait séjourner dans leurs murs. (Voyez Registres aux comptes Y 3, n.° 2, n.° 3, n.° 4 et n.° 6.)

Nous ne saurions dire quel était le mode de culture de la guède dans nos contrées, ni déterminer les causes qui l'ont fait abandonner. A défaut de données historiques sur ce point, nous ne pouvons que nous en rapporter aux indications du *Dictionnaire du Commerce et des Marchandises*, publié en 1839. Il est donc probable que la waide se cultivait autrefois en Picardie comme on la cultive encore aujourd'hui en Languedoc, où l'on fait ordinairement quatre récoltes par an, quelquefois cinq. La première a lieu vers la mi-juin: on reconnaît que les feuilles sont mûres quand elles ont acquis toute leur grandeur et qu'elles s'affaissaient en prenant une couleur jaunâtre;

la dernière récolte se fait avant les gelées; les feuilles sont broyées avec un moulin analogue aux moulins à huile ou à tan, et réduites en une pâte unie qu'on remanie et fait sécher à l'air libre jusqu'à ce qu'elle ait acquis assez de consistance pour être convertie en tourteaux.

Le pastel d'Albi est un tourteau de la forme d'un cône tronqué, du poids de six décagrammes vingt-cinq décigrammes, d'une couleur vert grisâtre en dehors, d'une cassure grossière et d'un intérieur plus foncé que la surface. Les bonnes qualités se distinguent par leur poids, une odeur assez agréable et la couleur violette qu'elles prennent par le frottement. Le vieux pastel est préféré parce qu'il augmente toujours de force, il peut se conserver pendant six, sept et même dix ans. Il ne donne pas une couleur aussi brillante que l'indigo, bien qu'elle soit très-solide.

NOTE 10. — PAGE 214.

FLIXECOURT. — ART. 4: *se aucun frappe du poing... aucun eschevin.*

L'amende de 20 sols portée en cet article contre ceux qui se livrent à des voies de fait envers les échevins, est bien différente de la peine que prononçait, en cas semblable, l'art. 3 de la coutume de Molliens-Vidame, dont la commune, comme celle de Flixecourt, a dû ses priviléges aux seigneurs de Picquigny. A Molliens, en effet, le bourgeois qui avait frappé un échevin était condamné à perdre le poing ou à le racheter par une amende de 9 livres, dont les deux tiers étaient attribués aux échevins et l'autre tiers au seigneur, tandis qu'à Flixecourt la pénalité n'avait point ce caractère alternatif: l'amende n'était que de 20 sols au lieu de 9 livres, et le seigneur n'y avait aucune part. Cela ne prouve qu'une chose, c'est que la constitution de cette dernière bourgeoisie est d'une date plus récente que l'autre, et que c'est pour cela que les peines y sont moins rigoureuses. Dans l'origine des institutions communales, il fallait habituer les populations à respecter les magistrats de leur choix. Mais on n'aura pas tardé à comprendre qu'un châtiment trop rigoureux fait manquer le but de la répression, en ce sens que le juge qui doit prononcer la culpabilité peut s'effrayer des conséquences de sa déclaration, et absoudre lorsque tout lui fait un devoir de condamner. (Voir la note suivante.)

NOTE 11. — PAGE 215.

FLIXECOURT — ART. 5 : *dont apartient XL sols aux maire et eschevins et XX sols au seigneur.*

Un grand nombre de chartes communales règlent le

partage des amendes de manière que la commune en a les deux tiers et le seigneur le tiers restant. (Voyez *Charte d'Amiens*, I, p. 65, art. 6, 7, 37 et 40. — *Coutumes de Molliens-Vidame*, ibid, p. 184, art. 3. — *Gamaches*, ibid, p. 399, art. 6.)

Note 12. — Page 215.

Flixecourt. — Art. 14 : *sans payer 5 sols s'il n'a héritaige.*

La renonciation au droit de bourgeoisie se manifestait, le plus généralement, par la vente du bien tenu en bourgage, et lorsque, pour cause de départ, le bourgeois vendait tous ses héritages en bloc ou le dernier qui lui restait, la commune percevait sur le prix un droit qui était appelé *Issue de bourgeoisie*. Toutefois, il paraît résulter de l'art. 11 de la coutume de Flixecourt, qu'on pouvait être bourgeois sans être propriétaire d'un bourgage, et que, pour acquérir ce droit et y renoncer, il suffisait de payer 5 sols.

Note 13. — Page 216.

Flixecourt.—Art. 31 : *sur chascune masure amasée*, 5 *sols*.

Cette taille fait présumer que les priviléges dont jouissait la commune n'étaient pas une concession gratuite de la libéralité du seigneur, mais un abonnement à forfait qui n'amortissait en rien les profits de la seigneurie.

Note 14. — Page 216.

Flixecourt. — Art. 33 : *est coustume d'aller cherquemaner et assir bournes.*

Le cherquemanement était la descente des officiers de la justice sur le lieu litigieux, lorsqu'il y avait contestation ou incertitude sur la délimitation des propriétés. Quand il s'agissait d'un bien roturier, la plantation ou la vérification des bornes était faite par les échevins ; quand il s'agissait d'un ténement féodal, c'étaient les vassaux du seigneur qui procédaient à cette opération.

Note 15. — Page 220.

Marieux. — Art. 13 : *les hommes féodaux ne doivent couronne audit seigneur.*

Les prestations que les tenanciers de certains fiefs roturiers devaient à leur seigneur étaient souvent fort bizarres, ainsi qu'on peut le voir dans les anciens dénombrements. Celui-ci doit un peigne, ou un verre à boire, ou une livre de poivre; celui-là une flèche, un bouquet, une couronne de fleurs. Dans la prairie de Labroie, différentes terres devaient, au terme de la Saint-Jean-Baptiste, douze chapeaux de roses vermeilles et douze chapeaux de pervenche. (Voyez tome I, page 457.)

Note 16. — Page 223.

Rubempré. — Art. 8 : *quatre livres parisis pour la taille du four.*

Voyez note 2 ci-dessus. — Pour qu'un seigneur pût prétendre au droit de la banalité du four, il fallait, disent les *Etablissements de saint Louis*, qu'il eût *bourc ou partie en bourc*, c'est-à-dire, une population suffisante pour que le four ne chômât point. (Ord. des Rois, I, p. 199.)

Note 17. — Page 226.

Toutencourt. — Art. 3 : *poursievir à leurs frais.*

Cet article détermine les obligations des hommes de fief comme officiers de la justice seigneuriale, d'une manière beaucoup plus explicite que ne le font les autres coutumes. Quand ils sont conjurés par le bailli pour juger les cas ordinaires, ils ne peuvent se dispenser d'obtempérer à sa réquisition ; mais s'il s'agit de cas extraordinaires, ils ont la faculté de s'abstenir, et le bailli est tenu de juger sans leur concours. Pourquoi en était-il ainsi ? C'est que le même article explique dans ses développements. En effet, par cela même qu'en matière ordinaire, leur ministère est forcé, il leur incombe de soutenir à leurs risques et périls le bien jugé de la sentence qu'ils ont rendue, car si elle est infirmée sur appel, ils sont passibles d'une amende de soixante livres parisis ; mais dans les matières qui sortent du cadre de leurs attributions, leur assistance qui est purement facultative, ne fait pas peser sur eux la même responsabilité. S'il en était autrement, ils se dispenseraient de juger pour ne pas s'exposer aux conséquences d'une infirmation.

Note 18. — Page 226.

Toutencourt.—Art. 5 : *un maire qu'on dit francq sergent.*

Le maire dont il est ici question tenait probablement son office en fief qui était de la même nature que ceux des *majores villarum*, dont il est parlé dans le rôle des feudataires de l'abbaye de Corbie (tome I, page 330). Les droits et les attributions attachés à cette espèce de service sont au surplus spécifiés dans la note 28 de la 3.ᵉ série (I, p. 343), et dans la coutume de Baralle et Bussy (II, p. 446. — I. p. 447, 3 ; p. 461, 85.)

Note 19. — Page 227.

Toutencourt.—Art. 33 : *celui qui aura fourchellé son sanc.*

Lorsqu'une rixe sanglante avait lieu entre deux individus, c'est la partie blessée qui était tenue de dénoncer le délit à la justice, afin que la justice pût contraindre son adversaire à lui payer la composition qui prévenait les représailles et les actes de vengeance. C'est pour cela sans doute que la non révélation était punie d'une amende qui n'était pas la même dans toutes les justices seigneuriales. (Voyez *chartes de Beauval et de Gésaincourt comparées*, art. 12, tome II, page 171, et la note 46, ibid, page 184.) — Il en était de même en Westphalie, car, aux termes de l'art. 5 du weisthum de Schwelm, celui qui est blessé à sang volontairement, quand il néglige de porter plainte en justice, est punissable d'une amende de 5 marcs d'argent. (Grimm III, *Weisth*, p. 27.)

Note 20. — Page 227.

Toutencourt. — Art. 40 : *doit payer, pour rentrer à la maison, II sols.*

Voyez plus haut, II, p. 269, *Adinfer*, art. 18. — P. 272, *Blairville*, art. 9.

Note 21. — Page 227.

Toutencourt. — Art. 47 : *le noire est comptée pour deux blanques...*

Un mouton noir ne vaut pas deux moutons blancs. D'où vient donc qu'un lot de quatre brebis blanches et une noire est assimilé, pour la perception du tonlieu seigneurial, à un lot de six brebis blanches? Attachait-on plus de prix à la qualité de la laine des brebis noires? ou bien ne voulait-on, en les taxant d'un droit plus fort, qu'avertir les éleveurs que, s'ils les souffraient dans leur troupeau, le croisement des deux couleurs, amenerait tôt ou tard la dégénérescence de l'espèce? Ceci est plus difficile à expliquer que le privilège du cheval pie, aux quatre pieds blancs, lequel, à cause de sa rareté, passait en franchise à tous les péages et barrières.

Note 22. — Page 231.

Cambelin-Chatelain, *Echev.* — Art. 5 : *leur pas et bien-venue acoustumée.*

Les fonctions d'échevin n'étant qu'annuelles et pouvant se renouveler, le diner de bien-venue aurait été une dépense fort onéreuse s'il avait dû se reproduire à chaque élection. L'art. 19 de la coutume de Croisettes-en-Ternois, n'impose cette obligation que pour la première fois, et ne prescrit la saisie des héritages que lorsque l'échevin n'y a pas satisfait dans l'année de son élection. (Voyez 6.ᵉ série, II, page 94.)

Note 23. — Page 232.

Barlin. — Art. 1.ᵉʳ : *une justice de pièce anciennement fondée.*

Presque toujours les fourches patibulaires étaient en bois, et lorsqu'elles venaient à tomber de vétusté, le seigneur ne pouvait les réédifier qu'après bien des formalités. Par cela même qu'elles déterminaient la nature de la seigneurie, elles donnaient souvent lieu à des procès, ainsi que l'attestent de nombreuses décisions rendues par le Parlement. (Voyez *Olim*, tome 1.ᵉʳ, p. 135, n.º 2; — p. 306, n.º 7; — p. 325, n.º 5; — p. 542, n.º 17; — p. 595, n.º 7. — p. 623, n.º 16; — p. 750, n.º 26; — p. 812, n.º 34; — p. 890, n.º 21.) Le seigneur de Barlin avait une justice de pierre, c'est-à-dire un gibet dont les piliers étaient en maçonnerie, et ce fait est relevé par la coutume comme l'un des attributs caractéristiques de la prééminence du fief qui est déclaré tenu, par baronnie, du comté de Saint-Pol.

Note 24. — Page 234.

Sus-Saint-Léger. — Art. 6 : *nul... ne peult aller demourer hors de ladite ville.*

Pour être compris, cet article doit être combiné avec les suivants. C'est en considération des services auxquels les résidents sont assujétis à cause de leur tenure, qu'on ne leur permet pas d'aller demeurer hors de la seigneurie sans le consentement du seigneur. S'ils transportent leur domicile ailleurs, on les punit par la saisie de leurs héritages, pour indemniser le seigneur du préjudice qu'ils lui font éprouver en n'accomplissant pas les corvées prescrites par les articles 9 et 12.

Note 25. — Page 235.

Sus-Saint-Léger. — Art. 9 : *pour droit de convoiure de chevaulx.*

Voyez la note précédente et la *Théorie des prestations seigneuriales*, I, p. 453, n.º 3.

Note 26. — Page 255.

Sus-Saint-Léger. — Art. 12 : *seront tenus livrer autant de lis.*

Voyez I, p. 459, n.º 8.

Note 27. — Page 236.

Berquinehem. — Art. 7 : *un bourgois arresté se peult cauxionner de lui meisme.*

Parce qu'il appartient à une communauté dont tous les membres sont liés par une sorte de solidarité réciproque.

Note 28. — Page 236.

Berquinehem. — Art. 10 : *les échevins de Saint-Pol leur doivent donner conseil, confort et aide sans quelque chose payer.*

Voyez tome II, p. 173, note 18 et la note suivante.

Note 29. — Page 238.

Chelers. — Art. 7 : *pardevers les pers et hommes de Saint-Pol pour en arbitrer.*

Il est assez bizarre que les échevins de Chelers, dans les cas difficiles qu'ils ont à juger, aillent demander conseil *aux pairs et vassaux* du comte de Saint-Pol, tandis que les échevins de Berquinehem, en pareille circonstance, vont le demander *au maïeur et aux échevins de Saint-Pol.* L'explication de ce fait est dans le titre même des deux coutumes. L'une s'applique *à la ville et bourgage* de Berquinehem, l'autre *à la seigneurie et échevinage* de Chelers. Et c'est précisément parce que Chelers est une seigneurie, que les échevins s'adressent à la cour des pairs du château de Saint-Pol. S'il en était autrement, le respect de la hiérarchie féodale serait méconnu.

Note 30. — Page 238.

Chelers. — Art. 8 : *pouvoir de vendre l'amasement de leurs maisons.*

Il résulte de cette disposition, du reste assez obscure, que le bourgage se composait de deux éléments distincts, le fonds et l'amasement. Le fonds restait la propriété du seigneur, l'amasement était la propriété du bourgeois, car la bourgeoisie seigneuriale était, à proprement parler, un droit d'asile accordé à des hôtes étrangers qui pouvaient emporter, quand ils s'en allaient, l'équivalent de ce qu'ils avaient en arrivant. Le seigneur leur concédait un terrain propre à bâtir et contraignait même quelquefois les possesseurs de manoirs non amasés à les abandonner, moyennant location, à ceux qui manifestaient l'intention d'y former un établissement. « Se ly bourgois voit courtil wit en
» le ville (*de Marquion*), se chieux qui le tient est
» requis par le maieur de faire maison en icelluy, et
» il ne le veult faire, ly sires le porra baillier à aul-
» truy vœulant en icelluy faire maison (II, p. 442,
» art. 74). » La charte d'Oisy dispose dans les mêmes termes (II, p. 429, art. 38). Il y a plus, les lois de ces deux villes nous font voir qu'il suffisait que le seigneur eût concédé un manoir à un étranger, pour que cet étranger fût réputé bourgeois. (Ibid. p. 431, art. 50; p. 442, art. 76.)

Note 31. — Page 238.

Chelers. — Art. 12 : *qu'ils soient en la chimetière dudit lieu.*

Jusqu'à la fin du xiii.ᵉ siècle, le parvis des églises et les cimetières furent souvent choisis pour la tenue des assises, pour la réunion des assemblées publiques et la constatation des actes de libéralité qui intéressaient les corporations ecclésiastiques. L'ordonnance pour la Paix de Dieu jurée entre les habitants d'Amiens et de Corbie vers l'an 1021 était, à certaines époques, renouvelée devant l'église diocésaine en présence de l'évêque et du comte (tom. I, p. 27, note 1). Beaucoup de chartes de donations aux communautés religieuses se terminent par cette formule : *recognita, confirmata ante portam ecclesiae.* C'est ainsi que Gérard, vidame de Picquigny, en 1145, confirme les donations par lui faites à l'abbaye des Prémontrés d'Amiens, par une déclaration solennelle donnée devant l'église de cette abbaye, au moment où la terre se refermait sur la dépouille mortelle de sa mère, en présence de sa famille et d'un nombreux concours de personnes appelées pour être témoins de cette funèbre cérémonie. « Ego
» Girardus Pinchonii, vicedominus.... anno incar-
» nati Verbi, M.° C.° XL.° IIII.° XVI.ᵉ kalend. mar-
» tii, matre mea Beatrice *ante ecclesiam* Beati Jo-
» hannis Batistae sepulturae tradita, commemorata illa
» quae prius dederam et quae tunc dedi, consilio ami-
» corum meorum approbata, audientibus et videnti-
» bus omnibus qui ad sepulturam matris meae conven-
» rant. » (Cart. de S Jean d'Amiens, *MS. du xivᵉ siècle*, appartenant à *M. le docteur Rigollot*, f.° 72 à 75.)

C'était là aussi que la justice des hommes rendait ses arrêts. Le juge, le dos tourné au sanctuaire, plaçait son siège sous le portail de l'église. De là sans doute l'usage d'y représenter l'image du jugement dernier ainsi que l'attestent les sculptures des porches de nos vieilles cathédrales. Le peuple, faisant face à la maison de Dieu, prenait séance, chacun près de la croix ou de la pierre qui marquait la sépulture de sa famille.

L'Allemagne elle-même, cette mère-patrie de nos vieilles institutions, tenait aussi ses diètes dans les cimetières, surtout lorsqu'il s'agissait de renouveler la formule des statuts locaux. Un weisthun latin de Wetter près Marbourg, dans la Hesse, du 24 septembre 1239, se termine par cette mention : Acta sunt hec in *cimiterio* apud Wettera VIII.ᵉ kal. octob. anno Domini MCCXXXIX. (Grimm, Weisth., III, p. 345.) Ce weisthum, chose assez remarquable, contient la déclaration faite par la communauté et les échevins du lieu des articles de leur loi municipale : « Hi sunt articuli, quos dictavit communitas et » scabini in Wettera. »

Le fait de la convocation des habitans de Chelers, dans le cimetière, pour le renouvellement du corps de ville, n'est donc pas sans précédent historique. Il est au contraire plus en rapport avec les traditions primitives. Le cimetière, à défaut de halle, était le seul terrain commun où on put faire l'élection. D'ailleurs, ce rapprochement des générations éteintes des générations vivantes, pouvait inspirer aux enfants le désir de suivre les bons exemples de leurs pères et leur dicter de meilleurs choix. En présence des tombeaux qui lui parlent du passé, en présence de l'église qui lui parle de l'avenir, on comprend que la multitude ne se laisse pas exclusivement dominer par ses passions et ses intérêts. Il y a deux choses qu'il faut entretenir dans l'esprit des masses, c'est le culte des souvenirs et le culte des espérances. Avec cela on ne craindra jamais que le hasard des votes populaires compromette la sécurité des empires.

NOTE 32. — PAGE 239.

CONCHY.—ART. 12: *la juste moitié de tout son vaillant.*

Cette disposition s'applique aux meubles et cateux dont l'époux survivant héritait la pleine propriété, même lorsqu'il y avait des enfants issus du mariage, à la charge de payer toutes les dettes. Cela avait lieu, ainsi que le constate l'article 17 de la coutume de Chocques (II, p. 333) dans les mouvances de Béthune dont la terre de Cunchy parait avoir été démembrée. Dans ce pays, en effet, les droits des époux sur les meubles étaient déterminés généralement par la maxime : *au dernier vivant tout tenant.* Pour compenser cet avantage, qui pouvait frustrer les enfants d'un premier mariage d'une partie de leurs légitimes espérances, les coutumes prescrivaient qu'en cas de convol, le survivant ferait compte aux enfants du premier lit de la moitié de son gain de survie, à la charge par ceux-ci de payer la moitié des dettes.

NOTE 33. — PAGE 241.

VIMY ET FARBUS.— ART. II : *un maire héritable.*

C'est-à-dire un maieur que les seigneurs choisissaient parmi les possesseurs de certains héritages tenus à la condition de cette espèce de service. *Héritable* ne peut se prendre dans le sens d'*héréditaire*, sans cela l'article n'aurait pas de sens. (Voir la note suivante.)

NOTE 34. — PAGE 241.

VIMY ET FARBUS.—ART. III : *de la nature que eschevins héritables.*

Les manoirs qui étaient tenus à la condition de ce service s'appelaient tenures en échevinage, parce que les possesseurs pouvaient être appelés à leur tour à rendre la justice dans la cour du seigneur. On les désigne ici sous la dénomination d'*échevins héritables*, parce qu'ils le sont à cause de leurs héritages. (Voyez la note précédente et l'article 15 de la coutume de Beuvry. (II, p. 363.)

NOTE 35. — PAGE 242.

HESTRUS. --- ART. 1.ᵉʳ : *assoir le bachin pour recevoir le revis.*

La signification du mot *revis* ne nous est pas connue. Etait-ce une seconde fête que les jeunes gens de la nôce voulaient offrir aux nouveaux mariés ? On serait tenté de le supposer si on se reporte au sens que du Cange attribue au mot *revita*, qui signifie anniversaire ou commémoration de la mort d'un individu. Le revis pourrait être le renouvellement de la fête nuptiale après huit jours d'intervalle ; quelque chose comme ce qu'on appelle, en Picardie, rebond de la nôce ou rebond de la fête.

NOTE 36. — PAGE 253.

PERNES, échev. — ART. 17 : *les bourgeois et habitants de Pernes sont fondés en loy.*

Les comtes de Saint-Pol ont fondé un certain nombre de communes, de bourgeoisies et d'échevinages. Saint-Pol, Frévent, Bourrech-sur-Canche, Heuchin, Berquinehem, Chelers, leur ont dû leurs priviléges. La charte de 1382 que nous publions à la suite de la coutume, a été accordée à la ville de Pernes, pour tenir lieu de la charte primitive qui avait péri dans l'incendie de cette ville, par les Anglais, en 1369. (Voyez ci-après, p. 259, art. 2.)

NOTE 37. — PAGE 253.

PERNES, échev. — ART. 18 : *en appartient la congnoissance.*

Cet article se réfère à la première partie de l'art. IV de la charte de 1382. (II, p 269.)

NOTE 38. — PAGE 253.

PERNES, *échev.*—ART. 19 : *et ce par aucuns forains.*
Cet article résume la seconde partie de l'art. IV de la charte de 1382 (II, p. 269).

NOTE 39. — PAGE 254.

PERNES, *échev.* — ART. 20 : *et quant il est question des héritages.*

En conférant cet article avec l'art. V de la charte, on s'aperçoit que le rédacteur de la coutume a commis une erreur dans l'énonciation du chiffre du droit qui appartient aux échevins, pour les saisines et dessaines, et qu'au lieu de XI sols, il faut lire XII deniers (II, p. 264).

NOTE 40. — PAGE 254.

PERNES, *échev.* — ART. 21 : *et au sourplus lesdits maire et eschevins.*

La lacune qui existe à la fin de l'art. 21 de la coutume peut être réparée par la disposition correspondante de l'art. VI de la charte (II, p. 264), *et au surplus lesdits maire et eschevins auront la connoissance et le jugement sur ledit clain ou clains, au conjurement dudit prevost ou de son lieutenant, et, sur ce, seront tenus de faire bon et loyaux jugement.*

NOTE 41. — PAGE 254.

PERNES, *échev.* — ART. 22 : *Et se pour fair...... ou aultres nécessitez.*

La disposition finale de l'article VII de la charte (II, p. 262), permet de rétablir le commencement de l'art. 22 : *Item, se pour faire nostre aide ou aultres nécessitez de ladite ville.*

NOTE 42. — PAGE 254.

PERNES, *échev.*—ART. 23 : *en prendant sallaires acoustumés.*

L'art. IX de la charte de Pernes (II, p. 262) est aussi relatif à l'administration du moulin banal ; mais la charte contient, sur le mode d'administration de ce moulin, des développements qui ne se trouvent pas dans la coutume. On y voit, par exemple, que le meunier ne peut tenir ménage au moulin, et qu'il lui est défendu d'y nourrir des bestiaux et des volailles.

NOTE 43. — PAGE 255.

PERNES, *échev.* — ART. 24 : *jusques à la valeur de chincq* SAULDEZ.

On lit dans l'art. XI de la charte : *jusqu'au nombre et valeur de chincq* HANDRÉE *ou* HANDRÉE. Si, comme nous le conjecturons, *handrée* vient de *hand* qui en allemand et en flamand signifie *main*; cette expression s'appliquerait à la quantité de pains qu'on peut porter sous le bras, en les soutenant avec la main. Nous croyons plutôt que *handrée*, en Picard *handée* ou *andée*, est la mesure du pas de l'homme, et que cinq *handées* font cinq mètres ou quinze pieds. Par conséquent c'était une quantité de pains correspondant à cette étendue qu'on confisquait sur les boulangers qui vendaient à faux poids.

Nous avons sous les yeux l'extrait d'une délibération de l'échevinage de la ville de Pernes du 15 février 1598, de laquelle il résulte que les peines de police contre les boulangers n'étaient plus appliquées, à cette époque, conformément aux prescriptions de la charte et de la coutume. « Anne Ficfvé, femme de Pierre
» Cappe, boullenguière, a esté amenée en ceste cam-
» bre (*l'échevinage*), et luy fut fait ostention d'une
» douzaine de pains boulenguiés en sa maison et trou-
» vés ne pezer que une livre une onche moings, ij sols
» pièce, au lieu qu'il doivent pezer 5 quarterons, ce
» en quoy ladite Anne a confessé avoir failly, soy
» mettant, pour l'amende, en la bonne grace de mes-
» sieurs, sur quoy ledit pain a esté déclaré confis-
» quié. » (Archives de Pernes, registre n.º 14.)

NOTE 44. — PAGE 255.

PERNES, *échev.* — ART. 25 : *ne iceulx vendre à brocque sans estre afforés.*

L'article XII de la charte contient la même disposition et interdit de plus aux taverniers de faire la boulangerie.

L'afforage des boissons consistait à fixer le prix auquel il était permis aux taverniers de les vendre au détail. Une délibération du 13.ᵉ jour de janvier 1601, nous fait voir comment les échevins de la ville de Pernes procédaient en pareille matière. « Jehan Leblon a
» achepté à Béthune une pièche de vin au pris de
» XIX escus et demi qui font LVIII livres X solz com-
» prins IX livres XV solz d'impost ; item, la voiture
» L solz ; item, l'impost à la ville VI livres VI sols
» Item, pour...... V livres ; item au roy XXIII li-
» vres ; item, à messieurs, à madame et archiers,
» V livres ; 5 lots de vin extimés VII sols VI deniers.
» Partant, la pièche qui contient CXL lots, revient à
» XIX solz le lot sans compter gaignage. Afforé à
» XXII solz le lot audit Jehan Leblon, avec com-
» mandement de ne le vendre à plus haut pris, à
» peine de LX solz parisis d'amende. » (Archives de Pernes, registre n.º 14.)

Ainsi, pour un déboursé de 137 livres, le tavernier réalisait un bénéfice de 21 livres, c'est à-dire plus de 19 pour cent; et la pièce de vin dont le prix d'achat n'était que de 58 livres 10 s., coûtait près de trois fois cette somme sur le comptoir du détaillant. Le fisc à lui seul absorbait, à son profit, la moitié de cette dépense dont le petit consommateur supportait tous les frais. Qu'est-il résulté de là? C'est que le vin, qui était jadis d'un usage général dans nos contrées du Nord, n'y est plus aujourd'hui qu'un objet de luxe. Le peuple, qui en faisait le compagnon de ses plaisirs, le conseiller de ses joies du cabaret, lui a substitué des alcools brûlés dont l'effet est plus prompt, plus infaillible et, par cela même, moins dispendieux à obtenir.

Nous ne voulons pas conclure de là que l'exagération de l'impôt a diminué la consommation du vin, mais nous croyons que les droits exorbitants dont ce liquide était frappé sont la cause qui a contribué le plus à le faire dénaturer par la distillation, à lui ôter ce qu'il a de bienfaisant, quand il est pris en quantité raisonnable, pour ne lui laisser que ce qu'il a de pernicieux quand on en fait un usage immodéré.

NOTE 45. — PAGE 255.

PERNES, *échev.*— ART 28: *se aulcuns veullent vendre cervoise, goudalle et aultres bruvaiges.*

La cervoise et la goudalle étaient deux espèces de bières qui se vendaient à différents prix. Les personnes que la commune autorisait à débiter cette boisson n'en pouvaient tenir que d'une seule sorte. L'afforage se faisait par un arrêté qui fixait un prix général, et des eswars commis par la municipalité étaient chargés de vérifier les quantités vendues. — « Du 2.ᵉ jour de mars
» 1597. — Afforage a esté faite par messieurs mayeur
» et eschevins des bierres qui se vendent en ceste
» ville. La bierre de Menin à III solz VI deniers le
» lot, à la charge de n'avoir que d'une seule sorte
» de bière en sa maison, à peine de LX solz d'amende
» pour chascune fois; la bière de Béthune, rousse et
» blanche, à II solz IX deniers; la bière de Nedon
» et Nedonchel, à II solz III deniers; et sera fait
» défense de ne les tenir à plus haut prix, à paine de
» LX solz d'amende comme dessus. » (Archives de Pernes, registre de ville, n.° 14.)

NOTE 46. — PAGE 255.

PERNES, *échev.* — ART. 30: *par chascun an une mine d'avoine.*

Cette redevance d'une mine d'avoine était commune à presque toutes les villes de bourgeoisie fondées par les comtes de Saint-Pol, et nous la retrouvons, même en Allemagne, stipulée comme condition de la protection personnelle que le haut seigneur garantissait à ceux qui la payaient. Ainsi le duc de Berg recevait, tous les ans, le jour de la saint Blaise, 21 maldres d'avoine des deux paroisses de Hilde et de Haine (Westphalie). Moyennant cette prestation qui était appelée avoine d'avoué (vogt even), le susdit duc était obligé de protéger les deux paroisses contre toutes violences (Grimm, *Weisth.*, III, p. 8).

Il est certain qu'à Pernes, la mine d'avoine était spéciale aux bourgeois, car les non bourgeois, aux termes de l'article II de la charte de 1390, ne payaient que 26 deniers parisis, pour participer aux droits d'usage dans les bois dits de la Bannée, dont la basse-futaie avait été anciennement concédée à la commune. Les deux redevances continuèrent d'être payées, l'une par les bourgeois, l'autre par les habitants de la ville de Pernes, jusqu'à l'année 1695, époque où ils en furent exonérés par une transaction datée du 15 novembre, qui fit rentrer le seigneur dans la pleine propriété des bois grevés du droit d'usage, à l'exception de 125 mesures qui furent attribuées à la commune à titre de cantonnement, avec la condition expresse que le seigneur ne s'y réservait que la mouvance et 16 baliveaux à la mesure. (Archives de Pernes, cote TT.)

NOTE 47. — PAGE 255.

PERNES, *échev.* — ART. 31: *se aulcun voloit issir dudit bourgage.*

Quand les héritiers d'un bourgeois, en appréhendant sa succession, déclaraient renoncer au droit de bourgeoisie, la ville percevait pour l'issue de bourgage un droit proportionné à l'actif mobilier du renonçant. Ce droit qu'on appelait *escarsage* ne frappait pas sur les immeubles qui, restant toujours sous la main du seigneur et de la commune, ne pouvaient pas, comme le mobilier, être emportés dans une autre ville. Tel était particulièrement l'usage de Pernes. « Du 15.ᵐᵉ
» jour de janvier 1601, Adam Lefebure, josne fils à
» marier de deffunct Clément Lefebure, à son trespas
» bourgoys de Pernes, a déclaré, en comparant par-
» devant nous maïeur et eschevins de ladite ville,
» quil renonche au droit de bourgeoisie dudit Pernes.
» Suivant lequel et les privilèges de ladite ville, ses
» biens mœubles ont eslé escarsez à 40 patars quil sera
» submis payer à l'argentier de ladite ville, qui en
» rendra compte à la Saint-Jehan-Baptiste prochain. »
(Archives de Pernes, registre de ville, n.° 14.)

Quant au motif de la retenue que la ville opérait sur les meubles de celui qui renonçait à la bourgeoisie, il apparaît suffisamment dans l'art. 7 de la charte de 1390 (II, p. 262), on y remarque que, lorsque la ville, pour ses besoins, jugeait nécessaire de recourir à une taille sur les bourgeois, cette taille était assise aussi bien sur les meubles que sur les héritages. Par conséquent, le bourgeois qui emportait ses meubles ou qui les vendait pour aller s'établir ailleurs, devait laisser à la ville l'équivalent de sa quote-part de la contribution commune. Sans cela, il aurait été trop facile à ceux qui ne possédaient que du mobilier de le soustraire aux charges éventuelles qu'ils devaient supporter. (Voir note 30 ci-dessus.)

NOTE 48. — PAGE 256.

PERNES, *échev.* — ART. 32 : *le regard et administration des enfants mendres d'ans.*

Les communes du moyen-âge ne se bornaient pas à prendre l'administration des biens des orphelins mineurs, elles veillaient, avec une égale sollicitude, au gouvernement de leurs personnes. Elles fixaient elles-mêmes les conditions et la durée de l'apprentissage qui devait les mettre à même d'exercer une profession, et lorsqu'ils tombaient malades, elles leur faisaient donner tous les soins que comportaient les ressources de leur budget et la position de leurs pupilles.

L'année 1597 fut une époque néfaste pour la ville de Pernes. La peste d'Orient qui s'y déclara le 2 juillet fit de grands ravages. Antoine Dubois, dans la maison duquel elle avait fait sa première victime, ne tarda pas à succomber, laissant une succession obérée et deux enfants dont l'un en bas-âge. Ce dernier, le 27 octobre, fut confié à Philippe Lecoustre, son oncle maternel, qui s'obligea, par acte passé devant l'échevinage à le nourrir pendant un an, au prix de 30 florins d'Artois, payables de trois mois en trois mois. En 1603, le nom de ce même mineur reparaît dans un acte de l'échevinage qui règle les conditions de son noviciat chez un tailleur. Sous la date du 27 avril, Adrien Acar, bourgeois de Pernes, déclare : « qu'il a
» emprins d'apprendre l'estat de cousturier à François
» Dubois, fils d'Antoine, de lui furnir lict et potaige,
» et de laver ses chemises, et ce, pendant un an entier, moyennant la somme de six florins, monnoie
» d'Artois, payables la moitié présentement et l'autre
» moitié en fin de l'an; pendant ledit temps, *il le*
» *pourra laissier aller mendier son pain*, en temps
» deu, sans le laissier courir hors heure, mais le tenir à l'ouvrage continuellement. » (Archives de Pernes, registre de ville, n.° 14.)

Ainsi, un intervalle de cinq ans sépare les deux actes relatifs au mineur François Dubois. Par le premier, la commune confie l'administration de sa personne à un parent qui reçoit un salaire de 30 florins, prélevés sur les fonds dont le curateur de la succession vacante devra rendre compte ; par le second, c'est elle qui s'oblige à faire les frais de l'apprentissage de la profession à laquelle elle le destine. Il faut que le patron se contente d'une indemnité de six florins, moyennant cette modique somme, l'apprenti aura les leçons du maître, le coucher, le blanchissage, la soupe, et la charité publique se chargera de fournir à ses autres besoins.

Au mois de novembre 1600, Jehan Blaire, fils de Michel, mort aussi de la peste, est mis en apprentissage chez Philippe Bocquet, potier de terre, qui promet de lui apprendre son état sans pour ce lui demander aucun salaire et de le nourrir à ses dépens sans récompense. Le 28 octobre 1601, Zacharie de Ruy, le prend à son tour comme apprenti de son état de peigneur de sayette, sans indemnité ni récompense, pendant l'espace de six mois, promettant de lui donner de l'ouvrage trois mois après le terme expiré, pourvu qu'il se rende obéissant, et s'obligeant dans le cas contraire à en avertir les eschevins. (Archives de Pernes, registre de ville, n.° 14.)

Ces divers exemples permettent d'embrasser toutes les phases de la vie de l'orphelin pauvre, depuis l'instant où il est placé sous la protection de la commune, jusqu'à l'époque où il doit se suffire à lui-même. Pendant le premier âge, elle le confie à un parent qu'elle indemnise de ses soins ; pendant la période de l'adolescence, elle le met en apprentissage chez un maître qui l'initie aux secrets de son métier. La durée des engagements est de trois, six mois ou un an, et jamais elle ne dépasse ce dernier terme, afin que la commune qui veut se faire rendre compte de la conduite et des progrès de l'apprenti, puisse aviser, suivant les circonstances, s'il convient de le placer chez un autre maître, ou de le destiner à une autre profession. L'apprentissage est salarié ou gratuit : *salarié*, lorsque l'apprenti, à raison de son inexpérience, ne peut être qu'une charge pour le patron ; *gratuit*, lorsque les services qu'il rend compensent la nourriture et le logement qu'on lui donne.

Peut-être trouvera-t-on étrange que la commune de Pernes ait mis le mineur Dubois dans la nécessité de mendier le pain qu'elle lui interdisait d'exiger dans la maison de son patron. On ne peut pas dire cependant que cette parcimonie lui était commandée par l'exiguité de ses ressources, puisque, lorsqu'il s'agit de pourvoir aux besoins de l'assistance publique, les communes ont toujours le pouvoir de décréter des contributions extraordinaires. Il est probable que l'échevinage, en imposant d'aussi dures conditions, y était porté par un motif personnel à celui qui en était l'objet. Il voulait sans doute l'exciter au travail par la perspective de la misère, qui est la destinée inévitable des enfants indociles et paresseux. Nous ne pouvons donc que le blâmer de l'application d'une punition trop rigoureuse ; car en matière d'économie sociale, il faut se garder d'un double écueil. Trop de dureté envers les classes malheureuses les pousse au désespoir, trop de philantropie les encourage à la paresse. L'assistance, pour atteindre le but qu'elle se propose, ne doit à l'assisté valide que le stricte nécessaire, afin que celui qui la reçoit soupire après l'instant où il pourra se dispenser d'y avoir recours. Il faudrait fermer les établissements de bienfaisance et les maisons de correction, si ceux qui y entrent n'aspiraient pas à en sortir.

NOTE 49. — PAGE 256.

PERNES, échev.— ART. 34 : *sur le fait de la bannée.*

On voit, par cet article, que le droit d'usage des habitants de Pernes, dans le bois de la Bannée, ne s'exerçait qu'à la charge par eux de payer au seigneur la somme de huit sols parisis du cent de fagots, pour l'indemniser des frais d'abattage et de fagottage. Mais moins d'un siècle après la rédaction de la coutume, par suite de la dépréciation du numéraire, on ne trouva plus de bûcherons pour faire les fagots à ce prix, ce qui força l'échevinage à prendre une délibération qui fixe à un taux plus élevé la somme que chaque usager aura à débourser pour cet objet. « Messieurs mayeur et échevins de la ville de Pernes ont,
» sur requeste verbale à eulx faite par maistre Guislain Huchette, forestier des bois de la Bannée, de
» ceste année mil six cent deux, remonstré que,
» ayant exposé et baillié à abattre et à fagotter les
» fagotz d'icelle bannée aux charges acoustumées, les
» bosquillons n'ont voulu emprendre ledit fagottage
» auxdites charges acoustumées, mais en payant pris
» et sallaire raisonnable, tel que 18 patars du cent
» de fagotz, sans emporter, par eulx, leurs femmes
» et enfans, fagotz, fouées, choquelets, ny aulcuns
» bois, tant en bottes que aultres ; Ont fait évocquier,
» messieurs, les lieutenant et officiers, bourgeois,
» manans et habitans dudit Pernes, pour leur faire
» savoir ce que dessus et avoir sur ce leur consentement ; Ce que par eulx entendu, ont consenty et
» accordé, consentent et accordent tous concordablement de payer, pour chascun cent de fagotz de
» bannée prins audit bois, 18 patars de florins, d'avanchier en prest 12 deniers à la teste, à la charge
» de leur estre diminués au jour de la distribution
» d'icelle bannée, et aussy à la charge de bien faire
» iceulx fagotz et séparer les bastons l'un arrière de
» l'autre, sans faire comme ilz ont fait précédemment ; Et où ilz seront trouvés, eulx, leurs femmes
» ou enfans avec bois, ilz seront tenus payer, à chascune fois et pour chascune personne quy seront défaillans, dix patars, dont l'accusateur aura la moitié ; Et sera tenu le forestier évocquier messieurs
» lorsqu'il fera accord avec les bosquillons pour avoir
» sur tout regard : le tout par provision et par forme
» d'essaie, pour ceste année seulement, et sans rien
» vouloir innover ni préjudicier à leurs priviléges.
» Fait et accordé, en la chambre échevinale, le second jour de febvrier seize cens deux. Signés :
» Huchette, Adrien de Hestrus, Oudard Dupuich,
» Philippe Cossart, Panier, M. de Boyenval et Jehan
» Leblon. » (Archives de Pernes, registre de ville, n.º 14.)

NOTE 50. — PAGE 256.

PERNES, échev.— ART. 35 : *la somme de XXX sols pour les réfections des murailles, ponts, portes, etc.*

Lorsque cet impôt de 30 sols par chaque muid de vin vendu en détail ne suffisait pas pour faire face à des dépenses extraordinaires, la ville y suppléait par la vente d'une partie des bois à coupe sur laquelle s'exerçait le droit d'usage des habitants. « Aujourd'hui 1.ᵉʳ jour de janvier 1597 estant messieurs,
» en peine de recouvrer deniers pour subvenir aux
» ouvrages qu'il convient faire à la ville, tant pour
» les ponts, portes et murailles, que forts rompus
» et ruynés par les ennemis françois, le huitiesme
» jour de septembre dernier, (l'Artois était alors
» comme province des Pays-Bas, sous la domination de l'Espagne) ont évocquiez en leur chambre
» échevinale, les officiers de la chastellenie dudit
» Pernes, pour savoir d'eulx le moyen plus propre
» pour recouvrer des deniers, lesquels, après avoir conféré ensemble, ont, par concert, accord et par l'advis
» de mesdits seigneurs, trouvé expédient de prendre
» en la taille de la bannée de ceste année, en La
» Perroie, le nombre de cinq à six mesures de bois,

» du costé vers la mer, pour les vendre par portions
» au plus offrant et dernier enchérisseur, et les de-
» niers en procédans les employer aux ouvrages de
» ladite ville, dont l'argentier fera compte en temps
» et lieu. » (Archives de Pernes, registre de ville,
n.° 14.)

NOTE 51. — PAGE 257.

PERNES, échev. — ART. 44 : *de l'église, hospital et maladerie.*

En général, tous les établissements créés dans les villes pour l'utilité commune, étaient à la charge des municipalités qui pourvoyaient à l'entretien de ces édifices avec certaines portions de leurs revenus affectés à cet objet. Elles se montraient attentives à prévenir toutes les causes qui pouvaient augmenter leurs dépenses, notamment pour les hospices et les maladreries, et, dans cette prévision, n'autorisaient les étrangers à résider qu'à la condition de fournir caution qu'ils ne seraient pas à la charge de l'hôpital. C'est encore ce qui résulte d'un acte de l'échevinage de Pernes, du 9 février 1603. « A esté évocquié, en » ceste chambre échevinale, Jacques de Monstreuil, » tavernier es faulxbourgs de Pernes, pour lui faire » savoir qu'il avoit requis messieurs permettre venir » faire leur résidence en ceste ville, à Jehan Boul-» lenguier et Jacqueline de Monstreuil ses frère et » sœur, chargiés de dix à onze enfans, soubz promesse » qu'il a fait que sesdits frère et sœur ny leurs enffans » ne seroient en aucune chose à la charge de l'hos-» pital de ceste ville, le cas advenant qu'ilz vinssent » en nécessité, ce que ledit de Monstrœul, en per-» sonne, auroit ratifié à messieurs ledit jour, et pro-» mis de assister sesdis frère et sœur, ensemble leurs » enfans en cas de nécessité, à la descharge dudit » hospital ; à quoy faire il a obligé tous ses biens » et héritages présens et advenir, sur lesquelz il a » accordé main assize à ses despens, pour seureté » de ce que dessus. » (Archives de Pernes, registre de ville, n.° 14.)

NOTE 52. — PAGE 258.

PERNES, charte. — ART. I : *pluiseurs franchises.*

La ville de Pernes se glorifiait d'être l'une des plus anciennes communes de l'Artois, et elle invoquait, pour justifier sa prétention, ce passage de l'art. I de la charte : *comme de grant temps et anchienneté ladite ville eust esté* PREMIÈRE FONDÉE EN LOY ET COMMUNAULTÉ ; mais cette expression *première fondée*, n'a pas la portée qu'ont bien voulu lui donner les auteurs d'un mémoire adressé au roi le 28 mars 1765.

Elle signifie seulement que la commune doit son premier établissement aux comtes de Saint-Pol, qui lui avaient accordé des privilèges dont l'article I de la charte de 1390 rappelle la substance.

NOTE 53. — PAGE 259.

PERNES, charte. — ART. III : *qui environ l'an 1369.*

L'année 1369 fut, en effet, marquée par les courses et les ravages que les Anglais firent en Artois et particulièrement sur les terres du comte de Saint-Pol. Mais le récit de Froissart, sur ce point, n'est pas en parfaite concordance avec l'énonciation de l'art. II de la charte de Pernes. D'après ce chroniqueur, le duc de Lancastre, après avoir fait une pointe vers Hesdin se replia vers le château de Pernes, où la douairière de Saint-Pol faisait sa résidence, et « proprement en » avisant le fort, le duc tâta le fond des fossés à un » glaive, mais point n'y assaillirent les Anglois, » combien quitz en feissent grand semblant. » (Chroniques de Froissart, chap. 296.)

Si ce n'est pas à l'expédition du duc de Lancastre, en 1369, c'est sans doute à celle de Robert Knowles, du mois de juillet 1390, que la ville de Pernes a dû la destruction de ses privilèges. Car les termes de la charte de 1390, sont trop précis pour permettre de douter que la ville ait été réellement prise d'assaut par les Anglais à cette époque.

NOTE 54. — PAGE 259.

PERNES, charte. — ART. III : *avoit anciennement un maieur et XII eschevins.*

La charte de Pernes donne, pour motif de la réduction du nombre des échevins de douze à six, la diminution de celui des bourgeois que les malheurs des temps forçaient de s'expatrier pour se soustraire aux charges auxquelles leur qualité les exposait. Cet état de choses empira encore par la suite, car, en 1536, la comtesse douairière de Saint-Pol autorise la commune, par dérogation à ses privilèges, à élire la moitié des officiers municipaux parmi les non bourgeois. La charte qui consacre ce droit et que nous croyons inédite, existe encore en copie dans les archives de Pernes. Nous en reproduisons ici le texte :

« Marie de Luxembourg, duchesse douairière de
» Vendosmois, comtesse de Marles et de Soissons,
» vicomtesse de Meaux, etc., à tous ceulx qui, ces
» présentes lettres verront et orront, salut. Comme
» de la part des bourgeois de nostre ville de Pernes,
» nous a esté remonstré que, combien que de tout
» temps immémorial l'eschevinage de nostre dite ville
» de Pernes eut été régy et gouverné par mayeur et

» eschevins, bourgeoys et résidens en ladite ville,
» pour ce esleus à chascun renouvellement de loy, et
» jusqu'au jour de la saint Jean-Baptiste dernier passé,
» que pour la diminution desdits bourgeois et sim-
» plesse d'iceulx, les esleus pour estre et servir à la
» loy, eulx sentans peu ydoines pour exerser la mai-
» rie et police de l'eschevinage d'icelle ville, ne ont
» voulu accepter ladite charge, et de présent, au
» moyen dudit refus, est ladite loy sans estre exersée
» ni déservie, du moings ainsy quil appartient, au
» scandal des habitants et préjudice et diminution de
» nos droits ; pour à quoy obvier, nous aient donné à
» entendre quil y a en ladite ville plusieurs habitants
» non bourgeois en tel ou plus grand nombre que de
» bourgeois, lesquels sont réputez plus idoines et
» entendus pour régir et gouverner ladite mairie et
» eschevinage, et qui, par raison, n'estoit l'ancien
» statut par lequel les bourgeois seullement de ladite
» ville doivent avoir l'administration de l'eschevinage
» d'icelle, devroient estre submis à eulx emploïer à
» la chose publique, tant en ladite loy que aultre-
» ment, attendu meismes quilz ont plusieurs drois,
» authoritez et franchises comme habitans d'icelle
» ville, nous supplians que, en regard aux remons-
» trances dessus dites par eux faites pour le bien pu-
» blique d'icelle ville et conservation de nos droits et
» authoritez, voulsissions contraindre lesdits habitans
» non bourgeois à emprendre la charge de l'exercice
» et administration de ladite mairie et eschevinage
» d'icelle ville, en nombre compétent avec les bour-
» geois d'icelle..... Savoir, faisons que : nous con-
» sidérant que, suivant la variété des temps, est be-
» soin de changer et renouveller les anciens statuts et
» édits, nonobstant quilz aient esté bien et duement
» et à bonne fin faits et ordonnés, voulans subvenir
» à nos subjets suivant l'exigence des cas, avons,
» après avoir entendu tout ce que par nos officiers à
» Saint-Pol et à Pernes, a esté fait et informé, ensem-
» ble les avis des gens de nostre conseil, ordonné,
» dit et statué, ordonnons, disons et statuons que :

» 1. Doresnavant, et pour le temps quil plaira à
» nous et à nos successeurs, les habitants non bour-
» geois résidens en nostre ville de Pernes, seront
» tenus emprendre le fait et charge de la mairie et
» eschevinage de ladite ville, toutesfois quilz seront
» esleus avec les bourgeois, pourvu quilz ne soient
» esleus en plus grand nombre que lesdits bourgeois,
» pour laquelle mairie et loy exerser, n'y aura plus
» grand nombre que six tant bourgeois que non bour-
» geois, selon quil a esté cidevant ordonné par nous

» et nos prédécesseurs, et jusqu'à ce que, selon l'exi-
» gence des cas, sera autrement ordonné ; et moien-
» nant ce, avons, suivant les articles baillés par
» iceulx non bourgeois, en modifiant, interprétant
» et déclarant aucun d'iceulx, accordé, déclaré et
» permis ce qui s'ensuit ; c'est assavoir que nous avons
» rattifié et approuvé, rattifions et approuvons, et
» promettons en foy de parolle de princesse, entre-
» tenir, garder et observer les drois, franchises et
» autoritez accordez par nos prédécesseurs et nous
» aux manants et habitants de nostre dite ville de
» Pernes, tant bourgeois que non bourgeois, selon
» que par les chartres d'icelle ville est dit et contenu,
» que nos vassaux dudit Pernes seront tenus à chas-
» cun renouvellement de loy de ladite ville, jurer et
» promettre iceulx drois et franchises garder et
» observer, et donner faveur et assistance à ladite
» loy quand besoing sera, en faisant le semblable en-
» vers nous et nosdits officiers par lesdits de la loy ;
» lesquelz nosdits officiers seront tenus semblablement
» et leur ordonnons faire et donner ayde et assistance
» auxdits de la loy par les archers de la confrairie de
» Saint-Sébastien, en leurs affaires quand besoing sera
» et requis en seront, à peine d'amende arbitralle, en
» quoy lesdits officiers pourront condamner iceulx
» confrères, quand de ce faire refusans ou delayans
» en seront.

» 2. Item, que iceulx habitans non bourgeois de-
» meureront francqz et exems de toutes charges, dé-
» bites et redevances, selon qu'ils ont acoustumez
» estre de tout temps et encore jouissent de présent
» nonobstant quilz soient dans l'estat de l'eschevi-
» nage, et pareillement joiront comme habitans non
» bourgois estans de la loy, des drois, profitz et
» émolumens d'icelle ville comme sont les bourgeois
» estans aussy de ladite loy, sans pour ce estre submiz
» ne tenus aux autres charges ne redevances quils
» sont à présent.

» 3. Item, que, par chascun an, sera renouvellée
» la loy dudit eschevinage selon et à tel jour quil est
» acoustumé ; et ne aura en ladite loy plus grand
» nombre de non bourgeois que de bourgeois, sinon
» de leur consentement.

» 4. Item, lesdis habitans non bourgeois aprez
» quilz auront servi une fois ladite loy par un an ou
» deux, silz sont esleus, ne seront plus tenus accep-
» ter aultre ellection sinon quatre ans aprez, n'est quil
» leur plaise de leur franche volonté accepter ladite
» élection......

» Donné au chastel de La Fère le treiziesme jour

» de janvier 1535-36. » (Archives de Pernes, cote C, 1.re pièce.)

NOTE 55. — PAGE 268.

CITÉ D'ARRAS. — ART. 12 : *pour leur pooir que on dit le Cuisinette.*

La Cuisinette était sans doute le nom d'une rue ou d'un quartier voisin du cloître des chanoines dont le flégard, par droit d'accession, appartenait à la juridiction du Chapitre.

NOTE 56. — PAGE 269.

CITÉ D'ARRAS. — SIGNATURES : *J. Berquier héritier.*

C'est-à-dire possesseur par droit d'héritage d'un ténement qui doit le service de l'échevinage. L'héritier, en effet, bien mieux que l'acquéreur d'un bien tenu à la charge de ce service, était apte à remplir les fonctions du scabinat, parce qu'il succédait à un père ou à un parent qui était censé l'y avoir préparé de bonne heure.

NOTE 57. — PAGE 270.

ADINFER. — ART. 18 : *elle ne doibt riens.*

A Udern (pays de la Saar), s'il meurt un homme, soit dans le village, soit dans la banlieue, à l'instant même où on enlève le cercueil pour le porter à l'église, la femme doit prendre les clés, fermer la maison et suivre le corps jusqu'au lieu de la sépulture. Mais elle ne peut retourner à la maison, sans être accompagnée de l'héritier et du maïeur, qui prend avec lui les sept échevins pour procéder de suite à la levée du meilleur catel. Ceux-ci le lui font avoir en la manière accoutumée. On en use de même après la mort de la femme. Mais si la maison est tellement pauvre qu'on n'y trouve rien, les échevins le déclarent, et on prend alors un siège à trois pieds pour manifester que la justice a eu son cours : *zu erkentnuss der gerechtigkeit* (Grimm, Weisth., II, p. 65, 11.)

Au surplus, pour l'intelligence de l'art. 18 de la coutume d'Adinfer, on peut le comparer avec l'art. 9 de la coutume de Blairville (p. 272), qui donne pour équivalent des mots : *s'il n'y a point de* HESTIE, ceux-ci : *s'il n'y a point de vesve*, et encore à l'art. 27 de la coutume d'Hébuterne (p. 285) qui est beaucoup plus explicite dans ses termes, et ce sens qu'elle oblige la femme veuve à payer un relief de 12 deniers avant de pouvoir rentrer chez elle, tandis que si c'est la femme qui prédécède, le mari survivant ne doit rien.

Le relief de 12 deniers, c'est la conversion du meilleur catel en une prestation d'argent qui constate le droit du seigneur tout aussi bien que la formalité vexatoire du choix de la meilleure tête de bétail ou de la meilleure pièce du mobilier de la maison mortuaire. Le mari est exempt de ce droit, parce que, comme chef de la communauté, il est censé propriétaire de tous les meubles, et que vis-à-vis du seigneur il est l'homme vivant et mourant sur la tête duquel repose l'éventualité des profits de la mutation mobilière. Ainsi le prélèvement du meilleur catel n'affecte en rien les droits de la femme quand elle est propriétaire de la maison, car son refus d'y rentrer après l'enterrement n'implique, de sa part, qu'une simple renonciation au mobilier. Il en est de même pour les enfants quand la femme n'a pas survécu à leur père. (Voir la note 25 de la 5.e série, II, p. 531.)

NOTE 58. — PAGE 270.

ADINFER. — ART. 21 : *veille le nuyt de may autour du bois d'Adinfer.*

L'obligation de garder les bois d'Adinfer la nuit du 1.er mai ne pouvait être exigée qu'à titre de corvée seigneuriale, ainsi qu'on peut le voir par l'extrait du rôle de l'évêché d'Amiens de 1302, rapporté à la note 28 de la 3.e série (I, p. 344). On y voit que le maïeur de Hem et de Montières, *el mois de may, quant il semont le vait du bos, il a VI deniers, et pour semonre le vait Saint Fremin VI deniers, et pour le ville warder et pour toutes les fois quil semont les corvées des blés porter à Amiens, il a VI deniers.*

Ces mêmes corvées sont rappelées dans la copie d'un ancien dénombrement, sans date, faite le 21 avril 1566, à la requête du cardinal de Créquy, évêque d'Amiens, où on lit : « Item, ledit évesque, à cause de
» son église et évesquié, est sire temporel des villes
» de Montières et Hem emprez Amiens... Item, chas-
» cune masure chargée de ung homme, est tenue,
» avec les subgetz de l'éveschié, de garder ses bois
» par 4 nuits en l'an, assavoir la première nuyt de
» may, la nuyt de my-may, la nuyt de l'Ascension et
» le nuyt du Saint Sacrement jusques au soleil levé ;
» et avec ce doivent se trouver à court toutes les foys
» que levesque est à son hostel à Monstières, au giste ;
» et aussy sont tenus tous les quiez d'ostel à faire le
» guet à ce que maulx ne aucunes inconveniences
» soient faictes en ses dites villes de Monstières et
» Hem, la nuyt et le jour de Saint Fremin martyr, en
» septembre. » (Archives du bailliage d'Amiens, résidu de pièces diverses relatives à la convocation du ban et de l'arrière ban, XVI.e et XVII.e siècle.)

NOTE 59. — PAGE 270.

ADINFER.—ART. 23 : *toutes les bestes à piet fourcu.*

C'est-à-dire tous les animaux domestiques appartenant aux trois espèces, bovine, ovine et porcine, qui se rencontrent plus communément chez les petits ménagers. Ainsi, quand un individu mourait de la lèpre, sans que le mal dont il était atteint eût été dénoncé à la justice, on punissait les héritiers en prononçant la confiscation des porcs, des moutons et des vaches trouvés au domicile mortuaire.

NOTE 60. — PAGE 270.

ADINFER. — ART. 24 : *labourer à double fer sans grace.*

On ne s'explique pas bien le motif de cette prohibition. Serait-ce parce que le tarif des corvées était en rapport avec le nombre des chevaux tirans qu'on interdisait de labourer avec charrues à double soc? Le tenancier qui pouvait ainsi faire avec deux chevaux la besogne de quatre, y trouvait un avantage, mais il ne fallait pas qu'il s'en fît un titre pour s'exonérer d'une partie de ses obligations comme corvéable. On n'empêchait donc pas l'emploi du procédé, seulement on exigeait un congé de licence, afin que le seigneur connût ceux qui en faisaient usage.

NOTE 61. — PAGE 270.

ADINFER. — ART. 28 : *nulz desdit subgetz ne peuvent avoir issue par derrière.*

Pour que personne n'eût accès sur les champs autrement que par la voie publique : sage précaution qui devait, sinon empêcher, du moins rendre plus difficile la maraudage de nuit.

NOTE 62. — PAGE 270.

ADINFER. — ART. 29 : *que en temps sec on mette de leaue à huys.*

Il n'était pas nécessaire que la coutume exprimât l'obligation de cette mesure, elle résultait du droit qu'avaient les municipalités de décréter des bans de mars et d'août et d'y introduire toutes les dispositions qui pouvaient assurer la sécurité des personnes et la conservation des biens. Nous en trouvons la preuve dans une délibération de la ville de Pernes du 24.ᵉ jour de mai 1602 : « A esté avisé par messieurs maieur et eschevins de la ville de Pernes en Ternois, pour éviter aux dangers qui polraient advenir à cause de la sécheresse, quil convient d'ordonner à tous les bourgeoys, manans et habitans de ceste ville, faulxbourgs et banlieue d'icelle, de mettre audevant son huys

» un seau ou cruche pleine d'eauwe, à peine de X solz
» d'amende. » (Archives de Pernes, registre de ville, n.º 14.) — Voir tome I, p. 204, note 8 ; II, p. 469, art. 148.

NOTE 63. — PAGE 272.

BLAIRVILLE. — ART. 9 : *se la femme convoie le corps à porter en terre.*

Voir note 57 ci-dessus.

NOTE 64. — PAGE 273.

BLAIRVILLE. — ART. 21 : *un car cheu par terre ne se peult rellever.*

Le seigneur qui avait droit de voirie et auquel incombait l'obligation de réparer les chemins, ne voulait pas permettre que les chariots versés se relevassent avant que la cause de l'évènement fût constatée par les officiers de sa justice. Lorsque le chariot versait à vide, cette formalité n'était pas nécessaire, ainsi que le constate une disposition de la coutume de Maisnil-lès-Hesdin (8.ᵉ série). La mesure avait donc pour but d'empêcher les voituriers de s'engager dans les chemins de traverse avec des chariots trop pesamment chargés.

NOTE 65. — PAGE 273.

BLAIRVILLE. — ART. 24 : *ne peult ahaner à double fer sans prendre grace.*

Voir note 60 ci-dessus.

NOTE 66. — PAGE 277.

WANCOURT ET GUEMAPPES. — ART. 27 : *saulf que au fils masle puisné.*

Cette coutume nous fait voir que c'était sur des biens roturiers tenus en échevinage et en main-ferme que s'exerçait le privilége du puiné.

Voir tome I, p. 200, note 2, un excellent article de notre collègue et ami, M. Auguste Breuil, sur l'*Origine du droit de maineté*, travail distingué avec éloge par M. Troplong, dans un rapport présenté à l'Académie des sciences morales et politiques, et publié dans la *Revue de Législation*, livraison de janvier 1846.

NOTE 67. — PAGE 278.

FONCQUEVILLERS. — ART. 2 : *quils soient en santé et prospérité, et quils puissent aller avant la rue.*

La plupart des coutumes qui déterminent les effets de l'entravestissement conventionnel, n'accordent au survivant que l'usufruit des héritages de son conjoint. Mais à Foncquevillers, la maxime : *au dernier vivant tout tenant*, reçoit une plus large application; c'est toute la succession du premier mourant qui constitue le profit aléatoire du gain de survie. Toutefois, pour la validité du contrat, plusieurs conditions sont requises. Il faut qu'au moment où il intervient, les époux soient en santé et prospérité, c'est-à-dire qu'ils puissent vaquer librement à leurs occupations, et que le dérangemement des affaires du mari ne rende pas illusoires les avantages que celui-ci promet en retour de ceux qu'il veut obtenir.

NOTE 68. — PAGE 278.

FONCQUEVILLERS. — ART. 3 : *vendre et engager lesdits héritaiges sans nécessité.*

Il semble que la disposition de l'art. 3, pour être bien comprise, doit être rapprochée de l'art. 5 qui détermine d'une manière plus générale les effets du mariage par rapport au survivant.

NOTE 69. — PAGE 278.

FONCQUEVILLERS. — ART. 5 : *s'il y a enffant dudit mariage.*

La disposition finale de cet article explique ce qu'il y a d'obscur dans la disposition correspondante de l'art 3.

NOTE 70. — PAGE 279.

FONCQUEVILLERS. — ART. 8 : *le nuyt saint Andrieu les bourgois et manans.*

C'est contrairement à l'usage des villes de bourgeoisie, que les manans non bourgeois d'Hébuterne concouraient à l'élection des échevins. — Voir la note 54 ci-dessus.

NOTE 71. — PAGE 279.

FONCQUEVILLERS. — ART. 9 : *tenir siège pour et au nom du seigneur.*

Le service des échevins comme officiers de la justice seigneuriale, n'était donc pas un service absolument gratuit, puisqu'ils reçoivent un salaire et qu'ils sont défrayés de leur nourriture. — Voir la note suivante.

NOTE 72. — PAGE 280.

FONCQUEVILLERS. — ART. 13 : *avec fromage et issue telle que de raison.*

Les articles 9, 10 et 11 prescrivent les devoirs des échevins à chacune des trois assises des plaids généraux, qui se tiennent le jour des Rois, à la Quasimodo et à la Saint-Remy, parce que ces trois époques sont celles de l'échéance des termes de paiement des rentes seigneuriales. Le jour des Rois on paie la rente des plumes, et les échevins reçoivent pour indemnité, chacun trois chapons et trois deniers; le jour de Quasimodo, on paie les petites rentes d'avoine pour la semaille, et chaque échevin reçoit un denier parisis pour sa peine; enfin, au terme de Saint-Remi, on paie la rente de quatre deniers parisis par chaque mencaud d'avoine récoltée, et les échevins reçoivent le même salaire qu'à la Quasimodo.

L'article 12 laisse la faculté au seigneur, lorsqu'il veut faire une réquisition d'avoine à titre d'emprunt, de provoquer une autre assemblée après la Saint-Remi, et d'en faire annoncer le jour par cris et publications. Les échevins sont également tenus de présider à la recette du contingent d'avoine que chaque tenancier doit fournir; mais c'est à la condition que le seigneur qui les réunit leur paiera un mencaud d'avoine à chacun, et fera tous les frais de la dépense de leur table. C'est pour cela que l'art. 13 donne très-minutieusement la carte du menu de leur déjeûner et de leur souper. La veille du jour fixé pour la recette, le seigneur leur livre un cochon gras du prix de 40 sols, et les échevins le font tuer en leur présence. Le lendemain on leur sert, au déjeûner, les pieds, *les garlons*, les *hingues* et les *corées*, et on réserve le reste pour le souper qui se compose, en outre, de deux mencauds de blé moulu et converti en pain blanc et pain bis, de porée blanche, d'oisons blancs, de quatre chapons, de deux paires de pigeons blancs (blanc angoisse) pour chaque échevin, avec flambeaux de cire pour l'éclairage de la salle du festin, vin nouveau, vin vieux rouge et blanc, fromage et dessert tels qu'il convient.

L'usage de terminer les plaids généraux par des repas que les seigneurs offraient aux échevins qui leur prêtaient concours et assistance dans ces solennités, est une tradition des mœurs germaniques; et on ne peut pas douter qu'il ait été emprunté par la France du nord à l'Allemagne, pour peu qu'on compare les coutumes des deux pays. Les statuts locaux de la Lorraine, de la Westphalie, de la Franconie, contiennent des dispositions pour ainsi dire identiques à celles que nous venons de rappeler.

Un weisthum de Crotzenburg (Franconie), du 4 février 1365, porte, art. 6 : « L'avoué de l'abbaye de » Saint-Pierre, hors des murs de Mayence, présidera » trois fois l'an aux édits de Crotzenburg. Son prévôt » (*officiatus*) livrera aux échevins, pour cette circons- » tance, un maldre de froment et deux chariots de » bois ; il leur fournira, en outre, pour leur repas, » un porc de la valeur de 5 sols de deniers et 6 quar- » tiers du meilleur vin. S'il y a dans la ville deux ta-

» vernes où l'on vend deux sortes de vin, les éche-
» vins auront le choix du meilleur. Si on en vend de
» trois qualités dans trois tavernes différentes, ils
» auront la qualité intermédiaire; mais si on n'en
» vend que d'une seule espèce, ils s'en contente-
» ront. » (Grimm, Weisth. III, p. 503.)

Dans un autre weisthum, sans date, du village d'Helfaut (Haute-Moselle), on lit, art. 12 : « Nous, » échevins, déclarons que, quand nous levons les » cens du seigneur, il nous est dû, le jour de Saint- » Brice, un repas honorable et satisfaisant, avec une » soupe et un setier de vin à chacun; pareillement » quand nous levons la dîme, il nous appartient aussi » un repas suffisant ; mais le pasteur y contribue pour » un tiers et les gens de la métairie pour les deux » autres tiers. » (Ibid, II, p. 737.)

Enfin, les échevins de Kentnich (Westphalie), dans un weisthum de 1447, déclarent à l'abbesse et au couvent des Onze Mille Vierges de Cologne, qu'ils sont obligés de tenir, dans cette seigneurie, à certains jours, trois diètes non indictes (*ungebodene gedinge*) et d'autres plaids quand le besoin l'exige ; dans chacune de ces trois assises, le schulteifs (écoutète, maieur), reçoit de l'abbesse et de son chapitre 5 sols, monnaie de Cologne, et un quartier d'avoine pour son cheval ; tous les échevins (*jurati*) ont, chacun, une côtelette de porc salé et deux quartiers de vin, aussi à la mesure de Cologne. (Ibid, II, p. 737.)

Ces citations, que nous pourrions multiplier, suffisent pour prouver que le fait énoncé dans l'art. 13 de la coutume de Fonquevillers, ne constate pas un usage isolé, mais un usage général et aussi répandu que celui des plaids généraux auquel il se rattache.

Note 73. — Page 281.

Hébuterne.— Art. 2 : *le seigneur ne peult faire ne imposer taille sur la ville et sur les habitans.*

L'abus des tailles arbitraires était poussé si loin dans les premiers siècles de la féodalité, que beaucoup de communes et de villes de bourgeoisie, en traitant de leur affranchissement, stipulaient, pour première condition, l'exemption de cette charge qu'il ne faut pas confondre avec les tailles pour un objet déterminé, comme la conversion d'une prestation en nature ou le rachat d'un droit de banalité, dont les coutumes font quelquefois mention. — Voir notes 2 et 16 ci-dessus.

Note 74. — Page 283.

Hébuterne. — Art. 10 : *de la première beste qu'il tuera.*

Dans l'état des revenus de l'abbaye de Corbie cité par Du Cange, les bouchers sont portés comme devant à l'abbaye 2 setiers de vin lorsqu'ils s'établissent et autant lorsqu'ils quittent le métier. « Carnifices « duos salvunt sextarios vini *in introitu* et duos *in* » *exitu*. (Du Cange, *Gloss.* V.° *carnifices*.)

Note 75. — Page 283.

Hébuterne. — Art. 12 : *qu'il ne soit nul qui escorche chevaux qui mette main à pain ne à char.*

On n'a pas de peine à deviner pourquoi on interdisait de cumuler la profession de boucher ou de boulanger avec celle d'équarrisseur. Même encore aujourd'hui, il y a peu de personnes qui ne rejeteraient avec dégoût le pain ou la viande qu'elles sauraient avoir été touchés par ceux qui pratiquent ce sale métier.

Note 76. — Page 283.

Hébuterne.—Art. 14 : *et puis les autres XV jours passés on doit prendre ses biens.*

Si nous comprenons bien le sens de cet article, le garant était traité beaucoup plus rigoureusement que le débiteur principal, puisque, à son égard, la contrainte par corps précédait la saisie des biens meubles.

Note 77. — Page 284.

Hébuterne. — Art. 19 : *hors du pain et du pot du père et de la mère.*

Majeurs ou non, les enfants, tant qu'ils vivent sous le toit paternel, ne peuvent acquérir en leur propre et privé nom. Mais quand ils sont nourris et hébergés ailleurs, ils ont la capacité d'acquérir, en vertu de la maxime : *le chanteau part le vilain*.

Note 78. — Page 284.

Hébuterne. — Art. 24 : *appartiennent au puisné.*

Les mots *maisné* et *puisné* doivent se prendre dans la même acception. Seulement *puisné* veut dire le plus jeune des parents de la souche d'où les biens proviennent, et *maisné* le moins âgé des enfants mâles ou femelles.

Note 79. — Page 285.

Hébuterne. — Art. 25 : *comme ceulx de la chastellenie de Busquoy.*

Nous voyons, par cet article, que les droits d'usage étaient réglés par la coutume de la châtellenie et non par la coutume particulière de la seigneurie, car les bois d'une certaine étendue, à cause des droits de chasse et de garenne, sont restés fort longtemps sous la juridiction immédiate des hauts seigneurs qui avaient intérêt à ce que l'exercice des droits d'usage ne nuisit pas à la conservation du gibier. Puisque, dans la châtellenie de Busquoy, les usagers ne pouvaient cueillir les herbes qu'à la main, ceci implique négation des droits de glandée, pernage, verts bois, morts bois et menus bois qui constituaient les servitudes ordinaires dont les bois étaient grevés au profit des communautés d'habitants. Le fait d'usage énoncé équivaut donc à la restriction de tous ceux qui ne le sont pas, en vertu de la maxime : *qui dicit de uno, negat de altero.*

NOTE 80. — PAGE 285.

HÉBUTERNE. — ART. 27 : *doit paier XII deniers avant qu'elle puisse rentrer audit manoir.*

Voir l'explication de cette coutume à la note 57 ci-dessus.

NOTE 81. — PAGE 286.

HÉBUTERNE. — ART. 37 : *abandonner les éteules par le conseil des échevins.*

Voir tome II, p. 178, note 43.

NOTE 82. — PAGE 287.

AVESNES-LE-COMTE, échev.—ART. 1.ᵉʳ : *il y a maire avec les échevins qui fait la conjure d'iceulx.*

Sur les pouvoirs et les attributions du maire conjureur, la coutume de Baralle et Buissy, chap. 1.ᵉʳ, 3, 4. 5, 6, 7, 10, 12 et 16, donne toutes les explications qu'on peut désirer (II, p. 446 et suivantes).

NOTE 83. — PAGE 288.

AVESNES-LE-COMTE, échev. — ART. 8 : *maugreent et renunchent Dieu et la loi.*

Philippe Auguste, d'après le témoignage de Rigord et de Guillaume-le-Breton, fit le premier une ordonnance contre les blasphémateurs. Il les condamnait à 20 sols d'amende ou à être précipités dans les ondes, mais sans péril de mort. (Ordonn. du Louvre, I, p. 45.) Saint-Louis en publia une autre vers 1269, qui substitua la peine du pilori ou de l'échelle à celle du fer brûlant dont ce monarque faisait marquer le front ou percer les lèvres du coupable, avant que, par sa bulle du 12 juillet 1268, le pape Clément VIII eût exhorté ce prince à ne plus user de châtiments aussi sévères. (Ibid. p. 100.)

Le 22 février 1347, Philippe de Valois renouvela les édits contre les blasphémateurs en graduant la peine selon les cas de récidive. Il décréta que la première fois le coupable serait mis au pilori depuis l'heure de Prime jusqu'à l'heure de Nones, qu'il serait permis de lui jeter aux yeux de la boue et d'autres ordures, mais non des pierres; que pour la seconde, la troisième, la quatrième et la cinquième fois, on le mettrait au pilori un jour de marché, et qu'on lui fendrait avec un fer chaud, d'abord la lèvre supérieure de manière à laisser voir les dents, puis la lèvre inférieure ; qu'après une troisième récidive, on lui couperait toute la lèvre d'en bas, et, après une quatrième toute la langue. (Ibid, p. 282-283.)

La coutume d'Avesnes-le-Comte est la seule qui décrète des peines contre les blasphémateurs. Nous ne pouvons nous expliquer ce fait qu'en supposant que cette coutume est la reproduction de privilèges octroyés, selon toute vraisemblance, par Robert comte d'Artois, frère de Saint-Louis, et que c'est pour cela qu'on y retrouve l'esprit des Etablissements du saint Roi.

NOTE 84. — PAGE 288.

AVESNES-LE-COMTE, échev. — ART. 11 : *au dernier vivant tout tenant.*

Voir note 67 ci-dessus.

NOTE 85. — PAGE 289.

AVESNES-LE-COMTE, échev. — ART. 17 : *demander et clamer part de la moitié.*

Voir la note 3 de la présente série.

Il est évident que ce droit était personnel aux bourgeois, puisqu'ils pouvaient l'exercer, même vis à-vis des citoyens domiciliés qui ne jouissaient pas des privilèges de la bourgeoisie. C'est, en effet, ce qui résulte de l'art. 35 de la coutume d'Aubigny (II, p. 300).

NOTE 86. — PAGE 289.

AVESNES-LE-COMTE, échev. — ART. 21 : *à cause que c'est chambre d'Artois.*

Les hauts seigneurs ne se bornaient pas à accorder des privilèges particuliers aux villes de bourgeoisie, ils leur octroyaient aussi certaines exemptions qui avaient pour objet leurs relations commerciales. Ils leur permettaient d'échanger entr'elles leurs produits et de les faire circuler en franchise dans le rayon de leur obéissance. Ainsi, de même que les bourgeois d'Avesnes-le-Comte étaient exempts des travers de Bapaume, Péronne, Saint-Riquier et Lens, *à cause que c'est chambre d'Artois*, les bourgeois de Beauquesne n'étoient pas soumis aux travers de Corbie, d'Abbeville et d'Arras *à cause que ladite ville est nuement au roi* (II p. 209 art. 19.) Par une raison analogue, les habitans du Quesnoy-sur-Airaines étaient exempts des 17 travers qui existaient dans les châtellenies de Picquigny, d'Airaines, d'Hangest et de Poix (I, p. 416, art. 3).

NOTE 87. — PAGE 293.

COULLEMONT. — ART. 16: *doit à chascun desdis eschevins deux cappons au jour des Roix.*
Voir notes 71 et 72 ci-dessus.

NOTE 88. — PAGE 299.

AUBIGNY. — ART. 26: *que le jour de leurs espousailles ils viennent couchier ensemble en ladite ville d'Aubigny.*

Pour que la femme bourgeoise pût communiquer sa qualité à son mari, il fallait que le mariage fût consommé dans la ville même. En exigeant cette condition, on considérait moins l'intérêt du mari que l'intérêt des enfans qui viendraient un jour revendiquer le privilège de leur naissance. On ne voulait pas que leur conception remontât à une époque antérieure à celle où le père et la mère étaient en possession du droit de cité. « Bastard ne bastarde, dit » l'art. 27, ne peuvent acquérir droit de bourgois » ne de bourgoise de quelque fachon que ce soit. » Par conséquent, tous ceux dont la conception a devancé la célébration du mariage, ne pouvaient être légitimés bourgeois par mariage subséquent. C'est pour cela sans doute que les échevins sont appelés au domicile des nouveaux époux, et qu'ils y constatent le fait duquel en fait résulter la preuve de la filiation légale et le droit de succéder aux priviléges des père et mère. — (Voir II, p. 35, 3 — p. 36, 1.)

NOTE 89. — PAGE 299.

AUBIGNY. — ART. 31: *lequel convivre se paie des deniers venans de ladite maison.*

Nous nous sommes étonnés, dans la Notice sur Gamaches (I, p. 437, note 18) que cette commune fît servir les revenus de la maladrerie à la dépense de ses banquets, mais les art. 31 et 32 de la coutume d'Aubigny ne nous permettent plus de regarder ce fait comme un abus d'administration municipale, car l'observation mise en marge de ces deux articles nous apprend que *le droit commun* autorisait ces sortes d'imputations.

NOTE 90. — PAGE 300.

AUBIGNY. — ART 36: *sy ne peult on eslire le père le filz, ne le filz le père.*

C'est-à-dire que, dans le renouvellement de l'échevinage, le père ne peut succéder au fils, ni le fils au père, et la prohibition s'étend jusqu'au degré de cousin germain. De même qu'à Amiens, « nulz frerez, » seronges, ne père ne fieulx, ne genres ne cousins » germains ne poent estre esquevins ensanlle en une » année. » (I, p. 76, 1.)

NOTE 91. — PAGE 308.

HOUDAIN, *châtell.* — ART. 1.er : *elle a un prévost au lieu de bailly.*

Distinctes et séparées dans les justices royales, les attributions des baillis et des prévôts étaient souvent confondues dans les justices seigneuriales. Ainsi la dame d'Houdain, en déclarant qu'elle a un prévôt au lieu de bailly, veut dire que ce prévôt connait tout à la fois des matières féodales et cotières.

NOTE 92. — PAGE 311.

HOUDAIN, *châtell.* — ART. 16: *droit que l'on nomme prinse de marée.*
Voir tome I, p. 411, 5; — p. 441, note 30; II, p. 199; — p. 303, 13.

NOTE 93. — PAGE 313.

HOUDAIN, *châtell.* — ART 25 : *et autres non nobles sur et à peine de poing coppé.*

C'est parce que le droit de chasse et de garenne était un des attributs de la haute seigneurie qu'il était interdit aux non nobles de chasser, sous les peines les plus sévères. Avec le temps la législation, en cette matière, s'est beaucoup relâchée de sa rigueur. Au XVI.e siècle, les coutumes ne prononcent plus que l'amende et la confiscation des engins, et c'est par exception, que la coutume d'Houdain applique encore la peine de la mutilation du poing. — (Voir I, p. 202, note 3. — 203, note 4).

NOTE 94. — PAGE 317.

HOUDAIN, *échev.* — ART. 16: *et s'en vont à la bretesque publier à cry.*

On appelait brétèque une espèce de tribune élevée au milieu des places publiques des villes, où montait le crieur juré pour se faire mieux entendre de la multitude, lorsqu'il faisait la publication des édits municipaux (Du Cange, *Gloss.* V.° *Bratachia.*)

NOTE 95. — PAGE 318.

HOUDAIN, *échev.* — ART. 17 : *laquelle doit sonner depuis que le délinquant part du pié de la halle.*

Les exécutions de la justice communale se faisaient au son de la cloche. Elle était mise en branle toutes les fois qu'il s'agissait de mettre à mort ou de bannir les criminels ou de procéder à l'arsin et à la destruction de leur maison.

Note 96. — Page 319.

Houdain, *échev.* — Art. 22 : *doit aller tout droit en parlement.*

Ainsi quatre décisions successives pouvaient intervenir dans la même affaire, avant qu'elle fût jugée définitivement.

Note 97. — Page 319.

Houdain, *échev.* — Art. 23 : *trouvés audit eschevinage.....*

Pour donner un sens à cet article plein de lacunes, il est néessaire de le comparer ainsi que les suivants, avec l'art. 14 de la coutume d'Hébuterne et avec le chapitre 4 de celle de Baralle et Buissy. (II, p. 283 et 448.)

Note 98. — Page 325.

Houdain, *échev.*—Art. 47 : *et se font lesdites dessaisines par le signe d'une pièce d'argent.*

Le bourgage n'était à proprement parler qu'un droit superficiel. Le seigneur restait propriétaire du fonds de l'héritage et le bourgeois des constructions et de l'amasement. C'est pourquoi la transmission à l'acquéreur, au lieu de se faire par le bâton qui était la forme adoptée pour l'investiture des droits immobiliers, se faisait par une pièce d'argent signe de la possession mobilière.

Note 99. — Page 326.

Houdain, *échev.* — Art. 51 : *au profit de ladite ville, droit d'estarsage.*

Le droit d'estarsage se payait à la ville à raison du XX.ᵉ denier ou cinq pour cent du prix de vente du bourgage. Il n'était pas dû à la communauté pour aliénation partielle, mais il était perçu quand le bourgeois vendait son dernier héritage, parce que, dans ce cas, la dessaisine impliquait, de la part du vendeur, renonciation aux privilèges de la bourgeoisie.

Note 100. — Page 326.

Houdain, *échev.* — Art. 53 : *par espécial ceux qui ne sont bourgois.*

Cet article pose en principe que nul ne peut demeurer à Houdain sans être bourgeois. Dès-lors, on conçoit pourquoi les non bourgeois qui y résident sont obligés de demander au prévôt l'autorisation de prolonger leur séjour, et pourquoi cette autorisation qu'on ne peut leur refuser, se renouvelle d'année en année, sous la condition qu'ils paieront les étaux de bourgage comme les bourgeois. On exigeait qu'ils acquittassent les charges de la commune pour qu'ils pussent jouir de la protection qu'elle garantissait, jusqu'au moment où ils se décidaient à former un établissement définitif ou à aller chercher fortune ailleurs.

Note 101. — Page 327.

Houdain, *échev.* — Art. 55 : *ou demeurent bourgois par autre bourgage.*

Cet article paraît faire double emploi avec l'art. 51, car, autant que les lacunes du texte permettent d'en juger, les deux dispositions se réfèrent à un objet identique.

Note 102. — Page 328.

Houdain, *échev.* — Art. 61 : *estant demourans hors de ladite ville.*

Ainsi la rente annuelle qui était pour les bourgeois domiciliés de 4 deniers par bourgage, était pour les bourgeois forains de 12 deniers tournois.

L'art. 8 de la coutume de La Gorgue accorde aux bourgeois forains, tous les droits et priviléges des résidans. (Le Grand. Cout. du comté de Flandre , III.)

Note 103. — Page 328.

Houdain, *échev.* — Art. 62 : *tenir maisnage ne avoir sa femme au mollin, ne à le ville.*

Parce que pour y tenir ménage, il lui faudrait des bestiaux et de la volaille, et qu'on ne veut pas que le fermier du moulin banal soit soupçonné de prendre au-delà du taux légal de la mouture pour tirer plus de profit de sa basse-cour. (Charte de Pernes, art. IX, II, p. 262.)

Note 104. — Page 328.

Houdain, *échev.* — Art. 65 : *faits par estrangers ou bourgois.*

Voir note 85 ci-dessus.

Note 105. — Page 332.

Lens, *baill.* — Art. 16 : *manoirs et héritages qui se nomment eschevinaiges.*

On les nommait *manoirs d'échevinage* par allusion au service auquel les possesseurs étaient tenus. On appliquait à cette espèce de biens la règle : *au dernier vivant tout tenant*, pour qu'à la dissolution du mariage, le mari survivant ne fût point dépouillé du titre de la possession qui le rendait apte à remplir des fonctions publiques, et pour que la femme, par réciprocité, trouvât, dans son gain de survie, la juste compensation des avantages que son mari aurait pu recueillir après elle.

Note 106. — Page 337.

Lens, échev. — Art. 22 : *meismes pœuvent lesdis bourgois avoir une pièche de vin à trois.*

En 1389 la ville d'Amiens obtint du roi Charles VI, de mettre une aide sur le vin dont le rôle conservé dans ses archives, peut servir à expliquer l'article 22 de la coutume de Lens. Le vin vendu dans les tavernes était taxé à 4 l. 10 s. la tonne, le vin vendu en gros à 10 s., et le vin à dépense à 30 s. On appelait *vin à despense* le vin pour la consommation des particuliers. Le rôle de l'aide établit deux comptes spéciaux pour cet objet. Le premier est intitulé : *recepte faite par les collecteurs à cause des vins vendus en gros et à broque et bus à despense en pluiseurs maisons et hosteux portant enseigne.* Il comprend tous les vins que les bourgeois prenaient par abonnement ou à la taille dans les tavernes pour leurs besoins journaliers. Dans ce premier compte, le maïeur de la ville, sire Willaume de Conty, est porté *pour trois ou quatre tonnes de vin bus au Cuppel de roses devant Saint-Germain*, mais avec cette mention : *pour ce quil estoit lors maires de le ville d'Amiens, a esté réservé de payer l'aide par l'esquevinage.* La demoiselle Anne de Morœul, et Jehan Devaulx, y figurent collectivement pour vingt muids bus à dépense à la taverne du Pélican, rue au Lin, Collart Grimault et Emmeline Grimaude pour vingt muids bus à dépense à la taverne des Corbeaux, rue des Vergeaux, et à celle de Saint-Martin, rue des Fromages.

Le deuxième compte est intitulé : *recepte à cause des vins vendus en gros et bus à despense es maisons et hosteux des bourgois et habitans d'Amiens.* Il contient l'état nominatif de tous les imposés dans chacune des paroisses de la ville. La consommation la plus forte est de 4 tonnes, la plus faible de 1 coquet. La tonne se divise en pipes, mulots et coquets, qui se jaugent par muids et setiers. La tonne contient 10 muids, la pipe 5, le mulot 3, le coquet 1 muid et un tiers ou deux setiers. Le setier est la sixième partie du muid.

Ce qu'il y avait de plus vexatoire dans la levée de l'aide sur le vin, ce n'était pas tant l'impôt lui-même, que la manière dont il était perçu. On voit, par le résumé des dépenses faites par les collecteurs, que les bourgeois qui avaient du vin dans leurs caves étaient obligés de recevoir, deux fois par semaine, la visite des personnes qui s'y présentaient pour vérifier les quantités consommées. « Item, pour carriaux de chire pour
» esclairier à aller es chelliers et boves de le ville
» d'Amiens, deux fois en chascune sepmaine dudit
» an, gaugier les widengues vendus au tour de gauge,
» par toutes les tavernes et hosteux vendans vins à
» broque en ledite ville, et aussy pour aller es maisons et chelliers des bourgeois et habitans d'icelle,
» voir et savoir les widengues des vins bus à despense,
» et pour chire vert à faire les signes des congiés baillés pour desquarquier et requarquier vins, pour che
» LXVIII solz parisis. » (Registres de l'Hôtel-de-Ville Y, 3, n.º 6 : Comptes de 1389-1390.)

Beaucoup de bourgeois se privaient donc d'avoir du vin chez eux. Ils préféraient le prendre chez les taverniers qui avaient sur leurs chantiers des pièces portant le nom des familles auxquelles ils en distribuaient le contenu et distinguées par des sceaux de marque de celles qu'ils vendaient en détail. Ces sceaux, renouvelés à chaque vérification, étaient la garantie du fisc et des parties prenantes qui avaient en outre le contrôle de leurs tailles, pour s'assurer qu'on ne leur comptait pas plus de vin qu'ils en avaient bu. De cette manière, elles s'épargnaient l'embarras d'ouvrir leurs portes à toute réquisition des officiers des aides.

Or, ceci nous explique pourquoi les bourgeois et habitants de Lens pouvaient avoir une pièce de vin à trois, sans payer l'impôt de la ville. Il est probable qu'on fixait un maximum de quantité dont on faisait la déduction lorsqu'on procédait à la visite des tavernes, de telle sorte que si la vérification des tailles individuelles donnait pour résultat une consommation supérieure au tiers d'une pièce, on faisait payer l'impôt de l'excédent.

Il est vrai que l'art. 22 de la coutume de l'échevinage de Lens paraît supposer que trois bourgeois pouvaient s'associer pour avoir une pièce de vin déposée dans la cave de l'un d'eux, mais la condition *d'en boire à portion et par taille*, nous semble peu conciliable avec cette hypothèse.

Note 107. — Page 343.

Arleux-en-Gohelle. — Art. 11 : *n'y chiet de prime face amende.*

Le fait de prendre de la terre ou du gazon sur le flégard n'a pas, par lui-même, une très-grande gravité. Cependant les coutumes le punissent d'une amende de 60 sols, quand il a lieu sans l'agrément du seigneur, parce que ce fait rentre dans la catégorie de ceux qu'elles qualifient d'infraction de la justice. Le délit n'est pas dans l'action même, mais dans l'inobservation d'une formalité qui la rend licite.

Dans le cas particulier, il n'y a pas d'amende pour prendre quelques pelletées de terre sur la voie publique, à moins qu'on ne le fasse par malice ou pour porter préjudice à autrui, et encore faut-il que le délinquant n'ait pas obtempéré à la sommation qui lui a été faite de remettre les choses en état, pour que l'amende de 60 sols soit appliquée. Au lieu de résulter du défaut de congé, elle résulte du défaut d'obéissance aux ordres de la justice.

Note 108. — Page 343.

Arleux-en-Gohelle. — Art. 20 : *et aux moischonniers moitié renguillage.*

Les héritages en soiete sont ceux dont le chapitre de Lille et le fermier se partagent les fruits, déduction faite de vingt pour cent pour le sciage et pour la dîme. C'est pourquoi les chanoines et le fermier sont tenus de fournir chacun la moitié des semences et la moitié du *renguillage*, expression qui s'applique, non pas au salaire qui était compris dans la retenue de 20 pour cent, mais plus vraisemblablement, aux frais du repas qu'on offrait aux moissonneurs après la récolte terminée.

Note 109. — Page 343.

Arleux-en-Gohelle. — Art. 33 : *commis gardien de par le roy.*

Voir plus haut tome II, p. 496, n.º 3, et Maillard, *Cout. d'Artois*, notes sur le placard de 1544, n.º 26.

Note 110. — Page 343.

Arleux-en-Gohelle. — Art. 38 : *et leurs enfans légitismes succéder.*

Cet article consacre une exception au droit rigoureux qui régissait les biens des bâtards. Non seulement il leur accorde la faculté de tester, mais aussi il ne prive pas de leur succession les héritiers en ligne directe.

Note 111. — Page 344.

Arleux-en-Gohelle. — Art. 39 : *plais généraux que l'on dist parjures.*

A la différence des plaids généraux obligatoires (*placita indicta*), qui avaient lieu de plein droit et à jour fixe, sans convocation préalable, pour le paiement des rentes seigneuriales, il y avait des plaids extraordinaires (*placita non indicta*) que le seigneur avait la faculté de convoquer et de faire publier lorsqu'il voulait s'enquérir, par voie d'enquête solennelle, des délits perpétrés dans sa juridiction et qui ne lui avaient point été dénoncés. On nommait ces plaids *parjures* ou *franches vérités*, parce que tous ceux qui étaient cités à y comparaître devaient déclarer, sous la foi du serment, tous les méfaits et contraventions venus à leur connaissance.

Note 112. — Page 345.

Brebières-lez-Douay. — Art. 2 : *ledit mary peut vendre et aliéner.*

Le mariage, en faisant tomber en communauté tous les biens immobiliers que les époux ont apportés en dot, assimile ces biens à des valeurs mobilières que le mari peut vendre et aliéner sans le consentement de sa femme et sans que les héritiers proches du côté d'où les biens proviennent puissent les reprendre par proximité de lignage. La même coutume existait à Hénin-Liétard (II, p. 359, 10); à Bois-Bernard (ibid, p. 494, 3), et à Anhiers (ibid, p. 524, 7).

Note 113. — Page 346.

Drocourt. — Art. 13 : *ung four banier tenu en fief à cause duquel l'iretier est mateur de ladite ville.*

Les offices de mairie dans les seigneuries ne dérivaient pas de l'élection comme dans les villes de loi, mais du droit de succession, car le plus souvent ces offices étaient inféodés, de sorte que l'héritier qui appréhendait le fief appréhendait en même temps la charge et les profits qui y étaient attachés. Quelquefois aussi les maïeurs étaient choisis par le seigneur parmi les possesseurs de certains héritages tenus à la condition de ce service. C'est du moins ce qui résulte de l'art. II de la coutume de Vimy et Farbus. — Voir note 33 ci-dessus.

Note 114. — Page 351.

Senghein-en-Weppes. — Art. 6 : *esperons dores, fus de lanche.*

Le 12 juin 1484, Jehan de la Tour, reconnaît tenir du roy, à hommage lige, au devoir de deux esperons dorés, évalués à XL solz, la moitié de Saint-Georges-de-Cousteaux. (La Thomassière, notes sur le chapitre 28 des Coutumes de Beauvoisis, par Beaumanoir).

Pour le relief par le *fus de lanche*, voir la coutume d'Epinoy, art. 19 et 33. (II, p. 401 et 403).

Note 115. — Page 353.

Senghein-en-Weppes. — Art. 29 : *ses ostes et tenans.*

Les hôtes dont il est ici question participaient aux franchises et privilèges de la communauté pendant tout le temps qu'ils étaient autorisés à résider. (Voir la note 100 ci-dessus.)

NOTE 116. — PAGE 353.

SENGHEIN-EN-WEPPES. — ART. 29 : *song de cloque sans accord.*

Voir ci-dessus, p. 398, l'article 6 de la coutume d'Epinoy et la note 133 sur cet article.

NOTE 117. — PAGE 354.

SENGHEIN-EN-WEPPES. — ART. 35 : *se un bastard va de vie à trespas.*

A Arleux-en-Gohelle les bâtards pouvaient disposer par testament, et leurs descendants en ligne directe recueillaient leur succession ; mais à Senghein-en-Weppes, ils n'ont que la faculté de tester. Leur héritier c'est le seigneur. — Voir note 110 ci-dessus.

NOTE 118. — PAGE 357.

HÉNIN-LIÉTARD. — ART. 1.er : *concédés... par les seigneurs dès l'an mil quarante-trois.*

L'énonciation d'une loi communale remontant à l'an 1043 était un fait trop important pour ne pas provoquer les recherches des savants qui se sont occupés de l'histoire des communes du nord de la France. M. Le Glay, archiviste du département du Nord, a voulu savoir si le titre primordial d'Hénin-Liétard n'existait pas dans le dépôt confié à sa garde. Dès 1836, il nous a informé que ce titre, comme nous l'avions soupçonné, du reste, est de cent ans postérieur à la date que lui assigne la coutume. Voir *Recherches historiques sur Hénin-Liétard*, par M. Dancoisne, ouvrage couronné le 14 juillet 1846, par la Société centrale d'agriculture, sciences et arts du département du Nord, Douai, 1847. L'auteur, à la page 54 de son excellente monographie, déduit les raisons qui lui font supposer que les privilèges confirmés en 1144, par Thierry d'Alsace, comte de Flandre, ne peuvent être attribués qu'à Robert I dit le Frison, comte de Flandre depuis 1070 jusqu'à 1093, ou à Robert II, son fils, mort en 1111, qui les aurait accordés pour empêcher l'émigration de ses sujets.

NOTE 119. — PAGE 359.

HÉNIN-LIÉTARD. — ART. 10 : *ce qui se fait souventes fois pour ladite coutume corrompre.*

Ainsi on pouvait, par contrat de mariage, restreindre le droit exorbitant que la coutume accordait à l'époux de vendre les héritages de sa femme sans son consentement. Mais à Brebières-lez-Douai (II, p. 345) où la même coutume existait, on ne voit pas qu'il fût permis d'y déroger par les stipulations du contrat de mariage. — Voir note 112.

NOTE 120. — PAGE 363.

BEUVRY. — ART. 15 : *sont tenus de servir à leur tour comme eschevins.*

Pour être apte à remplir les fonctions d'échevin à Beuvry, il ne suffisait pas d'être possesseur, il fallait l'être de certains manoirs chargés de rentes foncières et tenus à la condition de ce service. S'il y en avait plusieurs, dans une même succession, relevant d'un même seigneur, l'aîné des enfants mâles avait le choix du principal manoir, et après lui le frère plus âgé et les autres successivement, selon leur rang d'âge. Les filles n'étaient pas exclues, mais elles ne venaient qu'après les mâles ou à défaut de mâles et suivant l'ordre de leur naissance. Au moyen de cette combinaison, les manoirs d'échevinage restaient indivisibles, et chacun des héritiers saisis pouvait être élu à son tour pour faire le service de l'échevinage. Les filles en se mariant communiquaient leur capacité à leurs maris.

Les manoirs d'échevinage ont tous les caractères d'une institution germanique, car ils offrent la plus grande analogie avec les *feoda curtialia* des archevêchés de Trèves et de Cologne, ainsi qu'en témoignent plusieurs weisthümer, notamment celui de Dreys (Basse-Moselle) de 1588, et celui de Dorsten (Westphalie) de 1402.

Les échevins de Dreys déclarent qu'il y a, dans cette seigneurie, cinq manses inféodés (*lehenhæfe*), qui relèvent du fief de Saint-Wilbrot et de son église, appartenant à l'abbé et au couvent d'Echternach, et que chaque manse fournit un échevin. Le premier manse, situé à Dreys, est possédé par le jeune Jehan d'Helffenstein ; le second, situé à Dreys, appartient au jeune Veltens ; le troisième, à Gladbach, est tenu par le même Jehan d'Helffenstein ; le quatrième, est le manse du cellerier (*des kelners*), à Dreys ; et le cinquième, celui du seigneur abbé d'Echternach, à Dreys. (Grimm, *Weisth*. III, p. 334, 2.)

Dans le weisthum de Dorsten, propriété de l'Eglise et Chapitre de Saint-Victor de Xanten, au diocèse de Cologne, les échevins (*curtiales*), font connaître la nature des biens qualifiés *bona curtialia*, et les obligations de ceux qui les possèdent. « Requisiti ju-
» rati utrum et singuli curtiales curtis de Dorsten,
» vel habentes bona de eadem curte, teneutur esse ju-
» ratos et fidelitatis juramentum praestare, responde-
» runt : quod curtis de Dorsten, secundum consuetu-
» dinem terrae, reputaretur dimidia curtis, et debet
» solummodo habere sex juratos, qui debent recepi
» et elegi de novem personis habentibus et possiden-

» tibus bona de eadem curte, qui valentiores et uti-
» liores ad illud fuerint ; ceteri vero habentes bona
» spectantia ad eandem curtem non tenentur esse ju-
» ratos..... Praedictae sex personae decernunt de-
» cernenda, pronuntiant pronuntianda, accusant ac-
» cusanda, convocatis tunc ad eorum consilium ce-
» teris curtialibus, tempore et loco competenti. Et
» praedicta novem bona de quibus possidentes talia
» antedictae sex personae debeant elegi et assumi,
» sic nominantur et sunt talia, videlicet bona Johannis
» Buynss... etc. » (Grimm, *Weisth.* III, p. 164, 2.)

A Dorsten, les possesseurs jurés, c'est-à-dire ceux que leur serment oblige au service de l'échevinage, sont tenus à quatre assises par an, auxquelles tous les possesseurs non jurés doivent assister, parce que, dans les questions qui touchent aux héritages de court, et surtout dans les cas douteux, les jurés ne prononcent qu'après avoir pris leur avis. Si un possesseur meurt, le Chapitre est héritier de la moitié de tous les biens meubles tels que chevaux, vaches, brebis et blés récoltés. Les biens immobiliers du tenancier décédé ne peuvent pas être divisés entre ses héritiers, même avec le consentement du Chapitre. Une partie seulement peut être affectée à titre d'usufruit viager. Les héritiers les plus proches du défunt, pour entrer en possession, paient au Chapitre un relief de quatre sols, sans autre condition que de résider à Dorsten et de faire valoir par eux-mêmes.

Ainsi à Beuvry, comme à Dreys et à Dorsten, le scabinat avait pour principe la possession d'une certaine espèce de biens concédés à la charge de ce service. Nous en tirons la conséquence que l'institution a dû son origine aux établissements successifs des Francs-saliens et ripuaires dans le nord de la Gaule. (Voir du Cange, Gloss. V.° *Curmeda*.)

Note 121. — Page 364.

Chocques. — Art. 1.er : *et se nomme ladite coustume entravestissement de sang.*

Il paraît résulter de cet article que, par rapport à la tenure en échevinage, l'entravestissement naturel produisait des effets plus étendus que dans la tenure en main ferme, puisqu'il investissait l'époux survivant de toute la succession de son conjoint, lorsque les enfants nés du mariage étaient décédés avant le premier mourant. Cela paraît d'autant plus extraordinaire qu'à Chocques la tenure en échevinage s'applique à tous les manoirs, terres et héritages tenus à rente, tandis qu'à Beuvry, son chef-lieu seigneurial, elle n'est relative qu'à la possession de quelques anciens manoirs.

Note 122. — Page 376.

Lillers — Art. 6 : *à ses pairs et compaignons, hommes de fief un pas raisonnable qui se nomme cuiret.*

La coutume de Lillers est la seule qui impose au nouveau possesseur, héritier ou acquéreur, d'un fief, l'obligation de payer un dîner de bien-venue à ses pairs et compagnons. Cette obligation aurait été fort onéreuse pour le *nouvel homme*, s'il avait dû réunir tous les vassaux de la seigneurie. Mais il est probable que, dans la liste des convives, ne figuraient que ceux qui possédaient au même titre que lui, c'est-à-dire qui payaient le même droit de relief.

Note 123. — Page 377.

Lillers. — Art. 11 : *paraux drois de fidélité et hommage, rapport et bien-venue.*

Voir la note précédente.

Note 124. — Page 380.

Lillers. — Art. 39 : *chascun an en la saison de may et de septembre.*

La situation physique de la ville de Lillers démontre la nécessité des mesures que prescrit l'art. 39 de la coutume. Dans ce pays plat et marécageux, où un forage de quelques mètres produit des fontaines jaillissantes, l'entretien des chemins, le percement et le curage des fossés d'égoût qui les bordent, la construction et la réparation de nombreuses passerelles sur les cours d'eau, et des berges qui protégent les propriétés voisines étaient à la charge des riverains comme plus particulièrement intéressés à leur conservation. C'est pourquoi la grande affaire de la police locale était de veiller à ce que les travaux d'entretien et de réparation fussent faits simultanément et en temps opportun.

La même coutume existait à Saint-Venant et dans tous les villages qui étaient dans une situation analogue.

Note 125. — Page 384.

Liestres — Art. 7 : *pluiseurs hostes et tenans héritaiges en alleux.*

Les hôtes et tenanciers des alleux n'étaient astreints au paiement d'aucune rente ou prestation pour raison de leurs tenures, mais seulement obligés de comparaître, trois fois l'an, aux assises des plaids généraux, sous peine de trois sols parisis d'amende. L'article 8 indique l'objet de cette convocation. « Tenir en
» aleux, dit Bouteillier, si est tenir terre de Dieu tant

» seullement, et ne doivent cens, ne debites, ne ser-
» vage relief, ne aultre nule queconque redevance à
» vie ne à mort; mais les tiennent les tenans franche-
» ment de Dieu et y ont toute justice basse si comme
» de plainte, de congnoissance de simples délits adju-
» gés par leurs pers tenans en lex qui sont de la chas-
» tellerie... Mais l'usage des aleux, ajoute-t-il, doit
» être gardé en tant que raison seroit. » (Somme Rurale, édit. goth , f.° 133.)

Les hôtes des alleux étaient ceux qui tenaient leur droit du propriétaire. C'étaient des espèces de fermiers qui étaient, vis-à-vis du seigneur, affranchis de tout service ou redevance arbitraire. (Guérard, Proleg. du Cartul. du S. Père de Chartres, p. xxxv. — Du Cange, Gloss., V.° *Hospites*.)

NOTE 126. — PAGE 386.

HAM-EN-ARTHOIS. — ART. 5 : *La moitié des héritages et terres cottières appartenant au sourvivant.*

La coutume considère qu'à la dissolution du mariage, l'époux survivant doit se contenter de l'usufruit de la moitié des biens de son conjoint (art. 9). C'est pourquoi, par une sorte de compensation de cet avantage, elle le dépouille de la moitié de ses propres héritages pour les faire passer sur la tête des enfants issus du mariage.—Voir la coutume du bailliage de Saint-Venant, art. 22 (II, p. 393.)

NOTE 127. — PAGE 392.

SAINT-VENANT, *bailliage*.

Les coutumes du bailliage de Saint-Venant diffèrent peu de celles du bailliage de Lillers qui appartenait au même seigneur, le prince de Chimay. Peut-être faut-il attribuer à cette circonstance la conformité de leurs dispositions. Toutefois, la coutume de Saint-Venant s'écarte de l'esprit de la coutume de Lillers dans tout ce qui a rapport aux droits de l'époux survivant et aux droits de mutation par succession. (Art 21, 22, 23, 24, 25 et 26.)

NOTE 128. — PAGE 397.

EPINOY ET CARVIN.—PRÉAMBULE : *ville de bretesque et de marchié.*

Voir la note 94 ci-dessus.

« La châtelenie, dit Loyseau (*Traité des Offices*,
» p. 61), doit avoir d'ancienneté justice haute,
» moyenne et basse, foire, *marché*, prévôté, péage et
» prééminence sur toutes églises. » Le mot brétèque est plus spécialement l'attribut de la commune comme le prouve cette observation de Bouteillier : « Se c'estoit » à adjourner communauté (que peu advient), il ap-
» partiendroit que ce fut fait à bretesche. » (Somme Rurale, édit. de 1603, p. 13.)

NOTE 129. — PAGE 398.

EPINOY. — ART. 1.er : *gibet et pilory pour pugnir par la corde, espée, feu, copper oreilles, fustighier.*

Il y a, dit Loyseau, deux marques de la possession des justices; ce sont les gibets et les piloris.

Le *gibet* est différent selon la qualité de la seigneurie. Celui du haut justicier a deux piliers, celui du châtelain 3, celui du baron 4, celui du comte 6, celui du duc 8. Ces fourches patibulaires ne servaient que pour les exécutions capitales qui se faisaient hors des villages. Aussi les plantait-on sur des éminences, au milieu des champs. C'est delà sans doute que vient l'origine de certains *lieux dits*, qui ont conservé la dénomination de *La Justice*, dans les titres d'un grand nombre de nos communes rurales.

Par cela même qu'elles étaient un titre de la possession du droit de haute justice, ces fourches patibulaires donnaient souvent lieu à des procès entre les seigneurs, les communes et les abbayes. On peut voir, dans les *Olim du parlement*, un assez grand nombre de décisions intervenues sur cet objet. (Tom. 1.er, p. 135, n.° 2 ; — p. 306, n.° 7 ; — p. 325, n.° 5 ; — p. 542, n.° 17 ; — p. 595, n.° 7 ; — p. 623, n.° 16 ; — p. 750, n.° 26 ; — p. 812, n.° 34 ; — p. 890, n.° 21.)

Le *pilori* était une espèce d'échafaud destiné aux punitions corporelles non capitales, comme l'exposition publique, le carcan, la mutilation, etc. Il était toujours élevé au milieu des villes, tantôt sur une place, tantôt au milieu d'un carrefour. C'était un symbole propre aux seigneuries subalternes qui avaient droit de haute justice. Pour cette raison, dit l'auteur du Grand Coutumier, les moyens et bas-justiciers n'en pouvaient avoir sur leurs domaines. (*Grand Coustumier*, titre de la haute justice. — Loyseau, *Traité des Offices*, 2.e partie, p. 60 et 61.)

Par la corde. Le lierres (le larron) est pendables qui emble cheval ou jument et qui emble maison de nuit. (Etab. de Saint-Louis, liv. 1, ch. 29.—Ord. des Rois, 1, p. 150.)

Par l'épée. En crimes qui méritent la mort, le vilain sera pendu et le noble décapité. (Loysel, Inst. cout. liv. 6, tit. 2, art. 28.) « Nobiles ex consuetudine non suspenduntur nec patiuntur viles pœnas. » (Barthold. ad leg. 28 ff. *de pœnis*.)

Par le feu. Jousse, en son traité de la justice criminelle en France (édition de 1771, tom. 1, p. 45 et

46), prétend que la peine du gibet n'avait pas lieu anciennement contre les femmes, et que le premier exemple de ce supplice, à leur égard, dans la ville de Paris, est de l'année 1449, où l'on pendit deux hommes et une femme pour avoir volé plusieurs petits enfants. — Cette assertion parait justifiée par une sentence de l'échevinage d'Amiens, du 23 janvier 1496, contre une nommée Mariette du Castel. Cette femme convaincue de vol fut condamnée, « oye sa confes- » sion, a estre fustée et batue de verges par les car- » fours de la ville d'Amyens, et au surplus bannie de » ladite ville et banlieue *sur le feu*. » (Archives de l'Hôtel-de-Ville d'Amiens, registre T, n.° 17.)

Or, il est certain que, pour un cas semblable, un homme aurait été ou pendu ou banni *sur la hart*. Cette différence dans la pénalité, par rapport à l'infraction du bannissement, prouve qu'on n'exécutait pas de la même manière les hommes et les femmes condamnés au dernier supplice. Cependant, malgré l'induction qu'on peut tirer de la sentence de bannissement prononcée contre Mariette du Castel, nous ne pensons pas que le *feu* fût le supplice ordinaire des femmes déclarées coupables de vol; le plus souvent, on les noyait en les précipitant dans des puits ou cul-de-basse-fosses remplis d'eau. (V. Du Cange, Gloss. V.° *Fossa*.)

Le feu était la punition de certains crimes, comme l'incendie, l'hérésie, la sorcellerie et la bestialité. C'était aussi la peine du crime d'infanticide, mais appliquée seulement au cas de récidive ; car la première fois qu'une mère étouffait son enfant nouveau né, elle était toujours présumée ne pas l'avoir tué volontairement. Mais la seconde fois, fut-elle innocente, elle était toujours censée coupable. (Establ. ut suprà, ch. 35. — Ord. ut suprà, p. 134.)

Copper oreille. Peine du simple larcin, infligée au voleur d'objets mobiliers de peu d'importance, comme le prouve le chapitre 29 du premier livre des Etablissements de Saint-Louis : « Qui emble soc de charrue » et autres menues choses, il doit perdre l'oreille » du premier meffait, et de l'autre larrecin il perd le » pied et au tiers larrecin il est pendables ; car l'on » ne vient pas du gros au petit, mais du petit au » grand. » (Ordonn. des Rois, 1, p. 130.)

Fustighier. La peine du fouet, irroge infamie par elle-même, parce que anciennement elle n'était que pour les esclaves. (Loysel, Inst. cout., II, p. 345. — De Laurière, Gloss. V.° *Fousttér*.)

En l'échevinage tenu le 21.° jour d'octobre 1451, messeigneurs (les mayeur et échevins d'Amiens) « ont » ordonné que ung joue homme, flament, nommé » Josse, qui avoit emblé et desrobé de nuict à son » hostelerie où il estoit logié à Amiens, v ou vi pièces » d'or appartenant à deux hommes qui estoient logiez » en sa chambre, et lesquelles pièces ont esté plei- » nement restituées, sera batu par les quarrefours de » ladite ville, par le sergent de la haulte justice, tout » nu de verges, en la manière acoustumée en tel cas ; » et si sera par les sergens de messeigneurs, banny » de ladite ville à tousjours sur le hart. » (Archives de l'Hôtel-de-Ville d'Amiens, registre T, n.° 8. — *Renseignement communiqué par M.* LAVERNIER.)

NOTE 130. — PAGE 398.

EPINOY. — ART. 2 : *le corps et communaulté d'icelle ville*.

La charte de commune, accordée aux habitants d'Epinoy et Carvin, par Hugues de Melun, le 15 décembre 1371, et confirmée par le roi Charles V, au mois de février suivant, a été imprimée dans le recueil des Ordonnances des Rois de France. (Tome V, p. 459.)

Voici le préambule de cette charte : « Hues de » Meleun chevalier, sire d'Anthoin, d'Espinoy... salut. » Comme feu de noble mémoire mons. Hue jadis sei- » gneur d'Espinoy, nostre prédécesseur, qui diex par- » doint, ait bailié et ordoné à nos bien amez esche- » vins, subgiez et habitans de nos villes et juridictions » de Carvins et d'Espinoy, loy et eschevinaige avec » plusieurs drois, franchises et libertez... et pour ce » que de plusieurs cas et maléfices qui de jour en jour » aviennent et pouroient avenir ou povoir et franchise » dudit eschevinaige, dont ledit privilege ne fait men- » cion ne déclaration aucune de la manière comment » le faiseur de telz maléfices doit estre pugni et corre- » gié...; nous ont en oultre remonstré que plusieurs in- » convéniens pourroient sourvenir à eulx ou à l'un » d'eulx, et par personnes qui de cuer mautalentis ven- » droient en nosdites villes, pour eulx ou l'un d'eux in- » jurier, se nestoit la franchise et liberté dont ilz ont » usé par eulx et leurs devanciers, par tout le temps » de nos devanciers, de *résister par communité*, sans » pour ce avoir commis aucune amende... dont nosdits » eschevins subgiez et habitans nous ont humblement » supplié et requis pour oster et eschever toutes er- » rous et abus, nous leur vueillons pourvoir de nos- » tre grace et sur ce faire esclaircissement convena- » ble. »

Il est prouvé, par ce préambule, que la commune d'Epinoy existait de fait longtemps avant la première concession de ses priviléges, et que les habitants n'ont sollicité une nouvelle charte de Hugues de Melun, que dans la vue de faire sanctionner le droit dont ils avaient joui de temps immémorial, de *résister par communité et de sonner la cloche sans accord, pour repousser les violences et indues entreprinses des forains*. — Voir note 133.

Note 131. — Page 398.

Épinoy. — Art. 3 : *à plaie ouverte et sang courant*.

La distinction que cet article établit entre la *blessure à plaie ouverte et sang courant*, avec la simple contusion ou *sombre coup*, est ainsi formulée dans la Loi Salique : — Si quis hominem plagaverit et *sanguis ad terram cadit* et si fuerit adprobatum XV solid. culpabilis judicetur. — Si quis ingenuus ingenuum cum *fuste* percusserit *et sanguis* tamen non exierit... IX solid. culpabilis judicetur. (*Canciani*, II, p. 49.)

L'abaissement ou l'augmentation du chiffre de l'amende pour coups et blessures, selon la condition plus ou moins élevée des délinquants, offre aussi quelque réminiscence des lois barbares. Ainsi la Loi Salique, qui accorde 600 sols de composition, pour le meurtre d'un Antrustion, la réduit à 300 sols pour le meurtre d'un Romain commensal du roi, à 200 sols pour la mort d'un Franc, et à 100 sols pour celle d'un Romain possesseur. (*Canciani*, II, p. 82.)

Cependant il faut remarquer que, dans l'article 4 de la coutume d'Epinoy, il s'agit de *peine* et non *d'indemnité*, ce qui explique pourquoi le non noble non fieffé est passible d'une amende de 60 livres ou de 10 livres, le non noble fieffé d'une amende de 60 sols ou 10 sols, tandis que le pair, c'est-à-dire le possesseur du fief noble, pour le même fait, ne supporte aucune amende.

Note 132. — Page 398.

Épinoy. — Art. 5 : *on peut refuser manoir*.

Le bannissement aurait été une peine illusoire, si les bannis avaient pu trouver asile chez les seigneurs voisins. « Si sachez, dit Bouteillier (livre 2, titre » 19), que quiconques veut entrer en franchise de » bourgeoisie ou de cité, requerre le doit si ainsy est » qu'il soit receivable à franchise de bourgeoisie, c'est » à savoir qu'il ne soit serf, ne bastard, *ne banny de » sa juridiction pour cas de crime, dont il deust » avoir perdu la vie*. »

Le même auteur nous apprend à quelle condition le bourgeois reçu pouvait être maintenu dans l'état et privilège de bourgeoisie. « Il aura et acquerra héritage de maison, s'il ne l'a dedans la ville et bour» geoisie à luy appartenant, dedans an et jour, et » fera domicile, et iceluy continuera sur et à perdre » le droit et franchise de bourgeoisie ; et, selon les » constitutions royaux, *la maison au moins rendant » par an, la somme de soixante sols*. (Ibid.)

Note 133. — Page 398.

Épinoy. — Art. 6 : *mesme sonner le cloque sans accord*.

Le droit de sonner la cloche, pour résister aux violences des forains, manifeste cet esprit d'association qui est un des traits saillants des mœurs barbares. Cet esprit s'est perpétué bien longtemps après la conquête, car, à l'époque du premier établissement des communes, nous le voyons présider aux insurrections des cités contre la tyrannie féodale. Si donc le droit de se réunir, pour repousser la force par la force, n'a pas été reconnu dans le premier titre de la commune d'Epinoy, c'est que, sans doute alors, ce droit paraissait si légitime, qu'on n'avait pas cru qu'il fût besoin de l'énoncer comme un privilége.

Voir la note 130 ci-dessus.

Note 134. — Page 399.

Épinoy — Art. 9 : *l'amende seroit double que hors feste*.

Les communes du moyen-âge qui avaient droit de marché, avaient aussi droit d'arrêt sur la personne et les biens du débiteur forain. Comme ce double privilège ne pouvait guère se concilier avec la protection que réclame le commerce, presque toutes avaient obtenu l'institution d'une foire ou franche-fête, pendant laquelle le marchand allait et venait en liberté, exempt des droits de péage, travers et tonlieux, et chacun vaquait à ses affaires sans crainte d'être arrêté pour dette ou poursuivi pour délit commis antérieurement. Mais, dans la prévision que ces immunités pourraient être un obstacle au maintien de la tranquillité publique, la justice locale restait investie d'un pouvoir exorbitant, sinon pour prévenir, du moins pour réprimer les attentats commis contre les personnes ou les biens, pendant le temps où elle avait les yeux fermés sur les fautes du passé. Épinoy n'est pas la seule ville qui avait ainsi la faculté d'aggraver la peine et de doubler l'amende, pour délit commis pendant la franche-fête. Le recueil des Ordonnances des rois de France en fournit aussi plusieurs exemples. (Tome IV, p. 369 ; p. 31, n.° 29 ; tome X, p. 30, n.° 5.)

Note 135. — Page 399.

Épinoy. — Art. 9 : *confiscacion n'a lieu.*

Dans l'usage général des fiefs, la confiscation est toujours la conséquence de la peine de mort, en vertu de la maxime : *qui confisque le corps, confisque les biens.* « Cette maxime, dit Maillard (Cout. d'Artois, » p. 317), était contraire au bien public et aux or- » donnances de Justinien, car il arrivait souvent que » les seigneurs pourchassaient le corps pour avoir les » biens. Aussi, elle n'avait point lieu dans les villes » privilégiées, comme Arras, Saint-Omer et Lille, » excepté pour hérésie et lèze-majesté. » Malgré l'autorité de Maillard, nous pensons, avec Bouteillier et Charondas Le Caron, son commentateur, que la confiscation est une tradition empruntée au droit écrit et non à la législation barbare. Les preuves que ce dernier en rapporte dans ses annotations, sur le titre 15 du livre 2 de la Somme Rurale, ne laissent aucun doute à cet égard. Il est donc bon de faire observer que, même dans les coutumes le plus fortement marquées du cachet germanique, c'est-à-dire dans les coutumes de la Flandre et du Cambresis, on trouve des exceptions à ce principe rigoureux.

Note 136. — Page 400.

Épinoy. — Art. 12 : *sur quoy est de longtemps procès en la court de parlement qui est encore indécis.*

Nous aurions été curieux de connaître le résultat du procès engagé devant la cour du parlement de Paris, au sujet du droit de ressort prétendu par le comte d'Artois. Mais nos recherches pour retrouver l'arrêt qui aurait décidé cette question, ont été infructueuses. Il ne serait pas impossible que ce fameux procès n'eût jamais reçu de décision, par suite des événements politiques qui ont détaché l'Artois de la souveraineté de la France. Toujours est-il que le Dictionnaire de La Martinière place la seigneurie d'Epinoy *dans le ressort du bailliage de Lens.*

Note 137. — Page 401.

Épinoy. — Art. 17 : *lesquels seroient bigames et non clercs.*

Dans chaque fief, le seigneur, à raison de sa qualité et pour prix de l'ordre public qu'il maintenait, recevait une portion des amendes et réparations pécuniaires allouées soit aux parties lésées, soit aux communes. Il était de son intérêt de rechercher et de faire punir tous les actes contraires à la loi, ordinairement désignées, dans les coutumes, sous les noms de *mésus*, *méfait* et de *forfait* : *mésus*, *méfait*, mauvais fait en italien *misfatto* ; *forfait*, fait en dehors de la loi, extra-légal, dérivé de *forisfactum*, composé lui-même de *foris* et *factum*.

C'est de là qu'est venu l'usage de tenir, à certaines époques, des plaids ou assises de *franche-vérité* auxquels les *manans et habitans* étaient obligés de comparoir pour dénoncer *tous les cas civils et criminels advenus.* (V. Ragneau, Glossaire du droit français et le Répertoire de Guyot, au mot *franche-vérité*.) C'est d'une assise annuelle de ce genre qu'il est question dans cet article 17, suivant lequel *tous les manans chiefs d'ostel, bigames et non clercs,* doivent être *interroghiés par serment de tous les mesus qu'ilz auroient veu durant l'année.* Le mot *bigames* rapproché de ceux de *chiefs d'ostel* (maîtres de maison), de *non clers* et de *chascun maisnage*, désigne évidemment ici, non pas les individus coupables d'une double union simultanée, mais simplement les maîtres de maison engagés dans les liens d'un mariage, c'est-à-dire *mariés* ou *remariés*.

Ce qui a pu induire à employer le mot *bigame* comme synonyme de *marié*, c'est qu'on disait, en parlant des clercs mariés, qu'ils étaient des clercs bigames. Pour ceux-ci l'expression était plus vraie, en ce sens qu'après être unis à l'église considérée, dans le langage mystique, comme leur épouse spirituelle, ils commettaient une sorte de bigamie en se mariant selon la chair. Mais le rédacteur de notre coutume n'y a pas regardé de si près. Étranger au droit canonique et s'écartant de l'exactitude grammaticale, il a tout simplement pris ici le mot bigame dans l'acception de marié.

E. Tailliar.

Note 138. — Page 401.

Épinoy. — Art. 19 : *esperons dorés, fusts de lanche, cynes.*

Voir la note 114 ci-dessus.

Les *esperons dorés*, les *fusts de lance* et les *cygnes*, sont autant de symboles qui figurent dans l'acte d'hommage pour marquer, soit la dignité du vassal, soit la nature du lien qui l'unit à son seigneur féodal. C'est ainsi qu'au mois de juin 1293, l'Artois fut chargé d'un épervier à chaque mutation, à cause de quoi l'on dit : *l'Artois est le fief de l'épervier.* (Maillard, Cout. d'Art. p. 143.) Les éperons dorés étaient la marque de la chevalerie, de même que les éperons d'argent étaient celle des écuyers. (Du Tillet, p. 431.)

Pour indiquer que les éperons sont les attributs de la noblesse, on disait : *vilain ne sait ce que valent esperons: ignorat stolidus, calcar quid prosit, arator.*

(*Loysel, Institut, liv.* I, *tit.* I, 29). C'est pourquoi la dégradation du vilain usurpant la chevalerie, se faisait en lui tranchant les éperons sur un fumier. (*Ibid.*, *tit.* I, 28.)

NOTE 139. — PAGE 403.

EPINOY. — ART. 33 : *du conte de Saint-Pol et non de la conté.*

La châtellenie d'Epinoy qui aurait dû se trouver dans la mouvance de la Flandre ou de l'Artois, puisqu'elle était située entre le bailliage de Lens et la châtellenie de Lille, n'appartenait cependant à aucun de ces deux comtés : *elle était tenue de la personne du comte de Saint-Pol et non pas du comté de ce nom.* Cette déclaration d'une mouvance purement personnelle, est un fait d'autant plus curieux à expliquer, qu'on ne trouve pas deux exemples semblables dans toutes nos coutumes : un fief est toujours dit tenu de tel seigneur, à cause de telle seigneurie, de tel château, de tel donjon, de telle motte féodale. On conçoit difficilement, en effet, qu'il puisse y avoir un seigneur suzerain là où il n'y a point de fief dominant ; c'est pourquoi nous croyons que le texte de l'article 1.er reproduit dans l'article 33, rend mal l'idée qu'il veut exprimer. Il pouvait exister, entre le seigneur d'Epinoy et le comte de Saint Pol, un lien de vasselage, c'est-à-dire un contrat réciproque de protection et de fidélité ; mais, à coup sûr, il n'existait pas, entre leurs possessions, de lien réel de féodalité, car du moment où la terre ne participe en rien aux obligations imposées au vassal, on ne peut pas dire que la possession soit la cause des devoirs qu'il accomplit. Or, il ne nous paraît pas démontré que la mutation du seigneur, à Epinoy, donnât ouverture aux droits de lods et ventes au profit du comte de Saint-Pol, puisque, en même temps, il faudrait reconnaître que le défaut d'accomplissement de ces devoirs de la part du nouveau vassal, aurait entraîné la perte des fruits ou la saisie féodale : toutes choses inconciliables avec l'idée que nous nous faisons d'un fief dont le propriétaire ne reconnaissait pas de propriétaire supérieur. Ainsi, la châtellenie d'Epinoy, comme fief, ne dépendait pas plus du comte de Saint-Pol qu'elle ne dépendait des comtes de Flandre ou d'Artois.

Pour bien apprécier la nature des fiefs et les obligations de leurs possesseurs, il y a une distinction très-importante à faire entre la recommandation et l'inféodation. La première tire son origine de l'alleu, et la seconde du bénéfice. La recommandation qui constituait ce que nos feudistes ont appelé *le fief d'honneur* ou *de reprise*, obligeait le possesseur à s'avouer *vassal d'un seigneur* à qui il devait seulement *la bouche et les mains*, tandis que l'inféodation qui constituait le *vrai fief* ou le *fief de profit*, l'obligeait à reconnaître, tout à la fois, un *seigneur* et un *propriétaire féodal*. Par rapport au fief de reprise, l'hommage n'est qu'un simple acte de fidélité, un contrat de vasselage ; par rapport au fief de profit, c'est en même temps un acte de foi et un acte d'investiture. Dans le premier cas, à la mort du vassal, le fief passe de plein droit à l'héritier, en vertu de la règle *le mort saisit le vif* ; dans le second cas, il retourne de plein droit à la table et domaine du seigneur supérieur qui fait les fruits siens, lorsque l'héritier, dans le délai de quarante jours, n'a pas accompli les devoirs prescrits pour opérer le rachat de la possession utile du domaine. Aussi, la grande cause de la diversité des principes qui ont régi la succession et la transmission des fiefs doit-elle être attribuée, principalement, aux différentes natures de biens qui existaient à l'époque de leur établissement. Quelle qu'ait été la force de la maxime : *nulle terre sans seigneur*, elle n'a jamais eu pour effet de les confondre et de les assimiler au point de ne pas laisser voir, dans nos coutumes, la trace de cette diversité d'origine. Dès lors, nous concevons très-bien dans quel but a été formulée cette fameuse disposition d'un capitulaire de Charles-le-Chauve : *volumus ut unusquisque liber homo, in nostro regno, seniorem qualem voluerit, in nobis et in nostris fidelibus, eligat.* Evidemment, l'ordre de se reconnaître vassaux de tel ou tel seigneur à leur choix, n'a pu être donné qu'aux hommes libres, possesseurs d'alleux, et non point aux possesseurs des bénéfices qui n'avaient pas, comme les premiers, la faculté de choisir un seigneur pour lui transporter leur hommage. Ce capitulaire a sans doute été motivé par les progrès toujours croissants des recommandations volontaires, et par la nécessité d'adopter un mode d'organisation militaire approprié à cet état de choses, en substituant la hiérarchie des vassaux et arrière-vassaux à celle des centeniers et dizainiers.

Toutefois, nous pensons que les recommandations forcées différaient essentiellement des recommandations volontaires. Souvent, en effet, pour prix du transport spontané de sa propriété, l'homme libre recevait du seigneur à qui il se recommandait une certaine portion de terres que celui-ci détachait de son propre domaine, à la condition qu'elle se confondrait avec la portion recommandée, et qu'à la mort du vassal, le tout passerait à l'héritier à titre d'usufruit. Mais à cette époque de perturbation et d'anarchie qui précéda l'établissement des fiefs, la recommandation fut une mesure d'ordre et de sûreté que les circonstances rendirent nécessaires. On ne se recommanda plus pour avoir des bénéfices, on se recommanda pour prendre rang dans la hiérarchie du vasselage, et parce que la rigueur du principe politique ne permettait pas qu'il y eût des terres sans seigneur. Cette recommandation ne pouvait pas avoir pour effet de changer un droit de propriété en un simple droit d'usufruit, et d'attacher irrévocablement la terre du vassal à la terre du seigneur, car l'histoire de ces temps nous fournit de nombreux exemples de vassaux rompant leurs engagements et transportant leur hommage à un autre seigneur. Elle n'apportait donc d'autre changement à la condition de l'homme libre que de lui donner un patron territorial. (Voir Salvaing, *Usage des fiefs*, ch. 3, p. 19. — Brussel, chap. 14. — L. des Wisig, V. tit. 3, 1. — Du Cange, Gloss. V.is *Beneficium*, *Commendatus*.)

Nous avons donc de fortes raisons de penser que la principauté d'Epinoy a été, dans l'origine, une terre de nature allodiale qui est devenue fief de reprise, par l'effet de la recommandation, et dont le possesseur, tout en se reconnaissant vassal de la personne du comte de Saint-Pol, ne se qualifiait pas moins seigneur souverain dans sa principauté, ce qu'il n'aurait pu faire si, en transférant son alleu à ce dernier, il en avait reçu quelque terre en augmentation de son fief. A la vérité, les seigneuries de Bellonne et de Willerval confinaient à la terre de Vimy, enclave de la comté de Saint-Pol en Artois. Cependant, si ces deux seigneuries avaient la même origine que celle-ci, comme elle, elles se référeraient, pour les cas non prévus par leurs coutumes locales, à la coutume générale du bailliage de Saint-Pol. Or, le contraire existe. Donc ce n'est point par la concession de ces deux fiefs, qu'on peut expliquer comment la châtellenie d'Epinoy a passé dans la mouvance du comte de Saint-Pol. Mais il est permis de supposer que la condition de cet hommage était, sinon un fief, du moins une rente féodale constituée par les comtes de Saint-Pol au profit des seigneurs d'Epinoy, et au moyen de laquelle ceux-ci auraient contracté l'obligation d'un service personnel qui les assimilait aux autres vassaux de ce comté. La solution de cette question doit se trouver dans les anciens aveux d'Epinoy. Peut-être ne sera-t-il pas impossible de retrouver aux Archives du royaume ceux qui ont dû être fournis après la réunion de cette seigneurie à la grosse tour du Louvre.

Note 140. — Page 404.

Epinoy. — Art. 33 : *doit tirer de son doit un anneau à pierre.*

Les grands barons, entre eux, se faisaient hommage *en marche*, c'est-à-dire, dans un lieu du fief dominant qui confinait à la terre qui en relevait. C'est ainsi qu'Edouard III, roi d'Angleterre, fit hommage à Philippe de Valois, des comtés de Guyenne et de Ponthieu, dans la cathédrale d'Amiens, comme étant plus à proximité de ce dernier comté. La même chose avait lieu, lorsque les seigneurs ne tenaient pas l'un de l'autre le chef-lieu de leur grande terre, mais seulement quelque domaine particulier. (*Brussel*, *Usage des fiefs*, ch. 25). Salvaing prétend que lorsque l'hommage avait pour cause une pension, une gratification mobilière, il était alors *personnel* et devait être rendu en marche (ch. 15).

Note 141. — Page 407.

Meurchin. — Art. 1.er : *sont présens à faire l'exécution dudit condempné en dedens soleil couchant.*

Cette célérité dans l'exécution des sentences capitales, est une preuve que les échevins jugeaient, sans appel, les crimes et délits qui n'intéressaient que la sûreté intérieure des villes ou des cantons où ils exerçaient leur juridiction. Pour donner plus de garantie à l'innocence contre les erreurs de la justice, on obligeait les juges à assister à l'exécution de leur sentence. Ainsi les mayeur et échevins d'Amiens, au retour de semblables expéditions, avaient l'habitude de se réunir dans un banquet, pour se distraire des pénibles impressions du spectacle qui venait de frapper leurs yeux. « A Jehan le Barbier, pastichier, XXIII solz, » pour despense qui fut faicte par messeigneurs, en son » hostel, le xx.e jour d'avril 1468, au retour de la » justice de ladite ville, lau ilz avoient fait exécuter « un nommé Guilbin Harduin, qui avoit ochis et mis » à mort Albert de Coulogne. » (MSS. de feu M. Lavernier).

Note 142. — Page 408.

Bellonne. — Art. 1.er : *Opposition par le bailly d'Espinoy à cest article.*

Il semble, d'après les termes de cet article, que la seigneurie de Bellonne était un fief tout à fait indépendant d'Epinoy, puisqu'on y déclare qu'il n'y a pas de coutume locale qui déroge aux coutumes générales de la prévôté de Beauquesne et du comté d'Artois. Le bailli devait donc s'opposer à une déclaration qui

Note 143. — Page 411.

WILLERVAL. — ART. 6 : *Il n'y a point d'eschevinage à Willerval.*

Le dernier membre de phrase de cet article est de la même main, mais écrit avec une encre différente. Il est visible qu'il a été inséré au moment de la vérification. Ainsi, après avoir déclaré qu'en *échevinage*, on use *d'entravestissement*, on ajoute : *il n'y a point d'eschevinage à Willerval.* Au moyen de ce correctif, l'article devient un non sens, une disposition sans aucune espèce de valeur.

Note 144. — Page 412.

ONGNIES. — ART. 8 : *mettant main au baston de quelque costé que ledit héritaige...*

La présence des deux époux à l'acte de mise en possession de l'acquéreur d'un bien d'échevinage était nécessaire pour que leur consentement à la vente fût rendu plus manifeste. C'est pour cela que le mari et la femme mettaient ensemble *la main au baston*, signe de la tradition manuelle de l'immeuble aliéné.

Note 145. — Page 413.

ONGNIES. — ART. 25 : *et réunir à sa table et demaine.*

Par cela même que le tenancier en retard de payer sa redevance annuelle à trois échéances successives, pouvait être évincé par le seigneur, après mise en demeure du débiteur et de ses héritiers, on est porté à croire que le bail à main-ferme tire son origine du précaire qui n'était d'abord qu'un usufruit viager. Plus tard lorsqu'il a été permis au possesseur de le transmettre, ce n'a pu être que sous la condition que, faute de paiement de la rente stipulée, le contrat serait résolu.

Note 146. — Page 414.

ONGNIES. — ART. 34 : *gardé esdits coffres.*

Presque toutes les villes de loi avaient leurs titres les plus précieux renfermés dans un double coffre fermant à diverses clés, dont la garde était confiée à plusieurs personnes. L'intérêt puissant qu'elles avaient à ne pas laisser égarer ou soutraire leurs titres leur commandait ces précautions, car autant vaut, dit Beaumanoir, pour la commune qui a perdu ses priviléges — « autant vaut pour qui ne cuit que chartres qui » n'est usé au contraire. » (Cout. de Beauvoisis, chap. 50.)

Note 147. — Page 415.

ONGNIES. — ART. 43 : *et paux à aune, sur l'amende de LX sols.*

Est-ce à dire que l'aune doit avoir un pouce de plus que celle de Douai ou bien qu'on doit mesurer avec l'aune de Douai, et ajouter un pouce à chaque aune de marchandise ?

Note 148. — Page 415.

ONGNIES. — ART. 44 : *où detz soient, excepté le jeu de tables et de nypclette.*

La virgule doit suivre et non précéder le mot *soient* de la 1.re ligne de l'article 44, pour que la disposition soit intelligible.

Le jeu de tables était probablement celui qui se joue encore aujourd'hui dans quelques campagnes de la Picardie et qui est appelé *jeu des assiettes*. Il consiste à jeter avec la main, sur une table longue et étroite, portée sur des traiteaux, des palets en bois de 3 centimètres d'épaisseur sur 16 à 18 centimètres de largeur, de manière à les placer le plus près possible du but qui est à l'extrémité de la table opposée au joueur, lequel s'efforce d'en écarter, en les chassant avec les siens, les palets de sa partie adverse. *La nypolette* ou *ninpol* devait être aussi un jeu d'adresse puisqu'elle est exceptée de la prohibition des jeux de hasard. (V. Recueil d'actes en langue romane-wall., par M. Tailliar, Douai 1849, p. 400, 12; p. 420, 75. — Recherches historiques sur Hénin-Liétart, par M. Dancoisne, Douai 1847, p. 286, 75.)

Note 149. — Page 415.

ONGNIES. — ART. 47 : *que on puisse forer d'un tarel heuceret.*

La charte d'Oisy de 1216, art. 45, (II, p. 430) pour le même délit prononce une amende de 60 sols. Comment expliquer la différence des deux chiffres ? Serait-ce parce que la disposition de la coutume d'Ongnies comprend toute espèce de bois, tandis que l'autre s'applique spécialement au chêne qui, dans l'usage des marches forestières de la Basse-Saxe, et à raison de sa double utilité pour le pacage et la construction, était l'arbre par excellence et celui que la loi protégeait par les peines les plus sévères. Là, en effet, le chêne est défensable, non pas comme dans le cas particulier, quand il est assez gros pour être percé d'une tarière, mais quand il a atteint assez de force pour que l'épervier y puisse manger un moineau : *wenn der sperber ein sperling darauf essen kan*, et il doit rester défensable jusqu'à ce que le tronc soit tellement pourri par le temps qu'il suffise du contact du pied d'un chevreuil pour le briser en éclats: *und so lange dass er so mürbe wird, dass ihn ein reh kan mit den fussen von einander schlagen*. (*Hülsedermarck* 22, et *Holzmarck zu Bebber*, 14 : Grimm, *Weisth*, III, p. 302 et 304). Si quelqu'un s'avise de couper un chêne dans la marche de Bebber et se laisse surprendre en flagrant délit, il y subit une espèce de peine du talion, car on lui coupe la tête sur la souche où elle reste jusqu'à ce qu'il se forme de nouvelles tiges ; celui qui enlève l'écorce, soit à un chêne, soit à un hêtre portant fruit (*fruchtbaren baum*), si on peut le prendre sur le fait, on lui ouvre le ventre et après lui avoir tiré hors du corps l'intestin dont on attache l'extrémité sur la plaie, on lui fait faire le tour de l'arbre jusqu'à ce qu'elle soit entièrement recouverte: *man solle dem thaeter das eingeweide aus dem leibe schneiden, und daran knüpfen, und ihn so lange umb den heister herumjagen, bis er wieder bewunden wird*. (Grimm, *W.* III, p. 285, 302, 304.)

Un vieux weisthum de Schaumbourg condamne le délinquant à un genre d'expiation non moins extraordinaire. Au lieu de l'intestin, c'est la partie secrète de sa personne qui doit être clouée sur le tronc de l'arbre par lui mutilé. Mais en même temps qu'on lui inflige cette peine, on lui attache la main droite sur le dos et on lui met une hâche dans la main gauche, afin qu'il puisse se délivrer lui-même. (Grimm, D. R. A., p. 520.)

Ces peines atroces qui n'étaient jamais appliquées et dont l'histoire ne fournit pas un seul exemple, ne figurent dans les déclarations solennelles des plaids de la marche, que comme un épouvantail salutaire destiné à protéger l'arbre nourricier des troupeaux de la communauté, plutôt contre les instincts destructeurs de l'enfance, que contre les attentats de personnes capables de calculer toutes les conséquences d'un délit de cette nature. Vraisemblablement, cette pénalité barbare dont les Weisthümer consacrent les nombreuses formules, est un témoignage irrécusable de la grossièreté des mœurs primitives. Elle tire sa raison d'être de la religion des anciens germains qui considéraient les forêts et la sombre horreur qu'elles inspirent comme l'expression même de la divinité: *lucos ac nemora consecrant, deorumque nominibus appellant secretum illud, quod solá reverentiá vident* (Tacit. *Germ.* IX).

Note 150. — Page 416.

Ongnies. — Art. 69 : *qui aproce les quoyseaux ne droist bledz à XX pietz pres*.

Les mots *quoyseaux* ou *coisiaus*, en patois picard *hoviau* ou *hoviou* se traduisent en français par *jovelles*. « Qu'il ne soit nul pasteurs, gardant bestes à camps, » qui wastent coisinus de blé, d'avaine ne d'autres grains. » (Baralle et Buissy, art 122, p. 467.)

Note 151. — Page 416.

Ongnies. — Art. 72 : *et est chascun messier du sien et de son voisin*.

Cette disposition fait double emploi avec la première partie de l'article 63 dont la suite ne paraît pas se lier au commencement d'une manière bien logique. Ce qui semble indiquer une erreur de copiste plutôt qu'une faute de rédaction.

Note 152. — Page 417.

Oisy, *châtellenie*.

M. Tailliar, conseiller à la Cour de Douai, a bien voulu, à notre instante sollicitation, se charger d'annoter les textes des coutumes qui composent le septième groupe. Il avait fait précéder ses observations d'une notice sur la châtellenie d'Oisy, laquelle se composait de trente-sept villages à clocher, et dont le seigneur était revêtu de la dignité de châtelain de Cambrai. Mais ce travail qui est une histoire complète des maisons qui se sont succédé dans la possession de ce fief, l'un des plus considérables de l'Artois, nous est parvenu trop tard pour être inséré à la suite de l'introduction de cette série. Son étendue et surtout son importance ne nous permettant pas de le reléguer dans les notes, nous l'avons communiqué à la Société des Antiquaires de Picardie, qui a décidé qu'il serait imprimé dans un prochain volume de ses Mémoires.

Le bourg d'Oisy n'est plus aujourd'hui qu'un simple village d'une population de 2,200 âmes, compris dans le canton de Marquion, arrondissement d'Arras.

Note 153. — Page 417.

Oisy, *châtell*. — Préambule : *pour noble dame, madame la contesse de Vendosmois et de Saint-Pol, dame dudit Oisy*.

Marie de Luxembourg, héritière à l'âge de 13 ans, de son père, Pierre II de Luxembourg, mort à Enghien, en 1482, devint comtesse de Saint-Pol, Conversan, Marle et Soissons, vicomtesse de Meaux, dame d'Enghien et d'Oisy, et de beaucoup d'autres lieux. Elle a eu pour premier époux Jacques de Savoie, son oncle et parrain, comte de Romont, seigneur du Pays de Vaux, Leuze et Condé, qui mourut le 29 janvier 1486, au château de Ham, laissant une fille unique, Marie de Savoie, mariée au comte de Nassau, dont elle n'eut point d'enfants.

Marie de Luxembourg épousa en secondes nôces François de Bourbon, comte de Vendôme. De cette union naquirent six enfants, dont l'aîné fut Charles I.er, duc de Vendôme. François de Bourbon, décédé le 2 octobre 1495, laissa Marie veuve pour la seconde fois, à l'âge de 26 ans, et celle-ci demeura en viduité cinquante-deux ans, pendant lesquels on la vit constamment s'occuper d'actes de dévotion et de charité. Elle mourut le 1.er août 1545, à l'âge de 76 ans. (Extrait de la notice manuscrite sur Oisy, par M. Tailliar.)

Note 154. — Page 418.

Oisy, châtell. — Art. 3 : *les aucuns à cheval et armes, les autres à liege et demi-liege, aulcuns aultres à simple hommage.*

Le relief, avec le service et l'hommage, est plus ou moins onéreux selon la nature du fief.

On distingue en effet plusieurs espèces de fiefs : *le fief à cheval avec armes*, qui astreint le vassal à un service militaire, d'une durée déterminée ; *le fief lige* qui impose au vassal immédiatement directement lié au seigneur (*quasi ligatus domino*), certaines prestations ou redevances féodales ; *le fief demi-lige ou quart lige*, dont le produit ou les services ne sont point pour le seigneur que de la moitié ou du quart du fief plein ; enfin, *le fief à simple hommage*, qui n'entraîne qu'une pure reconnaissance de vassalité avec promesse d'être fidèle. Extr. de la not. sur Oisy de M. Tailliar.

Note 155. — Page 419.

Oisy, châtell. — Art. 7 : *tel que du quint denier... sauf des héritaiges d'eschevinage, esquels n'y a droit que selon les coustumes des lieux.*

A chaque mutation des fiefs, la propriété revenant au seigneur, celui-ci, pour prix de la nouvelle concession, exige un droit plus ou moins considérable. Cette perception, qu'on appelle *droit de relief*, quand le fief change de main par succession (art 1.er), prend, en cas d'aliénation, le nom de quint, parce qu'il est ordinairement fixé au cinquième de la valeur du fief. Le seigneur n'est pas obligé de s'en tenir au prix de vente déclaré. Il peut requérir une nouvelle appréciation et même retraire le fief s'il le juge convenable. (Art. 5 et 6.)

Pour que ce droit de quint soit exigible, il n'est pas indispensable que l'aliénation soit complète et immédiate. Il suffit que la propriété soit entamée et qu'il y ait dépossession éventuelle par la constitution d'une rente, d'un viage ou d'un douaire. (Art. 7.)

Quant aux tenures roturières, telles que *héritages cottiers et main-fermes*, elles ne sont point soumises au droit de relief, mais lorsqu'elles changent de main par aliénation, un droit de mutation équivalent au cinquième du prix est dû au seigneur en récompense de la protection qu'il est censé garantir à la possession paisible, à la pleine jouissance. T.

Note 156. — Page 419.

Oisy, châtell. — Art. 10 : *quant tels héritages sont séans hors eschevinage.*

C'est-à-dire que le bailli et les hommes de fiefs étaient compétents pour recevoir les dessaisines et saisines de toute espèce de biens roturiers situés hors de l'enceinte et banlieue d'Oisy, parce que tous les héritages, dans cette circonscription, étaient tenus à la condition du service de l'échevinage, et que les possesseurs ne pouvaient être régulièrement investis que par leurs pairs.

Note 157. — Page 420.

Oisy, châtell. — Art. 16 : *ne pœult advantayier sa femme, ne la femme son mari, en héritages féodaux.*

Cet article maintient, sauf quelques modifications assez restreintes, deux principes importants :

Le premier, l'un des plus essentiels du régime féodal, défend de disposer des fiefs par testament. En effet, le fief étant primitivement sorti du domaine national et demeurant consacré, pour la défense du pays, à un service d'utilité publique, ne peut être arbitrairement détourné de sa destination par la volonté du possesseur qu'on doit assimiler plutôt à un usufruitier qu'à un maître proprement dit. Aussi les époux ne peuvent-ils s'avantager l'un l'autre en héritages féodaux, et le possesseur d'un fief n'a-t-il la faculté de disposer, en faveur d'un tiers, que de trois ans de revenu ou de profit.

Le second principe auquel l'article 16 ne déroge que par exception, est celui qui interdit aux conjoints tous dons réciproques. La coutume, comme le droit romain, redoute l'entraînement irréfléchi d'un amour passionné, les séductions du lit conjugal, les suggestions continuelles du foyer domestique. Il n'y a d'exception que pour les mainfermes dont les conjoints privés d'enfants peuvent s'entravestir d'une manière éventuelle en les attribuant au survivant. T.

Note 158. — Page 421.

Oisy, châtell. — Art. 18 : *est tenus et mouvant, en un seul fief, de la conté d'Artois.*

Le fief d'Oisy et ses mouvances ont autrefois dépendu du Cambresis. Plusieurs dispositions des coutumes des échevinages d'Oisy, Marquion, Baralle et Buissy, et Thun-Saint-Martin, qui énoncent des poids, des mesures et des monnaies en font foi, mais depuis le XIII.ᵉ siècle, le seigneur d'Oisy est vassal du comte d'Artois. En effet, un acte du mois d'avril 1244 porte : « Ego Matheus, dominus de Montis Mirabili
» (*sic*) et Oysiaci, notum facio tam presentibus quam
» futuris, quod ego, per veram et legitimam inquisi-
» tionem, inveni quod villam de Barale, cum omnibus
» dominiis, homagiis, feodis que ibi habeo, et aliis
» pertinentiis quibuscumque , tenere debeo et teneo
» a illustri karissimo domino nostro Roberto comite
» Atrebatensi; et sic feodo de Oysiaco quod ego simi-
» liter teneo a comite antedicto... T.

Note 159. — Page 422.

Oisy, châtell. — Art. 21 : *en baillant caucion subjette ou souffisante.*

L'article 21 est remarquable en ce qu'il autorise toute personne qui veut obtenir le paiement d'une dette à s'adresser au seigneur, afin que celui-ci, moyennant le demi-quint ou le dixième de la somme due, pourvoie au recouvrement des deniers par main de justice et saisie exécution des biens du débiteur. V. Baralle et Buissy, art 166 et 178. — Thun-Saint-Martin, art. 33. (II, p. 474, 477, 487.) T.

Note 160. — Page 423.

Oisy, écher. — Préambule de la charte : *je Jehans, chastellain de Cambray et seigneur d'Oisy.*

Jean I.ᵉʳ de Montmirail, seigneur d'Oisy, du chef de sa mère Hildiarde, fille de Hugues III, châtelain de Cambrai, et d'André de Montmirail, fut le bienfaiteur de ses sujets, ainsi que le témoigne la charte de priviléges octroyée en 1216 aux habitants d'Oisy.

De son mariage avec Helvide de Dampierre, Jean I.ᵉʳ eut quatre enfants, Jean II, Mathieu et Marie, qui lui succédèrent tour-à-tour, et une autre fille nommée Félicie, qui épousa Hellin de Wavrin, sénéchal de Flandre.

Dégoûté du monde, Jean I.ᵉʳ se retira à l'abbaye de Longpont, près Soissons, s'y fit religieux et vécut si pieusement, qu'il mérita d'être mis au nombre des saints. (Extrait de la notice manuscrite sur Oisy, par M. Tailliar.

Note 161. — Page 427.

Oisy, charte. — Art. 21 : *de cascune ancqueste pour lesquelles il converra eschevins aler à Cambray.*

Puisque en 1246 les échevins d'Oisy allaient encore à l'enquête à Cambray, on peut en induire qu'à cette époque, le seigneur ne se reconnaissait pas vassal du comte d'Artois. Il est en effet vraisemblable que la réunion du fief d'Oisy à l'Artois est de 1244. (V. note 158 ci-dessus.)

Note 162. — Page 428.

Oisy, charte. — Art. 30 : *sauve les droitures et les rentes du seigneur.*

Auprès des plus importantes forteresses féodales, sous la dépendance et l'autorité du seigneur, se groupent, au moyen-âge, des habitations plus ou moins nombreuses, dont l'ensemble est renfermé à son tour par un mur ou fossé d'enceinte distinct de celui du château fort. Cette espèce de petite ville annexée au château siége de la seigneurie, porte le nom tudesque de *bourg*, et ceux qui l'habitent reçoivent la dénomination de *bourgeois*. (V. Du Cange, *Gloss.* V.ⁱᵇ *Burgum* et *Burgenses* ; Wachter, *Gloss. germanic.* V.° *Burg* ; Ménage, édit. de 1750, au mot *Bourg.* — Wachter définit le *burg*, *locus habitandi munitus*.)

Il est d'un haut intérêt pour le seigneur que ce bourg, ainsi placé sous son autorité, soit, autant que possible, populeux et florissant. De son état prospère, en effet, résultent pour le maître divers avantages : un accroissement d'honneur, une augmentation de puissance et de richesse, des vassaux plus nombreux, des revenus plus considérables. Parmi les moyens employés pour multiplier les habitants du bourg, l'admission de nouveaux bourgeois est certainement un des plus efficaces. D'après quelques chartes, il suffit d'avoir demeuré un an et un jour dans une localité pour être réputé bourgeois. La loi d'Oisy n'est pas moins libérale. D'une part, elle permet à tout individu de venir se fixer au bourg d'Oisy, sauf le seul cas où il serait poursuivi pour meurtre ou trahison, parce qu'alors il exposerait les habitants à des représailles ou à des vengeances. D'autre côté, les échevins déclarent que « s'ils voient homme en la ville à qui le sire, suivant les us et coutumes de la ville, ait donné mez (c'est-à-dire un manoir), ils auront celui-ci pour bourgeois. » (V. art. 30 et 50.)

T.

NOTE 163. — PAGE 429.

Oisy, charte.— Art. 36 : *sans jugement d'eschevins, ne peut y estre en nulle manière agrevez.*

La maxime : *nul ne peut être distrait de ses juges naturels* qui forme aujourd'hui l'une des bases fondamentales de notre organisation judiciaire, n'est donc pas un bienfait dont il faille attribuer tout l'honneur à nos constitutions modernes. Les législateurs de 1790 n'ont fait que généraliser un principe préexistant.

NOTE 164. — PAGE 430.

Oisy, charte. — Art. 46 : *deux souffisans doit restablir en ce meisme office.*

Comme la plupart des localités du même genre, le bourg d'Oisy est gouverné, sous le commandement du seigneur, par un bailli, un prévôt et des échevins. Dans un ordre subalterne, des sergents complètent l'administration.

Le bailli est le représentant immédiat du seigneur, le dépositaire de sa puissance, l'agent direct de ses volontés. C'est à lui qu'est principalement délégué le pouvoir exécutif et administratif dans le bourg. Avant tout, l'homme de confiance du seigneur, il n'est pas étonnant qu'il soit nommé par lui et révocable à son gré.

Le prévôt, qui était primitivement le préposé du seigneur dans la bourgade naissante peuplée de colons et de serfs, devient plus tard le chef de l'échevinage lorsque le bourg est constitué.

Les échevins, de leur côté, sont investis de fonctions qui ont aussi leur importance. Leur institution, au moins dans son organisation générale, date probablement de la période carolingienne. Plusieurs capitulaires en font mention et contiennent divers articles sur la nomination et la révocation des échevins (V. Du Cange, *Gloss.*) Notre charte d'Oisy se rapproche des capitulaires en ce sens qu'elle ne soumet pas les échevins à un renouvellement annuel comme le font beaucoup de lois communales. Une fois nommés, ils conservent leurs fonctions indéfiniment ou jusqu'à une révocation fondée sur des motifs sérieux. (V. l'art. 46.)

T.

NOTE 165. — PAGE 432.

Oisy, échev.— Art. 1.er : *Ou fait des héritaiges de main-ferme.*

Comme on a pu le voir par l'art. 10 de la coutume de la châtellenie d'Oisy (II, p. 419), le droit de quint denier sur la vente des biens en roture, n'était point perçu au profit du seigneur, quand la vente s'appliquait à des tenures de main-ferme *séans en eschevinage.* L'art. 1.er de la coutume de l'échevinage d'Oisy nous fait voir que les bourgeois de cette localité avaient le privilège de ne payer que 12 deniers d'entrée et autant d'issue, indépendamment des frais de dessaisine et saisine, pour le droit de vente des héritages de main-ferme, dans la circonscription de leur échevinage.

NOTE 166. — PAGE 432.

Oisy, échev. — Art. 3 : *cestuy qui a droit de maisneté, trois pièces, mœubles ou ustensiles.*

Il y a, dans ce préciput mobilier en faveur du plus jeune des enfants, une réminiscence du heergewæte de l'ancien droit saxon de Rietberg, lequel accordait à l'aîné des enfants mâles non mariés (*unverheyrateten sohne*) l'habit qui servait à l'usage du défunt, son meilleur cheval avec la selle et la bride, un lit avec ses accessoires, une faucille, une hallebarde, une scie, un coffre assez long pour y faire entrer une épée, un chaudron assez grand pour y mettre le pied tout chaussé, un pot d'une capacité suffisante pour y faire cuire une poule. (Rietberger Landrecht, art. 10.— Grimm, *Weisth.* III, p. 103. — D. R. A. p. 568.)

Mais il est bon de remarquer que si, dans les coutumes de la Westphalie, l'aîné des enfants d'un père de condition serve (*hœrig*), est mieux partagé dans la succession des biens meubles, le plus jeune en est souvent dédommagé sous un autre rapport : il est proclamé libre, et c'est sans doute pour cela qu'il n'hérite pas le bien acquis par le travail du serf. Aux termes du statut de Rietberg, art. 48, quand une femme serve mettait au monde deux jumeaux, le dernier né devait être libre : *wenn eine frau 2 kinder zugleich gebæhret, welches von denselben frei sey ? — der jüngste sey frei.* (Grimm, *ut suprà*, p. 107.)

Lorsque ce précipit successoral cessa d'être le triste apanage des enfants destinés à la servitude, par cela même que la liberté était égale pour tous, le plus jeune n'aurait plus eu à se prévaloir des droits de sa naissance, si la coutume ne lui avait accordé le dédommagement de son privilège évanoui. Ainsi s'explique le choix qu'il peut faire, à Oisy, de trois pièces de mobilier, en même temps qu'il prélève le manoir où la personne à qui il succède faisait sa résidence.

NOTE 167. — PAGE 432.

Oisy, échev. — Art. 4 : *à cause que anchiennement a esté distrete et esclichée de le conté de Cambresis.*

Ainsi, contrairement à l'usage d'Artois, la confiscation n'a pas lieu à Oisy, parce que cette seigneurie est un démembrement du Cambresis où ce droit n'est reconnu qu'en matière de désaveu ou de félonie. (II, p. 421, p. 17.)

Note 168. — Page 433.

Oisy, *échev.* — Art. 5 : *sera reçu à dire et déclarer les causes de son opposition.*

Sur l'exécution forcée et la contrainte par corps. V. Loisel, *Instit. coutum.*, liv. VI, tit. 5 ; Bouchel, Trésor du Droit Français au mot *arrest* ; Rugeau, Gloss. du Droit Français au mot *arrest de meubles*, et les nombreuses dispositions que contiennent sur ces matières nos coutumes du nord de la France. Elles sont indiquées dans les *coustumes et lois des villes du comté de Flandre*. Table générale des matières, t. III, au mot *arrest*. T.

Note 169. — Page 434.

Marquion, *échev.* — Préambule : *Jehans, chastellains de Cambray.*

Jean de Montmirail II.ᵉ du nom, châtelain de Cambrai et seigneur d'Oisy, succéda à son père, mort en 1218. Non-seulement il maintint la charte que son père avait concédée en 1216 aux habitants d'Oisy, mais ayant acquis ou hérité du seigneur de Marquion, qui était son vassal, la terre de ce nom, il octroya aux habitants une charte qui est presque entièrement calquée sur celle d'Oisy. T.

Note 170. — Page 434.

Marquion, *charte.* — Préambule : *paisible réclamacion.*

Voici le sens de cette phrase assez entortillée : « tant » dans les choses présentes que dans celles à venir à » perpétuité, le souvenir de la chose faite solennel- » lement est valablement assuré, quand, pour les dif- » ficultés à venir, la chose faite au moyen d'un ar- » rangement convenu, est rendue authentique par un » écrit solennel. » T.

Note 171. — Page 439.

Marquion, *charte.* — Art. 4 : *pour chascune enqueste pour lesquelles il conviengne aller à Oisy.*

Les échevins d'Oisy allaient à l'enquête à Cambrai (II, p. 427, art. 21), dont la seigneurie d'Oisy relevait directement, les échevins de Marquion, au contraire, allaient demander conseil aux échevins du seigneur d'Oisy, leur supérieur immédiat. Cependant la hiérarchie des hommages n'était pas toujours la raison déterminante de l'attribution du pouvoir de conseiller, puisque, dans la seigneurie de Lambres qui relevait également d'Oisy, les échevins allaient consulter ceux de Cambrai.

Note 172. — Page 446.

Baralle et Buissy. — Préambule : *duquel livre et coiher la teneur s'ensuit.*

Cette coutume, beaucoup plus complète que les autres lois du même genre qui régissent les pays d'alentour, est un des monuments les plus importants de la législation du moyen-âge. Elle porte un caractère incontestable d'authenticité, puisqu'elle est signée par les maire, échevins et manans de Baralle et Buissy, tant en leur nom que pour toute la communauté, sous la date du 29 septembre 1507.

Mais n'ayant pas été homologuée, elle ne semble pas avoir eu de force obligatoire et paraît avoir été suppléée par une autre coutume beaucoup plus brève, composée de 14 articles seulement, du 24 février 1630, qui est publiée, par extrait, dans le Coutumier général de Bourdot de Richebourg (tome I, p. 404). T.

Note 173. — Page 446.

Baralle et Buissy. — Art. 1.ᵉʳ : *maïeur duquel qui ly plest.*

La coutume de 1630 (art. 1.ᵉʳ) constate qu'il y avait alors à Buissy-Baralle, un mayeur présentement héréditaire. Par conséquent, la seconde rédaction ôte au seigneur le droit que lui accordait la première de nommer lui-même le mayeur. D'où il semble résulter que le défaut d'homologation de la coutume de Baralle et Buissy a replacé cette seigneurie sous l'empire du droit commun des communes environnantes. En effet, à Thun-Saint-Martin, il y avait aussi un mayeur héritable auquel appartenait le four banal (p. 483, art. 1.ᵉʳ). — Voir la note 200 ci-après.
T.

A Vimy et Farbus (II, p. 241, art. 2), il y avait aussi une *mairie héritable*, que le seigneur faisait exercer par qui bon lui semblait. V. note 33 ci-dessus.

D'après un weisthum latin de l'église de Cologne de 1169, le burgrave de cette ville dont l'office correspondait à celui de mayeur, tenait en fief, pour cette cause, la porte antique d'Agrippa. (Grimm, *Weisth.* II, p. 743.)

Note 174. — Page 447.

Baralle et Buissy. — Art. 2 : *ledit offise de l'esquevinaige.*

Cet article est assez compliqué. Il règle plusieurs actes successifs dont voici l'indication : 1.º réquisition par le mayeur aux échevins de remplacer ceux qui manquent ; 2.° délibération des échevins à ce sujet, élection qu'ils font après avoir consulté ou sans consulter les curés des deux paroisses ; 3.° quand l'élection est faite, le mayeur va chercher les élus ; 4.° les échevins déjà en fonctions requièrent le mayeur de mettre les nouveaux nommés en l'échevinage ; 5.° le mayeur fait commandement aux élus d'entrer en fonctions (ce qu'ils ne peuvent refuser), il reçoit leur serment et les déclare installés.   T.

Note 175. — Page 448.

Baralle et Buissy.— Art. 4 : *car ung homs qui est escumenés ne peult jugier.*

Cet article 4, qui indique dans quels cas exceptionnels les échevins peuvent être déboutés de leur office, aurait dû venir après l'article 2. On y remarque que l'excommunication est une cause de destitution. Au moyen-âge, en effet, l'anathème entraînait une sorte de dégradation civique. L'art. 142 du titre VII des capitulaires porte : « Si quis à communione sacerdotali
» fuerit auctoritate suspensus, hunc non solum a
» clericorum sed etiam a totius populi conloquio at-
» que convivio, placuit excludi, donec resipiscens ad
» sanitatem redire festinet. » (Baluze, t. II, col. 946.)

L'art. 2 de la coutume de 1630 ne prévoit pas ces causes de révocation. Il dispose en substance que les échevins ont droit de remplacer celui de leurs confrères qui meurt ou résigne ses fonctions, et que nul d'entre eux ne peut, malgré sa volonté, être démis de son office.   T.

Les conditions pour être reçu à exercer les fonctions d'échevin à Cologne sont ainsi déterminées par le weisthum de 1169 cité plus haut (note 173) :
« Juris burgravii est et successorum suorum ab ecclesia
» coloniensi, in sede scabinatus locare scabinos elec-
» tos, et providere debet sibi diligenter et perscrutari,
» ne scabini quos locare debet, sint gibbosi, curvi,
» monoculi, surdi, claudi, balbutientes, paracliti (pa-
» ralytici) vel aliqua specie leprae notati, homicidae,
» vel perjuri, vel aliqua culpa scripti, vel usurarii,
» seu mediante pecunia ad officium scabinatus electi. »
(Grimm, *Weisth.* II, p. 742.)

Note 176. — Page 448.

Baralle et Buissy.— Art. 5 : *quant il est conseillié le mieulx quil peut.*

On remarque, dans l'article 5, une disposition peu usitée dont le but est de venir en aide à l'ignorance des plaideurs. C'est celle qui permet à la partie dépourvue de conseil qu'un échevin lui soit adjoint pour la conseiller : ce qui prouve aussi que les fonctions d'échevins avaient un caractère éminemment conciliateur qui ressemblait un peu à celui des fonctions de nos juges de paix.   T.

Dans toute cette procédure renouvelée des Assises de la haute cour du royaume de Jérusalem (chap. 8 à 16, édit. de La Thaumassière, p. 17 et suivantes), se révèle l'imitation des usages germaniques, car chez les peuples barbares d'Outre-Rhin, les juges, en l'absence de conventions écrites, ne pouvaient puiser les éléments de leur conviction que dans les aveux ou les déclarations de la partie défenderesse, c'est pourquoi ils accordaient à celle-ci le moyen de bien peser les paroles qu'elle devait prononcer en répondant aux interpellations du demandeur. Nous trouvons, en effet, dans le rôle de la seigneurie de Barmen, en Westphalie, que celui qui se croit fondé à défendre en justice son héritage ou son bien, peut s'adresser à un juré de la cour qui lui trace la marche à suivre, moyennant un salaire de trois deniers rouges : « dem
» sol ein geschworener hoffsmann sein wort thun,
» darumb, dass der hoffsmann dieses hoffsrecht weiss,
» und seine belohnung drey rader heller. » (Grimm, *Weisth.* III, p. 13.)

Note 177. — Page 449.

Baralle et Buissy. — Art. 10 : *on ne plaide point par escript fors de bouque.*

Cet article est remarquable en ce qu'il consacre la plaidoirie orale devant les échevins. Ce n'est que dans les temps modernes qu'on a commencé, dans quelques juridictions, à plaider par écrit. Les lois franques, les capitulaires, les lois, les chartes des xii.e et xiii.e siècle, supposent que les parties sont entendues en personnes et fournissent elles-mêmes des explications.   T.

Note 178. — Page 450.

Baralle et Buissy. — Art. 14 : *si peuent il prendre leur delay.*

Lorsque les juges sont dans un désaccord qui prouve la difficulté de la cause, il est de toute convenance qu'ils aient la faculté de s'éclairer par des renseignements, de consulter des personnes plus instruites, de s'informer des précédents ou de rechercher le véritable sens de la coutume. De là, le droit qu'ils ont de prendre trois répits ou surséances de quinzaine en quinzaine, ce qui leur donne un délai de six semaines pour former leur opinion. Ils ont, en outre, ainsi que le porte l'art. 15, la possibilité de requérir un juste conseil d'information ou d'enseignement (rectum sensum magistri), ce que le rédacteur de la coutume appelle *un droit sens de maistire*, et suivant Du Cange (Gloss. V.° *Magister*), *rectum sensum magistri*, un juste conseil de maître es loix. — Voir ci-après note 194. T.

NOTE 179. — PAGE 452.

BARALLE ET BUISSY. — ART. 18 : *du fait de l'enqueste aler Aras.*

Beaucoup de nos coutumes du nord de la France attribuent ou reconnaissent aux échevins ce même droit d'aller ou d'envoyer, dans une grande ville (ordinairement voisine), prendre conseil avant de juger. (V *Olim* publiés par M. Beugnot, t. II, p. 748 et 904.)

D'après quelques coutumes de la châtellenie d'Oisy, c'est à Cambrai qu'on devait se rendre. (Voir charte d'Oisy, art. 21, t. II, p. 427. — Cout. de Lambres, art. 4, ibid. p. 470.)

La coutume de Baralle et Buissy indique Arras, ce qui s'explique parce que ces deux communes réunies appartenaient alors à la comtesse de Saint-Pol, dont le fief ressortissait du comté d'Artois.

Voir ci-dessus les notes 28, 29, 64 et 71. T.

NOTE 180. — PAGE 452.

BARALLE ET BUISSY. — CH. 6 : *l'ordenanche du fait de l'enqueste aler Aras.*

Ce chapitre est l'un des plus curieux et des plus complets que contiennent nos coutumes sur cette matière de l'enquête. Les articles 19 à 24 qui le composent relatent exactement les formalités à suivre. Voir au surplus ce qui a été dit ci-dessus, p. 173, note 18. T.

NOTE 181. — PAGE 454.

BARALLE ET BUISSY. — ART. 30 : *se aucuns desment l aultre.*

On connaît le proverbe : *un démenti vaut un soufflet.* En réprimant le démenti, la coutume veut prévenir les disputes qui peuvent dégénérer en rixes meurtrières. Mais à raison du peu de gravité de l'offense, elle ne prononce qu'une simple amende de V sols cambresis. Ici, comme dans les articles précédents, l'amende est tarifée en monnaie cambresienne, ce qui prouve que les villages de Baralle et Buissy, comme les localités d'alentour, dépendaient autrefois du Cambresis. T.

NOTE 182. — PAGE 454.

BARALLE ET BUISSY. — ART. 36 : *soit creus par sen serment.*

Cet article 36 amène ce résultat déplorable que l'un des deux plaideurs commet nécessairement un parjure. Le demandeur en effet commence par prêter serment sur les saints que sa réclamation est fondée ; et si le défendeur ne jure, lui troisième, c'est-à-dire avec deux co-jurants, le contraire de ce que prétend le demandeur, il peut, sur la *calenge* ou réquisition du mayeur, être condamné à V sols d'amende.

Le même article 36 est encore à noter en ce qu'il rappelle les lois barbares qui obligeaient le défendeur ou l'inculpé à produire des co-jurants pour attester qu'il ne devait rien ou était innocent. T.

NOTE 183. — PAGE 455.

BARALLE ET BUISSY. — ART. 38 : *il en seroit à LX livres cambresis.*

Le texte de cet article, à peine intelligible, est évidemment altéré. Il en résulte toutefois deux dispositions : la 1.re punit d'une amende de LX livres celui qui, à la suite d'une rixe, va assaillir la maison d'autrui ; la 2.e exempte de la peine celui qui, après avoir tiré un couteau, se borne à chasser son adversaire devant lui, sans le frapper, alors même qu'il le poursuit jusqu'à sa maison, pourvu qu'il n'y entre pas. Il n'y a, en ce cas, qu'une sorte de tentative non suivie d'effet, laquelle échappe à la répression. T.

NOTE 184. — PAGE 455.

BARALLE ET BUISSY. — ART. 40 : *se aucuns soutoite le ju de dés.*

Une ancienne chronique manuscrite de Cambrai rapporte le fait suivant : « Le 19 mars 1562, jour de » Pâques, on prit sept personnes qui jouaient aux » dés hors de la ville (de Cambrai), dans la Fosse-au- » Pouilleul, vers la Grande-Justice. Le 9 avril sui- » vant, ces sept personnes furent fustigées ensemble » autour du marché de Cambrai. » T.

NOTE 185. — PAGE 456.

BARALLE ET BUISSY. — ART. 50 : *de che quil jugeront, il ont le tiers en l'amende.*

Cet article semble être en contradiction avec les précédents qui attribuent à la partie lésée la moitié ou une autre quotité de l'amende. Mais l'article 50 peut s'interpréter en ce sens qu'il ne s'applique qu'aux affaires d'un intérêt public et où il n'y a point de partie lésée proprement dite, ou encore, par corrélation avec l'art. 48, en ce sens que le mayeur qui *calenge* et ne *juge pas*, ne prend rien aux amendes ou peines pécuniaires dévolues exclusivement au seigneur et aux échevins.

Il est à remarquer, en outre, que les échevins n'ont aucune part des amendes encourues pour certains délits ruraux, lesquelles sont acquittées directement sur le vû du rapport ou procès-verbal et sans l'intervention de la justice. Par suite, les échevins qui ne jugent pas n'ont rien à y prétendre. (Art. 71.) T.

NOTE 186. — PAGE 457.

BARALLE ET BUISSY. — ART. 51 : *qui ne doivent nulz XII.*^{mes} *ou quiesmes.*

Les fiefs sont soumis à des charges différentes de celles que supportent les propriétés roturières. Selon leur nature, ils doivent relief, service et hommage. (Oisy, *chdt.* art. 3, t. II, p. 418). Par contre, ils ne sont point assujétis aux droits de XIIe denier ou de quantième proportionnel dus à raison du *surhostage* ou sous-location des mainfermes ou héritages roturiers. Cette distinction entre les terres nobles et les rotures, quant au genre de charges que supportent les possesseurs, est fondamentale en cette matière. On peut ajouter que les fiefs nobles sont francs et quittes de toutes redevances annuelles payables de terme en terme, et que c'est là principalement ce qui les distingue des rotures. Les fiefs non nobles, alors même qu'ils sont soumis à la prestation d'un objet déterminé qui se renouvelle tous les ans, sont censés acquitter un service et non pas une rente seigneuriale. (T. I, p. 215, col. 2, § 4.— p. 464, n° 12.) T.

NOTE 187. — PAGE 457.

BARALLE ET BUISSY. — CH. 8 : *Chest l'ordenanche con dist le jour des sermens.*

Ce chapitre contient plusieurs dispositions dignes de remarque ; ainsi :

1.° On voit qu'une partie du territoire de Buissy est soumis envers un seigneur, Baudrain d'Esne (et non pas d'Esve, comme on l'a imprimé par erreur) à des droits de champart dont la perception est réglée par les articles 55 et suivants.

2.° Chaque année, au mois d'août, les gardes messiers annuels sont renouvelés ; et, s'ils sont renommés, ils prêtent un nouveau serment (art. 53, 54, 126).

3.° Outre ces messiers annuels, il y a des sergents d'août désignés à la requête des censiers du champart, pour veiller à la conservation spéciale de la partie de récolte ou champart que le seigneur loue à ces derniers (art. 55, 72 et suiv. 111, 125).

4.° Dans le même intérêt, il y a de plus des *eswardeurs des fiens et des ahans* (surveillants des fumiers et des labourages) qui sont chargés de veiller à ce que les terres soumises au champart soient convenablement fumées et labourées (art.° 58 et 127).

5.° Enfin, les art. 60 à 70, semblables à ceux qu'on retrouve dans beaucoup de coutumes, répriment certains délits ruraux plus ou moins graves. T.

NOTE 188. — PAGE 459.

BARALLE ET BUISSY. — CH. 9 : *Comment on doit faire messier à Baralle.*

On a vu, dans la note précédente, qu'indépendamment du sergent ou garde-champêtre annuel, il existe un messier qui a pour devoir exprès de garder les récoltes dont le seigneur (ou son censier) prélève une partie, en vertu de son droit de champart.

Le chapitre 9 détermine quand et comment ce messier spécial est nommé, quelles sont ses attributions, quels sont les délits ruraux qu'il est chargé de constater et de poursuivre. T.

NOTE 189. — PAGE 461.

BARALLE ET BUISSY.— CH. 11 : *ques drois doit avoir le mayeur.*

Les articles 85 à 96 déterminent quels sont ces droits en ce qui concerne : 1.° les clains et faux clains en matière de procédure (art. 85, 86) ; 2.° les rentes ou redevances à payer (87) ; 3.° les saisines, les rapports à loy par hypothèque ou par vente et les obligations (88 à 92) ; 4.° les forages imposés sur d'autres boissons que le vin (93) ; 5.° la contrainte par corps (94, 95) ; 6.° l'expropriation (96).

Quant à la contrainte par corps, il est à remarquer que le débiteur mis en arrestation à Baralle ou à Buissy, doit provisoirement rester dans la commune, en ceps ou en prison, sous la garde du mayeur, pendant sept jours et sept nuits, avant d'être envoyé à Oisy. Cette retenue provisoire dans le lieu même de son domicile, a pour but de donner au débiteur plus de facilité pour satisfaire son créancier ou s'arranger avec lui. (Voir note 204 ci-après.) T.

NOTE 190. — PAGE 463.

BARALLE ET BUISSY. — CH. 12 : *comment on doit afforer soit vin ou cervoise.*

Sur cette matière de l'afforage, voir ci-dessus p. 427, art. 23 ; — p. 439, art. 44 : — p. 481, art. 4 ; — p. 485, art. 22 à 24 ; — p. 538, note 44 ; — p. 539, note 45.

La taxe ou afforage des boissons était établie dans le triple intérêt :

1.° Du seigneur et de ses officiers pour qui elle

72.

constituait une branche importante de revenus et d'émoluments ;

2.° Des consommateurs, afin qu'il ne leur fût livré que de la bonne et saine marchandise, et qu'il ne la payassent pas trop cher ;

3.° Et de l'ordre public, en vue d'empêcher les abus d'une consommation excessive et les dangers de l'ivrognerie. T.

NOTE 191. — PAGE 465.

BARALLE ET BUISSY. — CH. 14 : *comment une gentil femme doit avoir douayre.*

Le douaire est le droit de jouissance accordé à la femme survivante, sur les biens de son époux prédécédé, afin d'empêcher que celle-ci ne soit, au trépas de son mari, réduite à l'indigence.

L'article 106 met obstacle à ce que la veuve perde son douaire, soit par la vente que son mari aurait faite de l'immeuble sujet au douaire, soit par la prescription que le tiers détenteur de l'immeuble soutiendrait avoir acquise. Cette disposition est tirée du ch. 33 (art. 3 et 4) des *Anciens usages d'Artois*, publiés par Maillard, en tête des *Cout. génér. d'Artois*, édit. in-f.° de 1739.

Bouteillier, en la *Somme rurale* (liv. 1.er, ch. 97) s'exprime dans le même sens : « Si ne peut, dit cet » auteur, la dame perdre son douaire ne le droit » qu'elle y a, pour vente ne transport que son mari » face de ses fiefs en possessions, ne prescription » au contraire ne vaut contre la dame ou damoi- » selle... »

Mais, quelque respectable que soit le douaire de la femme, il est des circonstances où celle-ci peut être considérée comme déchue de tout recours sur l'immeuble vendu pendant le mariage. Ces cas sont spécifiés par les articles 107 à 110 de notre coutume, qui sont la reproduction presque textuelle de ceux que contient le chapitre 34 des *Anciens usages d'Artois*.

Voir au surplus les Etablissements de Saint-Louis, liv. 1.er, ch. 166. — Les Institutes de Loisel, liv. 1.er, tit. III, règl. xvi, n.° 151. (Edit. de 1846, tome I, p. 183.) T.

Les trois vers latins qui terminent la disposition de l'article 10, sont également rapportés dans les passages cités des *Anciens usages d'Artois* et de la *Somme rurale* de Bouteillier. En comparant les trois leçons, on verra qu'elles différent entr'elles, mais on reconnaîtra sans peine que celle de notre coutume est loin d'être la plus correcte. Au reste, cela ne doit pas étonner de la part d'un copiste qui écrit *le droit wellepier* au lieu du *droit welléien.*

NOTE 192. — PAGE 466.

BARALLE ET BUISSY. — CH. 16 : *que de renouveller et faire les bans d'aoust.*

Les chapitres 16 et 17 sont intéressants. Ils résument nettement les attributions du maire, en reprenant dans le serment qu'il doit prêter tous les devoirs qui lui sont imposés. Voir, dans le même genre, les serments des échevins d'Hénin-Liétard, à la suite des bans de cette commune, dans notre Recueil d'actes en langue romane-wallonne. (Douai, 1849, p. 439.) T.

NOTE 193. — PAGE 468.

BARALLE ET BUISSY. — CH. 17 : *item, des prises des messiers.*

Il semble que ce chapitre devrait se terminer par l'article 133, et que l'article 134 devrait être le premier d'un dix-huitième chapitre spécial aux *bans de mars*. Mais ce n'est point par l'ordre et la méthode dans la distribution des matières, que se distinguent les rédacteurs de nos vieux coutumiers.

NOTE 194. — PAGE 470.

BARALLE ET BUISSY. — CH. 18 : *prins à pluisers conseillers tant d'Arras que d'ailleurs.*

Les 31 articles dont se compose ce chapitre 18, sont des plus curieux : ils forment en quelque sorte, pour le pays et pour l'époque, ce qu'on appelait à Rome les réponses des prudents (*responsa prudentum*). On a lu plus haut, dans l'art. 15, que les échevins, lorsqu'ils trouvaient de la difficulté, soit dans l'interprétation ou l'application d'un texte, soit dans l'examen d'une question, pouvaient solliciter du mayeur *le droit sens de maistire* (rectum sensum magistri), c'est-à-dire le juste conseil d'un maitre en droit. On voit ici (art. 14 et suiv.) comment les échevins de Baralle, profitant de cette faculté, allaient pour *leur usance et judicature*, tant à Arras qu'ailleurs, prendre les avis de légistes expérimentés, et de quelle manière les solutions données par ceux-ci, inscrites sur les registres et conservées avec soin, devenaient la base de la jurisprudence.

Les avocats dont les noms figurent avec honneur dans les consultations recueillies dans le *Livre des usances de Baralle*, sont :

Robert de Bernicourt (art. 149, 154, 158).

Gilles Flamengh (art. 155).

Martin Baudart (art. 159, 162, 167, 169).

Ricart Pinchon réuni à Martin Baudart (art. 164).

Jehan Guyot de concert avec Robert de Bernicourt (art. 171).

Jehan d'Auffay (art. 172).

Jehan de La Vacquerie (art. 174 à 180).

Parmi ces jurisconsultes, les seuls dont nous ayons trouvé des traces dans l'histoire, sont Gilles Flamengh, avocat de la cour féodale de Beauquesne, qui figura dans le procès des Vaudois en 1459, et siégea même, paraît-il, au nombre des juges de ces infortunés. On lit dans un ancien manuscrit que, quand ces hérétiques entendirent prononcer leur sentence, ils se récrièrent vivement contre la perfidie de Gilles Flamengh qui, en leur faisant espérer leur pardon, ou un simple pèlerinage pour tout châtiment, les avait induits à passer l'aveu de leur prétendu crime. On a aussi reproché à ce légiste d'avoir eu sa part dans les dépouilles de ces condamnés.

Le second, Jean d'Auffay, qui fut conseiller des ducs de Bourgogne dans la seconde moitié du xve siècle est auteur d'un mémoire rédigé contre les prétentions de la cour de France, intitulé : *Traicté du chancelier de Bourgongne sur les prétentions et différents qui sont entre les maisons de France et de Bourgogne ou d'Austriche, touchant plusieurs grandes terres et seigneuries.* Ce traité a été publié par Leibnitz, dans son ouvrage ayant pour titre : *Mantissa codicis juris gentium diplomatici.* (Hanoverae, 1700, in-f°.)

T.

Il existe, à la bibliothèque communale d'Amiens, un exemplaire MS. de l'ouvrage de Jean d'Auffay, intitulé : *De la vraie et légitime succession de Marie de Bourgogne*, qui a été décrit, sous le n.° 489, dans le Catalogue des MSS. publié en 1843 par M. J. Garnier, conservateur de ce dépôt littéraire. La Bibliothèque communale de la ville d'Arras possède également deux exemplaires manuscrits du Traité du chancelier de Bourgogne, sous Philippe-le-Bon (Voir *Les sept sièges d'Arras*, par M. Achmet d'Héricourt, 1844, p. 65, note 2.)

Le troisième, Me Martin Baudart, licencié ès lois, figura dans les évènements qui suivirent la reprise d'Arras sur les Français, par l'armée bourguignonne. Il fut un des huit échevins que Robert de Melun, gouverneur de cette ville, fit venir devant lui le 3 février 1492 (V. S.) pour leur intimer l'ordre de fournir des rations de vivres à ses troupes. Ce fut lui qui porta la parole pour exposer l'état de détresse où la ville se trouvait réduite par suite des guerres. (Les sept sièges *ut suprà*, p. 138.)

Le quatrième et le plus célèbre, Jean de La Vacquerie, d'abord simple avocat à Arras, sut, par la sagesse de sa conduite et la fermeté de son caractère, s'élever successivement aux plus hautes dignités de la magistrature. Les uns le font naître à Arras, les autres à Beauvais. Jean de Troyes le dit originaire de Picardie. En 1477, il était conseiller (grand pensionnaire) de la ville d'Arras ; c'est en cette qualité qu'il soutint, contre Philippe de Comines, dans une conférence qui eut lieu à l'abbaye du Mont-Saint-Eloi, les droits de Marie de Bourgogne, sur le comté d'Artois, dont Louis XI voulait s'emparer. Maître de la ville d'Arras, Louis XI s'attacha Jean de La Vacquerie, le fit conseiller du Parlement de Paris le 12 novembre 1479, quatrième président le 30 mai 1480, et premier président le 27 février 1481 (V. S.). En 1482, il fut l'un des quatre négociateurs auxquels le roi confia la mission de traiter de la paix avec les Flamands et d'arranger le mariage de Marie de Bourgogne avec le dauphin. Tant de faveur n'empêcha point La Vacquerie de faire au roi, à la tête du Parlement, des remontrances très-énergiques sur son édit des subsistances qui menaçait le pays de la famine. Le roi céda, retira l'édit et jura qu'il n'en ferait plus qui ne fussent justes et raisonnables. La Vacquerie mourut en 1497, riche d'honneur et de réputation, mais pauvre des biens de la fortune. Il laissa trois filles que le roi Louis XII maria et dota en souvenir des services de leur père. Il portait échiqueté d'or et d'azur au chef de gueule.

Note 195. — Page 479.

Lambres. — Art. 3 : *lequel tient sadite terre.*

Le village de Lambres, situé à un kilomètre de la ville de Douai, a été jadis un domaine ou *fisc* royal. C'est là qu'en 575 fut apporté et enseveli le corps du roi Sigebert, lorsque ce prince eut été assassiné à Vitry-en-Artois, à 5 kilom. de Lambres, par les émissaires de la reine Frédegonde. (Grég. Tur. hist. lib. 4, cap. ult. — Balderic, *Chron. camer.* lib. II, cap. 16.)

Lambres a eu longtemps des seigneurs particuliers dont il est fait mention dans divers actes du xiiie siècle. Ils étaient vassaux du seigneur d'Oisy. L'un d'eux, Pierron de Lambres, est désigné, en 1216, parmi les témoins de la charte d'Oisy (II, p. 431). Il paraît qu'un seigneur d'Oisy acquit, on ne sait quand ni comment, la seigneurie de Lambres, dont la moitié passa au comte d'Artois. Nous avons vainement cherché, à la mairie de Douai et aux archives du département du Nord, à Lille, des renseignements plus détaillés sur ces mutations.

T.

Note 196. — Page 479.

LAMBRES. — ART. 4 : *de aller à sens et enqueste à Cambray.*

L'art. 4 désigne Cambrai comme le lieu où les échevins de Lambres doivent aller prendre leurs consultations, lorsqu'ils éprouvent de la difficulté à juger un procès, parce que c'est à cette cité que ressortissait le village de Lambres depuis qu'en 916, Charles-le-Simple, l'avait donné à la ville de Cambrai. Aubert Le Mire, attribuant par erreur cet acte de donation à Charles-le-Chauve, l'a mal à propos daté de 863. (V. Aubert Le Mire, *Opera diplomatica*, t. I, p. 248; D. Bouquet, Rec. des hist. de France, t. IX, p 528; Balderic, *Chron. camer.* p. 127, 128, 155, 222, 356 de l'édit. de M. Leglay, 1834.) T.

Note 197. — Page 479.

LAMBRES. — ART. 5 : *ceulx de ladite loy de Lambres ont en leur ferme, par leurs chartres.*

La ferme ou dépôt d'archives de Lambres n'existe plus depuis longtemps. Nous nous en sommes assuré sur les lieux. Les chartes de privilèges ont également péri, et nos recherches pour nous les procurer ont été infructueuses, ce qui, au reste, ne doit pas nous étonner, car le village de Lambres, a été à plusieurs reprises, brûlé ou dévasté dans les guerres de Flandre. Chaque fois que la ville de Douai est mise en état de siège, il est, par suite de sa proximité de cette ville forte, complétement inondé par les eaux de la Scarpe qu'on fait déborder pour la défense de la place. T.

Note 198. — Page 482.

THUN-SAINT-MARTIN.

Le village de Thun-Saint-Martin, comme celui de Thun-l'Evêque, qui est situé de l'autre côté de l'Escaut, porte une dénomination saxonne. Il a probablement été fondé, soit par un de ces chefs de guerre qui, après l'invasion des barbares, s'établirent dans ces contrées, soit par un de ces évêques germains qui, à partir de l'avénement de la Maison de Saxe au trône impérial, en 936, furent envoyés, par les empereurs, pour régir le siége de Cambrai.

Quoiqu'il en soit, la coutume rédigée en 1448, d'après d'anciens usages et sur de vieilles traditions, porte l'empreinte visible du droit germanique, ses dispositions marquées d'une simplicité antique, et dont quelques-unes rappellent les lois franques et les capitulaires, ses formules à la fois naïves et pittoresques, les détails qu'elle présente et qui retracent si bien les mœurs d'autrefois, la manière même dont elle est rédigée, en forme de record, tout y révèle le vieil esprit des coutumes d'Outre-Rhin. T.

Une circonstance peut servir à expliquer pourquoi cette coutume porte, à un degré si marqué, le caractère et la forme des institutions germaniques. Après le dernier partage des enfants de Louis-le-Débonnaire, l'Escaut a formé la limite des terres de l'Empire et de la France. Il est probable que, déjà à cette époque, les deux villages appartenaient à la domination de l'évêque de Cambrai, et que, lorsque ce prélat a fait choix du sire d'Oisy pour son châtelain ou vidame, il lui a donné en augmentation de fief, la seigneurie de Thun-Saint-Martin, qui était, comme la baronnie d'Oisy elle-même, tombée dans le lot de Charles-le-Chauve. En effet, ce village, dans le préambule du record de 1448, est désigné sous le nom de *Thun-Saint-Martin-au-Royaume*, pour le distinguer de Thun-l'Evêque, qui est de l'autre côté de la rivière. Malgré la convention politique qui séparait leurs nationalités, les deux communes, à cause de la proximité, n'ont pas cessé d'avoir de fréquents rapports entr'elles. C'est pourquoi la partie française est restée comme la partie réservée à l'Empire, fidèle à ses usages et à ses traditions d'origine.

Note 199. — Page 482.

THUN-SAINT-MARTIN. — PRÉAMBULE : *a esté dit et recordé.*

On voit, par cette énonciation, que la contume a été rédigée par voie de record (*recordatio, recordum*), acte qui a pour but de rappeler le souvenir d'une chose faite.

On distingue plusieurs espèces de *records*. C'est tantôt une enquête officielle ouverte à l'effet de constater et de recueillir d'anciens usages, en entendant des personnes âgées qui déclarent les avoir vu pratiquer, tantôt c'est une information juridique en vue de recevoir des dépositions de témoins dans un procès civil ou criminel, tantôt enfin c'est un acte rédigé par des échevins ou autres officiers publics, pour attester l'existence d'un jugement, d'un contrat, d'un arrangement ou d'une transmission de biens. (Voir notre Recueil d'actes en langue romano-wallonne : *record* de 1244 p. 120, 121 ; *record* de 1246 p. 130.)

Dans nos contrées du Nord, on trouve maints exemples de coutumes ou de franchises communales constatées par des records. Ainsi, la charte de Péronne de 1207, porte art. 28 : « Omnes insuper le-
» gitimas et rationabiles consuetudines quas burgenses

« Peronae hactenus tenuerunt, eis concedimus, et vo-
» lumus ut eas observent sicut hactenus servaverant,
» per legitimam recordationem majoris et jurato-
» rum. » (Ordonn. des rois, t. V, p. 162) T.

Nous donnons le nom de *records coutumiers* à des déclarations solennelles que les échevins faisaient sur l'interpellation d'un officier de la justice seigneuriale, à la première assemblée du printemps, pour faire connaître le droit qu'ils avaient mission d'appliquer. Ces déclarations étaient un moyen de manifester la coutume à ceux qui avaient intérêt à la connaître. C'est pour cela qu'elles étaient faites par des anciens échevins, c'est-à-dire par des personnes qui donnaient leur expérience pour garantie de leur témoignage. A partir du xiii.ᵉ siècle, les records, surtout ceux qui se référaient aux usages des seigneuries ecclésiastiques des bords du Rhin, ont été rédigés par écrit. On les renouvelait lorsque le temps les avait détériorés, ou lorsque la jurisprudence en avait modifié l'esprit ou changé les dispositions. Les pays où l'on rencontre le plus grand nombre de weisthümer sont la Westphalie, la Basse-Saxe, la Franconie, le Brabant, les provinces de Nassau, de Hanau et surtout les gouvernements ecclésiastiques de Cologne, de Trèves, de Mayence et de Fulde. Assez communément, ils sont rédigés sous la forme d'un interrogatoire où le délégué du seigneur pose les questions et les échevins les réponses. Il ne faut pas s'en étonner, car l'institution du scabinat était privée de tout droit d'initiative. Les échevins qui ne se réunissaient que sur la convocation de leur conjureur, ne parlaient que quand il les interrogeait et devaient circonscrire leur réponse dans les termes de la demande qui leur était faite.

La première question du juge est celle-ci : est-il temps, est-il heure d'ouvrir la séance du plaid général ? — Les échevins, après avoir regardé le ciel, répondent : oui, le jour et l'heure sont venus. — On leur demande ensuite quel est le seigneur de la terre, quelles sont ses prérogatives, les limites de sa juridiction, quels sont les cas, quelles sont les amendes, les peines arbitraires dont le tribunal du plaid peut connaître, et ce n'est qu'après avoir spécifié les profits de la justice, qu'ils sont interrogés sur les usages particuliers qui constituent le droit proprement dit. Pour ne pas multiplier les exemples, nous nous bornerons à une seule citation empruntée au weisthum de Dreiss (Basse-Moselle), village situé dans la juridiction de l'abbaye d'Ecternach, au diocèse de Trèves.

« Sa révérence le seigneur abbé, siégeant en lit de
» justice sur un coussin, avec un petit bâton blanc, dé-
» signe au schulteiss la place qu'il doit occuper, celui-
» ci s'assied à côté de son seigneur et commande aux
» échevins de prendre séance. Il leur demande d'a-
» bord s'il est jour et temps de tenir la diète an-
» nuelle ; le plus ancien échevin répond oui. Le schul-
» teiss les invite ensuite à déclarer quelle est la juri-
» diction du seigneur et cela dans la forme accoutu-
» mée. Sur ce l'échevin, après en avoir obtenu la
» permission, se rasied et récapitule dans sa mé-
» moire ce qu'il doit répondre et il le fait ainsi : nous
» avons weisthum par écrit. C'est pourquoi nous
» désirerions que votre révérence nous permit de le
» lire, afin que notre déclaration soit plus conforme à
» la teneur de nos anciens usages ; et en vertu de la
» permission accordée, le weisthum a été lu par Hans,
» meunier, le plus jeune des échevins, de sa voix la
» plus claire. Il est ainsi conçu :

» Premièrement, les échevins déclarent que le juge
» laisse les cloches sonner tranquillement pendant
» toute la durée de la diète annuelle qu'ils tiennent,
» au nom de Mgr. St.-Wilbrot et de son église ; ensuite
» le juge commande aux échevins de s'asseoir sur les
» sièges qui leur sont réservés.

» Les échevins disent : voulez-vous nous maintenir
» dans la possession de nos anciennes coutumes quand
» nous voulons nous y conformer ?

» Le juge répond : oui.

» Le juge demande : est-il jour et heure d'ouvrir
» la diète annuelle de l'église de Saint-Wilbrot et de
» l'abbé d'Echternach ?

» L'échevin répond : oui, il est temps.

» D. Faites-moi voir comment on doit commencer.

» L'on commande au sergent de sortir et d'appeler
» par trois fois tous ceux qui sont tenus d'assister aux
» plaids généraux de l'église de Saint-Wilbrot et de
» son éminence l'abbé d'Echternach.

» D. Combien de fois dans l'année le plaid général
» a-t-il lieu ?

» R. Trois fois dans l'année, savoir le lundi qui
» suit le jour des Lois, le lundi qui suit le diman-
» che où l'on chante *misericordia Domini*, le lundi
» après la Saint-Jean-Baptiste. » (Grimm, *Weisth.* II, p. 335 et 336.)

Parmi les westhümer publiés par M. Jacob Grimm, le record de Weismes près Malmedy, et celui de Nyel (entre Saint-Trond et Landen, sur les confins du Brabant), sont ceux qui se rapprochent le plus des formes et de l'esprit de la coutume de Thun-Saint-Martin. Ils ont, en outre, cela de particulier qu'ils sont

écrits en français, si on peut donner ce nom à un idiome corrompu, quelquefois mi-partie roman et tudesque. « Chy apres senssyet ly recors que ly es-
» chevyn de Weimes salvent et wardent et recordent
» à play généralle de maye, quant y playt à sin gra-
» ges (*sein graff:* à leur comte).

» Première, salve, warde et recorde ly eschevin
» de Weismes, mesiré l'abbé de Stavelot et de Mal-
» meudy, dedans ly ban de Wcims, si long et si large
» que il s'extent, (a) la hauteur et seingnorie, le feu,
» la cloch, et l'oiseaulx els ayre, et le pechon sur le
» gravier...... Le maeur de Weimes, qui tient la
» maieurie de Weimes, (est) mayeur héritable dedens
» le ban de Weimes, si long et si large que il extent,
» de sour fieff et sur fieff de moible, de *chette*, de
» dette, de convent, de *stour*, de *bourine*, de debas,
» etc. » (Grimm, *W*. II, p. 835.)

Le record de Nyel, à cause de sa date, 1569, est beaucoup plus intelligible que le premier. Il se termine comme celui de Thun-Saint-Martin, par un état des chemins, sentiers et aises de ville dont il détermine la situation et la largeur. Comme celui-ci, il fixe l'époque de la tenue des plaids généraux et indique ce qu'on y doit faire. Les premiers articles sont consacrés à l'énumération des prérogatives du seigneur lequel les échevins tiennent et réputent pour un comte, ayant comme seigneur foncier, potence, puits et roue. La seigneurie est un fief qui ne relève que de Dieu et du soleil. « Quand le seigneur de Nyel prend pos-
» session de sa terre, il doit être mené à la cloche,
» semer argent et or contre le soleil et faire le ser-
» ment comme le propre seigneur de Nyel, et rece-
» voir le serment des échevins et sujets du même en-
» droit, et leur faire aussi pareil serment sur leurs pri-
» viléges. » (Ibid., p. 827.)

Les records de Nyel, de Weimes et de Thun-Saint-Martin ne sont probablement pas les seuls monuments de ce genre que nous possédions dans notre langue. La loi de Sebourg, citée par M. Tailliar (note 209), parait en fournir un quatrième exemple. Il serait donc très-possible qu'on parvînt à en découvrir encore d'autres dans les archives du Cambresis, du Hainaut et du Pays de Liége. Les développements que nous donnons à cette note ont pour but de faire voir l'intérêt qui s'attache à ces déclarations et l'utilité qu'on pourrait en retirer.

NOTE 200. — PAGE 483.

THUN-SAINT-MARTIN. — ART. 1.er : *un four bannier appartenant au maïeur héritable.*

Cet article révèle deux faits remarquables. Le premier, c'est qu'il existait encore à Thun-Saint-Martin, en 1448, un mayeur héréditaire, quoique l'hérédité de cet office, admise d'abord dans beaucoup de villes et villages, eût été, au xv.e siècle, abolie presque partout.

Le second fait, c'est que, à la différence de la plupart des villages où le four banal appartenait au seigneur, il était ici attribué au mayeur héréditaire.

Les articles suivants jusqu'à l'art. 20 inclusivement, contiennent des formules et des solennités assez curieuses sur le mode d'administration du four banal, et on peut dire que la coutume de Thun-Saint-Martin est une des plus complètes sur cette matière. T.

NOTE 201. — PAGE 485.

THUN-SAINT-MARTIN. — ART. 20 : *os ataux de l'un compenaige nuls.*

Les jours *ataux* sont mis ici pour *jours dataux* (*dies datales*), ainsi nommés parce que les trois grands jours de Noël, de Pâques et de Pentecôte, servent en quelque sorte de *date* pour préciser les dimanches ou octaves qui les précédent ou les suivent. Ainsi, l'on dit, par exemple : le 2.e dimanche de l'Avent (antérieur au jour de Noël); le 3.e dimanche après Pâques ; le 23.e dimanche après la Pentecôte.

On entend par *compenage* les menues pâtisseries dont les sujets et manants se régalaient *en compagnie* ou en famille, aux trois fêtes solennelles de l'année que l'on appelait *jours dataux*. T.

NOTE 202. — PAGE 486.

THUN-SAINT-MARTIN. — ART. 26 : *item, que nulz tavreniers.*

Cet article et le suivant étendent l'obligation de l'afforage au pain et à la viande que les taverniers et hôteliers débitaient avec leurs boissons. La coutume ne veut pas qu'ils soient livrés aux consommateurs sans qu'au préalable, les échevins ne se soient assurés de leur bonne qualité, et n'en aient fixé le prix. T.

NOTE 203. — PAGE 486.

THUN-SAINT-MARTIN. — ART. 29 : *nuls jeux de dés, de quartes, de tablier et de tatinclan.*

La passion du jeu, à cause des émotions qu'elle fait éprouver, a pour tous les peuples encore barbares un incroyable attrait. Au moyen-âge, on ne saurait dire combien la passion du jeu est partout répandue. C'est une espèce de frénésie qui absorbe les journées et les nuits entières. De là les nombreuses dispositions de nos coutumes dans le but de contenir et de réprimer cette passion désordonnée. — Voir ci-

dessus notes 148 et 184, et dans notre Recueil d'actes en langue romane-wallonne *les bans d'Hénin-Liétard*, ch. 12, avec la note ajoutée à ce chapitre, p. 400.
T.

NOTE 204. — PAGE 486.

THUN-SAINT-MARTIN. — ART. 30 : *peult prendre et saisir son debteur par où il peut.*

La manière dont le créancier peut agir envers son débiteur forain est très-curieuse, en ce sens qu'elle l'autorise à procéder lui-même à l'arrestation, et qu'elle trace la formule des paroles sacramentelles qu'il doit prononcer, pour requérir le premier venu de lui prêter main forte : « allez me quérir justice ; » cet homme-ci me doit, je veux être de lui payé; si » vous ne voulez aller quérir la justice, tenez-moi cet » homme-ci mon debiteur, et j'irai la quérir. »

L'habitant qui, en pareil cas, refuse son concours, est passible d'une amende de LX sous cambresis ; il répond envers le créancier de ce que celui-ci était fondé à réclamer de son débiteur, pourvu toutefois que, par suite du refus de concours, le débiteur échappe à son créancier, et en outre à la condition que l'action en responsabilité sera exercée dans la huitaine.
T.

NOTE 205. — PAGE 487.

THUN-SAINT-MARTIN. — ART 33 : *par clam ou par service du sien fait au seigneur.*

Ainsi le créancier est le maître de poursuivre le débiteur forain par une double voie, soit par voie juridique, en saisissant la justice d'un clam ou d'une action et en remettant l'exploit au bailli du lieu, soit par voie de contrainte ou d'exécution en s'adressant au seigneur ou à ses officiers (le mayeur ou le sergent), moyennant *don ou service*, c'est-à-dire libéralité ou rétribution, car le mot service paraît devoir être entendu ici dans ce dernier sens.
T.

Voir sur le même sujet les articles 166 et 178 de la coutume de Baralle et Buissy. (II, p. 474, 477.)

NOTE 206. — PAGE 487.

THUN-SAINT-MARTIN. — ART. 35 : *que l'on dist aise de ville.*

Parmi les points les plus importants confiés à la sollicitude de l'autorité municipale, figure la conservation intégrale des voies ou chemins destinés, soit à la libre circulation, soit à l'exploitation des terres. De-là le soin que prennent les rédacteurs de la coutume d'énumérer, en indiquant la largeur de chacune, les voies affectées aux besoins publics de la ville de Thun. Ils rangent aussi dans cette classe les chemins de hallage sur les bords de l'Escaut.

On peut croire toutefois que les mesures de répression prises pour assurer la conservation de ces voies et chemins, sont introductives d'un droit nouveau, car les amendes qu'elles infligent ne sont plus stipulées en monnaie cambresienne, comme on les trouve dans les dispositions plus anciennes, mais elles sont spécifiées en livres et en sous parisis, ce qui permet de supposer qu'elles datent d'une époque où, par l'avènement de seigneurs français à la possession des fiefs du groupe d'Oisy, l'influence de la France et de sa monnaie était prépondérante.
T.

Un fait vient ici confirmer la supposition de M. Tailliar, c'est que les déclarations des weisthümer, sur ce point, ne sont jamais sanctionnées par des pénalités pécuniaires. Elles se bornent à indiquer la situation, l'usage et la largeur des chemins, ainsi qu'on peut le voir par la disposition finale du record de Nyel : — « Item des chemins d'aisance, chemins » et piedsantes et de leur largeur dans le resort de » Nyel ; — Item, nous eschevins tenons que le che- » min seigneurial sera large et devra l'être de deux » verges à navets, et chaque verge à navets sera large » de 19 1/2 pieds de mouton (9 pieds et demi) ; en » sus, nous eschevins, tenons que près du chemin » seigneurial il y a un chemin d'aisance et conduit » hors du village de Nyel, à la campagne, droit sur » la terre des héritiers de Beckers Poelmans ; celui- » ci nous le tenons par large d'une verge à navets ; de » plus, nous tenons que la Pullestraet est un chemin, » et que là il s'y trouve un baisecul à l'extrémité de » la cense et biens de Pierre Bogaerts; de plus... etc.» (Fred Guill. Hoffman, *Recherches sur le gouvernement des comtés de Loos, d'Horne et de Nyel*, 1797. Dipl. p. LXX à LXXVII. — Grimm, *Weisth.* II, p. 827,)

La coutume de Thun prend pour base de la mesure des chemins celle qui était adoptée partout, la longueur du pied de l'homme. A Nyel, au contraire, elle se fonde sur la hauteur du pied du mouton qui varie moins. Il faut 19 demi pieds de mouton pour une verge à navets, deux verges à navets pour un chemin seigneurial et une verge à navets, c'est-à-dire 9 pieds et demi pour un chemin d'aisance, ce qui donne à cette espèce de voie, à peu près la même largeur dans les deux localités.

Le record de Thun-Saint-Martin (art. 37, 42, 43, 52 et 53) pour exprimer la largeur ou la dimension de certains chemins, canaux ou aqueducs établis dans un but d'utilité publique, se sert de signes ou symboles qui indiquent, ou la cause de leur établissement, ou l'usage auquel ils sont destinés, ou, si c'est un

aqueduc, le volume d'eau qu'il doit distribuer. L'aise de ville qui mène au marais doit avoir partout 9 pieds de large et, au point où il aboutit, c'est-à-dire, au *desquerquoir*, elle doit être assez large pour qu'une charette à deux chevaux y puisse tourner facilement (art. 37). — La navie (le canal) qui va de l'Escaut à la mairie, doit avoir une largeur telle que deux bâteaux, l'un chargé et l'autre vide, y puissent naviguer sans se heurter (art. 43).— La voirie *commenchant au crocquet*, aura une largeur suffisante si on peut y circuler avec deux seaux d'eau dans chaque main et un fardeau de buée sur la tête (art. 52). — La buise ou aqueduc qui conduit l'eau au Renier doit être assez large pour qu'un œuf entraîné par le courant y puisse passer librement (art. 53).—En cela encore la coutume de Thun décèle sa parenté avec les institutions germaniques, ainsi qu'on pourra s'en convaincre en la comparant avec les articles 28, 29 et 30 du weisthum de Schwelm (Westphalie). — « Un chemin royal (ein rechte kœ-
» ningestrate) doit être assez spacieux pour qu'un
» cavalier chevauchant avec son harnais au grand
» complet puisse y passer, en tenant une (gelaue) lon-
» gue de seize pieds et placée en travers sur son che-
» val, sans rencontrer d'empêchement ni à droite ni
» à gauche ; un chemin d'église ou chemin nécessaire
» (kerkweg ofte notweg) doit être assez large pour
» qu'un corps mort chargé sur un chariot ou sur une
» charette puisse y passer avec deux femmes marchant,
» l'une à droite, l'autre à gauche, sans toucher les
» haies. » (Grimm, *Weisth.* III, 28.)

NOTE 207. — PAGE 490.

THUN-SAINT-MARTIN. — ART. 57 : *quiconques prend et desrive le bacquot d'autrui.*

Cette disposition paraît empruntée au titre XXIII de la Loi Salique : *de eo qui navem sine permissu domini moverit vel furaverit.* T.

NOTE 208. — PAGE 490.

THUN-SAINT-MARTIN. — ART. 60 : *feu en mauvaise queminée.*

Dans tous les temps de salutaires précautions contre les incendies si désastreux dans les campagnes, ont été prises par les législateurs, de là nos articles 60 et 61. (Voir les art. 147, 148 de la coutume de Baralle et Buissy et la note 62 ci-dessus.) T.

NOTE 209. — PAGE 491.

THUN-SAINT-MARTIN. — ART. 63 : *à toutes journées de plaids généraux.*

PLAIDS GÉNÉRAUX. Dans beaucoup de localités du nord de la France, il y a, plusieurs fois par an, à des époques déterminées, des assemblées solennelles désignées sous le nom de *plaids généraux.* Ces assemblées présentent tout-à-la-fois le caractère :
1.º *d'assises judiciaires*, criminelles ou civiles ;
2.º de *journées de record* où les anciennes coutumes sont recordées et parfois rédigées de nouveau ; 3.º de *franches vérités* où sont signalés tous les délits et méfaits connus ; 4.º de *conseil de recensement* où doivent comparaître tous les sujets et manans de la seigneurie.

1.— Ces plaids généraux offrent le caractère d'une assise judiciaire, criminelle et civile, en ce que la justice du seigneur constituée selon les anciens usages et composée le plus souvent des échevins du lieu, statue, dans les limites de ses attributions, d'une part, sur les délits et méfaits qui lui sont déférés, et de l'autre, sur les contestations élevées entre les bourgeois, sujets et manans.

2.— Les mêmes plaids, sous un autre point de vue, tiennent lieu de *journée de record* où sont remémorées les anciennes coutumes observées par les devanciers. Ces coutumes elles-mêmes sont parfois nommées plaids généraux, parce qu'elles sont mises en écrit ou réformées dans des réunions de ce genre. (V. *les usages de Sebourg*, publiés dans les Archives du nord de la France, 2.ᵉ série, tom. V et la note 199 ci-dessus.)

3.— Ces assemblées sont en même temps des *franches vérités*, puisque tous ceux qui ont connaissance d'infractions commises, sont obligés de les signaler au seigneur doublement intéressé à percevoir les amendes qui les répriment et à maintenir l'ordre dans sa seigneurie. (Voir note 111 ci-dessus et la notice de cette septième série, p. 200.)

4. — Enfin, ces assemblées servent de *conseil de recensement* en ce sens que tous les sujets et manans de la seigneurie sont tenus de comparaître et même, en quelques endroits, d'apporter une modique redevance qui atteste leur présence et contribue à dédommager le seigneur des frais de ces solennités.

C'est sous ce dernier rapport que notre article 63 envisage ici les plaids généraux de Thun-Saint-Martin. T.

NOTE 210. — PAGE 491.

THUN-SAINT-MARTIN. — ART. 65 : *sinon pardevant la justice spirituelle de Cambray.*

Pour leurs obligations personnelles, les habitants de Thun relèvent de la justice spirituelle de Cambrai. Depuis longtems ce village était lié par des nœuds très-étroits avec l'autorité diocésaine de cette ville. Dès l'an 1089, Gérard II, évêque de Cambrai, avait confirmé une donation faite à l'église cathédrale de Notre-Dame par Bauduin, chanoine de Cambrai, de l'autel de Thun-Saint-Martin, que celui-ci tenait du prélat. (Voir Gloss. topog. de l'ancien Cambresis, par M. Le Glay, p. 17.)

Indépendamment de ce motif, il y avait peut-être encore deux autres raisons pour que la cour spirituelle de Cambrai connût des obligations personnelles. D'après les lois romaines, l'évêque substitué à l'ancien défenseur de la cité, était en droit de statuer, dans son audience épiscopale, sur les stipulations personnelles, jusqu'à une certaine somme. Le système féodal qui n'avait attiré à lui que ce qui concernait le gouvernement de la terre, avait laissé debout cette juridiction qui n'était même plus limitée par le taux de la somme demandée.

De plus, les stipulations personnelles étaient garanties par le serment des obligés. L'inexécution de la stipulation constituait en même temps une violation de la foi jurée. Or la violation du serment rentrait de droit dans la compétence de l'église qui, par accession, connaissait de la promesse elle-même.   T.

NOTE 211. — PAGE 491.

THUN-SAINT-MARTIN — ART. 66 : *se ilz ont illecq présent varles ou mesquines.*

C'est sans doute un devoir pour les varlets ou domestiques de prêter, en toute circonstance, aide et secours à leurs maîtres. Mais il ne faut pas que, par un zèle indiscret, ils s'immiscent, de leur chef et sans être requis, dans les débats que ceux-ci peuvent avoir avec des tiers. Leur intervention téméraire ou désordonnée aurait la chance fâcheuse de rendre les querelles plus acharnées, ou de faire dégénérer de simples disputes en scènes de violence où les contestants pourraient être dangereusement blessés.   T.

NOTE 212. — PAGE 494.

BOIS-BERNARD — ART. 3 : *nonobstant que tels manoirs viennent du costé de ladite femme.*

Voir les notes 112 et 119 ci-dessus.

NOTE 213. — PAGE 496.

PAYS DE LALLEU. — PRÉAMBULE : *tenu et mouvant à aucun d'iceulx.*

Sur le Pays de Lalleu, voir Maillard, *Cout. gén. d'Artois*, notes sur le Placard de 1544, 23, 24 et 25, p. 166.

NOTE 214. — PAGE 499.

PAYS DE LALLEU. — ART. 26 : *sans touchier aux cartes, previlliéges et édit dudit Pays de Lalloeu.*

Au mois d'août 1245, Martin, abbé de Saint-Vaast, et Robert, avoué d'Arras, seigneur de Béthune, confirmèrent les lois et anciennes coutumes du Pays de Lalleu. M. Tailliar, dans son Recueil d'actes en langue romane-wallonne, p. 123, donne le préambule de cette charte.

NOTE 215. — PAGE 501.

RIQUEBOURG-SAINT-VAAST. — ART. 4 : *qu'il auroit fait treuve de son fourfait.*

Sur les trèves et assûremens, voir tome 1.er, p. 103, note 10.

NOTE 216. — PAGE 504.

RIQUEBOURG-SAINT-VAAST. — ART. 17 : *se ils y vont, ils se parjurent.*

On voit, par cet article, que l'usage d'envoyer les échevins des justices subalternes chercher des conseils auprès des échevins du tribunal supérieur, est très-ancien, puisque, dès 1230, l'abbé de Saint-Vaast prescrit cette mesure à ceux qui ont mission de rendre la justice dans son alleu de Riquebourg ; mais en même temps, il leur défend de l'ordonner sans une nécessité absolue, afin d'épargner des frais inutiles aux parties. « Sachent échevins, dit-il, que de chose « dont il sont sages, ne doivent aller à enqueste et » que s'ils y vont, ils se parjurent. »

Aujourd'hui, c'est par l'avertissement des mercuriales, que les tribunaux civils qui ont recours trop légèrement aux avant faire droit, sont rappelés à l'observation de leurs devoirs.

NOTE 217. — PAGE 505.

RIQUEBOURG-SAINT-VAAST.—ART. 22 : *pour enffans de songuant.*

L'expression *songuant* s'applique évidemment aux enfants naturels de la femme. En disant qu'ils *partiront à l'héritage de leur mère*, la coutume laisse supposer qu'ils pourront y venir concurremment avec les enfants légitimes. L'article 30 leur réserve aussi une part dans la succession des biens mobiliers. (Voir notes 110 et 117 ci-dessus.)

NOTE 218. — PAGE 506.

RIQUEBOURG-SAINT-VAAST. — ART. 24 : *sil par adventure ceolle ou rinœult les sains.*

Cet article se réfère au précédent, et a pour but

d'empêcher que le parent qui veut exercer le retrait lignager, ne puisse s'inscrire en faux contre la déclaration du vendeur, sur la réalité du prix de vente que celui-ci affirme par serment.

NOTE 219. — PAGE 509.

VITRY. — ART. 9 : *que tous les héritaiges d'hommaige, en succession, se partissent à égalle porcion.*

Qu'est-ce que ces *héritages d'hommage* ? Evidemment ce ne sont pas des fiefs, lesquels ne sont jamais partageables. Ne serait-ce pas plutôt quelque chose d'analogue aux *coteries de mainferme* ou *coteries de franc alleu* dont parlent les articles 13 et 15 de la coutume de la châtellenie de Lens ? (II, p. 332.)

NOTE 220. — PAGE 519.

SAINT-AMÉ-EN-DOUAY. — ART. 3 : *par don que leur en fist un conte de Flandre nommé Arnoul.*

Le comte de Flandre, dont il est ici question, est Arnoul-le-Jeune, qui régna de 967 à 988. L'église de Saint-Amé en Douay qu'il enrichit de ses libéralités, vers 980, était une des plus anciennes et des plus importantes fondations du pays. Le premier acte authentique, encore subsistant, qui y soit relatif, est un diplôme de 1076, par lequel Robert-le-Frison, comte de Flandre, confirme ses possessions. Nous en traduisons les passages suivants :

« Saint Maurant né (vers 635) de l'illustre Adalbald, duc de Douai, et de sa femme sainte Rictrude, aspirant dans ses méditations pleines de sollicitude, à être inscrit un jour au nombre des élus, construisit, sur son propre fonds jadis nommé Bruel et plus tard Merville, une église qu'il érigea en l'honneur de Dieu et de saint Pierre, prince des apôtres. Au temps de Clovis II, roi des Francs, fils de Dagobert, il recueillit (vers 655) les biens qui lui revenaient à titre héréditaire ; puis (en 673) les conféra à saint Amé, évêque de Sens, expulsé de son siége par la tyrannie de Théodoric III. Quand ce saint homme fut sorti de l'exil d'ici-bas, saint Maurant réunit en son honneur, dans cette église, des religieux voués au service de Dieu et de ses saints.

» Cette congrégation de frères continua, dans cette église de Merville, de servir Dieu et saint Amé, jusqu'à ce que les périls imminents de l'invasion des Normands les forcèrent de transporter à Soissons, ville fortifiée, le corps de leur saint patron et les reliques des autres saints. Quand la tempête suscitée par cette persécution se fut apaisée, Arnoul-le-Vieux, comte de Flandre, voyant Merville dévasté par la cruauté de ces Normands, décida (vers l'an 940), de l'avis des principaux du comté, que le très-saint corps de saint Amé serait transporté à Douai, et appliqua aux besoins des frères qui serviraient Dieu et saint Amé, dans l'église de Douai, les domaines conférés par saint Maurant, et d'autres propriétés encore. (*Suit l'énumération de ces domaines.*)

» Longtemps après (vers 980) un autre comte Arnoul, dit le Jeune, ou *Porté-à-car*, parce qu'il était dans son enfance traîné sur un charriot, donna à cette église de Saint-Amé de Douay, le tonlieu des étaux du marché, depuis les nones sonnées la veille de sa fête, 18 octobre, jusqu'au soir du lendemain 20. Il donna aussi à la même église, sauf quelques petites parties indiquées, toutes la terre du château jusqu'au pont de Saint-Amé et le moulin de Saint-Nicolas.

» Dans la suite, le comte de Flandre, Bauduin IV, dit *Belle-Barbe* (successeur d'Arnoul-le-Jeune de 988 à 1034) et d'autres pieux personnages ajoutèrent à ces libéralités.....) »

Enrichis de la sorte par des donations successives, les chanoines de Saint-Amé-en-Douay devinrent de puissants seigneurs féodaux, ainsi que le prouvent les coutumes que nous publions ici. (Voir au surplus BUZELIN, *Gallo-Flandria*, p. 301, *Annales Gallo-Flandr.* p. 60, 68, 73 et suiv. GHESQUIÈRE, *Acta sanctorum Belgii* ; MARTIN LHERMITE, *Hist. des Saints de la province de Lille, Douai et Orchies*).—Voir aussi, aux archives de la mairie de Douai (armoire 1.re, liasse 8), extrait de certaines lettres en latin de Philippe-le-Hardi, roi de France, du mois d'octobre 1278, qui rappellent la donation faite par le comte Arnoul II, dit le *Porté-à-car*, au profit de l'église de Saint-Amé. T.

NOTE 221. — PAGE 519.

SAINT-AMÉ-EN-DOUAY. — ART. 5 : *pour les garder de toutes oppressions et viollences.*

Il existe à ce sujet des lettres de Philippe V dit le Long, roi de France, en date de 1320, lesquelles concèdent au chapitre de Saint-Amé de Douai, le privilége de ne reconnaître pour défenseur de ses droits que le bailli d'Amiens.

Une disposition contenue dans cet acte porte : « Ipsis (*canonicis ecclesiæ S. Amati Duacensis*), ex certâ scientiâ et de speciali gratiâ, concedimus per praesentes, quod ipsi eorumque ecclesia, tam in capite quam in membris, et omnia bona sua, in et de ressorto Bailliviæ Ambianensis prædictæ, remaneant in perpetuum, et in omnibus casibus ad ressortum pertinentibus, per Baillivos Ambianenses, qui pro tempore fuerint, justitientur, et à quibuslibet adversariorum suorum insultibus, defendantur. »

Ce privilége est reproduit dans d'autres lettres, de Philippe VI (de Valois), de 1330. V. Aubert le Mire, *Opera diplomatica*, t. IV, p. 271.   T.

Note 222. — Page 522.

Ecourt et Saudemont.—Art. 6: *sont fondés XXV prébendes à cause desquelles chascun possesseur chanoine a de lui tenues...*

Louis-le-Débonnaire, dans un concile tenu à Aix-la-Chapelle en 816, fit un règlement pour les chanoines, à la suite duquel la vie commune fut établie dans tout l'Empire. Partout on leur bâtit des dortoirs, des réfectoires et des cloîtres fermés. Mais bientôt, la discipline s'étant relâchée, la vie commune cessa d'être pratiquée. Les chanoines firent toujours un corps, conservèrent leur logement près de l'église, une partie considérable de leurs biens, destinée à couvrir des dépenses communes, constitua *la manse capitulaire*, et une autre partie fut fractionnée en prébendes et attribuée à chacun des chanoines, pour subvenir à ses besoins particuliers.

Les articles 6, 7 et 8 de la coutume d'Ecourt et Saudemont nous font voir que les prébendes du chapitre de Saint-Amé-en-Douai étaient des espèces de petits fiefs qui créaient, entre le titulaire et le tenancier principal, des rapports de service et de vassalité, puisque les héritiers de ce dernier payaient un franc d'Artois, chacun, pour appréhender sa succession, et que celui d'entre eux qui avait le titre de chef-masurier, faisait un service personnel auprès de son seigneur chanoine, lorsque les membres du chapitre venaient dîner à Ecourt : service qui consistait à lui tenir l'étrier à l'arrivée et au départ, à le servir à table et à prendre soin de sa monture. (art. 8.)

Note 223. — Page 528.

Annhiers. — Art. 7 : *sans pour ce évocquier ne appeler sa femme.*

Voir les notes 112 et 119 ci-dessus.

Note 224. — Page 528.

Herlies. — Art. 2 : *doit livrer ledit maire à mesdits seigneurs ou à leur commis plache, estrain, destrain, table et blanque nappe.*

A Ecourt et Saudemont, l'obligation du past a un caractère individuel en ce sens qu'elle se divise proportionnellement au nombre des prébendes (art 8), et à la part que chaque tenancier principal y doit prendre vis-à-vis du titulaire ; mais à Herlies, bien de la manse capitulaire, il n'y a qu'un seul obligé qui est le mayeur héréditaire, lequel tient son office en fief de la prévôté et fabrique de Saint-Amé-en-Douai. (Voir note 222.)

Les tenanciers des fiefs de mairie (maire, mayeur, écoutète ; *en latin* : major, villicus, scultetus ; *en allem.* : schulteiss, meier, meiger, richter, heimbürge) surtout dans les domaines ecclésiastiques, étaient souvent chargés de prestations analogues. Nous en avons fourni un exemple à la page 458 du premier volume de ce recueil. Pour ne pas multiplier les citations, nous renvoyons nos lecteurs au Rôle des feudataires de l'abbaye de Corbie, de l'an 1200 environ : ils y verront que le service des *majores villarum* se résume presque toujours dans l'obligation de fournir pour les expéditions du seigneur ou de ses officiers, soit un cheval de monture (*runcinum*), ou un cheval pour le transport de ses bagages (*sommarium*), soit un repas (*sompneia*), qu'ils sont tenus de lui offrir une fois par an. Voir tome Ier (p. 323 et suivantes), les n.ºs 72, 73, 76, 78, 80, 81, 82, 83, 84, 90, 91, 92, 93, 99, 100, 101, 102, 106, 107, 108, 109, 114, 115, 116, 117, 119, 120, 124, 125, 169, 170, 173. Sur 32 feudataires qualifiés : *homo ligius et major*, 25 doivent le past ou *sompneia* ; 5, doivent le *runcinum*, 1 le *summarium*, et 1 autre doit tout à la fois le *summarium* à l'abbé et la *sompneia* au prévôt. Au village de Varloy, il y a deux mayeurs qui doivent chacun la moitié de cette dernière prestation au camérier. Les autres sont tenus de la fournir au trésorier, au cellerier et à l'hospitalier.

Quelquefois la sompneia consistait en un plat de viande ou de poisson que le mayeur offrait à la table de son seigneur. Le mayeur de Hem et de Montières, dans le dénombrement de Guillaume de Macon, évêque d'Amiens, de 1301, (V. t. Ier, p. 344) est mentionné comme devant plein service à roncin et service de plaids. Il devait en outre, une fois l'an, présenter à la table du prélat *une troite de 200 œus* (probablement une truite du poids de 200 œufs), avec une pièce de lard d'un pied de long et d'un pied de large, pour faire frire ladite truite, et livrer au cuisinier six setiers de vin de qualité moyenne. Ce jour là, le mayeur dînait à la table de l'évêque avec ses sergents, et quand la truite était cuite, on en coupait un quartier qu'on envoyait à la mairesse avec un pot de vin et deux pains.

La *sompneia* était aussi d'un usage général en Allemagne, surtout en Alsace, dans les pays de la Saar et dans le duché de Luxembourg. Là, comme en France, elle paraît avoir été une condition du fief de mairie. (Grimm, D. R. A. p. 869.)

L'abbé de Mettloch, dit le weisthum de Faha, de 1529, doit venir, au jour qu'il a indiqué, tenir sa diète annuelle dans la métairie de Faha (pays de la Saar), devant la maison du mayeur avec deux chevaux et demi et deux hommes et demi ; il doit porter sur le poing un épervier et être accompagné de deux chiens courants et d'un levrier. Le mayeur est obligé de recevoir son seigneur, de lui verser de l'eau sur les mains, de donner à son cheval de la litière jusqu'au ventre et du foin jusqu'aux oreilles, à son épervier une poule et à ses chiens du pain en quantité suffisante. Le seigneur abbé doit trouver dans la maison du mayeur du feu sans fumée, une table couverte d'une blanche nappe, du sel, deux sortes de vins et sept sortes de plats doublés (sept à chaque service); alors le seigneur abbé s'assied à table avec les échevins et le tribunal, et goûte du plat qui lui convient. (Grimm, *Weisth.* II, p. 65.) Voir aussi le weisthum de Waldorf, art. 1 et 2. (Ibid. p. 642.)

La *sompneia* était donc une prestation caractéristique de l'office des *majores villarum*, que ces intendants des domaines ecclésiastiques devaient, une fois l'an, soit à l'évêque ou à l'abbé duquel ils relevaient, soit à quelqu'un de leurs grands dignitaires, lorsque ceux-ci faisaient leur tournée d'inspection. De-là le soin minutieux avec lequel certaines coutumes précisent la nature et la quantité des provisions à fournir. Cette obligation était plus ou moins dispendieuse selon le rang et la qualité du personnage qu'il fallait recevoir. Comme les assises des plaids généraux y donnaient nécessairement occasion, on s'appliqua d'abord à réprimer l'abus de ces grandes assemblées. Avec le temps, la *sompneia* ne figura plus dans les aveux de ceux qui y étaient assujétis que pour la conservation d'une prérogative honorifique, plutôt que d'un droit utile du seigneur qui était fondé à l'exiger. On substitua le symbole de la prestation à la prestation elle-même; et les mayeurs qui, comme celui de Montières, envoyaient un plat ou un gâteau à la table épiscopale, reconnaissaient par là qu'ils n'étaient pas complètement affranchis de la servitude inhérente à leurs fonctions.

FIN DE LA SEPTIÈME SÉRIE.

COUTUMES LOCALES.

HUITIÈME SÉRIE.
PRÉVOTÉ DE MONTREUIL.

NOTICE

SUR

LA PRÉVÔTÉ DE MONTREUIL.

La prévôté de Montreuil était, après celle de Beauquesne, la plus étendue du bailliage d'Amiens. Elle se composait de diverses fractions détachées de la Flandre, de l'Artois, du Ponthieu, qui avaient été réunies au siége de Montreuil lorsque l'autorité royale avait repris son ascendant sur les grands vassaux.

Nous ne recherchons pas les causes de ce bizarre assemblage qui ne s'explique que par l'état de morcellement politique où se trouvait la France féodale au moment où Philippe-Auguste, par l'établissement des bailliages royaux, manifesta l'intention de reconstituer l'unité du gouvernement. Les grands fiefs étaient eux-mêmes l'image du chaos et de la confusion la plus étrange. Les seigneurs intéressés n'étaient pas toujours très-bien fixés sur les limites de leurs territoires, et ils étaient souvent forcés de recourir à des arbitres pour trancher les difficultés qui naissaient de cet état de choses (1).

Les coutumes locales de la prévôté de Montreuil sont au nombre de 54 que nous classerons en quatre groupes, savoir : Montreuil, 18 ; Hesdin et Saint-Pol, 11 ; comté de Fauquembergue, 11 ; comté de Guînes et Saint-Omer y compris une enclave de la prévôté de Vimeu, 13.

Quinze coutumes du premier groupe offrent peu d'intérêt, parce que, pour les successions et les droits seigneuriaux, elles se réfèrent à la coutume de la prévôté de Montreuil. Ce sont celles des *châtellenies* de Dompierre et d'Ergny ; des *seigneuries* de Saint-West, Maintenay, Saulchoy, Warnecque, Dourrier, Caveron, Erembeaucourt, Lespinoy, Pœul paroisse d'Ergny, et Nyelles-lès-Boulonnais ; de la *commanderie* de Loison-le-Temple ; des *temporels* des abbayes de Saint-André-lès-Beaurains et de Sainte-Austreberthe-en-Montreuil. Les

(1) Voir la Notice sur la prévôté de Doullens, tom. II de ce recueil, p. 7.

coutumes de la *châtellenie* de Beaurains, de la *seigneurie* de Bercq-sur-Mer et de *l'échevinage* de Montreuil, méritent seules une mention particulière.

BEAURAINS. Cette coutume peut jeter quelque lumière sur un fait historique qui se rattache à l'un des événements les plus importants du xi.ᵉ siècle; nous voulons parler du naufrage et de la captivité d'Harold, lequel devint roi d'Angleterre, après avoir été délivré de ses chaînes par le prince normand qui devait lui ravir, bientôt après, la couronne et la vie, dans la sanglante bataille d'Hastings. Nous nous sommes, en effet, souvent demandé pourquoi Harold, après avoir vu son vaisseau brisé par la tempête sur les côtes de la Picardie, avait été mené au château de Beaurains plutôt qu'au château de Montreuil, qui est plus rapproché de la mer. Les chroniqueurs du temps expliquent ce fait par la présence fortuite du comte de Ponthieu à Beaurains. Il est bien plus probable que le comte Gui s'y rendit tout exprès pour prendre possession de sa royale épave, car si, comme tout le porte à croire, le naufrage a eu lieu sur la plage de Bercq, à l'embouchure de l'Authie, les officiers de cette seigneurie qui ont recueilli le prince anglais, ont dû nécessairement le conduire au chef-lieu de la châtellenie de laquelle Bercq relevait. Or Bercq est un des membres de Beaurains, une ancienne appendance de ce fief qui se composait de Beaurains-Château, Beaurains-Ville, Neuville, Saint-West, Bercq-sur-Mer, Merlimont et Verton.

Le droit de lagan qui n'a été aboli qu'en 1191, autorisait alors le pillage des navires naufragés et étendait ses conséquences jusqu'aux victimes du sinistre. On les immolait pour s'emparer de leurs dépouilles, et on mettait à rançon ceux qu'on supposait en position de racheter leur vie et leur liberté par un sacrifice pécuniaire. La coutume de Bercq porte en elle-même la preuve que ce droit barbare y a existé. A l'époque donc où on l'exerçait dans toute sa rigueur, il est vraisemblable que le comte de Ponthieu participait au bénéfice de cet infâme usage, puisqu'on le voit réclamer, pour sa part de butin, un prince qu'il fait aussitôt enfermer dans l'une des tours du château de Saint-Valery.

Les habitants de Beaurains, de Bercq et de Merlimont, en temps de guerre ou de péril imminent, étaient obligés de faire en personne le service du guet sur les murailles du château de Beaurains, et, à cette condition, ils étaient exempts du droit de guet que payaient annuellement les sujets des autres seigneuries à raison de quatre sous parisis par chaque maison où il y avait *plein ménage*, et deux sous parisis par maison où un homme veuf ou une femme veuve tenait *huis ouvert*. (art. 8.)

Il en était de même pour les droits de mutation par succession des héritages et manoirs roturiers. A Beaurains, à Bercq, à Saint-West et à Neuville, il n'était dû aucun relief parce qu'il y avait saisine de plein droit, en vertu de la maxime : le mort saisit le vif. Partout ailleurs, l'héritier payait un relief égal au cens d'une année. (art. 1er).

L'article 6 détermine les conditions du pâturage des marais et communaux pour toute la châtellenie. Dans les seigneuries subalternes, on ne peut y mettre plus de neuf bêtes à laine par chaque ménage, sous peine de confiscation de celles qui excèdent ce nombre; mais entre Beaurains-Ville et Beaurains-Château, il y a un marais franc où les habitants, par privilége anciennement accordé par les seigneurs, peuvent envoyer autant de bêtes à laine que bon leur semble.

BERCQ-SUR-MER. Cette seigneurie a aussi ses coutumes particulières qui tirent leur raison d'être de la situation de ce village et de la profession des habitants. Les articles 1, 2 et 3 règlent les engagements réciproques des marins et des propriétaires de navires. L'article 4 punit d'une amende de 60 sous les voies de fait commises là où la mer *couvre et découvre*, et d'une amende de 60 livres celles qui, dans les mêmes circonstances, ont occasionné effusion de sang. L'abolition du lagan a donné lieu sans doute à cette disposition. On a voulu, par l'aggravation de la peine, déraciner chez les habitants la sauvage habitude de se disputer, comme une proie, les épaves de la mer. L'article 6 attribue au seigneur la propriété de ces choses, quand elles ne sont pas réclamées dans le délai d'an et jour. Si les objets trouvés ne peuvent être conservés en nature, on doit les vendre aux enchères publiques pour en restituer le prix au légitime propriétaire (art. 7).

Le seigneur a aussi, par privilége de seigneurie, tous les esturgeons que l'on pêche en pleine mer, et les marins qui les prennent ne peuvent prétendre qu'à une gratification de cinq sous (art. 8).

La disposition de l'article 5 fait voir que l'idée de planter des oyats pour protéger les terres exposées à l'invasion des sables n'est pas une idée nouvelle, et que ce qui se pratique aujourd'hui dans les landes de la Guyenne, est une imitation de ce qui s'est pratiqué de temps immémorial sur les côtes du Marquenterre. Une amende de 10 sous est prononcée contre celui qui, sans le congé du seigneur, coupe, arrache ou emporte *les lesques qui sont des espèces de grands joncs croissans, lesquels entretiennent les sablons ensemble, et empeschent que lesdis sablons ne puissent voler, gaigner ou emprendre sur ladite ville de Bercq.*

MONTREUIL, *échevinage.* Dans toute succession *ab intestat*, il n'y a qu'un seul héritier, en ligne directe et collatérale (art. 1.er). Tous les biens de la communauté appartiennent à l'époux survivant alors même qu'il y a des enfants issus du mariage (art. 2). Le mari et la femme peuvent s'avantager mutuellement, soit par testament, soit par acte entre-vifs (art. 4) ; par conséquent, la coutume n'admet pas d'autre douaire que le douaire conventionnel (art. 6).

Dans la ville et banlieue de Montreuil, chacun est seigneur en son ténement, c'est-à-dire qu'on peut procéder par voie d'exécution contre ceux qui sont en retard de payer leurs rentes et reliefs (art. 9). Les héritiers sont tenus de relever dans le délai de sept jours et sept nuits, après le trépas (art. 13). Les tenanciers des maisons chargées de rentes doivent les entretenir en bon état, fournir déclaration des bouts et côtés et de la grandeur du ténement (art. 14). Chacun peut vendre, quand bon lui semble, le ténement qu'il tient d'autrui, en payant le terme entamé et le terme suivant, pourvu que le ténement soit en bon état (art. 15). Mais il ne peut vendre ses héritages qu'avec le consentement de l'héritier apparent (art. 16). Est réputé héritage patrimonial toute maison manable, acquise pendant la communauté, où les époux ont demeuré ensemble pendant un an et un jour (art. 5).

On ne peut ni jeter ses eaux ni avoir vue sur le voisin, qu'en vertu d'un titre ; ces sortes de servitudes ne s'acquièrent point par prescription (art. 18). Quiconque fait droit pignon sur son voisin est censé avoir pris toute sa terre (art. 19). Tout édifice couvert en tuiles a droit à demi-pied de gouttière ; s'il est en chaume, il a droit à un pied (art. 21).

Dans la ville et banlieue de Montreuil, on ne confisque point les héritages, mais seulement les meubles. Si le crime donnant lieu à cette peine a été commis par une femme mariée, on ne confisque que les draps qu'elle a sur elle (art. 23).

Le deuxième groupe se compose de 11 coutumes, savoir : Hesdin, *bailliage;* Hesdin, *échevinage;* Maisnil-lès-Hesdin, Regnauville et Mourier, Verchin-en-Ternois, *seigneuries ;* Heuchin, *échevinage ;* Créquy, *baronnie ;* Averdoingt, Bovin, *seigneuries ;* Auchy-lès-Moines, *temporel,* et Lisbourg, *échevinage.*

Hesdin, *bailliage.* La coutume générale qui a été décrétée le 20 juillet 1627, en vertu de l'édit perpétuel de 1611, reproduit, en grande partie, la rédaction de 1507 (1). Cette raison nous a déterminé à ne donner ici que le chapitre 7, qui s'applique plus spécialement à la localité et dont les articles sont accompagnés de contredits qu'on ne trouve pas dans les éditions imprimées.

(1) Bourdot de Richebourg, *Cout. gén.*, tom. 1er.

Ce chapitre énumère très-longuement les droits de chasse et de garenne ouverte que le comte d'Artois prétendait avoir, en sa qualité de pair de France, dans la châtellenie d'Hesdin. La garenne s'étendait depuis Fillieffes, en amont, jusqu'au village d'Aubin, en aval de la Canche, et embrassait, dans son circuit vers Saint-Pol, les clochers de Fillieffes et de Lenzeux, la grande cavée d'OEuf-en-Ternois, le clocher de Noyelle, le bois de Rollencourt, le clocher d'Auchy-lès-Moines, la pointe du bois de La Falize d'Auchy, le chemin entre Wamin et le Bois-Saint-Jean, jusqu'au lieu nommé le Pré d'Escalippe, la Loge Cornillot, le bout du village de Caveron, enfin, le ruisseau qui va dudit lieu à Aubin (art. 125).

Les seigneurs qui chassaient le cerf, la biche ou le sanglier dans les bois vers Abbeville, perdaient le droit de les suivre au-delà de la Canche, et une fois lancés dans la rivière, ces animaux étaient acquis au comte d'Artois (art. 126). Personne, sous peine d'amende arbitraire, ne pouvait chasser, dans les limites de ladite garenne, avec faucons, laniers, autours (art. 127), ni courir les lièvres et autres bêtes (art. 128). Les étrangers qui la traversaient avec des chiens étaient obligés de suivre les chemins, et les habitants des villages compris dans ses limites, de tenir les leurs enchaînés, sous peine de 60 sous d'amende (art. 130). Lorsque le comte d'Artois ou son châtelain chassait dans la forêt d'Hesdin, les seigneurs des environs ne pouvaient, pendant trois jours, se livrer à cet exercice dans leurs propres bois, pour donner le temps aux officiers du comte de rabattre dans la forêt le gibier qui en était sorti (art. 139).

HESDIN, *échevinage*. Cette coutume ressemble beaucoup à celles des autres villes de bourgeoisie. En matière de succession, le mort saisit le vif (art. 1.er); le fils aîné a le choix du principal manoir (art. 2). Les autres manoirs patrimoniaux se partagent également en ligne directe et collatérale (art. 4). L'époux survivant jouit, sa vie durant, de tous les conquêts faits pendant le mariage (art. 5). Les biens achetés par un bourgeois ne donnent pas ouverture au retrait lignager, et il y a terme d'an et jour pour retraire ceux qui sont acquis par un non bourgeois (art. 11 et 16).

Le maïeur et les échevins ont droit de haute, moyenne et basse justice, en matière civile et criminelle (art. 15). Ils ont la police des poids et mesures, des flots et flégards, et partagent, avec le comte d'Artois, le profit des amendes (art. 16). Ils gouvernent la personne et les biens des orphelins mineurs (art. 17 et 18). Le maïeur, pendant l'année de son institution, peut donner sauf-conduit aux débiteurs forains qui viennent à Hesdin ; ils payent un denier tournois chaque fois qu'ils y sont appelés par leurs affaires, à moins que le créancier bourgeois n'ait préalablement formé opposition à la délivrance du sauf-conduit (art. 19); c'est pourquoi tous les bourgeois qui ont des raisons de craindre que ces sauf-conduits ne compromettent leurs intérêts, sont tenus, le jour de la Saint-Jean-Baptiste, immédiatement après le renouvellement de la loi, de se présenter devant le maïeur avant qu'il soit sorti de son banc, et de lui désigner ceux de leurs débiteurs auxquels le sauf-conduit ne sera pas délivré; et le bourgeois, en payant quatre deniers tournois, obtient l'enregistrement de son opposition (art. 20).

HEUCHIN, *échevinage*. La rivière qui traverse ce bourg forme la ligne séparative de la prévôté de Montreuil et de la prévôté de Beauquesne (art. 2). La ville, c'est-à-dire la partie vers Thérouanne, est tout entière dans la prévôté de Montreuil et doit ses priviléges de commune à Baudouin d'Aire, seigneur d'Heuchin, qui les lui octroya par une charte datée du mois de juin 1220 (art. 4). Tous les cas non prévus par cette charte, sont jugés d'après les coutumes et les institutions de la ville de Saint-Pol (art. 5).

Aux termes de la charte, les bourgeois ne paient point de tonlieu pour leur vivre et vêtir (art. 6); ils ne peuvent être contraints de fermer leur ville de murailles (art. 7); celui qui vend ses héritages pour délaisser la commune ne peut emporter que ses meubles et catheux (art. 8); ses héritages demeurent en la main du seigneur, à moins que le bourgeois vendeur n'ait des héritiers proches, domiciliés à Heuchin, qui en opèrent le retrait (art. 9). Quand les héritages sont vendus, le seigneur peut, en remboursant le prix à l'acquéreur, les reprendre par puissance de seigneurie, à moins que quelque parent lignager ne réclame le droit de proximité (art. 10).

La transmission des biens en bourgage est soumise à certaines conditions. Ainsi les enfants légitimes partagent également tous les biens des père et mère décédés. Les enfants mâles domiciliés hors de la ville sont exclus du partage, parce qu'ils ne sont pas bourgeois; les filles, lors même qu'elles ne recueillent rien dans la succession, sont bourgeoises et font leurs maris bourgeois (art. 15 et 16). L'époux survivant conserve la qualité de bourgeois nonobstant la dissolution du mariage et, s'il convole en secondes noces, il la transmet à son nouveau conjoint (art. 17). Aucun bourgeois ne peut aliéner ses héritages patrimoniaux que sous trois conditions alternatives : le consentement des héritiers apparents, ou le remploi du prix, ou l'affirmation par deux témoins dignes de foi, qu'il est contraint de les vendre par la nécessité de ses affaires (art. 21). S'il vend ses héritages cottiers tenus en bourgage et s'en dessaisit au profit d'un seul acquéreur, il n'est dû qu'un seul droit de vente de douze deniers d'issue et de douze deniers d'entrée (art. 23). La dessaisine s'accomplit par le signe d'un rameau que le prévôt reçoit de la main du vendeur et met dans les mains de l'acquéreur (art. 24). Toute vente de biens en bourgage dont le vendeur emporte le prix hors de la commune, donne lieu, au profit de la ville, à la perception d'un droit fiscal au denier six (art. 25). Il en est de même lorsqu'on le donne ou transporte, par donation de mariage, à un individu non bourgeois (art. 26).

Le maire et les échevins ont la connaissance de tous les délits perpétrés dans la ville (art. 14) et même de ceux commis par des étrangers, quand ils sont saisis de l'affaire avant la justice du seigneur (art. 29); ils ont la faculté de modérer les amendes qu'ils prononcent (art. 28), d'instituer, pour la police de la ville, des esgards qui font l'inspection des vivres et des boissons (art. 30).

Pour couvrir le déficit de leur budget, le maïeur et les échevins sont dans l'usage de faire vendre le vin au détail à leur profit et d'en interdire la vente aux taverniers à trois époques de l'année et, chaque fois, pendant quarante jours (art. 31).

LISBOURG, *échevinage*. Les habitants sont qualifiés bourgeois par la disposition finale de la coutume, mais ce titre ne leur confère que des exemptions personnelles. Ils sont francs de travers dans tout le comté de Saint-Pol ainsi que dans les bailliages d'Aire et d'Hesdin (art. 5). Lorsqu'ils sont arrêtés à Heuchin, ils ont, par privilége, le droit de faire ordonner leur renvoi pardevant le maïeur et les échevins de Lisbourg (art. 8). Tout ce qu'ils vendent ou achètent en leurs maisons est affranchi du droit de tonlieu (art. 6). Le maire et les échevins connaissent de tous les délits qui n'entraînent pas une amende supérieure à soixante sous (art. 4). Tout jugement qui rejette l'opposition d'un débiteur arrêté sur la poursuite de son créancier, n'est définitif que lorsque l'arrêté n'interjette pas appel de la sentence des échevins (art. 11).

MAISNIL-LÈS-HESDIN. C'est sur l'emplacement de ce village, situé au confluent de la Canche et de la Ternoise, qu'a été bâti le nouvel Hesdin, après la destruction de l'ancien *Vicus-Helena*. La seigneurie, en 1507, appartenait à Guy du Maisnil, conseiller et maître d'hôtel du roi Louis XII. L'article 3 de la coutume porte que, lorsqu'un charriot chargé verse en traversant la grande prairie nommée la Garenne, le voiturier, avant de le recharger, est tenu de demander le congé du seigneur ou de ses officiers, à peine de soixante sous d'amende, formalité qu'il n'est pas tenu d'observer si le charriot verse à vide. Le même congé est aussi exigé du nouveau marié, sujet ou non du seigneur, qui veut coucher au Maisnil la première nuit de ses noces; ce congé doit être demandé sous peine de confiscation du lit et de tout ce qui est trouvé dessus le lendemain au matin (art. 4).

REGNAUVILLE. Les habitants ont la faculté d'envoyer leurs bestiaux au pâturage dans la garenne de Labroie, et d'aller ramasser du bois sec dans la forêt (art. 18).

VERCHIN-EN-TERNOIS. La cure est desservie par un religieux de l'abbaye de Dommartin. Quand il meurt, le seigneur envoie ses officiers faire inventaire de tout le mobilier du presbytère et signifier le trépas à l'abbé du monastère, afin que celui-ci, en faisant enlever le corps, puisse réclamer les biens du défunt (art. 11).

CRÉQUY. Cette baronnie est tenue en un seul fief du comté de Saint-Pol. La coutume se borne à tracer des règles de procédure et à tarifer les actes de la justice seigneuriale.

AVERDOINGT. Cette seigneurie qui est classée dans la prévôté de Montreuil, figurerait mieux dans la prévôté de Beauquesne ou de Doullens, puisqu'elle relevait de la cour et châtellenie de Saint-Pol. Le seigneur, à cause de la noblesse de son fief, avait droit de prendre sur les chasse-marées qui se rendaient à Arras, le poisson nécessaire aux besoins de sa maison, en leur en remboursant le prix au cours du marché de cette ville (art. 9); de contraindre ses vassaux et sujets à faire le service du guet sur les murailles de son château (art. 10); et d'obliger ses hommes d'Averdoingt et de Ligny, lorsque son seigneur naturel était en guerre avec ses ennemis, à lui livrer, à leurs risques et périls, un charriot attelé de quatre bons chevaux pour conduire ses bagages jusqu'à la fin de la guerre ou jusqu'à ce qu'il fût de retour dans ses foyers, sans que jamais il pût être responsable de la perte des chevaux par accident de mortalité, ou de la prise du fourgon par suite de la guerre (art. 15).

Le troisième groupe se compose de 11 coutumes, savoir : Fauquembergue, *comté ;* Fauquembergue, *châtellenie ;* Fauquembergue, *échevinage;* Fauquembergue, *ville et banlieue ;* Notre-Dame-en-Fauquembergue, Merques-en-Fauquembergue, Merques-Saint-Léger, Eulle, Renty, Esquerdes et Biesquennes, *temporels et seigneuries* dépendant du comté.

FAUQUEMBERGUE, *comté.* La coutume énonce les hautes prérogatives du seigneur. C'est d'abord le droit de garenne ouverte dont elle précise l'étendue et les limites, le droit de travers dont elle indique le mode de perception et la quantité de liquide qui peut être exigé de chaque charriot, charrette ou traîneau chargé de vin ou de cervoise, qui traverse ou parcourt quelqu'un des chemins qu'elle désigne par leurs tenants et aboutissants; puis viennent les conditions de l'exploitation des forêts du domaine; les délais pour enlever les bois abattus, le nombre d'étalons de l'âge de la coupe qu'il faut laisser par mesure de superficie, indépendamment des chênes et vieux étalons laissés dans les coupes précédentes (art. 2 à 12).

Le bailli, les francs-hommes et les officiers du comte ont la faculté d'aller tenir, une fois l'an, l'assise des franches-vérités, dans telle partie du comté que bon leur semble, pourvu que cette assise soit annoncée quarante jours à l'avance. Tous les sujets des seigneuries subalternes où cette publication a été faite régulièrement, qui ont manoirs amasés ou amasables sur front de rue, et qui ne sont pas exempts desdites franches-vérités, sont tenus de se trouver aux jour, lieu et heure indiqués, sous peine de soixante sous d'amende, pour être interrogés et répondre sur les délits dont ils ont connaissance (art. 14).

FAUQUEMBERGUE, *châtellenie-bailliage*. Cette coutume règle le tarif des émoluments des officiers de la châtellenie pour les actes et exploits de leur ministère.

FAUQUEMBERGUE, *échevinage*. Les actes de la justice échevinale y sont pareillement tarifiés, mais à un taux moins élevé.

FAUQUEMBERGUE, *ville et banlieue*. La coutume relate les priviléges, franchises et exemptions des bourgeois, manants et habitants de cette ville.

NOTRE-DAME-EN-FAUQUEMBERGUE, *collégiale*. Les chanoines mentionnent que leurs prébendes se prélèvent sur les revenus du comté; qu'ils ont des rentes constituées sur plusieurs maisons de la ville, pour *cantuaires* et *obits*; qu'ils sont francs et quittes de la taille de la ville pour les vins qu'ils tiennent en leurs celliers.

EULLE, *baronnie*. Tous les sujets qui ont manoirs amasés sur front de rue, sont tenus de comparaître une fois l'an aux franches-vérités; et tous les sujets cottiers qui paient leurs rentes à la Saint-Michel, de comparaître trois fois l'an aux plaids généraux de la seigneurie.

Le quatrième groupe comprend 13 coutumes dont 6 offrent quelque intérêt: ce sont celles du comté de Guines, du Pays de Brédenarde, des échevinages d'Ardre et d'Audruick, du Pays de l'Angle, et de la seigneurie d'Éperlecques.

GUINES, *comté*. Ardre est le chef-lieu du bailliage souverain de ce comté. Les manants et habitants ont été affranchis de toute espèce de tailles par lettres de privilége que leur octroya Arnoul, comte de Guines, au mois de mai 1272 (art. 1.er); ils ne paient point de droit de louvage, et ils passent en franchise de tout droit de travers, à Reminghen et au pont de Mienne (art. 2); le comte Arnoul, par ses lettres, s'est en outre interdit toute garenne de grosses bêtes et autre gibier, qui ne serait point close de murs ou de palis, et a autorisé ses sujets à détruire toutes celles qui seraient prises hors des garennes réservées telles que la garenne de lapins de Sangatte, le parc de Tournehen, de Larowese, la Haye de Guines et le parc de la Montoire (art. 3).

Les douze barons du comté de Guines sont ajournés, tous les ans le premier jour d'août, en vertu de la commission du bailli souverain, pour renouveler les statuts et ordonnances, les faire publier et décréter selon l'usage ancien. Il est alloué pour le dîner qu'on a coutume de leur offrir, ainsi qu'aux autres personnes qui composent le conseil, une somme de huit livres parisis que paie le receveur du domaine (art. 5).

Tous les seigneurs ayant justice et seigneurie, peuvent tenir une fois l'an les franches-vérités, pour obtenir la répression des délits commis dans l'année. Les délinquants sont condamnés sur la déposition d'un seul témoin, quand l'amende ne dépasse pas 60 sous. Si le fait révélé est passible d'une peine plus forte, un simple témoignage ne suffit pas (art. 6 et 7).

Les mêmes seigneurs font, à la mi-mars, les *escovaiges* des chemins, haies et fossés, et ordonnent que chacun ait à accomplir, vis-à-vis de son ténement, les ouvrages prescrits dans un délai de sept jours et sept nuits, sous peine de 3 sous parisis d'amende (art. 8). Ce délai passé, après visite des lieux, les défaillants sont condamés à ladite amende de 3 sous parisis, et il leur est accordé un nouveau délai de sept jours et sept nuits pour obéir au commandement itératif qui leur est fait; faute d'y obtempérer, ils sont condamnés à 10 sous d'amende, et les travaux se font à leurs dépens (art. 9).

Les possesseurs de terres en franc-alleu ne sont justiciables que du souverain bailli du comté. Ils sont astreints à comparaître devant lui trois fois l'an le jeudi après les trois nataux (Noël, Pâque et la Pentecôte), sous peine de 12 deniers d'amende, pour passer aveu de leurs actes translatifs de propriété et de toutes les successions qu'ils ont pu recueillir. Mais quand ils vendent leurs tenures, ils ne paient au seigneur que 4 deniers parisis de reconnaissance (art. 15).

PAYS DE BREDENARDE. Ce pays est qualifié membre du comté de Guines. Il a ses priviléges particuliers confirmés par plusieurs rois de France. Il est gouverné par un bailli et des francs-hommes qui tiennent leurs fiefs du château d'Audruick. Les matières criminelles et féodales sont dans leurs attributions et ils connaissent, par droit de souveraineté, des appels des sentences prononcées par le bailly et les échevins du pays (art. 5 et 6.)

L'échevinage se compose de sept échevins qui sont renouvelés le jour des Cendres, auxquels appartient, en première instance, le jugement de toutes les causes non réservées à la cour des francs-hommes. Tous les sujets levans et couchans du pays ne peuvent intenter d'action l'un contre l'autre que devant l'échevinage (art. 22). La partie présente au prononcé de la sentence doit appeler sur-le-champ, ou, si elle est absente, dans la huitaine de son retour, sous peine de non-recevablité de son appel (art. 27).

Les échevins sont souverains avoués de la personne et des biens des orphelins, et se font faire, tous les ans, le mardi qui suit la Quasimodo, sur tout ce qui touche aux intérêts pupillaires, un rapport qui est consigné sur un registre à ce destiné (art. 28). A la mi-mars, ils procèdent à la visite des rues, chemins, fossés, digues et flégards, et prescrivent les travaux d'entretien et de réparation qu'ils croient utiles (art. 24). Lorsqu'un sujet de haine existe entre deux personnes, ils contraignent les parties à faire la paix et à se donner des gages de réconciliation (art. 16).

Tous les sujets du pays de Brédenarde, comme ceux du comté de Guines, sont francs et quittes de toutes tailles, aides et travers.

Tout acquéreur ensaisiné par justice devient propriétaire incommutable des héritages ou rentes foncières par lui acquis, après dix ans de possession paisible; mais les enfants mineurs et les parents lignagers ont un an, à partir de leur majorité ou de leur retour au pays, pour exercer le retrait de proximité (art. 6).

Le créancier qui ne trouve pas de meubles suffisants pour assurer le paiement de sa créance, peut saisir l'héritage et le faire vendre après publications au marché d'Audruick (art. 9).

Au décès des père et mère, le moins âgé des garçons, ou, à défaut de garçons, la moins âgée des filles, a droit de prendre, à son choix, un manoir de cinq quartiers avec tous les arbres à fruit croissant sur ledit manoir, à la condition de récompenser ses frères et sœurs par une valeur égale en terre labourable ou autres biens (art. 11). Pendant le mariage, les père et mère héritent des biens mobiliers de leur enfant mort sans postérité, mais *si la table n'est plus entière*, c'est-à-dire si l'un des deux époux est décédé, le survivant n'hérite pas (art. 14).

ARDRE et AUDRUICK, *échevinages*. Ces deux villes de bourgeoisie, quoique leurs institutions procèdent de la même origine, n'ont cependant pas des coutumes complètement identiques.

Ainsi à Ardre, la commune est administrée par un bailli que nomme le roi et par sept échevins qui se renouvellent tous les ans le jour des Rois. Audruick, qui tient ses priviléges d'Arnoul, comte de Guines, est gouverné par un maïeur et des échevins qui suivent les us et coutumes de la ville de St.-Omer.

Les échevins d'Ardre sont tenus d'accepter leurs fonctions sous peine de 60 livres d'amende. Ils ont droit de haute, moyenne et basse justice; ils peuvent rendre leurs jugements en flamand, et condamner les criminels à être pendus, brûlés ou enfouis, selon la nature des délits et le sexe des délinquants. Les échevins d'Audruick ont aussi droit de haute, moyenne et basse justice ; ils font les statuts, keures et ordonnances de police, et ils sont souverains avoués des orphelins mineurs.

Les coutumes d'Ardre et d'Audruick contiennent aussi plusieurs dispositions de droit civil qu'il est utile de comparer, à cause de la variété de leurs formules. Le texte de l'une peut servir à expliquer ce qu'il y a d'obscur ou d'ambigu dans l'autre. Le preneur d'une maison par bail à rente doit la garnir d'un mobilier suffisant pour répondre des arrérages de trois années. (Ardre, 43; Audruick, 18). Faute par le preneur de fournir cette garantie, le créancier qui n'est pas payé de ses arrérages, peut, après l'expiration du terme de trois ans, procéder par forme de *vuinghe*, c'est-à-dire par mise de fait. Et si le débiteur ne s'est pas complètement libéré dans le délai d'an et jour qui lui est imparti par l'échevinage, le créancier réunit l'héritage à son domaine (ibid 39 et 40). Au contraire, lorsque le débiteur a donné gage ou sûreté suffisante, le créancier n'a plus qu'une action personnelle en paiement de ses arrérages, qui lui donne le droit de saisir les meubles et de se faire payer sur le prix de l'estimation par privilége à tous autres créanciers (ibid. 44). Cette action s'appelle *pandinghe* et se poursuit par un sergent nommé *amman*, qui ne peut procéder qu'en vertu d'un titre exécutoire et avec l'assistance de deux échevins (Audruick, 25).

A Audruick, les demandes purement personnelles des bourgeois sont d'abord portées devant le *mendachbourg*, espèce de chambre sommaire, composée du maïeur et de deux échevins, qui tient ses séances à la halle d'Audruick deux fois la semaine, et qui a pouvoir d'appointer souverainement et sans forme de procès, les parties qui y consentent. Dans le cas contraire, le mendachbourg les renvoie à la prochaine *vierschare*, qui siége de quinzaine en quinzaine (art. 24).

Cette procédure est empruntée aux usages des bourgs flamands, et la tradition s'en est conservée dans plusieurs coutumiers de cette province, notamment dans celui de la ville et échevinage de Gand, rubrique 1.re, art. 6, 7 et 8 (1). Il est aussi fait mention de la vierschare dans la coutume du Pays de l'Angle, dont il va être parlé.

---

(1) Le Grand, *Coust. et lois du comté de Flandre*, tom. 1.er, p. 8.

Pays de l'Angle. Ce pays, d'après le préambule de la coutume, tire son nom de la configuration de son territoire, lequel présente un angle formé par deux rivières qui viennent déboucher dans l'Aa, au-dessous de Saint-Omer. Il est borné d'un côté par le Calaisis et les terres occupées par les Anglais, et de l'autre par le comté de Flandre dont le cours de l'Aa forme la limite. Il se compose de quatre paroisses, savoir : Saint-Folquin, Saint-Nicolas, Sainte-Marie-Eglise et Saint-Omer-Eglise. Le siége de la justice, le *Ghiselhuys* est à Saint-Folquin où les officiers du seigneur ont accoutumé de se réunir pour expédier les affaires du pays (art. 1.er). Ce tribunal cumule les pouvoirs administratifs et judiciaires et se compose d'un bailli, d'un burgrave, d'un amman, de francs-hommes, d'échevins et de cœurcheurs. Le bailli est nommé par le comte d'Artois, souverain du pays : ses sentences sont portées par appel devant le bailliage de Saint-Omer (art. 2). Les francs-hommes, c'est-à-dire les hommes de fief, connaissent à la conjure du bailli de toutes les matières féodales. Les échevins, au nombre de huit, sont renouvelés tous les ans par un commissaire délégué par le comte d'Artois. En matière civile, ils sont juges de toutes les actions personnelles et réelles entre possesseurs et tenants cottiers; ils prononcent à la conjure du burgrave dont l'office est inféodé (art. 4). Les cœurcheurs, les échevins de la Keure, sont renouvelés tous les ans par le même commissaire. Ils connaissent à la conjure du burgrave de tous les crimes, délits et énormes faits que les keures et statuts anciens attribuent à leur juridiction; et ils tiennent leurs plaids de trois jours en trois jours (art. 5).

Avant d'expédier les causes dont il est saisi par plainte ou demande de partie, chacun des trois bancs est tenu de réunir les deux autres en assemblée générale, pour que la compétence soit réglée d'un commun accord (art. 6).

De même, lorsqu'il s'agit d'affaires pouvant motiver un règlement d'administration, c'est en assemblée des trois bancs réunis que se décrètent les mesures propres à atteindre ce but. C'est devant eux que se rendent les comptes des recettes et dépenses pour l'entretien des ponts, fossés, digues et écluses ; et c'est par eux que sont institués, tous les ans, quatre syndics gouverneurs pour faire la répartition de la taille nécessaire à l'accomplissement des travaux prescrits par les *watringues*, lorsque ceux-ci font leur tournée d'inspection dans le pays (art. 7).

L'amman et l'écoutète, chacun dans la ligne de ses attributions, font toutes les *pandinghes* ou saisies de gages. Lorsque le débiteur veut s'opposer à l'exécution, il doit ajourner le créancier saisissant, dans le délai de quinzaine, sous peine de non-recevabilité, et, ce délai passé, le créancier se fait adjuger, sur la prisée de deux échevins, les meilleurs meubles de son débiteur, jusqu'à concurrence de la somme qui lui est due et des frais de justice (art. 9).

Quand le débiteur en vertu d'un titre exécutoire, n'a pas de meubles pour garantir le paiement de sa dette, il est contraint par l'amman assisté de cinq échevins qui font la prisée de ses héritages cottiers, et les adjugent au créancier pour le prix de l'estimation, après trois criées et publications faites à quinze jours d'intervalle (art. 10).

Pour les rentes rachetables ou viagères, le créancier ne peut saisir que les meubles et objets affectés, par son contrat, à la sûreté de sa créance. Cette voie de contrainte qu'on appelle *sellinghe*, lui est ouverte pour qu'il puisse se mettre en possession de l'héritage et jouir des fruits jusqu'au parfait remboursement des arrérages et des frais (art. 12).

Lorsqu'un parent proche veut exercer le retrait lignager d'un héritage vendu par justice, il doit se pourvoir devant la vierschare avant l'expiration de la troisième quinzaine qui suit l'adjudication, et payer le prix du retrait dans la quinzaine suivante, avec *le denier à Dieu, vin du marché*, sous peine de forclusion et de 60 sous d'amende (art. 16).

EPERLECQUES, *châtellenie*. La seigneurie appartient à la dame de Humbercourt, qui la tient en gagerie de l'archiduc d'Autriche, comte d'Artois, lequel, en faisant ledit engagement, a retenu la foi et hommage avec le ressort de la justice. Le droit de haute, moyenne et basse justice est constaté par une fourche patibulaire à quatre piliers (art. 1.er). La forêt de Beaulo est placée sous la juridiction d'un châtelain et d'un forestier qui ont pouvoir d'infliger des amendes semblables à celles qui sont édictées pour les délits commis dans les autres forêts privilégiées du comte d'Artois. (Voir la *Coutume du bailliage d'Hesdin*, ch. 7). Enfin, la coutume d'Eperlecques contient des règlements de police rurale. Ses formules de bans de mars et d'août offrent beaucoup de rapport avec celles d'Oignies et de Baralle et Buissy, publiées dans la 7.e série de ce recueil (tom. II, p. 414 à 416; ibid., p. 466 à 469).

Les coutumes du temporel de la collégiale de Thérouanne, des seigneuries d'Estrées-Blanche et Linghen, ne signalent rien d'important. Celles de Tournehen et de Chingledicq, sont dans un état de détérioration à désespérer le paléographe le plus intrépide. Celles de Busne et du bourg d'Ault ne peuvent donner lieu à aucune observation, si ce n'est que la première est déjà mentionnée dans la 7.e série (tom. II, p. 388), et que la seconde s'applique à un bourg du Vimeu.

Pour la complète intelligence des principales coutumes de ce dernier groupe, il faudrait les comparer avec celles des pays d'Alost, de Termonde, de Vaës, du Franc de Bruges et des autres pays flamands; mais ces digressions donneraient trop d'étendue à cette notice. La *vierschare*, le *ghiselhuys*, l'*amman*, l'*écoutète*, le *burgrave*, les *cœurcheurs*, la *vuinghe*, la *pandinghe*, la *sellinghe*, trouveront peut-être leur explication dans les notes sur le texte même des coutumes. En ce moment nous ne voulons que signaler au lecteur les faits qui peuvent l'intéresser. Nous serons heureux si nos efforts réussissent à donner quelque valeur à cette simple et rapide analyse. Nous aurions désiré y joindre un travail sur l'*origine du Droit rural coutumier;* mais la nécessité de préciser nos citations nous force de l'ajourner jusqu'à la complète publication des textes. Nous le réservons pour l'introduction de ce second volume qui paraîtra en même temps que les tables des matières.

Avril 1852. A. B.

MONTREUIL.

VILLE ET ÉCHEVINAGE.

Trois rôles de parchemin in-f.°, belle écriture, très-lisible. — 29 *articles.*

Coustumes locales et particulières de la ville et banlieue de Monstrœul-sur-la-Mer, mises et rédigées par escript, ce jourd'hui XXIIIe jour de septembre lan mil cinq cens et sept, par nous mayeur et eschevins, ainsy qu'elles ont esté veues, concordées et seignées par les estats de ladite ville.

1. Telle est la coustume de la ville et banlieue de Monstrœul, que, en ligne directe, ne en ligne collatéral, ne y a que un seul héritier es biens mœubles, debtes, catheulx, acquestes et hérititaiges *ab intestat.*

2. Quant l'un des deux conjoingz va de vie à trespas sans faire testament et disposicion, au sourvivant desdis deux conjoingz, compectent et appartiennent tous les biens mœubles, debtes, catheulx et acquestes personnelles communes entre lesdis conjoingz au jour du trespas du premier morant, soit quil y ait enffans ou non.

3. Item, toutes acquestes réelles et ypothéquées faites par deux conjoingz durant leur conjonction, la totalité en appartient toute au survivant; et, aprez son trespas, sil n'y a nulz enffans du mariage, lesdites acquestes se partissent entre les héritiers du mary et de la femme, autant à l'un comme à l'autre.

4. Le mary pœult donner à la femme et la femme au mary, entre vifz ou dernière volunté.

5. Quant deux conjoingz par mariage acquestent aucune maison manable en ladite ville et banlieue de Monstrœul, et y demeurent an et jour, ladite maison est réputée quiefmez (1) et sortist condicion de héritage patrimonial ; et succède la moitié, se les conjoingx n'ont nulz enffans, aux héritiers du mary, et l'aultre moitié aux héritiers de la femme.

6. En ladite ville et banlieue de Monstrœul, n'a point de douaire se il n'est convenanchié.

7. A le mort d'aulcun ou aulcuns, à la vente, don ou transport des maisons, gardins, prez, terres et hérititaiges scituez en ladite ville et banlieue, il est dû, pour relief et droit au seigneur dont ce est tenu, huit lotz de vin, les quatre du plus hault pris et les autres quatre du mendre pris qui se vend en

ladite ville, pour chascune tenanche, et ne y a nulz deniers relliefz quand les héritaiges se partissent.

8. Item, y a quatre termes ordinaires et acoustumés de payer ses cens et rentes en ladite ville et banlieue, est assavoir Noël, Pasques, Saint-Jehan-Baptiste et Saint-Remy; et qui ne paie sa rente à jour, il enchiet, à chascun desdis termes quil est défaillant, en trois solz parisis de loy envers celluy auquel il doibt sa rente, pour chascun ténement et pour chascune tenanche.

9. Un chascun, en ladite ville et banlieue, est seigneur en son ténement (2) et en son registre de rente pour avoir lesdites loix et reliefz par la justice des mayeur et eschevins de ladite ville; et sy pœult chascun, pour faulte de paiement, hoster les huys et fenestres de lui meismes, ou en faire oster par le sergent desdis mayeur et eschevins qui ont le jugement et congnoissance de toutes les maisons, ténemens, terres et héritaiges scitués et assiez en ladite ville et banlieue de Monstrœul.

10. Aux mayeur et eschevins de ladite ville de Monstrœul, qui ont toute justice et seigneurie haulte, moïenne et basse, appartient la congnoissance de tous debatz, excès, crimes et délitz commis et perpétrez en ladite ville et banlieue, et la pugnicion et correction des delinquans criminellement et civillement, selon l'exigence des cas; et pœuvent lesdis mayeur et eschevins et leur loist de condempner en toutes amendes, selon leurs édiz et estatutz, en amendes ordinaires de LX solz parisis et, audeseure, en amendes arbitraires, selon l'exigence des cas.

11. Lesdis mayeur et eschevins ont toutes prinses de gens et de bestes par toute la ville et banlieue de Monstrœul, des nouvelles esteules et puis à marle laissiés descouvers, et les amendes de LX solz, quant elles sont adjugiées par iceulx mayeur et eschevins, au profit du corps de la ville, pour lesdites nouvelles esteules et puis à marle

12. Lesdis mayeur et eschevins de Monstrœul ont congnoissance de tous les subgetz, bourgois, manans et habitans en icelle ville et banlieue, et le renvoi d'iceulx quant ilz sont traictiés en aultruy juridicion, supposé que, debteurs et poursievis, soient obligiés par lettres ou cedulles seignées.

13. Les héritiers d'un trespassé sont tenus de rellever, pardevers leur seigneur, en dedans sept jours et sept nuis enssievans le jour du trespas; et se ce ne font, le seigneur, lesdis sept jours et sept nuis passés, pœult prendre son héritage et faire son profit tant que l'héritier vient pour le relever; mais se le seigneur le vœult ratraire et forjugier à sa table et demaine, il convient que il reliesve l'héritaige, en le main desdis mayeur et eschevins, et en sa main

comme seigneur, et fache seigniffier ledit relief aux prochains héritiers du trespassé; deppuis laquelle seigniffication, lesdis héritiers ont an et jour de venir relever; mais se ils ne viennent en dedans ledit an et jour, ledit seigneur pœult soy traire ausdis mayeur et eschevins, et de eulx obtenir le ractrait et forjugement de l'héritaige à leur table et demaine, et en prendre leurs lettres et decret: lesquelles ilz baillent, se il n'y a opposicion ou chose survenue, en dedans ledit an et jour, dont il conviegne oyr les parties par lesdis mayeur et eschevins qui, oudit cas, différent à baillier leurs lettres jusques à la déterminacion des opposicions; mais, après ledit decret baillié, tous les seigniffés sont forclos et déboutés de l'héritaige ainsy relevé.

14. Tous tenans, rentiers de maisons et édefices scituées en ladite ville et banlieue, sont tenus et constrains, quant il plaist à leurs seigneurs auxquels ilz doibvent les rentes, de mectre et entretenir lesdites maisons et eddifices en estat souffisant, et de baillier par déclaracion des boutz et costez de la grandeur du ténement quilz tiennent; et se il advient que ilz ne le sachent déclarier, ilz sont tenus de baillier about souffisant de ténement sur lequel se puist prendre le rente deube pour le ténement que le tenant ne set déclarier.

15. Ung chascun pœult vendre le ténement quil tient d'aultruy, toutesfois quil lui plaist, en paiant le terme entamé et le terme advenir, par condicion que le ténement soit en estat souffisant.

16. L'on ne pœult vendre son héritaige ou quiefmez, se n'est par le consentement de son héritier apparent ou par nécessité jurée souffisamment approuvée par deux tesmoingz, ne le donner ou aumosner, se n'est par le consentement dudit héritier apparent.

17. Ung chascun qui baille son ténement, maison ou héritaige à louaige, pœult faire prendre les biens de son louagier estans en la maison, se il est défaillant de le payer, par le sergent de la ville.

18. On use, en ladite ville et banlieue, de la coustume générale de la prévosté de Monstrœul; Quiconque joist et possesse, etc.; mais par la coustume de ladite ville et banlieue, ung voisin contre aultre ne se pœult ensaisiner par prescription ou laps de temps, en receptes de eauwes, nocquieres, veues desoubz penne *(sic)* que l'on ne pœult avoir contre sondit voisin, ne aultres semblables, pour quelque temps que on en ait joy.

19. Quiconques fait droit pignon contre son voisin, il est réputé avoir prins toute sa terre, s'il n'appert de fait espécial au contraire.

20. En ractraict de proximité de lignage, il ny a que trois plaix plaidoiables pardevant les mayeur et eschevins, en dedens lesquelz il faut que le

ractraiant fache ses dilligences comme il appartient; mais en ractrait de rente vendue, le tenant qui doibt le rente de degré en degré, par ladite coustume et par previllége et édit, a an et jour de ratraict enssievant le jour de la vendicion ou transport passé pardevant lesdis mayeur et eschevins, en remboursant deuement l'acheteur.

21. Ung chascun, sans fait espécial de bourque ou aultre enseignement, a contre son voisin, à son édefice couvert de tieulle, demy pié de gouttière, et à celluy couvert destrain, ung pié de gouttière.

22. L'on ne pœult acquerre droit réel ne ypothecque sur héritaige scitué en ladite ville et banlieue, se n'est que le contract, don, vente ou transport, soient passés et recongneus pardevant lesdis mayeur et eschevins de ladite ville, et les solempnités y gardées, et que le relief soit paié au seigneur dont l'héritaige est tenu, ou par main assize, mise de fait et ypotecque, en court royal desdis mayeur et eschevins, comme seigneurs généraulx des ténemens de ladite ville evocquiés et appelés, et les seigneurs évocquiés ou contentés de leur droix.

23. Il ny a, en ladite ville et banlieue, aucune confiscacion des héritaiges, mais seullement des biens mœubles; Et encoires une femme mariée ne confisque que les draps qu'elle auroit sur elle, quant elle seroit ataincte de cas où il y porroit avoir confiscacion.

24. En ladite ville et banlieue de Monstrœul, ny a aucune estrayure de bastard ne de bastardes.

25. Toutes les appellations qui se font des viscontes estans en ladite ville, ressortissent de plain droit et sans aucun reliesvement, pardevant les mayeur et eschevins dudit Monstrœul, à leurs prochains plaix enssievans lesdites appellacions émises; et sont lesdis mayeur et eschevins juges desdis viscontes; Et ny a aulcuns desdis viscontes, leurs lieutenans ou sergens qui puissent aulcunement exercer leurs offices quilz n'aient fait et renouvellé leurs sermens, es mains desdis mayeur et eschevins, chascun an.

26. Toutes vendicions, baillemens à rente et aultres contractz de aliénacions de héritaiges tenus et assiz en ladite ville et banlieue de Monstrœul, se doibvent passer et recongnoistre, pardevant lesdis mayeur et eschevins, devant midy et non après.

USAIGES ET STILZ DE LA LOY ET ESCHEVINAGE DE MONSTRŒUL.

27. Les ajournemens des sergens de l'échevinage se font de vive voix et non par écrit. — 28. De la forme des criées et subhastations. — 29. Les ajournemens se donnent de jour à lendemain

Signatures : De Burier *maïeur*. — De Rue *second maïeur*. — Le Tierch. — Le

76.

Prevost. — De Bours *doyen, chanoine et curé de Saint-Fremin-le-Moutier.* — Joh. Lœurentü *chanoine de Saint-Fremin, curé de l'une des porcions de Nostre-Dame-en-Monstrœul.* — M. Dovart. — S. Fœullet *vice-gérant de l'une des porcions de la cure Nostre-Dame-en-Monstrœul.* — Wistrehen *sergent à cheval.* — Defrencq *lieutenant du cappitaine de Monstrœul.* — Hourdel *seigneur de Faiches.* — Jehan de Surques *seigneur des Hosteux.* — De Bachimont. — Ferry de Gouy *seigneur de Margremont.* — Andrieu d'Avesnes *seigneur d'Avesnes.* — Lorquant. — De Crendalle. — N. Poullet. — Jehan Legay *eschevins de la ville.* — Benoist Rousel. — Guillaume Meignot. — Pierre Noël *conseillers de la ville.* — Pasquier. — G. de Resti. — Hossette. — J. De Porte. — Jorkedog. — De Bulleux. — Hubert *procureur de la ville.* — De Canlers *greffier de la ville.* — Grard Bonnaire. — Gillot Hurhet. — Henriot Brienchon. — De le Porte. — Nicola Brienchon. — P. Paporet. — Cellier. — Crepin Aillet — Guillaume. — Paradis.

MAINTENAY.

SEIGNEURIE.

Une page en parchemin, lisible. — 3 *articles:*

Coustumes localles de la terre et seignourie de Mentenay, appartenant à haut et puissant seigneur, Mgr. le duc de Longueville, conte de Dunois, de Tancarville, etc., tenue et mouvante du roy nostre sire, à cause de son chasteau de Monstrœul.

1. Les anciens manoirs et courtils y attenants ne doivent que relief de bouche, mais les terres, prés et jardins tenus à rente doivent relief pareil au revenu d'un an; les terres chargées de terrage doivent 18 deniers de relief à la mesure. — 2. Le droit de vente des anciens manoirs tenus à rente est de 20 sols parisis. — 3. Pour le surplus on se règle sur la coutume de Montreuil.

Le xxviiie jour d'aoust 1507.

Signatures: Honoré du Tilloy. — Hourdel *bailly.* — Jehan Le Caron. — Jehan Bully. — Jehan Ballin.

BEAURAINS.

CHATELLENIE.

Bibl. Royale, collection D. Grenier, 14.e paquet, n.° 7, p. 55. — 9 *articles.*

Ce sont les coustumes, usaiges et commune observance de la terre, seignourie et chastellenie de Beaurain, appartenant à noble et puissant seigneur, Monseigneur Ferry de Croy, chevalier, seigneur de Rœuls, dudit Beaurain, de Contes et Longpré, mises et rédigées par escript, leues, publiées et accordées, saulf les débats couchiés en teste de ces présentes, le XXVII.ᵉ jour de septembre de cest an 1507.

1. Et primes, en matière de succession, en tant que touche manoirs cottiers et roturiers, amasez et non amasez, anchiens enclos et gardins, la coutume dudit bailliage et chastellenie de Beaurain est telle que le mort saisit le vif son plus prochain héritier habile à lui succéder, sans quelque appréhension ne solempnité garder de relief, et a, ladite coustume, lieu tant seullement en la ville de Beaurain-Chastel, Beaurain-le-Ville, de Nœufville, le village de Bercq et Saint-Vests, et es lieux voisins dudit Beaurain-Chastel, que on dist anchiennement estre entre les Quatre Portes (3) d'icelle ville de Beaurain-Chastel ; et au dehors desdits lieux, en icelle chastellenie, lesdits manoirs, enclos rotturiers et cottiers, se relievent d'hoir à autre de tel cens, tel relief, saulf en la terre et seignourie de Verton où il y a eschevins; en laquelle terre on paie tel cens, double relief, et pour droits seigneuriaux, en vente, le quadruple.

2. Item, en tant qu'il touche les terres champestres et manoirs cottiers et ténemens situez et assis esdites villes et Quatre Portes, tenues sans moyen ou par moyen de ladite seigneurie, il en est deu au seigneur féodal dont ils sont tenus, pour droits de reliefs, toutesfois que le cas y eschet, tel relief que le cens et rente de une année, saulf en ladite terre et seignourie de Verton, et en la banlieue de Monstrœul, pour aulcunes porcions de terre qui y sont assises. Esquelle seignourie de Verton, ils paient tels droits et reliefs que dit est, et en ladite banlieue de Monstrœul, se règlent selon la coustume d'icelle ville et banlieue; et au lieu de Saint-Vests, l'on ne reliesve terres aux champs estans en ladite chastellenie, que de XII deniers parisis prisiés de le mesure, soient terres tenues à terrage ou autres.

3. Relief des fiefs selon leur nature.

4. En matière de vente ou transport fait de personne à autre, par la coustume de ladite chastellenie, se aucun achate aucun manoir rotturier ou cottier amazé ou non amazé ou anchien enclos situé et assis en icelle ville de Beaurain-le-Chastel, Beaurain-le-Ville et Bercq, es mettes desdites Quatre Portes et autres lieux et villages deppendans de ladite chastellenie, à quelque personne et pour quelque pris que ce soit, il doit au seigneur féodal dont tel manoir ou enclos est tenu fonssièrement, est assavoir V solz parisis de issue, et l'acheteur XII deniers parisis d'entrée et non autre chose.

5. Item, mais si l'on vend, donne ou transporte aucuns prez, terres champestres ou nouveaulx enclos rotturiers ou cottiers, il en est deu au seigneur féodal dont ils sont tenus, le sixième denier du pris de ladite vente et autres drois, selon la coustume générale de Saint-Pol; et au sourplus, quant aus drois seigneuriaulx de ventes, dons et transports, qui se font des fiefs et arrières fiefs tenus et mouvans de ladite chastellenie, l'on sen règle entièrement selon la coustume générale de la conté de Saint-Pol, dont ladite chastellenie est tenue et mouvante (4).

6. Item, et à l'environ dudit Beaurain et es mettes d'icelle chastellenie, y a plusieurs marets, pastures et communautés, esquels, par la coustume d'icelle chastellenie, aulcuns des habitans d'icelle chastellenie ne pœuvent mettre ne envoyer pasturer blances bestes à layne, en plus grand nombre que de nœuf pour chacun mesnage, et se ils y en mettent un plus grand nombre que de nœuf, elles sont confisquées au droit du seigneur dudit Beaurain. Mais chascun mesnage y en pœult mettre jusqu'au nombre de nœuf, pourvu que ce soit pour son user et sa despense et non aultrement, sur pareille confiscation, se ce n'est entre Beaurain-le-Chastel et Beaurain-le-Ville, au lieu que l'on dist le Franc-Marets, auquel lieu, par previlége accordé par les seigneurs dudit Beaurain, les manans et habitans dudit Beaurain-le-Ville et Beaurain-Chastel, le Nœufville et des Quatre Portes, et nuls autres, pœuvent mener pasturer tel nombre que bon leur semble, sans quelque meffait ou reprinse.

7. Item, par ladite coustume, nuls, de quelque estat ou condition quil soit ne quelque part que soit demourant, ne pœult mettre pasturer es dits maretz aucun tor ou ver, sur paine de confiscacion desdites bestes.

8. Item, par ladite coustume, tous les subgets cottiers de ladite chastellenie, saulf les chiefs-lieux des seigneurs féodaux demourans es villages de Beaurain-le-Ville, Rumes, Campaignes, Gouy, Saint-Remy, Obin, Esquemecourt, Barreules, Maresquels, Rieuboug, Hémont, Saint-Vests et Verton, doivent et sont, de toute ancienneté, escarsez (5) à paier, est assavoir tous ceulx demourans esdits villages, saulf lesdits de Verton, pour droit de guet, chascun plein mesnage, IV sols parisis, et chacun homme ou femme vesve tenans huis ouvert, II sols parisis, chascun an, pour ledit droit de guet, aux termes de Noël et Saint-Jehan-baptiste, à chascun terme le moitié. Et quant ausdits de Verton, ils sont escarsez pour tous ceulx de ladite terre, à paier, chascun an, X livres parisis|aux semblables jours et termes; et en tant qu'il touche ausdits de Beaurain-Chastel, Bercq et Merlimont et aux demourans es mettes desdites Quatre Portes, ils sont quittes et exempts dudit guet, pour ce que, en péril imminent, sont tenus et

submis de faire guet en personne, est assavoir : ceulx de Bercq et de Merlimont-sur-la-Mer et ceulx dudit Beaurain et desdites Quatre Portes, au chasteau dudit Beaurain. Pour lequel droit de guet, en faulte de payement, ledit seigneur, son recepveur ou commis, pœuvent faire justicier, comme pour ses propres cens et rentes ordinaires, ung chascun desdits subgets pour sa cotte et porcion.

9. Item, par ladite coustume de ladite chastellenie, au seigneur de Beaurain seul et pour le tout, appartient toute la haute justice, moyenne et basse et les droits et émolumens de ce deppendans, par tous les chemins royaulx estans es mettes de ladite ville et chastellenie de Beaurain, selon que l'on a accoustumé en user, nonobstant que les seigneurs dont les manoirs et ténemens respondans et estans sur lesdits grands rues et chemins royaulx, ayent, en leurs fiefs qu'ils tiennent de ladite chastellenie, justice.

10. Par autre coustume de ladite chastellenie y gardée et observée de toute anchienneté, ledit seigneur de Beaurain, par lui ou ses officiers audit lieu, a toute la haute justice, moyenne et basse, en cas de prévention, sur tous les admortissemens (6) qui sont séans et assis es mettes de ladite chastellenie, appartenant aux églises ou abbayes et prieurez de Mermoutier, Saint-Andrieu, Saint-Jehan de Jérusalem, Beaurain-le-Ville et autres, ensamble la congnoissance desdites terres admorties, des subgets qui les tiennent et occupent, et de tous délits non previlégiez au roy nostre sire, qui y polroient estre commis et perpétrez, saulf le renvoy es cours desdites églises s'il est requis.

Et quant au sourplus, au dehors de ce que dit est, en tout ce qui concerne faicts de coustume, l'on se règle, es mettes de ladite chastellenie, comme en la conté de Saint-Paul et prevosté de Monstrœul, et de la banlieue d'icelle ville de Monstrœul, es mettes desquelles ville et prevosté, et de ladite conté de Saint-Pol, ladite chastellenie est située et assize, saulf que en icelle ville de Beaurain, et entre les Quatre Portes, l'on ne paie point droit de forage à quelque seigneur que ce soit, mais seulement droit de affeur au bailly et...... hommes.

Signé : N. Rumet, *bailli de Beaurain.* — H. de Canlers, *procureur pour office de Beaurain, bailly de Gouy et de Verton, pour M. de Soicourt,* de Campagne, *pour Guillot le Grant* et de Canaples, *pour M.*ᵉ *Ferri de Waudricourt.* — N. Blanc *lieutenant de Beaurain.* — Legrand *greffier du bailliage de Beaurain.* — Daniau *comme abbé de Saint-Andrieu et comme homme de fief.* — Jacobus Le Prévost *presbiter curatus de Beaurain, ac decanus christianitatis Falcoberge.* — Legrand *bailly de la prioré de Beaurain.* — Adrien d'Estreville *vices gerens de Cuques.* — Davesne *curé de Hémont.* — J. Cotun *vices* *gerens de Bercq.* — Nicolaus de Quay *presbiter vicarius et curatus de Verton.* — Guido...... *vices gerens de Merlimont.* — Johannes Cornaille *vices gerens de Gouy.* — B. Lamy *vices gerens d'Obin*, curé *d'Esquicourt.* — J. J. Cailleu. — N. Hourdel *bailly de Bercq.* — Guillaume de La Porte *bailly de Merlimont,* pour M.rs *de la ville de Monstrœul.* — De Gouy *seigneur de Riquebourg.* — Nicolas de Gouy. — S. Jumes *boullengier*, pour M. de...... et M. de Rambures. — Guille Betot de Le Porte *pour Guillaume Salvereulx son bailly de La Morlière.* A. de Hidrequen *seigneur de Sallon, du Plantis.*— Hue Regnault *homme de fief.* — Regnault. — M.e Jehan d'Anel *pour A. bastard de Sorchy.* — Ed. d'Ervilly *homme de fief et procureur de Andrieu d'Avesne.* — N. Vellet *pour Jehan Vellet son père.* — Jehan Roussel *homme de fief.* — S. Grand *pour Monseigneur de Fresnoy, comme lieutenant du bailly de Hémont.* — Les eschevins et lieutenant de Verton. — Jehan Paillette *vicomte de Merlimont.* — Jehan d'Estampes, etc.

BERCQ-SUR-MER.

SEIGNEURIE.

Quatre pages en parchemin, in-f.° bien conservées, écriture très-pâle mais lisible. — 12 *articles.*

Coustumes et usaiges locaulx et particuliers dont l'en a acoustumé user en la terre de Bercq-sur-la-Mer, mises et rédigiées par escript par nous Nicolas Hourdel, licencié es loix, bailly dudit lieu, pour notre trez grand et doubté seigneur, Mgr. de Rœux, seigneur dudit lieu, en obéissant aux commandemens à nous faitz par honorable homme, saige, maistre Robert de La Pasture, prevost de Monstrœul.

1. Primes, en ladite ville de Bercq, laquelle est située et assise sur la mer, et les habitans de laquelle sont mariniers pour la plupart, y a coustumes particulières que : se ung marinier se esquippe à quelque maistre de navire (7), et deppuis il se esquippe à ung aultre en délaissant le premier, tel commet envers ledit seigneur, pour chascune fois, amende de XX solz parisis, et sy est tenus, envers ledit maistre, en pareille somme de XX solz.

2. Item, et pareillement, se ung maistre de navire esquippe quelque marinier et il sçait que ledit marinier se fia premièrement à ung aultre maistre, tel maistre commet, pour chascune fois, amende de XX solz parisis, et audit maistre XX solz parisis.

3. Item, et aussy se ung maistre de navire esquippe quelque marinier, et deppuis il le délaisse et il ne vœult le prendre de son esquippage, tel maistre commet, envers ledit seigneur, amende de XX solz, et sy doibt audit marinier pareille somme de XX solz parisis.

4. Item, par la coustume dudit lieu de Bercq, quiconcques fait noise, débat ou meslée, es lieux ou la mer cœuvre et descœuvre, il commet, envers ledit seigneur, amende de LX solz parisis, poséores quil n'y aist point de sang; et se il y a sang, les hommes qui cy-après ont signé, ont toujours oy dire et maintenir à leurs prédécesseurs et anchiens, quil y a LX livres parisis d'amende au seigneur; et tiennent en leurs consciences quil ainsy soit, combien que ilz ne veirent jamais adjugier ladite amende de LX livres, parce quilz n'ont point veu le cas advenir.

5. Item, par la coustume dudit lieu, quiconques coppe, arrache ou emporte les lesques estans audit lieu, sans congié, commet, envers ledit seigneur, amende de X solz parisis; et sont lesdis lesques en manières de grandz joinctz croissans qui entretiennent les sablons ensamble, et qui empeschent que lesdis sablons ne puissent voller, gaigner ou emprendre sur ladite ville.

6. Item, toutes choses espaves que la mer jete à la coste dudit lieu, que l'on dist laguens, appartiennent au droit dudit seigneur; et pareillement toutes celles qui se trœuvent et pendent en la mer, qui sont amenées au hable dudit lieu, saulf le droit des mariniers qui les prendent qui est de la moitié; mays lesdis mariniers ne ont aulcunes choses es choses qui se trœuvent et que la mer jecte à ladite coste.

7. Item, lesdites choses trouvées ou qui viennent à la coste, s'elles se pœuvent garder, se doibvent garder an et jour, du jour qu'elles sont trouvées; et s'elles ne se pœuvent garder, elles se vendent, à la chandelle, au plus offrant et dernier enchérisseur, au droit dudit seigneur et des mariniers qui les ont trouvées et saulvées, saulf que se celluy à qui appartiennent telles choses, vient et compare en dedens ledit an et jour, elles lui doibvent estre rendues, se elles sont en espèces, ou sinon le prix pour lequel elles ont esté vendues, en payant le droit desdits mariniers et les mises raisonnables; mays ledit an et jour passé, l'on ne pœult plus recouvrer lesdites choses, et vient on à tart.

8. Item, et sy appartiennent audit seigneur les esturjons qui sont poissons biaux qui se prendent en la mer, et n'y ont lesdits mariniers que V solz, saulf la grace dudit seigneur.

9. Item, et par la coustume dudit lieu de Bercq, le mort saisist le vif, et n'y a point de rellief.

10. Item, par la coustume dudit lieu, en vente, don ou transport de manoirs et maisons, il n'y a que VI solz parisis deubz au seigneur, pour les droix; mais de terres à camps qui ne sont point à terraige et de celles qui sont à terraige et doibvent cens avec ledit terraige, en est deu le VI.ᵉ denier (8); mays s'elles sont tenues à terraige simplement, sans debvoir cens, il ny a que XII deniers pour le pièche, combien quelle contiengne.

11. Item, en ladite ville de Bercq, il y a ville d'arrest de corps et de biens, et en appartient la congnoissance aux bailly et hommes cottiers, pour ce qu'il n'y a nulz feodaulx.

12. Item, et au sourplus, l'on se règle, audit lieu de Bercq, selon les coustumes de la chastellenie de Beaurains dont icelle terre est tenue et mouvante, et de la prevosté de Monstrœul, es mettes de laquelle ladite terre et seignourie est scituée assise, saulf que l'en use du poix et mesure tant de grains que de bruvaige et de l'aune dont on use en la ville et banlieue de Monstrœul.

Fait et passé, concordé et approuvé audit lieu de Bercq, le XXII.ᵉ jour d'aoust mil cincq cens et sept, par nous bailly dessus nommé, sire Jehan Cornu, vice-gérant de la cure dudit lieu, Robert Hommet, Jehan Bellet, Pierre Lefort, Jehan Sarrasin, Robert Credé, Enguerran Baiard, Jehan Cocquerel, hommes cottiers; Jehan Lefort dit Derchoir, Jehan Bellet dit Castellain, Jehan Verdur, Josset Drappier, Alleamet Pollart, Jehan de Boullen dit Mourette, Jehan Macquet, etc.

Suivent les signatures et marques au nombre de 15.

―――――

SAINTE-AUSTREBERTHE

TEMPOREL DE L'ABBAYE.

Trois pages en parchemin, très-lisible. — 7 articles.

Coustumes et usaiges locaulx et particuliers notoirement connues et de toutte ancienneté gardées en la terre et seignourie de Marenla (1), Marauch (2), Humbercq (3), Saint-Deneuf, Bouberck, Aiz-en-Lihart en partie, et Sainte-Austreberthe-lez-Hesdin, appartenant aux religieuses, abbesse et convent de Sainte-Austreberthe-en-Monstrœul.

1. A Marenla, Marauch, Humbercq, Saint-Deneuf, Bouberch et Sainte-Austreberthe-lez-Hesdin, lesdites

(1) La Maronde. (3) Hombray.
(2) Maret.

dames ont toute justice et seigneurie et autres droits. — 2. Fiefs à Marenla. — 3. Marenla est le chef-lieu de la justice. — 4. Les appels se relèvent devant le bailli d'Amiens, tenant ses assises à Montreuil.— 5. Les manoirs qui ne doivent que *blé et plume* de rente, ne paient que 1 denier parisis de relief.— 6. Les manoirs qui doivent *blé*, *plume et argent* de rente, paient le double de ladite rente.—7. Pour le reste on suit la coutume de Montreuil.

Toutes lesquelles coustumes ont été votées, leues, concordées, affermées et consenties, en la salle abasiale de ladite église de Sainte-Austreberthe, à Monstrœul, par Nicolas d'Arques, bailly général de toutes lesdites terres, en présence de Guillaume de Lespinoy, advocat de ladite église; Guillaume Hourdel, procureur d'icelle; Andrieu de Soicourt, recepveur; sire Baudin Goullehimet, prestre, curé de Marenla et de Saint-Deneuf; sire Jehan Camu, curé de Crequeson et homme de fief; sire Bart Caullant, vice-gérant de la cure d'Aiz et de Marauch; sire Jehan de Lozière, homme de fief; Anselot de Beaurain pour mademoiselle de Rœux, Mgr. de Harchelaines, etc.

Le xxv.ᵉ jour de septembre l'an mil cinq cens et sept.

Suivent les signatures.

DOURRIER, DOMINOIS, PETIT-CHEMIN.

SEIGNEURIE.

Trois pages en parchemin très-lisibles. — *Dourrier*, 2 *articles*; *Dominois* 5, *et Petit-Chemin* 1. — 8 *articles.*

Coustumes locales des terres et seignouries de Dourrier, Dominois et Petit-Chemin, appartenans à haults et puissans seigneur et dame, Mgr. Franchois de Créquy, chevalier, seigneur dudit Dominois, de Molliens, de Fontaines et de Guears (Gueschard), conseiller et chambellan du roy, et son seneschal gouverneur de Boullenois, et madame Marguerite Blondel sa femme et, à ceste cause, seigneur desdits lieux de Dominois et Petit-Chemin.

Coustumes de Dourrier, tenu en fief du bailliage d'Hesdin, en la prevosté de Monstrœul.

1. A la vente des manoirs cotiers, il est dû le 6.ᵉ denier. — 2. Les manoirs, les jardins et terres y attenans ne se peuvent partager entre les héritiers.

Le xxii.ᵉ jour d'aoust 1507.

Signatures : Raoul Blondel. — Jolly. — De Masinguehem. — Panet. — Honneré de La Verdure. — Flamencq. — Michel Le Caron.

Coustumes de Dominois, en la prevosté de Saint-Ricquier, tenu en fief du chasteau de Dourrier.

HUITIÈME SÉRIE. I.er GROUPE.

1. Vente des ténements cotiers, 2 sous d'entrée, 2 sous d'issue ; si ce sont terres labourables, 12 deniers par mesure. — 2. Relief des manoirs cotiers, 5 sous. — 3. Mort et vif herbage. — 4. Bestiaux pris dans les grains, amende de 3 sous. — 5. Tonlieu et issue de ville.

COUSTUMES LOCALLES DU PETIT-CHEMIN tenu de Dourrier.

1. Relief des manoirs, 12 deniers tournois, et pour chaque mesure de terre labourable, 12 deniers tournois ; mais pour droit de vente, il est dû 5 sous, et on se règle en tout sur la coutume de Dominois.

Le xxiv. jour d'aoust 1507.

Signatures : Jehan Jolly *bailli*. — Michel Lecaron *curé*. — Pierre Foudry. — Jehan Guillon. — Jacques Le Carpentier. — Guillaume Lebrun. — Loys Koivet.

DOMPIERRE.

CHATELLENIE.

Trois pages en parchemin, lisibles, à l'exception de quelques bouts de lignes. — 13 *articles.*

Usaiges et coustumes localles de la terre, chastellenie et seigneurie de Dompierre, appartenant à hault et puissant seigneur, Mgr. Andrieu, chevalier, seigneur de Rambures, dudit Dompierre, d'Estouvyes, conseiller, chambellan du roy nostre sire.

1. Héritages cotiers à l'aîné. — 2. Anciens manoirs doivent relief de 5 sous : *la plume ne se relève pas* ; nouveaux manoirs, tel cens, tel relief. — 3. Bestiaux dans les blés ou les mars, 7 sous 6 deniers d'amende. — 4. Tout exploit de justice ne peut se faire qu'avec l'autorisation du seigneur, sous peine de 60 sous. — 5. En cas de vente, le seigneur a quarante jours de délai pour exercer le retrait d'un fief, et sept jours pour celui d'une coterie : ce délai court à partir de la saisine. — 6. Borne déplantée, 60 sous. — 7. Blessure à sang courant, 60 sous. — 8. Nul ne peut mettre enseigne sur rue, pour vendre vin ou cervoise en détail, sans le congé du seigneur, sous peine de 60 sous d'amende.

8. Le seigneur de Dompierre a droit de prendre, sur tous les maisnages qui demeurent soubz luy, II solz parisis pour le four.

10. Amende du fol appel ou du désistement de l'appel de la justice du seigneur, 60 sous parisis. — 11. Foi est due à la déclaration du sergent qui affirme par serment les prises qu'il a faites, pour les délits qui n'entraînent pas une amende supérieure à 7 sous 6 deniers ; mais si le cas est passible d'une plus forte amende, le sergent n'est cru qu'autant qu'il y a des témoins qui certifient le fait. — 12. Dompierre est ville d'arrêt et de travers. 13. L'infraction de la justice est punie de 60 sous parisis d'amende. — 14. Pour le reste on suit la coutume de Montreuil.

Le xxiii.e jour de septembre 1507.

Signatures : Jehan Amonstrel. — N. Dubos. — Jehan.... *procureur de mademoiselle de Boubers.* — J. Joly *religieux de Cluny au prioré de Dompierre.* — Henrrike Danvin. — Hugues Gratart *procureur.* — Pierre Cardon *procureur.*

— Collenet Lobligois *procureur de Mgr. d'Aizincourt*. — Jehan Soudan *homme lige*. — Jolly. — Ricouart. — Jacotin Dufresne. — Pierre Caron, etc.

LOISON-LE-TEMPLE et GRINBERMONT.

COMMANDERIE.

Une grande feuille en parchemin, maculée d'une large tache noire qui occupe la partie supérieure de la page, difficile à lire à cause de la pâleur de l'encre et des rides du parchemin. — 11 *articles*.

Coustumes locales des seigneuries et commanderie de Loison-le-Temple et Grinbermont, appartenant à Mgr. Adam de Mont......

<small>1. Lesdites commanderie et seigneuries sont situées et assises es mettes des comtés d'Artois, de Saint-Pol et de Boulogne ; le commandeur a toute justice, haute, moyenne et basse. — 2. Les hommes de fief et les hommes roturiers leurs compagnons, y sont institués pour rendre la justice. — 3. Relief des fiefs. — 4. Reliefs des coteries, tel cens tel relief. — 5. Profits de la justice, confiscations, bâtardise, épaves. — 6. Entreprises sur la rivière, 60 sols d'amende. — 7. Pour pêcher sans congé, pareille amende. — 8. Forage et afforage. — 9. Mort et vif herbage. — 10. Amende du défaut prononcé par justice, 7 sous 6 deniers. — 11. Coups et blessures, 60 sous d'amende.</small>

Le xvii.ᵉ jour d'aoust 1507.

Signatures : Jehan de Bulleux *bailli*. — Andrieu de Le Haie. — Hues Guillincq. — Mahieu Pinte. — Sire Jehan Cailleu. — Robert Delatre. — Jehan Blarye. Hue Rivet. — P. Rivet, etc.

SAULCHOY.

ÉCHEVINAGE.

Une petite page en parchemin, écriture très-pâle. — 4 *articles*.

Coustumes locales et particulières ayant lieu es mettes de l'eschevinaige du Saulchoy, qui est tenu de la terre et seignourie de Dourrier.

<small>1. Injures par paroles, 15 sols parisis d'amende. — 2. Coup de poing par félonie ou dépit, 30 sous d'amende. — 3. Droit de mutation pour la vente des manoirs, 5 sols parisis, de même pour le relief. — 4. Pour les terres labourables, il n'est dû que 12 deniers de droit de vente et relief.</small>

Sans date.

Signatures : R. Jolly *bailli de Dourrier*. — Tasquette *eschevin*. — Pierre Levacque *eschevin*. — Jacques Brillart.

SAINT-ANDRÉ-LES-BEAURAINS.

TEMPOREL.

Un carré en parchemin, maculé dans la partie supérieure. — 3 *articles.*

Coustumes...... de Saint-Andrieu-lez-Beaurain, de l'ordre des Prémonstrés...
1. Les religieux, abbé et couvent sont amortis en leur fondation ; et par ledit amortissement, en tous les enclos de leur abbeye, censses, maison et molin, ont haute justice, moyenne et basse, et au dehors justice viscontière.

<small>2. Relief, tel cens, tel relief : droit de vente, le 6.ᵉ denier. — 3. En leur cense du Val-Restault, ils se règlent selon la coutume de Boulogne.</small>

Le xx.ᵉ jour d'aoust 1507.

Signatures : Hues de Canlers *procureur et conseiller au siége de Monstrœul, bailli général.* — Jehan Lelong *demeurant à Campagnes, lieutenant du bailli.* — Jehan Cailleu. — Nicolas Blaut. — Mahieu de Campagnes. — Mahieu Grenier. — Jehan Levesque. — Guillaume Beaumont. — Jehan OEulliard. — Jehan Roussel, etc.

EREMBAUCOURT.

SEIGNEURIE.

Une longue page en parchemin, trouée et maculée à l'endroit du pli supérieur, écriture très-pâle. — 9 *articles.*

Coustumes locales, usages et communes observances de la terre et seignourie de Erembaucourt, rédigées, publiées et accordées le cinquiesme jour d'octobre l'an mil cincq cens et sept, par Jehan Nourrequier, bailly de ladite terre et seignourie.

<small>1. Le mort saisit le vif... (Cet article est presque complètement illisible.) — 2. Faute de relief, le seigneur fait les fruits siens. — 3. Aide pareille au relief. — 4. Droit de vente, le 6.ᵉ denier. — 5. Mort et vif herbage. — 6. Manoirs anciens sont indivisibles ; ils appartiennent à l'aîné et plus proche héritier. — 7. Les manoirs nouvellement amasés, et les terres labourables se peuvent diviser et partager. — 8. forage et afforage. — 9. Le seigneur a toutes les amendes de 60 sous et au-dessous, déterminées par la coutume du bailliage d'Amiens et de la prévôté de Montreuil.</small>

Signatures : Jehan Le Nourrequier *bailly.* — Sire Mahieu Guillemer *prestre, curé du Quesnoy et d'Erembaucourt, agé de XXVII ans.* — Sire Gilles Guillemer *de l'estat de l'Eglise, eagé de XXX ans ou environ.* — Colart de Leloe *recepveur, LXII ans.* — Pierre Guillemer *lieutenant, LX ans.* — Jehan Cachine *LX ans*.—Jehan Dufour *dit Havin*, *LXX ans*. — Jehan Pruvost *XLVIII ans*. — Pasquier Torillon *LIII ans*. — Jehan Lœurin *XVIII ans*.—Martin du Cay *XX ans*. — Denis de Tramecourt *XXIV ans*. — Psalmon Lœmin *maglisier*, *XXV ans*, etc.

LESPINOY.

SEIGNEURIE.

Une grande page en parchemin, un peu déchirée dans le milieu, lisible, à l'exception de quelques lignes dont le commencement manque. — 7 articles.

Coustumes localles et particulières de la terre et seignourie de Lespinoy, appartenant à noble et puissant seigneur Charles, seigneur d'Aizaincourt, de Wargnies, de Crepy et de Le Cappelle, mises et rédigées par nous Hues de Canlers, bailly, Jehan Feret, recepveur dudit lEspinoy, procureurs et conseillers au siége royal de Monstrœul, et Pierre Richart lieutenant d'icelle terre, le xxii.ᵉ jour d'aoust 1507.

1. Les manoirs qui ne doivent que la plume de cens ne se relèvent pas; ceux qui doivent rente paient *tel cens, tel relief*. — 2. Les terres champêtres se relèvent de tel cens, tel relief.— 3. A la vente, il est dû 20 deniers parisis, si ce sont des manoirs amasés. — 4. Si ce sont des terres, des prés ou des jardins nouvellement enclos, le 6.ᵉ denier. — 5. Relief des fiefs. — 6. Mort et vif herbage. — 7. Pour le reste, on se règle sur la coutume de Maintenay, dont ladite seigneurie est tenue et mouvante du seigneur de Soicourt, à cause de sa femme.

Signatures : De Canlers. — Feret. — P. Richart. — Jehan Mellin. — Colart Dufour. — Jehan Richart.

ERGNY.

CHATELLENIE.

Deux rôles en parchemin dont page et demie d'écriture, lisible. — 4 articles.

Coustumes locales de la terre et chastellenie d'Ergny, rédigées et mises par escript, au commandement de Mgr. le seneschal de Ternois, bailly de la conté de Saint-Pol.

1. Le mort saisit le vif : relief le double du cens. — 2. Droit de vente des héritages cotiers le 6.ᵉ denier. — 3. Le bailli et les hommes de fief ont connaissance des arrêts à la requête des créanciers.— 4. Ils font aussi les inventaires après décès.

Le xix.ᵉ jour de septembre 1507.

Signatures : Jehan Judas. — Robert Quoquerel. — Noël Tirant. — Jehan Delattre. — Jehan Dumont. — Jacques Quoquerel. — Mellin Boucart. — Colin Legay. — Colart Legay.

POEUL (paroisse d'Ergny).

SEIGNEURIE.

Une petite page en parchemin. — 1 *seul article.*

Coustumes d'une petite terre et seignourie nommée Le Pœul, es mettes de la prevosté de Monstrœul, en la paroisse d'Ergny, appartenant à Jehan Lebrun, procureur à Monstrœul, laquelle il tient de hault et puissant seigneur, Mgr. le prince de Chimay, seigneur de Lillers, mises et rédigées par escript par nous Enguerran Duval dit Guerre, homme féodal et bailly de ladite terre.

1. Relief égal au revenu d'une année ou double rente, au choix du seigneur.

Le xix.ᵉ jour d'aoust 1507.

Signatures : Guerre Duval *bailli.* — Jehan Widehon *dit Delerue.* — Collenet Lefevre. — Jehan Maquerre. — Pierret Leroy. — Perrotin Du Crocq. — Pierre Turpin. — Enguerran Loquet. — Enguerran Durieu. — Jehan Corpin *dit Ninot.* — Emond Leroy. — Jacques Obron. — Antoine Bacqueler *desservant, pour l'église d'Ergny.* — Jacquet Dugardin. — P. Hellebencq *prestre,* etc.

NYELLES-LÈS-BOULLONNAIS.

ÉCHEVINAGE.

Trois pages en parchemin, lisible. — 11 *articles.*

Usaiges et coustumes que les mayeur et eschevins de l'eschevinaige et viconté de la ville de Nyelles-lez-Boullenois, appartenant à messeigneurs de Saint-Remy de Raims, ont fait mettre et rédiger par escript, en l'assemblée des estatz de ladite ville.

1. Et primes, se esligent certain nombre d'eschevins selon la forme accoustumée, auxquelz appartient toute justice, haulte, moyenne et basse, le gouvernement et pollice de ladite ville ; et font tous jugemens à leurs ples, lesquelz se mettent à exécucion par le seigneur viconte ou son lieutenant.

2. Item, les sujetz de ladite seignourie, eschevinage et viconté sont tenus

de comparoir aux trois ples généraulx que tiennent lesdis mayeur et eschevins, en la haulte court dudit lieu, aux jours Saint-Remy, vingtisme et lundy de Quasimodo, sous paine de III solz d'amende, dont II solz appartiennent à mesdis seigneurs de Saint-Remy, et le résidu au mayeur.

<small>3. Dessaisines et saisines se font par les échevins.— 4. Interdiction aux époux de se donner, par entre vifs ou par testament.— 5. En succession de biens patrimoniaux, les mâles partagent entre eux également, à l'exclusion des femelles, et s'il n'y a qu'un héritier mâle, les sœurs n'ont rien — 6. La maison manable échoit au puiné. — 7. Le douaire est de la moitié des héritages. — 8. Le mayeur a le gouvernement des enfants mineurs, savoir : des garçons jusqu'à 15 ans, et des filles jusqu'à 11 ans. — 9. Les habitants peuvent prendre de la terre sur les flégards, ils n'y peuvent rien couper ou arracher. — 19. Tarif de certains actes et vacations de justice.</small>

11. Item, au seigneur vicontier appartiennent toutes les amendes et la moittyé des afforages et tonlieux; l'autre moittyé appartient à mesdis seigneurs de Saint-Remy de Raims; et quant aux estrayures, se ce sont mœubles, ilz appartiennent à mesdis seigneurs de Saint-Remy; et se ce sont héritaiges, ilz appartiennent au seigneur vicontier, mais il fault que le tout se adjuge par lesdis mayeur et eschevins.

Le xx.ᵉ jour de septembre 1807.

Signatures : A. de Lesquevistre *pour mayeur et eschevins de Nyelles.* — Febuirel *pour messeigneurs de St.-Remy de Rains, seigneurs fonciers de Nyelles.* — Tassart Levray. — Oudart Bawin. — J. de Mente. — Rasse Dumont. — Guillebert Hecquet *greffier de l'eschevinaige.*

CAVERON.

TEMPOREL DE L'ABBAYE SAINT-SAULVE-EN-MONTREUIL.

Trois pages en parchemin, très-belle écriture et parfaitement lisible. — 8 *articles.*

Coustumes, usaiges et communes observances de la terre et seignourie de Caveron, appartenant à Mgrs. les relligieux, abbé et couvent de Saint-Saulve, mises et rédigées par escript, par nous Nicolas de Boure, lieutenant es loix, seigneur de Yvregny et de Montflon, bailly desdis relligieux.

<small>1. Relief des fiefs. — Id. des coteries. — 3. Id. des rentes et surcens — 4. Issue de ville pour les grains, 1 denier pour chaque somme, et pour chaque *faix à téte*, 1 obole. — 5. Issue de ville pour les bestiaux, savoir : un cheval, 4 deniers, une jument, 2 deniers, etc.</small>

6. Se aucuns maine ou chasse marée parmi ladite ville de Caveron ou au terroy d'icelle et il vend, sil estalle, il doibt, pour chascune chevallée, I denier, et pour chascun fais à teste, I obole.

Signatures pour Caveron : De Bours. — De Noyelle. — Des Pastures. — Hue Regnault *recepveur.* — Pierre Leleu *homme de fief.* — Toussaint Le Manglyer *homme de fief.* — Jacotin Wasselin *homme de fief* et autres.

7. La coustume particulière et locale que les relligieux, abbé et couvent de Saint-Saulve-en-Monstrœul, ont en la banlieue dudit Monstrœul et au dehors des murs de ladite ville, est telle que s'enssieult.

8. Les relligieux ont, pour droit de rellief ou de vente, en tous les ténemens, terres et héritaiges tenus de eulx, le double du cens ou que on leur doibt de rente.

Le xxi.ᵉ jour d'aoust 1507.

Signatures : De Bours *bailly.* — Nicole Desains *administrateur de l'Hostel-Dieu et Saint-Nicolay-en-Monstrœul.* — Denis de Rumilly *maistre es arts.* — Nicolas d'Arques *bourgois de Monstrœul.* — Guillaume de Villers *bourgois.* — Anthoine De Noyelle *bourgois.*

SAINT-WEST et LEBIES.

SEIGNEURIES.

Une petite page en parchemin, longues lignes, très-mauvaise écriture, et difficile à lire. — 9 articles.

Coustumes et usages locaulx et particuliers dont l'en a usé de toute antiquité, en la terre et seignourie de Saint-Wes, appartenant à noble et puissant seigneur, Mgr. le duc de Longueville, conte de Dunois et de Tancarville, en la terre et seignourie du Bies, appartenant à noble homme Ouldard, seigneur dudit lieu.

1. Audit lieu de Saint-Wes est coustume que, en manoirs et enclos anchiens, le mort saisy le vif et n'y a relief que de bouche.

2. Relief des terres labourables, 12 deniers parisis par mesure. — 3. Les rentes foncières se paient au taux de 7 deniers tournois pour 8 deniers parisis. — 4. Relief des fiefs. — 5. Tonlieux et issues de ville. — 6 Délais pour les reliefs.

Item, en succession de père et de mère, frères et sœurs, l'aisné emporte l'héritage de lui seul; mais en terres cotyères ou des champs, lesdits frères et sœurs partissent entre eux.

8. Item, se deulx conjoingz par mariage font aucune acqueste durant leur conjonction, et le mary donne ou legate sa part, il fault que la femme le...... pour che que la coustume est que les héritaiges ne se partissent pas.

9. Au Bies, dans la partie mouvante de la châtellenie de Beaurains, le droit de vente des coteries est de 6 deniers parisis.

Le xxe jour d'aoust.
Signatures illisibles.

WARNECQUE et LAMOTTE.

SEIGNEURIE.

Une page en parchemin, longues lignes, petite écriture très-pâle et difficile à lire. — 6 articles.

Coustumes locales et particulières de la terre et seignourie de Warnecque et le Motte, appartenant à noble et puissant seigneur, Mgr. Ferry de Croy, chevalier...... de Biaurain et de Contes, mises et rédigées par escript, ce jourd'hui XXe jour d'aoust, l'an mil cinq cens et sept, par nous Ph. de Canlers, procureur et conseiller au siége royal de Monstiere (Montreuil), bailly d'icelle seignourie, Jacques Lefebure, lieutenant dudit bailly, Pierre de......... aussy procureur et conseiller audit siége, recepveur de ladite seignourie, sire Jehan Le Cordier, vice-gérant de l'église paroissiale dudit lieu.

1. Le bailli et les hommes de fiefs connaissent des matières féodales ; le bailli et les échevins des héritages cotiers et des matières personnelles. — 2. Relief des fiefs et coteries. — 3. Autres droits de mutation qui appartiennent au seigneur. — 4. Les rentes seigneuriales se paient au taux de XIV deniers tournois pour XII deniers parisis.

5. Item, en matière de succession, tous manoirs, terres, et héritaiges cotiers, sont partables entre frères et sœurs, aprez le trespas de leur père et mère, et y a autant l'un comme l'aultre, saulf que le maisné filz, se il y a plusieurs fils, ou le maisnée fille, sil ny a nuls fils, a demy-mesure de manoir amazé et en chief-lieu, à son choix et ellection, sans partir, en récompensant d'autant ses aisnés d'autre terre ou héritaige et de la valeur à quoy seront prisé les amasemens comme maison manable, chambre... et une estable tenant à la maison, lesquelles ne seront prisées que comme bois gisans en rue.

6. L'époux survivant jouit, sa vie durant, de la moitié des héritages féodaux et cotiers qui ont appartenu à son conjoint.

Signatures : De Canlers *bailli.* — Jacques Lefebure *lieutenant.* — Le Cordier *vice-gérant.* — Ernoul de Zimequin. — Toussaint de Coquenpot. — Estienne Coquenpot. — Colart Durieu. — Jacques de Coquenpot. — Charles de Hallines. — Lievin de Quarawe *hommes de fief et eschevins.*

HESDIN.

COUTUME GÉNÉRALES DU BAILLIAGE.

Un cahier en parchemin in-folio carré, contenant originairement 24 rôles et actuellement 22. Les deux premiers ont été coupés et les deux derniers sont troués et déchirés en plusieurs endroits. Le texte, qui commence à l'article 9, est d'une écriture très-belle et très-lisible jusqu'à la fin, mais un tiers environ des signatures manque. — 192 articles.

SOMMAIRE DES CHAPITRES.

I.	Des successions	art.	IX à	XXIII.
II.	Des successions en ligne collatérale	—	XXIV à	XXVIII.
III.	Du bail aux mineurs d'ans et de leurs faitz et eage	—	XXIX à	XXXV.
IV.	Des vendicions et alliénacions d'héritaiges	—	XXXVI à	LII.
V.	De la forme et manière de acquerre droit réel d'héritaiges vendus.	—	LIII à	LXV.
VI.	De la jurisdiction, justice et droix aux seigneurs.	—	LXVI à	CXXIII.
VII.	De la garenne que Mgr. le conte d'Arthois a en sesdits bailliage et châtellenie, etc.	—	CXXIV à	CXL.
VIII.	Des douaires deubz aux femmes vesves.	—	CXLI à	CLI.
IX.	De prescription et laps de temps.	—	CLII à	CLIII.
X.	Des ratraicts par proximité de lignage et par fourjugement.	—	CLIV à	CLX.
XI.	De la fourme de procéder	—	CLXI à	CLXXVI.
XII.	Des appellations et du ressort d'icelles.	—	CLXXVII à	CLXXX.
XIII.	Aultres coustumes de choses communes	—	CLXXXI à	CLXXXII.

Ch. VII. *De la garenne que monseigneur le conte d'Arthois a en sesdits bailliage et chastellenie de Hesdin, ensemble des droix, auctorités et franchises, à cause d'icelle, à lui appartenant.*

124 A mondit seigneur le comte d'Arthois, tant par la coustume générale desdits bailliage et chastellenie de Hesdin, y notoirement gardées et observées de tout temps, comme à cause de ses auctoritez et prérogatives de per de France, compecte et appartient droit de garenne, es mettes de sesdis bailliage et chastellenie de Hesdin ; laquelle commenche au dessoubz de la ville de Firiesvres sur la rivière de Canche, et vient en descendant, au long de la rivière, passer parmi la ville de Hesdin, et, tout en bas, jusques au village d'Aubin, à ung petit cours d'eauwe qui vient, de devers Caveron, cheoir en ladite rivière, entre le bout de la forest dudit Hesdin et la ville de Contes.

Opposition. Anthoine le Nourrequier, l'aisné, bailly de Boubers-sur-Canche, dit que le seigneur dudit lieu avoir garenne et pièges en ses bois dudit lieu, et avoir amende de LX solz parisis ; ce qui a esté contredit par le procureur de Monseigneur.

125. Item, et dudit lieu de Firiesves, d'autre costé, remonte ladite garenne à l'église et clochier dudit lieu, et de là s'en va, en montant vers la ville de Saint-Pol, au clochier de Lenzeux, et, dudit clochier, à une grande cavée qui est audessoubz d'OEufz-en-Ternois, en tirant au clochier de Noïelle; duquel clochier ladite garenne va passer assez prez des bois de Rollencourt, en venant au clochier de l'abbaye d'Aucy (Auchy-lès-Moines); duquel clochier ladite garenne passe par le bout du bois qui se nomme le Falise d'Aucy, et s'en va, tout le chemin qui passe entre la ville de Wamin et le bois Saint-Jehan, jusques à un lieu qui se nomme le pré d'Escalippe, et va passer au dehors de la Loge Cornillot, en allant au boult de ladite ville de Caveron et au dessusdit ruchiau qui vient cheoir en Canche, comme dit est.

OPPOSITION : Les maieur et eschevins de Hesdin dient que la place et prarie que l'on nomme la garenne, n'est point garenne, mais commune aux habitans de Hesdin; et y ont justice et seignourie, messieurs de la ville, selon que coustume est en leurs coustumes locaulx passées par escript; ce à quoy, par le procureur de monseigneur, a esté contredit, soubstenant que le contenu en cest article et en tous les aultres capitres, doit avoir lieu selon quilz sont posés.

126. Item, que le fil de ladite rivière de Canche est de ladite garenne, et que se aucuns chassent en quelques forestz ou bos du costé devers Abbeville, et chierfz, biches, sanglers, ou aultres bestes sont prinses en cours de la rivière de Canche, telles bestes sont escheues à mondit seigneur le conte d'Arthois, à cause de sadite garenne.

127. Item, nulz, de quelque estat quil soit, ne pœult ou doibt voller ou faire voller faulcons, laniers, lanères, ostours ne aultres oyseaulx sur ladite rivière, à péril d'amende arbitraire à la judicature et modération dudit chastellain.

128. Item, nulz ne pœult en ladite garenne, du costé du chasteau dudit Hesdin, queurir les lievres ne aultres bestes sauvaiges estant aux champs, sur paine de pugnicion et d'amende arbitraire comme dessus.

129. Item, se aulcuns chassoient pour le rouge ou pour le noir, en aulcuns bois au dehors de ladite garenne, et advenoit que aulcunes des bestes chassées fussent prinses en ladite garenne, les chasseurs ne les polroient lever sans grace de mondit seigneur le conte d'Arthois ou de sondit chastellain, aux paines dessusdites.

130. Item, nul estrangier ou demourant es mettes de ladite garenne, ne pœult mener chiens par ladite garenne, synon par les chemins; et sy ne pœuvent les habitans et demourans es mettes d'icelle, tenir chiens en leurs maisons, silz ne

sont encainés ou affolés, à paine, en chascun desdits cas, de LX sols parisis d'amende à la modération dudit chastellain.

131. Es mettes de ladite garenne, assez prez du chasteau dudit Hesdin et tiengnant aux murs du parcq d'icelluy, du costé des faulxbourgs de St.-Quentin, a une grande prarie sur laquelle est située et assize une chapelle fondée au nom de Nostre-Dame, laquelle prarie se nomme vulguarement la garenne, en laquelle prarie, se aulcuns debatz se y font, commectent ou perpètrent au moyen des jus de barres et autres esbatemens qui se y font souvent ou aultrement, les maieur et eschevins de ladite ville de Hesdin, ne ont desdis debatz aucune congnoissance ne prinse des delinquans, ains en appartient la congnoissance, pugnicion et correction à Mgr. le bailly de Hesdin ou son lieutenant et aux autres officiers du bailliage, pour Mgr. le conte d'Arthois.

OPPOSITION : Les maïeur et eschevins de Hesdin répondent comme dessus que, avec Mgr. le conte d'Arthois, ilz ont toute justice en ladite prarie et les droix qui en pœuvent escheoir ; à quoi a esté contredit par ledit procureur, soubstenant le contenu audit article, devoir avoir lieu comme dessus.

132. Item, toutes aultres choses qui pœuvent advenir en ladite prarie, comme de connins et autres bestes sauvaiges, copper rosiaulx et herbes au dehors du pasturaige des bestes d'aumaille, la congnoissance en appartient audit chastellain.

133. Item, samblablement nulz ne pœult copper branches, ne may aux arbres estans en ladite prarie, ne donner grace de clorre jus de barres ou aultrement, se n'est par le congié dudit chastellain.

134. Nulz ne pœult pecquier, heuer, esticquier en ladite prarie, ou prendre prayeulx ou wasons, sans grace dudit chastellain et non d'autres, le tout aux paines et modérations que dessus.

135. Il loist audit chastellain modérer les amendes par luy adjugiées au proffit de mondit seigneur le conte d'Arthois, à telles sommes que bon lui samble, selon la qualité et faculté des parties par lui condempnées.

136. Quiconcques appelle dudit chastellain est tenus rellever son appellacion à la Table de Marbre, à Paris, en dedens trois mois de l'appellacion entrejectée ; et se tel appelant est dit mal appelant, il eschiet et doibt estre condempné, envers mondit seigneur le conte d'Arthois, en dix livres parisis.

137. Item, convient, par ladite coustume, que les arbalestriers et archiers de ceste ville, quant ilz vœulent mettre et déchargier leur gay en ladite prarie et garenne, demandent de ce faire, grace à mondit seigneur le chastellain, ensamble de y porter leurs arbalestres et arcs, lequel chastellain ou aultres tel

quil lui plaist commettre, comme représentant la personne de Mgr. le conte d'Arthois, tire le premier coup se bon lui samble.

138. Item, que en ladite prarie appartient toute la justice à Mgr. le conte d'Arthois, seul et pour le tout, qui se exerse et met à exécution par ses bailly ou chastellain, ainsy que dessus est déclarié.

139. Item, se nostre trez-redoubté seigneur ou chastellain de Hesdin chassent ou font chasser en ladite forest de Hesdin, les seigneurs voisins, à l'entour et à l'environ, ayans aucuns bois, ne pœuvent chasser ou faire chasser en leursdis bois jusques aprez trois jours aprez la chasse qui seroit faite en ladite forest, adfin que, pendant ledit temps, l'officier de ladite chastellenie qui se dit rachasseur puist faire ses diligences de rachasser les bestes en ladite forest, lesquelles, au moïen de ladite chasse, se seroient espavisées et alées esdis bois voisins.

OPPOSITION : Les procureurs de Labroye, Auxi, Boubers, Caumont, Contes, Buires, Humières et aultres de ce bailliage ont contredit, disant que les seigneurs desdis lieux pœuvent chasser ou faire chasser en leurs bois, toutesfois qu'il leur plaist ; à quoi a esté contredit par le procureur de Mgr. le conte d'Artois.

Fait en l'an mil cinq cens et sept, le vingt-huitiesme jour de septembre.

Signatures : J. de Labroye *lieutenant d'Hesdin.* — Rumet *conseiller et advocat de Mgr. audit bailliage.* — Dubois *lieutenant de Mgr. le chastellain.* — Delaforge *recepveur de Hesdin.* — J. Olivier *abbé d'Auchy.* — Stève *substitut du procureur de Mgr. le conte d'Arthois.*— Jehan Gargan *greffier dudit bailliage et bailli de Rougefay.*— Frère Jehan Varlet, *prieur de l'église de Dompmartin, pour le curé de Tortefontaine.*— De Wisquin *curé de Regnauville.* — Coupell *curé de Labroye.* — Jehan Cornaille *vice-curé de Gouy.* — De Saint-Pol *seigneur de Villers et bailly de Humières.* — J. Raingard *visce-gérant de Villers-l'Hospital.*— Lengles *vice-gérant de Plumoison.*— Bastien Pingreleu *curé de Humières.*—Johann. Affoin *curé de......*—A. Le Nourrequier *bailly d'Œufz, Vacquery, Monchel et de Fortel.*—Morel *curé de Ligny-sur-Canche.*— Loires *curé de Boubers.*— Cavillon *curé de Caumont.* — Allou de Boffles *curé du Ponchel.* — Pingré *vice-gérant d'Yvregny.* — Carpentier *curé de Willencourt.* — Jehan Flamen *bailly de Framecourt.* — Nicolas Dargnis *bailly de Sainte-Austreberthe.*— De Crequy *homme lige de Bachimont.* —...... *curé de Marconne.* —Jeh. B... *bailly de Froideval.* — Machaire *bailly d'Obin.* — N. Boulenguier *vice-gérant de le capelle.* — Oustins de Fontaines *curé de Firiesves.* — Jehan Bocquet *prevost d'Aubremetz.*—...*curé de Wail.*—...*bailly de Rollepot.*—...*curé de Buires.* — Pierre Caron *maieur de Caumont.* — ...... *maieur de Firiesves.* — De Hautecloque *seigneur dudit lieu de Hauteclocque.* — Lupart *curé de Queux.* — Walerant Lefrancq *bailly de Ricamez.* — Anthoine Le Nourrequier *procureur de Mgr. de Conty, à Wavans, Buires, et pour Mgr. de Saveuses à Villers-l'Hospital, Firiesves et Vyz-sur-Authie.* — De Crepiœul *bourgois d'Hesdin.*— Pierre de Rue *bailly de Fresnoy.*— Stève *procureur de Mgr. d'Anthoing, seigneur de Caumont, de Bernastre, seigneur de Thim, bailly du Quesnoy.* — Dairon *procureur du seigneur d'Auxy à ce depputé.*— E. Sellier *procureur du vidame d'Amiens, seigneur de Labroye.* — Loys Auwerp *maieur de Hesdin.* — Gilles Taisson *eschevin de Hesdin.* — Jehan...... *sergant à cheval du baillige de Hesdin.* — J. de Ternoy *sergant à cheval dudit bailliage.* — Capperon *sergant à cheval.* — Mahieu du Bos *sergant à cheval dudit bailliage.*

HESDIN.

ÉCHEVINAGE.

Bibliothèque Royale. Collection D. Grenier, 14.ᵉ paquet, n.° 7, pag. 154.— 24 *articles.*

Ce sont les coustumes...... de la ville, banlicue et eschevinage de Hesdin, mises...... par escript et accordées, en la présence des prélats, gens d'église, nobles, praticiens, bourgois et menu populaire, manans et habitans en ladite ville et es mettes de la banlieue d'icelle... cy dessoubs signé après serment, etc.

Et primes en matière de succession.

1. Le mort saisit le vif sans aucun relief.

On observe en marge que plusieurs seigneurs prétendent relief hors la ville.

2. Le fils maisné ou la fille cadette, s'il n'y a fils, héritent de la maison ou ténement des père ou mère, soit propre ou acqueste, s'il n'y en a qu'une, par droit de chef-lieu appelé quiefmez; et s'il se trouve plusieurs maisons, l'héritier choisira, ce qui n'a lieu qu'au cas qu'il n'en ait esté disposé par testament du père ou de la mère, et à la charge de l'usufruit au survivant des conjoints, qui est tenu des réparations usufructuaires.

3. Ce droit n'a lieu qu'au décès de père ou de mère.

4. Les autres manoirs venans de la succession de leurs prédécesseurs, en ligne directe ou collatérale, se partagent également suivant la coste et ligne.

5. Le survivant de deux conjoints, s'il n'y a point d'enfans, jouit sa vie du-

rant de tous les acquests faits durant le mariage. Après son décès, ils sont partagez également entre les héritiers des deux conjoints.

DES VENDICIONS ET DONATIONS *des héritages ou rentes et des drois qui en sont deubs.*

6. Il est libre à chacun de disposer de ses propres ou acquests à qui bon lui samble, sans le consentement de l'héritier ny autre quelconque solempnité. Les religieux d'Auxi et autres seigneurs prétendent des drois seigneuriaux sur ces ventes tels qu'ils sont deus dans le bailliage, comme on l'observe en marge, et le procureur de la ville prétend que, pour cela, il faut titre contraire à l'article.

7. Pour acquérir droit réel, il suffit que les ventes, donations, etc., soient passées par devant deux eschevins, par forme de werp, saisine et dessaisine avec l'expédition de ces actes en paiant aux eschevins les drois seigneuriaux qui en sont deus aux seigneurs fonsiers à qui lesdits eschevins doivent les remettre.

8. Les drois seigneuriaux ne sont que de III solz, monnoie courante, par tenance, moitié par le vendeur, autant par l'aquéreur. Le procureur de l'abbaye de Cercamp prétend qu'en ce qui relève de ladite abbaye, il est deu le VI.ᵉ denier. Le procureur prétend qu'il faut titre contraire à l'article.

9. On entend par tenance ce qui est tenu d'un seul seigneur. *Chascune desquelles tenances... est ditte... ce qui est tenu d'un seigneur fonsier en une seule partie de rente.* En sorte qu'il y a autant de tenances que de cens.

10. *Et se, en faisant les ventes et contracts réels, est apposée condition de rachapt de rente, est deu à Mgr. le conte d'Arthois... ung droit nommé crau de douze deniers, qui se paie par l'acheteur.*

11. Le retrait lignager n'a pas lieu dans la ville et banlieue.

12. Les propriétaires des héritages chargez de rentes ou surcens ont droit de rembourser les acquéreurs de ces charges hypotéquées sur leurs fonds, dans l'espace de XV jours suivant l'acquisition, aprez sommation qui leur en aura été faite, en paiant le capital des rentes, tous frais et loiaux cousts. Les habitans prétendent que cette sorte de retrait n'a pas lieu à l'égard des héritages léguez par pére ou mère à leurs enfans. Les rentes fonsières ne sont pas sujettes à ce retrait.

13. Et si, dans les XV jours des significations, les propriétaires ne font ce retrait, ils en sont décheus, et ne le peuvent plus exerser que du consentement des nouveaux acquéreurs, donataires ou légataires,

14. Il y a terme d'un an pour exerser ce retrait sur les acquéreurs non bourgeois.

DES DROITS ET AUCTORITEZ *appartenans aux maieur et eschevins de ladite ville et de leur justice.*

15. Lesdits maire et eschevins ont haute, moienne et basse justice en matière civile et criminelle sur tous leurs sujets.

16. Ils ont la police des mesures, juridiction sur les frocs et flégards et partagent les drois en provenans, en matière de délit, appel ou autrement, avec le comte d'Arthois, son prévost et son viconte.

17. Ils ont encore le gouvernement des orphelins mineurs et de leurs biens, à charge d'en rendre compte.

18. Ils peuvent commettre tuteurs et curateurs ausdits mineurs, si bon leur samble, appellez ceux qu'il leur convient, à charge, par lesdits commis, de rendre compte de leur administration par devant lesdits maire et eschevins, paier reliqua toutes fois qu'il en sont requis.

19. Par autre coustume, le maieur... a autorité, durant son institution, donner congié à tous forains de entrer en ladite ville et widier d'icelle, le jour qu'ils y entrent, sans qu'ils puissent estre empeschiez, pour ledit jour, par arrest de la prévosté dudit Hesdin, pour fait de debte pécunielle, en corps ny en biens, en faisant délivrer préalablement, et ainchois qu'ilz soient empeschiez, ung denier tournois audit maieur qui, comme dit est, a autorité de donner ledit congié pour ledit jour, s'il ne lui est deffendu, par avant, par celui ou ceulx qui vouldroient faire faire lesdits arrests, estans bourgois de ladite ville de Hesdin et non par aultres, ausquels ladite défense, par ladite coustume, est permise.

20. Par lesdits previlièges et coustumes, il loist aux bourgois de ladite ville... le jour Saint-Jehan-Baptiste, aprez le reneuvation de la loy, serment fait par le nouveau maieur et luy estant encoyres entre les bans, deffendre audit maieur de nouvel institué ledit jour, de non donner congié pour tout l'an à debteur ou debteurs tels qu'il dénommera lors, en paiant audit maieur pour chacun de sesdits detteurs pour lesquels il ara deffendu ledit congié, IV deniers parisis, ouquel cas, moyennant que lesdites deffenses soient enregistrées par le greffier de ladite ville, elles ont lieu pour tout l'an...

21. Les parens ou amis des orphelins mineurs ne peuvent prétendre sur eux aucun droit de bail ou garde noble, pour raison des héritages que lesdits mineurs ont dans la ville et banlieue.

DES DOUAIRES DES FEMMES VESVES, *ensamble du fait et droit de la prairie et chapelle de le garenne.*

22. Les femmes vesves ne peuvent prétendre aucun douaire sur les biens du

mari situez dans la ville et banlieue, ni coustumier ni autre, s'il n'est stipulé dans le contrat de mariage.

23. Chacun peut doter sa femme, comme il lui plaist, avant l'engagement du mariage.

24. Les seigneurs ont II sols parisis d'amende sur les redevables des rentes fonsières, si l'on a deuement publié. Le procureur de la ville prétend qu'il n'est deu d'amende qu'aux quatre seigneurs.

A l'égard du reste qui n'est point exprimé, les maieur et eschevins se règlent selon leurs anciens préviléges et les coustumes du bailliage de Hesdin.

Le pénultième de septembre 1507.

Signé : Olivier abbé d'*Auchy*. Il ne paraist aucune autre signature de marque.

MAISNIL-LÈS-HESDIN (nouvel Hesdin).

SEIGNEURIE.

Un cahier en quatre rôles de parchemin très-bien conservé, très-belle écriture, parfaitement lisible. — 6 articles.

Coustumes, usaiges et communes observances de la terre et seignourie du Maisnil-lez-Hesdin, appartenant à Mgr. Guy du Maisnil, chevalier, seigneur dudit lieu, conseiller et maistre d'hostel ordinaire du roy nostre sire, rédigées par escript, leues, publiées et accordées le XX.ᵉ jour de septembre l'an mil cinq cens et sept, à la conjure de moy Nicollas Rumet, lieutenant es loix, bailly de ladite terre.

1. Et Primes : En ladite ville du Maisnil, au devant du chasteau dudit lieu, y a une grande prairie qui se nomme vulgarement et communement la Garenne du Maisnil, en laquelle prairie, en et partout icelle, ensamble en aulcunes aultres rues scituées audit village déclairiées es anchiens rapportz et dénombremens, ledit seigneur du Maisnil a toute justice et seignourie vicontière et au dessoubz, nonobstant que, à l'entour dudit lieu et garenne et esdites rues, y ait pluiseurs manoirs et héritaiges tenus fonsièrement d'aultres seigneurs qui porroient avoir justice viscontière en leurs fiefs.

2. Item, nulz ne pœult copper branches aux aubeaulx ou aultres arbres qui sont en ladite garenne, ni clore jus de barres, choller, danser, jouer d'instrumens, mettre le gay sur lesdis arbres pour tirer aux jours sur ce ordonnés, qui sont les jours de Bouhourdis, de la Deducasse et du pattron de l'église, picquier,

heuer ny esticquier en ladite prairie, travers l'an, sans la grace du seigneur ou de ses officiers, sur paine de LX solz parisis d'amende.

3. Item, se ung chariot chergié de quelque chose que che soit, charriant travers et parmy ladite prairie ou garenne, ou ailleurs sur la terre dudit seigneur, verse ou tombe, il ne lui loist relever ne redreschier ledit chariot sur semblable peine et amende de LX solz parisis, sans grace ou congié dudit seigneur ou de ses officiers; mais se ung chariot y chariant à wyant chiet et tombe, il se pœult licitement relever ou redrechier, sans congié ou grace dudit seigneur ny de ses officiers (9).

Opposition : Tous les dessoubz signans dient que jamais ilz ne ont veu user de ceste coustume en ladite seignourie du Maisnil;

Le procureur pour office d'icelle seignourie soustient le contraire, disant qu'à mondit seigneur appartient ceste auctorité.

4. Item, se aulcuns se conjoindent par mariage, en ladite ville et seignourie ou ailleurs, vœullent couchier, la première nuyt de leurs nœupces, sur ladite seignourie, soit quilz soient subgetz ou non, le sire de nœupces ne pœult ou doit couchier avec sa femme et espouse, ladite première nuyt (10), sans demander grace ou congié de ce faire audit seigneur, sur peine de confiscacion du lit sur lequel lesdis conjoingz aueroient couchié, et de tout ce qui seroit trouvé sur ledit lit, lendemain au matin, le tout au droit et prouffit d'icelluy seigneur.

5. Item, en ladite terre et seignourie, y a ung maretz et communaulté qui se nomme le Petit Maretz, qui fut et a esté anchiennement donné par des seigneurs du Maisnil à leurs subjetz couchans et levans; auquel maretz ou communaulté, par la coustume de ladite seignourie et aussy en vertu dudit don, nulz ne pœut mettre ne envoyer pasturer aucunes bestes, de nuyt ne de jour, de quelque sorte ou condicion quelles soient, sauf ledit seigneur ou ses subgetz couchans et levans soubz luy, et sur peine et amende de LX solz parisis pour chascune beste ou de confiscacion desdites bestes; mais lesdis subgetz couchans et levans y pœuvent envoyer et mettre pasturer, de nuyt et de jour, toutes manières de bestes à corne et quevalines, autant et en tel nombre que bon leur samble sans meffait, toutes voyes, ilz ne pœuvent mettre audit maretz aulcuns pourchaulx ne blanches bestes non plus que aux estrangiers, et ce aux peines que dessus.

6. Item, audit seigneur appartient la justice ou au moins l'usufruit en la rivière de Canche qui fleue parmy ladite terre et seignourie, et ce deppuis le molin à blé dudit lieu du Maisnil, jusques à l'environ du village de Marconnelle.

Pour le surplus, on se règle sur les coustumes du bailliage de Hesdin.

Signatures : Nicollas Rumet *bailly du Maisnil*.—Jacques de Crepiœul *conseiller et pensionnaire de Mgr. du Maisnil, au siége du bailliage de Hesdin.* — Philippes du Riez *procureur pour office.* — Jehan Parmentier *prestre, curé de Marconne et du Maisnil*. — Enguerran Julien *seigneur de La Verde Rue, homme de fief (et* 14 *autres hommes de fief).*

REGNAUVILLE et MOURIER.

SEIGNEURIES.

Trois rôles de grand parchemin, écriture cursive qui annonce une main très-exercée; mais difficile à lire à cause de la multiplicité des abréviations. — Regnauville, 22 *articles; Mourier,* 12 *articles.*

REGNAUVILLE.

Coustumes locales, auctorités et droix particuliers de la terre et seignourie de Regnauville, appartenances et appendances d'icelle, appartenant à messire Porus du Bois, chevalier, seigneur dudit lieu.

1. Le seigneur tient sa terre et seignourye de Regnauville de la terre de Canaples, par LX solz parisis de relief; il y a toute justice, haulte, moyenne et basse, selonc les coustumes générales de la prevosté de Monstrœul et du bailliage d'Hesdin.

2. Relief, droit de vente et d'aide des héritages féodaux.

3. Les tenans cottiers d'icelle seignourie, touttefoys que le cas eschiet, pour le relief de chascun anchien manoir qui leur succèdent par le trespas de leurs prédécesseurs, sont tenus payer II deniers parisis, et aussy pour terres labourables et cotteries anchiennes, pour chascun journal, II deniers parisis.

4. Droit de vente des coteries, le 6.ᵉ denier.

5. Mais quant aucuns manoirs, prés ou héritaiges cottiers sont retournés à la table et demaine dudit seigneur, et que, par luy ou ses commis, ilz sont rebailliez, il en est deu, pour droit de relief, le double du cens à quoy, par ledit seigneur ou commis, ilz auroient esté rebailliez.

6. Se aucuns sourcens se font et engendrent sur lesdis manoirs et héritaiges cottiers, quelz quilz soient, ledit seigneur a droit de prendre, pour droit de relief, le double dudit sourcens; et pour le création et ypothecque d'icelluy sourcens, le VI.ᵉ denier.

7, 8, 9. Terrage.

10. Les anchiens manoirs et terres rebailliez à appreye et qui sont appreys, ne sont point partables entre héritiers, mais terres labourables et campestres, sont partables et divisibles aussi avant à l'un comme à l'aultre.

11. Ont esté et sont, chascun an, instituez et esleux, au jour Saint-Jehan-Baptiste, chincq eschevins qui ont esté et sont esleux par les eschevins de l'année précédente; et sont, lesdis eschevins précédens, submis présenter ceulx qui par eulx sont esleux audit seigneur ou à son bailly ou commis, ledit jour Saint-Jehan-Baptiste; lequel seigneur, son bailly ou commis pœult changer et oster l'un desdis eschevins nouvellement créés, et, au lieu d'icellui, en nommer et créer ung aultre.

12, 13, 14, 15, 16. Seigneurie et amendes des flégards, bêtes en dommage, forage et afforage des boisssons.

17. La mesure au grain est égalle et samblable à celle de la ville de Hesdin, et la mesure du bruvaige du vin et cervoise, égalle et samblable à celle de Labroie.

18. Les habitans de ladite seigneurie de Regnauville ont droit d'envoyer pasturer leurs bestes, tant chevalines que aultres, en la garenne de Labroie, et pœuvent aller ou envoyer querir et bouqueter bois secq en la forest de Labroie, sans commettre quelque amende.

19. Les subgetz, manans et habitans de Regnauville sont submis et banniers au molin de ladite ville de Labroie, au moyen duquel droit, ils ne sont arestables ne empeschables, en corps ny en biens, en la ville et terroir dudit lieu, et ne y doibvent droix de travers, issues ne tonlieux.

20, 21. Amendes pour délits forestiers. — 22. Four banal.

Le XXII.e jour de septembre 1507.

Signatures : Vasseur *bailli.* — Martin Noddé *procureur pour office.* — De Wisque *curé de Regnauville.* — Pierre Lagache *homme de fief.* — Martin Largiel. — Collart Lagache. — Jehan Boulart Duflos. — Jehan Loyer *eschevin (une scie de charpentier).* — J. Robert *(une hache).* — Antoine de Torsy *eschevin.* — Jehan Brullier *eschevin.* — Jehan Leuren *tonnelier (un cercle).* — Martin Roussel. — Jan Roussel. — Corvisien *eschevin.*

MOURIER.

Aultres coustumes locales et drois particuliers de la terre et seignourie de Mourier, appartenant à messire Porus du Bois, etc.

1. Primes, ladite terre de Mourier, mondit seigneur tient, en deux fiefz, l'un de l'abbaye de Dompmartin et l'autre de Tortefontaine, où il a toute justice

et seignourie viscontière, selon les coutumes générales des prevosté de Monstrœul et bailliage de Hesdin.

2. Droits de vente des anciens manoirs, 12 deniers d'entrée et 12 deniers d'issue. — 3. Relief id., 2 deniers. — 4. Comme l'art. 5 de la précédente. — 5. Comme l'art. 6 id. — 6. Délai du relief. — 7. Droit d'aide pareil au cens pour les anciens manoirs, le double du cens pour les nouveaux. — 8. Cas qui donnent ouverture au droit d'aide.

9. Item, par previllége, les habitans de Mourier ne sont arrestables ne empeschables, et ne sont tenus payer quelzconques droix de travers, issues, tonlieux, cauchies, ne aultres debites jusques au Pont à Lanche d'Abbeville, et à ung arbre anchiennement nommé l'Arbre d'Ammessairc-lez-Doullens, et jusques à ung aultre nommé l'Arbre d'Amerond, estant entre Saint-Omer et Faukemberghe, et pareillement jusques au Bacq-Attin-lez-Monstrœul.

10. Lesdis subgets de Mourier, pour quelque marchandise quilz faichent audit Monstrœul, soit en vendant ou achettant, ne doivent que demy droit d'impost.

11. Comme l'art. 10 de Regnauville.

12. Item, la mesure au grain est égale et semblable à celle de Hesdin, la mesure au vin, cervoise et aultres beuvraige est gaulgé de Catenoy.

Le xxII.ᵉ jour de septembre 1507.

Signatures : sire Jacques Dauthin *cappelain.* — G. Leclerc. — Noddé *procureur pour office.* — J. Lebel. — Jehan Le Predour. — Miquiel de Beaurains. — Jehan Lebel *homme de fief.* — P. Mongalot *(un couperet).* — Flippes Dubois. — Jehan Pignon *(une navette),* etc.

HEUCHIN.

ÉCHEVINAGE.

Quatre rôles de parchemin in-4.°, écorné dans le haut par une déchirure qui n'atteint que le bout des quatre ou cinq premières lignes des versos. — 38 *articles.*

Coustumes et usaiges locaulx et particuliers dont a esté usé de toute anchienneté en la ville, eschevinaige et bourgaige de la ville et communaulté de Heuchin, mys et rédigées par escript par les maieur et eschevins dudit lieu d'Heuchin, etc.........

1. Primes, fait à entendre que ladite ville, chastelerye et seignourie de Heuchin, appartient propriétairement à Mgr. de Varennes, à cause du don et transport que luy en a fait, puis au long temps decha, Mgr. de La Vallée, duquel il a espousé la fille aisnée et seulle héritière apparant.

2. Advertissons que ladite ville, chastellerie et seignourie de Heuchin est tenue et mouvante en haute justice et seignourie du chasteau et conté de Saint-Pol et ressortissant sans moyen aulcun, scituée entièrement en icelle partie, assavoir : che dessus lyaue vers Thérouane, en la prevosté de Monstrœul, et l'aultre partie estant à l'aultre lez de la ryvière, en la prevosté de Biauquesne.

3. Item, en toute ladite chastelerie, saouf en ladite ville, loy et eschevinage de Heuchin, l'on use des coustumes et usaiges, stilz généraulx de la conté de Saint-Pol; lesquelles coustumes, usaiges et stilles ne sçarions bonnement déclarier.

4. Item, quant à ladite ville, loy eschevinaige et communaulté de Heuchin, qui est, la plus part et comme le tout, es mettes de ladite prévosté de Monstrœul, ladite loy fut accordée, instituée et ordonnée par deffunct et de noble memore messire Bauldin d'Aire, en son vivant chevalier, seigneur de Heuchin, au mois de juing, en l'an de l'incarnacion Nostre-Seigneur Jhésu-Christ, l'an mil deux cens et vingt.

5. Item, pour ladite loy et commune avoir, tenir et en user et traictier, les besongnes et négoces d'icelle *se font* (sous-entendu) selon la loy et institutions de la ville de Saint-Pol, ainssy que par la charte de ce faisant mention pœult apparoir.

6. Item, par laquelle charte, appert que tous les bourgois de ladite ville pœuvent avoir et achetter en icelle tout ce qui leur est besoing, pour leur vivre et vestir, tout franchement et sans payer quelque tonlieu, ainssy en ont usé de tout temps et usent encore à présent.

7. Item, par ladite chartre, appert que ledit seigneur ou aultres ne les pœult constraindre à fermer ladite ville, se ilz ne le vœulent de leur propre volunté (11).

8. Item, par ladite chartre, appert que se aulcun desdits bourgois ayans héritages en ladite ville et commune, se départ de ladite ville et délaisse ladite commune, il pœult emporter ses catheulx, saouf le droit de ladite ville.

9. Item, et quant aux héritages qu'il délaisse, ils demeurent en la main du seigneur dudit Heuchin, s'il n'y a hoir fils, fille, nepveu, nyepche ou cousin germain qui, en ce temps, demeure en icelle ville, qui le préhende et en fache au seigneur plainement ce que debvera.

10. Item, se aulcun ayans héritages, terres ou aultres samblables choses de nature de vente ou ait vendu à aultruy ou délaissé la ville, le seigneur pœult rachetter ledit héritage se il lui plaist, et luy appartiendra sil ny a proisme

du vendeur lors demourant en ladite ville, qui le vœulle rachetter sur luy et satisfaire à luy et à la ville.

11. Item, par ladite charte appert, quant aulcun des hommes de ladite ville va de vie à trespas et il délaisse enffans légittismes, sesdits enffans doibvent partir ensamble, et pareillement tant les héritages que les cateulx.

12. Item, se le seigneur dudit Heuchin vient en ladite ville, la dame absente, le maieur, au mandement dudit seigneur, lui doibt pourvoir de *queutes*, assavoir, de litz aultant quil lui en fauldra pour lui et pour ses gens avœuc hosteux ainssy qu'il est accoustumé faire en tel cas, et aprez lesquelles queutes et litz leur sont rendus franchement.

13. Item, chascun qui est de ladite loy et commune, doibt payer audit seigneur de Heuchin une mine d'avoine, chascun an, à la mesure dudit Heuchin, en dedans le mois de mars.

14. Item, tous les fourfaiz survenans en ladite ville qui sont à jugier auxdits maieur et eschevins, tout ce quilz en prendent et reçoipvent doit estre converti au prouffit de ladite ville.

Desquelles ordonnances, statuz et usaiges l'on a, de tout temps de leur mémore et congnoissance, usé en ladite ville et eschevinaige, encores en usent présentement, saouf en l'un des cas dessus dit.

15. Quant les hommes de ladite ville vont de vie à trespas et ils délaissent enffans légittismes, lesdits enffans partissent également, tant l'héritage que les cateulx, pour ce que, selon ladite clause, nul ou aulcun parent du décédant, aultre que ses enffans, n'aroit avœucq eulx part en la succession. Encoires, se aulcun desdits enffans estoit demourant hors de ladite ville, il ny aroit aucun droit (12). Toutes voies, ils en ont de si longtemps usé qui n'est mémore du contraire ne du commencement aultrement, assavoir que niepches et nepveux du décédant ont représenté leur père ou mère; par ce moyen partissent es successions advenues en ladite ville, loy et eschevinaige, aveuc leurs oncles et tantes, non pas également, mais lesdits nepveux et niepches, combien quils soient, tous ensamble font un chief et emportent, en la succession, autant et non plus que l'un de leurs oncles ou tantes. Et ont esté rechuptz esdites successions les enffans, niepces ou nepveux des décédans demourans hors de ladite ville de Heuchin comme ceulx qui estoient demourans. Et tant en a esté usé et entre tant de parties que le tiennent pour coustume toutte notoire, mais ilz ne l'ont jamais veu depposer ne depposé, ne adjugier, ne sceu quelle ait esté adjugiée sur contredit.

16. Item, l'on a toujours accoustumé et encore maintient on que quiconques

a et possesse propriétairement de son acqueste ou par mariage à fille de bourgois, lesdits héritages seans audit bourgaige, il est bourgois. Mais le fils ou aultres héritiers marles d'un bourgois décédant, ne sont point bourgois pour appréhender quelque succession de leurs prédécesseurs, soit réelle ou mobilliaire, mais les filles, supposé quelles ne appréhendent aulcune chose de la succession de leur père ou mère, elles sont bourgoises et sy sont leurs maris bourgois.

17. Le survivant de deux bourgois conjointz par mariage demeure bourgois, et sy c'est la femme qui survive et elle se remarie, elle fait son mary bourgois, et pareillement l'homme la femme.

18. Les héritages cottiers seans en bourgaiges délaissiez par les trespas des possesseurs d'iceulx se reliesvent par les héritiers du décédant, ensemble, ou par l'un d'iceulx, tout pour xij deniers parisis, soit quil y ait un ou plusieurs héritages et ténemens.

19. Item, biens mœubles et cateulx, entre le survivant de deux conjointz et les héritiers du trespassé, sont partables. Et sy sont tous édiffices de bois et carpentaiges estans sur les héritages scituez audit bourgaige, saouf les solles des maisons manables, réputez cateulx et pour ce se partissent.

20. Item, héritages cottiers scitués en ladite ville, loy et eschevinaige acquestés par deux conjointz, sont partables entre eulx et leurs héritiers.

21. Item, nul ou aulcun ne pœult alliéner l'héritage à lui appartenant de la succcession de ses prédécesseurs, se ce n'est par vente et par don et par les voies en tel cas ordonnées. Est assavoir, le première du consentement de son héritier apparant, une aultre par remploy et l'aultre par nécessité jurée par le vendeur deubment ensievy par deux tesmoings dignes de foi. Et en matière de donacion, sy le pœult on faire à son héritier apparant en avanchement d'hoirye et succession ou aultrement, du consentement dudit héritier apparant.

22. Item, les pères et mères sont héritiers de leurs enffans, quant aux cateulx, biens mœubles, debtes et acquestes.

23. L'on a acoustumé user comme desdits cottiers *(sic)*, se aulcun vend héritage, soit un ou plusieurs séans audit bourgaige, et se dessaisit tout à une fois, et au prouffit d'un seul homme, il est deub, pour tous droits seigneuriaulx, au seigneur duquel lesdits héritages sont tenus, assavoir, le vendeur pour issue desdits héritages, xij deniers parisis, et par l'achepteur, pour l'entrée desdits héritages, samblablement xij deniers parisis.

24. Item, les dessaisines et saisines de tous les héritages cottiers seans audit bourgage, se font pardevant lesdits maieur et eschevins qui sont requis estre au

nombre de trois eschevins avœucq le maieur, et sans le maieur cinq eschevins, et jugent lesdites dessaisines à le conjure du prevost de Heuchin et les baillifs ou lieutenans des seigneurs desquels lesdits héritages sont tenus; lesdits baillif ou lieutenant rechoipvent lesdites dessaisines par signe d'un *raincheau* (rameau) quil prent et repchoit de la main du vendeur, et le met et baille en la main de l'achetteur ou de celui qui est saisy.

25. Item, quant aucun bourgois demourant en ladite ville, vend son héritage cottier y scitué et emporte les deniers au dehors dudit bourgaige, il doibt à ladite ville le vj.^{e} denier du pris de ladite vendicion.

26. Item, se ung bourgois transporte aulcuns de ses biens au dehors dudit eschevinage, soit par don de mariage à aulcun de ses parens ou aultre, il demeure pareillement à ladite ville le vj.^{e} denier de la valleur desdits biens transportés, et se nomme, le droit à che apposé pour ladite ville, droit *d'escars*; duquel droit lesdits maieur et eschevins pœuvent modérer et arbitrer à leur volunté. Et sy pœuvent ossy recepvoir desdits bourgois non ayans héritages audit bourgaige, à eulx départir dudit bourgaige, en payant ledit droit *d'escars* dont ils pœuvent modérer avec lesdits départans à le volunté desdits maieur et eschevins comme dist est. Tous lesquels droits *d'escars* tournent au prouffit de ladite ville.

27. Se le seigneur dudit Heuchin détient prisonnier aulcun bourgois, se ce n'est pour cas criminels, lesdits maieur et eschevins le pœuvent requerre et le doibvent ravoir avœuc les amendes par luy commises, en payant audit seigneur ou à son recepveur, entrée et issue de prison.

28. Item, des forains qui meffont en ladite ville, celluy de mondit seigneur ou desdits maieur et eschevins, qui prévient, congnoit et pugnist.

29. Item, lesdits maire et eschevins pœuvent modérer toutes amendes dont ils ont la congnoissance et judicature, à leur discrétion, mais le prouffit est à ladite ville.

30. Par la coustume de ladite ville, loy et eschevinaige, quiconques touche et injurie aultruy par courroulx et de fait, il delicque et commet amende, assavoir, se l'injure est à plaie ouverte et sang courant, lx sols parisis, et sans sang, vij sols vj deniers parisis.

31. Item, lesdits maieur et eschevins ont le police, regart et gouvernement de ladite ville; et, pour le régime d'icelle, commettent *awars* sur les bruvaiges et autres derrées et marchandises qui se vendent en ladite ville, et y baillent ordre tel quil appartient, quils ordonnent tenir sur telles paines quilz y vœullent apposer et selon que le cas le requiert.

32. Item, à eulx appartient l'affeur des vins, bruvaiges de grain et autres choses désirant affeur qui se vendent en ladite ville.

33. Item, nul ou aulcun ne pœult ou doibt vendre vin ou aultre bruvaige ou chose désirant affeur, que premièrement ledit affeur ne soit fait, ou sans grace desdits maieur et eschevins, à paine de lx sols parisis d'amende au prouffit de ladite ville.

34. Samblablement, nul ou aulcun ne pœut ou doibt vendre ou exposer en vente, en ladite ville, aulcuns bruvaiges ou viandes aultres que bonnes et dignes d'entrer au corps humain, sur paine d'amende de lx sols parisis avœuc privation du mestier et pugnicion de prison, à l'ordonnance desdits maieur et eschevins.

35. Ont lesdits maieur et eschevins acoustumé, quant la ville est à l'arrière, de vendre vin en icelle ville à son prouffit (13), à tel pris que bon leur samble, pour la remettre à l'avant, trois fois l'an, à chascune fois quarante jours, en telle fachon que bon leur samble, et deffendre à tous aultres le vendage dudit vin pendant ledit temps, à peine telle que ils y vœullent imposer.

36. Item, par ladite coustume, quant aulcun seigneur comme le seigneur de ladite ville, ou aultres ses vassaux, baillent les héritages quils tiennent en leur demaine, à rente, et les mettent, pour ce, hors de leurs mains, et lesdits héritages sont situez en bourgaige, telz héritages sortissent condicion d'héritages bourgois et sont submis aux us et coustumes dudit bourgaige.

37. Item, l'on a acoustumé touchant les avaines de bourgaige qui sont deubz audit seigneur de Heuchin, se ledit seigneur les vœult prendre à nature, il les doibt envoyer querir, à la maison d'iceulx qui doibvent lesdites avaines, à tout le mesure dudit Heuchin, une fois seullement. Et se ledit seigneur veut avoir ladite avaine appréciée à l'argent, le pris doibt se faire selon quelle est vendue le merquedy devant le my-mars, et le merquedy apprez prochain apprez le my-mars. Et ainssy en ont usé et doibt user.

38. Au seurplus, lesdits de Heuchin se règlent et usent selon les coustumes et polices génerales de ladite conté de Saint-Pol.

Lesquelles coustumes dessus transcriptes ont esté veues et approuvées, en l'eschevinaige dudit Heuchin, le xxij.ᵉ jour d'aoust 1507.

Signatures: sire Andrieu Perrin. — Sire Philippes Morel *pour l'estat de l'Eglise.* — Walerand du Hamel. — Jacques du Hamel. — Ernoul de Loudefort *pour l'estat des nobles.* — Jehan Vriman *maieur.* — Willaume Duflos *lieutenant du maieur.* — Jehan Marquant. — Jehan Noël. — Martin Caron *eschevin.* — Jehan Carpentier *prevost.*

VERCHIN-EN-TERNOIS.

SEIGNEURIE.

Un cahier en parchemin contenant trois rôles, mauvaise écriture, maculée et peu lisible à cause de la pâleur de l'encre, surtout sur la première page. — 16 articles.

Coustumes, usaiges et communes observances de la terre et seignourie de Verchins-en-Ternois, appartenant à noble homme, Jehan de Magnicourt, escuier, seigneur dudit lieu, de Bellettes et Soutrecourt, concordées, interprétées et approuvées, pardevant Jehan Rouget, bailly pour icelluy seigneur.

1. Sceau et contre-sceau pour sceller les actes. — 2. On plaide par écrit, et tous les ajournements se font par commission. — 3. Le seigneur a seul la justice des flégards entre ses hommes féodaux. — 4. A les mêmes droits de justice que les religieux de l'abbaye d'Auchy-les-Moines.

5. Ledit seigneur de Verchins est entièrement seigneur de la rivière en ce qui fleue entre sa seigneurie et les manoirs tenus desdis relligieux, tant en fief comme en cotterie, saulf que lesdis relligieux pœuvent faire aller l'eaue par un nocq servant à ce, es fossés de la maison de feu Jehan Lerat, qui fut jadis le chief-lieu desdis religieux.

6. Il a la seigneurie sur le moulin à l'eau. — 7. De même sur la rivière. — 8. De même sur le flégard de ladite rivière qui est la place publique.

9. Item, mondit seigneur pœut tenir et faire tenir ses plais, à jour acoustumé, sous ung ormeau estans en ladite place et flégard, assez prez de la maison de Jehan d......... et prochain d'un marez tenu de Robert d'Outrelauwe.

10. Autres droits seigneuriaux sur certains manoirs appartenant à l'église du lieu.

11. Quant le curé de ladite église, qui est relligieux de l'église et abbaye de Dommartin, va de vie à trespas, ledit seigneur de Verchins pœult et luy loist envoyer ses officiers au presbytaire dudit Verchins, et illecq faire inventoire de tous les biens estans audit presbytaire, et envoier et signiffier à l'abbé de Dompmartin ledit trespas, et quant il envoie querir le corps ou biens, à luy sont délivrés en payant toutes mises de justice raisonnables.

12. Les flégards de l'église et du presbytère lui appartiennent. — 13. Il a droit de bannée du four sur les sujets de Mgr. de Griboval, qui tient un fief de la seigneurie de Verchin. — 14. Même droit sur les sujets de Mgr. de Crepicœul pour même cause. — 15. Mort et vif herbage. — 16. Pour les fiefs échus à la femme, il y a relief de succession et relief de bail.

Pour le reste, on se règle sur les coustumes générales de la chastellenye de Lisbourcq, conté de Saint-Pol et prevosté de Monstrœul.

Le xxiiie jour de septembre 1507.

Signatures : Jehan Rouget *bailli.* — Lerat. — Cappelier. — Baudechon Carpentier, *signe pour M.*^{lle} *Marguerite de Griboval.* — Pierre de Ligny *procureur de Jehan de Ligny.* — Walleran Carpentier. — Deflers. — Le Viesier. — Gilles Wautier *pour Jehennette d'Averdoing.* — Roussel *pour Marguerite de Cannetemont.* — Lejosne. — Regnault de Sains. — M. Acart *prestre, vice-gérant de Werchin*, et autres illisibles.

CRÉQUY.

SEIGNEURIE-BARONNIE.

Trois rôles et demi en parchemin in-4.°, petite écriture cursive, bien conservée et lisible. — 17 *articles.*

Coustumes localles, stilz et usaiges de la terre, seignourye et baronnie de Créquy, laquelle est tenue, en un seul fief, en toute haulte justice, moyenne et basse, de la conté de Saint-Pol, vériffiées, concordées et approuvées, pardevant nous Toussains de Sains, escuyer, seigneur de le Cappelle, lieutenant du bailly de Créquy, pour noble et puissant seigneur, Mgr. Jehan, seigneur de Créquy, Pont de Remy, etc., chevalier, par les gens d'église, nobles, hommes féodaux et anchiens cottiers pour ce assemblez en nostre terre de Créquy, à Fressin, le XXII.° jour de septembre l'an mil cincq cens et sept.

1. La femme survivante a la jouissance, sa vie durant, de la moitié des manoirs anciens et amasés achetés pendant le mariage. — 2. Deux défauts successifs par l'héritier d'un testateur, suffisent pour valider la mise en possession du légataire.

3. Item, quant aucun termine vie par mort es mettes de ladite seigneurie, delaissant enffans mineurs d'ans, le procureur de la seigneurie pœult et doibt aller, avec deux hommes féodaulx et le greffier, inventorier les biens mœubles y delaissiés; et ladite inventoire faicte, mettre les biens en main seure et prendre caution pour la conservation desdis mineurs d'ans, pour leur rendre, eulx venus en eage, compte et reliqua.

4. Pour faire icelles inventoires, les deux hommes féodaulx ont V solz, le sergent XII deniers et le procureur II solz; s'il y a vaquation, il se tausse par la cour selon le labeur.

5. Pour ladite inventoire, le greffier a, pour chascun fœullet d'inventoire, XII deniers.

6. Item, les exécuteurs dénommés es testamens de telz trespassez ou leurs héritiers ayant appréhendé leur exécucion par mise de fait et de decret, ou les héritiers leur droit mobilliaire, pœullent venir en ladite justice, par dedens

l'an du jour de leur mise de fait, présenter leur compte, assavoir : les exécuteurs de leur entremise, et les héritiers pour veoir acquittier le testament de telz trespassez et lever lettre du bailly ou son lieutenant, procureur et greffier, comment ledit testament est bien et duement acquittié; par laquelle ilz doibvent demourer quietes.

7. Monseigneur ou son recepveur pœullent faire justicier les subgetz fremiers et louaigiers par ung sergent de la seignourie ayant une commission donnée dudit baillly ou son lieutenant, et rolle signé dudit recepveur portant la somme quilz doibvent; et c'est fait pour évyter frais, car le sergent n'a que IX deniers tournois pour chascun homme quil justicie, et ung sergent ou aultre a IV solz parisis pour ung simple adjournement, et sy sont les justiciés receus à opposicion et à dire ce que bon leur samble.

8. Item, l'on adjourne les subgetz sans commission, par un sergent de la seignourie, pardevant le bailly ou son lieutenant et hommes ; et se l'adjourné auquel on demande LX solz ou en dessoubz, se laisse mettre en deux deffaulx, il est condempné en la demande, en ayant le affirmacion du demandeur.

9. Item, se la demande excèce de LX solz parisis, il fault trois deffaultz et, à chascun deffault, adjournement nouvyau, ainchois quil puist estre condempné.

10. Item, l'on n'adjourne point par commission, et est creu le sergent de son exploit, et a IX deniers de chascun adjournement.

11. Le bail à surcens à prix d'argent des manoirs et terres en coterie, engendre le droit du 6.ᵉ denier au profit du seigneur. — 12. Le relief, dans le cas de l'article précédent, est le double du cens foncier.

13. Item, le seigneur pœult, en sa terre et baronnye de Créquy, faire crier et publier toutes deffences, tant en ses bois comme en aultres choses samblables et y arbiterer et appozer amende en dessoubz de LX solz, selon que le cas est grief.

14. Entreprises sur les flégards. — 15. Droit de mort et vif herbage. — 16. La femme doit relief de succession et le mari relief de bail des fiefs qui adviennent à celle-ci pendant le mariage. — 17. Les donations par entre vifs ou par testament à autre personne que l'héritier direct, engendrent, en coterie, le droit du 6.ᵉ denier.

Pour le reste, on se règle sur les coustumes de la prévôté de Montreuil et du conté de Saint-Pol.

Le xxii.ᵉ jour de septembre l'an mil cincq cens et sept.

Signatures : Desains *lieutenant-général du bailly de Créquy.* — Le Josne *procureur de la seignourie de Créquy.* — Le Vasseur *vice-gérant de Fressin.* — Davesnes *procureur du seigneur d'Esquerdes.* — Torrillon *curé d'Obercourt.* — Robert Le Caron *curé de Créquy.* — De Tingry *procureur du seigneur de...* — C. de Lespine. — M. Le Nourquier *bailly de...... pour Mgr. de Créquy.* — Ansel Finet *bailli de Barbe de Torcy.* — P. Le Nourrequier *bailly de Mgr. de*

Fressoy. — Jehan Broude *procureur du seigneur de Hourdain et du seigneur de Wandecques.* — S. de Brias *seigneur de Royon.* — Le Parmentier. — Metinet Brebion. — Robert de Lehaye. — Guillaume Clabault. — Job Le Borgne. — Jehan de Lespine *ahanier.* — Tumas Le Cornu. — Jacque de Roussauville. — J. Caudevelle. — Jacotin Hibon. — Plouvyer *greffier.*

AVERDOING.

SEIGNEURIE CHATELLENIE.

Trois rôles et demi de grand parchemin, bien conservés et très-lisibles. — 28 articles.

Coustumes, droix et usaiges du bailliage de la seigneurie et chastellenie de la ville d'Averdoingt, appartenant à hault et puissant seigneur, Mgr. Jacques de Luxembourg, seigneur de Fiennes, père, ayant le bail, administracion et garde noble de Jacques de Luxembourg, seigneur d'Auxy et dudit Averdoingt, redigiées et mises par escript par Adrien Morel, bailly dudit lieu.

1. Primes, le seigneur a toute justice, haulte, moienne et basse, au ressort de la court de la chastellenie et conté de Saint-Pol, dont icelle seignourie est tenue, en ung seul noble fief, comme estant vassal de ladicte conté.

2. Le seigneur a bailli, sergens et officiers pour conduire sa justice, lesquels connaissent de tous les cas civils et criminels. — 3. Amende de 60 sols pour les bestiaux pris dans les taillis de moins de 3 ans. — 4. défense de chasser dans la garenne, sous peine d'amende arbitraire.

5. Item, que nulz ne pœult tendre aux pertrix et faisans auprès des bois et garenne, sur paine de X livres parisis.

6. Le seigneur et ses officiers pœuvent appeler les delinquans au droit dudit seigneur, de tierchaines et de quinzaines, à comparoir allencontre de son procureur, sur paine de bannissement ou aultrement, pour veoir procéder aux condempnacion, délivrance desdits délinquants ou absolucion, selon l'exigence du délit.

7. Item, que nul ne pœult ahaner sur les chemins publiques qui sont en ladite seignourie, sur l'amende de LX solz parisis, assavoir, se l'ahaneur tourne de son harnas ou querue la terre du chemin sur son champ.

8. Item, que nul ne pœult copper es bois dudit seigneur, sur paine et amende de LX parisis, se le bois est de sept pietz de long, et se, au plus gros boult, l'on pœult perchier d'un commun tarelle.

9. Item, à cause de la noblesse dudit fief et seignourie, quant ledit seigneur

ou sa femme sont en leur chasteau d'Averdoing ou leur commis, se aulcuns poissonniers chassent poisson de le mer à Arras, parmy ladite seignourie et juridicion d'Averdoing, ledit seigneur, sa femme ou sondit commis pœult prendre ou faire prendre, pour le provision de son hostel, du poisson sans le payer, jusques ad ce qu'ilz retourneront d'Arras et lui rapporteront ou à ses gens certificacion par escript, sous seing congnut, de la valeur de la vente du pareil poisson qui aura esté prins pour sondit hostel, et le pœult avoir pour tel pris quil aura esté vendu au marchié d'Arras, à détail, et non aultrement sil ne lui plaist (14).

10. Item, à cause dudit fief et chasteau d'Averdoing, en temps de guerre de prince, ledit seigneur pœult constraindre tous les manans et habitans en sa juridicion, en fief et en coterie, tant à Averdoing, Ligny, Markais, comme es ressors, de veiller et faire ghuet de nuit en sondit chasteau, toutesfois que requis en sont; et se faulte il y a, mettre, au lieu de celluy qui aura failli à faire le ghuet, telle personne que bon lui samblera, et faire payer au défaillant le sallaire de celluy qui aura esté constrains en son lieu, par prinse de ses biens.

11. Item, à cause dudit fief et chastellenie d'Averdoing, tous les tenans dudit seigneur en cotterie, tant en ladite ville d'Averdoing qu'en ladite ville de Ligny, lui doivent et sont tenus, chascun an, de ouvrer à son commandement ou de ses commis, chascun et pour chascun manoir ou maisure tenues en cotterie comme dit est, par trois jours, cest assavoir, pour ung jour en mars, pour ung jour en esté et pour ung jour en oaing *(août)*, et ce sur paine de III solz d'amende; et appellent lesdites journées courouwées.

12. Choix d'un agneau d'herbage sur deux.

13. Item, à la cause dite, toutes et quantesfois que ledit seigneur vient en sondit chasteau d'Averdoing, tous les tenans de luy manoirs amasés en cotterie, esdites villes d'Averdoing et Ligny, sont tenus de luy livrer une queute et ung parcavech, sur paine d'amende de III solz parisis.

14. Vif herbage. — 15. Faute de payer les rentes aux termes fixés, après trois commandements itératifs, le seigneur peut saisir les ténements et faire vendre les meubles.

16. Item, à cause de la noblesse dudit fief d'Averdoing, touttes et quantes fois que le prince, nostre seigneur natturel, va en guerre politique contre aulcuns ennemis de ses pays, tous les hommes d'Averdoing et de Ligny et des resors qui tiennent dudit seigneur, tant en fief qu'en cotterie, sont tenus de lui livrer ung bon et souffisant car harnaquié bien et souffisamment de quatre chevaulx et de deux varlets, pour mener ses harnatz et provisions avec et en la compai-

gnie de nostre dit seigneur natturel, comme dit est, tant et sy longuement que la guerre durera et que nostre dit seigneur et prince retournera, le tout à leurs despens, saulf que mondit seigneur les doit gouverner ainsy quil appartient en tel cas; et se lesdis chevaulx, cars ou varletz estoient prins des ennemis dudit prince, ou péris par mortalité, ledit seigneur ne seroit tenus de en rendre aulcune chose, mais tout ce seroit aux frais et despens des hommes, à chascun selon sa quantité.

17. Droit de forage sur les vins. — 18. Amende de 60 sols pour charrier après heure défendue par les bans d'août. — 19. Même amende pour mettre les bestiaux dans les nouvelles éteules, — 20. Au seigneur appartiennent les droits d'épaves, de bâtardise et de confiscation. — 21. Pour retenir les épaves, amende de 60 sols. — 22. Droits d'entrée et d'issue.— 23. Reliefs et devoirs des fiefs. — 24. Droits de vente en fief et en coterie.— 25. Four banal.— 26. Tous les fumiers des habitants doivent être jetés sur les terres du seigneur.— 27. Relief des fiefs et des coteries. — 28. Amende de 60 sols pour charrier les récoltes avant la perception du terrage.

Le vingt-septième jour de septembre l'an mil cinq cens et sept.

Signatures : Andrieu Morel *bailly.*— Berthe *bailly de Marquais.*— Guy Wossier *pour le seigneur de Saveuse.* — M. Dodeffine *homme de fief.* — Jehan d'Ellincourt *homme de fief.* — Foratin *homme de fief.* — Adam Truffier *homme de fief.* — Mahieu Dupré. — De Herlin. — Jehennet Berthe. — Jehan Debray.— Vaillant. — Robinet Le Thellier. — Hue Lemoisne. — Jehan du Carel. — Estene Cofin. — Mahieu Dubos, etc.

LISBOURG.

VILLE ET ÉCHEVINAGE.

Trois pages en parchemin, lisible. — 11 *articles.*

Coustumes dont l'on a acoustumé user en la ville et eschevinaige de Lisbourg, rédigées par escript au commandement de Mgr. le seneschal de Ternois, bailly de ladite terre.

1. Le mort saisit le vif, en payant 12 deniers de relief. — 2. Droit de vente, 12 deniers d'entrée et 12 deniers d'issue. — 3. Nul ne peut vendre vin ou cervoise sans esward, sous peine de 60 sous d'amende. — 4. Toutes les amendes au-dessous de 60 sous appartiennent aux mayeur et échevins.

5. Les maire et eschevins, manans et habitans dudit Lisbourg ont droit de mener et conduire toutes marchandises, es mettes de la conté de Saint-Pol, bailliage d'Aire et bailliage de Hesdin, sans payer aucun droit de cauchie ne droit de travers audit lieu de Hesdin.

6. Ont pareillement, lesdis habitans, droit de vendre ce que bon leur samble, en leurs maisons, sans pour ce payer au seigneur aucun droit d'issue ne aultre droit pour ladite vente.

7. Ont, lesdis maire et eschevins, droit d'eswarder touttes marchandises que l'on vend es mettes de leur eschevinaige, et s'aucun fait le contraire, il est en amende de LX solz parisis.

8. Item, lesdits habitans de Lisbourg ont tel droit en la ville de Heuchin, que toutesfois que aulcun d'eulx est arresté en ladite ville de Heuchin, et que lesdis eschevins le requièrent, il leur doit estre rendu pour en faire la raison.

9. Item, quant aucun habitant dudit lieu de Lisbourg vend ou maine aucune marchandise par les mettes du travers dudit lieu de Lisbourg, il ne doibt aucune chose pour le droit de travers audit Lisbourg.

10. Item, il loist aux eschevins dudit Lisbourg faire inventoires des biens délaissés par un deffunct es mettes de leur loy et eschevinaige.

11. Item, quant aucune personne requiert faire arrester aultruy estant es mettes dudit eschevinaige, iceulx maire et eschevins le pœuvent faire, et congnoistre du deu jusques en diffinitive, pourveu toutesfois que l'arresté ne se porte pour appelant desdis maire et eschevins.

Toutes lesquelles coustumes ont esté depposées, par serment solempnel, par les notables bourgois et eschevins dudit Lisbourg, desquels les noms et seurnoms s'enssuyt.

Waleran du Ploich, escuier, seigneur d'Oudainville, agé de LIV ans; Waleran Carpentier, lieutenant, eagé de LXXVI ans; Michel Carpentier, recepveur, eagé de L ans ou environ; Baudin Dupuch, procureur, eagé de LXXIIII ans ou environ; Baudin Carpentier, greffier, eagé de L ans ou environ; Pierre Cuignet, bourgois, agé de LX ans; Pierre Noël, eschevin, eagé de LX ans; Waleran de Feuxy, eschevin, eagé de XL ans; Gilles de Bonmy, eschevin, eagé de XL ans ou environ; Jehan Gallet, eschevin, eagé de XLIV ans; Jacques Evrard, bourgois, eagé de L ans ou environ; Jehan de Monstrœul, eagé de L ans ou environ; lesquels ont signé ce présent coyer avec aultres plus notables personnages, lesquels les ont affermé estre telles, aprez lecture publique faite es halles dudit lieu de Lisbourg, le dixiesme jour de septembre, l'an mil cincq cens et sept.

Signatures : Du Ploich. — Prevost *curé du lieu.* — Loys Fabry *prestre.* — Waleran Carpentier. — Baudin Blanpin. — Pierre Prouque. — Petit Gan Dupuch. — J. Carpentier, etc.

HUITIÈME SÉRIE. 2.ᵉ GROUPE.

AUCHY-LÈS-MOINES.

TEMPOREL DE L'ABBAYE.

Une grande page en parchemin. — 3 articles.

Coustumes, usaiges et communes observances du bailliage d'Auchy, estant en temporalité, appartenant aux relligieux, abbé et couvent dudit lieu.

1. Relief des fiefs. — 2. Relief des coteries, le double du cens, et le 6.ᵉ denier pour droit de vente.—3. Pour le reste, on suit la coutume du bailliage d'Hesdin.

Le vi.ᵉ jour de septembre 1507.

Signatures : J. Oliver *abbé d'Auchy.* — Vasseur. — Jehan Parmentier *prestre, curé de....* — Cado. — Jehan Ratel, etc.

BOVIN.

SEIGNEURIE.

Une page en parchemin, mauvaise écriture. — 4 articles.

Coustumes locales et particulières de la terre et seignourie de Bovyn, appartenances et appendances d'icelle, appartenant à noble homme, Jehan de Renty, et Le C... seigneur dudit lieu.

1. Relief des fiefs selon leur nature. — 2. Droit de vente id. le 5.ᵉ denier.

3. Item, aucuns estrangers ne pœuvent mettre ne laissier pasturer leurs bestiaux es marais de ladite seignourie de Bovyn, appartenant à icelluy seigneur ; les subgetz dudit seigneur, par sa grace quil ne pœult reffuser, pœuvent mettre pasturer leurs bestiaux esdis marais, toutesfois et ainssy que bon leur samble, et tous bestiaux, saouf pourcheaulx et bestes à layne qui ny pœuvent aller sans fourfaiture ou amende de LX solz parisis.

4. Pour le reste, on se règle sur les coutumes d'Hesdin.

Le xxii.ᵉ jour de septembre 1507.

Signatures : Vasseur *bailly du lieu.*— Machuc *homme de fief.*— Boille *homme de fief.* — De Lavier *vice-gérant.* — Godde *procureur fiscal.* — Jehan Levot *cottier.* — Jeh. Bertoul *procureur pour Enguerran de la Haye.*

FAUQUEMBERG.

COMTÉ.

Quatre rôles de grand parchemin, belle écriture cursive un peu altérée par l'humidité dans quelques parties. — 26 *articles.*

Coustumes, usaiges et communes observances observées au conté de Fauquemberghe, tenue de la conté d'Arthois, du chasteau et bailliage de Saint-Omer, appartenant à Mgr. Anthoine de Lique, conte de Fauquemberghe, baron de Lique, seigneur de Baillœul, Monstrœul et de Relly, mises et redigiées par escript, concluttes, consenties et approuvées le XXI.ᵉ jour de septembre mil cinq cens et sept.

1. Primes, ladite conté de Fauquemberghe est noblement érigée en conté, ayans plusieurs grandz noblesses, auctoritez et prééminences dont n'est faite icy mencion, sinon la déclaracion d'aucuns lieux et limittes où se comprend sa garenne et où se cœulle son droit de travers, ainsy que cy-après seront au long posé et escript.

2. La garenne du conte mœult et naist au pont qui est auprez du mollin à blé de ladite ville de Fauqemberghe, allant parmy le marchiet à la porte Garlet, le chemin d'Arras à Audinctun, à le fontaine assez près du manoir du seigneur, jusques à le rivière du Lys et en retournant de ladite rivière et, en allant tout aval vers le soleil couchant, passant les villes qui sont depuis le ruisseau qui est entre le rivière du Lys jusques au pont de Sambletun, et dudit pont en retournant et montant amont le voye du Maisnil-lez-Dohen, et par le bout du village d'Haveroult, au lez vers Fauquemberghe, en allant et passant parmy les Soyettes d'Eulle, jusques au pont à Ouve, et d'illecq allant amont le cours de la rivière parmi la motte de Warnecques, Mercquenties, Oardinguehen, jusques audit mollin à blé, etc.; esquelz limittes où sont scitués la forest, plusieurs preys, manoirs et terres estans au demaine de ladite conté, et ossy plusieurs villes et terres appartenant tant aux vassaulx de ladite conté comme à Mgr. de Thérouanne, qui ne sont de ladite conté, nul ne pœult cachier ne voller à bestes ne oysiaux sauvaiges, tenir ne mener chiens sans etre accouplez ou hannonés, sur paine et amende LX solz parisis pour chascune fois; et ceulx quy sont trouvés tendans à roix, pennaulx, fillés, harnas, fuirons et aultrement, et garnis de connins ou d'aultres bestes et oysiaulx sauvaiges prins en ladite garenne, à paine du poing ou d'autre grieuse paine, et lesdis fillés, fuirons, harnas et aultres engiens confisquiés.

3. Item, se aucun est trouvé allant ou faisant son chemin parmi la forest ou par les places wides, que es lieux où il doibt avoir chemin, il commet, envers mondit seigneur, amende de XII solz parisis.

4. Item, le conte de Fauquemberghe a pareillement garenne es cauves et rivières estans au circuit et es mettes de la garenne dessus déclairiée, où nul ne pœult peschier à roix, harnas ne à foine ne autre engien, sur et à paine de LX solz parisis, pour chascune fois, et les roix, harnas et foinnes et autres engiens confisquiés à mondit seigneur; et pardessus le molin devers Renty, hors de la garenne, nul ne pœult aussy peschier en la rivière, à roix ne aultrement, sur et à paine de XII solz parisis.

5. Les limittes du travers de ladite conté sont partout de ladite conté et ville, de quelque sens que l'on voist, aussy à Escoufflans, à Coïecque, à Ouve, à Rumilly-lez-Villequin, à Wavrans et à Merques, au Maisnil-Boutry, à Campaignes, à Renty, à Fasques et au Hamel-Loyet, où mondit seigneur met ou fait mettre et pendre le boite et recepvoir ledit droit de travers.

6. Item, ledit droit de travers ne se demande point et ce en telle manière que, se aulcun porte ou maine, à beste ou chariotz ou voiture, densrées et marchandises quelles qu'elles soient, et passe les hayes dudit lieu d'Escoufflans, allant devers Hesdin, et, de tous aultres sentiers et quartiers, passe ledite ville d'Escoufflans, oultre les hayes de Coïecque, de quelque costé que ce soit, oultre la ville de Wavrans et passe le mont allant à Saint-Omer, et d'autre part, passe le Forestel oultre Campaignes, et va jusques au Val-Restaut, le chemin de Hucqueliers, pardevant Goubermont, parmy Campaignes, à Saint-Omer; et d'autre lez, passe oultre ledit Goubermont, oultre Rumilly-Wirquin, et va jusques aux Croix vers Thérouanne et oultre Hassinghen, oultre Maisnil-Boutry, et passe les bois de Thienbronne, allant vers Saint-Omer et Thérouanne, et, d'aultre costé, vers Boullenois et Monstrœul, passe oultre les hayes de Biaumont, oultre la ville de Renty, vers Fruges et vers Wandonne, et va jusques au Buisson de May qui est assiz près du chemin, et 'en allant le chemin qui maisne dudit lieu de Renty à Assonval et à Gornay, et le chemin qui maisne de Saint-Leurens audit lieu d'Assonval, qui sont assez près du fourcq desdits trois chemins, et oultre ledit Renty, en allant les chemins devers Campaignes et Thienbronne, et va jusques au cornet du bos du Cauroy et passent le rivière Saint-Leurens, en venant le chemin d'Assonval audit Saint-Leurens et devers Rumilly et ailleurs oultre ladite ville de Fasques allant le chemin de Gournay, et va jusques aux Croisettes dudit lieu de Fasques à Paielleville, le chemin du Saulchoy, et passe oultre les hayes dudit lieu, devers Vrechocq et Vredure, et passe

oultre le bos de Vrechocq, et devers Herly et ailleurs par Vrechocq, et passe oultre l'Espinette de Vrechocq, en allant vers Boullenois, et en venant lesdis chemins, et passe oultre la rivière de Fasques, oultre le Hamel-Loyet, et passe oultre ladite ville du Hamel allant le chemin qui maisne de Clocquans à Thérouanne et va jusqu'à la rue du Fresne, et allant du lez vers Clocquans, et va jusques à la cauchie Brunehault et à Merques, et va oultre le Maisnaige Hurtel, allant de Thérouanne à Clocquans, et oultre un bosquet qui est deseure ledite ville de Merques oultre Ouve, et va jusques à le Croix-Aimon allant devers Boullongne, et de l'autre lez vers Thérouanne, et passe oultre la fretté : mondit seigneur le conte pœult faire prendre et amener par sesdis officiers, en ladite ville de Fauquemberghe, toutes personnes quy ainsy passent, sans avoir paié ledit droit de travers, oultre les limittes et branches de ladite cayère et branches cidessus déclariées ; et est, chascune personne ainsy prinse et amenée, tenue de payer, à mondit seigneur le conte, LX solz parisis d'amende, avœc ce de payer ledit droit de travers.

7. Item, le seigneur, conte de Fauquemberghe, ses bailly, sergents, fermiers et officiers pœulvent sievir ceulx qui passent les limites du travers cidessus declairiées, quelconques chemins quilz tiennent et voyent, sans payer le droit dudit travers, jusques aux portes de la ville de Saint-Omer, en la rue Sainte-Croix ; en la ville de Thérouanne, en la rue Fauquembourgoise, qui est de ladite conté, jusques à la rue des Fiefs ; en la conté de Saint-Pol jusques au pont de Nœuville-lez-Moustiers, jusques le Val-Willame deseure Créquy, jusques à Noidalle deseure Acquin, et jusques autres lieux aussy longtz quilz trouveront avoir passé lesdites limittes dudit travers, sans avoir payé le droit d'icelluy travers, les amener prisonniers avec leurs bestes, charriotz, voittures et densrées audit lieu de Fauquemberghe, et les y detenir prisonniers tant quilz auront satisfait des amendes et droit de travers ou qu'aultrement par justice en soit ordonné.

8. Item, le seigneur prend, de chascun charriot de vin deschargé en la ville de Fauquemberghe, huit lotz de vin pour droit de foraige, et de chascune charette quatre lotz, quelque nombre de pièches quil y ait ; et pareil droit à ichelluy des charriotz et charettes chargés de cervoises et aultres bruvaiges venans de dehors, deschargés en ladite ville ; et sy prend des bruvaiges, vin, cervoise, briemart *(sic)* et aultres amenés sur traisneaulx et deschargés en ladite ville, de chascune pièche, deux lotz d'afforaige ; et des cervoises et bruvaiges brassés en ladite ville prend, de chascun brassin, douze deniers parisis ; esquelz droix d'afforaige, en ladite ville et banlieue seulement, le visconte a le tierch.

9. Item, mondit seigneur ou ses recepveurs et commis rechoipvent son demaine, relief et chambellaige à monnoie parisis, se aultrement n'est déclaré par lettres; lequel se compte VI deniers parisis pour VII deniers tournois, monnoie courante en Artois.

10. Les marchans qui achattent les bois à coppe en ladite forest ou au bos du Rappoy, les doivent avoir abatus paravant le my-may enssievant la vente à eulx faicte, et les ouvrer par dedens le Saint-Jehan-Baptiste, et les avoir mis en moye et widiez hors desdis bois paravant le Saint-Pierre entrant aoust, sur et à peine, se en aulcun desdis cas est trouvé faulte, de confiscacion des bois non abatus, ou ouvrés non widiez comme dessus est déclaré.

11. Item, les marchans et ceulx qui ont prins lesdis bois à coppe doibvent laissier lesdites tailles estallonnées de quarante estallons, à la mesure, estans de l'eage de la coppe du bois, avœcq les quesnes et vieulx estallons qui sont et croissent esdis taillis sur et à peine de LX solz parisis d'amende avec restitucion desdis estallons quilz y auront trop peu laissyé.

12. Amende pour introduire les bestiaux dans les taillis âgés de moins de 3 ans. — 13. Si les taillis ont plus de 3 ans, 12 sols parisis d'amende.

14. Les bailly, francs-hommes et officiers de la conté de Fauquemberghe ont droit d'aller, une foys en l'an, par tout ladite conté, en telle part quil leur plaist, es lieux et seignouries subgectes et subalternes de ladite conté, se ils ne sont exens, tenir les franques véritez, lesquelles se adjugent par lesdis francs-hommes au conjurement du bailly, et se publient es marchiez, se il y a marchiet, ou es églises des lieux où les subgetz que l'on semond et adjourne ausdites véritez sont parochiens, quarante jours auparavant le jour prins et conclud à tenir lesdites vérités; esquelles franches vérités (15) les subgetz de ladite conté et desdites seignouries ayans manoirs sur front de rue amasez et que l'on puist amaser, sont tenus estre et comparoir, sur et à paine de LX solz parisis; et néanmoins en leur absence, se ilz sont convaincus d'aucun cas, est contre eulx procédé selon que au cas appartient.

15. En succession cotière, le mort saisit le vif. — 16. Relief des fiefs 10 livres parisis. — 17. conditions de l'aliénation des fiefs et coteries : *nécessité jurée, ou remploi, ou consentement de l'héritier apparent.* — 18. Droit de vente des fiefs, le 5.ᵉ denier. — 19. Des coteries, 4 deniers d'entrée et autant d'issue. — 20. Succession des fiefs, quint aux puînés qui ne peut se renouveler qu'après 60 ans. — 21. Le douaire de la femme est de la moitié des héritages cotiers et des terres renteuses.

22. En ratraicte d'héritages cottiers, est observée la coustume générale du bailliage de Saint-Omer, saulf que ladite rattraicte ne se pœult faire se il n'est deub trois ans d'arréraiges.

23. Item, représentacion n'a point lieu en ladite ville, banlieue et en la

plupart de la conté de Fauquemberghe, sievant la coustume de la prevosté de Monstrœul, mais ceulx qui sont contigus et voisins à Saint-Omer, usent de la coustume de la représentacion, et pour ce en soit ordonné par messieurs les gens du roy ainsy quilz aviseront estre affaire pour le mieulx.

24. Tout défaut entraîne amende de 4 sols parisis. — 25. Pour faits articulés et non admis par justice, semblable amende. — 26. Les criées et publications se font aux églises et aux plaids et non aux jours de marché.

Signatures : De Herouval. — M. Allart. — Jeh. Ducrocq. — Du Roissin. — Lenoir. — Breton. — L. Demares. — J. de Lobel *eschevin.* — De Sailly. — Lenoir *escherins.* — Baudin Tricot. — Guillaume Joly. — De le Carrière. — Broude *greffier.*

FAUQUEMBERG.
CHATELLENIE BAILLIAGE.

Quatre pages en parchemin, même écriture que la précédente, très-lisible. — 22 articles.

Coustumes, usaiges et stilz par articles dont l'on a usé et use de tout temps en la chastellenye et bailliage de Fauquemberghe.

1. En matière de succession, le mort saisit le vif en terres cottières, et ny est deu quelque rellief, sinon rellief verbal, quand le cas y eschiet; et succèdent les héritaiges cottiers autant au puisné comme à l'aisné, et pareillement en ligne collatérale; et n'y a point de représentacion des nepveus ou nièches avœc les oncles ou antes, en manière que ce soit.

2. Droit de vente des coteries, 4 deniers d'entrée, 4 deniers d'issue. — 3. Succession des fiefs : *on ignore à qui du seigneur ou de l'aîné appartient le relief du droit de quint.* — 4. Droit de vente des fiefs, le 6.ᵉ denier.

5. Item, aux bailly et hommes de nostre dite conté, pour leur droit des dessaisines et saisines que l'on appelle werp, tant en fief comme en coterie, soit en plais ou hors plais, est deu XIV solz sans toucher au sallaire du greffier.

6. Item, pour sceller lettres pour terres cotières, pour le scel authentique du bailliage, il en est deu au bailly IV solz, et à chincq francs hommes pour leurs sceaux, II solz, et en fief le double.

7. Le douaire de la femme est de la moitié des fiefs et de la moitié des coteries. — 8. Les père et mère sont héritiers des biens mobiliers de leurs enfants; les héritages suivent côte et ligne. — 9. En coterie, la femme est propriétaire de la moitié des acquêts.

10. Item, quiconques requiert aux sergens ou officiers faire aulcun adjournement sur les subgetz de la conté, au siège du bailliage, il en appartient au sergent IV solz parisis, pour une commission; au greffier, pour son sallaire,

XII deniers, et au bailly, pour sceller ladite commission, XII deniers, pourveu que la demande monte jusques à XX solz, et, au dessoubz, il ny a que moictié sallaire en tout.

11. Item, pour une main-mise faite, avant le conté, sur les fiefs tenus de ladite conté, tant pour deffaulte de rellief d'homme et aultres debvoirs non faiz, pour chascune fois que nostre procureur pour office ou nostre recepveur le requiert à nosdis hommes, il en appartient, au droit de nosdis francs-hommes, XIV solz pour la main-mise et XIV solz pour le seigniffier, et, avec ce, le droit de la commission deu au bailly et greffier.

12. Amende du défaut, 4 sols parisis. — 13. Même amende pour faits proposés en actions personnelles ou pour faits deniés.

14. Tous demandeurs qui obtiennent trois deffaults continueulx, en actions personnelles, allencontre de leur partie adverse, les deffendeurs sont condempnez par l'affirmation dudit demandeur; et se c'est chose que aulcune personne soit condamnée sur frais à les veoir tauxer, et il ne compare au jour à luy assigné, et quil soit mis en default et non comparant à heure de XII heures de jour, en vertu dudit deffault, lesdis frais seront tauxés selon la déclaration du registre et les exploix sur ce servans, pourveu que celluy ou celle soit condempnée au principal et es despens.

15. Item, quelconques requiert avoir desrencq et devise allencontre d'aultruy : pour l'adjudicacion dudit desrencq, X solz, et pour faire le veu du lieu, XIV solz, à payer par moittié par chascune des parties ladite vcue, et IV solz pour la journée du procureur.

16. Item, pour tous praticiens qui pratiquent audit bailliage en servant partyes, pour leur journée de venir en court, IV solz parisis, et pour le journée de oyr droit, IV solz parisis; et pour la venue en court d'un demandeur et le journée d'oyr droit, se tauxe selon le vocacion *(sic)* du personnaige, et autres journées non, se il a procureur pour luy establi.

17. Item, pour commissaires ordonnés par justice en procès ou informacions, pour tesmoingz produiz par partyes, leur est deu pour chascun jour, à chascun, chincq solz; et se il y a adjoingt avœcq eulx, selon le tauxe du juge, sans toucher aux sallaires du greffier; pour le journée desdits tesmoingz, selon leur estat et vocacion et distance du lieu; pour les sermens de chascun tesmoing juré au bailly, XII deniers.

18. Item, pour chascun fœullet, à chascun procureur pour minute et le gros, IV solz parisis.

19. Au greffier, pour le gros de chascun fœullet de tesmoignage, III solz parisis.

20. Item, pour l'acte d'une condempnacion et d'une commission sur ce faicte, au bailly pour son scel et contre-scel, III solz, au greffier pour son sallaire de ladite condempnacion et acte, III solz, pourveu que ladite condempnacion attainde la somme de XX solz, ou aultrement il n'y eschiet que V solz, tant au bailly que au greffier ; et pareillement pour toutes lettres obligatoires et de tauxes.

21. Item, aux sergentz et officiers de ladite chastellenie, pour justicier sur aulcune condempnacion ou tauxes et commissions données par la justice, IV solz; et pour le vente des biens et seigniffier ledite vente, aultres IV solz parisis.

22. Item, apres sentences prononchiées par lesdis bailly et francs-hommes, quelconques desdira et appellera de ladite sentence, il eschiet en LX solz parisisis d'amende envers nous, pourveu qu'il soit trouvé en tort.

Le xxiv.ᵉ jour d'aoûst l'an mil cincq cens et sept.

Signé : Broude *greffier.*

FAUQUEMBERG.

ÉCHEVINAGE.

Trois rôles en parchemin, grand in-4.°, très-bien conservés, écriture identique à celle de la coutume de la châtellenie de Fauquemberg. — 35 articles.

Coustumes, usaiges et stilz par articles de la ville et banlieue de Fauquemberghe, que donnent les mayeur et eschevins de la ville, banlieue et eschevinaige dudit lieu, et dont l'on use et a usé, de tout temps, en la manière qui s'enssieut.

1. Conforme à l'art. 1.ᵉʳ de la coutume de la châtellenie. — 2. Conforme à l'art. 2 id.

3. Item, pour lettres grossées, pour le scel autenticque qui s'appelle le scel aux causes, auxdits maire et eschevins V solz, au clerc, pour le gros desdites lettres, aultres V solz.

4. Conforme à l'art. 3 de la coutume de la châtellenie. — 5. conforme à l'art. 7 id. — 6. — Id. à l'art. 9.

7. Item, quant à la recepte d'argent qui se paie par chascun an audit seigneur le conte, ses recepveurs sont payés, et de longtemps par lesdis subjetz, toujours pour VI parisis, VII solz tournois, monnoie d'Artois, qui est pour XII deniers, XIV deniers, et encoires de présent le recoipvent lesdis recepveurs.

8. Et touchant aultres rentes deues par lesdis subjetz, en ladite ville et banlieue, aux seigneurs de Cappitle, maieur et eschevins, pour l'église et hospital et aultres particuliers ayans rentes avant ladite ville, ne recoipvent pour rentes à eulx deues, pour VIII solz parisis, que IX solz courant, synon que Mgr. le conte de Porcien, ad cause de sa visconté dudit Fauquemberghe, qui rechoipt ou fait rechepvoir VII solz courant pour VI solz parisis, pareillement que fait mondit seigneur le conte.

9. Et quant au stille et usaige des excez et delitz qui sont et pourroient estre faiz en ladite ville et banlieue, sont telz que quiconques enfraint la main de justice ou désobeist à icelle, ou quelconques commet aultre delict sur corps d'aultruy, à plaie ouverte et sang courant, pour chascune fois que les delitz sont commis, eschiet en amende de LXV solz, dont en appartient à mondit seigneur le conte XL solz parisis, et à monseigneur de Porcien, à cause de sa visconté, XX solz, et aux maieur et eschevins, V solz parisis.

10. Pour lequel droit, ledit visconte est tenu de faire exécuter toutes sentences criminelles profférées et adjugées par lesdis maieur et eschevins à ses despens.

11. Item, par point de previllége est contenu, en une des clauses d'icelluy, que quiconcques, après sentence prononchiée par lesdis maieur et eschevins, en appellera de ladite sentence, eulx estans en jugement et séans en bancq, celluy ou celle qui desdira ou appellera de ladite sentence comme dist est, et il soit trouvé en tort touchant du fet dudit desdit ou appel, celluy qui aura ce fait, selong ledit previllége donné et conferme des anchiens roys, commet amende envers le seigneur, de LX livres parisis, et envers chascun eschevin séant audit bancq et jugement, à chascun, LX solz parisis; et tel est ledit previlleige (16).

12. Item, est contenu audit previlleige une autre clause qui dist que quiconques aura frappé d'armes esmolutes ou agües aulcunes personnes de ladite ville et banlieue, de fait d'aguet, de traison ou malfieument, celluy quy sera trouvé tel et samblable débat *(avoir fait)*, commet amende envers Mgr. le conte, de LX livres parisis ou du poing copper, et ainsy porte ledit previlleige.

13. Item, quilconques habitans d'icelle ville mettent pasturer aulcun bestial, à garde faicte, en aultruy courtil, pour chascune fois quil y sera prins ou monstré, commet amende de LX solz parisis à applicquier comme dessus.

14. Item, pour toutes aultres bestes prinses en quelque dommaige d'aultruy, sans garde, pour chascune fois est deu à l'officier qui fait lesdites prinses trois solz parisis, avoecq rendre l'intérest à partye.

15. Et se prisie se fait à le requeste de l'intéressé, il est deu, pour le sallaire des eschevins qui font ladite prisie, V solz.

16. Pour droit d'inventoires qui se font par Messieurs pour garder le droit d'enffans minord'ans, en est deu XIV solz pour le première journée, et se lon y vaqhe plus, X solx par jour.

<small>17. Conforme à l'art. 8 de la coutume de la châtellenie. — 18. Amende du défaut en justice, 12 deniers. — 19. Conforme à l'art. 17 de la coutume de la châtellenie. — 20. Conforme à l'art. 13, id.</small>

21. Item, pour toutes derrées qui se distribuent en ladite ville, tant pour vin, cervoise, pain, poisson, cuirs, draps et tous aultres derrées quelconques, sont par lesdis maieur et eschevins commis, pour chascun an, deux eswars sermentez gens de justice avœcq ung aultre homme ydoine commis du costé du seigneur, pour visiter et eswarder lesdites marchandises, savoir s'elles sont vaillables et souffisantes, pour en tout garder et observer le droit du bien publique.

22. Et, en pareil cas, gens commis pour eswarder et visiter les labeurs des terres aux champs.

23. Et, par ung des pointz de previllége, lesdis maieur et eschevins ont auctorité, avœcq eulx appelé le bailly, procureur et officiers de mondit seigneur le conte, faire renouveller les éditz et estatutz quy voient estre convenable et licite pour le bien publique, appellés ceulx quy pour ce sont à appeler.

24. Les bailly et officiers de monseigneur ne pœuvent prendre ne emprisonner nul bourgoys ou bourgoise de ladite ville que, premiers et ainchois, il ne soit dit et appointiet par sentence de maieur et eschevins.

25. Quilconcques personnes requiert avoir desrencq et devises alencontre d'aultruy, pour l'adjudication faire dudit desrencq, en appartient au droit de justice, V solz, et pour aller faire veu de lieu, X solz, à payer le moytié par chascune des partyes ladite veue.

26. Tous demandeurs qui obtiennent trois deffaulx continueulx, en actions personnelles, allencontre de leur partie adverse, les deffendeurs sont condempnez, par l'affirmacion du demandeur, en ses demandes.

27. Et pour action réelle, par quatre deffaulx continueulx.

28. Item, pour tous praticiens qui praticquent (17) audit eschevinaige en servant partyes, pour leurs journées, II solz.

29. Item, pour chascun fœullet d'escriptures, IV solz, y comprins XII deniers pour le gros.

30. Item, aux sergens et officiers, pour adjournemens et arrestz par eulx faiz sur personnes en ladite ville, pour chascun adjournement ou arrest, IV deniers parisis.

31. Item, aux officiers, pour ung justiciement et pour lever les biens d'aulcuns subgetz en la ville et banlieue, IV deniers parisis; pour la vente, IV deniers parisis; pour le seignifficacion, aultres IV deniers parisis, qui font en tout XII deniers parisis pour ledit exploit.

32. Item, à Messeigneurs, pour le scel des lettres, tant de procuracions, transpors et recongnoissances et attestacions, pour chascune lettre, III solz.

33. Item, tous bourgois et bourgoises de ladite ville, pour debtes à eulx acruttes par aulcunes personnes, sont creux de leurs demandes et par leurs pappiers, de X solz et I denier.

34. Item, s'aucunes personnes, soit le seigneur ou aultre, vœullent mettre quelque terre ou héritaige en rattraict, estans en ladite ville et banlieue, pour le rapproprier à leur table et demaine, celluy ou celle qui vouldra ce faire, il est tenus, ou leurs recepveurs, affermer par serment pardevant le bailly et chincq eschevins de ladite ville, quy leur est deu trois années d'arrieraiges de leurs rentes, et pour quelles années; et se ainsy ilz le afferment par leur serment, au conjurement dudit bailly ou son lieutenant, messeigneurs adjugent que la main de justice estre mise et assize sur lesdites terres et héritaiges, pour estre mises en rattraicte; et pour faire ledite adjudicacion, selon l'usaige et stille de ladite ville, en appartient aux droix desdis bailly et eschevins, V solz.

35. Item, quilconques personnes ou personne qui vœult faire faire aulcune main-mise sur sur aulcun héritaige ou terre, pour faire ladite main-mise, en appartient au droit de Messeigneurs et de l'officier, V solz avec la seignifficacion en la ville et banlieue; et sy le convenoit seigniffier hors de ladite ville et banlieue, il y eschet journée et vaqacions selon le distance des lieux.

Lesquelles coustumes, stilz et usaiges ont esté rapportées et concordées par les anchiennes personnes et praticiens de ladite ville, lesquelz ont affermé ainsy en avoir usé et veu user; en tesmoing de ce, nous avons mis le scel aux causes de ladite ville de Fauquemberghe à ces presentes, le vingt troiziesme jour d'aoust mil chincq cens et sept.

Signé : BROUDE.

FAUQUEMBERG.

VILLE ET BANLIEUE.

Trois rôles et demi de parchemin in-f.°, lisibles. — 26 *articles.*

Coustumes usaiges et communes observances tenues, gardées et observées en la ville et banlieue de Fauquemberghe, concluttes, consenties et approuvées par les trois estatz de ladite ville et banlieue, le XXVI.ᵉ jour de septembre l'an mil chincq cens et sept.

1. Primes, lesdis maieur et eschevins, bourgois, manans et habitans de ladite ville et banlieue, ont plusieurs biaulx droix, previléges, prééminences, auctoritez et prérogatives donnés des contes et contesses dudit lieu de Faulquemberghe, confermés des roix de Franche, desquelz droix et previléges n'est faicte icy aulcune mention.

2. Conforme à l'art. 1.ᵉʳ de la coutume de l'échevinage. — 3. Id. à l'art. 2 id. — 4. Id. à l'art. 9 de la coutume de la châtellenie. — 5. Id. à l'art. 7 id. — 6. Id. à l'art. 8 id. — 7. Id. à l'art. 7 de l'échevinage. — 8. Id. à l'art. 8 id.

9. Item, en ladite ville et banlieue, les bourgois, manans et habitans d'icelle ne sont arrestables, en corps ny en biens, en ladite ville de Saint-Omer; et, en cas pareil, les bourgois, manans et habitans de Saint-Omer, en icelle ville et banlieue de Fauquemberghe ne sont arrestables en corps ny en biens, par féderacion faite par lesdis maieur et eschevins dudit Saint-Omer et lesdis de Fauquemberghe.

10. Conforme à l'art. 9 de la coutume de l'échevinage. — 11. Id. à l'art. 10 id. — 12. Id. à l'art. 13 id. — 13. Id. à l'art. 18 id. — 14. Id. à l'art. 13 de la coutume de la châtellenie.

15. Item, pour faiz propposez en actions personnelles, soit par dénégacion ou aultrement, pour chascune fois, eschiet en amende de IV solz parisis, assavoir, le tierch à monseigneur, le tiech à messeigneurs de justice et le tierch au visconte.

16. Conforme à l'art. 21 de la coutume de l'échevinage. — 17. Id. à l'art. 23 id. — 18. Id. aux art. 26 et 27 id.

19. Item, toutteffois que les bourgois, manans et habitans dudit Fauquemberghe sont adjournés au chastel dudit Saint-Omer, ou ailleurs, ilz doibvent estre et sont renvoyés de plain droit pardevant les bailly, maieur et eschevins dudit Fauquemberghe.

20. Touteffois que lesdis bourgois, manans et habitans dudit Fauquemberghe font marchandise l'un à l'autre ou à forain, ilz ne sont tenus payer, à mondit seigneur le conte, aucun droit de tonlieu.

21. Touteffois quilz maisnent aulcunes derrées et marchandises à charriotz ou charettes ou aultrement, ilz ne doibvent ne sont tenus payer nulz droix de travers, en tous les lieux du royaulme de Franche, en faisant apparoir quilz soient bourgois, manans et habitans de ladite ville, soubz le scel autenticque d'icelle.

22. Ils ne doibvent, au mollin à blé dudit lieu, pour droit de mouture, que le XVIII.ᵉ partie de ce quilz mœullent.

23. Nul ne pœult cachier ses bestes en la commune de ladite ville nommée le Riez-Villain, depuis le my-march jusques au my-may, sur paine et amende qui y cacheroient ou trouvez seroient à garde faicte, de LX solz parisis ; et pour une beste eschappée, V solz parisis, sans pour ce debvoir aucune restitucion du dommaige.

24. Item, à la requeste du procureur d'office de Mgr. le conte, à la conjure du bailly, les maieur et eschevins font et adjugent les bans d'aoust et bans de march, en telle forme que, se il y a aulcuns qui soient defaillans non avoir obéy ausdis commandemens desdis bans d'aoust et de march, pour chascune foys, ils commectent amende de III solz parisis.

25. Item, tous bourgois sont creuz pour leur fait, en demandant, par affirmacion de leur pappier ou venel, de X solz et I denier.

26. Nous, maieur et eschevins de Fauquemberghe baillons tout ce que dessus est dit, sans préjudice à mondit seigneur le conte, ne à nous maieur et eschevins, bourgois, manans et habitans de ladite ville.

Et ont ad ce esté evocquiez, *pour l'Eglise :* sire Thomas de Meshen, doien, chanoine et curé dudit lieu; sire Adam Jolly; sire Pierre de le Neuve-Rue; sire Mahieu, Gottran, chanoine dudit Fauquemberghe; sire Jacques Deleruc, prestre et vicaire; Et *pour les nobles :* Jehan de Hérouval, escuier, bailly dudit lieu; Sauders Zimechy; Et *pour le commulnauté*, Jehan Coupplet, Pierre Lemoisne, Jehan Maisnart, Jehan Moistrel, Loys Martel, Jehan du Crocq, Bauldrain Olicquans, Jehan d'Haveroud *dit Lenglez*, Pierre Fontaine *dit Rose*, Pierre Ledain, Goudefroy de Boullenois, Jehan Beauchain; Et *pour praticiens :* Jacques Lefebvre, Pierre Breton, Pierre Lenoir, avœc Gilles Broude, greffier d'eschevinaige; Pierre Solicque et Jehan Delecourt, sergents.

Suivent les signatures.

MERQUES-FAUQEMBERG.

SEIGNEURIE.

Quatre pages en parchemin très-lisibles. — 13 *articles.*

Coustumes, usaiges et stilz de la ville de Merques, appartenant aux maieur et eschevins de Fauquemberghe, et, à cause dudit eschevinaige de Fauquemberghe, seigneurs fonssiers de la terre et seignourie de Merques.

1. En succession cotière, telle rente, tel relief; partage par égales portions; représentation n'est pas admise. — 2. Droit de vente, le 10.ᵉ denier. — 3. Droit de sceau. — 4. Succession des fiefs. — 5. Droit de vente id. —

6. Douaire, l'usufruit de la moitié des fiefs et coteries. — 7. Acquêts cotiers, la femme en a la moitié. — 8. Conforme à l'art. 34 de l'échevinage de Fauquembergue.— 9, 10, 11, 12 et 13. Tarif des exploits et vacations de justice.

Le xxiii.ᵉ jour d'aoust 1507.

Signé : Broude.

MERQUES-SAINT-LÉGER.

SEIGNEURIE.

Trois pages de parchemin très-lisibles. — 11 *articles.*

Coustumes et communes observances en la terre et seignourie de Merques, appartenant aux maieur et eschevins de la ville de Fauquemberghe, comme ayant le gouvernement de l'Eglise paroissiale et fabrique de Saint-Léger, audit lieu de Fauquemberghe, mises et rédigées par escript, le XXVI.ᵉ jour de septembre mil cincq cens et sept.

1. En ladite terre et seignourie de Merques, tenue et mouvante de la terre et seignourie de Rumilly, les maieur et eschevins de Fauquembergh ont toute justice, haute, moyenne et basse, selon l'usaige et coustume de la conté et chastellenie Fauquembergh.

2. Succession cotière : partage égal des meubles ; les héritages se divisent entre les enfants mâles seulement, le puiné a droit, par préciput, à une demi mesure de manoir. — 3. Droit de représentation. — 4. Succession des fiefs selon la coutume du comté de Fauquemberg. — 5. Id. en ligne collatérale. — 6. Id. pour droit de vente. — 7. Id. pour le douaire de la femme. — 8. La femme a la moitié des acquêts cotiers. — 9. Les père et mère sont héritiers de leurs enfants en biens meubles. — 10. Amende pour chaque défaut prononcé par justice, trois sous.

11. Item, les maieur et eschevins recoipvent leur demaine à monnoie parisis, lequel parisis se compte VIII solz parisis pour IX solz tournois.

Signatures : Pour l'estat de l'Eglise : Jehan Cordier *prestre, visce-gérant de l'église dudit lieu.* — Sire Maxence Louvel *prestre.* — *Pour les nobles :* Ernoul de Zimequin. — Gilles Broude. — *Pour praticiens :* P. Breton. — Jacques Lefebvre. — *Pour la communaulté :* Henry Denisel. — Jacques d'Ostonne. — Franchois Wallois. — Jehan Wallois. — Jehan d'Oustonne. — Phlippot Ogez.

EULLE.

SEIGNEURIE BARONNIE.

Une grande page en parchemin, écriture très-pâle, lisible. — 9 *articles.*

Coustumes gardées et observées en la terre et seignourie d'Eulle, appartenant à hault et puissant seigneur, Mgr. Jehan du Bois, chevalier, seigneur d'Esquerdes,

Fruges et dudit lieu d'Eulle, conseiller et chambellan ordinaire du Roy, laquelle terre et seignourie il tient en baronnye de la conté de Fauquemberghe.

<small>1. Relief des fiefs. — 2. A la vente des fiefs, il est dû nouveau relief, outre le droit du 5.e denier. — 3. Relief des coteries, le double de la rente. — 4. A la vente des coteries, le 10.e denier et relief semblable à celui que paie l'héritier.</small>

5. Item, le seigneur pœult, par sa justice, une fois l'an, faire tenir frances véritez pour corriger et punir les délinquans, ausquelles sont tenus comparoir tous ceulz qui ont manoirs amasés ou amasables estans sur front de rue, à peine de LX solz parisis.

6. Item, ledit seigneur a droit de faire publier et tenir, trois fois l'an, par sadite justice, plaids généraulx pour aussy punir les délinquans, auxquelz plais tous tenans héritaiges cotiers ou terres ahanables ou aultres héritaiges, sont tenus comparoir, à paine de III solz parisis.

<small>7. En matière de retrait lignager, de succession, de douaire, on suit les coutumes de Fauquemberg et de la prévôté de Montreuil.</small>

8. Item, audit lieu d'Eulle, y a la seignourie que l'on dit *de la Poursuite*, appartenant audit seigneur d'Esquerdes, tenue et mouvante du chasteau et bailliage de Saint-Omer, en laquelle representacion a lieu, et, quant au résidu, les tenans vivent selon la coustume d'Eulle.

9. Item, en ladite terre, le seigneur prend, pour son droit de relief, pareil relief que les terres doivent de rente et le Xe denier à la vente.

Ceste déclaracion a esté faicte, accordée et acceptée, audit lieu d'Eulle, par Jacques de Guisnes, lieutenant du bailly; Jehan de Guisnes, Jacques Chappe, Nicase Chappe, franz hommes; Pierre Guécelart, Guillaume du Haut-Saulier, eschevins dudit lieu, le XXIIe jour d'aoust 1507.

Suivent les signatures au nombre de six.

NOTRE-DAME-EN-FAUQUEMBERGUE.

TEMPOREL DU CHAPITRE.

Une petite page en parchemin, lisible. — 3 articles.

Coustumes et usaiges dont usent journellement les doyen et chappitre de l'Église collégiale de Nostre-Dame-en-Fauquemberghe.

1. Ont, lesdis doyen et chappitre, leur fondacion de leurs prébendes sur le revenu et demaine de ladite ville de Fauquemberghe, laquelle fondacion est de long temps amortie.

2. Ils ont des rentes particulières assises sur plusieurs maisons de Fauquemberg, d'autres pour cantuaires et obits; ils peuvent tenir celliers de vin en ladite ville, sans payer la taille ni la gabelle. — 3. Fief situé à Clocquant qui est amorti.

Sans date.

Signatures : Charles Lebrun *maïeur de Fauquemberghe.* — Ballehache, *eschevin.* — Jehan Delobel *eschevin.* — Le Cordier, *prestre, vice-gérant de Clocquant.* — Du Roissin. — Jehan Ogier. — Honeré de Rues. — Jehan Brusset. — Jehan Leclercq. — P. Lenoir. — Broude.

RENTY.

CHATELLENIE.

Deux pages et demie de petit parchemin lisibles. — 11 *articles.*

Coustumes et usaiges locaulx et particuliers de la terre et chastellenie de Renty, appartenant à hault et puissant seigneur, Mgr. Philippes de Croy, conte de Porcean, de Seguincgehen, seigneur de Croy et dudit Renty.

1. Faut à entendre que en ladite seignourie et chastellenie dudit Renty, laquelle mondit seigneur le conte tient de Mgr. le conte d'Arthois, à cause de son chasteau de Saint-Omer, en un seul fief et hommage avec ladite conté de Seguinegehen, Coulonby et les appartenances, mondit seigneur le conte a toute justice et seignourie, haulte moïenne et basse, bailly, francs hommes féodaulx, sergens et tous officiers appartenans à telle justice.

2. A aussi mondit seigneur le conte, en ladite seignourie et chastellenie, plusieurs biaulx drois, auctorités et prééminences, mesmes en et sur la ville de Faulquemberghe dont il est visconte, contenues et declariés en ses anchiens tiltres et enseignemens.

3. Ressort, en cas d'appel, devant le prevôt de Montreuil en matière civile, et pardevant le bailli d'Amiens ou son lieutenant à Montreuil, en matière de ressort criminel et de réformation. — 4. Les rentes se paient au taux de sept sous courans, pour six sous parisis. — 5. Relief des fiefs selon leur nature. — 6. Succession des fiefs : quint héréditaire aux puînés qui relèvent du fief principal.

7. Quant aux héritaiges cottiers, il est deu à la vente le VI.ᵉ denier, saulf que, es anchiens manoirs qui de anchienneté sont enclos, il ne y a, à le vente, que XXVIII deniers d'issue et XXVIII deniers parisis d'entrée; et les cotteries suscèdent, à le succession de père et de mère, à tous leurs enffans, autant à l'un comme à l'aultre, et pour relief, telle vente tel relief.

8. Mort et vif herbage. — 9. Amende du défaut, 12 deniers parisis.

10. En retrait à justice, pour bans d'aoust ou de mars, celui dont on s'est retrait, se il est trouvé en faulte, doit amende de III solz.

<small>11. Pour le reste, à Renty, Campagnes et appendances, on se règle sur les coutumes de la prévôté de Montreuil.</small>

Le xxii.ᵉ jour d'aoust 1507, au chasteau de Renty.

Signatures : Sire Pierre Ficquet *curé de Renty.* — Sire Robert Maillot. — Sire Loys Decant. — Sire Ydier de Braly *prestre.* — Pierre Tristran de Brias *escuier, seigneur du Val-Tencheulx.* — Jehan Lefevre *escuier, capitaine de Renty.* — Michel Davault *escuier.* — Morlot Decant *pour l'estat de la noblesse.* — Jehan Ducrocq *lieutenant du bailly à Renty.* — Guillaume Le Cuvelier. — Arnoul Joul. — Philippe Tonpré *pour le communaulté.*

BIEQUENNES.

SEIGNEURIE.

Une grande page en parchemin, écriture très-pâle. — 8 *articles.*

Coustumes locales de la terre et seignourie de Biequesnes, appartenances et appendances d'icelle, appartenant à Mgr. du Bours, chevalier, seigneur d'Esquerdes, Eulle, Fruges et dudit lieu de Biequennes, conseiller et chambellan ordinaire du roy.

<small>1. Relief des fiefs. — 2. Droits de vente id. — 3. Relief des coteries. — 4. Droits de vente id.</small>

5. Item, le seigneur pœult par sa justice, une fois l'an, faire tenir frances véritez, pour corriger et punir les délinquans, ausquelles sont tenus comparoir tous ceulx qui tiennent ténemens debvans rente au jour Seint-Michiel, à paine de LXII solz parisis d'amende.

6. Item, ledit seigneur a droit de faire publier et tenir, trois fois l'an, plais généraux, et y sont tenus comparoir tous les dessus tenans qui doibvent rentes audit jour Saint-Michiel, à peine de III solz parisis d'amende reservés clercs demourans sur leur propre héritaige.

7. Représentation a lieu, et partist le nepveu avec l'oncle.

<small>8. Pour le reste, on se règle sur les coutumes du bailliage de Saint-Omer.</small>

Le xxiv. jour d'aoust 1507.

Signatures : Jehan Bauchan *lieutenant du bailly.* — Jehan Allehoie *franc homme.* — Jehan Bauchan *le josne.* — Jehan Bauchan de...... — Jehan de Wavrans *eschevins*, etc.

ESQUERDES.

SEIGNEURIE.

Une page en parchemin, écriture très-pâle. — 8 articles.

Coustumes locales de la terre et seigneurie d'Esquerdes, appartenant à Mgr. Jehan du Bois, chevalier, seigneur d'Esquerdes, conseiller et chambellan ordinaire du roy.

Même rédaction que la coutume de Biequennes.

Le xxiiie jour du moys d'aoust 1507.

Signatures : Jacques V... *lieutenant du bailly.* — Maxens du Prey. — Arnoul du Prey *frans hommes.*

GUISNES.

COMTÉ.

Bibliothèque Royale, Collection D. Grenier, 14.e paquet, n.° 7, p. 152. — 24 articles.

S'enssievent les usages, stils et coustumes générales du conté de Guisnes, desquels l'on use au siège du souverain bailliage d'Ardres et conté de Guisnes, lequel siège et la justice se conduit et gouverne par le souverain bailly d'Ardres et dudit conté de Guisnes ou par son lieutenant et par ses barons, pers et hommes tenans noblement et en fief dudit conté; lesquels, chascun en son regard, à la conjure dudit souverain bailly ou de son lieutenant, jugent de tous cas appartenant à haulte justice, moïenne et basse, et meismes congnoissent des appellations qui se font des cours subjectes et se relievent au siège dudit bailliage, auquel y a procureur d'office pour le conte, greffier, sergens et officiers servans à ladite justice. Et se tiennent les plais dudit souverain bailliage; le jour de jœudy, de XV.^{ne} en XV.^{ne} Et quant aucunes appellations sont interjettées desdis barons, pers, et hommes jugeant chascun en son regard, comme dict est, au siège dudit souverain bailliage, icelles appellations ressortissent ès assises de Monstrœul.

1. Primes, tous les manans et habitans dudit conté de Guisnes, de sy long temps qu'il n'est mémoire du contraire, et par previllége à eux donné... par Ernoul, conte de Guisnes (18), par l'octroy et consentement de Baulduin, son fils et héritier, par ses lettres données en l'an 1292, au mois de may, et de-

puis confermées par plusieurs contes de Guisnes et rois de France, sont quictes de toutes tailles et aydes, saulf que, se ledit conte de Guisnes estoit prins et detenu prisonnier par ses anemis, que Dieu ne vœulle! lesdits habitans et subjects dudit conte, en ce cas, seroient tenus lui faire aide pour aidier à racheter et avoir son corps de prison.

2. Frans de droit de louvaige (19) et de tout travers dans le conté, à Ruminghen, au Pont de Nienne et autres lieux.

3. Item, par lesdites lettres... le conte de Guisnes a vollu...... que lui et ses hoirs ne ayent warenne de grosses bestes ne d'aultres, s'elles ne sont encloses de mur ou de palisse (20), ains les a habandonné communément à prendre hors d'enclos de mur ou de palisse, par tout ledit conté, fors seulement de connins dont il a réservé la garenne en Sangatte, ou parc de Tournehen, en Larowese et en le haye de Guisnes, et saulf le garenne de toutes bestes ou parc de la Montoire.

4. Item, quant aulcun a esté banny du royaulme de France ou dudit conté pour cas de criesme, ledit banny ne à ceste cause confisque aulcuns de ses biens mœubles ne héritaiges estans audit conté; et pareillement quant aucun dudit conté, pour ses démérites, a été exécuté et mis au dernier supplice, les biens et héritaiges par lui délaissez audit conté sont succedez et escheus à ses plus prochains parens hérittiers, sans ce que, pour ceste cause, l'on ait usé de confiscation dont ceulx dudit conté de Guisnes sont frans et exemts en tous évènemens.... sauf le crime de lèze-majesté.

5. Item, lesdits douze barons (21) sont adjournez, à la requeste du procureur du conté, par la commission du souverain bailly ou de son lieutenant, pour faire renouveller les statuts dudit conté au premier jour d'aoust, lesquels statuts se font et renouvellent par iceulx douze barons, en la présence du souverain bailly et du conseil de monseigneur le conte; et lesdits statuts ainsy fais, sont publiez, à le Tampant, par le greffier qui en fait lecture, et est ordonné.... à tous les tenir, ledit an durant, sur les paines et amendes y déclarées; et y a d'ordinaire, ledit jour, pour la despense du disner desdits barons et autres officiers et conseil de mondit seigneur le conte, VIII livres parisis que paie le recepveur du demaine dudit conté.

6. Item, tous seigneurs dudit conté, ayant justice et seigneurie, bailly, court et hommes, ont auctorité chascun an, ès mètes de leurs seigneuries et juridicions, par leurs bailly et hommes, faire tenir une fois leurs frances véritez tel jour qu'ils les font dénonchier, qui est communément aprez le mois d'aoust; esquelles véritez leurs subjects sont tenus de comparoir, sur l'amende de III sols

parisis pour chascun défaillant, pour le première fois, et aprez, est de rechief ordonné aux défaillans comparoir à certain jour ensievant, sur l'amende de X sols parisis, laquelle amende de X sols appartient au seigneur, et celle de III sols appartient à son bailly.

7. Item, esdites véritez, les frans hommes desdites seigneuries congnoissent de tous cas mis en termes pardevant eulx, et sont par eulx condemnez les délinquans, au rapport et depposition d'ung seul tesmoing, en tant qu'il touche les amendes de LX sols parisis et en dessoubs, et, en aultre cas, il faut qu'il appare par plus grand tesmoignage.

8. Item, lesdits seigneurs ont accoustumé, chascun an, faire par leurs officiers, chascun en droit soy, les escavaiges (22) des chemins, haies, fossez et aultres choses nécessaires estre faites, et, pour ce faire, sont par iceulx leurs officiers, chascun an, publiés aux églises au mi-mars, que chascun leurs subgects amendent les chemins, cours d'eau, haies et aultres choses nécessaires estre faictes et amendées, et dont l'on a accoustumé faire escavaige contre son ténement et héritaige, dedans sept jours et sept nuis, sur l'amende ad ce introduicte qui est de III sols parisis.

9. Item, ladite publication faite et lesdits sept jours et sept nuis passez, les bailly, hommes et officiers desdits seigneurs vont visiter lesdits chemins, cours d'eaus et autres choses nécessaires estre faictes, et, se ils treuvent faulte, les défaillans sont condampnez en amende de III sols parisis, ausquels défaillans on fait de rechief commandement, de par le seigneur, que, en dedans encoires sept jours et sept nuis, ils aient amandé lesdits chemins, et ce en quoy ils ont esté treuvez en faulte à l'endroit de leurs ténemens et héritaiges, sur l'amende de X sols parisis et de le faire refaire à leurs despens; laquelle amende de X sols appartient au seigneur, et celle de III sols au bailly.

10. Item, quant aucun, comme héritier d'aulcun son parent trespassé, appréhende aulcun fief ès mectes dudit conté de Guisnes, il est tenu paier, pour relief de chascune mesure de terre qui est du costé d'oest du chemin de Leuwine, XII sols parisis, et des terres estans à l'aultre lez dudit chemin de Leuwine, VIII sols parisis pour chascune mesure, saulf que, quant le fief que l'on veult relever est à relief adité, on est tenu paier, selon le contenu des lettres de ce faisans mention, qui sont communément de X livres, C sols et LX sols parisis avec cambellage pour lesdits fiefs adités, assavoir, ung fief de X livres, XX sols parisis de cambellage, les aultres à l'équipollent; et quant aux fiefs de XII et VIII sols parisis, il n'en est deu aucun cambellage.

11. Item, pour les terres cottières ou sourcensières, se paie le double de la

rente de relief à cellui ou ceulx à qui.... la rente fonsière ou sourcensière est deue, et se doit paier ledit relief en dedans sept jours et sept nuis ensievans ledit trespas ; et se ainsy n'est fait, l'héritaige ou le droit que y avoit ledit trespassé est retourné en la main de cellui ou celle à qui ladite rente ou sourcens est deu, en telle manière qu'il en peut faire les fruits et proufits siens.

12. Item, quant aulcune terre féodalle a esté baillée à rente héritable et aprez à sourcens, se le second rentier vend son droit, à l'homme féodal appartient, pour ses droits seigneuriaux, le X.ᵉ denier du prix et somme à quoi monte ladite vente, et se lui est avec ce deu pour rellief le double de ladite rente, soit que ledit homme féodal, ad cause de sondit fief, ait justice ou non par quoy il conviengne passer ladite vente en la court de son seigneur ou d'aultre justice ; se le successeur vend son droit de rellief tel que dessus, appartient à cellui à qui il doit, ledit surcens, mais les droits seigneriaulx du X.ᵉ denier du prix de ladite vente, appartient toujours à l'homme féodal.

13. Item, quand aulcun ou aulcune vœullent appréhender leur quind ou portion de quind à eulx succédé par le trespas de leur père ou mère, aprez ce qu'ils le ont faict séparer et limiter comme il appartient, ils sont tenus relever leur dit quind, par devers leur frère ou sereur seigneur des quatre parts du fief dont icellui fief est séparé. Et, par ladite coustume, se ledit fief est tenu à relief adité, comme de X livres, C ou LX sols parisis, les puisnez doibvent pour le relief, au seigneur des quatre parts, autel relief que le seigneur doit de le totallité du fief. Et si c'est ung fief de XII ou VIII sols parisis, les puisnez doibvent, pour chascune mesure qu'ils appréhendent, VIII ou XII sols parisis.

14. Item, quand aulcun va de vie à trespas délaissant plusieurs ses héritiers en ligne directe ou en collatérale, ses héritages et rentes non féodalles, aveuc ses biens mœubles et acquestes qu'il délaisse au jour de sondit trespas, sont partables entre ses héritiers, et en telles successions, l'en use aussy de représentation. Mais en tant qu'il touche les héritaiges et rentes patrimoniaux, il convient que ceulx qui vœullent succéder comme héritiers dudit trespassé, soient descendus de la coste et ligne dont iceux héritaiges et rentes patrimoniaux sont et estoient dévolu à icellui trespassé.

15. Item, tous ceulx qui tiennent terres et héritaiges des frans alleux dudit conté de Guisnes, sont tenus, trois fois l'an, aprez les trois nataulx, à ung jour de jœudi, venir aux plais desdits frans alleux, sur l'amende de XII deniers parisis que doit chascun défaillant pour chascune fois, et se tiennent iceulx plais par le souverain bailly ou son lieutenant, pour congnoistre de ce qui

pœult touchier à mondit seigneur le conte, ad cause desdits frans alleux, et pour recevoir les recognoissances, ventes ou trespas et en bailler lettres à ceulx qui les requièrent; et se aulcuns d'iceulx tenans desdits frans alleux vont de vie à trespas ou vendent leursdits frans alleux, ils ne doibvent ou leurs héritiers, que IV deniers parisis.

16. Oudit conté de Guisnes, n'est deu aulcun droit de terrage à cause des ablais et messons qui ont creu ou croissent sur les terres féodales ou cottières ès mectes dudit conté.

17. Item, quant aulcune femme, ayant aulcun fief audit conté ou noble ténement, se allye par mariage, son mari n'est tenu paier le relief de bail au seigneur.

18. Item, oudit conté..... ung tenant cottier qui tient bestes à laines sur son dit ténement, ne doibt, pour cause d'icelles bestes, aucuns droits de moutonnage, de vif herbage ou de mort herbage.

19. Item, oudit conté de Guisnes, ceulx qui tiennent noblement et en fief dudit conté ou d'aulcuns aultres seigneurs, ne sont tenus paier aulcun droit d'aydes à leurs seigneurs quant ils font leur fils chevalier ou quant ils marient leur fille.

20. Item, oudit conté.... deux conjoingts par mariage ne pœuvent vaillablement, depuis espousage, advanchier l'un l'autre par don d'entre vifs ne par testament, se n'est par le gré et consentement de leurs héritiers.

21. Item, oudit conté de Guisnes, tous hommes de fief pœuvent nourrir, achetter et vendre franchement sur leur fief, sans estre tenus paier tonlieu, cainaige (23) ou afforaige; et se aulcun aultre que lesdits hommes de fief nourrit, achette ou vend sur lesdits ténemens féodaulx, le tonlieu, cainaige et afforage appartient audit homme féodal ad cause de sondit fief, soit que ad cause de sondit fief, il ait justice ou non; et quant à iceulx afforages, il y a deux regards, l'un touchant le droit des fonds du vaisseau où est le bruvaige vendu, lequel toujours appartient à l'homme de fief, l'autre afforage qui se fait par justice, pour savoir si le bruvaige est bon pour bouter au corps de l'homme, est et appartient au seigneur ayant justice, et non point à l'homme du fief qui n'a point de justice.

22. Item, la coustume générale dudit conté est telle que chascun seigneur aiant justice et seigneurie, pœult faire justicier par son sergent, présens deux hommes, son subgect et tenant rentier, pour le rente d'une année seulement, aprez ce que suffisamment on lui aura demandé ou fait demander.

23. Item, oudit conté.... toutes vesves prendent, pour leur droit de douaire

sur les héritages de leur mari dont il a possessé durant la conjonction, la moitié en fief et le tierch en coterie, en paiant le tierch des rentes; et, par ladite coustume, telles femmes vesves, premier en possesser, sont submises appréhender par mise de fait et décret sur ce obtenu.

24. Item, et quant aulcun procès ou question se mœult entre parties, ès mectes dudit conté, où il y eschiet plaidoier et soy aidier de coustumes non mentionnées cy-dessus, l'on se règle selon la coustume générale de la prévosté de Monstrœul.

Ces présentes coustumes ont esté veues.... par.... gens d'église, Messires les barons, pers et hommes dudit conté, Jehan de Fiennes, seigneur de Ser...; Flour, seigneur de le Cressonnière; Rguieulx, seigneur de Courteheuse et aultres gentilshommes, bailly et eschevins d'Ardres, maieur et eschevins d'Audruick, bailly et eschevins de Bredenarde, bailly et hommes du chasteau d'Audruick.

BREDENARDE.
Pays.

Bibliothèque Royale. Collection D. Grenier, 14.ᵉ paquet, n.° 7, pag. 116. — 7 et 30 articles.

Ce sont les coustumes notoirement observées ou Pays de Bredenarde, membre du conté de Guisnes, tant par vertu des priviléges donnez et octroyez par le conte de Guisnes, et confermés par plusieurs rois de France, comme aultrement, ouquel pays la justice se conduit par ung bailly créé par le seigneur ou par les frans hommes tenans du chasteau d'Audruwic, en tant qu'il touche mattière de criesme et fais procédans des fons de fief et cens; et, en tous aultres cas et mattières, par sept eschevins qui, chascun an, se renouvellent le jour des Chendres; et s'aucuns des esleus pour eschevins par les officiers de Monseigneur, diffèrent à achepter l'office, ils eschient chascun en amende de LX livres parisis.

Et primes, les coustumes dont usent les frans hommes sont telles.

1. Que, avant que aucun puist estre homme de fief à son seigneur, il sera tenu relever le fief et en faire féaulté à son seigneur, nonobstant usaige par lequel le mort saisist le vif.

2. Item, quand aucun vassal ayant seigneurie en son fief, aura relevé son fief et en faira féaulté à son seigneur, il pourra constraindre ses subjects et tenans à luy faire hommage et féaulté et non ainchois.

3. Item, lesquels hommes de fiefs, aprez qu'ils ont relevé leurs fiefs et d'iceulx faict le serment de féaulté, ont la congnoissance de tous cas concernans et mouvans pour raison des fiefs.

4. Item, ont la judication, à le conjure de monseigneur le bailly ou son lieutenant, de tous les différends et discords qui pœulvent mouvoir, ad cause et pour raison de fiefs, tant d'amendes en quoy aucuns pourroient encourrir pour debvoirs non faicts ad cause desdits fiefs que aultrement.

5. Item, appartient ausdits frans hommes, et par ressort et souveraineté, la congnoissance des appellacions interjettées par parties, des bailly et eschevins du Pays de Bredenarde.

6. Item, ont aincoires lesdits hommes de fief la congnoissance, comme haults justiciers, de tous maifaiteurs et malfaitresses, pour, à le conjure du bailly ou son lieutenant, les pugnir et condempner, ainsy que le cas le requiert, pour les maléfices par eulx commis, soit à les condempner estre mis au dernier supplice, selon l'exigence des cas.

7. Item, aussy lesdits hommes de fief ont le regard et congnoissance de toutes terres et héritages tenus en main ferme, pour le seigneur dudit pays, et aussy de ceulx par luy bailliez à rente comme aultrement.

ÉCHEVINAGE.

S'enssieut les coustumes dont usent les eschevins de Bredenarde,

1. Et primes, sont tous les subgects enclavez et soubs manans du Pays de Bredenarde, avœq ceulx du conté de Guisnes, frans et quictes de toutes tailles et aides quelsconques, et aussy de tout travers ès lieux de Cousuwade, Hamiwains, Ousque, Pont de Menra, Reminghen et ailleurs ès mectes dudit conté, sans estre tenu paier aucune chose pour denrés et marchandises.

2. Item, la congnoissance des dessaisines et saisines des rentes cottières appartient ausdits eschevins dudit Bredenarde.

3. Quand aucun, par son trespas, délaisse héritaiges à lui venus de ses prédécesseurs, lesdits héritaiges succèdent aux prochains parens du costé dont lesdits héritaiges sont deschendus, et, en telle succession, l'on use de représentacion.

4. Item, et, par ladite coustume, se ce sont héritaiges tenus en... du seigneur, ou tenus de quelque viconte estans au pays de Bredenarde, le mort saisit le vif sans quelque solempnitez de relief ni aultrement.

5. Item, que s'aucun vend son héritaige, il est tenu de s'en dessaisir et en faire saisir son acheteur, par dedans l'an du jour de la vente, sur peine d'amende de LXII sols parisis; et se le vendeur reffuse saisir son achetteur, l'a-

chetteur en est tenu advertir le bailly par dedans ledit an, sur peine de pareille amende de LXII sols parisis.

6. Item, quiconques ghot et possesse paisiblement d'aucun héritaige ou rente héritable, plus de dix ans, et paie les rentes deues au seigneur, tel possesseur acquiert le droit à la chose par luy possessée, en faichon que tous ceulx qui auparavant eussent peu demander aucune chose en sont privez, réservez contre enfans mineurs d'ans et parens espaysiez, lesquels, ung an aprez qui sont retournez ou pays, retournent à leurs héritaiges, nonobstant ladite coustume.

7. Item, ne pœuvent père ou mère acquérir possession contre enfans, ne advoez contre les enfans dont ils sont advoez (24), durant le temps que les enfans sont en advoierie.

8. Item, quand aucuns font ratraire héritaige par faulte de rente non paiée, il convient mettre la main de justice, en la présence de deux eschevins, et le seigniffier au propriétaire ; et se le propriétaire ne soy oppose, l'on faict les criées, par trois quinzaines, en l'église parroissiale où l'héritaige est assis, et pareillement par trois quinzaines au marchié d'Audrewys, et, à la desraine criée faicte audit marchié, l'on adjuge, le mardy enseivant, à chandelle sur ce allumée et estainte, lesdits héritaiges rattraictés par le bailly, en la présence de chinq eschevins, sans autres solempnitez.

9. Item, ung créditeur pœult faire claim sur l'héritaige de son debteur par le bailly, présens deux eschevins, en cas qu'il n'ait trouvé biens mœubles ou catels pour y faire son clain et le seigniffier au debteur, lui assigner aux plais; et si le debteur ne vient ou envoye deffendre sa cause, par dedans trois plais sur ce tenus, il est, par contumasse, condempné en l'affermacion du créditeur; et, ce fait, sera ledit héritaige tenu crier à l'église où il est assis, par ung jour de marchié d'Audruvyc, où il sera vendu au plus offrant, et les deniers tournez audit créditeur.

10. Item, quand l'un de deux conjoints termine de vye par trespas, le survivant pœult, s'il lui plaist, retenir le manoir en grandeur de chincq quartrons de terre et tous les arbres portans fruits, en récompensant les héritiers de la valleur dudit manoir ; et se pœult aincoires avoir, ledit survivant, tous les autres arbres croissans sur et entour dudit manoir, par pris de gens en ce congnoissans.

11. Item, le trespas advenu du derain vivant desdits conjoincts, le fils maisné pœult avoir manoir, ainsy que l'avoit eu le dernier vivant desdits conjoincts, en récompensant les aultres enfans de la valleur d'icelluy manoir, en terres ou aultres biens; et s'il n'y a que ung fils, il va devant les filles, et où il n'y nuls fils, le droit appartient à la fille puisnée.

12. Item, quand l'ung desdits conjoints va de vye à trespas, au survivant, soit l'homme ou la femme, appartient pour son douaire, sa vye durant seullement, la joyssance de la moictié des terres et revenues délaissiés par le premier morant, aussy bien sur héritaige cottier que sur fiefs, reservez ez terres et héritaiges qui auroient esté vendus, où la femme aurait comparu au werp ou dessaisine, esquels le survivant ne pœult avoir ledit droit de douaire ; et, par ladite coustume, ledit droit de douaire n'est deu que premier il ne soit appréhendé par mise de fait et décret sur ce obtenu.

13. Item, et si le douaigier ou douaigière avoit semé et mis à messon terres tenues en douaire, incontinent leur trespas advenu, le propriétaire appréhende ses terres en tel estat qui les trœuve auparavant la my-may ; et se le trespas advient depuis le mi-may, l'advesture appartient aux héritiers du possesseur ou possesseresse par douaire, réservé toutes voyes que se ledit douaigier les avoit baillé à labourer et semer à moictié, en ce cas, celluy qui ainsy les airoit labouré et semé emporte sa moictié des ablais, allencontre dudit propriétaire, avœucq ses amendemens raisonnables.

14. Item, s'aucun enfant, eagié ou marié, ayant père et mère et la table entière (25), va de vie à trespas, sans hoirs légitismes de sa char, paravant sesdits père et mère, tous les biens délaissiez par son trespas retourneront à sesdits père et mère. Et se ledit père ou mère estoient terminez vie par mort paravant l'enfant, le survivant ne succederoit en riens, ainchois y succederoient frères, sereurs ou aultres héritiers en ligne deschendente.

15. Item, s'aucun de deux conjoincts va de vie à trespas, le sourvivant a et doibt avoir avant part, de personnes raisonnablement aiziés de biens, ung lict estoffé (26), une caière, un coussin, une table, une nappe, ung lot d'estaing, ung ghobelet, un bachin et ung lavoir, se ces parties de biens sont trouvez en l'hostel du premier morant.

16. Item, quand aucune merlée ou débat se mœult entre les soubs-manans et subgects desdits bailly et eschevins, iceulx bailly et eschevins, pour obvier aux dangiers et inconvéniens qui, ad cause desdits débats, porroient ensiévir, pœuvent, par les sergens ou officiers du pays, faire constraindre les connoiseurs à eulx submectre à faire paix à partie, à leur ordonnance, et paier et furnir ce que par la justice en est ordonné, et ad ce les constraindre par détempcion des cors desdits connoiseurs, se avoir les pœulvent, et synon par les appeler aux droix du seigneur, et sur paine de ban ou aultre paine arbitraire.

17. Item, quant aucun achette terres ou rentes et en rechoipt la saisine, il ne pœult soy départir qu'il n'ayt payé le droit du seigneur, sallaires de jus-

tice et contenté son vendeur par dedens le soir, sur paine d'amende et, pour chascune fois, LXII sols parisis.

18. Item, quant aucun héritage patrimonial est vendu, cellui demourant ou pays qui le vœult avoir par proximité, est tenu le requerre et en faire plainte à loy, par dedans les prochains plais du jour de la saisine, sur paine d'en estre privé, et celui ou ceulx demourans hors dudit pays, par dedens an et jour du jour de la saisine.

19. Item, quant aucun vend sa terre et l'héritaige avœcq le catel estans et croissans dessus, et que, aprez la vente, ladite terre est requis avoir par proximité de lignage, catels ensievent ledit héritaige vendu.

20. Item, nul ne pœult abbattre catels croissans sur terres ainsy vendues, tant et jusques ad ce que le jour de requérir proximitté soit expiré, à paine de LXII sols parisis, et avœcq ce tenus à partie rendre l'interrest, réservé des fruis et arbres que ce temps pendant porroit empirier.

21. Item, nuls manans et habitans, demourans, couchans et levans ou pays de Bredenarde, ne pœulvent traictier ne poursieuvre l'un l'autre par justice, pour quelque debte que ce soit, que par devant bailly et eschevins dudit pays de Bredenarde, à paine de LXII sols parisis.

22. Item, quant aucune merlée ou debat est faite en la présence des eschevins, lesdits eschevins en pœulvent congnoistre et en faire la pugnition, selon les exigences des cas, sans aultre information.

23. Item, quant aucunes personnes sont adjournez en tesmoignage, pour quelque cause que ce soit, ils sont tenus comparoir au jour assigné, sur l'amende de LXII sols parisis, s'ils n'ont excuse légitisme dont ils sont tenus faire apparoir.

24. Item, que, aux eschevins de Bredenarde, appartient la visitation et escauwaiges des rues, flegards, fossez, vergues et cours d'eauwes qui sont oudit pays, vers la ville et banlieue d'Audruick, et font, quant ils voient estre nécessité, faire commandement, aux églises, que chascun amende les rues, fossez, bacques et aultres choses nécessaires par dedens XIV jours, sur paine d'amende de III sols qui appartiennent à l'amman; et, se ils n'ont amendé, l'on faict de rechief lesdits commandemens d'amender en dedens XIV jours, sur paine de X sols, qui sont moictié audit amman, l'aultre moictié à l'eschevin; et se ils ne amendent, on faict pareil commandement à amender par dedens XIV jours, sur paine de LXII solz parisis d'amende qui est à monseigneur, et de le faire amender à leurs despens.

25. Item, quand deux conjoincts ont plusieurs enfans, et que, durant leur

conjonction, ils font aucuns dons à aucun ou aucuns desdits enfans, soit en traictié de mariaige ou autrement, en quelque manière que ce soit, lesdits enfant ou enfans, aprez les trespas de leur père et mère, se ils se vœullent fonder héritiers, sont tenus de faire rapport des dons à eulx faits durant la conjonction, assavoir de la moictië aprez le trespas du premier morant, ou, se à iceulx leur plaist se tenir, lesdits enfans se pœulvent tenir aux dons à eulx faits et en eux abstenant de appréhender.

26. Item, que quiconques appelle des sentences et jugemens des eschevins et deschiet de son appel, il eschiet envers le seigneur, pour son fol appel, en amende de LXII sols parisis, et envers chascun eschevin, en X sols.

27. Item, quant aucune partie est présente à oyr prononchier sentence ou appoinctement contre lui, il en doibt appeler illico, et s'il est absent, par dedens sept jours et sept nuis du jour de ladite sentence ou appointement, et aultrement non.

28. Item, ont iceulx eschevins congnoissance et auctorité de tenir, chascun an, le mardi aprez Quasimodo, ung livre nommé le livre des orphelins, et ont auctorité de y congnoistre des mœubles et héritaiges appartenans aux enfans mineurs et en bas eage estans audit pays...... de père ou de mère, et pour ce, sont lesdits eschevins nommez souverains advoez des orphelins, et n'a aucun aultre que eux auctorité de pouvoir congnoistre, oudit pays, de l'estat des mineurs d'ans, desquels et de leurs biens et vaillans se fait, chascun an, rapport audit livre, et de ce que lesdits biens ont accrus ou diminué pour ledit an, dont du tout s'en faict registre.

29. Item, la coustume dudit pays est telle que lesdits eschevins choisissent, en chascune paroisse dudit pays, ung homme ydoigne; lesquels, aprez qu'ils ont fait serment eulx bien acquitier, font, aprez qu'ils ont visitté les marchiés de Ardre et Audruick, prisie des rentes, censives, grains, poulailles et aultres rentes deues aux seigneurs vicontiers du pays, qui sont accoutumez d'anchienneté, et se paye ladite rente, chascun an, selon ladite prisie, pour laquelle prisie faicte, le seigneur paye aux depputez IV livres parisis.

30. Item, ont les eschevins dudit pays de Bredenarde, par previlléges octroyés par les contes de Guisnes, confermez par les rois de France, auctorité et puissance de faire éedits, estatuts et ordonnances pour le bien, repos et utilité des subgets et demourans oudit pays, de iceulx entretenir, accroistre ou diminuer toutes et quantes fois que le cas le requiert et qu'ils voient le bien et prouffit desdits demourans et subgets dudit pays.

Item, et quant, en aultre cas dont cy-dessus n'est faite mention, procez ou question se mœult, lesdits frans hommes et eschevins ont accoustumé en jugier et déterminer selon les coustumes génégralles du conté de Guisnes et prévosté de Monstrœul.

Nota. Le MS. de D. Grenier ne donne pas les signatures.

ARDRE.

VILLE ET ÉCHEVINAGE

Un cahier de six rôles en parchemin petit in-f.°, écriture cursive très-nette, lisible, excepté quelques parties altérées par l'humidité. — 51 *articles.*

S'ensievent les usaiges, stilz et coustumes notoirement observées en la ville et eschevinaige d'Ardre, chief-lieu du conté de Guisnes, tant par vertu des previlléges donnés et octroiés par les contes de Guisnes, et conffermés par feu de bonne mémoire le roy Charles (VI), par ses lectres patentes du dixiesme jour de juing, l'an mil quatre cens et deux, comme par usaige et commune observance approuvée audit eschevinaige; lequel eschevinaige se gouverne par ung bailly qui est institué par le roi, et par sept eschevins, lezquelz, chascun an, se renouvellent par élection le jour des Rotz; et quant lesdis eschevins sont esleux, se aulcuns d'iceulx différent de accepter l'office, ledit bailly leur fait commandement de l'emprendre, à paine de LX livres parisis; lesquelz bailly et eschevins ont congnoissance de tous cas criminelz et civilz qui adviennent en ladite ville et eschevinaige et jugent à la conjure dudit bailly; et sy instituent, quant mestier est, telle personne ydoine que bon leur samble à l'office de greffier dudit eschevinaige avec de tous aultres officiers soubz eulx.

1. Et primes, ont iceulx bailly et eschevins, par vertu desdis previlléges, de tel et si long temps qu'il n'est mémore du contraire, usé de toute justice et seignourie haulte, moienne et basse es mectes de ladite ville, banlieue et enclavemens, saulf au roy et à ses officiers les cas previlegiés et les cas de resort et de souveraineté.

2. Item, ont lesdis bailly et eschevins puissance de exécuter, ardoir, boullir et enfouyr hommes et femmes pour leurs démérites, quant le cas le requiert.

3. Item, quant est fait et créé, de par le roy, nouvel bailly audit lieu d'Ardres, il est tenu de faire le serment ausdis eschevins de garder les droictures de sainte Eglise, les droix des vesves femmes et orphelins, tous leurs loix, usaiges et coustumes.

4. Pœult icelluy bailly faire et créer baillis audessoubz de luy audit eschechevinaige, ses lieutenans, sergans et aultres officiers, selon le coustume et usaiges du lieu.

5. Item, pœuent lesdis bailly et eschevins renouveler leur loy, tenir leurs plais, faire leurs jugemens en flamencq, en la manière acoustumé, faire édictz, ordonnanches et estatutz.

6. Item, pœuent aussy absoudre et délivrer ceulx qui, sur leurs corps deffendant, font aucunes navrures en icelle ville : supposé que d'icelles navrures ceulx qui sont navrés voisent de vie à trespassement, puis que du corps deffendant, par probacion de partie ou par informacion sur ce deuement faite, par justice appert.

7. Item, de constraindre parties à donner asseurement et en user sur les reffusans.

8. Item, se aucuns leurs bourgois de ladite ville navre aulcun en icelle ville et banlieue, le bourgois pœult aller camp et voie, sans estre ocupés par justice, jusqu'à ce que mort s'en enssieve; et se par le bailly ou aultres officiers de ladite ville, leurdit bourgois est prins, il leur doibt estre rendus puisque debument et en temps debu le requiert.

9. Et se aucun leur bourgois, subget ou soubz-manans, fait ou commet aucun cas criminel, parquoy son corps doive par eulx estre exécutez, ses biens et héritaiges estans en ladite ville ne sont pas confiscables, ainchois appartiennent et doibvent estre baillés aux héritiers de l'exécuté comme non confisqués.

10. Item, que en ladite ville et banlieue, nulz n'est bastars de par sa mère, des biens et héritaiges de par sa mère y estans assis, synon en mattière de fiefz et nobles ténemens.

11. Item, en leur communaulté, viviers, marez et eaues nommées les eaues de l'eschevinaige estans en ladite ville et banlieue, (ilz) y ont justice et seignourie comme dit est ; et ne pœult aucun faire pasturer ses bestes en leur communaulté et eschevinaige, fors eulx, leurs bourgois et soubz-manans et les bestes à eulx appartenans sans fraulde, à paine de LX solz parisis de nuyt, et X solz parisis de jour.

12. Doibvent prendre et avoir les droix que l'on appelle issue de bourgois : est assavoir que, se aulcun leur bourgois va de vye à trespas, et ses hoirs non bourgois (27) viennent appréhender la succession, ilz paient à la ville le diziesme denier de la vente (valeur).

13. Que, en tous cas criminelz et pour amendes de LX livres parisis, pour iceulx prouver, il convient le nombre de cinq tesmoingz dont il convient que

les deux soient de affirmature depposans de veue et sceue, et les aultres trois par renommée.

14. Et des aultres cas, matières et questions civilles au dessoubz, le prœuve sur ce souffist par deulx bons tesmoingz bien depposans et non reprochables.

15. Item, sont tous leurs bourgois, subgetz enclavés et soubz-manans en leur eschevinaige, avec ceulx de la conté de Guisnes, frans, quictes et en liberté de toutes tailles et aydes et imposicions quelzconques; et iceulx leurs bourgois frans de tous travers, tant aux lieux de Couchewade, Haminwains, Ausque, au Pont de Merin, à Reminghien, comme ailleurs, de toutes denrées et marchandises, et généralement par toute la conté de Guisnes.

16. Item, pœuvent aussy lesdis eschevins, quant nécessité leur vient de faire aucunes réparacions, tant à leurs églises, eaues comme nécessité de ladite ville d'Ardre, pour le bien publicque, faire et asseoir tailles sur leurs subgetz et soubz-manans, par le consentement de la plus sainte (saine) partie des plus notables desdis eschevins, bourgois et communaulté, et à ce les constraindre par toutes voies raisonnables.

17. Item, sont iceulx bourgois, subgetz et habitans de ladite ville d'Ardre, tenus de payer *waranghe* aux ouerdracks (28).

18. Item, pœuvent lesdis eschevins tenir, d'an en an, leurs frances véritez, et icelles faire crier et publier, et y congnoistre, jugier et déterminer de tous cas, matières et questions.

19. Item, ainchois que aulcuns puist estre bourgois, il est tenus de faire le serment acoustumé, et avoir, en icelle ville et banlieue, sa demeure et maison (29) sienne, et quil soit homme de bonne vie et renommé à l'esgard desdis eschevins.

20. Item, ont iceulx eschevins la congnoissance et jugement de cas, matières et questions d'arrestz; et que celluy qui fait faulx claim ou clams et en dechiet, est tenus de paier X solz d'amende; et pareillement l'arresté se il dechiet, puis que il aura baillié opposicion ou contestacion.

21. Item, quant les biens d'aucun estrangier sont arrestez à requeste de partie, et ledit arrest est souffisamment seigniffié à la propre personne, au domicille d'icellui à qui iceulx biens compectent, s'il ne vient garder son jour à la prochaine journée plaidable ensievant, l'exécucion se parfait, supposé quil se soit opposé ou non, puisque partie demanderesse est dilligente; et se on ne pœult trouver celluy à qui les biens compectent ou quil n'ait aucun domicille que on puisse savoir, on le fait appeler à haulte voix, par trois dimenches, en l'église paroissial et aux plais d'iceulx eschevins, par trois journées qui

sur ce sont gardées; et ce fait, se partie deffenderesse ne comparre point, l'exécution se parfait à bon compte, cest assavoir que, se l'arresté revient depuis et il pœult monstrer paiement, respit ou quictance, il est receu; et convient que partie demanderesse soit dilligente à chascune journée.

22. Item, ne se pœult, devant iceulx eschevins, aucun aidier de fausses lettres, chartres ou chirograffes, que ce ne soit en encourant en amende de LX livres parisis.

23. Se aucuns contre les lettres et chirograffes desdis eschevins s'oppose et contredit, et puis déquiet par bon procès, ou va contre leur sentence et en déchiet, il paie LX livres d'amende.

24. Item, pœuvent lesdis eschevins, à la conjure du bailly, jugier amendes allencontre de personnes faisans délis en ladite ville et banlieue, en la manière qui s'enssiet.

25. C'est assavoir, celluy qui sache armes molues, LX livres parisis, sur quoy ilz prennent XX solz parisis, et le sourplus est au roy.

26. Item, cellui qui fiert de baston ferré ou affaittié de pierre, ou la main garnie de gant ou aultre chose, X livres parisis, dont ilz ont XX solz parisis, et le sourplus au roy.

27. Item, s'aucun dist ou fait injure au bailly ou aucun d'iceulx eschevins, en jugement ou hors jugement, pour aucuns cas touchant leurs offices, et il est prins, il doibt par eulx estre pugni de prison, et par eulx condempnez en amende extraordinaire, selon la calité des cas; et se il ne pœult estre trouvé, prins ou appréhendé, il doibt estre par eulx banny à temps ou à terme, selon l'exigence du cas, et à leur rappel sil ny a criesme.

28. Item, avecq ce, ont et prendent de toutes amendes de LX solz parisis, XV solz parisis, et le sourplus au roy; et des amendes de X ou XII solz parisis, II solz VI deniers, et le sourplus au roy, réservé que d'icelles amendes de X et XII solz, le sergant, pour sa dilligence et rapport, à XII deniers, et des aultres audessus a esté usé en la manière dessus dite.

29. Item, pœuvent iceulx eschevins tenir leurs plais de quinzaine en quinzaine, jugier et déterminer, au conjurement du bailly ou lieutenant, en la manière acoustumée.

SENSIEUT LA DÉCLARATION des usaiges, stil et coustumes introduits par commune observance.

30. Primes, y a en ladite ville aman (30) qui est institué de par le roy, lequel aman a auctorité, à cause d'office, de publier et adnunchier les plais dudit eschevinaige, et, au jour desdis plais, fait commandement, par l'ordonnan-

che desdis bailly et eschevins, que nul ne destourbe la court sur les amendes acoustumées.

31. Item, a ledit aman auctorité de faire tous adjournemens et assignations de jour, à requeste de partie, pardevant lesdis bailly et eschevins, à leurs plais, qui se tiennent à le halle d'Ardre; et se font lesdis adjournemens le lundy, pour respondre à lendemain, en parlant aux personnes des adjournez se on les treuve, ou aultrement à leurs domicilles.

32. Item, au jour assigné, les demandeurs font leur demande esdis plais; et se partie deffenderesse ne compare point ou procureur pour elle, et, en ce cas, sans donner deffault au demandeur contre le deffendeur, se le demandeur offre vériffier sa demande, il lui est présentement ordonné par lesdis eschevins, au conjurement dudit bailly, que, sil a ses pœuvieurs présens, quil procède avant en administrant icelles preuves, et se il vériffie sa demande, partie deffenderesse, sans quelque autre adjournement, est condempnée, selon ledit usaige, en la demande dudit demandeur et es despens.

33. Item, et se ledit demandeur ne a lors ses tesmoings pretz, il lui est ordonné quil amaine ses prœuves aux plus prochains plais enssievans; et se ledit deffendeur compare avant lesdis tesmoings oys, il est receu à baillier ses deffences, et par ce cessent lesdites prœuves.

34. Item, oultre, se le demandeur, après sa demande faite en la manière avant dite, pour toute prœuve, se rapporte au serment de sa partie adverse, ladite partie adverse est appelée par l'amman; et se elle ne compare point, il est ordonné par lesdis eschevins, à la conjure dudit bailly, audit demandeur, quil tienne jour jusques aux prochains plais enssievans; et se ausdits prochains plais, ladite partie ne compare point ne procureur pour elle, jasoit quelle n'ait point esté radjournée, aprez quelle a esté appelée comme dit est, aprez ladite cause appelée, il est ordonné audit demandeur de affermer sa demande; et par l'affirmation dudit demandeur, ledit deffendeur est condempné à V solz; et se ledit deffendeur compare avant ce que ledit demandeur ayt affermé, il est receu à baillier telle deffense que bon lui semble.

35. Item, l'aman, à cause de son office, à requeste de partie, met à exécucion, avec deux eschevins, toutes lettres de condempnacion, recongnoissance ou obligacion, sans sur ce avoir autre commission que lesdites lettres; et sy fait aussy tous arrestz sur corps ou sur biens, en appelant deux eschevins pour en ordonner; et sil y a opposicion, ledit aman assigne jour aux parties aux prochains plais dudit eschevinaige, et demeure l'arresté prisonnier ou les biens arrestez, sil ne donne bonne et souffisante cauxion pour furnir droit.

36. Item, ledit aman, à cause de sondit office, a aussy auctorité de appréhender prisonniers tous malfaicteurs, et les mettre es mains de justice pour en congnoistre par lesdis bailly et eschevins.

37. Item, que toutes ventes et achatz de maisons, héritaiges et rentes cotières scituées et assizes dedens la ville et eschevinaige d'Ardre, se recongnoissent et passent, par les contractans, pardevant lesdis bailly et eschevins; auxquelz bailly et eschevins appartiennent *(sic)* le diziesme denier de la vente, saulf que, se la vente ou transport se fait de ung bourgois (à) aultre, en ce cas, lesdis eschevins ne prendent point ledit droit de diziesme denier.

38. Item, tous baillemens à rente qui sont passés pardevant lesdis bailly et eschevins, en vertu des lettres et chartres qui en sont données desdis bailly et eschevins, se pœuvent mettre à exécucion sur les biens que l'on trœuve sur iceulx héritaiges estans es mettes de ladite ville et eschevinaige, pour le paiement et furnissement de ladite rente et arrieraiges.

39. Item, et le seigneur rentier *(qui ne trouve)* aucuns biens sur lesdis héritaiges bailliés à rente, pœult, en vertu desdites lettres, par ledit aman et deux eschevins, se faire mettre de fait, par forme et manière de vuinghe (31), par faute de rente non payée ou par faulte de relief, sur icelluy héritaige, pour icelluy rattraire à son demaine, et en débouter celluy qui le tenoit à rente.

40. Item, ladite vuinghe se doibt seigniffier par ledit aman au tenant ou tenans rentiers, en parlant à leurs personnes ou à leurs domicilles se on en pœult recouvrer, ou sy non ladite vuinghe se seigniffie par cry et dénonciacion qui se fait par ledit aman publiquement, par trois dimenches enssievans l'ung l'aultre, à heure de grant messe paroissial de ladite ville d'Ardre.

41. Item, et se ledit aman trœuve ledit tenant ou tenans rentiers en leur domicille, il leur assigne jour aux prochains plais dudit eschevinaige pour prochéder sur ledit retraict, et le voir adjugier en la main du seigneur rentier, se faire se doibt, ou y contredire.

42. Item, et se ledit tenant rentier ne compare au jour à luy assigné ou pendant le temps desdites trois cryées, aprez ce que ledit aman a rellaté, à jour de plais, avoir fait ledite vuinghe et seigniffication dont de tout registre se fait, bailly et eschevins en jugement, en leurs plais audit jour servant, dient et appoinctent, à le requeste dudit seigneur rentier ou de son procureur, que ladite vuinghe ou mise de fait se tenra an et jour sur ledit héritaige; et se ledit tenant rentier ne compare par dedens ledit an, pardevant lesdis bailly et eschevins, pour contredire à ladite vuinghe et ratrait, ledit an et jour expiré, lesdis bailly et eschevins adjugent ledit héritaige audit seigneur rentier pour,

de lors en avant, en joir par luy et ses hoirs, à la charge des rentes précédentes, s'aucunes en y a; et ledit rattraict ainsy fait, ledit tenant rentier ne ses hoirs ou ayans cause, ne pœuvent jamais clamer ou demander aucun droit; mais se, en dedens ledit an, ledit tenant rentier compare et offre paier le rente et arrieraiges pour lequelle ledite vuinghe s'est faicte, avec tous frais et despens, ladite vuinghe est mise à néant et, par ce, la main levée audit tenant rentier.

43. Item, quant aucun prend à rente héritable aucune maison ou manoir estans en ladite ville et eschevinaige d'Ardre, ledit prendeur est submis de, par dedens trois ans prochains enssievans, faire et mettre assenement apparant (32) et souffisant sur ledite maison et manoir à lui baillié à rente, d'autant et si grant somme que ladite rente monte.......... trois ans ; et se ledit assennement n'est fait par dedens lesdis trois ans, le seigneur rentier, aprez lesdis trois ans expirez, pœult par justice constraindre ledit prendeur à lui payer la somme à quoy pœult monter ledit assennement qui est de la rente de trois ans, comme dist est, ou la mettre en réfection sur ledit manoir baillié à rente, au chois dudit seigneur rentier.

44. Item, se aprez ledit assennement fait, le seigneur rentier poursieult son tenant par action personnelle, pour arrieraige de sa rente, et ledit tenant rentier le renvoie sur son héritaige, ledit seigneur est submis de y aller, et de non plus avant procéder en ladite cause et action personnelle.

45. Item, s'aucun tenant aucune maison ou héritaige à rente ou sourcens, en ladite ville et eschevinaige, va de vie à trespas, ses héritiers doibvent, pour rellief, au seigneur auquel ladite rente est debue, le double de ladite rente ou sourcens; et se ilz ne relievent en dedens sept jours et sept nuytz aprez ledit trespas, ou demandent grace, ledit héritaige ou droit que y avoit ledit trespassé, incontinent aprez lesdis sept jours et sept nuys passés, est de plain droit retourné en la main dudit seigneur rentier, lequel, de là en avant, en pœult faire son proffit et en joir tant et jusques ad ce que aucun viengne le rellever par devers lui.

46. Item, quant deux conjoinctz par mariage ont aucunes terres ou rentes cottières en ladite ville et eschevinaige, le mary, dès l'instant que ledit mariage est parfait et consommé en sainte église, acquiert le droit de la moitié de toutes les terres et rentes cottières appartenans à sa femme, pour en joir par lui et ses hoirs héritablement et à toujours; et pareil droit acquiert la femme sur les héritaiges et rentes cottières de sondit mary, sans ce que, pour ceste cause, ilz soient tenus payer aucun rellief.

47. Item, quant aucun estant fourmort de père ou de mère, va de vie à

trespas en la ville et eschevinaige d'Ardre, délaissans aucuns biens, héritaiges et rentes cottières à lui appartenans, lesdis biens et héritaiges et rentes succèdent à son plus prochain parent ou parens en ligne descendante et non point au père ou à la mère, poséores que l'un d'eulx soit aincoires vivant.

48. Item, quant lesdis bailly et eschevins tiennent leurs franches véritez, se aucun leur fait rapport, en affermant par serment solempnel que lui font sur ce faire lesdis bailly et eschevins, que il a veu aucunes bestes en nouvelles esteules ou que aucuns ont prins aucuns biens aux champs d'aultruy, en telz cas et aultres semblables, lesdis eschevins, à le conjure dudit bailly, sur le rapport et affermacion de un seul tesmoing, condempnent les délinquans en amende de LX solz ou aultre amende en dessoubz, selon que lesdites amendes sont ordonnées par leurs statutz; lesquelles frances véritez, lesdits bailly et eschevins tiennent, chascun an, à telz jours quilz les font publier, et pour icelles tenir, le recepveur du demaine d'Ardre leur paie, chascun an, XL solz parisis; et sont tenus tous les hommes maisnagers de ladite ville et eschevinaige, de comparoir ausdites frances véritez, aux jours qu'elles ont esté publiées, sur l'amende de III solz parisis pour chascun défaillant; et aprez est ordonné auxdits défaillans de comparoir à certain jour que l'on leur ordonne, sur l'amende de X solz parisis.

49. Item, quant aucun commet aucun cas, en la ville et eschevinaige d'Ardre, pour lequel il doibt estre bany ou condempné en aucune amende selon les usaiges de ladite ville, soit pour cause de débat, pour injurieuses parolles profférées contre l'honneur d'aultruy ou pour autre cause, les eschevins de ladite ville, à le requeste de la partie grevée, se dolloir se vœult, et sy non, à le requeste et procuracion du bailly d'icelle ville, ont acoustumé de faire les informacions du cas advenu, et icelle informacion font mettre et rédiger par escript par le greffe dudit eschevinaige; et, ladite informicion faite bien et deubment, lesdis eschevins, à le conjure dudit bailly, à tel jour et heure que bon leur semble, procèdent contre celui ou ceulx qui ont commis lesdis cas, sans sur ce les évocquier, oyr ou conthumasser, en les bannissant ou condempnant en aucune amende, selon que ilz trœuvent que le cas le requiert par lesdis usaiges et stilz; et telz bannissemens et condempnacions d'amende ont toujours tenu lieu et sorty effet, sans contredit aucun, poséores que les bannissemens *(soient)*, aucunes fois à toujours, aucunes fois à tamps limité, et aucunes fois jusques au rappel desdis eschevins, sur paine telle que ordonnent lesdis eschevins en faisant lesdis bannissemens; et aprez lesdis bannissemens fais, est ordonné et deffendu à tous les bourgois, manans et habitans de ladite ville et eschevinaige que,

sur et à paine de LX livres parisis, ilz ne soustiennent, logent ou herbergent lesdis bany ou banis.

50. Item, ont lesdis bailly et eschevins, de sy long tamps qu'il n'est mémoire du contraire, acoustumé de, chascun an, faire le prisie des grains, poullailles et autres choses désirans prisie............ de rente au demaine d'Ardre; et pour faire icelle prisie justement, on a acoustumé que deux de leurs compaignons en loy, (environ) le Saint-Remy, par trois jours de marchié, vont visiter, tant le marchié de Saint-Omer comme le marchié d'Ardre, et des pris quilz trœuvent que le pocquin de blé et d'autres grains est vendu esdis trois jours de marchié, ilz en font le rapport ausdis bailly et eschevins; lesquelz, sur leur rapport, font l'assiette et prisie des grains; laquelle prisie desdis grains se change et mue, chascun an, selon ce que lesdis eschevins trœuvent que lesdis grains ont esté vendus esdis jours de marchié comme dit est; et quant aux poullailles et autres choses, ilz sont toujours assiz et prisies au pris ci-aprez déclariés, sans aucune chose y changer ne muer : assavoir, le chapon, XVIII deniers parisis; le glaine, X deniers parisis; le oye, II solz parisis; un œuf, I obole; gans de moutons, VI deniers parisis; le millier de tourbes, III solz parisis, et lanche sans fer, VIII deniers parisis; de laquelle assiete et prisie, lesdis bailly et eschevins baillent, chascun an, lettres de certificacion au recepveur du demaine; lequel recepveur, pour leur paine de faire ladite prisie, paie, chascun an, ausdis eschevins, XX solz parisis; et valent lesdis XX solz parisis, XXII solz VI deniers tournois; et ainsy se prend et compte tout le passement de ladite assiete.

51. Item, et quant aux aultres cas dont cidevant n'est faite aucune mention et déclaracion, dont aucune fois question et procez mœult entre les parties, pardevant lesdis bailly et eschevins, iceulx bailly et eschevins ont acoustumé de en user, jugier et déterminer, selon les usaiges, stilz et coustumes génoralles tant de la conté de Guisnes que de la prevosté de Monstrœul, es mectes de laquelle prevosté, ladite conté de Guisnes est scituée et assize et, par le conséquence, ledite ville et eschevinaige d'Ardre.

Ces présentes coustumes et statutz ont esté veues et visitées par dampt Jehan de Fermessent, prieur du prioré d'Ardre; dampt Henry du Monthenry, relligieux et recepveur de l'abbaye d'Andres; sire Jehan de Baillon, curé de l'église paroissial d'Ardre; Jehan de Beauvais, procureur du Roy et Mgr. le conte de Guisnes, en ladite ville; Nicollas Loise et aultres de la communaulté, en la présence de nous, bailly et eschevins d'Ardre, soubzsignés, le XVI.ᵉ jour d'aoust l'an mil cincq cens et sept.

Signatures : Jehan de Fermessent *prieu d'Ardre.* — du Monthenry. — De Baillon. — N. Loise. — Meherseval *abbé commendataire d'Andres.* — N. Loys. — Th. Caron. — Anselot Venant. — N. Pollart. — Jehan Levielz — Guillaume Parmentier. — Delecourt. — Nielleque de Bliecq. — Jehan Martel. — Robert Housoire. — Oudart Soudan. — De Septfontaines. — P. de Rogierville. — Lancelot de Rogierville. — J. Delehaye. — Robert de Fermessent — Du Gouch.

AUDRUICK.

VILLE ET BANLIEUE.

Un cahier en parchemin in-4.°, recouvert d'une feuille de garde, contenant six rôles d'écriture. L'extrémité supérieure de chaque rôle est écornée ou maculée d'humidité et de pourriture; petite écriture cursive, mal formée et difficile à lire, surtout dans le haut des pages. — 33 articles.

Coustumes, usaiges et stilz de la ville et banlieue d'Audruick, membre du conté de Guisnes, où la justice se conduit par maieur et eschevins qui, es mettes de ladite ville et banlieue, ont toute justice et seignourie, haute, moienne et basse et comme les maieur et eschevins de la commune de Saint-Omer, comme il appert par lettres données par feu de bonne mémoire, Ernould, conte de Guisnes (33); et ont lesdis maieur et eschevins puissance et auctorité de commettre greffe et sergent en leur ville et eschevinaige, et pareillement, quant le cas le requiert, ont, pour aucun brief temps, auctorité et pooir de commectre un bailli par provision.

1. Et primes, sont iceulx maieur et eschevins, leurs bourgois et subgetz et soubz manans, avec ceulx dudit conté de Guisnes, quittes et exempz de toutes tailles, aides et de tous travers, tant à le Cousewarde, Hamwans, Ausque, Pont de Meura, Reminghen comme ailleurs, es mettes dudit conté de Guisnes, sans estre tenus payer aucune chose pour leurs denrées et marchandises, par prévilége à eulx donné et octroié par ledit conte de Guisnes, et depuis confermé de pluiseurs roys de France.

2. Par ledit prévilége, quant aucun a commis quelque criesme par quoy son corps soit condempné mettre au dernier supplice ou banny à jamais du royaulme de France, conté de Guisnes ou de ladite ville et banlieue d'Audruick, ses biens mœubles et héritaiges ne sont pourtant confisquiés, ainchois succèdent à ses héritiers; et ny a confiscacion que de corps pour quelque criesme fors que de leze-majesté et hérésie (34).

De succession de mœubles, debtez, catheulx et acquestes en ligne collateral.

3. Item, la coustume de la ville et banlieue d'Audruick est telle que biens mœubles de personne bourgoise trespassée, ne tiennent coste ne ligne, mais se partissent également entre les plus prochains parens du costé paternel ou maternel du trespassé.

4. Item, par la meisme coustume, les maisons, héritaiges, rentes et censives cottières assis es mettes de ladite ville et banlieue, sont de le mesme nature de mœubles et se partissent comme iceulx mœubles.

5. Item, par la coustume de ladite ville et banlieue d'icelle, père ou mère sourvivant leur enffant ou enffans ne sont héritiers es biens mœubles, debtez, catheulx et acquestes d'iceulx enffans, sinon quant la table est entière, ains eschient lesdis biens aux prochains parens de chascun costé, comme dessus, quant la table est rompue; et es mettes de ladite banlieue et hors de ladite ville et sangle, père ou mère sourvivant leursdis enffans terminés vie par mort, sans delaissier hoir de leur char legitisme, sont héritiers desdis mœubles, debtez, catheulx et acquestes.

En matère de retraictes par proximité de lignaige.

6. Item, quant vente s'est faite d'aucun héritaige ou rente par entrée d'exécucion, et aprez les criées deuement faites et parfaites es églises parochiales, par trois dimences continueulx, pareillement par trois jours de marchié qui est le mardy enssievant, l'héritaige demouré par renchier à aucun, soit lignager ou estrange à celluy à qui l'héritaige patrimonial se vent, aucun son prosme ne pœult revenir, par proximité, à ravoir ledit héritaige vendu, mais en est privé.

7. Item, quant aucun vent à aultruy rente patrimonialle assignée sur maison ou héritaige en ladite ville et banlieue, le propriétaire de l'héritaige sur lequel icelle rente est asseignée et deue, sil luy plaist, pœult, pour descergier son héritaige, demander et avoir, par retraicte, ledite rente ainsy vendue en faisant les debvoirs de remboursement à l'achetteur, par dedens l'an et jour de l'achat, et y est ledit propriétaire préféré au devant de tous prosme du vendeur, sauf des parties de rentes effonsières desquelles le prochain parent ou aultre du lignage, ce requerant, l'emporte audevant dudit propriétaire.

8. Item, par la coustume de ladite ville et banlieue, deux conjoingtz par mariage estans bourgois et y demourans ne pœuvent advantagier l'un l'aultre par testament ou aultre congnoissance, sauf par traictant leur mariage, ce que lors ils pœuvent bien faire avant aucun loïen ou promesse d'icelluy entrevenue.

9. Item, quant aucun seigneur fonssier ou rentier surcensier se fait mettre

de fait, par loy, en héritaige submis vers lui en rente pour estre paié d'aucunes années ou termes escheux ad cause de ladite rente, et le propriétaire dudit héritaige à qui ladite mise de fait aura esté deuement seigniffiée, ne vient contenter ledit seigneur fonssier ou rentier surcensier desdis arrieraiges ou se opposer par dedens l'an et ung jour en enssievant le jour d'icelle seigniffication, ledit héritaige, aprez ledit an et jour passés, demeure retraict au droit dudit seigneur fonssier ou rentier surcensier, pour en joir delà en avant comme de son propre héritaige, et en est seclud et debouté ledit propriétaire et son héritier à tousjours, se par nouvel droit il ne retourne, soit par achat ou reprise.

10. Item, en tenue d'héritaiges, prescription n'a point de lieu contre chartres.

11. Item, les bastards et bastardes succèdent es biens que délaissent leur mère tant seullement et non à aultres.

12. Item, une personne de libre condicion pœult, par don d'entre-vifz ou de derraine volonté, donner et disposer à quy qu'il lui plaist, de ses biens mœubles, debtes, catteulx et acquestes, sans avoir le consentement de son héritier apparent.

13. Item, ung chascun pœult et lui loist vendre, céder ou transporter pour remploier en autres revenues ou aultrement, à son bon plaisir, ses maisons, ses rentes et héritaiges cottiers patrimoniaux à qui bon lui semble, sans pour ce observer l'une des deux voies requises par la coustume générale, comme de la nécessité jurée et deuement affermée, l'autre de consentement de son héritier apparent.

14. Item, nul ne pœult, par don de derraine volonté, estre légataire du testateur et de son légat proffiter, et, avec ce, comme héritier d'icelluy, succéder avec les aultres héritiers au reliqua des biens dudit testateur, mais qu'il se tienne à l'un d'iceulx points, soit de légat ou de succession.

15. Item, toutes rentes et héritaiges cottiers et biens appartenant à bourgois au jour de leur trespas, où que iceulx biens et héritaiges soit situés, assignés ou trouvés, se partissent, à la loy et usaige de ladite ville d'Audruick, sans ce que aucuns juges ou officiers es mettes desquelz ils sont trouvés, puissent ou doivent avoir aucune congnoissance, meisme quant ce leur aura esté seigniffié par la justice de ladite ville.

16. Item, cellui ou ceulx aians rentes par chartes de saisines passées pardevant cinq eschevins de ladite ville, sur maisons ou aultres héritaiges es mettes de ladite ville, est recevable pour estre paié des arrieraiges de sadite rente, de faire faire exécution ou pandinghe (35) sur les biens mœubles de ung louagier occupant ladite maison, mais convient audit rentier y trouver biens du

propriétaire, ou en deffaulte quil se face mettre de fait, par loy, audit héritaige pour le retraire à son demaine pour sesdis arrieraiges, se par exécucion il y vœult procéder.

17. Item, le mary ne pœult vendre son héritaige estans assis en ladite ville et banlieue, sans le gré et consentement de sa femme; et convient que, à la saisine baillier, ilz soient tous deux ensemble personnellement ou procureur pour eulx souffisamment fondé.

18. Item, quant aucun qui a pris maison ou ténement assis en ladite ville à rente, a mis et pourveu l'assennement souffisant, pardedens les ans ad ce introduis, sur ledit ténement; et aprez, il se vœult départir d'icelluy et le rapporter sus à loy au profit des rentiers, en mettant sus en deniers tous les arrieraiges escheux au jour dudit rapport et le terme prochain advenir au proffit desdis rentiers, il y doibt estre receu sans repparer plus avant ledit ténement, au cas quil faice ledit rapport avant que, pour cause de repparacion faire, il est poursievi en justice par aucuns desdits rentiers.

19. Item, exécucion et pandinghe qui se fait en temps et lieu, sur biens mœubles pour louage de maison, précède tous autres exécucions fais sur iceulx biens où en meisme temps soient deniers du Prince, deniers d'orphelins ou autres prévilegiés, pour tant que cellui à qui ledit louage sera deu, face deuement apparoir lesdis biens avoir occupé ladite maison, durant le temps lequel il demande icelluy louage, se requis est par aucune partie.

20. Item, quant aucun bourgois manant en ladite ville se y allie par mariage à femme, soit fille de bourgois ou non, dès que ledit mariage est consommé, chascun d'eulx acquiert, par ledit droit de bourgage, la moitié des héritages, biens et rentes cottiers quilz auroient et leur seroient venus de leurs prédécesseurs et qui escheoir leur porront, constant icellui mariage; et aprez le trespas du premier mourant desdis conjoinctz, pour tant que à ce jour ils soient tenus bourgois, se partiront entre le seurvivant et les vrais héritiers dudit premier mourant toutes lesdites revenues et héritaiges où quilz soient scituez et assis ou assignés: en aura ledit seurvivant l'une moitié et iceulx héritiers l'aultre.

21. Item, par le stil dudit eschevinaige, quand aucun pande ou exécute par aman et eschevins, à jour servant audit eschevinaige, *(si la partie saisie)* pour dire les causes de son opposition, est audit jour ou à autre jour de plaix entretenu, devant contestacion, négligent et défaillant de comparoir en personne ou procureur pour lui, et partie adverse y est et requiert deffault, pour le proffit d'icelluy seul deffault, il acquiert, contre ledit opposant, confermacion d'icelle exécucion ou pandinghe.

22. Item, en vertu d'un deffault que obtiennent les exécuteurs dénommés en testamens des trespassez.......... en la loy et eschev......... parens à qui le mise de fait et assignacion de jour......... est deuement faite, non comparans ne personne pour eulx soit......... fondez, leur est accordé decret en tous les biens ou......... esté de fait par ledite loy et eschevinaige pour d'iceulx accomplir lesdis testamens et ordonnances dernières desdis trespassez selon leurs formes et teneurs.

23. Item, pour le premier ou second deffault obtenus par les demandeurs, avant contestation, intervenue de garand, veue de lieu ou semblables requestes requises, quant au cas appartient, le deffendeur n'est privé de deffense ne de aucuns delays ordinaires, mais seullement iceulx deux deffaultz proffitent au demandeur, quant il obtient le troisième, de affermer sa debte se elle mœult de son fait, et se elle lui vient de morte main ou aultrement qui ne fache jurer, il le convaint par le troisième deffault, se en icelluy le deffendeur est trouvés négligens de comparoir.

24. Item, lesdis maieur et eschevins ont de tout temps acoustumé de, par deux eschevins leurs compaignons en loy, faire tenir siége et auditoire, en leur halle, deux fois par sepmaine, assavoir, le lundy et le jœudy aprez nonne; lequel siège et auditoire l'on nomme vulgarement mendachbourg (36); auquel mendachbourg, ceux de la ville et banlieue font convenir l'un l'aultre pardevant lesdis deux eschevins; lesquelz eschevins congnoissent de toutes matères et debtez personnelles dont question se mœult pardevant eulx audit mendachbourg, et en appointent les parties sommairement, se faire se pœult, sans forme de procès; et se lesdis eschevins treuvent quilz ne pœuvent appointier lesdites parties sans faire procès, en ce cas, ilz remettent lesdites parties à la prochaine vierscare (37), laquelle se tient ordinairement par les maieur et eschevins, en corps de loy, au jour de mercredy, et plaide on de quinzaine en quinzaine.

25. Item, les lettres ou cédulles et condempnacions signées du clerc de l'eschevinaige, touchant les recongnoissances et condempnacions qui se font audit mendachbourg, sont exécutoires en ladite ville et banlieue d'Audruick, et s'en fait le pandinghe et exécution par l'aman d'Audruick, présens deux eschevins.

26. Item, aucun ne doit rellief d'aucune maison ou choses surcensières estans en ladite ville et banlieue, se, par fait spécial, ne appert du contraire.

27. Item, en matère de succession des biens délaissiés par aucun trespassé, droit de représentation a lieu entre prochains parens dudit trespassé jusques le cinquiesme ligne.

28. Item, en ladite ville d'Audruick, les maieur et eschevins sont souverains advoés des orphelins de ladite ville et eschevinaige; lesquelz maieur et eschevins sont juges pour ordonner et approuver de la finance et biens d'iceulx mineurd'ans; lesquelz ont auctorité de vendre les biens et les gouverner au proffit d'iceulx mineurd'ans, et de baillier leurs deniers à gain et manaye *(sic)* qui proffite de, chascun cent livres ou francz, dix livres ou dix francz; duquel argent ainsy prins par les requerans, ilz ont acoustumé baillier obligation et plesges souffisans pour restitution...... argent avec les manayes; et pour rapporter ladite *(manaye)* pardevers lesdis advoés, toutesfois que requis en sont, aprez quarante jours de sommacion ou aultre temps ad ce ordonné; et de ce sont lesdis prendeurs et leurs pleisges obligiés, chascun pour le tout, envers lesdis advoés ou le porteur des lettres ou extrait du registre aux orphelins prins audit eschevinaige; lequel extrait seigné de la main du clerc dudit eschevinaige ou du clerc de la justice de Bredenarde, en tant quil touche les héritaiges situez au dehors dudit eschevinaige, et obligiés, pardevant ceulx de la justice du Pays de Bredenarde, pour cause desdis orphelins et de la justice dudit Pays de Bredenarde, quant l'extrait ou obligacion se baille par le justice dudit Pays, chascun es mettes de sa juridicion, est exécutoire; et sont les deniers desdis mineurd'ans ainsy bailliés et les manayes qui en dépendent, prévillégiés, en telle manière que lesdis biens desdits prendeurs et de leurs plesges sont ypothequiés, soumis et affectés au paiement d'iceulx deniers en devant de toutes debtez, sauf louaiges de maison qui précèdent; et ont lesdis plesges pareil et semblable prévilége sur les biens d'icelluy pour qui ilz sont respondans et obligiés; et, quant aucuns plesges ont eu quelque doubte quilz ne soient bien acquittiez, ilz ont acoustumé de eulx retraire devers lesdis advoés, exposans leur doléance et doubte, en requerant d'avoir extrait de l'argent prins au registre dudit eschevinaige, lequel extrait leur est baillié sous le signé du clerc d'icelluy eschevinaige, par lequel est mandé à l'aman quil exécute les biens dudit obligié principal, mais préalablement et ainchois ledit extrait soit...... plesges sont contrains, par ledit usaige, nantir biens non périssables de la somme deue dont il appert par ledit livre et registre, et furnir le deu d'iceulx orphelins avant toute œuvre; et ce fait, pœuvent faire exécuter ledit principal obligié, par icellui aman, par prinse et vendicion de leurs biens par le manière dite, et sont, en ce cas, lesdis plesges prévilégiés comme la propre debte ausdis orphelins d'ans; et de ce ont lesdis depposans usé par plusieurs foys en ladite ville sur contredit.

29. Item, se aucune exécucion de justice, soit roialle ou autre en dessoubz,

est commenchié sur les biens et héritaiges estans en icelle ville et banlieue, appartenant à aucune personne obligié dudit eschevinaige, et les *procureurs* de ladite ville, ou aucuns des plesges dudit obligié, se oppose à ladite justice et exécucion, paravant icelle parfaite et consommée, *(convient)* que iceulx opposans, pour les deniers desdis orphelins ou pour l'acquit de leursdis plesges et respondans, soient préférés et meisme précédent audevant de ladite exécution ainsy commenchié, jasoit que les biens mis en exécution ne vaillent que le somme deue ausdis orphelins ou leurs respondans qui sont, par ladite coustume, ainsy prévilegiés que lesdis orphelins; et de ladite coustume a esté, en ladite ville, usé notoirement et sur contredit.

30. Item, quant aucuns pères ou mères aians le gouvernement et bail de leurs enffans mineurd'ans, ou autres leurs advoés prévilégiés, ont le maniance des deniers desdis mineurd'ans, ilz pœuvent, par le consentement et ottroy des souverains advoés d'icelle ville d'Audruick, faire plusieurs contractz en achettant rentes viagères ou héritables; lesquelz contratz et marchiés ont lieu et sortissent leur effect; et quant lesdis mineurd'ans sont en eage. . . . . leursdis pères et mères. . . . , ... se est fait par le consentement desdis souverains advoés comme dist est.

31. Item, selon l'usaige et coustume de ladite ville, *(enffans qui)* sont mis en advoerie, quelque eage quilz aient, ne pœuvent vaillablement, de eulx seul, contracter ne marchander, sans le propre consentement des souverains advoés d'icelle ville ou des *procurateurs*, et se ilz le font, le marchié n'est point tenable ne vaillable, meismement en leur préjudice.

32. Selon l'usaige et statut de ladite ville, orphelins estans en advoerie, ilz y sont tenus et entretenus jusqu'à ce que leurs parens et amis carneulx les ont certiffiés habilles à gouverner leur avoir, ou quilz se allyent à femme, ou entrent en relligion, combien quilz soient eagiés,

33. Item, ont lesdis maieur et eschevins d'Audruick, acoustumé de tout temps de, chascun an, faire plusieurs statuz, ordonnances, éditz et cœures nécessaires, utilles et proffitables pour le bien des habitans de ladite ville et banlieue; lesquelz statutz, ordonnances et kœures, lesdis maieur eschevins ordonnent et commandent estre gardés et entretenus, sur les paines et amendes ordonnées et inditées par lesdis statutz, ordonnances et kœures; et quant aucun a transgraissé ou contrevenu, ilz ont acoustumé de les pugnir selon les paines et amendes ad ce ordonnées.

Ces coustumes ont esté veues, visitées et leues par nous maieur et eschevins de ladite ville d'Audruick : présens maistre Martin Colin, vice-gérant dudit lieu et aultres gens d'église; Jacques de Fiennes, escuier, seigneur de Saint-Martin et aultres gentilzhommes.... messire; Nicase Colin, Flour Paien.... Henry Colin, Willaume van d'Onscot, Ingherain Roland, Jehan de le Haye et aultres bourgois et communaulté de ladite ville qui cy aprez ont signé, et nous ont dit et affermé avoir, de leurs temps, veu user desdites coustumes et sur icelles asseoir jugement; et, pour ce, avons icelles coustumes mis et redigié par escript en enssievant le commandement à nous fait par monseigneur le prévost de Monstrœul.

Fait en halle d'Audruick, le vingtiesme jour d'aoust l'an mil cincq cens et sept.

Signatures : Colen *prestre, vice-gérant.*—J. de Fiennes.—Coppey.—Delattre — N. Loise. — Josse de Beaurain. — Jose Colin. — Symon Panné. — De Seinghein.— Colin.— Herry Colin. — Willaume d'Onscot.— Ingherran Rolland.— Payen. — Loys Dewins.

PAYS-DE-L'ANGLE.

Quatre rôles en parchemin, grand in-4.°, bien conservés, écriture très-nette et très-lisible. — 39 articles.

Nota. — Cette coutume a été publiée dans le Coutumier général de Bourdot de Richebourg, tome 1.er

Ce sont les coustumes, usaiges et commune observanche du Pays et terroir de l'Angle, qui se nomme ainsy pour ce quil est assis en ung anglet, entre rivières, tenant d'un lez au territoire de Calais et autres terres occupées par les Angloiz, et d'autre costé, au pays et conté de Flandres, selon la rivière qui maisne de Saint-Omer en la mer; lequel Pays se comprend en quatre paroisses, assavoir: Saint-Folquin, Sainte-Marie-Eglise, Saint-Niçolay et Saint-Omer-Eglise, publiées et accordées en la présence des gens d'église, nobles, praticiens et autres gens notables dudit Pays, évocquiés à le maison dudit Pays nommé le ghiselhuus (38) par les bailly, bourgrave, amman, francs hommes, eschevins et cœurheers dudit Pays; lesquelles coustumes ilz baillent à Mgr. le bailly d'Amiens, sans porter préjudice à leurs lettres de prévilléges, chartres, statuts et communes observances quilz ont par escript, dont icy n'est faite plus ample mencion.

1. Primes, adfin que Mgr. le bailly et autres à qui la congnoissance appartiendra, puissent entendre que est ledit Pays et comment, par cidevant, il est gouverné, déclarent que audit Pays, de toute anchienneté, a eu et acoustumé avoir

une maison nommée le ghiselhuus, assize en la paroisse de Saint-Folquin, en laquelle maison les officiers dudit Pays ont acoustumé de eulx assembler pour le fait de la justice, et de y tenir plais, lesquelz plais se tiennent de XV.^{ne} en XV^{ne}, à le vollenté du seigneur et quant besoing est.

2. Item, pour exerser justice audit Pays, y a acoustumé avoir bailly qui est commis par le conte d'Artois auquel ledit Pays appartient, qui est une des parties d'Artois, ressortissant, en cas d'appel ou déni de droit, ordinairement pardevant bailly et hommes de Saint-Omer et d'illecq en parlement.

3. Pour dire droit, y a acoustumé avoir francz hommes dudit conte d'Artois, à cause de sondit ghiselhuus, qui congnoissent de tous faiz et matères de fiefz et de ce qui en despend.

4. Item, y a acoustumé, après, avoir huit eschevins qui se renouvellent par chascun an, par commissaires dudit conte d'Artois, qui congnoissent de toutes matères personnelles et de héritaiges cottiers, lesquelz jugent à la conjure du bourgrave dudit Pays qui est fief héredital.

5. Item, y a huit cœurheers (39) qui samblablement se renouvellent, chascun an, par ledit commissaire, lesquelz ont acoustumé de congnoistre des cas de criesme, de injures, délitz, maléfices et d'énormes faiz, et les déterminent, à la conjure dudit bourgrave, selon leurs kœures et statutz anchiens; et si est on acoustumé de tenir plaix, pour lesdis cas, de trois jours en trois jours.

6. Item, que chascun desdis trois bancs particuliers, quant vient à rendre jugement ou déterminer, par acte de justice, des affaires dont de prime fache la congoissance lui appartient, a coustume et est tenu évoquier en conseil les aultres deux bancs; lesquelz aultres bancs sont, par commandement et conjure de leur conjureur, tenus de eulx y trouver et assister à déterminer la matère pour celluy desdis bancs auquel le jugement en appartient.

7. Item, que les trois officiers et bancs dudit Pays ont, par commune, congnoissance du police et gouvernement dudit Pays, tant en focaiges, dicaiges que aultres choses nécessaires pour le bien et entreténement dudit Pays, et pardevant eulx s'en rendent compte, et le communaulté dudit Pays, se présens y vœullent estre. Pour l'entreténement desdis ouvraiges et cherges des watringhes passans par ledit Pays, sont commis, chascun an, quatre gouverneurs, sur leur serment, à faire ouvrer là où besoing est et de recepvoir l'assiette desdis watringhes (40) qui amontent à XII deniers sur la mesure de terre, pour le commune assiette, qui amonte à cincq cens livres tournois ou environ, chascun an, sans les autres cherges et nouveaux ouvrages qui journellement sourviennent contre la mer et aultrement, comme l'entreténement des escluses et eschevaiges dudit Pays.

8. Item, oultre et au dehors les coustumes du bailliage de Saint-Omer desquelles usent, tant en succession, vendicion, ratraicte que aultrement, ilz ont les coustumes locales telles qui s'enssiet.

9. Item, l'amman et escoutheteur (41) font touttes pandinghes et deswagemens dudit Pays, chascun en ses mettes, pour debtes et causes civilles, à requeste de parties; et se le debteur vœult contredire à le demande, il est tenu de faire adjourner le demandeur devant justice, en dedens le XV.^{ne} du jour de le pandinghe, devant quil puist opposer, sur paine d'estre ataint de le demande; et se deffendeur ou debteur ne se oppose en dedens le XV.^{ne}, comme dist est, le demandeur pœult prendre prisie par l'officier et deux eschevins sur tous les meilleurs biens mœubles du debteur, pour le fournissement de sa demande.

10. Item, quant aucune personne est redebvable par obligacion ou condempnacion vers une aultre, et il n'a aucun biens mœubles pour satisfaire au deu, la justice dudit Pays ordonne au demandeur de prendre l'amman ou escoutheteur auquel la congnoissance appartient, avœuc cinq eschevins de la loy dudit Pays, lesquels officiers et eschevins, par serment, prisent, à requeste de partie, les héritaiges cottiers du débiteur; lesquelz héritaiges ils baillent au créditeur, selon le prisie par eulx fait, pour satisfaire à son deu; lequel créditeur est submis ce prendre et recepvoir; et ce fait, ledit officier fait trois criées et seignifficacions par trois dimenches, de XV.^{ne} en XV.^{ne} de ledite prisie, pendant lesquelles le débiteur pœult rachetter sondit héritaige, en payant comptant la somme pour quoy il a esté prisie et tous loyaulx coustemens, et samblablement le prosme d'icelluy à qui c'estoit ledit héritaige; mais lesdites cryées faites et passées, ledit débiteur et prosmes en sont forclos et déboutez, et en pœult chelluy à quy il a esté baillé par prisie, joyr héritablement et à tousjours, et n'y a aprez aucune proximité.

11. Item, se ung débiteur n'avoit aucuns biens meubles ne héritaiges, et quil euist un fief ou pluiseurs, le créditeur porroit prendre par prisie lesdis fiefz, par ordonnance de la cour des francz hommes, et ce par ledit bailly et francz hommes d'icelle cour.

12. Item, pour toutes rentes fonsières à rachat ou viagières que les rentiers ont audit Pays, quant on leur doibt aucuns arrieraiges, ilz doivent venir sur l'about et assignement ypothequié en leurs lettres obligatoires, et prendre ung officier dudit Pays avœc deux eschevins, et y faire mettre la main qu'on dist stellinghe (42) par ledit officier; et aux prochains plaix, le XV.^{ne} passée, le faire adjugier en ses mains, se opposition ny a en dedens le XV.^{ne} ou aultre

contredit, pour en pourfiter desdits héritaiges et about par lesdis rentiers, jusques à tant quilz seront remboursés de leurs arrieraiges et despens à loy, et en refondant et payant les mises nécessaires faites sur ledit héritaige à l'ordonnance de justice.

13. Item, pour vendicion de terres cottières ou rentes, le werp et recongnoissance se doit faire devant justice, en dedens XL jours, du daté de la vendicion, sur l'amende de LX solz.

14. Item, quant aucun estrangier vendt sa terre cottière ou rente gisans audit Pays, ledit vendeur est tenus payer, pour le droit d'issue, au pourfit du commun pœuple dudit Pays, le XII.e denier de ladite vente, desquelz le recepveur en rend chascun an compte.

15. Item, par ladite coustume, quant un manant ou cœurfrere dudit Pays euist un manoir amasé et il le vendesit, ensemble les terres y tenans, il seroit tenu payer le droit comme dessus tant seullement, et non des terres à champs, se n'est quilz soient vendues avœc ledit manoir et tout à ung marchiet.

16. Item, audit terroir de l'Angle, quiconcques vœult requerre proximité de vendicion de terre cottière, il doibt venir requerre, en dedens le troisiesme jour de plaix enssievant, la vendicion et werp d'icelle, et le requerre en vierscaere; et se partie est présente qui accorde ladite proximité, ledit prosme sera tenus de payer et delivrer audit achetteur son denier-Dieu vin du marchiet, et le principal achat en dedens le XV.ne enssievant, sur l'amende de LX solz, et d'estre débouté de sa proximité.

17. Item, pour la proximité d'un fief, le prosme pœult venir requerre icelluy fief, comme prosme, dedens l'an de la dessaisine, saulf le droit du seigneur, se le requérant estoit en deffaulte comme dessus.

18. Item, quant aucun va de vie à trespas, et ayans fiefz en ligne collatéral, l'hoir marle l'emporte et succède auparavant la femelle, supposé quil soit maisné de la femelle et de divers ventres et tout en ung degré.

19. Item, quant aucun, soit femme ou homme, est allyé par mariage ayant héritaiges cottiers à lui venus de ses prédécesseurs, et que d'icelluy mariage il a enffans, lesdis enffans venans dudit mariage, aprez le trespas de leur père ou mère, partissent et succèdent en la moitié desdis héritaiges cottiers allencontre du sourvivant ayant lesdis héritaiges, et acquient, par ledit trespas, la moitié d'iceulx héritaiges en proximité et héritablement.

20. Item, d'un fief acquesté par père ou mère, l'aisné héritier succède audit fief à le charge du quint en le appréhendant par les puisnez, et puis, en avant, lesdis fiefz ne se quintent que à le troisiesme succession.

21. Item, l'homme a douaire, sa vye durant, sur les fiefz et terres cottières delaissiés par le trespas de sa femme ; et pareillement la femme sur les fiefz et terres cottières delaissiez par son mary, et le tout en la moitié d'icelles.

22. Quant un estrangier est arresté en ses biens oudit terroir pour debte et qu'il confesse la debte, ledit arresté aura XV jours d'induxe pour payer le demandeur sur bonne cauxion, et en cas quil le nye, se pœult opposer à le demande et widier hors des mains du seigneur sur cauxion, pour estre à droit allencontre de sa partie.

23. Item, ung chascun pœult vendre, ademenrer, chergier à telle personne et pour tel pris que bon luy samble, ses héritaiges cottiers à luy succedez de ses prédécesseurs sans le consentement de ses héritiers, et ses acquestes vendre, donner et transporter sans consentement comme dessus.

24. Item, père et mère sourvivant leurs enffans ne sont héritiers, es biens mœubles, debtes, catheulx et acquestes d'iceulx leurs enffans, sinon quant ilz sont tous deux vivans et que le table est entière, ains eschievent lesdis *(biens)* aux prochains parens et amis d'un costé et d'aultre, et les héritaiges tiennent coste et ligne.

25. Item, nul ne pœult, par don de derraine vollenté, estre légataire du testateur et de son légat proffiter, et avec ce, comme héritier, venir succéder avœc les autres héritiers au relinca du testateur, mais il convient quil se tiengne à l'un ou à l'aultre d'iceulx points, soit de légat ou succession.

26. Item, exécucion qui se fait sur les biens mœubles pour recouvrer louaiges de maisons ou terres, en cas de desconfiture, entre créditeurs, précédent pour ung an tant seullement de louaige, et de gasquières semez à blé, précédent pour la censse et louaige de deux ans, devant tous autres créditeurs, et en aprez, toujours les premières exécucions fais enssievant l'un l'aultre précédent aux biens du débiteur.

27. Item, enffans qui sont mis en advorye y sont tenus et entretenus combien quilz soient eagiez, jusques à ce que leurs parens et amis les ont certiffié, pardevant justice, sur leur serment, estre habilles à gouverner le leur, ou quilz se allyent par mariage.

28. Item, père et mère ont le bail et le gouvernement de leurs enffans et de leurs biens à eulx succédez par le trespas de leur père ou mère tant seullement, en rendant seureté pour ledit bail ; et quant il advient que auxdits enffans succèdent aultres biens d'aultruy, lesdis père ou mère n'auront lesdis biens en bail, se ce n'est que parens et amis sy consent et accordent ; mais

seront gouvernez par les advoez en rendant compte, tous les ans devant justice, au profit desdis orphelins.

29. Item, père ou mère ayant le bail de leursdis enffans, sont tenus de acquittier et rendre indemnes de toutes debtes et rentes personnelles lesdis enffans, aussy de entretenir leurs maisons, censses et édefices en bon et souffisant estat, et rendre compte des biens mœubles succédez auxdits enffans, eulx venus en eage.

30. Item, quant aucun est en délay ou demeure de rellever aucun fief estant audit Pays, à luy succédé par ses prédécesseurs, par dedens quarante jours du jour du trespas de chelluy à qui ledit fief appartenoit, ledit fief, aprez les quarante jours expirez, revient à le demaine du seigneur de quy il est tenus, et en pœult joyr et faire les prouffitz siens et applicquier à luy; et sy est tenus et escheu ledit fief en amende de X livres parisis envers ledit seigneur; lesquelles X livres celluy à qui ledit fief est succédé, s'il vœult rellever, est tenus payer audit seigneur avœc le rellief, auparavant que ledit seigneur, s'il ne lui plaist, le rechoipve à homme et tenant.

31. Item, pareillement quant aucun homme de fief dudit Pays est en demeure de payer sa recongnoissance que doit sondit fief, ou de baillier rapport et dénombrement de sondit fief à son seigneur, ou pour aultres debvoirs non fais dont ledit fief (est chargé), eschiet en l'amende de X solz parisis, pour lequel le seigneur y fait mettre la main pour ladite amende et despens d'icelle poursieute.

32. Item, les advestures des terres, soient féaudalles ou aultres, en quelque temps que ce soit, sont reputées mœubles et se partissent entre les héritiers d'un trespassé autant à l'un comme à l'autre, comme mœuble.

33. Item, quant aucun vesvier ou vesves tient en douaire aucune terre, en ayant icelle terre fait labourer et asemencher, se ilz vont de vie par trespas auparavant que ladite terre soit despouilliée, au propriétaire d'icelle terre appartient la despoulle d'icelle terre, sans rendre fer ne semenche aux héritiers d'icelluy vesvier ou vesve.

34. Item, se ledit vesvier ou vesve ayant despouillié ladite terre à eulx bailliée en douaire vont de vie à trespas, auparavant le terme Saint-Martin d'yver, leurs héritiers ne seront tenus payer le occupacion à l'héritier propriétaire d'icelle terre.

35. Item, se ledit vesvier ou vesve tenant en douaire aucunes terres, et que icelles ilz aient baillié à louaige, et ilz vont de vie par trespas auparavant le terme escheu dudit louaige, ledit louaige appartient au propriétaire d'icelle,

supposé que ledit vesvier ou vesve soit allé de vie par trespas, après le piet coppé.

36. Item, quant ung seigneur ou aultre personne ayant rente sur fiefz ou héritaiges, et icelluy héritaige lui est ajugié, par ratraicte, par défault de rente non payée ou debvoirs non fais, (il) pœult joyr dudit fief ou héritaige tant et si longuement que le propriétaire ait fait ses debvoirs ou payé les arrieraiges pour quoy ledit fief ou héritaige a esté ratraicté; et en faisant les debvoirs ou en payant les arrieraiges par le propriétaire avec les despens à loy, il revient en la joyssance et propriété du fief ou héritaige.

37. Item, les bastards ou bastardes succèdent aux biens de leurs mères, tant en biens meubles, catheulx, acquestes et héritaiges féaudaulx ou cottiers.

38. Item, quant deux personnes sont litigans et en cause l'un contre l'aultre, pardevant la loy dudit Pays, et qu'il y a faiz proposez d'un costé ou d'aultre, celluy qui deschiet de la cause, eschiet en amende de LX solz parisis envers le seigneur.

39. Item, en terres et héritaiges cottiers, le mort saisy le vif son plus prochain héritier habille à succéder, et n'en est deu aucun rellief aux seigneurs ayant justice audit Pays.

Ces présentes coustumes ont esté leues, concluttes, accordées et approuvées par les estatz dudit Pays, le XVII.ᵉ jour de septembre, l'an mil cinq cens et sept, le tout sans déroguier aux préviléges et cœuringhes dont lesdis du Pays usent et protestent user avec cesdites présentes coustumes.

Signatures : *Ita est decanus* de Marcq *curatus beate Marie in Angulo.* — Welde *presbyter, curatus sancti Nicholai.*— *Ita est* Johannes Bœraue, *curatus sancti Audomari ecclesie.* — *Ita est* Cornelius de Vaker *prestre.* — Nicaise Bœraue. — M. du Gardin *bailly.*— Jean de Bruggheberk *amman.* — E. Wontier *escouthète.* — Jehan Bournel. — N. Wohawincq *franc homme.* — F. Leleu *franc homme.* — Delebecque *franc homme.* — Martin Colson *franc homme.* — J. Bœtran Wenthir *franc homme.* — Jehan Leleu *eschevin.* — Jehan Sanders *eschevin.* — Pieter Vanderbaruc *eschevin.* — Pieter Van Piegan *eschevin.* — Wontier Vandervort *cœurheer.* — Willau Wintter *cœurheer.* — Valentin Pollart *cœurfrère*, et autres noms flamans illisibles.

Et en approbacion de vérité, je Clays Gœtrauwe greffier dudit Pays, certiffie lesdites coustumes et signes manuelz cy dessus estre approuvées et congneues. C. Gœtrauwe.

Nota. *Il existe une seconde rédaction de la coutume du Pays de l'Angle, décrétée, à Bruxelles, le 25 juin 1586. Elle a été imprimée dans le* Nouveau

COUTUMIER GÉNÉRAL DE FRANCE, de BOURDOT DE RICHEBOURG, tome 1.ᵉʳ, p. 298-301. *Elle contient 45 articles, et constate que le Pays de l'Angle est un démembrement de la châtellenie de Bourbourg* (43).

THÉROUANNE.

TEMPOREL DU CHAPITRE DE L'ÉGLISE.

Une grande page en parchemin très-lisible. — 11 *articles.*

Coustumes et usaiges gardées et observées, en la ville et cité de Thérouanne, sous la seignourie de vénérables seigneurs, doyen et chapitre de l'église dudit lieu, et es autres terres et seignouries de ladite église, tant à Lenzeux, Fontaines-Leez-Hermans, Floury, Blessy, Bresines, Autinghes, Ellencourt, Pernes, Amettes, Libourch, Prudefin, Rely, Inghehen, Wierhoffoy et ailleurs où ilz ont justice temporelle, rédigées et mises par escript par nous Mahieu de Frommessen, escuyer, prévost; Nicolas Aubron et Jacques Le Maistre, eschevins ad ce députez par nos compaignons eschevins, jugans en ladite halle de l'eschevinage desdis seigneurs et église de Thérouanne.

1. Les sujets du chapitre, comme ceux de l'évêque, que l'on appelle régalistes, sont exempts du droit de travers. — 2. Ils ont les mêmes coutumes, en matière de succession et de retrait, que ceux de la ville de Thérouanne. — 3. Dans sa juridiction, le chapitre a haute, moyenne et basse justice. — 4. Relief des coteries pareil au cens. — 5. Dans quelques villages, les reliefs varient suivant les lieux ainsi que le droit de vente. — 6. Relief des fiefs et droits de vente.

7. Item, quant au cloistre desdis doyen et chapitre de Thérouanne, chascun chanoine, en sa maison claustralle, gardins et pourprins, a toute justice temporelle, haute, moyenne et basse.

8. Item, quant aux inventoires des biens delaissiés par chanoines, chappellains ou habitués d'icelle église et leurs officiers qui sont de la composicion d'entre Mgr. de Thérouanne et chapitre, elles se font par deux chanoines, présent leur scribe et secrétaire et les exécuteurs des deffunctz, tant en leur cloistre que dehors, sous la seignourie temporelle d'icelle église; et quant aucuns d'iceulx mœurent sur la seignourie de Mgr. de Thérouanne, l'on se règle selon la composicion jurée d'entre Mgr. de Thérouanne et chapitre et par iceulx de l'église; quant on y fait vendicion, se vendent les biens delaissiés, au proffit des exécuteurs, au plus offrant et dernier renchérisseur, présens les exécuteurs testamentaires qui rechoipvent les deniers d'icelle vente, pour rendre compte par-devant doyen et chappitre, aprez l'an et jour du trespas; et quant aux autres

soubz-manans et subgets, quant ilz mœurent et quil y a matière de faire inventoire des biens pour orfelins, et que le trespassé seroit estrangier, ou les apparens héritiers absens, en ce cas, ladite inventoire se fait par le prévost de ladite église et quatre eschevins, présent leur greffier.

9. Dans les autres seigneuries temporelles, on suit les coutumes des villages où elles sont situées.

10. Les prévost et eschevins du chappitre de Fontaines et Lenzeux et aultres lieux, ont acoustumé de tenir, une foys ou deux l'an, leurs francz plais pour pugnir les delitz esquelz ils procèdent comme ceux de la justice de Mgr. de Thérouanne, en faisans leurs publicacions es halles et es lieux où ilz tiennent leurs plais et jugemens.

11. Item, par chascun an, par deux quinzaines, le vendredy avant Noël, y a homme député et commis juré pour visiter le marchié et pour faire le vray rapport, en chappitre, combien blé, avaine et autres grains, chappons, gelines, awes et aultres choses se vendent, pour sur le rapport dudit juré, par lesdis doyen et chappitre, faire l'appréciation du blé, avaine, chappons et aultres choses, selon lesquelles appréciations, leurs recepveurs pour l'église se auront à régler envers les subgetz tenans et rentiers, pour ledit an.

En approbacion de ce, ont fait signer ces présentes par le scribe dudit chappitre et par le greffier desdis prévost et eschevins et les deux eschevins cidessus, le XX.ᵉ jour d'aoust 1507.

Signatures : Fruarmont, *notaire et scribe.* — Aubron. — Jacques Lemaistre. — Robert *greffier.*

WISMES.

SEIGNEURIE.

Une petite page en parchemin écrite en long, maculée en deux endroits.— 3 articles.

Coustumes et communes observances de la terre et seignourie de Wismes, les appartenances et appendances d'icelle, appartenant à très-noble et très-puissant seigneur, Mgr. Jehan de Montmorenchy, seigneur dudit lieu de Wismes, lesquelles coustumes desrogent et sont contraires à la coustume de la Régalle de Thérouanne, dont ladite terre et seignourie est tenue et mouvante.

1. Relief des coteries, le double de la rente. — 2. Relief des fiefs selon leur nature. — 3. Droit de vente, le 5.ᵉ denier, tant en fief qu'en coterie.

Sans date.

Signatures : Anthoine Robe *bailly.* —Guillaume de Boutoille *homme lige.* — Pierre de Quoquenpot *homme lige.* — Jehan Vidoc. — Valeran Coquenpot. — Mahieu Dumont *eschevin.* — Jehan Le Baly *desservant le fief du Quesnoy.* — Jehan Le Baillieu *homme lige.* — Et autres.

CHINGLEDICQ (banlieue de Tournehen).

SEIGNEURIE.

Un long rôle en parchemin composé de deux feuilles cousues bout à bout. Ecriture illisible par l'effet de l'humidité et l'application d'un acide qui, donnant une teinte noirâtre au parchemin, ne permet plus de distinguer les caractères. — 11 *articles.*

Coustumes locales dont l'on use et a usé, de tout temps et anchienneté, en la ville de Chingledicq, banlieue de la terre et seignourie de Tournehen.

......Le xviii.ᵉ jour de septembre, l'an mil cincq cens et sept.

NOTA. L'inventaire de 1569 relate que, déjà à cette époque, cette coutume était en mauvais état et que le commencement en était effacé.

TOURNEHEN.

SEIGNEURIE ET CHATELLENIE.

Une grande pancarte en parchemin, composée de plusieurs peaux cousues bout à bout, pourrie et en lambeaux dans le milieu — 19 *articles.*

Coustumes dont l'on use et a usé, de toute anchienneté, en la terre et seignourie et chastellenie de Tournehen.

1. Succession des fiefs. — 2. Relief des portions de quind pareil au relief du fief principal. — 3. Coteries se partagent par égales portions. — 4. Point de représentation. — 5. Donations réciproquement interdites entre les époux pendant le mariage. — 6. Douaire de la femme : la moitié des fiefs et le tiers des coteries. — 7. Le condamné ne confisque que le corps au profit du seigneur du lieu où il est exécuté.— 8. La femme veuve ne doit relief de bail, quand elle se remarie, que lorsqu'elle a moins de quatre hommes féodaux procédant de son fief ou de ceux de son mari.

9. Item, tous taverniers vendans vin, cervoise et autres vivres à venel, sont creus et receus à affermer leur venel jusques à cincq solz et ung denier, et à leur serment l'on a adjouté foy, et ne y a en ce aulcuns despens.

10. Amendes pour bois coupé. — 11. Le vassal ne doit point d'aide.

12. Item, l'on doibt pour chascune pièche d'héritaige féodal assise en icelle chastellenie, par delà l'eawe du costé oest, XII solz parisis, et VIII solz parisis du costé du west.

13, Droit de vente des fiefs, le 5.ᵉ denier. — 14. Fiefs indivisibles et non partageables, sauf le quind aux puînés. — 15. Amendes pour bestiaux introduits dans les bois. — 16, 17, 18. Illisibles et sans suite. — 19 Pour les cas non spécifiés, on se règle sur les coutumes de la prévôté de Montreuil et du bailliage d'Amiens.

Le xvii.ᵉ jour de septembre 1507.

Signatures : Jacques du Vrollant. — Cosette *bailly du lieu.* — Dahiot, *curé de Chingledicq.* — Scampré *vice-gérant de Tournehen.* — Boutry *curé de Longpont.* — Bourguignon *pour monseigneur de Boncourt.* — Dersacques. — Daverchond *seigneur de*........ — De Fiennes *seigneur de Saint-Martin.* — d'Osterel *pour Mgr. de*......, — Duval *bailli de*...... — Brisset *greffier.*

ÉPERLECQUES.

CHATELLENIE.

Un cahier de neuf rôles en parchemin in-4°. Les quatre dernières pages sont un peu atteintes par l'humidité et difficiles à lire, à cause des rides du parchemin et de l'altération de l'écriture. — 56 *articles.*

Coustumes, stilz et usaiges de la chastellenie, terre et seignourie d'Esperlecques, appartenant à nostre très honorée et trez puissante dame, madame la contesse de Mesghe, dame de Humbercourt et de Houdaing, laquelle elle tient en gagière de Mgr. l'archiduc d'Austrice, conte de Flandres et d'Arthois, de laquelle terre nostre très redoupté seigneur, en faisant l'engagement, a retenu à soy les resort, foy et hommage d'icelle.

1. Primes, en ladite seignourie, y a justice haulte à quatre pillers, moïenne et basse pour y pendre et estrangler tous mailfaicteurs tant que mort s'en enssieuve.

2. Item, en ladite terre, a une foresta nommé le forest de Beaulo, appartenant à Mgr. l'archiduc.

3. Item, est acoustumé de commectre ung chastellain et forestier, avec deux officiers, qui ont le regart sur ladite forest; et, par eulx, se jugent les amendes qui se commectent en ladite forest qui sont telles et pareilles aux aultres amendes des forestz prévilleigiées appartenant au conte d'Artois.

4. Elle a bailli, sergens, officiers et hommes féodaux pour exercer sa justice. — 5. Elle a sept échevins qu'elle crée quand il lui plaît, qui jugent à la conjure du bailli. — 6. Elle a droit de confiscation. — 7. Le bannisse-

ment de la seigneurie emporte bannissement hors du comté d'Artois. — 8. Seigneurie des flégards. — 9. Epaves. bâtardise. — 10. Reliefs et services des fiefs. — 11. Les eswars du pain, du poisson et des cervoises sont commis par le bailli. — 12. Droit d'arrêt sur le débiteur forain.

13. Item, chascun mardy, se tiennent plaix pardevant bailly et deux eschevins pour widier le différent des parties qui ont jour de procéder de VIII.^{ne} en VIII.^{ne}, et se la cause ne pœult prendre fin premièrement et que l'on voit que les parties vœullent procéder, lesdis bailly et eschevins renvoyent la cause en la vierscaire pardevant eulx au jour de jœudy.

14. Item, quant aucun est mis en cause pardevant lesdis bailly et eschevins, et il ne compare à son jour, le demandeur tient ung jour à loy contre le deffendeur, et après quil est appelé, avant, le bailly à le conjure des hommes ou eschevins, luy estans assis en jugement, assigne jour aux parties à le XV^{ne}, sans aultre adjournement contre ledit deffendeur; et se ledit demandeur obtient par cette forme encore trois aultres journées contre icelluy deffendeur, sans faire aultres adjournemens que ceulx que ledit bailly fait en jugement, ledit demandeur obtient sa cause, et est le deffendeur, par l'affirmacion dudit demandeur, condempné en sa demande et es depens.

15. Item, est coustume que lesdis bailly, francs-hommes et eschevins, auparavant le moys d'aoust, en temps oportun, font publier, au lieu acoustumé, le ban d'aoust entrant, à tel jour quilz déclairent, en faisant les commandemens cy-après déclariés.

BANS D'AOUST :

16. On deffend que nulz ne voist en aultruy camp devant ny appres soleil couchant, sur l'amende de LX solz parisis ; et se il entre en son camp de soleil, il y pœult demourer luy et sa maisgnie, removoir et magnier ses garbes toute la nuyt, mais quil ne soit trouvé en aultruy camp.

17. Que nulz ne carie devant ne apres soleil, sur l'amende de LX sols parisis, et ne fache domaige à aultruy de carier parmy ablais en prédant les biens d'aultruy, sur pareille amende et de restituer lesdis biens.

18. On deffend les esteules de blé, de soille et d'orges, jusques au tierch jour appres que les biens sont assemblés et mis en dizeaulx et que nulles bestes ny voisent, sur l'amende de LX solz.

19. Item, on commande donner juste mesure de vin, sur LX solz parisis d'amende, et que nulz ne vende sans congiet et eswart, sur ladite amende.

20. Item, pareillement des cervoises, et que ung chascun tiengne droit poix et mesures, sur l'amende de LX solz parisis, et sil est prins et trouvé en présent malfait, ou par bonnes véritez, les poix et mesures sont fourfaites.

21. Item, se aulcun voit bestes en son domaige aprez soleil couchant, il les

pœult bien oster sans amende et les livrer à justice ou emprisonner, tant que justice y viendra, et ce par tesmoignage.

22. Item, quant aulcun désagié prent de l'aultruy blé ou aultre messon, par nuyt ou par jour, et il l'emporte ou remaine à la maison son père ou ailleurs en l'ostel où il repaire, ly ostes ou ly pères en est tenu d'amende, se c'est de jour, de X solz parisis, et par nuyt, LX solz parisis et restitution de domaige.

23. Item, on ordonne que nulz ne glenne qui trœuve à gagner VI deniers par jour et ses despens, sur V solz parisis d'amende; et que nulz ne glenne en nulz camp, entre les garbes et gavelles, tant que tout soit porté; et s'il est mineur d'ans, le père ou mère ou celuy qui le gouvernera sera tenus de payer ladite amende de V solz parisis et restitution desdis biens, et aussy que nul ne glenne.

24. Item, il est deffendu que nul n'arrache veiches, bisailles, ne cœulle poix, febves en aultruy camp, sur X solz parisis d'amende avec restitution du domaige.

25. Item, que, une foys l'an, environ le moys de septembre, se tiennent, pardevant lesdis bailly, francs hommes et eschevins, la vérité d'aoust (44) et d'aultres délitz communs faiz en la chastellenie, où tous les subjetz couchans et levans d'icelle sont tenus comparoir, au jour publié, sur l'amende de LX solz parisis.

26. Item, appres laquelle vérité tenue, est leu par le greffier de ladite seignourie, les ordonnances ci appres declariées, lesquelles pareillement sont publiées chascun an, au my-march, sur l'amende ad ce introduite.

BANS DE MARS.

27. Item, est deffendu que nulz n'achate ne vende fers qui aueront esté à carue, se ce n'est en plain marchié, ne preste dessus aucune somme, sur LX solz d'amende.

28. Que nulz ne tiengne jeu de dez ne de quartes, sur ladite amende.

29. Que nulz ne tiengne malvais hostel, sur pareille amende.

30. Que nulz bouchiers ne mettent char en vente quil ayt tué ou fait tuer, que premièrement elle ne soit eswardé par eswars, sur semblable amende.

31. Que nulz magnier ne prende myaulture sinon desoubs, est assavoir blé estans en l'aire, sy que ung chascun le voye, sur l'amende de LX solz parisis.

32. Que nul ne vende à détail aucun bruvaige, en son hostel, qu'il ne mette enseigne hors, sur l'amende de LX solz parisis, et ne le pœult vendre sans affor ou prisie.

33. Item, se aulcun émœult débat contre aultruy, et l'aisailly se deffent, par quoy deux amendes se peuent enssievir, l'aissaillant sera tenu paier iceulx deux amendes.

34. Item, que nulz ne fiere ne tire dasghe ou espée pour faire envahissemens sur aultruy par courrouch, sur l'amende de LX solz parisis.

35. Item, que tous banniers mœullans voisent aux mollins d'icelle chastellenye, assavoir aux molins au vent et à eauwe, sur l'amende de LX solz parisis, et le sacq et blé ou autre grain confisquié.

36. Que nulz ne laissent aller leurs bestes quevalines, vacques ni aultres bestes sur les blés et biens semés, sur l'amende de III solz parisis.

37. Que nulz ne laisse aller ses pourchaulx desavegles *(sic)*, sur pareille amende de III solz parisis, assavoir depuis le semison de blé jusques au my-march.

38. Item, est coustume de tenir, trois fois l'an, plais généraulx (45) en ladite chastellenye, où tous les subjetz et ayans terres tenues de ladite chastellenye sont tenus y comparoir, sur l'amende de III solz parisis; lesquelz plais se font et tiennent appres les trois nataulx, assavoir Noël, Pasques et Penthecoste.

39. Lesdis bailly et eschevins font publier, le my-march chascun an, en faisant commandement, que tous subjetz ayans terres contigües aux cours d'eauwe dont madite dame est dame, aussy avant que la chastellenie s'estent, que en dedens sept jours et sept nuitz, un chascun nestoye lesdis cours d'eauwe, bacques ou ruysseaulx qui sont des escauwaiges, sur l'amende de III solz parisis, et que ung chascun estouppe contre les flegards et communaultés, sur pareille amende.

40. Item, que tous fachent saultoirs où il appartient, sur III solz parisis d'amende; et se aulcuns font saultoirs où il n'en doibt avoir, sont escheus en samblable amende de III solz parisis.

41. Item, que nulz ne pœuent destoupper saultoirs ne chemins acoustumés, ne pareillement picquier ne fouyr sur flégards, sur l'amende de LX solz parisis.

42. Item, est de coustume que, une foys l'an, environ le jour Saint-Jehan-Baptiste, que les bailly et eschevins font crier que tous les tenans d'icelle chastellenye, chascun en son endroit, réparent et amendent les rues, adfin que ung chascun y puist mieulx carier et cheminer sans encombrier, et es lieux où il est nécessaire et où madite dame est seigneur, aussy avant que ladite seignourie et chastellenye s'estent, sur l'amende de III solz parisis.

43. Item, est coustume que nulz aultres subjetz que les manans de madite

dame ne pœuent faire paistre les communaultés d'icelle chastellenye; et, se aultres bestes y sont trouvées, elles sont de prinse.

44. Item, est coustume que, auparavant que nulz taverniers estans soubz ladite chastellenye, puissent vendre vin, il convient estre afforé par lesdis bailly et eschevins dont il ont, pour leur sallaire pour chascune pièce, un lot de vin, et madite dame, pour son droit de cambaige, deux lotz de vin, et pareillement deux solz pour chascune tonne de cervoise, sauf que les vassaux ayant justice fonsière et viscontière ont le droit de cambaige en leursdites seignouries, sans avoir droit d'afforage.

45. Item, est coustume et a droit de tonlieu de touttes bestes qui se vendent en ladite chastellenye, sauf es seignouries desdits seigneurs vassaulx, assavoir de chascune beste chevaline, VIII deniers qui se paient IV deniers par l'achepteur et IV deniers par le vendeur; de chascune beste à corne, IV deniers qui se paient pareillement comme dist est, et de chascune blanche beste une obole, et de ung chascun bateau flotant sur l'eauwe, portant le fais de VI tonneaux de pesant, IV deniers parisis, et de chascun petit bateau, II deniers parisis; sauf et réservé les bateaulx qui sont chargé de bois de la forest de Beaulo qui ne doibvent riens.

46. A la vente des fiefs, outre le droit du 5.ᵉ denier, il est dû relief par l'acheteur avec chambellage. — 47. A la vente des coteries, l'acquéreur paie le 10.ᵉ denier de la vente. — 48. En fief comme en coterie, quand la vente est faite *francs deniers*, on perçoit en sus le 5.ᵉ ou le 10.ᵉ du droit. — 49. En coterie, telle rente, tel relief: en fief, 10 livres, cent sols, 60 sols et chambellage à l'équivalent. — 50. Ladite dame seule lève les amendes de 60 sols et au-dessous, excepté les seigneurs d'Uninghen et de le Hollande qui ont toute justice.

51. Se aucun subject de ladite dame poursieut aucun tenant d'iceulx vassaux, il doit respondre pardevant les bailly et eschevins de ladite chastellenye, et se le deffendeur subject du vassal est convaincu, le demandeur, appres sept jours et sept nuyts, pœult faire vendre les biens mœubles et catheux dudit deffendeur par lesdis bailly et eschevins, parce que le demandeur sera tenu de faire ostenssion de lettres ou acte de condempnacion aux bailly et eschevins, signée du greffier de ladite chastellenye; et se les biens n'estoient souffisans pour paier ledit deu, le demandeur porroit faire vendre l'héritage dudit deffendeur par le bailly, hommes ou eschevins du seigneur vassal viscontier ou fonsier, s'aucun en avoit.

52. La femme a droit de douaire sur la moitié des fiefs et des coteries, sauf toutefois *qu'en fief*, l'héritier apparent doit avoir la maison, chambre, estable à cheval, coulombier, porte et fournil, et *en coterie*, que le plus josne enffant marle ou le plus josne fille, se enffant marle ny avoit, doit avoir la maison pour le pris de la prisie faite par gens en ce congnoissans.

53. S'aucun tenant d'icelle chastellenye prendoit aucun certain nombre de terres à rente héritable, et le rentier, pour ses affaires, vendoit sadite rente, celuy qui aueroit prins à rente ledit héritaige seroit le plus prochain, pour avoir le proximité, que nulz aultres, se il en avoit la puissance.

54. Item, l'homme a droit de douaire sur les terres et héritaiges de sa première femme tout ainsy que les femmes ont et aueront sur les terres de leurs maris, non pas une foys seullement, mais deux ou trois, se elles survivent à leursdis maris.

EN MARGE : *Iste articulus ad nichilum reductus est, quia non fuit usum per spatium vigenti annorum.*

55. Les fiefs par succession appartiennent à l'aîné mâle ; les puînés n'y peuvent prétendre que le quint ; les coteries se partagent par égales portions.

56. (Illisible). Règlement pour le pâturage.

Le treizième jour de...... l'an mil cinq cens et sept.

Signatures : De Bersacques. — J. Costart. — Regnault du Collet *pour madame d'Espinoy, per de la terre de Ruminghen.* — Guillaume de le Fontaine *procureur de Mgr. de Gaspanes, seigneur de le Hollande,* et autres en très-grand nombre illisibles.

BUSNE (en partie.

SEIGNEURIE.

Une grande page en parchemin, lisible — 5 articles.

Coustumes locaulx de la terre et seignourie de Busne, appartenant à Jehan, seigneur de le Tramerie et de Derocourt, scituée au bailliage d'Aire.

1. Primes, ledit seigneur a relief sur toutes terres cottières, de le valleur que lesdites terres vallent pour ung an, la rente fonssière rabatue seulement.

2. En vente, don et transport ou aultrement aller de main à aultre, prend le quint denier de la valleur desdits héritaiges, saoulf que en eschevinaige, sans saoulte d'argent, n'en est deu nul droit de quint, se c'est tout d'une seignourie.

3. A les plaix généraux trois fois l'an ; et sont tenus tous ses hommes tenans de y comparoir, est assavoir, en regard des mayeur, eschevins et jurez, sur l'amende de III solz parisis et les aultres pareillement, chascun et pour chascun plaix, III solz parisis, saoulf ensoinne légitime affermée par le serment du défaillant.

4. Fait ses hommes et tenans ceulx qui sont soubz-rentiers par arrentement ou acqueste, comme les tenans desdits héritaiges, et selon la nature de sadite seignourie.

5. Lesquelles coustumes iceulx mayeur et eschevins ont signé sans leur porter préjudice et eulx entiers à debattre et sou tenir contre ledit seigneur de le Tramerie, toutefois que mestier sera, que ledit seigneur ne a que IV deniers parisis d'entrée et IV deniers parisis d'issue, à la mort ou vente des terres ou héritaiges tenus de lui, le tout selon et en enssievant la coustume générale du bailliage d'Amiens.

Fait en la ville de Busne, le xxii.ᵉ jour de septembre 1507.

Signatures : N. Louchard *curé de Busne.*—Baudin Bernart, *mayeur de Busne, pour le seigneur de le Tramerie.* — Jehan de Laliome *eschevin.* — Waleran de Belleforière, *à la requeste de Anselot Dumon escevin.* — Jehan Hanotte *eschevin.* — Baudelle *greffier de Busne.* — De le Tramerie *seigneur de Busne.*

ESTRÉES-BLANCHE.

SEIGNEURIE.

Une petite page en parchemin, longues lignes, lisible. — 9 articles.

Coustumes locales de la terre et seignourie d'Estrées-Blanche, appartenant à noble et puissant seigneur, Mgr. de Honcourt, seigneur de Huppy et dudit lieu, à cause de madame Claude de Liestres sa femme, située et assise es mettes du bailliage d'Aire.

1. Succession ne remonte pas. — 2. Représentation a lieu. — 3. Succession d'acquêts se partage. — 4. Le principal manoir appartient à l'aîné. — 5. Douaire : la moitié des fiefs et coteries en usufruit. — 6. Relief des coteries : le revenu d'un an, *la rente rabattue.*

7. Les attestans dient avoir oy dire que, au temps passé, le mort saisissoit le vif, mais depuis chinquante ou soixante ans passés en cha, on use de relief à mercy.

8. A la vente des manoirs amasés, il est dû 4 deniers d'issue par le vendeur et 4 deniers d'entrée par l'acheteur. — 9. Droit de vente des fiefs et des autres coteries, le 5.ᵉ denier.

Le xxii.ᵉ jour d'aoust 1507.

Signatures : Henry Auxaneaux *bailly.* — P.ʳᵉ Faucquet. — Jehan du Hocquet. — Jehan de le Cuisine. — Ph. Loire. — Simon Leprestre. — Gilles Lartizien. — Jacques Legouch.

ESTRÉES-BLANCHE ET LINGHEN.

SEIGNEURIE.

Deux rôles de petit parchemin un peu déchiré sur la longueur, lisibles, à l'exception de quelques bouts de lignes à la première et à la troisième page. — 11 articles.

Coustumes localles et particulières des terres et seignouries d'Estrées-Blanche et Linghen, appartenant à noble et puissant seigneur, Mgr. Charles, baron de Lalaing et d'Escornays, chevalier de l'Ordre, seigneur de Bracque, desdits lieux, etc.

1. Esdites terres et seignouries d'Estrées et Linghen qui est tout un seul fief tenu du seigneur d'Aubigny, l'on use des coustumes généralles d'Arthoys dont l'on use en la conté d'Arthoys ou bailliage d'Aubigny, duquel lieu lesdites terres et seignouries sont tenues ressortissant, en supériorité, au bailliage d'Arras.

2. Esdites terres et seignouries qui se comprendent en ung chasteau, donjon, fossez, viviers, terres..... ahanables, rentes fonssières, le baron de Lalaing a..... hommaiges féodaulx et cottiers, auctorité, justice et seignourie viscontière.

3. Afforage: un pain, un fagot, une tranche de fromage et un lot de vin. — 4. Reliefs et droits de vente divers à Estrées et à Linghen. — 5. Le seigneur a les droits et amendes des vicomtiers.

6. Item, a coustume de tenir une fois l'an, audit lieu d'Estrées, les plaix généraulx, le dimence aprez le jour des Roix; auquel jour, tous les hommes et tenans de la seignourie d'Estrées, sont tenus de comparoir sur paine et amende de III sols parisis au profit dudit seigneur; et aussy ne pœuvent ausdis plaix servir quilz n'aient, auparavant quilz se présentent en ladite cour, paié et purgié toutes rentes quilz doibvent audit seigneur d'arrierage auparavant ledit jour, et ce, sur paine et amende de LX solz parisis, et se, en dedens le quinzaine enssievant ledit jour, ilz ne montrent empeschement ou envoyent enseigne souffisante; mais quant audit lieu de Linghen, ledit seigneur pœult tenir trois fois l'an ses plaix généraulx, ausquels les hommes tenans de ladite seignourie, et pareillement ceulx qui tiennent du fief nommé le prévosté, situé au terroir et dismaige de Norren, sont tenus comparoir ausdis plaix, sur paine et amende de III solz parisis.

7. Amendes pour passer en fausses voies ou faire dommage, 3 sous. — 8. Tonlieu et issue de ville. — 9. Service de plaix par les hommes féodaux et les cotiers. — 10. Relief de bail. — 11. Droit de vente des héritages cotiers à Estrées, pareil à celui que prend le seigneur d'Aubigny en sa terre.

Le XXII.ᵉ jour de septembre 1507.

Signatures: Sire Jacques de Hallines *prestre*, vice-gérant *d'Estrées-Blanche*.

— Sire Jourdain Enlart *prestre*, *vice-gérant de la cure de Linghen.* — Waleran de Fléchinel *seigneur de Fléchinel.* — Alexandre Deliaue *bailly.* — Jehan du Hocquet. — David de Rebreuves. — Anthoine Lebindre. — Lambert Wallehet. — Jehan Delayens. — Jehan du Castel. — Jacquemart Rollant. — Jehan Rollant-Leroux. — Jehan Leroux *dit Notame.* — Raoul Rollant. — Pierre Le Caron. — Harchinet de Ligny. — Thomin Pappin. — Jehan Nampti. — Climent Bosquillon. — Anthoine Verdevoie, *tous hommes tenans du seigneur.*

AULT-SUR-LA-MER.

VILLE ET BANLIEUE.

Une petite page en parchemin, écrite en long, pourrie sur les deux côtés, de sorte que le commencemeut et la fin des lignes manquent. — 3 articles.

Coustumes du corps et banlieue de la ville d'Ault-sur-la-Mer... mises et rédigées par escript par les bourgois et habitans d'icelle, le xxiii.ᵉ jour d'aoust 1507.

1. Succession des héritages : droit d'aînesse. — 2. Donation à l'héritier apparent n'engendre aucun droit seigneurial. — 3. Droit de vente, 4 deniers d'entrée et autant d'issue.

Signatures : P. Graville. — Guillaume Dupuch. — Robert Graville. — P. Graville *bourgois d'Ault.*

LACUNES DE LA HUITIÈME SÉRIE.

Extrait de l'inventaire de 1559.

SAINT-BERTIN.

Coustumes locales des villaiges et terres situées es mettes du bailliage d'Amiens, appartenant aux relligieux, abbé et couvent de l'église et monastère de Saint-Bertin, de l'ordre de Saint-Benoist, au diocèse de Thérouanne, escriptes en six fœulletz.

COUPELLE-VIEILLE ET COUPELLE-NEUVE.

Les coustumes de la parrye et seigneurie de Coupelle Viesze et Nœuves appartenant à messire Charles de Crouy, comte de Porcien, seigneur de Crouy et Renty, escriptes en trois petits fœulletz de parchemin.

Saint-Josse-sur-Mer.

Coustumes du temporel de Saint-Josse-sur-Mer, escriptes en une paige de parchemin.

Chapitre de Saint-Omer.

Coustumes des Doïen et Chapitre de l'église collegial de Saint-Omer, en la ville de Saint-Omer, escriptes en un fœullet et deux paiges de parchemin.

Dohen.

Coustumes localles de la salle prépositural de la prévosté de Saint-Omer, en la ville, terre et seignourie de Dohen, escriptes en un fœullet et une paige de parchemin.

Pipemont.

Coustumes de la terre et seignourie de Pipemont, appartenant à Martin Le Viésier, escuier, escriptes en une paige de papier.

Thérouanne.

Coustumes localles de la ville et eschevinage de Thérouanne, de Lenzeux, Fontaines-lez-Hermans et autres lieux, escriptes en une lettre de parchemin scellée de deux sceaux.

NOTES

DE LA HUITIÈME SÉRIE.

NOTE 1re. — PAGE 598.

MONTREUIL. — ART. 5 : *ladite maison est réputée quiefmes.*

Voir, sur la signification de ce mot, la Notice de la 7.e série (tome II, p. 10).

NOTE 2. — PAGE 599.

MONTREUIL. — ART. 9 : *un chascun est seigneur en son ténement.*

Par ces expressions, on entend le droit que chaque propriétaire de maison donnée à cens, a de se faire payer ses arrérages par voie d'exécution, et d'ôter les portes et fenêtres pour contraindre le débiteur. Dans le droit commun, les seigneurs seuls jouissaient de ce privilége auquel participaient les bourgeois de Montreuil.

NOTE 3. — PAGE 603.

BEAURAINS. — ART. 1.er *que l'on dist anchiennement estre entre les Quatre Portes d'icelle ville de Beaurain-Chastel.*

Il semble résulter de ce passage de l'art. 1.er que Beaurains-Château a eu une étendue plus considérable que celle qu'il avait à l'époque de la rédaction de la coutume. L'enceinte et les quatre portes auront disparu pendant les guerres désastreuses du XIV.e et du XV.e siècle, et c'est peut-être à cette circonstance qu'il faut attribuer l'établissement de Beaurains-Ville sur la rive droite de la Canche.

NOTE 4. — PAGE 604.

BEAURAINS. — ART. 5 : *de la conté de Saint-Pol, dont ladite chastellenie est tenue et mouvante.*

Beaurains anciennement était un fief relevant du Ponthieu, à cause de Montreuil, et c'est par suite des alliances des comtes de Saint-Pol avec cette maison qu'il est passé dans la mouvance de Saint-Pol.

NOTE 5. — PAGE 604.

BEAURAINS. — ART. 8 : *escarses à paier.*

Escarses signifie la taxe que l'on payait pour se rédimer d'une servitude. De même le droit *d'escarsage* ou *d'estarsage* était dû quand le bourgeois vendait son dernier héritage, parce que la dessaisine faisait supposer que le vendeur renonçait aux priviléges et aux charges de la bourgeoisie. (Voir tome II, p. 326, art. 51, et p. 550, note 99.)

NOTE 6. — PAGE 605.

BEAURAINS. — ART. 10. : *haute justice... sur tous les admortissements.*

Pour bien comprendre la portée de cette disposition, il convient de la rapprocher de l'article 1.er de la coutume de Saint-André-lès-Beaurains (p. 612), où l'on voit que les religieux avaient droit de haute, moyenne et basse justice dans l'enclos du monastère, et justice vicomtière au dehors. En effet, dans l'origine de leurs établissements qui datent, presque tous, de la fin du XI.e et du commencement du XII.e siècle, les ordres de Prémontré et de Cîteaux ne possédaient que des terres en roture et qui leur étaient concédées sous la condition de payer tous les ans une portion déterminée des fruits de leurs récoltes. Mais bientôt les bénéfices de leurs exploitations leur permirent d'amortir tous ces droits onéreux, en les rachetant des seigneurs auxquels ils étaient inféodés et d'indemniser celui de qui émanait le titre de la concession, du préjudice résultant de la substitution d'un tenancier de main-morte à des vassaux qui acquittaient les devoirs et les services inhérents à la tenure féodale. Ces amortissements procurèrent, entr'autres avantages, aux abbayes, celui de leur faire attribuer des droits de haute et de moyenne justice sur leurs propres sujets, ce qui n'ôtait pas, au seigneur fondateur, la connaissance des crimes et délits commis sur les domaines de l'abbaye, quand sa justice en était saisie la première.

L'effet de l'amortissement était donc de relâcher tous les liens de la sujétion féodale, au profit de la corporation qui en profitait. De là vient que le droit de l'accorder n'était reconnu qu'à celui qui tenait par baronnie, et à qui son seigneur supérieur ne pouvait pas contester l'exercice de cette espèce de souveraineté. La sauvegarde royale était aussi la conséquence d'amortissements consentis à tous les degrés de la hiérarchie intermédiaire et qui plaçaient dans la mouvance directe du souverain, les abbayes auxquelles elle était accordée.

Note 7. — Page 606.

Bercq-sur-mer. — Art. 1.er : *se esquippe à quelque mestier de navire.*

Cette disposition et les deux suivantes sont sans analogues dans les Lois Maritimes publiées par M. Pardessus, car, ni dans les Rôles d'Oleron, ni dans les Lois de Wisby, ni dans le Consulat de la Mer, nous ne voyons pas l'autorité seigneuriale intervenir dans les engagements qui se forment entre les patrons et les matelots. Il y a donc là une exception aux usages communs de la mer dont il faut apprécier la cause. S'il s'agissait d'expéditions ou de voyages de long cours, ou des rapports du maître du navire avec les propriétaires du chargement, il y aurait lieu de s'étonner du laconisme de la coutume de Bercq; mais si l'on considère que les habitants s'adonnent presque tous à la pêche ou au sauvetage des objets naufragés, on reconnaîtra qu'elle est assez explicite, par la raison que les navires qui sortent de ce port, y rentrent dans les vingt-quatre heures, et n'ont jamais d'autre destination que le lieu même d'où ils sont partis. Il est naturel que le seigneur qui a une part dans le profit de la pêche (art. 8) et du sauvetage des objets trouvés flottants (art. 6), se réserve de sanctionner les conventions réciproques qui ont pour objet l'exercice de cette double industrie, et qu'en cas d'inexécution de ces conventions, il soit de moitié dans la réparation qu'obtient la partie lésée.

Note 8. — Page 608.

Bercq-sur-Mer.—Art. 10 : *il est dû le VI.e denier.*

Cet article établit une distinction entre le bail à cens et le bail à rente, relativement au droit de mutation par vente des terres arables. Quand elles sont chargées de censives, avec ou sans terrage, il est dû au seigneur le 8.e du prix de vente ; quand elles n'acquittent que le terrage, le droit est de 12 deniers seulement pour chaque pièce de terre, quelle qu'en soit la contenance. Le cens et la rente sont donc deux choses tout à fait distinctes.

Le cens est une prestation modique, sans relation nécessaire avec les revenus que la chose acensée peut produire ; la rente, au contraire, est toujours proportionnelle au rendement des fruits. Le premier se paie en reconnaissance de la directe seigneurie, la seconde en retour d'une cession de jouissance. Si le preneur possède en vertu d'un bail à cens, le droit utile du seigneur féodal s'exerce lorsqu'il y a mutation par vente, donation ou transport ; s'il jouit en vertu d'un bail à rente, ce droit s'exerce tous les ans par la perception du terrage. Or, lorsqu'il y a mutation d'un domaine acensé, l'acquéreur achète non seulement le droit à la jouissance que lui transmet son vendeur, mais encore le droit à la détention, à titre de propriétaire, que lui confirme le seigneur de qui le fonds est tenu. Mais si le fonds est chargé de la rente du terrage, la mutation ne le fait pas réellement sortir de la main du seigneur, et l'acquéreur n'a pas besoin de racheter de celui-ci la confirmation de la cession de jouissance consentie à son profit. Il suffit qu'il acquitte les arrérages de sa rente pour que le seigneur soit complètement désintéressé. Ainsi, dans le cas de bail à rente, il s'indemnise par le terrage que lui paie le tenancier, à raison du 8.e ou du 10.e de ses récoltes, et, dans le cas de bail à cens, par le 6.e ou le 10e du prix de vente que l'acquéreur paie à titre de rachat.

La tenure à cens se cumule souvent avec la tenure à rente, car, dans l'usage du droit coutumier, il arrive fréquemment que le censitaire cède tout ou partie de la terre acensée à un tiers, moyennant une redevance annuelle qu'on appelle surcens. Ce contrat n'est licite qu'à la condition d'être reconnu et ratifié par le seigneur, lequel, nonobstant l'addition de la rente au cens, exige, à la mutation, les droits de rachat auxquels la censive est astreinte.

Note 9. — Page 626.

Maisnil-lès-Hesdin. — Art. 3 : *Se ung charriot charriant à wyant, chiet et tombe, il se peut licitement relever.*

Dans la note 64 de la 7.e série (p. 545), nous avons cité la disposition finale de cet article pour donner l'explication d'un usage assez bizarre dont nous ne trouvons trace que dans trois coutumes seulement.

(Voir Hamel, art. 3, tome I, p. 310, et Blairville, art. 21, tome II, p. 273.)

Cependant, comme la coutume du Hamel étend la prohibition à l'homme à pied qui laisse tomber le faix qu'il porte sur les épaules, on peut en induire que la formalité du congé n'avait pas pour but unique de vérifier si l'accident avait pour cause la surcharge du véhicule ou le mauvais état des chemins. Le fardeau que porte un homme à pied, ne les dégrade pas, comme un charriot trop pesamment chargé. Or, si l'obligation de demander le congé a été introduite par l'usage, c'est vraisemblablement pour que le seigneur, qui se prévalait du droit de voirie, trouvât dans les actes constatant l'accomplissement de cette formalité, un moyen de justifier sa prétention à l'exercice de ce même droit.

Note 10. — Page 626.

Maisnil-lez-Hesdin. — Art. 4 : *ne pœult couchyer avec sa femme ladite première nuit.*

Voir tome I, p. 469, 18. Dans le cas particulier, le droit du seigneur ne s'étend pas jusqu'à la personne de la mariée. Si le mariage s'accomplit au mépris de la formalité prescrite, il peut saisir le lit et tout ce qui est trouvé dessus le lendemain au matin, mais le mari, à part l'acte de soumission auquel il est tenu, n'est pas obligé, comme à Drucat, d'acheter la permission de coucher avec sa femme la première nuit de ses noces.

Note 11. — Page 630.

Heuchin. — Art. 7 : *ne les pœult constraindre à fermer ladite ville, s'ils ne le vœulent.*

L'article 22 de la charte de Villers-Bretonneux (I, p. 315) porte : « Cum dominus voluerit villam
» suam claudere de muro, homines ville, semel in
» anno, longitudinem 300 pedum facient, altitudine
» muri vero, circà domum, 15 pedum. »

Il semble résulter de ce passage, que l'établissement d'une commune ou d'une ville de bourgeoisie, à moins de convention expresse, emportait obligation, pour les habitants, de contribuer aux frais de construction du mur d'enceinte qui devait mettre la ville à l'abri d'un coup de main.

Note 12. — Page 631.

Heuchin. — Art. 15 : *se aulcun desdis enffans estoit demourans hors de ladite ville, il n'y aroit aucun droit.*

La première partie de l'article 15 ne fait que rappeler la disposition des art. 9 et 10 qui excluent de la succession du bourgeois, les enfants et héritiers qui demeurent hors de la ville ; mais la seconde partie de ce même article fait voir qu'un usage contraire aux prescriptions trop rigoureuses de la charte de 1220, n'a pas tardé à prévaloir, puisque les enfants, neveux et nièces, qui ne demeurent pas dans la ville, sont admis à partager avec ceux qui y sont domiciliés, les biens de leur auteur décédé.

Note 13. — Page 634.

Heuchin. — Art. 35 : *quant la ville est à l'arrière, de vendre vin à son prouffit.*

Voir note 12 de la deuxième série (I, 205).

Note 14. — Page 639.

Averdoing. — Art. 9 : *peut prendre, pour le provision de son hostel, du poisson.*

Voir tome I, 411, 5 — 441, note 30 ; — tome II, 199 à 303, 19.

Note 15. — Page 646.

Fauquemberg, comté. — Art. 14 : *esquelles frances vérités.*

Il y avait deux sortes de franches vérités, savoir celles que les seigneurs vicomtiers tenaient, une fois l'an, sur leurs terres, pour s'enquérir des délits ruraux commis en contravention aux bans d'août. Il y avait, en outre, les vérités générales ou souveraines que les hauts seigneurs allaient tenir sur les terres de leurs vassaux, pour parvenir à la découverte des crimes et délits qui ressortaient de leur juridiction, et dont les auteurs ne leur avaient pas été dénoncés.

Ces procédures criminelles par voie d'inquisition, se trouvent mentionnées dans un grand nombre de coutumiers de la Flandre, notamment dans la coutume de la Salle de Lille, art. 19. « Les hauts jus-
» ticiers, les seigneurs viscontiers, leurs baillis ou
» lieutenans peuvent, par leur justice, faire adjuger
» *vérités générales*, une fois l'an, en leurs terres
» et seigneuries, et, de trois ans en trois ans, es
» terres et seigneuries de leurs vassaux inférieurs
» pour délits et cas criminels et civils advenus ; aux-
» quelles vérités, publiées et tenues par leurdite jus-
» tice, aux jours assignés et es lieux acoustumés, les
» manans et habitans de franche et libre condition
» sont tenus de comparoir, et chascun défaillant,
» sauf léal enseigne ou congié, fourfait amende de
» LX solz ; et néantmoins sont tenus les comparans
» de dire la vérité par serment des cas et amendes
» qu'ils savent estre advenus, esdites seigneuries,

» depuis la vérité précédente ; et leurs dépositions
» rédigées par escript, closes et scellées et rappor-
» tées au prochain plaid ou autre jour assigné, sont
» ouvertes par ladite justice, et ceux qui sont trou-
» vés deument atteints par ladite justice d'avoir four-
» fait aucunes amendes, sont à condemner en icelles,
» et les défaillans, chascun en LX solz.

Cout. de Gand, rub. 10, art. 25 : « Le bailli et
» les échevins sont d'usage de tenir tous les ans,
» quand bon leur semble, de voisinage en voisi-
» nage, de quartier en quartier, les inquisitions se-
» crètes (stillewaerhede) nommées jours ordinaires de
» l'assise (ordinaire sit-dayen) sur toutes sortes d'ex-
» cès ou d'autres. »

Pays d'Alost, rub. 2, art. 8 : « Le grand bailli
» avec les hommes de fiefs ont la faculté de tenir
» les vérités souveraines (sauverayne waerhede) dans
» ledit pays, et dans les seigneuries des vassaux où
» l'on est accoustumé de le faire et qui en ont l'usage,
» conformément à leurs dénombrements. »

Termonde, rub. 2, art. 25 : « Afin de préserver
» le commun des manans et sujets demeurans dans
» le plat pays, des pilleries, vols et dommages faits
» en cachette et secrètement, le susdit grand bailli
» ou son lieutenant, devra tenir les vérités (secrete
» waerhede) dans les paroisses du prince, et, dans
» celles des vassaux, par leurs baillis, chascun dans
» son territoire ou sa seigneurie. »

Audenarde, rub. 3, art. 5 : Le grand bailli a en-
» core la faculté, avec les hommes de fief et le greffier
» de la cour, de tenir, tous les sept ans, l'assise de
» franche vérité générale (durgaende waerhede) etc. »

Les coutumes de la salle et châtellenie d'Ypre, ch. 63 ; du Franc de Bruges, art. 14 ; de Waës, rub. 1.re, art. 26, et de Pitgam, rub. 1, art. 5, contiennent aussi des dispositions sur les franches vérités. Mais aucun document ne donne, sur ce sujet, de plus précieux détails, qu'un extrait du registre des privilèges, sentences et coustumes des ville et pays d'Alost, publié sous ce titre : *Comment l'on tient la souveraine vérité dans le pays d'Alost*. Nous en rapporterons ici quelques passages où nous voyons l'application, par la pratique, des principes posés dans l'art. 14 de la coutume de Fauquemberg. Nous prions nos lecteurs de vouloir bien se contenter de la très-mauvaise traduction placée en regard du texte flamand que nous avons été obligé de prendre pour guide.

Quand quelqu'une des vérités que l'on nomme souveraines vérités, dans le pays d'Alost, sont surannées (*verjaert zijn*), et le bailly les veut tenir, il assemble à Alost, dans la ville, quatre ou cinq hommes (*de fief*) et il leur dit : mon redouté seigneur doit avoir, dans son pays d'Alost, les vérités souveraines, et, lorsqu'elles sont surannées, il est d'usage qu'en les remettant en mémoire des hommes de la cour, on leur fasse la semonce de justice ; les hommes (*de fief*) ordonnent que les vérités que le bailli leur nomme, seront publiées aux églises où l'on doit les publier ; qu'aux mêmes vérités viendront ceux qui sont âgés de quinze ans et au-desus et qui sont accoustumés de venir à la vérité, à peine de 3 livres parisis d'amende. Pour lors on les va publier, et on les envoie à toutes les églises par le sergent en telle forme; et ils vont à chascune vérité, dans les paroisses, ainsi qu'il est déclaré ci-après.

Premièrement, les vérités à Erenbodeghem que l'on appelle Ter-Hagen, parce qu'on les doit tenir dans la cour à Hagen. Les paroissiens vont là, et les mandemens et publications sont comme il s'ensuit.

Erenbodeghem, Welle, Yderghem, Ter-Alphenen. L'on commande dans ces paroisses que tous les masles âgés de 15 ans ou au-dessus, soient de bonne heure où l'on tiendra la vérité à Hagen, sous peine de l'amende qu'il y a. En chaque paroisse, il doit y avoir une publication.

A la vérité à Moorssele, il n'y a qu'une seule paroisse qui y aille, et la publication doit estre faite de même. Monseigneur paie les frais.

A la vérité à Hofstade, les paroisses suivantes y vont : Hofstade, Monseigneur paie les frais. Wespelaer....

A la vérité de Lede, les paroisses suivantes y vont. Lede : Monseigneur paie les frais. Ympe.

A la vérité de Wychelen, la paroisse de Wichelen y va seule. Monseigneur paie les deux tiers des dépens, et l'avoué l'autre tiers, pour le tiers des profits. Lorsque les hommes d'Alost tiennent la vérité de Wichelen, alors les échevins de Wichelen vont aussi s'asseoir sur leurs sièges propres ; et toutes personnes qui vont à la vérité, aussitôt qu'elles ont esté devant les hommes (*de fief*), vont pardevant les échevins de Wichelen qui les interrogent de toutes sortes de choses, et leur demandent s'ils n'ont point oublié de dénoncer quelqu'un devant les hommes ; et lorsque tous les manans et sujets ont comparu devant les hommes et les échevins, pour lors ils vont à la vérité devant les hommes (*de fief*) comme les autres. Et lorsque la vérité est achevée à Wichelen, le maire de Wichelen va aussitôt à la vierschare *ou jurisdiction*, et semonce les échevins de déclarer s'ils ont trouvé quelque chose.

A la vérité à Cherscamp, etc., de Okeghem, de Borst, de Cottem, de Sainte-Marie-Lierde, de Rousselaer, de Swarte-Landt, de Loots, etc., etc.

A la vérité de Hongherye, il y va la paroisse de Ronsse, et l'on fait le commandement en ceste manière : l'on commande, de la part de Monseigneur de Flandre, que tous les masles bourgeois, maistres, domestiques et tous autres qui sont obligés d'aller à la vérité de Hongherye, qu'ils viennent au lieu où l'on tiendra la vérité, à peine de l'amende qu'il y a, etc.

A la vérité à Hoven, le couvent du Mont-Saint-Martin paie les dépens, à cause de sa cour à Strype. Les paroisses suivantes y vont (17 paroisses).

L'on a coustume de publier les susdites vérités en chascune paroisse en particulier, et à toutes autres personnes qui doivent aller à la vérité.

Losque les hommes de fief vont s'asseoir à la vérité ou la tenir, le bailli les semonce de ce qu'ils ont à demander ou à interroger de toutes les choses dans lesquelles Monseigneur a interrest ; mais si le bailly veut en excepter ou réserver quelque partie spéciale, ou quelque fait, il le peut faire ; et alors il fait jurer au sergent d'assembler toutes les personnes par quatre et non en plus grand nombre.

Lorsque les hommes ont tout entendu, le bailly les semonce de se faire le record, les uns aux autres, de ce qu'ils ont trouvé et que chacun d'eux le retienne pardevers soi, en sa mémoire, jusqu'à ce qu'ils soient au lieu où ils ont acoustumé de le déclarer et qu'ils sont semoncés de celui qui leur doit faire la semonce.

Il est de coutume que l'on découvre et déclare, au prochain samedi, ce que les hommes (*de fief*) ont trouvé et toutes les amendes pour querelles soit de 60 livres ; mais des autres charges encourues, le bailly peut faire ses réserves, toutes choses en estat, en protestant de former sa demande, en temps opportun, contre celui qui reste chargé, et il en fait la semonce pour le droit qu'il prétend. Le bailly peut requérir sur-le-champ contre ceux qui n'ont point esté à la souveraine vérité et qui sont obligés d'y aller. Il fait la semonce de l'amende, et pour lors chaque défaillant est condamné à l'amende de trois livres.

A la première quinzaine venant, le bailly assemble la cour avec quatre hommes (*de fief*) au moins, et tient la cour assemblée du matin jusqu'à midy.

Lorsque le bailly a fait la semonce du record de ce qui a esté fait en la cour, il dit et représente comme quoy il y a peu de temps passé qu'à sa semonce, et par ordonnance des hommes, il a été ordonné de tenir une vérité souveraine à N., laquelle a esté publiée à l'église et tenue, par la séance (assise) de messieurs les hommes, au lieu et place acoustumés ; en laquelle vérité N. et N. (les personnes désignées) ont esté chargées, en lisant, mot à mot, ce qui a esté déclaré à leur charge et en rapportant les actes judiciaires qui en font mention, afin que s'il y avoit quelqu'un qui voulût dire au contraire (il pût le dire) ; et que pour lors le bailly dise que la charge ou l'accusation est si horrible, que la personne qu'il nomme est coupable de (schuldigh is te)........ ; si la personne est présente, le bailly doit faire sa demande contre la personne ; et il l'attaque, par une demande en forme, pour une punition corporelle, si le fait est criminel, ou pour une amende, s'il est civil.

Ainsi décrété sur la poursuite de M.re Lamoral de Gand, grand et souverain bailly des deux villes et pays d'Alost, et publié dans la ville d'Alost le 29 may 1618, etc.—(Le Grand, *Coust. et loix du comté de Flandre*, tome I, 5.e partie, p. 77 à 80).

Cette pièce n'est pas seulement curieuse en ce sens qu'elle détermine la manière de procéder dans les grandes assemblées inquisitoriales de la Flandre ; elle fait plus, elle démontre que le droit flamand était aussi celui d'une partie de l'Artois et du Boulonnais dont les coutumes sont plus fortement empreintes de l'esprit de la législation barbare des peuples d'Outre-Rhin que celles du reste de la France.

(Voir les notes 44 et 45 ci-après.

NOTE 16. — PAGE 650.

FAUQUEMBERG, échev.—ART. 11 : *appelera eulx estans en jugement et en bancq.*

L'article 27 de la coutume de l'échevinage du pays de Brédenarde (II, 669) veut que l'appel soit interjeté sur-le-champ, *illicò*, lorsque la partie est présente au prononcé du jugement, et dans le délai de sept jours et sept nuits lorsqu'elle est absente ; mais à la condition que, si elle est déboutée de son appel, elle paiera 62 sous parisis d'amende à chaque échevin qui a concouru au jugement. Au contraire, l'art. 11 de la coutume de l'échevinage de Fauquemberg accorde une amende de 60 livres au seigneur et de 60 sous à chaque échevin, lorsque la partie appelle la sentence prononcée par le maïeur et les échevins, *eulx estans en jugement et en bancq*.

Pourquoi ce désaccord entre les coutumes de deux localités pour ainsi dire voisines? D'où vient que l'une prescrit ce que l'autre défend : l'appel à la barbe du juge? La plus sage, à notre avis, n'est pas celle qui veut l'appel immédiat, mais celle qui force le plaideur qui a perdu son procès à prendre le temps de la réflexion, avant de s'arrêter à une détermination qu'il peut, plus tard, avoir à regretter. En effet, l'article 11 de la coutume de Fauquemberg énonce un privilége, en ce sens qu'il consacre une exception au droit commun ; si on se reporte au temps où il a été octroyé, ce privilége a dû avoir pour résultat de soustraire les habitants aux conséquences des duels judiciaires auxquelles les exposaient les appels de faux jugements. Mais l'usage de ces appels sanglants ayant cessé, l'obligation d'appeler sur-le-champ a pu, jusqu'à un certain point, se trouver justifiée par la nécessité d'abréger les délais pendant lesquels l'exécution des jugements est suspendue. La coutume de Brédenarde, pour éviter cet inconvénient en faisait naître un autre, celui des appels *ab irato* si attentatoires à la dignité de la justice et au respect de la magistrature.

Note 17. — Page 651.

FAUQUEMBERG, échev. — Art. 28 : *pour tous praticiens qui pratiquent audit échevinage.*

Cet article et le suivant accordent à tous les praticiens qui assistent les parties en instance devant l'échevinage, pour chacune de leurs journées, II solz parisis, et pour chaque rôle d'écriture y compris XII deniers pour le gros (*la minute*) IV solz parisis.

L'article 18 de la coutume de la châtellenie de Fauquemberg alloue la même somme de IV solz pour les écritures et le gros, mais l'article 16 de la même coutume porte le droit d'assistance à IV solz par chaque journée en court et IV solz pour la journée d'assistance au jugement, de telle sorte que les écritures sont taxées de la même manière devant les deux juridictions ; mais le droit de vacation des procureurs est double devant la justice du bailli.

Note 18. — Page 659.

GUISNES. — Art. 1.er : *par Ernoul, comte de Guisnes, par ses lettres données en l'an 1292 au mois de may.*

Il est probable que la date de 1292 est mal indiquée dans le MS. de D. Grenier auquel nous avons emprunté la copie de la coutume du comté de Guisnes dont l'original manque au dépôt de la Cour d'appel d'Amiens ; car au f.° 164 d'un manuscrit in-4.° du xv.e siècle, sur papier, inscrit au catalogue de la Bibliothèque nationale sous le n.° 10,396, les priviléges et libertés accordés par Arnoul, comte de Guisnes, à ses hommes et barons, sont mentionnés sous la date du mois de may 1273. En consultant Duchesne, *preuves de la maison de Guisnes*, on verra de quel côté est l'erreur.

Un mot maintenant sur le MS. en question :

Il est intitulé : *Le livre des lois, usages et coutumes de la ville et comté de Guisnes.* Dès 1841, M. Marnier, bibliothécaire de l'ordre des avocats à la Cour d'appel de Paris, nous avait généreusement offert une copie de ce MS. faite et collationnée par lui à la Bibliothèque nationale. Malheureusement, la publication des coutumes locales ne faisait que commencer et nous ne pouvions donner place à la copie qu'il nous offrait que dans la 8.e série. Dans l'impossibilité de répondre au désir qu'il nous avait manifesté de voir son travail immédiatement livré à l'imprimeur, nous avons dû renoncer à l'espérance de le voir figurer dans ce recueil. Mieux favorisée que nous, la Société des Antiquaires de la Morinie édite en ce moment le Coutumier de Guisnes, sous la direction de notre savant collègue et ami M. Tailliar, conseiller à la Cour d'appel de Douai, qui nous honorait l'an dernier de sa collaboration en rédigeant les notes pour les coutumes de la châtellenie d'Oisy, dans la 7.e série de cet ouvrage.

Note 19. — Page 660.

GUISNES. — Art. 2 : *frans de droit de louvaige.*

Voir tome I, p. 424, art. 20.

Note 20. — Page 660.

GUISNES. — Art. 3 : *se elles ne sont encloses de mur ou de palisse.*

Cet article consacre l'abolition de l'une des plus dures servitudes qui affligeaient le peuple des campagnes au moyen-âge. De tous les priviléges qu'Arnoul, comte de Guisne, a accordés à ses sujets par la charte de 1273, c'est certainement l'abolition du droit de garenne ouverte qu'ils ont dû se montrer le plus reconnaissans. (Voir au surplus tome I, p. 203, note 4.)

Note 21. — Page 660.

GUISNES. — Art. 5 : *lesdis douze barons sont adjournés.*

Le manuscrit des coutumes de Guisnes, dont il a été parlé note 18, ne nous est connu que par la table des matières que nous avons sous les yeux. Nous y trouvons les indications suivantes sur les barons : f.° 1.° *de l'ordonnance des barons au nombre de 8, et de leurs adjournemens ;* f.° 3 : *priviléges des barons ;* f.° 4 : *encore des barons* ; f.° 54 : *le ban d'aoust :* Les barons du conté de Guisnes ont fait l'ordonnance pour le ban d'aoust, pour le commun proufit, commençant le jour Saint-Pierre, en l'an mil CCC XLI ; f.° 138 : *le sergent à cheval peut entrer en la seigeurie des barons.* Enfin, au f.°........ ensuivent les noms des 12 pers de la conté de Guisnes : 1.° Ardre ; 2.° Mellez ; 3.° Autingues ; 4.° Alembon ; 5.° Mailnebourse ; 6.° Seltini ; 7.° Surques ; 8.° Bouvelinghem ; 9.° Loc de Barne ; 10.° Foucquehoire ; 11.° Froyton ; 12.° Neel.

Note 22. — Page 661.

Guisnes. — Art. 8 : *lesdis seigneurs font*, *chascun an*, *les escavaiges.*

Escavaige, *escauwaige* (Brédenarde, échev., art. 24). vient du flamand *schouwinge*, *schauwe* qui signifie visite, inspection des canaux (Berg-Saint-Winocx, rub. 1, art. 10 — Franc de Bruges, art. 60.) La coutume de Saigneville, prévôté de Vimeu, art. 6, se sert de l'expression *eschaux* pour désigner les courans d'eau qui conduisent à la mer. (Tome I, p. 419.)

Note 23. — Page 663.

Guisnes.—Art. 21 : *sans estre tenus payer cainage.*

Le *cainage* était un droit de navigation qui se percevait sur certains canaux et rivières navigables, et qui s'indiquait au moyen d'une chaîne placée au travers de la rivière. (Voir tome I, p. 133, col. des observations.

Note 24. — Page 666.

Brédenarde, échev. — Art. 7 : *ne advoes contre les enfans dont ils sont advoes.*

Advoes se prend ici dans le sens de tuteur (*voogt*). Les enfans orphelins de père et de mère auront deux tuteurs au moins, *twe vooghden*, l'un du costé paternel, l'autre du costé maternel ; mais les orphelins de père ou de mère seulement n'en auront qu'un du costé dont ils sont orphelins. (Châtell. de Bailleul, rub. 12, art. 1.er — Legrand, *Coust. du comté de Flandre*, tome III).

Note 25. — Page 667.

Brédenarde, échev. — Art. 14 : *et la table étant entière.*

C'est-à-dire *le lit étant entier.* (Châtell. de Bour-

bourg, rub. 10, art. 22); père et mère *estant en mariage* (ville et bourg. d'Ypre, rub. 10, art. 22). Au surplus, le motif de l'exclusion des frères et sœurs en ce cas, est ainsi exprimé par l'art. 15, chap. 1.er de la coutume de Lille : *tant que la ligne directe dure, soit en ascendant, soit en descendant, ligne collatérale n'a lieu ; et n'a aussi lieu ligne directe en ascendant, tant qu'il y ait ligne directe en descendant.* Ce principe, du reste, est consacré par la plupart des coutumes flamandes, en matière de succession non féodale.

Note 26. — Page 667.

Brédenarde, échev. — Art. 15 : *de personnes raisonnablement aiziés de biens, un lict estoffé, une caière......*

Voyez tome I, p. 295, chap. II.

Note 27. — Page 671.

Ardre. — Art. 12 : *ses hoirs non bourgois viennent appréhender la succession, ils paient à la ville le dixiesme denier.*

Voir la note 12 de cette série.

Note 28. — Page 672.

Ardre.—Art. 17 : *payer waranghe aux overdrachs.*

La signification du mot *waranghe* ne nous est pas révélée par les coutumiers flamands. Il n'en est pas de même du mot *overdrachs* dont nous trouvons l'équivalent dans les articles 17 et 19 du titre 1:er de la coutume de Furnes, où l'on appelle deniers de *l'ovyne* les tailles qui sont décrétées pour l'entretien des canaux et des digues. Personne ne peut faire de digues en tous les canaux, aussi loin que *l'ovyne* s'étend. (Ibid. titre 39, art. 6.) Le *water-graf* est le commissaire chargé de constater les contraventions aux réglements sur la police des canaux et écluses (Pitgam, rub. 1, art. 4).— Les opper-water-graven, sont les comtes, les directeurs en chef des canaux de la châtellenie de Bercq-Saint-Winocx. (rub. 1, art 10.)

Ainsi *overdrachs* nous paraît se rattacher au même ordre d'idée que *oppergraff* ou *ovynegraff*, et c'est un point essentiel pour arriver à une conclusion à peu près raisonnable.

Note 29. — Page 672.

Ardre. — Art. 19 : *avoir en icelle ville et banlieue sa demeure et maison sienne.*

Fallait-il être propriétaire du terrain de la maison ? Le contraire semble résulter de l'art. 28 de la charte d'Oisy, qui autorise un bourgeois à bâtir sa demeure sur le terrain non amasé d'un autre bourgeois (II, 429). — A Chelers, un bourgeois pouvait vendre et démolir sa maison pour la transporter ailleurs, sans autre condition que de payer 2 sous parisis au seigneur qui restait propriétaire du manoir (II, p. 536, note 30).

NOTE 30. — PAGE 673.

ARDRE. — ART. 30 : *y a en ladite ville aman.*

Aman ou *amman* est un mot flamand qui, comme le mot allemand *amtmann*, se compose de deux racines *am* ou *amt*, charge, office, bailliage, et *mann* homme, et signifie homme investi d'une charge de judicature.

NOTE 31. — PAGE 675.

ARDRE. — ART. 31 : *par forme et manière de vuinghe.*
Vuinghe, *af-winninghe*. (Ypre, rub. 4, art. 14). *af-winninghe* (Gand, rub. 6, art. 11), signifie éviction : les chefs-cens, surcens et autres anciennes rentes héréditaires non rachetables sur aucunes maisons ou héritages roturiers sont exécutoires en eux-mêmes, et leurs arrérages peuvent être recouvrés par saisie, *pandinghe*, éviction et décret *af-winninghe ende decrete* (ibid)

NOTE 32. — PAGE 676.

ARDRE. — ART. 43 : *faire mettre assènement apparent.*

Assènement, *assignement* dans les coutumiers flamands : « Personne ne peut dépouiller aucun *assi-*
» *gnement* ou hypothèque de cateux, soit de maisons,
» d'arbres, de bois, de pierre, qu'il ne laisse l'hy-
» pothèque assez bon pour le rente y affectée. » (Berg-Saint-Winocx, rub. 10, art. 8.) Ainsi l'assènement est une sorte d'hypothèque qui affecte particulièrement les catheux et amasements d'un héritage ; c'est le gage du propriétaire rentier, de même que les meubles meublans sont la garantie du bail à loyer.

NOTE 33. — PAGE 679.

AUDRUICK. — PRÉAMBULE: *Ernould, comte de Guisnes.*
Le même probablement dont il est question dans l'article 1.er de la coutume de Guisnes. (Voir la note 18 sur cet article.)

NOTE 34. — PAGE 679.

AUDRUICK. — ART. 2 : *n'y a confiscation que de corps, pour quelque criesme, fors que de lèze-majesté et hérésie.*

« Qui confisque le corps, confisque les biens » était une maxime du droit coutumier qui ne s'appliquait pas dans les villes de bourgeoisie comme ATRAS, Saint-Omer, Lille, etc., excepté pour les cas de lèze-majesté et d'herésie. (Maillard, *Cout. d'Artois*, p. 317.

NOTE 35. — PAGE 681.

AUDRUICK. — ART. 16 : *exécution ou pandinghe.*
Ces deux mots sont synonimes. *Pand* en flamand, *pfand* en allemand, signifient gage, *pandinghe* et *pfandung*, saisie du gage.

NOTE 36. — PAGE 683.

AUDRUICK. — ART. 24 : *le mendachbourg.*
Le mendachbourg était une chambre composée de trois juges, qui tenait ses séances le lundi, *maendachs*. (Rousselaere, rub. 24, art. 1er.) — C'était, comme le reste de l'article l'annonce, une espèce de tribunal de conciliation qui avait pouvoir d'amener les parties à transaction et, dans le cas contraire, de les renvoyer à la prochaine *vierscare* ou *vierschare*. (Voir la note suivante.)

NOTE 37. — PAGE 683.

AUDRUICK. — ART. 24 : *à la prochaine vierscaire.*
A la différence du *mendachbourg*, qui n'était composé que de trois juges, la *vierscaire* était la réunion de tous les membres de l'échevinage en cour de justice. « On est de coustume et obligé de tenir la vier-
» schare par un banc entier de loy, c'est-à-dire com-
» posé de sept échevins au moins, en chambre ouverte,
» à la semonce et en la présence du seigneur ou *bailly*
» et de l'amman. (*Cout. de Gand*, rub. 1, art. 6.) »
Unde etiam tribunalia, nostrati vocabulo, vierschare, hoc est, quatriturbae nominantur, quia nimirum quatuor personnarum illic usus est, actoris, rei, judicis et baillivi. (Note sur l'article précité.)

NOTE 38. — PAGE 686.

PAYS DE L'ANGLE. — PRÉAMBULE : *ghiselhuus.*

« Dans la ville et chastellenie de Bercq-Saint-Wi-
» nocx, on a le pouvoir de donner la paix par otage
» (*by ghisele*), ce que l'on appelle communément
» asseurance. (Bercq-Saint-Winocx, rub. 3, art 1er.)
» Les eschevins de Bruges ont la faculté de mettre
» en arrêt, tant en matière civile que criminelle :
» *ghyselschap te leggen*. (Ville de Bruges, titre 26.
» art. 1er.) » *Ghisel*, dans l'acception propre du mot, veut dire prison ; *huus* ou *huys*, maison, et *ghiselhuus* ou *giselhuys*, maison d'arrêt, maison de détention, d'où il faut inférer que le *ghiselhuus* du Pays de l'Angle était la chambre criminelle où les

Note 39. — Page 687.

Pays de l'Angle. — Art. 5 : *kœurheers.*

Kœure en flamand signifie loi, statut, ordonnance ; *heer*, seigneur. Les *cœurheers*, les seigneurs, les échevins de la *keure*, avaient le pouvoir de faire des statuts et des ordonnances pour la police des bourgs.

Note. 40 — Page 687.

Pays de l'Angle. — Art. 7 : *l'assiette desdis wateringues.*

Ce mot est fréquemment employé pour désigner les canaux et les digues des Pays-Bas flamands. Les propriétaires riverains, pour cet objet, étaient imposés à une taille de 12 deniers par chaque mesure de terre. Or, la contribution des watringues, dans le Pays de l'Angle, s'élevant annuellement à 500 livres tournois, il en résulte que ce pays comprenait, dans la circonscription de ses quatre paroisses, une étendue superficielle de 10,500 mesures ou 4,200 hectares environ. (Voir *Cout. de la chât. de Bourbourg*, rub. 1, art. 9 et 11; et le règlement du grand canal de Blanquenberghe à la suite de la coutume du Franc de Bruges. — Le Grand, *Cout. de Flandre*, tome II.)

Note 41. — Page 688.

Pays de l'Angle. — Art. 9 : *l'amman ou escoutheteur.*

L'aman et l'écouteteur étaient deux ordres de fonctions distinctes. « Quiconque voudra traduire quelqu'un en justice, dans la châtellenie, il commencera par la saisie faite par le prévost *schout*, là où il y a office de prévost, sinon par l'*amman* de » la paroisse. (Bourbourg, rub. 8, art. 14.) — Le magistrat avec le prévot, *met den schout*, a le pouvoir de faire les ordonnances, édits statuts, etc. » (Ville de Bruges, titre 1.er, art. 2.) » Nous retrouvons la distinction de ces deux offices dans un titre en latin de la ville de Deuz près Cologne, en Westphalie : « Item tria sunt placita per annum que dicuntur judicia non indicta, quibus presidebit advocatus judex..... Item, si sunt pignora capienda, » *preco* sive *nuntius* advocati intrabit domum ad accipienda pignora...... Item, predicti *precones* sive » *nuntii* nullius concivi pignus capient, nisi sententia sit lata contra illum... Item, officiatus sive » *scultetus* domini Coloniensis, per totum annum, pre-» sidebit judicio, exceptis tribus temporibus, ut su-» prà dictum est. (Grimm, *weisth.* 3, p. 1.) » Ainsi, l'*aman*, *preco* ou *nuntius*, c'est l'officier chargé d'exécuter les mandats de la justice, de saisir et de faire vendre les gages affectés à la garantie des obligations ; l'escoutheteur, *écoutète* ou *prévôt* en français, *schout* en flamand, *schulteiss* en allemand, *scultetus*, *prepositus* en latin, c'est l'officier chargé de présider les plaids ordinaires, de requérir la déclaration du droit et de faire exécuter les jugements.

Note 42. — Page 688.

Pays de l'Angle. — Art. 12 : *que l'on nomme stellinghe.*

La *stellinghe* était une voie d'exécution ouverte au créancier d'une rente viagère ou rachetable, pour poursuivre le recouvrement de ses arrérages *achterstellinghe*. (Bourbourg, rub. 9.)

Note 43. — Page 693.

Pays de l'Angle. — Note finale : *le Pays de l'Angle est un démembrement de la châtellenie de Bourbourg.*

Ces deux pays ne sont séparés que par le cours de l'Aa. Mais, comme cette rivière formait la limite du comté de Flandre et de l'Artois, on doit en conclure que le démembrement s'est accompli à l'époque où le bailliage de Saint-Omer a été détaché de la première de ces deux provinces. L'analogie frappante qui existe entre les deux coutumes justifie, jusqu'à un certain point, l'assertion que le Pays de l'Angle et la châtellenie de Bourbourg ont été autrefois soumises à la même juridiction féodale..

Note 44. — Page 698.

Eperlecques. — Art. 25 : *les vérités d'aoust.*

Dans la 7.e série de ce recueil, nous avons rapporté un assez grand nombre de coutumes qui mentionnent les franches vérités et les *plaids généraux*. Celles de cette dernière série, quoique moins nombreuses, sont cependant beaucoup plus explicites sur l'objet de ces assemblées judiciaires. Ainsi, nous voyons, par les articles 5 et 6 des coutumes d'Eulle (p. 556), et de Biequennes (p. 558), que les franches vérités étaient un droit facultatif, et les plaids généraux un droit absolu pour le seigneur, haut ou moyen justicier ; que les franches vérités ne pouvaient avoir lieu qu'une fois l'an, et étaient obligatoires, sous peine de 60 sous parisis d'amende, pour tous les possesseurs de manoirs amasés ou amasables sur front de rue ; que les plaids généraux avaient lieu trois fois l'an, et étaient obligatoires, sous peine de 3 sous d'amende, pour tous les possesseurs de manoirs cotiers ou de terres labourables ; enfin, que les plaids généraux et les franches vérités avaient pour but de provoquer la révélation des délits commis dans l'intervalle d'une session à l'autre, et d'assurer au seigneur le profit des amendes qui étaient, pour ainsi dire, le seul mode de répression en usage.

La coutume d'Eperlecques nous présente ces assemblées sous un nouveau point de vue qui ne permet plus de les confondre. En effet, après les articles 15 à 24 qui énumèrent les prescriptions du ban d'août décrété par le bailli, les francs hommes et les échevins, vient l'art. 25 qui dispose que, une fois l'an, environ le mois de septembre, les bailli, francs hommes et échevins, après l'avoir fait annoncer et publier à l'avance, peuvent tenir la vérité d'août où tous les sujets couchans et levans de la châtellenie sont tenus de comparaître, sous peine de 60 sous parisis d'amende.

Avant de clore la séance, le greffier donne lecture des ordonnances et réglements du ban de mars, qu'on doit publier de nouveau vers le milieu de ce mois.

Ces réglements, qui font l'objet des articles 27 à 37, sont suivis de la disposition qui prescrit la tenue des plaids généraux, lesquels ont lieu trois fois l'an, après les trois nataux, savoir : Noël, Pâques et la Pentecôte. L'obligation d'y comparaître n'est pas seulement relative à tous les sujets couchans et levans, elle incombe également à tous ceux qui possèdent des terres labourables dans la châtellenie, et il n'y a que 3 sous d'amende contre les défaillans. (Voir la note suivante.)

NOTE 45. — PAGE 699.

EPERLECQUES. — ART. 38 : *trois fois l'an plaids généraux*.

Ces assemblées, moyen d'action si puissant et si énergique pour la société barbare qui a détruit, en Europe, la civilisation romaine, au sein desquelles se décrétaient les lois, se votaient les impôts, se recensaient les populations, se recrutaient les milices et se tranchaient les questions de paix et de guerre, de vie et de mort, de liberté et d'esclavage, ces assemblées qui constituaient la représentation de toute la hiérarchie sociale, où se débattaient les plus graves intérêts politiques, comme les plus minces intérêts privés, ne nous apparaissent, au commencement du XVI.ᵉ siècle, que comme les ruines de ces pyramides dont le temps a détruit les assises supérieures et dont il

ne reste plus que la base, car les placités, à cette époque, ne sont plus en usage que dans les campagnes, et n'ont plus d'autres organes de leurs résolutions que les officiers des justices subalternes, et d'autres témoins que les grossiers paysans qui y viennent payer les termes de leurs redevances seigneuriales.

Sous la première et la seconde race, le plaid général n'était obligatoire que pour les hommes libres qu'on ne pouvait contraindre d'y assister plus de trois fois l'an ; mais, après la mort de Charlemagne et la dislocation de son empire, les hauts seigneurs devenus tout puissans dans leurs principautés, se firent de ces assemblées un moyen d'oppression. En effet, tous les actes du XI.ᵉ et du XII.ᵉ siècle sont une protestation des évêques et des abbés des monastères, contre les prétentions que leurs avoués ou leurs vidames soulevaient à cette occasion. Ces délégués de leur puissance temporelle torturaient, pressuraient leurs sujets par toutes sortes d'exactions. Ils convoquaient des plaids selon leur bon plaisir. Ils y venaient avec une suite nombreuse qu'il fallait héberger et nourrir, avec des chevaux, des chiens, des éperviers auxquels il fallait aussi une provende. Ils forçaient les hommes liges, les hommes libres, les serviteurs et les censitaires des abbayes à y assister, sous peine d'amendes exorbitantes, à y rester pendant trois et quatre jours à leurs frais et dépens. (MSS. de la Bibl. nat., fonds *Corbie*. Cart. 19, f.° 9.) Une bulle du pape Nicolas II, de l'an 1055 environ, confirmative d'une charte de Godefroy, duc de Lorraine, défend aux avoués de Verdun de convoquer plus de trois plaids généraux par an, d'y venir en trop grand appareil, d'exiger pour la dépense de leur table d'autres prestations que celles qui proviennent de la recette en nature, et de s'attribuer plus que le tiers du produit des amendes, déduction faite des frais généraux occasionnés par la tenue du plaid. (Brussel, *Usage des fiefs*, tome II, pièces justificatives.) Le bénéfice qu'ils retiraient des condamnations pour crimes et délits, les excitaient à chercher des coupables, à provoquer, à encourager les dénonciations, à recourir à des inquisitions secrètes qui servaient de fondement ou de prétexte à leurs poursuites. (Tome I, p. 257, notes 2 et 3.)

A partir de la fin du XIII.ᵉ siècle, c'est le *præpositus*, dans les seigneuries ecclésiastiques, qui remplace l'avoué comme président des diètes annuelles, de même que les seigneurs laïques font tenir celles de leurs seigneuries par leurs baillis et leurs prévôts. A mesure que leur intérêt à y assister diminue, leur présence y est moins nécessaire et ils s'abstiennent d'y paraître. En 1209, le prévôt royal tenait encore trois plaids généraux, à Noël, à Pâques et à la Pentecôte, dans la ville d'Amiens, pour la recette des revenus du domaine. (I, p. 74, 46.) En 1292, la commune, moyennant un traité à forfait de 690 livres par an, acquit la prévôté, et les officiers du fisc ne vinrent plus tenir les trois sessions du plaid général. (Ibid. p. 80.)

Ainsi disparut peu à peu, en France, l'usage des plaids généraux, mais il en resta encore quelques traces dans le voisinage de la Flandre, parce que l'Artois, jusqu'à l'Authie, resta soumis à la domination de la maison de Bourgogne. De là vient, sans doute, que les coutumes de cette partie importante du bailliage d'Amiens offrent tant de rapport avec celles des pays flamands et avec les weisthümer de la Westphalie. On est donc porté à croire que les pâtres saxons des bords du Weser que Charlemagne transplanta vers la fin du VIII.e siècle, ont apporté avec eux, dans leur bagage d'émigrants, ces coutumes si conformes aux mœurs et aux traditions de leur patrie d'origine.

Voir les preuves dans les notes 18, 60, 64, 65 de la 6.e série; 19, 31, 46, 57, 66, 72, 120, 149, 166, 173, 175, 176, 199, 206, 224 de la 7.e série.

FIN DE LA HUITIÈME EN DERNIÈRE SÉRIE.

GLOSSAIRE

DES MOTS EMPRUNTÉS AUX DIALECTES ROMAN, PICARD, WALLON ET FLAMAND, DONT L'EXPLICATION PEUT FACILITER L'INTELLIGENCE DES TEXTES DES COUTUMES DE CE RECUEIL.

NOTA. Les mots du patois picard sont indiqués par un *P*, et les mots restés sans explication par ce signe ....?

A.

ABOULT, ténement, héritage : *Gouy* 3, II, 305. ABOUT, *Pays de l'Angle* 12, *ibid.* 688, ATBOUT, ABOUT : texte fl. de la cout. de Bourbourg, r. 9, art. 1 et 3.

ACATER, *P.* acheter : *Corbie* 11, I, 286.

ACCATER, *Thun* 17, II, 484,

ACHATTER, *Fillieffes* 8, II, 109.

ACHEPTER, accepter : *Brédenarde* II, 664.

ACOURSAIGES, droit seigneurial de 6 deniers pour chaque tête de bétail à pied fourchu : *Oignies* 28, II, 413.

ADEMENRER, diminuer, déprécier : *Pays de l'Angle* 23, II, 690.

ADITÉ, *P.* invariable : *Guines* 10, II, 661.

ADOSER, approcher pour frapper : *Baralle* 38, II, 455. Il ADOISE, *ibid.* 28, 453.

ADRECHER, adresser : il ADRECHE à ly : *Baralle* 56, II, 458.

ADVANCHIER, *P.* avantager : *Guines* 20, II, 663.

AFFAITIÉ, (bâton) garni d'une masse ou d'un bout ferré : *Ocoche* 13, II, 149. — AFFAICTIÉ : *Lillers* 45, II, 381.

AFFERMER, affirmer, certifier : *Fauquemberg* 34, II, 652.

AFINCELLER, conduire avec une corde : *Baralle* 68, II, 459.

AFFOLER, *P.* blesser : *Marquion* 73, II, 442 ; se dit aussi des chiens auxquels on pratique une ligature au jarret pour les empêcher de courir : *Hesdin* 130, II, 620.

AFFOLURE, *P.* blessure, plaie : *Authieulle* 13, II, 58.

AFFORAIGE, taxe du prix des boissons vendues en détail : *Guines* 21, II, 663.

AGARD, inspecteur des vivres : *Molliens-Vidame* 24, I, 186. — AGARDER. (V. ESWARD.)

AGNEL, anneau, bague : *Corbie* 20, I, 295.—AGNEL, agneau : *Avesnes* 28, II, 290.

AGUET (fait d'), guet-à-pens : *Fauquemberg* 12, II, 650.

AHAN, terre labourée : *Baralle* 127, II, 468.—AHANABLES (terres) : *Euille* 6, II, 656. — AHANER, labourer : *Authieulle* 4, II, 57.

AHENNAGE, labourage : *Oisy* 3, II, 423. — AHENNER, labourer : *Oignies* 46, II, 415.

AINCHOIS. *P.* avant : *Ames* 8, II, 515.

AINCOIRES, *P.* encore : *Brédenarde* 6, II, 665.

AISE-DE-VILLE, servitude communale, chemin, passage : *Thun* 35, II, 487.

AIUS, *P.* aide, secours ; avoir en AÏUS, avoir en aide : *Baralle* 22, II, 452.

AMAINECHE, *P.* du verbe amener : qu'il les AMAINECHE en le maison : *Baralle* 97, II, 463.

AMENRIR, amoindrir, distraire : *Baralle* 7, II, 449.

ANEMIS, ennemis : *Guines* 1, II, 660.

ANETTES, *P.* canards femelles : *Raincheval* 23, II, 222.

ANGOISSES, pigeons : *Foncquevillers* 13, II, 280.

ANIERS...? terme forestier, buissons, haïures et ANIERS: *Boves* 12, I, 170.

ANONCHER, *P.* annoncer : *Baralle* 53, II, 457.

ANTENOIS, *P.* agneau d'un à deux ans : *Oisemont* 2, I, 412.

ANTES, tantes : *Pernes* 4, II, 231 ; *Senghein-en-Weppes* 23, *ibid.* 352.

APPARE, pour apparaisse : *Guines* 7, II, 661.

APRAITI, en nature de pré : *Fieffes* 1, II 106.

APPIAUX, pluriel d'appel : *Baralle* 4, II, 448.

APPOYE, verbe. Se APPOYE pour s'appuie : *Riquebourg, charte*, 5, II, 501.

APPRAYER, mettre en prairie : *Pernes* 2, II, 628.

APPREYS, (Voyez APRAITI) : *Regnauville* 10, II, 628.

AQUATTER, *P.* acheter : *Conchy* 11, II, 91.
ARDOIR, brûler : *Ardre* 2, II, 670.
ASSAIER, *P.* goûter, essayer les vins : *Corbie* 2, I, 288.
ASSEIR, asseoir : *Ecourt* 6, II, 521.
ASSÈNEMENT, amontement mobilier d'une maison grevé du privilége du bailleur à rente : *Ardre* 43, II, 676.
ASSINER, *P.* assigner, citer : *Baralle* II, 448.
ASSIR, *P.* asseoir : *Saint-Riquier* 7, I, 512.
ASSOCHIER, associer : *Thun* 3, II, 483.
ATTAINDE, *P.* pour atteigne : pourveu que le condempnation ATTAINDE ladite somme : *Fauquemberg* 20, II, 649.
ATAUX de l'an, jours dataux ; *dies datales* : *Thun* 20, II, 485. (V. NATAUX.)
AUMAILLES (bêtes d'), par opposition aux bêtes à cornes et aux chevaux : *Frohens* 12, II, 119. (V. HOMMAILLES.)
AUMOSNIER, donataire : *Cunchy* 15, 2. 239.
AVANCHIER, avantager : *Aubigny* 5 II, 297.
AVANT, *P.* au milieu, à travers, dans, partout : *Fauquemberg* 8, II, 650.
AVEUCQUES, *P.* avec : *Baralle* 5, II, 447.
AVOESMES, *P.* du verbe *avoir* : *Baralle* 22, II, 453.
AWARE, inspection des vivres : *Blangy* 17, II, 77.
AWES, oisons : *Oisy* 10, II, 426 : *Thérouanne* 11, II, 694.

B.

BACHIN, *P.* bassin de cuivre : BACHIN DU REWIS, pour recevoir les offrandes qu'on fait aux nouveaux mariés : *Hestrus* 1, II, 242.
BACQUES, bateaux : *Brédenarde* 24, II, 668.
BACQUET, bateau : *Thun* 43, II, 488.
BANNÉE du bois, droit d'usage : *Pernes* 34, II, 256.
BANNIER, sujet à la banalité du four ou du moulin : *Pernes* 23, II, 254.
BANS, arrêtés municipaux ; BANS de mars, BANS d'août : *Garghetel* 6, II, 407.
BARAULX, espèce de mesure de capacité pour le pastel : *Lens* 41, II, 339.
BELOS...? quemynée nétoyée et BELOS entretenus : *Libercourt* 7, II, 405.
BENNEL, espèce de charrette : *Thun* 42, II, 488.
BIAULX, *P.* pluriel de BEAU : *Fauquemberg* 1, II, 653.
BIEFFEUZE, *P.* terre BIEFFEUZE, terre grasse et compacte en temps humide : *Brucamp* 2, I, 478.
BILLATRES, *P.* moutons châtrés: *Oisemont* 2, I, 412.
BILLE (bois de), mesure pour la dimension des fagots : *Pernes* 34, II, 256.

BINOTER, *P.* labourer légèrement : *Sus-Saint-Léger* 9, II, 234.
BISAILLES, *P.* espèce de pois cultivés pour le fourrage : *Eperlecques* 24, II, 698.
BLANQUE, *P.* blanche : *Foncquevillers* 13, II, 280.
BOCHE, terme de serrurerie ; treilles à BOCHE : *Saint-Riquier* 7, I, 512.
BOIN, *P.* bon : *Baralle* 2, II, 447.
BOIRE-BOULLIZ, bière, cervoise: *Senghein-en-Weppes* 34, II, 354.
BOISETER, ramasser du bois sec dans les coupes : *Bourrech-sur-Canche* 10, II, 82.
BOISTELLÉE, contenance en terre de deux mesures moins un quartier : *Marquion* 14, II, 436.
BOITEL, BOITAULX, boisseau : *Hébuterne* 8, II, 282.
BONNYER, mesure agraire, arpent de Flandre, *Libercourt* 1, II, 404.
BOS, *P.* bois : *Prousel* 5, I, 191.
BOSQUIAUX, bosquet: *Oignies* 51, II, 415.
BOSQUILLON, bûcheron : *Saint-Valery* 18, I, 424.
BREGIERS, *P.* bergers : *Pernes* 37, II, 250.
BRINBE, *P.* bribe, tranche, BRINBE de fromage : *Houdain* 19, II, 318.
BROCHE, BROQUE, cheville de bois pour tirer le vin vendu au détail : *Corbie* 6, I, 289.
BROCQUE, *P.* (vendre à), vendre du vin au détail : *Pernes* 25, II, 255.
BOULINGINCE ; que nulz taverniers ne BOULINGINCE ne faichete point de pain que de 1 denier : *Baralle* 176, II, 477.
BOULLIR, *P.* bouillir, jeter dans l'eau bouillante : *Ardre* 2, II, 670.
BOUQUE, *P.* bouche : *Baralle* 10, II, 449.
BOUQUETER, ramasser du bois : *Regnauville* 18, II, 628.
BOUTER, *P.* placer, mettre : *Avesnes* 4, II, 287.
BUÉE, *P.* lessive : *Thun* 52, II, 489.
BUICES, seaux pour porter l'eau à la main : *Thun* 52, II, 489.
BUISETTE, BUSETTE, fossé d'égoût : *Thun* 46 à 49, II, 489.
BUSE, aqueduc : *Thun* 53, II, 489.

C.

CACHER, *P.* chasser : *Baralle* 76, II, 460.
CACHEUS, *P.* chasseurs, chasse-marées : *Houdain* 16, II, 311.
CAIGNON, *P.* espèce de chaîne en bois ou en fer qui réunit les deux parties de la charrue : *Beauval* 2, II, 71.

GLOSSAIRE.   (719)

CAINAGE, *P.* droit de placer des chaînes sur les rivières navigables dans un but fiscal : *Guines* 21, II, 663.
CAIÈRE, en picard CAÏELLE, chaise : *Brédenarde* 15, II, 667.
CALENGE, poursuite judiciaire : *Avesnes* 3, II, 291.
CALUMPNIE, trouble dans la possession : *Gamaches* 29, I, 403.
CAMBAIGE, droit de fabrication sur la bière : *Eperlecques* 44. II, 700.
CAMBE, brasserie : *Corbie* 23, I, 286.
CAMBIERS, brasseurs : *Marquion* 44, II, 439.
CAMBRE, *P.* chambre : *Riquebourg* 17, II, 504.
CANDEILLE, *P.* chandelle : *Pays de l'Alleu* II, 449.
CANVRES, *P.* chanvres : *Conchy* 15.
CAR, chair, viande : *Oisy* 29, II, 428.
CAR, CARRETTE, *P.* charriot, charrette : *Corbie* 8, I, 289.
CARIER, *P.* charrier : *Toutencourt* 13, II, 226.
CARNEULX (amis), amis charnels, parens : *Audruick* 32, II, 685.
CARRIECHE, *P.* que nulz ne CARRIECHE devant soleil ne aprez : *Baralle* 60, II. 458.
CARTONS, charretiers : *Baralle* 144, II, 469.
CARUE, *P.* charrue : *Beauval* 14, II, 67.
CAVELICHE, capitation, cens personnel : *Corbie* 27, I, 287.
CAUCHIE, *P.* chaussée : *Saint-Riquier* 36, I, 501.
CAUCHIET, participe, CHAUSSÉ : *Baralle* 27. II, 453.
CAUFFER, *P.* chauffer : *Fonchevillers* 15, II, 280.
CENSSE, *P.* ferme : *Ecourt* 8, II. 522.
CENSE, CENSIER, *P.* ferme, fermier : *Caumaisnil* 14, II, 229.
CEOLLE, du verbe *céler* : il CEOLLE, il ment : *Riquebourg* 24, II, 506.
CERCOMMANEMENS, chevauchées de la justice pour l'inspection des flégards : *Corbie* 2, I, 290.
CERQUEMANANS, ceux qui font la visite et l'inspection des flégards : *Ames* 7, II, 514.
CHAINGLES...? *Oignies* 51, II, 415.
CHINTE...? terme de boucherie, instrument pour accrocher la bête tuée : *Thun* 27, II, 486.
CHAR, *P.* chair, viande : *Molliens-Vidame* 20, I, 186.
CHEP, prison pour dette : *Baralle* 94 ; II. 462.
CHERCLES, sergens de nuit : *Corbie* 2, I, 289.
CERQUEMANER, de *circumire*. (Voir CERCOMMANEMENS.
CHERQUER, rôder, faire patrouille : *Corbie* 65, I, 307.
CHEULX, *P.* pour CEUX : *Hébuterne* II, 286.
CHIERF, cerf : *Hesdin* 126, II, 619.
CHIMETIÈRE, *P.* cimetière : *Chelers* 12, II, 238.
CHIMENTIÈRE, cimetière : *St.-Amé* 1, II, 519.
CHINES, *P.* cygnes : *Prousel* 4, I, 191.

CHIRE, *P.* cire : *Beauquesne* 16, II, 208.
CHOILLE (il), il cèle, il cache : *Airaines* 19, I, 377.
CHOQUE, *P.* souche de parenté : *Pernes* 7, II, 252.
CLAIN : *Pernes* 6, II, 161. — CLAM : *Caumont* 3, II, 87. — CLAMEUR : *Airaines* 29, I, 379, du latin *clamor* ; plainte, demande en justice.
CLEUX, *P.* cloux : *Hébuterne* 35, II, 286.
CLOCQUE, *P.* cloche : *Houdain* 17, II, 318.
COEURFRÈRES, jurés d'une commune flamande, frères de loi : *Pays de l'Angle* 15, II, 689.
COEURHEERS, *Fl.* seigneurs de la loi, échevins spéciaux pour la police : *Pays de l'Angle* II, 686.
COEURINGHES, *Fl.* statuts, règlements municipaux des pays flamands : *Pays de l'Angle in fine* II, 692.
COEUVRE, du verbe *couvrir* : elle COEUVRE et DESCOEUVRE, en parlant de la mer pour exprimer l'action du flux et du reflux : *Anssenne* 3, I, 381 : *Bercq* 4, II, 607.
COEUVRE, cuivre : *Houdain* 7, II, 316.
COIHIER, COHIER, cahier : *Oisy* II, 417 : *Baralle in fine*, ibid. 478.
COILLE (il), *Oisy* 24, II, 428. (V. CHOILLE.)
COISIAUX, dizeaux ; qui wastent COISIAUX de blé ne d'avaine : *Baralle* 122, II, 467.
COMPENAIGE, pâtisseries, *Thun* 20, II, 485.
CONCHIURE, traduction du mot IMMUNDICIA : *Amiens*, charte latine 40, I, 72 ; et charte romane 40, I, 73.
CONNINS, lapins : *Airaines* 26, I, 378.
CONJURE, réquisition : *Arras* 15, II, 268.
CONNOISEURS, complices d'une voie de fait, faisant noise ensemble : *Brédenarde* 16, II, 667.
CONSAULX, pluriel de *conseil*, consultations : *Baralle in fine*, II, 478.
CONSCIENCHE, *P.* et *wallon*, conscience : *Baralle* 2, II, 446.
CONSENT (ils), ils consentent : *Pays de l'Angle* 28, II, 690.
CONTINUEULX, continuels : *Oignies* 9, II, 412.
COPER, *P.* couper, abattre : *Corbie* 1, I, 281.
CORÉES, tripes de cochon : *Fonchevillers* 3, II, 280.
COROUWEZ, corvées : *Marquion* 6 et 8, II, 435.
COSES, *P.* choses : *Corbie* 17, I. 286.
COSTERES, terme forestier ; fagos de V piez de COSTERES : *Pernes* 34, II, 256.
COUCQUE, lit : *Thun* 7, II, 483.
COUCQUIÉ, *P.* couché, *ibid.*
COULLER, bélier ; char de thorel, ne de COULLER, ne de ver : *Hébuterne* 11, II, 281.
COULLETIER, courtier : *Ecourt* 12, II, 523.
COUP, traduction du latin *wisloth*, cocu, injure, *Amiens* 41, I, 72, *ibib.* 73. (V. *ibid.* note 29, p. 113.
COUQUANS, *P.* couchans : *Amiens* 26, I, 80.

COURSIE, course des moutons occasionnée par une terreur soudaine : *Hébuterne* 5, II, 282.
CULLAGE. *maritagium*, droit de la première nuit des noces : *Drucat* 17, I, 484.
CUISTURES, choses cuites : *Frohens* 8, II, 119.
CUIRET, repas de bien-venue : *Lillers* 6, II, 376.
CUINGNIE, P. cognée, hâche : *Baralle* 27, II, 453.
CROVÉE, corvée : *Oisy* 5, II, 424.
CRIESME, en flamand CRIEM, crime : *Pays de l'Angle* 5, II, 687.
CREMEUR, crainte : *Baralle* 109, II, 466.
CRAISSEON, graisses : *Hébuterne* 11, II, 281.
CRAS, gras : *Foncquevillers* 13, II, 280.
CRAIE (marc de), marc d'argent : *Pernes* 34, II, 256.
CRACHIERS, marchand de graisse : *Senghein-en-Weppes* 39, II, 355.
COUVRAINES, P. temps des semailles d'automne : *Arquèves* 5, II, 57.
COUTIAUX, P. couteaux : *Marquion* 34, II, 439.
COURTIEUX, courtils, jardins : *Baralle* II, 459.

D.

DAMAIGE, dommage : *Oisy* 43, II, 430.
DARRENIERS, derniers ; *Croisettes* 9, II, 94.
DARRAIN, P. dernier : cil DARRAIN enffant avec les premierains : *Riquebourg* 19, II, 505.
DÉLICQUER, commettre un délit : *Heuchin* 30, II, 633.
DEMAINE, domaine : *Oisy* 5, II, 418.
DEMANDECHETE (qu'ils), qu'ils demandent : *Baralle* 15, II, 450.
DÉMÉRITE, méfait, forfait : *Ardre* 2, II, 670.
DENONCHIER, P. dénoncer : *Guines* 6, II, 660.
DENUNCHIER, P. *Beauval* 16, II, 67.
DÉRAIN, P. dernier : *Lens* 16, II, 333.
DERRAIN, dernier : *Foncquevillers* 5, II, 278.
DERRÉE, denrée : *Corbie* 7, I, 289.
DESAVÈGLES.....? que nulz ne laisse aller ses pourchaulx desavegles : *Eperlecques* 37, II, 699.
DESCAMER, gagner son procès ; desquelz cil qui DESCAME a 2 solz : *Riquebourg* 7, II, 502.
DESCERGIER, décharger, dégager : *Audruick* 7, II, 680.
DESCHENDENTE (ligne), ligne descendante : *Brédenarde* 14, II, 667.
DESCHENDUS P. descendus : *Brédenarde* 3, II. 665.
DESCLICHER, diviser, morceller par des partages : lesdis manoirs ne se DESCLICHENT point : *Chap. d'Arras* 4. II, 517.
DESCOUTENGIER, dégager sa caution : *Hébuterne* 28, II, 285.

DESPOUILLECHE P. (ainchois qu'il) avant qu'il dépouille : *Ames* 8, II. 515.
DESQUERQUOIR, P. quai de déchargement : *Thun* 39. II, 488.
DESRAISNIER, du latin *dirationare*, se défendre par des preuves : *Amiens* 6, I, 64, 65.
DESRENGS, P. bornes ; DESRENGUIER, placer des bornes : *Authieulle* 10, II, 58.
DÉROGUIER, déroger : *Pays de l'Angle*, *in fine* II. 692.
DESTOURBER, P. inquiéter, molester ; du latin *disturbare* : *Amiens* 3, I, 63, 62.
DESTRAIN, litière des bestiaux. (V. ESTRAIN.)
DESWAGIER, saisir le gage : *Hébuterne* 30, II, 285.
DEWERPIR, déguerpir : *Corbie* 33, I, 299.
DEWEST, dessaisine : *Lambres* 1, II, 479.
DICAIGES, du flamand *dicken*, digues : entretien, réparation des digues de la mer : *Pays de l'Angle* 7, II, 687.
DIMENCE, dimanche : *Fillieffes* 8, II, 109.
DOHÉE...? terme de boucherie : *Pernes* 12, II, 264.
DOICHE, P. pour doive : *Baralle* 104, II, 465.
DOIVENTE, P. doivent ; orthographe conforme à la prononciation : *Drucat* 11, I, 483.
DOLOIRE (se), porter plainte : *Baralle* 30, II, 454.
DOUAIGIERE, douairière, femme veuve qui jouit d'un douaire : *Oisy* 7, II, 419.
DRAVIES, P. fourrage de grains mêlés : *Beauval* 28, II, 28.
DRAVYS, P. dans le même sens : *Beauquesne* 8, II, 207.
DRAPEAUX, langes : *Beauquesne* 17, II. 208.
DUCASSE, fête patronale : *Saint-Mauviz* 3, I, 422.
DUSQUE, du latin *usque*, jusque ; DUSQUE à bon compte : *Baralle* 5, II, 448.

E.

EDECHE P. (qu'il en), qu'il en aide ; du verbe *édier*, aider : *Baralle* 98, II, 464.
EDIER, aider : *ibid.* 13, 450.
ENBLAIÉ, P. encombré : *Blangy-Ternois* 19, II, 77.
ENCAINER. P. enchaîner : *Hesdin* 130, II, 620.
ENCARIER, P.mener en charriot : *Houdain* 4, II, 314.
ENCOMBRIER, encombrer : *Eperlecques* 42, II, 699.
ENFORT, du latin *inforciare*, violence, assaut, lutte : *Gamaches* 7, I, 400.
ENHUSCHER, enfermer, mettre dans un coffre : *Wancourt* 22, II, 276.
ENSILLER, P. dépenser, employer : *Boves* 15, I, 170.
ENSOINNE, excuse : *Busne* 3, II, 701.
ENTERCE, du verbe *entercer*, en latin *interciare*,

GLOSSAIRE. (721)

poursuivre sur un tiers la revendication d'une chose : *Amiens* 31, I, 71, 70.

ENTERS (faux). V. ENTERCE : *Amiens* 26, I, 88.

ERBILLEURS, ERBILLERESSES, qui cueillent de l'herbe dans les grains : *Baralle* 71, II, 460.

ESCAMELLE, P. lame de couteau : *Authieulle* 13, II, 58.

ESCANGE, échange : *Riquebourg* 21, II, 505.

ESCARSER ou ESTARSER, taxer : *Beaurains* 8, II, 604.

ESCAVAIGES : *Guines* 8, II, 661. — ESCHEVAIGES, *Pays de l'Angle* 7, *ibid.* 687. — ESCAUWAIGES : *Brédenarde* 21, *ibid.* 668, du flamand *schauwinge*, visite, inspection des digues et écluses. V. la cout. du Franc de Bruges, art. 60. (Legrand, *Cout. de la Flandre*, tome II.

ESCHAULX, cours d'eau, fossés d'égoût : *Saigneville* 6, I, 419.

ESCHEVER, esquiver, éviter, prévenir : *Beaupré* 16, I, 166.

ESCLICHÉ, séparé, distrait : *Fortel* 7, II, 115.

ESCLICHIER : *Oisy* 1, II, 417.

ESCOISELLER, écosser, faire tomber les grains : *Baralle* 141, II, 469.

ESCONSSANT (soleil), P. soleil couchant.

ESCONSSÉ (soleil), P. soleil couché : *Airaines* 35, I, 380.

ESCOUTHETEUR, du flamand *schout* : prévôt, officier de justice : *Pays de l'Angle* 9, II, 688.

ESCOUVETTE, enseigne de taverne : *Aix* 12, II, 341.

ESCUMENÈS, excommunié : *Baralle* 4, II, 448.

ESLAVER, couper, élaguer : *Cambelain* 3, II, 230.

ESPAYSEZ, expatriés, absens : *Brédenarde* 6, II, 666.

ESPAVISÉES, effarouchées ; se dit des bêtes sauvages et du gibier : *Hesdin* 139, II, 621.

ESPOURUVEMENT (guerre d'), guerre de nécessité : *Oisy* 35, II, 429.

ESPUCHIER, creuser un puits, un trou : *Houdain* 5, II, 314.

ESTALACHER, ouvrir un étalage de marchandises : *Yzeux* 4, I, 526.

ESTARSAGE ou ESCARSAGE, droit de vente des héritages en bourgage : *Houdain* 51, 56, II, 326.

ESTEUCELER, réserver les éteules : *Mézerolles* 27, II, 140.

ESTIQUIER, P. enfoncer des pieux : *Hesdin* 134, II, 620.

ESTOC, P. pieu, piquet : *Corbie* 21, 226.

ESTOCQUIS, bois récépé : *Houdain* 12, II, 316.

ESTOUPPER, boucher, fermer : *Eperlecques* 39, II, 699.

ESTRAIN, paille pour le ratelier ; DESTRAIN, paille pour la litière des chevaux : *Herlies* 2, II, 528.

ESTRAYE, objet perdu, trouvé sur les chemins, de *strata*, *estrée*, chaussée : *Epinoy* 7, II, 399.

ESTRÉES, dans le même sens : droit d'espaves et ESTRÉES : *Oisy* 19, II, 421.

ESTREURE, treuil d'un puits : *Brucamp* 6, I, 479.

ESWARDS, inspecteurs des marchandises : *Avesnes* 29, II, 290.

ESWARDEURS, dans le même sens : *Amiens* 18, I, 78.

EXTENSILLES, UTENCILLE, ustensiles : *Oisy* 12, II, 420.

F.

FACHON, façon : *Foncquevillers* II, 281.

FAICHETE (qu'ils) pour qu'ils fassent : *Baralle* 176, II, 477.

FAICHON, façon : *Brédenarde* 6, II, 666.

FAING, P. foin : *Auxi* 29, II, 60.

FAINTISE (soubz), sous prétexte : *Mézerolles* 10, II, 139.

FARDEL, fardeau : *Thun* 52, II, 489.

FAUCHILLON, petite faucille : *Orville* 3, II, 132.

FAULT, du verbe *faillir* : qui FAULT eschiet en amende : *Foncquevillers* 10, II, 279.

FAUQUE, P. faulx : *Senghein* 27, II, 353.

FAUQUIER, P. faucher : *Beauquesne* 8, II, 207.

FAUROIT (il), P. il faudrait : *Baralle* 7, II, 449.

FÉDERACION, accord, engagement réciproque : *Fauquemberg* 9, II, 653.

FÉRIESMES (nous), nous ferions, nous FÉRIESMES et jugeriesmes ainsi : *Baralle* 22, II, 453.

FERME, coffre, chartrier : *Senghein-en-Weppes* 5, II, 354.

FEUCQUIER, P. faucher : *Senghein-en-Weppes* 28, II, 353.

FEUE, du verbe *fouir*, bêcher : *Corbie* 7, I, 281.

FEUR, taxe, prix : *Corbie* 13, I, 286.

FIE et POURFIE...? terme de boucherie : *Pernes* 12, II, 264.

FIENS, P. fumiers : *Beauval* 26, II, 72.

FIERT, de férir. Il FIERT, il frappe : *Fieffes* 12, II, 106.

FIEULX, P. fils : *Brestel* 9, II, 85.

FINER, financer. Il FINERA d'argent comptant, *Amiens* 8, I, 85.

FINS, du latin *fines*, limites : *Ococke* 3, II, 147.

FLASTRE, marque, empreinte des poids et mesures : *Baralle* 138, II, 469.

FLASTRIER, marquer : *Aubigny* 34, II, 300.

FLATRIR, P. dans le même sens : *Avesnes* 25, II, 290.

FLOT, P. mare : *Beauquesne* 17, II, 209.

FOEUE (il), du verbe *fouir*, bêcher : *Hébuterne* 24, II, 285.
FOINE ou FOINNE, *P.* espèce de trait qu'on lance avec la main pour pêcher le poisson de rivière : *Fauquemberg* 4, II, 644.
FORCHELER, recéler : *Favières* 11, I, 487.
FORCHER, *P.* forcer : *Lens* 24, II, 338.
FORGIER, huche, armoire : *Corbie* 20, I, 295.
FORJUGIER, adjuger : *Montreuil* 13, II, 599.
FOUC, troupeau : *Baralle* 76, II, 460.
FOUIER, foyer : *Hébuterne* 35, II, 286.
FOUR, troupeau : *Hébuterne* 5, II, 282.
FOURCHELLER, recéler, cacher : *Brestel* 22, II, 85.
FOURCONS, *P.* perches, bâtons servant à l'usage du four : *Bourrech* 2, II, 81.
FOURCU, *P.* fourchu : *Adinfer* 25, II, 270.
FOURCQ, *P.* carrefour de chemins : *Fauquemberg* 6, II, 644.
FOURMENT, froment, blé pur : *Epinoy* 28, II, 403.
FOURNIER, verbe, cuire au four : *Bourrech* 2, II, 81.
FOURQUE, *P.* fourche en fer : *Baralle* 161, II, 472.
FOURQU, *P.* fourchu : *Boubers-sur-Canche* 6, II, 81. (V. FOURCU.)
FOURQUES, *P.* gibet, fourches patibulaires : *Airaines* 15, I, 377.
FOUS, troupeau : *Oisy* 10, II, 425.
FOUX, dans le même sens *Marquion* 22, II, 437. (V. FOUC et FOUR.)
FRECQUE, *P.* fraîche, récente ; FRECQUE poursieute, poursuite récente : *Toutencourt* 23, II, 227.
FREGEL, huche, armoire : *Daours* 14, I, 308. (V. FORGIER.)
FRESTE, partie de la cheminée qui est au-dessus du toit : *Libercourt* 7, II, 405.
FRISSINGUE...? terme de boucherie : *Pernes* 12, II, 264.
FRETTÉ, FERTÉ, château fort : *Fauquemberg* 6, II, 645.
FU, *P.* feu : *Baralle* 147, II, 469.
FUELLE, *P.* bois à FUELLE, bois à brûler : *Brucamp* 4, I, 479.
FUILLE, dans le même sens : *Oisy* 20, II, 427.
FUIRETER, fureter, chasser au furet : *Airaines* 26, I, 378.
FUIRONS, furets : *Boves* 1, I, 169.
FUMELLES, *P.* femelles : *Belles-Witasse* 23, II, 274.
FURONS, furets : *Houdain* 24, II, 312.
FUZ, *P.* feux : *Beauquesne* 24, II, 209.

G.

GALLE, l'ouverture du trou de la bonde : chincq patulx mesurés entre GALLE et vin, c'est-à-dire 5 pouces de vide : *Hébuterne* 8, II, 282.

GANTIERS, *P.* chantiers des celliers : *Gamaches* 23, I, 403.
GACQUERISON, *P.* labours de mai et juin : *Arquèves* 5, II, 57.
GARBES, *P.* gerbes : *Authieulle* 4, II, 57.
GARDINS, *P.* jardins : *Oisy* 42, II, 430.
GARLE, vide d'un tonneau : plus de quatre pauex de GARLE, plus de 4 pouces de vide : *Houdain* 19, II, 318. (V. GALLE.)
GARLONS, jambons : *Foncquevillers* 13, II, 280.
GASQUIÈRE, jachère : *Sus-Saint-Léger* 9, II, 234.
GAT, GATZ, choses gâtées : *Foncquevillers* 15, II, 281.
GAUGE, jauge : *Amiens* 8, I, 77.
GAVELLES, *P.* javelles : *Eperlecques* 23, II, 698.
GAVRES, terme forestier, droit payé par les usagers : *Pernes* 34, II, 256.
GAY, *P.* geai, oiseau en bois, servant de but au tir-à-l'arc : *Raincheval* 23, II, 222.
GÉSIR, reposer : *Mézerolles* 11, II, 139.
GUÈDES ou WAIDES ; pastel, plante tinctoriale : *Hamel-de-Mez* 9, I, 180.
GHISELHUUS, *Fl.* prison, maison d'arrêt : *Pays de l'Angle*, préambule, II, 686.
GLAINE, *P.* poule, volaille : *Ardre* 50, II, 678.
GLENNE, *P.* blé glané : *Baralle* 65, II, 459.
GLENNE, *P.* verbe : qui GLENNE (glane) festes et dimences : *Hébuterne* 6, II, 282.
GLENNEUR, GLENNERESSE, glaneur, glaneuse : *Oignies* 68, 69, II, 416.
GOIR, verbe : jouir ; il GOIRA pour il jouira : *Baralle* 154, II, 471 — 159, II, 472.
GOOT, verbe : il GOOT pour il jouit : *Ham-en-Artois* 9, II, 386.
GONNE, petit tonneau : *Gamaches* 34, II, 403.
GORELLE, collier du cheval de labour et de trait : *Mézerolles* 11, II, 139 et 185, note 72.
GOT, du verbe jouir : *Hénin* 11, II, 360 ; *Flixecourt* 7, II, 215.
GOUDALLE, bière forte : *Thun* 21, II, 485.
GRAMMENT, *P.* beaucoup : *Hénin* 5, II, 358.
GRIEUSE, peine GRIEUSE, peine grave : *Fauquemberg* 2, II, 643.

H.

HABLE, havre, petit port : *Bercq* 6, II, 607.
HAION, *P.* étal, échoppe des marchands sur les marchés : *Pernes* 37, II, 257.
HALLEBAINS, aubains, étrangers : *Regnière-Ecluse* 1, I, 509.
HALLETRIES, chemins de hallage, *Senghein* 36, II, 354.

HALLOTS, *P.* arbres coupés à tête : *Lillers* 44, II, 381.
HAUDRÉE ou SAULDEZ...? sur la signification de ce mot, voir II, 538, note 43 : *Pernes* 11, II, 264.
HANNONÉS, se dit des chiens auxquels on suspend un bâton autour du cou pour les empêcher de courir : *Fauquemberg* 2, II, 643.
HARCHELLES, *P.* verges tordues pour lier les fagots : *Beauquesne* 22, II, 210.
HARNAS, *P.* charrue : *Oignies* 57, II, 415.
HARNATZ, bagages : *Averdoing* 16, II, 639.
HARNAQUIER, *P.* enharnacher : *Averdoing* 16, *ibid.*
HAROLLEURS, ménétriers, joueurs d'instruments : *Saint-Mauviz* 3, I, 422.
HAYER, verbe, faire clôture : *La Ferté* 18, I, 498.
HERDE, troupeau : *Ococho* 8, II, 148 ; *Frohens* 12, II, 119.
HERDIER, vacher, pâtre : *Boves*, sign. I, 175.
HEURELANT ou *Huvellas*, auvent, toit en saillie : *Corbie* 21, I, 286.
HOALLIÈRES, joueuses d'instruments, chanteuses : *Blangy-Ternois* 17, II, 77, et note 25, p. 165.
HOMMAILLE (bête), porcs et moutons ; beste HOMMAILLE que on dist beste useuze : *Hébuterne* 5, II, 282. (V. AUMAILLE.)
HOSTELLECE, temps du verbe *hosteller*, héberger. Que nulz ne HOSTELLECE houriers ne hourières : *Oignies* 42, II, 415.
HOT, *P.* troupeau, petit HOT de brebis : *Ecoivres* 5, II, 481.
HOURIERS, HOURIÈRES. Que nulz ne hostellece HOURIERS, HOURIÈRES ne gens de mauvaise vye : *Oignies* 42, II, 415.
HINGUEZ et CORÉES, viscères du cochon, tripes : *Foncquevillers* 13, II, 280.
HU (à), chasser à HU, à cri : *Toutencourt* 18, II, 227.
HUCQUIER, *P.* appeler : *Baralle* 22, II, 452.
HUER, *P.* appeler quelqu'un en criant : *Saint-Valery* 9, I, 423.
HUVELLAS, auvent, petit toit en saillie sur la voie publique : *Saint-Riquier* 7, I, 512.

I.

INJURASIBLE (baston), bâton garni d'une masse ou d'un bout ferré : *Flixecourt* 4, II, 215.
INVASIBLE (baston), dans le même sens ; main garnie de baston INVASIBLE : *Aix-en-Gohelle* 11, II, 342.
ISNELLEMENT, promptement, de suite, traduit par *cito* : *Amiens* 16, I, 67, 66.
INTERVENUE, intervention : *Audruik* 23, II, 689.

J.

JAPIECHA, adv., antérieurement : *Corbie* 18, I, 295.
JARBES, gerbes : *Louvencourt* 5, II, 219.
JOSNE, *P.* jeune : *Lillers*, *préambule* II, 374.
JOURNEL, journal, mesure de terre : *Flixecourt* 44, II, 217.
JU, *P.* jeu : *Baralle* 40, II, 455.
JUE, *P.* du verbe *juer*, jouer : *Baralle* 39, II, 455.
JUGANS, jugeant : *Epinoy*, préambule II, 397.
JUS (mettre), déposer, quitter ; mettre JUS leurs bastons : *Beaupré* 16, I, 166.

K.

KIEF (le), la tête : chascune personne paie 2 deniers pour son KIEF : *Corbie* 27, I, 287.
KEURES ou COEURES : du flamand *keuren*, lois, statuts, règlements : *Audruick* 33, II, 685.

L.

LABOURIER, laboureur : *Saint-Pry*, sign. II, 370.
LAGANTS, objets naufragés : *Saigneville* 2, I, 419.
LAGUENS dans le même sens : *Bercq* 6, II, 607.
LAIDENGIER, outrager par paroles : *Amiens* 10, I, 65.
LAITDIT, injure : *Flixecourt* 3, II, 214.
LAIRONT, *P.* pour *laisseront* : *Amiens* 15, I, 67.
LANDON, bâton qu'on suspend au col des chiens pour les empêcher de chasser : *Boves* 9, I, 169.
LARGUE, *P.* large : *Thun* 43, II, 488.
LECHEOUR, tapageur, traduit du latin *lecator* : *Amiens* 6, I, 65.
LESQUES, oyats, plante qui pousse dans les sables sur le bord de la mer : *Bercq* 5, II, 607.
LIEUCHENT, verbe. Qu'ils LIEUCHENT, pour qu'ils louent par bail : *Libercourt* 7, II, 405.
LINCHEUX, *P.* drap de lit : *Hébuterne* 29, II, 285.
LINGNE, *P.* ligne : *Grouches* 18, II, 131.
LINOTE, gain de survie : *Ham-Artois*, 9, II, 386.
LINENOCTE, dans le même sens : *Riquebourg* 29, II, 506.
LOIST (il), du latin *licet*. Il est permis : *Lens* 24, II, 337.
LOUCHET, *P.* bêche : *Baralle* 161, II, 472.
LOIEN, *P.* lien, engagement : *Audruick* 8, II, 680.
LOYEN, *P.* lien, corde : *Thun* 35, II, 487.
LOYER, *P.* lier, garotter : *Beauquesne* 22, II, 210.
LY, pronom, *lui* : *Baralle* 3, II, 447.

M.

MAY, dîmes du mois de mai, *Donqueur* 5, I, 477. — (V. Du Cange, V.° *maiagium*.)

MAINSNÉ, fils puîné : *Bettembos* 5, I, 167.
MAINT (il), il demeure : *Oisy* 25, II, 428.
MAISNIE, toutes les personnes attachées au service d'une maison et qui y sont nourries : *Senghein* 32, II, 354.
MAGNIER, P. meunier : *Frévent* 12, II, 117. — *Eperlecques* 31, II, 698.
MAGNIER, P. verbe, manier, manipuler : *Eperlecques* 16, II, 697.
MALFIEUMENT, adverbe ; au mépris de la foi jurée : *Fauquemberg* 12, II, 650.
MANAYE, intérêts des capitaux des mineurs : *Audruick* 28, II, 684.
MANGLIERS, marguillers : *Houdain* 13, II, 517.
MANDE, P. panier pour la pêche : *Airaines* 20, I, 377.
MANÈCHES, menaces : *Amiens* 22, I, 79.
MAINERESSE, maineté, préciput du puîné sur certaines successions : *Louvencourt* 9, II, 219.
MANNIER, P. meunier : *Pernes* 23, II, 254.
MARCH, P. mois de mars *Fauquemberg* 23, II, 654.
MARCHAINE, semailles du printemps : *Fieffes* 21, II, 107.
MARCHAINES, solle en culture pour les grains qu'on sème en mars : *Aix* 21, II, 343.
MARECHON, petit marais : *Nœux* 4, II, 143.
MARESCAUCHIES, objets qui sont déclarés meubles en matière de succession, tels que bâtiments et arbres : *Chapitre d'Arras* 8, II, 518.
MARQUIÉS, P. marchés, traités, contrats : *Toutencourt* 7, II, 226.
MÉHAIN, blessure produisant incapacité de travail, privation de l'usage du membre blessé : *Amiens* 32, I, 89.
MÈCHE, P. verbe. Qu'on MÈCHE pour qu'on mette, *Riquebourg* 6, II, 502.
MEN, P. pronom poss. *mon : Baralle* 109, II, 465.
MENCALDÉE, arpent d'Artois : *Marquion* 1, II, 435.
MENCAUDÉE, arpent d'Artois. La MENCAUDÉE de terre porte 100 vergues et chascune vergue 20 pietz, et chascun piet 11 pauch : *Epinoy* 19, II, 403.
MENCAUX, MENCHAUX, mesure de capacité contenant la quantité de grain nécessaire pour l'ensemencement d'un arpent, d'une MENCAUDÉE : *Foncquevillers* 12, II, 280.
MENDRES, moindres : *Lillers* 53, II, 382.
MENDRES D'EAGE, mineurs : *Pernes* 32, II, 256.
MERLÉE, P. mêlée, débat : *Brédenarde* 16, II, 667.
MERLES, P. fruit du néflier : *Wiry* 25, I, 441.
MERLIER, P. néflier : *Saint-Valery* 10, I, 423.
MEZ, manoir : *Beuvry* 15, II, 363.
MESCHON, moisson : *Saint-Venant* 37, II, 395.
MESSES.....? cherisiers de MESSES : *Hébuterne* 35, II, 286.

MESSIER, garde-champêtre : *Beauval* 8, II, 69.
MESSON, moisson : *Ibid. ibid.*
MESQUINES, servantes : *Thun* 66, II, 491.
MESTIER, besoin ; *se mestier est*, si besoin est : *Corbie* 9, I, 292.
MEURISON, maturité des grains : *Bourdon* 9, I, 212.
MIE, P. négation. *Qu'il ne savoit mie pour qu'il ne savait pas* : *Oisy* 12, II, 426.
MINE, mesure de capacité : *Heuchin* 13, II, 631.
MYNES, même sens : *Gamaches* 7, I, 401.
MOICHONNIERS, moissonneurs : *Aix* 20, II, 343.
MOLINIER, meunier : *Ecoivres* 6, II, 481.
MOLLUES, MOLLUTES, adjectif, se dit des armes tranchantes et aiguisées : *Fillieffes* 16, II, 111.
MONT-COMMUN, masse à partager : *Oignies* 13, II, 412.
MOYS, P. meule : *moys de rayme*, meule de fagots : *Thun* 11, II, 483.
MOYE, P. même sens : *ibid.* 484.
MUCHER, P. cacher : *Beuvry* 21, II, 209.
MUISSONS (donner à), affermer : *Beauval* 4, II, 66.
MURDRE, meurtre avec guet-à-pens, assassinat : *Gamaches* 3, I, 401.
MUY, muid, mesure de liquides : *Pernes* 35, II, 256.

N.

NASSES, P. filets pour la pêche : *Corbie* 13, I, 283.
NATAUX, les trois grandes fêtes, Noël, Pâques et la Pentecôte : *Guines* 15, II, 662.
NAVIE, canal : *Thun* 40, II, 488.
NO, P. pronom, nôtre ; *en no presenche*, en notre présence : *Baralle* 98, II, 464.
NOC, P. gouttière ; Nocquer, faire une gouttière : *St.-Riquier* 7, I, 515.
NOCQ, gouttière, aqueduc : *Verchin* 5, II, 635.
NOCQUIÈRES, P. même sens : *Montreuil* 18, II, 600.
NOIE (il), il nie : *Oisy* 22, II, 427.
NOURREQUIER, nourrisseur de bêtes à laine : *Saint-Valery* 18, I, 424.
NYPOLETTE, jeu d'adresse : *Oignies* 44, II, 415 et la note 148.

O.

OCCHIS, tué : *Marquion* 61, II, 441.
OCCOISON (prendre à), inquiéter ; pour che qu'il ne soit pris à occoison, inquiété à raison du fait : *Riquebourg* 24, II, 506.
OEUCÉRÉE, (tarelle), tarrière commune : *Oisy* 45, II, 436.
OLT, du verbe avoir ; s'il estoit qu'il OLT (qu'il eût) enfants : *Bellonne* 13, II, 409. — *Willerval* 4, II, 410.

GLOSSAIRE. (725)

ORDONNANCHE, P. ordonnance : *Ardre* 5, II, 671.
ORTIER, corriger, fustiger avec des orties : *Baralle* 160, II, 372.
OSTES, hôtes, résidants : *Vimy* 3, II, 241.
OYSEUZES (bestes), bêtes oisives, bêtes hommailles : *Ocoche* 7, II, 148 et la note 79.

P.

PAAST, repas : *Croisette* 19, II, 95.
PAICHE, P. (qu'il) qu'il paie : *Marquion* 58, II, 441.
PAYECHE, P. même sens : *Baralle* 6, II, 448.
PAIRRIER, tenir en pairie : *Boves* 2, I, 168.
PANDINGHE, du flamand *panden*, qui signifie saisir : *Audruick* 16, II, 681.
PARAUX, pluriel de pareil : *Lillers* 11, II, 377.
PARCAVECH, P. couverture de traversin de lit : *Averdoing* 13, II, 639.
PARCH (ly), le taux ; ly PARCH des amendes : *Marquion* 27, II, 438.
PARCHONNIER, héritier, co-partageant : *Oignies* 13, II, 412.
PAROIT, P. paroi, muraille : *Baralle* 38, II, 454.
PARNES, terme de charpentier, partie du comble d'une maison : *Brucamp* 4, I, 479.
PARCQ, P. enceinte de claies pour enfermer les moutons : *Mézerolles* 27, II, 140.
PARQUIS, P. terre fumée par le parc des moutons : *Mézerolles* 27, II, 140.
PARRIE, pairie : *Boubers-Vimeu* I, 587.
PARTAUCH, P. vêtemens, hardes : *Hébuterne* 29, II, 285.
PARTIR, partager : *Amiens* 6, I, 85. — *Boves* 14, I, 170.
PAS ou PAST, repas : *Lillers* 6, II, 376.
PAU, peu : *Thun* 13, II, 484.
PAUCH, PAULX, pouce, division du pied : *Brebières* 6, II, 346. — *Hébuterne* 5, II, 282.
PECQUERYE, droit de pêche : *La Rosière* 9, II, 133.
PEL, terme de boucherie ; pendant au *pel* et à la *chainte* : *Thun* 27, II, 486.
PERCHIER, P. percer : *Villers-Brulin* 17, II, 307.
PERCHU, P. verbe, aperçu : *Houdain* 33, II, 322.
PERNAGE, droit de glandée : *Saint-Valery* 10, I, 423.
PERNOCTER, passer la nuit : toutes bestes à layne *pernoctans* et pasturans : *Nœux* 4, II, 143.
PERNOTER, même sens : quant il couche et *pernote* en son chasteau : *Drucat* 18, I, 484.
PER, pair : *Guines* préambule II, 659.
PERTRIR, pétrir : *Thun* 5, II, 483.
PIEÇA, longtemps : *Frohens* 1, II, 119.
PIÈCHE P. pièce de terre : *Beauval* 15, II, 70.
PLANQUES, P. planches : *Conchy* 23, II, 90.

PLES, plaids, assises : *Oignies* 41, II, 413.
PLICHON, P. pelisse, manteau : *Corbie* 20, I, 295.
POCQUIN, mesure aux grains : *Ardre*, 50 II, 678.
POIRE, P. paire, la couple : *Foncquevillers* 13, II, 280.
POISE, P. du verbe *peser* : *Oignies* 39, II, 414.
POOIR, pouvoir : *Audruick* II, 679.
POOSTE (homme de) : roturier : *Oisy* 40, II, 430.
PONCHON, poinçon pour marquer les poids et mesures : *Senghein* 39, II, 355.
POCQUET (à), adverbe, à tort et à POCQUET : *Baralle* 174, II, 476.
PORÉE, poirée : *Foncquevillers* 13, II, 280.
POSÉORES, adverbe ; supposé que : *Ardre* 47, II, 677.
POSSESSER, posséder : *Guines* 23, II, 664.
PORTIS (nouveaux), terres ensemencées : *Baralle* 55, II, 457.
POURSIEULT (il), du verbe *poursuivre* : *Ardre* 44, II, 676.
PRAYEULX, gazons levés avec la bêche : *Hesdin* 154, II, 620
PRÉDANT, gâtant, dévastant : *Eperlecques* 17, II, 697.
PRENCHE, P. du verbe *prendre* : ne prenche point pour ne prenne point : *Baralle* 176, II, 477.
PRENGE, même sens : *Baralle* 19, II, 452.
PRESENCHE, présence : *Baralle* 98, II, 464.
PREUX, fruits, revenus : *Riquebourg* 22, II, 505.
PRIEU, P. prieur, dignité abbatiale : *Ardre* 19, II, 679.
PRINS, PRINSE, P. part. du verbe *prendre* : *Nœux* 4, II, 143.
PRINSE, substantif ; prise, capture : *Fauquemberg* 14, II, 650.
PROEUVIEURS, témoins produits par la partie à fin civile : *Ardre* 32, II, 674.
PROISME ou PROSME, du latin *proximus*, le plus proche parent lignager : *Lens* 14, II, 332.
PROIXIME, même sens : *Senghein* 26, II, 352.
PRONONCHIER, P. prononcer : *Caumont* 3, II, 87.
PROYER, pâtre, berger de commune : *Aix* 25, II, 343.
PUCHOIRS, P. puisoirs : *Corbie* 21, I, 286.
PUING, P. poing : *Molliens* 2, I, 184.
PUIST, du verbe *pouvoir* : avant qu'il *puist* pour avant qu'il puisse : *Brédenarde* 1, II, 664.

Q.

QUARRIER, P. charrier : *Oignies* 65, II, 416. (Voir CARRIER).
QUARRÉE, P. charretée : *Oignies* 13, II, 412.
QUARUE, P. charrue :: *Oignies* 54, II, 415.
QUARTES et MYNES, mesures pour les grains : *Gamaches* 9, I, 401.

QUARTRONS, P. quartiers de terre: *Brédenarde* 10, II, 666.
QUEIR, P. tomber, choir: *Thun* 50, II, 489.
QUEMIN, P. chemin: *Corbie* 67, I, 416.
QUEMINÉE, P. cheminée: *Adinfer* 29, II, 270.
QUENNE, KANE, canette, mesure pour les liquides: *Corbie* 62, I, 306.
QUERQUANT, carcan, collier d'infamie: *Avesnes* 8, II, 288.
QUERQUER, P. charger un fardeau: *Oisy* 9, II, 425.
QUERQUE, P. charge: *Baralle* 23, II, 453.
QUERRE, P. du verbe *quérir*: *Baralle* 2, II, 447.
QUERTE, charge, fardeau, *Pernes* 38, II, 257.
QUESNE, P. chêne: *Lillers* 44, II, 381.
QUEURIR, courir; *queurir* les lièvres: *Hesdin* 128, II, 619.
QUEUTE, P. oreiller, traversin; *queute à court*, qui est entendu lit à plume, traversin, couverture: *Warlus* 3, I, 198.
QUEUWE, cuve, cuvier, futaille: *Baralle* 97, II, 465.
QUEVAL, cheval: *Baralle* 68, II, 459.
QUEVAULX, P. chevaux: *Baralle* 28, II, 428.— *Arquèves* 5, II, 57.
QUEVILLE, P. cheville: *Hébuterne* 35, II, 286.
QUIEFMEZ, principal manoir: *Arquèves* 2, II, 56.
QUIET, P. du verbe *queir*, tomber: *Baralle* 23, II, 453.
QUIEULX, choix: *Riquebourg* 21, II, 505.
QUIEULSIT, P. du verbe choisir: *ly maisné quieulsit*: *Riquebourg* 21, II, 505.
QUIS....? se il n'a tesmoignage que il ait *quis*: *Oisy* 43, II, 430.— *Marquion* 69, II, 442.
QUITTANCHE, P. quittance: *Baralle* 96, II, 463.
QUOYSEAUX, dizeaux: *Oignies* 69, II, 416. (V. Coisiaux).

R.

RACATER et RAQUATER,, P. racheter: *Oisy* 35, II, 429.
RADEMENT, P. vite, prestement: *Baralle* 173, II, 476.
RAMENTEVOIR, P. rappeler au souvenir: *Baralle* 23, II, 453.
RASIÈRE, mesure d'Artois correspondant à l'hectolitre: *Oignies* 27, II, 413.
RATAINDRE, P. rejoindre quelqu'un; que l'un *rataindist* l'autre: *Conchy* 16, II, 239.
RAYME, fagot: *Thun* 11, II, 483.
RECHEVOIR, P. recevoir: *Foncquevillers* 14, II, 280.
REGARD, surveillance: *Pernes* 32, II, 256.
REGIEZ, berge des canaux: *Senghein* 36, II, 354.

RELINCA, reliquat: *Pays de l'Angle* 25, II, 690.
REMUER, renouveler: *Riquebourg* 16, II, 504.
RENCHIER, enchères: *Audruick* 6, II, 680.
RENDETE, du verbe *rendre*; et convient que ainchois que les eschevins *rendete* ne desploie leur enqueste: *Baralle* 17, II, 451.
RENGUILLAGE.....? et aux moichonniers moitié renguillage: *Aix* 20, II, 343.
RENONCHIER, P. renoncer: *Hénin* 13, II, 360.
RENOUENT ou RENOVENT, pour renouvellent: *Foncquevillers* 8, II, 279.
REQUERRE pour requérir: *P. de l'Angle* 17, II, 689.
RESTOUPER, fermer, boucher, reclorre: *Noulette* 20, II, 350.
REUE, P. roue; *Thun* 42, II, 488.
REVERCHOIR, déversoir: *Thun* 41, II, 488.
REWIS (bachin du). V. BACHIN.
RIEULER, régler; on se devroit *rieuler* selon le stil et usage de le court: *Baralle* 170, II, 475.
RIEZ, P. friches. *Lillers* 42, II, 381.
RIHOTTE, bataille; se aucun fait tenchon ou *rihotte*: *Baralle* 38, II, 454.
RINOEULT, du verbe *renier*: se aucuns *céole* (ment) ou *rinœult* (rénie) les sains... *Riquebourg* 24, II, 506.
ROISEUX, instruments pour la pêche: *Airaines* 20, I, 377.
ROIX, rets, filets: *Favières* 12, I, 487.
ROUER, rouir les lins, les chanvres: *Conchy* 15, II, 91.
ROYE, règne, durée des fonctions de l'échevinage: *Lens* 42, II, 340.
ROYE, P. sillon d'une charrue: *Baralle* 77, II, 460.
RUAIGE, ce qui appartient à la rue comme flégard: *Oisy* 8, II, 419.
RUER, P. jeter, lancer, frapper: *Raincheval* 23, II, 222.
RUER LA SOULE, jeter la cholle: *Toutencourt* 49, II, 227.
RUYOT, petit ruisseau: *Thun* 42, II, 488.

S.

SACHE, SACHER, tirer: *Ardre* 25, II, 675.
SACQUIER, P. même sens: *Filieffes* 15, II, 111.
SANGLE, mot flamand qui paraît signifier, enceinte de ville) *Audruick* 5, II, 680.
SANGLER, sanglier: *Hesdin* 126, II, 619.
SAQUECHE, P. (qu'il) du verbe *sacquier*; qu'il *sacqueche* à juste pol: *Baralle* 98, II, 464.
SARPE, à serpe: *Bourrech* 10, II, 84.
SAULDEZ. (Voir HAUDRÉE.)
SECOURION, escourgeon, orge: *Baralle* 52, II, 457.
SEMINIAUX, espèce de pâtisserie: *Corbie* 9, I, 285.
SEMISON, P. semailles: *Eperlecques* 37, II, 699

GLOSSAIRE.   (727)

SEMONSE, ajournement, réquisition : *Oisy* 3, II, 423.
SEN, P. pronom possessif *son : Barralle* 4, II, 447.
SESTERAGE, dérivé du mot *setier ;* droit sur le mesurage des grains : *Corbie* 11, I, 286.
SEUROSTAIGE, espèce de surcens : *Baralle* 51, II, 457.
SIQUAMMENT, pareillement : *St.-Riquier* 12, I, 516.
SOCHENNES, associés pour cuire au même four : *Thun* 12, II, 484.
SOILLE, P. seigle : *Marquion* 22, II, 437.
SOILLES, P. seigles : *Beauquesne* 8, II, 207.
SOLAUX, pluriel de soleil : *Aix* 39, II, 344.
SOUE, P. corde à puits en écorce de tilleul : *Brucamp* 6, I, 479.
SOULLE, cholle, espèce de jeu : *Toutencourt* 49, II, 227.
SAULDARDS, soldats, cavaliers : *Gamaches* 41, I, 404.
SOUR-HOSTE, sous-locataire, sous-preneur par bail à rente : *Oisy* 3, II, 423.
SOUTOITER, accueillir sous son toit. Se aucuns *soutoite* ju de dés : *Baralle* 40, II, 455.
SOYER, P. scier à la faucille : *Senghein* 68, II, 353. — *Boves* 21, I, 171.
SUEUR, de *sutor*, cordonnier : *La Ferté* 27, I, 499.
SURSEONNÉE (char), viande vendue à bas étal ; terme de boucherie : *Hébuterne* 11, II, 281.
SUSTENTER, soutenir, entretenir, venir en aide : *Aubigny* 30, II, 299.
SUIRONS. (Voir FUIRONS.)
STELLINGHE, du flamand *achter - stellinghe ,* (arrérages) saisie pour arrérages de rentes : *Pays de l'Angle* 12, II, 688.

T.

TAPER, P. frapper : *Baralle* 152, II, 470.
TARGIER, P. venir tard, tarder : *Amiens* 13, I, 77.
TARELLE, P. tarière : *Houdain* 13. II, 311.
TATINCLAN, espèce de jeu : *Thun* 29, II, 486.
TAUXÉ, taxé : *Fauquemberg* 14, II, 648.
TAYON, TAYE, P. bisaïeul, bisaïeule : *Amiens* 19, I, 87.
TEMPS PENDANT, délai, retard : *Brédenarde* 20, II, 668.
TENANCHE, tenure : *Montrueil* 7, II, 599.
TENCHER, P. se quereller, échanger des paroles injurieuses : *Marquion* 57, II, 441.
TENCHON, dispute, querelle : *Baralle* 38, II, 454. — *Corbie* 61, I, 306.
TENRA pour tiendra : *Ardre* 42, II, 665.
TERCHIER, préparer la terre pour semer ; puis que la terre sera *terchiée : Barralle* 75, II, 460.
TERROY, P. terroir, *Brestel* 1, II, 84.

TESTÉE, charge portée sur la tête : *Raincheval* 20, II, 222.
THOIR, P. taureau : *Flixecourt* 34, II, 216.
THOR, taureau : *Port* 1, I, 507.
TIENTE P. (qui), qui tiennent ; orthographe conforme à la prononciation picarde : *Drucat* 13, I, 483.
TIERCH, tiers : *Guines* 23, II,664.
TIERCHAINES, délais de trois jours : *Beauquesne* 13, II, 208.
THIEULLE, tuile : *Montreuil* 23, II, 601.
TOR, taureau : *Boubers-Vimeu* 1, 387.
TOUDIS, P. toujours : *Corbie* 2, I, 291.
TOUQUE, de toucher ; pour tant qu'il leur *touque* (touche) : *Baralle* 72, II, 459.
TOURCHÉE...? terme de boucherie : *Pernes* 11, II, 264.
TOURRIE, geole dans une tour : *Baralle* 95, II, 462.
TOURSEL, P. botte de la charge d'une femme, fardeau qu'on porte à dos : *Flixecourt* 18, II, 215.
TRACHER, P. tracer, rayer : *Amiens* 55, I, 94.
TRAINECHE, P. du verbe *trainer :* que nul ne TRAINECHE : *Baralle* 144, II, 469.
TRANNAULX, balance : *Avesne* 25, II, 290.
TRANMAULX, même sens : *Oignies* 39, II, 414.
TREMOISE, mesure pour les grains ; mesure TREMOISE tant pour blé que pour avaine : *Libercourt* 9, II, 405.
TROEUVE (il), du verbe trouver : *Ardre* 31, II, 674.

V.

VACABONDE, colporteur, roulier : *Molliens* 17, I, 185.
VACQUE, P. vache : *Baralle* 68, II, 459.
VACQUIERS, P. vachers, gardiens des vaches, se prend aussi dans le sens de pâturage pour les vaches : *Ocoche* 15, II, 145.
VARLET, P. valet de charrue : *Oignies* 46, II, 415.— *Orville* 11, II, 153.
VÈCHES, P. vesces : *Oisy* 8, II, 425.
VEICHES, P. vesces : *Eperlecques* 24, II, 698.
VEIR, P. voir : ung home alloit veir ses blés : *Baralle* 179, II, 478.
VENDETE (qu'ils) P. qu'ils vendent ; conforme à la prononciation picarde : *Drucat* 8, I, 482.
VENGE, du verbe *vendre :* et VENGE cascun lot le prix : *Baralle* 99, II, 464.
VENNE, pour *quenne* ou *cane*, mesure de liquide : *Pernes* 25, II, 255.
VER, P. verrat, cochon mâle : *Etrejus* 8, I, 392.
VERDIER, garde de bois : *Beauquesne* 21, II, 209.
VERGOEUL, instrument de pêche : *Airaines* 20, I, 377.

VERNEULX, instrument de pêche : *Favières* 13, I, 487.
VESVE, *P.* veuve : *Guines* 23, II, 664.
VIAULX, *P.* veaux : *Fillieffes* 13, II, 110.
VICTAILLES, vivres, victuailles : *Bourrech* 2, II, 81.
VIEZ, vieux ; les VIEZ eschevins : *Houdain* 2, II, 315.
VILLENER, VILLENÉ, *P.* blesser, blessé, outrager par paroles : *Avesnes* 3, II, 287.
VIVENOTE, gain de survie du mari : *Saint-Venant* 22, II, 393.
VOLILLES, volatilles : *Ray*, 5, I, 507.
VOIRRE, *P.* verre à boire : *Baralle* 98, II, 464.
VOISENT (qu'ils), *P*, qu'ils aillent : *Beauquesne* 21, II, 209.
VOIST, VOISSENT (qu'ils aillent) *Corbie* 1, I, 290.
VOUQUE (se), se plaint : *Marquion* 43, II, 439.
WINGLE, mot flamand qui signifie saisie des terres chargées de rentes seigneuriales : *Ardre* 39, II, 675.

W.

WACQUIERS; marais, pâturage pour les vaches : *Ococke* 4, II, 147.
WAGES, gages : *Corbie* 19, I, 286.
WAITE, garde de nuit : *Amiens* 14, I, 78.
WANS, gant : *Baralle* 26, II, 453.
WARANDIE, garantie, caution : *Oisy* 7, II, 424.
WARAS, *P.* botte de grains mêlés : *Bertangles* 2, II, 211.
WARDER, *P.* en allemand *Warten*, avoir soin, prendre garde : *Corbie* 5, I, 285.

WARDES, *P.* habillements : *Beauquesne* 17, II, 208.
WARENNE, garenne : *Guines* 3, II, 660.
WAREQUAIS, flégard : *Baralle* 33, II, 454.
WARETZ, varech, débris de naufrage : *Favières* 9, I, 487.
WARNIR, garnir : *Oisy, in fine*, II, 431.
WART, du verbe *warder :* lequel li paistres WART dedens le damaige : *Oisy* 10, II, 425.
WASONS, gazons : *Hesdin* 134, II, 620.
WASTENT (qui), qui gâtent : *Baralle* 122, II, 467.
WATRINGUES, mot flamand qui signifie canaux : *Pays de l'Angle* 7, II, 687.
WERP, saisine : *Pays de l'Angle* 13, II, 689.
WERPIR, ensaisiner : *Conchy* 16, II, 239.
WEST et DEWEST, saisine et dessaisine : *Lambres*, 1, II, 479.
WETTER, guetter, regarder ; ils WETTENT dedens si le queuwe est plaine : *Baralle* 97, II, 463.
WIT, huit : *Marquion, in fine*, II, 443.
WIT, vide : *Hébuterne* 7, II, 282.
WYANT (à), à vide : *Hesdin* 3 II, 626.

Y.

YAWE, eau : *Fillieffes* 11, II, 110.
YEAUES, eaux : *Aix* 17, II, 341.
YRE, colère : *Gamaches* 6, I, 399.
YSSUE, dessert : *Foncquevillers* 13, II, 280.
YVRENAGE, vesce d'hiver : *Hébuterne* 25, II, 285.

FIN DU GLOSSAIRE.

LISTE

DES PRINCIPAUX SEIGNEURS DU BAILLIAGE D'AMIENS, DONT LES NOMS SE TROUVENT MENTIONNÉS DANS LES COUTUMES DE 1507.

SEIGNEURIES LAIQUES.

A.

AILLY (Charles d'), baron de Picquigny, vidame d'Amiens; seigneur de Raineval et de Labroie et, par sa femme, Philippe de Crevecœur, seigneur d'Allonville et de Daours (I, 183, 187, 308 ; II, 201, 210, 214.)

AILLY (Jehan d'), encore mineur, seigneur de Bellonne (II, 408).

AZINCOURT ou AIZINCOURT (Charles d'), seigneur de Wargnies, de Crépy, de le Cappelle, de Lespinoy, et pour un quart de la seigneurie de Bourdon-sur-Somme (II, 212, 613).

AZINCOURT (Christophe d'), seigneur d'Aubigny-lès-Pierregot (II, 202).

AIZ(Gilles d'), dit HELLION, seigneur d'Aiz en partie (II, 341).

ALLEWAGNE (Jehan d'), seigneur de Fillieffes et Galametz en partie (II, 114).

AMIENS (Jehan d'), seigneur de Monchaux (II, 141).

ANTHOING (Mgr. d'), seigneur de Caumont, Erquières et Tollent (I, 395 ; II, 87). V. Jehan de *Melun*.

ARTOIS (l'archiduc d'Autriche, comte d'), seigneur d'Hesdin et du Pays de l'Angle (II, 618, 686).

AUCHY (Jacqueline d'), dame de Raimboval et de Rogy, Fransures et Lortoy (I, 194).

B.

BACOUEL (Lancelot), seigneur du Parcq, d'Inval et de Bray-lès-Mareuil (I, 389).

BAILLEUL (Adrien de) écuyer, seigneur du Plantin et pair de Lillers (II, 373).

BATARNAY (Imbert de), seigneur du Bouchage, de Clairy et Forêt d'Ailly (I, 176).

BEAUVAL (Ysabeau de), dame d'Ococche, épouse de Guyon Leroy, seigneur de Chillon et de Villeroy (II, 145). V. *Leroy*.

BEAUVOIR (Claire de), dame de Beauvoir et de différents fiefs et seigneuries, à Bouchon, Longvillers, Fransu, Plouich-lès-Domart, Donqueur et Maison-Roland (I, 477).

BELLEFORIÈRE (Pierre de) chevalier, seigneur de Thun-Saint-Martin (II, 482).

BELLEFORIÈRE (Valerand de), écuyer, seigneur du Limon, pair de Lillers, âgé de 18 ans (II, 373).

BELLOY (Antoine de), écuyer, seigneur de Belloy-St.-Léonard, de Violaines et de *Vinœulx* (I, 884, 523).

BELLOY (Robert de), écuyer, seigneur de Beauvoir et du fief de Rogent près Tœuffles (I, 418).

BERLETTE (Mgr. de), seigneur de Grand-Berlette (II, 302).

BERRY (Marguerite de), veuve de Jehan de Thorigny, seigneur du Hamel de Metz (I, 180).

BERTIN (Jehan), seigneur de Lincheux (I. 183).

BILQUE (Jehan de), seigneur de Bovelles (I, 176).

BLONDELUS (Regnault), écuyer, seigneur du fief de Brion (II, 86).

BLONDEL (Marguerite), épouse de mess. François de Créquy, chevalier, seigneur de Molliens, de Fontaines, de Gueschard, et, à cause d'elle, de Dourrier, Dominois et Petit-Chemin (II, 609).

BLOSSET (Jehan), seigneur de Torcy, du Plessis, du Parcq, de Doudeauville et de Queux (II, 156).

BLOTEFIÈRE (Pierre), fils mineur de Jehan Blotefière et, sous le bail de Loyse Lemonnier sa mère, seigneur de Willencourt (I, 525).

BOFFLES (Pierre de) écuyer, seigneur de Neuvillette en partie (II, 144).

BOIS (Jehan du), chevalier, seigneur d'Esquerdes, de Fruges ; conseiller, chambellan ordinaire du roi, seigneur de Raincheval, de Béthencourt, de Biequennes, d'Eulle, de Caumaisnil et la Pré et de Court et la Gorgue (II, 86, 211, 221, 229, 655, 658, 659).

BOIS (Catherine du) épouse d'Arthur de Moreuil, à cause d'elle, seigneur de Baudricourt (II, 63).

BOIS (Marguerite du), douairière de Roye, épouse

LISTE DES SEIGNEURS.

d'Olivier de Vrenade, à cause d'elle, seigneur de Barlin (II, 231)
BONNEVAL (Mgr. de), seigneur de Fortel (II, 114).
V. *Bourbon* (Jacques de).
BOS (Porus du), chevalier, seigneur d'Azincourt, de Boieffle, de Regnauville et Mourier (II, 344, 627).
BOSQUEL (Jehanne du) veuve de Luc de Hem, seigneur de Fouquerœulles (II, 366).
BOUBERS (le seigneur de Boubers en Vimeu), sans autre désignation (I, 387).
BOUBERCH (Marie de), fille mineure, sous le bail de.... sa mère, dame de la pairie d'Yzeux (I, 525).
BOUBERCH (Anthoine de), écuyer, seigneur, par Françoise de La Rosière, sa femme, de Rambaucourt (I, 508).
BOURBON (Jacques de) bâtard de Vendôme, seigneur de Bonneval, de Vauchay, époux de Jehanne de Rubempré, veuve en premières noces de François de Crevecœur, et, en cette qualité, ayant le bail de Loyse de Crevecœur, sa fille mineure, dame de Ligny, Fortel, Vacquerie-le-Bouc, Orville et Heuzecourt (II, 132, 150, 159).
BOURBON (Bertrand de), seigneur de Carency, Bucquoy, Aubigny, Aiz-en-Gohelle, Gouy et Bavaincourt en partie (II, 296, 305, 341, 367).
BOURGOGNE (Aldof de), seigneur de Beures, de Beuvry et Choques (II, 363).
BOULLAINVILLERS (Antoine de), seigneur de Nesle-Biaubrecq, Gaubert-Maisnil en partie et de Bezenconrt (I, 384).
BOURNEL (Guillaume), seigneur de Namps, de Rubempré et de Lambercourt en partie (I, 408).
BOURNEL (Louis), chevalier, seigneur de Thiembronne, baron de Hamerville, seigneur de Beauchamp, de Moncby-Cayeu, Montigny, Donqueur, Plouich-Donqueur (I, 383, 507, II, 233).
BOURNONVILLE (Adrien de), chevalier, seigneur de Toutencourt (II, 225).
BOUZIES (Florence de), veuve de Jehan de Rivery, ayant le bail de Jehan de Rivery, son fils, seigneur de Francqueville et de Villers-Bretonneux (I, 313).
BRIMEU (Adrian de), chevalier, seigneur de Humbercourt, Contay, Mergen, Gézaincourt, Yaucourt, Montigny et Coullement (II, 121, 293).
BRUGES (Jehan de), sire de la Grutuze et des Pierres, seigneur de la Grutuze et de Famechon, de Namps et de Brucamps, et ayant le bail de Jacques de Luxembourg, fils mineur de Jacques de Luxembourg, seigneur de Fiennes, et de feue Marguerite de la Grutuze, icelluy mineur, seigneur des quatre parts de Frohens, comme héritier de Marie d'Auxi sa grand'mère, femme de Mgr. de la Grutuze (I, 187, 479; II, 118).

BRESDOUL (Jehan), seigneur, en partie, du fief de Nœux (II, 145).
BRIET (Enguerran), prêtre, seigneur d'un fief à Gorenflos (I, 492).
BRUAY (Mgr. de), seigneur de Chaustres-d'Estovy et de Souverain-Bruay (II, 370).
BRUNEL (Marie), veuve de Jacques Bresdoul, en son vivant, demeurant à Auxi, seigneur de Neuvillette en partie (II, 144).
BULEUX (Charles de), seigneur de Lignières (I, 409).
BUISSY ou BUSSY (Jehan de), écuyer, seigneur de Villers-Brulin et de Noulette près Lens (II, 306, 350).

C.

CANTELEU (Jehan de), écuyer, seigneur de Douvrin-lès-La Bassée (II, 347).
CARMIONNE (Chrystophe de), conseiller au Parlement de Paris, époux d'Hélène de Saveuse, dame d'Heuzecourt, Fienvillers, Flesselles (I, 494; II, 214).
CARPENTIER (Jehan le), écuyer, seigneur de Courcelles-sous-Moyencourt (I, 177).
CAULIS (Anthoine de), écuyer, seigneur, par indivis avec le suivant, de fiefs à Surcamp et Gorenflos (I, 519).
CAULIS (maistre Anthoine de), écuyer, seigneur par indivis avec le précédent (I, 519).
CHABLES (Roland de), écuyer, seigneur de Bailleul-Mont (II, 272), et de Pommiers (*ibid.* 306).
CHATILLON (Barbe de), épouse de Jehan de Soissons, chevalier, seigneur de Moreuil, prince de Poix, et, à cause d'elle, seigneur de Beauval (II, 65).
CHATILLON (Marguerite de), dame et châtellaine de La Ferté-lès-Saint-Riquier (I, 493).
CHIMAY (le prince de), seigneur de Lillers et de Saint-Venant (II, 383, 592).
CLERC (Jacques de), seigneur de Neuville-Coppegueule (I, 411).
CONDETTES (François de), baron de Colemberg, seigneur de Neuilly-Ledien (I, 505).
CRÉPIEUL (Charles de), écuyer, seigneur des Briques et du Taillich, pair de Lillers, (II, 374).
CRÉQUY (Jehan de), seigneur de Créquy, Pont-de-Remy, chevalier (II, 636).
CRÉQUY (Catherine de), dame de Villers-Bocage, épouse de Jehan de Neuville (II, 228).
CRÉQUY (François de), chevalier, seigneur de Dominois, de Molliens, de Fontaines et de Gueschart, à cause de Marguerite Blondel sa femme; conseiller, chambellan du roy et sénéchal de Boullonnais (II, 609).
CRÉSECQUES (Guislain de), seigneur de Marieux (II, 220).

CRESSONNIÈRES (Floure des), écuyer, seigneur des Cressonnières et d'Esquedèque, pair de Lillers, âgé de 47 ans (II, 373).

CREVECOEUR (Loyse de), dame d'Heuzecourt et d'OEuf-en-Ternois (II, 132, 150). V. *Bourbon* (Jacques de).

CREVECOEUR (Philippe de), épouse de Charles d'Ailly, baron de Picquigny, vidame d'Amiens, dame de Daours (I, 308). V. *Ailly* (Charles d').

CROY (Ferry de), chevalier, seigneur de Rœux, de Beaurains, de Contes, de Longpré, de Bercq-sur-Mer, de Warnecque et Lamotte, d'Hangest-sur Somme et de Wiry-au-Mont (I, 179, 430 ; II,603, 606 et 617).

CROY (Philippe de), comte de Porcien, de Sonningehem ou *Seguinegehen*, de Renty, de Croy et d'Airaines (I, 177, 374 ; II, 657).

CUNCY (Pierre de), mineur, seigneur de Neuvireulle en Artois (II, 494).

D.

DAMIETTE (Jacques), écuyer, seigneur de Francières, de Genvillers et de Neuville (I, 504).

DAOURS (Mgr. de), seigneur de Molliens-au-Bois (II, 220). V. *Ailly* (Charles d').

DELESSEAU (Perrotin), seigneur du fief de Soiecourt près Saint-Riquier (I, 519).

E.

ESSARTS (Cardin des), seigneur de Lignières (I, 182).

F.

FAUQUEMBERG (Les maire et échevins de), seigneurs fonciers de la terre et seigneurie de Mercques (II, 654).

FAUVEL (Nicolas), écuyer, seigneur d'Estrées en partie, de Lannoy-en-Villers-Bocage, d'Argœuves (II, 202).

FER (Jehan de), écuyer, demeurant à Amiens, seigneur du quint de Selincourt (I, 374).

FLAON (Jehanne), épouse de noble homme Henry Joly, à cause d'elle, seigneur de Fresneville (I, 392).

FLÉCHINEL (Walerand de), seigneur de Fléchinel (II, 486),

FONTAINES (Bernard de), écuyer, seigneur d'Etréjus (I, 391).

FONTAINES (Jacques de), seigneur de Neuville et Ramburelles (I, 410 et 418).

FONTAINES (Jehanne de), dame des quatre parts de Selincourt (I, 428).

FONTAINES (Robert de), licencié ès-lois, advocat du roy au bailliage d'Amiens, seigneur de Monstrelet (II, 221).

FOUCQUESOLLES (Ysabeau de), mineure sous le bail d'Ysabeau de Monchy, veuve de Jacques de Foucquesolles, seigneur du Monchel (II, 142).

FOUENCAMP (Pierre de), seigneur du Souich (II. 154), et du Quesnel (*ibid.* 155).

FRAMECOURT (Guillaume de), seigneur de Rebreuves (II, 157).

FRANQUEVILLE (Anthoine de), seigneur du fief et seigneurie du Festel (I, 489).

G.

GASPANES (Charles de), chevalier, seigneur de Robercourt, du Plouich, de Noyelles, de Brailly, de Saint-Mauguille et de Haravesnes (I. 494).

GOSSON (Holbin), dit *Agnieulx*, ayant le bail de Jehannet Gosson, son fils mineur, seigneur de Saint-Fleurisse (II, 387), et de Wendin (*ibid.* 392).

GOUY (Jehan de), chevalier, seigneur de Ponchaux, de Montreuil-sur-Brèche, du Bacq-à-Berry, de Beaumetz et de Gouy et Bavaincourt (II, 505).

GRACH (Ysabeau de le), veuve de Martin de Harnes, douairière d'Adinfer (II, 269).

GRIBOVAL (Marguerite de), damoiselle de Donqueur et de Coulonvillers (I, 480).

GRIBOVAL (Mgr. de), seigneur de Louvencourt (II, 219).

GRISEL (Jehan), seigneur de le Fay-lès-Hornoy (I, 181).

GROUCHES (Marie de) épouse de Guy du Maisnil, chevalier, à cause d'elle, seigneur de Hestrus (II, 242).

H.

HABARCQ (Jehanne de), épouse d'Arthur de Lallaing, sénéchal d'Ostrevent, à cause d'elle, seigneur de Noyelle-Wyon (II, 294).

HALLENCOURT (Jehan de), seigneur de Dromesnil (I, 391).

HARNES (Anthoine de), seigneur de Harnes et d'Adinfer, sous le bail d'Ysabeau de le Grach sa mère (II, 269)

HARNES (Martin de), héritier sous bénéfice d'inventaire de défunt Jehan de Harnes, chevalier, seigneur de Béthencourt (II, 302).

HAYE (Charles de la), seigneur de Fieffes et de Bonneville (II, 108).

HONCOURT (Jehan de), chevalier, seigneur de Huppy (I, 407), et Estrées-Blanche, à cause de Claude de Liestres, sa femme (II, 702).

HORNES (Marie de), épouse de Philippe de Montmorency, à cause d'elle, seigneur de Vimy et Farbus (II, 241).

HOUCHIN (Charles de), seigneur de Montescourt (II, 232).

HOUSSOYE (Jehan de la), écuyer, seigneur de Maisicourt (II, 135).

HUGUES (révérend père), abbé de l'abbaye de Ham, pair de Lillers, âgé de 42 ans (II, 373).

HUMIÈRES (Guillaume de), seigneur de Larseigny et de Blairville (II, 272).

HUMIÈRES (Charles de), chevalier, seigneur de Vitermont, Ochonvillers et Foncquevillers (II. 278).

J.

JOLY (Henry), à cause de Jehanne Flaon sa femme, seigneur de Fresneville (I, 392).

JOURNÉE (Jehan), seigneur de Martongneville et de Fresnoy et Omâtre (I, 394).

L.

LALLAING (Arthur de), sénéchal d'Ostrevent, seigneur de Hordaing, de Noyelle-Wyon, à cause de Jehanne de Habarcq, sa femme, et de Brebières-lès-Douay (II, 294, 345).

LALLAING (Charles, baron de), et d'Escornays, chevalier, seigneur de Bracques et d'Estrées-Blanche (II, 703).

LALLAING (Marguerite de), femme de Louis de' Longueval, vicomte de Verneuil, écuyer de la reine, dame de Belles-Witasse et Brévillers (II, 273). V. *Longueval*.

LANNOY (Guilbert de), seigneur de Willerval (II, 410).

LAROSIÈRE (Françoise), épouse d'Antoine de Bouberch, dame de Rambeaucourt (I, 508).

LEBLOND (Robert), écuyer, seigneur de Divion et Wamin (II, 160).

LECARON (Jehan), seigneur du fief de Conteville (I, 480).

LEHAIE (Jehan de), lieutenant-général du bailliage de Lillers et pair dudit lieu, âgé de 62 ans (II, 374).

LEQUIEN (Colechon), avec Marguerite sa sœur, seigneurs par indivis du fief de Saint-Riquier (I, 518).

LEQUIEN (Perinne), veuve de Nicolas Renart, dame du fief de Saint-Hilaire-lès-Domart (II, 224).

LEGRAND (Regnault), seigneur du fief de Vergyes (I, 432).

LEROY (Guyon), seigneur de Cyllon ou *Chillon*, et du Plessis, à cause de sa femme, Ysabeau de Beauval, seigneur d'Ocoche, Henu, Warlincourt (II, 145, 243).

LESCUIER (Pierre), seigneur de Brestel près Doullens (II, 84).

LESELLIER (Romain), seigneur de Neuville-sous-Forestmontier (I, 505).

LESUEUR (Regnault), seigneur de Merelessart (I, 410).

LICQUES (Mgr. de) seigneur de Camblain, châtelain de Lens (II, 229, 230),

LICQUE (Anthoine de), comte de Fauquemberg, baron de Licque, seigneur de Bailleul, Montreuil et Relly (II, 643).

LICQUE (Jehan de), époux d'Antoinette d'Osterel, et par elle, seigneur de Zoteux et d'Allènes (II. 153).

LIESTRES (Claude de), épouse du sire de Honcourt, dame d'Estrées-Blanche (II, 702).

LONGUEVAL (Jehan de), écuyer, seigneur d'Acq et d'Ecoivres (II, 480, 493).

LONGUEVAL (Loys de), vicomte de Verneuil, écuyer de la reine, seigneur de Belloy, et à cause de Marguerite de Lallaing, sa femme, seigneur de Belles-Witasse (II, 273).

LONGUEVILLE (le duc de), comte de Dunois et de Tancarville, seigneur de Maintenay et de Saint-Weest et Le Bies (II, 602, 616)

LUXEMBOURG (Jacques de), seigneur de Fiennes, ayant le bail de Jacques de Luxembourg, seigneur d'Auxi et d'Averdoing (II, 658).

LUXEMBOURG (Jacques de), seigneur et ber d'Auxi, encore mineur, seigneur de Frohens, Averdoing, Mézerolles (II, 120, 138, 658).

LUXEMBOURG (Ysabeau de), dame d'Espinoy, de Richebourg, de Senghein et de Cunchy, veuve de Jehan de Melun, chevalier, connestable de Flandre, seigneur d'Espinoy et de Wingles (II, 239, 350). V. *Melun* (François de).

LUXEMBOURG (Yolande de), épouse de Nicolas de Werchin, sénéchal de Hainaut, et, à cause d'elle, seigneur de Liestres (II, 384).

M.

MAGNICOURT (Jehan de), écuyer, seigneur de Bellettes, Soutrecourt et de Werchins (II, 635).

MAILLY (Adrien de), chevalier, seigneur de Conty, de Buires, Wavans, Thalemas, Saint-Huin-lès-Domart, Fontaines et Allery (I, 393; II, 225).

MAILLY (Antoine de), chevalier, conseiller et chambellan du roy, seigneur de Frettemeule (I, 388).

MAILLY (Françoise de), épouse de Charles de Rubempré, seigneur d'Authie et, à cause d'elle, du Hamel (I, 309).

MAILLY (Robert de), seigneur de Remaisnil, de Salnelles (I, 420; II, 157).

MAISNIL (Guy du), conseiller et Maître d'hôtel ordinaire du roi, seigneur de l'Espieult et de Maisnil-Hes-

LISTE DES SEIGNEURS.   (733)

din, etc., à cause de Marie de Grouches sa femme, seigneur de Hestrus, Authieulle, (II, 57, 242, 625).

MARCQUAIS (Jehan du), écuyer, seigneur de Vaulx (I, 524).

MATUREL (Antoine), écuyer, seigneur de Harmainville en Normandie, et de Nœux en partie (II, 143).

MAY (Jehan de), écuyer, seigneur par indivis de Saint-Romain, avec Baude Foucquelin (I, 198).

MAY (Pierre de), écuyer seigneur de Saint-Gratien et de Bettencourt-lez-Frohens (II, 75, 223).

MELUN (révérend père François de), prévôt de Saint-Omer, seigneur d'Acheux-en-Vimeu (I, 373).

MELUN (François de), connétable de Flandre, sous le bail d'Ysabeau de Luxembourg sa mère, seigneur d'Espinoy, Carvins, Gargbetel, Meurchin et Libercourt (II, 397, 404, 406, 407).

MELUN (Jehan de), chevalier, seigneur d'Anthoing et de Saully (II, 295). V. d'*Anthoing*.

MELUN (Hugues de), chevalier de l'ordre de l'archiduc d'Autriche, vicomte de Gand, seigneur d'Hébuterne (II, 281).

MESGHE (comtesse de), dame de Houdain, de Humbercourt, d'Eperlecques (II, 308, 696).

MIRAUMONT (Jehan de), écuyer de France ordinaire de la reine, seigneur de Prouville (II, 155).

MONTMORENCY (Antoine de), seigneur de Croisilles et de Wancourt et Guemappes (II, 275).

MONTMORENCY (Claude de), seigneur de Fosseux, Authieulle et Lenval (II, 493).

MONTMORENCY (Cyprien de), seigneur de Barly (II, 62).

MONTMORENCY (Jehan de), seigneur de Wismes (II, 694).

MONTMORENCY (Marie de), veuve de Jehan de Riencourt, chevalier, et ayant le bail de Hugues de Riencourt son fils mineur, écuyer, seigneur de Francqueville (I, 491, 193).

MONTMORENCY (Philippe, baron de), chevalier, seigneur de Saint-Lau, et à cause de Marie de Hornes sa femme, seigneur de Vimy et Farbus (II, 241).

MONCEAUX (Jehan de), seigneur de Houdencq, Martincourt et Monchaux-lès-Béalcourt (II, 140).

MONCHY (Jehan de), chevalier, seigneur de Sorrenq, de Plainville, de Montcavrel, de Brontelle et d'Ansenne (I, 380, 389).

MONCHY (Ysabeau de), veuve de Jacques de Foucquesolles, baillistre d'Ysabeau de Foucquesolles, dame du Monchel (II, 142).

MOREUIL (Arthur de), à cause de Catherine du Bois sa femme, seigneur de Baudricourt (II, 63).

MOTTE (Jehan de la), seigneur de Poulainville (II, 221).

N.

NEDONCHEL (Jacques de), écuyer, seigneur de Hannecamp (II, 394).

NEDONCHEL (Jehan de), dit *Agnieulx*, seigneur de Lievin et du fief de Lannoy près Lens (II, 348).

NEVERS (le prince, comte de), et d'Eu, seigneur de Beaumez, Goyenval, Berneuil, Arondel, etc., et de Saint-Valery (I, 422, 425).

NEUVILLE (Jehan de), chevalier, seigneur de Longuet, Blangy-en-Ternois, Neuville-sire-Witasse, Boubers-sur-Canche, et, à cause de Catherine de Créquy sa femme, de Villers-Bocage (I, 503; II, 78, 80, 228, 371).

NOYELLES (Jehan de), seigneur de Port (I, 507).

NOYELLES (Philippe de), seigneur de Marais, pair de Lillers, âgé de 42 ans (II, 374).

O.

OIGNIES (Gilles d'), seigneur de Bruay (II, 232).

OLLEHAIN (Jacques d'), écuyer, seigneur de Fressoy, âgé de 46 ans, pair de Lillers (II, 374).

OSTEREL (Antoinette d'), femme de Jehan de Licques, seigneur d'Alènes, dame de Zoteuz (II. 153).

P.

PERNES (Guillaume de), écuyer, seigneur de Siracourt en partie (II, 240).

PICQUIGNY (Robert de), seigneur de Hallivillers (I, 406).

PISSELEU (Périnne de), dame de Hétomaisnil (I. 181).

PROUVILLE (Lancelot de), seigneur d'Avesnes-lès-Bapaume, d'Estrées, de Béallières, de Béthencourt-lès-Frohens et du sixte de Frohens (II, 64, 75, 120).

Q.

QUIERET (Jehan), seigneur de Tours et Cauroy, de Quesnoy-sur-Airaines, baron du Bocq-Geffroy et de Nœuville-sur-Eaune (I, 416, 429).

QUESNOY (Guillaume du), seigneur de Vron (I, 521).

QUESNOY (Jehanne du) dame de Lambercourt en partie (I, 408).

R.

RAMBURES (Andrieu de), chevalier, conseiller et chambellan du roi, seigneur de Rambures, Villerois, Dompierre, Drucat, Estovyes, Ray, Vergies et Le Fay, Cambron, Ochancourt et Huppy (I, 390, 417, 433, 481, 508; II, 610).

RANCHICOURT (Jehanne de), veuve de Pierre de Habarcq, douairière de Wanquetin en partie (II, 495).

RÉNÉ, roi de Jérusalem et de Sicile, duc de Lorraine et de Bar, comte de Vaudemont, d'Aumale, de Guise, baron de Boves (I, 167).

RIENCOURT (Hues de), fils mineur de Jehan de Riencourt, sous le bail de Marie de Montmorency sa mère, seigneur de Riencourt (I, 193), et de Franqueville (*ibid.* 491).

RIVERY (Jehan de), mineur, sous le bail de Florence Bouzies sa mère, seigneur de Villers-Bretonneux et Fresneville (I, 312). V. *Bouzies* (Florence.)

ROISIMBOS (le seigneur de), seigneur de Fillointz et de Berquettes (II, 391)

ROHAUT (Alof), seigneur de Gamaches, de Châtillon, de Hallencourt, de Boismont-sur-Mer, de Boismenart (I, 385, 395, 398).

ROYE (Antoine de), chevalier, seigneur de Bettembos (I, 167).

RUBEMPRÉ (Charles de), chevalier, seigneur de Rubempré, d'Authie, et, à cause de Françoise de Mailly sa femme, seigneur du Hamel (I, 310; II, 205, 223).

RUBEMPRÉ (Jehanne de), épouse en secondes noces de Jacques de Bourbon, bâtard de Vendôme, mère et baillistre de Loyse de Crevecœur, issue de son premier mariage avec François de Crevecœur (II, 132).

S.

SACQUESPÉE (Anthoine), seigneur d'Isquemine, de Jumelles, d'Escoult et de Baudimont (II, 271).

SAINT-LAU (Jehan de), écuyer, seigneur de St.-Lau, du Titre, de Villers-sur-Mareuil (1, 520, 521; II, 159).

SAINT-REMY (Philippe de), écuyer, seigneur de Lamotte-Buleux (I, 503).

SANGTERS (Jehan de), dit *l'Escuier*, seigneur du fief de La Folie (II, 219).

SAVEUSES (Ferry de), chevalier, seigneur de La Rosière, Béalcourt, Beauvoir, Courcelles et Mézerolles, âgé de 48 ans (II, 64, 74, 93, 132).

SAVEUSES (Loys de) écuyer, seigneur de Godiempré (II, 244).

SAVEUSES (Hélène de), épouse du président *Carmione*, dame de Flesselles, d'Heuzecourt et Fienvillers (I, 494; II, 214).

SAVEUSES (madame de), dame d'Estreelles (II,303).

SOIECOURT (Jehan de), chevalier, seigneur de Soiecourt et de Regnière-Ecluse (I, 509).

SOISSONS (Jehan de), chevalier, seigneur de Moreuil, prince de Poix: seigneur de Warlus, d'Esquennes, d'Argœuves, de Prouville, de Domart, de Bernaville, d'Agnières, et, à cause de Marie-Barbe de Châtillon sa femme, seigneur de Beauval et d'Ococbe (I, 198; II, 65, 145, 155, 165, 202).

SAINT-POL (la comtesse de). V. *Vendosmois*.

T.

TANNAY (Robert de), doyen de l'église collégiale de Saint-Omer-en-Lillers, pair de Lillers, âgé de 48 ans (II, 373).

TORNES (Jolinet de), seigneur de Gueschart, Maison-Ponthieu *fiefs* (I, 493).

TRAMERYE (Jehan de la), seigneur de la Tramerye, de Quevauvillers, de Busne *en partie*, de Drocourt et de Robecques (I, 192; II, 346, 367, 701).

TRIMOUILLE (Marguerite de la), douairière de Crevecœur, dame de Daours, de Lamotte, d'Allonville, de Saigneville, Thennes, Thoix, Vecquemont (I, 311, 419; II, 201).

V.

VADENCOURT (Anthoine de), seigneur d'Arquèves (II, 56).

VENDOSMOIS (comtesse de Vendosmois et de Saint-Pol), dame d'Oisy, de Marquion, de Baralle et Buissy, de Pernes, d'Orville, de Frévent, de Bourrech-sur-Canche, de Chelers, de Berquinehem , d'Ergny(II, 81, 151, 236, 237, 244, 417, 445, 613).

VERCHIN (Mgr. de), seigneur du Petit-Berlette (II, 309).

VIEFVILLE (Philippe de la), chevalier, seigneur de Mametz, Marquettes, le Natoy (II, 396).

VILLERS (Ysabeau de), dame de Belloy, Candas et Villers et Yser (I, 307).

VIESIER (le)...... demeurant à Doullens, seigneur des fiefs de Court et la Gorgue (II, 86),

VIGNACOURT (Jehan de) seigneur d'Yvregny et de Sus-Saint-Léger, conseiller au Parlement (II, 254).

VRENADE (Olivier de), seigneur de La Bastie, et, à cause de Marguerite du Bois sa femme, seigneur de Barlin (II, 231).

W.

WAURIN (George de), écuyer, seigneur du Quesnoy, pair de Lillers, âgé de 46 ans (II, 373).

WAURIN (Jehan, bâtard de), chevalier, seigneur du Forestel, de Garbecques, pair de Lillers, âgé de 62 ans (II, 373, 388).

WARLUZEL (Jehan de), écuyer, seigneur de Montigny (II, 142).

WERCHIN (Nicolas de), sénéchal de Hainaut, et, à cause de Yolande de Luxembourg sa femme, seigneur de Liestres (II, 384).

WILLERVAL (Jehan de), écuyer, seigneur de Cottènes, pair de Lillers, âgé de 45 ans (II, 373).

WYERNE (Claude de), écuyer, seigneur de Maison-Ponthieu (I, 504)

SEIGNEURIES ECCLÉSIASTIQUES.

ABBAYES.

ANCHIN (l'abbaye d') au diocèse d'Arras; BONNIÈRES; à cause des prieuré et prévôté de Saint-George-lès-Hesdin. (*Doullens*, II, 79.)

AUCHY-LÈS-MOINES : bailliage en temporalité. J. Olivier, abbé. (*Montreuil*, II, 642.)

BEAUPRÉ : Loys, abbé du couvent N.-D. de Beaupré, à ce titre seigneur de Beaupré, du Mont-Saint-Michel, à Marseilles, de Briet-la-Ville, Grandbos, Haultbos, Hayons et Les Castelletz. (*Beauv.*, I, 166.)

BLANGY-EN-TERNOIS : abbaye fondée sous le roi Clovis, avec titre de comté (*Doullens*, II, 76.)

CERCAMP : l'Abbaye Notre-Dame de Cercamp a les droits de haute seigneurie dans son enclos et domaine de Cercamp, et possède des fiefs et des rotures à Sibevile, Lenzeux, Séricourt, la Montjoie, les Cressonnières, Frévent, Beauvoir, Ransart, Cantelen, Mont-Regnault et Bouquemaison. (*Doullens*, II, 88.)

CLAIRFAY : l'abbaye Notre-Dame de Clairfay, n'a dans son temporel que les droits des seigneurs vicomtiers. (*Doullens*, II, 213.)

CORBIE : l'abbaye Saint-Pierre de Corbie est de fondation royale, l'abbé prend le titre de comte. (*Fouilloy*, I. 280); seigneur de Ames-en-Artois (*Beauq.*, II, 514.)

FORESMONTIER : le couvent Notre-Dame de Forestmontier est seigneur dudit lieu et des villages de Bernay, de Machiel, le Caufour et Saint-Severin de Crécy. (*Saint-Riquier*, I, 490.)

MARCHIENNES : l'abbé et le couvent sont seigneurs temporels aux villages de Gouy, de Neuve-Capelle, Ecourt et Saudemont, Sailly-en-Ostrevent, Haynes, Mazengarbe, Lorgies, Le Bies, Ligny-le-Petit et Boiry-Sainte-Rictrude. (*Beauquesne*, II, 304, 349, 510, 511, 512 et 513.)

MESSINE-EN-FLANDRE : l'abbesse et les religieuses de l'abbaye Notre-Dame de Messine-en-Flandre ont la seigneurie de Croisettes-en-Ternois, laquelle est enclavée dans le comté de Saint-Pol. (*Doullens*, II, 94.)

SAINT-ACHEUL-LÈS-AMIENS : justice et juridiction temporelle hors de l'enceinte de l'abbaye. (*Beauvoisis*, I, 194.)

SAINT-ANDRÉ-LÈS-BEAURAINS : couvent de l'ordre des Prémontrés qui a la haute justice dans l'enclos de l'abbaye et justice vicomtière au dehors. (*Montreuil*, II, 612.)

SAINTE-AUSTREBERTHE : l'abbesse et les religieuses de l'abbaye de Sainte-Austreberthe-en-Montreuil ont toute justice et seigneurie dans leurs terres de Marenla, Marauch, Hombray, Saint-Denœuf, Bouberch, Aix-en-Lihart et Sainte-Austreberthe-lez-Hesdin (*Montreuil*, II, 608).

SAINT-FUSCIEN-AU-BOIS : *la coutume ne donne aucun renseignement*. (*Beauvoisis*, I, 195).

SAINT-GERMER DE FLAY : l'abbé prend le titre de comte de Wardes. (*Beauvoisis*, I, 195.)

SAINT-JEAN-AU-MONT-LÈS-THÉROUANNE : ordre de Saint-Benoît. La terre d'Annezin appartient à cette abbaye. *Beauquesne*, II, 367.)

SAINT-JOSSE-SUR-MER : l'abbé et les moines de l'abbaye de Saint-Josse, dans leur terre de Frégevillers près Doullens, ont justice et seigneurie vicomtière (*Doullens*, II, 115.)

SAINT-LUCIEN DE BEAUVAIS : cette abbaye possède, dans le bailliage d'Amiens, plusieurs terres aux villages de Bonnières, Fourquignies, Glatigny, Courcelles, Villers, Bazincourt, Roy, Boissy, etc. (*Beauvoisis*, I, 197).

SAINT-PIERRE DE GAND : cette abbaye a droit de haute, moyenne et basse justice aux villages de Harnes, Aunay et Loison. (*Beauquesne*, II, 515.)

SAINT-RIQUIER : les moines, dans leur temporalité, ont justice haute, moyenne et basse, noblesses, prééminences, prérogatives et seigneuries. (*Saint-Riquier*, I, 510.)

SAINT-REMI DE REIMS : la terre de Nyelles-lès-Boulonnais. *Montreuil*, II, 614.)

SAINT-SAUVEUR DE HAM : la terre et seigneurie de Ham-en-Artois appartient à cette abbaye qui a été fondée par les seigneurs de Lillers, sous la règle de Saint-Benoît. (*Beauquesne*, 385.)

SAINT-SAUVE DE MONTREUIL : couvent d'hommes. La terre et seigneurie de Caveron. (*Beauquesne*, II, 615.)

SAINT-VAAST D'ARRAS : Riquebourg-Saint-Vaast et le Pays de Lalleu. (*Beauq.*, II, 496 et 500.)

SAINT-VALERY : les terres de l'abbaye à Saint-Valery. (*Vimeu*, I, 426.) — Favières, (*Saint-Riquier*, I, 486.)

NOTRE-DAME-SOUS-EURIN, près Hénin-Liétard, abbaye d'hommes. Justice et seigneurie à Dourges, Courières, Courchelles, Esquerchin, Quency, Grenay, Billyes, Marquillies, Sailly, etc. (*Beauquesne*, II, 355.)

VALOIRES : ordre de Citeaux, Valoires. (*Saint-Riquier*, I, 520.)

NOTRE-DAME DE WILLENCOURT, abbaye de femmes. Willencont et Saint-Acheul près Montigny. (*Doullens*, II, 158, 161.)

(736)   LISTE DES SEIGNEURS.

COLLÉGIALES.

AMIENS (chapitre de la cathédrale d') : la terre et seigneurie de Camon. (Fouilloy, I, 279.)

ARRAS (chapitre de la cathédrale d') : Bray, Ecoivres, Haillicourt, Etrées-en-Chaussée, Frémicourt, Verdrel, Petit-Sernins, Baillon, Saint-Quentin-en-Lattre, Noyellettes, Wanquetin, Souchez, Ablain-Saint-Nazaire, Monchel-Notre-Dame. (Beauquesne, II, 517.)

DOUAI (chapitre de St.-Amé-en) : Douai, Ecourt, Saudemont, Anhiers, Versées, Flers, Rost, Esquerchin, Cunchy, Corbehen, Vitry, Houpplin, Faches, Herlies, Hamel-de-Pumeraulx et Wieres. (Beauquesne, II, 518).

LILLE (chapitre de Saint-Pierre de) : Arleux-en-Gohelle. (Beauquesne, II, 342.)

LILLERS (chapitre de Saint-Omer en) : Busne. (Beauquesne, II, 388.)

PARIS (chapitre de l'église Notre-Dame de) : Outrebois. (Doullens, II, 154.)

THÉROUANNE (chapitre de l'église de) : Lenzeux, Fontaines-lès-Hermans, Floury, Blessy, Bresines, Autinghes, Ellencourt, Pernes, Amettes, Lisbourg, Prudefin, Rely, etc. (Montreuil, II, 693.)

COMMANDERIES DE S. JEAN-DE-JÉRUSALEM.

OISEMONT appartient à la sainte ordre, religion et hospital Saint-Jehan de Jérusalem, et la justice y est exercée au nom du commandeur. (Vimeu, I, 412.)

SAINT-MAULVIZ : les droits du commandeur de Saint-Mauviz s'étendent sur 34 villages des prévôtés de Beauvoisis et de Vimeu ; savoir : Saint-Mauvis, Epaumesnil, Campsart, Omâtre, Nesle-l'Hôpital, Foucaucourt, Yzengremer, Woincourt, Pinchefalise, Hocquincourt, Heucourt, Linchœul, Gouy, Velaines, Verrines, Wailly, Guisencourt, Caullières, Maisnyeux, Sainte-Grée, Saulchoy, Molliens, Frettemolle, Frettecuisse, Maisnil-Huchon, Ainval, Brocourt, Airaines, Romescamps, Hescamps, Carrois, Camps-en-Amiénois, le Vieil-Rouen, et Brontelles. (Vimeu, I, 421.)

FIEFFES : Jehan d'Aunoy, chevalier, commandeur de Saint-Jehan de Jérusalem. (Doullens, II, 108.)

LOISON-LE-TEMPLE et GRINBERMONT : Adam de Mont.... commandeur. (Montreuil, I, 611.)

EVÊQUES.

ÉVÊQUE D'AMIENS : Ligny-sur-Canche. (Doullens, II, 134.) Ouppy près La Rosière. (Ibid. 133.)

ÉVÊQUE D'ARRAS : Vitry. (Beauquesne, II, 508.) La Bouchière, Ruyt et Gosnay. (Ibid. 510.)

PRIEURS.

LALLEU : Damp Robert de COLLEMONT, prêtre, religieux de l'abbaye Saint-Germer de Flay, prieur de Lalleu. (Vimeu, I, 407.)

BEUGIN-LÈS-HOUDAIN : Damp Remi FORSAUX, prêtre de l'église et abbaye Saint-Remy de Reims, prieur. (Beauquesne, II, 329.)

OEUF-EN-TERNOIS : frère Marc GAUTHIER, prieur. (Doullens, II, 150.)

LA BEUVRIÈRE : frère Jehan de LA FAVE, grand prieur de l'abbaye de Charroux-en-Poitou, prieur de La Beuvrière. (Beauquesne, II, 389.)

SAINT-SULPICE-LÈS-DOULLENS : frère Guillaume LE VASSEUR, religieux de l'abbaye d'Anchin, prieur de Saint-Sulpice. (Doullens, II, 159.)

BAGNEUX : Damp Jehan de RICHEBOURG, religieux de l'abbaye Saint-Robert de Molesme, ordre de Saint-Benoit, prieur de Bagneux. (Doullens, II 61.)

ERGNYES (prieur pas nommé) : le couvent des Célestins-Saint-Antoine d'Amiens. (Saint-Riquier, I, 485.)

SAINT-PRY-LÈS-BÉTHUNE (prieur pas nommé) : l'église Saint-Pierre d'Abbeville, ordre de Cluni. (Beauquesne, II, 368.)

SAINT-PIERRE-A-GOUY, prieuré : sans autre indication. (Beauvoisis, I, 197.)

LIGNY-SUR-CANCHE, prieuré : sans autre indication. (Doullens, II, 134.)

BÉNÉFICES ECCLÉSIASTIQUES ET PERSONNATS.

MERQUES-SAINT-LÉGER : les maire et échevins de Fauquemberg comme gouverneurs et administrateurs de la fabrique de l'église Saint-Léger de Fauquemberg. (Montreuil, II, 655.)

RASSE-LÈS-DOUAI : bénéfice du chapelain de l'église cathédrale N.-D. d'Arras. (Beauquesne II, 509.)

BOURDON-SUR-SOMME : maistre Nicolle de CONTY, chanoine d'Amiens ; maistre Jehan MABON, chanoine de Nesle ; maistre Jehan QUELLETTE, chanoine dudit lieu, tous trois seigneurs pour un quart, avec Charles d'AZINCOURT, seigneur de Wargnies, seigneur aussi pour un quart, de la terre et seigneurie de Bourdon-sur-Somme, qu'ils tiennent de la senéchaussée de Domart-en-Ponthieu. (Beauquesne, II, 212.)

RÉPERTOIRE ANALYTIQUE

DES TEXTES.

Nota. Le chiffre romain indique le volume, le chiffre qui suit marque le N.º des pages et les autres celui des articles de la page.

A.

ABANDON de biens : le laïque arrêté pour dette qui n'a pas de quoi payer, peut se faire conduire devant les échevins et jeter son chapeau ou bonnet devant les juges, et par ce signe d'abandon, obtient mainlevée de l'arrêt : I, 291, 7 ; — **ses effets** : l'homme de fief qui a fait abandon, peut aller et venir en la ville de Gamaches, sans être arrêté, à moins qu'il ne descende de cheval, mais s'il descend, le créancier peut saisir le cheval : I, 402, 12 ; — **de culture pendant trois ans** : le seigneur laboure, sème et récolte la 4.ᵉ année à son profit : I, 283, 15 ; — **des éteules**, voy. ÉTEULES ; — **des fiefs et coteries dans les mains du seigneur** : permis à la condition d'acquitter les arrérages des cens et rentes : I, 91, 45 ; 172, 25 ; 369, 21.

ABATTRE la maison : peine de l'infraction de la commune : I, 71, 36 ; 73, 38 ; 76, 3, 5, 6 ; — **à terre par courroux** : I, 88, 29.

ABBÉ de Corbie : ses titres et sa justice : I, 285, 1, 2, 3, 4, 5.

ABLAIS : dégat des bestiaux : II, 210, 23 ; 235, 14.

ABONNEMENT — afforage : I, 498, 21 ; — cens : I, 313, 1, 2 ; — corvées : II, 424, 5 ; 435, 6, 7, 8 ; — queue à court : II, 424, 6 ; — rentes du seigneur : II, 423, 2 ; 435, 1, 2, 3, 4 ; — acquit ou tonlieu : I, 403, 32, 33, 34.

ABOULT : ce que c'est : II, 305, 3 ; 600, 14 ; 688, 12.

ABRÉGÉS (fiefs) : distincts des fiefs restreints : I, 282, 10.

ACHAT (droit d') : bourgeois franc de ce droit : I, 402, 16.

ACCOURSAIGES : droit sur les bestiaux à pied fourchu : II, 413, 28.

ACQUÊTS féodaux : le mari seul réputé propriétaire : II, 232, 17 ; — la femme n'y peut prétendre que son douaire : I, 86, 14 ; II, 269, 16 ; — **cotiers** : donnés en avancement d'hoirie tiennent lieu d'héritage : I, 86, 10 et 11 ; — toute donation réputée acquêt au donataire : II, 59, 15 ; — acquêts cotiers réputés meubles et comme tels partageables : I, 199, 4 ; 385, 3 ; 406, 4 ; 514, 2 ; II, 212, 2 ; 505, 20 — réputés communs aux époux : I, 84, 85 ; II, 65, 7 ; 136, 11 ; 139, 5 et 6 ; 219, 10 ; 220, 4 ; 247, 12 ; 284, 19, 20 ; — droit de l'époux survivant : II, 59, 14 ; 259, 13 ; 269, 17 ; 302, 7 ; 303 ; 5, 312, 19 ; voy. COMMUNAUTÉ et SUCCESSION.

ACQUIT (droit d') : synonyme de tonlieu : I, 497, 12 ; — dû pour toute espèce de bestiaux vendus hors lieu franc : I, 483, 14 ; 497, 14 ; 513, 23 ; — doit être payé avant le coucher du soleil : I, 379, 35 ; 380, 36 ; 410, 5 ; — se lève dans toute la châtellenie de Domart : II, 99, 26 ; — tarif du droit : I, 403, 32, 33, 34, 35 ; 410, 5 ; 486, 5 ; — bourgeois exempts par privilége : I, 185, 13 ; 414, 6, voy. ISSUE DE VILLE et TONLIEU.

ACTE d'héritier : implique obligation de payer les dettes de la succession : I, 284, 20 ; II, 247, 16 ; — **de vente** : voy. CYROGRAPHE.

ADHÉRITEMENT : voy. SAISINE, II, 479, 1.

ADVESTURES des fiefs : réputées meubles : II, 691, 32.

ADVOCAT : l'accusé et l'accusateur en peuvent avoir chacun un : I, 71, 32.

ADVOEZ des orphelins : II, 666, 7 ; 669, 28 ; 684, 28.

AFFEUR : voy. AFFORAGE.

AFFIRMATION du demandeur : nécessaire avant que le défaut lui soit adjugé : II, 674, 34.

AFFORAGES : II, 287, 4 ; 318, 19 ; 474, 167 ; 477, 176 ; 519, 3 ; — ce que c'est : I, 185, 11 ; 375, 7 ; —

93.

en quoi consiste : I, 198, 7 ; 498, 19 ; II, 83, 14 ; 208, 16 ; 464. 100 ; 464, 101 ; 481, 4 ; 486, 25 ; 703, 3 ; — ce qu'on appelle droit de *chevilles* : II, 481, 4 ; — par qui se fait l'afforage : I, 517, 15 ; II, 130, 37 ; 154, 5 ; 237, 6 ; 634, 32, 33 ; — pas dû pour vente de vins en gros : II, 464, 102 ; — comment on procède : II, 463, ch. XII, 97, 98 ; 485, 23, 24 : — appel du tavernier contre les échevins qui ont fixé le prix : II, 464, 99 ; — abonnement à forfait : I, 498, 21 ; — amende pour vendre sans afforer : I, 185, 10 ; 282, 12 ; 295, 19 ; 419, 9 ; II, 485, 22.

AFFORAGE et FORAGE : distinction : I, 282, 12 ; 393, 17 ; II, 700, 44.

AFFRANCHISSEMENT des serfs : dans quel cas permis au seigneur : I, 316, 38.

AGARD : inspecteur des bouchers : I, 186, 24.

AGÉ (être tenu pour) : II, 234, 1.

AGENTS comptables des communes : ne peuvent refuser l'office : I, 76, 5.

AGNEAU d'herbage : II, 348, 10.

AGNEL et oison : II, 390, 14.

AGRESSEUR qui porte le premier coup paie l'amende : I, 377, 18.

AHANS (eswardeurs des) : II, 468, 127.

AJOURNEMENTS : leur forme : II, 655, 2 ; — salaires du sergent : I, 432, 3 ; II, 647, 10 ; — procédure : II, 674, 32, 33, 34 ; — amende pour défaut : I, 314, 8 ; dans quel cas sont nuls : I, 77, 14.

AIDE et assistance : pour saisir le débiteur forain : II, 486, 30 ; — pour résister aux forains : II, 398, 6 ; — des valets pour défendre leur maître : II, 491, 66 ; — au seigneur en cas d'incendie : I, 315, 20 ; — des bourgeois à leur seigneur : II, 429, 35 ; — des prés fener II, 60, 29 ; — Aide (droit d) : en pairie : I, 495, 1 ; II, 234, 7 ; — des fiefs en plein hommage : I, 485, 13 ; 495, 2 ; — des fiefs abrégés : I, 168, 1, 2, 3 ; 189, 4 ; — des fiefs et coteries : I, 189, 4 ; 191, 2 ; — des coteries : I, 378, 21, 22 ; 397, 13 ; 489, 2 ; 430, 5 ; 432, 7 ; 483, 13 ; 503, 2 ; 506, 13 ; 508, 5 ; II, 93, 4 ; — dans quels cas est due au seigneur : I, 189, 4 ; 191, 2 ; 314, 10 ; 397, 13 ; II, 125, 30 ; 378, 19 ; — exemption par privilége : I, 186, 23 ; 498, 21 ; II, 659, 1 ; 663, 19.

AIEUL : voy. succession de l'aïeul.

AINÉ (chevalerie du fils) : donne ouverture au droit d'aide : I, 314, 20.

AINESSE (droit d') donne droit à toute la succession *ab intestat* : I, 366, 1, 4 ; II, 136, 9 ; 142, 6 ; 155, 6, — aîné seul tenu au relief : I, 490, 3, — le mort saisit le vif son plus prochain héritier : I, 398, 1 ; II, 59, 3, — l'aîné appréhende tous les héritages, les meubles et acquêts se partagent : II, 212, 1 ; 215, 9 ; 610, 1 ; — à l'aîné les manoirs patrimoniaux : II, 306, 2 ; 348, 4 ; 518, 12, — les manoirs propres et acquêts moins les terres qui se partagent : II, 62, 12 ; 616, 7, — tous les manoirs amasés : II, 151, 18 ; — tous les manoirs patrimoniaux tenus de divers seigneurs : II, 304, 1 : — l'aîné choisit le principal manoir en coterie : II, 56, 2 ; 57, 1 ; 66, 7 ; 70, 15 ; 104, 16 ; 106, 1 ; 148, 10 ; 157, 4 ; 244, 4 ; 274, 11 ; 292, 16 ; 390, 9, — l'aîné a le chef-lieu, les puînés se partagent la valeur des amasements : II, 517, 4 ; 517, 8, — choix de manoirs par ordre de primogéniture : II, 80, 2 ; 134, 2 ; 244, 4, 5 ; 296, 2 ; 301, 2 ; 312, 21 ; 363, 15 ; 517, 5, 7, 9 ; 529, 1, 2.

AISE de ville, chemin communal : II, 487, 35 ; 488, 42, 46 ; 489, 52, 53.

ALLER à saints : (prêter serment pour affirmer sa créance) : II, 502, 6, 7.

ALLER à l'enquête : ce que c'est : II, 475, 171 ; 504, 17 ; 524, 4.

ALEUX : reliefs et ventes : II, 385, 8 ; 662, 15 ; — Dessaisines et saisines : II, 385, 8 ; — Obligations des tenanciers : II, 384, 7 ; 385, 8 ; 662, 15 ; — Parries de franc aleu : II, 332, 15 ; — Aleux forains : II, 458, 56.

AMAN ou **Amman** : ses attributions : II, 674, 31, 35 ; 675, 37, — par qui institué : II, 673, 30 ; — son salaire : II, 668, 24, — Aman et Escoutbeteur : II, 688, 9.

AMASEMENS et cathoux : réputés meubles : II, 295, 7 ; 386, 8 ; — en bourgage distincts du fonds du manoir : II, 258, 8.

AMASER (interdiction d') : II, 249, 26, — obligation d'amaser : II, 85, 8.

AMENDES (principes des) : distinctes de la réparation du dommage, I, 497, 16 ; — celles que les échevins peuvent édicter : II, 353, 30 ; — celles qui sont encourues pour contravention aux bans d'août, ne peuvent être prononcées que sur le rapport des sergents : II, 167, 125 ; — ne peuvent être prononcées si le maïeur a procédé sans échevins : II, 449, 9 ; — le blessé dans une rixe doit montrer son sang sous peine de l'amende : II, 285, 51 ; — le forain qui a fait injure à la commune, ne peut y entrer jusqu'à ce qu'il ait payé l'amende : I, 403, 26 ; — les amendes prononcées par les échevins de Baralle et Buissy, se paient en monnaie cambresis : II, 455, 41. — **Taux des amendes des messiers** : 5 sous les plus fortes, 12 deniers les moindres : II, 460, 74 ; — amendes vicomtières : II, 147, 2 ; — civiles : II, 287, 2 ; 289, 14 ; — amendes de loi : ce que c'est : I, 522, 10 ; — partagées : I, 65, 6 ; 71, 37 ; 72, 40 ; 184, 2, 3, 4,

5; 401, 2; II, 111, 15, 16, 18; 152, 2; 214, 3; 281, 4; 360, 15; 398, 2; 455, 41; 507, 31; 615, 11; 673, 25, 26, 28; — partagées à cause de l'indivision des seigneuries : II, 297, 7; — **non partagées avec le seigneur** : II, 214, 4; 215, 5; — **amendes de loi** : a qui appartiennent en matière de crimes et délits : II, 116, 2, 3; — amendes cumulées : pour le seigneur et les échevins : I, 71, 37; II, 69, 4; 286, 36; 669, 26; — **amendes doublées**, dans quel cas : II, 399, 9; 479, 7; — **amendes graduées** : mélées et violences : II, 85, 22; 123, 12; 284, 18; flégards : II, 371, 14; 381, 40; 668, 24; police : II, 282, 8; 287, 4, 5; **refus de payer après commandement** : II, 364, 21; délits forestiers : II, 235, 11; 310, 12; 430, 45; délits ruraux : I, 308, 6; 522, 6; II, 125, 28; 235, 14; 282, 5, 6; 415, 44; 426, 11; 430, 43; 671, 11; — **amendes de vin** : I. 314, 3; 315, 25; — **attribution** : I, 386, 5; 500, 34; 506, 11; 516, 12; II, 58, 12, 14; 117, 10, 11; 408, 2; 455, 41; 456, 50; — modération des amendes : II, 257, 43; 339, 39; 620, 135; 633, 29; — emploi : I, 314, 9; II, 69, 8; 122, 7; 631, 14. — **exemption** : II, 398, 3; — questions sur l'application des amendes : II, 471, 155, 156, 157; 472, 158;

— **AMENDE arbitraire** : appel de faux jugement : I, 69, 20; — injure au prévôt : I, 71, 35, 36; — infraction de la justice de la commune : I, 184, 7; — coups de main garnie dans la ville et banlieue : II, 101, 4; — injure atroce : II, 102, 5; — délit forestier : II, 311, 14 ! — garenne : II, 619, 127, 128, 129; — contumaces : II, 520, 9; — injures aux échevins ; II, 673, 27; — qui doit en connaître : I, 89, 35; II, 599, 10; — à qui appartient le profit : I, 89, 33;

— **AMENDE honorable** : injure atroce : II, 102, 5.

— **AMENDE de C livres** : contre les bourgeois élus échevins qui quittent la ville avant le renouvellement de la loi : II, 298, 24;

— **AMENDE de LX livres** : assaillir le château du seigneur : I, 401, 8; — par force la maison d'autrui : II, 454, 37, 38; — assistance aux bannis : II, 677, 49; — contumaces bannis de la ville : I, 89, 32; II, 111, 16; — coups avec arme ayant occasionné des blessures : I, 355, 38; 398, 3; 412, 15; 453, 25; 650, 12; 673, 25; — coups et blessures sur la plage de la mer : I, 419, 1; II, 607, 4. — Courir sur quelqu'un avec arme ou bâton pour frapper : II, 454, 38; — infraction de justice : II, 360, 15; — échevin refusant l'office : II, 446, 2; 664, préamb.; 670, préamb. — Vassal qui usurpe la justice de son seigneur : I, 368, 19; — vassaux et hommes liges dont la sentence est infirmée sur appel : I, 383, 1; 490, 1; 512, 15; — fol appel des prévôts et échevins : I, 206, 1; II, 226, 3; 550, 11; — opposition mal fondée aux lettres et cyrographes des échevins : II, 673, 23; — il faut 5 témoins pour infliger cette amende : II, 671, 13; — elle ne se partage pas comme les autres : II, 360, 15;

— **AMENDE de LX livres et LX sous** : comment se divise : II, 287, 3; — par qui peut être modérée : *ibid.*;

— **AMENDE de X livres** : assaut de maison : I, 401, 1; II, 427, 19; — Coups dont le blessé reste estropié : II, 123, 13; — Coups de main garnie d'arme ou bâton : II, 453, 26, 27; 673, 26; — mettre la main à l'épée et la tirer du fourreau : II, 398, 3; port-d'armes dans la ville au mépris du ban de défense : II, 355, 38; — tendre des pièges aux faisans et perdrix auprès de la garenne ; II, 638, 5; — par qui prononcée : II, 91, 9; — à qui appartient : II, 123, 13; 455, 45; — dans quel cas le seigneur seul en a le profit : I, 401, 1;

— **AMENDE de IX livres** : coups, violences et blessures : I, 89, 31; 73, 37; 184, 3; 399, 6; 401, 2.

— **AMENDE de VI livres VI sous** : coups et blessures comment se partage : II, 500, 1;

— **AMENDE de VI livres** : violences : I, 65, 7; 88, 30;

— **AMENDE de C sous** : couteau tiré pour se défendre : II, 426, 17; 438, 31; — attaque de maison par jour : II, 427, 19;

— **AMENDE de LX sous** : *Afforage* : I, 419, 9; 498, 19; 517, 15; — Banalité : I, 180, 9; II, 117, 12; 483, 7; 698, 31; 699, 35. — Bans d'août : II, 226, 13; 270, 26; 273, 22; 454, 34; 458, 59; 466, 112, 113, 114, 115; 469, 141; 697, 16, 17; — Bans de mars : II, 444, 37; 469, 146; 490, 61 — Catheux : quand l'acheteur de l'héritage les abat avant l'expiration du délai du retrait lignager : II, 668, 20; — Champart : I, 283, 14; II, 131, 42; 282, 6; 409, 9; — Congé : colombier sans congé, II, 72, 25; — 1.re nuit des noces : II, 60, 21; 85, 25; — rentrée de la veuve au domicile mortuaire après l'enterrement du mari : I, 508, 1; II, 269, 18; — recel des épaves : I, 88, 25; 283, 16; 393, 18; 433, 13; — exploit de justice : I, 396, 5; — buis remis sur leurs gonds : I, 294, 18; 427, 9; II, 103, 10; 226, 8; — labourage à double fer : II, 270, 24; 273, 24; — mottes des moulins : I, 499, 28; — parc des moutons hors de la seigneurie : I, 309, 27; — pêche : I, 283, 13; II, 76, 5; 133, 9; — pressoir : I, 180, 8; — récolter les terres du doivent rente II, 212, 10; — transport de vin sans congé I, 180, 4; — salaison du pourceau tué I, 430, 4; — vendanger et entonner le vin I, 195, 5; — vente de vin ; I, 198, 7; — vins déchargés : I, 185, 10; — bêcher sur les chemins où le seigneur a droit de *voirie* : I, 182, 9; — *Contu-*

maces: I, 172, 22; 516, 11; — *Délits ruraux*, bestiaux dans les éteules: I, 88, 25; 308, 7; 419, 5; II, 210, 23; — dans les jardins: II, 650, 13; — faux sentier: II, 213, 9; — *Délits forestiers*, étalon coupé: II, 57, 6; — gros bois coupé: II, 145, 15; 249, 33; 311, 13; 382, 52; 520, 10; 638, 8; — menu bois coupé: II, 250, 34; — arbre arraché: I, 513, 24; — arbre écorcé: I, 497, 14; — bois vert au bois du roi: II, 209, 21; — ramasser les faînes: I, 497, 17; 513, 25; — nouveaux taillis: II, 57, 9; 145, 9; 250, 35; 281, 5; 382, 51; — *Don non payé à la Saint-Remi*: II, 57, 4; 107, 21; — *Etaux de bourgage*: II, 326, 52; — *Éteules nouvelles*: I, 170, 15; 503, 14; II, 73, 31, 32; 382, 50; 697, 18; — *Faits préposés*: II, 692, 38; — *Faux arrêts*: I, 532, 2; — *Faux clains*: I, 88, 26; II, 454, 31, 32; 514, 1; 668, 21; — *Fol appel*: I, 512, 15; II, 87, 4; 226, 3; 409, 13; 520, 11, 12; 649, 22; — *Faux jugement* (sentence infirmée sur appel): I, 94, 57; 430, 1; 509, 3; II, 87, 4; — *Fausses lettres*, chartres et cyrographes: II, 673, 22; — *Flégards*: I, 88, 22; 90, 42; 165, 13, 14; 166, 16, X; II, 72, 27; 222, 23; 227, 49; 342, 11; 335, 37; 409, 10; 454, 33; 468, 135; 508, 3; 610, 8; 626, 3; 698, 52; 699, 41; — *Franches vérités*: II, 327, 56; 646, 14; 656, 5; 658, 5; 698, 25; — *Garenne*: I, 169, 8; 170, 11, 13; 191, 4, 5; 377, 20; 378, 26; 416, 5; 431, 24, 25; 487, 12; 498, 18; II, 107, 19; 203, 11; 204, 17; 227, 18; 230, 2; 619, 150; 643, 2; — *Herbage*: I, 396, 3; 483, 15; — *Infraction de justice*: I, 173, 29; 284, 26; 295, 19, 378, 27; 433, 14, II, 107, 15; 237, 3; 286, 36; 342, 11; 346, 12; 355, 37; 382, 54; 455, 42, 43; 486, 30; 524, 2; 610, 13; 650, 9, 668, 23; — *Police des bois*: I, 423, 9, 10; — des bourgs: II, 77, 15; 413, 26; 427, 18; 438, 34; 487, 34; 698, 28, 29; — des boissons et vivres: I, 186, 24, 25; 215, 16; 405, 7; 414, 38; 429, 39; 468, 134, 136; 486, 26, 27, 28, 29; 641, 7; 697, 19, 20; 698, 30; — des oeufs et mesures: I, 182, 13; 309, 24; 312, 8; 404, 35; 517, 16; II, 298, 25; 339, 41; 355, 39; 414, 39; 415, 43; 468, 134; 469, 138; — des champs: II, 80, 6; 148, 7, 8; 202, 3; 250, 37; 610, 6; 698, 22; 698, 27; — des eaux: I, 427, 6; II, 310, 8; — des marais: I, 88, 24; 171, 21; 173, 28; 190, 11; 190, 12; 281, 6, 7; 309, 21; 378, 23; 410, 8; II, 60, 19; 76, 3; 110, 11; 119, 12; 132, 6; 132, 4; 642, 3; 671, 11; — *Paiement* du prix de vente le jour de la saisine: II, 667, 17; — *Relief*: II, 169, 6; 311, 1; 482, 10; II, 323, 58; —*Réséandise*: II, 218, 10; — *Résidence* des non bourgeois: II, 326, 53, — *Service* de plaids: I, 425, 5; 506, 2; 488, 17, 18; — *Chasser les* grenouilles: I, 484, 18; — *Queue à court*: I, 74, 7; — *Renouvellement de la loi*: II, 524, 4; —*Service de la fête*: I, 511, 2; — *Tonlieux*: I, 193, 4; — *Rouage*: I, 194, 4; — *Acquit*: I, 379, 35; 380, 36; 410, 5; 483, 14; 486, 5; 492, 5; 513, 23; 522, 9; II, 56, 2, 205, 31; — *Travers*: I, 173, 30; II, 303, 12; 379, 34; — *Violences et voies de fait*: I, 73, 43; 88, 29, 184, 4; 198, 6; 280, 2; 311, 4; 377, 19; 425, 6; 419, 5; 425, 6; II, 101, 4; 106, 12; 107, 13; 149, 13; 227, 33; 381, 45; 426, 17; 454, 29; 498, 1; 500, 1; 521, 2; 607, 4; 635, 30; 699, 34;
— **AMENDE de XLV sous**: coutumaces: I, 417, 7;
— **AMENDE de XXX sous**: banalité du four: II, 485, 2; — bestiaux forains au marais: II, 490, 55; — coups: II, 453, 28; 611, 2; — charrier en terre hersée: I, 522, 6; — fournier qui cuit le pain des forains avant celui des sujets: II, 485, 19; — comment se partage: II, 456, 46, 49;
— **AMENDE de XXII sous VIII deniers**: rixes en jour de marché: I, 377, 18;
— **AMENDE de XXII sous VI deniers**: obligation pour le battu de dénoncer le fait à justice: II, 67, 18;
— **AMENDE de XX sous**: (spéciale aux villes de bourgeoisie) — AMIENS: coup de poing par un juré à un juré: I, 65, 6; maïeur qui reçoit des présents: I, 71, 29; injure grave par un juré à un autre: I, 73, 39, 41; 88, 27, 28; — BEAUVAL: déplacement des bornes posées par les échevins: II, 69, 3; inobservation des conventions reçues par les échevins: II, 69, 4; — *Violences et voies de fait*: BERK-SUR-MER: rapports des marins avec les patrons de navires: II, 606, 1, 2, 3; — CORBIE: bois de construction pris dans les coupes: I, 281, 4; — DOULLENS: coup de la main non garnie au maïeur ou aux échevins: II, 101, 4; — GAMACHES: voies de fait et injures dans la ville: I, 400, 7; — GEZAINCOURT: blessures non suivies d'incapacité de travail: II, 125, 13; arracher ou creuser dans le bois du seigneur: II, 124, 17; — MARQUION: boulangers trouvés en faute: II, 441, 66; — MOLLIENS-VIDAME: coup de poing sans effusion de sang: I, 184, 2; — OISY, même cas: II, 426, 17; cambiers qui vendent sans afforer: II, 427, 23; vin vendu sans afforer: II, 429, 39; — SAINT-RIQUIER: faits proposés en matière de meurtre: I, 517, 14; — THUN-SAINT-MARTIN: bestiaux paissant le long des chemins sans être tenus par lien: II, 487, 35;
— **AMENDE de XV sous**: retard de 24 heures à dénoncer les coups et blessures: II, 67, 17; — coups sans effusion de sang: II, 343, 12; — charrier en terre hersée: I, 522, 6; II, 202, 8; — étalon coupé dans les taillis: I, 281, 4; — garenne traversée sans suivre les chemins: II, 644, 3; — injures verbales: II, 611, 1; — refus de venir donner

son conseil sur la réquisition des échevins délibérant sur les affaires de la ville : I, 315, 19 ; — taverniers en faute : II, 282, 7 ;

— **Amende de XI sous** : contumaces fugitifs : I, 396, 7 ; — retard à payer les rentes : II, 346, 5 ;

— **Amende de X sous** : refus de payer après sommation, dénégation de la convention et défaut : I, 180, 5 ; II, 76, 4 ; 122, 4 ; 672, 20 ; — service de plaids et franches vérités : I, 172, 24 ; 495, 1 ; 354, 32 ; II, 98, 18 ; 113, 5 ; 354, 32 ; — contraventions de police : II, 122, 3 ; 125, 28 ; 282, 7 ; 413, 21 ; 382, 35 ; 426, 16 ; 438, 30 ; 455, 40 ; 469, 139 ; 607, 5 ; 697, 22 ; — bans de mars et d'août : II, 405, 7 ; 414, 40 ; 415, 42, 45 ; 416, 65 ; 698, 24 ;

— **Amende de VII sous VI deniers** : cens non payés au terme de droit : I, 407, 3 ; — 410, 6 ; 429, 5 ; 484, 16 ; — faits proposés non admis en preuve : I, 294, 14 ; — faux clain : II, 107, 15 ; — faux arrêt ou opposition : I, 291, 8, 237, 4 ; — non paiement de la dette de l'homme cotier après sommation : I, 180, 5 ; — relief tardif : I, 482, 10 ; — injures et voies de fait : I, 190, 13 ; 198, 6 ; 280, 2 ; 314, 5 ; II, 67, 16 ; 107, 14 ; 633, 30 ; — bestiaux dans les ablais : I, 281, 6 ; 308, 7 ; 311, 5 ; — dans les taillis de plus de trois ans : II, 250, 35 ; 281, 5 ; — bois coupé : I, 281, 4 ; 423, 12 ; 497, 16 ; — charrette qui traverse les terres, faux chemin : II, 202, 8, 213, 9 ; — jeux sur les flégards sans congé : I, 198, 13 ; — fumiers id. : I, 415, 10 ; — haies non closes après la mi-mars : II, 211, 6 ;

— **Amende de VII sous** : bestiaux dans les ablais de la banlieue : I, 88, 23 ; — retard à amaser le manoir pris à cette condition : II, 85, 8 ;

— **Amende de VI sous** : service de plaids, pêche à la ligne volante et faucher l'herbe dans les marais : I, 309, 19, 21 ; 488, 15 ;

— **Amende de V sous** : injures et démentis : I, 63, 8 ; 184, 5 ; 314, 4 ; II, 149, 13 ; 214, 3 ; 227, 54 ; 288, 7 ; 429, 32 ; 441, 57 ; 454, 30 ; 521, 2 ; — défaut de comparution au renouvellement de la loi : II, 238, 12 ; — non paiement par le bourgeois de sa quote-part du cens : I, 313, 2 ; — Police rurale : I, 171, 20 ; II, 125, 28 ; 203, 11 ; 208, 17 ; 209, 21 ; 270, 25, 27, 28, 29 ; 273, 21, 25 ; 297, 12, 13 ; 341, 17 ; 350, 20 ; 405, 7 ; 415, 47 ; 416, 66 ; 424, 7 ; 427, 24 ; 428, 28 ; 430, 42 ; 455, 39 ; 466, 116 ; 467, 117, 118 ; 469, 139, 140, 142, 144, 145 ; 481, 5 ; 490, 57 ; 521, 2 ; 524, 4 ; 698, 23 ; — taverniers, bouchers, boulangers : 208, 16 ; 254, 24 ; 283, 11 ; 297, 11 ; 339, 40 ; 469, 138 ; — huis rependus sans congé : I, 412, 5 ; 415, 8 ; — service des plaids : I, 495, 2 ; 511, 2 ; II, 98, 18 ; — amendes civiles : I, 379, 31 ; 517, 14 ; II, 69, 4 ; 449, 8 ; 454, 35, 36 ; — attribution et emploi de cette amende : I, 313, 2 ; 314, 4 ; II, 297, 8 ;

— **Amende de III sous** : cens, corvées, et autres prestations non acquittées : I, 522, 10 ; II, 65, 2 ; 66, 4 ; 102, 6 ; 599, 8 ; 639, 11, 13 ; — faux clains, dénégation, faits proposés, défauts etc. : II, 71, 17, 18, 21 ; 101, 3 ; 208, 14 ; 503, 9 ; 514, 1 ; 653, 15 ; — défaut d'assistance aux plaids généraux et franches vérités : II, 354, 31 ; 363, 20 ; 386, 3 ; 387, 7 ; 390, 11 ; 614, 2 ; 656, 6 ; 658, 6 ; 660, 6 ; 677, 48 ; 699, 38 ; — contraventions aux bans de mars et d'août et autres délits ruraux : II, 57, 5, 9 ; 71, 19 ; 110, 11 ; 124, 16 ; 139, 4 ; 145, 9 ; 145, 15 ; 148, 8 ; 210, 23 ; 230, 3 ; 235, 13 ; 250, 36 ; 280, 39 ; 381, 49 ; 405, 7, 8 ; 415, 46, 51, 59 ; 416, 70 ; 514, 7 ; 650, 14 ; 654, 24 ; 658, 10 ; 661, 8 ; 699, 36, 37, 39, 40, 42 ; — cette amende appartient aux échevins : II, 91, 10 ; 154, 5 ;

— **Amende de II sous VI deniers** : dans les mêmes cas que la précédente : I, 308, 12 ; 379, 29, 30 ; 403, 25 ; 419, 5 ; 420, 10 ; 506, 3 ; 517, 14 ; II, 71, 23 ; 107, 15 ; 122, 4, 9 ; 123, 14 ; 125, 29 ; 127, 17 ;

— **Amende de II sous** : défaut de service de plaids, corvées : I, 282, 9 ; 314, 8 ; 315, 21 ; — même cas, bans de mars, bans d'août : II, 152, 7 ; 235, 10 ; 415, 52, 53, 57 ; 416, 68, 75 ; 427, 22 ; 428, 27 ; 504, 13 ; 520, 9 ; 625, 24 ; — adjugée à la partie lésée : II, 507, 31 ;

— **Amende de G deniers** : pour faux clain : II, 487, 32.

— **Amende de I sou VI deniers** : rixes et batailles : I. 288, 31 ;

— **Amende de XII deniers** : contraventions aux bans de mars et d'août et autres délits ruraux : I, 184, 8 ; 377, 19 ; II, 236, 3 ; 283, 12 ; 415, 50, 55 ; 416, 60, 61, 67, 69 ; 423, 4 ; 435, 5 ;

— **Amende de VI deniers** : messier : II, 227, 17 ;

— **Amende de IV deniers** : pour le sang : II, 107, 14.

AMENDISSEMENT (droit d') : I, 499, 26.
AMISSION du fief : I, 430, 1 ; 368, 19.
AMORTISSEMENT : I, 285, 2 ; 510, 1 ; — II, 77, 22 ; 89, 1 ; 94, préamb. ; 101, 1 ; 108, 1 ; 159, 1 ; 386, 1 ; 517, 1 ; 605, 10.
ANCIENS CENS (relief des) : I, 496, 7.
ANCIENS MANOIRS d'échevinage : II, 363, 15 ; — successions des anciens manoirs : II, 80, 2 ; 113, 11 ; 114, 2 ; 612, 6 ; — reliefs : II, 602, 1.
ANCIENNES MASURES : ce que c'est : I, 496, 6.
ANCRAGE (droit d') : ce que c'est : I, 487, 10.
ANGLAIS (incendie de Pernes par les) : II, 259, 2.
ANIMAL domestique pendu : I, 387, proc.-verbal.
ANNEAU à pierre : symbole de la réception de l'acte d'hommage : II, 403, 33.

ANNEAU au doigt : voy. MAIN GARNIE : II, 453, 26.
ANNETTES et oisons : II , 222 , 23.
ANTICIPATION sur appel : I , 171 , 18.
AOUT (corvées d') : II, 234 , 9.
APPEAUX civils : ajournement à l'assise de la prévôté : II , 56 , 11 ; — criminels : II , 56 , 12.
APPEL à vergue ou appeaux : I , 89 , 32 ; 172, 22 ; 375 , 8 ; 396 , 7 ; 417, 7 ; 516, 11 ; II, 208, 13 ; 520, 9 ; 638 , 6.
APPELS (délai des) : II , 669, 27 ; — poursuite : II, 226 , 3 ; — ressort : I, 171 , 18 ; 379 , 33 ; II , 138, 3 ; 206 , 1 ; 318 , 21 ; 319, 22 ; 620 , 136 ; 665 , 5.
APPEL de faux jugement : I, 69 , 20.
APPEL (amende du fol) : I , 94 , 58 ; 289 , 4 ; 292, 10 ; II , 206 , 1 ; 226 , 3 ; 520 , 11 , 12.
APPOINTEMENT : I , 303 , 46.
APPROPRIATION des friches : I , 381 , 3 ; 408, 6 ; 421 , 4 ; 425 , 7.
APPORTS dotaux : II , 524 , 5.
ARBALÈTE (port d') : VOY. GARENNE : II , 312 , 21.
ARBALÉTRIERS et archers : II , 620 , 137.
ARBRE d'ammessaire-lez-Doullens : II, 629, 9.
ARBRE écorcé : amende : I , 497 , 14 ; — abattu ou coupé : I , 497, 16 ; 520 , 10.
ARGENT prêté : II , 476 , 173.
ARGILE (privilège de prendre l') : II , 290 , 23.
ARGILLIÈRE : I , 415 , 9 ; II , 154 , 7.
ARMES (droit de porter des) : II , 304 , 19 ; 307 , 17 ; — défensives : (interdiction d'en porter) : II , 413 , 26 ; — blessures avec armes : II, 107, 13 ; 412 , 15 ; 472 , 161 ; 673 , 25.
ARNOUL comte de Guines : II, 679, préamb.
ARRÉRAGES de cens : I , 369, 21 ; — de loyers : I, 90 , 43 ; — de rentes : II , 109, 9 ; 248 , 17.
ARRÊT (loi d') : est loi étroite : I , 291 , 3 ; — droit d'arrêt : I , 285, 5 ; 424 , 16 ; 486 , 4 ; 509 , 5 ; II , 390 , 11 ; — seigneurie d'arrêt : II , 60 , 23 ; — ville d'arrêt : I , 309 , 23 ; 101 , 1 ; 201 , 5 , 6 ; 204 , 26 ; 223 , 2 ; 387, 8 ; 412 , 14 ; 608, 11 ; — procédure : I, 291 , 3 ; 292 , 8 , 9 ; II , 206 , 4 ; 254 , 21 ; 274 , 3 ; 283 , 14 ; 289 , 14 ; 320 , 24 ; 337 , 17 ; 503 , 10 ; 641 , 8 , 11 ; 651 , 24 ; 690 , 22 ; — s'exerce sur le débiteur forain : II , 67 , 15 ; 71 , 23 ; 82 , 4 ; 486 , 30 ; 672, 21 ; — caution pour la main levée du débiteur forain : I , 378, 28 ; II , 268, 13 ; 304 , 7 ; 520, 25 ; 337, 19 ; 503 , 12 ; 513 , 9 ; — bourgeois exempt de caution : II , 117 , 8 ; — se cautionne lui-même : II, 236 , 7 ; — maintenue d'arrêt : dans quel cas : II , 320 , 25 ; — saufconduit suspend l'exécution : I , 285 , 6 ; — franche fête id. II , 289 , 16 ; 299 , 28 ; — exemption par franchise de bourgeoisie : I , 291 , 4 ; II , 82 , 8 ; 92 , 17 ; 152 , 9 ; 237 , 3 ; 361 , 18 ; 487, 31 ; — conditions pour arrêter un bourgeois : II , 92 , 21 ; — bourgeois ne peuvent se faire arrêter en juridiction foraine : II , 506 , 28 ; — clercs ne peuvent être arrêtés : I, 291 , 5 ; — personne ne peut l'être en allant au moulin : II , 117, 9 ; — en allant au pain au vin, à la forge : I , 379, 52 ; — exemptions réciproques des villes par fédération : II , 653 , 9 ; —amende de l'arrêt brisé : I, 378 , 27 ; — du faux arrêt : I , 379, 29 ; 432 , 2 ; — de l'opposition à l'arrêt mal fondée : II, 274 , 3.
ARRIÈRE - VASSAUX : comment prêtent foi et hommage : II , 664 , 2.
ASCENDANTS (succession des) : II , 94 , 11 ; 386 , 6 ; 393 , 23 ; 406 , 13 ; 411 , 5 ; 499, 19 ; 632, 22.
ASSASSINAT : cas réservé, I, 401, 111.
ASSAUT DE MAISON : I , 401 , 1 ; II , 107 , 13 ; 454 , 37 , 38 ; — au château seigneurial : I, 401 , 8.
ASSEMBLÉE de noblesse : VOY. QUEUTE A COURT : I, 525, 6.
ASSÉNEMENT : ce que c'est : II , 676, 43 ; 682, 18.
ASSIETTE des Watringues : taille : II , 687 , 7.
ASSISE, rente seigneuriale : II , 428 , 25.
ASSISES de prévôté : II , 56 , 11.
ASSISTANCE aux bannis : amende pour ce cas : II, 677 , 49 ; — des échevins : cas où elle est nécessaire : II , 116 , 7 ; 361 , 18 , 19 , 20 ; — due aux hôtes des bourgeoisies : I, 316 , 32 ; — mutuelle *ibid.*
ASSUREMENT : I , 65 , 8 ; II , 667 , 16 ; 671 , 7.
ATAUX DE L'AN : jours dataux , fêtes solennelles II , 485, 20.
ATTRIBUTS du fief noble : I , 507 , 1.
AUMONES du comte d'Artois aux pauvres : II , 290, 27 ; — taux maximum de celles que peuvent faire les communes : II , 265 , 19.
AUMOSNIER , légataire : II , 403, 26.
AUNAGES (ferme des) : II , 257 , 38.
AUNES : I , 521 , 1 ; II , 415 , 43.
AULNOIS (taillis d') : jusqu'à quel âge défensables : II , 112 , 21 ; 119 , 12.
AUSTICHES (droit d') : II , 294 , 23.
AUXILIARI apud dominum : I, 314 , 11.
AVANCEMENT d'hoirie (donation en) : est sujette à rapport : II, 94, 16.
AVEU de la dette : ses conséquences : II , 448 , 6.
AVIS (jour d') : ce que c'est : I , 302 , 44.
AVOCATS : pourquoi ordonnés : I , 299 , 33.
AVOUERIE (droit d') : ce que c'est : I , 279 , 3.
AVOINE de rente : comment se mesure : II, 346, 5 ; — de bourgage : par qui due : I, 378, 25 ; II, 634, 57.

RÉPERTOIRE ANALYTIQUE. (743)

AWARE, award, awardeurs, awars, awart : II, 77, 20 ; 297, 14 ; 414 , 40 ; 415, 46 ; 633, 31.
AXIOMES de droit coutumier. — **Aide** : tel cens, tel relief, telle aide : I, 187, 4 ; 191, 2 ; 378, 22 : — **Bâtards** : nul n'est bâtard de par sa mère : II, 386, 7 ; 387, 6 ; 671, 10 ; — **Bourgages** : sont réputés meubles, quant à la faculté de disposer : II, 524, 45 ; — **Cens** : chacun est seigneur en son ténement : II, 599, 9 ; — **Coutumes** : coutume notoire est en la discrétion du juge ; *coutume privée* se doit prouver : I, 298, 28 ; — **Juge** : nul ne doit être juge en sa cause : I, 304, 51 ; — **Obligations** : obligations sont mères des actions : I, 298, 33 : qui par obligation se lie, par elle se doit délier et défendre : I, 298, 33 ; — **Pénalité** : plus est grand, de grand lieu et dignité, et plus se doibt garder de mesprendre et plus doibt estre pugni selon raison, que celui qui n'a point l'entendement : I, 296, 23 ; — qui pis fait, plus doibt estre estendu son meffait et sa peine engrievée : I, 296, 23 ; — qui meffait de jour, sa pénance ne doibt estre si griesve que celui qui meffait de nuit : I, 296, 25 ; — **Confiscation** : qui confisque le corps, confisque les biens meubles : I, 397, 8 ; — **Amende** : qui a sang doit paier l'amende : I, 377, 19 ; — celui doit l'amende qui a commencé merlée : II, 284, 18 ; — **Peine du talion** : dedans la banlieue, mort pour mort, membre pour membre : II, 431, 48 ; — **Prescription** : le seigneur ne prescrit contre son tenant, ni le tenant contre son seigneur II, 96, 69 ; — prescription n'a pas lieu contre chartres : II, 681, 10 ; — **Quint des fiefs** : en ligne collatérale fiefs ne se quintient point : II, 417, 2 ; — **Rapport à succession** : on ne peut être aumosnier et parchonnier : II, 239, 15 ; 403, 26 ; — **Reliefs** *en coterie* : tel cens, tel relief : I, 381, 2 ; — la plume ne se relève pas : II, 610, 2 ; 613, 1 ; — faute de relief, le seigneur fait les fruits siens : I, 169, 6 ; 383, 5 ; — **Retrait** : retrait féodal n'empêche retrait lignager : II, 97, 72 ; — **Saisine** : des choses incorporelles n'est pas vraie saisine : I, 298, 32 ; — **Saisine de plein droit** ; le mort saisit le vif : I, 378, 21 ; — **Succession des propres** : propres ne remontent pas : II, 94, 11 ; 386, 6 ; — *en cas d'entravestissement* : les héritages sont réputés choses mobilières : II, 323, 40 ; — *en succession de mainfermes* : en mainferme, ne y a ne costé ne ligne : II, 474, 169 ; — *de meubles* : succession mobilière, ne suit point costé et ligne : II, 94, 12 ; — *en échevinages* : au dernier vivant, tout tenant : II, 288, 11 ; 332, 16 ; 361, 1 ; 410, 5 ; 526, 7 ; — *Succession ab intestat, en Vimeu* : il n'y a qu'un seul héritier en ligne directe et collatérale : I, 366, 1.

B.

BACHIN du rewis : II, 242, 1.
BACQ-ATTIN lez Montreuil : II, 629, 9.
BACQUETS : II, 488, 43.
BAIL à loyer : II, 61, 30 ; 104, 18 ; 600, 17 ; — aux mineurs d'ans : II, 248, 22 ; voy. MINORITÉ ; — aux orphelins : II. 624, 21 ; voy. ORPHELINS ; à rente (résolution du bail) : II, 652, 34 ; — à surcens : ses privilèges en bourgeoisie : I, 515, 4 ; — droit seigneurial eu cas de vente : II, 637, 11 ; — quand est nul : I, 482, 7 ; — ses effets : I, 373, 11 ; 397, 9 ; 417, 9 ; — relief de bail : voy. RELIEF.
BAILLEMENTS NOUVEAUX : ce que c'est : I, 496, 6, 7.
BAILLI : son autorité : II, 291, 4, 6 ; — ses devoirs : I, 403, 28 ; — ses droits : I, 401, 5 ; II, 205, 27 ; 381, 3 ; — ses profits : II 85, 26 ; — ce qu'il ne peut faire : I, 401, 6 ; 403, 23 ; — sa compétence : II, 205, 4 ; 226, 3 ; 291, 3 ; — baillis et gouverneurs : serment qu'ils prêtent : II, 299, 29 ; 431, 51 : — bailli de commune : II, 670, préamb.; son serment : II, 670, 3 ; — bailli et échevins de loi : II, 670, 1, 2, 11 ; — bailli et hommes de fief : II, 87, 3 ; 138, 1, 2, 3 ; 276, 15 ; — bailli conjureur : II, 87, 5 ; 95, 20 ; 687, 3 ; — bailli-gardien : II, 519, 5 ; — bailli (sergent du) : II, 226, 4 ; — franc sergent du bailli : II, 226, 5.
BALANCES, poids et tranneaux : II, 414, 39 ; 468, 134.
BAN du coutel agu : II, 427, 18 ; 439, 35 ; — des chemins : II, 699, 42 ; — des escauwaiges : II, 699, 39, 40, 41 ; — des rentes : II, 270, 50 ; — du renouvellement de la loi : II, 290, 29 ; — de la ville : (infraction du) : II, 355, 38.
BANALITÉ : du four et du moulin : I, 282, 8 ; 285, 9 ; 411, 3 ; II, 302, 8 ; — du four : I, 310, 6 ; 332, 8 ; 479, 6 ; 498, 23 ; 506, 12 ; II, 81, 2 ; 98, 14 ; 113, 17 ; 119, 8 ; 125, 26 ; 135, 6 ; 161, 15 ; 205, 29 ; 211, 8 ; 213, 4 ; 223, 8 ; 225, 19 ; 237, $ 1.er ; 263, 10 ; 280, 15 ; 303, 11 ; 481, 6 ; 485, 20 ; 522, 9 ; 610, 8 bis ; — du moulin : I, 481, 6 ; 499, 28 ; II, 63, 16 ; 64, 7 ; 82, 8, 9 ; 113, 18 ; 161, 14 ; 205, 28 ; 209, 90 ; 227, 36, 37 ; 232, 20 ; 254, 23 ; 275, 7 ; 290, 24 ; 312, 29 ; 481, 6 ; 628, 19 ; 653, 22 ; 699, 35 ; — du taureau, du verrat : I, 392, 8.

BANLIEUE: ce qu'était ce droit: II, 58, 10; 84, 1; 88, 7; 90, 1, 3; 91, 8; 99, 19, 25; 101, 1; 111, 15; 117, 12, 147 1, 2, 3; 161, 12; 214, préamb.; 215, 7; 431, 48; 624, 21.

BANNÉE (la) de fagots : II , 256, 34.

BANNIÈRES des métiers: nomment leurs maïeurs: I, 76, 2.

BANNIS : peuvent rentrer une fois l'an dans la ville: I, 75, 49 ; —pendant la durée de la franche-fête : II, 299, 8 ; — peine contre ceux qui les cachent : I, 403, 27 ; II , 277, 49.

BANNISSEMENT à temps et à rappel : II, 426, 17 ; 673, 27 ; — sur la hart : I, 89, 32 ; 172, 23 ; II, 208, 13 ; — peine des contumaces : I, 184, 6 ; II, 203, 16; 520, 9, 10, — comment on procède en cette matière I, 516, 11 ; II, 677, 49 ; voy. APPEAUX , APPEL A VERGUE , AMENDE DE LX LIVRES ; — ses effets : II , 206, 5 ; 696 , 7 ; voy. CONFISCATION ; — quand peut être prononcé par les échevins : II, 310, 8 ; 318, 17 ; 353, 30 ; — droit du seigneur en cas de bannissement par les échevins : I, 287, 29 ; II , 359, 9 ; 398 , 2; 480 , 11.

BANS : bannissement : II, 406, 10 ; — proclamations : I , 75 , 48 ;

— **BANS D'AOUT**: II , 270, 26 ; 273, 22 ; 307, 15 ; 416, 64, 65, 66, 67, 68, 69, 70 ; 425, 9 ; 454, 34 ; 466, 16 ; 467 ; 117, 118, 119, 120, 121, 122, 123, 124, 125 ; 469, 140, 141, 142, 143 ; —d'août et de mars: I. 79, 15 ; II, 405, 7 ; 407, 6 ; 654, 24 ; 658, 10 ;

— **BANS DE MARS** : II , 270, 27, 28, 29 ; 273, 23 ; 414, 37 à 40 ; 415, 42, 43, 44, 45, 46, 47, 50, 51, 52, 53, 54, 55, 57, 59 ; 416, 60, 61 ! 660, 5 ; 661, 8 ; 697, 15, 16, 18, 19, 20, 21 ; 698, 22, 23, 24, 26, 27, 28, 29, 30, 31, 32 ; 699, 33, 34, 35, 36, 37, 38.

BANCS : banc des échevins : II, 315. 2 ; — de justice: II , 687. 6 ; — du pays *ibid.*

BANVIN : I , 173, 29 ; 404, 44 ; II , 634, 35.

BARAULX : mesure pour le pastel : II, 339, 41.

BARONNIE (tenure par) : II , 230. 1.

BARONS : par qui ajournés : II , 660, 5.

BARRES (jeux de) : II , 625, 2.

BATAILLES (gages de) : voy. GAGES.

BATAILLES : entre bourgeois; voy. PAIX ; — à sang : I, 377, 19 ; —deux amendes : II , 699, 63.

BATARDISE et épaves (droit de) : II, 314 ;—n'existe pas à Montreuil : II , 601 , 24.

BATARDS : ne peuvent être bourgeois : II, 299, 27 ; — peuvent disposer par testament en ligne directe mais non en ligne collatérale : II, 343, 38 ; 354, 35 ;— leur succession *ab intestat* appartient au seigneur : II , 381 , 47 ; — leurs enfants légitimes succèdent :

II , 409 , 12 ; — ils succèdent à leur mère : II , 387, 6 ; 393 , 22 ; 671 , 10 ; 681 , 11 ; — aux héritages et cathoux qu'elle délaisse : II , 506, 30 ; — aux héritages féodaux et cotiers de leur mère : II, 692, 37 ; — succèdent à leur mère concurremment avec les enfants légitimes : II , 499 , 20 ; 505, 22 ; — ne succèdent pas s'il y a des enfants légitimes : II , 386 , 7.

BATEAU (droit de) : sur la rivière: II , 89 , 1.

BATON affaitié (coup de) : II , 453, 27 ; 673 , 26 ; — bâtons jus : I , 165, 14 ; 198, 13.

BATTU à sang : doit dénoncer dans le jour: I, 377, 19.

BAUDOUIN D'AIRE : institue la commune d'Heuchin : II, 630, 4, 5.

BAUDUIN (fief) : I , 374, 2.

BAUX à ferme (vin des) : le 20.ᵉ denier : I, 170, 14.

BEAU-BOIS de Saulty : II , 295 , 2.

BEAU-MONT de Liestres : II , 384 , 7.

BEAUQUESNE (prévôté de) : ses limites: II, 630, 2.

BEFFROI de commune : II, 92, 17 ; 112, 26 ; 258, 1.

BERGER de communauté ; voy. PROYER : II , 343, 25 ; — sa responsabilité : II , 425, 10 ; 437, 22 ; 438, 23 , 24 ; — cantonnements qui lui sont assignés : II, 250, 57.

BERNAVILLE (jardins de) : II , 99, 23.

BERNEUIL : dans la châtellenie de Domart : II, 99, 20.

BERRYE D'AUXI : II , 59, 1.

BESTIAUX en délit : I, 311, 5 ; II, 235, 14 ; 270, 25 ; 282, 5 ; 405, 8 ; 521 , 2 ; 697, 21 , — sur fief et sur coteries : I , 308, 6 ; — avec gardien ou sans gardien : I , 88, 23 ; 308, 7 ; 419, 5 ; II , 250, 36 ; — gardés par des mineurs, les parents sont responsables : II, 416, 63 ; — la nuit avec ou sans gardien : II, 430, 43 ; 442, 69 ; — tarif des amendes : II, 425, 10 ; 426, 13 ; 437, 22, 23, 24 ; 438, 27 ; — bestiaux dans les taillis : II , 281, 5 ; II, 201, 3 ; 250, 35 ; 282, 51 ; 431, 51 ; — broutant les haies : II, 415, 59 ; — en riez d'autrui : 416, 60 ; — dans les marais ; voy. MARAIS ; — bestiaux forains ; voy. MARAIS ; — dans les garennes ; voy. GARENNE ; — en fourrière : II , 300, 39 ; 461, 84 ; — à pied fourchu : II, 80, 6 ; 413, 26 ; — vendus (droit de reprise) : II , 205, 30.

BÊTES à laine : dans les marais : I, 88, 24 ; 190, 11 ; 400, 9 ; II, 119, 12 ; 132, 6 ; 161, 6 ; 399, 8 ;— aumailles : dans les marais : II, 60, 19 ; — chevalines : id. : II, 119, 12 ; 132, 6 ; — foraines louées pour mettre au marais : II, 60, 19 ; 119, 12 ; 132, 6 ; — à 4 pieds : doivent le droit de chaussée : II, 92, 20 ; — noires : ne peuvent être présentées au choix du seigneur : I, 412, 2 ; — oiseuses (oisives) : ne peuvent être mises au marais : II , 148, 7.

BLASPHÈME : puni du carcan : II, 288, 8.
BLÉ dans l'aire : droit de mouture : II, 698, 31 ; — blés droits : à quelle distance les gianeurs peuvent en approcher : II, 416, 69 ; — blés semés : voy. DANS DE MARS : II, 699, 36.
BLESSURES : I, 314, 5 ; 396, 7 ; 404, 2 ; II, 85, 22 ; 106, 12 ; 123, 13 ; 227, 33 ; 250, 39 ; 337, 18 ; 355, 38 ; 381, 45 ; 412, 15 ; 671, 8.
BICHES dans la Canche : voy. GARENNE : II, 619, 126.
BIENS retraits : sont héritages : I, 367, 13 ; — du curé, voy. INVENTAIRE.
BIENVENUE (repas de) : I, 414, 6 ; II, 94, 19 ; 127, 10 ; 230, 5 ; 376, 6.
BIGAME (homme marié) : II, 404, 20 ; 404, 1 ; 405, 9.
BISAILLES : pois rustiques : II, 698, 24.
BOIS coupé : voy DÉLITS FORESTIERS, II, 71, 19 ; 430, 45 ; — bois d'usage : voy. BANNÉE DE FAGOTS ; — défensables : voy. DÉLITS FORESTIERS, II, 152, 3 ; — Droits d'usage : II, 71, 20 ; 82, 10 ; 235, 10 ; 285, 25 ; — Police des coupes : I, 281, 4 ; — abattage et vidange : II, 646, 10 ; — réserve des tailis *ibid* : 11 ; — Bois arraché : amende : I, 513, 24 ; — défrichés : relief : I, 423, 6 ; — du roi : privilége des habitants : II, 209, 21 ; — suragés : II, 311, 14.
BOISTEAUX : mesures aux grains : II, 469, 138.
BOITE pendante : signe du droit de travers qui ne se demande pas : II, 310, 9 ; 644, 5.
BONNEURS : ce que c'est : II, 297, 14.
BONNET : jeté devant les juges signifie abandon de biens : I, 291, 7.
BONNIER : mesure agraire : II, 527, 1.
BORNAGES : par qui faits : II, 58, 10 ; 154, 4 ; 289, 19 ; — quand vue de lieu doit être ordonnée : I, 293, 11 ; — salaire de justice en cette matière : I, 312, 9 ; II, 85, 26 ; 216, 33 ; 294, 27.
BORNES et chemins : dans les villes de loi, sont dans les attributions des jurés et hommes de loi : II, 69, 3.
BORNE déplantée : amende : II, 610, 6 ; — déplacée : comment doit être remise en place : II, 506, 26 ; — sur les chemins : obligation de les découvrir : II, 350, 20 ; 494, 62.
BOSQUIAUX et chaingles : II, 415, 51.
BOUCHE de cellier : sur froc de ville : I, 286, 22.
BOUCHERS (police des) : I, 186, 24 ; II, 215, 16 ; 255, 26 ; 264, 15 ; 283, 11 ; 298, 15 ; 428, 29 ; 440, 53 ; 698, 30 ; — licence pour exercer cette profession : II, 152, 5 ; 285, 10 ; — interdiction du métier : II, 283, 11.
BOUHOURDIS : 1.er dimanche de carême : II, 625, 2.
BOULANGERS (police des) : I, 315, 17 ; II, 152, 6 ; 215, 17 ; 254, 24 ; 282, 9 ; 441, 66 ; 469, 137 ;

— licence du métier : I, 499, 25 ; — droit de licence du four : II, 282, 9 ; — interdiction du métier : I, 315, 17.
BOULLE (prendre la) : sans congé : I, 165, 13 ; II, 222, 23.
BOURG (clôture de) : obligatoire : I, 315, 22.
BOURGRAVE : office héréditaire en Flandre : II, 686, préamb.; 687, 4.
BOURGAGE : tenure des bourgeois : II, 116, préamb.; 383, 1 ; 629, préamb.; — Etaux de bourgage : II, 326, 52 ; — **Conditions de la tenure en bourgage** : il faut posséder une maison : II, 672, 19 ; terres labourables ne sont point bourgages : II, 238, 11 : une masure ne peut être divisée sans le maïeur et les échevins : I, 404, 40 : l'amasement est distinct du fonds quant au droit d'aliéner : II, 238, 8 : vente du dernier bourgage nécessite le remplacement de l'échevin qui a vendu : II, 315, 2 : le bourgeois qui a été échevin pendant un an, peut vendre son bourgage : II, 316, 4 : donation à un forain, engendre droit d'escars : II, 633, 26 : vente id. : II, 633, 25 : vente de la maison en bourgage pour cause de départ engendre deux droits, l'un au profit de la ville, l'autre au profit du seigneur : II, 429, 34 ; 441, 58 ; — vente à un non bourgeois, le dixième du prix : II, 338, 30 : le vingtième du prix : II, 326, 51 ; — le bourgeois qui vend sa maison peut rester bourgeois en la reprenant bail : I, 315, 16 ; — toute acquisition ou héritage de bien en bourgage par un forain, l'oblige à devenir homme du seigneur : II, 124, 20 ; — **Estarsage** : droit qu'on paie pour issue de bourgeoisie : II, 326, 55 ; — bourgeois qui a maison payant l'assise, peut demeurer ailleurs sans rien payer : II, 428, 25 ; 440, 47 ; — **Saisie du bourgage** : dans quel cas : II, 328, 61 ; — les héritages en bourgage que les seigneurs donnent à rente sont soumis aux charges de la ville : II, 634, 36 ; — **Baux à loyer** : comment s'exécutent : I, 399, 4 ; 404, 43 ; — **Prescription annale** : I, 399, 5 ; 403, 29 ; — **Communauté de biens** : conséquence de la tenure en bourgage : II, 682, 20 ; — **Succession** : en bourgage, les enfants légitimes partagent également : II, 631, 11 ; les enfants légitimes domiciliés hors de la ville, sont exclus de la succession en bourgage : II, 631, 13 ; l'usage, par dérogation à la charte, les admet à succéder *ibid.*; droit de maineté a lieu en bourgage : II, 622, 2 ; — **Représentation** : pas admise par la charte, mais tolérée par l'usage : II, 631, 15 ; — **Entravestissement** a lieu : II, 323, 38, 39, 40 ; 324, 45 ; s'il y a eu entravestissement, les héritages ne suivent point côté et ligne : II, 324, 43, 45 ; les héritages sont réputés meubles et les époux

en peuvent disposer : II, 324, 43; après la dissolution du mariage, le survivant n'en peut disposer sans le consentement de ses enfants : II, 324, 44, voy. FACULTÉ DE DISPOSER. — **Bail à surcens** : permis au bourgeois sans le consentement du seigneur :I. 399, 3 ; 414, 4; — **Relief** : en bourgage, le mort saisit le vif sans relief : I, 83, 1 ; 186, 22 ; 378, 21; 398, 1; 403, 30; 414, 5; 477, 8; II, 207, 7 ; 622, 1; 640, 1; un seul héritier relève pour tous les autres en payant 12 deniers : II, 632, 18; relief n'est pas dû à moins de fait spécial contraire : II, 683, 26 ; — de la veuve 12 deniers : II, 338, 32 ; — des enfants mâles 12deniers, des filles rien : II, 338, 31 ; relief de 4 deniers : I. 366, 2; 386, 4 : des maisons et jardins 8 lots de vin : II, 598, 7 ; — **Droit de vente** : la vente du bourgage n'est soumise à aucun droit seigneurial : I, 186, 18 ; le droit d'issue est dû quand on a vendu tous ses héritages et qu'on ne reste plus homme du seigneur : II, 99, 24 ; il est dû la moitié du prix : I, 314, 14; sur 12 deniers 2 deniers : II, 123, 11 : le 13.ᵉ denier : I, 415, 7 ; le 10.ᵉ denier : II, 675, 37; 3 sous, moitié par le vendeur et moitié par l'acheteur : II, 623, 8 : deux sous id. : II, 379, 26 ; 12 deniers d'issue, 12 deniers d'entrée: II, 640, 2 : 4 deniers id.: I, 386, 3. — **Retrait lignager** : a lieu en halle, en même temps que la saisine : II, 325, 49, 50 ; pourquoi n'a pas lieu en bourgage : II, 680, 6 ; — **Saisines** : se font en pleine halle et non ailleurs : II, 325, 46 ; se font par le signe d'un rameau : II, 632, 24; d'une pièce d'argent : II, 325, 47 ; — Dessaisines et saisines: I, 399, 2 ;—**Devoirs** politiques inhérents à la possession du bourgage : I, 413, 1 : saisie si le bourgeois n'assiste pas au renouvellement de la loi : II, 238, 12 ; — le seigneur peut contraindre le bourgeois qui a plusieurs masures à les amaser ou à les donner à un autre qui les amasera : I, 404, 37 ; II, 442, 74, — voy. BOURGEOISIE.

BOURGEOIS voy. BOURGEOISIE.

BOURGEOISIE — COMMENT S'ACQUIERT : par acquisition d'un bien tenu en bourgage; par mariage avec la fille d'un bourgeois et par succession : II, 299, 26 ; 631, 16 ; le fils d'un bourgeois ne le devient qu'en appréhendant de fait la succession ; les filles sont toujours bourgeoises et font leurs maris bourgeois : II. 631, 16 : le mari veuf reste bourgeois et transmet sa qualité à sa seconde femme, et la femme réciproquement : II. 652, 17 : le mariage subséquent ne fait pas bourgeois l'enfant né avant le mariage : II, 299, 26: bâtards et bâtardes ne peuvent être bourgeois, *ibid.* 27 : — **CONDITIONS** de l'entrée en bourgeoisie; formalités à accomplir: I, 414, 6 ; II, 299, 26 : serment: II, 255, 30 ; 293, 10 ; 672, 19 ; se faire inscrire sur le registre des bourgeois : II, 299, 26 : payer sa bien venue: I, 414, 6 : posséder dans la ville demeure et maison sienne ; le gendre qui n'a pas de maison à loyer peut-être autorisé à demeurer avec son beau-père: I. 316, 31 : être de bonne vie et renommée ; II, 672, 19 : pouvoir se défendre de murdre et de traison : II, 428, 30; 440, 54 : payer tous les ans une mine d'avoine : II, 265, 18 ; — **par qui conférée** : par les échevins : II, 83, 16, par le bailli : I, 402, 21 : par le seigneur : II, 429, 31; 431, 49, 50; 441, 55; 442, 75, 76 : — **Droit d'issue** : si une fille de bourgeois se marie avec un non bourgeois, la ville prend le 10.ᵉ denier de la dot : II, 338, 29.
— **DÉLAISSEMENT du droit de bourgeoisie** : on peut vendre sa maison à quelqu'un qui remplisse les mêmes devoirs envers la commune et le seigneur : I, 314, 14 ; celui qui veut délaisser la commune peut emporter ses meubles et catheux : II, 650, 8 : ses héritages restent dans la main du seigneur, *ibid.* 9 et 10 : celui qui veut délaisser la ville paie 5 sous aux maire et échevins s'il n'a héritages : II, 215, 14: les maire et échevins doivent garder le droit de la ville : II, 255, 31 : le bourgeois qui vend sa dernière maison , pour aller demeurer ailleurs, doit 7 sous : II, 66, 10.
— **RÉSIDENCE DES FORAINS** : on peut leur refuser manoir s'ils ne justifient pas d'un sauf conduit de leur seigneur: II, 398, 5 : congé de résider qu'ils doivent demander tous les ans : II, 326, 53.
— **DEVOIRS DES BOURGEOIS** : celui qui vend sa maison doit donner caution de 5 sous qu'il établira un autre bourgage dans l'année : II, 123, 11 : doivent constater les délits ruraux quand ils en sont requis : I. 516, 13 : doivent cuire leur pain au four des échevins : II, 81, 2: acquitter les tailles de la ville : II, 254, 22 : faire paix entre eux et abjurer leurs haines : II, 427, 20 ; 439, 39 : obéir à justice : II, 429, 37 : aider le seigneur : II, 429, 35 ; 441, 59 : loger les vassaux du seigneur : I, 403, 47 : fournir soldats et chevaucheurs à leurs frais : I, 404, 41.
— **PRESTATIONS : Banalité** du moulin, la 18.ᵉ partie de la mouture : II, 254, 23 : **corvées** : II, 125, 25 ; 424, 5; 435, 6, 7. **Queute à court** : II, 424, 6 ; 631, 12: **Rentes** par abonnement : I, 313, 1, 2 ; II, 423, 1 ; 425, 8 ; 436, 14 : rente d'une mine d'avoine : I, 378, 25 ; 255, 30 : amende pour non paiement de la rente : II, 423, 4 ; 435, 5 : **Mesurage** : droit dû au seigneur par le bourgeois qui vend son grain à un forain : I, 403, 47 : **RELIEF** : femme veuve qui épouse un non bourgeois, paie 5.ᵉ denier pour droit d'estarsage des meubles et catheux : II, 232, 13 : fille bourgeoise qui épouse un non bourgeois,

II, 252, 12 : héritiers non bourgeois, II, 252, 14 ; voy. BOURGAGE ;

— JUSTICE des bourgeoisies : voy. PRÉVÔT, ÉCHEVINS, MAIRE CONJUREUR, CHATELAIN A VERGUE, SERGENT D'ARRÊT ; — Attributs de la justice des bourgeoisies, voy. SCEL AUX CAUSES, PILORI. — Juridiction civile, voy. BORNAGES, INVENTAIRES, CLAIN et ARRÊT ; — Juridiction criminelle, voy. APPEAUX, CONTUMACES, APPEL A VERGUE, FRANCHES-VÉRITÉS, AMENDES ; — Police des vivres, voy. ESWARTS, BOUCHERS, BOULANGERS, TAVERNIERS, POIDS ET MESURES ;

— INSTITUTIONS CHARITABLES : voy. HOPITAL, MALADRERIE, ORPHELINS ;

— REVENUS DES BOURGEOISIES : deniers de bourgeoisie : II, 328, 64 ; — Tailles communes : les échevins avant de les asseoir doivent avertir le prévôt : II. 328, 64 ; —Impôt annuel sur les vins, pour l'entretien des murailles : II, 256, 35 ; — sur les cervoises : II, 256, 36 ; — étalage des marchandises : II, 256, 37 ; —ferme des aunages : II, 257, 38 ; —id. des chaussées, *ibid.* 39 ; — id. du pesage, *ibid.* 40 ; —

— DROIT CIVIL des bourgeoisies : point de douaire sinon conventionnel : II, 598, 6 ; voy. DOUAIRE : — communauté des biens par l'effet seul du mariage: II, 278, 5 ; — gains de survie : I, 414, 2 ; II, 230, 4 ; — faculté de disposer des propres et acquêts : II, 623, 6 ; voy. FACULTÉ DE DISPOSER ; — Dons mutuels : voy. ENTRAVESTISSEMENT, CONVOL ; — Succession bourgeoise : les biens d'un bourgeois se partagent par égales portions : I, 514, 2 ; II, 282, 11 ; 681, 15 : — saisine pas nécessaire : II, 283, 15 ; — meubles et catheux se partagent par moitié entre le survivant et les héritiers de son conjoint: II, 230, 4 ; 278, 6 ; — Succession des ascendants : père et mère sont héritiers de leurs enfants : II, 251, 3 ; — retrait seigneurial a lieu : II, 599, 13 ; — retrait lignager n'a pas lieu : II, 623, 11 ; voy. SUCCESSION, RETRAIT ;

— PRIVILÉGES politiques des échevins : peuvent établir les tailles : II, 153, 10 ; — créer des bourgeois : II. 83, 16 ; — faire des édits et statuts : II, 651, 23 ; voy. ÉDITS ET STATUTS : — exiger le serment des baillis qu'ils maintiendront leurs priviléges : II, 290, 26 ; 431, 51 ; — le seigneur prête le même serment : II. 434, 9 ; — connaissent par prévention des délits des forains : II, 633, 28, — ils ont droit à une amende de 60 livres en cas de fol appel de leur sentence : II, 650, 11 ;

— PRIVILÉGES politiques des bourgeois : exempts du droit de guet : II, 236, 4 ; 238, 9 ; — de contribuer à la construction des murs de la ville : II, 630, 7 ; — présens à la reddition des comptes des échevins : II, 300, 52, 37 ; — assistent au renouvellement de la loi et au souper et dîner d'élection : II, 279, 8 ; 299, 31 ; — peuvent arrêter le serviteur du seigneur qui tue ou blesse un bourgeois : I, 401, 7 ; — sonner le tocsin pour résister aux attaques des forains : II, 398, 6 ;

— PRIVILÉGES de juridiction : on ne peut procéder contre un bourgeois sans l'assistance des échevins : I, 184, 1 ; 403, 23 ; II, 58, 14, 109, 9 ; 358, 27, 28, 360, 16 ; 361. 20 ; 429, 36 ; 444, 61 ; 601, 26 ; 651, 24 ; — doit être renvoyé devant ses juges naturels : II, 152, 8 ; 236, 7 ; 253, 18 ; 299, 27 ; 433, 7 ; 444, 6 ; 599, 12 ; 641, 8 ; 653, 19 ; 671, 8. — Le bailli 'ne peut prendre gage d'un bourgeois sans l'assistance des échevins : I, 403, 23 ; 404, 19 ; — un forain ne peut témoigner contre un bourgeois : II, 124, 23 ;

— PRIVILÉGES civils : tout bourgeois présent au marché faire peut avoir moitié part de la marchandise vendue à un non bourgeois : II, 289, 17 ; 300, 35 ; 328, 65 ; — le bourgeois qui trouve un manoir vide appartenant à autrui, peut s'y établir et l'amaser en payant droit d'hostage au propriétaire ; II, 429, 33 ; — ce droit d'hostage est de 12 deniers, *ibid.* ; — les registres du bourgeois font foi jusqu'à 10 sous 1 denier : II. 652. 35 ; — celui qui trouve des bestiaux dans ses récoltes peut prendre gage du malfaiteur : II, 426, 14 ; 438, 28 ;

— PRIVILÉGES sur le flégard : le bourgeois peut y mettre son fumier sans le congé du seigneur : I, 415. 10 ;

— PRIVILÉGES dans les champs : liberté de l'argilière sans rien payer : I, 415. 9 ; II, 290, 23 ; — le bourgeois est messier du sien : II. 289, 20 ; — le seigneur est responsable des vols de récoltes quand le bourgeois prouve, par son serment, qu'elles lui ont été volées : II, 424, 7 ; — peut aller aux éteules, voy. ÉTEULES ;

— PRIVILÉGES dans les bois, voy. BANNER ; II, 256. 34 ; — ramasser du bois sec : II, 82, 10 ; — le bourgeois dont les bestiaux sont trouvés dans les jeunes taillis ne paient que 2 deniers d'amende : II, 152, 3 ;

— PRIVILÉGES sur la rivière : laver les moutons, rouir les chanvres, pêcher à la ligne etc. : II, 94, 15 ; 110, 12 ;

— PRIVILÉGES dans les marais : I, 385, 1 ; 386, 2 ; 402, 19 ; II, 110, 11, 13 ; 215, 19 ; 236, 3 ; voy. PATURAGE, MARAIS ;

— PRIVILÉGES du bourgeois dans sa maison : amendes de cent sous et de 10 livres contre celui qui l'y attaque de jour ou de nuit : II, 427, 19 ; 439, 36 ; — il peut y avoir poids et mesures : I, 401, 9 ; — il peut la donner à loyer et saisir les meubles de son locataire sans le congé du seigneur : I, 404, 43 ; — id. par bail à surcens : I, 399, 4 ; 515, 4 ; — peut y avoir puits, taureau, verrat et colombier : I, 415, 11 ;

— PRIVILÉGES de sa personne : bourgeois qualifiés

Messeigneurs : II, 92, 20, 24 ; — celui qui frappe par trahison puni d'une amende plus forte, quand le blessé est un bourgeois : I, 399, 6 ; II, 381, 45, 650, 12 ; — tout bourgeois arrêté pour rixes et batailles doit avoir sa liberté sans donner caution : II, 337, 18 ; — doit être absous quand il frappe en légitime défense : II, 337, 21 ; — exempt du cépage quand il est mis en prison : II, 82, 5 ; — ne peut être arrêté quand il va moudre son blé : II, 82, 8 ; — bourgeois arrêté pour cause de rixe avec un forain doit avoir main levée sans donner caution : II, 361, 18 ;

— **PRIVILÈGES de sa personne et de ses biens** : bourgeois ne sont arrétables en corps ni en biens : II, 82, 4 ; 92, 15 ; 152, 9 ; 337, 3, 19 ; 653, 9 ; — ses bestiaux ne peuvent être mis en fourrière : II, 300, 39; — le bourgeois est sa propre caution : II, 236, 7 ; — lorsqu'il arrête, comme lorsqu'il est arrêté : II, 117, 8 ; — les arrêts sur bourgeois ne peuvent être faits que par maïeur et échevins : II, 338, 28 ; — le bailli ne peut les arrêter qu'avec l'assistance des échevins : II, 289, 14 ; 361, 19 ; voy. ARRÊT ;

— **EXEMPTIONS de banalité :** voy. BANALITÉ ; — de confiscation : le bourgeois ne confisque que ses meubles, et la femme que les draps qu'elle a sur elle : II, 601, 23 ; — le bourgeois condamné ne confisque que le corps et non les biens : II, 206, 5 ; 337, 20 ; 671, 9 ; 679, 2 ; voy. CONFISCATION ; — d'herbage : II, 91, 14 ; 238, 10 ; voy. HERBAGE ; — de l'impôt des boissons, pour les vins que les bourgeois boivent en leurs maisons : II, 337, 22 ; — idem du pain : II, 125, 26 ; — du pesage : II, 257, 40 ; — de la taille seigneuriale : II, 125, 27 ; 281, 2 ; — des tailles, aides, tonlieux, issues de ville, travers : I, 405, 48 ; 515, 8 ; II, 82, 6 ; 92, 17 ; 112, 27, 28 ; 117, 8 ; 236, 8 ; 238, 9 ; 262, 7 ; 286, 32, 33 ; 289, 21 ; 298, 20 ; 300, 35 ; 328, 65 ; 630, 6 ; 640, 5, 6 ; 641, 9 ; 653, 20, 21 ; 672, 15 ; 679, 1 ; — Ne sont pas soumises aux droits de tonlieu et de travers, les choses que les bourgeois achètent chaque jour de la semaine : I, 405, 48 ; — les bestiaux pour leur nourriture : I, 515, 8 ; — ce qu'ils achètent au marché : II, 82, 6 ; — ce qu'ils achètent les uns aux autres : II, 238, 9 ; — ce qui a séjourné plus d'une nuit dans la ville : 262, 7 ; — ce qu'ils vendent en leurs maisons : II, 640, 6 ; — ce qu'ils vendent l'un à l'autre ou à un forain : II, 653, 20.

BOUTS et côtés (déclaration de) : II, 600, 14.

BRAISES des sochènes : le fournier les doit rendre quand ils fournissent le bois pour chauffer le four : II, 484, 12.

BRASSERIES : ne peuvent être établies sans licence : I, 286, 23 ; II, 519, 2.

BRASSEURS (police des) : I, 498, 22 ; II, 77, 16 ; 287, 5 ; 298, 21.

BRASSIN (droit de) ou cambage : I, 393, 17.

BREBIS noire : comptée pour deux blanches dans la perception du droit de tonlieu : II, 227, 47.

BRETÈQUE : lieu où l'on publie les réglements de police : II, 317, 16 ; — signe de commune : II, 356, préamb.; 397, préamb.; — droit de faire battre la bretèque, privilége de pairie : II, 304, 17 ; 307, 16.

BRIS de charrue : voy. DÉLITS RURAUX ; — bris et naufrage : I, 419, 2 ; voy. LAGAN.

BROCHE ou **BROQUE** (vin vendu à) : c'est-à-dire au détail : I, 295, 19 ; 498, 19.

BUCHERONS : leur privilége sur le bois qu'ils ont abattu : I, 424, 18.

BUÉE (fardel de): fardeau de linge mouillé: II, 489, 52.

BUFFET d'Amiens : chef-lieu féodal de certains fiefs dans la mouvance du roi : II, 384, 1.

BUICE : seau : II, 489, 52.

BUIS : faculté d'en couper pour le jour de Pâques fleuries : II, 111, 18.

BUSE ou buisette : aqueduc : II, 489, 52.

BUSSY (la dame de) : s'oppose à la coutume de Daours : I, 309, *in fine.*

C.

CACQUE : petit tonneau, mesure pour les liquides : II, 414, 31.

CAIGNONS à charrue : II, 71, 20.

CALENGE ou semonce : II, 266, 1.

CAMBAGE : droit de brassin : I, 498, 22 ; II, 98, 10, 700, 44.

CAMBIERS : brasseurs : cas où l'on peut prononcer contre eux l'interdiction du métier pour an et jour : II, 427, 23 ; 439, 44.

CAMP et voie (aller) : vaquer librement à ses affaires : II, 361, 18 ; 671, 8.

CANDAVÈNE (Hugues) : donne en 1219 une charte de privilége aux habitants de Beauval : II, 68, préamb.

CANAUX : amende contre quiconque y dérive le bateau d'autrui : II, 490, 57.

CANTONNEMENT des pâturages : II, 250, 37.

CANTUAIRES (rentes pour) et obits : II, 657, 2.

CAPACITÉ de contracter des orphelins en avouerie : II, 685, 31.

CAPTIVITÉ du seigneur : cas où l'aide est due : I, 315, 20 ; II, 234, 7.

CARCAN : signe de haute justice : II, 147, 5 ; — peine contre ceux qui renoncent Dieu et la loi : II, 288, 9.

CARRIÈRES de Dourier : lieu à Airaines où sont érigées les fourches patibulaires, I, 377, 15 ; — de Ville-St.-Ouen : voie commune pour l'exploitation : II, 216, 26.

CARTES ou quartes : jeux défendus aux taverniers et hôteliers : II, 405, 7 ; 486, 29.

CARTONS charretiers : valets de charrue : II, 469, 144.

CAS civils : comment se fait la preuve testimoniale : II, 672, 14 ; — **criminels** : règle pour la preuve testimoniale : II, 671, 13 ; — le jugement appartient aux maïeur et échevins, l'exécution aux vicomtes : I, 513. 9 ; — le jugement et l'exécution aux francs hommes : II, 665, 6 ; — **extraordinaires** : le bailli les juge seul : II, 226, 3 ; — **privilégiés** : les juges royaux en connaissent, même dans les villes de loi : II, 147, 3 ; — réservés au roi : rapt, meurtre avec guet-à-pens, incendie, trahison : I, 73, 47 ; 80, 24 ; 545, 9 ; — au seigneur : injures, rapt, empoisonnement, assassinat, larcin et duel : I, 401, 3 ; 402, 22.

CATHEUX : ce qui est réputé tel en succession bourgeoise : II, 632, 19 ; — retrait des catheux sur héritage : II, 668, 19 ; — comment se partagent en succession d'échevinage : II, 363, 13 ; — franchises dont ils jouissent : II, 262, 7.

CAUCHIE ou chaussée (droit de) : ce que c'est : I, 524, 13 ; II, 215, 11.

CAUCHIES (réparation des) : II, 405, 7.

CAUSES de révocation des échevins à vie : II, 447, 4.

CAUTION d'arrêt : en donnant caution le débiteur a main levée : I, 378, 28 ; II, 82, 4 ; 268, 13 ; 304, 7 ; — sujette : exigée du créancier demandeur : II, 487, 32 ; — on peut refuser le droit de résider à quiconque ne peut pas la fournir de la valeur de 60 sous : II, 398, 5 ; — la caution peut demander jour de conseil : II, 283, 14 ; — le débiteur cautionné doit la dégager à ses risques et périls : II, 285, 28 ; — le bourgeois se cautionne lui-même : II, 236, 7 ; — il est dispensé de donner caution : II, 147, 9 ; 337, 18, 19 ; voy. PLEGES.

CAVELICHE : capitation, cens personnel : I, 287, 27.

CAYÈRE : boîte suspendue qui indique que le droit de travers est dû sans qu'on le demande : II, 644, 6.

CELLIERS (bouches ou entrées de) : sur la voie publique : I, 512, 7 ; — privilégiés : II, 339, 40 ; — visite : I, 288, 1.

CENDRES (jour des) : dîner à l'occasion des élections des échevins : II, 300, 32.

CEPAIGE (droit de) : II, 82, 5 ; 292, 14 ; voy. CHEPAIGE.

CÉRÉMONIAL pour l'élection des échevins : II, 315, 2.

CENS anciens : I, 508, 4, 5 ; — nouveaux : I, 526, 5 ; — tiercé : dans quel cas : I, 414, 4 ; — recognitif : de la seigneurie, passim ; — de la concession du droit de bourgeoisie : I, 378, 25 ; II, 152, 8 ; 255, 30 ; 631, 13 ; 634, 37 ; — recognitif du pâturage : I, 407, 3 ; II, 353, 27 ; — collectif de bourgeoisie : I, 313, 1 ; 316, 29 ; — Indivisibilité du cens : I, 192, 6 ; II, 108, 4 ; chaque portion d'visée doit la totalité du cens : I, 173, 32 ; — **Termes** de paiement : I, 89, 35 ; II, 102, 6 ; 599, 8 ; — **Exécution** : on ne procède point par ajournement : I, 294, 17 ; — Le seigneur peut procéder sans titre et sans jugement, I, 424, 17 ; — à la saisie des fruits des terres labourables : I, 294, 18 ; — en mettant les portes et fenêtres hors des gonds, quand il s'agit de maisons : I, 91, 44 ; 294, 18 ; 412, 5 ; 415, 8 ; 427, 9 ; II, 105, 9 ; 226, 7, 8 ; chaque seigneur agit séparément, nonobstant juridiction commune : I, 376, 12 ; — **Amende** faute de paiement : I, 410, 6 ; 420, 10 ; 429, 5 ; 484, 16 ; — **Extinction** du cens par le retrait en remboursant l'acheteur : I, 87, 20, 21 ; — le maire qui en fait la recette, a sa maison quitte de cens : II, 226, 7 ; — les terres lotières sont exemptes : I, 419, 3 ; — les franques tenues ne doivent ni cens ni redevances : II, 101, 2 ; voy. ALLEUX ; — on peut s'exonérer du cens en abandonnant l'héritage : I, 91, 45 ; 369, 21.

CENSIVE (droit de) : espèce de contribution locale : II, 83, 13.

CERFS pris dans la Canche : voy. GARENNE, II, 619, 126.

CERCOMMANEMENS ou bornages : par qui se font : I, 293, 11.

CERQUEMANANS : officiers qui font la visite des chemins, fossés, rivières et haies, tous les ans au mois de mars : II, 514, 7.

CERVOISES : I, 286, 23 ; 393, 17 ; 410, 7 ; II, 255, 28 ; 263, 15.

CHAINGLES : espèce de taillis, voy. BANS D'AOUT : II, 415, 51, 59.

CHAINTE : terme de boucherie : II, 486, 27.

CHAMBELLAGE des fiefs : I, 188, 2 ; 396, 4 ; 483, 11 ; 512, 22.

CHAMBRE d'Artois : voy. TRAVERS ; II, 289, 21.

CHAMPART ou terrage : 8 bottes pour cent de la récolte : II, 57, 2 ; 62, 6 ; 314, 4 ; 413, 29 ; — portable à la grange seigneuriale : II, 258, 12 ; 292, 18 ; 310, 11 ; 400, 15; 409, 9 ; — doit être levé avant l'enlèvement des grains : I, 283, 14 ; — sous peine de 60 sous d'amende, *ibid.* : 499, 30 ; II, 131, 12 ; 282, 6 ; — terres chargées de ce droit sont nommées terres vilaines : I, 499, 30 ; — les fiefs en sont exempts : II, 358, 7 ; 663, 16 ; — fumier exempte la première dépouille en mars : II, 458, 58 ; — vesces et dravières doivent le champart : II, 72, 28 ; 425, 8 ; — exception pour celles qu'on donne en vert aux vaches et chevaux : II, 287, 25 ; — terres à champart ne peuvent être amasées ni mises en prairie, II, 249, 26 ; — ne peuvent être closes ni plantées : II, 209, 18 ; — si le possesseur abandonne pendant trois ans la culture, le seigneur peut ensemencer et récolter la 4.° : I, 283, 15.

CHAMPION gagé : I, 67, 17.

CHANDELLE de cire, voy. TAVERNIERS : II, 208, 16 ; 282, 7.

CHANDELLES et torches : pour la visite des celliers : I, 289, 5.

CHANOINE : seigneur en sa maison claustrale ; II, 693, 7 ; — inventaire de ses biens meubles après décès, *ibid.* 8.

CHANVRES et lins : voy. ROUTOIRS : II, 91, 15.

CHAPEAU jeté devant les juges en signe d'abandon de biens : I, 291, 7 ; voy. ABANDON.

CHARGES locales : taille commune : I, 279, 2.

CHARRIAGE avant ou après soleil, voy. BANS D'AOUT : II, 416,63 ; 466, 115 ; — sur autrui : II, 415, 53.

CHARRIOT versé : il faut le congé du seigneur pour le relever : I, 310, 3 ; II, 273, 21 ; 626, 3.

CHARRUE : bois qu'on peut couper sans délit pour l'usage des charrues : II, 124, 16 ; — on ne peut se servir de celle d'autrui : II, 415, 57.

CHARTES de commune ou de privilèges : transcrites : I, 62, 63 ; 313, 400 ; II, 121, 258, 423 ; 234, 500 ; — mentionnées : II, 217, 238, 1 ; 259, 2 ; 499, 26 ; 508, 1.

CHASSE : à cri et à hu : II, 227, 18 ; — aux cignes : I, 170, 11 ; 191, 4 ; — avec faucons et laniers : II, 619, 127 ; — aux lièvres, *ibid.* : 128 ; — interdiction : I, 169, 8 ; 378, 26 ; II, 107, 19 ; 621, 139 ; — peines contre les non nobles : II, 312, 24 ; voy. GARENNE.

CHASSES-MARÉES (prise de poisson aux): I, 411, 5 ; II, 303, 13 ; 311, 16 ; 638, 9.

CHATEAU : habitants tenus de réparer les murailles : I, 316, 5 ; — d'Epinoy : assemblée qui y a lieu pour la rédaction des coutumes : II, 403, 32.

CHATELAIN : sa juridiction sur les chemins royaux : II, 605, 9 ; — sur les amortissements *ibid.* 10 ; — héréditaire : II, 269, 18 ; — à vergue : II, 583, 1.

CHATELLENIES : Boves : I, 167 ; — Picquigny : I, 187 ; — Daours : I, 308 ; — Airaines : I, 374 ; — Bailleul-en-Vimeu : I, 382 ; — Gamaches : I, 395 ; — Hornoy : I, 406 ; — Saint-Valery (côté d'Artois) : I, 422 ; — idem (côté de Vimeu): I, 425 ; — Domart : I, 424 ; II, 99 ; — Viry-au-Mont : I, 430 ; — Drucat : I, 481 ; — La Ferté-lès-Saint-Riquier : I, 495 ; — Regnière-Ecluse : I, 509 ; — Auxi-le-Château : II, 59 ; Beauval : II, 65 ; — Caumont : II, 87 ; — Orville : II, 151 ; — Authie : II, 203 ; — Camblin : II, 230 ; — Monchy-Cayeu : II, 233 ; — Pernes : II, 245 ; — Avesnes : II, 291 ; — Houdain : II, 308 ; — Lens : II, 331 ; — Beuvry et Choques : II, 363 ; —Lillers : II, 375 ; — Oisy : II, 417, 421, 18 ; — Beaurains : II, 385 ; — Averdoing : II, 638 ; — Renty : II, 657 ; — Bourbourg pour le pays de l'Angle : II, 692 ; — Eperlecques : II, 696.

CHAUSSÉE (droit de) : en quoi consiste : II, 92, 20 ; — emploi des deniers : I, 316, 35 ; — se donne à ferme : II, 257, 39 ; — appartient à la commune : I, 402, 18 ; — exemptions : II, 89, 23 ; 112, 27 ; 117, 8 ; 334, 22 ; 397, 15 ; voy. CAUCHIE.

CHEMINÉES (nétoyage et interdiction des) : II, 270, 29 ; 405, 7 ; 490, 60, 61.

CHEMINS royaux : II, 605, 9 ; — d'aisance : leur largeur : II, 489, 52 ; — garde et juridiction : II, 58, 10 ; 69, 3 ; — entretien et réparation : I, 524, 13, II, 310, 8 ; 371, 14 ; 507, 33 ; — amende pour y labourer : II, 638, 7 ; 469, 146 ; — obligation de les suivre quand on traverse une garenne : II, 644, 3 ; voy. POLICE RURALE et GARENNE.

CHÊNE coupé, voy. DÉLIT FORESTIER : II, 249, 33 ; 430, 45.

CHEP : prison pour dettes : II, 462, 94 ; — signe de justice : II, 147, 5.

CHEPAGE (droit de) : II, 293, 19 ; 339, 35 ; voy. CEPAIGE.

CHEPIER : gardien des prisonniers et des bestiaux en fourrière : I, 285, 5 ; 291, 3.

CHERCLES : sergents de nuit : I, 307 ; ch. v ; — font avec le prévôt la visite des celliers : I, 288, 1, 2 ; — portent des torches : I, 289, 5.

CHERQUEMANER : reconnaître les bornes : I, 312, 9 ; II, 216, 33.

CHEVAL de l'homme de fief : voy. ABANDON DE BIENS : I, 402, 12.

CHEVALERIE du fils aîné, voy. AIDE : I, 314, 10.

CHEVALIER débiteur d'un bourgeois : par qui jugé : II, 429, 40.

CHEVAUCHEURS et sauldarts : I, 404, 41.

CHEVAUX aux marais : doivent être déferrés des pieds de derrière : I, 173, 28 ; 190, 12.

CHEVILLE (droit de) : voy. AFFORAGE : II, 481, 4.
CHIENS : ne peuvent aller dans les garennes : I, 169, 8, 191, 5 ; — comment doivent être tenus : II, 619, 130 ; 643, 2.
CHIROGRAPHES : leur forme : I, 193, 11 ; — leur usage : II, 276, 22 ; 298, 18 ; voy. CYROGRAPHES.
CHOIX des manoirs : par ordre de primogéniture des enfants : II, 114, 2 ; 134, 2 ; 239, 14 ; 241, 4, 5 ; 292 16 ; 296, 2 ; 301, 2 ; 302, 6 ; 303, 7 ; 306, 1 ; 308, 2 ; 312, 21 ; 329, 27 ; 341, 1 ; 344, 4 ; 350, 1 ; 363, 15, 16 ; 367, 1 ; 390, 9 ; 510, 5 ; 514, 5 ; 517, 5, 7 ; 518, 9 ; 518, 13 ; 529, 1, 2 ; — du principal manoir : II, 366, 1, 2, 3 ; 292, 16 , voy. AINESSE, MAINETÉ, QUIEFMEZ.
CHOLLE (jeu de la) : II, 625, 2.
CHOSES communes : I, 298, 31 ; — corporelles et incorporelles : I, 298, 32 ; — publiques : I, 298, 31 ; — Chose volée : qui l'achète ou la vend sciemment doit la restituer ou le prix : I, 67, 13 ; — comment peut être revendiquée : I, 71, 31.
CIMETIÈRE de Chelers : lieu où se font les élections : II, 258, 12.
CITÉ d'Amiens sa coutume : I, 76 ; — d'Arras : sa coutume : II, 266.
CLAIN (clamor) : demande judiciaire : II , 285, 14 ; 433, 5 ; 444, 5 ; — sur héritage : dans quel cas : II, 666, 9 ; — juridiction : II, 668, 21 ; — de somme déterminée : comment se fait : II, 449, 8 ; — aveu de la dette : II, 448, 6 ; — dénégation : ibid. 7 ; — contremans : II, 449, 11 ; — jour de conseil : II, 448, 5 ; — procédure et jugement : II, 501, 5 ; — preuves par le serment et par témoins : II, 123, 14, 15 ; 502, 7 ; — Faux clain, voy. AMENDE, FAUX CLAIN.
CLÉS des maisons remises au seigneur : indiquent l'abandon du propriétaire et que le seigneur en peut disposer : II, 74, 4.
CLERC de commune : fourni par le prieur : II, 216, 34 ; — d'échevinage : ses devoirs : I, 293, 12 ; II, 453, 24 ; — salaires et droit de sceau : I, 293, 11, 13 ; II, 649, 3 ; — tonsurés : leurs privilèges : voy. CLÉRICATURE.
CLÉRICATURE (priviléges de) : clercs sont exempts du droit d'arrêt : I, 291, 5, 6 ; — des franches-vérités : II, 354, 32 ; — paient le 20.ᵉ denier des ventes, II, 404, 1.
CLOCHE ou cloque : signe de commune : II, 101. 1, 258, 1 ; 356, préamb. — pour annoncer les assemblées du corps de ville : II , 258, 1 ; — l'adjudication des fermes de la ville : II, 300, 38 ; les plaids de l'échevinage : II, 92, 18 ; — les bans et bannissements : II, 101, 1 ; 318, 17 ; 356, préamb ; — clocque sans accord (droit de sonner la) : II, 353, 29 ; 398, 6.
CLOTURE (défense de faire) : des terres qui doivent champart : II, 209, 18 ; — obligatoire pour les terres aboutissant aux marais ; pour les prés et jardins sur front de rue : II, 211, 6 ; 216, 53 ; 350, 20 ; 405, 7 ; 416, 61 ; — de château : obligatoire ; de ville : facultative : I, 315, 22 ; 316, 5 ; II, 630 ; 7 ; — distance du mur de clôture sur le voisin : I , 90, 41 ; — mitoyenne : se fait à frais communs : I, 522, 7.
CŒURFRÈRES : bourgeois : II, 689, 15.
CŒURHEERS : échevins de la Keure des pays flamands : II, 687, 5 ; — distincts des échevins proprement dits : II, 686, préamb.
CŒUTE ou Queute : traversain, voy. QUEUTE-A-COURT, II, 285, 29.
CŒUVRE et DESCŒUVRE : se dit du flux et reflux : I, 381, 3 ; 425, 6.
COFFRE ou ferme d'échevinage : chartrier des villes. II, 83, 12 ; 327, 60 ; 414, 34.
COISIAUX ou QUOISIAUX de blé : II, 459, 64 ; 467, 12.
COLLÉGES de main-morte : obligation qui leur est imposée de vider leurs mains, dans l'an et jour de la saisine, des héritages qui leur ont été légués ou transportés : I, 171, 19 ; II, 203, 6.
COLOMBIER : attribut de lieu privilégié : I, 392, 8 ; 507, 1 ; — bourgeois peuvent en avoir un en forme de volée : I, 415, 11 ; — en demandant congé de l'édifier : II, 72, 25.
COMBLES des maisons : comment s'estiment, pour la fixation des droits du seigneur : I, 479, 4.
COMMANDEMENT de droit : I, 297, 24 ; — de payer : I, 379, 30.
COMMANDERIE de Saint - Mauviz : 34 villages : I, 421 ; — ses privilèges : I, 422, 3 ; — d'Oisemont : ses coutumes : I, 4 : 2.
COMMANDEUR d'Oisemont : nomme le prévôt de la ville : I, 413, 1.
COMMUNAUTÉ politique : le seigneur et la communauté ont son de clocque sans accord pour repousser les attaques des forains : II, 353, 29 ; — Conséquence : droit de communauté dans les bois : II, 285, 25 ; — dans les marais : I, 282, 7 ; II, 112, 21.
— COMMUNAUTÉ D'ACQUÊTS : communs aux deux époux à moins de convention contraire : II , 269, 16, 17 ; — le mari seul est réputé acquéreur des acquêts féodaux : ibid. — réputés communs, quant au droit de disposer : II, 59. 14 ; 136, 11 ; 214, 2 ; — ses effets après la dissolution du mariage ; le survivant en emporte la moitié : II, 63, 14 ; 247, 11 ; 252, 8 ; 312, 19 ; 347, 19 ; 378, 23 ; 393, 24 ; 529, 5 ; 647, 9 ; — de meubles : le survivant a droit à la moitié, s'il n'y a pas d'enfants : II, 63, 15 ; — d'héritages : les biens

propres que chaque époux apporte en mariage sont communs, et celui à qui ils appartiennent n'en peut disposer sans le consentement de son conjoint : I, 308, 13 ; — les héritages ne sont communs que pendant le mariage : II, 207, 11.

— BOURGEOISE : a lieu quand les époux ont couché ensemble : II, 278, 5 ; — les biens que chaque époux apporte en mariage, par le droit de bourgage, appartiennent, par moitié, à chacun d'eux, pourvu qu'au décès du premier mourant, le survivant soit tenu bourgeois: II, 682, 20 ; — le survivant a la moitié des héritages à l'encontre des héritiers : II, 676, 46 ; 689, 19.

COMMUNAUX : cens de 1 denier en reconnaissance de la concession du droit de pâturage des communaux : I, 407, 3. Voy. MARAIS, PATURAGE.

COMMUNES : Histoire : I, 74, *in fine* ; 300, 35, 36 ; 401, préamb. II, 87, 2 ; 91, 8 ; 258, 1, 2, 3 ; 630, 4 ; — **Attributs et signes** de commune : I, 77, 13 ; 300, 36 ; II, 87, 3 ; 88, 2 ; 90, 1, 3 ; 92, 18 ; 101, 1 ; 112, 26 ; 214, préamb. ; 356, préamb. ; 397, préamb. ; 601, sign. — **Gouvernement** : I, 76, 1 à 6 ; 404, 45 ; II, 91, 11 ; 100, préamb. ; 113, 19 ; 205, 27 ; 217, 40, 41, 42 ; 265, 18 ; 670, préamb. ; 679, préamb. — **Conditions de la commune** : observer la loi, obéir à justice, accepter les fonctions publiques, ne pas aider l'ennemi de la commune, ni empêcher le marchand qui vient y trafiquer, sous peine de destruction de la maison : I, 63, 3 ; 65, 8 ; 67, 11, 15, 16, 18 ; — l'étranger ne peut avoir résidence fixe dans la ville : I, 403, 24 ; mais il peut y rester an et jour sous la sauvegarde du bailli : I, 402, 20 ; ne peut être reçu bourgeois sans l'autorisation du bailli *ibid.* 21 ; celui qui a fait injure à la commune ne peut y entrer jusqu'à ce qu'il ait payé l'amende : I, 403, 26 ; — bourgeois qui vend ses héritages délaisse la commune : II, 630, 10 ; — le droit de commune s'éteint par la vente : I, 300, 35 ; — la perte ou la destruction des priviléges nécessite une nouvelle reconnaissance des droits de la commune : II, 258, 1, 2, 3 ; — **Priviléges** : les maire et échevins sont seigneurs des franches tenues qui ne doivent ni cens ni redevances : II, 101, 2, voy. BOURGEOISIE PRIV. — **Droits réservés aux seigneurs** : justice des meubles, catheux et héritages : I, 265, 3 ; exécution des sentences : I, 287, 25 ; 515, 9 ; — juridiction des fiégards : I, 512, 7 ; — poids et mesures : I, 404, 35, 36 ; — partage et division des masures : I, 404, 40 ; — logement des vassaux : I, 405, 47 ; — prêts forcés : I, 405, 32, 33, 34 ; — droit de banvin : I, 404, 44 ; — **Fermes, impôts et rentes des communes** : I, 402, 14, 18 ; 498, 21 ; II, 217, 43 ; 399, 10 ; 634, 35 ; — Etablissements à leur charge : maladrerie, hospice, église, prison : II, 216, 21 ; 217, 37, 39 ; — **Justice** : com-munes ne peuvent connaître des fiefs : I, 67, 19 ; — peuvent juger toutes questions excepté 5 principales : I, 401, 3 ; — peuvent bannir, enjoindre pélérinages : II, 398, 2 ; et les bannis pour fait infâme ne peuvent rentrer dans la ville : I, 403, 27 ; — n'ont que la justice vicomtière : II, 91, 8 ; — amendes qu'elles peuvent prononcer ou modérer ou qu'elles partagent avec le seigneur : voy. AMENDES.

COMMUTATION de peine (droit de) : II, 398, 2.
COMPENAGE : menues pâtisseries : II, 485, 20.
COMPÉTENCE : causes des vassaux : I, 189, 6 ; — bans de justice : II, 687, 6.
COMPLAINTE de nouvelleté : délai pour l'exercer : I, 284, 19.
COMPOSTS (nouveaux) : voy. PRÉVENTION.
COMPTES (reddition des) des échevins : II, 265, 18 ; 300 32, 37.
COMTÉ : Corbie tenu du roi en comté et baronnie : I, 285, 2. — Blangy tenu par comté et baronnie : II, 77, 22.
COMTE d'Artois : ses aumônes de 12 livres aux pauvres : II, 290, 27.
CONDAMNATION capitale : comment s'exécute : II, 407, 1, — criminelle : preuves : II, 672, 13, 14 ; — instruments et genres de supplice : II, 398, 1 ; 670, 2.
CONDUCERE ad salvamentum : devoir du seigneur : I, 314, 12.
CONFISCATION des biens meubles et immeubles : causes pour lesquelles elle a lieu : II 95, 37 ; 399, 9 ; 421, 17 ; 508, 1 ; 660, 4 ; 679, 2 ; — **Règle** : qui confisque le corps, confisque les biens : I, 397, 8 ; II, 95, 37 ; 364, 25 ; — n'a lieu que pour crime capital commis pendant la franche fête : II, 399, 9 ; n'a lieu, en fief, que pour félonie ou lèze majesté : II, 421, 17 ; 660, 4 ; — le douaire du survivant ne peut être confisqué au préjudice des enfants : I, 86, 12 ; — Contestée : II, 145, 1 ; — **des biens immeubles** : appartient au seigneur haut justicier de qui ils sont tenus : I, 397, 8 ; — **des biens meubles** · au seigneur qui exécute : *ibid.* — **en bourgeoisie** : on confisque le corps et non les biens : II, 206, 5 ; — les héritiers succèdent : II, 406, 12 ; 410, 15 ; 671, 9 ; — n'a pas lieu en main-ferme et en échevinage : II , 559 , 8 ; 479 , 2 ; — la commune ne confisque que les meubles et point les héritages : II, 147, 1 ; 601, 23 ; — la femme exécutée ne confisque que les draps qu'elle a sur elle : I, 601, 23 ; — des engins de chasse et de pêche, voy. GARENNE ; — des bestiaux auxquels le pâturage des marais est interdit, voy. MARAIS ; — des faux poids et fausses mesures : I, 182, 13 ; — du pain vendu à faux poids : II, 264, 11 ; — du pain cuit ailleurs qu'au four banal et des

farines moulues ailleurs qu'au moulin banal : I, 182, 8 ; — du lit nuptial: dans quel cas: II, 626, 4 ; — du bois enlevé furtivement dans les coupes de vente : I, 423, 11, 14.

CONGÉ du seigneur : entreprises sur le flégard : I, 185, 9 ; 191, 4 ; 279, 3 ; 286, 21, 22 ; — fosses à fumier : II, 72, 27 ; — danses, cholle, gay, jeux : I, 198, 13 ; II, 227, 49 ;—pour établir colombier : II, 72, 25;— pour récolter les terres qui doivent champart : II, 72, 28 ; — pour vendanger : I, 195, 5 ; — pour ouvrir taverne : I, 198, 7 ; II, 204, 18 ; — pour brasseries : I, 226, 23 ; — id. pour parquer les moutons hors de la seigneurie: I, 309, 27;—pour mettre les bestiaux forains au pâturage commun : I, 486, 6. — pour retirer des pièges aux bêtes fauves le bétail qui s'y est pris : II, 80, 6 ; — pour relever et recharger le charriot versé, voy. CHARRIOT VERSÉ ; — pour se marier : I, 287, 26, 27 ; — pour coucher avec sa femme la première nuit des nôces : I, 484, 17 ; II, 60, 11 ; — pour quitter sa résidence: II, 234, 6, — pour que les non bourgeois puissent résider plus d'un an en ville de bourgeoisie : II, 326, 53 ; — pour la rentrée de la femme au domicile mortuaire après l'enterrement de son mari : I, 508, 1 ; 272, 9 ; — pour remettre en place les portes et fenêtres dépendues par justice : I, 427, 9 ; — pour que les échevins puissent faire exécuter leurs sentences : I, 287, 25, 29 ; — pour faire exploit de justice dans la juridiction d'autrui : I, 396, 5,

CONJURE, CONJUREMENT : échevins jugent à la conjure du bailli : II, 87, 3, 5 ; 266, 1 ; 350, 4 ; 351, 5.

CONINS : VOY. GARENNE.

CONSANGUINS : ne peuvent être ensemble échevins : I, 76, 1 ; II, 300, 36.

CONSAUX (le livre des) : II, 470, ch. 18.

CONSEIL de l'échevinage : obligation pour les bourgeois d'y assister quand ils en sont requis : I, 315, 19; — conseil (aller au) pour consulter sur les questions difficiles à juger : aux francs hommes de Beauval : II, 68, 1, 2 ; — aux pairs de Saint-Pol : II, 337, 7 ; — aux hommes de fief d'Epinoy : II, 407, 8 ; — aux échevins de Saint-Pol : II, 236, 10 ; — aux échevins d'Arras : II, 450, 15 à 22, voy. ENQUÊTE (aller à l') ; — aux échevins de Cambrai : II, 479, 4 ;

— CONSEIL (ressort en) : tous les échevinages du bailliage de Lens ont leur ressort en conseil devant les échevins de cette ville : II, 340, 43 ; — d'échevin : le défendeur avant de répondre à l'interpellation de sa partie peut demander au maïeur de lui faire avoir un échevin pour le conseiller : II, 448, 5 ; — charte accordée par conseil des bonnes gens : II, 500, préamb

CONSENTEMENT — de l'héritier : cas où il est nécessaire: II, 55, 6 ; 62, 12 ; 248, 23 ; 681, 12, 13 ; 690, 23, voy. FACULTÉ DE DISPOSER ; — des deux époux à la vente des échevinages : comment s'exprime : II, 412, 8 ; — de la femme à la vente : II. 682, 17 ; — du seigneur : nécessaire pour acquérir gage d'hypothèque : II, 274, 15 ; — au mariage (le défaut de): ne prive pas l'enfant non doté de venir au partage avec ses frères et sœurs : I, 86, 16.

CONTRATS des héritages : dans la banlieue doivent être reconnus devant maïeur et échevins : II, 601, 26.

CONTREMANS : II, 449, 11 ; 450, 12.

CONTUMACES (procédure contre les): voy. APPEL A VERGUE : I, 172, 22 ; 392, 7 ; II, 520, 9 ; — délais pour se présenter : I, 417, 7 ; 520, 10 ; — peine qu'on leur applique : I, 172, 23 ; 184, 6 ; II, 203, 16.

CONVENTIONS de choses mobilières : comment se prouvent : I, 73, 43 ; — passées devant deux échevins font foi en justice : II, 122, 4 ; — il n'y échet gage de bataille : I, 73, 43.

CONVERSION en argent des rentes en nature : II, 413, 27 ; — des amendes de vin : I, 315, 25 ; — du bourgage en *hospitium*, *ibid*. 16.

CONVIVRE : voy. SOUPER DES ÉCHEVINS, II, 299, 31.

CONVOL : ses effets par rapport à l'époux survivant : II, 410, 3 ; — à la veuve remariée : 349, 6 ; 350, 3 ; 367, 2 ; 516, 12 ; 527, 5 ; — à la veuve du survivant remarié : II, 380, 34 ; — ses effets à la mort de la veuve remariée : II, 516, 13 ; — ses effets par rapport au survivant et aux enfants du premier lit : II, 239, 12 ; 352, 19 ; — au survivant et aux enfants des deux lits : II, 402, 24 ; — aux enfants des deux lits : II, 239, 13 ; 278, 7 ; 288, 13 ; 552, 20 ; — aux enfants du deuxième lit : II, 276, 26 ; 293, 4 ; 355, 5, 7, 8 ; 508, 5, voy. ENTRAVESTISSEMENT et ÉCHEVINAGES.

CONVOYURE (corvée de) : II, 234, 9 ; 639, 16.

CORDE : instrument de supplice : II, 398, 1.

CORPS de loi : attribut du droit de commune : II, 356, préamb.

CORRECTION d'un mineur trouvé en délit de maraudage : conseil sur l'application de l'amende : II, 472, 160.

CORVÉES de bras et de chevaux : trois par an, en mars, en été, en automne : II, 57, 5 ; 234, 9 ; 639, 11 ; — de bras : dues par ceux qui n'ont point de chevaux : II, 85, 11 ; 125, 25 ; 225, 18 ; 243, 2 ; 303, 15 ;— de charrue : acquitté la corvée de bras II, 524, 4 ; — des foins : I, 286, 17 ; II, 60, 29 ; 74, 6 ; — de charrois ou convoyure : II, 228, 6 ; 234, 9 ; — délais pour acquitter la corvée: II, 514, 6 ; — amende : I, 315, 21 ; II, 639, 11 ; — rachat de la corvée au taux et prix déterminé par les échevins : II, 424, 5 ; 435, 6, 7, 8 ; — abonnement par homme, par cheval, par manoir : II, 67, 14 ; 74, 5 ; 98, 8, 9 ; 144, 7 ; 211, 5 ; 284, 23 ; 424, 5 ; 435, 6, 7, 8.

COTÉ ET LIGNE ou côte et ligne (succession de la) : appartient à l'enfant puîné : I, 199, 4 ; — **Parens de la côte et ligne** : ceux qui peuvent exercer le retrait lignager : II, 252, 10 ; 324, 45 ; 325, 49, 50 ; voy. RETRAIT LIGNAGER.

COTERIES — **cens** : chaque portion divisée est responsable de la totalité du cens : I, 173, 32 ; 192, 6 ; — **surcens** : le bailleur n'a sur la chose cotière d'autre droit que le surcens : I, 417, 9 ; — **douaire** : la femme a le tiers, en usufruit, des héritages possédés par son mari au jour du mariage : I, 179, 20 ; — **succession** des coteries : voy. SUCCESSION, MAINETÉ, RETRAIT, RELIEF, AIDE, VENTES.

COTIERS (abandon des héritages) : n'a lieu qu'à la charge de payer tous les arrérages du cens : I, 172, 25.
— **COTIERS** (hommes) : doivent service de plaids à défaut d'hommes de fief : II, 93, 7 ; — élisent les échevins : II, 94, 19.

COUCHANS et levans (sujets) : II, 58, 12 ; 698, 25.

COUPS et blessures : II, 123, 12 ; 343, 12 ; 426, 17 ; 500, 1 ; 521, 2 ; 633, 30 ; — coups de poing : amende : I, 419, 5 ; 214, 5 ; 454, 29 ; 521, 2 ; 611, 2 ; — de main non garnie : I, 88, 28 ; 198, 6 ; 280, 2 ; II, 101, 4 ; 149, 13 ; — de main garnie : I, 198, 6 ; 279 ; 2 ; 399, 6 ; 419, 5 ; 425, 6 ; II, 453, 26 ; — de bâton à sang : II, 106, 12 ; 521, 2 ; 673, 26 ; — d'épée, de dague ou d'arme tranchante : II, 107, 13 ; 453, 25 ; 470, 152 ; — coups à un échevin : II, 214, 4 ; sur la voie publique : I, 314, 5 : sur la plage, I, 419, 1 ; II, 607, 4 ; — coups à plusieurs personnes : question : II. 478, 180.

COURIR-SUS avec armes : cas où il est permis de le faire sans amende : II, 454, 38.

COURONNE : prestation au seigneur : II, 220, 13.

COURS d'eau (entretien des) : II, 507, 33 ; 699, 39 ; voy. ESCAUWAIGES.

COUTEAU et serpe : interdits dans les bois : II, 82, 10.

COUTEL à pointe : défense d'en porter : II, 427, 18 ; 438, 34 ; — celui qui le tire pour frapper puni du bannissement : II. 426, 17.

COUTUMES combien de sortes : I, 298, 28 — comment se prouvent : *ibid.* ; — conditions qu'elles doivent réunir : *ibid.* ; — qui peut les établir : I, 297, 28 ; — de pays : *ibid.* ; — persistance des coutumes : II, 59, 1 ; — le comte : I, 288, 6, 7, 8 ; — des enclaves : II, 55, 7 ; — incident à l'occasion de leur rédaction : II. 137, P. V³¹.

COURTIERS : pour la vente des héritages : II, 523, 12.

COURTINES : préciput du veuvage : II, 285, 29.

CRAU (droit de) : II, 623, 10.

CRÉANCES privilégiées : voy. DENIERS D'ORPHELINS ; II, 684, 29 ; — sur les meubles : voy. DÉCONFITURE, II, 690, 26.

CRIMES et délits (poursuite des) : I, 375, 8 ; 376, 10 ; — de la compétence des maïeur et échevins : II, 91, 8 ; 147, 1 ; — l'exécution se fait par bailli ou prévôt : II, 147, 1.

CROIX de cuivre : son usage : II, 316, 7 ; — **CROIX-AUBER** (offrandes de l'autel le jour de la) : I, 477, 2.

CUIGNIE : coup avec la cognée : II, 453, 27.

CUIRET : repas de bienvenue : II, 376, 6.

CULLAGE : droit de la première nuit des nôces : I, 484, 17 ; II, 60, 21 ; 77, 14 ; 85, 25 ; 626, 4 ; — en fief : II, 230, 1.

CULTURE (abandon de) : voy. ABANDON ; I, 181, 6.

CURAGE des fossés et rivières : I, 427, 6, 7 ; 488, 18.

CURE (droit de patronage) : I, 477, 2 ; — inventaire des biens du curé : II, 635, 11.

CYGNES (chasse aux) : I, 170, 11 ; 191, 4 ; — relief de cygnes : II, 401. 19 ; — cygnes sur les rivières : II, 275, 9.

CYROGRAPHES : II, 83, 12 ; 351, 5 ; 673, 23, voy. CHIROGRAPHES.

D.

DAGUE ou épée tirer : voy. COUPS : II, 679, 34.

DANSES : congé du seigneur pour les commencer : 1, 165, 13 ; 198, 13 ; II, 227, 49 ; 625, 2.

DÉBATS auxquels les domestiques peuvent prendre part pour les maîtres : II, 491, 66.

DÉBITEUR FORAIN : I, 379, 30 ; II, 67, 15 ; 71, 23 ; 672, 21 ; — comment peut être arrêté par son créancier : II, 486, 30 ; — obtient main-levée en donnant caution : II, 475, 172 ; — sauf-conduit : II, 624, 19, comment doit vivre en prison : II, 503, 10 ; — résidant : on procède par clain et non par arrêt : II, 487, 31 ; — bourgeois : doit payer dans la 8.ᵉ de la sommation : I, 379, 30.

DÉCLARATION de bouts et côtés : obligatoire pour le preneur par bail à rente : II, 600, 14.

DÉCONFITURE (créances privilégiées en cas de) : II, 690, 26.

DÉDUCACE : fête patronale : II, 625, 2.

DÉFAUT (amende du) : voy. AMENDE de x sous et III sous : I, 308, 12 ; 314, 8 ; 517, 14 ; II, 74, 24 ; 76, 4 ; 674, 34 ; — ne peut être donné avant midi : II, 404, 3 ; — **défaut congé** : nécessite une nouvelle demande : II, 470, 153 ; — **défaut fatal** en matière personnelle : n'est donné qu'après 3 défauts : II, 648, 14 ; 651, 26 ; 683, 23 ; 697, 14 ; — au dessus de LX sous, 3 défauts : II, 637, 9, 10 ; — au-dessous de LX sous, 2 défauts : II, 637, 8 ; — en matière de pandinghe, un seul défaut : II, 682, 21 ; — d'exécution de testaments, un seul défaut : II, 683, 22 ; — en matière réelle, 4 défauts : II, 651, 27.

DÉFENDEUR : se justifie par 10 témoins : II, 123, 15.

DÉFORAINS condamnés par échevins : ne peuvent venir dans l'échevinage : II, 504, 3.

DÉLAI de réclamation des épaves : I, 433, 12 ; — du relief des fiefs et coteries : I, 496, 4 ; — des coteries : I, 310, 2 ; délai de répit ou de 3 quinzaines pour délibérer : II, 450, 14, 15 ; — du retrait des héritages en bourgage : I, 515, 3 ; — délai de souffrance de 7 jours et 7 nuits pour le relief des coteries : I, 431, 6.

DÉLITS (amendes des) : leur emploi : I, 314, 9 ; — délits d'injures : I, 190, 13 ; 314, 4 ; — commis en présence des échevins, jugés sans information : II, 668, 22 ; — délits des forains, en bourgeoisie, sont de la compétence du prévôt : II, 253, 19 ; — la commune ou le seigneur qui prévient retient l'affaire : II, 633, 28 ; — responsabilité des pères et mères pour les délits commis par leurs enfants : II, 124, 18.

— **FORESTIERS** : creuser dans les bois : II, 124, 17 ; 250, 34 ; — couper menu bois : II, 71, 19 ; 124, 16 ; 382, 53 ; — gros bois, pérot, tayon ou étalon abattu : I, 281, 4 ; 520, 10 ; II, 57, 6 ; 145, 15 ; 249, 33 ; 275, 10, 11 ; 311, 13, 14 ; 420, 45 ; 481, 5 ; 636, 8 ; — le chêne est réputé gros bois, quand il peut être percé d'une tarière ordinaire : II, 382, 52 ; 430, 45 ; — bestiaux dans les taillis au-dessus et au-dessous de 3 ans : I, 281, 5 ; II, 57, 9 ; 145, 9 ; 148, 8 ; 152, 3 ; 235, 11 ; 250, 35 ; 310, 12 ; 382, 51 ; 431, 51 ; — n'est point considéré comme délit, le fait de couper plein la main de verges : I, 316, 33 ; II, 124, 16 ; — celui qui a pris du bois dans les coupes peut être suivi jusqu'à deux lieux à la ronde : I, 423, 11 ; — ne peut être arrêté lorsqu'il a passé les premières maisons : II, 235, 13.

— **RURAUX** : flégards, rivières : II, 148, 9 ; 203, 14 ; — vergers et prés : II, 125, 28 ; — bornes : II, 69, 5 ; 122, 3 ; — faux chemins et faux sentiers : I, 184, 8 ; II, 202, 8 ; — bris de charrue : II, 430, 47 ; 442, 72 ; — charriot ou charrette en terre hersée : I, 522, 6. — dommage aux récoltes ou aux moissons. Voy. POLICE RURALE, BANS-D'AOUT, ÉTEULES. — Bestiaux oisifs au marais avant ou après soleil : I, 148, 7, 8 ; — faisant dommage, avec gardien ou sans gardien : II, 148, 8 ; 210, 23 ; 235, 14 ; 250, 36 ; 270, 25 ; 275, 13, 14 ; 288, 6 ; 289, 20 ; 426, 15 ; — si les bêtes appartiennent à plusieurs maîtres une même amende pour chacun ; s'il n'y a qu'un seul troupeau, une seule amende : II, 148, 8 ; — Emploi des amendes : II, 69, 8 ; — constatation des délits : II , 437, 17 ; 516 , 13 ; — obligation de les dénoncer. Voy. FRANCHES-VÉRITÉS : II, 354, 32 ; — Preuve : II, 677, 48 ; — prise de gage : II, 426, 14 ; — Delits des mineurs : responsabilité des parents et des hôtes : II, 416, 63 ; 698, 22.

DEMANDES personnelles, voy. DÉFAUT FATAL : II, 683, 23.

DEMANDEUR : comment prouve sa demande : II, 123, 14.

DÉMENTI : sur un fait reconnu vrai, quelle amende : II, 470, 150 ; amende de 5 sous : II, 454, 30 ; — Démenti aux échevins : II, 288, 7.

DEMI-PAIRIE (fief tenu en) : II, 88, 6 ; 113, 19.

DEMI-RENTE : champart de 4 bottes pour 100 : I, 412, 6.

DÉNÉGATION de la dette : I, 516, 10 ; 517, 14 ; II, 74, 17 ; 448, 7.

DENIER-DIEU : vin que le lignager paie au seigneur quand il exerce le retrait : II, 55, 2 ; 689, 16.

DENIERS-COMMUNS : servent à payer les gages du messier : II, 70, 9 ; — **de bourgeoisie** : ceux que chaque bourgeois paie à la St.-Martin au droit de la ville : II , 328 , 64 ; — **exécutoires** : tous les deniers dus au seigneur, à cause de sa terre et seigneurie : II, 595, 34 ; — **d'orphelins** : ils priment toutes autres créances excepté ceux de maison : II, 682, 19 ; 684, 29 ; — **du prince** : sont privilégiés : II, 682, 19.

DÉNONCIATEUR : sa part dans l'amende : II, 485, 19.

DÉNONCIATION : est obligatoire pour celui qui a été blessé à sang : I, 377, 19 ; II, 67, 16, 17, 18 ; 85, 22 ; voy. AMENDE GRADUÉE.

DENRÉES : doivent être vendues à juste poids : II, 468, 134 ; — **mauvaises** : interdiction du métier et prison outre l'amende : II, 654, 34.

DÉPENS : sont à la charge de la partie qui succombe : II, 68, 2 ; 454, 17.

DERNIER RESSORT : en matière personnelle quand le litige ne dépasse pas 5 sous : II, 203, 1.

DÉS : voy. JEUX DE DÉS, TAVERNIERS, HÔTELIERS.

DESBAIL (relief de) : voy. relief : I, 483, 10.
DESGREN : résidu de la mouture : II, 82, 9.
DESSAISINES et SAISINES des coteries : par les pairs et hommes de Saint-Pol car elles ne sont point bourgages : II, 238, 11 ; — échevins doivent être présens : II, 154, 4 ; — dans la banlieue, elles se font par maïeur et échevins : II, 84, 1 ; — des bourgages par maïeur et échevins : I, 399, 2 ; II, 148, 6 ; 249, 30 ; 300, 33 ; 632, 24 ; — des alleux : par les baillis et hommes : II, 385, 8 ; — dessaisine nécessaire pour acquérir droit réel par hypothèque : II, 55, 4 ; 271, 10.
DESWAGEMENT : saisie mobilière : II, 688, 9.
DÉTROIS : branches d'un travers : II, 304, 17.
DETTES MOBILIÈRES : quiconque fait acte d'héritier en est responsable : I, 284, 20 ; II, 252, 9 ; — niée : après le serment du créancier, 2 sous d'amende : II, 227, 22 ; — des communes : comment se paient : II, 634, 35.
DÉVASTATION (plainte en) : comment le défendeur peut se justifier : II, 123, 15.
DEWEST : voy. dessaisines : II, 479, 1.
DEVOIRS du seigneur envers ses sujets : I, 314, 13 ; — des sujets envers le seigneurs : I, 315, 20 ; — des échevins envers le seigneur, par rapport à ses sujets : I, 314, 11, 12 ; — des bourgeois envers les échevins : assister au conseil, quand ils en sont requis : I, 315, 19 ; — des bourgeois entre eux : assistance et secours mutuels : I, 316, 32 ; — des bourgeois envers le seigneur ; ils doivent soldats et chevaucheurs à leurs dépens : I, 404, 41.
DICAIGES : voy. focaiges : II, 687, 7.
DIFFAMATION : amende honorable et civile : II, 102, 5.
DIGUES et canaux (entretien des) : I, 419, 3, 6.
DIME : égale au champart : II, 62, 6 ; — sur quoi se prend : sur les prés, les fiefs, les échevinages : II, 400, 14 ; — exemptions : les habitants de Camon exempts de la dîme pour les fruits de leurs prés : I, 279, 4 ; — la dîme de waide se paie au tourteau ou à l'argent : II, 400, 15 ; — dîmes grasses : 8 du cent de bottes ou warats : II, 481, 7 ; — dîmes menues : le 10.e des foins, des bois, des baies, des fruits et le 10.e partie, quand on les vend, des cochons, laines, poussins et oisons : II, 481, 7 ; — dîmes grasses et menues appartiennent au seigneur quand il est patron de l'église : I, 504, 4 ; II, 521, 4 ; le seigneur a un tiers de la dîme là où il prend le terrage : II, 222, 7 ; — dîmes portables : I, 407, 2 : 512, 20 ; — dîme à Dieu : fiefs et coteries doivent dîme à Dieu : II, 358, 7.

DIMEURS : leurs devoirs : II, 400, 16.
DINERS d'échevins : II, 300, 32 ; — des 12 barons du comté de Guisnes : II, 660, 5.
DOINSIENS (sous) : monnaie de Douai : II, 524, 4.
DOMAINE seigneurial : imprescriptible : I, 381, 3.
DOMICILE MORTUAIRE (rentrée de la veuve au) après l'enterrement du mari : I, 508, 1 ; II, 269, 18 ; 272, 9 ; 285, 27.
DON (droit de) : rente en blé et en avoine indépendante du champart : II, 65, 2 ; 106, 21 ; 141, 2 ; 210, 2 ; 219, 5 ; 248, 25 ; — se paie à la Saint-Remi, sous peine de lx sous : II, 57, 4 ; 107, 21 ; — de iii sous : II, 65, 2 ; 66, 4 ; — par les forains et les résidants : II, 66, 4 ;
DONATION par contrat de mariage : est sujette à rapport : II, 94, 16 ; valable quand elle est passée devant 2 témoins : II, 56, 2 ; 499, 25 ; — en avancement d'hoirie : permise en faveur des enfants ou de l'héritier apparent : II, 289, 22 ; — on ne peut donner ses héritages que par acte entre vifs : II, 274, 10 : à autre personne que l'héritier direct, engendre le droit du 6.e denier : II, 637, 17 : n'entraine aucun droit : II, 284, 16 ; 704, 2 ; — d'acquêts : permise en faveur des parents du sang : II, 207, 10 : en avancement d'hoirie, tient nature d'héritage : I, 86, 10, 11 ; permise par entre vifs et par testament : II, 55, 6 ; — de quint sur héritage : n'est permise qu'une fois : I, 85, 9 ; — d'héritages patrimoniaux : il faut le consentement de l'héritier : I, 367, 11 ; — en main-morte : le donataire doit vider ses mains dans l'année de la saisine : I, 171, 9 ; 190, 9 ; donations mutuelles entre époux : permises par acte entre vifs ou de dernière volonté : II, 59, 10 ; 598, 10 ; des meubles et acquêts seulement : II, 65, 7 ; — permises par contrat de mariage seulement, II, 663, 20 ; 680, 8 ; de la moitié des acquêts en usufruit : II, 495, 5 ; — interdites par entre vifs et par testament pendant le mariage : II, 248, 21 ; 615, 4 ; — mutuelles : des fiefs, interdites : II, 331, 9 ; —id. des acquêts : II, 297, 5 ; — à un bourgeois de Douai : est nulle quand elle n'a pas été reconnue devant les échevins : II, 345, 5 ; voy. faculté de disposer, main-ferme, enthavestissement.
DONS de quinds ou demi quinds : ce que c'est : II, 311, 17.
DOT de chapitre : biens que chaque chanoine apporte à la communauté : II, 517, 1 ; — immobilière de la femme : le mari en dispose sans son consentement : II, 359, 10:
DOUAIRE coutumier : biens qu'il affecte : les fiefs, les coteries, les héritages et les acquêts : I, 86, 14 ; 311, 18 ; 331, 7 ; — n'a pas lieu en bourgage et en

main-ferme: II, 104, 17; 331, 7; 598, 6; 624, 22, 23; — n'a pas lieu quand la moitié des biens appartient au survivant en vertu de la coutume: I, 308, 13; — quotités affectées: la moitié ou le tiers des fiefs et coteries: I, 179, »»; 189, 5; 191, 3; 280, 1; II, 59, 13; 246, 10; 306, 2; 312, 20; 329, 26; 341, 2; 350, 3; 380, 33; 386, 9; 396, 8; 420, 13; 615, 7, 663, 23; — douaire est sujet à relief: II, 70, 12; —réputé propre aux enfants issus du mariage: I, 84, 2; — engagement du douaire prohibé ou limité: I, 69, 21; 186, 21; II, 215, 6; — en secondes noces, permis sur les biens dont la première femme n'a pas été douée: I, 86, 13; la seconde femme n'a point de douaire quand il y a des enfants du premier mariage: II, 380, 34; les enfants des deux lits héritent le douaire de leur mère: I, 87, 18; — le douaire est imprescriptible: II, 465, 106; — ne peut être frappé de confiscation pour quelque crime que ce soit: I, 86, 12; se perd de trois manières: II, 465, 108, 109; 466, 110; — réciproque: II, 667, 12; 690, 21; — coutume impertinente: II, 96, 63; surannée: II, 701, 54.

DOUBLE AMENDE: en cas de rixes et de batailles: II, 699, 35.

DOUBLE FER (labourage à): interdit: II, 270, 24.

DRAPIERS (police des): II, 255, 27, 264, 14.

DRAVYS: grains qu'on donne en vert aux bestiaux: II, 72, 28.

DROIT COMMUN: dîners et soupers sur les revenus de la maladrerie sont de droit commun: II, 299, 31; 300, 32; — Droit civil et droit canon: I, 297, 26; — Droit écrit et non écrit: I, 295, 25; 297, 26; — Droit naturel et non écrit: I, 297, 25; — Droit haineux I, 296, 26; — Droit réel: comment s'acquiert: II, 55, 4; 381, 48; 623, 7; —Droit maritime: II, 606, 6; — de communauté de pâturage: I, 282, 7; — Droit du mari sur la dot de la femme pendant le mariage: II, 345, 2; 359, 10; 524, 7.

DROIT PIGNON: voy. USAGES LOCAUX, MITOYENNETÉ; II, 600, 19.

DROITS DE MUTATION: voy. RELIEFS, VENTES; — **DROITS D'USAGE**: II, 71, 20; 82, 10: interdits dans les garennes: I, 431, 25; — **DROITS SEIGNEURIAUX**: les deniers sont exécutoires: II, 395, 34; — **DROITS SINGULIERS**: voy. CULLAGE, CHARRIOT VERSÉ, GRENOUILLES; — **DROITS DES VICOMTES**: I, 516, 10.

DUCASSE (danses le jour de la): les religieux de Saint-Mauviz fournissent les joueurs d'instruments: I, 422, 3.

DUEL à outrance: cas réservé à la justice du seigneur: I, 401, 5.

E.

EAU (droit d'): payé par les tanneurs et les sueurs: I, 499, 27; — a huis: voy. POLICE RURALE, INCENDIES: II, 270, 29; 469, 148; — Eaux sauvages: II, 75, 14; voy. SEIGNEURIE DES EAUX.

ÉCHANGE: ne donne lieu au droit de vente que quand il y a soulte, II, 104, 15; 207, 10.

ÉCHEVINAGE: corps des échevins: II, 287, 1; — ressort en conseil et police: II, 340, 43: en cas d'appel: I, 340, 4; — on y use d'arrêt: II, 268, 13; voy. ÉCHEVINS.

ÉCHEVINAGES (biens d'): manoirs, terres et héritages tenus à rente qui se nomment échevinages: II, 364, 1; — anciens manoirs nommés mez dont les possesseurs sont tenus, à leur tour, de servir comme échevins: II, 363, 15; — de comparaître trois fois l'an aux plaids généraux: II, 390, 11; voy. PLAIDS GÉNÉRAUX; — les meubles sur échevinages garantissent les loyers: II, 268, 11; — échevinages ne tombent point en confiscation: II, 479, 2; — Faculté de disposer: le possesseur non marié en dispose à son gré: II, 370, 6; 509, 10; il n'y a pas lieu au retrait lignager: II, 333, 20; 365, 5; 368, 12; pendant le mariage ne peuvent être aliénés que par le mari et la femme conjointement: II, 336, 11; 352, 25; 401, 21; 494, 3; 508, 4; ce consentement s'exprime lorsqu'ils mettent ensemble la main au bâton: II, 412, 8; pour vendre échevinages ne suffit contrat personnel, il faut dessaisine entre les mains des échevins donnée par les époux à l'acheteur: II, 336, 12; — Saisines: sont précédées de trois publications: II, 402, 22; 412, 9; se font par les échevins: II, 400, 13; 449, 10; — Succession: le mort saisit le vif, sans relief, issue ni entrée: II, 496, 3; — Droits du survivant: les héritages du premier mourant appartiennent moitié à ses héritiers moitié au survivant; de même pour les acquêts, à la charge, par ce dernier, de payer la moitié des dettes: II, 336, 9, 10; s'il n'y a pas d'enfants, les héritages retournent aux héritiers de la côte et ligne: II, 333, 19; — s'il y a entravestissement, au dernier vivant tout tenant, si les enfants sont décédés: II, 332, 16; 372, 6; — en cas de convol le survivant perd la jouissance des manoirs d'échevinage: II, 390, 8; voy. CONVOL: II, 332, 16; 365, 4; 390, 8; voy. GAIN DE SURVIE et ENTRAVESTISSEMENT; II, 267, 2; 276,

22; 304, 2; 351, 16, 17, 18; 368, 8, 11; **369**, 8, 9, 10. 11; 370, 1, 4; 372, 6; 390, 8; 402, 24; 411, 6; 497, 4, 5, 6, 7, 8; 508, 5; 510, 2; 511, 2, 3, 4, 5; 512, 2, 3, 4; — **Droits des enfants** : l'aîné des enfants choisit le principal manoir : II, 390, 9 ; s'il y a plusieurs manoirs, chacun des enfants, en commençant par l'aîné, en choisit un à son tour: II, 363, 15, 16 ; maineté a lieu en échevinages : II, 277, 27; 480, 12; voy. MAINETÉ ; — les héritiers au même degré partagent par égales portions : II, 277, 27 ; 336, 14; 401, 18 ; voy. SUCCESSION ; II, 323, 38, 39, 40 ; 352, 22; 411, 7 ; 497, 9; 508, 5; — **Relief des échevinages** : la succession passe de plein droit à l'héritier: II, 336, 13; il est dû 1 denier par mencaudée, et 4 deniers par manoir : II, 365, 6 ; 401, 19 ; 479, 1 ; la femme doit relief et le mari pas ; II, 364, 21 ; 569, 12 ; voy. RELIEF ; — **Droits de vente** : voy. VENTES, *échevinages* : II, 400, 17; 401, 20; 419, 7 ; 479, 5 ; 508, 6 ; 336, 13; — **Retrait lignager**: n'a pas lieu en échevinages : II, 480, 8 ; le parent le plus proche peut retraire dans l'intervalle des criées qui précèdent la saisine: II, 352, 26; au plus tard le jour de la saisine: II, 510, 7 ; n'est plus recevable après : II, 402, 25; 412, 9 ; le retrait peut avoir lieu pour partie des héritages vendus : II, 516, 15.

ÉCHEVINS : leur nombre : I, 76, 4 ; 279, 1 ; 290, 1; 313, 3 ; II, 68, 1 ; 81, 1; 91, 11 ; 94, 7 ; 121, 1 ; 126, 2; 154, 3; 274, 1; 367, 6; 587, 2; 388, 2; 397, préamb.; 515, 7; 516, 9 ; — **héritables** : sont soumis à certains services de cour à cause de leurs manoirs : II, 241, 3; — **nommés au choix des seigneurs** : II, 138, 1; 281, 3 ; 291, 6 ; 351, 5 ; 393, 20 ; 411, 6 ; 687, 4 ; 696, 4 ; — sont les hommes du seigneur et non de la commune: I, 288, 30 ; — **Échevins élus** : I, 279, 1; II, 94, 19 ; 206, 3 ; 217, 41; 315, 2 ; 316, 3 ; 628, 11 ;
— **RENOUVELLEMENT** : il faut nommer les nouveaux avant d'ôter les anciens : II, 504, 16; on les renouvelle de deux ans en deux ans : I, 313, 3; —ils se renouvellent tous les ans : II, 298, 22; 356, préamb.; 399, 11; 664, préamb.; 670, préamb. ; — les échevins élus ne peuvent quitter la ville avant que la loi soit renouvelée : II, 298, 24 ; — cérémonial qui accompagne le renouvellement de la loi : II, 315 , 2 ; — souper à cette occasion : II, 317, 12 ; — quand les échevins nouveaux sont choisis par les échevins sortans, le maïeur ne peut être présent à la délibération : II, 446, 2 ;
— **CONDITIONS D'ÉLIGIBILITÉ** : I, 76, 1 ; II, 298, 23 ; 300, 36, ; 516, 10 ;
— **CAUSES D'EXEMPTION** : l'échevin sortant peut vendre son bourgage pour n'être plus échevin à l'avenir : II, 316, 4 ; — **de révocation** : le seigneur qui les crée les déporte quand bon lui semble : II, 351, 5 ; —

autres causes : II, 315, 2 ; 430, 46 ; 442, 71; 447, 4 ;
— **DEVOIRS DES ÉCHEVINS** : accepter l'office : II, 94, 19; sous peine de 60 livres d'amende : II , 446, 2 ; 664, préamb.; 670, préamb. ; prêter serment à leur entrée en fonctions : II , 112 , 25; 316, 9 ; payer dîner de bienvenue à leur première élection : II, 94, 19; 127, 10 ; 230, 5 ; rendre leurs comptes chaque année: II, 281, 3 ; 300, 37; ramener à l'obéissance ceux qui sont rebelles au seigneur : I, 314, 12 ; obtenir de lui, s'il se peut, la réparation d'une injustice: *ibid.*, 11 ; ménager des paix et des trèves entre les bourgeois : II, 427, 20 ; 439, 30 ; faire le service de plaids : II, 323, 1 ; défendre le bien jugé de leurs sentences à leurs risques et périls : II, 464, 99;
— **PRIVILÈGES DES ÉCHEVINS** : reçoivent le serment du maïeur : II, 289, 18 ; amende arbitraire et prison contre celui qui les injurie à l'occasion de leurs fonctions : II, 673, 27 ; celui qui les traite de parjures est en leur merci : I, 314, 7 ; — **Leurs droits** : d'afforage : II, 83, 14 ; 237, 6 ; 294, 26 ; 486, 25 ; de créer nouveaux bourgeois : II, 83, 16 ; ont droit à un dîner quand ils rendent leurs comptes : II, 300, 32 ; quand ils reçoivent les rentes du seigneur : II, 280, 15 ;
— **LEURS SALAIRES** : saisines : II, 148, 6 ; 293, 17; 298, 18 ; 325, 48 ; recette des rentes : II, 279, 9, 10; 293, 16; vue de lieu : I, 176, 3 ; pour aller consulter au dehors : II, 427, 21; 439, 40 ; bornages : II, 294, 27; arrêts : II, 201, 5, 6 ; amendes dont ils ont seuls le profit : II, 256, 3, 4 ; 288, 7 ; 297, 8; amendes dont ils ont une part : II, 286, 36 ; 297, 7 ; 455, 41; 504, 14; 673, 28 ;
— **POUVOIRS DES ÉCHEVINS** : ils ont le gouvernement et l'administration des villes et certains pouvoirs de juridiction : II, 94, 19; 357, 2 ; décrètent des tailles quand le besoin l'exige : I, 279, 1, 2 ; ont l'inspection des boissons et des vivres : II, 287, 5; 298, 15, 17, 21; 317, 15 ; font les règlemens de police : II, 290, 29 ; 318, 17; 353, 30 ; 669, 30 ; instituent les messiers : II, 139; 4; 281, 4 ; les tuteurs des orphelins : II, 669, 28 ; administrent les hospices et les maladreries : II, 299, 30; nomment les administrateurs des pauvres et les marguilliers des églises : II, 317, 13, 14 ; les commissaires pour faire la prisée des rentes en nature : II. 669, 29 ; requièrent l'assistance de ceux qui peuvent les aider de leurs conseils : I, 315, 19 ; prononcent et modèrent les amendes : II, 287, 3 ; 398, 3 ; 524, 4 ; 673, 28 ; le bannissement à temps et à toujours : II, 318, 17 ; contraignent les parties à faire paix et à donner assûrement : II, 667, 16 ;
— **LEURS ATTRIBUTIONS SPÉCIALES** : afforages : II. 287, 4 ; 297, 10 ; 318, 19 ; 429, 39 ; arrêts des débiteurs : I, 184, 1 ; 189, 2 ; II, 82, 4 ; 92, 21; 117, 8 ;

206, 4 ; 668, 21 ; bornages et vues de lieux : I, 293, 11 ; II, 297, 14 ; contrats, conventions, cyrographes : II, 83, 12 ; 84, 1 ; 268, 9 ; 298, 19 ; 354, 5 ; 357, 5 ; 501, 2 ; 504, 18 ; 673, 23 ; 675, 37 ; sont juges des délits et des demandes entre cotiers : II, 351, 5 ; 496, 2 ; mais ne peuvent connaître des fiefs : II, 496, 1 ; flégards : II, 268, 12 ; fours banaux : II, 81, 2 ; haute justice : II, 266, 1 ; 614, 1 ; justice vicomtière : II, 318, 18 ; inventaires : II, 256, 9 ; 363, 19 ; 641, 10 ; font la recette des rentes pour le seigneur : II, 279, 9, 10, 11, 12 ; font l'assiette des tailles au profit du seigneur ou des villes : I, 313, 3 ; II, 280, 14 ; saisines : II, 83, 12 ; 300, 33 ; 615, 3 ; 665, 2 ; visite des moulins banaux, des celliers, des canaux et des digues pour en surveiller l'entretien : I, 288, 2 ; II, 209, 20 ; 668, 24 ;

— JURIDICTION DES ÉCHEVINS : ils administrent la justice : II, 315, 1 ; ont scel et contre-scel aux causes : II, 154, 3, 4, 5 ; plaids ordinaires : II, 318, 20 ; 449 ; 10 ; plaids généraux : II, 344, 39 ; 390, 11 ; jugent à la conjure du bailli ou du prévôt : II, 81, 1 ; 87, 3, 5 ; 138, 1 ; 279, 8 ; 297, 9 ; 357, 2 ; 386, 2 ; informations : II, 287, 2 ; 668, 22 ; délais pour délibérer : II, 450, 14 ; — échevin requis pour consulter le défendeur : II, 448, 5 ; les échevins qui doutent vont prendre conseil aux hommes de fiefs ou aux échevins des villes voisines : II, 236, 10 ; 237, 7 ; 450, 15 ; 451, 16, 18 ; 479, 4 ; 504, 17 ; 524, 4 ; — Exécution de leurs sentences : elle appartient au seigneur haut justicier : II, 357, 3 ;

— RESSORT : indication de la juridiction supérieure qui connaît des appels de leurs sentences : II, 138, 3 ; 289, 15 ; 296, préamb. ; 318, 21 ; 351, 5 ; 357, 2 ; pourquoi dans certains cas, ne sont passibles d'amende quand leur sentence est infirmée : I, 293 ; 10.

ÉCLUSE (le haut) de Boves : digue sur laquelle ne peuvent passer ni cheval, ni charriot, ni brouette, ni bêtes à corne : I, 172, 27.

ÉCU d'or : voy. MONNAIES ; II, 256, 34.

ÉDIFICE (nouvel) : sur flégards : I, 512, 7.

ÉDIFICES réputés catheux : II, 632, 19.

ÉDITS et statuts de police : II, 355, 30 ; 651, 23 ; 669, 30.

ÉGLISE DE CORBIE : ses droits de seigneurie dans la ville, à l'époque de la suppression de la commune : censives sur les maisons : I, 285, 7 ; seigneurie des eaux : ibid., 8 ; moulins banaux : ibid., 9 ; tonlieux : ibid., 286, 10 ; sesterage : ibid., 11 ; vins : ibid., 12 ; corvées pour la fenaison des prés : ibid., 17 ; queute à court : ibid., 18 ; flégard : ibid., 21, 22 ; licences des brasseurs : ibid., 23 ; droit de battre monnaie : I, 287, 24 ; congés de mariage : ibid., 28 ; la commune ne peut bannir sans son congé : ibid., 29.

ÉGLISES (réparation des) : II, 69, 8 ; 92, 23 ; 217, 37,
257, 44 ; — fondateur des églises, voy. FONDATEUR : II, 307, 40.

ÉLARGISSEMENT (droit d') : voy. PRISON ; II, 292, 14.

ÉLECTION du prévôt de la ville : I, 413, 1.

ÉLECTIONS des villes : I. 76, 2, 3, 4, 5 : II, 69, 5 ; 206, 3 ; 299, 31 ; 300, 36 ; 340, 42 ; voy. ÉCHEVINS.

ÉMANCIPATION : se présume quand le père met l'enfant hors de son pain : II, 498, 12 ; — des orphelins en avouerie n'a lieu, quel que soit leur âge, que sur l'avis des parents : II, 685, 32.

EMPLOI des amendes des délits : I, 314, 9 ; II, 69, 8 ; — des deniers de la chaussée : I, 316, 35.

EMPOISONNEMENT : voy. CAS RÉSERVÉS : I, 401, 3.

EMPRUNTS ou prêts forcés du seigneur sur les bourgeois : I, 403, 32, 33, 34.

ENCLAVES (coutumes des) : II, 55, 7.

ENCRE (porte d') à Corbie : prison municipale : I, 307, 65 ; — privilèges des habitants à Corbie : I, 289, 7.

ENFANTS hors du pain : voy. ÉMANCIPATION ; II, 284, 19 ; — du premier lit : succèdent aux héritages de leur père remarié : II, 267, 3 ; ne sont point tenus des dettes : ibid., 5 ; — du deuxième lit : n'héritent les héritages du père remarié que quand les enfants du 1.er sont morts sans postérité : II, 267, 6 ; — de deux lits : hérite le douaire de leur mère : I, 87, 12 ; leurs droits respectifs sur les héritages : II, 278, 7. Voy. CONVOL, ENTRAVESTISSEMENT, SUCCESSION ;

— ENFANTS de sougnant (bâtards) : sont héritiers de leur mère : II, 505, 22.

ENGINS de chasse ou de pêche : prohibés sous peine de confiscation et d'amende : I, 377, 20 ; 378, 26 ; 416, 5 ; voy. CHASSE, GARENNE.

ENQUÊTE par témoins : comment doit se faire : II, 456, 48 ; — ENQUÊTE (aller à sens et) : aller consulter : II, 451, 16 ; 479, 4 ; — le maire avance les frais de voyage des échevins commis : II, 451, 17 ; — dans quels cas, cette mesure peut être ordonnée : II, 451, 18 ; — combien d'échevins sont désignés : II, 452, 19 ; — rédaction du point de fait : II, 452, 20 ; — doit être portée, fermée et scellée : II, 452, 21 ; — termes sacramentels dans lesquels elle doit être présentée aux échevins d'Arras : II, 452, 19 ; — comment les commissaires doivent être reçus : II, 452, 22 ; — les échevins consultés font leur réponse verbalement : II, 453, 23 ; — salaire du bailler d'Arras : II, 453, 23 ; — id. des échevins commis : II, 427, 21 ; 439, 40 ; — les échevins ne doivent ordonner cette mesure que dans les cas difficiles, sous peine de parjure : II, 504, 17.

ENSOINE : II, 449, 11.

ENSEIGNE de taverne: ne peut être suspendue sans le congé du seigneur, sous peine de 60 sous d'amende : II, 298, 17 ; 301, 9 ; 341, 12 ; 350, 12 ; 409, 10 ; 610, 8, 698, 32.

ENTERS (faux): revendication d'un objet mobilier mal fondée : I, 71, 31.

ENTERREMENT du mari: le relief de la veuve doit être payé immédiatement après, et avant qu'elle rentre au domicile mortuaire: II, 227, 40. Voy. DOMICILE MORTUAIRE.

ENTRÉE en bourgeoisie (serment et droit d') : II, 83, 16 ; 255, 30 ; — **Entrée et issue de prison** (droit d') : II, 633, 27.

ENTRETIEN des digues et canaux : I, 419, 6 ; voy. CHAUSSÉES, ESCAUWAIGES.

ENTRAVESTISSEMENT: a lieu pour les biens d'échevinage et de main-ferme : II, 267, 7 ; 420, 16 ; — PAR SANG : quand des enfants sont nés du mariage : II, 267, 2 ; — PAR LETTRES ; a lieu par amour mutuel, et se reconnaît par acte passé devant échevins : II, 267, 8 ; comprend tous les biens tenus en échevinages et main-ferme : II, 276, 22 ; — Effets de l'entravestissement par sang : II, 267, 2, 3 ; 323, 38, 39 ; 276, 24 ; 324, 41, 42 ; 370, 1, 2, 3, 4 ; 304, 3 ; 333, 17 ; 351, 18 ; 368, 8 ; 402, 25 ; 497, 8 ; 512, 2 ; 526, 3 ; — en cas de convol : II, 267, 4 ; 276, 25 ; 402, 24 ; 526, 3 ; — de l'entravestissement par lettres : II, 208, 12 ; 267, 8 ; 276, 23 ; 278, 2, 3 ; 304, 4 ; 324, 45 ; 497, 5, 6 ; — il est permis aux époux d'y introduire telles dérogations au droit commun que bon leur semble : II, 372, 6 ; ce qui a lieu à défaut d'entravestissement : II, 304, 5 ; 336, 9. Voy. : II, 271, 6, 7, 8, 9 ; 288, 12 ; 297, 4 ; 332, 16 ; 333, 19 ; 335, 2 à 8 ; 351, 16, 17, 18 ; 364, 1 ; 367, 7, 8, 9 ; 379, 3, 4, 5, 6 ; 406, 15 ; 510, 2 ; 511, 2, 3, 4, 5 ; 513, 2, 3.

EPAVES: à qui appartiennent : I, 433, 12 ; 486, 8 ; II, 314, 8 ; — quand elles sont trouvées sur un chemin qui sépare deux seigneuries, elles appartiennent par moitié aux deux seigneurs : I, 376, 11 ; — les épaves de mouches à miel appartiennent par moitié à celui qui les trouve et au seigneur : II, 96, 52 ; — peine du recel : amende de 60 sous et restitution : I, 88, 25 ; 283, 13 ; 393, 18 ; 433, 13 ; 487, 11 ; — **EPAVES MARITIMES** : I, 419, 2 ; II, 607, 6 ; ne peuvent être vendues qu'aux enchères et après un délai d'an et jour : II, 607, 7 ; doivent être remises à celui qui justifie par juste marque ou compas qu'elles lui appartiennent : I, 487, 9.

EPÉE (amende pour tirer) : I, 88, 30 ; II, 398, 3 ; — supplice par l'épée : II, 398, 1.

EPERONS D'OR, (fiefs qui doivent relief d') : II, 351, 6 ; 401, 19.

EPINE ARRACHÉE (amende pour) : I, 513, 24. — — **Épines et genevriers** : il est interdit de les couper dans les garennes : I, 170, 12. — **Épine du bois de Saint-Pol** : lieu où le seigneur d'Épinoy fait hommage au comte de Saint Pol : II, 403, 33.

EPINOY: relève de la personne du comte et non du comté de Saint-Pol : II, 403, 33.

EPOUX survivant: ses droits ; jouit sa vie durant de tous les acquêts sans rien payer : I, 414, 1 ; — emporte la moitié des héritages que son conjoint possédait au jour du mariage : I, 308, 13. Voy. ENTRAVESTISSEMENT.

EQUARRISSEUR: ne peut toucher au pain sous peine de 12 deniers d'amende : II, 283, 12.

EQUIPEMENT des navires : II, 606, 1.

ERBILLEURS, Erbilleresses, voy. POLICE RURALE : II, 426, 13 ; 459, 73 ; 460, 78.

ESCARSAGE: contribution pour être dispensé du guet : II, 604, 8.

ESCARS: droit du 6.e denier perçu lorsque le bourgage est donné à un non bourgeois : II, 633, 25, 26 ; — ce droit peut être modéré à la volonté des maïeur et échevins : ibid. Voy. ESTARSAGE.

ESCAUWAIGES (du flamand *schauwinghe*) : bans publiés à la mi-mars pour l'entretien des digues et canaux : II, 661, 8, 9 ; 668, 24 ; 699, 39.

ESCHAUX et courans qui descendent à la mer : obligation pour les riverains de les réparer et entretenir : I, 419, 6 ; 488, 17.

ESCHEUX et cauchies: réparation par les riverains : II, 405, 7.

ESCOUTHETEUR, voy. AMMAN : II, 688, 9.

ESCOUVETTE (panier à salade) : enseigne de taverne : II, 341, 12 ; 350, 12.

ESGARDS: nommés par le prévôt de la ville : I, 414, 1 ; voy. ESWARTS.

ESTAQUE (maison de l') ce que c'est : I, 289, 2 ; 302, 43.

ESTARSAGE: droit du 20.e denier perçu par la ville quand le bourgage est vendu sans retenue, ou à un non bourgeois : II, 326, 51, 55 ; 252, 12, 13 ; voy. ESCARS.

ESTAUQUES: éteules : II, 469, 143.

ESTAUX de bourgage: espèce de cens que doit le possesseur d'un bourgage : II, 325, 47 ; 526, 52, 54.

ESTRAYURES: les épaves et les successions des bâtards : II, 601, 14 ; 615, 11.

ESTOQUIS: les taillis pendant l'hiver : II, 340 : 12.

ESTURGEONS: appartiennent au seigneur : le marinier n'a que 5 sous pour sa prise : II, 607, 8.

ESWARDEURS des boulangers : II, 254, 24 ; —

des bouchers ibid 255, 26 ; — des cervoises ibid 255, 28 ; — de la draperie, ibid 255, 27; — des fumiers et des labours: II, 458, 58 ; 467, 127 ; — des poids et mesures : II; 235, 29. Voy. ESWARDS, ESWARDEURS, AGARDS et AWARE.

ESWARTS, institués par échevins : II. 317, 15 ; — leurs obligations : II, 321, 29, 30, 31 ; — des boulangers : II, 215, 17 ; 486, 26 ; — des bouchers : II, 215, 16 ; — des labours : II, 651, 22 ; des marchandises : II, 383, 2 ; 641, 7 ; 651, 21 ; — des poids et mesures : II, 383, 3 ; 507. 34 ; — des vivres : I, 186, 25 ; II, 290, 29. Voy. ESWARDEURS.

ESWART (droit d') : II. 148, 6 ; 294, 26.

ETAL sur rue, sur flégard : I, 286, 22 ; II, 271, 33.

ETALON : bois de réserve dans les coupes de taillis : I, 281, 4 ; II, 311, 13 ; Voy. DÉLITS FORESTIERS.
ÉTALON des poids et mesures : II, 291, 10.

ETALAGE (droit d') : I, 526, 4 ; II, 292, 11 ; — ferme de l'étalage : II, 256, 37 ; — du poisson : II, 615, 6 ; — du pain amené du dehors : I, 315, 18.

ETEULES (nouvelles) : amendes de 60 sous : I, 170, 15 ; 500, 34 ; II, 210, 23 ; 382 ; 50 ; 599, 11 ; 697, 18 ; durée de la défense d'y aller : II. 203, 7 ; 428, 27 ; — congé d'y aller : II. 149, 15 ; — éteules réservées : II, 75, 31, 52 ; 340, 27 ; 428, 28 ; 440, 52 ; — privilèges des éteules : II, 215, 29 ; —abandon des éteules : II, 286, 37 ; — usage des éteules : II, 285 , 25 ; 428, 28 ; 440, 51.

ETEUF (prendre l') pour jouer à la paume : il faut le congé du seigneur : II, 222, 23 ; 270, 32 ; 350, 12 ; — DE RENTE se convertit en argent : II, 417, 27.

ETOILES au ciel : marquent l'heure de l'ouverture des plaids des francs-alleux : II, 384, 7.

ETRANGER (forain) : après l'an et jour de résidence, doit prêter serment de bourgeoisie au payer les coutumes : 1, 402, 20 ; — comment reçu bourgeois ; ibid, 21.

EU (le comte d') : franche fête qu'il institue à Houdain : II, 327, 60.

EXCOMMUNICATION : est une cause de révocation de l'échevin : II, 447, 4.

EXÉCUTEURS testamentaires ; ont an et jour pour rendre leurs comptes : II, 636, 6 ;

EXÉCUTEUR des sentences criminelles : le châtelain de la cité d'Arras le fournit à ses dépens : II, 268, 15.

EXÉCUTION : des jugements des maïeur et échevins : I, 287, 25 ; 515, 9 ; II, 268, 15 ; 357, 3 ; 407, 1 ; — capitale : comment se fait : II, 406, 10 ; — cas où elle entraîne confiscation : I, 397, 8 ; — des baux à loyer : I, 399, 4 ; II, 61, 30 ; — des cens : le seigneur peut saisir sans titre et sans jugement : I, 415, 8 ; 424, 17 ; — des testaments : II, 683, 22.

EXEMPTIONS : franchise d'afforage : I, 408, 21 ; — du droit d'arrêt : I, 291, 4 ; 399, 32 ; — de la banalité du four : II, 205, 29 ; 225, 19 ; — du moulin : I, 479, 7 ; — du cens : terres lottières à cause de l'entretien des digues et canaux : I, 419, 3 ; francs jardins : à quelle condition : II : 99, 23 ; maison du maïeur, dans l'année de sa mairie : I, 405, 46 : du maïre franc-sergent : II, 226, 7 ; — clôture de bourg : I, 316, 5 ; — droits seigneuriaux : donation en avancement d'hoirie : II, 207, 10 ; — dîmes I, 279, 4 ; — GUET : I, 479, 7 ; II, 604, 8 ; — herbage : II , 56, 2 ; — terrage ou champart : II, 207, 8 ; — travers et tonlieux : I, 289, 7 ; 405, 48 ; 416, 3, 4 ; 515, 8 ; II, 89. Voy. BOURGEOISIE exemptions.

EXEMPTIONS (garde des) : ce que c'est : I, 289, 3.

EXPLOITS de justice : dans la juridiction d'autrui : I, 396, 5 ; le seigneur ne peut les faire sans l'assistance des maïeur et échevins : II, 338, 27, 28 ; ceux du maïre id. : II, 449, 9.

EXPROPRIATION : de l'héritage : II, 666, 9. — des rentes hypothéquées : II, 239, 16.

F.

FACULTÉ de disposer : par testament : II, 139, 5 ; 149, 11 ; 214, 2 ; 248, 23 ; 274, 10 ; 295, 7 ; 343, 38 ; 381, 47 ; — par donation : II, 59, 15 ; — par vente : II, 600, 15, 16 ; — par don mutuel : I, 521, 3 ; 524, 11 ; II, 243, 4 ; 382, 55 ; 420, 16 ; 598, 4 ; 615, 4 ; voy. DONS MUTUELS, ENTRAVESTISSEMENT ; — par hypothèque sans payer droits seigneuriaux : II, 498, 13 ;

— **BATARDS**, cas où ils peuvent disposer : II, 343, 38, 381, 47 ;

— **MINEURS** en avouerie : II, 685, 31 ;

— **SURVIVANT**, ne peut disposer avant partage fait à ses enfants : II, 402, 25 ;

— **BIENS ET HÉRITAGES** de la communauté : le mari n'en peut disposer sans sa femme : I, 308, 15 ; droit contraire : II, 359, 10 ; 494, 3 ;

— **FIEFS** : II, 331, 9 ; 377, 12, 16 ;

— **MEUBLES ET ACQUÊTS** : II, 55, 6 ; 141, 10 ; 247, 12 ; par testament de la totalité : II, 149, 11 ; 274, 10 ; de la

moitié seulement; II, 214, 2; par testament et par acte entre vifs: II, 681, 12; l'enfant hors du pain et du pot de ses père et mère: II, 284, 19; au profit du conjoint: II, 65, 7; droit contraire: II, 297, 5; les époux ne peuvent en disposer au profit l'un de l'autre; II, 297, 5; ils peuvent les donner conjointement sans le consentement de leurs héritiers: II, 284, 20; le mari n'en peut disposer sans sa femme: II, 139, 5, 6; droit contraire: II, 378, 24; — Amassemens réputés catheux: le mari peut en disposer: II, 295, 7;
— HÉRITAGES: on peut en disposer par entre vifs et non par testament: II, 274, 10; cas où on peut les vendre sans le consentement de l'héritier: II, 623, 6; 690, 23; droit contraire: II, 378, 25; 420, 14; 498.12; 600, 16; 681, 13;
— MAINFERMES: on peut en disposer par testament: II, 420, 16; on ne peut vendre sans le consentement des enfants: II, 471, 154; le possesseur non marié en dispose comme bon lui semble: II, 526, 4;
— ÉCHEVINAGES: avant le mariage, on peut en disposer: II, 268, 9, 16; 333, 20; 365, 5; 370, 6; 401, 21; 509, 10; le possesseur marié n'en peut disposer sans son conjoint: II, 352, 25; 412, 8; 498, 10, 11; 508, 4, 510, 6;
— BOURGAGE: les époux peuvent le vendre et l'hypothéquer, sans le consentement de leurs enfants: II, 324, 43: ne le peuvent que sous trois conditions alternatives: II, 632, 21; le mari ne peut le vendre sans sa femme: II, 682, 17, 20.

FAGOT: droit d'afforage: II, 83, 14.

FAISANS et perdrix: voy. GARENNE: II, 638, 5.

FAITS proposés: qu'on articule pour repousser une demande judiciaire: I, 379, 31 . 516, 10; — en matière civile, amende de v sous; en matière de meurtre de xx sous: I, 517, 14.

FAUCONS (chasse aux): voy. GARENNE: II, 619, 127.

FAUSSE CLAMEUR (amende pour): II, 107, 15; voy. FAUX CLAIN.

FAUSSES LETTRES: chartes ou cyrographes amende: II, 673, 22.

FAUSSE MESURE (vente à): II, 405, 7. voy. AMENDE, POIDS ET MESURES.

FAUSSE voie: voy. AMENDES, MESSIER: II, 282, 5.

FAUX appel: amende de LX sous.—Voy. AMENDE, FOL APPEL: II, 649, 22.

FAUX arrêt (amende du): I, 379, 29; II, 237, 4; 672, 20. Voy. ARRÊT, AMENDE.

FAUX-Chemins; ce que c'est: II, 213, 9; 460, 75; marques pour indiquer la défense d'y passer: II, 460, 80. Voy. FAUSSE VOIE, FAUX SENTIER.

FAUX clain ou clam, ce que c'est: I, 314, 5; 379, 29; II, 427, 22; 439, 43; — de dette, 3 sous parisis,

d'héritage, 60 sous: II, 514, 1; — Amende de vin: I, 314, 3; — Amendes diverses: I, 379, 29; 403, 25; II, 274, 5; 427, 22; 439, 43; 449, 8; 454, 31. 32; 487, 32; 672, 20; —droit du maire, 4 deniers: II, 226, 5.

FAUX poids (pain fabriqué ou vendu à): I, 309, 24; 215, 17;

FAUX sentier: ce que c'est: II, 460, 77.

FAUX serment: foi mentie: I, 67, 12.

FÉDÉRATION: des villes de loi dans un but d'exemptions réciproques: II, 653, 9.

FÉLONIE: cause de confiscation: II, 421, 17.

FEMME veuve: doit payer relief avant de rentrer à la maison mortuaire: II, 227, 10; 269, 18; — son préciput: I, 308, 14; — comment se défend en justice: I, 69, 24; — ne doit pas compte à ses enfants, tant qu'ils sont sous sa garde: I, 69, 23. — mariée: ne peut être arrêtée pour les dettes de son mari: II, 463, 104, 105. Voy. CONFISCATION.

FERME d'échevinage: coffre fermant à plusieurs clefs, contenant les titres des villes: II, 351, 5; 400, 13; 403, 33; 405, 4; 414, 34; 446, préamb.; 479, 5.

FERMES: du champart: II, 248, 24; — des chaussées: II, 257, 39; comment s'adjugent: II, 300, 39; — des aunages: II, 257, 38; — de l'étalage: II, 256, 37; — du pesage: II, 257, 40; — des communes; comment doivent être maintenues: II, 402, 14: comment s'exécutent: II, 257, 41.

FERMIERS des amendes: II, 91, 11; — de la coutume Le Comte à Corbie: I, 289, 8.

FER A CHEVAL (rente de): se convertit en argent: II, 417, 27.

FERS à charrue: ne peuvent être vendus qu'en jour de marché: II, 698, 27.

FÊTE de Sainte-Berthe à Blangy: II, 77, 15, 19, 20; — Service de la fête de la mi-carême à Fillievres: les hommes de fiefs assistent le seigneur pour la garder: II, 113, 5. — Commencer la fête: il faut un congé du seigneur: I, 165, 13; 198, 13.

FEU (supplice par le): II, 398, 1.

FEUX de la Saint-Jean-Baptiste: II, 209, 21.

FÈVES et bisailles. Voy. DANS D'AOUT: II, 698, 24.

FIEFS: comment se distinguent les fiefs des rotures: l'amende pour les bestiaux en délit sur les terres en roture est de 6 deniers, et sur fiefs, de 7 sous 6 deniers: I, 308, 12; — Comment se distinguent les modes de tenures: II, 418, 3; — Attributs du fief noble: colombier, four, taureau, verrat et mare: I, 507, 4; — Fiefs tenus par moyen et sans moyen: les seigneurs n'ont aucune haute justice: I, 382, 1;

Fiefs en pairie: x livres de relief: I, 281, 3; 396, 4;

495, 1; — en plein hommage : LX sous : I. 168, 1; 281, 3 ; 396, 4 ; 421, 1 ; 495, 2 ; II. 376, 3, 4, 5 ; 403. 33 ; — **Fiefs restreints** : LX sous de relief, mais point de justice : I. 496, 3 ; — **Fief lige** : LX sous de relief : II. 418. 3 ; — demi-lige : XXX sous de relief : *ibid.* 3 ; quart lige : XV sous de relief : *ibid.* 3 ; — à simple hommage : VII sous VI deniers de relief. *ibid.* 3.
— **SERVICES et prestations des fiefs** : ils doivent relief, service et hommage selon leur nature : II. 418, 3 ; relief et dénombrement : II. 694, 30, 31 : relief de bail pareil au relief de succession : I. 189, 8, 397, 11. 12 : aide pareille au relief : I. 168, 1, 2, 3 ; 189, 4 ; 397, 13 ; 431, 3 ; II. 382, 12 : les fiefs nobles et les fiefs abrégés doivent le quint denier des ventes : I. 282, 10 ; II. 332, 11 ; 418, 5 ; 419, 6 ; de même pour rente hypothéquée : I. 190, 15 ; 419, 7 ; service de plaids de 15.e en 15.e : I. 396, 6 ; 182, 9 ; 423, 5.
— **PRINCIPES des successions** : les mâles précèdent les femelles : II. 331, 3 ; à l'ainé les quatre parts, aux puînés le quint : II. 331, 10 ; en ligne collatérale, il n'y a point de quint : II. 417, 2.
— **FACULTÉ de disposer** : restreinte à cause des droits de la femme sur les propres et les acquêts : II. 332, 8.
— **PÉRILS DU POSSESSEUR** : **amission du fief** : dans quel cas est encourue : I. 430, 1 ; — **saisie féodale** : pour rente non payée, devoirs non faits : II. 331, 5, 6 ; 692, 36.
FILETS. Voy. ENGINS, GARENNE : I. 169, 8.
FILS de bourgeois : n'est bourgeois qu'autant qu'il appréhende de fait la succession de ses père et mère : II. 631, 16.
FILLE de bourgeois : est bourgeoise, qu'elle appréhende ou non la succession : II. 631, 16.
FLASTRE : marque des poids et mesures : II. 469. 138.
FLÈCHE (prendre la) sans congé : II. 222, 23 ;
FLÉGARDS : personne ne peut entreprendre en quoi que ce soit sur les rues, places, voiries, viviers, rivières, faire bouches ou entrées de celliers sur rues, suspendre enseignes de tavernes, commencer jeux, sans le congé du seigneur haut justicier ou vicomtier, sous peine de 60 sous d'amende : I. 88, 22 ; 90, 42 ; 185, 9 ; 282, 11 ; 512, 7 ; II. 250, 38 ; 268, 12 ; 270, 32 ; 271, 33 ; 309, 2 ; 314, 5 ; 355, 37 ; 419, 8 ; 454, 33 ; 468, 135 ; 620, 134 ; — **EXCEPTIONS** : les habitants de Camon peuvent picquer et bêcher sur les flégards à cause du droit d'avouerie de 40 sous et 1 denier qu'ils paient tous les ans : I. 279, 3 ; — à Beauvoir-Rivière, les habitants peuvent lever les gazons à cause des eaux sauvages : II. 75, 14 ; — à Beauval, on peut y faire des fosses à fumier : II. 72, 26 ; — à Arquèves,

les flégards sont communs aux habitants : II. 57, 3 ; — Cas où l'amende n'est encourue qu'après sommation de rétablir les choses en état : II. 342, 11 ; 360, 14 ; 371, 14 ; — ceux qui ont le profit des plantations ont la charge de l'entretien vis-à-vis leurs ténements : II. 380, 38, 39 ; 381, 42 ; 507, 33 ; — flégards encombrés : II. 77, 18, 19 ; — visite des flégards : II. 152, 7 ; 380, 39.
FLOT du boille : II. 208 17.
FLOTTAGE des prés : II. 384, 2.
FOCAIGES et **Dicaiges** (digues et canaux) ; comment administrés : II. 087, 7
FOI ET HOMMAGE des arrières-vassaux : un vassal ne peut contraindre ses hommes à lui prêter foi et hommage, qu'après l'avoir prêté lui-même à son seigneur : II. 664, 2.
FOINS en botte (jauge des) : II. 215, 18.
FOIRES durant (chevaux aux marais) : I. 281, 7.
FOL-APPEL (amende de LX livres pour) : II. 226 ; 3 ; 650, 11 ; — de LX sous : I, 512, 15 ; II. 226, 3 ; 409, 13 ; 520, 11, 12 ; 669, 26.
FONDATEURS des églises : les seigneurs qui ont fait des fondations pour desservir les cures : II. 507, 10 ; 348, 2 ; — comtes de Saint-Pol, fondateurs de l'abbaye de Cercamp : II. 89, 1.
FONDATIONS : biens donnés par des fondateurs : II, 517, 1.
FORAGE : droit du seigneur sur les vins et cervoises : I. 198, 8 ; 282, 12 ; 393, 17 ; 483, 14 ; 498, 20 ; II. 208, 16 ; 354, 34 ; 481, 4 ; 645, 8.
FORAINS (condition des) : forain cultivateur paie 12 deniers, par journal qu'il cultive, pour droit de réséandise : II, 63, 1 ; et droit de don : II, 66, 4 ; — au moulin doit moudre avant un sujet : II. 216, 22 ; — le seigneur peut reprendre, aux prix coûtant, le vin et les bestiaux vendus au forain : I. 310, 5 ; — même privilége pour les habitants de Daours : I, 309, 25 ; le bourgeois a droit de prendre la moitié de ce qui lui est vendu sur le marché : II, 300, 35 ; — le marchand doit remporter en paix, ce qu'il apporte en pais : I, 62, 3, 402, 13 ; — témoignage de forain ne vaut que contre forain : II, 124, 23 ; — les hôteliers ne peuvent les loger plus d'une nuit : II, 405. 7 ; — on peut refuser manoir au forain non muni d'un sauf-conduit de son seigneur : II, 398, 5 ; — on ne peut lui louer de maison, quand il n'y a pas de quoi répondre des amendes : II, 415. 7 ; et il faut le consentement du seigneur : II, 415, 45 ; — on peut sonner le tocsin pour repousser les attaques des forains : II, 398, 6 ; — le forain est admis à résider quand il peut se défendre de meurtre et trahison : II, 428, 30 ;

431, 49 ; — il est réputé bourgeois, quand le seigneur lui a concédé un manoir : II, 431, 50 ; 442, 76 ; — ne peut posséder un bourgage qu'en devenant l'homme du seigneur : II, 124, 20 ; — forain débiteur : voy. ARRÊT, CLAIN : I, 291, 3 ; 379, 30 ; II, 412, 14 ; 487, 31', 32 ; — quand il est cité en justice, il doit 4 deniers de droit de présentation : II. 293. 15 ; — en matière de délit des forains, la justice qui prévient retient la connaissance et le jugement : II, 633, 28.

— FORAINS (bestiaux) : ne peuvent être mis au marais commun : I, 486, 6 ; 490, 55 ; voy. MARAIS.

FORESTIER : ce que c'est : II, 696, 2, 3.

FORÊT privilégiée : ce que c'est par rapport au droit de chasse : II, 621, 139.

FORÊTS (droits d'usage dans les) : I, 431, 25 ; II, 628, 18 ; — POLICE DES COUPES : délai de l'abattage et de l'enlèvement des bois : I, 423, 14 ; on ne peut passer les vidanges sur les terres voisines qu'en payant le dommage : I, 424, 15 ; on ne peut charrier avant ni après soleil : I, 423, 9 ; il faut appeler les gardes à haute voix : *ibid.* ; on peut confisquer les charriots et charrettes de ceux qui enlèvent furtivement, et les poursuivre 2 lieues loin : I, 423, 11 ; les marchands peuvent saisir le bois pour la sûreté de leurs ventes, et les bûcherons pour leurs salaires : I, 424, 18.

FORGE : on ne peut arrêter le forain qui vient à la forge : I, 379, 32 ;

FORMULES : des bans d'août : II, 466, ch. 16 ; — sacramentelles : abandon de biens, en jetant le chapeau ou bonnet devant les juges : I, 291, 7 ; — pour demander congé d'exécuter les jugements : I, 287, 25 ; — paroles que doit prononcer le créancier qui requiert assistance pour arrêter son débiteur : II, 486, 30 ; — du fournier, quand il est sur le point de cuire le pain des sujets : II, 483, 4, 5 ; 484, 13, 14, 15 ; — des échevins, quand ils mettent le prix au vin qu'ils afforent : II, 463, 97, 98.

FORTIFICATIONS : sont à la charge des villes : I, 78, 16.

FOSSÉS (entretien des) : à la charge des riverains : I, 427, 7 ; 488, 18 ;

FOSSES : pour le dépôt des fumiers ; voy. FLÉGARDS : II, 72, 26 ; —pour les eaux en cas d'incendie : I, 171, 20 ; — d'aisance : pas de prescription : I, 90, 38.

FOUET (supplice du) : II, 398, 1.

FOUR BANAL : tenu en fief par le maïeur héritier : II, 346, 13 ; — attribut du noble fief : I, 507, 1 ; — le vicomtier qui a four banal a droit de confisquer le pain cuit à un autre four : I, 282, 8 ; — comment on gouverne le four banal : II, 483, 1 à 21 ; — licence du four : droit payé par les boulangers : I, 499, 25 ; — liberté de fours particuliers : I, 392, 9 ; 499, 24 ; II, 263, 10 ;

FOURCHES patibulaires : I, 377, 15 ; II, 95, 37 ; 232, 1.

FOURCONS : perches pour le service des fours : II, 81, 2.

FOURNIER : il a un manoir inféodé à son office : II, 280, 15 ; — son serment avant d'entrer en fonction : II, 427, 20 ; 439, 39. 483, 2 ; — injonctions qu'il doit faire aux sochènes : voy. FORMULES ; — ses obligations à l'égard des sochènes : II, 483, 3, 6, 7 ; 484, 12 ; — à l'égard des forains : II, 485, 19 ; — son droit de cuiture : II, 483, 9, 10 ; — sa responsabilité : II, 483, 8 ; 484, 18.

FOURRIÈRE ou chepage : lieu où l'on dépose les chevaux et bestiaux en vertu du droit d'arrêt : I, 291, 3 ; II, 461, 84.

FRANC-ALLEU : voy. ALLEUX.

FRANCHES-FÊTES : époque et durée : I, 512, 6 ; 289, 16 ; 299, 9 ; 327, 59, 60 ; — établies par lettres patentes : II, 327, 60 ; — Franchises : droit d'arrêt suspendu : II, 274, 3 ; 299, 28 ; marchands exempts de travers et tonlieux : II, 91, 11 ; 299, 28 ; 327, 59 ; bannis peuvent rentrer et demeurer dans la ville : II, 299, 28 ; —Délits commis pendant la franche-fête : l'amende se double : II, 399, 9 ; — Crime capital la confiscation est prononcée, par dérogation au droit commun : II, 399, 9.

FRANCHES-VÉRITÉS : combien de sortes : générales et particulières : II, 646, 14 ; 656, 5 ; — se tiennent une fois l'an sur les terres et seigneuries sujettes, ou par les seigneurs sur leurs propres terres : II, 646, 14 ; 656, 5 ; — d'année en année une fois : II, 327, 56 ; 354, 32 ; 363, 20 ; 386, 3 ; 400, 17 ; 416, 73 ; 656, 5 ; 660, 6 ; 672, 18 ; 698, 25 ; — Qui peut les tenir : les seigneurs ayant justice et seigneurie, en leur seigneurie : II, 660, 6 ; — Par qui tenues : par les bailli, hommes et échevins : II, 400, 17 ; 416, 73 ; 677, 48 ; — à Houdain, se tiennent en la halle : II, 327, 56 ; — Pour qui obligatoires : pour tous les sujets ayant manoirs amasés sur front de rue : II, 646, 14 ; 656, 5 ; pour tous les manans chefs d'hôtel mariés non clercs et non fieffés : II, 400, 17 ; pour tous les possesseurs de ténements qui doivent rente à la Saint-Michel : II, 658, 5 ; — pour tous sujets : II, 660, 6 ; — amende contre les défaillants : de LXII sous : II, 658, 5 ; de LX sous : II, 646, 14 ; 656, 5 ; de X sous : II, 354, 32 ; 660, 6 ; de III sous : II, 363, 20 ; 386, 3 ; 677, 48 ; de II sous : II, 416, 73 ; — Comment les comparans sont interrogés : par tourbes de 8 ou 10 personnes à la fois : II, 327, 56 ; — Sur quoi sont interrogés : sur les délits qu'ils ont vu commettre dans l'année et particulièrement pendant la moisson : II, 354, 32 ; 386, 3 ; 400, 17 ; 416, 73 ; 656, 5 ; 677, 48 ; — pour élire les échevins : II, 94, 19 ; — Comment on procède : II, 327, 56 , 363, 20 ; 370, 9 ; 661, 7 ; — Salaire des échevins pour la tenue des franches vérités : le receveur leur paie à chacun 40 sous : II, 677, 48.

FRANCHISES : voy. BOURGEOISIE et FRANCHE-FÊTE.

FRANCS-HOMMES : jugent à la conjure du bailli tous les cas concernant les fiefs : II, 226, 3 ; 665, 4, 5, 6, 7 ; 687, 3 ; — doivent conseil aux échevins dans les cas difficiles : II, 68, 1.

FRANCS-JARDINS : exempts de cens : II, 99, 23.

FRANC-LIEU : espèce de bourgage : II, 99, 24 ; — pâturage commun : II, 236, 3.

FRANCS-MARAIS : II, 604, 6 ; voy. MARAIS.

FRANC-MARCHÉ. II, 208, 15.

FRANCS-PLAIDS : voy. PLAIDS-GÉNÉRAUX : II, 443, 21 ; 694, 10.

FRANC-PORTIER : chepier, gardien des prisonsonniers pour dettes : I, 291, 3.

FRANC-SERGENT : voy. MAIRE franc-sergent : II, 226, 5.

FRANQUES-TENUES : qui ne doivent ni cens ni redevances : II, 191, 2.

FRANQUET : mesure aux grains : II, 469, 138.

FRECQUE POURSUITE : de ceux qui ont commis des délits forestiers : II, 227, 23.

FRICHE (terre en) : le seigneur peut-il la rapproprier à son domaine ? I, 381, 3 ; 389, 4 ; 408, 6 ; 421, 4 ; 425, 7 ; 489, 19 ; voy. ABANDON DE CULTURE.

FROCS ET FLÉGARDS : I, 286, 21 ; 384, 2 ; 512 7 ; voy. FLÉGARDS.

FROMAGE (tranche de) : due aux échevins pour goûter le vin qu'ils afforent : II, 318, 19.

FRUITS SIENS (le seigneur fait les) : peine du relief tardif : I, 340, 2 ; 383, 5 ; 490, 3 ; 496, 4.

FUGIENS ad dominum : voy. SALVAMENTUM : I, 314, 13.

FUILLE (fagots de) : pour l'usage des fours : II, 427, 20 ; 439, 39 ; 483, 10.

FUMAIGES : voy. ESWARDEURS.

FUMIERS sur les flégards : les bourgeois peuvent les y déposer : I, 415, 10 ; — obligation de les jeter sur les terres du seigneur : II, 640, 26.

FURONS, furets : genre de chasse interdit dans les garennes : II, 372, 24.

FUTS DE LANCE : certains fiefs doivent relief d'éperons d'or et fûts de lance : II, 351, 6 ; 401, 19 ; 403, 33.

G.

GAGERIE (seigneurie tenue en) : II, 696, préamb.

GAGES DE BATAILLE : cas réservé : I, 401, 3 ; — pour toute convention passée devant deux échevins, il n'y a lieu à gages de bataille : I, 73, 43 ; — quand il y a lieu à gages de bataille, le champ clos est en la court de l'église de Corbie : I, 286, 19 ;

GAGE (prise de) : pour sûreté de la marchandise : II, 427, 24 ; 439, 45 ; — du bourgeois créancier sur son débiteur forain : I, 402, 17 ; — le bailli ou le vicomte ne peut prendre gage sur un bourgeois : I, 404, 39.

GAIN DE SURVIE — ACQUÊTS : le survivant en emporte la moitié, s'il n'y a pas d'enfants : II, 252, 8 ; 303, 5 ; 359, 11 ; — a la jouissance de la totalité s'il y a des enfants : II, 306, 5 ; — la moitié en propriété sans relief : II, 312, 19 ; 329, 25 ; 363, 18 ; — la moitié des acquêts en terres labourables : II, 306, 5 ; — la pleine propriété de tous les acquêts, à la charge de payer toutes les dettes : II, 515, 9 ; 524, 6 ; 598, 2 ; 622, 5 ;

— **DROITS DE LA FEMME** sur les acquêts : le mari survivant en est propriétaire, la femme n'en est qu'usufruitière : II, 295, 6 ; 529, 5 ; — elle en a la moitié en usufruit et la moitié en toute propriété, quand elle a été ensaisinée avec son mari : II, 493, 2 ; — elle en emporte la moitié à la charge de payer la moitié des dettes, II, 301 : 3 ; 493, 3 ; 655, 8 ; — l'usufruit de la femme finit avec sa viduité : II, 367, 2 ;

— **DROITS RÉCIPROQUES** des époux sur les héritages : tout ce que les époux se constituent en dot leur est commun, et le survivant en la pleine propriété : II, 524, 5 ; — au dernier vivant tout tenant : II, 288, 11 ; 360, 12 ; 364, 1 ; 526, 7 ; 410, 3 ; — la moitié des héritages apportés en mariage par les deux époux : I, 308, 13 ; II, 201, 8 ; 224, 1 ; 617, 6 ; — l'usufruit seulement de tous les héritages sans distinction : II, 284, 21 ; 296, 1 ; 345, 3 ; — la moitié des meubles et des terres labourables : II, 494, 1 ; — la jouissance légale pendant la minorité des enfants : II, 243, 5 ; — **Autres avantages du survivant** : droit de retenir un manoir et tous les arbres portant fruits : II, 666, 10 ; — préciput mobilier de tous les enfants : II, 386, 9 ; 396, 9 ; 667, 15 ; voy. DOUAIRE, FESVETTE.

— **CONDITIONS** du gain de survie : l'usufruit des biens

meubles emporte obligation de nourrir et entretenir les enfants : II, 241, 7 ; — là où le survivant prend la moitié des meubles et acquêts, il est tenu de payer la moitié des dettes : II, 305, 6 ; — là où le survivant n'a rien à prétendre sur les héritages quand il y a des enfants, il a droit à la moitié des meubles et héritages s'il se remarie : II, 410, 4 ; — là où la femme appréhende toute la succession, elle est tenue de payer toutes les dettes : II, 360 13 ; même lorsqu'elle n'a pas droit aux héritages : II, 516, 11 ; — quand elle se remarie elle perd l'usufruit des acquêts et des héritages : II, 516, 11; 527, 3, 5 ; voy. ENTRAVESTISSEMENT, DONATIONS MUTUELLES.

GARDE — **GARDE BOURGEOISE** : sa durée : II, 505, 22 ; — **GARDE GARDIENNE** : ou sauve-garde royale : I, 285, 2 ; II, 519, 5 ; — **GARDE DES EXEMPTIONS** : qui statue sur l'opposition des taverniers dont les tonneaux vont être défoncés parce que les vins sont mauvais : I, 189, 3 ; — **GARDE DES CHEMINS** : appartient aux maire et échevins de Doullens, dans la seigneurie d'Authieule : II, 58, 10 ; — **GARDE DES PRISONNIERS** : les sujets y sont tenus : II, 60, 27 ; 74, 7.

GARENNE (droit de) : royale : I, 170, 10 ; — privilégiée : II, 241, v ; 312, 25 ; 421, 20 ; — ouverte : le comte de Guines y renonce : II, 660, 5 ; — de grosses bêtes et de conins : *ibid.*, *ibid.* ; — fermée : *ibid.* ; — Bois réputés garenne : II, 249, 31, 52 ; — Ce que comprend le droit de garenne ouverte : la chasse et la pêche : II, 233, 1 ; des forêts, des prés, des manoirs, des terres, des villages : I, 169, 8 ; II, 643, 2 ; le droit d'avoir des pièges dans les bois : II, 80, 6 ; le droit de prise des cerfs et des sangliers qui viennent se jeter dans la rivière : II, 619, 129 ; — **A qui appartient ce droit** : au seigneur de Boves comme maître des eaux et forêts : I, 172, 26 ; au seigneur châtelain, et s'étend sur tous les bois de la châtellenie : I, 416, 5 ; au comte d'Artois à cause de sa dignité de pair de France : II, 618, 124 ; au seigneur haut justicier : I, 411, 3 ; — **Conséquences du droit de garenne** : interdiction des droits d'usage : I, 170, 12 ; du pâturage : *ibid.*, 13 ; d'y ramasser des glands, des faînes : I, 431, 25 ; d'y tendre des filets pour prendre des oiseaux : I, 487, 12 ; d'y porter arcs, arbalètes, d'y mener des chiens sans être accouplés ou hannonés : I, 378, 26 ; d'y couper des branches ou des mais, d'y jouer aux barres, sans congé : II, 620, 135; les passants doivent suivre les chemins : II, 644, 3 ; tous ceux qui demeurent dans les limites de la garenne doivent tenir leurs chiens enchaînés ou affolés : II, 619, 130 ; défense d'y chasser avec chiens, furets, filets, au rouge, au noir, au pied pelu ; de chasser les cignes sur les rivières, d'y pêcher, d'y planter des engins ; de chasser à cri et à hu dans les bois, avec faucons, laniers, de tendre aux perdrix et aux faisans, etc. : I, 169, 8 ; 170, 11 ; 416, 5 ; 431, 24 ; II, 226, 18 ; 230, 2 ; 233, 1 ; 619, 127, 128 ; 638, 4, 5 ; 644, 4 ; — **Peines** : amende de x livres : II, 638, 4, 5 ; de LX sous : I, 170, 11 ; 378, 26 ; II, 226, 18 ; 232, 1 ; 619, 130 ; 644, 4 ; amende de LX sous et confiscation des chiens, filets et instruments de chasse ou de pêche : I, 169, 8 ; 170, 10 ; 431, 24 ; 487, 12 ; 498, 18 ; plus la prison : I, 416, 5 ; II, 230, 2 ; la prison dure : II, 249, 32 ; — **Peines contre les nobles** : amende de LX sous ; — contre les non-nobles : le poing coupé ou autre peine : II, 312, 24 ; 643, 2 ;

— **GARENNES MENTIONNÉES** : Boves : I, 169, 8 et suivants ; — Prouzel : I, 191, 5 ; — Airaines : 378, 26 ; — Neuville-Coppegueule : I, 411, 3 ; — Quesnoy-sur-Airaines : I. 416, 5 ; — Goyenval et Berneuil : I, 424, 19 ; — Wiry-au-Mont : I, 431, 25 ; — Coulonvilers : I, 480, 1 ; — Favières : I, 487, 12 ; — La Ferté-Saint-Riquier : I, 498, 18 ; — Boubers-sur-Canche : II, 80, 6 ; — Authie : II, 203, 11 ; — Toutencourt : II, 226, 18 ; — Camblin : II, 230, 2 ; — Monchy-Cayeux : II, 232, 1 ; — Vimy : II, 241, v ; — Pernes : II, 249, 31 ; — Houdain : II, 312, 24 ; — Oisy : II, 421, 20 ; — Hesdin : II, 619, 129 ; — Maisnil-Hesdin : II, 625, 1 ; — Labroie : II, 628, 18 ; — Averdoing : II, 638, 4 ; — Fauquembergue : II, 643, 2 ; — Guines : II, 660, 3.

GANT à la main ou anneau au doigt : quand on frappe, constitue main garnie : II. 453, 26

GANTS (droit de) : est dû quand on prête serment de bourgeoisie : II, 295, 10 ; — **Gants** (reliefs de) : I, 478, 1.

GAUGEURS des foins : sont créés par les échevins : II, 297, 14.

GAVRES (droit de) : payé par les usagers à raison de 8 sous par cent de fagots : II, 256, 34.

GAY (tirer le) : jeu des archers : II, 222, 25 ; 227, 49 ; 620, 137 ; 625, 2 ; — le seigneur doit tirer le premier coup : II, 620, 137.

GENEVRIERS dans les garennes : interdiction de les couper, sous peine de LX sous : I, 170, 12.

GHYSELHUYS : maison commune : II, 686, 1.

GIBET : commun à deux seigneurs : I, 377, 15 ; — Gibet et pilori : attributs de la haute justice : II, 398, 1 ; — **Gibet à quatre piliers** : II, 696, 1.

GITE (droit de) : le maire, à cause de son fief, doit aux chanoines place, estrain, destrain, table et blanque nappe : II, 528, 2.

GLANAGE : interdit à ceux qui peuvent gagner six deniers par jour : II, 697, 23 ; — en l'absence du maître du champ : II , 416, 70 ; — avant soleil : II, 416, 67 ; — en javelles : II, 416, 68 ; voy. bans-d'août, police rurale.

GLANEURS : trop près des grains : II, 416, 69 ; — qui montent sur chaines ou dizeaux : II, 282, 6.

GLANDS et faines : voy. panage : I, 513, 25.

GOUDALLE : bière forte : II, 485, 21.

GOUTTIÈRES (droit de) : II , 601, 21 ; — comment s'établissent : I, 515, 7.

GRACE : dans le sens de congé ; voy. congé.

GRAINS en vert : voy champart : II, 285, 25.

GRANT'CLOCHE : les délinquants doivent comparaître avant qu'elle ait cessé de sonner : I, 516, 11.

GRAND SCEAU et contre-sceau : II, 116, 7.

GRENOUILLES : droit du seigneur de faire battre l'eau, pendant la nuit, pour les empêcher de troubler son sommeil : I, 484, 18.

GREFFIER de loi : par qui nommé : II, 670, préamb. ; — appelle les causes à leur tour de rôle : II, 520, 26 ; — fait l'appel des échevins qui prêtent ou renouvellent le serment : II , 316 , 8 ; — expédie les lettres des contrats passés devant échevins : II, 357, 5 ; — son salaire pour assister aux inventaires : II , 636, 4, 5 ; aux enquêtes : II. 648, 19 ; aux saisines : II, 325, 48 ; des commissions d'ajournement : II, 647, 10 ; des présentations : II, 320. 27 ; — son droit de sceau : II, 649. 29.

GROS BOIS : comment se reconnait : quand il a sept pieds de long et qu'il peut être percé d'une tarière au gros bout : II, 382, 52 ; 638, 8.

GUERRE PRIVÉE : partie lésée qui a accepté sa part d'amende ne peut plus jamais, en fait de werre , mener son adverse partie : II, 456, 46.

GUET : obligation pour les sujets de la châtellenie, de faire le service du guet , en temps de guerre et de péril : II, 245, 1 ; — même obligation : I, 411. 3 ; 500, 33 ; II , 60, 26 ; 74, 13 ; 107, 18 ; 225 , 6 ; — Guet : garde-porte et pionnage : II, 139, 26 ; — les sujets en fief et en coterie peuvent y être contraints, sous peine de saisie de leurs biens : II, 639, 10 ; — **Exemptions** : quoiqu'ils soient sujets de la châtellenie, les habitants de Brucamps ne doivent point le service du guet au château de Domart : I, 479, 7 ; — par privilège de bourgeoisie : II, 238, 4 ; 238. 9 ; — redevance payée à titre d'exemption : II, 604, 8.

H.

HAIE de Guines : garenne réservée : II, 660, 3.

HAIES sur front de rue : voy. cloture : II, 405, 7.

HALLAGES : espèce de tonlieu : II, 292, 11.

HALLE : lieu où se fait l'élection des échevins : II, 315, 2 ; — des plaids : II, 414, 35.

HALLIER d'Arras : son salaire pour aller chercher les échevins qu'on vient consulter : II, 453, 23.

HARCELLES : les habitants ont droit d'en couper dans le bois du roi pour leur usage : II. 210, 22.

HARNAS : voy. charrue : II, 469, 144.

HAROLLEURS : joueurs d'instrument : I, 422, 3.

HART (bannissement sur la) : II, 206, 5 ; — exécution du condamné au supplice de la hart : II, 406, 10.

HASTE (droit de) : payé pour la salaison des porcs : I, 430, 4.

HAUTE JUSTICE des seigneurs : I, 411, 1, 2, 3 ; II, 89, 1, 114, 19 ; 421, 19 ; — des communes : II, 101, 1 ; — ses attributs : gibet à 4 piliers et pilori : II, 398, 1 ; 696, 1 ; voy. justice haute.

HAUTE SEIGNEURIE : ses privilèges : prise de poisson aux chasses-marées ; II, 638, 9 ; voy. chasses-marées ; droit de convoîture : II, 659, 16.

HAUTS-JUSTICIERS : leurs droits : recherche, connaissance et punition de tous cas criminels et civils : I, 190, 10 ; droit de bannir à temps et à toujours : II, 398, 2 ; ce faire statuts et ordonnance : I. 190, 14.

HAYER : personne ne peut chasser ni hayer dans la garenne : I, 498, 18.

HERBAGE mort et vif (droit d') : I, 198, 2 ; 199. 21 ; 309, 24 ; 311, 5 ; 396, 3 ; 403, 31 ; 483, 15 ; II, 74, 3 ; 130, 36 ; 275 6 ; 290, 28 ; — les trois bêtes que le nourrisseur met hors du troupeau ne doivent être ni noires, ni cornues, ni billâtres : I, 412, 2 ; — exemptions : II, 56, 2 ; 152, 9 ; 238, 10 ; 663, 18.

HERBAN : voy. urbage (droit d') : II, 133, 7.

HERBERGAGIUM : voy. bourgage : II, 123, 11.

HERBILLEURS : voy. erbilleurs : II, 469, 140.

HERDE : troupeau commun : II, 148, 8.

HERSE : doit être sur traineau pour traverser les terres préparées : II, 415, 54.

HÉRITAGES. — **principes** : de quelque manière qu'ils soient échus aux père et mère, les biens de la succession sont réputés héritages aux enfants : I, 84, 3 ; — le douaire de la veuve est réputé héritage et ne peut être vendu, ibid. ; — donation d'acquêts en avancement d'hoirie tient lieu d'héritage et est sujette à retrait : I, 86, 10, 11 ; — rentes inféodées sont réputées héritages ; les rentes non inféodées sont réputées meubles : II, 252, 11 ; héritages et acquêts peuvent être constitués en douaire : I, 86, 14.

— CONDITIONS DE LA JOUISSANCE : chaque portion divisée doit la totalité du cens : II, 204, 21 ; — on peut se décharger du cens, en abandonnant l'héritage : I, 91, 43 : — il peut être saisi quand le tenancier va demeurer ailleurs sans congé : II, 234, 6 ; — sur front de rue, il doit clôture après commandement : II, 350, 20.

— FACULTÉ DE DISPOSER : héritages patrimoniaux peuvent être vendus sans le consentement de l'héritier, mais on ne peut les donner par entre vifs et par testament : I, 367, 11 ; le mari peut vendre sans le consentement de sa femme, les héritages que cette dernière a apportés en dot : II, 345, 2.

— SUCCESSION des héritages cotiers : partage égal entre les enfants : I, 84, 6 ; II, 273, 21 ; 347, 19 ; — sont sujets au retrait lignager comme les héritages féodaux : I, 283, 18 ; voy. SUCCESSION, retrait.

— DROIT DU PUINÉ : voy. MAINETÉ : I, 384, 2 ; 406, 3.

— RELIEF : I, 165, 1 ; 177, » ; 184, 1 ; 192, 1 ; 197, 6 ; 198, 1 ; 385, 7 ; II. 66, 9 ; voy. RELIEF.

— DROITS DE VENTE : le 12.e ou le 13.e denier : I, 192, 2 ; 199, 6 ; le tiers marche : I, 193, 1 ; la moitié du prix, avec mention que la raison de cette coutume sera donnée plus tard : I, 392, 5.

HÉRITIERS : possesseurs d'héritages : II, 522, » ;
HÉRITIER apparent : la donation qui lui est faite n'engendre aucun droit seigneurial : II, 704, 2 ; — *absent* : il est fait inventaire pour conserver ses droits : I, 305, 55 ; — *par indivis* : peut demander le partage : II, 507, 32 ; — *non bourgeois* : paie le 5.e denier pour appréhender la succession : II, 253, 14 ; — *forain* : ne partage pas avec ses frères et sœurs domiciliés la succession en bourgage, mais l'usage a adouci la rigueur de cette coutume II, 651, 15 ; — *qui accepte* : doit payer les dettes : II, 252, 9 ; — *héritier légataire* : doit opter pour l'une ou l'autre qualité : II, 681, 14.

HISTOIRE, — vers l'an 500 fondation de l'abbaye de Blangy-en-Ternois : II, 76, préamb ; — 1043, (1144) fondation de la commune d'Hénin-Liétard : II, 356, 1 ; — vers 1180, concession de l'évêque Garin à la commune d'Amiens : I, 73, 43 ; — 1209, charte communale, id. : I, 75, 50 ; — 1216, privilèges d'Oisy : II, 423 ; — 1219, id. de Beauval : II, 68 ; — 1227, id. d'Heuchin : II, 630, 4 ; — 1230, id. de Riquebourg-Saint-Vaast : II, 500 ; — 1230, commune de Gamaches : I, 401. — 1238, privilèges de Marquion : II, 434 ; — 1240, id. de Gézaincourt : II, 121 ; — 1244, vente du comte de Ponthieu au comte d'Artois : II, 59, 1 ; — vers 1280, anciens usages d'Amiens : I, 76 ; — 1292, cession de la prévôté à la commune d'Amiens : I, 80 ; — 1292, privilèges de Guines : II, 659, 1 ; — 1308, première coutume de la ville de Corbie : I, 285 ; — 1310, suppression de la commune et du beffroy de Corbie : I, 299, 34 ; 300, 36 ; — 1319, ordonnance sur le préciput des veuves à Corbie : I, 295, 20 ; — 1369, incendie de Pernes, destruction de la 1.re charte de Gamaches : I, 405 ; — 1390, nouvelle charte id. II, 258, 1 ; — 1403, confirmation des privilèges d'Ardre : II, 670, préamb. ; — 1422, confirmation de la 2.e charte de Pernes : II, 266 ; — mars 1447, record de la coutume de Thun : II, 482 ; — 1472, fait concernant les baux à cens pour Yaucourt et Montigny : I, 526, 5 ; — 29 septembre 1507, 1.re lecture, à la Malmaison, des coutumes de la ville d'Amiens : I, 97 ; — mai 1553, traduction en français de la charte de Gamaches : I, 405 ; — 28 octobre 1618, dépôt de la coutume de Toutencourt au greffe du bailliage : II, 228, *in fine* ; — avril 1681, l'avocat du roi remet au greffe du bailliage la coutume de Wavans qui était venue en ses mains : II, 160, n-a

HOMMAGE — des fiefs : II, 331, 5 ; — *en armes et à cheval* : pour les fiefs nobles : II, 418, 3 ; — *en marche* : du seigneur d'Epinoy : II, 403, 33.

HOMMAGES, espèce de biens roturiers : II, 508, 6, 10 ; 509, 9.

HOMMES DE FIEF : — comment on le devient : en prêtant foi et hommage : II, 664, 1 ; — Leurs *devoirs* : vont au conseil aux hommes de fief du seigneur dominant : II. 407, 8 ; — doivent le service de plaids : II, 407, 4 ; — font les dessaisines et saisines : II, 407, 7 ; — jugent à la conjure du bailli : II, 407, 5 ; — sont passibles de l'amende de 60 livres, quand leur sentence est infirmée : I, 430, 1 ; — Leurs *privilèges* : ils peuvent conjurer leurs hommes quand ils ont justice : II, 331, 2 ; — pour eux, les amendes de 60 livres et 10 livres se convertissent en amendes de 60 sous et 10 sous : II, 398, 5 ; sont exempts de tonlieu et autres prestations : II, 220, 13, 663, 21 ; — ne peuvent être arrêtés pour dette : I, 402, 17 ; — le cheval ne peut être saisi tant que le cavalier est en selle : I, 402, 12 : voy. HOMMES-LIGES.

HOMMES-LIGES : connaissent des crimes et délits à la conjure du bailli : II, 95, 20 ; — sont condamnés à 60 livres d'amende, quand ils font autre que bon jugement : I, 383, 1 : voy. HOMMES DE FIEF.

HOMMES d'Antrin : ce que c'est : II, 350, 4.

HOMMES de loi, *homines legales* : échevins, jurés : II, 126, 2.

HOMME de pooste : par qui jugé : II, 429, 40.

HOMME vivant et mourant : II, 307, 10.

HOPITAL: par qui administré: II, 257, 44; 299, 30.
HORS du pain et du pot (enfant): II, 284, 19; voy. ÉMANCIPATION.
HOSPES: hôte des bourgeoisies: assistance qui lui est due: I, 316, 32; — caution qu'il doit fournir pour être autorisé à résider: I, 315, 16.
HOSPITIUM; maison à loyer: condition de l'autorisation de résider dans les villes de bourgeoisie: I, 316, 31.
HOSTAGE: droit payé pour bâtir un bourgage sur le manoir d'autrui: II, 429, 33, 38,
HOSTELLAINS, hôteliers: ne peuvent loger les forains plus d'une nuit: II, 486, 28.
HOSTEUX: les bourgeois doivent au seigneur queute à court et hosteux: II, 631, 12.
HOT; petit troupeau de mouton: II, 481, 5.
HOTELIERS: leurs obligations par rapport au pain et à la viande qu'ils vendent: II, 405, 7; 486, 26, 27;— aux gens qu'ils logent: II, 77, 17; 405, 7; 415, 42; — il leur est défendu de tenir jeux de dés: II, 77, 17; 486, 28.
HOTES des taverniers et hôteliers; voy. TAVERNIERS, HOTELIERS; — de Saint-Vaast: seuls témoins admis dans les enquêtes qui concernent les héritages: II, 502, 6; — hôtes en coterie: II, 526, 1; — hôtes en mainferme: II, 526, 1; — hôtes tenanciers d'alleux: II, 384, 7.
HOULIÈRES, HOURIERS, HOURIÈRES: vagabonds, gens de mauvaise vie: II, 77, 17; 415, 42.
HUIS hors des gonds: faute de paiement du cens: I, 91, 44; 412, 5; 415, 8; 427, 9; II. 103, 10; 226, 7, 8; 285, 30; 599, 2.
HURELANT, HUVELLAS: au-vent sur la voie publique: I, 286, 21; 512, 7.
HYPOTHÈQUE: condition de sa validité: en bourgeoisie, il faut que le contrat soit passé devant mayeur et échevins, et que le relief soit payé au seigneur: II, 601, 22; — faut mise de fait, main assise et consentement du seigneur: II, 274, 11; — ce consentement peut être refusé: I, 482, 6; — nécessité de la dessaisine: II, 55, 4; 271, 10; — **Droits** seigneuriaux: engendre droit du 5.ᵉ denier: I, 482, 5; 497, 9; II, 419, 7; — le droit n'est dû que lorsqu'il y a main mise du roi: II, 498, 13; — Rente hypothéquée sur fief est fief comme le fonds sur lequel elle est assise: I, 190, 15; 503, 9; 512, 21.

I.

IMPOTS des boissons: les bourgeois ne les paient pas: II, 357, 22; — des marchandises: ils ne paient que demi-impôt: II, 629, 10; — sur les vins: peuvent être établis pour les nécessités des villes: II, 256, 35.
INCENDIE: de 1369, détruit la ville de Pernes: II, 259, 2; — de la maison du seigneur: ses sujets lui doivent l'aide: I, 315, 20; — de la maison d'un bourgeois: les autres l'aideront selon leurs facultés: I, 316, 32.
INCENDIES (précautions contre les): visites des fosses à l'eau: I, 171, 20; — mauvaises cheminées: II, 400, 60; — lanternes sûres; — eau à huis: II, 469, 148.
IMCOMPATIBILITÉS: voy. ÉCHEVINS, CONDITIONS D'ÉLIGIBILITÉ.
INDEMNITÉS de voyage: (taxe à la partie de ses) II, 648, 16.
INDIVISIBILITÉ des successions: I, 398, 1; II, 136, 9.
INDIVISION d'héritages: voy. HÉRITIER PAR INDIVIS; — de seigneurie: ses effets: II, 297, 7, 9.
INFÉODATION: à quelle condition permise: I, 431, 5.

INFIRMATION sur appel: ses conséquences par rapport aux hommes-liges, 60 livres d'amende; par rapport aux hommes de fief, 60 sous d'amende: I, 583, 1; 430, 1; 509, 3; 512, 15; — par rapport aux échevins: ne doivent point d'amende quand ils n'ont pas la justice en garde et qu'ils n'en tirent aucun profit: I, 295, 10.
INFORMATIONS et enquêtes (taxe des dépens des): II, 648, 17.
INFRACTION de justice: ce que c'est: II, 342, 11; — amende de 60 livres qui appartient au seigneur souverain: II, 360, 15; amende arbitraire: I, 184, 7; — amende de 60 sous: I, 284, 26; II, 255, 37; 382, 54; 521, 2; 660, 13; — de saisine et défense: amende de 60 sous doublée: II, 479, 7; — du ban du coutel à pointe: amende de 60 sous: II, 427, 18.
INJURE simple ou laid dit: amende de 20 sous: I, 88, 27; 400, 7; amende de 15 sous: II, 611, 1; de 7 sous 6 deniers: I, 190, 43; amende de 5 sous: I, 184, 5; 314, 4; II, 102, 5; 237, 34; 288, 7; amende de 2 sous 6 deniers: I, 419, 5; — de femme: amende de 5 sous: II, 429, 32; 444, 57; — diffamatoire: amende honorable: II, 476, 174; — atroce: prison

et amende honorable : II, 102, 5 ; — à raison des fonctions : II, 149, 13 ; — contre le maïeur : punie de la destruction de la maison : I, 71, 36 ; — contre le prévôt sur son siége : amende arbitraire : I, 71, 36 ; — contre les échevins : amende arbitraire et prison, et bannissement à temps du contumace : II, 673, 27 ; — cas réservés en matière d'injure : I, 402, 22 ; II, 58, 12.

INTERDICTION — DU MÉTIER, pendant an et jour : peine contre les bouchers, boulangers, taverniers qui vendent mauvaises denrées : I, 315, 17 ; II, 427, 23 ; 428, 29 ; 439, 44 ; 634, 34 ; — DE LA VILLE : pour crime de viol : II, 430, 44 ; au forain qui a fait injure à la ville, jusqu'à ce qu'il ait fait réparation : I, 403, 26 ; — DES ÉTEULES : voy. ÉTEULES : I, 428, 27 ; — DES DROITS D'USAGE : voy. GARENNE : I, 431, 25.

INTERVENTION OFFICIEUSE des échevins : quand le seigneur a fait injure à un bourgeois : I, 314, 11.

INVENTAIRES après décès : par maïeur et échevins : II, 236, 9 ; 338, 33 ; 641, 10 ; par les hommes de fief : II, 613, 4 ; des biens des mineurs : II, 363, 19 ; 371, 10 ; 636, 5 ; 651, 16 ; — quand l'héritier est absent : I, 305, 55 ; — des biens du curé : II. 635, 11.
— des biens des chanoines : II, 693, 8 ; — salaires : II, 636, 4 ; 651, 16.

ISSUE ET ENTRÉE : droit pour la dessaisine des héritages en bourgage : II, 237, 2 ; 289, 22 ; — Issue et entrée, droit de vente des coteries : payé moitié par le vendeur et moitié par l'acquéreur et pareil au cens : I, 108, 5 ; 480, 3 ; 492, 2 ; 496, 6 ; 504, 1 ; 507, 1 ; 508, 4 ; 523, 7 ; II, 204, 7.

— **ISSUE DE VILLE** : tonlieu sur les bestiaux vendus : I, 193, 4 ; 492, 5 ; II, 56, 2 ; 227, 47 ; — tarif : II, 205, 51 ; — exemptions : II, 292, 13.

— **DE BOURGEOISIE** (droit d') : perçu quand le bourgeois vend son dernier bourgage ; ou lorsque l'héritier est un forain ou un non bourgeois : II, 66, 10 ; 215, 14 ; 255, 51 ; 316, 4 ; 326, 55 ; 671, 12 ; voy. BOURGAGE, ESTARSAGE.

— **ISSUE PAR DERRIÈRE** ou sortie sur les champs : défendue sous peine de 5 sous d'amende : II. 270, 28.

J.

JARDINS et courtils : (délits dans les) : II, 124, 11 ; 430, 42.

JEUX PUBLICS : prendre l'éteuf, la flèche ou la boule, pendre gay, oisons, anettes, pour ruer et abattre , sans congé : II, 222, 23 ; 625, 2 ; voy. FLÉGARDS ; — de dés et de cartes : II, 405, 7 ; de dés, de cartes, de tablier, de tatinclan : II 486, 29 ; — amende contre le joueur : le jour 5 sous, la nuit 10 sous, et contre les hôteliers et taverniers qui laissent jouer, le double : II, 405, 7 ; 415, 44 ; 455, 39, 40 ; 469, 139 ; 486, 29 ; 698, 28 ; — amende de 60 sous contre ceux qui laissent jouer aux dés le jour et la veille de Sainte-Berthe à Blangy : II, 77, 17 ; — exceptions : le seigneur d'Etrœlles peut aller, avec ses officiers, jouer aux dés à Aubigny et donner permission d'y jouer : II, 504, 19 ; — jeu de barres sur la place de la garenne : les échevins d'Hesdin ne connaissent point des débats auxquels ils donnent lieu : II, 620, 131, 133.

JOUR DE CONSEIL : délai accordé à la caution : II, 283, 14.

JOURNÉE DE PROCUREUR : (salaire de la) : II. 648, 15.

JUGEMENTS : à Ardres, peuvent être rendus en flamand : II. 674, 5 ; — exécution des jugements de la commune de Corbie, sous quelle condition : I, 287, 25 ; — des hommes-liges : voy. INFIRMATION : I, 383, 1.

JUGES ROYAUX : connaissent des cas réservés : II. 147, 3.

JURÉS, bourgeois : leurs devoirs réciproques : I, 63, 1, 2, 3, 4 ; 64, 7, 8, 10, 11 ; 66, 12, 15, 18 ; 70, 37 ; 72, 39, 40, 41 ; 401, 6, 7 ; — de loi (échevins) : leur nombre : II, 68, 1 ; 121, 1 ; — cas où ils doivent consulter les francs-hommes ou aller consulter au dehors : II. 68, 1 : 122, 2 ; — leurs attributions : bornages : II. 69, 3 ; 122, 3 ; — conventions : II, 69, 4 ; 122, 4 ; — leur élection : II, 69, 5 ; 122, 5 ; — serment que le bailli prête avant d'entrer en fonction : II, 69, 7 ; — leurs priviléges : II, 69, 8 ; 72, 30 ; 122, 6 ; voy. ÉCHEVINS ; — des bornages : II, 289, 19.

JURIDICTION : des hommes-liges ou francs-hommes : II, 95, 20 ; 138, 1 ; 664, préamb. ; 665, 4, 5, 6, 7 ; — des échevins : II, 138, 1 ; 665, 2 ; — des bourgeoisies : II. 360, 16 ; — de la commune d'Amiens : I, 75, 47 ; 79, 19, 20, 21 ; 80, 24, 25 ; — de Gamaches : I, 401, 3, 5 ; 402, 22 ; — de Doullens à Authieulle : II, 57, 10 ; 58, 12, 16 ; — commune à deux seigneurs : I, 375, 5, 6 ; 376, 10, 12, 13 ; 377. 14, 15, 16 ; 379, 33.

JUSTICE : définition : I, 296, 23 ; — de meubles

et catheux : I, 285, 3 ; — **Infraction de justice** : voy. INFRACTION ; — **Usurpation** de la justice du seigneur par le vassal : amission du fief ou amende de 60 livres : I, 368, 19 ; — **Justice spirituelle de Cambrai** : II, 491, 65 ; — **Justice haute, moyenne et basse** : droits qu'elle confère : I, 411, 1, 3 ; — appartient aux vassaux qui tiennent leurs fiefs en pairie : I, 388, 1 ; — les vassaux tenant par moyen et sans moyen, n'ont point la haute justice : I, 382, 1 ; 387, 1 ; 393, 1 ; — **Signe de haute justice** : taureau pendu pour avoir tué un jeune enfant : I, 387, *procès-verbal*. — **Haute justice des communes** : dans la ville et banlieue : I, 514, 1 ; — **Vassaux** qui n'ont que la justice foncière : I, 376, 9 ; 384. 1 ; 433, 14 ; 486, 3 ; 511. 3 ; — nul vassal n'a justice sans titre : I, 373, 1 ; II, 79, 2 ; — **Justice vicomtière** : appartient à ceux qui tiennent en plein hommage, les tenans féodaux n'ont que la justice foncière : II, 98, 17 ; — **Officiers de justice** : II, 408, 2.

JUSTICE FERMIÈRE : fermier des amendes et profits de la justice : ne peut les modérer : II, 339. 40 ; — celui qui exerce cette fonction doit être bourgeois : II, 337, 23 ; conjure le maïeur et les échevins : II, 339, 38 ; — ne peut faire arrêt dans la ville sans en référer aux maïeur et échevins : II, 337, 17 ; — pour arrêter un bourgeois, doit requérir l'assistance de deux échevins : II, 339, 37 ; — peut être destitué et remplacé provisoirement par les maïeur et échevins : II, 339, 24.

JUSTICES A VERGUE : sergens à verge créés par l'abbé de Corbie : I, 289, 1 ; — assemblent les échevins, et sont les meneurs des causes, *ibid.*, 2 ; font les arrêts : I, 291, 3 ; la vue des lieux en matière de bornage : I, 293, 11 ; — les afforages avec les échevins : I, 295, 19 ; — entrent dans les celliers, goûtent le vin des taverniers, et font défoncer les tonneaux quand ils ont trouvé le vin mauvais : I, 288, 1, 2 ; 289, 5 et suivants.

JUSTICE DE PIERRE : gibet : II, 232, 1.

K.

KIEFMAZURIERS : tenanciers de prébendes : II, 521, 6 ; — leur nombre égal à celui des prébendes de Saint-Amé qui est de 25 : II, 522, 8 ; — relief qu'ils doivent : II, 522, 7 ; — repas auquel ils sont tenus de servir, chacun, le chanoine titulaire de sa prébende, *ibid.* 8.

KOEURES : statuts anciens des pays flamands : II, 685, 33 ; 687, 5.

KOEURHEERS échevins pour la police : II, 687, 5.

L.

LABOURAGE pour autrui : doit être expertisé dans les trois jours : II, 415, 46 ; — sur autrui : défense de tourner la charrue sur la terre labourée du voisin : II, 415, 55 ; — à double fer : il faut le congé du seigneur : II, 270, 24 ; 273, 24.

LADRES : leur logis doit être visité tous les ans : II, 216, 36 ; — peuvent aller puiser de l'eau à la rivière : II, 82, 3 ; — quand ils meurent leurs bêtes à pied fourchu sont confisquées : II, 270, 23.

LAGAN (droit de) : voy. ÉPAVES MARITIMES : I, 419, 2 ; 487, 9 ; II, 607, 6.

LAID-DIT : parole injurieuse ; voy. INJURES : I, 65, 10, 88, 27 ; II, 102, 5 ; 214, 3.

LAÏQUES : voy. VACCAGE : I, 404, 38.

LANCHES : village de la châtellenie de Domart : II, 99, 20.

LANDON : bâton qu'on suspend au cou des chiens : I, 169, 9.

LANTERNE SURE : voy. INCENDIES : II, 469, 147.

LARCIN : comment jugé : I, 63, 2 ; — cas réservé à la justice du seigneur : I, 401, 3.

LARRIS (pâturage des) : I, 386, 2.

LARRON : jugé par les hommes-liges, le maïeur et les échevins ; l'exécution appartient aux échevins : I, 405, 49.

LAVAGE des moutons à la rivière d'Authie : II, 156, 8.

LAVOIRS ET ROUTOIRS : II, 110, 12.

LÉGATAIRE et héritier : voy. HÉRITIER : II, 684, 14 ; 690, 25.

LÉGITIME DÉFENSE : principes : les coups excusent les coups, mais l'injure n'excuse pas l'injure, car de tous forfaits le bourgeois se peut excuser, excepté de mal parler : II, 427, 19 ; 439, 36 ; celui qui tue en légitime défense doit être absous : II, 337, 21 ; 671, 6.

LESCLUZETTE : lieu-dit : II, 521, 6.

LESQUES ou **Oyats** : plante qui croît dans les sables et qui en empêche l'invasion sur les terres cultivées : II, 607, 5.

LÉTAGE : droit perçu sur les navires qui viennent relâcher à Favières : I, 487, 10.

LETTRES patentes : II, 327, 60 ; — scellées et cyrographées : II, 400, 13 ; 673, 23,

LEVAIN ; formule du fournier pour inviter les sujets à faire le levain du pain qu'ils veulent cuire : II, 483, 4.

LIBERTÉ PROVISOIRE : le bourgeois prévenu de coups et blessures doit avoir liberté provisoire sans donner caution : II, 337, 18.

LIBRE CONDITION (personne de) : voy. FACULTÉ DE DISPOSER ; II, 681, 12.

LIBRE DISPOSITION : voy FACULTÉ DE DISPOSER : II, 136, 11.

LIEU-FRANC : exempté du droit d'herbage : I, 396, 3.

LIEU PRIVILÉGIÉ : où l'on peut avoir colombier, taureau, verrat : I, 392, 8.

LIÈVRES (chasse aux) : défendue dans les garennes : II, 619, 128.

LIGNE DIRECTE : voy. SUCCESSION : II, 90, 4 ; 94, 1 ; ascendante : préférée à la ligne collatérale : II, 676, 47.

LIGNE flottante et volante (pêche à la) : I, 309, 19 ; II, 91, 15.

LIMITES du royaume : II, 488, 45 ; — du droit de haute justice de l'abbaye de Cercamp : II, 89, 1 ; — du flux et reflux de la mer : voy. COUPS ET BLESSURES : I, 419, 1 ; — des prévôtés de Montreuil et de Beauquesne : II, 630, 2.

LINOTTE ou linenocte ou vivenote : jouissance en usufruit au profit de l'époux survivant : II, 386, 9 ; 393, 22 ; 396, 9 ; 506, 29.

LINS ET CHANVRES : voy ROUTOIRS : II, 91, 15.

LIT entier : voy. SUCCESSION DES PÈRE ET MÈRE : II, 393, 23 ; — étoffé : préciput de veuvage : II, 285, 29 ;

— nuptial : cas où il peut être confisqué : voy, CULLAGE : II, 626, 4.

LITS (prestations de) : voy. QUEUTE A COURT : II, 528, 4.

LIVRE des consaux : II. 470, ch. 18 ; — des coutumes : II, 446, préamb. ; — des orphelins : II, 669, 28.

LOGEMENT des étrangers : voy. HOSTELLAINS, HÔTELIERS, TAVERNIERS : II, 486, 28.

LOI et commune (ville de) : II, 87, 2 ; — ville de loi et échevinage : Molliens-Vidame : I, 183 ; — Villers-Bretonneux : I, 312 ; — Camblin : II. 230, 1 ; — Sus-Saint-Léger : II, 254 ; — Pernes : II, 253, 17 ; — ville de loi et arrêt : Bus : II, 274, 3 ; — Saint-Fleurisse : II, 387, 8.

— **LOI DE BOURGEOISIE** : serment de la maintenir que prêtent les nouveaux baillis d'Aubigny : II, 299, 29 ; — Loi nouvelle de Pernes : au lieu de 12 échevins comme autrefois, il n'y en aura plus que six nommés à la Saint-Jean, au lieu du 15 août : II, 299, 3 ; — Renouvellement à Beauquesne : II, 306, 3 ; — à Aubigny : II, 298, 22, 23, 24 ; 300, 36 ; — à Houdain : II, 315 et 316, 1 à 10. Voy. ÉCHEVINS-ÉLECTION.

LOIS : pourquoi établies : I, 296, 22.

LOT DE VIN : voy. AFFORAGE : II, 83, 14.

LOTIÈRES (terres) : renclôtures dont le retrait doit s'exercer dans l'intervalle de la tierce marée qui suit la saisine : I, 419, 3.

LOUAGE de maison : voy. LOYERS : II, 104, 18.

LOUVAGE (droit de) : dû par les propriétaires de moutons, quand le seigneur a pris un ou plusieurs loups dans l'année : I, 424, 20 ; — exemption de ce droit : II, 660, 2.

LOUVETIER : voy. LOUVAGE : I, 424, 20.

LOYERS : principes : les meubles trouvés sur l'héritage sont la garantie des loyers : II, 268, 11 ; — on peut les saisir par voie d'exécution, jusqu'à parfait paiement des arrérages : I, 90, 43 ; 399, 4 ; 404, 43 ; II, 61, 30 ; — s'il y a opposition, elle est levée après un seul défaut : I, 90, 43.

M.

MAY : revenu ecclésiastique : I, 477, 5.

MAIEUR HÉRITABLE OU HÉRITIER : office inféodé : sur le four banal à Drocourt et à Thun : II, 346, 13 ; 483, 1 ; sur 12 bonniers de terres à Houpplin : II, 527, 1 ; — doit place, estrain, destrain, table, blanque nappe à Herlies : II, 528, 2 ; — ses attributions : les afforages : II, 346, 13 ; — fait l'inspection des boulangers, taverniers et bouchers : II, 485, 24 ; 486, 26 ; — ses droits : afforages, tonlieux et amendes :

II, 527, 4 ; — salaires : I, 312, 6, 7 ; II, 525, 1 ; — ne peut procéder à l'afforage des vins sans être assisté d'échevins : II, 485, 25 ; — mentionné : I, 312, 6, 7 ; II, 241, 2 ; 346, 13 ; 483, 1 ; 485, 23, 24 ; 486, 25, 27 ; 525, 1, 3 ; 527, 1, 1 bis ; 4, 1 ter ; 528, 2.

— **MAIEUR FRANC-SERGENT**, ses attributions : ajournements, afforages, recette et exécution des cens : II, 226, 2, 5, 6, 7.

— **MAIEUR FERMIER** : le seigneur le crée quand il lui

plait ; — il prête serment devant le bailli ; — on doit lui obéir comme au représentant du seigneur : II, 446, 1 ; — ses devoirs et ses attributions : II, 446, 2 ; 447, 3 ; 449, 9 ; 461, 84 ; 462, 94, 95 ; 473. 464, 165 ; 477, 177 ; — ses droits et salaires : II, 461, ch. XI.

— **MAIEUR OFFICIER DE JUSTICE** (fonction distincte de celle du maïeur de loi) : II, 249, 50 ; 252, 7 ; — procède avec les échevins du seigneur : II, 161, 12 : 389, 3 ; 293, 18 ; 294, 27 ; 407, 1 ; 408, 2 ; 500, 1 ; 509, sign.; 514 sign.; — procède sans échevins : II, 408, 2.

— **MAIEUR DE COMMUNE JURÉE** : ne peut être élu 2 années de suite : I ; 76, 1 ; — élu par les maïeur de bannières *ibid.* 3 ; — s'il refuse on abat sa maison : *ibid.* 6 ; — ce qu'il ne peut faire sans échevins : *ibid.* 8, 10 ; — offices qu'il peut instituer, mais qu'il ne peut révoquer sans l'assistance des échevins : I, 77, 9, 11, — autorisations qu'il peut accorder : *ibid.* 15 ; — on abat la maison de quiconque l'injurie dans l'exercice de ses fonctions : I, 71, 36.

— **MAIEUR ET ÉCHEVINS DE LOI**: leurs devoirs, attributions et priviléges : Audruick : II. 679, préamb. 684, 28 ; 685, 33 ; — Aubigny : II, 297, 9 ; 298, 22, 24 ; — Authie : II, 205, 27 ; — Avesnes : II, 287, 1, 18 ; — Berquinehem : doivent demander aide, conseil et confort aux échevins de Saint-Pol : II, 236, 10 ; — Boismont : I, 385, 1, 5 ; — Chelers : II, 237, 3 ; — Conchy-sur-Canche : II, 91, 8, 9, 11, 12 ; 92, 23 ; — Corbie : I. 287, 25 ; — Caumont : II, 87, 4 ; — Domart : II, 99, 19 ; — Doullens : II, 58, 10, 12, 14, 16 ; 84, 1 ; 100 préamb.; 101, 1, 2, 3, 4 ; 102, 5 ; — Fauquembergue : II, 651, 21 ; 655, 1 ; — Fillièvres : II, 111, 15, 16, 17, 18 ; 112, 19, 24, 25 ; 113, 19 ; — Flixecourt : II, 214, préamb., 3 ; 215, 12, 15, 16, 17, 18 ; 216, 23, 24, 27, 28, 31, 32, 33 ; 217, 40, 42 ; — Foncquevillers : II, 278, 8 ; 279, 9 ; — Frévent : II, 116, 2. 3, 5, 6, 7 ; 117, 9. 10, 11, 12 ; — Gamaches : I, 401, 1, 2, 3, 5 ; 403, 23, 28 ; 404, 36, 45 ; 405, 46 ; — Hesdin : II, 624, 15, 16, 17, 19, 20 ; — Heuchin : II. 629, préamb. ; 633, 27, 28, 29, 31 ; 634, 32, 33, 34, 35 ; — Lens : II, 335, 1 ; 336, 15, 16 ; 337, 24 ; 338, 25, 26, 27, 28, 33 ; 339, 36, 38, 41, 340, 42 ; — Lisbourg : II, 640, 4 ; 641, 7, 11 ; — Montreuil : II, 599, 10, 12 ; 601, 22, 25 ; — Nyelles : II, 614, 2 ; 615, 8 ; — Occoche : II, 145, 15 ; 147, 1, 2, 3, 4, 5 ; 148, 6. 9 ; 149, 15 ; — Orville : II. 152, 2, 5, 6, 7, 9 ; 153, 11 ; — Pernes : II, 249, 30 ; 251, 1 ; 253, 18, 19 ; 254, 20, 23 ; 255, 29 ; 256, 32, 33 ; 257, 41, 42, 43. 44 ; 258, 1 ; 260, 4 ; 265, 18, 19 ; — Saint-Riquier : I, 514, préamb. ; 515, 3, 9 ; 516, 10, 11, 13 ; 517, 15, 16 ; voy. ÉCHEVINS.

— **MAIEURS DE BANNIÈRES** : nomment le maïeur de la ville sur une liste de 3 candidats présentée par les échevins : I, 76, 3 ; — ils nomment 12 échevins et ceux-ci en nomment douze autres : *ibid.* 4 ; — ils nomment également les agents comptables des deniers de la ville, *ibid.* 5 ; — chaque bannière nomme son maïeur ; les maïeurs des taverniers et des waidiers sont nommés par l'échevinage : I, 76, 2.

MAIN-ASSISE : nécessaire pour acquérir droit réel et hypothèque : II, 55, 4 ; 274, 15.

MAIN AU BATON (mettre ensemble la) : expression symbolique du consentement des deux époux à la vente des échevinages : II, 412, 8 ; — formalité des dessaisines et saisines : II, 464, 90, 91.

MAIN-COMMUNE (tenure par) : possession collective des chanoines : II, 528, 1.

MAIN DE JUSTICE (infraction de la) : voy. INFRACTION : II, 382, 54.

MAIN DU SEIGNEUR (bourgage mis dans la) : quand le bourgeois n'a pas payé la rente : II, 328, 61.

MAINERESSE : voy. MAINETÉ : II, 219, 9.

MAINETÉ ; privilège du puîné sur certaines successions : au maisné fils ou à la maisnée fille , tous les héritages cotiers : I, 177, 1 ; 428, 3 ; 429, 1 ; — tous les héritages cotiers de succession : I, 199, 4 ; les masures, maisons et les terres franches de rente : I, 384, 2 ; 389, 3 ; 406, 3 ; tous les héritages en échevinage : II, 480, 12 ; tous les héritages cotiers : II, 274, 23 ; les manoirs de succession et d'acquêt : II, 284, 21, tous les manoirs d'héritage : II, 269, 15 ; 305, 1 ; 518. 11 ; les manoirs et les terres y tenant : II, 305, 5 ; les manoirs de mainferme : II, 272, 16 ; 389, 6 ; — **Choix d'un manoir** : en succession directe, le maisné fils ou la maisnée fille, a le choix du meilleur manoir de patrimoine : II, 366, 1 ; ou d'acquisition s'il n'y en a pas d'autre : *ibid.* 3 ; — d'un manoir et de trois journaux de terre hors part : II, 219, 9 ; — le maisné choisit le premier et les autres enfants ensuite: II, 517, 3 ; — il a le choix d'un manoir d'échevinage ou de mainferme : II. 277, 27 ; — **Chef-lieu ou principal manoir** : au maisné seul appartient la maison tenue en coterie : I, 167, 5 ; le chef-lieu des défunts par précipit : I, 182, 8 ; où le dernier vivant a résidé : II, 419, 11 ; habité par le premier mourant sauf l'usufruit du survivant : II, 432, 2 ; 443, 2 ; même lorsqu'il n'y a qu'un manoir : II, 495, 2, 3, 4 ; — la maison manable : II, 615, 6 ; — une demi mesure de manoir amasé en chef-lieu : II, 617, 5 ; 655, 2 ; — la maison des père et mère, soit propre ou acquêt, appelée quiefmez : II, 622, 2 ; — **Restrictions** : le maisné prend la moitié d'un manoir d'acquisition, contre le survivant qui jouit sa vie durant de l'autre moitié : II,

356, 2 ; — il n'a le manoir chef-lieu, ou la meilleure pièce de terre qu'en récompensant ses frères et sœurs: II, 498, 16; 505, 21; 666, 11; qu'en payant le prix de l'estimation : II, 700, 52; il n'exerce son droit qu'au décès du dernier vivant: II, 622, 3; — la maison manable, le foyer, tout ce qui tient à clous ou à chevilles et à ligne de faîte est considéré comme accessoire du fonds : II, 286, 35; — **préciput mobilier**: outre le manoir où a résidé le dernier vivant, le maisné a le choix de trois pièces de ménage : II, 420, 12; 432, 3; 443, 3.

MAINFERMES : — **Principes**: les actes de vente ou de transport doivent être passés devant échevins : II, 357, 5 ; — ne peuvent être retraites par proximité ou puissance de seigneurie : II, 358, 6 ; 472, 159 ; ne tombent point en confiscation : II, 359, 8 ; sont exemptes de champart : II, 358, 7 ; les hommes de fief jugent les questions qui touchent aux mainfermes: II, 665, 7; — **Rentes des mainfermes** : comment on procède contre le tenancier retardataire : II, 358, 6 ; 408, 4 ; 456, 51 ; — **Ventes**: le 10.ᵉ denier : II, 332, 14 ; 4 deniers d'issue, 4 deniers d'entrée : II, 357, 5 ; 12 deniers d'entrée et d'issue : II, 452, 1 ; — **Reliefs** : II, 277, 28 ; 343, 22 ; 357, 5 ; 410, 1 ; 419, 9 ; 525, 1 ; — **Succession**: les mainfermes se partagent par égales portions, entre les héritiers : II, 273, 21 ; 277, 27 ; 332, 13 ; 389, 6 ; 419, 9 ; — sauf le manoir d'habitation au puîné : II, 272, 16 ; 419, 11 ; 432, 2 ; 443, 2 : voy. MAINETÉ ; — **Gain de survie**: voy. ENTRAVESTISSEMENT ; — **Douaire** : il n'y a point de douaire en mainferme : II, 331, 7 ; — **Dons mutuels** : permis sous forme d'entravestissement : II, 420, 16 ; mais on ne peut donner, par testament, que le revenu de trois années *ibid.* ; voy. ENTRAVESTISSEMENT et FACULTÉ DE DISPOSER.

MAIN-GARNIE (coup de): 60 sous d'amende, quand il y a eu effusion de sang : I, 314, 4 ; — de gant : II, 673, 6.

MAIN-LEVÉE d'arrêt: voy. ARRÊT : I, 578, 28 ; II, 503, 12.

MAIN-MORTE (colléges de):doivent vider leurs mains, dans l'année de la saisine, des biens qui leur sont donnés ou légués: I, 85, 7 ; 171, 19 ; 190, 9 ; II, 203, 6.

MAIN-NUE (coups de la): amende de 30 sous : II, 453, 28.

MAIN-TORSE (mesurer à): rentes de grains qui doivent être mesurées de cette manière : II, 346, 5.

MAILLE TOURNOIS : taux du profit que le tavernier doit avoir sur chaque lot de vin qu'il vend au détail : II, 485, 21.

MAIRE, MAIRIE: voy. MAIEUR.

MAIS : défendu d'en couper dans les garennes : II, 620, 133.

MAISON en bourgage: cas où elle peut être saisie : II, 238, 12 ; — d'autrui: attaque de jour, 100 sous d'amende : II, 427, 19 ; de nuit, 10 livres : *ibid.* ; — **mortuaire**: voy. DOMICILE MORTUAIRE : II, 272, 9 ; 285, 27; — **non habitée**: remise des clefs au seigneur pour qu'il en fasse son profit : II, 74, 4 ; — **manable** : voy. MAINETÉ, QUIEFMEZ : II, 598, 5 ; 615, 6.

MAISTRE (droit sens de): *rectum sensum magistri*, juste conseil de maître ès lois : II, 450, 15.

MAITRE DE NAVIRE : ses obligations envers les mariniers qu'il engage et de ceux-ci envers lui : II, 606, 1, 2 ; 607, 3.

MAJORITÉ ; un garçon est tenu pour habile à gérer ses affaires à 15 ans et une fille à 11 ans : II, 381, 43 ; 505, 22 ; 615, 8 ; un garçon à 15 ans et une fille à 12 ans : II, 234, 1 ; 243, 1 ; un garçon à 15 ans et une fille à 13 ans : II, 499, 21.

MALADRERIES ; appartiennent aux communes ; les maires et échevins en font la visite tous les ans : II, 216, 36 ; ils en sont les administrateurs : II, 257, 44 ; 299, 50 ; on lève une myne de blé toutes les semaines, sur la maladrerie de Flixecourt, pour la nourriture des Ladres : II, 216, 21 ; — les frais des banquets d'élection se prennent sur les revenus ; II, 299, 31 ; 300, 32 ; contenance et situation de la maladrerie de Bourret-sur-Canche : II, 82, 3.

MALETOTES des vins : voy. TAILLES : II, 256, 35 ; 327, 59.

MAL JUGÉ ; MAL JUGEMENT : si les hommes féodaux font mal jugement, amende de 60 livres : I, 430, 1 ; 490, 4 ; II, 226, 3.

MANDE : instrument de pêche : I, 377, 20.

MANEGLIERS, marguilliers: nommés par les échevins : II, 317, 13 ; prêtent serment devant le bailli : II, 291, 4.

MANOIRS : **Conditions de la possession**: on peut refuser manoir à ceux qui, sans sauf-conduit, n'oseraient aller en la court de leur seigneur : II, 398, 5 ; — **Obligations du possesseur** : le forain qui possède un manoir est tenu pour bourgeois : II, 431, 50 ; — on paie deux cens quand deux manoirs sont réunis, à moins de rachat et de ne plus faire de feu dans la maison rachetée : II, 353, 27 ; — chaque portion divisée, de la totalité du cens : II, 106, 4 ; — obligation d'amaser ou de payer réséandise : I, 409, 5 ; 478, 3 ; II, 74, 4 ; — manoirs amasés et non amasés doivent relief ; voy. RELIEF : II, 90, 3 ; — contribuer aux charges locales : I, 479, 6 ; — doivent le service de l'échevinage : II, 241, 3 ; — quelques-uns des prestations de lits : II, 528, 4 ; — service du four : II, 280, 15.

— **SUCCESSION** : **Manoirs féodaux** : ils sont indivisibles et impartageables : II, 246, 6 ; — **Manoirs cotiers d'héritage** : ils appartiennent à l'aîné : II, 348, 4 ; chaque enfant choisit en commençant par l'aîné : II, 312, 21 ; ils appartiennent au puîné : II, 269, 15; 274, 23 ; 284, 21 ; 305, 1 ; — en ligne directe , sont divisibles et partageables : II, 94, 9 ; le puîné choisit le meilleur : II, 366, 2 ; — **Manoirs amasés** : sont indivisibles et appartiennent à l'aîné : II, 131, 18; 230, 9; sont divisibles, sauf le chef-lieu réservé à l'aîné : II, 90, 4 ; — **Manoirs non amasés ni amasables** : divisibles et partageables : II, 76, 8 ; 150, 3 ; — **Manoirs anciens** : indivisibles : II, 76, 7 ; 133, 2 ; 150, 3 ; — **manoirs nouveaux** : divisibles : II, 135, 3 ; — **d'habitation en mainferme** : appartient au puîné : II, 272, 16 ; 419, 11.

MANSION (droit de) ou **RÉSÉANDISE** : payé par ceux qui n'ont point de manoir : II, 234, 5 ; voy. RÉSÉANDISE.

MANU SOLA (purgatio delicti) : I, 314, 6.

MARAIS — acheté : II, 152, 4 ; — donné : II, 626, 5 ; — Conséquences du droit de propriété des communes sur les marais : les destiner au pâturage, ou les affermer : II. 147, 4 ; les louer du consentement et au profit de la communauté : II, 147, 4 ; 216, 29 ;

— **USAGE** : en quoi consiste : troupeau commun , faucher ou scier l'herbe, faire des tourbes pour le chauffage des habitants , mais sans toucher aux oiseaux et poissons : II, 399, 8 ; — des herbes : I, 171, 21 ; 309, 20 ; II, 353, 27 ;

— **DROIT DE COMMUNAUTÉ** : ses conséquences : berger commun : II, 353, 27 ; — droit exclusif des habitants : I, 282, 7 ; II, 233, 2 ; 508, 2 ; — des habitants bourgeois : I, 400, 8 ; II, 671, 11 ; — limité à 9 bêtes par ménage : II, 110, 11 ; 604 , 6 ; — exclusion des bestiaux étrangers ou loués par les habitants : I, 309, 21 ; 486, 6 ; II, 60, 19 ; 139, 10 ; 154, 7 ; 212, 12 ; 215, 19 ; 490, 55 ; 626, 5 ; 642, 3 ; 699, 43 ;

— **MARAIS DÉFENSABLES et non défensables** : pâturage la nuit, le jour, en tout temps et pour toute espèce de bestiaux : II, 82, 11 ; 91, 13 ; 626, 5 ; moutons exceptés : II, 110, 11 ; — pâturage de nuit permis : II. 135, 7 ; interdit aux bêtes oisives ou aux chevaux qui n'ont point labouré pendant le jour : II, 132, 6 ; 139, 11 ; 148, 7 ; — **Défensables pendant certain temps** : voy. PRÉS ; — interdits aux bêtes chevalines pendant la durée des foires : I, 281, 7 ; — **Défensables pour certains bestiaux** : pour les chevaux qui ne sont point déferrés des deux pieds de derrière : I, 190, 12 ;

— poulains mâles âgés de plus d'un an : II, 154, 7 ; — taureau et verrat exclus sous peine de confiscation : II, 604, 6 ; pourceaux et bêtes à laine pareillement : I, 88, 24 ; 190, 11 ; 281, 6 ; II, 119, 12 ; 132, 5 ; 139, 9 ; 203, 9 ; 626, 5 ; les moutons du seigneur exceptés : II. 60, 19.

— **PRIVILÈGE de pâturage** : de l'abbaye de Cercamp au marais de Frévent : II, 89, 1 ; de l'abbaye de Willencourt aux marais de Beauvoir et entre Auxi et Viz : II. 158, 6 ; 161, 6 ;

— **RÉCIPROCITÉ DE PARCOURS** : de Conchy et du Monchel : II, 92, 19 ;

— **POLICE DES MARAIS** : personne n'y peut passer avec bêtes chargées , sauf pour vider les foins : II, 139, 17 ;

— **RECONNAISSANCE du droit de pâturage** : il n'est dû aucun droit au seigneur : II, 212, 11 ; — chaque manoir où l'on fait feu doit , tous les ans, une rasière d'avoine : II, 353, 27 ; — exemption par transaction : II, 145, 15 ;

— **DROITS DU SEIGNEUR** : I, 281, 7 ; II, 60, 20 ; 75, 3 ; 353, 27.

MARAUDAGE : voy. AMENDES ; II, 282, 5.

MARC DE CRAIE : voy. MONNAIES ; II, 256, 54.

MARCHANDS étrangers : protection dont ils sont l'objet : I, 63, 3 ; — leurs demandes en justice s'expédient sans retard : I, 69, 26 ; exemptions dont ils jouissent pendant les franches-fêtes et foires : II, 94, 11 ; 299, 28 ; — créanciers : les ajournements à leur requête se font du jour au lendemain et d'heure en heure : I, 94, 59 ; — gages qu'ils peuvent prendre : II, 427, 24 ; 439, 45 ; — débiteurs : on peut saisir leurs biens , leur personne : I, 95, 61 ; — ne peuvent refuser leur marchandise : II , 427, 24 ; 439, 45 ; — leurs poids et mesures : II, 255, 29 ; — ne peuvent acheter sur le marché avant l'heure fixée : II, 300, 35.

MARCHANDISE : vendue à un forain : peut être retenue, pour le prix coûtant, par un habitant domicilié : I, 309, 25 ; — **Moitié part** : les bourgeois, témoins des offres, peuvent avoir moitié part de celles qui sont vendues par un bourgeois à un forain : II, 328, 65.

MARCHE (hommage en) : du seigneur d'Epinoy au comte de St.-Pol : II, 403, 33.

MARCHÉ : deux fois la semaine : II. 91, 11 ; — droit d'y acheter en franchise : II, 304, 17 ; — **Ouverture** : les marchands, les forains et les taverniers ne peuvent acheter avant le cri de l'officier à ce préposé : II, 300, 35 ; — marché est un privilège de bourgeoisie : II, 289, 16 ; — marché et brétèque est signe de commune . II, 397, préamb.

MARE : attribut du chef-lieu d'un noble fief : I, 507, 1 ; — **Mare commune** : on n'y peut laver les laines, ni les hardes et langes d'enfants : II, 208, 17.

MARECHON de Drucat: les habitants de Nœux peuvent y envoyer leurs bestiaux : II, 143, 4.

MARÉCHAUSSÉES des manoirs: cas où elles sont réputées meubles ou immeubles en succession : II, 232, 16 ; 242, 8 ; 306, 2 ; 308, 3 ; 348, 4 ; 495, 6.

MARÉE: droit d'étalage de poisson : II, 615, 6 ; — prise de poisson aux chasses-marée ; voy. CHASSE-MARÉE.

MARIAGE: le défaut de consentement des père et mère au mariage, n'empêche pas que l'enfant non doté vienne au partage avec les autres : I, 86, 16 ; — droits du survivant et des enfants issus du mariage, sur les conquêts : I, 69, 22 ; 71, 34 ; 186, 20 ; voy. GAIN DE SURVIE ; — **Effets du mariage en bourgeoisie** mariage subséquent ne donne pas la qualité de bourgeois à l'enfant né avant le mariage : II, 299, 26, 27 ; — droit dû à la ville quand un non bourgeois épouse une bourgeoise : II, 252, 12 ; 338, 29 ; voy. BOURGEOISIE ; — **Congé de mariage**: il y a plus de mille personnes à Corbie qui ne peuvent se marier sans le congé de l'abbé : I, 287, 26, 27 ; — aide due au seigneur au mariage de sa fille aînée : II, 234, 7 ; ou de sa sœur : I, 314, 10.

MARINIERS: leurs engagements avec les maîtres de navire : I, 606, 1 ; 607, 3 ; — leurs droits sur les épaves trouvées en mer : II, 607, 6 ; — sur les esturgeons qu'ils pêchent : II, 607, 8.

MARQUES DE DÉFENSE des chemins et faux sentiers: II, 460, 80.

MASCULINITÉ (privilége de): n'a pas lieu en succession d'échevinages : II, 352, 22 ; — les héritages patrimoniaux se partagent entre les mâles seulement, les acquêts entre les enfants des deux sexes ; II, 527, 5 ; 615, 5 ; — les héritages cotiers entre les mâles seulement : II, 655, 2.

MASURE en ruine: peut être donnée à un autre à la charge de l'amaser : I, 404, 37.

MATIÈRES réelles et personnelles: compétence des communes : I, 285, 3 ; 514, 1.

MAUVAIS HOTEL: défendu sous peine de 60 sous d'amende : II, 698, 29.

MAXIMES de droit: voy. AXIOMES.

MÊLÉES de main et de pied : II, 284, 18 ; — en jour de marché : I, 377, 18 ; — celui qui commence ou qui porte le premier coup doit l'amende : I, 377, 18 ; II, 284, 18.

MENCAUDÉE: la mencaudée porte 100 verges, la verge 20 pieds et le pied onze pouces : II, 403, 27.

MENDACHBOURG: plaids du mardi, juridiction des causes sommaires : II, 683, 21, 25 ; 697, 13.

MENDRES D'AGE, mineurs : voy. BOURGEOISIE, ORPHELINS : II, 256, 32.

MENU BOIS coupé: voy. DÉLITS FORESTIERS : II, 382, 53.

MERCI du seigneur (être en la) : cas qui motivent cette peine : viol, blessures avec armes, délits la nuit dans les jardins et bris de charrue : I, 314, 5 ; II, 430, 44, 47 ; — sauf les membres : II, 426, 17 ; 430, 42 ; — **des échevins**: celui qui les injurie, en les traitant de parjures, est en leur merci pour tous ses biens meubles : I, 314, 7.

MERCI (relief à): voy. RELIEF.

MESSIER: par qui créé : II, 139, 4 ; 281, 4 ; 459, 72 ; — serment qu'il prête : II, 459, 73 ; — paie le vin du serment : ibid. ; — pouvoirs qui lui sont conférés : ibid. ; — ses gages et salaires : I, 308, 7 ; II, 69, 8 ; 70, 9 ; 460, 74 ; — fait les marques de défense à l'entrée des faux chemins et faux sentiers : II, 460, 80 ; — délits qu'il a pouvoir de constater : II, 460, 74, 75, 76, 78, 79 ; 468, 128, 129, 130, 133 ; — prises de vue suffisent : I, 184, 8 ; — doit être cru sur son serment : II, 460, 81 ; — fait son rapport tous les ans : II, 457, 54 ; 467, 126 ; — quand commencent et cessent ses pouvoirs : II, 457, 54 ; voy. SERGENT D'AOUT.

— **MESSIER du sien** (chacun est) : pour constater les délits ruraux qui le touchent ou qui touchent son voisin : II, 289, 26 ; 416, 63, 72 ; 484, 83.

MESURAGE (droit de): bourgeois qui vend son grain à un forain doit mesurage au seigneur : I, 402, 11.

MESURES: doivent être jaugées et marquées : I, 404, 36 ; II, 298, 25 ; — l'amende de 60 sous pour fausses mesures appartient au seigneur et non à la commune : I, 404, 25 ; — la mesure à la guède se donne à ferme : II, 347, 8.

— **MESURES (usage des)**. ALLONVILLE : mesure au vin conforme à celle d'Amiens : II, 201, 4 ; — AUBIGNY : toutes les mesures du bailliage sont jaugées et marquées sur celles de la ville : II, 300, 34 ; — DROCOURT : la mesure au blé conforme à celle de Lens ; l'avoine doit être mesurée à main torse pour qu'on ne voie pas les bords : II, 346, 5 ; — HAMEL : mesure au vin conforme à celle de Corbie : I, 310, 1 ; — OIGNIES : les mesures conformes à celles de Douai : II, 414, 38 ; 415, 43 ; — SAIGNEVILLE : mesures au vin et à la cervoise, conformes à celles de Cayeux : I, 419, 9 ; — VECQUEMONT : la mesure au blé et à l'avoine selon l'usage de Corbie : I, 312, 8 ; — VRON : la mesure au grain pareille à celle de Montreuil : I, 521, 1 ; — celles des boissons conformes à celles du Ponthieu : I, 521, 2.

— **MESURES AGRAIRES**: voy. MENCAUDÉE, BONNIER : II, 405, 9.

— **MESURES DES LIQUIDES**: se divise en queue, demi-queue, ponchon, cacque ou tonneau : II, 414, 31.

RÉPERTOIRE ANALYTIQUE.   (777)

MÉSUS : méfait, forfait : II, 406, 12.

MESQUINES ; domestiques femelles : débats auxquels elles peuvent prendre part pour leurs maîtres : II, 491, 66.

MÉTIERS (police des) : *Bouchers* : II, 215, 16 ; 235, 26 ; 283, 10, 11 ; *Boulangers* : I, 315, 17 ; II, 215, 17 ; 254, 24 ; *Bouchers, Boulangers, Poissonniers, Taverniers, Brasseurs* : II, 152, 5, 6 ; 298, 15, 17, 21 ; *Drapiers* : II, 255, 27 ; *Taverniers* : II, 255, 25 ; 427, 23 ; *Équarrisseur :* ne peut mettre la main au pain, sous peine d'amende : II, 283, 12.

MEUBLES et CATHEUX : à qui appartient la juridiction : I, 285, 3 ; — peuvent être saisis pour les arrérages des loyers : II, 268, 11 ; vente forcée : II, 283, 14 ; — faculté d'en disposer : II, 65, 7 ; voy. FACULTÉ DE DISPOSER ; — **Donation de meubles** : permise par entre vifs et par testament : II, 55 ; 6 ; — **Droit du survivant** : il en a la moitié, s'il n'a pas d'enfants, à la charge de payer la moitié des dettes : II, 63, 15 ; — **Succession** : partage égal entre les enfants : I, 199, 4 ; 514, 2 ; II, 94, 12 ; 278, 6 ; 366, 5.

MEUNIER du moulin banal : ne peut tenir ménage au moulin : II, 262, 9 ; 328, 62 ; — s'il prend son droit de mouture dans l'aire, que chacun le voie prendre : II, 698, 31.

MEURTRE et vilain cas : ne sont pas compris dans les exemptions et priviléges de la franche-fête : II, 399, 9.

MEZ : anciens manoirs, dont le possesseur doit le service de l'échevinage : II, 303, 15.

MINE D'AVOINE : redevance due par chaque habitant ayant maison et ménage à Airaines : I, 378, 25 ; en reconnaissance du droit de bourgeoisie à Orville : II, 152, 8 ; à Pernes : II, 255, 30 ; à Heuchin : II, 631, 13.

MINEURS (délits des) : responsabilité des parents : II, 416, 63, 70 ; 698, 22 ; — majeur gouverneur de leurs biens : II, 615, 8 ; — inventaires : II, 363, 19 ; 371, 10 ; 636, 3 ; — prescription ne court pas contre eux au profit des tuteurs : II, 666, 7 ; — le gouvernement de la personne et l'administration des biens appartiennent au plus proche parent : II, 248, 22. Voy. ORPHELINS.

MISE DE FAIT, main mise : nécessaire pour acquérir droit réel sur héritage : II, 55, 4 ; 274, 15.

MODÉRATION des amendes : cas où il faut le concours des maire et échevins et des officiers du seigneur : II, 339, 39.

MOISSONS : responsabilité du seigneur : II, 424, 7 ; 436, 13 ; — prises sur le champ d'autrui : II, 466, 113 ; — délits ruraux pendant la moisson : II, 69, 8.

MOITIÉ PART du marché : voy. MARCHANDISE : II, 328, 65.

MOLIÈRES et larris (pâturage des) : I, 386, 2.

MONNAIE (droit de battre) : l'église de Corbie peut battre monnaie : I, 287, 24.

MONNAIES (valeur relative des) : — **Blanc denier** : denier d'argent : II, 404, 1 ; — **Ecu d'or** : vaut 18 sous parisis ; six écus d'or, pour un marc d'argent ou marc de craie : II, 256, 34 ; — **Estrelins** : 2 valent 4 deniers tournois : II, 412, 17 ; — **Gros de Flandre** : 46, pour 20 sous parisis : II, 403, 28 ; — **Deniers cambresis** : 2 pour 1 denier d'Artois : II, 455, 41 ; 464, 103 ; — **Patars** : 15 deniers tournois par patar : II, 223, 8 ; — **Marc** : 100 marcs, 100 livres d'argent : II, 298, 24 ; — **Monnaie courante** : 7 sous, pour 6 sous parisis : II, 657, 4 ; — **Denier parisis** : 12 valent 14 deniers tournois : II, 617, 4 ; 6 deniers parisis, 7 deniers tournois : II, 616, 3 ; 646, 9 ; — 12 deniers parisis valent 13 deniers obole, monnaie courante : II, 142, 7 ; — **Sou parisis** : vaut 13 deniers obole : II, 149, 14 ; 20 sous parisis, pour 22 sous 6 deniers tournois : II, 678, 50 ; on reçoit, au nom du domaine, pour 6 sous parisis, 7 sous tournois , monnaie courante en Artois , qui est, pour 12 deniers parisis, 14 deniers tournois : II, 649, 7 ; mais pour les rentes du chapitre et de la maladrerie, on reçoit, pour 8 sous parisis, 9 sous tournois.

MONTRER SON SANG à justice : obligation pour celui qui a été blessé dans une rixe : II, 227, 33 ; 285, 31.

MONTREUIL (prévôté de) : ses limites : II, 630, 2.

MORT APPARENTE (danger de) : II, 337, 18.

MORTE-MAIN (droit de) : relief de succession : II, 492, *in fine*.

MORT (le) **SAISIT LE VIF** : règle des successions dans les villes de loi et de bourgeoisie : I, 378, 24 ; 403, 30 ; 508, 1 ; voy. AXIOMES.

MOUCHES A MIEL : voy. ÉPAVES ; II, 96, 52.

MOULIN BANAL : un sujet doit moudre après un forain : II, 216, 22 ; — le seigneur vicomtier qui a un moulin banal, peut confisquer les sacs et farines des grains moulus à un autre moulin : I, 282, 8 ; le meunier ne peut avoir bétail ni volaille, ni tenir ménage au moulin : II, 153, 11 ; 328, 62 ; voy. BANALITÉ, MOULIN ; — à waides : tous ceux qui ont waides croissans sont tenus de les battre au moulin du seigneur, et de payer 13 sous par journal : I, 180, 9 ; II, 11, 227, 37.

MOUTONNAGE (exemption de) : II, 663, 18 ; voy. HERBAGE.

MOUTON NOIR, Mouton billâtre ou cornu : voy. BÊTE NOIRE ; I, 412, 2.

MOUTONS : lavage des moutons à la rivière : II, 91,

98.

15; — au pâturage : voy. MARAIS et PRÉS A FOINS : I, 378, 24 ; II, 60, 19 ; 110, 11.

MOUTURE (droit de) : 1 boisseau par setier de blé : II, 82, 8 ; le seigneur, par privilége, ne doit que 1 boisseau pour 1 setier et demi : *ibid.*, 9 ; 1 setier sur 18 ; II, 227, 36 ; la 18.ᵉ partie : II, 653, 22 ; si le meunier prend son droit dans l'aire, il faut que chacun le voie prendre : II, 698, 31.

MOYE DE BAYME : meule de fagots : II, 483, 11.
MURAILLES DES VILLES ; charge de leur entretien : II, 256, 35.
MUTATION (droits de) : voy. RELIEF et VENTES.
MUTILATION : 60 livres d'amende, quand la blessure est telle que le blessé est privé de l'usage d'un membre : I, 89, 32.

N.

NAVIE ; canal aboutissant à l'Escaut : doit être assez large pour que deux bateaux, l'un chargé et l'autre pas, puissent passer sans se heurter : II, 488, 43.
NAVIGATION ; voy. TONLIEU : I, 700, 45.
NAVIRES (équipement des) : II, 606, 1, 2 ; voy. MARINIERS et MAITRES DE NAVIRE.
NATAUX (les trois) : Noël, Pâques, Pentecôte : II, 699, 38.
NOBLES et NON NOBLES : le noble qui chasse sans congé dans une garenne est puni d'une amende, le non noble a le poing coupé : II, 312, 24.
NOC COMMUN : gouttière commune : I, 90, 40.
NOCES (droit de la première nuit des) : II, 626, 4 ; voy. CULLAGE.
NOCQUEURE ; gouttière, I, 515, 7.
NOIR (chasse au) : I, 169, 8 ; voy. GARENNE.
NON BOURGEOIS : conditions de sa résidence dans les villes de bourgeoisie : ne peut la prolonger plus d'un an sans congé : II, 326, 53, 54 ; — arrêté pour dette, ne peut se cautionner lui-même, comme le bourgeois peut le faire : II, 336, 7 ; — le bourgeois peut avoir moitié part des marchandises qu'il achète sur le marché : II, 300, 35 ; — toute vente d'héritage à un non bourgeois, entraine un droit plus élevé que quand elle est faite à un bourgeois : II, 326, 51.
N. D. CHANDELIER, Chandeleur : jour où l'on donne à ferme les droits de la chaussée d'Aubigny : II, 300, 38.
NOUVEAUX BAILLEMENTS à cens : doivent tel cens, tel relief : I, 496, 67.
NOUVEAUX MANOIRS : se partagent comme les terres labourables : II, 612, 6.
NOUVEAUX TAILLIS : ceux qui ont moins de trois ans : II, 382, 51 ; voy. DÉLITS FORESTIERS.
NOUVEL ÉDIFICE : voy. VOISINAGE ; I, 90, 39.
NOUVELLETÉ (complainte de) : doit être intentée dans l'année du trouble : I, 284, 19.
NUIT DE MAI (veille de la) : autour du bois d'Adinfer : II, 270, 21.
NYPOLETTE (jeu de) : II, 415, 44.

O.

OBLATIONS : le seigneur, comme patron de l'église, a les oblations ainsi que les grosses et menues dîmes : I, 504, 2.
OBLIGATIONS (principes des) : I, 298, 33.
OBITS (fondation d') : II, 473, 165 ; 657, 2.
OCTROIS : impôts et tailles sur les vins accordés par octroi aux communes : II, 399, 10 ; 519, 3 ; voy. TAILLES COMMUNES.
OEUF D'EAU : expression employée pour déterminer le volume d'eau qui doit passer par un aqueduc : II, 489, 52.
OEUFS DE RENTE : se convertissent en argent : II, 413, 27.
OFFICES : de maire et d'échevins ne se peuvent refuser : I, 76, 8, 9, 10 ; 77, 11, 12, 13 ; II, 94, 19.
OFFICIERS de justice : II, 230, 1 ; 254, 20 ; — du Pays de l'Angle : II, 686, préamb.
OFFRIR SON CORPS à justice : on ne peut saisir les biens de la caution qu'après 15 jours de contrainte par corps : II, 283, 14.
OISONS (droit d') et d'agneaux : II, 390, 11 ; — oisons et annettes pour ruer ou abattre : II, 222, 23.
OPPOSITIONS consignées dans les procès-verbaux des coutumes : — **Amende** pour paiement du cens : I, 484, 16 ; — amende des pairs : II, 398, 3 ; — des bestiaux en nouveaux taillis : II, 145, 9 ; — **Banalité** du four :

RÉPERTOIRE ANALYTIQUE. (779)

I, 498, 23 ; 506, *in fine* ; II, 137, 1 ; — **Bois coupé** : II, 145, 15 ; — **Confiscation** : II, 145, 1 ; — **Chasse** : II, 621, 139 ; — **Charriot versé** : II, 626, 3 ; — **Douaire des hommes** : II, 96, 63 ; — **Eteules** : II, 99, 25 ; — **Garenne** : II, 618, 124 ; 619, 125 ; — **Herbage** : I, 484, 15 ; II, 204, 20 ; — **Haute justice et justice des vassaux** : II, 114, 19 ; 156, 2 ; — **Jeux de barres** : II, 620, 131 ; — **Marais** : I, 309, 20 ; — **Plaids** : service en personne ; I, 182, 9 ; II, 204, 19 ; — Procès-verbal de la coutume d'Amiens : I, 96, et 97 ; — **Relief à merci** : I, 156, 1 ; II, 79, 1 ; — **Rouage**: I, 180, 4 ; — **Renonciation** à l'héritage, pour s'exonérer du cens : I, 91, 45 ; — **Voirie** (droit de) : II, 98, 12.

ORDONNANCES et statuts de police : droit de les faire : II, 77, 18, 21 ; II, 203, 13 ; 399, 11 ; 457, ch. 8.

OREILLE COUPÉE (supplice de l') : II, 398, 1.

ORMES sur flégards : II, 133, 12.

ORPHELINS mineurs : les maire et échevins gouvernent leur personne et leurs biens : II, 256, 32 ; 624, 17 ; — commettent tuteurs qui rendent compte II, 624, 18 ; — les parents n'ont point droit de bail des mineurs dans la ville et banlieue *ibid.* 21 ; — échevins du pays souverains avoués des orphelins : II, 669, 28 ; — deniers d'orphelins sont privilégiés : II, 683, 19 ; — on donne leur argent à intérêt à 10 pour cent, avec caution et hypothèque : *ibid.*, 28 ; — on emploie les deniers à acheter des rentes viagères et perpétuelles : II, 685, 30 ; — incapacité de contracter : *ibid*, 31 ; — sont en avouerie quel que soit leur âge, jusqu'à ce que le conseil de famille les ait déclarés habiles à gérer leurs affaires : *ibid*, 32 ; 690, 27 ; — devoirs et obligations des père et mère tuteurs : II, 690, 28, 29.

OUERDRACHS : II, 672, 17.

OYATS : voy. LESQUES : II, 607, 5.

P.

PAIEMENT du prix de vente : dans le jour de la saisine : II, 667, 17.

PAIN : vente par des forains : il est dû 1 pain de 1 denier, par semaine, de droit d'étalage : I, 315, 18 ; — **Pain des forains** : doit être cuit avant celui des sujets : II, 485, 19 ; — **Pain gâté au four** : le fournier est responsable : II, 484, 18 ; — **des taverniers et boulangers** : ne peuvent le ramener du four en leurs maisons, avant d'être eswardé : II, 469, 137 ; 486, 26 ; — Vendu à faux poids : est confisqué : II, 215, 17 ; — Pain d'afforage : II, 83, 14 ; — de Noël : prestations des vassaux en pairie : II, 98, 13 ; — **Pains de rente** : se convertissent en argent : II, 413, 27 ; — chaque habitant ne paiera qu'un pain : II, 215, 26 ; — **Mettre hors de pain et de pot** : émanciper : II, 498, 12.

PAIRIE (vassaux tenant en) : comment se distinguent : les vassaux en pairie, doivent 10 livres de relief ; en demi-pairie, 100 sous : I, 168, 1 ; 396, 4 ; 113, 19 ; — Pairies d'Artois et de Ponthieu : le seigneur d'Auxi y tient indistinctement ses assises : II, 59, 2 ; — Justice des pairies : le vassal en pairie a les mêmes droits que le seigneur de qui il tient : I, 395, 12 ; II, 98, 12 ; — a seul la haute justice : I, 388, 1 ; la justice vicomtière : II, 98, 17 ; — Obligation des vassaux en pairie : service de plaids : II, 98, 18 ; — prestation d'un setier de blé, d'un chapon et d'un pain la veille de Noël : II, 98, 13 ; voy. PAINS.

PAIRS : leurs privilèges : le seigneur d'Etreelles comme premier pair d'Aubigny, a droit de banalité : II, 303, 11 ; — de travers : *ibid* 12 ; — les pairs d'Aubigny ont droit d'y faire battre la brétèque, d'y prendre du vin sans congé, d'y aller armé avec leur suite, d'y jouer aux dés et d'y faire jouer sans demander permission : II, 304, 17, 19 ; 307, 16, 17 ; — se prétendent exempts de payer des amendes : II, 398, 3.

PAIX entre bourgeois : si batailles et tumultes surviennent entre bourgeois, le prévôt, par le conseil des échevins, les contraindra à faire paix : II, 427, 20 ; 439, 59 ; voy. ASSUREMENT : II, 667, 16 ; — du marchand forain : I, 63, 2 ; 402, 13.

PANDINGHE : saisie de meubles pour arrérages de rentes : II, 681, 16 ; 688, 9 ; — celui qui procède par cette voie précède tous autres créanciers : II, 682, 19 ; un seul défaut suffit pour suivre l'exécution : II, 682, 21.

PANAGE : glans, faînes et autres fruits de panage : I, 513, 25 ; voy. PERNAGE.

PAQUES FLOURIES : voy. BUIS : II, 111, 18.

PARCAVECH et **Queute à Court** : voy. QUEUTE A COURT : II, 639, 13.

PARC des moutons : les habitants ne peuvent, sans congé, les mettre au parc hors de la seigneurie : I, 309, 27 ; — en autre parc que celui du seigneur : II, 202, 3 ; — chacun peut avoir son parc particulier : II, 343, 26.

PARCS de Tournehem et de Larowèse : garennes réservées : II, 660, 3.

PARCHONS: partage des successions: II, 504, 19.

PARCOURS de pâturage: les habitants de Conchy et du Monchel sont pourmenans ensemble en aucuns marais: II, 92, 19; 143, 4.

PARJURE: voy. SERMENT: II, 506, 24.

PARJURES: voy. PLAIDS GÉNÉRAUX: II, 344, 39; 413, 21; 480, 13.

PARQUIS (parcage): le laboureur réserve 2 journaux d'éteules sur les terres qu'il a parquées: II, 240, 27.

PARRIES, coteries tenues en mainferme: ainsi nommées parce qu'elles se divisent et partagent entre les héritiers: II, 332, 13; — Parries de franc-alleu: II, 332, 15; — ne sont point soumises à l'entravestissement: II, 333, 19.

PARTAGE: des meubles, acquêts et conquêts, par égales portions: I, 199, 4; — avec le survivant: I, 186, 20; — en bourgeoisie: II, 252, 6; — les enfants qui partagent ne doivent pas de saisine au seigneur: II, 283, 15; — chaque portion divisée de l'héritage doit la totalité du cens: I, 192, 6; — l'enfant non doté vient au partage comme les autres, même lorsqu'il s'est marié sans le consentement de ses père et mère: I, 86, 16.

PARTAUCH ÉTOFFÉ: préciput de veuvage: II, 285, 29.

PARTIE LÉSÉE: sa part dans l'amende de 10 livres: II, 456, 46.

PAS ou cuiret: repas de bien-venue de l'homme de fief: II, 376, 6.

PAST: des kiefmazuriers: II, 522, 8; — de l'échevin nouveau: II, 94, 19; — des échevins élus: II, 230, 5.

PATRE: du troupeau commun aux marais, nommé par les pairs et hommes de fief: II, 399, 8.

PATRIMONIAUX (partage des): les filles partagent avec les garçons: II, 528, 5.

PATRONAGE (droit de): quand la cure est vacante, le seigneur a la faculté de présenter le successeur: I, 504, 2; — profits de ce droit; voy. OBLATIONS: I, 477. 2, 5; 504, 2; — bénéfice des dîmes: II, 141, 1; 521, 4.

PATURAGE COMMUN: droit exclusif des bourgeois: I, 385, 1; 386, 2; 400, 8; 402, 19; — des sujets: I, 406, 1; — des prairies défensables: depuis la mi-mars jusqu'à la Saint-Jean: II, 110, 14; 236, 3; depuis la mi-mars jusqu'à la Saint-Remi: I, 378, 23, 24; II, 110, 13; — pâturage des bois: permis dans les taillis au-dessus de sept ans: I, 152, 3; — dans les aulnois: 4 ans sur 7; II, 112, 21; 119, 12; — dans la garenne de Labroie: II, 628, 18; voy. GARENNE; — Cantonnements des bergers: ils ne peuvent conduire leurs moutons hors leur pâturage limité: II, 250. 37; voy. MARAIS.

PAUVRES: aumônes du comte d'Artois: II, 290. 27; — administration des biens des pauvres: II, 117, 14; 265, 19.

PAUVRETÉ JURÉE: l'une des trois conditions pour la vente des héritages: II, 284, 17.

PAYS DE LALLEU: sa situation, son étendue et ses paroisses: II, 496.

— **DE L'ANGLE**: sa situation, ses paroisses et origine de son nom: II, 686.

PÊCHE FLUVIALE (droit de): compris dans le droit de garenne: I, 170, 11; II, 644, 4; — conséquence de la seigneurie des eaux: I, 283, 13; II, 125, 29; 135, 6; — interdite, sans congé, sous peine de 60 sous: I, 161, 10; 191, 4; 377, 20; II, 76, 5; et de confiscation des engins: II, 204, 17; — Pêche permise sous certaines conditions: à la ligne volante: I, 309, 19; — au pied et à la mande: I, 377, 20; — au cappel: II, 353, 28; — à ligne flottante et dormante: II, 91, 15.

PEL: instrument pour accrocher la viande: II, 486, 27.

PÉNALITÉ: Amendes: voy. AMENDES; —Abattre la maison: du maïeur et des échevins qui n'acceptent pas l'office: I, 76, 3, 5, 6; — du blessé ou de l'injurié qui refuse de faire paix: I, 63, 10; — Bannissement: I, 184, 6; II, 398. 2; 426, 17; — Confiscation: voy. AXIOMES, CONFISCATION; — Peine capitale: II, 206, 5; exécuter, ardoir, enfouir, bouillir hommes et femmes pour leurs démérites: II, 670, 2; — Interdiction du métier: II, 634, 34; voy. INTERDICTION; — Être en la merci du seigneur: I, 134, 5; II, 426, 27; 430, 44; — des échevins: I, 184, 3; 314, 7; — Poing coupé: alternative de l'amende de 60 livres ou 9 livres, pour frapper un bourgeois ou un échevin: I, 184, 3; II, 650, 12; — Prison: II, 101, 4; 634, 34; 673, 27; — Peine du talion: II, 431, 48; Peine spéciale au viol: merci du seigneur et interdiction de la ville, jusqu'au rappel par les parents de la victime: II, 430, 44.

PEINES (commutation de): peines corporelles peuvent être commuées en peines pécuniaires: II, 398, 2.

PERDRIX et faisans: défense de leur tendre des lacs dans le voisinage de la garenne: II, 638, 5.

PÈRE ET MÈRE: héritiers de leurs enfants: II, 380, 32; voy. SUCCESSION ASCENDANTE.

PERNAGE (fruits de): servant à la nourriture des bestiaux: I, 411, 3; 423, 10; 497, 17; voy. PANAGE.

PEROT ou tayon: arbre de réserve dans les coupes: I, 520, 10.

PESAGE (ferme du): II, 257, 40; voy. FRAMAS.

PETITES RENTES (recette des) : II, 279, 10.
PIED-CHAUSSÉ (coup du) : amende de 10 livres : II, 453, 27.
PIED-FOURCHU (bêtes à) : des ladres : II, 270, 23 ; — paient le droit d'acoursaige : II, 413, 28.
PIED-PELU (chasse au) : voy. GARENNE : I, 169, 8.
PIÉGES (droit de) : tout bétail à pied fourchu qui s'y prend est confisqué au profit du seigneur : voy. GARENNE : II, 80, 6.
PIGNON : nom d'un fief à Airaines : I, 374, 2.
PILIERS (justice à trois) : marque de haute justice : II, 95, 37.
PILORI : signe de haute justice : II, 147, 5 ; 232, 1 ; 327, 57 ; 398, 1.
PLACE PUBLIQUE (plaids sur la) : voy. PLAIDS SOUS L'ORMEAU : II, 635, 9.
PLAGE DE LA MER (coups sur la) : l'amende en sous se convertit en livres : I, 419, 1 ; II, 607, 4.
PLAIDOIRIES ORALES : devant les échevins de Baralle, on ne plaide que de bouque : II, 449, 10 ; — les échevins doivent s'appliquer à les bien retenir, à cause des changements que les parties peuvent faire à leurs conclusions : *ibid*, 450, 13.
PLAIDS des francs-alleux : se tiennent trois fois l'an après les trois natauz : II, 384, 7 ; 662, 15 ; — sur le Beau-Mont de Liestres : II, 384, 7 ; — obligatoires pour les tenanciers des alleux : II, 387, 7 ; 662, 15 ; — pour y passer reconnaissance des ventes et successions touchant les alleux : II, 385, 8 ; 662, 15 ; — à l'heure qu'on voit les étoiles au ciel : II, 384, 7 ; — d'échevinage : de quinzaine en quinzaine : II, 289, 15 ; 318, 20 ; 673, 29 ; — d'héritages : I, 401, 5 ; — du prévôt de Corbie : deux fois le jour : I, 302, 43 ; — de la Keure : de trois jours en trois jours : II, 662, 15 ; — du Mendachbourg : de huitaine en huitaine, le mardi : II, 697, 13 ; — de la Vierschaere : de quinzaine en quinzaine le jeudi : *ibid*. ; — sous l'Ormeau : sur la place de Verchin : II, 635, 9 ; — Hôtel des plaids de l'abbaye de Beaupré : sur le mont Saint-Michel à Marseilles, près Beauvais : I, 166, 2 ; — Service de plaids : par les vassaux en pairie ou en fief : I. 396, 6 ; 425, 5 ; 488, 15 ; 495, 4, 2 ; 506, 2 ; 508, 2 ; 511, 2 ; II, 98, 18 ; 113, 5 ; 276, 15 ; 314, 3 ; — obligatoire en personne : I, 172, 24 ; 282, 9 ; 490, 1 ; — opposition sur ce que la coutume du bailliage d'Amiens permet de servir par procureur : II, 204, 19 ; — Service des échevins : pour le seigneur : II, 154, 4 ; avec les hommes de fiefs : I, 225, 1 ; — **Service des hommes cotiers** : à défaut d'hommes de fief : II, 93, 7 ; de quinzaine en quinzaine : I, 505, 2 ; II, 93, 7 ; de huitaine en huitaine : I, 506, 3 ; II, 108, 8.

PLAIDS GÉNÉRAUX : outre les plaids ordinaires, il y a les plaids généraux qui se tiennent trois fois l'an : I, 75, 45 ; II, 344, 39 ; 354, 31 ; 386, 3 ; 388, 6 ; 591, 2 ; 413, 21 ; 511, 8 ; 513, 1, 8 ; 514, 1, 2 ; 656, 6 ; 658, 6 ; 699, 38 ; 701, 5 ; 703, 6 ; — **Époque** : après les trois natauz, Noël, Pâques et la Pentecôte : I, 75, 46 ; II, 354, 31 ; 699, 38 ; — Saint-Remi, le 20.ᵉ après Noël et Quasimodo : II, 591, 2 ; 413, 21 ; 511, 8 ; 513, 8 ; 614, 2 ; deux fois l'an, le lundi de Quasimodo et le lundi après les Rois : II, 491, 63 ; une fois l'an, la semaine après la Saint-Remi : II, 387, 7 ; — **Ouverture des plaids** : à l'heure des vèpres après le troisième coup de cloche : II, 413, 21 : — **Fermeture** : les échevins sont en séance jusqu'au soleil couché : II, 344, 39 ; — jusqu'à l'heure des étoiles au ciel : II, 482 ; — **Obligatoires** : pour les hôtes, manans et tenants en échevinage, les manans chefs d'hôtel, les tenans des terres cotières et ceux qui doivent rente à la Saint-Michel : II, 384, 31 ; 386, 3 ; 387, 7 ; 390, 11 ; 413, 21 ; 656, 6 ; 658, 6 ; 699, 58 ; **Exemption** : les manans tonsurés : II, 354, 32 ; ceux qui se font représenter par procureur paient 12 deniers pour le registre : II, 480, 13 ; — **Ce qu'on y fait** : on y juge toutes les questions qui sont de la compétence des échevins en matière civile : II, 241, 4 ; 344, 39 ; 354, 31 ; 390, 11, 514, 1 ; — les comparants y déposent vérité sur les délits qui sont venus à leur connaissance : II, 387, 7 ; 656, 6 ; — on condamne à 60 sous ceux qui n'ont pas acquitté leurs rentes au seigneur : II, 703, 6 ; — tous sont tenus d'apporter une obole pour le seigneur : II, 491, 63 ; — **Amendes encourues par les défaillants** : de 10 sous : II, 413, 21 ; de 3 sous : II, 390, 11 ; 513, 8 ; 514, 1 ; 614, 2 ; 656, 6 ; 686, 3 ; 687, 7 ; voy. FRANCHES-VÉRITÉS.

PLAIE OUVERTE à sang courant : amende de 60 sous : II, 250, 39 ; 398, 3 ; — doit être montrée à justice : II, 285, 31.

PLAINTE en justice : doit être traitée par vérité et devant échevins : I, 503, 8 ; — le défendeur qui nie doit se purger par son serment : II, 71, 18.

PLANCHON (coup de) : amende de x livres : II, 453, 27.

PLANTATIONS sur flégards : appartiennent aux riverains qui sont tenus des réparations des chemins et de l'entretien des ponts, planches, fossés : II, 381, 42.

PLEIN HOMMAGE (fief tenu en) : doit relief de 60 sous : I, 396, 4.

PLESGES : un bourgeois ne peut être arrêté, en sa maison, quand il offre bons plesges : I, 401, 6 ; — les échevins peuvent prendre plesges selon l'importance du meffait et la qualité du malfaiteur : II, 237, 7 ; — celui qui vend son bourgage doit donner plesges qu'il en aura un autre dans l'année : II, 123, 11 ; — quand le débiteur meurt ou s'enfuit, sans payer sa dette, après avoir mis gens en plesges, à défaut de meubles, on doit vendre ses héritages : II, 503, 11 ; voy. CAUTION.

PLUME (relief de) : la plume ne se relève pas : II, 610, 2 ; 613, 1.

POESTÉ : terre et poesté de Harnes : II, 516, 10.

POIDS ET MESURES (police des) : I, 182, 13 ; 184, 12 ; 517, 16 ; II, 215, 12 ; 255, 29 ; 265, 16 ; 282, 8 ; 290, 25 ; 291, 10 ; 339, 41 ; 355, 39 ; 383, 3 ; 408, 134 ; 469, 138 ; 507, 34 ; — les hauts justiciers seuls ont pouvoir de faire des réglements sur les poids et mesures : I, 190, 14 ; les bourgeois peuvent avoir poids et mesures dans leurs maisons : I, 401, 9.

— USAGE des poids et mesures : BRERIÈRES, on use du pied, de l'aune et de la mesure de Douai : II, 346, 6 ; —ÉPINOY, des poids des lots et de l'aune de Lille : II, 405, 27 ; —VECQUEMONT, les poids et mesures selon l'usage de Corbie : I, 312, 8 ; — VRON, les poids, selon l'usage de Montreuil : I, 521, 1 ; voy. MESURES.

POING COUPÉ, voy. PÉNALITÉ : II, 312, 24 ; 643, 2 ; 650, 12.

POIS ET FÉVES : défensables aussitôt qu'ils sont semés : II, 460, 79.

POISSON (prise de) : voy. CHASSES-MARÉE : I, 411, 5 ; II, 311, 16.

POISSONS BEAUX : voy. ESTURGEONS : II, 607, 8 ; — poissons et volatilles exceptés de l'usage des marais : II, 399, 8.

POISSONNIERS : qui vendent poisson sans être eswardé : II, 298, 15.

POLICE (réglements de) : sont dans les attributions des hauts justiciers : I, 190, 14 ; les échevins, avec les pairs et hommes de fief, ont pouvoir de les faire : II, 399, 11 ; les échevins avec le prévôt ou le maïeur en font pour leur ville et banlieue : II, 317, 16, 17 ; 685, 35 ; — des villes de loi : II, 148, 6 ; 205, 27 ; 634, 34 ; voy. MAIEUR et ÉCHEVINS ; — des marchés : voy. MARCHÉ ; — des fêtes patronales voy. DANSES ; — de la chasse : voy. GARENNE.

POLICE RURALE : à qui appartient le droit de faire les réglements : II, 282, 6 ; 338, 25 ; 353, 30 ; 370, 9 ; 399, 11 ; 405, 6 ; 413, 21 ; 457, 52 ; 669, 30 ; — Epoque de publication et renouvellement ; voy. BANS DE MARS, BANS DES ESCAUWAIGES ET BANS D'AOUT ;

— POLICE INTÉRIEURE : voy. BOUCHERS, BOULANGERS, ÉQUARRISSEUR, POIDS ET MESURES, FERS A CHARRUE, LOUAGE DE MAISON, HOTELIERS, JEUX DE DÉS, HOULIÈRES ; —**Dommage dans les jardins** : le jour 5 sous, la nuit la merci du seigneur, sauf les membres : II, 430, 42 ; 424, 67 ; —**Puits et mares** : chacun est tenu de les réparer à l'équipollent de sa puissance : II, 211, 7 ; — interdiction de laver des laines et des langes d'enfants à la mare : II, 208, 17 ; —**Bestiaux** dans les jardins : s'il y a gardien 60 sous d'amende, sans gardien, 3 sous à l'officier qui fait la prise, et restitution du dommage : II, 650, 13, 14 ; —**Fêtes patronales** : ordre de déposer les bâtons : I, 165, 16 ; —**Incendies** : visite des fosses servant de réservoir derrière les maisons : I, 171, 20 ; — interdiction des mauvaises cheminées : II, 490, 60, 61 ; — n'aller chercher du feu, dans les maisons, qu'avec lanternes sûres : II, 469, 147 ; — obligations d'avoir de l'eau à la porte des maisons, en temps de sécheresse : II, 469, 148, — **Clôture sur rue** : obligatoire après la mi-mars : II, 211, 6 ; 350, 20 ; 416, 61 ;

—**FLÉGARDS** : visite à la mi-mars, pour constater l'état des chemins et des haies : II, 152, 7 ; — pour faire relever les berges des rivières, rasseoir les pierres, élaguer les haies qui pendent : II, 230, 3 ; 380, 39 ; pour faire découvrir les bornes, restouper les jardins et manoirs sur flégards : II, 514, 7 ; les riverains des chemins sont tenus de découvrir les bornes : II, 350, 20 ; 491, 62 ; — on ne peut labourer sur les chemins, sous peine de 60 sous d'amende, au-delà des bornes : II, 469, 146 ; ni tourner la terre du chemin sur son champ : II, 658, 7 ; — **Bans** pour la réparation des chemins : se publient à la Saint-Jean : II, 699, 42 ; des chemins et rivières : II, 310, 8 ; 371, 14 ; droits et obligations des riverains : II, 394, 29, 30 ; 395, 31 ; 507, 33 ; commandements itératifs et amendes : II, 381, 40 ; — **Aises de ville** : leur usage et leur largeur : II, 487, 35, 36 ; 488, 37, 38, 39, 41, 45 ; 489, 46, 47, 48, 50, 51, 52 ; 490, 56 ; on peut couper les branches qui pendent et les laisser sur la place, quand elles gênent le passage : II, 488, 37, 38, 39, 41.

— **RIVIÈRES, CANAUX ET MARAIS** : nul ne peut picquer, fouir, heuer, férir estocs, faire ponts ou planches, sur la rivière, sans le congé du seigneur : I, 491, 4 ; — le seigneur a amende de 5 sous contre ceux qui négligent de relever les ruissaux et cours d'eau : II, 341, 17 ; on n'y peut faire tranchées, pour le flottage des prairies, sans son congé : II, 384, 2 ; lavage des laines et routoirs des lins défendus sous peine de confiscation : II, 341, 17 ; les bourgeois peuvent laver leurs moutons et établir routoirs à la rivière : II, 410, 12 ; — **Canaux** : on ne peut prendre ni dériver le bateau d'autrui, sous peine de 3 sous d'amende et de payer la journée de celui à qui il appartient : II. 490, 57 ; entretien des canaux : voy. ESCAUWAIGES, ESCRUEX, ESCHAUX, PRÉS DÉFENSABLES, MARAIS, PATURAGE.

— **BOIS** : usage du bois sec : II, 82, 10 ; défense d'y

scier de l'herbe : II, 415, 51, 52 ; avec taillant ou faucille : II, 235, 10 ; 294, 20 ; — **Abattage des coupes** : abattues avant la mi-mai, enlevées avant la Saint-Pierre, sous peine de confiscation: II, 646, 10; — **Réserves** : 40 étalons de l'âge du bois avec les chênes et vieux étalons : *ibid.*, 11 ; — **Charriage** : voy. BOIS A COUPE : I, 423, 10 ; — Police des bois : voy. DÉLITS FORESTIERS.

— **CHAMPS** : défensabilité des bornes ; défense de les arracher ou déplanter, sous peine de 60 sous : II, 506, 28 ; 610, 6 ; — des lesques ou oyats qui empêchent les sables d'envahir les terres, 10 sous : II, 607, 5 ; — pois et fèves sont défensables pour y cueillir de l'herbe, excepté pour sarclage : II, 460, 79 ; les autres grains, depuis la fin de mai, jusqu'au ban d'août : II, 426, 13 ; 438, 27 ; 460, 78, 79 ; — **Bestiaux** : ne peuvent pâturer sur autrui : II, 415, 50 ; 416, 60 ; — aux bosquiaux et chaingles qui ont moins de 3 ans : II, 415, 59 ; — Bergers : voy. CANTONNEMENTS ; — **Parc de moutons** : hors de la seigneurie : voy. PARC ; chacun a autorité de parquer ses blanches bêtes sans y accumuler celles d'autrui : II, 443, 26 ; — **Labourage** : que nul ne prenne la charrue d'autrui sans le consentement de celui à qui elle appartient : II, 415, 57 ; — que nul ne tourne sa charrue sur le labourage d'autrui : *ibid.*, 55 ; — Charriage sur le labourage d'autrui : *ibid.*, 53 , — **Fausse voie** : charrier dans les blés et les avoines, c'est fausse voie : II, 460, 77 ; —charriage hors du chemin, c'est fausse voie : II, 460, 75 ; — **Terre hersée** : berger qui y passe avec son troupeau fait fausse voie : II, 460, 76 ; 469, 145 ; herse et charrue qui y passent doivent être sur traineau : II, 415, 54 ; 469, 144 ; gens à pied y peuvent passer et gens à cheval sellé et bridé aussi : II, 460, 76 ; — **Faux sentier** : marque de défense doit être faite par le messier à l'entrée de ceux où il est interdit de passer : II, 460, 80 ; — **Amendes du faux sentier** : un habitant de la seigneurie, 2 deniers ; un étranger, 1 id. : II, 426, 12 ; 438, 26 ; un charretier en fausse voie doit 2 sous ; s'il persiste à passer outre, 5 sous : II, 426, 11 ; 438, 45 ; — **Bestiaux en délit** : voy. DÉLITS RURAUX ; — Messier ; voy. MESSIER ; — Esvardeurs des labours et des fumiers : voy. ESWARDEURS ; — **Labourage pour autrui** : obligation de celui qui fait ' .abours à prix d'argent : II, 415, 46.

— **PLAIDS GÉNÉRAUX** ; ont pour but la répression des contraventions aux bans de mars : II, 699, 38 ; voy. BANS DE MARS et PLAIDS-GÉNÉRAUX.

— **BANS D'AOUT** : police des moissons : le ban se publie avant la maturité des seigles et escourgeons : II, 457, 52 ; — ce jour là les sergents d'août remplacent les messiers qui ne reprennent leurs fonctions qu'à la Saint-Remi : *ibid.*, 53, 54, 55 ; — interdiction de charrier, de moissonner, de glaner avant soleil ou après soleil : II, 528, 5 ; 416, 65, 67 ; 458, 62, 69 ; 697, 16, 17 ; — **Glanage** : interdit à quiconque peut gagner 6 deniers par jour : II, 698, 23 ; les glaneurs doivent se tenir à vingt pieds de distance des blés droits : II, 416, 69 ; ne peuvent glaner en l'absence du maître du champ : *ibid.*, 70 ; dans ses javelles sans son consentement : *ibid.*, 68 ; — ne peuvent pas être trouvés sur chemin avant soleil ou après soleil : *ibid.*, 67 ; — ne peuvent glaner les jours de fête ou dimanche, sous peine de 6 deniers ; monter sur les dizeaux sous peine de pareille amende ; s'asseoir dessus, sous peine de 2 deniers d'amende : II, 528, 5 ; que nul ne transporte gerbe ou demi-gerbe, s'il ne trouve son garant : II. 416, 66 ; que nul ne rentre ses récoltes autrement que par les voies et chemins ordinaires : II. 458, 67 ; — **Bestiaux** : amende de 5 sous, quand ils sont pris dans les grains : II, 659, 63 ; de 60 sous contre les pasteurs gâtant les coisiaux : *ibid.*, 64 ; de 5 sous contre celui qui traine cheval ou vache par le lien et qui lui laisse manger les grains : *ibid.*, 68 ; — **Eteules nouvelles** : voy. ETEULES ; quantité que peut retenir celui qui a fumé ou parqué sa terre : II, 428, 27, 28 ; — **Responsabilité du seigneur** : il doit indemniser le tenancier à qui on a volé sa moisson, pendant l'août, à la condition que si celui-ci découvre le voleur dans l'année, il le dénoncera au seigneur : II, 424, 7 ; — **des parents** : si des bestiaux confiés à des enfants mineurs commettent des dégâts, les parents sont responsables : II, 416, 63 ; de même pour ceux dont les enfants glanent en l'absence du maître : *ibid.*, 70 ; 697, 23.

— **FRANCHES-VÉRITÉS** : pour juger les contraventions aux bans d'août : après le mois d'août le bailli et les échevins tiennent franches-vérités où les sujets sont tenus de comparaître, pour dénoncer les délits qu'ils ont vu commettre pendant la moisson : II, 416, 73 ; environ le mois de septembre, les baillis, francs-hommes et échevins tiennent la vérité d'août et d'autres délits communs : II, 698, 25 ; voy. FRANCHES-VÉRITÉS.

POMMES (vol de) : le jour 5 sous ; la nuit, le coupable est en la merci du seigneur, sauf les membres : II, 442, 67, 68.

PONCHON : espèce de futaille pour les liquides : II, 414, 31.

PONT-A-LANCE d'Abbeville : les habitants de Conchy et de Mourier sont exempts de travers jusque-là : II, 92, 24 ; 629, 9.

PORT D'ARMES défensives : les échevins peuvent l'interdire : II, 355, 38 ; 413, 26 ; 487, 34.

POSSESSION de 7 ans : pour acquérir par prescription : II, 215, 27 ; — **d'an et jour** : I, 399, 5.
POTENCE : obligation de la porter, pour devenir bourgeois d'Oisemont : I, 414, 6.
POURCEAUX (pâturage des) : interdit dans les marais et prés à foins : I, 378, 24 ; II, 60, 19 ; 110, 11 ; 119, 12 ; 132, 6 ; 399, 8 ; voy. MARAIS et BÊTES A LAINE : I, 190, 11 ; — désaveglés : II, 699, 37.
POULAINS MALES : ne peuvent être mis au marais commun, quand ils ont plus d'un an : II, 154, 7.
POULES de rente : se convertissent en argent : II, 413, 27 ; — **de cens** : une poule sur chaque manoir pour le rachat du droit de banalité : II, 211, 8.
POURSUITE : le bourgeois n'a poursuite depuis qu'il est arrivé dans la banlieue : I, 401, 10 ; — **Seigneurie de la poursuite** : la représentation y est admise : II, 656, 8.
PRAIRIES défensables : de la mi-mars à la mi-mai : II, 654, 23 ; voy. PRÉS.
PRATICIENS : leurs salaires pour leur journée de venir en cour, ouïr droit : II, 648, 16 ; voy. SALAIRES.
PRAYEL de Baralle : lieu où l'on tient les plaids de l'échevinage : II, 451, 17.
PRÉBENDES de St.-Amé en Douai : leur nombre : II, 521, 6 ; — rentes de blé et de poules : *ibid.*; — relief dû aux chanoines : II, 522, 7 ; — du chapitre de Fauquemberg : les rentes sont assises sur plusieurs maisons de la ville : II, 636, 1, 2.
PRÉCIPUT de veuvage : I, 295, 20 ; 308, 14 ; II, 285, 29 ; 499, 24 ; voy. VIVENOTTE, LINENOCTE, VESVETTE.
PRÉFÉRENCE entre créanciers : II, 682, 19 ; 690, 26.
PREMIÈRE MAISON du village ; voy. DÉLITS FORESTIERS.
PRÉS à foins : les habitants y peuvent couper de l'herbe, y faire de la tourbe et pêcher au cappel : II, 353, 28 ; — le pâturage y est interdit : I, 171, 21 ; — de Camon : ne doivent pas la dîme des fruits : I, 279, 4 ; — **Prés nouveaux** : en succession se divisent et se partagent entre les héritiers : II, 114, 4 ; — **Prés où le pâturage est permis** : après la saint Jean-Baptiste : II, 154, 7 ; 216, 30 ; après la récolte des foins : II, 390, 15, 16 ; après la Madeleine : I, 378, 25 ; après la saint Remy : II, 212, 13 ; 294, 28.
PRESCRIPTION d'an et jour : I, 69, 25 ; 403, 29 ; II, 607, 7 ; — **de sept ans** : I, 69, 26 ; II, 215, 7 ; — de dix ans : I, 223, 17 ; II, 666, 6 ; — **de vingt ans** : II, 96, 68 ; 499, 22 ; — de vingt et trente ans : II, 253, 16 ; 339, 34 ; — **de quarante ans** : I, 283, 17 ; — on ne prescrit pas le domaine seigneurial : I, 384, 3 ; 489, 19 ; — n'a pas lieu entre le seigneur et le tenant :

II, 96, 69 ; — on ne prescrit pas contre chartes : II, 681, 10 ; — pas de prescription en matière de servitudes d'égout et de fosses d'aisance : I, 90, 36 ; II, 600, 18 ; et de servitudes occultes : I, 90, 38 ; — ne court pas contre les enfants au profit des père et mère, et contre les mineurs au profit de leurs tuteurs : II, 666, 7.
PRÉSENTATION en justice : ce que c'est : II, 295, 15.
PRÉSENS : maïeur ou échevin qui en exige ou en reçoit doit être condamné à les restituer et à payer 20 sous : I, 71, 29.
PRESSOIR : personne autre que le seigneur ne peut avoir pressoir, sous peine de 60 sous et de le voir abattre : I, 310, 7 ; — les vignerons doivent presser leurs vins au pressoir du seigneur : I, 180, 8.
PRESSURAGE (droit de) : de sept pots, 1 pot : *ibid.*;
PRESTATIONS de lits : dues par certains manoirs à l'église de St.-Amé en Douai : II, 528, 4 ; — **de couronne** : les vassaux de Marieux n'en doivent pas au seigneur : II, 220, 13 ; — **de pains de Noël** : due par les vassaux en pairie de Domart : II, 98, 13.
PRÉVENTION : l'amende appartient au seigneur qui prévient : I, 171, 16 ; 500, 34 ; 503, 14 ; 506, 11 ; II, 60, 20 ; sauf le renvoi quand il est requis : I, 189, 6.
PRÉVÔT — D'AMIENS : comment procède en matière de larcin : I, 63, 2 ; le maïeur fait justice du bourgeois qui en vole un autre, quand le prévôt refuse de la faire : *ibid.*, 63, 4 ; le prévôt doit aider la commune à obtenir satisfaction d'un étranger : *ibid.*, 65, 5 ; peine contre celui qui l'injurie : *ibid.*, 71, 35 ; tient 3 plaids généraux : I, 75, 46 ; connaît des ventes et marchés à terme, et des enquêtes en matière dont la connaissance appartient aux échevins : I, 79, 20, 21 ; le maïeur d'Amiens ou son délégué institué prévôt pour le roi : I, 82, 15 ; serment qu'il prête le jour de sa création : I, 83, 17 ; — **DE LA CITÉ D'ARRAS** : conjure les échevins en matière criminelle et de délit : II, 266, 1 ; poursuit l'exécution et le châtelain fournit l'exécuteur : II, 268, 15 ; — **DE BEAUQUESNE** : reçoit, comme fermier du roi, les droits et les rentes du domaine : II, 207, 6 ; administre avec les échevins la justice et la seigneurie : II, 206, 3 ; connaît avec eux des cas de haute, moyenne et basse justice : II, 206, 2 ; l'appel de ses sentences, comme prévôt de la ville, ressortit au parlement de Paris : II, 206, 1 ; amendes dont il a le profit : II, 208, 14, 17 ; — **DE BRUCAMP** : tient le fief de la prévôté : I, 478, 1 ; — **DE CAMBLIN** : le prévôt se renouvelle tous les ans, en même temps que les échevins : II, 230, 1, 2 ; fait avec eux la visite des flégards : *ibid.*, 3 ; — **DE CAUMONT** : prévôt fermier qui connaît des demandes personnelles, des clains et

arrêts entre personnes non privilégiées : II, 87, 3, 4 ;
— DE CONCHY : ne peut arrêter un bourgeois qu'avec l'assistance de deux échevins : II, 92, 21 ; les taverniers lui doivent un lot de vin ou de cervoise sur chaque pièce qu'il affore : II, 92, 22 ; — DE CORBIE : prévôt de la ville créé pour exercer la justice au lieu et place de la commune supprimée : I, 300, 36 ; tient ses plaids deux fois le jour : I, 302, 43 ; ne connaît pas des héritages : I, 300, 37 ; connaît des demandes personnelles entre les habitants : I, 301, 42 ; des contestations sur marchandises : I, 301, 41 ; des eswards des métiers : I, 301, 40 ; des infractions aux ordonnances de police : I, 301, 39 ; des injures et voies de fait : I, 300, 38 ; fait les afforages : I, 295, 19 ; les inventaires des biens des trépassés : I, 305, 55 ; ce qu'il doit savoir : I, 296, 21 et 5 ; comment il doit exercer son office : *ibid.*, chap. III ; — DE DAOURS : il a 16 deniers pour chaque arrêt qu'il fait : I, 309, 23 ;
— DE FLIXECOURT : ne peut siéger sans maïeur ni échevins : II, 216, 23 ; reçoit les dessaisines : *ibid.*, 24 ; fait publier la visite des haies à la mi-mars : II, 216, 25 ; les maire et échevins doivent obéir à ses ordres : *ibid.*, 27 ; fait les bornages avec eux, en coterie ; *ibid.*, 33 ; reçoit le serment des maïeur et échevins : II, 217, 42 ; — D'HEUCHIN : le prévôt mentionné dans les signatures : II, 634, »» ; — D'HOUDAIN : conjure les vassaux : II, 309, 4 ; fait publier le ban et fait la visite des chemins, ponts et rivières : II, 310, 8 ; exerce la justice avec les échevins : II, 315, 1 ; préside à l'élection des échevins : II, 316, 2 à 12 ; a 5 sous pour chaque saisine : II, 325, 48 ; ne peut connaître d'aucun cas de justice pendant la franche-fête : II, 327, 59 ; — DE MOLLIENS-VIDAME : connaît des arrêts avec les échevins : I, 184, 1 ; son sergent prête serment devant le maïeur et les échevins : I, 185, 14 ; il ne peut prendre qu'un denier quand il ajourne un bourgeois : I, 185, 15 ; le maire et les échevins le peuvent contraindre à statuer sur les plaintes qui lui sont adressées : I, 185, 16 ; — D'OCCOCHE : exécute les sentences prononcées par le maïeur et les échevins : II, 147, 1 ; — D'OISEMONT : nommé par le commandeur sur une liste de deux candidats élus par les bourgeois : I, 413, 1 ; nomme les eswards du pain, de la viande et du poisson : I, 414, 1 ; connaît de toutes les causes civiles et criminelles : *ibid.* ; — D'OISY : le bourgeois qu'il ajourne doit comparaître : II, 429, 37 ; serment qu'il doit prêter : II, 431, 51 ; — D'ORVILLE : fait les saisines et les dessaisines avec les échevins : II, 152, 9 ;—
DE PERNES : prévôt commis par le seigneur, conjureur des échevins : II, 259, 6 ; connaît avec les maïeur et échevins des délits des forains dans la ville et banlieue : II, 253, 19 ; serment qu'il prête : II, 254, 21 ;

ses profits sur les reliefs et saisines : *ibid.*, 20 ; ses droits sur le pesage des marchandises : II, 257, 40.
PRÉVÔTÉ à ferme : celle d'Amiens vendue par le roi à la commune : I, 80 à 82 ; — en garde : celle de Vimeu : I, 368, »» ; — celle de Corbie, pourquoi pas donnée à ferme : I, 300, 36 ; — en fief : tous les manoirs cotiers tenus de la prévôté de Brucamp doivent relief d'une paire de gants ou 4 deniers parisis : I, 478, 1 ; — limite séparative des prévôtés de Beauquesne et de Montreuil ; II, 630, 2.
PRÊTS D'AVOINE : rente payée par anticipation : II, 280, 12.
PRÊTS FORCÉS au seigneur : I, 403. 32, 33. 34.
PREUVE de la dette : II, 71, 17 ; 123, 14 ; — testimoniale : II, 671, 13 ; 672, 14, 677, 48.
PRIEUR de Flixecourt : doit fournir un taureau et un verrat à la commune et un clerc capable pour la servir : II, 216, 34.
PRINCIPAL MANOIR : voy. QUIRYMEZ.
PRISÉE du dommage : salaire des échevins : II, 651. 15 ; — des rentes de grains : II, 678, 50.
PRISE de bestiaux ; voy. DÉLITS RURAUX ; II, 426, 15 ; — de corps : peut être prononcée sur simple dénonciation, pendant le plaid général, mais en autre temps, il faut condamnation ou obligation : II, 344, 39 ; — contre femme mariée, on ne peut saisir son corps, mais ses biens meubles, si son mari en fuite : II, 465, 104, 105 ; — d'eau : pour le flottage des prés : II, 635, 5 ; — de gage : permise à celui qui trouve des bestiaux dans ses grains : II, 426, 14 ; — de poisson : voy. CHASSE-MARÉE ; II, 311, 16, 658, 9 ; — de vue : des messiers : II, 289, 20 · 479, 6.
PRISEURS DES RENTES : II, 669, 29 ; 694, 11.
PRISON : signe de justice : II, 147, 5 ; — Prison d'échevinage : II, 217, 79 ; — pour dettes : traitement du débiteur arrêté : II, 82, 5 ; 261, 6 ; 292, 14 ; 337, 19 ; 462, 94 ; 633, 27 ; — cas où elle est prononcée comme peine : I, 416, 5 ; II, 77, 15, 17 ; 83, 4 ; 101. 4 ; 230, 2 ; 249, 31, 32, 361, 19 ; 634, 34 ; 673, 27.
PRISONNIER (garder) : obligation des sujets envers le seigneur : I, 525, 6 ; II, 60, 27.
PRIVILÈGES de bourgeoisie : Ardre : II. 671, 8 ; — Beauquesne : II, 206, 5 ; 207, 10 ; 209 ; 19, 20, 21 ; — Beauval : II, 69, 7, 8 ; 71, 22. 23 ; 72, 25, 30 ; — Bourrech-sur-Canche : II, 82, 6, 7, 8, 9, 10 ; 83, 16 ; — Brédenarde : II, 664, préamb. ; 665, 1 ; —Caumont : II, 98, 15 ; 99, 23 ; — Conchy-sur-Canche : II, 91, 14, 17 ; — Domart : II, 98, 15 ; 99, 23 ; — Doullens : II, 104, 18 ; — Filièvres : II, 109, 8, 9 ; — Gamaches : I, 399. 4, 6 ; 401, 7, 8, 9 ; 402, 12, 16 ; — Guines : II, 659, 1 : 660, 2 ; — Hénin-Liétard : II, 356, 1 ; — Molliens-

Vidame : I, 185, 13, 14. 15, 16 ; 186, 18, 25 ; — Oisemont : I, 415, 10, 11 ; — Saint-Riquier : I, 515, 4 ;
— **PRIVILÉGES** des vassaux en pairie : voy. **PAIRS** ; II, 304, 17 ;
— **PRIVILÉGES** de l'église de St.-Amé en **Douai** : II, 519, 3.

PROCÉDURE : ajournement : I, 92, 47 ; II, 322, 34 ; — appel : I, 94, 57, 58 ; voy. **APPEL** ; — arrêts : II, 320, 24, 25, 29 ; voy. **ARRÊTS** ; — contremans : II, 322, 34 ; — criées et subhastations : I, 91, 46 et suiv.; — défaut : voy. **DÉFAUTS** ; — enquête : I, 93, 53 ; — exceptions dilatoires : I, 93, 49, 50 ; — matières personnelles et réelles : I, 93, 50 ; II, 319, 23 ; — marchands forains : I, 94, 59 ; 95, 61 ; — jour d'avis : I, 304, 44 ; — vue de lieu : *ibid.;* — rentes non payées : II, 413, 25 ; voy. **PANDINGHE** ; — rôle des causes : II, 320, 26.

PROCÈS entre le seigneur et ses bourgeois : I, 404, 42 ; — de corps de ville : — comment se paient les dépens : II, 470, 149.

PROCUREURS : vacations par journée : II, 648, 15 ; — salaire pour la journée de plaidoirie : II, 320, 26.

PROPRIÉTÉS COMMUNALES : ne peuvent être données que par bail à terme et non par bail à vie : I, 78, 16.

PROYER : berger de communauté : II. 343, 25 ; 533, 27.

PROXIMITÉ (retrait par) : voy. **RETRAIT LIGNAGER**.

PUBLICATIONS : pour l'entretien des chemins : voy. **BANS DE MARS** ; pour la tenue des franches-vérités : voy. **FRANCHES-VÉRITÉS**.

PUCHOIRS : puisoirs sur les cours d'eau : I, 286, 21.

PUINÉ (succession du) : voy. **MAINSTE** ; — en **Vimeu** n'a droit qu'à un quint viager : I, 366, 3.

PUITS (privilége du) : les bourgeois peuvent avoir un puits dans leur ténement : I, 415, 11 ; — commun : comment se fait la répartition de la dépense d'entretien : I ; 479, 6 ; II, 214, 7 ; — à **marne** : le seigneur qui prévient à l'amende, en cas de renvoi : I, 506, 11 ; — amende de 60 sous : II, 599, 11.

PURGATIO DELICTI manu sola : I, 314, 6.

Q.

QUARTES (jeux de) : voy. **CARTES**.

QUASI-DÉLIT : père responsable des délits commis par son fils mineur : I, 73, 42.

QUATRE-PORTES de Beaurain (entre les) : les droits de relief n'y sont pas les mêmes que dans la châtellenie : II, 603, 1.

QUEMINÉE (mauvaise) ; voy. **CHEMINÉE**.

QUEUTE-A-COURT : est entendu lit à plume, traversin, couverture : I, 391, 7 ; II, 74, 7 ; queute-à-court et prisonnier garder : II, 60, 27 ; sac et queute-à-court : II, 211, 3 ; — est dû pour une nuit seulement, quand notables chevaliers sont au château : II, 235, 12 ; quand le seigneur fait assemblée de noblesse : I, 525, 6 ; est dû au seigneur quand il vient au château sans sa femme : II, 631, 12 ; obligatoire pour les tenans cotiers ayant manoirs amasés : I, 198, 3 ; II, 134, 5 ; 144, 3 ; 273, 6, 25 ; 303, 14 ; 639, 13 ; pour plusieurs habitants : I, 286, 18 ; pour quelques maisons seulement : II, 158, 11 ; sauf ceux qui sont exempts par fait spécial : I, 506, 3 ; abonnement du seigneur : II, 424, 6 ; 436, 10.

QUEVALLÉE : charge d'un cheval : II, 615, 6.

QUIEFMEZ : droit de choisir le manoir principal hors part ; — appartient à l'aîné des enfants : II, 56, 2 ; 57, 1 ; 66, 7 ; 70, 15 ; 71, 16 ; 85, 9 ; 90, 4 ; 104, 16 ; 106, 1 ; 132, 4 ; 139, 13 ; 148, 10 ; 157, 4 ; 244, 4 ; — appartient au puîné : II, 622, 2 ; maison manable réputée quiefmez : II, 598, 5 ; faculté d'en disposer ? II, 600, 16 ; voy. **MANOIR PRINCIPAL**.

QUINT des coteries (donation de) : peut être convertie en argent : I, 85, 8 , — **Quints** viagers : du Vimeu : I, 366, 3 ; — **des fiefs** : se partagent entre les puînés : II, 417, 1 ; — ne peuvent plus se quintier qu'à la 3.ᵉ génération : II, 689, 20 ; — retour au fief principal : quand les quints des fiefs font retour au fief principal, ils constituent autant de fiefs différents : II, 417, 1 ; — **Quint denier** : droit de vente des fiefs : toute vente de fief est chargée du droit de quint denier, à moins de fait spécial contraire : I, 282, 10 ; — **Quint et requint** (droit de) : voy. **VENTE**.

QUIND ou demi-quind : service du sien ou service agréable : offre que le créancier fait au seigneur, du cinquième ou du dixième de sa créance, pour qu'il procède, par voie d'exécution et de saisie, contre le débiteur de son obligation : II, 311, 17 ; 314, 7 ; 421, 7 ; 474, 166 ; 477, 178 ; 487, 35.

QUINTE-MAIN (aller à sains par) : jurer avec quatre témoins que la demande est mal fondée : II, 502, 6.

QUIS de bestiaux : bestiaux échappés sous l'impression d'une panique : II, 430, 43.

QUŒUE et demi-quœue : espèce de futailles : II, 414, 31.

QUOISEAUX : que nul glaneur n'en approche à 20 pieds près : II, 416, 69.

R.

RACHASSEUR : officier chargé de faire rentrer les bêtes fauves dans la garenne : II, 621, 139.

RACHAT de rente : vente faite sous cette condition, engendre un droit de 12 deniers nommé *crau* : II, 623, 10.

RAINCHEAU : rameau, signe de tradition réelle, symbole d'investiture : II, 632, 24.

RAPPORT à succession : obligatoire pour l'enfant doté : I, 84, 5 ; II, 94, 16 ; 239, 15 ; 352, 24 ; 403, 26 ; 412, 13 ; 499, 17 ; 505, 20, 21 ; 668, 25.

RAPT : cas réservé : I, 401, 3.

RASIÈRE de blé : vaut en argent 13 sous ;—d'avoine : vaut 4 sous : II, 413, 27.

RAVISSEMENT (droit de) : saisie des fruits pour devoirs non faits : n'a pas lieu en main-ferme : II, 358, 6, 7.

RAYME, ramée, fagots : II, 483, 11.

RÉALITÉ ; droit réel par hypothèque royale : I, 520, 10.

REBELLION (en cas de) : le seigneur qui n'a que justice foncière peut avoir amende de 60 sous : I, 314, 12 ; 433, 14.

RESCOUSSE ou résistance à justice : opposition par force et violence aux actes de justice : I, 294, 15 ; — comment on la fait cesser : I, 294, 15 ; — comment punie : amende de 60 sous : *ibid.* ; — dans quel cas pas punie : I, 294, 16 ; — à la justice des jurés : II, 70, 10 ; — au jugement des échevins : II, 286, 36 ; — à saisie de meubles : I, 287, 28 ;

RECORD de coutume : du 12 mars 1447 : II, 492, *in fine ;* dans un plaid général : II, 482, préamb. ; — de convention faite devant les échevins : il en faut 3 pour la certifier : II, 504, 18 ; — de loi : amende de 2 sous contre celui qui requiert record de chose dont les échevins ont dit enseignement sur leur siège : II, 504, 13.

RECEL des bannis : pour fait infâme : I, 403, 27 ; — des épaves : amende de 60 sous : I, 487, 11.

RÉCOLTE (achat de) : droit de 4 deniers par pièce de terre, pour le tonlieu : II, 513, 8 ; — avant le champart prélevé : amende de 60 sous : II, 466, 114.

RECOMPTE ; droit d'une botte , sur 300 récoltées dans la même pièce, que le seigneur prend indépendamment du champart : II, 65, 3.

REFUS de manoir : voy. MANOIR ; II, 398, 5 ; — de vendre : voy. MARCHANDISE (refus de) : II, 427, 24 ; — d'office par l'échevin élu : II, 316, 2 ; voy. OFFICES.

REGALER les fiefs et coteries : saisir les fruits faute de relief : II, 332, 13

RÉGALIEN (droit) : l'église de Corbie peut battre monnaie : I, 187, 24.

RÉGLEMENTS des métiers : obligatoires pour les sujets de l'évêque et du chapitre d'Amiens : I, 78, 18.

RÉGIME FORESTIER : VOY. POLICE RURALE, GARENNE et DÉLITS FORESTIERS.

REGISTRES des bourgeois : font foi en justice jusqu'à 10 sous 1 denier : II, 652, 33 ; — d'échevinage : où s'inscrivent les contrats de mariage ; les échevins en font la visite : II, 298, 19.

RELIEFS : alleux, 4 deniers parisis : II, 385, 8.

— **RELIEFS DES FIEFS** : Principes généraux : un homme de fief ne peut être homme de son seigneur qu'après avoir payé le relief : II, 664, 1 ; les puînés doivent relever leur quint du seigneur des quatre parts : II, 662, 13 ; — fiefs doivent être relevés dans le délai de quarante jours : I, 281, 3 ; —faute de relief, le seigneur fait les fruits siens : II, 531, 4 ; — de fûts de lance : II, 351, 6 ; 403, 33 ; — d'éperons d'or : II, 351 : 6 ; 401, 19 ; — de cygnes : II, 401, 19 ; — à cheval et en armes : II, 418, 3 ; — d'achat : indépendant du droit de vente : II, 376, 10 ; — de fait : a lieu en fief comme en coterie : II, 366, 2 ; — selon la nature des fiefs : fiefs en pairie, 10 livres : I, 168. 1 ; 281, 3 ; 396, 4 ; 495, 1 ; voy. PAIRIES ; — fiefs en plein hommage, 60 sous parisis : I, 168, 1 ; 421, 1 ; 495, 2 ; 496, 3 ; 511, 2 ; — de bail : pour les fiefs de la femme et du mineur, pareil au relief de succession, mais sans chambellage : I, 189, 8 ; 281, 3 ; 397, 11, 12 ; 483, 11 ; 512, 22 ; II, 377, 17, 18 ; — n'est pas dû quand la femme se remarie : II, 663, 17 ; voy. FIEFS.

— **RELIEFS DES COTERIES** : Principes généraux : le survivant ne doit pas de relief pour sa part dans les acquêts : II, 312, 19 ; quand l'héritage se divise, l'héritier de chaque portion doit 7 sous de relief : II, 66, 9 ; 70, 14 ; — le puîné qui appréhende les héritages cotiers, ne paie qu'un simple relief : I, 177, 1 ; en coterie, de mère à fils, il n'y a point de relief : II, 219, 1 ; — le relief doit être fait dans le délai de sept jours et sept nuits : I, 169, 6 ; 281, 3 ; 310, 2 ; 482, 10 ; peine du relief tardif : amende de 7 sous 6 deniers : I, 490, 3 ; le seigneur fait les fruits siens : I, 385, 5 ; 490, 3 ; II, 481, 10.

— **DIFFÉRENTES SORTES DE RELIEFS** : de la veuve : quand elle accompagne le corps à l'église, elle doit payer 2 sous, avant de rentrer au domicile mortuaire II, 227, 40; 285, 27; — **du douaire** : il est de 7 sous : II, 70, 12 ; — **des enfants**: un seul peut relever pour les autres : II, 286, 34 ; — **des bigames**: il est dû 1 blanc denier seulement : II, 404, 1 ; — **des prébendes canonicales**: de chaque rasière, 1 franc d'Artois: II, 522, 7 ; — **du curé**: II, 367, 2 ; — **de gants** : I, 478, 1 ; — **à merci** : le 6.ᵉ denier de la valeur et prisée des ténements, en y comprenant la valeur vénale des bois, récoltes et édifices : I, 494, 2 ; 525, 1 ; II, 64, 1 ; 75, 1 ; 79, 1 ; 134, 1 ; 135, 1 ; 143, 2 ; 144, 1 ; 155, 1 ; 156, 1 ; 240, 1 ; 301, 7 ; — **Règle nouvelle**: autrefois le mort saisissait le vif, mais depuis 60 ans, on use de relief à merci: II, 702, 7 ; — **de fait**: le 5.ᵉ denier : I, 477, 6 ; 511, 4; tel cens, tel relief : I, 518, 1 ; 519, 1 ; — **de vin** : 4 setiers de vin par maison, 4 setiers par journal de terre : I, 310, 1 ; coteries dans la banlieue, 1 setier de vin ou 6 sous : II, 66, 6 ; 85, 7 ; 101, 2 ; 102, 7 ; 131, 1 ; — vignes ou terres cotières : 1 muids de vin ou 18 sous tournois : II, 225, 1 ; 397, 11, 12 ; — 8 lots de vin : II, 598, 7 , — **à volonté** : le 10.ᵉ denier de l'estimation : II, 412, 18 ; — **de bouche**: manoirs et anciens enclos: le mort saisit le vif, et il n'y a que relief de bouche : II, 602, 1 ; 616, 1.

— **SUCCESSIONS SANS RELIEF** : les héritages qui ne doivent que la plume, ne se relèvent pas : II, 613, 1; la plume ne se relève pas : II, 610, 2 ; prés à faucher ne doivent aucun relief: II, 103, 11 ; — l'aîné appréhende son chef-lieu ou quiefmez sans payer relief: II, 98, 2 ; 106, 1 ; — **coteries qui ne doivent pas de relief** : I, 491, 3 ; II, 56, 1 ; 62, 5 ; 151, 5 ; 211, 1 ; 221, 1 ; 228, 4 ; 295, 4 ; 345, 1 ; 372, 1 ; 387, 4 ; 388, 4 ; 603, 1 ; 607, 9 ; 647, 1 ; 665, 4 ; 692, 39.

— **COTERIES qui doivent relief d'argent**: le 6.ᵉ denier : II, 134, 4 ; 480, 2 ; le 10.ᵉ denier : II, 364, 22 ; le 20.ᵉ denier : II, 492, « ; — le double du cens ou de la rente : I, 522, 4 ; II, 57, 1 ; 59, 4 ; 62, 5 ; 74, 1 ; 78, 1 ; 80, 2 ; 89, 2 ; 114, 2 ; 132, 1 ; 154, 2 ; 157, 4 ; 160, 3 ; 246, 8 ; 379, 26 ; 524, 3 ; 602, 1 ; 603, 1 ; 609, 6 ; 613, 1 ; 614, 1 ; 627, 5, 6 ; 637, 12 ; 661, 11 ; 676, 45 ; — le cens ou la rente d'une année : I, 373, 5 ; 381, 2 ; 382, 2 ; 383, 2 ; 384, 4 ; 387, 3 ; 388, 3 ; 389, 2, 3 ; 391, 2 ; 392, 4 ; 393, 2, 5 ; 394, 1 ; 396, 4 ; 408, 5 ; 409, 3 ; 411, 2 ; 423, 6 ; 477, 1 ; 480, 2 ; 481, 2 ; 485, 2 ; 493, 2 ; 496, 5, 6 ; 503, 2 ; 523, 2 ; II, 64, 1 ; 99, 21 ; 119, 3 ; 158, 3 ; 219, 1 ; 247, 1 ; 309, 5 ; 396, 3 ; 493, 2 ; 603, 2 ; 612, 2 ; 656, 9 ; 657, 7 ; 700, 49 ; — *de 10 sous :* I, 490, 4 ; II, 153, 3 ; — *de 8 sous* : II, 202, 1 ; — *de 7 sous* : II, 66, 8 ; 70, 13 ; 85, 3, 4 ; — *de 6 sous* : II, 159, 2 ; — *de 5 sous* : I, 197, 6 ; 496, 6 ; 507, 1 ; II, 610, 2 ; 611, 3 ; — *de 3 sous* : II, 62,

2, 114, 4 ; 142, 2 ; — *de 2 sous 6 deniers* : I, 165, 1 ; 429, 3 ; *de 2 sous*, 4 deniers : I, 104, 13 ; *de 2 sous,* 3 deniers : I, 177, 1 ; *de 2 sous* : I, 168, 5 ; 181, 1 ; 192, 1 ; 490, 4 ; II, 223, 3 ; 234, 3 ; 342, 10 ; — de 32 deniers : I, 523, 3 ; de 28 deniers : I, 144, 1 ; de 20 deniers pour l'homme, de 16 deniers pour la femme : II, 211, 4 ; de 18 deniers au journal: I, 407, 1 ; II, 80, 4 ; 602, 1 ; de 16 deniers par chaque relevant : I, 198, 1 ; 311, 1 ; II, 202, 1 ; 213, 1 ; de 14 deniers par journal de masure : I, 179, » ; II, 108, 3 ; de 12 deniers du journal de terre à labour : I, 168, 5 ; 187, 2 ; 188, 1 ; 191, 1 ; 385, 7 ; 480, 2 ; 491, 3 ; 492, 1 ; 493, 1 ; 497, 8 ; 507, 1 ; 508, 1, 2, 4 ; 515, 5 ; 523, 3 ; II, 85, 5 ; 78, 1 ; 103, 12 ; 106, 5 ; 108, 3 ; 119, 2 ; 142, 2 ; 145, 2 ; 149, 12 ; 155, 1 ; 157, 3, 4 ; 160, 4 ; 201, 1 ; 212, 4 ; 214, 1 ; 221, 2 ; 224, 2 ; 237, 5 ; 249, 30 ; 252, 7 ; 277, 30 ; 342, 10 ; — du journal de bonne terre, 12 deniers, de terre bieffeuse, 9 deniers : I, 478, 2 ; de chaque journal, 6 deniers : II, 228, 1 ; 234, 2 ; — de chaque relevant 6 deniers : II, 278, 1 ; de chaque relevant, 4 deniers : I, 421, 1 ; 423, 4; de chaque masure, 4 deniers : I, 427, 8 ; 478, 1 ; II, 155, 1 ; 228, 1 ; — relief de 2 deniers : II, 139, 24 ; 284, 22, 627, 3 ; de 1 denier : II, 609, 5.

— **TERRES LOTIÈRES** : 4 deniers parisis du journal . I, 419, 3.

— **MAINFERMES**: la femme veuve relève pour ses enfants : II, 343, 22 ; le mort saisit le vif avec relief : du double de la rente : II, 277, 28, 29 ; de 2 sous par chaque héritier : II, 557, 5 ; de 12 deniers, au maire: II, 525, 1 ; de 4 deniers par manoir amasé, et de 1 denier par mencaudée de terre : II, 409, 6 ; 410, 1 ; — le mort saisit le vif sans relief actuel : II, 419, 9.

— **ÉCHEVINAGES** : le survivant doit relever sous peine de 60 sous : II, 323, 38 ; la femme doit relief, le mari pas : II, 334, 21 ; 351, 15 ; du 10.ᵉ denier : II, 365, 6 ; du 13.ᵉ denier : II, 368, 13 ; de 4 deniers : II, 479, 1 ; de 4 deniers, par manoir et de 1 denier par mencaudée de terre : II, 401, 19 ; les héritiers succèdent de plein droit : II, 267, 4 ; 533, 3 ; 496, 3 ; 508, 4.

— **BOURGAGES**: **Principes**: les reliefs sont dus au bourgeois bailleur à surcens : I, 515, 4 ; les non-bourgeois doivent le 5.ᵉ denier , pour relief des meubles qu'ils appréhendent : II, 253, 14 ; les bourgages provenant du mari se relèvent, ceux du côté de la femme ne se relèvent pas : II, 90, 1, 3 ; la femme ne paie aucun droit de relief: II, 152, 1 ; — **Bourgages qui paient relief**: de 7 sous 6 deniers : II, 109, 1 ; 112, 1 ; de 4 sous par journal et du loyer d'une année pour les maisons : I, 511, 5 ; de 3 sous par la femme veuve: II, 122, 10 ; par chaque héritier : II, 122, 10 ; de 2 sous : II, 237, 1 ; de 16 deniers : II, 288, 10 ; de 12 deniers pour les enfants mâles, pour les filles rien : II, 338, 31 ; de 12 deniers par ténement : II, 256, 1 ; 252, 7 ; de 12 deniers pour toute la succession, et qu'un seul héritier paie pour tous : II, 632, 18 ; 640, 1 ; de 7 deniers par ténement : II, 152, 1 ; de 4 deniers seulement pour les bourgages du Vimeu : I, 366, 2 ; 386, 4 ; 414, 5 ; — **Bourgages sans reliefs** : I, 186, 22 ; 378, 21 ; 398, 1 ; 403, 30 ; 477, 8 ; II, 83, 12 ; 98, 15 ; 116, 1 ; 207, 7 ; 214, 1 ; 393, 21, 622, 1 ; 683, 26.

RENCLOTURES : voy. LOTIÈRES : I, 419, 3.

RENGUILLAGE : ce que c'est : II, 343, 20.

RENONCIATION : femme qui renonce ne perd pas son douaire : II, 360, 13 ; — **au droit de bourgeoisie** : I, 314, 14 ; voy. BOURGEOISIE.

RENOUVELLEMENT de la loi : voy. LOI.

RENTES en nature : les rentes en nature sont en blé, avoine, chapons, poules, pain, œufs, éteufs, fer à cheval etc. : II, 403, 27 ; — sont dues par les tenanciers des héritages en coterie et main-ferme : II, 408, 4.

— **RENTES DE GRAINS** : l'avoine doit être mesurée à main torse, de manière qu'on ne voye pas les bords : II, 346, 5 ; — le blé doit être aussi bon que le meilleur du pays : II, 344, 3 ; — les rentes en nature se convertissent en argent : II, 413, 27 ; — **Prisée des rentes en nature** : prisée des grains, comment se fait : II, 678, 50 ; 604, 11 ; des chapons et poules, prix invariable : II, 678, 50.

— **ABONNEMENT** pour les rentes en argent : II, 423, 1, 2, 3 ; 428, 26 ; 435, 1, 2, 3, 4 ; on peut labourer douze mencaudées pour 6 sous et au-delà de douze, pour 12, sous : II, 423, 1 ; celui qui tient 4 mencaudées doit 4 sous : II, 423, 2 ; qui tient mez entier doit 3 sous : ibid., 3 ; le sous-hôte, 6 deniers : ibid.; 6 deniers qui paie 6 deniers pour son labour, ne doit rien pour son manoir : ibid.; celui qui a manoir, paie 6 deniers par mencaudée, celui qui n'en a pas, paie 12 deniers : II, 62, 6 ; chaque manoir paie 30 deniers : II, 407, 2 ; on prend sur chaque journal de terre vilaine, quand elle porte, 6 deniers : II, 217, 43 ; sur certains manoirs et terres 10 deniers : II, 406, 1 ; ceux qui ont des terres et pas de manoirs, doivent 16 deniers ; et 4 deniers seulement par journal quand ils ont un manoir : II, 234, 4 ; si deux manoirs amasés sont réunis en un seul, il est dû deux rentes, lorsqu'on y fait feu : II, 253, 27 ;

— **RENTES** en bottes : là rente ou terrage est de 8 bottes sur 100 bottes ou warats : II, 65, 3 ; 212, 9 ; voy. CHAMPART ;

— **ÉCHÉANCE** des rentes en nature et en argent : Noël, Pâques et Pentecôte, époques où se tiennent les plaids généraux : II, 270, 30 ; les sujets doivent avoir payé leurs rentes auparavant : II, 703, 6 ; voy. PLAIDS-GÉNÉRAUX ;

— **RECETTE DES RENTES** : usages différents : II, 270, 30 ; 279, 9, 11 ; 295, 16, 423, 3 ; 435, 4 ; 637, 7 ; — prêts d'avoine, par anticipation du terme d'échéance : II, 280, 12 ;

— **RENTES FONCIÈRES, principes** : rentes inféodées, rachetables, sont immeubles ; rentes non inféodées rachetables, sont meubles et partageables : II, 252, 11 : rentes rachetables hypothéquées sur fiefs et coteries, sont meubles : II, 381, 46 ; — les détenteurs des maisons chargées de rentes réelles sont tenus du service des arrérages : II, 248, 17 ;

— **RENTES SEIGNEURIALES** : voies d'exécution : I, 287, 28 ; II, 270, 31 ; 283, 26, 30 ; 443, 25 ; 422, 23 ; 663, 22 ; 666, 8 ; 680, 9 ;

— **RENTES CONSTITUÉES PAR LETTRES** ; voies d'exécution : II, 239, 16 ; 477, 179 ; 675, 38, 39 ; 676, 43, 44 ; 681, 16 ; 688, 12.

— **RENTES VIAGÈRES** : exécution : II, 268, 12 ; voy. STELLINGHE.

RENTRÉE de l'héritier au domicile mortuaire après l'enterrement : I, 308, 1 ; — **de la veuve** : voy. RELIEF DE LA VEUVE.

RENVOI devant une autre juridiction : dans quel cas doit être ordonné : I, 89, 34 ; 171, 16, 17 ; 189, 6 ; 302, 42 ; II, 152, 8 ; 253, 18 ; 299, 27 ; 599, 12 ; 644, 8, 671. 8.

REPAS des échevins : menu qui le compose : II, 280, 13 ; — des nouveaux hommes de fief : voy. CUIRET ; II, 376, 6.

RÉPARATION de l'église : on y emploie le résidu des amendes des délits commis pendant la moisson : II, 69, 8.

RÉPARTITION des tailles communes : comment se fait : II, 216, 31.

REPRÉSENTATION (droit de) : dans le partage des successions n'a pas lieu : II, 352, 23 ; 389, 4 ; 403, 26 ; 412, 13 ; 498, 15 ; 646. 23 ; 647, 1 ; 656, 8 ; — a lieu en ligne directe et collatérale, pour les coteries et bourgages : II, 246, 9, 379, 27, 28 ; 396, 10, 11, 631, 13 ; 659, 7 ; 662, 14 ; 665, 3 ; 683, 27.

RÉSÉANDISE (droit de) : dû par ceux qui ont des manoirs non habités : de 5 sous : I, 391, 6 ; 409, 5 ; 423, 7 ; de 2 sous : I, 478, 3 ; — dû par les forains qui cultivent les terres à champart : II, 65, 1 ; — dû par ceux qui ont manoirs non habités : II, 74, 4 ; 119, 9 : 139, 14 ; 218, 10 ; 234, 4 ; 294, 23 ; — **quotités de ce droit** : 16 deniers par journal : II, 234, 4 ; du journal 12 deniers : II, 65, 1 ; 218, 10 ; du journal 6 deniers : II, 294, 23 ; quatre boisseaux de blé : II, 74, 4 ; trois quartiers de blé par an : II, 139, 14 ; — on s'exempte de ce droit, à Beauval, en y résidant en mars et en septembre : II, 65, 1 ; à Hérissart, en y couchant la veille de la Saint-Jean-Baptiste : II, 218, 10.

RÉSIDENCE FIXE : interdite aux non-bourgeois dans les villes de commune et bourgeoisie, sans congé : I, 403, 24 ; II, 326, 53 ; — **Changement de résidence sans congé** : interdit aux sujets de la seigneurie, sous peine de saisie de leurs héritages : II, 334, 6.

RÉSISTANCE aux violences des forains : II, 398, 6.

RÉSOLUTION du bail à rente : II, 652, 34 ; voy. RENTES.

RESPONSABILITÉ : en matière de crimes et délits, commis par des serviteurs ou des enfants mineurs : I, 314, 6 ; II, 124, 18 ; 416, 63, 70 ; 424, 7.

RESSORT des appels des vassaux : I, 171, 18 ; 189, 7 ; II, 687, 2 ; contesté entre le bailli d'Amiens et le comte d'Artois : II, 399, 12 ; — **Des échevinages** : II, 87, 4 ; 206, 1 ; 266, 1 ; 289, 15 ; 296, préamb. ; — **Ressort en conseil** des échevinages : II, 340, 43.

RETARD de trois ans du paiement de la rente : le seigneur peut réunir l'héritage à son domaine : II, 413, 25.

RETOUR des biens au domaine seigneurial : I, 310, 2 ; 496, 4 ; 526, 5 ; II, 74, 1 ; voy. TABLE et DOMAINE.

RETRAIT par puissance de seigneurie : les bestiaux, le vin et les marchandises vendus à des forains, peuvent être retenus par le seigneur, en remboursant le prix : I, 492, 5 ; 310, 5 ; 7 ; II, 205, 30 ; — des fiefs et des héritages cotiers : I, 383, 3 ; II, 689, 17 ; n'a pas lieu pour les héritages de bourgeoisie et de mainferme : II, 207, 6 ; 358, 6 ; peut avoir lieu pour défaut de relief des héritages de bourgeoisie : II, 599, 13 ; — **de l'héritage chargé de rente** : lorsque le grevé laisse écouler trois ans sans payer : II, 270, 51 ; 666, 8 ; 680, 7, 9 ; 681, 16 ; 701, 53 ; — **par privilége de bourgeoisie** : pour les héritages vendus à des non-bourgeois : II, 109, 8 ; pour les marchandises vendues à un forain : I, 309, 25 ; II, 289, 17 ; 300, 35.

RETRAIT LIGNAGER des héritages féodaux et cotiers : les héritages patrimoniaux et les acquêts donnés en avancement d'hoirie peuvent être retraits par les plus proches parents du côté et ligne du vendeur : I, 86, 10, 11 ; 284, 18 ; 367, 13 ; II, 55, 2 ; 124, 19 ; 131, 15 ; 378, 20 ; 379, 28 ; 420, 15 ; 525, 4 ; 668, 19 ; — dans l'an et jour de la saisine : *ibid.*, *ibid.* ; II, 247, 13 ; 668, 18 ; — dans le délai de trois dimanches : II, 97, 70 ; les terres lotières, dans l'intervalle de la troisième marée, après la saisine : I, 419, 3 ; —

obligation de l'acheteur, jusqu'à l'expiration du délai du retrait : II, 668, 19, 20 ; — **En bourgeoisie**, a lieu : I, 515, 3 ; II, 325, 49, 50 ; 623, 11 ; n'a pas lieu : II, 207, 6 ; 680, 6 ; — **En échevinages** : n'a pas lieu : II, 268, 14 ; 333, 20 ; 365, 5 ; 480, 8 ; a lieu avant la saisine : II, 340, 44 ; 352, 26 ; 402, 23 ; 412, 9 ; 506, 23 ; 689, 16 ; — **En main-ferme** : n'a pas lieu : II, 358, 6 ; — délai du retrait en bourgeoisie : dans l'an et jour de la saisine : I, 399, 5 ; 515, 3 ; II, 252, 10 ; 600, 20 ; dans la 15.ᵉ de la notification du contrat : II, 623, 13 ; — il y a terme et délai pour exercer le retrait sur des acquéreurs non-bourgeois : II, 623, 14.

REVENDICATION de la chose volée : I, 66, 13 ; 70, 31.

REVIS : voy. BACHIN ; II, 242, 1.

RIVERAINS des flégards : leurs droits et leurs obligations : II, 371, 14 ; 380, 38, 39 ; 381, 42 ; 507, 33 ; — des rivières et cours d'eau : I, 427, 6 ; II, 699, 39 ; voy. ESCAUWAIGRE et ESCHAUX.

RIVIÈRE d'Authie (droit de propriété sur la) : II, 204, 25 ; — **de Canche** (droit de bateau) : II, 89, 1 ; voy. POLICE RURALE, RIVIÈRES.

ROIS (jour des) : souper des échevins avec les bourgeois d'Aubigny à cause des élections : II, 299, 31.

ROISEUX : engins de pêche prohibés : I, 377, 20.

RONCHIN ou RONCIN (service à) : I, 431, 3 ; 495, 1 ; 511, 2.

ROTURES et fiefs (distinction des) : l'amende pour le dommage causé par les bestiaux est de 7 sous 6 deniers sur fief, et de 6 deniers seulement sur rotures : I, 308, 6.

ROUAGE ou ROUAGE : droit de 4 deniers perçu sur chaque charriot chargé de vin : I, 180, 4 ; 286, 12 ; 310, 4 ; — doit être acquitté avant que les roues tournent : I, 194, 4.

ROUE ou ESTAQUE pour jeter à l'eau : sorte de jeu : II, 270, 52.

ROUGE (chasse au) : interdite dans la garenne de Boves : I, 169, 8.

ROUTOIRS des lins et chanvres : faculté d'en établir sur la rivière, II, 91, 15 ; 110, 12 ; — permis avec le congé des échevins : II, 148, 9.

ROYE, règne : durée des pouvoirs des échevins de Lens : 14 mois : II, 340, 42.

RUES : nétoyage, lavage et entretien : II, 270, 29.

RUYER (seigneur) : de toutes les rues et flégards de la ville : II, 341, 8.

RÉPERTOIRE ANALYTIQUE. (791)

S.

SABLES : défense d'arracher ou de couper les lesques qui les empêchent de voler sur les terres : II, 607, 5 ; voy. LESQUES.

SAC (droit de) et queute-à-court: voy. QUEUTE-A-COURT; II, 211, 3.

SAILLIE sur rue : 2 pieds et demi de distance et 9 pieds de hauteur : I, 90, 37 ; 286, 22.

SAISIE des héritages : quand le sujet quitte sa résidence et va demeurer ailleurs, sans le congé du seigneur : II, 234, 6 ; — quand le créancier, porteur d'un titre exécutoire, ne trouve pas de meubles sur l'héritage, il peut faire saisir l'héritage : II, 688, 10 ; 700, 51 ; — pour rentes non payées, reliefs et devoirs non faits : II, 481, 10 ; — **des échevinages** : quand les tenanciers ne paient pas l'amende de 3 sous prononcée pour défaut de comparution aux plaids généraux : II, 390, 11 ; — **des fruits** : n'a pas lieu, en main-ferme, pour rentes non payées, reliefs et devoirs non faits : II, 358, 6 ; — **des meubles** : pour arrérages de loyers: I, 90, 43; pour rentes non payées: I, 287, 28 ; — Saisie-revendication de la chose volée: ses conséquences quand elle n'est pas justifiée : I, 88, 26; voy. ENTERS (faux).

SAISINE des successions : a lieu de plein droit, en la personne de l'héritier, en vertu de la maxime: le mort saisit le vif : I, 508, 1 ; II, 345 1 ; voy. MORT SAISIT LE VIF ; — en la personne du seigneur : II, 132, 1; voy. TABLE et DOMAINE; — **par tradition réelle** : obligatoire pour celui qui vend son héritage : II, 336, 12 ; 665, 5; nécessaire pour acquérir droit réel : ibid., 53, 4 ; — **Des coteries** : emporte obligation de payer les droits seigneuriaux : I, 482, 9 ; — **Délai de la saisine** : dans les 40 jours de la vente : II, 689, 13 ; — **des échevinages** : la vente est publiée par trois dimanches consécutifs, et la saisine est donnée à l'acheteur dans les trois jours qui suivent : II, 412, 9 ; — **des biens en bourgage** : est donnée par les maire et échevins : I, 515, 3; se fait par le signe d'une pièce d'argent : II, 525, 46 ; — Saisine brisée : amende de 60 sous: II, 107, 15 ; — Saisine des choses incorporelles : des choses incorporelles n'est pas vraie saisine : I, 298, 32.

SAINT-ALBIN : privilège des chanoines de Saint-Amé en Douai, de lever un tonnelet de bière sur les brasseurs de la paroisse Saint-Albin : II, 519, 2.

SAINT-SACREMENT (procession du) : bois vert en feuille que les habitants de Beauquesne peuvent aller couper au bois du roi, pour parer les rues où elle passe : II, 209, 21.

SALAIRES DES ACTES DE JUSTICE : — **Bornages** : II, 648, 15; 651, 25 ; — **Inventaires** : II, 651, 16; — **Commissaires enquêteurs** : II, 475, 170; — **Ajournements** : II, 647, 10 ; — **Exécutions** : II, 652, 34 ; — **Main-mise** : II, 648, 11; droits de sceau : II, 649, 3, 20 ; 652, 32; — **OFFICIERS DE JUSTICE** : **Prévôt, maire et échevins** : dessaisines : II, 254, 20 ; — **Maire** : pour ses ajournements : I, 312, 6, 7 ; recette des rentes : II, 461, 87 ; forages et arrêts : II, 462, 93; rapports à loi des héritages vendus : II, 461, 89, 90 ; 462, 92; saisines : II, 451, 88; vente forcée d'héritages: II, 462, 96; clains et faux-clains : II, 461, 85, 86 ; — **Prévôt** : arrêts : I, 309, 23 ; saisines : II, 325, 48 ; — **Echevins** : afforages : II, 148, 6; bornages: I, 293, 11; estimation des dégats des bestiaux : II, 651, 15 ; saisines : II, 325, 48 ; 472, 162; franches-vérités : II, 677, 48 ; aller au conseil au dehors: II, 427, 21 ; prisée des rentes en nature : II, 678, 50 ; main-mises : II, 652, 35; retrait des héritages pour non paiement des arrérages pendant trois ans : II, 652, 34; — **Greffier** : I, 293, 11, 13 ; II, 320, 27 ; 325, 48 ; 656, 4, 5 ; 647, 5 ; 648, 19 ; — **Sergents à verge** : I, 294, 14 ; — **Sergents à masse** : I, 304, 51 ; — **Sergents de justice** : I; 452, 8 ; II, 72, 24; 657, 7, 9 ; 649, 21 ; 651, 30 ; — **Praticiens et Procureurs** : II, 320, 26 ; 648, 18; 651, 28, 29 ; — **Messiers** : I, 308, 7 ; voy. MESSIERS.

SALAISON des porcs : voy. HASTE (droit de).

SALLE ÉPISCOPALE d'Arras : lieu où se relèvent les appels des sentences des échevins de la cité : II, 266, 1; 268, 17.

SALVAMENTUM (conducere ad) : I, 314, 13.

SANG (sans toucher au) : c'est-à-dire sans que le préciput puisse s'exercer sur les animaux domestiques : II, 499, 24 ;

— **SANG et le LARRON** (le seigneur vicomtier a le) : c'est-à-dire droit de punir les voleurs et de connaître des coups et blessures : II, 62, 2 :

— **SANG COURANT** (blessure à) : II, 85, 22.

SANGATTE (garenne de) : réservée par le comte de Guines : II, 660, 3.

SANGLIERS pris dans la Canche : II, 619, 126.

SAUF-COMPTE : formule de conclusion dans les demandes personnelles : II, 449, 8.

SAUF-CONDUIT : droit de l'accorder : I, 285, 6 ; II, 624, 19, 20 ; en quel cas nécessaire : II, 578, 5.

SAUTOIRS : II, 699, 40.

SAUVE-GARDE royale : le bailli d'Amiens gardien

pour le roi de l'église St.-Pierre de Lille : II, 343, 33; — de l'église St.-Amé en Douai : II, 519, 5 ; — ses effets : II, 519, 6; 529, 9 ; — du comte de St.-Pol : II, 253, 18.

SCEAU (droits de) : I, 293, 11, 13 ; II, 647, 6; 649, 3, 20 ; 652, 32.

SCEL AUX CAUSES : scel authentique des villes de loi : II, 69, 6 ; 116, 6 ; 154, 3 ; 327, 58 ; 356, préamb.

SCELLÉS : après décès : I, 305, 54

SECRET des délibérations des échevins : I, 79, 23.

SEIGNEURIE des eaux : en quoi consiste : II, 76, 5 ; 119, 10 ; 125, 29 ; 133, 9 ; 161, 10 ; 148, 9 ; 275, 9 ; 341, 17 ; 354, 36 ; 384, 2 ; 419, 8 ; 626, 6 ; 635, 5 ; 671, 11 ; — ecclésiastique : par main commune : II, 528, 1 ; — des flégards : voy. FLÉGARDS ; — de meubles et catheux : I, 285, 5 : — vicomtière : définie : II, 141, 2 ; — partagée : le seigneur de la Rosière, au fief d'Ouppy, a le tiers des amendes des flégards, et le tiers de la tonture des arbres , et l'évêque d'Amiens, seigneur principal, a les deux autres tiers : II, 133, 12.

SEIGNEURS, (prise de possession des) : serment qu'ils prêtent : II, 454, 9 ; — souverains des marais : II, 76, 3.

SELLE (rivière de) : interdiction , au profit du seigneur de Prouzel, d'y chasser aux cygnes, depuis Conty jusqu'à Bacouel : I, 191 ; 4.

SEMONCE : voy. CONJURE.

SÉNÉCHAL de St.-Pol ou de Ternois : II, 83, 12. 14 ; 236, préamb.

SENS et ENQUÊTE (aller à) : voy. ALLER A L'ENQUÊTE.

SENS DE MAISTIRE : *sensum magistri* : II, 450, 15.

SENTENCES des hommes-liges : voy. INFIRMATION ; — d'échevinage : l'exécution n'appartient pas aux maire et échevins : II, 339, 36 ; 357, 3.

SERFS (affranchissement des) : dans quels cas permis au seigneur : I, 316, 28.

SERGENTS : le bailli en crée tant qu'il lui plait : II, 226, 4 ; font les ajournements, les prises de bestiaux : *ibid.*, 474, 168 ; les appaux criminels et les exploits d'intimation : II, 56, 11, 12 ; foi est due à leur déclaration : II, 226, 4 ; 431, 52 ; leurs salaires : I, 432, 3 ; II, 72, 24 ; 647, 10 ; 673, 28 ;

— **ROYAUX** : cas où ils ne peuvent faire exploit de justice sans commission du bailli d'Amiens : II, 519, 6 ;

— **A VERGE** : doivent déposer leur verge sur le bureau, le jour du renouvellement de la loi : I, 76, 7; cautionnement qu'ils doivent fournir : II, 328, 63 ; leurs salaires : I, 294, 14 ; ne peuvent porter leur verge pendant la franche-fête : II, 327, 59;

— **A MASSE** : leur nombre : I, 303, 48 ; — Leurs attributions : font les ajournements : I, 304, 50 ; les exécutions des sentences du prévôt : I, 305, 53 ; apposent les scellés : *ibid.*, 54 ; font vendre les meubles quand les héritiers sont absents : *ibid.*, 55 ; font la recherche des délits et contraventions : *ibid.*, 57 ; les criées et subhastations : I. 91, 46 ; — **Leurs devoirs** : doivent obéir au prévôt de l'église de Corbie : I, 306. 63 ; être à l'église chaque fois que l'abbé officie : I. 306, 62 ; accompagner le prévôt quand il va par la ville : *ibid.*, 61 ; ne pas quitter la ville sans son congé *ibid.*, 60 ; être toujours porteurs de leurs masses : I. 303, 48 ; — **Leurs salaires** : 12 deniers pour chaque défaut : I, 304, 51 ; manquements à leurs devoirs , punis de la prison : I. 305, 57 ;

— **DE NUIT** : leur nombre I, 307, 65 ; leurs devoirs : *ibid.*, 66 ; leurs profits : *ibid.*, 67 ;

— **D'AOUT OU DES CHAMPS** : II, 457, 55 ; 458, 56 ; 459, 71 ; 466, 111 ; 467, 125 ; 479, 6 ;

— **D'ARRÊT** : II, 287, 1 ;

— **DE LOI**. II, 82, 7, 9;

— **D'ÉCHEVINAGE** : leurs salaires : II, 651, 30 ;

— **DU PRÉVÔT** : ne peut prendre qu'un denier pour chaque ajournement : I, 185, 15.

SERMENT par tourbes : II, 327, 56 ; — décisoire : II, 502, 6 ; 506, 24 ; 476, 175 ; 674, 34 ; — des maïeur et échevins : II, 112, 25 ; 205, 27 ; 217, 42 ; 316, 5, 6, 7, 8, 9 ; — du nouveau bourgeois : II. 255, 30 ; ce qu'il doit pour ses gants : II, 293, 10 ; — de l'étranger : qui a résidé an et jour : I, 402, 20 ; — des baillis nouveaux : de maintenir les privilèges des villes ; II, 69, 7 ; 290, 26 ; 299, 29 ; 670 ; 3 ; — des vicomtes : pour le même objet : I , 516 , 10 ; — du maire, du greffier et des sergents : II, 289, 18.

SERMENTS - D'AOUT (jour des) : il précède l'ouverture de la moisson, et l'on reçoit le serment des sergents-d'août et des tenanciers des terres à champart, qu'ils se conformeront aux prescriptions du ban-d'août : II, 457, 48, 54 ; 458, 59 ; 466, 112.

SERVICE d'échevinage : chaque fois qu'il en est besoin : II , 217, 38 ; — du guet : voy. GUET ; — de plaids : voy. PLAIDS ; — à roncin : voy. RONCHIN ; — du sien : ou service agréable ; voy. QUINDS et DEMIQUINDS.

SERVITEUR du seigneur : cas où il peut être arrêté : I, 401, 7, 8.

SERVITUDES d'égout : I , 515 , 7 ; 600, 18 ; — de passage : sur les terres voisines des forêts : I, 424, 15: — de vue : II, 600 , 18 ; — occultes : entre voisins : I , 90, 36 ; — de fosses d'aisance : *ibid.*, 38 ; — urbaines : four public , nouvelle sole sur rue , nouvel étal, venelle et porte de cave, ruisseau, ne peuvent être construits sans congé : I, 90, 42.

SESTERAGE : mesurage des grains, I, 286, 11.

SIÉGE DE NEFS, ancrage, létage : droits de navigation : I, 487, 10.

SIGNATURES des bourgeois : pour approbation du compte que les échevins rendent de leur gestion : II, 300, 37 ; — **Par procureur :** dans le procès verbal de la coutume de Neuilly-le-Dien : I, 506, *in fine.*

SIGNES de commune : corps de loi, échevins, cloque de ban, scel authentique : II, 356, préamb.; scel de communauté, scel aux causes, maison, échevinage, beffroi et clocque : II, 258, 1; beffroi : II, 112, 26 ; bretèque et marché : II, 397, préamb.; — **de haute justice :** justice de pierre et pilori : II, 232, 1; gibet et pilori : II, 398, 1; fourches à 4 piliers : II, 296, 1 ; fourches à 3 piliers, pilori et autres instruments : II, 95, 37; taureau pendu pour avoir tué un jeune enfant : I, 387, *in fine;* — de la **justice des villes de loi :** prison, chep, pilori et carcan : II, 147, 5 ; — **du droit de bannissement :** pour ce dénoter, y a cloche ordonnée de sonner depuis que le délinquant part du pied de la halle : II, 318, 17 ; — **du droit de travers** qui ne se demande pas : une boîte pendante : II, 310, 9.

SOCHENNES : associés pour cuire leur pain au four banal : leurs devoirs et leurs droits envers le fournier : II, 483, 3, 7, 11 ; 484, 12, 13, 14, 15, 16.

SOIETTE (tenure en) : espèce de colonat partiaire : le seigneur prend la moitié de la récolte, à la condition de payer la moitié des semences, et des frais de moisson : II, 343, 20 ; si les blés sont sur fumier, il ne prend que le quart : II, 343, 21 ; les blés doivent être battus par les manans natifs du lieu : *ibid.,* 23.

SOILLES, seigles : les bans-d'août se publient quand ils sont mûrs : II, 457, 52.

SOLES des maisons : la seule partie des édifices qui ne soit point réputée catheux, en succession bourgeoise : II, 652, 19.

SOMBRES COUPS : plaies contuses : amende de 10 livres contre les roturiers, et de 10 sous contre les nobles : II, 398, 3.

SOUBITE (marais de la) à Flixecourt : affermé au profit de la commune : II, 216, 29.

SOULDARTS et chevaucheurs : la commune de Gamaches les fournit à ses dépens : I, 227, 49.

SOULLE (ruer la) : jeter la cholle, sans congé : II, 227, 49.

SOUPER d'élection : la veille des Rois, à Aubigny et dont les frais se prennent sur les revenus de la maladrerie : II, 299, 31 ; à Houdain : II, 317, 12 ; — de la recette des rentes : espèce et nombre de plats qui doivent être servis aux échevins : II, 280, 13.

SOUS-MANANS, et sous-rentiers : sont les hommes du seigneur comme les tenanciers eux-mêmes : II, 702, 4.

SOUVERAIN-BAILLIAGE du comté de Guines : composé des barons, pairs et tenants noblement, jugeant à la conjure du souverain-bailli : II, 659, préamb.

STAGE de bourgeoisie: voy. HOSPITIUM: I, 316, 31.

STATUTS : voy. ORDONNANCES.

STELLINGHE : saisie de l'héritage hypothéqué, pour sureté des arrérages de la rente : II, 688, 12 ; — ses effets : le créancier jouit des fruits jusqu'à parfait paiement : *ibid.*

STILLE ce que c'est : règlement ordonné par les cours de justice et observé depuis longtemps, pour l'enregistrement et la présentation des causes : I, 298, 30.

SUBHASTATIONS : saisie des meubles et des héritages, en vertu d'un titre exécutoire : I, 91, 46.

SUCCESSIONS : PRINCIPES ; Ligne ascendante : père et mère ne succèdent pas à leurs enfants morts sans postérité : II, 386, 6 ; 676, 47 ; sont héritiers de leurs enfants : II, 523, 40 ; 406, 15; 411, 5 ; 499, 19 ; sont héritiers quand la table est entière : II, 667, 14, 680, 5 ; 690, 24 ; en biens meubles, catheux et acquêts : II, 251, 3 ; 580, 32 ; 632, 22 ; en biens meubles seulement : II, 647, 8 ; 653, 9 ; propres ne remontent pas : II, 94, 11 ; les petits enfants excluent de la succession de leur bisaïeul, le père ou la mère, le frère ou la sœur de celui-ci : I, 87, 19; — **Ligne directe descendante :** les enfants sont au lieu et place de père et de mère, en toutes échéances : II, 406, 15 ; 504, 19 ; voy. REPRÉSENTATION ; les petits enfants viennent par représentation de leur père : II, 251, 4 ; représentation a lieu, en ligne directe, en faveur des petits enfants : II, 246, 9 ; 252, 6 ; 379, 27 ; 389, 4 ; n'a pas lieu : II, 352, 23 ; 403, 26 ; 412, 13 ; — **Bâtards** succèdent aux biens de leur mère qui ne laisse pas d'enfants légitimes : II, 386, 7 ; 387, 6 ; 671, 10 ; 681, 11 ; 692, 37 ; le seigneur est héritier de leurs biens quand il n'y a pas d'enfants légitimes : II, 381, 47 ; 409, 12 ; voy. BATARDS ; — **Ligne collatérale :** les acquêts se divisent entre les héritiers des deux lignes : II, 297, 3 ; pour succéder aux héritages, il faut être du côté et ligne dont ils proviennent : II, 379, 29, 30 ; le degré le plus proche exclut le degré le plus éloigné : II, 297, 3.

— **SAISINES DES SUCCESSIONS :** elles retournent de plein droit au domaine du seigneur : I, 169, 6 ; II, 132, 1 ; 139, 25 ; 240, 1 ; voy. TABLE ET DOMAINE ; le mort'saisit le vif, sauf relief: I, 523, 2 ; II, 94, 1 ; 247, 15; 613, 1 ; le mort saisit le vif, sans condition de relief: I, 83, 1 ; 186, 22 ; 398, 1 ; II, 56, 1 ; 345, 1 ; 520, 13 ; 523, 14 ; 525, 9 ; si la succession vient de la femme, les héritiers ne doivent point de relief: II, 90, 1, 3.

— PARTAGES : quiconque veut partager doit rapporter ce qui lui a été donné en avancement d'hoirie : I, 84, 5 ; II, 94, 16 ; 239, 15 ; 352, 24 ; 403, 26 ; — l'enfant non doté partage avec les autres, même lorsqu'il s'est marié sans le consentement des père et mère : I, 86, 16 ; les enfants des deux lits héritent et partagent le douaire de leur mère : I, 87, 18 ; — celui qui applique à son profit quelque partie de la succession est réputé héritier pur et simple : II, 247, 16 ; — **Meubles** : ils appartiennent à l'époux survivant : II, 278, 6 ; — **Meubles et acquêts** : la moitié au survivant, et l'autre au plus proche héritier en ligne directe et collatérale : II, 393, 24 ; — **Acquêts féodaux** : achetés pendant le mariage, sont réputés propres du mari : II, 382, 56 ; voy. ACQUÊTS ; — **Propres** : les filles ont les mêmes droits que les garçons dans le partage des patrimoniaux : II, 528, 5 ; les mâles ont tout et les filles rien : II, 615, 3 ; — les enfants ont, avec le survivant, la moitié des biens délaissés par son conjoint : II, 25, 2 ; — cas où les enfants non domiciliés sont exclus du partage avec leurs frères et sœurs bourgeois : II, 631, 15.

— **BIENS DIVISIBLES : Meubles et acquêts** : I, 199, 4 ; 514, 2 ; II, 94, 12 ; 148, 10 ; 301, 5 ; 306, 3 ; 494, 2 ; 680, 3 ; — **Maréchaussées de manoir** : II, 506, 2 ; les héritages et rentes non féodales se partagent comme meubles : II, 662, 14 ; — **Prés nouveaux** : II, 114, 4 ; — **Terres labourables cotières** : II, 62, 13 ; 80, 3 ; 93, 8 ; 134, 3 ; 135, 4 ; 142, 3 ; 150, 4 ; 292, 16 ; 308, 4 ; 318, 10 ; 628, 10 ; — **Héritages cotiers**, I, 84, 6 ; 179, 1 ; 523, 1 ; II: 94, 9 ; 278, 1 ; 347, 19 ; 396, 6 ; 493, 2 ; 647, 1 ; 680, 4 ; sauf le choix du principal manoir à l'aîné : II, 66, 7 ; 90, 4 ; 104, 16 ; 106, 1 ; 139, 15 ; 157, 4 ; héritages cotiers se divisent entre les enfants mâles seulement : II, 655, 2 ; — **Main-ferme** : II, 273, 21 ; 332, 13 ; 419, 9 ; sauf que les manoirs appartiennent au puîné : II, 389, 6 ; — **Echevinages** : II, 352, 22 ; 411, 7 ; 498, 16 ; 499, 23 ; sauf que l'aîné choisit le principal manoir : II, 390, 9 ; sauf le même droit pour le puîné : II, 277, 27 ; — **Bourgages** : sont partageables, sauf le même droit pour le puîné : II, 622, 4 ; — **Hommages** : les héritages d'hommage se partagent par égales portions : II, 509, 9.

— **BIENS INDIVISIBLES** : il n'y a qu'un seul héritier en toute succession *ab intestat* : I, 366, 1 ; II, 59, 3 ; 97, 1 ; 136, 9 ; 598, 1 ; 704, 1 ; — **Fiefs** : ils appartiennent de même à l'aîné : II, 245, 5 ; — **Héritages patrimoniaux** : II, 142, 6 ; 155, 6 ; ils appartiennent à l'aîné : II, 212, 1 ; 316, 2 ; 610, 1 ; — **La maison et héritage en hoirie au puîné** : I, 167, 5 ; — **Les manoirs de mainferme de même** : II, 272, 16 ; 419, 11 ; — **Les manoirs et terres cotières** : au plus proche héritier : II, 62, 12 ; 151, 2 ; — **Les manoirs et jardins** : II, 93, 8 ; 142, 2 ; 269, 15 ; 628, 10 ; — **Les manoirs amasés** : II, 230, 9 ; 318, 4 ; — **Les anciens manoirs seulement** : II, 76, 7 ; 113, 11 ; 135, 2, 3 ; 150, 2, 3 ; 246, 6 ; 612, 6.

— **BIENS INDIVISIBLES mais partageables** : choix par ordre de primogéniture : II, 80, 2 ; 114, 2 ; 134, 2 ; 230, 4 ; 232, 16 ; 259, 14 ; 241, 4, 5 ; 274, 11, 23 ; 292, 16 ; 295, 2, 3 ; 296, 2 ; 301, 1, 2 ; 303, 7 ; 312, 21 ; 329, 27 ; 341, 1, 5 ; 510, 5 ; 514, 5 ; 529, 1, 2.

SUCCESSION MUTUELLE : voy. ENTRAVESTISSEMENT.

SUPPLICES : voy. CORDE, ÉPÉE, FEU, OREILLE, PILORI. II, 147, 1 ; 398, 1.

SURCENS en échevinage : on peut donner ses héritages à surcens sans le consentement du seigneur et sans payer droits seigneuriaux : II, 498, 14 ; — en bourgage : on peut créer surcens sans le consentement du seigneur : I, 399, 5 ; le cens foncier augmente d'un tiers ; I, 414, 4 ; — en coterie : faut le consentement du seigneur : I, 397, 10 ; 482, 6 ; le bailleur n'a droit qu'au surcens : I, 397, 9 ; 417, 9 ; II, 373, 11 ; droits réservés au seigneur : *ibid.* ; le bailleur et le surcencier sont les hommes du seigneur : I, 373, 11 ; — **Ventes** : les droits seigneuriaux pour vente ou création d'hypothèque, sont dus au seigneur féodal : I, 482, 8 ; II, 627, 6 ; 662, 12 ; — **Reliefs** : si le tènement ne doit que chapons, grains ou autre rente, sans argent, le relief est de 12 deniers : I, 515, 4, 5 ; le double du surcens : II, 627, 6.

SUROSTAGE : c'est la rente annuelle due par le tenancier d'une maison en mainferme : II, 456, 5.

SURVIVANT (époux) : ses droits : voy. GAIN DE SURVIE et LINENOCTE.

T.

TABLE et blanque nappe : prestation d'un fief de mairie : II, 528, 2 ;

— **TABLE ou tablier** (jeu de) : excepté de la défense des jeux qui sont interdits aux taverniers : II, 415, 44 ;

on n'y peut jouer sans le congé des échevins : II, 486, 29 ;

— **TABLE ET DOMAINE** (retour de plein droit à la) du seigneur : les héritages cotiers qui ne sont pas relevés dans le délai de sept jours et sept nuits ; et les fiefs, dans le délai de 40 jours : I, 169, 6 ; 490, 4 ; 506, 4 ; 508, 3 ; 526, 5 ; II, 93, 1 ; 102, 8 ; 108, 2 ; 119, 3 ; 132, 1 ; 142, 1 ; 145, 1 ; 158, 1, 2 ; 413, 25 ; 627, 5 ; 652, 34 ; 676, 45 ; 680, 9 ;

— **TABLE DE MARBRE** de Paris : les appels du châtelain d'Hesdin y ressortissent : II, 620, 136 ;

— **TABLE ENTIÈRE** ou lit entier : voy. SUCCESSION : ligne ascendante : II, 667 ; 44 ; 680, 5 ; 690, 24.

TAILLANTS : défense d'en porter dans les bois, sous peine de 2 sous d'amende : II, 235, 10 ; 294, 20.

TAILLES des communes : impôt sur les vins, pour subvenir aux charges des communes : II, 399, 10 ; — autorisées pour la réparation de l'église et des canaux : II, 672, 16 ; — pour les ouvrages et charges des watringues : II, 687, 7 ; — pour l'entretien des puits, ponts et passages : I, 279, 2 ; de paine et de chapons : II, 153, 10 ; pour les nécessités de la ville : II, 254, 22 ; — ne peuvent être levées à l'insu du prévôt : II, 328, 64 ; — **Mode de répartition** : II, 216, 31, 32 ; — **Amendes et voies de contrainte** : II, 122, 9 ; 125, 27 ; — **Exemptions** par privilége : II, 343, 33 ; 403, 31 ; 659, 1 ; 665, 1 ; — **Tailles seigneuriales** : II, 123, 27 ; 205, 27 ; 223, 8 ; 280, 14 ; 281, 2 ; — **Tailles du roi** : II, 72, 29 ; 403, 31 ; — **Taille de Toussaint** : II, 223, 7.

TAILLIS : voy. DÉLITS FORESTIERS.

TAMPANT : bretèque : II, 660, 5.

TARELLE commun (tarière) : est réputé gros bois celui qui peut être percé, avec une tarière, au gros bout : II, 311, 13 ; 338, 8 ; 382, 52 ; — **Tarel coucérée** : II, 430, 45 ; — **heuceret** : II, 445, 47.

TARIF : des frais d'inventaire : II, 636, 4.

TAUREAU banal : II, 216, 34 ; — ne peut être mis au marais : II, 604, 7 ; — attribut du chef-lieu d'un noble fief : I, 507, 1 ; nul ne peut en avoir un en sa maison, si elle n'est lieu privilégié : I, 392, 8 ; — pendu au gibet : pour avoir tué un jeune enfant : I, 387, in fine.

TATINCLAN : espèce de jeu : II, 486, 29.

TAVERNIERS : licence pour exercer la profession : on ne peut suspendre enseigne de taverne sans congé : II, 198, 17 ; — en payant 2 lots du 1.er tonneau qu'on met en percé, peut vendre à toujours : II, 282, 7 ; — **Celliers** : on n'y peut rien décharger sans congé : II, 204, 18 ; 287, 4 ; toute pièce de vin déchargée doit le droit de détail : I, 185, 17 ; on ne peut y réunir vins de plusieurs espèces sans congé : II, 255, 25 ; 264, 12 ; visite pour vérifier la qualité des vins : I, 288, 1 ; on ne peut éclairer les maisons ou les celliers qu'avec chandelles de cire : II, 208, 16 ; 282 ; 7 ; — **Police** : avant d'être livrée au détail, la pièce de vin doit être afforée ; voy. AFFORAGE ; — le tavernier est reçu à affirmer le prix qu'il a payé : II, 695, 9 ; — la pièce ne peut contenir plus de 4 pouces de vide : II, 282, 7 ; 318, 18 ; — il ne peut gagner qu'une maille tournois sur chaque lot de vin : II, 485, 25 ; et vendre au-dessus du prix fixé par les échevins : I, 195, 19 ; il ne peut vendre pendant la durée du banvin : I, 173, 29 ; voy. BANVIN ; — il doit vendre à justes mesures marquées sur l'étalon de la ville : II, 298, 25 ; 468, 136 ; — les sergents à masse font la visite des tavernes pour voir ce qui s'y passe : I, 306, 61 ; — taverniers ne peuvent loger forains plus d'une nuit : II, 486, 28 ; — tolérer les jeux défendus : II, 77, 16 ; 486, 29 ; — recevoir des femmes de mauvaise vie : II, 77, 16 ; — acheter leurs denrées sur le marché, avant le cri de l'officier : II, 300, 35 ; — le pain et la viande qu'ils vendent doivent être eswardées : II, 486, 26, 27 ; — **Amendes** : vin vendu sans congé de licence, 60 sous : I, 198 7 ; sans être afforé, 5 sous : II, 297, 11 : 20 sous : II, 429, 39.

TAXE des dépens et frais de justice : voy. SALAIRES.

TAYON : arbre de réserve dans les coupes : I, 520, 10.

— **TAYON** ou taye (bisaïeul, bisaïeule) : leur succession : I, 87, 19.

TÉMOIGNAGE du forain : ne vaut que contre un forain, en matière civile et criminelle : II, 124, 21, 22, 23 ; — de femme : une femme vaut un homme (conseil de M.e Robert de Bernicourt) : II, 470, 151.

TÉMOINS cités : amende contre les défaillants : II, 503, 9 ; 668, 25 ; — pour prouver les obligations : II, 125, 14 ; — la coutume privée : il en faut 12 déposant tout d'une fois et d'une voix : I, 298, 28.

TENANCE : tout ce qui est tenu d'un seigneur, en une seule partie de rente : II, 625, 9.

TENANCIER rentier : ses obligations : II, 600, 14.

TENANS COTIERS : doivent le service de plaids, de quinzaine en quinzaine, à défaut d'hommes de fief : I, 505, 2.

TENUE DE DROIT : nécessaire pour acquérir droit réel par hypothèque : II, 55, 4.

TENURE EN ÉCHEVINAGE : manoirs dont les possesseurs sont tenus d'être échevins, quand ils sont appelés, sous peine de saisie desdits manoirs : II, 241, 3 ; 230, 5 ; 263, 15 : voy. ÉCHEVINAGE.

TERRAGE : obligations du possesseur de la terre soumise à ce droit : I, 283, 14 ; — transport de récotte sans payer le droit: II, 222, 19; — charge à tête ne peut être déposée, en lieu privé, sans congé: *ibid.*, 20; — grains donnés en vert aux bestiaux: II, 207, 8; voy. CHAMPART.

TERRE empruntée : la coutume de Saint-Gratien a été approuvée et arrêtée, à Allonville, terre empruntée au vidame d'Amiens : II, 224, sign.; — **hersée** : défense aux bergers d'y passer avec leurs troupeaux: II, 469, 145; aux laboureurs de les traverser avec charrue sans traîneau: II, 460, 75; 469, 144.

TERRES cotières ; voy. COTERIES; — **à cens** : laissées en friche pendant 3 ans : II, 96, 50 ; — **à champart ou vilaines** : doivent relief de 12 deniers par journal : I, 497, 8 ; 499, 30 ; 523, 2 ; ne peuvent être amasées ou mises en prairie, sans le consentement du seigneur : II, 249, 26; — **à rente** : même relief : I, 385, 7 ; — **franches de rente** : doivent tel cens tel relief: I, 523, 2 ; comment se partagent entre héritiers : I, 385, 3 ; 406, 4 ; — **franches de demi-rente** : ce que c'est: I, 412, 6 ; — **labourables** : mises en nature de manoirs, ou de la même rente que les manoirs auxquels elles aboutissent, sont indivisibles et impartageables : II, 305, 3 ; 367, 5.

TERRES LOTIÈRES : (renclotures) : quand on les vend, le retrait lignager doit être exercé dans l'intervalle de la tierce marée qui suit la saisine: I, 419, 3.

TESTAMENT : les bâtards peuvent disposer de leurs biens par testament: II, 313, 38; — un seul défaut suffit pour passer à l'exécution : II, 683, 22 ; voy. FACULTÉ DE DISPOSER.

THURELLE (le) : lieu-dit du terroir d'Écourt: II, 521, 6.

TIERCE-MAIN : (aller as sains par) : II, 502, 7.

TIERCE-MARÉE : voy. TERRES LOTIÈRES.

TIERCHAINES et quinzaines : délais des sommations de se présenter aux délinquants contumaces : I, 396, 7; II, 520, 9.

TONLIEU : droit sur la vente des denrées et marchandises : I, 286, 10; 497, 12; 513, 23; 522, 9; II, 292, 11; 412, 17; — **de bestiaux** : II, 700, 45; — **de récoltes vendues sur pied** : II, 515, 8; — **de navigation** : II, 700, 45; — **Exemptions** : I, 416, 4; 515, 8; II, 82, 6; 83, 15; 236, 8; 238, 9; 300, 35; 314, 9; 327, 59; 328, 65 ; 397, 15; 628, 19; 630, 6; 653, 20.

TOR : voy. TAUREAU.

TORCHES ARDENTES : portées devant le prévôt: II, 315, 2; — qui servent à la visite des celliers : I, 289, 5.

TOUR DU VICOMTE : prison pour dettes à Caumont: II, 87, 3.

TOURBES (serment par) : voy. FRANCHES-VÉRITÉS: II, 327, 56.

TOURBES des marais : les habitants en peuvent prendre pour leur usage: II, 399, 8 ; — extraction à la faucille: II, 353, 28.

TOURNEHEM (parc de): garenne réservée: II, 630, 3.

TOURRIE D'OISY : prison pour dettes : II, 462, 95.

TRAINEAU : obligatoire pour ceux qui traversent les terres hersées avec des instruments aratoires: II, 415, 54.

TRANNEAUX : espèce de balances: II, 414, 39.

TRANSPORT de récoltes avant soleil: II, 466, 116; sans garant: 416, 66; — **de bois** : voy. DÉLITS FORESTIERS: II, 235, 13.

TRAVAUX PUBLICS : voy. TAILLES: II, 672, 16.

TRAVERS : par terre et par eau : I, 173, 30, 31.

— **TRAVERS** qui ne se demande pas: boîte pendante qui l'indique : II, 310, 9; 644, 5; de **Laferté-lès-Saint-Riquier**: I, 499, 31 ; de **Pernes**: II, 249, 27, 28, 29; de **Fauquemberg**: ses branches et ses limites: II, 644, 5, 6 ; 643, 7; **Travers qui se demande**: de **Villerois**: I, 417, 15; d'**Estréelles**: II, 303, 12; d'**Houdain** : II, 310, 9; — amende de 60 sous contre ceux qui passent sans payer, I, 379, 34 ; II. 644, 6.

— **EXEMPTIONS** : I, 416, 3 ; 414, 6; 432, 9; II, 89, 23; 92, 15, 19; 107, 22; 108, 7; 112, 28; 209, 19; 218, 15; 232, 4; 289, 21; 298, 20; 299, 28, 304, 17; 307, 18; 327, 59; 344, 40; 628, 19; 629, 9; 640, 5; 641, 9; 653, 21; 660, 2; 655, 1.

TRÈS-FONDS : le très-fonds de la ville et banlieue de Corbie est tenu en fief ou en coterie de l'abbaye : I, 285, 7.

TRÈVE ou paix: II, 501, 4; — brisée: I. 314, 6.

TREUGA INFRACTA : voy. TRÈVE BRISÉE.

TROMPE : interdiction de sonner la trompe dans les garennes privilégiées : II, 312, 24.

TROUPEAU COMMUN (pâtre du) : commis par les pairs, les hommes de fief et échevins d'Épinoy : II, 399, 8.

TUTELLE des orphelins : II, 690, 28 ; voy. ORPHELINS.

U.

USAGE ce que c'est : usaige est chose fréquente de anchienneté : I, 298, 29 ; — quand il n'est pas profitable aux habitants, les jurés le peuvent réformer avec l'accord du seigneur : II, 129, 32.

RÉPERTOIRE ANALYTIQUE. (797)

USAGE (droits d') : **Bois** : les garennes sont soustraites aux droits d'usage : voy. GARENNE, PATURAGE ; — du bois sec : II, 82, 10 ; 628, 18 ; de l'herbe cueillie à la main sans taillants : II, 152, 3 ; 235, 10 ; 285, 25 ; 294, 20, de fagots : II, 256, 34 ; de fourcons pour chauffer le four : II, 81, 2 ; de barcelles : II, 210, 22 ; de couper des verges plein la main : I. 316, 53 ; II, 124, 16 ; — **de la rivière** : routoirs et lavage des laines : II, 91, 15 ; 136, 8 ; des marais : I, 171, 21 ; 190, 12 ; II, 155, 7 ; 399, 8 ; voy. MARAIS et PRÉS ; des éteules : II, 285, 25 ; 428, 28 ; 440, 51.

USAGES LOCAUX : mesures : aux grains et aux liquides : II, 628, 17 ; 629, 12 ; voy. MESURES ; — termes des loyers : de 4 mois en 4 mois : II, 61, 30 ; — chute des eaux : gouttières : I, 515, 7 ; II, 601, 21 ; niveau des terrains contigus : I, 515, 6 ; — clôture sur le voisin : I, 522, 7 ; — mitoyenneté : II, 600, 19 ; — servitude de vue : ne s'acquiert pas par prescription : II, 600, 18 ; — fosses d'aisance : I, 90, 38 ; — saillie sur rue : hauteur et distance : I, 89, 37.

USUFRUIT : (effets de l'extinction de l') : les termes de fermage non échus appartiennent au propriétaire : II, 691, 35 ; jusqu'à la récolte, le propriétaire reprend la terre sans payer labours, ni semences : II, 691, 33, 34 ; — après la mi-mai, la dépouille appartient aux héritiers : II, 667, 13.

USURPATION : du vassal : voy. AMISSION DU FIEF.

V.

VACATIONS aux inventaires : se taxent selon le labeur : II, 636, 4 ; — d'échevins : II, 148, 6 ; voy. SALAIRES DE JUSTICE.

VACCAGE : un laïque ne peut demeurer à Gamaches, sans payer vaccage : I, 404, 38.

WAIDE ou guède (pastel) : quand la terre porte waide, il est dû 4 tourteaux pour droit de don, par journal : II, 210, 2 ; — la dîme se paie à l'argent ou au tourteau : II, 400, 15 ; la mesure à la waide se donne à ferme : II, 347, 8 ; — marchandise sujette au droit de tonlieu : I, 286, 16 ; — moulin à waide banal : II, 232, 20.

WALERAND de Luxembourg, comte de Ligny et de Saint-Pol : renouvelle la charte de commune de Pernes : II, 258, 1.

VALEUR du chapon en argent : un chapon à Noël, ou 18 deniers pour la valeur : I, 392, 9.

WACQUIERS : marais à Occoche : II, 145, 15.

WARANGHE : droit payé aux Ouerdrachs : II, 672, 17.

WARECS et lagans : épaves maritimes : I, 487, 9.

WAREQUAIS du seigneur, flégard : II, 454, 33.

VARIÉTÉ des droits de succession : dans les terres tenues du chapitre d'Arras : II, 517, 1 à 8 ; 518, 9 à 13.

VARLETS et mesquines : débats auxquels ils peuvent prendre part pour leurs maîtres : II, 491, 66.

VASSAL : nul n'a justice sans titre : I, 373, 1 ; 393, 1.

VASSAUX (justice des) : en pairie, ont les mêmes droits de justice que le seigneur de qui ils tiennent : I, 388, 1 ; — ont seuls la haute justice : I, 388, 1 ; — les autres : ont justice vicomtière ou foncière : I, 511, 3 ; n'ont point la haute justice : I, 384, 1 ; 587, 1 ; n'ont aucun droit de justice : II, 156, 2 ; ne peuvent avoir baillis, ni sergens, encore bien qu'ils aient justice en leurs fiefs : II, 79, 2 ; — Service des vassaux : I, 511, 2 ; II, 309, 4 ; voy. HOMMES DE FIEF et PLAIDS.

WATE-MAINAGE : I, 423, 7 ; voy. RÉSÉANDISE.

WATRINGUES : canaux : II, 687, 7.

VEICHES, vesces : espèce de fourrage : II, 698, 24.

VEILLE du premier mai : autour du bois d'Adinfer : II, 270, 21.

VELLÉIEN (sénatus-consulte) : II, 466, 110.

WELLEPIER pour Velléien : *ibid.*

VENDANGES (police des) : I, 195, 4.

VENEL : marchandise, tout ce qui se vend : II, 383, 1.

VENTE : consentement de la femme nécessaire pour la vente faite pendant le mariage : II, 252, 25 ; — est nulle quand elle n'est pas réalisée devant justice : II, 347, 25 ; voy. FACULTÉ DE DISPOSER ; — Forme des actes : se font par cyrographes dont moitié est donnée aux parties et l'autre reste déposée dans la huche de l'échevinage : II, 83, 12 ; — les stipulations relatives aux ventes d'héritages se font par l'entremise de courtiers : II, 523, 12 ; — celui qui achète, et reçoit la saisine, doit payer avant le soir : II, 667, 17 ; — l'acheteur jusqu'à l'expiration du délai du retrait lignager, ne peut abattre les catheux des héritages : II, 668, 20 ; — le parent lignager qui demande le retrait avant la saisine, doit être reçu : II, 524, 8 ; — les échevins font publier la vente, afin d'avertir les lignagers : II, 109, 8.

— **VENTE FORCÉE** : de meubles : II, 283, 14 ; voy. CLAINS. — d'héritages : II, 462, 96.
— **VENTE DE BOISSONS** au détail sans congé, ou au-dessus du prix fixé : I, 295, 19 ; II, 698, 32.
— **VENTE DE GRAINS** ou de bestiaux : il faut les faire voir au bailli, avant de les vendre : II, 291, 5.

VENTE (droits de) : contrats qui donnent ouverture aux droits de vente. — **Échange** avec soulte, le droit est dû : sans soulte, il n'est rien dû, si les héritages échangés sont tenus du même seigneur : II, 104, 15 ; **Donation** : par contrat de mariage en avancement d'hoirie, il n'est dû nul droit de vente, mais simple reconnaissance devant les officiers du seigneur : II, 56, 2 ; **Bail à surcens** : donne lieu à la perception des droits seigneuriaux : I, 482, 8 ; **Hypothèque** : id. I, 482, 5 ; 497, 9 ; II, 419, 7.

— **CAUSES** qui influent sur la quotité du droit : vente par un bourgeois, il n'est rien dû : II, 356, 13 ; — vente ou achat de bourgage par un non-bourgeois, il est dû le 6.ᵉ, le 10.ᵉ, ou le 20.ᵉ denier : II, 326, 51 ; 338, 30 ; 675, 37 ; — vente sans retenue d'autre héritage : il est dû la moitié, le tiers ou le 6.ᵉ du prix : I, 314, 14 ; II, 123, 11 ; 218, 7 ; — si l'acheteur est clerc, il doit le 20.ᵉ denier du prix de vente ; s'il est bigame, un blanc denier du bonnier ou pièce de terre : II, 404, 1.

— **DROITS DE VENTE** par quotités : la moitié du prix des maisons et héritages : I, 392, 5 ; II, 202, 2 ; — la moitié du prix d'estimation du comble de la maison : I, 479, 4 ; 491, 1 ; — le tiers du prix de vente : I, 193, 1 ; 218, 7 ; 310, 1 ; — le 5.ᵉ denier du prix de vente des fiefs : I, 168, 4 ; 282, 10 ; 482, 3 ; 511, 2 ; II, 245, 3, 4 ; 376, 9 ; des coteries : I, 375, 2 ; 387, 2, 389, 1 ; 393, 2, 3, 4 ; 394, 4 ; 395, 2 ; 407, 3 ; 408, 1 ; 410, 1 ; 417, 2 ; 418, 4 ; 419, 4 ; 420, 1 ; 425, 1 ; 429, 3 ; 431, 3 ; 433, 3 ; 484, 3 ; 495, 2 ; 503, 3 ; 508, 2 ; 511, 4 ; II, 74, 2 ; 155, 2 ; 160, 6 ; 228, 2 ; 378, 22, des main-fermes et bourgages : I, 511, 5 ; II, 419, 10 ; 479, 3 ; — le 6.ᵉ denier : I, 482, 4 ; 493, 2 ; 522, 5 ; II, 57, 3, 62, 2 ; 64, 1 et 1 ; 66, 3 ; 78, 1 ; 80, 5 ; 83, 12 ; 85, 6 ; 89, 1 ; 93, 2 ; 104, 14 ; 115, 2, 8 ; 131, 5 ; 132, 2 ; 134, 2 ; 135, 2, 5 ; 144, 2 ; 153, 5 ; 155, 2 ; 157, 3 ; 158, » ; 159, 2 ; 160, 1 ; 202, 1 ; 207, 6 ; 221, 3 et 3 ; 288, 10 ; 313, 1 ; 480, 2 ; 492, » ; 493, 2 ; 604, 5 ; 609, 1 ; 612, 2 ; 613, 2 ; 627, 4 ; 657, 7 ; — le 10.ᵉ denier : main-fermes, échevinages et coteries : II, 332, 14 ; 342, 10 ; 364, 21 ; 365, 6 ; 412, 19 ; 519, 1 ; 524, 5 ; 525, 2 ; 656, 9 ; 662, 12 ; 700, 47 ; — le 12.ᵉ denier : I, 199, 6 ; II, 689, 14, 15 ; — le 12.ᵉ et 13.ᵉ denier : I, 192, 2 ; II, 204, 22 ; 213, 2 ; 223, 3 ; — le 13.ᵉ denier : I, 169, 7 ; 389, 3 ; 391, 5 ; 409, 4 ; 412,

3 ; 415, 7 ; 429, 2 ; 432, 7 ; 477, 8 ; 480, 3 ; II, 98, 2 ; 214, 2 ; 284, 22 ; 368, 13 ; — le **16.**ᵉ denier : II, 106, 2 ; 123, 11 ; — le **20.**ᵉ denier : II, 410, 2 ; des maisons et héritages, 8 pour cent : II, 201, 2 ; 212, 5 ; — des coteries, 16 pour cent : I, 311, 2 ; — quatre fois la rente d'une année : II, 603, 1 ; — tel oens, tel relief, telle vente : I, 480, 2 ; II, 278, 1 ; 504, 1 ; — des manoirs, 20 sous : II, 602, 2 ; — 16 sous : II, 155, 2 ; — 6 sous : II, 608, 10 ; — 3 sous : II, 611, 3.

— **DROIT DE VENTE** qualifiés issues et entrées : 4 sous par le vendeur et 4 sous par l'acquéreur : II, 379, 26 ; 610, 1 ; — 3 sous, chacun par moitié : II, 623, 8 ; — 8 lots de vin id. II, 521, 2 ; — des manoirs, **24 deniers** : II, 144, 2 ; — **20 deniers** : II, 613, 6 ; — **12 deniers** : I, 491, 2 ; II. 211, 3 ; 236, 2 ; — **28 deniers** d'issue, 28 deniers d'entrée : II, 657, 7 ; — **18 deniers** d'issue, **18 deniers** d'entrée : I, 399, 2 ; — **12 deniers** d'issue, 12 deniers d'entrée : II, 212, 6 ; — **12 deniers** d'issue, 5 deniers d'entrée : II, 603, 4 ; — 4 deniers d'entrée, 4 deniers d'issue, pour les alleux, bourgages, coteries, mainfermes et échevinages : I, 386, 3 ; II, 365, 8 ; 387, 5 ; 388, 5 ; 393, 21 ; 396, 4 ; 409, 6 ; 506, 27 ; 508, 6 ; 647, 2 ; 704, 3 ; — 2 deniers seulement : II, 252, 7.

VERDIER : peut mettre une vache et son veau dans le bois confié à sa garde : II, 209, 21.

VERGES plein la main : I, 316, 33 ; voy. USAGE (droits d').

VERGŒUL : engin de pêche : I, 377, 20.

WERPS ou saisines : II, 350, 4 ; 400, 13 ; 689, 13 : voy. SAISINES.

VERRAT ; attribut du chef-lieu d'un noble fief : I, 507, 1 ; — nul n'en peut avoir, en sa maison, si elle n'est lieu privilégié : I, 392, 8 ; — les bourgeois d'Oisemont peuvent en avoir : I, 415, 11 ; — le prieur de Flixecourt est tenu d'en fournir un à la ville : II, 216, 34 ; — ne peut être envoyé au marais, sous peine de confiscation : II, 604, 7.

VÉRITÉS D'AOUT : se tiennent en septembre, et sont publiées à l'avance : II, 446, 73 ; 514, 1 ; 698, 25, 26 ; voy. FRANCHES-VÉRITÉS.

VÉRITÉS : enquête sur crimes et délits, doit être traitée par loyale vérité : II, 503, 8 ; — sur questions d'héritages, par les hôtes de Saint-Vaast : II, 502, 6.

VÉRITEURS : juges, commissaires aux enquêtes : II, 503, 8, 9.

VESCE (semaille de) : à quelle condition est permise : II, 425, 8.

VESVETTE : préciput de la veuve : la meilleure robe, plichon, lit estoré, 2 paires de draps etc. : I, 295, 20 ; 508, 14 ; II, 285, 29 ; — préciput du mari : comme celui de la femme, mais au lieu de la ceinture et des bagues, les chevaux à l'écurie avec leur harnais : I, 295, 20 ; II, 285, 29.

VETUS ODIUM : voy. VIEILLE HAINE.

VIANDE ; voy. TAVERNIERS : II, 486, 27.

VICOMTÉ (ville de) : II, 104, 1 ; — droit de vicomté : droits d'arrêt, d'étalage, mesures, afforages, judicature du sang et du larron, sont droits de vicomté : II, 232, 1 ; 408, 4.

VICOMTES : Leurs droits : le tiers des profits de la vicomté : I, 500, 32 ; II, 645, 8 ; — la moitié : II, 615, 11 ; — Leurs obligations : font l'exécution des sentences criminelles à leurs dépens : I, 515, 9 ; 650, 10 ; prêtent serment à la commune de bien remplir leurs fonctions : I, 516, 10 ; Ressort de leurs sentences : à Airaines, à la juridiction commune : I, 379, 33 ; à Montreuil : les maire et échevins sont juges des vicomtes : II, 601, 25 ; — Vicomte de Fauquemberg : cette charge est exercée par le seigneur châtelain de Renty : II, 657, 2.

VICOMTIERS (seigneurs) : ceux qui ont la moyenne justice : I, 190, 13 ; 282, 8 ; 419, 7.

VIDAME D'AMIENS : exemptions de travers qu'il accorde aux habitants de Molliens-Vidame : I, 186, 23 ; — taille de 5 sous que lui paient les bourgeois de Flixecourt : II, 246, 31.

VIEILLE HAINE (coups portés par) : 2 amendes : l'une pour le coup, l'autre pour la vieille haine : I. 71, 57 ; — responsabilité du maître dont le serviteur s'est enfui, après avoir frappé pour satisfaire une vieille haine : I, 314, 6.

VIERSCARE, **VIERSCAERE**, **VIERSCHARE** : le maïeur et tous les échevins réunis en corps de loi : II, 685, 21 ; 689, 16 ; 697, 13.

VIGNES (terres plantées de) : doivent un muids de vin ou 18 sous tournois de relief : II, 223, 1.

VILLES DE LOI ou privilégiées : II, 68, 1 ; 69, 2, 3, 4, 5, 6, 7, 8 ; 70, 9 ; 71, 22, 23 ; 72, 25, 30 ; 87, 5 ; 205, 27 ; 206, 2, 3 ; 356, préamb. ; 393, 20 ; 653, 9.

VILLE (clôture de) : les habitants d'Heuchin, par privilège, ne peuvent être contraints de clore la ville de murailles : II, 630, 7.

VIMEU (coutume du) : Successions ab intestat : il n'y a qu'un seul héritier en ligne directe pour les fiefs et les coteries : I, 366, 1 ; — Donations par entre-vifs ou par testament, sans le consentement de l'héritier, prohibées : I, 367, 11 ; mais on peut vendre les héritages sans son consentement : *ibid* ; — Relief de fief : c'est-à-dire le 5.ᵉ denier, pour les fiefs et coteries : I, 366, 2.

WINGHE ; saisie de l'héritage que le seigneur veut réunir à son domaine, pour rentes non payées : II, 675, 39.

VIN (valeur du setier de) : pour 2 setiers, 12 deniers : I, 315, 25 ; — Vin de vendange : I, 195, 4 ; — Vin de bail : I, 170, 14 ; — Vin d'échange : II, 104, 15, — Vin de marché : II, 55, 2 ; — Vin de relief : II, 57, 1 ; 66, 6 ; 104, 2 ; 102, 7 ; 598, 7 ; — Vin de rente : des maisons en bourgage : I, 186, 19 ; 315, 15 ; — Vente de vin au détail : I, 198, 7 ; 282, 12 ; 286, 12 ; 288, 32 ; 295, 19 ; 419, 9 ; II, 77, 20 ; 307, 17 ; 339, 40 ; voy. AFFORAGE, TAVERNIERS.

VIOL : le coupable est en la merci du seigneur et ne peut plus demeurer dans la ville, sans le congé de la femme et de ses amis : II, 430, 44, 442, 70.

VIOLENCES : voies de fait : I, 400, 7 ; II, 287, 3 voy. COUPS ET BLESSURES.

VISITE : des haies et flégards : II, 77, 19 ; 216, 25 ; 230, 3 ; 380, 39. — des taverniers et hôteliers : I, 288, 1 ; II, 77, 20 ; — du registre de l'échevinage : II, 298, 19 ; voy. POLICE RURALE, TAVERNIERS, ÉCHEVINS.

VIVENOTE : précipit mobilier de l'époux survivant : II, 393, 22 ; 499, 24 ; 667, 15 ; voy. LINENOCTE ET VESTETTE.

VIVRES : celui qui vient dans la ville pour acheter des vivres, ne peut être arrêté pour dette : I, 379, 32.

VOIE d'exécution pour loyers de maisons : chacun peut procéder par voie d'exécution, et faire ôter les huis et fenêtres : II, 599, 9 ; — publique (constructions sur la) : I, 512, 7 ; fumiers ou argiles déposées : II, 297, 13.

VOIRIE (haute ou grande) : ce que c'est : haute, moyenne et basse justice sur tous les chemins royaux de la châtellenie : II, 605, 9 ; le seigneur d'Oisy a seul le regard sur tous les chemins, voiries et rivières, comme haut justicier : II, 421, 20 ; — le seigneur de Domart est seul voyer au dehors des villages de sa châtellenie : II, 98, 12 ; — le seigneur de La-Ferté-lez-Saint-Riquier a seul la garde des chemins, en quelque juridiction qu'ils soient situés : I, 500, 36 ; déclaration des chemins compris dans le droit de grande voirie : I, 182, 9 ; 500, 56 ; II, 384, 3, 4, 5 ; — Droit de voirie sur grands chemins : voy. CHARRIOT VERSÉ : I, 310, 3 ; — Voirie petite ou vicomtière : I, 500, 35 ; 509, 14 ; II, 384, 5 ; — voiries et flégards : voy. FLÉGARDS : I, 282, 11 ; — Exemptions du droit de voirie : II, 229, 14.

VOISINAGE (servitude de) : I, 89, 35 ; 90, 38, 59, 40, 41 ; 515, 6 ; 522, 7 ; II, 72, 26 ; voy. USAGES LOCAUX.

VOLATILES et poissons : exeptés de l'usage des marais : II, 399, 8.

VOL de récoltes : voy. DÉLITS RURAUX, CHOSE VOLÉE.

VOYAGES (enjoindre) : peine facultative en matière criminelle : II, 398, 2.
VOYER (seigneur) : I, 384, 1, 2; 410, 2; voy. FLÉGARDS, VOIRIE.
VRAI TITRE et possession de 7 ans: voy. PRESCRIPTION : I, 215, 7.
VUE DE LIEU : doit être accordée quand la partie l'exige : I, 295, 11 ; — les frais sont supportés moitié par moitié: II, 648, 15 ; salaire des échevins : I, 176, 3 ; voy. CERCOMMANEMENTS.

Y.

YVES (saint) : qui, pour son sens et bon conseil qu'il donna, fut fait saint en paradis: I, 299, 33.

FIN DU RÉPERTOIRE ANALYTIQUE.

TABLE DE CONCORDANCE

DES NOMS DE LIEUX AUXQUELS S'APPLIQUENT LES COUTUMES.

NOMS ANCIENS.	NOMS MODERNES.	CANTONS.	ARRONDISSEMENTS.	DÉPARTEMENTS.	VOLUME.	PAGE.	OBSERVATIONS.
Acheu en Vimeu...	Acheux............	Moyenneville.	Abbeville.	Somme.	I	373	
Acq..............	Acq...............	Vimy.	Arras.	Pas-de-Calais.	II	493	
Adinfer..........	Adinfer...........	Beaumetz.	id.	id.	II	269	
Agnières.........	Agnières..........	Poix.	Amiens.	Somme.	I	465	
Airaines..........	Airaines..........	Molliens-Vidame.	id.	id.	I	374	
Ays en Gohelle....	Aix...............	Lens.	Arras.	Pas-de-Calais.	II	341	
Allery............	Allery............	Hallencourt.	Abbeville.	Somme.	I	393	
Allewagne........	Allouagne........	Béthune.	Béthune.	Pas-de-Calais	II	389	
Alonville.........	Allonville........	Amiens.	Amiens.	Somme.	I	204	
Ames.............	Ames.............	Norrent-Fontes.	Béthune.	Pas-de-Calais.	II	514	
Anezin-lez-Bethune.	Annezin..........	Béthune	Béthune.	id.	II	367	
Ansenne..........	Ancenne..........	Gamaches.	Abbeville.	Somme.	I	380	
Ardre.............	Ardres............	Ardres.	St.-Omer.	Pas-de-Calais.	II	670	
Argœuves.........	Argœuves.........	Amiens.	Amiens.	Somme.	II	202	
Arleux en le Gohelle	Arleux............	Vimy.	Arras.	Pas-de-Calais.	II	342	
Arquesves........	Arquèves.........	Acheux.	Doullens.	Somme.	II	56	
Cité d'Arras......	Arras.............	Arras.	Arras.	Pas-de-Calais.	II	266	
Aubigny-l.-Pierregot	Aubigny..........	Villers-Bocage.	Amiens.	Somme.	II	202	
Aubigny...........	Aubigny..........	Aubigny.	St.-Pol.	Pas-de-Calais.	II	296	
Auchy............	Auchy-lès-Hesdin.	Le Parcq.	St.-Pol.	id.	II	642	
Audruick.........	Audruick.........	Chef-lieu.	St.-Omer.	id.	II	679	
Ault-sur-la-Mer....	Ault..............	Chef-lieu.	Abbeville.	Somme.	II	704	
Authie............	Authie............	Acheux.	Doullens.	id.	II	203	
Authieulle........	Authieulle........	Doullens.	Doullens.	id.	II	57	
Auxi..............	Auxi-le-Château..	Chef-lieu.	St.-Pol.	Pas-de-Calais.	II	59	
Averdoing........	Averdoingt.......	Aubigny.	St.-Pol.	id.	II	638	
Avesnes-le-Conte...	Avesnes-le-Comte.	Chef-lieu.	St.-Pol.	id.	II	297	
Bagneulx (*Bagneux*)	ann. de Gézaincourt.	Doullens	Doullens.	Somme.	II	61	
Bailleul-au-Mont..	Bailleul-Mont.....	Beaumetz.	Arras.	Pas-de-Calais.	II	272	
Bailloeul-en-Vimeu.	Bailleul..........	Hallencourt.	Abbeville.	Somme.	I	382	
Baimont..........	Boismont.........	St.-Valery.	Abbeville.	id.	I	385	
Barlin............	Barlin............	Houdain.	Béthune.	Pas-de-Calais.	II	234	
Barly.............	Barly.............	Bernaville.	Doullens.	Somme	II	62	
Baralle-Buissy....	Buissy-Baralle....	Marquion.	Arras.	Pas-de-Calais.	II	445	
Baudimont-l.-Arras.	n'existe plus.....	«	«	id.	II	274	

(802)

TABLE DE CONCORDANCE.

NOMS ANCIENS.	NOMS MODERNES.	CANTONS.	ARRONDISSEMENTS.	DÉPARTEMENTS.	VOLUME.	PAGE.	OBSERVATIONS.
Baudricourt.......	Beaudricourt......	Avesnes le C.¹ᵉ	Arras.	Pas-de-Calais.	II	62	
Bavincourt........	Bavincourt.........	Avesnes le C.¹ᵉ	Id.	id.	II	305	
Béalcourt.........	Béalcourt.........	Bernaville.	Doullens.	Somme.	II	64	
Beatlières (1)......	....	....	....	....	II	64	(1) Porte les mêmes signatures que la précédente.
Beauchen.........	Beauchamp.......	Gamaches.	Abbeville.	Somme.	I	482	
Beaupré (N.-D. de)	....	....	....	Oise.	I	166	
Beauquesne.......	Beauquesne.......	Doullens.	Doullens.	Somme.	II	206	
Beaurain.........	Beaurainville.....	Campagne.	Montreuil.	Pas-de-Calais.	II	602	
Beauval..........	Beauval..........	Doullens.	Doullens.	Somme.	II	65	
Beauvoir.........	Beauvoir-Rivière...	Bernaville.	Doullens.	id.	II	74	
Belles-Witasse	....	....	....	....	II	273	
Bellonne..........	Bellonne	Vitry.	Arras	Pas-de-Calais.	II	408	
Belloy-St-Liénard..	Belloy-St.-Léonard.	Hornoy.	Amiens.	Somme.	I	383	
Bercq-sur-Mer	Berck............	Montreuil.	Montreuil.	Pas-de-Calais.	II	606	
Berlettes ...annèxe	Berles	Aubigny.	St.-Pol.	id.	II	501	
Bernaville	Bernaville	Chef-lieu.	Doullens.	Somme.	II	97	
Berquettes........	Berguette........	Norr.-Fontes.	Béthune.	Pas-de-Calais.	II	391	
Berquinehem	Bergueneuse	Heuchin.	St.-Pol.	id.	II	236	
Bertangles	Bertangles........	Villers-Bocage.	Amiens.	Somme.	II	210	
Béthencourt annèxe	St.-Ouen	Picquigny.	Amiens.	id.	II	211	
Béthencourt en Art.	Béthonsart........	Aubigny.	St.-Pol.	Pas-de-Calais.	II	302	
Béthencourt annèxe	de Frohen	Bernaville.	Doullens.	Somme.	II	75	
Bettembos	Bettembos........	Poix.	Amiens.	id.	1	167	
Beugin-lez-Houdain.	Beugin...........	Houdain.	Béthune.	Pas-de-Calais.	II	329	
Beuvry...........	Beuvry..........	Béthune.	Béthune.	id.	II	363	
Bézencourt annèxe.	Tronchoy........	Hornoy.	Amiens.	Somme.	I	384	
Biequennes... est-ce	Blequin ?....	Lumbres.	St.-Omer.	Pas-de-Calais	II	658	
Blairville	Blairville	Beaumetz.	Arras.	id.	II	272	
Blangy-en-Ternois .	Blangy...........	Le Parcq.	St.-Pol.	id.	II	76	
Boiry-Ste-Rictrude.	Boiry-Ste.-Rictrude.	Beaumetz.	Arras.	id.	II	513	
Bonneville........	Bonneville.......	Domart.	Doullens.	Somme.	II	106	
Bonnières........	Bonnières	Auxi.	St.-Pol.	Pas-de-Calais.	II	78	
Bos-Bernard	Bois-Bernard.....	Vimy.	Arras.	id.	II	493	
Boïeffles.........	Boyelles.........	Croisilles.	Arras.	id	II	344	
Bouberch-s-Canche.	Boubers-s.-Canche.	Auxi.	St.-Pol.	id.	II	80	
Boubers-en-Vimeu .	Mons-Boubers....	St.-Valery.	Abbeville.	Somme.	I	336	
Bouchon	Bouchon.........	Picquigny.	Amiens.	id.	II	497	
Bouillancourt......	Bouillanc.-en-Sery.	Gamaches.	Abbeville.	id.	I	387	
Bourdon-s-Somme.	Bourdon-s-Somme.	Picquigny.	Amiens.	id.	II	212	
Bourrech-s.-Canche	Bourret..........	Auxi.	St.-Pol.	Pas-de-Calais.	II	81	
Bovelles..........	Bovelles	Moll.-Vidame.	Amiens.	Somme.	I	175	
Boves	Boves	Sains.	id.	id.	I	167	
Bovyn	Bouin............	Hesdin.	Montreuil	Pas-de-Calais.	II	642	
Bray-lez-Marœul...	Bray-lès-Mareuil..	Abbeville.	Abbeville.	Somme.	I	389	

TABLE DE CONCORDANCE. (803)

NOMS ANCIENS.	NOMS MODERNES.	CANTONS.	ARRONDISSEMENTS.	DÉPARTEMENTS.	VOLUME.	PAGE.	OBSERVATIONS.
Brehières-lez-Douai.	Brebières.........	....	....	....	II	345	
Brédenarde (P. de).	Plusieurs villages..	Audruick.	St.-Omer.	Pas-de-Calais.	II	664	
Brestel .. .annexe	Gezaincourt......	Doullens.	Doullens.	Somme.	II	84	
Brontelle.........	Brutelles	St.-Valery.	Abbeville.	id.	I	389	
Brucamps........	Brucamps	Ailly-le-.h-Cloch.	id.	id.	I	478	
Bryon.......... .	Nom de fief......	....	....	id.	II	86	
Buissy-lèz-Hérissart.	Fief.............	....	....	id.	II	213	
Buissy-Baralle.....	Buissy-Baralle.....	Marquion.	Arras.	Pas-de-Calais.	II	445	
Bus-en-Artois.....	Bus-en-Artois.....	Bertincourt.	Arras.	id.	II	274	
Busnes	Busne..	Lillers.	Béthune.	id.	II	388	
Cambelain..	Camblin-Châtelain.	Houdain.	Béthune.	id.	II	229	
Camberon	Cambron	Abbeville.	Abbeville.	Somme.	I	390	
Carenchy.........	Carency..........	Vimy.	Arras.	Pas-de-Calais.	II	366	
Carvins..........	Carvin-Epinoy. ...	Chef-lieu.	Béthune.	id.	II	397	
Caumaisnil annèxe	d'Orville	Pas.	Arras.	id.	II	229	
Caumont	Caumont...	Hesdin.	Montreuil.	id.	II	87	
Canroy. ...annèxe	Tours...........	Moyenneville.	Abbeville.	Somme.	I	429	
Caveron	Cavron-St.-Martin..	Hesdin	Montreuil.	Pas-de-Calais.	II	615	
Cercamp...annèxe	Frévent	Auxi.	St.-Pol.	Pas-de-Calais.	II	88	
Celers...........	Chelers....	Aubigny.	St.-Pol.	id.	II	237	
Chingledicq,bonl.de	Tournehem	Ardres.	St.-Omer.	id.	II	695	
Chocques.........	Chocques........	Béthune.	Béthune.	id.	II	363	
Clairfay....annèxe	Varennes....... .	Acheux.	Doullens.	Somme.	I	213	
Cléry	Clairy-Saulchoy ...	Moll.-Vidame.	Amiens.	id.	I	176	
Conchy-s.-Canche..	Conchy-s.-Canche..	Auxi.	St.-Pol.	Pas-de-Calais.	II	90	
Conteville	Conteville...... ..	Crécy.	Abbeville.	Somme.	I	480	
Corbie	Corbie	Corbie.	Amiens.	id.	I	280	
Coullemont	Coullemont	Avesnes le C.	St.-Pol.	Pas-de-Calais.	II	293	
Coullonviller.....	Coulonvillers.....	Ailly-l.-h.-Cloch.	Abbeville.	Somme.	I	480	
Courcelles. annèxe	Mézerolles........	Bernaville.	Doullens.	id.	II	94	
Courcelles-s.-Moy.	Courcelles-Moyenc.	Poix.	Amiens.	id.	I	177	
Court et la Gorgue	fief de Halloy.....	Pas.	Arras.	Pas-de-Calais.	II	86	
Créquy.......... .	Créquy..........	Fruges.	Montreuil.	id.	II	636	
Croisette	Croisettes........	St.-Pol.	St.-Pol.	id.	II	94	
Croy............	Crouy..........	Picquigny.	Amiens.	Somme.	I	176	
Cunchy	Cuinchy	Cambrin	Béthune.	Pas-de-Calais.	II	238	
Daours..........	Daours..........	Corbie.	Amiens.	Somme.	I	308	
Dereancourt	Drocourt	Vimy.	Arras.	Pas-de-Calais.	II	346	
Domart.z.......	Domart-en-Ponthieu	Domart.	Doullens.	Somme.	II	97	
Dominois.	Dominois........	Crécy.	Abbeville.	id.	II	609	
Dompierre........	Dompierre.......	id.	id.	id.	II	610	
Donqueu.........	Donqueur.......	Ailly-l.-h.-Cloch.	id.	id.	I	477	
Doullens	Doullens	Doullens.	Doullens	id.	II	55	
Dourrier..	Douriez	Campagne.	Montreuil.	Pas-de-Calais.	II	609	

TABLE DE CONCORDANCE.

NOMS ANCIENS.	NOMS MODERNES.	CANTONS.	ARRONDISSEMENTS.	DÉPARTEMENTS.	VOLUME.	PAGE.	OBSERVATIONS.
Douvrin-l.-la-Bassée	Douvrin..........	Cambrin.	Béthune.	Pas-de-Calais.	II	347	
Dromesnil.......	Dromesnil	Hornoy.	Amiens.	Somme.	I	394	
Drucat..........	Drucat..........	Abbeville.	Abbeville.	id.	I	481	
Ecourt..........	Ecourt..........	Marquion.	Arras.	Pas-de-Calais.	II	510	
Emont..... *annexe*	Conteville.......	Crécy.	Abbeville.	Somme.	I	485	
Erembaucourt....	....	»	»	»	II	642	
Ergny...........	Ergny...........	Huqueliers.	Montreuil.	Pas-de-Calais.	II	613	
Ergnyes.........	Ergnies	Ailly-l.-h.-Cloch.	Abbeville.	Somme.	I	485	
Erquières........	Erquières........	Auxi.	St.-Pol.	Pas de-Calais.	II	87	
Escoives.........	....	....	....	id.	II	480	
Esperlecques....	Eperlecques......	Ardres.	St.-Omer.	id.	II	696	
Espinoy-Carvins...	Carvin..........	Carvin.	Béthune.	id.	II	397	
Esquerdes	Esquerdes	Lumbres.	St.-Omer.	id.	II	659	
Estréelles (1)....	....	....	....	id.	II	302	(1) Ce ne peut être *Estréelles*, canton d'Etaples, puisque le seigneur est un pair d'Aubigny.
Estrées-Blanche...	Estré-Blanche	Norrent-Fontes.	Béthune.	id.	II	702	
Estruiseulx	Etréjust	Oisemont	Amiens.	Somme.	I	394	
Eulle... *sans doute*	Elnes	Lumbres.	St.-Omer.	Pas-de-Calais.	II	655	
Farbus...........	Farbus.	Vimy.	Arras.	id.	II	240	
Fauquemberghe...	Fauquemberg	Chef-lieu.	St.-Omer.	id.	II	643	
Favières.........	Favières.........	Rue.	Abbeville.	Somme.	I	485	
Fay-l.-Hornoy *ann*	de Forêt-l'Abbaye..	Hornoy.	Amiens.	id.	I	181	
Fay ....*annexe*	Vergies	Oisemont.	id.	id.	I	433	
Fieffes	Fieffes	Domart.	Doullens.	id.	I	106	
Fienvillé	Fienvillers.......	Bernaville.	id.	id.	I	494	
Firiesves	Fillièvres........	Le Parcq.	St.-Pol.	Pas-de-Calais.	II	109	
Fléchinel.. *annexe*	Fléchin	Fauquemberg.	St.-Omer.	id.	II	495	
Flesselles	Flesselles........	Villers-Bocage.	Amiens.	Somme.	II	213	
Flixecourt.......	Flixecourt.......	Picquigny.	id.	id.	II	214	
Fonconviller.....	Foncquevillers...	Pas.	Arras.	Pas-de-Calais.	II	277	
Fontaines........	Fontaines-le-Sec...	Oisemont.	Amiens.	Somme.	I	393	
Forêt d'Ailly (2)..	....	....	Amiens.	id.	I	176	(2) Ne figure pas dans le tableau des annexes.
Forestmontier....	Forestmontier.....	Nouvion.	Abbeville.	id.	I	490	
Fortel...........	Fortel...........	Auxi.	St.-Pol.	Pas-de-Calais.	II	114	
Fosseux.........	Fosseux	Beaumetz.	Arras.	id.	II	493	
Foucquerœulles...	Foucquereuil......	Béthune.	Béthune.	id.	II	366	
Franqueville.....	Franqueville.....	Domart.	Doullens.	Somme.	I	491	
Fransures........	Fransures........	Ailly-sur-Noye.	Montdidier.	id.	I	194	
Fransus.........	Fransu..........	Domart.	Doullens.	id.	I	477	
Frégeviller. *annexe*	Fréchevillers	Doullens.	Doullens.	id.	II	115	
Fresneville......	Fresneville.......	Oisemont.	Amiens.	id.	I	392	
Fresnoy....*annexe*	Fresnoy-Andainville.	Id.	Id.	id.	I	394	
Fressenneville....	Fresssenneville...	Ault.	Abbeville.	id.	I	392	
Frettemeule......	Frettemeule......	Gamaches.	Id.	id.	I	387	
Frettemolle......	Frettemolle......	Poix.	Amiens.	id.	I	165	

TABLE DE CONCORDANCE. (805)

NOMS ANCIENS.	NOMS. MODERNES.	CANTONS.	ARRONDISSEMENTS.	DÉPARTEMENTS.	VOLUME.	PAGE.	OBSERVATIONS.
Frévench......	Frévent......	Auxi.	St.-Pol.	Pas-de-Calais.	II	115	
Friville......	Friville......	Ault.	Abbeville.	Somme.	I	394	
rohens.....	Frohen-le-Grand...	Bernaville.	Doullens.	id.	II	118	
Galametz......	Galametz......	Le Parcq.	St.-Pol.	Pas-de-Calais.	II	112	
Gamaches, ...	Gamaches......	Chef-lieu.	Abbeville.	Somme.	I	395	
Garbecques	Guarbecques	Lillers.	Béthune.	Pas-de-Calais.	II	388	
Garghetel......	....	....	....	....	II	406	
Gerberoy	Gerberoy	Songeons.	Beauvais.	Oise.	I	178	
Gésainecourt	Gézaincourt......	Doullens.	Doullens.	Somme.	II	121	
Godiempré......	Gaudiempré	Pas.	Arras.	Pas-de-Calais.	II	244	
Gorenflos	Gorenflos	Ailly-l.-h.-Cloch.	Abbeville.	Somme.	I	492	
Gouy	Gouy.....	Beaumetz.	Arras.	Pas-de-Calais.	II	305	
Grimbermont. ann	Loison-le-Temple..	Campagne.	Montreuil.	id.	II	644	
Grouches	Grouche-Luchuel ..	Doullens.	Doullens.	Somme.	II	131	
Guémappes	Guémappe......	Croisilles.	Arras.	Pas-de-Calais.	II	275	
Gueschart......	Gueschardj.....	Crécy.	Abbeville.	Somme.	I	493'	
Guignemicourt ...	Guignemicourt....	Moll. Vidame.	Amiens.	id.	I	178	
Guisnes	Guines	Guines.	St.-Omer.	Pas-de-Calais.	II	659	
Hallivillers. annexe	Lincheux......	Hornoy.	Amiens.	Somme.	I	405	
Ham (Abbaye de)..	Ham.......	Norrent-Fontes.	Béthune.	Pas de-Calais.	II	385	
Hamel......	Hamel......	Corbie.	Amiens.	Somme.	I	309	
Hamel-de-Metz....	Pont-de-Metz	Amiens.	Amiens.	id	I	179	
Hamelles...annexe	Ponthoile......	Nouvion.	Abbeville.	id.	I	493	
Hangest-s.-Somme.	Hangest-s.-Somme.	Picquigny.	Amiens.	id.	I	178	
Hannecamp......	Hanescamps	Pas.	Arras.	Pas-de-Calais.	II	494	
Haravesnes	Haravesnes......	Auxi.	St.-Pol.	id.	I	494	
Harnes......	Harnes......	Lens.	Béthune.	id.	II	515	
Harponville......	Harponville......	Acheux.	Doullens.	Somme.	II	217	
Haudicourt. annexe	Agnières........	Poix.	Amiens.	id.	I	165	
Haisnes	Haisnes	Cambrin.	Béthune.	Pas-de-Calais.	II	512	
Hébusterne	Hébuterne......	Pas.	Arras.	id.	II	281	
Henin-Liétard.....	Henin Liétard.....	Carvin.	Béthune.	id.	II	356	
Henu......	Henu	Pas.	Arras.	id.	II	243	
Hérisssart	Hérissart	Acheux.	Doullens.	Somme.	II	218	
Hescamps	Hescamps-St.-Clair.	Poix.	Amiens.	id.	I	165	(1) Voyez Maisnil-Hesdin.
Hesdin (1)......	Vieil-Hesdin	Le Parcq.	St.-Pol.	Pas-de-Calais.	II	618	
Hestrus......	Hestrus......	Heuchin.	St -Pol.	id.	II	242	(2) Annexe d'Ocquincourt.
Hétomesnil	Hetalmnil (2)...	Hallencourt.	Abbeville.	Somme.	I	181	
Heuchin......	Heuchin......	Heuchin.	St.-Pol.	Pas-de-Calais.	II	629	
Heuzecourt......	Heuzecourt......	Bernaville.	Doullens.	Somme.	I	494	
Id.	Id.	Id.	Id.	id.	II	131	
Hornoy...... ..	Hornoy.......	Hornoy.	Amiens.	id.	I	406	
Houdaing	Houdain......	Houdain.	Béthune.	Pas-de-Calais.	II	308	
Huppy	Huppy	Hallencourt.	Abbeville.	Somme.	I	406	

TABLE DE CONCORDANCE.

NOMS ANCIENS.	NOMS MODERNES.	CANTONS.	ARRONDISSEMENTS.	DÉPARTEMENTS.	VOLUME.	PAGE.	OBSERVATIONS.
Izer.............	Izel.............	Aubigny.	St.-Pol.	Pas-de-Calais.	II	307	
Jencourt (Gencourt).	annèxe Domart....	Domart.	Doullens.	Somme.	I	493	
La Beuvrière......	La Beuvrière......	Béthune.	Béthune.	Pas-de-Calais.	II	389	
La Bouchières.....	La Buissière:.....	Houdain.	Béthune.	id.	II	540	
La Conté....... .	La Comté.	Aubigny.	St.-Pol.	id.	II	528	
La Ferté... annexe	St.-Riquier........	Ailly-l.-h-Cloch.	Abbeville.	Somme.	I	495	
La Folye.. fief (1).	....	....	....	id.	II	218	(1) Dans la châtellerie de Vignacourt.
Laleu.......... .	Laleux	Moll.-Vidame.	Amiens.	id.	I	407	
Lallœu (Pays de) . (2)	....	....	Béthune.	Pas-de-Calais.	II	496	(2) Trois paroisses, et partie d'une quatrième.
Lambercourt. .ann.	Miannay..........	Moyenneville.	Abbeville.	Somme.	I	408	
Lambres	Lambres..........	....	....	Nord.	II	478	
Lamotte.	Lamotte-Buleux ...	Nouvion.	Abbeville.	Somme.	I	503	
L'Angle (Pays de)..	St.-Folquin et 3 aut.	Audruick.	St.-Omer.	Pas-de-Calais.	II	686	
Lannoy.. (quint de)	Lens.............	Lens.	Béthune.	id.	II	348	
La Rosière.......	»	«	«	id.	II	432	
Le Bies.........	Le Biez..........	Fruges.	Montreuil.	id.	II	512	
Id.	id.	id.	id.	id.	II	616	
Le Festel	Le Fertel.........	Nouvion.	Abbeville.	Somme.	I	489	
Le Natoy........	....	....	....	Pas-de-Calais.	II	396	
Lens.............	Lens.............	Lens.	Béthune.	id.	II	331	
Le Pœul....annèxe	Ergny............	Huqueliers.	Montreuil.	id.	II	614	
Les Otenx.......	Les Autheux......	Bernaville.	Doullens.	Somme.	II	153	
Le Souich.......	Le Souich.	Avesnes-le-C.	St.-Pol.	Pas-de Calais.	II	134	
Lespinoy	Lépinoy	Campagne.	Montreuil.	id.	I	613	
Le Titre.........	Le Titre.........	Nouvion.	Abbeville.	Somme.	I	521	
Libercourt. membre	d'Epinoy	«	«	«	II	404	
Lievin...........	Lievin...........	Lens.	Béthune.	Pas-de-Calais.	II	348	
Liestre...........	Liettres..........	Norrent-Fontes.	Béthune.	id.	II	384	
Lignieres ...(hors)	Foucaucourt......	Oisemont.	Amiens.	Somme.	I	409	
Lignieres.........	Lignières-Châtelain.	Poix.	Amiens.	id.	I	182	
Ligny-s.-Canche...	Ligny-sur-Canche..	Auxi.	St.-Pol.	Pas-de Calais.	II	134	
Ligny-le-Petit.....	Ligny-lès-Aire	Aire.	St.-Omer.	id.	II	512	
Lillers	Lillers	Lillers.	Béthune.	id.	II	372	
Lincheu..........	Lincheux-Hallivill.	Hornoy.	Amiens.	Somme.	I	153	
Linghem	Linghem	Norrent-Fontes	Béthune.	Pas-de-Calais.	II	703	
Lisbourg	Lisbourg	Heuchin.	St.-Pol.	id.	II	640	
Loison-le-Temple..	Loison-le-Temple..	Campagne.	Montreuil.	id.	II	611	
Longuet....annexe	Cocquerel	Ailly-l.-h.-Cloch.	Abbeville.	Somme.	I	503	
Longviller	Longvillers	Crécy.	Abbeville.	id.	I	477	
Lorgies	Lorgies..........	Laventie.	Béthune.	Pas-de-Calais.	II	512	
Lortoy	Lhortoy..........	Ailly-sur-Noye.	Montdidier.	Somme.	I	194	
Louvencourt......	Louvencourt......	Acheux.	Doullens.	id.	II	249	
Maintenay ,..	Maintenay	Campagne.	Montreuil.	Pas-de-Calais.	II	602	
Maisicourt........	Maizicourt	Bernaville.	Doullens.	Somme.	II	135	

TABLE DE CONCORDANCE. (807)

NOMS ANCIENS.	NOMS MODERNES.	CANTONS.	ARRONDISSEMENTS.	DÉPARTEMENTS.	VOLUME.	PAGE.	OBSERVATIONS.
Maisnil-Hesdin, *auj.*	Hesdin..........	Hesdin.	Montreuil.	Pas-de-Calais.	II	625	
Maisons-l.-Ponthieu	Maison-Ponthieu...	Crécy.	Abbeville.	Somme.	I	493	
Maisons-en-Rollant.	Maison-Rolland..	Ailly-l.-h.-Cloch.	Abbeville.	id.	I	477	
Mammez	Mametz	Aire.	St.-Omer.	Pas-de-Calais.	II	396	
Marquettes, *s. doute*	Marquay	St.-Pol.	St.-Pol.	id.	II	396	
Marieu..........	Marieux.........	Acheux.	Doullens.	Somme	II	219	
Marquion........	Marquion........	Marquion.	Arras.	Pas-de-Calais.	II	434	
Mazengarbe......	Mazengarbe... ...	Lens.	Béthune.	id.	II	511	
Mérélessart	Mérélessart	Hallencourt.	Abbeville.	Somme.	I	409	
Mercques St.-Leger.	Merck-St. Lié.....	Fauquemberg.	St.-Omer.	Pas-de-Calais.	II	655	
Meurchin........	Meurchin........	Lens.	Béthune.	id.	II	407	
Mézerolles........	Mézerolles... ...	Bernaville.	Doullens.	Somme.	II	138	
Molliens-au-Bois...	Molliens-au-Bois ..	Villers-Bocage.	Amiens.	id.	II	220	
Molliens-Vidame..	Molliens-Vidame ..	Moll.-Vidame.	Amiens.	id.	I	183	
Monchaux........	Monchaux........	St-Pol.	St.-Pol.	Pas-de-Calais.	II	141	
Monchaux-l.-Béalc.	« (1)	Bernaville.	Doullens.	Somme.	II	140	(1) Inconnu.
Monchel..........	Monchel..........	Auxi.	St.-Pol.	Pas-de-Calais.	II	141	
Monchy-Cayeu.....	Monchy-Cayeu	Heuchin.	St.-Pol.	id.	II	233	
Monstrelet........	Montrelet	Domart.	Doullens.	Somme.	II	220	
Montigny.........	Montigny-a.-Jongl.	Bernaville.	Doullens.	id.	II	142	
Monstrœul.......	Montreuil........	Montreuil.	Montreuil.	id.	II	598	
Mourier..........	Mouriez	Hesdin.	Montreuil.	id.	II	628	
Neully-le-Dieu .. .	Neuilly-le-Dien....	Crécy.	Abbeville.	Somme.	I	505	
Neuve-Capelle	Neuve-Chapelle ...	Laventie.	Béthune.	Pas-de-Calais.	II	349	
Neuville-au-Bois...	Neuville-au-Bois...	Oisemont.	Amiens.	Somme.	I	410	
Neuville-p.-Senarp.	Neuville-Coppegu.ᵉ	Oisemont.	Amiens.	id.	I	411	
Neuville-Sire-Wit.	Neuville-Vitace....	Arras.	Arras.	Pas-de-Calais.	II	371	
Neuville-s.-Forest..	*ann.* Foresmontier	Nouvion.	Abbeville.	Somme.	I	505	
Neuville-S-Riq. *ann.*	Oneux...........	Nouvion.	Abbeville.	id.	I	504	
Nœuvillette.......	Neuvillette	Doullens.	Doullens.	id.	II	144	
Nœuvireulle......	Neuvireuil	Vimy.	Arras.	Pas-de-Calais.	II	494	
Nœux............	Nœux............	Auxi.	St.-Pol.	id.	II	143	
N.-D.-sous-Eurin *an.*	Henin-Liétard.....	Carvin.	Béthune.	id.	II	355	
Noulette ......*près*	Vieil-Vendin.. ...	Lens.	Béthune.	id.	II	349	
Nyelles-l.-Boullen.	« (2)	«	«	id.	II	614	(2) Trois villages de ce nom dans les cantons d'*Ardres*, *Calais*, *Lumbres*.
Occoch..........	Occoche.........	Bernaville.	Doullens.	Somme.	II	145	
Ochancourt.......	Ochancourt.......	Ault.	Abbeville.	id.	I	390	
Œuf-en-Ternois...	Œuf-en-Ternois....	St.-Pol.	St-Pol.	Pas-de-Calais	II	150	
Oisemont	Oisemont	Oisemont.	Amiens.	Somme.	I	412	
Oisy.............	Oisy.............	Marquion.	Arras.	Pas-de-Calais.	II	417	
Omastres.........	Aumâtre..........	Oisemont.	Amiens.	Somme.	I	394	
Ongnies	Oignies..........	Carvin.	Béthune.	Pas-de-Calais.	II	411	
Orreville	Orville...·.....	Pas.	Arras.	id.	II	151	
Outrebois....	Outrebois..	Bernaville.	Doullens.	Somme.	II	154	

(808) TABLE DE CONCORDANCE.

NOMS ANCIENS.	NOMS MODERNES.	CANTONS.	ARRONDISSEMENTS.	DÉPARTEMENTS.	VOLUME.	PAGE.	OBSERVATIONS.
Pernes	Pernes	Heuchin.	St.-Pol.	Pas-de-Calais.	II	244	
Petit-Chemin.. *ann.*	Douriez	Crécy.	Abbeville.	Somme.	II	609	
Ploich-l.-Donq *ann.*	Donqueur	Ailly-l.-h.-Cloch.	Abbeville.	id.	I	507	(1) *Plouy-les-Donqueur.*
Ploich-l.-Dom. *ann.*	Domart	Domart.	Doullens.	id.	I	477	(1) *Plouy-lès-Domart*
Pommiers	Pommiers	Pas.	Arras.	Pas-de-Calais.	II	316	
Port-le-Grand	Port-le-Grand	Nouvion.	Abbeville.	Somme.	I	507	
Poulainville	Poulainville	Amiens.	Amiens.	id.	II	221	
Prousel	Prouzel	Conty.	Amiens.	id.	I	191	
Prouville	Prouville	Bernaville.	Doullens.	id.	II	155	
Quesnel ... *annèxe*	Outrebois	Bernaville.	Doullens.	id.	II	155	
Quesnoy-s.-Airaines.	Quesnoy-s.-Airaines	Moll.-Vidame.	Amiens.	id.	I	416	
Quœux	Queux	Auxi.	St.-Pol.	Pas-de-Calais.	II	156	
Quevauvillers	Quevauvillers	Moll.-Vidame.	Amiens.	Somme.	I	192	
Raincheval	Raincheval	Acheux.	Doullens.	id.	II	221	
Rambaucourt	Ribeaucourt	Domart.	Doullens.	id.	I	507	
Ramburelles	Ramburelles	Gamaches.	Abbeville.	id.	I	417	
Rambures	Rambures	Gamaches.	Abbeville.	id.	I	416	
Rasse-lez-Douai	«	«	»	Nord.	II	509	
Ray	Raye	Hesdin.	Montreuil.	Pas-de-Calais.	I	508	
Rebrœuves	Rebreuve	Avesnes le C.	St.-Pol.	id.	II	157	
Regnauville	Regnauville	Hesdin.	Montreuil.	id.	II	627	
Regnière-Ecluse	Regnières-Ecluse	Rue.	Abbeville.	id.	I	509	
Renty	Renty	Fauquemberg.	St.-Omer.	id.	II	657	
Riencourt	Riencourt	Moll.-Vidame.	Amiens.	Somme.	I	193	
Riquebourg S.-Vaast	Richebourg-S.-Vaast	Cambrin.	Béthune.	Pas-de-Calais.	II	500	
Robecques	Robecq	Lillers.	Béthune.	id.	II	367	
Rogehen (*Royeant*).	*annèxe* Tœuffles	Moyenneville.	Abbeville.	Somme.	I	418	
Rogy	Rogy	Ailly-sur-Noye	Montdidier.	id.	I	194	
Romescamps	Romescamps	Formerie.	Beauvais.	Oise.	I	193	
Rubempré	Rubempré	Villers-Bocage.	Amiens.	Somme.	II	223	
Rumaisnil	Remaisnil	Bernaville.	Doullens.	id.	II	157	
Saigneville	Saigneville	St.-Valery.	Abbeville.	id.	I	418	
Sailly	Sailly-en-Ostrevent.	Vitry.	Arras.	Pas-de-Calais.	II	511	
Salnelles (*Sallenel*).	*annèxe* Pendé	St.-Valery.	Abbeville.	Somme.	I	420	
Saint-Acheul	St.-Acheul	Bernaville.	Doullens.	id.	II	158	
St.-Amé-en-Douai	13 *villages*	«	Douai.	Nord.	II	518	
St.-André-l.-Beaur.	*annèxe*		Montreuil.	Pas-de-Calais.	II	612	
Ste.-Austreberthe	Ste.-Austreberthe.	Hesdin.	Montreuil.	id.	II	608	
St.-Clair ... *annèxe*	Hescamp	Poix.	Amiens.	Somme.	I	165	
St.-Fleurisse	St.-Floris	Lillers.	Béthune.	Pas-de-Calais	II	387	
St.-Fuscien-au-Bois.	St.-Fuscien	Sains.	Amiens.	Somme.	I	195	
St.-Germer-de-Flay.	St.-Germer	«	Beauvais.	Oise.	I	195	
St.-Gratien	St.-Gratien	Villers-Bocage.	Amiens.	Somme.	II	224	
St.-Hilaire . *annèxe*	Lanches	Domart.	Doullens.	id.	II	224	

TABLE DE CONCORDANCE. (809)

NOMS ANCIENS.	NOMS MODERNES.	CANTONS.	ARRONDISSEMENTS.	DÉPARTEMENTS.	VOLUME.	PAGE.	OBSERVATIONS.
Sainthuin-l.-Domart.	St Ouen	Domart.	Doullens.	Somme.	II	225	
St.-Lau	fief «	«	«	id.	II	168	
St.-Laud... annexe	Maison-l'outhieu.	Crécy.	Abbeville.	id.	I	419	
St.-Lucien de-Beauv.	Plusieurs villages.	«	Beauvais.	Oise.	I	196	
St.-Maulvis	St.-Mauvis	Oisemont	Amiens.	Somme.	I	424	
St.-Pierre-à-Gouy.	St.-Pierre-à-Gouy.	Picquigny.	Amiens.	id.	I	197	
St-Pry-lez-Bethune	«	«	Béthune.	Pas-de-Calais.	II	368	
St.-Riquier	St.-Riquier	Ailly-l.-h.-Cloch.	Abbeville.	Somme.	I	510	
St.-Romain			l'eauvais.	Oise.	I	197	
St.-Sulpis (Sulpice).	annexe Doullens...	Doullens.	Doullens.	Somme.	II	159	
St.-Valery	St.-Valery	St.-Valery.	Abbeville.	id.	I	422	
St.-Venant	St.-Venant	Lillers.	Béthune.	Pas-de-Calais.	II	392	
St.-West			Montreuil.	id.	II	646	
Saudemont	Saudemont	Vitry.	Arras.	id.	II	510	
Saulchoy.	Saulchoy	Campagne.	Montreuil.	id.	II	641	
Saulty	Saulty	Avesnes le C.	St.-Pol.	id.	II	295	
Sangheinen-Weppes					II	250	
Selincourt	Selincourt	Hornoy.	Amiens.	Somme.	I	428	
Siracourt	Siracourt	St.-Pol.	St.-Pol.	Pas-de-Calais.	II	240	
Soieucourt. ...fief	près St.-Riquier.	Ailly-l.-h.-Cloch.	Abbeville.	Somme.	I	519	
Sombrin	Sombrin	Avesnes le C.	St-Pol.	Pas-de-Calais.	II	295	
Souverain-Bruay...	Bruay	Houdain.	Béthune.	id.	II	370	
Surcamps	Surcamps.	Domart.	Doullens.	Somme.	I	519	
Sus-St.-Leger	Sus-St.-Leger	Avesnes le C.	St.-Pol.	Pas-de-Calais.	II	234	
Thérouanne	Thérouanne	Aire.	St.-Omer.	id.	II	693	
Thung-St.-Martin	Thun-St.-Martin...	(O)		Nord.	II	482	(O) Sur l'Escaut, entre Cambrai et Bouchain.
Tollent	Tollent	Auxi.	St.-Pol.	Pas-de-Calais.	II	67	
Tournehem	Tournehem	Ardre.	St.-Omer.	id.	II	695	
Tours-en-Vimeux.	Tours	Moyenneville.	Abbeville.	Somme.	II	429	
Toutencourt	Toutencourt	Acheux.	Doullens.	id.	II	225	
Vacquerie	Vacquerie le-Bouc	Auxi.	St.-Pol.	Pas-de-Calais.	II	159	
Valoires... annexe	Argoules	Crécy.	Abbeville.	Somme.	I	519	
Vaulx	Vaux	Auxi.	St.-Pol.	Pas-de-Calais.	I	524	
Vecquemont	Vecquemont	Corbie.	Amiens.	Somme.	I	311	
Verchins	Verchin.	Fruges.	Montreuil.	Pas-de-Calais.	II	625	
Verron	Vron	Rue.	Abbeville.	Somme.	I	521	
Viefvillers	Viefvillers			Oise.	I	199	
Vieulaines.. annexe	Fontaine-s-Somme.	Hallencourt.	Abbeville.	Somme.	I	523	
Villers-au-Boscage.	Villers-Bocage	Villers-Bocage.	Amiens.	id.	II	228	
Villers-Bretonneux.	Villers-Bretonneux.	Corbie.	Amiens.	id.	I	312	
Villers-Brulin	Villers-Brulin.	Aubigny.	St.-Pol.	Pas-de-Calais.	II	306	
Villers-s.-Mareulx.	Villers-sur-Mareuil.	Moyenneville.	Abbeville.	Somme.	I	520	
Villerois	Villeroy	Oisemont.	Amiens.	id.	I	416	
Vimy	Vimy	Vimy.	Arras.	Pas-de-Calais.	II	240	

TABLE DE CONCORDANCE.

NOMS ANCIENS.	NOMS MODERNES.	CANTONS	ARRONDISSEMENTS.	DÉPARTEMENTS.	VOLUME.	PAGE.	OBSERVATIONS.
Vitry............	Vitry............	Vitry.	Arras.	Pas-de-Calais.	II	508	
Vregyes..........	Vergies..........	Oisemont.	Amiens.	Somme.	I	432	
Vys.............	Viz-sur-Authie....	Crécy.	Abbeville.	id.	I	523	
Wamin...........	Estrée-Wamin.....	Avesnes le C.	St.-Pol.	Pas-de-Calais.	II	160	
Wancourt........	Wancourt........	Croisilles.	Arras.	id.	II	275	
Wanquetin.......	Wanquetin........	Beaumetz.	Arras.	id.	II	495	
Wargayes.......	Wargnies........	Domart.	Doullens.	Somme.	II	228	
Warlincourt......	Warlincourt......	Pas.	Arras.	Pas-de-Calais.	II	243	
Warlus..........	Warlus..........	Moll.-Vidame.	Amiens.	Somme.	I	198	
Warnecque......	....	....	....	....	II	617	
Wavans..........	Wavans..........	Auxi.	St.-Pol.	Pas-de-Calais.	II	160	
Wendin..........	Vendin..........	Béthune.	Béthune.	id.	II	392	
Willencourt......	Willencourt......	Auxi.	St.-Pol.	id.	I	325	
Id.	Id.	id.	id.	id.	II	161	
Willerval.........	Willerval.........	Vimy.	Arras.	id.	II	410	
Wiry-au-Mont.....	Wiry............	Hallencourt.	Abbeville.	Somme.	I	430	
Wismes	Wismes..........	Lumbres.	St.-Omer.	Pas-de-Calais.	II	694	
Yaucourt-Bussu ...	Yaucourt.........	Ailly-l.-h.-Cloch.	Abbeville.	Somme.	I	525	
Yzeux............	Yzeux............	Picquigny.	Amiens.	id.	I	526	

FIN DE LA TABLE DE CONCORDANCE.

TABLE GÉNÉRALE DES MATIÈRES.

	Vol.	Pag.
Avant-propos.	I.	V
Notice historique sur les institutions coutumières de la ville d'Amiens		3

1.re SÉRIE. — AMIENS.

	Pag.
Charte de commune, texte latin et roman.	62
Anciens usages d'Amiens	76
Charte de la prévôté.	80
Coutumes locales de 1507	83
Procès-verbal.	96
Notes de la 1.re série	99

2.e SÉRIE. — BEAUVOISIS.

	Pag.
Notice.	161
Agnières, *seigneurie*	165
Beaupré, *temporel*	166
Bettembos, *seigneurie*	167
Boves, *châtellenie*	167
Bovelles, *seigneurie*.	175
Cléry et Forest-d'Ailly, id.	176
Croy, id.	176
Courcelles-sous-Moyencourt, id.	177
Guignemicourt, id.	178
Gerberoy, *vidamé*	178
Hangest-sur-Somme, *seigneurie*	178
Hamel de Metz, id.	179
Hétomaisnil, id.	181
Le Fay-lez-Hornoy, id.	181
Lignières, id.	182
Lincheu.	183
Molliens-Vidame, *échevinage*	183
Namps, *seigneurie*	187
Picquigny, *châtellenie-baronnie*	187
Prousel, *seigneurie-pairie*	191
Quevauvillers, *seigneurie*	192
Riencourt, id.	193
Romescamps, *temporel*	193
Rogy, Fransures-Lortoy, *seigneurie*	194

	Vol.	Pag.
Saint-Acheul-lez-Amiens, *temporel*	I.	194
St.-Fuscien-au-Bois, id.		195
St.-Germer de Flay id.		195
St.-Lucien de Beauvais, id.		196
St.-Pierre-à-Gouy, *prieuré*		197
St.-Romain, *seigneurie*		198
Warlus, id.		198
Viefvillers, id.		199
Notes de la 2.e série		200

3.e SÉRIE. — FOUILLOY.

	Pag.
Notice sur la prévôté de Fouilloy.	225
Esquisse féodale du comté d'Amiens	229
Camons, *seigneurie*.	279
Corbie, *comté*.	280
Id. ville et banlieue.	284
Id. coutume Le Comte	288
Id. *échevinage*.	290
Daours, *châtellenie*.	308
Hamel, *seigneurie*	309
Vecquemont, id.	311
Villers-Bretonneux, *échevinage*.	312
Notes de la 3.e série	317

4.e SÉRIE. — VIMEU.

	Pag.
Notice sur la prévôté de Vimeu.	347
§. II. Procès contre les animaux domestiques.	354
§. III. Coutumes maritimes. — Lagan.	358
Coutume de la prévôté de Vimeu.	366
Acheu en Vimeu, *seigneurie*.	373
Airaines, *châtellenie*	374
Ansenne, *seigneurie*	380
Bailloeul-en-Vimeu, id.	382
Beauchen, id.	382
Belloy-St.-Liénard, id.	383
Bézencourt, id.	584
Boismont, *échevinage*	585

TABLE GÉNÉRALE.

	Vol.	Pag.
Boubers-en-Vimeu, *fief*	I.	386
Bouillancourt et Fretemeulle, *seigneurie*		387
Bray-lez-Marcœul, id		389
Brutelles, id		389
Cambron, Ochancourt, Huppy, *fiefs*		390
Dromesnil, *seigneurie*		391
Etruiseulx, id		391
Fresneville, id		392
Fressenneville, id		392
Fontaines et Allery, *fiefs*		393
Fresnoy et Aumastre id		394
Friville, *seigneurie*		394
Gamaches, *châtellenie*		395
Id. enclos, *fossés et murailles*		398
Id. charte communale		400
Hallivillers, *seigneurie*		405
Hornoy, *châtellenie*		406
Huppy, *seigneurie*		406
Laleu, *prieuré*		407
Lambercourt, *seigneurie-pairie*		408
Id. 2.e coutume.		408
Lignières-Foucaucourt, *seigneurie*		409
Mérélessart, id.		409
La Nœuville-au-Bois, id		410
La Nœuville-près-Senarpont, id		411
Oisemont, *commanderie*		412
Id. ville et bourgage.		413
Quesnoy-sur-Airaines, *seigneurie*		416
Rambures et Villerois, id		416
Ramburelles, id		417
Rogehen, id		418
Saigneville, id		418
Salnelles, id		420
Saint-Maulvis, *commanderie*.		421
Saint-Valery (côté d'Artois), *châtellenie*		422
Id. (côte de Vimeu), id		425
Id. temporel de l'abbaye.		426
Selincourt (les 4 parts de), *seigneurie*		428
Id. (quind de), id.		429
Tours et Cauroy, *seigneurie*		429
Wiry-au-Mont et au-Val, *seigneurie*		430
Vregyes, *fief*		432
Vregyes et le Fay, *seigneurie*		433
Notes de la 4.e série		434

5.e SÉRIE. — SAINT-RIQUIER.

Notice de la Prévoté de St.-Riquier.		447
Théorie des prestations seigneuriales		451
Bouchon, Longvillers, etc., *seigneuries*		477
Brucamps, *seigneurie*		478
Conteville, *fief*		480

	Vol.	Pag.
Coulonvillers, *seigneurie*	I.	480
Domqueur, id.		481
Drucat, *châtellenie*		481
Emont, *fief*.		485
Ergnyes id.		485
Favières, *temporel*		486
Le Festel, *fief*.		489
Forestmontier, *temporel*		490
Franqueville, *seigneurie*		491
Gorenflos, *fief*.		492
Gueschart, Jencourt, Saint-Laud, id.		493
Hamelles-sur-Mer, *seigneurie*		493
Haravesnes id		494
Heuzecourt et Fienvillers, *fiefs*		494
La Ferté-lez-St.-Riquier, *châtellenie*.		495
Lamotte-Buleux, *seigneurie*		503
Longuet, *fief*		503
Maison-Ponthieu, *seigneurie*.		504
Nœuville, *fief*.		504
Nœuville-sous-Forestmontier, *seigneurie*.		505
Neuilly-le-Dien, id		505
Port, id		507
Ploich-Donquerre, *fief*.		507
Rambaucourt *seigneurie*		507
Raye, id		508
Regnière-Ecluse, id		509
Saint-Riquier, *temporel*		510
Id. ville et mairie		514
Id. *fief*		518
Soieucourt, id.		519
Surcamp et Gorenflos, *fiefs*		519
Valoires, *temporel*		519
Villers-sur-Marcœulx, *seigneurie*		520
Le Titre, id		521
Verron, id		521
Vinœulx, *fief*.		523
Viz-sur-Authie, *seigneurie*		523
Vaulx, id		524
Willencourt, id		525
Yaucourt et Montigny, id		525
Yzeux (pairie d') *fief*		526
Notes de la 5.e série		527

6.e SÉRIE. — DOULLENS.

Notice sur la Prévoté de Doullens	II.	3
Les coutumes dans leurs rapports avec le principe de l'organisation de la famille		19
Coutumes de la Prévoté de Doullens		55
Arquèves, *seigneurie*		56
Authieulle, id.		57
Auxi-le-Château, *châtellenie*.		59

TABLE GÉNÉRALE. (813)

	Vol.	Pag.
Bagneulx, *prieuré*	II.	61
Barly, *seigneurie*		62
Baudricourt, id.		63
Béalcourt, id.		64
Béallières, id.		64
Beauval, *châtellenie*		65
Id. *échevinage*		68
Beauvoir, *seigneurie*		74
Béthencourt-Frohens, id.		75
Blangy-en-Ternois, *temporel.*		76
Id. id. *seigneurie*		78
Bonnières, *temporel*		78
Bouberch-sur-Canche, *seigneurie*		80
Bourrech-sur-Canche, id.		81
Brestel-lez-Doullens, id.		84
Bryon, *fief.*		86
Court et la Gorgue, *fiefs*		86
Caumont, Erquières, Tollent, *châtellenie.*		87
Cercamp, *temporel.*		88
Conchy-sur-Canche, *ville et banlieue*		90
Courcelles-lez-Mézerolles, *seigneurie*		93
Croisettes-en-Ternois, *temporel.*		94
Domart et Bernaville, *châtellenies.*		97
Doullens, *ville et banlieue*		100
Fieffes et Bonneville, *seigneurie*		106
Fieffes, *commanderie.*		108
Fillièvres, *échevinage*		109
Fillièvres et Galametz, *seigneurie*		112
Fortel, *seigneurie*		114
Frégevillers, *temporel*		115
Frévench, *échevinage.*		115
Frohens (les 4 parts), *seigneurie*		118
Id. (sixte de), id.		120
Gézaincourt, *échevinage*		121
Grouches, *seigneurie*		131
Heuzecourt, id.		131
La Rosière, *seigneurie*		132
Le Souich, id.		134
Ligny-sur-Canche, id.		134
Id. id. *prieuré*		134
Maisicourt, *seigneurie.*		135
Mézerolles, id.		138
Monchaux-Béalcourt, id.		140
Monchaux, id.		141
Monchel, id.		141
Montigny et Saint-Acheul, id.		142
Nœux, 1.re partie, id.		142
Id. 2.e partie, id.		143
Neuvillette, 1.re partie, id.		144
Id. 2.e partie, id.		144
Occoche, id.		145

	Vol.	Pag.
Occoche, *échevinage*		146
OEuf-en-Ternois, *seigneurie*		150
Id. *prieuré*		150
Orville, *châtellenie.*		151
Id. *échevinage.*		151
Oteux (les), *seigneurie*		153
Outrebois, id.		154
Prouville, id.		155
Quesnel (le), id.		155
Quœux id.		156
Remaisnil, id.		157
Rebrœuves, id.		157
Saint-Acheul, *temporel*		158
Saint-Lau, *fief*		158
Saint-Sulpice-lez-Doullens, *prieuré*		159
Vacquerie-le-Bouc, *seigneurie*		159
Wamin, id.		160
Wavans, id.		160
Willencourt, *temporel.*		161
Lacunes de la 6.e série		162
Notes de la 6.e série		163

7.e SÉRIE. — BEAUQUESNE.

NOTICE SUR LA PRÉVÔTÉ DE BEAUQUESNE . . II. 191

1.re PARTIE.

	Pag.
Allonville, *seigneurie*	401
Argœuves, id.	402
Authie, *châtellenie*	203
Beauquesne, *échevinage*	206
Bertangles, *seigneurie*	210
Béthencourt, id.	211
Bourdon-sur-Somme, id.	212
Buissy-lez-Hérissart, id.	213
Clairfay, *temporel*	213
Flesselles, *seigneurie*	213
Flixecourt, *échevinage.*	214
Harponville, *seigneurie.*	217
Hérissart, id.	218
La Folye, *fief*	218
Louvencourt, *seigneurie*	219
Marieux, id.	219
Molliens-au-Bois, id.	220
Monstrelet-lez-Fieffes, id.	220
Poulainville, id.	221
Raincheval, id.	221
Rubempré, id.	223
Saint-Gratien-en-Allonville, *fief*	223
Saint-Gratien, *seigneurie*	224
Sainthuin-lez-Domart, id.	225
Toutencourt, id.	225

TABLE GÉNÉRALE.

	Vol.	Pag.
Villers-Bocage, id.	II.	228
Wargnies, id.		228

2.e PARTIE. — 1.er GROUPE.

Caumaisnil et La Pré, *seigneurie*	229
Camblain-Châtelain, *bailliage*	229
Id. id. *échevinage.*	230
Barlin, *baronnie.*	231
Monchy-Cayeu, *châtellenie*	233
Sus-Saint-Léger, *seigneurie.*	234
Berquinehem, *bourgage*	236
Chelers, *seigneurie et bourgage*	237
Cunchy, *seigneurie.*	238
Siracourt, *fief.*	240
Vimy et Farbus, *seigneurie*	240
Hestrus id.	242
Henu et Warlincourt, id.	243
Godiempré, id.	244
Pernes, *châtellenie.*	244
Id. *échevinage.*	251
Id. *charte communale*	258

2.e GROUPE.

Arras, *cité.*	266
Adinfer, *seigneurie*	269
Baudimont-lez-Arras, *fief.*	271
Bailleul-Mont, *seigneurie.*	272
Blairville, id	272
Belles-Witasse, id.	273
Bus-en-Artois, id.	274
Wancourt et Guémappes, id.	275
Foncquevillers, id.	277
Hébusterne, id.	281
Avesnes-le-Comte, *échevinage-bourgage.*	287
Id. id. *châtellenie*	291
Coullemont, *seigneurie.*	293
Noyelle-le-Wyon, id.	294
Saulty, id.	295
Sombrin, id.	295
Aubigny, *échevinage.*	296
Berlette-le-Petit, *seigneurie.*	301
Berlette-le-Grand, id.	302
Béthencourt-en-Artois, id.	302
Estréelles, id.	302
Gouy, *temporel.*	304
Gouy et Bavaincourt, *seigneurie*	305
Pommiers, id.	306
Villers-Brulin, id.	306
Villers et Yzer, id.	306
Houdain, *châtellenie.*	308
Id. *fief d'Honnelin*	313

	Vol.	Pag.
Houdain, *échevinage.*	II.	315
Beugin-lez-Houdain, *prieuré.*		329

3.e GROUPE.

Lens, *bailliage*	330
Id. *échevinage.*	335
Aix-en-Gohelle, *seigneurie*	340
Id. id. id.	341
Arleux-en-Gohelle, *temporel*	342
Boyefiles, *seigneurie*	344
Brebières-lez-Douai, id.	345
Derocourt, id.	346
Douvrin-lez-La Bassée, id.	347
Lannoy (quint de Lens), *fief.*	348
Liévin, *seigneurie.*	348
Neuve-Capelle, *temporel*	349
Noulette, *seigneurie*	349
Senghein-en-Weppes, id.	350
N. D. Sous-Eurin, *temporel.*	355
Hénin-Liétard, *échevinage*	356

4.e GROUPE.

Beuvry, *châtellenie.*	363
Chocques, id	364
Foucquerœulles, *seigneurie*	366
Carency, id.	366
Annezin-lez-Béthune, *temporel*	367
Robecques, *seigneurie.*	367
Saint-Pry-lez-Béthune, *prieuré*	368
Souverain-Bruay, *seigneurie*	370
Nœuville-Sire-Witasse, id.	371

5.e GROUPE.

Lillers, *bailliage.*	372
Id. *ville.*	383
Liestres, *seigneurie.*	384
Ham-en-Arthois, *temporel.*	385
Saint-Fleurisse, *seigneurie.*	387
Garbecques, id.	388
Busne, *temporel.*	388
La Beuvrière et Allewagne, *prieuré*	389
Berquettes, *seigneurie*	391
Wendin, id.	392
Saint-Venant, *bailliage.*	392
Mametz, Marquettes, Le Natoy, *seigneuries.*	396

6.e GROUPE.

Espinoy et Carvins, *châtellenie*	397
Libercourt, *membre d'Espinoy.*	404
Garghetel, id. id.	406
Meurchin, id.	407
Belloune, id.	408
Willerval, id.	410
Ongnies, *seigneurie.*	411

TABLE GÉNÉRALE. (815)

		Vol.	Pag.
7.ᵉ GROUPE.			
Oisy,	châtellenie	II.	417
Id.	échevinage		423
Marquion,	id		434
Baralle et Buissy,	id		445
Lambres,	id		478
Escoives, seigneurie			480
Thung-Saint-Martin, échevinage			482
8.ᵉ GROUPE.			
Acq,	seigneurie		493
Fosseux,	id.		493
Bois-Bernard,	id.		493
Hannecamp,	id.		494
Neuvireuil,	id.		494
Wanquetin,	id.		495
Fléchinel,	id.		495
9.ᵉ GROUPE.			
Pays de L'allœu, temporel			496
Riquebourg-Saint-Vaast, échevinage			500
Vitry, temporel			508
Rasse-lez-Douai, personnat			509
La Bouchière, Ruict et Gosnay, temporel			510
Ecourt et Saudemont,	id.		510
Sailly,	id.		511
Mazengarbe,	id.		511
Lorgies, Le Bies, Ligny,	id.		512
Haynes,	id.		512
Boiry-Sainte-Rictrude,	id.		513
Ames,	id.		514
Harnes,	id.		515
Arras (Chapitre d'),	id.		517
Saint-Amé-en-Douai,	id.		518
La Comté, seigneurie			528
Lacunes de la 7.ᵉ série			529
Notes de la 7.ᵉ série			531
8.ᵉ SÉRIE. — MONTREUIL.			
Notice sur la Prévôté de Montreuil			583
1.ᵉʳ GROUPE.			
Montreuil, échevinage			598
Maintenay, seigneurie			602
Beaurain, châtellenie			602
Berck-sur-Mer, seigneurie			606
S.ᵗᵉ-Austreberthe, temporel			608
Dourrier, Dominois, seigneuries			609
Dompierre, châtellenie			610
Loison-le-Temple, commanderie			611
Saulchoy, échevinage			611
St.-André-lez-Beaurain, temporel			612
Erembaucourt, seigneurie			612
Lespinoy,	id		613

		Vol.	Pag.
Ergny, châtellenie		II.	613
Pœul, paroisse d'Ergny			614
Nyelles-lez-Boullenois, échevinage			614
Caveron, temporel			615
Saint-West, Le Bies, seigneuries			616
Warnecque et Lamotte,	id		617
2.ᵉ GROUPE.			
Hesdin, cout. générale du bailliage			618
id.	échevinage		622
Maisnil-Hesdin,	seigneurie		625
Regnauville et Mourier,	id.		627
Heuchin, échevinage			629
Verchins-en-Ternois, seigneurie			635
Créquy, seigneurie-baronnie			636
Averdoingt, châtellenie			638
Lisbourg, échevinage			640
Auchy-les-Moines, temporel			642
Bovyn (Bouin)			642
3.ᵉ GROUPE.			
Fauquemberghe, comté			645
Id.	châtellenie		647
Id.	échevinage		649
Id.	ville et banlieue		652
Merques-Fanquemberghe, seigneurie			654
Merques-St.-Léger,	id		655
Eulle, baronnie			655
N. D. en Fauquemberghe, temporel			656
Renty, châtellenie			657
Biéquennes, seigneurie			658
Esquerdes,	id		659
4.ᵉ GROUPE.			
Guisnes, comté			659
Brédenarde, (pays de)			664
Ardres, échevinage			670
Andruick, ville et banlieue			679
Pays de l'Angle			686
Thérouanne (chapitre de), temporel			693
Wismes, seigneurie			694
Chingledicq, banlieue de Tournehem			695
Tournehem, châtellenie			695
Esperlecques,	id.		696
Busne,	seigneurie		701
Estrées-Blanche,	id		702
Estrées-Blanche et Linghem			703
Ault-sur-la-Mer, ville et banlieue			704
Lacunes de la 8.ᵉ série			704
Notes de la 8.ᵐᵉ série			706
Glossaire			717
Liste des principaux seigneurs			729
Répertoire alphabétique des textes			737
Table de concordance des noms de lieux			801

ERRATA.

Tome I.er, page 57, 3.e alinéa : motivées sur ce qu'il faisait empoisonner, *lisez* : emprisonner.
          71 art. 34 : soit en terre ou en ente , *lisez* : rente.
         240 note 4 : cette redevance qui variait selon la valeur, *ajoutez* : du fief, était, au maximum, de 10 livres parisis et, au minimum, de 7 sous 6 deniers parisis.
         310 art. 5 : quant aucuns francs : *lisez* : forains.
         421 art. 9 : *corrigez* : 8.
         481 art. 1 : primo : *corrigez* : primes.
         482 art. 7 : *au lieu de* : telz bans seroient de nulle valeur : *lisez* : telz baus.
         500 art. 33 : en temps de ennemi , péril et toutefois : *corrigez* : en temps de ennemi péril , et toutefois.
         520 VILLERS SUR MAROEULX , *ajoutez en sous titre* : SEIGNEURIE.
Tome II , page 91 , art. 11 : en ladite ville de Canchy : *lisez* : Conchy.
         119 art. 6 : acquêts , issues : *lisez* : acquits , issues.
         56, 58, 60 , jusqu'à 152 inclusivement : *au lieu du titre courant* NOTICE : *lisez* : SIXIÈME SÉRIE.
         262 art. VII : *au lieu de* : et fussent tenus : *lisez* : et fussent venus.
         307 art. 15 : *au lieu de* : se lesdites gardes : *lisez* : garbes.
         384 art. 5 : estans en ladite ville de Lambres : *lisez* : Lumbres.
         390 art. 11 : Et aprezque , par le maïeur héritier, tous lesdits eschevins : *lisez* : tous lesdits manans.
         415 art. 44 : à nulz jeu ou detz, soient excepté : *corrigez* : à nulz jeux où detz soient , excepté.
         417 art. 1.er *in fine* , icelluy quint , en tout ou portionne , ne se reconsolide : *lisez* : en tout ou portion, ne se reconsolide.
         420 4.me ligne : le fonds propriétaire , *lisez* : le fonds propriété.
         438 art. 34 : sus paine de XL solz : *lisez* : LX solz.
         439 1.re ligne , même correction.
         468 art. 130 : prises d'erbillars : *lisez* : d'erbilleurs.
         469 art. 138 : et partant leur flastre : *lisez* : et portant leur flastre.
         527 titre courant , 2.me PARTIE , 7.me GROUPE : *lisez* : 9.me GROUPE.
         535 note 23 : une justice de pièce : *lisez* : une justice de pierre.
         610 art. 8 : *corrigez* : 9.
         616 St.-West, art. 3 : au taux de 7 deniers tournois, pour 8 deniers parisis : *corrigez* : pour 6 deniers parisis.
         714 note 41 : Pays de l'Ange : *lisez* : Pays de l'Angle.

FIN.

Amiens. — Imp. de DUVAL et HERMENT, place Périgord, 3.

www.ingramcontent.com/pod-product-compliance
Lightning Source LLC
Chambersburg PA
CBHW070714020526
44115CB00031B/1071